D1667278

Lion Feuchtwanger

Gesammelte Werke in Einzelausgaben

Band 4

Lion Feuchtwanger

Der Tag wird kommen

Roman

Aufbau-Verlag

Die „Josephus"-Trilogie umfaßt die Romane

DER JÜDISCHE KRIEG
DIE SÖHNE
DER TAG WIRD KOMMEN

„Der jüdische Krieg" erschien erstmalig im Jahre 1932,
„Die Söhne" im Jahre 1935,
„Der Tag wird kommen" in englischer Übersetzung 1942,
in deutscher Sprache 1945

5. Auflage 1989

Einbandgestaltung Heinz Unzner
Karl-Marx-Werk, Graphischer Großbetrieb, Pößneck V15/30
Printed in the German Democratic Republic
Lizenznummer 301. 120/113/89
Bestellnummer 611 362 5
I–III 03150

Feuchtwanger, Ges. Werke
ISBN 3-351-00623-3
Bd. 2–4
ISBN 3-351-00681-0

Erstes Buch
Domitian

Erstes Kapitel

Nein, was Josef da hingeschrieben hat, wird er kaum stehenlassen können. Von neuem überliest er seine Sätze über Saul, den Hebräerkönig, wie dieser, wiewohl ihm kundgeworden ist, er werde den Tod finden und die Seinen in den Untergang führen, entschlossen in den Kampf zieht. „Das hat Saul getan“, hat er geschrieben, „und dadurch gezeigt, daß solche, die nach ewigem Ruhme streben, ähnlich handeln sollten.“ Nein, sie sollten nicht ähnlich handeln. Gerade jetzt dürfte er so was nicht schreiben. Seine Landsleute sind in diesen Jahrzehnten nach dem Untergang ihres Staates und ihres Tempels ohnedies geneigt, ein neues, unsinniges kriegerisches Unternehmen zu versuchen. Jene Geheimverbindung, die den Anbruch des Tages beschleunigen will, die „Eiferer des Tages“, gewinnen immer neue Anhänger und neuen Einfluß. Josef darf ihre hoffnungslose Tapferkeit nicht durch sein Buch noch weiter spornen. Sosehr der finstere Mut dieses Königs Saul ihn anzieht, er muß der Vernunft folgen, nicht seinem Gefühl, er darf seinen Juden diesen König nicht als nachahmenswerten Helden hinstellen.

Flavius Josephus, Ritter des Zweiten römischen Adels, der große Schriftsteller, dessen Ehrenbüste in der Bibliothek des Friedenstempels aufgestellt ist, oder besser der Doktor Josef Ben Matthias, Priester der Ersten Reihe aus Jerusalem, wirft den Schreibgriffel beiseit, geht auf und nieder, setzt sich schließlich in einen Winkel seines Arbeitszimmers. Da sitzt er, im Halbdunkel, die Öllampe hebt nur den Schreibtisch heraus mit den paar Büchern und Rollen, die darauf liegen, und dem goldenen Schreibzeug, das ihm einstmals der verstorbene

Kaiser Titus geschenkt hat. Fröstelnd – denn kein Feuer kommt auf gegen die feuchte Kälte dieses frühen Dezember –, mit abwesenden Augen schaut Josef auf das mattgleißende Gold.

Merkwürdig, daß er die enthusiastischen Sätze hingeschrieben hat über Sauls sinnlose Tapferkeit. Ist ihm also doch wieder einmal das Herz durchgegangen? Will es sich, dieses fünfzigjährige Herz, noch immer nicht bescheiden mit der ruhevollen Betrachtsamkeit, die allein in seinem großen Buch zu Worte kommen soll?

Wenigstens unterläuft es ihm jetzt immer seltener, daß ihm Griffel oder Feder durchgeht. Er hat sich den Gleichmut erkämpft, den sein großes Werk bedingt, seine „Universalgeschichte des jüdischen Volkes". Er hat dem Getriebe entsagt, er jammert dem wilden Leben nicht nach, das hinter ihm liegt. Er hat sich seinerzeit mit heißem Eifer hineingestürzt in den großen Krieg seines Volkes, hat daran teilgenommen auf Seite der Juden und auf Seite der Römer, als Politiker und als Soldat. Hat tiefer hineingesehen in die Begebenheiten dieses Krieges als die weitaus meisten Zeitgenossen. Hat die großen Geschehnisse miterlebt in der nächsten Umgebung des ersten flavischen Kaisers und des zweiten, als Tätiger und als Leidender, als Römer, Jude und Weltbürger. Hat schließlich die klassische Geschichte dieses jüdischen Krieges geschrieben. Ist gefeiert worden wie wenige andere und erniedrigt und beschimpft wie wenige andere. Jetzt ist er müde der Erfolge und der Niederlagen, das heftige Tun ist ihm schal geworden, er hat erkannt, daß seine Aufgabe und seine Kraft in der Betrachtung liegen. Nicht Geschichte zu machen, ist er eingesetzt von Gott und von den Menschen, sondern die Geschichte seines Volkes zu ordnen und aufzubewahren, ihren Sinn zu erforschen, ihre Träger beispielhaft hinzustellen zum Ansporn und zur Warnung. Dazu ist er da, und er ist es zufrieden.

Ist er zufrieden? Die schöne und unweise Stelle über den König Saul zeugt nicht dafür. Er ist fast fünfzig, aber den ersehnten Gleichmut hat er noch nicht gefunden.

Er hat alles getan, ihn sich zu erwerben. Durch keinerlei

Bemühungen um äußern Erfolg hat er sich von seinem Werk ablenken lassen. Nichts von ihm ist während dieser ganzen vier Jahre an die Öffentlichkeit gelangt. Während Vespasian und Titus ihm freundlich gesinnt waren, hat er keinen Finger gerührt, um an den Kaiser von heut, an den mißtrauischen Domitian heranzukommen. Nein, es ist in dem stillen, abseits lebenden Josef dieser letzten Zeit nichts mehr von jenem früheren, heftigen, betriebsamen.

Die Sätze über den dunkeln Mut des Königs Saul, die er da geschrieben hat, sind schön und hinreißend, und die „Eiferer des Tages" würden sie mit Begeisterung lesen. Aber ach, gerade das sollen sie ja nicht. Nicht in der Begeisterung sollen sie sich üben, sondern in der Vernunft, in der schlauen Geduld. Sie sollen sich fügen und kein zweites Mal sinnlos gegen Rom die Waffen erheben.

Warum wohl sind ihm gerade heute die schönen und verruchten Sätze über den König Saul in die Feder gekommen? Er hat es gewußt, schon während er die Worte hinschrieb; er hat es nicht wissen wollen, doch jetzt kann er sein Wissen nicht länger vor sich selber verbergen. Es geschah, weil ihm gestern Paulus begegnet ist, sein Junge, der Sechzehnjährige, der Sohn seiner geschiedenen Frau. Josef hat diese Begegnung nicht wahrhaben wollen, hat sich's nicht eingestehen wollen, daß der junge Mensch, der da an ihm vorbeiritt, sein Paulus sei. Er hat sich befohlen, dem Jungen nicht nachzuschauen, aber sein Herz hat einen Sprung getan, und er hat gewußt: es war Paulus.

Ein kleines Stöhnen kommt aus dem Munde des im Halbdunkel sitzenden Mannes. Wie hat er seinerzeit geworben um diesen seinen Sohn Paulus, den Halbfremden, den Sohn der Griechin, wieviel schwere Schuld hat er auf sich geladen seinethalb. Der Junge hat trotzdem alles ausgetilgt, was er mit soviel scheuer Beharrlichkeit in ihn einzusenken versucht hat, und jetzt er hat für ihn, den Vater, den Juden, nur Verachtung. Josef denkt an die schauerliche Stunde, da er unter dem Joch des Siegers hat durchschreiten müssen, unter dem Bogen des Titus, er denkt daran, wie ihm da für den Bruchteil einer Sekunde das Gesicht seines Sohnes Paulus erschienen ist. Unter den vielen tausend höhnischen Gesichtern jener dunkeln Stunde wird es ihm unvergeßbar bleiben, eingefressen ins Herz, dieses blaßbräunliche, hagere, feindselige Gesicht. Nichts anderes als die Erinnerung an dieses Gesicht war es, Selbstverteidigung gegen dieses Gesicht, die ihm die Feder geführt hat, als er jene Sätze schrieb über den Judenkönig Saul.

Denn ach, in die Schlacht zu gehen, auch wenn sie sichern Untergang bringt, wie leicht ist das, gemessen an dem, was er damals auf sich genommen hat. Herzzerdrückend ist es, schmachvoll, Bewunderung zeigen zu müssen für den frechen Sieger, weil man weiß, daß solche Selbsterniedrigung der einzige Dienst ist, den man dem eigenen Volke leisten kann.

Später, in hundert Jahren oder in tausend, wird man das erkennen. Heute aber, an diesem neunten Kislev des Jahres 3847 nach Erschaffung der Welt, ist es ihm ein geringer Trost, daß ihn die sehr viel Späteren einmal bewundern werden. In seinen Ohren ist nichts von diesem Ruhm, in seinem Herzen ist nichts als die Erinnerung an jenes Geschrei aus hunderttausend Mündern: „Lump, Verräter, Hund“, und darüber, lautlos und doch lauter als alle anderen Stimmen, die seines Sohnes Paulus: „Mein Vater, der Lump, mein Vater, der Hund.“

Weil er sich gegen diese Stimme hat verteidigen wollen, deshalb hat er die Sätze über den düstern Mut des Saul geschrieben. Süß und erhebend war es, sie zu schreiben. Süß und erhebend ist es, sich von seinem Mut fortreißen zu lassen, bedenkenlos. Aber höllisch schwer ist es, niederdrückend, taub zu bleiben vor der Lockung und nichts zu hören als die ruhige, keineswegs hinreißende Stimme der Vernunft.

Da hockt er, ein noch nicht alter Mann, und das Zimmer, dämmerig mit Ausnahme des von der Öllampe beleuchteten Schreibtisches, ist voll von den ungetanen Taten, nach denen er sich sehnt. Denn die Gelassenheit, von der er soviel hermacht, diese seine Stille hier inmitten des lauten, glänzenden, von Taten berstenden Rom ist künstlich, ist erkrampft, ist Schwindel. Alles in ihm ist wund und weh vor hungrigem Ehrgeiz und Tatendrang. Rausch erzeugen, Tatenlust, das ist etwas. Die Geschichte des Königs Saul so erzählen, daß die Jugend seines Volkes ihm zujubelt und begeistert in den Tod geht wie damals, als er sie, jung und dumm, mit seinem Makkabäerbuch hinriß, das ist etwas. Die Geschichte Sauls und Davids und der Könige und der Makkabäerfürsten, deren Blut er selber in den Adern trägt, so schreiben, daß sein Sohn Paulus spürt: Mein Vater ist ein Mann und ein Held, das ist etwas. Aber die Billigung der eigenen Vernunft, die Bewunderung der Späteren, der Nachwelt, das ist Schall und Dunst.

Er darf das nicht denken. Er muß die Gesichte fortjagen, die ihm hier im Dunkeln auflauern. Er klatscht dem Diener, befiehlt: „Licht, Licht!" Alle Lampen und Kerzen müssen angezündet werden. Erleichtert spürt er, wie er wirklich, da sich der Raum erhellt, wieder er selber wird. Jetzt kann er der Vernunft folgen, seiner wahren Führerin.

Er setzt sich von neuem an den Arbeitstisch, zwingt sich zur Sammlung. „Damit es nicht den Anschein habe", schreibt er, „als beabsichtige ich, König Saul über Gebühr zu loben, fahre ich jetzt in meiner eigentlichen Erzählung fort." Und er fuhr fort, erzählte, sachlich, gemessen.

So mochte er eine Stunde gearbeitet haben, als ihm der Diener meldete, ein Fremder sei da, der sich nicht abweisen lasse, ein Doktor Justus aus Tiberias.

Josef hatte seinen großen literarischen Gegner in den letzten Jahren selten gesehen und kaum je allein. Es konnte schwerlich Gutes bedeuten, daß ihn Justus zu so ungewohnter Stunde aufsuchte.

Das graugelbe Antlitz des Mannes, wie er jetzt ins Zimmer trat, Feuchtigkeit und Kälte mit sich bringend, schien dem Josef noch härter geworden, trockener, zerfurchter, als er es in der Erinnerung hatte. Alt, verbraucht, mühsam hochgehalten saß der Kopf des Justus auf dem erschreckend dürren Hals. Josef, so gespannt er auf das wartete, was ihm der andere sagen werde, richtete mechanisch das Aug auf den Stumpf jenes linken Armes, den man dem Justus damals hatte amputieren müssen, als ihn Josef vom Kreuz herunterholte. Er hat sich damit einen scharfen Mahner vom Kreuz geholt, der mit grausam sicherem Blick jede faule Stelle an ihm durchschaute, einen Mann, vor dem Josef immer Angst hatte und den er doch nicht entbehren konnte.

„Und was wollen Sie, mein Justus?“ fragte er ihn nach einigen Sätzen geradezu. „Ich möchte Ihnen einen dringlichen Rat geben“, erwiderte Justus. „Sehen Sie sich in den nächsten Wochen gut vor, was Sie reden und zu wem. Denken Sie auch darüber nach, ob Sie vielleicht in letzter Zeit Dinge gesagt haben, die Übelwollende zu Ihren Ungunsten ausdeuten könnten, und überlegen Sie, wie solche Kommentare zu entkräften wären. Es gibt in der Umgebung des Kaisers Leute, die Ihnen nicht wohlwollen, und Sie selber sollen ab und zu Leute bei sich sehen, deren Staatstreue fraglich ist.“ – „Darf man nicht mit Leuten verkehren“, fragte Josef, „die römisches Bürgerrecht haben und die niemals von einer Behörde verdächtigt worden sind?“ Justus verzog die dünnen Lippen. „Man durfte es“, antwortete er, „in Friedenszeiten. Aber jetzt sieht man sich besser einen jeden genau an, mit dem man Worte wechselt, nicht nur darauf, ob einmal etwas gegen ihn vorgelegen hat, sondern auch, ob einmal in Zukunft etwas gegen ihn vorliegen könnte.“

„Sie denken, der Friede im Osten ...?“ Josef vollendete den Satz nicht.

„Ich denke, der Friede im Osten ist wieder einmal zu Ende“, erwiderte Justus. „Die Daker haben die Donau überschritten und sind in das Gebiet des Reichs eingefallen. Die Meldung kommt aus dem Palatin.“

Josef war aufgestanden. Er hatte Mühe, den andern nicht merken zu lassen, wie sehr ihn die Nachricht aufrührte. Der neue Krieg, der da anrollte, dieser Krieg im Osten, konnte unabsehbare Folgen haben für ihn und für Judäa. Wenn die östlichen Legionen in einen Kampf verwickelt waren, wenn man mit einer Intervention der Parther rechnen durfte, werden dann die „Eiferer des Tages“ nicht losschlagen? Werden sie nicht die aussichtslose Erhebung wagen?

Und da, vor einer Stunde noch, hat er König Saul gerühmt, den Mann, der, den sichern Untergang vor Augen, dennoch in den Krieg geht. Er ist, mit seinen Fünfzig, ein noch größerer Narr und Verbrecher als damals mit Dreißig.

„Mein Justus, was können wir tun?“ sagte er seine tiefe Sorge geradeheraus, die Stimme heiser vor Erregung.

„Mann, Josef, das wissen doch Sie besser als ich“, antwortete Justus, und er höhnte: „Siebenundsiebzig sind es, die haben das Ohr der Welt, und Sie sind einer von ihnen. Sie müssen sich hören lassen. Sie müssen ein klares Manifest abfassen, das von allen Unüberlegtheiten abrät. Je simpler, um so besser. Das können Sie doch. Sie verstehen sich doch auf die Sprache des gemeinen Mannes, Sie verstehen sich doch auf die großen und billigen Worte.“ Seine scharfe Stimme klang besonders unangenehm, die dünnen Lippen verzogen sich, und da war auch wieder jenes peinliche Kichern, das an Josefs Nerven riß.

Trotzdem ging Josef auf den Hohn des andern nicht ein. „Wie wollen Sie mit Worten aufkommen gegen ein so starkes Gefühl?“ fragte er. Und: „Ich möchte ja selber nach Judäa“, brach es aus ihm heraus, „teilnehmen an diesem Aufstand, als was immer, fallen in diesem Aufstand.“

„Das glaub ich Ihnen“, höhnte Justus, „das könnte Ihnen so passen. Wenn ein Stärkerer einen schlägt, dann schlägt man einfach zurück und reizt ihn so lange, bis er einen totschlägt. Aber wenn die ‚Eiferer des Tages‘ eine Entschuldigung haben, Sie haben keine. Sie sind nicht dumm genug.“ Und da Josef vor sich hin starrte, hilflos, grimmig, sagte er noch: „Schreiben Sie das Manifest! Sie haben viel gutzumachen.“

Als Justus gegangen war, setzte sich Josef hin, um seine Mahnung zu befolgen. Es gehöre, schrieb er, viel mehr Mut dazu, sich zu überwinden und den Aufstand zu unterlassen als ihn zu beginnen. Vorläufig, auch wenn der Krieg im Osten ausbräche, gehe es für uns Juden darum, den Staat des Gesetzes und der Bräuche weiter auszubauen und unsere ganze Kraft dieser Aufgabe allein zu widmen. Wir müßten es Gott und der leitenden Vernunft überlassen, die Voraussetzungen zu schaffen dafür, daß dieser Staat des Gesetzes und der Bräuche, das Jerusalem im Geiste, auch seinen sichtbaren Rahmen und Unterbau erhalte, das steinerne Jerusalem. Der Tag sei noch nicht gekommen. Ein zur Unzeit begonnenes, bewaffnetes Unternehmen aber schiebe den Tag nur hinaus, dem wir alle entgegeneiferten.

Er schrieb. Er versuchte sich vollzusaugen mit Begeisterung für die Vernunft so lange, bis ihm ihr Wasser wie Wein schmeckte, so lange, bis ihm die Sätze, die er verkündete, nicht mehr nur Sache seines Verstandes schienen, sondern Sache seines Herzens. Zweimal mußte der Diener die Kerzen erneuern und das Öl der Lampen, ehe sich Josef mit seinem Konzept zufriedengab.

Den Abend darauf fanden sich in der Behausung des Josef vier Gäste ein. Da war der Möbelhändler Cajus Barzaarone, Präsident der Agrippenser-Gemeinde, Repräsentant der römischen Judenheit, ein maßvoller, vernünftiger Mann, dessen Name auch in Judäa guten Klang hatte. Da war weiter Johann von Gischala, einmal ein Führer im jüdischen Krieg, ein schlauer und kühner Mann. Jetzt saß er als Terrainhändler in Rom, seine Geschäfte erstreckten sich übers ganze Reich; in Judäa aber war heute noch in den Köpfen der „Eiferer des Tages" die Erinnerung an seine Tätigkeit während des Krieges lebendig. Da war zum dritten Justus von Tiberias. Da war schließlich Claudius Regin, Finanzminister des Kaisers, geboren von einer jüdischen Mutter und gleichwohl nie ein Hehl daraus machend, daß er die Sache der Juden begünstige, ein Mann, der Josefs Bücher verlegt und ihm in allen seinen Nöten geholfen hatte.

Es mußten unter diesem mißtrauischen Kaiser Domitian Zusammenkünfte ein harmloses Aussehen tragen, um nicht wie Verschwörung zu wirken; denn es gab in beinahe jedem Hause Spitzel des Polizeiministers Norban. Die Herren führten also zunächst, während sie zu Abend aßen, beiläufige Reden über die Dinge des Tages. Natürlich sprach man vom Krieg. „Im Grunde", meinte Johann von Gischala, und sein braunes, wohlwollendes, pfiffiges Gesicht lächelte vergnügt, ein wenig hinterhältig, „im Grunde ist der Kaiser nicht kriegerisch für einen Flavier." Claudius Regin wandte sich ihm zu, salopp lag er da, die schweren Augen schauten schläfrig und mokant unter der vorgebauten Stirn. Er wußte, daß er dem

Kaiser unentbehrlich war, und durfte sich deshalb ab und zu eine übellaunig spaßhafte Offenheit leisten. Auch heute nahm er keine Rücksicht auf die servierenden Diener. „Nein, kriegerisch ist D D D nicht", erwiderte er dem Johann; D D D aber nannte man den Kaiser nach den Anfangsbuchstaben seines Titels und Namens: Dominus ac Deus Domitianus, der Herr und Gott Domitian. „Allein er findet leider, daß ihm der Triumphmantel des Jupiter nicht schlecht steht, und dieses Kostüm ist ein wenig kostspielig. Unter zwölf Millionen kann ich einen Triumph nicht machen, von den Kosten des Krieges ganz abgesehen."

Endlich konnte Josef, die Tafel aufhebend, die Dienerschaft wegschicken, und man redete zur Sache. Als erster äußerte sich Cajus Barzaarone. Er glaube kaum, setzte der joviale Herr mit den listigen Augen auseinander, daß sie, die römischen Juden, durch den bevorstehenden Krieg unmittelbar bedroht seien. Natürlich müßten sie sich in dieser schwierigen Zeit still halten und jedes Aufsehen vermeiden. Bittgottesdienste für den Kaiser und für den Sieg seiner Adler habe er für seine Agrippenser-Gemeinde bereits angeordnet, und selbstverständlich würden die andern Synagogen nachfolgen.

Das war eine vage, unbefriedigende Rede. So hätte Barzaarone im Verein der Möbelhändler sprechen können, dem er vorstand, oder bestenfalls vor den Ratsmitgliedern seiner Gemeinde; aber wenn er hier sprach, zu ihnen, dann hatte es doch keinen Sinn, die Augen vor der Gefahr zu schließen.

Johann von Gischala schüttelte denn auch den braunen, breiten Kopf. Leider, meinte er mit gutmütigem Spott, sei nicht die ganze Judenheit so brav und vernünftig wie die wohldisziplinierte Agrippenser-Gemeinde. Da gebe es zum Beispiel, wie dem verehrten Cajus Barzaarone bestimmt nicht unbekannt sei, die „Eiferer des Tages".

Diese „Eiferer des Tages", stellte auf seine trockene Art Justus fest, würden sich ärgerlicherweise auch auf manches Wort des Großdoktors Gamaliel berufen können. Es war aber Großdoktor Gamaliel, der Präsident der Universität und des Kollegiums von Jabne, der anerkannte Führer der gesamten Judenheit. Bei aller Mäßigung, fuhr Justus fort, habe der

Großdoktor, wenn er sich nicht von den „Eiferern des Tages" allen Wind aus den Segeln habe nehmen lassen wollen, die Hoffnung auf die baldige Wiedererrichtung des Staates und des Tempels immer neu schüren und sich manchmal auch starker Worte bedienen müssen. Dessen würden sich jetzt die Fanatiker erinnern. „Der Großdoktor wird es nicht leicht haben", schloß er.

„Machen wir uns nichts vor, meine Herren", faßte auf seine rücksichtslose Art Johann von Gischala zusammen. „Es ist so gut wie sicher, daß die ‚Eiferer des Tages' losschlagen werden."

Im Grunde hatten sie das alle gewußt; dennoch gab es ihnen einen kleinen Ruck, wie Johann es so nüchtern feststellte. Josef beschaute sich diesen Johann, den nicht großen, doch breiten und kräftigen Körper, das braune, gutmütige Gesicht mit dem kurzen Knebelbart, der eingedrückten Nase, den grauen, verschmitzten Augen. Ja, Johann war der richtige galiläische Bauer, er kannte sein Judäa von innen heraus, er war unter den Anstiftern und Führern des jüdischen Krieges der populärste gewesen, und sosehr Josef sich gegen seine ganze Art auflehnte, er konnte dem Mann nicht abstreiten, daß seine Vaterlandsliebe aus den Tiefen seines Wesens kam. „Wir hier in Rom", begründete Johann von Gischala die Entschiedenheit, mit der er gesprochen, „können uns schwer vorstellen, wie der Krieg im Osten die in Judäa aufrühren muß. Wir hier erleben sozusagen an unserm eigenen Körper die Macht des römischen Reichs, sie ist immerfort um uns herum, das Gefühl dieser Macht ist uns ins Blut übergegangen und verbietet uns jeden Gedanken an Widerstand. Aber wenn ich", überlegte er laut, und sein Gesicht nahm einen nachdenklichen, gesammelten, schmerzhaft begehrlichen Ausdruck an, „wenn ich nicht hier in Rom säße, sondern in Judäa und dort von einer Schlappe der Römer hörte, dann könnte ich nicht für mich einstehen. Ich weiß natürlich mathematisch sicher, daß eine solche Schlappe am Ausgang des Krieges nichts ändern würde; ich habe es am eigenen Leib zu spüren bekommen, wohin ein solcher Aufstand führt. Jung bin ich auch nicht mehr. Und trotzdem, mich selber reißt es, loszugehen, loszuschlagen. Ich sage euch: die ‚Eiferer des Tages' werden nicht stillhalten."

Johanns Worte rührten die andern an. „Was können wir tun, sie zu ernüchtern?" unterbrach Justus das Schweigen. Er sprach mit kalter, beinahe anstößiger Schärfe; doch die Ernsthaftigkeit seiner Gesinnung, die Unbestechlichkeit seines Urteils hatte ihm Achtung erworben, und daß er teilgenommen hatte am jüdischen Krieg, daß er für Jerusalem am Kreuz gehangen war, bewies, daß es nicht Feigheit war, wenn er ein neues kriegerisches Unternehmen so verächtlich abtat.

„Man könnte vielleicht", schlug behutsam Cajus Barzaarone vor, „dem Kaiser die Aufhebung der Kopfsteuer nahelegen. Man müßte ihm plausibel machen, daß es angezeigt wäre, in einer so kritischen Zeit die Gefühle der jüdischen Bevölkerung zu schonen. Vielleicht legt da unser Claudius Regin für uns Fürsprache ein." Unter allen judenfeindlichen Maßnahmen nämlich erregte die Erhebung dieser Kopfsteuer am meisten Unwillen. Nicht nur war die Tatsache, daß die Römer jene Doppeldrachme, welche einstmals jeder Jude als Steuer für den Tempel in Jerusalem zu zinsen hatte, jetzt zur Erhaltung des Tempels des Capitolinischen Jupiter einzogen, eine bittere, höhnische Mahnung an die Niederlage, sondern es wurde auch die Eintragung in die Judenlisten, ihr öffentlicher Anschlag und die Einziehung der Steuer auf brutale und diffamierende Art vorgenommen.

„Es verlangt heute einigen Mut, meine Herren", sagte nach einem kleinen Schweigen Claudius Regin, „zu zeigen, daß man mit Ihnen sympathisiert. Trotzdem würde ich vielleicht diese Kühnheit aufbringen und dem Kaiser die Anregung unseres Cajus Barzaarone unterbreiten. Aber glauben Sie nicht, daß D D D, wenn er sich wirklich zum Verzicht auf die Doppeldrachme entschließen sollte, dafür eine ungeheure Gegenleistung fordern würde? Er würde im besten Fall als Gegenleistung eine Sondersteuer ausschreiben, die für Ihre Gefühle weniger empfindlich wäre, für Ihre Kasse aber um so mehr. Ich weiß nicht, mein Cajus Barzaarone, ob Sie den weiteren Besitz Ihrer Möbelfabrik oder die Befreiung von der Judensteuer vorziehen. Ich für mein Teil würde lieber ein bißchen

Kränkung einstecken und dafür mein Geld behalten. Ein reicher Jude, auch gekränkt, hat immer noch etwas Macht und Einfluß, ein armer Jude, auch ungekränkt, ist gar nichts."

Justus tat die platten Weisheiten des Claudius Regin und die undurchführbaren Anregungen des Cajus Barzaarone mit einer kleinen Handbewegung ab. „Was wir tun können", sagte er, „ist verdammt wenig. Wir können Worte machen, nichts sonst. Das ist armselig, ich weiß es. Aber wenn die Worte sehr klug berechnet sind, wirken sie vielleicht dennoch. Ich habe Doktor Josef nahegelegt, ein Manifest abzufassen." Alle schauten auf Josef. Der schwieg und regte sich nicht; er spürte hinter den Worten des Justus einen leisen, kratzenden Hohn. „Und haben Sie ein Sendschreiben abgefaßt?" fragte schließlich Johann.

Josef nahm aus dem Ärmel seines Gewandes das Manuskript und las es vor. „Es ist ein wirkungsvolles Manifest", sagte, als er zu Ende war, Justus, und außer Josef hörte kaum einer den Hohn dieser Anmerkung. „Auf die ‚Eiferer des Tages' wird es wenig Wirkung tun", meinte Johann. „Die ‚Eiferer des Tages' kann nichts zurückhalten", gab Justus zu, „und die um den Großdoktor brauchen keine Mahnung. Aber es gibt Leute zwischen beiden Lagern, es gibt Schwankende, und die werden sich vielleicht bestimmen lassen von uns, die wir hier in Rom leben und die Lage besser beurteilen. Einige Wirkung wird das Schriftstück tun", beharrte er. Er hatte beinahe heftig gesprochen, als wollte er nicht nur die andern, sondern auch sich selber überzeugen. Nun aber erschlaffte er und, trüb, setzte er hinzu: „Und dann, etwas müssen wir tun, schon unserthalb. Frißt es euch nicht das Herz ab, dazuhokken und zuzuschauen, wie die andern ins Unglück rennen?" Er dachte daran, wie er damals, vor und zu Beginn des Krieges, vergeblich gewarnt hatte. Auch diesmal wird man vergeblich warnen, er wußte es. Und in abermals zwanzig Jahren, wenn sich das gleiche wiederholt, wird er auch wieder warnen müssen, noch so tief überzeugt, daß er nur die Luft erschüttert. „Ich denke", trieb er die andern weiter an, „wir sollten unsere Namen unter das Schriftstück setzen und uns überlegen, wen sonst noch wir zur Unterschrift auffordern."

Der bittere Eifer des sonst so zurückhaltenden Mannes ging den andern ans Herz. Gleichwohl drückte der Möbelhändler Cajus Barzaarone unbehaglich herum. „Mir scheint", meinte er, „es kommt weniger auf die Zahl der Unterschriften an als darauf, daß die Unterzeichner bei den jüngeren Leuten in Judäa Geltung haben. Was zum Beispiel soll es nützen, wenn die Unterschrift eines alten Möbelhändlers unter diesem Manifest steht?" – „Vielleicht nützt es nicht viel", antwortete Justus, und der Unwille klang nur leise durch seine Worte. „Aber schon damit die andern Unterzeichner gedeckt seien, sollten auch Unterschriften unverdächtiger Herren auf dem Dokument sein." – „Das ist richtig", trieb Claudius Regin den ängstlichen Barzaarone noch mehr in die Enge. „Die Leute unseres Polizeiministers Norban wittern Unrat hinter allem, und wenn ihnen das Manifest in die Hände fällt, dann werden sie erklären, die Unterzeichner hätten um verdächtige Umtriebe in Judäa gewußt. Je unbedenklichere Unterschriften unter dem Manifest stehen, um so geringer wird die Gefahr für jeden einzelnen." – „Sperren Sie sich nicht lange, mein Barzaarone", sagte Johann von Gischala und strich sich den Knebelbart, „Sie müssen schon heran."

Man beriet, auf welche Weise man das Schriftstück nach Judäa bringen sollte. Nicht nur gab es jetzt im Winter keine rechten Schiffsverbindungen, es gab auch sonst Fährnisse. Man konnte das Dokument nur einem sichern Manne anvertrauen. „Ich weiß wirklich nicht", meinte wiederum Cajus Barzaarone, „ob der Gewinn, den wir im besten Fall aus dem Sendschreiben ziehen, im rechten Verhältnis steht zu dem Risiko, dem wir uns und unsere Gemeinschaft aussetzen. Denn wer immer jetzt im Winter unter so schwierigen Verhältnissen nach Judäa fährt, muß stichhaltige Gründe angeben können, wenn er den Behörden nicht auffallen will." – „Aber Sie kommen nicht los, mein Cajus Barzaarone", ließ der verschmitzte Johann von Gischala nicht locker. „Ich weiß einen Mann, der stichhaltige Gründe hat, jetzt nach Judäa zu reisen, Gründe, die auch den Behörden einleuchten. Zweifellos werden infolge des Krieges die Bodenpreise in Judäa fallen. Da trifft es sich nicht schlecht, daß wir einen Terrainhändler unter uns haben, nämlich mich. Meine Firma hat großen Grundbesitz in Judäa. Sie wünscht, überzeugt von dem raschen Sieg der Legionen, die Konjunktur auszunutzen und ihre Terrains abzurunden. Ist das ein stichhaltiger Grund? Ich werde meinen Prokuristen, den redlichen Gorion, nach Judäa schicken. Vertrauen Sie mir das Schriftstück an. Es wird sicher befördert."

Man unterzeichnete. Auch Cajus Barzaarone setzte schließlich, zögernd, seinen Namen unter Josefs Manifest.

Drei Tage später erfuhren die Herren zu ihrer Überraschung, daß nicht Gorion, sondern Johann von Gischala selber nach Judäa aufgebrochen war.

Josef stieg die Treppe hinauf zu den Zimmern, in denen Mara mit den Kindern wohnte. Es war eine enge, unbequeme Treppe, alles in seinem Haus war eng, unbequem, verwinkelt. Schon damals, als ihn Domitian aus dem schönen Gebäude ausquartiert hatte, das ihm der alte Kaiser zur Wohnung angewiesen, hatte man sich gewundert, daß ein so angesehener Mann sich dieses armselige, altmodische, kleine Haus in dem höchst unvornehmen Bezirk „Freibad" aussuchte. Seitdem gar Mara mit der kleinen Jalta zu ihm gekommen war und ihm die zwei Söhne zugeboren hatte, war ihm das Haus wirklich nicht mehr angemessen; aber Josef, verbissen in eine erkrampfte Bescheidenheit, hatte sich darauf beschränkt, es um ein Stockwerk zu erhöhen. Da stand es, eng, schmal, baufällig, davor die Buden von ein paar Kleinhändlern mit allerlei übelriechendem Kram, keine würdige Wohnstätte für einen Mann seines Ranges und seines Namens.

Mara hatte sich trotz ihrer Schlichtheit von Anfang an in diesem Hause nicht wohlgefühlt. Sie wollte freien Himmel über sich haben; in einer großen Stadt zu leben zwischen steinernen Wänden, das allein ging ihr gegen die Natur. Hier gar, in dem dumpfigen, verschachtelten Gemäuer, in der niedrigen Stube unter der verschwärzten Decke, fühlte sie sich zwiefach unbehaglich. Wenn es nach ihr gegangen wäre, dann wäre man längst wieder nach Judäa übersiedelt auf eines von Josefs Gütern.

Es war jetzt der fünfte Tag, seitdem die Nachricht von dem Einbruch der Daker bekannt geworden war. Josef war inzwischen oft mit Mara zusammen gewesen, er hatte die meisten Mahlzeiten mit ihr geteilt und viel mit ihr gesprochen. Von dem bevorstehenden Grenzkrieg indes war kaum je die Rede gewesen. Wahrscheinlich ahnte Mara nicht, welche Rückwirkungen auf Judäa die Vorgänge an der Donau haben könnten. Sicher aber spürte sie, die mit seinem Wesen bis ins kleinste vertraut war, hinter der Maske seines Gleichmuts seine innere Sorge.

Wie er jetzt zu ihr hinaufstieg, wunderte er sich, daß er so lange bemüht gewesen war, diese Sorge vor ihr zu verbergen. Sie ist der einzige Mensch, vor dem er sich ganz ohne Scham so zeigen kann, wie er ist. Als die andere es von ihm verlangte, hat sie sich von ihm fortschicken lassen, und sie ist zu ihm zurückgekehrt, als er sie wieder rief. Sie ist da, wenn er sie braucht, und wenn sie ihn stört, löscht sie sich aus. Vor ihr kann er alles heraussagen, seinen Stolz, seine Zweifel, seine Schwäche.

Er schlug den Vorhang zurück und trat in ihre Stube. Der niedrige Raum war vollgestopft mit Sachen aller Art, selbst von der Decke hingen, nach der Sitte der kleinen Städte Judäas, Körbe herunter mit Lebensmitteln und mit Wäsche. Die Kinder waren um Mara, das Mädchen Jalta und die beiden kleinen Söhne, Matthias und Daniel.

Josef überließ Tochter und Söhne gerne der Mara, er wußte mit Kindern nicht viel anzufangen. Doch heute wie stets betrachtete er mit einer Art gerührter Verwunderung den Matthias, den dritten seiner Söhne und doch eigentlich seinen ältesten, denn Simeon war tot und Paulus für ihn mehr als tot. An diesen seinen Sohn Matthias aber knüpfte Josef neue Hoffnungen und Wünsche. Deutlich waren in dem Kleinen Züge des Vaters, deutlich Züge der Mutter, aber die Mischung ergab ein völlig Neues, Vielversprechendes, und Josef hoffte, in diesem Matthias werde er sich vollenden können, der werde erreichen, was er selber nicht hatte erreichen können: Jude zu sein und gleichzeitig Grieche, ein Weltbürger.

Da also saß die Frau, arbeitete mit Hilfe einer Leibeigenen

an einem Gewandstück und erzählte den Kindern eine Geschichte. Josef bat sie durch Zeichen, sich nicht stören zu lassen. So schwatzte sie denn weiter, und Josef sah, daß es ein frommes, etwas albernes Märchen war. Es handelte von dem Fluß, dessen Sprache jene Menschen verstehen, welche die wahre Gottesfurcht haben; der Fluß berät sie, was sie tun sollen und was lassen. Es ist ein schöner Fluß, und er fließt in einem schönen Land, in ihrem Heimatland Israel, und einmal wird sie mit den Kindern hingehen, und wenn die Kinder ordentlich sind, dann wird der Fluß auch mit ihnen reden und sie beraten.

Josef beschaute Mara, während sie erzählte. Sie war mit ihren Zweiunddreißig voll geworden und schon ein wenig verblüht. Von dem mondlich Strahlenden ihrer ersten Jugend war nichts mehr da, keine Gefahr mehr war, daß heute ein Römer sie frech für sein Bett fordern werde wie damals der alte Vespasian. Allein für Josef war sie immer noch, was sie ihm früher gewesen, ihm blieb ihr eirundes Gesicht zart und klar, ihm schimmerte ihre niedrige Stirn wie damals.

Mara hatte aufgeleuchtet, als sie ihn kommen sah. Sie hatte die ganzen letzten Tage über gemerkt, daß ihn etwas drückte, und darauf gewartet, daß er mit ihr spreche. Gewöhnlich sprach er griechisch mit ihr, aber wenn er sich ihr nahe fühlte und es um Wichtiges ging, dann sprach er aramäisch, die Sprache der Heimat. Gespannt jetzt, nachdem sie die Kinder fortgeschickt, wartete sie darauf, in welcher Sprache er sie anreden werde.

Und siehe, er spricht aramäisch. Er ist nicht mehr der Mann von ehemals, sein Gesicht ist faltig, der Bart nicht mehr sorgfältig gelockt und gekräuselt, er ist ein Mann von fünfzig Jahren, man sieht ihm an, daß er viel erlebt hat. Auch hat er ihr viel Leides zugefügt, und ganz verwunden hat sie es nie. Trotz alledem aber geht für sie auch heute noch das Leuchten von ihm aus, das früher um ihn war, und sie ist voll großen Stolzes, daß er zu ihr spricht.

Er spricht ihr von der Zusammenkunft mit den andern und von seiner Sorge vor dem Aufstand. Er schüttet sich ganz vor ihr aus, ja eigentlich wird ihm erst, während er mit ihr spricht, ganz klar, was alles die neue Gefahr Judäas in ihm heraufwühlt. Er hat ein heftiges Leben hinter sich, Gipfel und Abgründe, er hat geglaubt, jetzt habe er Frieden und dürfe sich versenken in seine Bücher und es beginne ihm ein ruhiger Abend. Statt dessen rollen neue Prüfungen und Bitternisse an. Der Aufstand in Judäa, so sinnlos er ist, wird losbrechen, Josef wird dagegen kämpfen, und er wird von neuem Schimpf und Schmach auf sich nehmen müssen, weil er sein Gefühl niederdrückt um der Vernunft willen.

Mara hat ihn dieses böse Lied schon früher singen hören. Aber wenn sie ihm früher bedingungslos recht gab, denn er war weise und sie unweise, so lehnte sich jetzt ihr Herz gegen ihn auf. Warum, wenn er spürte wie die andern, handelte er anders? Wäre es nicht besser für sie alle, er wäre weniger weise? Er war ein sehr großer Mann, dieser Doktor und Herr Josef, ihr Mann, und sie war stolz auf ihn, doch manchmal und so auch jetzt dachte sie, wieviel schöner es wäre, wenn er weniger groß wäre. „Deine Bedrückung liegt auf mir wie eine eigene", sagte sie, und dann, und ihr Rücken wurde rund und schlaff, fügte sie noch hinzu, leise: „Land Israel, mein armes Land Israel."

„Land Israel", sagte sie, aramäisch. Josef verstand sie, und Josef beneidete sie. Er hatte sein Weltbürgertum, aber er war zerspalten. Sie indes war ganz eins. Sie war verwachsen mit dem Boden Judäas, sie gehörte zu Judäa, unter den Himmel Judäas und zu seinem Volk, und Josef wußte, wenn sie ihn mehrmals in ihrer stillen Art aufgefordert hatte, dorthin zurückzukehren, so hatte sie recht gehabt, und er hatte unrecht, es ihr zu verweigern.

Er dachte an die vielen kunstvollen Argumente, die er konstruiert hatte, um seine Weigerung zu begründen. In Judäa, hatte er erklärt, werde ihm die Nähe der Dinge den Blick trüben, er werde sich fortreißen lassen von der Leidenschaft der andern, er werde dort an seinem Werk nicht mit der Sachlichkeit arbeiten können, welche die Grundbedingung des Gelingens sei. Allein sie beide wußten, daß das eine Ausflucht war. Alle die Gründe, die ihn angeblich in Rom hielten, waren Ausflüchte. Er hätte sein Buch in Judäa eher besser schreiben können als hier, es wäre in einem guten Sinn jüdischer geworden. Und vielleicht hatte sie auch damit recht, daß es für die Kinder besser wäre, auf einem Landgut in Judäa unter freiem Himmel heranzuwachsen als hier in den engen Straßen der Stadt Rom. Dies letzte freilich war sehr zweifelhaft; denn wenn sein kleiner Matthias das werden sollte, was Josef plante, dann mußte er in Rom bleiben.

Auf alle Fälle trotzte er und machte sich taub gegen die stillen Bitten Maras. Er hatte sich für ein zurückgezogenes Leben entschieden, aber er wollte nicht darauf verzichten, das Brausen der Stadt Rom rings um sich zu wissen. In der Provinz zu leben hätte ihn beengt; in Rom, auch wenn er sich in sein Zimmer einschloß, tröstete ihn der Gedanke, er brauche nur wenige hundert Schritte zu tun, dann stehe er auf dem Capitol, dort, wo das Herz der Welt schlägt.

In seinem Innersten aber verspürte er Unbehagen, ja ein ganz leises Gefühl der Schuld, daß er Mara hier in Rom hielt. „Armes Land Israel", nahm er Maras Seufzer auf, und: „Es wird ein Winter voller Sorgen werden", schloß er.

Beim Abendessen, vor seiner Frau Dorion und vor seinem Stiefsohn Paulus, ließ Annius Bassus, Domitians Kriegsminister, sich gehen. Vor diesen beiden konnte er reden, und daß des Paulus Lehrer anwesend war, der Grieche Phineas, störte ihn nicht. Phineas war Freigelassener, er zählte nicht. Ganz ungetrübt freilich waren bei aller Vertrautheit seine Beziehungen auch zu Frau und Stiefsohn nicht. Manchmal hatte er das Gefühl, Dorion halte ihn trotz seiner ungewöhnlichen Karriere für unbedeutend und sehne sich trotz ihres Hasses zurück nach ihrem Flavius Josephus, diesem widerwärtigen jüdischen Intellektuellen. Sicher war, daß sie sich aus dem Jungen, den sie ihm, dem Annius, geboren hatte, aus dem kleinen Junius, nicht viel machte, während sie Paulus, den Sohn ihres Josephus, bewunderte und verwöhnte. Übrigens konnte er selber sich nicht wehren gegen die Anmut, die von Paulus ausging.

Ja, er liebte Dorion, und er liebte Paulus. Und wiewohl ihre Neigung für ihn geringer sein mochte als die seine für sie, so waren doch sie die einzigen, vor denen er seinen Sorgen freien Lauf lassen konnte, dem fressenden Ärger, den sein Amt unter dem schwer durchschaubaren, menschenfeindlichen Kaiser mit sich brachte. Dabei hing Annius dem Domitian von Herzen an, er verehrte ihn, und D D D hatte, wiewohl kein geborener Soldat, Verständnis für Heeresangelegenheiten. Allein des Kaisers Mißtrauen kannte keine Grenzen und zwang seine Räte häufig, taugliche Männer von den rechten Stellen abzuberufen und sie zu ersetzen durch weniger taugliche, die sich nur dadurch auszeichneten, daß sie dem Kaiser kein Mißtrauen einflößten.

Auch jetzt wieder wurde der dakische Feldzug von Anfang an erschwert durch die finstern Hintergedanken Domitians. Das Gegebene wäre gewesen, das Oberkommando dem Frontin anzuvertrauen, der die meisterhaften Befestigungslinien an der untern Donau angelegt und durchgeführt hatte. Aber da der Kaiser wünschte, Frontin solle sich nicht für unersetzlich halten und nicht übermütig werden, war er auf die unglückliche Idee gekommen, das Kommando dem Gegner des Frontin anzuvertrauen, dem General Fuscus dem Draufgänger.

Dorion schien nicht sehr interessiert an diesen Ausführungen, ihre hellen grünen Augen schauten bald ein wenig abwesend auf Annius, bald einfach vor sich hin. Auch Phineas, wiewohl ihm, dem fanatischen Griechen, Schwierigkeiten der römischen Reichsverwaltung innere Genugtuung bereiten mochten, schien wenig Anteil zu nehmen. Um so mehr interessiert war Paulus. Er war jetzt sechzehn Jahre alt, es war noch kein Jahr her, daß man ihn feierlich zum erstenmal die Toga des Erwachsenen hatte anlegen lassen. Die Mutter hätte es gern gesehen, wenn er in Begleitung seines Lehrers eine griechische Universität bezogen hätte. Er selber aber mühte sich, die griechischen Neigungen zu bekämpfen, welche die beiden ihm eingepflanzt hatten; er wollte Römer sein, nichts als Römer. Deshalb hatte er sich einem Freunde des Annius angeschlossen, dem Obersten Julian, einem ausgezeichneten Soldaten, der seinen Sommerurlaub in Rom verbracht hatte. Julian hatte sich des Knaben angenommen und ihn in militärischen Fragen unterwiesen; im Herbst aber hatte er nach Judäa zurückkehren müssen, zu seiner Legion, der Zehnten. Paulus hätte ihn ums Leben gern begleitet, auch dem Annius, der selber ein passionierter Soldat war, wäre es lieb gewesen, aus seinem Stiefsohn einen rechten Offizier zu machen. Doch Dorion hatte sich dagegen gesträubt. Auch Phineas hatte dem Knaben auf seine stille, vornehme und darum um so wirksamere Art vorgestellt, wie verrohend das Soldatenleben in der fernen Provinz auf ihn wirken müsse, wenn er sich nicht vorher durchsättigt habe mit griechischer Gesittung, und Paulus hatte sich zuletzt fügen müssen. Jetzt indes, nach dem Ausbruch der dakischen Wirren, hatte er neue Hoffnung. Das Offiziershandwerk während eines Krieges zu erlernen, das war eine einmalige Gelegenheit, die zu benützen man ihm nicht verwehren durfte.

Mit leidenschaftlichem Interesse also hörte er zu, wie Annius über die Schwierigkeiten des Feldzuges sprach, in den man hineinging. Man hätte an der Donau wirklich einen Feldherrn von Format gebraucht, eben den Frontin, nicht den sturen Draufgänger Fuscus. Die Daker waren keine Barbaren mehr, ihr König Diurpan war ein Strateg, der sich sehen lassen konnte, unsere Kräfte dort, knapp drei Legionen, genügten nicht, die Grenze von fast tausend Kilometern zu sichern, und der harte Winter dieses Jahres erschwerte die Verteidigung; denn er gab dem Angreifer die Möglichkeit, über die vereiste Donau ständig neue Verstärkungen nachzuschieben. Dazu war der Dakerkönig Diurpan ein geschickter Politiker, er zettelte überall im Osten und hatte gute Aussichten, eine Intervention selbst der Parther durchzusetzen. Unter allen Umständen müsse man damit rechnen, daß gewisse östliche Provinzen, welche die Herrschaft Roms nur mit Unwillen ertrugen, unbequem würden, Syrien zum Beispiel und insbesondere das nie ganz befriedete Judäa.

Dorions Gleichgültigkeit war auf einmal vorbei, als Annius das auseinandersetzte. Sie hatte lange nichts gehört von Josef, dem Manne, der mehr als alle andern Menschen in ihr Schicksal eingegriffen hatte. Ein Aufstand in Judäa, das war ein Ereignis, das auch diesen Mann Josef wieder aus seiner jetzigen

Dunkelheit wird auftauchen machen. Wirr durcheinander gingen ihr Erinnerungen dessen, was sie mit ihm erlebt hatte. Wie er die Geißelung auf sich genommen hatte, um sich von seiner lächerlichen jüdischen Frau scheiden und sie heiraten zu können, wie sie untergetaucht und versunken waren in ihrer Liebe dort in dem kleinen Haus, das Titus ihnen überlassen, wie die Feindschaft zwischen ihnen aufgesprungen war, wie sie mit ihm um ihren Sohn gekämpft hatte, um diesen Paulus, wie sie ihn in seinem Triumph gesehen hatte, da man seine Büste aufgestellt im Friedenstempel und Rom ihm zugejauchzt, alles das, ihr wilder Haß und ihre wilde Liebe waren jetzt in ihr, unzertrennbar.

Auch Phineas gab es auf, den Gleichgültigen zu spielen, als Annius von Judäa zu sprechen anfing, und sein großer,blasser Kopf rötete sich. Wenn wirklich Wirren in Judäa ausbrächen, so daß es gezüchtigt würde, das barbarische Land, wie herrlich wäre das! Phineas gönnte es den abergläubischen Juden, daß sie wieder einmal die Faust Roms zu spüren bekämen. Er gönnte es vor allem *einem*, diesem Josephus, seinem früheren Herrn. Er verachtete ihn, diesen Josephus, alles an ihm, seinen albernen Kampf um Paulus, seine Großmut und seine Demut, seinen Aberglauben, seine billigen Erfolge, sein elendes Griechisch, alles, alles. Herrlich wäre es, wenn diesem Josephus einmal wieder gezeigt würde, wie armselig sein Judäa war, wenn er wieder einmal zu spüren bekäme, was es heißt, Knechtschaft zu erleiden.

In seine und der Dorion aufgewühlte Gedanken und Gefühle kamen Worte des Paulus. „Das wird einem gewissen Manne gewisse Schwierigkeiten bereiten", sagte Paulus. Es waren einfache Worte, doch die Stimme, die sie sprach, war so erfüllt von Haß und Triumph, daß Dorion erschrak und daß selbst Annius Bassus hochsah. Auch ihm war Flavius Josephus zuwider; der offene, lärmende Soldat fand den Juden geduckt, schleicherisch. Doch wenn er, der römische Offizier, der gegen die Juden zu Felde gezogen war, zuweilen über den Josephus schimpfte und sich lustig machte, ihm war das erlaubt. Auch dem Phineas war es erlaubt, dem Freigelassenen des Josephus. Nicht aber war es erlaubt den beiden andern an diesem Tisch, nicht der Frau, die einmal mit diesem Juden vermählt gewesen war, nicht seinem Sohne. Nicht nur aus soldatischem Anstand lehnte sich Annius dagegen auf, er spürte auch, daß Dorions überhitzter Haß gegen Josephus aus einer Unsicherheit des Gefühls stammte. Wohl führte sie zuweilen ungerechte, ja unflätige Reden gegen ihn, doch dann wieder, wenn von ihm die Rede war, schleierten sich ihre Augen bedenklich. Dem Annius wäre es lieb gewesen, wenn sich seine Frau und sein Stiefsohn von dem zwielichtigen Mann innerlich ganz losgesagt hätten, so daß sie ihn weder haßten noch liebten.

Vorläufig indes setzte Paulus seine Haßrede fort. Herrlich wäre es, wenn sich Judäa empörte und Anlaß gäbe, es endlich zu züchtigen. Was für ein Leben wäre es, wenn er hinüberfahren dürfte, teilnehmen an einer solchen Strafexpedition unter Führung Julians, dieses guten Lehrers. Wie müßte das seinen Vater, den Juden, treffen. „Ihr müßt mich hinüber nach Judäa lassen!" brach es aus ihm heraus.

Dorion wandte den langen, dünnen Kopf gegen ihn, und ihre meerfarbenen Augen über der stumpfen Nase beschauten ihn nachdrücklich. „Nach Judäa? Du nach Judäa?" fragte sie. Es klang ablehnend, doch Paulus spürte, daß sie seinen Haß gegen den Juden, seinen Vater, teilte. „Ja", beharrte er, und seine hellen Augen schauten heftig in die prüfenden der Mutter, „ich muß hinüber nach Judäa, nun es dort losgeht. Ich muß mich reinwaschen." Sie klangen dunkel, diese leidenschaftlich hervorgestoßenen Worte: „Ich muß mich reinwaschen"; trotzdem verstand selbst der schlichte Soldat Annius, was sie besagen wollten. Paulus schämte sich seines Vaters, es verlangte ihn, gutzumachen, daß er dieses Vaters Sohn war.

Jetzt aber war es genug, Annius wollte dieses heillose Gerede nicht länger anhören, er griff ein. „Ich höre solche Worte nicht gern aus deinem Mund", tadelte er.

Paulus merkte, daß er zu weit gegangen war, aber er beharrte, wenn auch in maßvolleren Wendungen. „Oberst Julian wird es einfach nicht verstehen", sagte er, „wenn ich jetzt nicht nach Judäa gehe. Ich möchte nicht verzichten auf Oberst Julian."

Schmal und zart saß Dorion da, locker und doch streng, ihr ein wenig breiter, aus dem hochfahrenden Gesicht frech vorspringender Mund lächelte ein kleines, schwer deutbares Lächeln. Annius, sosehr dieses Lächeln ihn aufbrachte, spürte, wie sehr er die Frau liebte, und für immer. Sie aber, Dorion, schaute auf den Lehrer ihres Sohnes. „Wie denken Sie darüber, mein Phineas?" fragte sie.

Der sonst so gelassene, elegante Mann konnte seine Erregung schwer verbergen. Nervös beugte und streckte er die langen Finger der großen, dünnen, krankhaft blassen Hände, nicht einmal die Füße in den griechischen Schuhen konnte er ruhig halten. Hin und her gerissen war er von zwiespältigen Gefühlen. Es schmerzte ihn, daß er Paulus endgültig verlieren sollte. Er liebte den schönen, begabten Jungen, er hatte sich so heiß bemüht, ihm sein Griechentum einzupflanzen. Er hatte wohl gesehen, daß ihm Paulus langsam entglitt, aber er wird es schwer verwinden, wenn Paulus ganz und für immer ein Römer werden sollte, und das war nicht zu verhindern, wenn er zur Legion nach Judäa ging. Andernteils war es ein starker Trost, sich auszumalen, wie es diesen Josephus treffen mußte, wenn sein eigener Sohn, sein Paulus, teilnahm an dem Kampf gegen sein Volk, im Lager der Römer. Mit seiner tiefen, wohlklingenden Stimme sagte Phineas: „Es wäre mir ein Schmerz, wenn unser Paulus nach Judäa gehen sollte, doch ich muß sagen, in diesem Fall verstünde ich ihn."

„Auch ich verstehe ihn", sagte die Dame Dorion, und: „Ich fürchte, mein Sohn Paulus", sagte sie, „ich werde dir nicht mehr sehr lange nein sagen können."

Die Reise nach Judäa in dieser Jahreszeit war umständlich, ja gefährlich. Paulus betrieb die Vorbereitungen mit Eifer und mit Umsicht. Er war jungenhaft glücklich; nichts mehr war in ihm von dem unberechenbar Heftigen, Leidenschaftlichen, das die um ihn so häufig erschreckt hatte. Entwichen aus ihm waren jene jüdischen Meinungen und Eigenschaften, die sein Vater in ihn hatte einsenken wollen. Entwichen aus ihm war das Griechentum, mit dem ihn zu durchtränken seine Mutter und sein Lehrer so heiß bemüht gewesen waren. Gesiegt hatte der Raum um ihn, gesiegt hatte die Zeit um ihn: er, der Sohn des Juden und der Griechin, war ganz zum Römer geworden.

Steifen, unbeholfenen Schrittes ging der Kaiser die Käfige seines Tierparks in Alba entlang. Das Schloß war als Sommerresidenz gedacht, aber Domitian fuhr häufig auch in der schlechten Jahreszeit heraus. Er liebte dies sein Schloß in Alba mehr als alle seine anderen Besitzungen, und wenn er das weitläufige, prunkvolle Palais als Prinz mit ungenügenden Mitteln begonnen hatte, so war er jetzt bestrebt, es um so großartiger zu vollenden. Unabsehbar dehnte sich der kunstvolle Park, überall wuchsen Nebengebäude aus dem Boden.

Unförmig, in Filzmantel, Kapuze und Pelzschuhen, storchte der große Mann die Käfige entlang, hinter ihm der Zwerg Silen, dick, wüst behaart, verwachsen. Es war ein feuchter, kalter Tag, vom See stieg Dunst auf, die sonst so farbige Landschaft lag blaß, selbst die Blätter der Olivenbäume waren ohne Glanz. Ab und zu blieb der Kaiser vor einem Käfig stehen und beschaute abwesenden Blickes die Tiere.

Er war froh, daß er sich entschlossen hatte, den Palatin zu verlassen und hier herauszufahren. Er gefiel sich in der winterlich dunstigen Landschaft. Gestern waren ausführliche Depeschen von der Donaugrenze eingetroffen, der Einfall der Daker ins Reich hatte schlimmere Folgen gehabt, als er angenommen, man konnte nicht mehr von Grenzzwischenfällen reden, was sich jetzt da unten vorbereitete, war ein Krieg.

Er preßte die aufgeworfene Oberlippe auf die Unterlippe. Er wird jetzt wohl selber zu Felde ziehen müssen. Angenehm ist das nicht. Er liebt keine schnellen, unbequemen Reisen, er liebt es nicht, lange zu Pferde zu sitzen, und jetzt im Winter ist alles doppelt strapaziös. Nein, er ist kein Soldat, er ist nicht wie sein Vater Vespasian und sein Bruder Titus. Die waren nichts als Soldaten, ins Gigantische gereckte Feldwebel. Noch hat er die schmetternde Stimme des Titus im Ohr, und ein angewidertes Zucken geht über sein Gesicht. Nein, ihm liegt nichts an glänzenden Siegen, die man dann doch nicht weiterverfolgen kann. Er strebt Gewinne an, die bleiben, Sicherungen. Er hat einiges gesichert, in Germanien, in Britannien. Er ist die Erfüllung des flavischen Geschlechts. Wenn er sich vom Senat den Titel „Herr und Gott Domitian" hat zuerkennen lassen, dann mit Recht.

Er stand jetzt vor dem Käfig der Wölfin. Es war ein ausgesucht schönes, kräftiges Tier, der Kaiser liebte diese Wölfin, das Ruhelose an ihr, das unberechenbar Wilde, das Schlaue und Kräftige, er liebte in dieser Wölfin das Sinnbild der Stadt und des Reichs. Hochgereckt, die Arme eckig nach hinten gepreßt, den Bauch herausgedrückt, stand er vor dem Käfig. „Der Herr und Gott, der Imperator Flavius Domitianus Germanicus", sprach er seinen Namen und Titel vor sich hin, und hinter ihm der Zwerg in der gleichen Haltung wie er selber sprach ihm die Worte nach vor dem Käfig der Wölfin.

Sein Vater und sein Bruder mögen glänzendere Siege errungen haben als er. Aber es kommt nicht auf glänzende Siege an, sondern nur auf die Endresultate eines Krieges. Es gibt Feldherren, die nur Schlachten gewinnen können, aber keinen Krieg. Was er zusammen mit seinem bedächtigen Festungsbaumeister Frontin in Germanien geleistet hat, die Errichtung des Walles gegen die germanischen Barbaren, das glänzt nicht, aber es ist mehr wert als zehn glänzende und folgenlose Siege. Die Ideen dieses Frontin hätten die Feldwebel Vespasian und Titus niemals erfaßt oder gar durchgeführt.

Schade, daß er den Frontin nicht als Oberkommandanten an die Donau nehmen kann. Aber es wäre gegen seine Prinzipien. Man darf keinen zu groß, man darf keinen übermütig werden lassen. Die Götter lieben nicht den Übermut. Der Gott Domitian liebt nicht den Übermut.

Es ist natürlich tief bedauerlich, daß das Fünfzehnte Armeekorps aufgerieben ist, aber es hat auch sein Gutes. Wenn er es genau betrachtet, dann ist es ein Glück, daß die dakischen Dinge diese Wendung genommen und einen richtigen Krieg angefacht haben. Denn dieser Krieg kommt zur rechten Zeit, er wird Münder stopfen, die man sonst nicht so bald zum Schweigen hätte bringen können. Dieser Krieg wird ihm, dem Kaiser, den willkommenen Vorwand liefern, endlich gewisse unpopuläre innerpolitische Maßnahmen zu treffen, die er ohne den Krieg noch jahrelang hätte hinausschieben müssen. Jetzt, mit dem Vorwand des Krieges, kann er seine widerspenstigen Senatoren zwingen, ihm Konzessionen zu machen, die sie ihm im Frieden niemals eingeräumt hätten.

Unvermittelt wendet er sich ab von dem Käfig, vor dem er noch immer steht. Er will sich nicht weiter verlocken lassen, zu träumen, seine Phantasie schweift zu leicht aus. Er liebt Methode, beinahe Pedanterie in den Regierungsgeschäften. Es verlangt ihn nach seinem Schreibtisch. Er will sich Notizen machen, ordnen. „Die Sänfte!" befiehlt er, über die Schulter, „die Sänfte!" gibt der Zwerg kreischend den Befehl weiter, und der Kaiser läßt sich zurück ins Schloß tragen. Es ist ein gutes Stück Weges. Erst geht es durch Oliventerrassen hinauf, dann durch eine Platanenallee, dann an Treibhäusern vorbei, dann durch Ziergärten und Wandelgänge, vorbei an Pavillons, Lauben, Grotten, Wasserkünsten aller Art. Es ist ein schöner, großer Park, der Kaiser liebt ihn, aber heute hat er kein Aug dafür. „Schneller!" herrscht er die Sänftenträger an, er möchte jetzt an seinen Schreibtisch.

Endlich in seinem Arbeitszimmer, gibt er Weisung, ihn unter keinen Umständen zu stören, riegelt die Tür ab, ist allein. Er lächelt böse, er denkt an die albernen Gerüchte, die im Umlauf sind über das, was er anstelle, wenn er sich tagelang allein einschließt. Er spieße Fliegen auf, sagen sie, schneide Fröschen die Schenkel ab und dergleichen.

Er macht sich an die Arbeit. Säuberlich, Punkt für Punkt, notiert er, was alles er unter Bezugnahme auf diesen Krieg aus seinem Senat herausholen will. Zunächst einmal wird er, endlich, seinen alten Lieblingsplan verwirklichen und sich die Zensur auf Lebenszeit übertragen lassen: die Zensur, die Oberaufsicht über Staatshaushalt, Sitte und Recht und damit auch die Musterung des Senats, die Befugnis, Mitglieder dieser Körperschaft aus ihr auszuschließen. Bisher hat er dieses Amt nur jedes zweite Jahr bekleidet. Jetzt, zu Beginn eines Krieges, dessen Dauer sich nicht absehen läßt, können ihm die Senatoren eine solche Stabilisierung seiner Rechte schwerlich verweigern. Er hat Respekt vor der Tradition, er denkt natürlich nicht daran, die Verfassung zu ändern, die die Teilung der Staatsgewalt zwischen Kaiser und Senat vorsieht. Er will diese weise Teilung nicht etwa aufheben: nur eben will er selber die Befugnis haben, die notwendige Kontrolle der mitregierenden Körperschaft vorzunehmen.

Auch die Sittengesetze weiter zu verschärfen, bietet der Krieg willkommene Gelegenheit. Die lächerlichen, eingebildeten, aufsässigen Aristokraten seines Senats werden sich natürlich wieder darüber lustig machen, daß er andern jede kleinste Ausschweifung verwehrt, sich selber aber jede Laune, jedes „Laster" erlaubt. Die Narren. Wie soll er, der Gott, dem es nun einmal vom Schicksal aufgetragen ist, römische Zucht und Sitte mit eiserner Hand zu schützen, wie soll er die Menschen und ihre Laster kennen und strafen, wenn er nicht selber zuweilen jupitergleich zu ihnen herabsteigt?

Sorglich formuliert er die zu erlassenden Vorschriften und Gesetze, numeriert, detailliert, sucht gewissenhaft nach Begründung jeder Einzelheit.

Dann macht er sich an den Teil seiner Arbeit, der ihm der liebste ist, an die Zusammenstellung einer Liste, einer nicht großen, doch folgenschweren Liste.

Es sitzen im Senat etwa neunzig Herren, die nicht verhehlen, daß sie ihm feind sind. Sie schauen herunter auf ihn, diese Herren, die ihre Ahnenreihen zurückführen bis zur Gründung der Stadt und noch darüber hinaus, bis zur Zerstörung von Troja. Sie nennen ihn einen Parvenü. Weil sein Urgroßvater Inhaber eines Inkassobüros und auch sein Großvater noch nichts Berühmtes war, darum glauben sie, er, Domitian, wisse nicht, was wahres Römertum sei. Er wird ihnen zeigen, wer der bessere Römer ist, der Urenkel des kleinen Bankiers oder die Urenkel der trojanischen Helden.

Die Namen von neunzig solchen Herren sind ihm bekannt. Neunzig, das ist eine große Zahl, so viel Namen kann er nicht auf seine Liste setzen, es werden leider nur einige wenige der unangenehmen Herren während seiner Abwesenheit beseitigt werden können. Nein, er wird vorsichtig sein, er liebt keine Übereilung. Aber einige, sieben, sechs, oder sagen wir fünf, werden immerhin auf der Liste stehen können, und der Gedanke, daß er bei seiner Rückkehr wenigstens diese nicht mehr wird sehen müssen, wird ihm, wenn er fern von Rom ist, das Herz wärmen.

Zuerst einmal, provisorisch, schrieb er eine ganze Reihe von Namen hin. Dann machte er sich daran zu streichen. Leicht fiel ihm das nicht, und bei manches Verhaßten Namenstilgung seufzte er. Aber er ist ein gewissenhafter Herrscher, er will sich bei seinen letzten Entscheidungen nicht von Sympathie oder Antipathie leiten lassen, sondern lediglich von staatspolitischen Erwägungen. Sorgfältig bedenkt er, ob dieser Mann gefährlicher ist oder jener, ob die Beseitigung dieses Mannes mehr Aufsehen erregen wird oder die Beseitigung jenes, ob die Konfiskation dieses Vermögens dem Staatsschatz mehr einbringen dürfte oder die Konfiskation jenes. Nur wenn die Waage durchaus gleich steht, mag seine persönliche Antipathie entscheiden.

Namen für Namen bedenkt er so. Bedauernd streicht er den Helvid wieder von seiner Liste. Schade, aber es geht nicht, vorläufig muß er ihn noch schonen, diesen Helvid junior. Den Helvid senior hat seinerzeit bereits der alte Vespasian beseitigt. Einmal indes, und hoffentlich ist es nicht mehr lange hin, wird es so weit sein, daß er den Sohn dem Vater wird nachschicken können. Schade auch, daß er den Aelius nicht auf seiner Liste belassen kann, den Mann, dem er einst die Gattin entführt hat, Lucia, jetzt seine Kaiserin. Dieser Aelius pflegte ihn, den Domitian, immer nur „Wäuchlein" zu nennen, nie anders, das weiß er bestimmt, weil er einen beginnenden Bauch hat und weil ihm die Aussprache des B nicht immer glückt. Schön, mag ihn Aelius noch eine Weile Wäuchlein nennen; einmal wird auch für ihn die Stunde kommen, da ihm die Witze vergehen.

Es blieben schließlich fünf Namen auf der Liste. Doch selbst diese fünf schienen dem Kaiser jetzt noch zuviel. Er wird sich mit vier begnügen. Er wird sich noch mit Norban beraten, seinem Polizeiminister, ehe er sich entschließt, wen er nun endgültig in den Hades hinabschicken wird.

So, und nun hatte er sein Pensum erledigt, und nun war er frei. Er stand auf, streckte sich, ging zur Tür, sperrte auf. Er hatte die Essenszeit über gearbeitet, man hatte ihn nicht zu stören gewagt. Jetzt wollte er essen. Er hatte fast seinen ganzen Hof hierher nach Alba bestellt und seinen halben Senat, so ziemlich alle, denen er freund und denen er feind war; er wollte die Geschäfte des Reichs, bevor er seine Hauptstadt verließ, hier in Alba ordnen. Soll er sich Unterhaltung schaffen? Soll er den einen oder andern zur Tafel befehlen? Er dachte an die vielen, die jetzt hier eintrafen in ununterbrochenem Fluß, er stellte sich vor, wie sie sich verzehrten in sorgenvoller Spannung, was wohl der Gott Domitian über sie beschließen werde. Er lächelte tief und böse. Nein, sie sollen unter sich bleiben, er wird sie sich selber überlassen. Sie sollen warten, den Tag über, die Nacht, und vielleicht noch einen Tag, ja vielleicht noch eine Nacht, denn der Gott Domitian wird seine Entschlüsse langsam bedenken und nichts übereilen.

In dieser seiner Residenz Alba wird jetzt vielleicht auch schon Lucia eingetroffen sein, Lucia Domitia, seine Kaiserin. Des Domitian Lächeln schwand von seinem Gesicht, da er an Lucia dachte. Er ist ihr gegenüber lange nichts anderes gewesen als der Mann Domitian, dann aber hat er auch ihr den Herrn und Gott Domitian zeigen müssen, er hat ihren Liebling Paris beseitigen und sie durch den Senat wegen Ehebruchs nach der Insel Pandataria verbannen lassen. Es trifft sich gut, daß er vor drei Wochen seinem Senat und Volk Weisung gegeben hat, ihn zu bestürmen, er möge die geliebte Kaiserin Lucia zurückrufen. Er hat sich denn auch erweichen lassen, hat Lucia zurückgerufen. Sonst hätte er zu Felde ziehen müssen, ohne sie zu sehen. Ob sie schon da ist? Wenn die Reise glatt vonstatten ging, dann muß sie schon eingetroffen sein. Er hat nicht zeigen wollen, daß ihm daran liegt, zu wissen, ob sie eingetroffen sei; er hat Weisung gegeben, ihn nicht zu stören, ihm niemandes Ankunft zu melden. Sein Herz sagt ihm, sie sei da. Soll er nach ihr fragen? Soll er sie bitten, mit ihm zu essen? Nein, er bleibt der Herrscher, er bleibt der Gott Domitian, er bezwingt sich, er fragt nicht nach ihr.

Er ißt allein, hastig, achtlos, er schlingt, er spült die Bissen mit Wein hinunter. Schnell ist die einsame Mahlzeit beendet.

Und was soll er jetzt tun? Was kann er unternehmen, um den Gedanken an Lucia zu vertreiben?

Er suchte den Bildhauer Basil auf, den der Senat beauftragt hatte, eine Kolossalstatue des Kaisers anzufertigen. Seit langem hatte der Künstler ihn gebeten, seine Arbeit zu besichtigen.

Schweigsam beschaute er das Modell. Er war zu Pferde dargestellt mit den Insignien der Macht. Es war ein guter, heldischer, kaiserlicher Reiter, den der Bildhauer Basil geschaffen hatte. Der Kaiser hatte nichts an dem Werk auszusetzen, allein Gefallen daran fand er auch nicht.

Der Reiter trug zwar seine, des Domitian, Züge, aber er war gleichwohl irgendein Kaiser, nicht der Kaiser Domitian.

„Interessant", sagte er schließlich, doch in einem Ton, der seine Enttäuschung nicht verbarg. Der kleine, hurtige Bildhauer Basil, der die ganze Zeit aufmerksam des Kaisers Züge durchspäht hatte, erwiderte: „Sie sind also nicht zufrieden, Majestät? Ich bin es auch nicht. Das Pferd und der Rumpf des Reiters fressen zuviel Raum weg, es bleibt zuwenig für den Kopf, für das Gesicht, fürs Geistige." Und da der Kaiser schwieg, fuhr er fort: „Es ist schade, daß mich der Senat beauftragte, Eure Majestät zu Pferde darzustellen. Wenn Eure Majestät erlauben, dann mache ich den Herren einen Gegenvorschlag. Ich spiele da mit einer Idee, die mir reizvoll scheint. Mir schwebt vor eine Kolossalstatue des Gottes Mars, die Eurer Majestät Züge trägt. Ich denke natürlich nicht an den üblichen Mars mit dem Helm auf dem Kopf, der Helm würde mir zuviel von Ihrer Löwenstirn wegnehmen. Was mir vorschwebt, ist ein ruhender Mars. Darf ich Eurer Majestät einen Versuch zeigen?" Und da der Kaiser nickte, ließ er das andere Modell herbeischaffen.

Er hatte dargestellt einen Mann von gewaltigem Körperbau, doch sitzend, in bequemer Haltung ausruhend. Die Waffen hatte der Gott abgelegt, das rechte Bein hatte er lässig vorgestellt, das Knie des linken, hinaufgezogen, hielt er lässig mit beiden Händen umfaßt. Der Wolf lag ihm zu Füßen, der Specht saß frech auf dem abgelegten Schild. Das Modell war offenbar in der ersten Phase, aber der Kopf war schon ausgeführt, und dieser Kopf, ja, das war ein Haupt, wie es dem Domitian gefiel. Die Stirn hatte wirklich das Löwenhafte, von dem der Künstler gesprochen, sie erinnerte an die Stirn des großen Alexander. Und die Haartracht gar, die kurzen Lokken, gaben dem Kopf eine Ähnlichkeit mit gewissen bekannten Köpfen des Herkules, des angeblichen Ahnherrn der Flavier, eine Ähnlichkeit, die einige der Herren Senatoren nicht schlecht ärgern wird. Leicht gekrümmt sprang die Nase vor. Die geblähten Nüstern, der halboffene Mund atmeten Kühnheit, herrische Leidenschaft.

„Stellen Sie sich vor, Majestät", erläuterte angeregt der Bildhauer, da sein Werk dem Kaiser sichtlich gefiel, „wie die Statue wirken muß, wenn sie erst in ganzer Größe vollendet ist. Wenn Sie mir die Ausführung meines Projektes erlauben, Majestät, dann wird diese Statue mehr noch der Gott Domitian sein als der Gott Mars. Denn hier zieht nicht der übliche Helm die Hauptaufmerksamkeit des Beschauers auf sich, auch nicht der gewaltige Leib, sondern jede Einzelheit ist darauf berechnet, die Aufmerksamkeit des Beschauers auf das Gesicht hinzulenken, und es ist der Ausdruck des Gesichts, der den Gott übers menschliche Maß hinaushebt. Dieses Gesicht soll dem Erdkreis zeigen, was der Titel Herr und Gott besagen will."

Der Kaiser schwieg, doch aus seinen vortretenden, kurzsichtigen Augen beschaute er mit sichtlich steigendem Wohlgefallen sein Bild. Ja, das wird eine gute Sache. Mars und Domitian, sie gehen gut ineinander, diese beiden. Selbst die Haare, wie er sie leicht in die Wange hat hineinwachsen lassen, selbst diese Andeutung eines Backenbarts paßt gut zur Vorstellung des Gottes Mars. Und die drohend zusammengezogenen Brauen, die Augen, voll von Stolz und Herausforderung, der gewaltige Nacken, das sind Eigenschaften des Gottes Mars und dabei Merkmale, an denen jeder ihn erkennen muß, den Domitian. Dazu das entschiedene Kinn, das einzig Gute an des Vaters Kopf und, glücklicherweise, das einzige auch, was er, Domitian, von ihm geerbt hat. Er hat recht, dieser Bildhauer Basil: der Titel, den er sich hat zusprechen lassen, der Titel Herr und Gott, an diesem Mars sieht jeder, was er besagen will. So wie dieser ruhende Mars, so will er sein, Domitian, und so ist er: gerade in der Ruhe düster, göttlich, gefährlich. So hassen ihn seine Aristokraten, so liebt ihn sein Volk, so lieben ihn seine Soldaten, und was Vespasian mit all seiner Leutseligkeit, was Titus mit all seinem Geschmetter nicht erreicht hat, Volkstümlichkeit, er, Domitian, hat es erreicht, eben durch seine finstere Majestät.

„Interessant, sehr interessant", anerkannte er, diesmal aber mit dem rechten Ton, und: „Das haben Sie nicht schlecht gemacht, mein Basil."

Und nun liegt ein langer Abend vor dem Kaiser, und was soll er beginnen, bevor er schlafen geht? Wenn er sich die Gesichter der Menschen vorstellt, die er hierher nach Alba geladen hat, dann, so viele es ihrer sind, findet er keinen, auf dessen Gesellschaft er Lust hätte. Nach einer einzigen steht sein Verlangen; aber die zu rufen, verbietet ihm sein Stolz. Er wird also den Abend lieber allein verbringen, bessere Gesellschaft als die eigene findet er nicht.

Er gibt Weisung, alle Lichter des großen Festsaals anzuzünden. Auch die Mechaniker läßt er kommen, die sinnreiche Maschinerie des Festsaals zu bedienen, dessen Wände sich nach Belieben zurückdrehen lassen und dessen Decke man heben kann, bis man unter freiem Himmel ist. Die sinnreiche Maschinerie war seinerzeit als Überraschung für Lucia gedacht. Sie hat sie nicht nach Gebühr gewürdigt. Sie hat viele seiner Geschenke nicht nach Gebühr gewürdigt.

Begleitet nur von seinem Zwerg Silen, betritt der Kaiser den weiten, lichtglänzenden Saal. Seine Phantasie füllt ihn mit den Massen seiner Gäste. Lässig sitzt er da, er hat unwillkürlich die Haltung jener Mars-Statue angenommen, und er stellt sich vor, wie seine Gäste verteilt in den vielen Gemächern seines Palastes hocken und liegen und warten, voll von Angst und Spannung. Er läßt den Saal erweitern und verengen, spielerisch, läßt die Decke heben und wieder senken. Dann geht er eine Weile auf und nieder, läßt den größten Teil der Lichter wieder löschen, so daß nur noch einzelne Teile der Halle in schwachem Licht liegen. Und weiter geht er auf und ab in dem mächtigen Raum, und riesig begleitet ihn sein Schatten, und winzig begleitet ihn sein Zwerg.

Ob wohl Lucia in Alba ist?

Unvermittelt – er fühlt sich noch frisch und bereit zu neuer Arbeit – befiehlt er seinen Polizeiminister Norban vor sich.

Norban war schon zu Bett gegangen. Die meisten der Minister waren, wenn sie Domitian zu einer unerwarteten Stunde vor sich befahl, in Verlegenheit, wie sie erscheinen sollten. Auf der einen Seite wünschte der Kaiser nicht zu warten, auf der andern fühlte er seine Majestät beleidigt, wenn man sich anders als sehr sorgfältig angezogen vor ihm sehen ließ. Norban indes wußte sich seinem Herrn so unentbehrlich und so fest in seiner Gunst, daß er sich begnügte, das Staatskleid übers Nachthemd zu werfen.

Sein nicht großer, doch stattlicher Körper dunstete also noch die Wärme des Bettes aus, wie er vor dem Kaiser erschien. Der mächtige, viereckige Kopf auf den noch mächtigeren, eckigen Schultern war nicht zurechtgemacht, das feste Kinn, unrasiert, wie er war, wirkte noch brutaler, und die modischen Stirnlocken des sehr dicken, tiefschwarzen Haares zackten, starr gefettet und trotzdem unordentlich, grotesk in das vierschrötige Gesicht. Seinem Polizeiminister nahm der Kaiser diese Nachlässigkeit nicht übel, vielleicht bemerkte er sie gar nicht. Er wurde vielmehr sogleich vertraulich. Legte, der große Mann, den Arm um die Schulter des viel kleineren, führte ihn auf und ab in dem weiten, dämmerigen Saal, sprach mit ihm halblaut in Andeutungen.

Sprach davon, daß man den Krieg und seine Abwesenheit dazu benutzen könnte, den Senat ein wenig auszukämmen. Nochmals, mit Norban jetzt, ging er die Namen seiner Feinde durch. Er wußte gut Bescheid und hatte ein gutes Gedächtnis, doch Norban hatte in seinem breiten Kopf noch viel mehr Fakten vorrätig, Vermutungen und Gewißheiten, Pros und Kontras. Auf und ab ging der Kaiser mit ihm, steifen Schrittes, beschwerlich, den Arm immer um seine Schultern. Hörte zu, warf Fragen ein, äußerte Zweifel. Er trug kein Bedenken, Norban in sein Inneres hineinschauen zu lassen, er hatte tiefes

Vertrauen zu ihm, ein Vertrauen, das aus einem geheimen Schacht seiner Seele kam.

Norban erwähnte natürlich auch den Aelius, den ersten Mann der Kaiserin Lucia, jenen Senator, der dem Domitian den Namen Wäuchlein gegeben hatte und den Domitian so gern auf seiner Liste gelassen hätte. Es war dieser Aelius ein lebenslustiger Herr. Er hatte Lucia geliebt, er liebte sie wohl heute noch, er liebte auch die vielen andern angenehmen Dinge, mit denen ihn das Schicksal begnadet hatte, seine Titel und Ehrungen, sein Geld, sein gutes Aussehen und fröhliches Wesen, das ihm überall Freunde schuf. Aber mehr als dieses alles liebte er seinen Witz, und er stellte ihn gern ins Licht. Schon unter den früheren Flaviern hatten ihm seine Witzworte Unannehmlichkeiten gebracht. Unter Domitian, der ihm Lucia entführt hatte, war er doppelt gefährdet und hätte seine Zunge mit doppelter Vorsicht hüten müssen. Statt dessen erklärte er frivol, er kenne genau die Krankheit, an der er einmal werde sterben müssen, diese Krankheit werde ein guter Witz sein. Auch heute berichtete Norban dem Kaiser von ein paar neuen respektlosen Witzen des Aelius. Bei der Wiedergabe des letzten indes unterbrach er sich, bevor er zu Ende war. „Sprich weiter!“ forderte ihn der Kaiser auf; Norban zögerte. „Sprich weiter!“ befahl der Kaiser; Norban zögerte. Der Kaiser lief rot an, beschimpfte seinen Minister, schrie, drohte. Schließlich erzählte Norban. Es war ein ebenso geschliffener wie obszöner Witz über jenen Körperteil der Lucia, durch den Aelius mit dem Kaiser sozusagen verwandt war. Domitian wurde tödlich blaß. „Sie haben einen guten Kopf, Polizeiminister Norban“, sagte er schließlich mühsam. „Schade, daß Sie jetzt sich und mich um diesen Kopf geredet haben.“ – „Sie haben mir befohlen zu reden, Majestät“, sagte Norban. „Gleichviel“, erwiderte der Kaiser und begann plötzlich schrill zu schreien, „du hättest solche Worte nicht wiederholen dürfen, du Hund!“

Norban indes war nicht sehr erschüttert. Bald denn auch beruhigte sich der Kaiser wieder, und man sprach sachlich weiter über die Kandidaten der Liste. Wie Domitian selber schon befürchtet hatte, konnte man in seiner Abwesenheit schwerlich mehr als vier der Staatsfeinde erledigen; mehr wäre zu gewagt gewesen. Auch sonst war Norban mit der Liste des Kaisers nicht ganz einverstanden, und er beharrte stur darauf, daß man die Erledigung auch eines zweiten Senators, der auf der Liste stand, noch hinausschiebe. Schließlich mußte der Kaiser zwei Namen von seiner Fünfmännerliste streichen, dafür aber konzedierte ihm Norban einen neuen Namen, so daß schließlich vier Namen blieben. Diesen vier Namen dann konnte Domitian endlich den Buchstaben M beifügen.

Es war aber dieses verhängnisvolle M der Anfangsbuchstabe des Namens Messalin, und dieser Messalin war der dunkelste Mann der Stadt Rom. Da er, ein Verwandter des Dichters Catull, einem der ältesten Geschlechter entstammte, hatte jedermann erwartet, er werde sich im Senat der Opposition anschließen. Statt dessen hatte er sich dem Kaiser verschworen. Er war reich, es geschah nicht um des ausgesetzten Gewinnes willen, wenn er den oder jenen, auch Freunde und Verwandte, eines Majestätsverbrechens bezichtigte: er tat es aus Lust am Verderb. Er war blind, dieser Messalin, doch niemand konnte besser als er verborgene Schwächen aufspüren, niemand besser aus unverfänglichen Äußerungen verfängliche, aus harmlosen Handlungen verbrecherische machen. An wessen Spuren sich der blinde Messalin heftete, der war verloren, wen er anklagte, gerichtet. Sechshundert Mitglieder zählte der Senat, ihre Haut war dick und hart geworden in diesem Rom des Kaisers Domitian, sie wußten, daß, wer sich da behaupten wollte, ohne ein robustes Gewissen nicht durchkam. Wenn aber der Name Messalin fiel, dann verzogen selbst diese abgebrühten Herren den Mund. Der blinde Mann legte Wert darauf, nicht an seine Blindheit erinnert zu werden, er hatte gelernt, seinen Weg im Senat ohne Führer zu finden, er ging durch die Bänke an seinen Platz allein und als sähe er. Alle hatten sie dem bösen, gefährlichen Mann etwas heimzuzahlen, den Untergang eines Verwandten, eines Freundes, alle hatten sie Lust, ihn an ein Hindernis anrennen zu lassen, daß er an seine Blindheit gemahnt werde. Doch keiner wagte es, dieser Lust zu folgen, sie wichen ihm aus, sie räumten ihm die Hindernisse aus dem Weg.

Hinter vier Namen also setzte schließlich der Kaiser den Buchstaben M.

Damit war dieser Gegenstand erledigt, und eigentlich, fand Norban, hätte ihn D D D jetzt ruhig wieder in sein Bett zurücklassen können. Doch der Kaiser behielt ihn weiter da, und Norban wußte auch, warum. D D D möchte zu gern etwas über Lucia hören, möchte zu gerne von ihm erfahren, was Lucia getrieben hat auf ihrer Verbannungsinsel Pandataria. Aber das hat er sich verscherzt. Da hätte er ihn vorhin nicht so anschreien dürfen. Jetzt wird sich Norban hüten, er wird sich keiner weiteren Majestätsverletzung schuldig machen. Er wird seinem Kaiser auf vornehme Art beibringen, sich zu beherrschen.

Domitian brannte denn auch wirklich vor Begier, den Norban auszufragen. Aber so wenig Geheimnisse er vor dem Mann hatte, er schämte sich, nun es um Lucia ging, und die Frage wollte ihm nicht über die Lippen. Norban seinesteils aber schwieg tückisch und beharrlich weiter.

Statt ihm von Lucia zu sprechen, erzählte er dem Kaiser, da ihn dieser nun einmal nicht entließ, allerlei Gesellschaftsklatsch und kleine politische Begebenheiten. Auch von der verdächtigen Geschäftigkeit erzählte er ihm, die man seit dem Ausbruch der östlichen Wirren im Hause des Schriftstellers Flavius Josephus wahrnahm, ja er konnte eine Abschrift des von Josef verfaßten Manifestes vorlegen. „Interessant", sagte Domitian, „sehr interessant. Unser Josef. Der große Historiker. Der Mann, der unsern jüdischen Krieg für die Nachwelt beschrieben und aufbewahrt hat, der Mann, in dessen Hände es gelegt ist, Ruhm und Schande zu verteilen. Für die Taten meines vergotteten Vaters und meines vergotteten Bruders hat er allerhand rühmende Worte gefunden, mich hat er spärlich behandelt. Also zweideutige Manifeste verfaßt er jetzt. Sieh an, sieh an!"

Und er gab dem Norban Auftrag, den Mann weiter zu beobachten, aber vorläufig nicht einzugreifen. Er wird sich, und wahrscheinlich noch vor seiner Abreise, diesen Juden Josef selber vornehmen; seit langem hat er Lust darauf, einmal wieder mit ihm zu sprechen.

Lucia, die Kaiserin, war wirklich am späteren Nachmittag in Alba eingetroffen. Sie hatte erwartet, Domitian werde sie begrüßen. Daß er es nicht tat, amüsierte sie eher, als daß es sie verdrossen hätte.

Jetzt, während sie, ohne daß man ihren Namen nannte, die Unterredung Domitians mit Norban beherrschte, hielt sie Tafel in vertrautem Kreis. Von den Geladenen hatten nicht alle zu kommen gewagt; wenn der Kaiser Lucia auch zurückgerufen hatte, man wußte noch nicht, wie er es aufnehmen werde, wenn man bei ihr speiste. Man war vor finstern Überraschungen niemals sicher; es war vorgekommen, daß der Kaiser, wenn er jemand endgültig verderben wollte, ihm gerade vor dem Ende besondere Freundlichkeit zeigte.

Diejenigen, die an der Abendtafel der Kaiserin teilnahmen, gaben sich fröhlich, und Lucia selber war bester Laune. Nichts war ihr anzumerken von den Strapazen der Verbannung. Groß, jung, strotzend saß sie da, die weit auseinanderstehenden Augen unter der reinen, kindlichen Stirn lachten, ihr ganzes, kühnes, helles Gesicht strahlte Freude. Ohne Scheu erzählte sie von Pandataria, der Insel der Verbannung. Domitian hatte ihr diese Insel vermutlich bestimmt, damit die Schatten der fürstlichen Frauen sie schreckten, die früher dorthin verbannt waren, die Schatten der Agrippina, der Octavia des Nero, der augusteischen Julia. Aber da hatte er sich verrechnet. Wenn sie an diese Julia des Augustus dachte, dann dachte sie nicht an ihr Ende, sondern nur an ihre Freundschaft mit Silan und Ovid und an die Vergnügungen, welche die letzte Ursache dieses Endes gewesen waren.

Sie berichtete Einzelheiten über ihr Leben auf der Insel. Siebzehn Verbannte hatte es dort gegeben, Eingeborene hatte die Insel an die fünfhundert. Natürlich hatte man sich einschränken müssen, auch störte es einen, immer nur die gleichen Menschen um sich zu sehen. Bald kannte man einander bis in die letzte Falte. Das Zusammenleben auf dem öden Felsen, immer nur das grenzenlose Meer ringsum, machte manchen melancholisch, schrullig, führte zu unangenehmen Reibungen; es gab Zeiten, da man sich so anhaßte, daß man einander, eingesperrten Spinnen gleich, am liebsten aufgefressen hätte. Aber es hatte auch sein Gutes, die zahllosen Gesichter Roms los zu sein und seine ewige Geselligkeit und angewiesen zu sein auf sich selber. Sie habe bei dieser Unterhaltung mit sich selber gar keine schlechten Erfahrungen gemacht. Dazu habe es gewisse Sensationen gegeben, von denen man sich in Rom nichts träumen lasse, zum Beispiel die Erregung, wenn so alle sechs Wochen das Schiff angekommen sei mit den Briefen und Zeitungen aus Rom und den allerhand Dingen, die man sich dort bestellt hatte. Im ganzen, faßte sie zusammen, sei es keine schlechte Zeit gewesen, und wenn man sie so sah, heiter und ungeheuer lebendig, dann glaubte man ihr das.

Die Frage blieb, wie nun Lucia hier in Rom weiterleben, wie sich der Kaiser zu ihr stellen werde. Ohne Scheu sprach man darüber; mit besonderer Offenheit äußerten sich Claudius Regin, der Senator Junius Marull und Lucias früherer Gatte, Aelius, den zu dieser Tafel zuzuziehen sie keinerlei Bedenken getragen hatte. Schon am nächsten Tage, meinte Aelius, werde Lucia mit Sicherheit erkennen können, was sie für die Zukunft von Wäuchlein zu gewärtigen habe. Wenn er sie zunächst allein werde sehen wollen, dann sei das kein gutes Zeichen, denn dann wolle er sich mit ihr auseinandersetzen. Wahrscheinlich aber werde Wäuchlein vor Auseinandersetzungen mit ihr genau solche Furcht haben wie seinerzeit er selber, Aelius, und werde also diese Aussprache hinausschieben wollen. Ja, er, Aelius, sei bereit, eine Wette einzugehen, daß der Kaiser morgen eine Familientafel abhalten werde, weil er nämlich Lucia zunächst nicht allein, sondern zusammen mit andern werde sehen wollen.

Lucia ihresteils hatte offenbar keine Furcht vor der bevorstehenden Auseinandersetzung mit dem Kaiser. Ohne Scheu gab auch sie ihm seinen Spitznamen und, in Gegenwart aller, sagte sie zu Claudius Regin: „Später muß ich Sie fünf Minuten allein haben, mein Regin, damit Sie mir raten, was ich füglich von Wäuchlein verlangen kann, ehe ich mich versöhnen lasse. Wenn er wirklich dicker geworden ist, wie man mir sagt, dann muß er mehr zahlen."

Wie die meisten seiner Gäste schlief Domitian selber nicht

gut in dieser Nacht. Noch immer nicht hatte er sich erkundigt, ob Lucia da sei, aber eine innere Stimme sagte ihm mit Sicherheit, sie war da, er schlief jetzt wieder unter *einem* Dach mit ihr.

Er bereute es, daß er den Norban gekränkt hatte. Hätte er das nicht getan, dann wüßte er jetzt, was Lucia getrieben hat auf ihrer Verbannungsinsel Pandataria. Es waren nur wenige Männer gewesen, die ihr dort vor Gesicht gekommen waren, und er konnte sich nicht vorstellen, daß einer unter ihnen Lucia sollte angezogen haben. Allein sie war unberechenbar und erlaubte sich alles. Vielleicht hatte sie dennoch mit einem dieser Männer geschlafen, vielleicht auch mit einem der Fischer oder mit sonst einem aus dem Pack, das die Insel bewohnte. Allein das konnte ihm niemand sagen außer dem Norban, und dem hatte er selber törichterweise den Mund verschlossen.

Allein auch wenn er genau wüßte, was in Pandataria gewesen ist, wenn er es, Minute für Minute, wüßte, was sie dort getrieben hat, es hülfe ihm nicht viel. Mit einer Spannung, gemischt aus Unbehagen und Begier, erwartete er die Unterredung, die er morgen mit Lucia haben wird. Er schliff sich Sätze zurecht, mit denen er sie treffen wird, er, der großmütige Domitian, der Gott, die Sünderin, die er in Gnaden wieder aufnimmt. Aber er wußte zuvor, sie wird, und wenn er noch so treffende Sätze für sie findet, nur lächeln, und schließlich wird sie lachen, ihr volles, dunkles Lachen, und ihm etwas antworten wie: Komm, komm, Wäuchlein, und hör jetzt schon auf, und was immer er sagen oder tun wird, sie ist von solcher Beschaffenheit, daß er ihr keine Angst wird einflößen können. Denn während die andern, seine frechen Aristokraten, vielleicht gerade weil sie so alten Geschlechtern entstammen, dünnblütig geworden sind, kraftlos, lebt in ihr, in Lucia, in Wahrheit das Strotzende, die Kraft der alten Patrizier. Er haßte Lucia um dieser ihrer stolzen Kraft willen, aber er brauchte sie, er vermißte sie, wenn sie nicht da war. Er sagte sich, sie sei die leibgewordene Göttin Rom, nur deshalb brauche und liebe er sie. Aber was er brauchte und liebte, das war einfach Lucia, die Frau, nichts sonst. Er wußte, er kann nicht ins Feld gehen, ehe er nicht die kleine Narbe unter ihrer linken Brust geküßt haben wird, und wenn sie ihn sie küssen läßt, dann wird das ein Geschenk sein. Ach, ihr kann man nichts befehlen, sie lacht; unter allen Lebenden, die er kennt, ist sie die einzige, die den Tod nicht fürchtet. Sie liebt das Leben, sie nimmt vom Augenblick alles, was er geben kann, aber gerade deshalb hat sie keine Angst vor dem Tod.

Für den andern Morgen in aller Frühe hatte der Kaiser die vertrautesten seiner Minister zu einem geheimen Kabinettsrat geladen. Die fünf Herren, die sich im Saal des Hermes versammelten, waren unausgeschlafen, sie hätten es alle vorgezogen, länger liegenzubleiben, aber wenn es auch vorkam, daß einen der Kaiser endlos warten ließ, wehe dem, der es gewagt hätte, selber unpünktlich zu sein.

Annius Bassus, in seiner offenen, lärmenden Art, packte vor Claudius Regin seine Sorgen aus um den bevorstehenden Feldzug; offenbar wollte er, daß ihn Regin beim Kaiser unterstütze. Einesteils, meinte er, halte es D D D für seiner, des Gottes, nicht würdig zu sparen, so daß die Hofhaltung, vor allem die Bauten, auch in seiner Abwesenheit viel Geld verschlinge, andernteils lege er – eine Erbschaft, die er vom Vater überkommen – Gewicht darauf, ungedeckte Ausgaben unter allen Umständen zu vermeiden. Was dabei zu kurz komme, das sei die Kriegführung. Man werde, fürchte er, den Generälen an der Donaufront nicht genügend Truppen und Material zur Verfügung stellen, und was dann an Kräften und Mitteln fehle, das werde, und das sei die Hauptgefahr, der Oberkommandierende Fuscus durch Mut auszugleichen suchen.

„Nein, einfach ist der Staatshaushalt nicht", erwiderte seufzend Regin, „mir, mein Annius, brauchen Sie das nicht zu sagen. Ich habe da gestern ein Gedicht erhalten, das mir der Hofdichter Statius gewidmet hat." Und grinsend über das ganze, unordentlich rasierte, fleischige Gesicht, ironisch blinzelnd mit den schweren, schläfrigen Augen, zog er aus dem Ärmel seines Staatskleides das Manuskript; mit den dicken Fingern hielt er das kostbare Gedicht, und mit seiner hellen, fettigen Stimme las er: „Anvertraut dir allein ist die Verwaltung der geheiligten Schätze des Kaisers, die Reichtümer, erzeugt von allen Völkern, das Einkommen der gesamten Welt. Was immer Iberien aus seinen Goldbergwerken herausbricht, was immer glänzt innerhalb der Höhen Dalmatiens, was immer eingebracht wird von Libyens Ernten, was immer düngt der Schlamm des erhitzten Nilflusses, was immer an Perlen die Taucher der östlichen See ans Licht fördern und erjagen an Elfenbein die Jäger am Indus: dir als einzigem Verwalter ist es anvertraut. Wachsam bist du, scharfäugig, und mit sicherer Schnelle errechnest du, was täglich erfordern unter jeglichem Himmel die Armeen des Reichs, was die Ernährung der Stadt, was die Tempel, die Wasserleitungen, was des ungeheuren Straßennetzes Unterhalt. Unze für Unze kennst du Preis, Gewicht und Legierung jeglichen Metalls, das sich, aufstrahlend im Feuer, wandelt in Bilder der Götter, in Bilder der Kaiser, in römische Münze." – „Der Mann, von dem da die Rede ist, bin ich", erläuterte grinsend Claudius Regin, und es war wirklich ein wenig komisch, den schlampigen, skeptischen, unprätentiösen Herrn mit den erhabenen Versen zu vergleichen, die ihm galten.

Der Hofmarschall Crispin ging mit nervösen Schritten in dem kleinen Raum auf und ab. Der junge, elegante Ägypter war trotz der frühen Stunde mit höchster Sorgfalt gekleidet, er mußte viel Zeit auf seine Toilette verwendet haben, er roch, wie stets, nach Wohlgerüchen wie der Leichenzug eines vornehmen Herrn. Die ruhigen, wachsamen Augen des Polizeiministers Norban folgten ihm mit sichtbarer Mißbilligung. Norban mochte ihn nicht leiden, den jungen Gecken, er spürte, daß er sich über seine Vierschrötigkeit lustig machte. Doch Crispin war einer der wenigen, denen Norban nicht ankonnte. Wohl wußte der Polizeiminister um viele bedenkliche Einzelheiten der Geldbeschaffung des verschwenderischen Crispin. Allein der Kaiser hatte für den jungen Ägypter eine unerklärliche Vorliebe. Er sah in ihm, der erfahren war in allen feinen Lastern seines Alexandrien, den Spiegel der Eleganz und des guten Tons. Domitian, der Hüter strengrömischer Tradition, verachtete zwar diese Künste, doch Domitian, der Mann, war daran interessiert.

Crispin, immer auf und ab gehend, meinte: „Es wird sich wieder einmal um neue, verschärfte Sittengesetze handeln. D D D kann sich nicht genug daran tun, unser Rom in ein gigantisches Sparta zu verwandeln." Niemand antwortete. Wozu die Dinge das tausendstemal wiederkäuen? „Vielleicht auch", meinte morgendlich gähnend Marull, „hat er uns wieder einmal nur wegen eines Steinbutts oder wegen eines Hummers herbeordert." Er spielte an auf jenen bösartigen Witz, den sich vor nicht langer Zeit der Kaiser geleistet, als er seine Minister mitten in der Nacht nach Alba gesprengt hatte, um sie zu befragen, auf welche Art ein über alle Maßen großer Steinbutt bereitet werden sollte, den man ihm zum Geschenk gemacht hatte.

Die Augen des allwissenden Norban, in dessen Dossiers die Handlungen und Äußerungen jedes einzelnen genau verzeichnet waren, folgten nach wie vor dem auf und nieder hastenden Crispin; es waren braune Augen, auch ihr Weiß war bräunlich, und sie erinnerten in ihrer ruhigen, sprungbereiten Aufmerksamkeit an die Augen eines wachsamen Hundes. „Haben Sie wieder etwas über mich herausgebracht?" fragte schließlich, nervös unter diesem ständigen Blick, der Ägypter. „Ja", erwiderte schlicht Norban. „Ihr Freund Mettius ist gestorben." Crispin hielt mitten im Schritt inne und wandte dem Norban das lange, feine, dünne, lasterhafte Gesicht zu; Erwartung, Freude und Besorgtheit mischten sich auf ihm. Der alte Mettius war ein sehr reicher Mann, Crispin hatte ihn auf verschlungene Art, mit Freundschaftsbezeigungen und mit Drohungen, verfolgt, und der Greis hatte ihn zuletzt auch in seinem Testament mit großen Summen bedacht. „Ihre Freundschaft ist ihm nicht gut bekommen, mein Crispin", berichtete, während jetzt auch die andern zuhörten, der Polizeiminister. „Mettius hat sich die Adern geöffnet. Unmittelbar vorher übrigens hat er sein gesamtes Vermögen" – Norban legte einen kleinen Ton auf das Wort: gesamtes – „unserm geliebten Herrn und Gott Domitian verschrieben." Es gelang dem Crispin, sein Gesicht ruhig zu halten. „Sie sind immer der Überbringer erfreulicher Botschaften, mein Norban", sagte er höflich.

Wenn die fette Erbschaft nicht ihm selber zufiel, dann gönnte sie Crispin dem Kaiser noch als erstem. Alle fünf Männer in dem kleinen Saal, so übel ihnen Domitian zuweilen mitgespielt hatte, waren ihm ehrlich freund. D D D, trotz seiner finsteren Schrullen, faszinierte die Massen sowohl wie diejenigen, die er näher an sich heranließ.

Claudius Regin hatte mit einem kleinen Feixen zugehört. Jetzt ließ er sich wieder erschlaffen, schlampig, schläfrig hockte er in einem Sessel. „Die haben es leicht", sagte er halblaut zu Junius Marull, mit dem Kopf auf die drei andern weisend, „sie sind jung. Sie aber, mein Marull, und ich, wir haben etwas erreicht, was unter den Freunden des Kaisers eigentlich nur uns zuteil ward: wir sind beide über Fünfzig alt geworden."

Norban hatte unterdessen den Crispin in einer Ecke festgehalten. Auf seine ruhige, etwas bedrohliche Art, die klobige Stimme dämpfend, daß die andern seine Worte nicht hörten, sagte er zu ihm: „Ich habe eine weitere gute Nachricht für Sie. Die Vestalinnen werden den Palatinischen Spielen beiwohnen. Sie werden Ihre Cornelia zu sehen bekommen, mein Crispin." Das bräunliche Gesicht des Crispin wurde fast töricht vor Bestürzung. Er hatte ein paarmal freche, begehrliche Äußerungen über die Vestalin Cornelia getan, doch nur zu intimen Freunden, denn der Kaiser nahm es genau mit seinem Erzpriestertum und liebte keine unehrerbietigen Äußerungen über seine Vestalinnen. Crispin erinnerte sich jetzt genau, was er gesagt hatte. Und wäre diese Cornelia von oben bis unten in ihr weißes Kleid eingenäht, er werde mit ihr schlafen, hatte er sich vermessen. Auf welchem höllischen Weg aber war das schon wieder zu diesem verfluchten Norban gedrungen?

Endlich wurden die Herren ins innere Arbeitskabinett gebeten.

Der Kaiser saß auf seinem erhöhten Sitz, am Arbeitstisch, prunkvoll steif, angetan mit dem ihm vorbehaltenen Kleid der Majestät, und wiewohl der Tisch seine Füße deckte, trug er den unbequemen hochgesohlten Schuh. Es beliebte ihm, ganz der Gott zu sein; nur mit einem hieratisch stolzen Nicken erwiderte er die dem Gott zukommende demütig zeremoniöse Begrüßung seiner Räte.

Um so mehr dann stach von dieser Haltung die Sachlichkeit ab, mit der er die Sitzung führte. Obwohl durchdrungen von dem Gefühl seiner Göttlichkeit, prüfte er mit gutem Menschenverstand die Gründe und Gegengründe, welche seine Herren vorbrachten.

Man behandelte zunächst jene Gesetzesvorlage, welche die Oberaufsicht über Sitte und Senat für immer auf den Kaiser übertragen, die Rechte der mitregierenden Körperschaft aufs Formale einschränken, die absolute Monarchie zur Realität machen sollte. Bis in jede stilistische Kleinigkeit arbeitete man die Argumente aus, mit denen man diese Vorlage begründen wollte. Sodann überlegte man, wie man die Grundlinien des Kriegs- und des Friedensetats in Einklang bringen könnte. Da galt es einerseits dem Festungsbaumeister Frontin große Summen zur Verfügung zu stellen für die Fortführung des Walles gegen die germanischen Barbaren, andernteils den an die Front gehenden Truppenteilen hohe Prämien und Sonderlöhnungen zu konzedieren. Aber man konnte auch nicht ohne weiteres die großangelegten Bauunternehmungen in der Stadt und in den Provinzen stillegen, wenn man nicht das Prestige des Kaisers gefährden wollte. Wo also konnte man sparen? Und wo und auf welchem Gebiet konnte man noch Steuererhöhungen durchführen, ohne die Untertanen zu heftig zu bedrücken? Weiter setzte man fest, welche Maßnahmen man gegen die unsichern Provinzen ergreifen, welche Privilegien man ihnen geben oder nehmen sollte. Umständlich ferner beriet man, wieweit man die Vorschriften mildern könnte, die den Weinbau zugunsten des Getreidebaus einschränken sollten; man wollte diese notwendige Reform nicht allzu unpopulär werden lassen. Besonders lange schließlich verweilte man bei den geplanten Sittengesetzen: Verordnungen, die der zunehmenden Emanzipation der Frauen steuern, Bestimmungen, die den Kleiderluxus einschränken, Vorschriften, die eine schärfere Kontrolle der Schauspiele ermöglichen sollten. Wieder einmal mußten die Räte erkennen, daß es nicht etwa Heuchelei war, wenn Domitian von seiner erzpriesterlichen

Sendung sprach, altrömische Zucht und Tradition mit den strengsten Mitteln wiederherzustellen. So unbedenklich er den eigenen maßlosen Begierden frönte, so tief war er durchdrungen von seiner Sendung, sein Volk zur Sitte und zum religiösen Herkommen der Altvordern zurückzuführen. Römische Zucht und römische Macht sind das gleiche, das eine kann ohne das andere nicht bestehen, die strenge Sitte ist die Basis des Imperiums. Steif und kaiserlich saß er da und führte das aus, eine redende Statue. Ausstrahlte von ihm die tiefe Überzeugtheit von seiner Mission, und den andern, obwohl sie das Schauspiel des sich offenbarenden Gottes Domitian nicht das erstemal erlebten, wurde es beinahe unheimlich vor seiner Besessenheit.

Mit Ausnahme dieser einen aber erwog man alle Fragen sachverständig unter der sachverständigen Leitung des Kaisers und ohne Ressentiment des einen gegen den andern. Domitian hatte es verstanden, sich und seine Räte zu einem Organismus zu verschmelzen, der mit einem einzigen Gehirn dachte. Es wurde eine lange Sitzung, alle sehnten sich nach Entspannung, doch eine Unterbrechung gönnte der Kaiser weder sich noch seinen Räten.

Und selbst als er die erschöpften Herren entließ, behielt er den Norban noch zurück. Er hätte freilich klug daran getan, sich ein wenig auszuruhen. Vor ihm lag zunächst eine anstrengende Familientafel – der Menschenkenner Aelius hatte recht gehabt, der Kaiser wollte Lucia zuerst im Kreise der Familie sehen – und dann die erhoffte und gefürchtete Auseinandersetzung mit Lucia. Allein es war gerade um dieser Auseinandersetzung willen, daß Domitian noch mit seinem Polizeiminister reden wollte. Der war nun einmal der einzige, der ihm Material geben konnte, Material gegen Lucia, das ihm vielleicht bei der großen Aussprache dienlich wäre. Doch Norban blieb auch heute einsilbig, und der Kaiser brachte auch heute seine Frage nicht über die Lippen. Er wartete darauf, daß Norban von allein sprechen sollte; es war niederträchtig von ihm, daß er seinen Kaiser nicht informierte, auch ungefragt. Allein Norban hatte seinen harten Kopf, er sprach nicht.

Seufzend gab es der Kaiser auf, von ihm etwas über Lucia zu hören. Da er ihn aber nun einmal dahatte, fragte er ihn wenigstens über Julia aus. Sein Verhältnis zu dieser seiner Nichte Julia war zwiespältig und wechselnd. Titus, sein Bruder, hatte ihm seinerzeit seine Tochter Julia als Frau angetragen, doch Domitian, damals danach trachtend, seines Bruders Mitregent zu werden, hatte sich nicht auf solche Art abspeisen lassen wollen. Dann aber hatte er sich, teils aus Haß gegen den Bruder, teils weil ihm Julias lässig anmutige, füllige Fleischlichkeit anzog, das Mädchen durch Gewalt und Überredung gefügig gemacht. Auch nachdem Titus Julia mit dem Vetter Sabin verheiratet hatte, ja gerade deshalb, hatte er diese seine skandalösen Beziehungen zu ihr fortgesetzt. Nun war Titus tot, Domitian hatte keine Ursache mehr, ihn zu ärgern, doch er hatte sich mittlerweile an die blonde, träge, weißhäutige Julia gewöhnt. Sie liebte ihn sichtlich, und in diese Liebe rettete er sich, wenn der Ärger über den unangreifbaren Stolz der Lucia zu tief an ihm fraß. Und je nach der Art, wie ihn Lucia behandelte, änderte sich seine Neigung für Julia.

Nun war Julia schwanger. Er hatte ihr vor einiger Zeit verboten, mit ihrem Manne Sabin, seinem Vetter, zu schlafen, sie schwor, das Kind sei von ihm, nicht von Sabin, und der Mann Domitian möchte das auch gerne glauben, aber der Kaiser Domitian ist mißtrauisch. Oder vielleicht auch glaubt es der Kaiser Domitian, denn ihn, den Gott, kann man nicht hintergehen, aber der Mensch Domitian ist mißtrauisch. Über diese seine Zweifel mit seinem Norban zu reden, trug er keine Scheu. Lucia hatte ihm ein Kind geboren, aber es war im Alter von zwei Jahren gestorben, und der Leibarzt Valens gab dem Kaiser keine Hoffnung, von Lucia Nachkommenschaft zu erwarten. Es wäre großartig, wenn Julia ihm ein Kind gebäre. Aber wer konnte ihm sagen, ob die Frucht, die sie trug, wirklich sein Kind war? Niemals wird er dessen ganz sicher sein können; denn wenn das Kind flavische Merkmale welcher Art immer tragen wird, diese Merkmale können von ihr selber stammen, von ihm und von Sabin. Wer behebt seine Zweifel?

Norban war seinem Herrn nicht nur tief ergeben, sondern

ehrlich freund. Es wäre ihm eine ungeheure Freude gewesen, wenn Domitian einen Sohn gehabt hätte, dem er den Thron hätte vererben können. „Ich habe verlässige Leute im Hause des Prinzen Sabin", erklärte er, „Leute mit gutem Blick. Nicht um der Prinzessin Julia, sondern um des Prinzen Sabin willen. Meine Leute erklären mit Bestimmtheit, die beiden lebten wie Vetter und Base, nicht wie Mann und Frau." Der Kaiser richtete die etwas vorquellenden Augen trüb und starr auf den Norban. „Du willst den Herrn und Gott Domitian trösten", antwortete er, „weil du dem Manne Domitian freund bist." Norban hob die breiten Schultern eindrucksvoll und senkte sie wieder. „Ich berichte nur", sagte er, „was verlässige Leute mir berichten."

„Auf alle Fälle ist es ärgerlich", meinte Domitian, „daß Sabin in der Welt ist, dieser hochmütige Dummkopf. Von Natur ist er nur dumm. Daß er so hochmütig geworden ist, daran ist Titus schuld gewesen. Ich sage dir, Norban, mein Bruder Titus war im Grunde sentimental, bei all seinem Geschmetter. Er hat den Sabin verhätschelt, aus Familienrührseligkeit. Es war einfach idiotisch, daß er ihm die Julia zur Frau gegeben hat." – „Es ziemt mir nicht", antwortete Norban, „an dem Gotte Titus Kritik zu üben." – „Ich sage dir", erwiderte ungeduldig der Kaiser, „er war häufig ein Idiot, der Gott Titus. Der Hochmut dieses Sabin ist wirklich höchst ärgerlich. Dieser Hochmut grenzt schon beinahe an Hochverrat." – „Er hält sich peinlich fern von jeder politischen Tätigkeit", warf, beinahe bedauernd, der Polizeiminister ein. „Das ist es eben", sagte Domitian. „Dafür spielt er den Mäzen lauter versnobter Intellektueller, lauter Oppositioneller natürlich." – „Ist das Hochverrat?" überlegte Norban. „Ich glaube, es genügt nicht." – „Er hat seine Leute die weiße Livree tragen lassen, die dem Haushalt des Kaisers vorbehalten ist", führte Domitian weiter aus. „Das genügt nicht", beharrte Norban. „Er hat die weiße Livree wieder abgeschafft, sowie Sie es ihm befohlen haben. Nein, was vorliegt, genügt nicht", schloß er. „Aber vertrauen Sie Ihrem Norban, mein Gott und Herr", redete er ihm zu. „Der Prinz Sabin ist von solcher Art, daß bestimmt einmal etwas gegen ihn vorliegen wird. Und sobald es soweit ist, vielleicht schon bei Ihrer Rückkehr aus dem Feldzug, mein Gott und Herr, werde ich Ihnen sogleich berichten."

Des Abends aß der Kaiser zunächst allein, hastig und viel, denn er wollte satt sein, um bei der Familientafel nicht durch Essen von der Beobachtung der andern abgelenkt zu werden. Diese andern versammelten sich mittlerweile in dem kleinen intim festlichen Saal der Minerva. Es waren Lucia, die beiden Vettern des Kaisers, Sabin und Clemens, mit ihren Frauen Julia und Domitilla, sowie die beiden kleinen Zwillingssöhne des Clemens.

Die Garden klirrten die Spieße zur Erde, Domitian betrat den Raum. Sah Lucia. Ihr kühnes, helles Gesicht lachte ihn an, fröhlich, ein wenig spöttisch; ach nein, der Aufenthalt auf der öden Insel hatte sie nicht gebändigt, nicht verändert. Er war froh, nicht mit ihr allein zu sein.

Mit seinem steifen, mühsamen Schritt ging er auf sie zu und küßte sie, wie er dem Zeremoniell zufolge alle Anwesenden zu küssen hatte. Es blieb ein kurzer, formeller Kuß, seine Lippen rührten kaum ihre Wangen. Doch unter seinem Staatskleid spürte sie das starke Pochen seines Herzens. Er hätte eine Provinz darum gegeben, zu wissen, ob sie dort auf ihrer Insel mit einem andern geschlafen hatte. Warum hatte er seinen Norban nicht befragt? Fürchtet er die Antwort?

Ein wildes, kaum zähmbares Verlangen kam ihn an, die Narbe unter ihrer linken Brust zu sehen, mit sanftem Finger darüber zu streichen. Er ist wahrlich ein großer Herrscher, er ist ein Römer, daß er sich bezwingen und sich ruhigen Gesichtes an die andern wenden kann, während er dieses ungeheure Verlangen spürt.

Er umarmt also zunächst seinen Vetter Sabin und küßt ihn, wie es der Brauch vorschreibt. Ein widerwärtiges Mannsbild, dieser Sabin, so dümmlich wie eingebildet. Aber Domitian kann sich auf seinen Polizeiminister verlassen. Der Tag wird kommen, da er die Haut dieses Sabin nicht mehr an der seinen wird spüren müssen.

Er wandte sich an Julia. Man sah ihr von ihrer Schwangerschaft noch nichts an, aber hier waren alle im Bilde. Sicher hat selbst Lucia schon davon gehört, und auch sie wird sich jetzt fragen: Von wem ist das Kind, von Wäuchlein oder von dem blöden Sabin? Des Kaisers ganzes Gesicht, wie er jetzt, die Arme eckig nach hinten, den Bauch leicht eingezogen, auf sie zuging, war überrötet; doch das wollte nichts besagen, er errötete leicht und immerzu. Julias blaugraue Augen schauten ihm groß und forschend entgegen. Sie hatte in diesen letzten Monaten weniger unter seinen Launen zu leiden gehabt, aber mit ihrem guten, nüchternen Verstand sah sie voraus, daß sich das ändern werde, sowie er erst wieder mit Lucia zusammen sei. Da stand sie denn, eine rechte Flavierin, raumfüllend, höchst existent. Aber wirkte sie nicht etwas vulgär, wenn man sie an Lucia maß? Domitian küßte sie, und ihre weiße, dünne Haut, ihm vor wenigen Tagen noch sehr lieb, war ohne Reiz für ihn.

Nun begrüßte er mit Umarmung und Kuß seinen jüngeren Vetter, Clemens, den sanften und faulen Clemens, wie er ihn zu höhnen pflegte. Denn Clemens hatte sich nie etwas aus Politik gemacht, er bezeigte keinerlei Ehrgeiz, die freundliche Lässigkeit, die ihn ganz durchdrang, war dem Kaiser, dem Wahrer römischen Wesens, ein Ärgernis. Die meiste Zeit verbrachte Clemens auf dem Land, mit seiner Frau Domitilla und seinen Zwillingssöhnen. Dort beschäftigte er sich mit der pietistischen Doktrin einer jüdischen Sekte, mit der albernen Lehre der sogenannten Minäer oder Christen, die sich allerhand von einem jenseitigen Leben versprachen, da ihnen das diesseitige nicht der Mühe wert schien. Domitian fand diese Doktrin abstoßend, weichlich, weibisch, dumm, eines Römers ganz und gar unwürdig. Nein, beim Herkules, er mochte auch den Vetter Clemens nicht. Aber etwas hatte dieser ihm voraus, um *eines* beneidete ihn Domitian. Das waren die Zwillinge, die vierjährigen Prinzen Constans und Petron, die kleinen Löwen, wie Domitian die weichen, geschmeidigen und kräftigen Knäblein gerne nannte. Die Dynastie mußte fortleben, das war sein brennender Wunsch, weder Sabin noch Clemens eigneten sich für den Thron, was aus Julia entspringen werde, wußte man noch nicht, vorläufig also waren die Zwillinge alles, woran sich Domitian halten konnte, und in seinem

Innersten spielte er mit dem Gedanken, sie zu adoptieren. Nur um ihretwillen nahm er den Vetter Clemens hin. Der erwiderte übrigens des Kaisers Abneigung und ließ sich Umarmung und Kuß sichtlich nur mit Widerstreben gefallen.

Mehr reizte und belustigte den Kaiser des Vetters Frau, Domitilla, die er als letzte mit dem Kuß begrüßte. Eine Tochter seiner früh verstorbenen Schwester, hatte auch sie gewisse flavische Eigenschaften, blonde Haare und starkes Kinn. Doch war sie dünn, in jeder Hinsicht dünn, und karg auch von Worten. Freilich waren ihre hellfarbigen Augen beredt, ja fanatisch. Von Domitian sprach sie verächtlich nur als von „Jenem“, selbst „Wäuchlein“ war ihr noch zu gut für ihn, und der Kaiser brauchte nicht seinen Norban, um zu wissen, daß Domitilla in ihm das Prinzip des Bösen sah. Bestimmt war sie es, die in ihrem schwachen Mann seine passive Feindseligkeit nährte, die zähe, stille Sanftheit seines Widerstands. Bestimmt war sie es, die ihn in die Gemeinschaft mit jener anrüchigen jüdischen Sekte hineintrieb. Der Kaiser, wie er Domitilla jetzt küßte, schloß sie fester in seine Arme als die andern. Es lag ihm nichts an ihr, doch um sie zu ärgern, beließ er es gerade bei ihr nicht bei dem zeremoniellen Kuß, sondern umfaßte die Widerstrebende lang und herzhaft.

Bei Tafel war er gesprächig und angenehmer Laune. Zwar versagte er sich's nicht, seine Vettern Sabin und Clemens und Domitilla auf die gewohnte Art zu hänseln. Aber er nahm es nicht übel, daß ihn Lucia anzüglich um seiner Mäßigkeit willen lobte und anerkennend feststellte, sein Bauch habe nur wenig zugenommen. Auch sprach er mit ernster Besorgtheit auf Julia ein, sie möge ihres Zustandes wegen auf sich achten, von dieser Speise essen und von jener nicht. Vor allem aber scherzte er mit den Zwillingen. Sanft strich er ihnen über das helle, weiche Haar – „meine kleinen Löwen“, sagte er. Die Prinzen ließen sich das gern gefallen, offensichtlich erwiderten sie die Neigung ihres Onkels. „Das Volk, die Soldaten und die Kinder lieben mich“, stellte der Kaiser zufrieden fest. „Alle, die unverdorbene Instinkte haben, lieben mich.“ – „Habe ich verdorbene Instinkte?“ fragte Lucia zurück. Und Julia, freundlich und gelassen, erkundigte sich: „Heißt das, daß Sie unsern Gott Domitian nicht lieben, meine Lucia, oder heißt es, daß Sie ihn trotz Ihrer verdorbenen Instinkte lieben?"

Als die Tafel aufgehoben und die andern gegangen waren, fühlte sich Domitian besser gerüstet für das Gespräch mit Lucia. Trotzdem fand er, wie sie allein waren, keinen rechten Anfang. Lucia sah es, und ein Lächeln breitete sich über ihr Gesicht. So begann denn sie das Gespräch und nahm damit seine Führung in die Hand. „Ich habe", sagte sie, „Ihnen eigentlich zu danken für meine Verbannung. Als ich erfuhr, daß Sie mir nicht einmal Sizilien, sondern das öde Pandataria zum Exil bestimmt hatten, war ich, ich gestehe es, verärgert und fürchtete, es werde recht langweilig werden. Statt dessen ist mir die Insel zu einem Erlebnis geworden, das ich nicht missen möchte. Angewiesen auf das Dutzend Mitverbannter und auf die eingeborene proletarische Bevölkerung, habe ich entdeckt, daß der Aufenthalt auf einer solchen öden Insel dem Innenleben ihrer Bewohner viel förderlicher ist als etwa der Aufenthalt in Alba oder auf dem Palatin." Ich werde trotz allem den Norban fragen, sagte sich verbissen Domitian, ob und mit wem sie es dort getrieben hat. „Als Sie geruhten", fuhr Lucia fort, „mich zurückzurufen, habe ich das beinahe bedauert. Dabei will ich gar nicht leugnen, daß jetzt, nach dem öden Pandataria, unser Alba mir Freude macht."

„Ich hätte die Gesetze über den Ehebruch strenger anwenden sollen", meinte, stark überrötet, Domitian. „Ich hätte mich Ihrer entledigen sollen, Lucia." – „Sie sind launisch, mein Herr und Gott", gab ihm Lucia zurück, und das Lächeln wich nicht von ihrem Antlitz. „Erst rufen Sie mich zurück, und dann sagen Sie mir solche Grobheiten. Und finden Sie es nicht etwas primitiv, einem immer gleich mit so blutigen Lösungen zu kommen?" Sie trat nahe an ihn heran, sie war größer als er, sie strich ihm leicht über das spärlicher werdende Haar. „Das ist schlechter Geschmack, Wäuchlein", sagte sie, „das zeugt nicht von guter Rasse. Übrigens habe ich keine Angst vor dem Tod. Ich denke, Sie wissen das. Wenn ich jetzt sterben müßte, wäre es kein zu hoher Preis für das, was ich vom Leben gehabt habe." Sie hatte allerhand aus ihrem Leben herauszuholen gewußt, das mußte Domitian zugeben. Und Angst vor dem Tod hatte sie wirklich nicht, er hatte es erprobt. Und auch, daß sie noch aus ihrer Verbannung Gewinn zu ziehen vermocht hatte, glaubte er ihr. Nein, man konnte sie nicht zähmen, man konnte ihrer nicht Herr werden. Immer von neuem empörte ihn die Kühnheit, mit der sie zu ihren Taten stand, doch immer von neuem auch unterwarf ihn diese Kühnheit.

Er versuchte, sich stark zu machen gegen sie. Sie war ersetzbar, das hatte ihre Abwesenheit gezeigt. War ihm nicht Julia mittlerweile mehr geworden als eine Bettgenossin? Und erwartete er nicht ein Kind von Julia? Und hatte nicht auch er allerhand aus seinem Leben gemacht in ihrer Abwesenheit? „Auch ich habe einiges geschafft, während du fort warst, Lucia", sagte er grimmig. „Rom ist römischer geworden, Rom ist mächtiger geworden, stärker, und es ist jetzt mehr Zucht in Rom." Lucia lachte einfach. „Lache nicht, Lucia!" sagte er, und es war Bitte und Befehl. „Es ist so." Und wieder weicher, fast flehend: „Ich hab es auch deinethalb getan, ich hab es für dich getan, Lucia."

Lucia saß still da und schaute ihn an. Sie durchschaute, was an ihm klein und lächerlich war, aber sie sah auch seine Kraft und seine Eignung zum Herrschen. Soviel hatte sie erkannt: es mußte einer, wenn sich in ihm so ungeheure Fülle an Macht vereinigte wie in diesem ihrem Domitian, ein sehr großer Mann sein, um nicht das Maß zu verlieren. Gemeine Vernunft konnte sie von ihm nicht verlangen. Sie verlangte sie nicht. Zuzeiten sogar liebte sie ihn um seines Wahnes willen, es rede und handle aus ihm der Gott. Es schien ihr ein wenig verächtlich, daß er es nicht über sich brachte, sie zu töten; gleichwohl hatte sie sich während ihrer Verbannung häufig nach ihm gesehnt. Sie sah ihn an, nachdenklich, mit trüberen Augen: sie freute sich darauf, mit ihm zu schlafen. Aber sie war sich klar: sie mußte, was von ihm zu fordern sie sich vorgenommen hatte, jetzt von ihm erreichen, vorher. Später, hernach, wird es zu spät sein, und sie wird dann jahrelang mit ihm herumzukämpfen haben. Sie hatte sich genau zurechtgelegt, was sie von ihm verlangen wollte, und der gescheite Claudius Regin hatte ihr recht gegeben.

„Sie sollten mir endlich das Ziegeleimonopol übertragen", sagte sie also statt einer Antwort. Domitian war ernüchtert. „Ich spreche Ihnen von Rom und Liebe, und Sie antworten mir: Geld", beklagte er sich. „Ich habe", erwiderte sie, „während der Verbannung gelernt, wie wichtig Geld ist. Selbst auf meiner öden Insel hätte ich mir und den andern mit Geld vieles erleichtern können. Es war unfreundlich von Ihnen, meine Bezüge zu sperren. Bekomme ich das Ziegeleimonopol, Wäuchlein?" sagte sie.

Er dachte an die Narbe unter ihrer Brust, er war erfüllt von Wut und Begier. „Schweig!" herrschte er sie an. „Ich denke gar nicht daran", beharrte sie, „ich rede jetzt von dem Ziegeleimonopol. Und du kommst nicht weiter, ehe du mir ein klares Ja gesagt hast. Bilde dir nur ja nicht ein, du habest mich mürbe gemacht mit deinem Pandataria. Sicher hast du geglaubt, ich werde die ganze Zeit an das scheußliche Schicksal der Octavia denken oder der Julia des Augustus" – er überrötete sich, gerade das hatte er gewollt –, „aber da hast du dich geirrt. Und wenn du mich nochmals hinschickst, dann werde ich auch nicht anders werden, und genau wie für mich jene Julia eine lustvolle Erinnerung war, so soll eine spätere Verbannte dieser Insel auch an mich eher mit Neid denken als mit Schrecken." Das ware Andeutungen, die dem Domitian nun vollends zeigten, wie machtlos er vor dieser Frau war. Er suchte nach einer Erwiderung. Allein ehe er eine fand, kam sie zurück auf ihre Forderung, und ungestüm drang sie auf ihn ein: „Glaubst du, du allein brauchst Glanz? Wenn du schon größer bauen willst als die vor dir, dann will ich auch was davon haben. Bekomme ich das Ziegeleimonopol?"

Er mußte ihr das Monopol überlassen, und während dieser Nacht bereute er es nicht einmal.

Die Bestimmungen, welche der Kabinettsrat des Kaisers gutgeheißen hatte, bedurften, um Gesetz zu werden, der Zustimmung des Senats. Die Bestimmungen wurden also zusammengefaßt in vier Vorlagen, und schon wenige Tage nach dem Kabinettsrat wurde der Senat einberufen, um darüber zu beraten.

Da standen und saßen sie denn herum, die Berufenen Väter, unausgeschlafen, in der weißen, großartigen, riesigen Halle des Friedenstempels, in der die Sitzung stattfand. Es war früh am Morgen, die Tagung sollte pünktlich mit Sonnenaufgang beginnen, denn nur zwischen Sonnenaufgang und -niedergang durfte der Senat beraten, und man mußte, um die vier Gesetze zu debattieren und zu beschließen, die Zeit nutzen.

Es war ein sehr kalter Tag, die Kohlenbecken vermochten die weiten Hallen nicht zu erwärmen. Die Herren warteten herum in ihren Purpurmänteln und purpurgesäumten Kleidern, flackerig belichtet von den vielen Leuchtern und von den Kohlenbecken, schwatzend, hüstelnd, frierend, sie vertraten sich die Füße, die in den hochgesohlten, unbequemen, prunkenden Schuhen staken, und sie suchten die Hände an den mit heißem Wasser gefüllten Behältern zu wärmen, die sie in den Ärmeln ihrer Galakleider trugen.

Den meisten unter ihnen war es eine höllische Erniedrigung, daß sie nun auch noch diese kleinen Widrigkeiten auf sich nehmen mußten, nur um in feierlicher Tagung Gesetze zu beschließen, die sie für immer entmachten und der Willkür dieses Domitian preisgeben sollten, des maßlos frechen Urenkels des kleinen Bürobeamten. Doch auch die Tapfersten hatten nicht gewagt fernzubleiben.

Hier und dort führte man mißmutige, gedämpfte Gespräche. „Das Ganze ist Schande und Scheiße", brach plötzlich der Senator Helvid aus, und er wollte, der hagere, große, verwitterte Herr, den Saal verlassen. Mit Mühe hielt ihn Publius Cornel zurück. „Ich verstehe es, mein Helvid", sagte er und ließ den Ärmel des andern nicht fahren, „daß Sie mit diesem Senat nichts zu tun haben wollen. Wir alle möchten uns am liebsten den Purpurstreif abreißen, unter diesem Kaiser. Aber was ist erreicht, wenn Sie jetzt mit großer Gebärde von hier weggehen? Der Kaiser würde es Ihnen als frechen Trotz auslegen, und Sie würden es zu zahlen haben, früher oder später. Das ängstliche, geduckte Leben, das wir führen müssen, ist kein Leben, wie viele unter uns zögen einen blendenden, großartigen Untergang vor. Aber ein ostentativer Märtyrertod ist sinnlos. Bleiben Sie vernünftig, mein Helvid. Es ist wichtig, daß diejenigen, welche die Freiheit lieben, diese Zeit überleben. Es ist wichtig, daß sie am Leben bleiben, auch wenn es ein erbärmliches Leben ist." Cornel war viel jünger als Helvid, er war einer der jüngsten unter den Senatoren, doch trotz seiner Jugend zeigte sein Gesicht finstere, starke Falten. Statt daß er mir zuredet, dachte er, als er den Helvid sanft auf seinen Platz zurückgedrängt hatte, muß ich ihn besänftigen. Freilich habe ich es leichter als er. Ich bin da, aufzuschreiben, was unter dem Tyrannen geschieht. Sagte ich mir das nicht immerzu vor, dann wüßte ich auch nicht, wie ich dieses Leben ertragen sollte.

Endlich, wenige Minuten vor Sonnenaufgang, traf Domitian ein. Die Türen des Gebäudes wurden weit aufgetan, damit die Öffentlichkeit der Sitzung hergestellt sei, und alles Volk sah den Kaiser prunken auf seinem erhöhten Sitz. Purpurn und golden thronte er, gewillt, so auszuharren bis zum Ende der Tagung. Er wünschte, daß die vier Gesetze, die heute zur Debatte standen, seine Gesetze, mit allem Pomp beraten und beschlossen würden.

Das wichtigste unter diesen Gesetzen, jenes, das dem Kaiser auf Lebenszeit die Zensur zusprach, das Amt, Mitglieder des Senats aus dieser Körperschaft auszuschließen, stand als drittes auf der Tagesordnung. Begründet wurde die Vorlage von dem Senator Junius Marull, dessen Namen das Gesetz tragen sollte. Der alte, elegante Herr hatte heute einen guten Tag und fühlte sich jung. Er, der sich mit solcher Leidenschaft so viele entlegene Sensationen bereitet hatte, kostete es aus, den puritanischen Kollegen den feindseligen Hohn heimzuzahlen, mit dem sie oft über ihn, den „frivolen, raffinierten Lüstling", hergefallen waren. Feierlich sitzend und zerfressen von Grimm, mußten sich's die republikanisch konservativen Senatoren mitanhören, wie ihr Kollege Marull, der große Anwalt, mit scheinbarer Sachlichkeit dartat, daß die Stabilität der Staatsführung es dem Senat einfach zur Pflicht mache, dem Kaiser die Zensur auf Lebenszeit zu übertragen, und daß das Reich in seinem Bestand bedroht sei, wenn man dem Herrn und Gott Domitian diese Oberaufsicht nicht zubillige.

Der Senator Priscus hörte zu, die Hände in den Ärmeln seines Staatskleides verschränkt. Aus kleinen, tiefliegenden Augen blinzelte er auf den beredten Marull, den runden, völlig kahlen Kopf hielt er steif. Oh, er sprach gut, dieser Marull, er sprach sehr gut für eine höchst niederträchtige Sache. Wie gerne hätte er, Priscus, selber ein Mann des Wortes, diesem Marull geantwortet, es gab viel zu antworten, sehr Treffendes, und er hätte es herrlich formulieren können. Allein er mußte schweigen, der Senator Priscus, unter diesem Kaiser Domitian war er verurteilt, zu schweigen. Ein einziger, armseliger Trost blieb ihm: er wird nach der Sitzung nach Hause gehen und das, was er zu sagen hat, niederschreiben. Dann, später einmal, bei guter Gelegenheit, wird er es behutsam und flüsternd in einem Kreis zuverlässiger Freunde vorlesen, und wenn es ganz gut geht, dann wird er dem frechen Marull sein Manuskript in die Hände spielen. Traurige Vergeltung.

Der Senator Helvid, Sohn jenes Helvid, den des Kaisers Vater hatte töten lassen, knirschte mit den Zähnen und zerbiß sich die Lippen, wie er die niederträchtigen, eleganten Sätze des Marull mitanhören mußte. Schließlich konnte er sich nicht mehr bezähmen. Er vergaß die Warnungen des Cornel, er erhob sich, der große, hagere, verwitterte Herr, und mit gewaltiger Stimme rief er dem Marull zu: „Frechheit, freche Lüge!“ Marull unterbrach sich, die hellen, blaugrauen Augen richtete er auf den Zwischenrufer, ja, er führte den blickschärfenden Smaragd ans Auge. Der Kaiser selber drehte langsam, sich rötend, dem Helvid den Kopf zu. Den Helvid aber hatte Cornel auf seinen Sitz zurückgezogen, und da saß er und sagte nichts mehr.

Als Marull zu Ende war, schritt man zur Beratung. Der amtierende Konsul rief jeden der Senatoren bei seinem Namen auf, in der Reihenfolge ihrer Anciennität, und fragte: „Was ist Ihre Meinung?“ Gerne hätte da mancher geantwortet: Dieses Gesetz ist der Verderb des Reiches und der Welt. Allein keiner antwortete so. Vielmehr erklärte gehorsam ein jeder: „Ich stimme dem Junius Marull bei", und höchstens der Ton der Stimme verriet Scham, Bitterkeit, Empörung.

Helvid, in der Pause nach der Abstimmung über dieses dritte Gesetz, sagte zu Cornel: „Wenn unsere Altvordern zeitweise das Höchstmaß an Freiheit erleben durften, so haben wir jetzt das Höchstmaß an Knechtschaft erlebt."

Bei der Beratung der vierten Vorlage, der letzten, des neuen, verschärften Sittengesetzes, nahm der Kaiser selber das Wort. Wenn es um Zucht und Tradition ging, dann verlangte es ihn danach zu reden. Er fand denn auch würdige, kräftige, sehr römische Sätze, um wieder einmal seine Überzeugung zu bekennen von der innigen Verbindung von Zucht und Macht. Die Sitte, führte er aus, sei die Grundlage des Staates, das Verhalten eines Menschen bestimme seine Gesinnung, und wenn man sein Verhalten bessere, wenn man ihn zwinge, sich sittlich, anständig zu verhalten, dann bessere man auch seine Seele und seine Art. Zucht und Sitte seien die Voraussetzung jeder staatlichen Ordnung, die Disziplin der Bürger sei die Grundlage des Imperiums. Selbst die oppositionellen Senatoren mußten zugeben, daß der Nachfahr des kleinen Bürobeamten mit Würde sprach und sehr kaiserlich.

Die Wände der länglich runden Halle entlang reihten sich ernsthaft die Standbilder der großen Dichter und Denker, unter ihnen die Büste des Schriftstellers Flavius Josephus, des Juden, die Kaiser Titus hier hatte aufstellen lassen. Leicht über die Schulter gedreht, hoch und hochfahrend, hager, fremdartig schimmernd, augenlos, voll wissender Neugier, wohnte der Kopf des Josephus der Sitzung bei.

Endlich war auch das letzte Gesetz beraten und beschlossen, und der amtierende Konsul konnte die Versammlung entlassen mit der Formel: „Ich halte Sie nicht länger auf, Berufene Väter."

Zehn Tage später, wie es Vorschrift war, wurden vier Erztafeln, in welche der Wortlaut der vier neuen Gesetze eingegraben war, im Staatsarchiv hinterlegt, und damit hatten die vier Gesetze Geltung erlangt. Von diesem Tage an hatte der Imperator Cäsar Domitianus Augustus Germanicus auf Lebenszeit die Befugnis, Mitglieder des Senats aus dieser Körperschaft auszuschließen.

In dem unansehnlichen Hause des Josef erschien zum großen Staunen der Nachbarn ein kaiserlicher Kurier. Er überbrachte dem Josef die Einladung, sich andern Tages auf dem Palatin einzufinden.

Josef selber war mehr verwundert als ängstlich. In den letzten Jahren hatte der Kaiser höchstens gelegentlich ein flüchtiges Wort für ihn gehabt, niemals mehr. Es war merkwürdig, daß er ihn jetzt, unmittelbar vor seiner Abreise, mitten im Drange der Geschäfte, noch zu sich beschied. Hing diese Einladung, oder besser wohl, diese Vorladung, zusammen mit den Dingen in Judäa? Allein Josef bemühte sich, auf dem Weg zum Palatin jede Angst zu unterdrücken. Gott ließ es nicht zu, daß ihm etwas geschah, bevor er sein großes Werk, die Universalgeschichte, vollendet hatte.

Domitian trug, als Josef zu ihm geführt wurde, den purpurnen Mantel über der Rüstung; gleich nach der Unterredung mit dem Juden wollte er eine Deputation seiner Senatoren und Generäle empfangen. So stand er, an eine Säule gelehnt; der Stab, das Zeichen der Gewalt, lag neben ihm auf einem kleinen Tisch. Der Raum war nicht groß; um so mächtiger wirkte die Gestalt des Kaisers. Josef kannte Domitian genau noch aus der Zeit her, da er ein Niemand war, ein Taugenichts, und da ihn sein Bruder Titus nur als das „Früchtchen" bezeichnet hatte. Gegen seinen Willen aber verschmolz jetzt dem Josef der Mann vor ihm in eines mit den vielen Porträtstatuen, die rings aufgestellt waren; er war nicht mehr das Früchtchen, er war Rom.

Der Kaiser war sehr freundlich. „Kommen Sie näher, mein Josephus!" forderte er ihn auf. „Noch näher! Kommen Sie dicht heran!" Er betrachtete ihn aus seinen großen, kurzsichtigen Augen. „Man hat lange nichts mehr von Ihnen gehört, mein Josephus", sagte er. „Sie sind ein sehr stiller Mann geworden. Waren Sie die ganze Zeit in Rom? Leben Sie ausschließlich Ihrer Literatur? Und woran arbeiten Sie? Schreiben Sie weiter an der Geschichte dieser Zeit?" Und, immer ehe Josef antworten konnte, jetzt aber mit einem kleinen, bösartigen Lächeln: „Werden Sie beschreiben, welche Wirkungen meine Maßnahmen auf Ihr Judäa haben?“

Der Kaiser, nun er zu Ende gesprochen, hielt den Mund noch ein wenig geöffnet, wie auf den meisten seiner Statuen. Ruhig und nachdenklich schaute ihm Josef ins Gesicht. Er wußte, wie verächtlich der Vater und der Bruder dieses Mannes über ihn gedacht hatten, und Domitian wußte, daß er es wußte. Er hatte, dieser Domitian, das starke, vorspringende Kinn des Vaters. Er war als Jüngling eine stolzere Erscheinung gewesen als Vater und Bruder, aber jetzt hatte er, sah man genauer hin, mit seinen Statuen nur mehr wenig gemein. Wenn man die Attribute der Macht abzog, wenn man sich ihn als entkleidet seiner Macht vorstellte, einfach als nackten Mann, was blieb dann? Wenn nicht Rom, das riesige, gewaltige, hinter ihm stand, was war er dann als ein Mensch in mittleren Jahren mit wulstigem Mund, dünnen Beinen, vorzeitigem Bauch und vorzeitiger Glatze? Er war Wäuchlein. Und dennoch war er auch der Imperator Domitianus Germanicus, und Rüstung und Purpur und Stab gewannen Leben erst durch ihn.

„Ich schreibe an einer ausführlichen Darstellung der Geschichte meines Volkes“, erwiderte mit gleichmütiger Höflichkeit Josef. Wann immer er den Kaiser traf, richtete der an ihn die gleiche Frage und gab er die gleiche Antwort.

„Des jüdischen Volkes?“ fragte sanft und ein wenig tückisch Domitian und traf damit den Josef tiefer, als er dachte. Und wieder, ehe Josef antworten konnte, fuhr er fort: „Es könnte sein, daß die letzten Ereignisse Einwirkung haben auch auf Ihr Judäa. Glauben Sie nicht?“ – „Der Imperator Domitian hat tieferen Einblick in die Ereignisse als ich“, erwiderte Josef. „In die Ereignisse vielleicht, doch schwerlich in die Menschen“, antwortete der Kaiser, mit dem Stabe spielend. „Ihr seid ein schwieriges Volk, und es gibt kaum einen Römer, der sich rühmen dürfte, euch wirklich zu kennen. Mein Gouverneur Pompejus Longin ist ein guter Mann, kein schlechter Psycholog, und berichtet mir regelmäßig, gewissenhaft und gründlich. Trotzdem – gib es zu, mein Jude –

verstehst du mehr als er und weißt besser Bescheid über das, was in Judäa vorgeht."

Eine kleine Angst flog den Josef an, trotz seiner starken Willensanspannung. „Ja, Judäa ist schwer zu durchschauen", begnügte er sich vorsichtig zu erwidern.

Jetzt lächelte Domitian tief, lang und böse, so daß der andere dieses Lächeln wahrnehmen sollte. „Warum sind Sie so zurückhaltend zu Ihrem Kaiser, mein Josephus?" fragte er. „Sie wissen doch offenbar um einige Vorgänge in meiner Provinz Judäa, von denen mein Gouverneur nichts weiß. Sonst hätten Sie schwerlich einen gewissen Brief geschrieben. Muß ich Ihnen sagen, was für einen Brief? Soll ich Ihnen Stellen daraus zitieren?"

„Da Sie den Brief kennen, Majestät", antwortete Josef, „wissen Sie, daß er nichts enthält als den Rat zur Vorsicht. Leuten, die vielleicht unvorsichtig sein könnten, Vorsicht anzuraten, das, scheint mir, liegt im Interesse des Reichs und des Kaisers."

„Das mag sein", sagte träumerisch, immer mit dem Feldherrnstab spielend, der Kaiser, „das mag aber vielleicht auch nicht sein. Du jedenfalls", und seine vollen Lippen verzogen sich hämisch, „scheinst es für nötig zu halten, daß jetzt wieder einmal einer aufsteht und denen in Judäa einen flavischen Feldherrn als Messias anpreist. Scheint euch Juden das flavische Haus noch immer nicht fest genug zu sitzen?" Des Kaisers großes, dunkelrotes Gesicht war jetzt unverstellt feindselig.

Josef selber hatte sich gerötet. Domitian hielt also jene Begebenheit von damals, da Josef den Vespasian in entscheidender Stunde als Messias begrüßt hatte, für einen abgemachten, ausgemachten Schwindel. Hielt ihn für käuflich, für einen Verräter. Aber er darf jetzt nicht darüber nachdenken, im Augenblick geht es um Dringlicheres. „Wir glaubten im Interesse des Kaisers und des Reichs zu handeln", erklärte er nochmals, ausweichend, hartnäckig. „Ein wenig doch auch im Interesse eurer Juden, mein Jude, und in euerm eigenen?" fragte Domitian. „Oder nicht? Sonst hättet ihr euch doch wohl geradewegs an meine Beamten und Generäle gewandt, sie gewarnt, sie informiert. Ihr wißt doch in ähnlichen Fällen die Herren recht schnell zu finden. Aber ich kann mir schon denken, was dahinter steckt. Ihr habt glätten wollen, sänftigen, die Schuldigen vor der Strafe retten.“ Er schlug mit dem Stab kleine Schläge auf das Tischchen. „Ihr seid große Zettler und Intriganten, das weiß man.“ Die Stimme kippte ihm über. Sein Gesicht war jetzt hochrot. Er bezwang sich und spann weiter, was er vorhin begonnen hatte. „Die Schnelligkeit“, sagte er sanft und bösartig, „mit der du dich damals in das Spiel meines Vaters eingefügt hast, beweist Meisterschaft.“

Es traf den Josef, daß Domitian nochmals auf jene Stunde zurückkam, da er den Vespasian als Messias begrüßt hatte. Er hatte jenes Begebnis eingekapselt, er dachte nicht gerne daran. Wieweit hatte er damals geglaubt? Wieweit hatte er sich befohlen zu glauben? Deutlich sah er sich, wie er damals vor Vespasian gestanden war, ein Gefangener, gefesselt, wahrscheinlich fürs Kreuz bestimmt. Heraufbeschwor er die Wirrungen von damals, wie es in ihm gearbeitet hatte, wie die prophetischen Worte der messianischen Begrüßung aus ihm herausgebrochen waren. Jede Einzelheit sah er wieder, den Vespasian, ihn mit seinen hellen, blauen, forschenden Bauernaugen musternd, den Kronprinzen Titus, mitstenographierend, Cänis, des Vespasian Freundin, mißtrauisch, feindselig. Er hatte geglaubt damals. Aber hatte er nicht doch vielleicht Komödie gespielt, um sein Leben zu retten?

Wenn er noch so tief in sich hineingrub, er hätte nicht sagen können, wo in dem, was er damals verkündet, die Wahrheit aufgehört und wo der Traum begonnen hatte. Und ist nicht der Traum die höhere Wahrheit? Da ist diese Geschichte der Minäer von dem Messias, der am Kreuze starb. Er, der Historiker Flavius Josephus, sieht die Fäden, er kann die Legende aufdröseln, er kann aufzeigen, aus welchen Einzelzügen sich die Gestalt dieses Messias der Minäer zusammensetzt. Aber was hat er damit gewonnen? Was bleibt ihm in der Hand als ein bißchen totes Wissen? Und ist nicht schließlich der Messias der Minäer, dieser geträumte, gedichtete Messias, vielleicht die bessere Wahrheit als seine nur tatsächliche, nur historische? So auch wird niemand je mit Sicherheit sagen können, wieweit der Messias, der damals in seinem Innern entstand, dieser Messias Vespasian, der ja später Wirklichkeit wurde, wieweit ihm dieser sein Traum-Messias von Anfang an Wirklichkeit war. Er selber wird es nicht sagen können, und dieser Kaiser Domitian, der da vor ihm sitzt und ihn höhnisch anschaut, schon gar nicht.

„Was hast du eigentlich gegen mich, mein Jude?" fragte jetzt dieser Kaiser Domitian weiter, immer mit hoher, sanfter Stimme. „Meinen Vater und meinen Bruder hast du gut bedient: glaubst du, ich bin ein schlechterer Zahler? Hältst du mich für knauserig? Du wärest der erste. Ich zahle nämlich wirklich gut, Flavius Josephus, notieren Sie sich das für Ihr Geschichtswerk, ich zahle hoch, im Guten und im Schlechten." Josef war ein wenig erblaßt, aber er schaute dem Kaiser ruhig ins Gesicht. Der ging nah an Josef heran, er ging steif im goldenen Purpur, es war, wie wenn eine prächtige, wandelnde Statue auf Josef zukäme. Dann, freundschaftlich, vertraulich, schlang der golden und purpurne Mann den Arm um Josefs Schulter, und, schmeichlerisch, redete er ihm zu: „Wenn du mir ernstlich dienen wolltest, mein Josephus, dann hättest du jetzt gute Gelegenheit. Geh nach Judäa! Nimm du den Aufstand in die Hand, wie du ihn damals vor zwanzig Jahren in die Hand genommen hast. Rom ist zum Herrschen bestimmt, du weißt es nicht weniger gut als ich. Es hat keinen Sinn, sich gegen die Vorsehung zu stemmen. Hilf dem Schicksal. Hilf uns, daß wir zur rechten Zeit zuschlagen können, wie du uns damals geholfen hast. Hilf dem rechten Augenblick, wie du damals im rechten Augenblick deinen Messias erkannt hast." Es war ein höllischer Hohn in der Sanftheit dieser Worte.

Josef, aufs tiefste erniedrigt, antwortete, beinahe mechanisch: „Wünschen Sie denn, daß Judäa losschlägt?" – „Ich wünsche es", erwiderte der Kaiser leise, sehr sachlich, noch immer hatte er den Arm um die Schulter des Josef. „Ich wünsche es auch im Interesse deiner Juden. Du weißt, sie sind Narren, und einmal schlagen sie los, auch wenn die Vernünftigen ihnen noch so dringlich abraten. Es ist besser für alle, wenn sie bald losschlagen. Es ist besser, wenn wir jetzt fünfhundert Führer erledigen statt später fünfhundert Führer und hunderttausend Gefolgsleute dazu. Ich will, daß in Judäa Ruhe sei", schloß er hart und heftig.

„Kann die Ruhe nicht anders erkauft werden als mit soviel Blut?" fragte leise, peinvoll Josef.

Da aber ließ Domitian von ihm ab. „Ich sehe, du liebst mich nicht", stellte er fest. „Ich sehe, du willst mir keinen Dienst erweisen. Du willst deine alten Geschichten aufschreiben zur größeren Ehre deines Volkes, aber für meine größere Ehre willst du keinen Finger rühren." Er saß wieder da, mit dem Feldherrnstab führte er leichte Schläge durch die Luft. „Du bist eigentlich sehr frech, mein Jude, weißt du das? Du glaubst, weil du Ruhm und Schande zu verteilen hast, könntest du dir allerlei herausnehmen. Aber wer sagt dir, daß mir soviel an deiner Nachwelt liegt? Nimm dich in acht, mein Jude! Werde nicht übermütig, weil ich dir so oft Großmut gezeigt habe. Rom ist mächtig und kann sich viel Großmut leisten. Aber bleib dir bewußt, daß wir ein Aug auf dir halten."

Josef war kein furchtsamer Mann, dennoch zitterten ihm die Glieder, als man ihn jetzt in seiner Sänfte nach Hause trug, und der Gaumen war ihm trocken. Es war nicht nur Erwartung des Bösen, das vielleicht Domitian über ihn beschließen könnte. Es war auch, weil der Kaiser in ihm die Erinnerung aufgestört hatte an jene zweideutige Begrüßung des Vespasian. War, was er damals in schwerer Not um sein Leben verkündet hatte, echt gewesen oder ein abenteuerlich frecher Betrug? Er wußte es nicht, niemals wird er es wissen, und daß sich seine Prophezeiung bewährt hatte, das wollte gar nichts heißen. Es wollte andernteils auch nichts heißen, daß ihn dieser Domitian dreist und schlankweg einen Schwindler nannte. Allein seine Sicherheit war fort, und wenn die Angst, es könnten die Leute des Polizeiministers Norban kommen und ihn holen, bald von ihm wich, so kostete es ihn jetzt, nach dem Gespräch mit dem Kaiser, Wochen und Monate, die Erinnerung an jene erste Begegnung mit Vespasian wieder hinunterzudrücken. Sehr langsam nur beruhigte er sich und kehrte zurück zu seiner Arbeit.

Am Tage nach dem Gespräch mit Josef ließ der Kaiser den Janus-Tempel öffnen zum Zeichen, daß wieder Krieg sei im Reich. Auseinander knarrten die schweren Türflügel, und es erschien das Bild des zweigesichtigen Gottes, des Kriegsgottes, des Zweifelgottes, man kennt den Anfang, aber niemand kennt das Ende.

Die Römer übrigens nahmen vorläufig den dakischen Krieg nicht sehr ernst. Ehrlich begeistert säumten sie die Straße, auf welcher der Kaiser die Stadt verließ, um zu Felde zu ziehen. Er wußte, seine Römer wünschten, daß er repräsentiere, dunkel war in ihm das Bild der Reiterstatue, deren Modell ihm der Bildhauer Basil gezeigt hatte, und er hielt sich gut zu Pferde.

In seinem Innern freute er sich darauf, außer Sichtweite zu sein und die Sänfte zu besteigen.

Zweites Kapitel

Während des Krieges war es schwer, genaue Nachrichten vom dakischen Kriegsschauplatz zu erhalten. Mit Beginn des Frühjahrs wurden die Meldungen häufiger, sie lauteten widerspruchsvoll. Zu Anfang April dann traf in Rom eine Depesche ein, in welcher der Kaiser seinem Senat über den bisherigen Verlauf des Feldzugs genauen Bericht erstattete. Er habe, war das Ergebnis dieses Berichtes, zusammen mit seinem Feldherrn Fuscus die dakischen Barbaren endgültig vom römischen Territorium verjagt. Ihr König Diurpan habe um Waffenstillstand gebeten. Bewilligt habe der Kaiser diesen Waffenstillstand nicht, er habe vielmehr, um den frechen Einbruch in römisches Gebiet zu rächen, den Fuscus beauftragt, ins Gebiet der Daker vorzustoßen. An der Spitze von vier Legionen habe demzufolge Fuscus die Donau überschritten und sei ins Land der Daker eingefallen. Der Kaiser selber befinde sich, nachdem der Feldzug so weit gefördert sei, auf dem Rückweg nach Rom.

Noch weniger klar waren während des Winters die Meldungen aus Judäa. Die Behörden erklärten, es habe dort

„Wirren“ gegeben, aber der Gouverneur Pompejus Longin habe dem Unfug mit seiner so oft erprobten starken Hand ein schnelles Ende bereitet. Die jüdischen Herren, auch Claudius Regin, hatten den Eindruck, man bemühe sich in Cäsarea, der Hauptstadt der Provinz Judäa, die Dinge zu bagatellisieren.

Um so gespannter waren die jüdischen Herren, als der Terrainhändler Johann von Gischala aus Judäa zurückkam. Da saßen sie zusammen wie damals an jenem sorgenvollen Abend im Hause des Josef, und Johann berichtete. Es war in Judäa so gegangen, wie sie befürchtet hatten. Keine Warnung hatte genützt, die „Eiferer des Tages“ waren nicht zu halten gewesen. Sie hatten einen großen Teil der Bevölkerung mitgerissen, vor allem auch in Galiläa hatten zahllose die Armbinde angelegt mit dem Kampfruf „Der Tag wird kommen!“. Aber es hatte sich rasch gezeigt, daß der Tag noch keineswegs gekommen war, und nach ein paar Anfangssiegen war ein grauenvoller Rückschlag erfolgt, der Gouverneur hatte den längst gesuchten Vorwand gehabt durchzugreifen, und er hatte seine Legionäre auch auf die ruhig gebliebenen Teile der Bevölkerung losgelassen. „Ja, meine Herren, wir sind aufs Johannisbrot gekommen“, schloß er grimmig, die Worte gebrauchend, die man in Judäa für die Stufe äußersten Verfalls anzuwenden pflegte.

Dann erzählte er Einzelheiten. Erzählte von Metzelei und Plünderung, von niedergebrannten Synagogen, von Tausenden von Gekreuzigten, von Zehntausenden von Leibeigenen. „Die Aufgabe, meine Herren“, faßte er zusammen, „die wir uns gestellt hatten, war so bitter wie aussichtslos. Sie machen sich keine Vorstellung, wie es einen zerfrißt, wenn man dem andern immerzu Argumente des Verstands unter die Nase halten soll, während man doch diesem andern mit dem Herzen beipflichtet und ihn am liebsten umarmen möchte. Es sind großartige Burschen, die ‚Eiferer des Tages‘, oder vielmehr, sie waren großartige Burschen.“

Die wohlhäbigen, wohlgenährten, sorgfältig angezogenen jüdischen Herren im Arbeitszimmer des Josef hörten den Bericht des erregten Mannes und seine bittere Klage. Sie schauten vor sich hin, ihre Augen schauten nach innen und sahen, daß sie das, was sie da hörten, alles schon einmal erlebt hatten. Das Grausigste an dem neuen Zusammenbruch war, daß man in Judäa aus der Zerstampfung des ersten Aufstandes so gar nichts gelernt hatte, daß sich die jüngere Generation mit der gleichen kühnen, liebenswerten, verbrecherischen Torheit in den Untergang gestürzt hatte wie die vor fünfzehn Jahren.

Schließlich gab in seiner behutsamen Art der Möbelhändler Cajus Barzaarone der Furcht Ausdruck, die in ihnen allen war. „In Judäa", sagte er, „ist es zu Ende. Ich frage mich, was mit uns hier geschehen wird." Johann zog mit der klobigen Bauernhand an seinem kurzen Knebelbart. „Ich habe mich während der ganzen Reise gewundert", sagte er, „daß man mich hat heil nach Hause kehren lassen. Man hat mich übrigens", erklärte er grimmig, „geradezu gezwungen, Geld zu verdienen. Wenn ich kein Aufsehen erregen wollte, mußte ich mich ab und zu mit meinen Geschäften befassen, und die Terrains wurden einem nachgeworfen. Sie hätten dabeisein müssen bei einer der Auktionen, auf denen das enteignete oder sonstwie herrenlos gewordene Land versteigert wurde. Es war grotesk und schauerlich. Wenn ich daran zurückdenke, wenn ich zurückdenke an das, was sich in Judäa ereignet hat, dann scheint es mir einfach unbegreiflich, daß ich unangefochten in meinem Büro sitze und Geschäfte mache."

„Auch ich", sagte Cajus Barzaarone, „erwache jeden Tag mit dem Gefühl: das geht so nicht weiter. Heute fallen sie über uns her. Aber es ist Tatsache: wir leben, wir wandeln und handeln wie früher." – „Dabei weiß man auf dem Palatin", brütete Josef, „daß ich der Verfasser jenes Manifestes bin, und der Kaiser hat mir auf dunkle und tückische Art gedroht. Warum verhört man mich nicht? Warum verhört man keinen von uns?"

Alle schauten auf Claudius Regin, als ob sie von ihm Auskunft erwarteten. Der Minister zuckte die Achseln. „Der Kaiser", sagte er, „hat befohlen, seine Rückkehr abzuwarten. Ob das Gutes bedeutet oder Schlechtes, weiß niemand, wahrscheinlich nicht einmal D D D selber."

Sie starrten vor sich hin. Es hieß warten, einen grauen Morgen und einen grauen Tag und eine graue Woche und einen grauen Monat.

Eine kleine Weile nach dieser Zusammenkunft suchte Johann den Josef auf. Josef wunderte sich über diesen Besuch. Es hatte eine Zeit gegeben, da die beiden Männer einander wüst bekämpft hatten; allmählich dann hatten sich ihre Beziehungen besänftigt, aber freundschaftlich waren sie nie geworden.

„Ich möchte Ihnen einen Rat geben, Doktor Josef", sagte Johann. „Ich bin interessiert an Terraingeschäften, wie Sie wissen, und ich habe meinen Aufenthalt in Judäa dazu benutzt, die Nase auch ein wenig in Ihre dortige Wirtschaft zu stecken. Der Ertrag Ihrer Besitzungen bei Gazara bleibt weit hinter dem Durchschnitt ähnlicher Güter zurück. Das liegt daran, daß diese Güter in einem rein jüdischen Bezirk liegen und die Juden Ihre Produkte boykottieren, weil sie Ihnen Ihr Verhalten während des großen Krieges nicht verzeihen. Ich sage es, wie es ist, und spreche nur aus, was jeder Interessierte weiß. Ihr armer Verwalter, der übrigens ein fähiger Ökonom ist, findet kein Ende, wenn er einmal angefangen hat, über diese vertrackte Situation zu raunzen und zu lamentieren. Er hat mir vorgerechnet, was alles er aus Ihren Gütern herauswirtschaften könnte, wenn sie in einer vernünftigen Gegend lägen." – „Das tun sie aber nun einmal nicht", sagte ablehnend Josef.

„Könnte man dem nicht abhelfen?" erwiderte Johann, und auf seinem braunen, verwegenen Gesicht erschien ein breites, pfiffiges Lächeln, das dieses ganze Gesicht, selbst die gesattelte Nase, fältelte. „Es ist leider, wie ich Ihnen bereits sagte, in Judäa infolge des Aufstands viel Grund und Boden freigeworden. Da ist zum Beispiel das Gut Be'er Simlai. Es liegt in der Nähe von Cäsarea, nicht weit von der samaritanischen Grenze, also in einem Bezirk mit gemischter Bevölkerung. Der Viehbestand ist nicht ganz so gut wie auf Ihren Gütern bei Gazara, aber der Boden ist ausgezeichnet. Das Gut trägt Öl und Wein, Datteln, Weizen, Granaten, Nüsse, Mandeln und Feigen. Sie finden ein solches Objekt nicht leicht ein zweites Mal, selbst in diesen Zeiten nicht, und Ihr Verwalter würde das große Hallel singen, wenn er das Gut Be'er Simlai in die Hand bekäme. Ich habe mir Vorkaufsrecht darauf gesichert. Ich biete Ihnen das Gut Be'er Simlai an, mein Josef. Greifen Sie zu. Vor dem nächsten jüdischen Aufstand finden Sie eine solche Gelegenheit nicht wieder."

Das war richtig. Josef hatte, als ihm Vespasian und Titus Grundbesitz in Judäa anwiesen, unglücklich gewählt. Er hatte sich wirklich in ein Wespennest gesetzt, und was ihm Johann riet, die Besitzungen bei Gazara abzustoßen und in eine Gegend mit gemischter Bevölkerung zu übersiedeln, war das Gegebene. Warum aber bot Johann dieses Gut Be'er Simlai gerade ihm an? Die Grundstückspekulation in Rom hatte sich jetzt, nach Beendigung der Wirren, mit besonderem Eifer auf Judäa gestürzt, und für Güter in den Bezirken mit gemischter Bevölkerung gab es sicherlich Tausende von Bewerbern. Warum erwies ihm Johann, den er so oft angefeindet, einen solchen Freundschaftsdienst? „Warum bieten Sie gerade mir dieses kostbare Gut an?" fragte er schlankweg, und in seiner Frage war nach wie vor Ablehnung.

Johann schaute ihm mit gespielter Treuherzigkeit in die Augen. „Die Regierung von Cäsarea", erläuterte er, „macht es Juden, wenn sie sich nicht besonderer Protektion erfreuen, so gut wie unmöglich, Liegenschaften in nicht rein jüdischen Bezirken zu erwerben. Wenn jetzt die dort gelegenen Güter allesamt in die Hände von Heiden fallen, dann werden binnen einem Jahr die Juden aus gewissen Gegenden völlig verschwunden sein. Wer noch ein bißchen Judentum in sich hat, muß sich dagegen auflehnen. Sie, mein Josef, sind römischer Ritter, Sie haben Beziehungen zum Palatin, Ihnen wird die Regierung von Cäsarea schwerlich Hindernisse in den Weg legen. Ich aber schanze das Gut Be'er Simlai lieber Ihnen zu als zum Beispiel dem Hauptmann Sever."

„Ist das der ganze Grund?" fragte immer mit dem gleichen Mißtrauen Josef. Johann lachte gutmütig. „Nein", gab er offen zu. „Ich will nicht länger Verstecken mit Ihnen spielen. Ich will ehrlichen Frieden mit Ihnen schließen, und ich will es Ihnen durch einen Freundschaftsdienst beweisen. Sie haben mir manchmal unrecht getan und ich manchmal Ihnen. Aber unsere Haare werden grauer, wir kommen einander näher, und die Zeiten sind so, daß Männer, die soviel Gemeinsames haben, gut daran tun, einander die Hand zu reichen." Und da Josef schwieg, versuchte er sich ihm weiter zu erklären: „Wir sitzen im gleichen Boot, wir haben die gleichen Erkenntnisse. Meine ganze Sehnsucht ist, nach Judäa zurückzukehren und dort Ölbauer zu sein. Ich könnte es. Aber ich bezwinge mich und bleibe hier in Rom sitzen und verdiene schrecklich viel Geld und weiß nichts damit anzufangen und verzehre mich in der Sehnsucht nach Judäa. Und ich geh nur deshalb nicht hin, weil ich mich dort nicht beherrschen könnte, sondern weiter gegen die Römer wühlen würde, und weil das aussichtslos wäre und ein Verbrechen. Und Ihnen geht es genauso, mein Josef. Sie sehnen sich genauso nach Judäa und nach einem neuen Krieg. Wir wissen beide, daß es dafür zu spät ist oder zu früh. Wir haben beide die gleiche, unglückliche Liebe zu Judäa und zur Vernunft, wir leiden beide an unserer Vernunft. Vieles an Ihnen gefällt mir nicht, und vieles an mir wird Ihnen nicht gefallen, aber ich finde, wir sind uns sehr nahe."

Der Schriftsteller Josef beschaute nachdenklich das Gesicht des Bauern Johann. Sie hatten einander wütend befehdet. Johann hatte ihn für einen Verräter, er den Johann für einen Narren gehalten. Später dann, nachdem der Krieg längst zu Ende war, hatte der eine den andern als einen Idioten verachtet, weil der die Gründe des Kriegs im Preis des Öls und des Weines sah, der andere den einen für einen Idioten, weil der geglaubt hatte, einzig der Zwiespalt zwischen Jahve und Jupiter sei schuld am Kriege gewesen. Jetzt wußten der törichte Schriftsteller und der kluge Bauer, daß sie beide recht und beide unrecht gehabt hatten und daß schuld am Krieg zwischen den Juden und den Römern sowohl die Preise des Öls und des Weines gewesen waren wie der Zwiespalt zwischen Jahve und Jupiter. „Sie haben recht", gab Josef zu.

„Natürlich hab ich recht", sagte hitzig Johann, und rechthaberisch fügte er noch hinzu: „Übrigens wäre es auch diesmal nicht zum Aufstand gekommen, wenn nicht die privilegierten syrischen und römischen Agrarier die Preise der eingesessenen jüdischen Bevölkerung so schmutzig unterboten hätten. Ohne das hätten die ‚Eiferer des Tages' das Land nicht in den Aufstand treiben können. Wir wollen aber diesen alten Streit nicht aufwärmen", unterbrach er sich. „Geben Sie mir lieber die Hand und bedanken Sie sich bei mir. Denn es ist wirklich ein Freundschaftsdienst, wenn ich Ihnen das Gut Be'er Simlai anbiete."

Josef lächelte über die etwas rauhe Art, wie ihm der andere seine Freundschaft anbot. „Sie werden sehen", fuhr Johann fort, „wie viele Probleme sich von selber lösen, wenn Sie erst einmal Besitzer von Be'er Simlai sind. Natürlich ist es kein Vergnügen, nach Gazara zu gehen und sich dort von den Juden scheel anschauen zu lassen. Aber wenn Sie erst einmal in Be'er Simlai zu Hause sind, dann haben Sie vor sich selber den inneren Vorwand, ab und zu nach Judäa zu reisen. Nur lassen Sie sich ja nicht dazu verführen, in Judäa zu leben! Tun Sie's nicht, um Gottes willen! Die Verlockung, sich dann in gefährliche Unternehmungen einzulassen, ist zu groß für unsereinen. Aber alle zwei Jahre einmal hinfahren, vor allem, wenn man einen innern Vorwand hat, und sich dort erholen von der Anstrengung, zwei Jahre vernünftig gewesen zu sein, ich sage Ihnen, mein Josef, das ist eine gute Sache."

Josef faßte die klobige Hand des andern. „Ich danke Ihnen, mein Johann", sagte er, und es war in seiner Stimme jenes Strahlen, das einstmals dem jungen Josef die Herzen gewonnen hatte. „Sie geben mir zwei Tage Zeit zur Überlegung", bat er. „Gut", antwortete Johann. „Ich schicke Ihnen dann meinen redlichen Gorion, daß er die Einzelheiten mit Ihnen bespricht. Und schreiben Sie gleich Ihrem Verwalter Theodor. Gorion wird natürlich versuchen, auch für uns etwas herauszuschlagen; das ist recht und billig. Aber ich werde darauf achten, daß er Ihnen keinen ungebührlichen Preis abverlangt. Und wenn, dann bleibt das Geld schließlich unter uns Juden."

Josef ging zu Mara. „Hör zu, Mara, mein Weib", sagte er, „ich muß dir etwas mitteilen." Und: „Ich werde meinen Besitz in Judäa verkaufen", sagte er.

Mara wurde tödlich blaß. „Erschrick nicht, Liebe", bat er.

„Ich werde andern Besitz dafür eintauschen, in der Nähe von Cäsarea." – „Du gibst unsern Besitz unter den Juden auf", fragte sie, „und kaufst dich unter den Heiden an?" – „Merk gut auf!" sagte Josef. „Ich habe mich immer gesträubt, nach Judäa zurückzukehren, und die Gründe, die ich dir sagte, waren wahr. Es gab aber noch einen tieferen Grund: ich wollte nicht leben zwischen Lud und Gazara. In Rom leben, in der Fremde leben, ist schlimm. Aber schlimmer ist es, in der Heimat als Fremder leben. Ich hätte es nicht ertragen, bei Gazara zu leben und von den Juden angesehen zu werden als ein Römer."

„Wir kehren also nach Judäa zurück?" fragte aufleuchtend Mara. „Nicht jetzt und nicht in einem Jahr", antwortete Josef. „Aber wenn ich mit meinem Werk fertig bin, dann kehren wir zurück."

Johann hatte dem Josef ein Buch mitgebracht, das in diesem Winter des Aufstands ein anonymer Autor in Judäa hatte erscheinen lassen. „Sie werden dieses Buch vielleicht ein bißchen primitiv finden, mein Josef", meinte er, „aber mir gefällt es, vielleicht weil ich selber primitiv bin. Die Leute drüben waren alle ungeheuer begeistert von diesem Heldenroman. Seit Ihrem Makkabäerbuch, Doktor Josef, gab es keinen solchen Erfolg in Judäa."

Josef las das Buch. Die Fabel war unwahrscheinlich, manchmal geradezu kindisch, und mit Kunst hatte das kleine Werk wenig zu tun. Trotzdem rührte es ihn auf, auch ihn entzündete der Fanatismus dieses Buches Judith. Ach, wie beneidete er den anonymen Dichter. Der hat geschrieben nicht um der Ehre willen, auch kaum um des Werkes willen, er hat einfach seinen heißen Haß gegen die Unterdrücker ausströmen lassen. „Schlagt sie, die Feinde, wo ihr sie trefft", hat er verkündet. „Macht es wie diese Judith. List, Mut, Tücke, Grausamkeit, jedes Mittel ist recht. Haut ihm den Kopf ab, diesem großmäuligen Heiden: es ist Gottesdienst. Haltet die Gesetze der Doktoren und schlagt auf die Feinde ein. Wer Gott dient, mit dem ist das Recht. Ihr werdet siegen."

Es muß ein sehr junger Mann gewesen sein, der dieses Buch

Judith geschrieben hat, gläubig und naiv muß er gewesen sein, und beneidenswert einfach sein Leben und Sterben. Denn bestimmt ist er umgekommen. Bestimmt ist er nicht zu Hause geblieben, sondern hat mit eingehauen auf die Feinde und ist gestorben, den Glauben auf den Lippen und im Herzen. Wer die Dinge so simpel und zuversichtlich sehen könnte wie dieser. Nichts Höheres gibt es als das Volk Israel. Seine Männer sind tapfer, seine Frauen sind schön, Judith ist das schönste Weib dieser Erde, keinen Augenblick zweifelt sie und ihr Autor, daß der Marschall des Großkönigs den Krieg vergessen muß über ihrem Anblick. Überhaupt hat kein Zweifel je den Autor dieses Buches angefressen. Alles steht ihm felsenfest, er weiß genau, was recht ist, was unrecht. Was ist Frömmigkeit? Man hält die Gesetze der Doktoren. Was ist Heldentum? Man geht hin und schlägt dem Feinde den Kopf ab. Jeder Schritt in jeder Lage ist vorgeschrieben.

Aber welch ein hinreißendes Buch trotzdem. Dieses Weib Judith, wie es zurückkehrt, triumphierend, mit dem abgeschlagenen Kopf und dem Mückennetz, keiner wird es je vergessen. Oh, die begnadete Zuversicht des Dichters. „Wehe den Völkern, die sich erheben wider mein Geschlecht. Der Allmächtige züchtigt sie am Tage des Gerichts, er jagt Feuer und Würmer in ihr Fleisch, daß sie in Schmerzen heulen durch alle Ewigkeit."

Wer dichten dürfte wie dieser! Ihm, Josef, ist es nicht so einfach gemacht. Da ist jene Heldenfrau aus der grauen Urzeit seines Volkes, Jael, die dem schlafenden Feinde den Nagel durch die Schläfe treibt. Diese Jael und der uralte, wilde und großartige Gesang ihrer Dichterin Deborah waren zweifellos die Vorbilder dieser Judith. Auch er, Josef, hat in seinem Geschichtswerk von dieser Jael erzählt. Wie hat er sich abgemüht, nüchtern und vernünftig zu bleiben, wie hat er sich bezähmt und die Begeisterung niedergedrückt. Einmal sich gehenlassen dürfen wie dieser junge Dichter! Wieder und wieder liest er das kleine Buch, es gießt ihm Feuer ins Blut. Der Aufstand ist zusammengebrochen, dieses Buch wird bleiben.

Ein paar Tage später traf er den Justus. Auch der hatte das

Buch Judith gelesen. Was für ein primitives Machwerk! Ein Volk, das sich an einem so unsinnigen Märchen begeistert, das verdient seine „Eiferer des Tages", das verdient seine Römer, das verdient diesen Gouverneur Longin, diesen Domitian. Was für ein wackerer Autor! Wie züchtig ist seine Judith, nicht einmal schlafen muß sie mit dem bösen Holofernes. Der Autor bewahrt sie davor, sie kommt schon vorher ans Ziel. Wie gerecht und Zug um Zug belohnt der Jahve dieses Autors das Gute, straft er das Böse. Stellen Sie sich einmal vor, mein Josef, wie sich ein realer römischer Gouverneur oder auch nur ein realer römischer Feldwebel im Falle des Holofernes verhielte! Da kommt so eine Judith zu ihm, begleitet von der Zofe, die ihr die Speisen nachträgt, natürlich sorgsam bereitet nach den rituellen Vorschriften der Doktoren, damit sie ja nicht im Lager der Feinde etwas Verbotenes essen muß. Sie wird sofort vorgelassen, was denn sonst?, weil sie so schön ist. Es gibt ja für einen Feldmarschall kein Angebot an hübschen Frauen, er muß warten, bis die Jüdin kommt. Und wenn sie da ist, dann vergißt er nicht nur sofort den ganzen Krieg, sondern er betrinkt sich, genau wie es vorgesehen ist, und rührt die ebenso fromme wie schöne Jüdin nicht an. Er legt sich einfach hin und läßt sich von ihr den Kopf abhauen. Woraufhin die gesamten Legionen ohne weiteres davonlaufen. Ach ja, so stellen sich unsere „Eiferer des Tages" die Römer, so stellen sie sich die Welt vor.

So, voll hochmütiger Bitterkeit, voll höhnischer Überlegenheit, sprach Justus über das Buch Judith. Josef konnte nicht leugnen, daß seine Kritik Schwächen des Buches traf. Aber gerade diese Schwächen waren die Stärke des Dichters, das Buch wurde dadurch nicht schlechter, und groß und erhaben blieb dem Josef das Bild der Judith, die den Ihren den Kopf des Holofernes bringt: „Siehe, da ist der Kopf des Holofernes, des Feldherrn der Assyrer, und siehe, da ist das Mückennetz, unter dem er lag in seiner Trunkenheit!"

Es war dem Josef, als müßte er das Buch und den toten Dichter reinwaschen vom Hohne des Justus, und er ging hin und brachte es Mara, seiner Frau.

Mara las. Ihre Augen glühten, ihr Leib straffte sich, sie

wurde ganz jung. Vor sich hin sprach sie das Lied der Judith: „Nicht fiel der Feind, der gewaltige, durch Jünglinge, nicht die Söhne der Riesen schlugen ihn, sondern Judith verdarb ihn, ein einfaches Weib, durch ihres Angesichtes Schönheit." Ach, wie leid war es Mara, daß man in Rom war und nicht in Judäa.

Sie vereinfachte das Buch und erzählte den Kindern die Geschichte von Judith. Die Kinder spielten. Jalta war Judith, und Matthias war Holofernes, und Jalta holte einen Kohlkopf aus dem Korb und krähte triumphierend: „Siehe da, das Haupt des Holofernes, Feldherrn der Assyrer!"

Josef sah es, und er wußte nicht, ob er nicht falsch daran getan hatte, selber das frevelhafte Feuer zu schüren, wenn auch auf unschuldige Art. Dann aber lächelte er, und Maras Begeisterung wärmte ihm das Herz.

Die Juden der Stadt Rom aber lebten graue Tage und graue Wochen. Denn der Kaiser reiste langsam, der Kaiser gab auch weiter keine Weisungen, der Kaiser ließ sie warten.

Neue Sondermaßnahmen gegen die Juden der Stadt Rom wurden vorläufig nicht getroffen. Nur wurden die bisher erlassenen Judengesetze mit größter Strenge gehandhabt. Die Kopfsteuer zum Beispiel, welche die Juden als Sonderabgabe zu entrichten hatten, wurde mit schikanöser Pedanterie eingezogen. Persönlich mußte sich jeder Jude zum Quästor begeben und jene zwei Drachmen erlegen, die er ehemals für den Tempel von Jerusalem gezinst und die jetzt die Regierung höhnischerweise für die Erhaltung des Tempels des Capitolinischen Jupiter bestimmt hatte.

Im übrigen aber blieb der Handel und Wandel der Juden, die Ausübung ihrer Bräuche und ihres Gottesdienstes unbehelligt. Aus der Provinz hörte man, daß da und dort die Bevölkerung versucht hatte, die judenfeindliche Stimmung zu Pogromen auszunutzen. Aber die Behörden hatten sogleich eingegriffen.

Dann endlich traf der Kaiser in Rom ein. Es war ein heller, nicht zu heißer Junitag, und mit den Soldaten der Garde, die ihren freigebigen Feldherrn liebten, begrüßten jetzt Senat und

Volk den heimkehrenden Herrscher, der in diesem Feldzug von seinen Truppen zum vierzehntenmal als Imperator gefeiert worden war. Es wurde ein schöner, festlicher Frühsommer für Rom. Jubel, strahlendes Licht war überall, die große Stadt, die oft ein so böses, verbissenes, düsteres Aussehen zeigte, war jetzt hell, gutmütig, lustig.

Doch über den Juden lag es wie eine Wolke. Seit Jahrzehnten jetzt könnten sie, wenngleich die Zerstörung des Tempels auf ihnen lastete, in einer gewissen Sicherheit leben, wären nicht diese unseligen „Eiferer des Tages", die mit ihrem törichten Fanatismus die gesamte Judenheit immer von neuem ins Unglück stürzten. Die „Eiferer" selber haben furchtbar büßen müssen. Aber was wird aus ihnen, aus den schuldlosen Juden der Stadt Rom?

Nichts geschah den Juden in Rom, alles blieb ruhig. „Der Kaiser spricht niemals ein Wort von euch, weder für euch noch gegen euch", berichtete Claudius Regin seinen jüdischen Freunden. „Der Kaiser spricht niemals ein Wort gegen euch", versicherte ihnen auch Junius Marull. Aber: „Ich rieche, ich spüre es", erklärte Johann von Gischala, „es bereitet sich was vor. Es bereitet sich etwas vor in der Seele des Domitian. Gewiß, mein Regin, und gewiß, mein Marull, Domitian spricht nicht von den Juden; vielleicht weiß er es selber noch nicht einmal, daß sich in seiner Seele etwas vorbereitet. Ich aber, Johann Ben Levi, Bauer aus Gischala, der es wittert, wenn in einem Jahr der Winter früher kommt als sonst, ich weiß es."

Das gleiche Schiff aus Judäa hatte Dorion und hatte Phineas Briefe des Paulus gebracht. Wortreich, mit naiver Freude erzählte der junge Offizier, wie sich Gouverneur Longin nicht genug darin tun könne, das Land zu säubern. Angeregt berichtete er von den vielen kleinen Strafexpeditionen gegen die letzten zersprengten Haufen der „Eiferer des Tages".

Phineas und Dorion tauschten ihre Briefe aus. Beide billigten es von Herzen, daß man die Frechheit der Juden züchtigte, doch beide bekümmerte es, daß der feine, schlanke, elegante Paulus, ihr Paulus, mit so sichtlichem Vergnügen über die unvermeidlichen Greuel berichtete, daß er sich dem Soldatenleben so schnell anpaßte. „Er sieht auf die Juden nicht wie auf Menschen“, klagte Dorion, „sondern wie auf schädliche Tiere, die gerade gut genug sind zu Zielen jagdsportlicher Unternehmungen. ‚Amüsant‘ findet er das Leben in Judäa, haben Sie es bemerkt, mein Phineas? Er gebraucht sogar das griechische Wort.“

„So war mein Unterricht wenigstens zu etwas nütze“, sagte grimmig Phineas. „Nein, erfreulich sind die Briefe nicht.“ Er ließ den großen, krankhaft blassen Kopf vornübersinken, als wäre er zu schwer für den mageren Körper; unglücklich saß er da, die dünnen, übermäßig langen Hände schlaff niederhängend.

„Auf die Dauer hätten wir ihn doch nicht halten können“, sagte Dorion, bemüht, gleichmütig zu sprechen. „Er wäre uns immer entglitten. Bei alledem ist es noch besser, er wird endgültig ein Römer als ein Jude. Und es ist ein Trost, daß er, Josephus, noch mehr darunter zu leiden hat als wir.“ Ihre schleppende Stimme klang hart, nun sie von ihrem gehaßten, geliebten Manne sprach. „Sein Judäa ist endgültig untergegangen, und sein Sohn hat mitgeholfen, es zu zertreten.“ Sie belebte sich, sie triumphierte.

Phineas sah hoch. „Ist Judäa untergegangen?“ fragte er. „Glauben Sie, meine Dorion, es war dem Josephus eine Überraschung, daß die ‚Eiferer des Tages‘ so schnell besiegt wurden? Glauben Sie, Judäa und die ‚Eiferer des Tages‘ sind ihm ein und dasselbe?“

„Dieser Brief des Paulus“, sagte Dorion, „kränkt mir das Herz, ich gestehe es. Lassen Sie mir diesen einen Trost, daß Josephus noch härter getroffen ist. Was in Judäa geschah, das muß ihn härter treffen als uns diese Briefe des Paulus.“ Ihre meerfarbenen Augen sahen beinahe ängstlich zu Phineas auf. Aber: „Sie sind zu klug, Herrin Dorion“, erwiderte mit seiner tiefen, wohlklingenden Stimme Phineas, „sich mit einer Illusion zu trösten. Sie wissen ganz genau, daß das Judäa des Josephus nichts zu tun hat mit der realen Provinz Judäa. Wie jetzt unser Paulus und seine Kameraden in diesem realen Judäa hausen, das ritzt dem Josephus kaum die Haut. Glauben

Sie mir's, sein Judäa ist etwas Abstraktes, mit Feuer und Schwert nicht Erreichbares. Er ist ein Wahnsinniger, wie alle Juden Wahnsinnige sind. Erst gestern wieder habe ich den Hauptmann Baebius gesprochen, der seinerzeit die Schlacht bei Sebaste mitgemacht hatte. Er hat es mir bestätigt, wie viele andere vor ihm, er hat es mit eigenen Augen mitangesehen, wie die Juden während dieser Schlacht ihre Waffen weggeworfen haben. Es klingt unglaubhaft, und die Augenzeugen selber haben es lange nicht glauben wollen. Denn die Schlacht stand für die Juden nicht schlecht, im Gegenteil, sie waren im Vorteil, sie waren unmittelbar vor dem Sieg. Sie haben ihre Waffen weggeworfen einfach deshalb, weil ihre Doktoren ihnen verboten hatten, an ihrem Sabbat zu kämpfen, und weil dieser Sabbat begann. Einfach umbringen haben sie sich lassen. Sie sind verrückt, diese Menschen. Wie wollen Sie, daß das, was jetzt in Judäa geschieht, sie trifft? Und ihr Wortführer und Schriftsteller ist Flavius Josephus."

„Wovon Sie sprechen, Phineas", sagte Dorion, „diese Schlacht von Sebaste, das war einmal. Josephus selber hat's mir erzählt, er war blaß vor Zorn bei der bloßen Erinnerung. Und es ist kein zweites Mal geschehen, es ist Historie, es ist abgelebt." – „Vielleicht", gab Phineas zu, „kämpfen sie jetzt wirklich an ihrem Sabbat. Aber ihr Wahnsinn ist geblieben, er äußert sich nur auf andere Art. Schauen Sie sich die Juden hier in Rom an. Viele sind heraufgeklettert, sie sind reich, sie sind geadelt, es gibt zehntausend Ehrgeizige unter ihnen, solche, die nach gesellschaftlicher Anerkennung dürsten. Sie kommen nicht weiter, sie kommen nicht herauf, weil sie Juden sind und, bei aller Toleranz des Gesetzes, gesellschaftlich diffamiert. Warum, beim Zeus, gehen diese reichen Juden nicht hin und schwören ihr Judentum ab? Sie brauchten doch nur dem Standbild eines flavischen Kaisers zu opfern oder sonst einem Gott, und sie wären frei von diesem bösesten Hindernis. Wissen Sie, wie viele von den achtzigtausend Juden hier in Rom es so gemacht haben? Ich bin neugierig, ich habe mich nach der genauen Zahl erkundigt. Wissen Sie, meine Dorion, wie viele ihr Judentum abgeschworen haben? Siebzehn. Von achtzigtausend siebzehn." Er stand auf; lang und dünn in seinem hellblauen Kleid stand er da, den großen, tiefblassen Kopf gereckt, und bedeutend hob er die lange, dünne Hand. „Glauben Sie, Herrin Dorion, daß man Leute solcher Art wanken macht, wenn man ein paar tausend von ihnen totschlägt? Glauben Sie, daß man das Herz und die Lebenskraft unseres Josephus trifft, wenn man Paulus und seine Legion auf die ‚Eiferer des Tages' losläßt?"

„Unseres Josephus, haben Sie gesagt", griff Dorion das Wort auf, „und damit haben Sie recht. Er ist unser Josephus. Uns verbunden durch den Haß, mit dem wir ihn hassen. Das Leben wäre ärmer, wenn wir diesen unsern Haß nicht hätten." Sie rief sich zurück. „Aber warum sagen Sie mir das alles?" fuhr sie fort. „Warum sprechen Sie es so klar und hoffnungslos aus, daß wir mit all unsern Mitteln nicht an ihn herankönnen?"

Phineas reckte den dünnen Körper noch höher, er hob sich in seinen silbernen Schuhen und ließ sich wieder sinken, und in seiner Stimme war ein kaum unterdrückter, haßvoller Jubel. „Ich habe jetzt das rechte Mittel gefunden", sagte er, „das einzige." – „Ein Mittel, den Josephus und seine Juden unterzukriegen?" fragte Dorion; ihr schmaler, zarter Leib reckte sich dem Phineas entgegen, ihre hohe, dünne Stimme war schrill vor Erregung. „Und welches ist es, dieses Mittel?" fragte sie. Phineas kostete ihre Spannung aus. Dann, mit kunstvoller Trockenheit, verkündete er: „Man müßte ihren Gott ausrotten. Man müßte Jahve ausrotten."

Dorion dachte scharf nach. Dann, enttäuscht, sagte sie: „Das sind Worte." Phineas, als hätte er diesen Einwand nicht gehört, erklärte weiter: „Und es gibt einen sichern Weg, das zu erreichen. Bitte, hören Sie zu, Herrin Dorion. Die Römer haben den Staat der Juden zerschlagen, ihr Heer, ihre Polizei, ihren Tempel, ihre Gerichtsbarkeit, ihre Souveränität: aber die Religion der Unterworfenen, ihr ‚kulturelles Leben', haben sie in ihrer hochmütigen Toleranz nicht angetastet. Insbesondere haben sie den Juden eine kleine Universität belassen, Jabne heißt das Nest, und diese Universität auf Bitten der Juden mit ein paar harmlosen Privilegien ausgestattet. Das Kollegium von Jabne ist oberste Autorität in religiösen Fragen und darf so eine Art Schattenjustiz ausüben. Nun hören Sie zu, meine Dorion. Wenn unsere römischen Herren wirklich die Staatsmänner wären, die zu sein sie sich einbilden, dann hätten sie von Anfang an durchschaut, was es mit diesem Kollegium von Jabne auf sich hat, dann hätten sie diese kleine, harmlose Universität mit ihren Stiefeln zertreten. Denn gäbe es dieses Jabne nicht, dann gäbe es auch keinen Jahve mehr, dann gäbe es keine rebellischen Juden mehr, dann wäre es aus mit unserm Josephus, mit seinem Judentum, mit seinen Büchern und mit seinem unerträglichen Stolz."

Nachdenklich, spöttisch, doch mit einem Spott, der sich gerne eines Bessern belehren lassen wollte, entgegnete Dorion: „Sie tun, mein Phineas, als wären Sie in den Seelen der Juden so zu Hause wie in den Straßen Roms. Wollen Sie mir nicht ein bißchen deutlicher erklären, wieso gerade Ihr Jabne solche Bedeutung haben soll?" – „Das will ich gerne", begann Phineas sie mit sieghafter Gelassenheit zu belehren. „Ich hätte nie gewagt, Ihnen mit solcher Sicherheit von meiner Methode zu sprechen, den Josephus und seine Juden unterzukriegen, wenn ich mich nicht vorher vergewissert hätte, was für eine Bewandtnis es mit diesem Jabne hat. Ich habe kompetente Leute darüber befragt, Beamte und Offiziere, die in der Administration und in der Besatzungstruppe von Judäa beschäftigt waren, vor allem auch den Gouverneur Salviden, und ich habe die Aussagen aller dieser Leute genau verglichen. Es ist so: diese lächerliche Universität besitzt keinerlei Machtbefugnis und strebt sie auch nicht an. Sie ist wirklich nichts als eine kleine, lächerliche Schule für Theologen. Aber es gibt keinen Juden in der ganzen Provinz, der nicht für diese Universität einen gewissen Beitrag zahlte, einen genau festgesetzten, nach seinem Vermögen, es gibt keinen, der sich ihren Entscheidungen nicht fügte. Wohlgemerkt, das tun sie freiwillig. Sie räumen dem Staat Autorität ein, gezwungen, aber sie räumen ihrem Jabne mehr Autorität ein, freiwillig. Sie bringen ihre Streitigkeiten, nicht nur die religiösen, auch die zivilen, nicht vor die Gerichte des Kaisers, sondern vor die Doktoren von Jabne, und sie fügen sich ihrem Urteilsspruch. Es ist vorgekommen, daß die Doktoren Angeklagte zum Tod verurteilt haben; viele solche Fälle sind mir glaubwürdig bezeugt. Natürlich hatten diese Urteile keine Rechtskraft, sie waren akademisch, es waren Gutachten theoretischer Natur, ohne jede Verbindlichkeit. Aber wissen Sie, was die zum Tod verurteilten Juden getan haben? Sie starben. Sie starben wirklich. Gouverneur Salviden hat's mir erzählt, Naevius, der Großrichter, hat es mir bestätigt, auch Hauptmann Opiter. Wie diese Juden starben, ob sie sich umgebracht haben oder ob sie umgebracht wurden, das konnte ich nicht ermitteln. Aber soviel ist gewiß, sie hätten sich nur unter römischen Schutz zu stellen brauchen, und sie hätten fröhlich, ja höchst demonstrativ weiterleben können. Sie haben es aber vorgezogen zu sterben."

Dorion schwieg. Starr saß sie da, reglos, braun und dünn, wie eines jener frühen, harten, eckigen, ägyptischen Porträts.

„Ich sage Ihnen, meine Dorion", nahm Phineas seine Rede wieder auf, „diese Universität Jabne ist die Festung der Juden, eine sehr starke Festung, stärker, als es Jerusalem und der Tempel war, wahrscheinlich die stärkste Festung der Welt, und ihre unsichtbaren Mauern sind schwerer zu nehmen als das kunstvollste Tor unseres Festungsbaumeisters Frontin. Die römischen Herren wissen es nicht, Gouverneur Longin weiß es nicht, der Kaiser weiß es nicht. Aber ich, Phineas, ich weiß es, weil ich nämlich den Josephus und seine Juden hasse. Diese winzige, läppische Universität Jabne mit ihren einundsiebzig Doktoren ist das Zentrum der Provinz Judäa. Von hier aus werden die Juden regiert, nicht vom Gouvernementspalais in Cäsarea aus. Und wenn man unsern Paulus noch dreimal auf die Juden losläßt und wenn man hunderttausend von den ‚Eiferern des Tages' erschlägt, das nützt gar nichts. Judäa lebt weiter, es lebt in der Universität Jabne."

Dorion hatte gespannt zugehört. Ihr Mund, der frech, ein wenig breit aus dem zarten, hochfahrenden Gesicht vorsprang, stand beinahe töricht halb offen und ließ die kleinen Zähne sehen, ihre Augen hingen an den Lippen des Phineas: „Sie sind also überzeugt", faßte sie zusammen, langsam, jedes Wort bedenkend, „das Zentrum des jüdischen Widerstands, die Seele des Judentums sozusagen, ist die Universität Jabne." Die Dame Dorion war gebrechlich von Aussehen; nun sie aber dies erwog, sah ihr langer, gelbbrauner Kopf mit der schrägen, hohen Stirn, den betonten Jochbogen, der stumpfen, ein wenig breiten Nase und dem leicht geöffneten Mund hart aus, streitbar, ja gefährlich. „Und treffen und unschädlich machen“, resümierte sie weiter, „kann man das Judentum und den Josephus erst, wenn die Universität Jabne zerstört ist.“ Phineas aber mit seiner tiefen, wohlklingenden Stimme bestätigte, und er bemühte sich, seine frohe und haßvolle Erregung hinter einem trockenen, gleichmütigen Ton zu verbergen: „Zerstört, vertilgt, vernichtet, zertreten, zerstampft, dem Erdboden gleichgemacht.“

„Ich danke Ihnen“, sagte Dorion.

Mit einemmal wurde die Universität Jabne, von der bisher in Rom wenige auch nur den Namen gekannt hatten, ein beliebter Gesprächsstoff, und heftig stritt man hin und her, ob wirklich die Unbotmäßigkeit der Provinz Judäa ihr Zentrum in Jabne habe.

Dunkel lief das Geraun von dem unausdenkbaren Übel, das da heranzog, durch die ganze Judenheit. Was da Rom zu planen schien, das war schlimmer als das, was die Ängstlichsten unter ihnen sich ausgedacht hatten, es war unter allen vorstellbaren Schrecknissen das schrecklichste. Bisher hatten die Feinde die Leiber der Juden angegriffen, ihre Erde, ihr Hab und Gut, ihren Staat. Sie hatten das Reich Israel zerstört, sie hatten das Reich Juda zerstört und den Tempel Salomos, Vespasian hatte das zweite Reich zerstört und Titus den Tempel der Makkabäer und des Herodes. Was dieser dritte Flavier plante, das ging tiefer, das ging gegen die Seele der Judenheit, gegen das Buch, gegen die Lehre. Denn die Doktoren waren die Träger und Hüter der Lehre. Nur das Kollegium von Jabne verhütete, daß sie sich verflüchtigte, daß sie zurückverschwand in den Himmel, aus dem sie gekommen war. Die Lehre, das war der innere Zusammenhalt, und mit dem Kollegium von Jabne war diese Lehre, war das Herz und der Sinn der Judenheit bedroht.

Immer aber bis jetzt hatten sich große und kluge Männer gefunden, welche die Lehre gerettet hatten. Und so richteten sich auch jetzt aller Augen auf den Mann, der dem Kollegium und der Universität von Jabne vorstand, auf Gamaliel, auf den Großdoktor.

Der Großdoktor war der Gesandte Jahves auf Erden, das Haupt der Juden nicht nur der Provinz Judäa, sondern der ganzen Welt. Seine Aufgabe war schwer und vielfältig. Er hatte sein Volk und die Lehre vor den Römern zu vertreten, er hatte die auseinanderstrebenden Meinungen seiner Doktoren in eines zu zwingen, er hatte, ohne äußere Machtmittel, die Autorität des jüdischen Gesetzes den Massen gegenüber zu wahren. Seine Stellung erforderte Energie, Takt, rasche Entschlüsse.

Gamaliel, zum Herrschen geboren und erzogen, hatte seine ererbte Würde, die des ungekrönten Königs von Israel, in sehr jungen Jahren übernommen; er zählte jetzt knapp vierzig. Er hatte sich bewährt im Kampf gegen die Gouverneure Silva, Salviden, Longin. Er hatte die Lehre durchgesteuert zwischen jenen, die sie aufgehen lassen wollten in der Weisheit der Griechen, und jenen, die sie einmünden lassen wollten in einen weltbürgerlichen Messianismus. Mit klugen, scharfen Schnitten hatte er das Gesetz abgetrennt von der Ideologie der Hellenisten einerseits, der Minäer anderseits. Er hatte das Ziel erreicht, das dem alten Jochanan Ben Sakkai, dem Begründer des Kollegiums von Jabne, vorgeschwebt: er hatte die Einheit der Juden gesichert durch ein Zeremonialgesetz, an dem er nicht deuteln und rütteln ließ. Er hatte die Autorität des verlorengegangenen Staates durch die Autorität von Brauch und Lehre ersetzt. Großdoktor Gamaliel wurde von vielen gehaßt, von einigen geliebt, von allen geachtet.

Er erkannte sogleich, daß die Entscheidung über das Schicksal Jabnes und damit des Judentums nicht von dem Gouverneur in Cäsarea gefällt werden würde, sondern in Rom, vom Kaiser selber. Seit Jahren hatte sich Gamaliel mit dem Plan getragen, nach Rom zu reisen und die Sache seines Volkes vor dem Angesicht des Kaisers zu vertreten. Allein das Zeremonialgesetz verbot, am Sabbat zu reisen, und er, der Hüter des Zeremonialgesetzes, konnte somit nicht wohl eine

Reise antreten, die ihn gezwungen hätte, auch am Sabbat auf See zu sein. Er dachte daran, seinem Kollegium die Frage vorzulegen, ob es nicht auch in diesem Fall, da Gefahr für die Lehre und für die gesamte Judenheit bestand, erlaubt sei, die Sabbatgesetze zu übertreten, wie in der Schlacht. Allein die Doktoren hätten darüber nach der üblichen Weise Jahre hindurch debattiert. Der Großdoktor, da es not tat, scheute nicht das Gemurre, ging despotisch vor, bestimmte einige seiner Herren, ihn zu begleiten, und zu siebent, das war eine heilige Ziffer, schifften sie sich nach Rom ein.

Großartig kam er in Rom an. Johann von Gischala hatte ein Palais für ihn ausfindig gemacht. Hier hatten einstmals der jüdische Titularkönig Agrippa und die Prinzessin Berenike die Huldigungen des römischen Adels entgegengenommen. Hier jetzt hielt der Großdoktor hof.

Von diesem Haus in Rom aus wurde jetzt die Judenheit des Erdkreises regiert. Gamaliel machte von sich und seinen Geschäften kein Wesen. Er gab keine prunkvollen Feste, er trat freundlich auf, ohne Anmaßung. Trotzdem wirkte er überlegen, ja königlich, und nun er in Rom war, wurde plötzlich offenbar, daß die Judenheit, obwohl politisch entmachtet, noch ein Faktor in der Welt war. Minister, Senatoren, Künstler und Schriftsteller drängten sich an Gamaliel heran.

Domitian selber aber ließ nichts von sich hören. Der Großdoktor hatte sich, wie es der Brauch war, auf dem Palatin gemeldet, und er hatte Hofmarschall Crispin ersucht, dem Kaiser die Ergebenheit der Juden aussprechen zu dürfen und ihre tiefe Zerknirschung über die Tollheit jener, die sich gegen sein Regiment aufzulehnen gewagt hätten. „So, will er das?" fragte der Kaiser und lächelte. Bescheid aber gab er nicht, er sprach auch nicht weiter über den Großdoktor, und weder vor seinen vertrauten Räten noch vor Lucia oder Julia oder sonst einem ließ er ein Wort über Gamaliel oder über das Kollegium von Jabne verlauten.

Um so mehr beschäftigte die Anwesenheit des Großdoktors den Prinzen Flavius Clemens und dessen Frau Domitilla.

Unter den Minäern der Stadt Rom nämlich, die sich jetzt übrigens immer häufiger nicht mehr Minäer, sondern Christen nannten, hatte Gamaliels Ankunft große Erregung hervorgerufen. Wo immer dieser Mann erscheine, setzte Jakob aus Sekanja, ihr Führer, seinem Gönner, dem Prinzen, auseinander, wo immer dieser Gamaliel erscheine, bringe er den Christen und ihrer Lehre Gefahr. Auf tückische Art, indem er sie habe zwingen wollen, sich selber im Gebet zu verfluchen, habe er sie, die gerne Juden geblieben wären, aus der Gemeinschaft der andern ausgetrieben und das Judentum gespalten in eine neue Lehre und in eine alte.

Prinz Clemens hörte aufmerksam zu. Er war zwei Jahre älter als der Kaiser, doch er wirkte jünger; es fehlte ihm das starke Kinn der Flavier, und das freundliche Gesicht mit den blaßblauen Augen und dem aschblonden Haar zeigte knabenhaft helle Farben. Domitian machte sich gern über ihn lustig und bezeichnete ihn als träg von Geist. Clemens indes war nur langsam von Auffassung. Auch heute wieder wollte er erklärt haben, was denn nun eigentlich den Unterschied ausmache zwischen der alten jüdischen Lehre und derjenigen der Christen, und wiewohl er das nun zum dritten- oder viertenmal fragte, erläuterte es ihm Jakob aus Sekanja mit Geduld. „Gamaliel wird behaupten“, sagte er, „wir seien keine Juden, weil wir glaubten, der Messias sei bereits erschienen, und solcher Glaube sei ‚Leugnung des Prinzips‘. Aber dies ist nicht sein Hauptgrund. Sein tiefster Grund ist, daß er die Lehre eng haben will, kahl und arm, auf daß sie übersichtlich sei. Seine Gläubigen sollen eine einzige große Herde sein, die er bequem übersehen kann. Darum hat er die Lehre in einen Pferch eingesperrt, in sein Zeremonialgesetz.“ Es war dem schlichten, glattrasierten Mann, den man gemeinhin für einen Bankier oder für einen Rechtsberater hätte nehmen mögen, nicht anzusehen, daß ihn fast ausschließlich derartige Fragen beschäftigten. „Nicht als ob wir dieses Zeremonialgesetz ablehnten“, fuhr er fort. „Wogegen wir eifern, das ist nur der Anspruch des Großdoktors, sein Zeremonialgesetz enthalte die ganze Wahrheit. Denn es ist nur eine halbe Wahrheit, und die halbe Wahrheit, die vorgibt, die ganze zu sein, ist schlimmer als die schlimmste Lüge. Jedem echten Diener Jahves ist es vornehmste Pflicht, den Geist Jahves unter allen Völkern zu verkünden, nicht nur unter den Juden. Das aber verschweigt Gamaliel; er verschweigt es nicht nur, er ficht diesen Satz an. Als vor ein paar Jahren Ihr Vetter Titus durch das Gesetz des Antist die Beschneidung von Nichtjuden verbot, standen wir vor der Frage: sollen wir auf dieses äußere Zeichen des Judentums, auf die Beschneidung, verzichten oder auf seine weltbürgerliche Sendung, auf die Verbreitung der Lehre? Der Großdoktor hat sich für die Beschneidung entschieden, für sein Zeremonialgesetz, für den Nationalismus. Wir aber, wir Christen, verzichten lieber auf die Beschneidung und wollen, daß die ganze Welt Jahves teilhaftig werde. Der Großdoktor weiß, daß im Grunde wir die bessern Juden sind; denn Gott hat ihm scharfen Verstand eingehaucht und Erkenntnis. Da er sich für das Böse entschieden hat, haßt er uns und hetzt euch Römer gegen uns auf. Unsere Proselytenmacherei, erklärt er, sei allein schuld an den ewigen Zwistigkeiten zwischen Rom und den Juden."

„Aber", wandte bedachtsam Prinz Clemens ein, „ihr ereifert euch doch wirklich an allen Straßenecken, um den Glauben zu verkünden." – „Wir tun es", gab Jakob zu. „Da der Großdoktor aus geistiger Habsucht Jahve für sich und seine Juden allein haben will, so obliegt es uns, diejenigen, die nach der Wahrheit verlangen, nicht verschmachten zu lassen. Sollte ich etwa Ihnen, Prinz Clemens, sagen: Nein, Sie können Jahves nicht teilhaftig werden, für Sie ist der Messias nicht gestorben? Sollte ich Ihnen die Wahrheit verbergen, bloß weil ein Gesetz des Kaisers Ihnen die Beschneidung verbietet?"

Jakob von Sekanja sprach gut, die Überzeugung gab seinen Worten, so ruhig sie vorgebracht wurden, Feuer, und die blaugrauen, etwas trockenen und dennoch fanatischen Augen der Prinzessin Domitilla hingen an seinem Mund. Aber sie war eine Flavierin und mißtrauisch. „Warum", fragte sie, „wenn ihr den wahren Jahve habt, hängen die Juden dem Großdoktor an und nicht euch?" – „Es kommen auch", erklärte Jakob, „unter den Juden immer mehr zur Einsicht. Sie merken, daß die Doktoren Jahve und den Staat auf unerlaubte Art unlöslich miteinander verquicken wollen. Daß Jahve aber den Staat zerschlagen hat, daß er auch diesen letzten Aufstand hat niederbrechen lassen, das ist ein Beweis, daß er diesen Staat nicht will, und es gibt auch unter den Juden immer mehr, die sich diesem Beweis nicht verschließen. Immer mehr unter den Juden stoßen zu uns. Sie wollen nicht mehr den Staat, sie wollen nur mehr Gott. Und sie lehnen ab jene verzwickte Heuchelei der Doktoren, die sich bestreben, den Staat im Zeremonialgesetz neu auferstehen zu lassen. Denn dieses Zeremonialgesetz ist nichts als eine kunstvolle Tarnung, und dahinter steckt der alte Priesterstaat."

Wohl ließ sich Domitilla ergreifen von der Überzeugtheit, mit welcher Jakob sprach, aber sie beeilte sich, aus der Welt der Abstrakta ins Naheliegende, ins Rom von heute zurückzukehren. Sie tat also die schmalen Lippen auf und stellte sachlich fest: „Ihr seht also in diesem Großdoktor euern gefährlichsten Gegner?" – „Ja", erwiderte Jakob. „Was zwischen uns ist, das ist die Feindschaft der Wahrheit und der Lüge. Wir haben den Jahve der Propheten, den Jahve, welcher der Gott der ganzen Welt ist. Er hat den Jahve der Richter und der Könige, der Schlachten und der Eroberungen, die Reste des Baal, der immer in Judäa war. Gamaliel ist ein gescheiter Mann und hat seinen Baal gut versteckt. Aber er dient seinem Baal, und er haßt uns, wie immer die Baalsdiener die wahren Diener Jahves verfolgt haben."

„Und Sie glauben", blieb Domitilla pedantisch beim Konkreten, „dieser Großdoktor wird auch seinen Aufenthalt hier in Rom dazu benutzen, euch zu schädigen?" – „Gewiß wird er das", antwortete Jakob. „Er wird seine Universität Jabne und sein Zeremonialgesetz retten wollen, indem er uns verdächtigt. Er wird bestrebt sein, die Abneigung des Kaisers auf uns abzulenken. Mit solchen Mitteln hat er von jeher gearbeitet. Er und seine Juden sind harmlose Lämmer: die Aufrührer, das sind wir. Wir sind die Proselytenmacher, wir wollen die Römer abziehen von Jupiter zu Jahve. In Cäsarea, beim Gouverneur, ist er mit solchen Argumenten häufig durchgedrungen: warum sollte er es nicht beim Kaiser selber versuchen?"

„Ich kenne ihn", sagte Domitilla, „ich kenne Jenen." Auch jetzt nannte sie ihren Onkel, den Kaiser, „Jenen". „Ich kenne Jenen", sagte also die dünne, blonde, trocken fanatische junge Frau. „Bestimmt will er Jupiter schirmen, seinen Jupiter, den Jupiter, wie er ihn versteht. Bestimmt also sinnt er Jahve Böses. Er zögert immer lange, ehe er zuschlägt, und wahrscheinlich macht er keinen Unterschied zwischen euch und den Juden, wahrscheinlich ist es ihm gleichgültig, ob er den Großdoktor trifft und sein Jabne oder euch. Er hat die Hand gehoben, er wird sie fallen lassen. Es kommt darauf an, auf wen seine Aufmerksamkeit gelenkt wird."

Clemens hatte seiner Frau beflissen zugehört, ein gewissenhafter, doch langsamer Schüler. „Wenn ich dich recht verstehe", überlegte er, „dann sollten wir also, wenn wir unsern Jakob und seine Lehre retten wollen, D D Ds Aufmerksamkeit hinlenken auf die Universität Jabne. Er müßte den Großdoktor schlagen und sein Jabne." Des Prinzen blaßblaue Augen hatten sich verdunkelt vor Eifer. Auch Domitillas Blick suchte den Mund Jakobs.

Der wollte sich nicht den Vorwurf machen müssen, es sei Rachsucht in seinem Herzen. Wenn er gegen Gamaliel vorging, dann nicht aus Eifersucht, sondern nur deshalb, weil er keinen andern Weg sah, den eigenen Glauben zu retten. „Ich hasse den Großdoktor nicht", sagte er still und bedachtsam. „Wir hassen niemand. Wenn wir Feindschaft leiden, dann nicht deshalb, weil wir Feindschaft üben. Wir bewirken Feindschaft einfach durch unsere Existenz."

„Sind Sie also oder sind Sie nicht der Meinung", beharrte Domitilla, „das beste Mittel, euch zu retten, bleibt das Verbot von Jabne?" – „Leider scheint das das beste Mittel", antwortete bedachtsam Jakob.

Der einzige Weg, den Domitilla einschlagen konnte, um von Jenem das Verbot zu erwirken, führte über Julia.

Julias Beziehungen zu Domitian hatten Wandlungen durchgemacht. Zunächst war es so gekommen, wie Julia befürchtet hatte: D D Ds Stimmung gegen sie war nach Lucias Rückkehr umgeschlagen. Lucia hatte ihn ganz ausgefüllt, und auf sie, Julia, sah er mit kritischen, gehässigen Augen. Als sie, bevor er zu Felde zog, zu ihm gekommen war, um ihm Lebewohl zu sagen, hatte er sie, so ruhig sie war, durch höhnische

Bemerkungen bis aufs Blut gereizt. Mit einem Kopf wie dem ihren, hatte er gespottet, könne man keinen Sinn für Größe haben, sicher habe sie trotz seines Verbots mit diesem Lahmarsch von einem Sabin geschlafen, des Sabin Kind trage sie im Leib, sie solle sich ja nicht einbilden, daß er jemals ihren Balg adoptieren werde. Nun hatte aber Julia wirklich nicht mit Sabin geschlafen, es war keine Frage, daß die Frucht, die sie trug, von Domitian stammte, und sein bösartiges Mißtrauen kränkte sie um so mehr, als es ihr nicht leichtgefallen war, mitanzusehen, wie sich ihr Mann Sabin neben ihr in Ohnmacht und Demütigung verzehrte. Es war peinvoll für die sonst so ruhige Dame, während der ganzen Abwesenheit des Kaisers neben dem stummen und vorwurfsvollen Sabin herzuleben, Nacht und Tag litt sie bitter daran, daß sie D D D seinen läppischen Verdacht nicht hatte ausreden können, und als sie schließlich kurz vor der Rückkehr Domitians ein totes Kind zur Welt brachte, führte sie das zurück auf die Aufregungen, die ihr die kleinliche Zweifelsucht des menschenfeindlichen Kaisers bereitet hatte.

Domitian hatte also, aus dem dakischen Krieg zurückkehrend, eine veränderte Julia vorgefunden. Sie hatte von ihrer fleischigen Fülle einiges verloren, ihr weißhäutiges, gelassen hochmütiges Gesicht schien weniger träge, schien geistiger. Andernteils hatte Lucia ihn anders empfangen, als er erwartet hatte. Keineswegs hatte sie den ruhmvoll zurückkehrenden Sieger in ihm gesehen, er hatte ihr nicht einreden können, daß der dakische Krieg, der sich noch immer hinzog, ein Erfolg geworden sei. Es verdroß ihn, daß sie ihn heiter und überlegen auslachte; es verdroß ihn, daß sie beinahe alle seine kleinen Schwächen durchschaute; es verdroß ihn, daß sie so vieles an ihm nicht gelten ließ, worauf er stolz war; es verdroß ihn, daß die Privilegien, die sie ihm für ihre Ziegeleien abgelistet hatte, viel Geld brachten, während seine Kasse unter den Folgen des Krieges litt. Dies alles machte, daß Domitian Julia wieder mit neuem, freundlicherem Blick sah. Jetzt glaubte er ihr, daß das Kind, das sie geboren, sein Kind gewesen sei, er glaubte ihr, daß seine ungerechten Vorwürfe den Tod dieses Kindes bewirkt hätten, er begehrte sie von neuem, und daß ihm die bekümmerte, erbitterte Frau nicht mit der lässigen Freundlichkeit von früher entgegenkam, steigerte nur seine Begier.

Domitilla also wußte, daß ihre Schwägerin und Kusine Julia von neuem des Kaisers Ohr hatte. Von Jakob hatte Domitilla gelernt, daß man, gerade um eine gute Sache durchzusetzen, sanft wie eine Taube und klug wie eine Schlange sein müsse. Sie beschloß, Julia den Fall der Universität von Jabne so darzustellen, daß Julia das Verbot zu ihrer eigenen Sache machen mußte.

Behutsam wußte sie die Angelegenheit der Universität Jabne in Verbindung zu bringen mit der Eifersucht des Domitian auf Titus. Julias Vater, Titus, hatte Jerusalem erobert und zerstört, er war der Besieger Judäas. Diesen Ruhm aber gönnte Jener ihm nicht. Es lag Jenem daran, sich selber, Rom und der Welt zu erweisen, daß Titus mit seiner Aufgabe, der Besiegung Judäas, eben doch nicht fertig geworden war, so daß ihm, Domitian, noch viel zu tun übrigblieb: die wahre Niederwerfung der Provinz. Wenn Jener es zum Beispiel zuließ, daß dieser lächerliche Großdoktor der Juden hier in Rom dermaßen auftrat und sich spreizte, dann nur deshalb, weil er der Stadt einen neuen Beweis geben wollte, daß die Juden nach wie vor eine politische Macht seien, daß Titus nicht mit ihnen zu Rande gekommen sei, daß mit ihnen aufzuräumen eine Aufgabe sei, welche die Götter ihm, dem Domitian, vorbehalten hätten.

Ansichten solcher Art also äußerte die kluge Domitilla vor Julia, und nachdem sie sie verlassen hatte, spann denn auch Julia, genau wie es Domitilla gewollt, diesen Faden selbständig weiter. Es war klar, aus purem bösem Willen, nur um das Andenken ihres Vaters Titus zu verkleinern, ließ es D D D geschehen, daß dieser jüdische Großpfaffe so dreist in Rom herumging. Was Domitilla da anregte, das Verbot der Universität Jabne, das war gar nicht so schlecht. Sie, Julia, hatte nach allem, was D D D ihr angetan, ein Anrecht auf einen sichtbaren Gnadenbeweis. Sie wird verlangen, daß er das Andenken ihres Vaters Titus nicht weiter durch kunstvolle Intrigen verunglimpfe. Sie wird verlangen, daß er Jabne verbiete.

Domitilla hatte erreicht, was sie angestrebt: Julia war, ohne zu wissen, zur Parteigängerin der Minäer geworden.

Als Domitian sie das nächste Mal zu sich bat, machte sie sich mit besonderer Sorgfalt zurecht. Turmartig, in sieben Lockenreihen übereinander, mit Juwelen durchflochten, krönte ihr schönes, weizenblondes Haar das weiße Gesicht. Mit einer Spur Schminke machte sie die kräftigen, sinnlichen, flavischen Lippen noch röter. Zehnmal berechnete sie jede Falte des blauen Kleides. Lange mit ihren Beraterinnen wählte sie unter ihren zahllosen Parfüms.

So geschmückt kam sie zu Domitian. Sie fand ihn gutgelaunt und empfänglich. Wie immer in der letzten Zeit vermied sie Vertraulichkeiten; hingegen erzählte sie ihm allerlei Gesellschaftsklatsch, und beiläufig brachte sie das Gespräch auch auf den Erzpriester der Juden. Sie finde sein Auftreten hier in Rom skandalös, er benehme sich wie ein unabhängiger Fürst. Er halte seine lächerliche Universität – vermutlich eine Art Dorfschule, auf der allerhand Aberglaube gelehrt werde – für den Mittelpunkt der Welt, und da in dem versnobten Rom eine Meinung um so schneller Anhänger finde, je aberwitziger sie sei, und da niemand dem jüdischen Pfaffen entgegentrete, so werde es noch dahin kommen, daß junge Römer nach Jabne gingen, um dort zu studieren.

Julia brachte das alles mit dem rechten Unterton kleiner Ironie vor. Trotzdem vermutete der mißtrauische Domitian hinter ihr seine verhaßten Vettern. Mit schiefem Lächeln erwiderte er: „Sie wünschten also, Nichte Julia, daß ich diesem jüdischen Priester den Herrn zeige?" – „Ja", antwortete so gleichgültig wie möglich Julia, „ich glaube, es wäre ratsam, und mir machte es Spaß." – „Ich höre mit Vergnügen, Nichte Julia", erwiderte mit besonderer Höflichkeit der Kaiser, „daß Sie so besorgt sind um das Prestige des flavischen Hauses. Sie und wohl auch die Ihren." Und trocken schloß er: „Ich danke Ihnen."

Julia gab ihr Vorhaben noch nicht auf. Als er sich daranmachte, ihr das Kleid zu lösen und die mit soviel Kunst hergestellte Turmfrisur zu zerstören, brachte sie die Rede von neuem auf die Universität Jabne und verlangte Zusicherungen, Versprechungen. Er machte sich darüber lustig. Sie ihrerseits nannte ihn Wäuchlein, doch sie bestand, sie machte sich steif in seinen Armen, und halb ernst, halb im Spaß, weigerte sie sich, ihm zu Willen zu sein, ehe er ihr Versprechungen gegeben habe. Da aber wurde er gewalttätig, und sie, gewonnen gerade durch diese Brutalität, gab nach und zerschmolz unter seinen kräftigen Händen.

Als sie sich von ihm trennte, hatte sie einige Stunden der Lust hinter sich. Nichts aber hatte sie erreicht für die Sache Domitillas und der Minäer. Mit keinem Wort hatte der Kaiser verraten, was er in der Angelegenheit der Universität Jabne zu tun gedenke.

Auch die Vertrauten des Kaisers fanden, es werde endlich Zeit, daß man diese Angelegenheit bereinige. Die Frage, ob und wann der Kaiser den Großdoktor der Juden empfangen solle, gehörte in den Amtsbereich des Hofmarschalls Crispin. Der war, der Ägypter, von Jugend an durchtränkt von einer tiefen Abneigung gegen alles Jüdische. Er hatte dem Kaiser das Gesuch des Großdoktors um eine Audienz vorgelegt, damit hatte er seine Pflicht getan. Ihm konnte es nur recht sein, wenn D D Ds starres Schweigen die Stellung des Großdoktors in Rom allmählich lächerlich und unhaltbar machte.

Schließlich versuchten die Freunde der Juden, die Sache Gamaliels im Kabinettsrat zur Sprache zu bringen. Bei der Beratung einer Kultfrage einer östlichen Provinz meinte Marull, bei diesem Anlaß scheine es ihm angezeigt, auch die Frage der Universität Jabne zu erklären. Claudius Regin nahm mit der gewohnten schläfrigen Tapferkeit Marulls Anregung auf. Gebe es denn überhaupt, wunderte er sich, eine Frage der Universität Jabne? Und wenn es wirklich eine solche Frage gegeben haben sollte, sei sie nicht dadurch beantwortet, daß die Krone den Erzpriester der Juden so lange in Rom belassen habe, ohne ihn vorzulassen? Die Tatsache, daß man trotz der Anwesenheit dieses jüdischen Erzpriesters nichts gegen die Universität unternommen habe, könne schwerlich anders gedeutet werden denn als Duldung, ja als neue Bestätigung dieser Universität. Eine andere Lösung sei auch gar nicht denkbar, wenn man nicht brechen wolle mit der althergebrachten römischen Kulturpolitik. Religionsfreiheit sei einer der Grundpfeiler, auf denen das Reich ruhe. Die Antastung einer religiösen Institution, als welche das Lehrhaus von Jabne anzusehen sei, würde zweifellos von allen unterworfenen Nationen als eine Bedrohung auch ihrer Kultstätten angesehen werden. Man schüfe mit einer Schließung der Universität Jabne einen gefährlichen Präzedenzfall und viel unnötige Unruhe.

Claudius Regin hatte mit großem Geschick Phrasen aus der Ideologie des Kaisers gewählt und an Domitian als an den Hüter römischer Tradition appelliert. Verstohlen nun durchspähte er des Kaisers Gesicht. Der schwieg, schaute ihn einen Augenblick lang aus seinen vorgewölbten, kurzsichtigen Augen an, nachdenklich zerstreut, dann wandte er den Kopf langsam den andern Herren zu. Regin indes, der langjährige Beobachter, wußte, daß seine Worte Eindruck auf D D D gemacht hatten. So war es denn auch. Domitian sagte sich, die Argumente seines Regin ließen sich hören. Das aber kam ihm gar nicht zupaß. Denn er wollte sich in der Freiheit seiner Entschlüsse nicht stören lassen, er wollte die Hände freibehalten, die Sache sollte in der Schwebe bleiben. So saß er denn, äußerte nichts und wartete darauf, daß einer unter seinen Räten Gegenargumente bringen werde.

Er könne nicht zugeben, führte denn auch Hofmarschall Crispin aus, in dem lispelnden, flüsternden, versnobten Griechisch, das an den Universitäten von Korinth und Alexandrien im Schwang stand und deshalb für vornehm galt, er könne durchaus nicht zugeben, daß sich die Krone durch ihr Schweigen festgelegt habe. Auch früher schon habe man zuweilen Gesandte, ja selbst Könige barbarischer Völker Monate hindurch auf eine Audienz warten lassen. Alle schauten ein klein wenig hoch und auf den Kaiser, als der Ägypter, seinem Haß die Zügel schießenlassend, von den Juden als von Barbaren sprach. Aber der Kaiser blieb reglos.

Der Polizeiminister Norban sprang dem Crispin bei. „An sich schon“, sagte er, „ist die von niemand gewünschte Reise des jüdischen Erzpriesters nach Rom eine Zudringlichkeit und Anmaßung. Wenn der Erzpriester eine Bitte oder Beschwerde hat, dann möge er sich gefälligst an die zuständige Stelle wenden, an den kaiserlichen Gouverneur in Cäsarea. Meine Beamten berichten mir übereinstimmend, daß die Frechheit der Juden seit der Ankunft ihres Erzpriesters in Rom zugenommen hat. Das Verbot der Universität Jabne wäre ein geeignetes Mittel, diese Insolenz zu dämpfen."

Norban versuchte, das breite, vierschrötige Gesicht, in das die modischen Stirnlocken des dicken, tiefschwarzen Haares grotesk hereinfielen, unbeteiligt zu halten und die Stimme sachlich. Dennoch schienen dem Kaiser die grobfädigen Sätze seines Polizeiministers nicht geeignet, die Beweise des Regin zu entkräften. Er saß da, unmutig, schwieg, wartete. Wartete auf bessere Gegenargumente, die ihm seine Entschlußfreiheit zurückgeben sollten. Da kam ihm derjenige seiner Räte zu Hilfe, von dem er das am wenigsten erhofft hatte, Annius Bassus. Dem schlichten Soldaten hatte die Dame Dorion mit Geduld und Geschicklichkeit Argumente vorgekaut, die für die Wirkung auf Domitian zugestutzt waren, immer wieder, so lange, bis Annius sie für seine eigenen hielt. Gewiß, legte er umständlich dar, entspreche es altrömischer Staatsweisheit und Tradition, das kulturelle Leben der unterworfenen Länder zu schonen und den besiegten Völkern ihre Götter und ihre Religion zu belassen. Allein die Juden hätten sich selber dieses Privilegs beraubt. Sie hätten es in tückischer Absicht dem großmütigen Sieger unmöglich gemacht, ihre Religion von ihrer Politik zu scheiden, indem sie diese ihre Religion bis ins Innerste mit Politik durchtränkten. Wenn man sie anders behandle als die übrigen unterworfenen Nationen, so würden diese das begreifen und keine falschen Schlüsse daraus ziehen. Denn die Juden hätten es von jeher darauf angelegt, ein Ausnahmevolk zu sein, und sie schieden sich selber feindselig aus dem friedlichen Kreis der kulturell autonomen Nationen, aus denen sich das Reich zusammensetze. Auch sei ihr Gott Jahve kein Gott wie der anderer Völker, er sei kein richtiger Gott, es gebe kein Bild von ihm, nicht könne man wie die Statuen anderer Götter eine Statue von ihm in einem römischen Tempel aufstellen. Er sei gestaltlos, er sei nichts anderes als der aufsässige Geist jüdisch-nationaler Politik.

Schwerlich könne man, wenn anders man die Juden wirklich unterwerfen wolle, diesen Gott Jahve schonen, schwerlich seine Universität Jabne. Denn Jahve, das sei einfach ein Synonym für Hochverrat.

Man war sonst von dem einfachen Soldaten Annius Bassus so geistreiche Reden nicht gewohnt. Marull und Regin lächelten; sie ahnten die Zusammenhänge, sie ahnten, daß hinter diesen Ausführungen die Dame Dorion stand. Der Kaiser aber hörte die Sätze seines Kriegsministers mit Vergnügen. Von wem immer sie stammen mochten, sie schienen ihm eine ernsthafte Antwort auf die Bedenken des Regin und gaben ihm, dem Kaiser, seine Entschlußfreiheit zurück.

Er hatte genug gehört von diesem Großdoktor und seiner Universität. Mit einer Handbewegung wischte er den ganzen Gegenstand fort und sprach von anderem.

Am nächsten Abend aber speiste er allein mit Jupiter, Juno und Minerva. Eine Gliederpuppe, angetan mit den Kleidern des Jupiter, versehen mit einer kunstvollen Wachsmaske, die das Gesicht des Gottes wiedergab, lag auf dem Speisesofa, und auf hohen, goldenen Stühlen saßen Gliederpuppen mit den Wachsmasken der beiden Göttinnen. Mit ihnen also speiste der Gott Domitian. Die Diener trugen die Gerichte ab und zu, in weißen Sandalen; sie waren von lautloser, ängstlicher Beflissenheit, um das Gespräch nicht zu stören, das Domitian mit seinen Gästen, den Göttern, führte.

Der Kaiser wollte sich mit seinen Göttern beraten über seinen schwierigen Handel mit diesem fremden Gotte Jahve. Denn geteilt wie die Stimmen seiner Räte waren die Stimmen in seinem eigenen Innern. Es trieb ihn, das Lehrhaus von Jabne zu zerstören, und es trieb ihn, es mit starker Hand zu beschirmen. Er wurde nicht fertig mit diesem Problem.

Mit Isis oder mit Mithras kann man fertig werden; man kann ihnen Statuen errichten, und es gibt viele Arten, sie zu versöhnen, wenn man ihre Verehrer gekränkt hat. Was aber soll man mit diesem Gotte Jahve anfangen, von dem es kein Bild gibt und kein Gesicht, der wesenlos ist wie flimmernde, fiebrige Luft, die man nicht greifen kann, die man erst an ihren bösen Folgen erkennt?

Annius Bassus hat ihm erzählt, wie sehr seinerzeit das Haus dieses Jahve, der Tempel, dieses Weiß und Goldene, das da, wie es die Soldaten nannten, die Seelen der Belagerer getrübt und krank gemacht hat. Schier um den Verstand hat es sie gebracht. Titus hat sein Leben lang Angst gehabt vor der Rache dieses Gottes Jahve, weil er ihn durch die Zerstörung seines Hauses beleidigt hat. Und das Letzte, was er tat, war, daß er sich bei dem Juden Josephus entschuldigte um dieser Beleidigung willen.

Er, Domitian, kennt keine Furcht, aber er ist der Erzpriester, der irdische Repräsentant des Capitolinischen Jupiter, er ehrt alle Götter, und er hütet sich, mit dem fremden Gott und mit dessen Erzpriester anzubinden. Vorsichtig umgehen wird er mit diesem Großdoktor. Denn die Juden sind schlau. Wie sich stürmende Belagerungstruppen hinter den Dächern ihrer Schildkröte decken, so verstecken sich die Juden hinter ihrem unsichtbaren Gott.

Aber vielleicht ist auch alles Schwindel. Vielleicht existiert er gar nicht, der unsichtbare Gott.

Seine eigenen Götter müssen ihm helfen, ihm raten. Darum hat er sich feierlich geschmückt und sie zu Gast gebeten, darum speist er mit ihnen, darum dampfen ihnen auf goldenen Tellern Schwein, Lamm und Rind.

Er bemüht sich, seiner Gäste würdig zu sein, halbhoch jetzt richtet er sich, bestrebt, seinem Gesicht den Ausdruck zu geben, den seine Büsten tragen. Den Kopf mit der Löwenstirn stolz nach oben, die Brauen drohend zusammengezogen, die Augen flammend, herausfordernd, die Nüstern etwas gebläht, den Mund halb offen, so taucht er den Blick in den seiner göttlichen Gäste und heischt von ihnen Eingebung, Rat.

Da Jupiter ihm schweigt und Juno keine Stimme für ihn hat, wendet er sich der Minerva zu, seiner Lieblingsgöttin. Da sitzt sie. Er hat sie befreit von der Verniedlichung, von der billigen Idealisierung durch ihre Bildner, er hat ihr die Eulenaugen zurückgegeben, die sie ursprünglich gehabt hatte; Kritias, der große Spezialist, hat sie ihr einsetzen müssen.

Ja, ihm, Domitian, ist sie die eulenäugige Minerva. Er spürt das Tier in ihr, wie er das Tier in sich selber spürt, die gewaltige Urkraft. Mit seinen eigenen großen, vorgewölbten, kurzsichtigen Augen starrt er in die großen, runden Eulenaugen der Göttin. Ihr tief verbunden fühlt er sich. Und er spricht zu ihr; laut, ohne Scheu vor den verstörten Dienern, die sich bestreben, nicht hinzuhören, und die doch hinhören müssen, spricht er zu ihr. Er versucht, seine scharfe Stimme sanft zu machen, er gibt der Göttin Schmeichelnamen, griechische, lateinische, alle, die ihm beifallen. Stadtschirmerin nennt er sie, Schlüsselbewahrerin, Abwehrerin, kleine, liebe Vorkämpferin, meine Unbezwungene, Siegerin, Beutemacherin, Trompetenerfinderin, Helferin, Sinnreiche, Scharfblikkende, Erfinderische.

Und siehe, endlich fügt sie sich und spricht ihm. Dieser Jahve, sagt sie ihm, ist ein listiger Gott, ein östlicher Gott, ein rechter Schlaukopf. Hereinlegen will er dich, den Römer, mit seiner Universität Jabne. Zu einem Sakrileg will er dich verlocken, damit er Grund habe, dich zu züchtigen und zu verderben; denn er ist rachsüchtig, und nachdem dein Bruder schon bei den Untern ist, möchte er sich an dich halten und dich zausen. Bleib ruhig, laß dich nicht hinreißen, hab Geduld!

Domitian lächelt, sein tiefes, dunkles Lächeln. Nein, der Gott Jahve soll den Gott Domitian nicht hereinlegen. Er denkt gar nicht daran, dieses alberne Lehrhaus in Jabne zu verbieten. Aber auf die Nase binden wird er das diesem Großdoktor nicht. Wenn der Gott Jahve von ihm, Domitian, Geduld verlangt, dann verlangt er, der Kaiser Domitian, Geduld von diesem Erzpriester. Ihn schmoren lassen in seiner Angst wird er. Zerfließen und zerschmelzen vor lauter Warten soll der Mann.

Heiter, dankbaren Gemütes, trennte sich Domitian von seinen Göttern.

Und der Großdoktor wartete.

Bald schon wird die gute Jahreszeit zu Ende sein, bald schon wird der Winter die Schiffahrt unmöglich machen.

Wenn der Großdoktor zurück will nach seinem Judäa, muß er die Reise rüsten.

Er rüstete sie nicht. Es kümmerte ihn nicht, daß sein langes Bleiben allgemach befremdlich wirkte, ja anstößig. Mit keinem Wort verriet er, wie sehr ihn das Verhalten des Kaisers wurmte, die freche Mißachtung, welche der Mann in seiner Person der Judenheit bezeigte. Fürstlich und liebenswürdig wie bisher hielt er hof.

Die Sitte hätte verlangt, daß Josef dem Großdoktor einen Besuch abstattete. Johann von Gischala suchte ihn dazu zu bewegen; doch Josef blieb fern. Er hatte in Judäa erleben müssen, zu welcher Grausamkeit zuweilen diesen Erzpriester der Judenheit sein Amt zwang, und wiewohl sein Verstand diese Härte billigte, lehnte sein Herz sie ab.

Gamaliel, die Kränkung nicht achtend, bat ihn zu sich.

Der Großdoktor war in den sechs Jahren, die ihn Josef nicht gesehen hatte, sehr gealtert. In seinem kurzen, rotbraunen Bart, der viereckig, kantig geschnitten, Mund und Kinn mehr zur Schau stellte als versteckte, zeigten sich graue Haare, und wenn der stattliche, kräftige Herr sich nicht beobachtet glaubte, dann erschlaffte ihm wohl zuweilen der Körper, die gewölbten braunen Augen verloren ihr Strahlen, das starke Kinn seine Straffheit.

Gamaliel nahm, als hätte sich inzwischen nichts ereignet, das Gespräch da auf, wo man es vor sechs Jahren beendet hatte. „Welch ein Jammer“, fing er an, „daß Sie damals meine Bitte zurückgewiesen haben, in Cäsarea und in Rom unsere Außenpolitik zu vertreten. Wir haben viele Köpfe von ungewöhnlicher Intelligenz unter uns, aber wenige, die einem Manne helfen können, der verurteilt ist, die Politik der Juden zu machen. Ich bin sehr allein, mein Josef.“ – „Ich glaube“, antwortete Josef, „ich habe damals recht getan. Der Auftrag, mit dem Sie mich betrauen wollten, verlangte gleichzeitig Härte und Geschmeidigkeit. Ich habe nicht das eine noch das andere.“

Gamaliel behandelte ihn auch diesmal wie einen Vertrauten. Mit keiner Silbe ließ er den Josef merken, daß dessen Ansehen in der Zwischenzeit abgenommen hatte. Vielmehr sprach er zu ihm wie zu einem gleichberechtigten Führer der Juden. Er warb um ihn, er tat geradezu, als habe er ihm Rechenschaft abzulegen über seine Politik.

Er versuchte zu erweisen, daß der grausame Schnitt, mit dem er damals die Minäer von den Juden abgetrennt hatte, gerechtfertigt worden sei durch die Entwicklung. „Was wir brauchten", erklärte er, „war Klarheit. Heute haben wir sie. Es gibt heute, außer dem Glauben an Jahve natürlich, ein einziges Kriterium, das darüber entscheidet, ob einer zu uns gehört oder nicht, ob einer Jude ist oder nicht. Dieses Kriterium ist der Glaube, daß der Messias erst in Zukunft kommen wird. Wer glaubt, daß der Messias bereits erschienen sei, wer also die Hoffnung aufgibt auf die Wiedergeburt Israels, wer auf die Wiedererrichtung Jerusalems und des Tempels verzichtet, mit einem solchen haben wir nichts gemein. Ich gestehe es Ihnen offen, mein Josef, ich halte dafür, die Leiden, mit denen Gott uns schlug, haben uns Gewinn gebracht. Die Prüfung hilft uns scheiden zwischen denen, die stark genug sind, weiter zu hoffen, und jenen Weichlingen, die sich versinken lassen in dem Opfer, das ihr gekreuzigter Messias für sie gebracht haben soll. Mögen die Minäer mit ihrem süßen und verlockenden Evangelium neue Anhänger gewinnen. Ich trauere keinem nach, der zu ihnen stößt, er war niemals ein Jude. Der Jahve der Minäer, dieser sogenannte Jahve der ganzen Welt, ist heute nicht zu retten, wir müssen auf ihn verzichten. Wir können keinen Gott brauchen, der sich verflüchtigt, sowie man ihn greifen, sowie man sich an ihn halten will. Durch die Bräuche und das Gesetz retten wir wenigstens den Jahve Israels."

Ach, Josef kannte dieses Leid. Er hatte es hundertmal erfahren, daß ein Mann, der Politik treiben will, seine Wahrheit mit vielen Lügen legieren muß. „Wer die Idee nicht nur verkündet", hörte er denn auch den Großdoktor sagen, „wer für sie handelt, der muß ihr etwas abhandeln. Wer schreibt, braucht nur Kopf und Finger; wer in die Welt des Tuns gestellt ist, bedarf der Faust." Nein, er, Josef, hat recht daran getan, wenn er sich zurückgezogen hat in die Betrachtung.

„Wir müssen unser Jabne retten!" kam unvermittelt, heftig

der Großdoktor zur Sache. „Mag man über meine Politik denken, wie man will: aber Jabne müssen wir retten! Es wäre zu Ende mit den Juden, Jahve verschwände aus dieser Welt, wenn es die Einundsiebzig von Jabne nicht mehr gäbe. Ist das Gotteslästerung?“ fragte er sich selber, erschreckt, daß er sein Inneres so freimütig vor Josef hingestellt hatte. „Aber in seinem Herzen, glaube ich, denkt jeder Jude so“, beruhigte er sich.

Josef sah das offene, dunkelhäutige, energische Gesicht des Mannes. Der war bestätigt durch den Erfolg. Sein wilder Tatwille hatte es erreicht, Jahve mittels einer lächerlichen, kleinen Universität in Judäa festzuhalten. Der Großdoktor hatte Jerusalem durch sein Jabne ersetzt, den Tempel durch sein Lehrhaus, das Synhedrion durch sein Kollegium. Nun war eine neue Zuflucht da, und erst wer Jabne zerschlug, zerschlug das Judentum.

Gamaliel sprach jetzt ganz beiläufig, im Ton leichten Gespräches. „Vor Ihnen, mein Josef“, meinte er, „darf ich das Kind ruhig beim Namen nennen. Natürlich ist das Lehrhaus und das Kollegium von Jabne im gleichen Grad eine politische Institution wie eine religiöse. Wir legen es geradezu darauf an, die Lehre mit Politik zu durchtränken. In unserer Eigenschaft als Kommentatoren der Lehre haben wir es nicht zur Kenntnis genommen, daß der Tempel zerstört ist und daß der Staat nicht mehr existiert. Wir führen die Debatten über die einzelnen Verrichtungen des Tempeldienstes mit der gleichen Beflissenheit wie die über die realen Verrichtungen unseres täglichen Lebens, und wir räumen ihnen den gleichen Platz ein. Wir diskutieren mit der gleichen Hitze Fragen aus jenen Gebieten der Rechtsprechung, die uns entzogen sind, wie Fragen aus dem Ritual, dessen Festsetzung uns erlaubt ist. Ja, es nehmen jene Fragen in unserem Lehrprogramm einen breiteren Raum ein als diese. Sollen die Römer versuchen, uns nachzuweisen, wo die Theorie endet und die praktische Rechtsprechung beginnt, wo die Theologie aufhört und die Politik beginnt! Was wir treiben, ist nichts als Theologie. Wenn es jemand vorzieht, statt der kaiserlichen Gerichte das Lehrhaus in Jabne anzurufen, ist das nicht seine private Angelegenheit? Ist es nicht unsere Pflicht, ihm Auskunft zu geben, wenn er uns fragt, wie sich seine Sache vom Standpunkt der Lehre aus ansieht? Und wenn er sich unserer Entscheidung fügt, sollen wir ihn abhalten? Wir können ihn weder dazu zwingen noch es ihm verbieten. Vielleicht, wahrscheinlich tut er es, um sein Gewissen zu beruhigen. Wir wissen es nicht, uns sind seine Motive nicht bekannt. Sie gehen uns nichts an. Auf keinen Fall haben unsere Entscheidungen etwas zu tun mit der Rechtsprechung des Senats und Volks von Rom. Wir beschränken uns auf unser Ressort, auf die Theologie, auf die Lehre, auf das Ritual." Seine vollen Lippen, seine großen, auseinanderstehenden Zähne lächelten listig aus dem viereckigen Bart heraus.

Dann aber verschwand dieses Lächeln, er sprang auf, seine Augen begannen zu glühen und: „Sagen Sie selber, Doktor Josef", rief er, und seine Stimme belebte sich, „sagen Sie selber, ist es nicht großartig, ist es nicht ein Wunder, daß ein Volk, ein ganzes Volk, eine so ungeheure Disziplin übt? Daß es sich neben dem von einer fremden Macht eingesetzten Gerichtshof, dem es sich beugen muß, einen freiwilligen schafft, dem es sich beugt aus dem Drang seines Herzens? Daß es neben den hohen Steuern, die der Kaiser ihm auspreßt, freiwillige Steuern zahlt, um sich seinen Gott als Kaiser zu erhalten? Ist solche Selbstzucht nicht etwas Großes, Herrliches, Einmaliges? Ich finde unser jüdisches Volk, ich finde diesen wilden Drang, weiter zu existieren, sich nicht unterkriegen zu lassen, das Erhabenste, Wunderbarste, was es auf dieser arm und dunkel gewordenen Erde gibt."

Josef sah die Begeisterung des Mannes, sie riß ihn mit. Aber seine Vorbehalte riß sie nicht nieder. Es war eine gewaltige Leistung, die da vollbracht war, man hatte mit bewundernswertem Scharfsinn und höchster Energie ein Gefäß geschaffen, den zerrinnenden Geist zu halten. Aber nun war eben der Geist eingesperrt in ein Gefäß, das bedeutete Verengung, Verzicht, Preisgabe, und das Preisgegebene war Josef sehr teuer.

„Die Römer also", fuhr Gamaliel fort, wieder leicht und heiter, „wittern natürlich das Gefährliche, Aufrührerische, das hinter unserer Universität Jabne steckt. Allein", und jetzt war sein ganzes Gesicht wieder eine einzige fröhliche List, „sie können es nicht herausfinden, worin eigentlich dieses Gefährliche besteht. Die Römer können die Welt nur begreifen, soweit sie sie in aktenmäßige Formeln pressen können; eine andere Art Geistigkeit kennen sie nicht, im Grunde sind sie Barbaren. Was wir gemacht haben, das aber entzieht sich jeder Möglichkeit, in eine juristische Formel gepreßt zu werden. Wir fügen uns in allem, wir sind dienstwillig, wir geben uns keine Blöße, wir haben selbst den Aufstand bekämpft. Kurz, wenn man das Recht, wenn man römisches Recht und römische Tradition nicht beugen will, kann man unserer Universität nicht an. Und fühlt sich nicht gerade dieser Kaiser Domitian als der von seinen Göttern eingesetzte Hüter römischen Rechtes und römischer Tradition?

Nun aber sind da unsere Feinde, viele und mächtige Feinde. Da sind die Prinzen Sabin und Clemens und ihr ganzer Anhang, da ist der Kriegsminister Annius Bassus und Ihre frühere Gattin Dorion, da ist das ganze Minäergesindel. Alle diese unsere Feinde liegen dem Kaiser an, uns zu verbieten, und er möchte am liebsten diesen Bitten nachgeben. Das einzige also, was zwischen uns und der Vernichtung steht, ist des Kaisers Andacht zur Tradition, zu den römischen Prinzipien. So schwankt er zwischen seinem, nennen wir es, Rechtssinn und seinen von unsern Feinden geschürten Antipathien gegen uns, schwankt, wartet, hört uns einfach nicht an, läßt uns nicht vor. Von seinem Standpunkt aus gesehen, ist das das Beste, was er tun kann. Er vermeidet so das Odium, die Universität Jabne zu zerschlagen, gleichzeitig aber schwächt er, indem er mich hier warten läßt, unser Prestige, er macht Jahve und das Judentum lächerlich, er zermürbt unser Jabne."

Josef mußte zugeben, man konnte die Situation nicht klarer darstellen als dieser Großdoktor. Der sprach weiter. „Dabei wüßte ich", sagte er nachdenklich, „wie ich diesen Kaiser zu nehmen hätte. Ich würde ihn bei seinem Traditionalismus zu packen suchen, bei seiner Religion. Denn, so seltsam es klingt, dieser Mann hat bestimmt Religion in sich; vieles, was er tut und nicht tut, läßt sich anders nicht erklären. Es mag eine verzwickte, sehr heidnische Religion sein, sicher glaubt er an viele Baalim, aber es ist Religion, und bei dieser seiner Religion müßte man ansetzen. Man müßte sich der List bedienen, man müßte für ihn Jahve zu einem Baal machen, zu einem plumpen, gefährlichen Götzen, zu einer Gottheit, wie er sie versteht und vor der er Angst hat. Ist das auch wieder Gotteslästerung? Klingen Ihnen solche Worte verrucht, wenn Jahves Erzpriester sie spricht? Aber heute mehr als je muß der Erzpriester Politiker sein. Jedes Mittel ist recht, wenn es nur dazu hilft, daß das Volk Jahves diese seine dritte Wüste übersteht, daß es nicht darin umkommt. Am Leben muß es bleiben! Denn die Idee, denn Jahve kann nicht leben ohne sein Volk."

Jetzt erschrak Josef in seinem Herzen. Dieser letzte Satz war in Wahrheit Gotteslästerung und verrucht, gerade im Munde des Großdoktors. Auf so gefährliche Gipfel führte die Politik einen Mann, der nichts wollte als Gott und Gottes Dienst.

„Ja, ich wüßte, wie ich diesen Kaiser zu nehmen hätte", nahm Gamaliel seine Rede wieder auf. „Nur: er läßt mich ja nicht an sich heran. Ich gestehe es Ihnen", brach er aus, ergrimmt, „manchmal brennt mir die Haut vor Warten und Ungeduld! Es ist nicht meinethalb, ich bin nicht eitel; ich kann Kränkungen einstecken. Aber es geht nicht um mich, es geht um Israel. Ich muß diese Zusammenkunft haben. Aber unsere Freunde, so guten Willens und so geschickt sie sind, diesmal versagen sie. Regin schafft es nicht, Marull schafft es nicht, Johann von Gischala schafft es nicht. Es gibt nur *einen* Mann, der es vielleicht noch schaffen könnte: Sie, mein Josef. Helfen Sie uns!"

Josef, so angerufen, stand zwiespältigen Gefühles. Es war schwer, sich dem Werben des Großdoktors zu entziehen. Die bedenkenlose Politik des Mannes, der den Gott der ganzen Welt aufgegeben hatte, um dem Gotte Israels zu dienen, stieß Josef ebenso ab, wie sie ihn anzog. Was Gamaliel von ihm verlangte, das war Aktion, Betrieb, Geschäftigkeit, genau das, was Josef mit vollem Bedacht alle diese Jahre hindurch vermieden hatte. Wer handeln will, muß Kompromisse machen;

wer handeln will, muß sein Gewissen schweigen heißen. Der Großdoktor war eingesetzt, Taten zu tun, das war ihm aufgegeben, er hatte den Kopf dafür und die Hand. Er aber, der Josef, war stark nur in der Betrachtung, sein Amt war es, die Geschichte seines Volkes vor sich hinzustellen und ihr Sinn zu geben; sowie er indes selber handelnd eingriff, war er ein Stümper und Pfuscher.

Was er, Josef, denkt, spricht, schreibt, das wird vielleicht in späten Zeiten den oder jenen die Ereignisse von heute so sehen lassen, wie er, Josef, sie gesehen haben will, es wird vielleicht die Handlungen sehr später Nachfahren bestimmen. Was hingegen dieser Gamaliel spricht und denkt, das verwandelt sich sogleich in Geschichte, das setzt sich heute und morgen um in die Geschicke der Menschen. Es riß den Josef, es zog ihn. Die Mauern, in die er sich so kunstvoll eingesperrt hatte, um seinen Frieden zu wahren, stürzten zusammen. Er versprach dem Großdoktor, was der von ihm verlangte.

Als sich Josef bei Lucia ansagte, beschied sie ihn schon zum nächsten Tag.

Sie musterte ihn mit unverhohlenem Interesse. „Es sind wohl zwei Jahre“, sagte sie, „daß wir uns nicht gesehen haben; aber wenn ich Sie jetzt anschaue, ist mir, als wären es fünf. Bin ich so anders geworden während meiner Verbannung oder Sie? Ich bin enttäuscht, mein Josephus“, sagte sie freimütig. „Sie sind gealtert. Und verrucht schauen Sie auch nicht mehr aus.“ Ein Lächeln ging über Josefs gekerbtes Gesicht; sie erinnerte sich also noch des Ausrufs, der ihr damals beim Anblick seiner entstehenden Büste entfahren war: „Sie sind ja ein Verruchter!“ – „Was treiben Sie?“ fuhr Lucia fort. „Man hat lange nichts mehr von Ihnen gehört. Sie kommen mir beschattet vor“, und sie betrachtete ihn mit Anteilnahme. „Was man Ihren Juden tut, ist ja wohl auch niederträchtig. Diese ekelhaften, kleinlichen Quälereien. Wenn meine Kusine Faustina schlecht geschlafen hat, dann pikt sie die Zofe, die sie frisiert, mit einer Nadel in den Arm oder in den Rükken. Das mag Faustina tun, aber so kann nicht das römische Reich eine ganze Nation behandeln. Wie immer, es tut mir leid, daß Sie niedergedrückt sind. Auch ich habe manches Böse erlebt in diesen letzten Jahren. Ich bereue es nicht, und ich möchte es nicht missen. Das Leben wäre zu grau ohne den Wechsel von Gut und Böse."

Ein wenig kränkte es den Josef, daß ihn Lucia so verändert fand. Jene erste Unterredung kam ihm in den Sinn, die er mit einer großen römischen Dame gehabt hatte, die Unterredung mit Poppäa, der Frau des Nero. Wie war damals sein ganzes Wesen Sammlung gewesen, Eifer für den Sieg, Zuversicht auf den Sieg. Es wurde etwas in ihm wach von jenem Josephus, er spannte sich schärfer an. „Das glaub ich Ihnen, Herrin Lucia", sagte er belebt, „daß Sie ja sagen zum Bösen wie zum Guten", und er schaute ihr mit unverlegener Aufmerksamkeit ins Gesicht, mit der gleichen huldigenden Frechheit wie damals der Poppäa.

Lucia lachte ihr volles, starkes Lachen. „Sagen Sie mir, bitte", forderte sie ihn auf, „warum eigentlich Sie mich sehen wollten. Denn Sie sind doch nicht einfach gekommen, um mir Ihre Aufwartung zu machen. Wie Sie mich zwar gerade angeschaut haben, das war reichlich unverschämt, es war da in Ihrem Blick ein wenig von der Verruchtheit des Josephus jener Büste, und man hätte beinahe denken können, Sie seien wirklich nur aus Neugierde hier, um zu sehen, wie mir meine Verbannung bekommen ist. Ich habe mir übrigens jüngst im Friedenstempel Ihre Büste wieder angeschaut, sie ist großartig; ein Bild gibt sie dennoch nicht, weil die Augen fehlen. Sie hätten sich damals nicht sträuben sollen, als Kritias sie Ihnen einsetzen wollte. Aber jetzt sagen Sie geschwind, wie finden Sie meine neue Haartracht? Es wird Geschrei geben." Sie hatte ihr Haar in mehreren Lockenreihen hintereinander geordnet, verzichtend auf den turmartigen Aufbau, den die Mode vorschrieb.

Das Regsame, Lebendige, das von dieser Frau ausging, frischte den Josef auf. Ja, sie stand über dem Schicksal, weder Gutes noch Böses konnte an sie heran, sie strotzte von Leben, ihre Verbannung hatte sie nur lebendiger gemacht.

„Sie haben recht, Herrin Lucia", sagte er. „Es ist wirklich das Unglück meiner Juden, das mich bedrückt, und ich bin gekommen, Ihre Gunst für sie zu erbitten. Wir haben viel hinnehmen müssen in diesem letzten Jahrzehnt. Wir sind gewohnt, viel hinzunehmen; wir betrachten es als eine Auszeichnung, daß uns unser Gott so hart prüft. Wir haben eine tiefe, große Dichtung, handelnd von einem Manne namens Hiob, den Gott schlägt, weil er ihn auszeichnen will, er ihn darauf bringen will, daß eine geheime Sünde in ihm ist, eine Sünde, die der Mann sonst nicht erkennen könnte und die übrigens nur wenigen als Sünde gilt." – „Was ist das für eine Sünde?" fragte Lucia. „Der Hochmut im Geiste", antwortete Josef.

„Sünde, hm", meinte Lucia, nachdenklich. „Auch ich bin einigermaßen geprüft, aber nach meinen Sünden habe ich mich deshalb nie gefragt. Ich weiß nicht, ob ich voll geistigen Hochmuts bin. Eigentlich glaube ich nicht. Tauschen freilich möchte ich mit niemand, ich bin zufrieden, so wie ich bin. Alles in allem, scheint mir, sind Sie beträchtlich hochmütiger als ich, mein Josephus."

„Der Schriftsteller Flavius Josephus", antwortete Josef, „hoffe ich, ist nicht allzu hochmütig. Der Jude Josef Ben Matthias ist es. Aber ein anderes ist der geistige Hochmut eines einzelnen, ein anderes der geistige Stolz eines Volkes. Es ist keine Sünde, wenn wir Juden stolz sind auf unsern Jahve und auf unsere geistige Art. Ich glaube, die Welt kann unser nicht entraten. Wir sind notwendig für die Welt. Wir sind das Salz der Erde."

Die ruhige Überzeugtheit, mit der er sprach, erheiterte Lucia. „Welches Volk", meinte sie lachend, „glaubte nicht, auserwählt zu sein? Die Griechen glauben es, die Ägypter, ihr Juden. Nur wir Römer machen uns da nichts vor. Das Salz der Erde lassen wir ruhig die andern sein: wir begnügen uns, dieses Salz für uns zu verwerten und die andern zu beherrschen."

Josef aber lächelte nicht, wie sie erwartet hatte, er wurde ernst. „Wenn es so wäre!" ereiferte er sich. „Wenn ihr euch damit begnügtet! Aber es ist nicht so. Ihr wollt mehr als uns beherrschen. Gegen eure Herrschaft sträuben sich nur die Toren unter uns. Bestraft sie, so hart ihr wollt, wir klagen nicht. Aber ihr wollt uns an unsere Seele. Darum bin ich hier, Herrin

Lucia. Bitten Sie den Kaiser, daß er davon absteht! Laßt uns unsere Seele! Laßt uns unsern Gott! Laßt uns unser Buch, unsere Lehre! Jedem Volk bis jetzt hat Rom seinen Gott gelassen. Warum will es uns den unsern wegnehmen?"

Lucia zog die Brauen hoch über den weit auseinanderstehenden Augen. „Wer will euch euern Gott und eure Lehre nehmen?" fragte sie zurück, ablehnend. „Eine ganze Menge Leute wollen das", antwortete Josef, „Ihre Kusine an der Spitze, die Prinzessin Julia. Man will unsere Universität Jabne schließen, die Vespasian privilegiert hat. Es ist eine kleine theologische Hochschule, eine Kultstätte, nichts sonst. Helfen Sie uns, meine Lucia!" sagte er dringlich, vertraulich, ohne ihr ihren Titel zu geben. „Wir wollen wirklich nichts andres für uns als Freiheit im Geiste, eine Freiheit, die Rom nichts kostet, die sich nicht gegen die Herrschaft Roms richtet. Aber gerade die wollen uns gewisse Leute nicht lassen. Aus Haß. Sie verhindern uns, zum Kaiser vorzudringen, weil sie fürchten, wir könnten den Kaiser überzeugen. Seit Monaten hält man den Kaiser davon ab, unsern Erzpriester zu sehen." – „Ach, dieser Erzpriester", sagte Lucia ein wenig verächtlich, „von dem man soviel spricht." Josef sagte: „Es wäre uns allen lieber, man spräche weniger von ihm." – „Und es liegt euch also viel daran", fragte Lucia, „daß der Kaiser ihn empfängt?" – „Wenn Sie das durchsetzen", erwiderte Josef, „dann würden Sie sich ein hohes Verdienst erwerben um mein Volk, das erwiesene Wohltaten mit heftigerer Dankbarkeit in der Erinnerung festhält als irgendein anderes." – „Das haben Sie elegant und höflich ausgedrückt, mein Josephus", lachte Lucia. „Aber an mir ist ein solches Argument verloren. Ich schere mich wenig um das, was man nach meinem Tod über mich denkt. Ich glaube nicht recht an ein Leben unten im Hades oder sonstwo. Wenn ich einmal verbrannt sein werde, dann, fürchte ich, werde ich von eurer Dankbarkeit wenig zu spüren bekommen."

Sie überlegte. „Übrigens weiß ich nicht", sagte sie, „ob ich euch werde helfen können, selbst wenn ich wollte. Der Kaiser ist schwierig zur Zeit", vertraute sie ihm an, „und mir nicht sehr geneigt. Ich habe oft Streitigkeiten mit ihm. Ich koste ihn viel Geld." Und mit freundschaftlich gesprächiger Offenheit erzählte sie: „Wissen Sie, daß ich immer geldgieriger werde? Ich finde das Leben großartig, aber gerade deshalb werde ich mit zunehmendem Alter immer anspruchsvoller. Ich muß Bilder haben, Statuen, immer mehr, ich muß bauen, ich muß Schmuck haben, Schauspiele, viele Leibeigene, Feste, an denen man nicht spart. Ich vertue höllisch viel Geld in letzter Zeit. Übrigens, auf Geld versteht ihr euch, ihr Juden, das muß man euch lassen. Da ist Regin, der gehört freilich nur halb zu euch, und da ist dieser Mann mit den Möbeln, Cajus Barzaarone, dann ein anderer, mit dem ich zuweilen zu tun habe, ein gewisser Johann von Gischala, ein amüsanter, verschlagener, verwegener Mensch: sie alle machen Geld, viel und mühelos. Diesem letzten ist es sogar gelungen, meine Preise zu drükken. Sie sehen, ich weiß eure Verdienste zu schätzen, ich habe mancherlei für euch übrig."

Sie wurde ernst. „Also Julia, sagen Sie, will eure Universität schließen?" – „Ja, Julia", bestätigte Josef; er hatte den Namen mit guter Absicht erwähnt. „Sie ist in diesen letzten Wochen sehr angesehen bei Wäuchlein", überlegte Lucia, „und ich bin so gut wie völlig aus seinem Gesichtsfeld verschwunden. Was für eine Art Mann ist euer Erzpriester?" erkundigte sie sich. „Ist er ein Heiliger oder ein Herr?" – „Beides", antwortete Josef. „Hm, dann wäre er ein großer Mann", meinte Lucia. „Aber wie bringe ich Wäuchlein herum?"

„Vielleicht indem Sie den Wunsch äußern, den Erzpriester zu sehen", legte ihr Josef nahe. „Dann müßte ihn der Kaiser vorher empfangen. Es geht nicht an, daß der Großdoktor Ihnen seine Aufwartung macht, Herrin Lucia, bevor er dem Gott Domitian seine Ehrfurcht bezeigt hat." – „Sie gehörten wirklich an den Hof", lächelte Lucia. „Und Sie glauben ernsthaft, es ist wichtig für euch, daß ich den Besuch eures Großdoktors im Palatin durchsetze?" – „Ich wußte es, daß Sie uns helfen würden, meine Lucia", antwortete Josef.

Domitian hatte sich in diesen Tagen, da er Lucia nicht gesehen, immer von neuem alles gesagt, was gegen sie vorzubringen war. Sie entwürdigte ihn, sie machte sich über ihn lustig.

Es war auch keineswegs ausgeschlossen, daß sie wieder mit einem andern schlief. Er hatte mit dem Gedanken gespielt, sie ein zweites Mal nach den Bestimmungen des von ihm verschärften Ehebruchgesetzes aburteilen zu lassen oder auch sie ohne Urteil in Verbannung und Tod zu schicken. Dann aber sah er vor sich ihr kühnes, hochfahrendes Gesicht mit der reinen, kindlichen Stirn und der langen, kräftigen Nase, er hörte ihr Lachen. Ach, er kann sie mit seinem Senat nicht schrecken. Töten lassen kann er sie, schrecken kann er sie nicht. Und wenn er sie töten läßt, dann straft er sich mehr als sie; denn sie wird hernach nicht mehr zu leiden haben, wohl aber er.

Er freute sich, daß nach anfänglichem Sträuben wenigstens Julia ihn nun doch wieder näher an sich heranließ. Er hatte ihr offenbar unrecht getan, sie liebte ihn, und die Frucht, die sie getragen, war sein Kind gewesen. Er ist ärgerlich, daß das, was Norban und Messalin gegen Julias Mann, Sabin, zusammengetragen haben, nach der Meinung dieser beiden noch immer nicht genügt, den Sabin zu erledigen, wenn man nicht Gerede heraufbeschwören will, das ihm schädlich sein könnte. Aber vielleicht wird er dieses schädliche Gerede in Kauf nehmen. Julia ist es wert. Zweifellos hat er sie unterschätzt. Sie ist gar nicht dumm; sie hat zum Beispiel unlängst über ein edles und langweiliges Poem des Hofdichters Statius eine hübsche, ironische Anmerkung gemacht, wie er selber sie nicht besser hätte machen können. Auch äußerlich gefiel sie ihm immer mehr, seitdem sie weniger füllig war. Basil muß sie modellieren, ein drittes Mal. Sie ist eine schöne Frau, eine Flavierin, eine Römerin, eine liebenswerte Frau. Sie kann ihm Lucia ersetzen.

Nie kann sie ihm Lucia ersetzen. Er wußte es in dem Augenblick, da Lucia bei ihm eintrat. Sein ganzer Groll gegen Lucia war weggewischt. Er wunderte sich, wie groß und stattlich sie aussah trotz ihrer einfachen, niedrigen Frisur. Julia schien ihm auf einmal lächerlich. Wie hatte er daran denken können, ihrethalb den Sabin zu beseitigen und die Rücksicht auf seine Herrscherpflicht und auf seine Popularität hintanzusetzen! Wie überhaupt hatte er Julia so lange ertragen können, ihr ewiges, kindisches Geschmolle, ihre Empfindlichkeit bei jeder kleinsten vermeintlichen Kränkung, das ganze laue, lamentierende Gewese! Hier seine Lucia mit ihrer Kühnheit, ihrem Stolz, ihrer Selbstverständlichkeit, das war eine Römerin, das war die Frau, die zu ihm gehörte.

Lucia, in ihrer unbekümmerten Art, stellte zunächst fest, daß seine Glatze wenig und sein Bauch gar nicht zugenommen habe. Dann ging sie geradewegs auf ihr Ziel los. „Ich bin gekommen", sagte sie, „um Ihnen einen Rat zu geben. Es hält sich hier seit einiger Zeit der Erzpriester der Juden auf, der Großdoktor Gamaliel, von Ihnen in seiner Würde bestätigt. Diesem Manne gegenüber verhalten Sie sich nicht so, wie Sie müßten. Wenn Sie sein Lehrhaus verbieten wollen, dann, finde ich, müßten Sie, der Imperator Domitianus Germanicus, den Mut aufbringen, es dem Manne ins Gesicht zu sagen. Aber den Mann weder sehen noch ihn wegschicken, dem Manne weder ja antworten noch nein, das sind Methoden, die an die Zeit erinnern, da man Sie noch Bübchen oder Früchtchen nannte. Ich hatte geglaubt, diese Zeiten seien vorbei. Ich hatte geglaubt, Sie seien männlicher geworden, seitdem Titus tot ist und Sie Kaiser sind. Ich bedaure Ihren Rückfall."

Domitian feixte. „Haben Sie schlecht geschlafen, Lucia?" fragte er. „Oder haben Sie schlechte Geschäfte gemacht? Haben Sie sich verkalkuliert bei einer Lieferung Ihrer Ziegeleien?" – „Werden Sie den Großdoktor sehen?" beharrte Lucia. „Sie haben starkes Interesse an dem Mann", meinte Domitian, und sein Feixen wurde finster bösartig.

„Ich werde ihn sehen", entschloß sich Lucia und legte einen kleinen Ton auf das „ich". „Es wird Aufsehen machen, wenn ich ihn empfange. Der Großdoktor selber wird es wahrscheinlich unschicklich finden, bei mir zu erscheinen, bevor er von Ihnen empfangen worden ist." – „Das geht den Hofmarschall Crispin an", erwiderte Domitian.

„Ich warne Sie, Wäuchlein", sagte Lucia. „Machen Sie keine Ausflüchte! Versuchen Sie es nicht, dieses unwillkommene Geschäft so zu erledigen, wie Sie gewisse andere erledigt haben! Schicken Sie den Mann nicht fort, ehe Sie ihn gehört haben! Bringen Sie ihn nicht aus dem Weg! Daß Sie mich verbannt haben, ist mir nicht übel bekommen. Wenn Sie weiter in dieser Sache mit dem Großdoktor unanständig handeln, dann könnte es sein, daß ich mich selber verbanne."

Der Kaiser, nachdem sie gegangen war, sagte sich, sie habe mit ihren groben Reden nur offene Türen eingerannt. Denn wenn er auch dieses aufsässige Judenpack durch Angst und Spannung ein wenig hatte mürbe machen wollen, so hatte er, der berufene Beschirmer der Götter aller ihm unterworfenen Völker, noch niemals im Ernste daran gedacht, dem Großdoktor und den Seinen ihre Kultstätte zu nehmen. Er brachte es aber auch jetzt, nach Lucias Besuch, nicht über sich, die Juden von ihrer Angst zu befreien, sondern schwieg weiter, ließ sie warten, unternahm nichts.

Der einzige, der vorläufig die Folgen von Lucias Intervention zu spüren bekam, war Hofmarschall Crispin. Als er sich am Morgen nach Lucias Besuch, geschniegelt und parfümiert wie stets, auf dem Palatin einstellte, fragte ihn der Kaiser: „Sag einmal, mein Lieber, was eigentlich verstehst du unter ‚Barbaren'?" – „Barbaren?" fragte der verblüffte Crispin zurück, und zögernd definierte er: „Das sind Menschen, denen römische und griechische Zivilisation fremd ist." – „Hm", meinte Domitian, „und sprechen die Juden in meiner Stadt Rom griechisch oder nicht? Und sprechen die Juden in Alexandrien griechisch oder nicht? Wieso also", brach er plötzlich aus, dunkel überrötet, „sind die Juden mehr Barbaren als etwa ihr Ägypter? Warum soll dieser Großdoktor länger auf Audienz warten als dein Isispriester Manetho? Glaubst du, du Lumpenkerl, weil du im Jahr fünf Talente ausgibst für dein Parfüm, bist du zivilisierter als mein Geschichtsschreiber Josephus?" Crispin war zurückgewichen; sein schlanker Körper unter dem weißen Galakleid fröstelte, sein hübsches, freches, lasterhaftes Gesicht war unter der braunen Schminke grünlich erblaßt. „Soll ich also", stammelte er, „dem Großdoktor eine Zeit für eine Audienz bestimmen?" – „Nichts sollst du!" schrie ihn mit überkippender Stimme Domitian an. „Fortscheren sollst du dich! Nachdenken sollst du!" Der betretene Hofmarschall entfernte sich eilig, nicht wissend, was er von dem Zorn des Kaisers halten, nicht wissend, was er tun sollte.

Und weiter wartete der Großdoktor, und weiter zögerte der Kaiser, nichts geschah.

Da, am achten Tag, nachdem Lucia den Kaiser zur Rede gestellt hatte, traf auf dem Palatin ein Kurier ein mit der unheilkündenden Feder; er überbrachte Depeschen vom dakischen Kriegsschauplatz.

Eingeschlossen in sein Arbeitskabinett, studierte Domitian die Berichte. Sein Marschall Fuscus hatte eine vernichtende Niederlage erlitten. Er hatte sich vom König Diurpan weit ins Innere des Dakerlandes locken lassen und hatte dort mit einem großen Teil seiner Armee den Untergang gefunden. Die Einundzwanzigste Legion, die Rapax, war so gut wie aufgerieben.

Mechanisch nahm Domitian die Kapsel in die Hand, welche die Unglücksdepeschen verwahrt hatte, hob sie hoch, legte sie wieder zurück. Die Papiere, die sie enthalten hatte, waren zum Teil auf dem Tisch zerstreut, zum Teil waren sie zu Boden geflattert. Abwesenden Gesichtes raffte Domitian einige der Papiere auf, zerknitterte sie, glättete sie wieder, legte sie säuberlich wieder hin. Für diesen Fuscus, der sich jetzt hatte besiegen lassen, war nur er selber, Domitian, verantwortlich. Er hatte ihm das Oberkommando anvertraut trotz des Abratens des Frontin und des Annius Bassus, die vor seiner Tollkühnheit, vor seinem forschen Drauflosgehen gewarnt hatten. Er aber, Domitian, hatte bestanden. Des Fuscus Mut sollte die Bedachtsamkeit des Bassus und des Frontin ausgleichen. Die Niederlage in Dakien ist seine, des Domitian, Schuld.

Und trotzdem: seine Berechnung war richtig. Mit ständigem Warten kommt man auch nicht ans Ziel. Die Legionen waren bewährt, wohlausgerüstet, das Wagnis hätte ebensowohl auch gut ausgehen können. Es war eine Niedertracht des Schicksals, diesen Krieg so übel enden zu lassen.

War es Zufall? Oder war es ein Tort, der ihm persönlich galt? Domitians Gesicht wurde auf einmal starr, beinahe töricht. Was sich dort unten im Osten ereignet hatte, das war kein Zufall, das war ein Racheakt, es war die Rache eines Gottes, die Rache dieses Gottes Jahve. Er hätte den Erzpriester dieses Jahve nicht so lange warten lassen dürfen. Er ist mächtig im Osten, dieser Gott Jahve, und er hat, dem römischen Kaiser zum Tort, dem Diurpan seine niederträchtig schlaue Strategie eingegeben.

Da gibt es nur eines: Rückzug, schleunigen Rückzug. Er, Domitian, ist nicht dumm genug, den Kampf mit dem Gotte Jahve fortzuführen. Er wird den Streit mit diesem Gott, in den er unwillentlich geraten ist, raschestens, unmißverständlich und ein für allemal beenden. Er wird diesen Großdoktor empfangen. Er wird ihm sagen, er möge glücklich werden mit seiner lächerlichen Universität Jabne.

Als am andern Morgen Crispin erschien, fragte ihn der Kaiser mit gefährlicher Freundlichkeit: „Hast du mir jetzt den Großdoktor und seine Leute bestellt?" – „Ich wußte nicht", erwiderte fassungslos Crispin, „ich wollte Ihrer Entscheidung nicht ..." – „Was heißt das, du wußtest nicht, du wolltest nicht?" unterbrach ihn heftig der Kaiser. „Ich will, genügt das nicht? Beim Herkules, was für einen Dummkopf hab ich mir da zum Minister gemacht!" – „Ich lade also den Großdoktor auf morgen", schlug behutsam Crispin vor. „Auf morgen?" wütete der Kaiser. „Wie soll ich bis morgen eine Lösung finden, um die Beleidigung gutzumachen, die du durch deine Dummheit diesem Erzpriester und seinem Gott angetan hast? Bestell den Großdoktor auf den fünften Tag!" beschied er unwirsch den Hofmarschall. „Und nach Alba!"

„Nach Alba?" fragte verwundert Crispin zurück. Offizielle Empfänge ausländischer Gesandten fanden gemeinhin auf dem Palatin statt; daß der Kaiser die jüdischen Herren nach Alba beschied, widersprach jedem Brauch. „Nach Alba?" fragte also Crispin nochmals, er glaubte, er habe sich verhört. Aber: „Ja, nach Alba", bestätigte der Kaiser. „Wohin denn sonst?"

Er selber fuhr schon am nächsten Tag nach Alba hinaus. Es war demütigend, daß er nun doch noch diesen Großdoktor und seine Juden empfangen mußte, und bestimmt werden es diese Burschen als Eingeständnis einer Niederlage ansehen. Er muß etwas finden, um ihren Übermut zu dämpfen und ihnen die Freude an der Rettung ihrer Universität zu versalzen. Aber er muß dabei behutsam zu Werke gehen; wie sich gezeigt hat, ist dieser unheimliche, unsichtbare Gott Jahve höllisch rachsüchtig.

Mit seinen Ministern kann er sich darüber leider nicht beraten. Für den schlichten Soldaten Annius Bassus, für den eleganten Hohlkopf Crispin, für den gewalttätigen Norban ist die Angelegenheit zu fein und zu hoch. Marull und Regin verstünden eher, worum es geht, sind aber Partei. Nein, er kann darüber nur mit sich selber Rates pflegen.

Er stelzt herum in den Gärten von Alba. Lange Zeit steht er vor dem Käfig eines Panthers, aus gelben, schläfrigen, gefährlichen Augen blinzelt das schöne Tier ihn an. Aber des Kaisers Phantasie bleibt unfruchtbar. Seine Menschenverachtung, die ihm in ähnlichen Fällen manchmal treffliche Ideen eingegeben hat, läßt ihn im Stich. Er findet nichts, womit er die Juden verwunden könnte, ohne sich selber der berechtigten Rache ihres Gottes auszusetzen.

Er ließ den Messalin nach Alba kommen. Zusammen mit ihm spazierte er durch die weite, kunstvolle Vielfältigkeit seines Parks. Er tat, als sei er sehr besorgt, dem Blinden jedes Straucheln zu ersparen, aber er beobachtete nicht ohne Vergnügen, wie der Mann zuweilen stolperte und wie ängstlich er's verbarg. Dahinter der Zwerg Silen machte die würdigen, auf Natürlichkeit bedachten Bewegungen des Messalin nach.

Domitian führte seinen Gast in einen unter der Erde gelegenen, kellerartigen Raum. Das weitläufige Palais, an dem man nun seit zehn Jahren arbeitete, war noch immer nicht fertig, und der Kaiser wußte nicht, wofür seine Architekten dieses nicht ausgebaute, verwahrloste Gelaß bestimmt haben mochten. Ein paar rohe Stufen führten hinunter, die rohe Erde des Bodens war uneben, in der Ecke war ein Haufen Sandes geschichtet, der Raum war voll von einer feuchten Dämmerung, die widrig abstach von der frischen spätherbstlichen Klarheit draußen.

Domitian scheuchte seinen Zwerg fort, leitete den Messalin

zu einer Art Stufe und hieß ihn dort sich setzen. Er selber kauerte sich auf dem Boden. Da hockten die beiden in dem dunkeln, modrigen Loch, der Kaiser und sein blinder Rat, und der Kaiser bat ihn um Hilfe in seinem schwierigen Streit gegen Jahve. Ja, vor diesem Blinden, der noch finsterer ist und menschenfeindlicher als er selber, kann er reden. Und von der Brust redet er sich seinen fressenden Ärger. Er muß den Juden ihr Lehrhaus lassen, er muß den Großdoktor empfangen, davor kann er sich leider nicht drücken. Was aber kann er tun, dem Großdoktor die Lust an seinem Lehrhaus zu verderben, ohne doch die Rache seines Gottes auf sich herabzubeschwören?

Messalin sitzt auf den Stufen, das Ohr dem Redenden zugeneigt, wie das seine Art ist. In dem Dämmer ringsum, das nur die Umrisse erkennen läßt, wirkt seine stattliche Gestalt doppelt groß. Der Kaiser ist zu Ende, doch Messalin verharrt weiter unbeweglich und tut den Mund nicht auf. Domitian erhebt sich. Mit leisen Schritten, um das Nachdenken seines Rates durch kein Geräusch zu stören, geht er auf dem unebenen, erdigen Boden des Gelasses auf und ab. Allerlei Getier ist da, Asseln, ein Molch.

Messalin, nach einer Weile, beginnt, seine Gedanken Worte werden zu lassen. „Es ist für uns nicht ganz leicht", erwägt er mit einer Stimme, die auffallend hell, freundlich und schmeichlerisch aus dem mächtigen, dunklen Manne herauskommt, „die abergläubischen Vorstellungen dieser Juden zu verstehen und ihre Zwistigkeiten. Soweit ich unterrichtet bin, finden sich die heftigsten Gegner dieses Lehrhauses in Jabne nicht unter uns Römern, sondern unter den Juden selber. Und zwar sind es die Angehörigen einer jüdischen Sekte, jene Leute, die in einem gekreuzigten Sklaven, einem gewissen Jesus, ihren Gott sehen und die Minäer genannt werden oder auch Christen, Leute, von denen Sie bestimmt gehört haben, mein Gott und Herr. Der Unterschied zwischen dem Aberglauben dieser Christen und dem Aberglauben der andern Juden besteht, soweit ich aus ihren verworrenen Reden klug geworden bin, in folgendem. Die einen, die Christen, nehmen an, ihr Erlöser, Messias heißt er in ihrer Sprache, sei bereits erschienen, und zwar in Gestalt eben jenes von ihnen göttlich verehrten gekreuzigten Leibeigenen. Die andern nehmen an, der von ihrem Gott versprochene Erlöser werde erst kommen. An sich können uns diese Zwistigkeiten gleichgültig lassen, aber fraglos sind sie der Grund, aus dem die Christen das Lehrhaus von Jabne anfeinden. Daraus dürfen wir wohl schließen, daß die Hoffnung auf den Messias, der da kommen soll, die wichtigste Lehre dieser Universität Jabne ist. Es wird behauptet, daß dieses Jabne politischen Einfluß habe. Wenn das stimmt, dann wird wohl auch diese Politik in Verbindung stehen mit der Lehre von dem Erlöser, der da kommen soll."

Domitian war stehengeblieben, bald nachdem der Blinde zu sprechen begonnen, er hatte gespannt zugehört, jetzt hockte auch er wieder nieder. „Wenn ich dich recht verstehe, mein Messalin", sagte er nachdenklich, „dann wäre also dieser Erlöser, der Messias, ein Mensch, der mir meine Provinz Judäa streitig machen will?"

„Genau das meine ich, mein Herr und Gott Domitian", kam die höfliche, helle Stimme des Blinden. „Und kein Gott könnte es dir verargen, wenn du dich wehrtest und deine Provinz gegen diesen Messias verteidigtest."

„Interessant, das ist interessant", anerkannte der Kaiser. „Wenn man diesen Messias treffen könnte", überlegte er, „dann träfe man also auch den Großdoktor, und zwar ungestraft. Mir scheint, du bist da auf einer guten Fährte, mein findiger Messalin." Und da Messalin nichts weiter zu sagen hatte, fuhr Domitian fort: „Der Erlöser, der Messias. Vielleicht könnte einem da der Jude Josephus Auskunft geben, der seinerzeit meinen Vater als den Messias begrüßt hat, obgleich ich nicht weiß, wieweit das abgekartet war. Leicht wird es auf keinen Fall sein, aus diesem Juden etwas über ihre Geheimlehren herauszubekommen, sie sind störrisch. Trotzdem wittert mir, als sei dein Rat sehr wertvoll, mein Messalin. Willst du mir weiterhelfen auf diesem Wege?"

„Wenn dieser Messias etwas Unsichtbares an sich haben sollte", erwiderte Messalin, „wie der Gott Jahve selber, dann, fürchte ich, werde ich dir nicht helfen können, Kaiser Domitian. Es wäre dann der ganze Weg falsch; denn es wäre dann kein irdischer Prätendent, und Jahve hätte das Recht, ihn zu schützen und dich zu bekämpfen. Wenn aber der Messias aus Fleisch und Blut sein sollte, greifbar, dann haben wir Rechte gegen ihn, dann werden wir ihn auffinden, dann werden wir dieses Lehrhaus in Jabne unschädlich machen und den, der dahintersteht."

„Still, still", antwortete mit unterdrückter Stimme Domitian, „sag das nicht so laut, mein Messalin! Denk es, aber sag es nicht laut, gerade weil du recht haben könntest! Jedenfalls danke ich dir", fuhr er fort, aufgehellt. „Und wolle, bitte, darüber nachdenken, ob und wie wir diesen Messias aufspüren können. Laß dir rasch etwas einfallen, mein Messalin! Vergiß nicht, daß diese Angelegenheit mich wurmt und daß ich schlecht schlafe, solange sie nicht erledigt ist!"

Messalin kehrte nach Rom zurück, doch schon am dritten Tag stellte er sich wieder ein. „Hast du etwas herausbekommen?" fragte Domitian. „Ich würde es nicht wagen", antwortete Messalin, „vor dem Angesicht des Herrn und Gottes Domitian zu erscheinen, leeren Hirnes und leerer Zunge. Ich habe dieses ermittelt. Der Messias, der den Juden ihren Tempel und ihren Staat wieder errichten und dem römischen Kaiser die Provinz Judäa entreißen soll, ist nichts Geisterhaftes. Er ist vielmehr von Fleisch und Blut und der Polizei greifbar. Zudem ist er versehen mit einem deutlichen Merkmal. Es muß nämlich nach Ansicht der Juden der Messias, der Anspruch erheben darf auf ihren Thron, dem Geschlecht eines alten Judenkönigs entstammen, eines gewissen David. Nur ein solcher kann, nach Meinung des Lehrhauses von Jabne und aller Juden, ihr König und Messias werden. Auch der gekreuzigte jüdische Leibeigene, den die Minäer als ihren Gott anbeten, soll ein Stämmling dieses alten Judenkönigs gewesen sein. Abkömmlinge dieses Geschlechts, hab ich mir sagen lassen, gibt es nach wie vor. Genaue Ziffern hat man mir nicht nennen können. Es sollen ihrer mehrere sein, doch sehr wenige, Leute verschiedenen Standes indes, ein Fischer soll darunter sein, ein Zimmermann, doch auch ein Priester und ein großer Herr. Auf alle Fälle sind sie aufzuspüren, sind sie zu fassen, und mit ihnen die treibende politische Kraft des Lehrhauses von Jabne."

„Das ist wertvoll, mein Messalin", anerkannte Domitian, „das ist ein wichtiger Fingerzeig. Du meinst also, man brauchte nur die Abkömmlinge jenes Judenkönigs in die Hand zu bekommen, zuzudrücken, und die Universität Jabne wäre erledigt, und vielleicht auch", setzte er scheu und begierig hinzu, „der Unsichtbare hinter ihr?" – „Ich hielte es für angebracht", erwiderte die geschmeidige, helle Stimme des Blinden, „jene Leute unschädlich zu machen. Sicher dann würde die politische Spannung in der Provinz Judäa nachlassen."

„Und Sie glauben, mein Messalin", forschte Domitian weiter, „es sei nicht schwer, die Leute aufzuspüren, die nach dem erwähnten ungeschriebenen Gesetz Anspruch auf den Thron der Juden haben?" – „Ganz leicht wird es nicht sein", überlegte Messalin. „Es ist eine Geheimlehre, sie haben nichts davon aufgeschrieben. Es gibt keine Listen", lächelte er. „Auch machen sie nicht viel her von diesen Nachkömmlingen Davids, und diese selber verbergen ihre Berufung nicht geradezu, doch sie stellen sie auch nicht ins Licht. Sie haben ja wohl auch etwas Lächerliches an sich, diese Leute. Denn sie sind zwar, heißt es, berufen, aber auserwählt ist schließlich nur *einer*, und auch der wohl nur als Vater oder Urahn eines vielleicht sehr späten Nachfahrs."

„Ich danke Ihnen, mein Messalin", antwortete der Kaiser. „Ich werde dem Norban und dem Gouverneur Pompejus Longin Auftrag geben, zu recherchieren. Da aber, wie Sie sagen, die Aufgabe nicht leicht ist, wäre es gut, mein Messalin, wenn Sie selber sich ihrer annähmen und zu erforschen suchten, wer unter die Kategorie dieser Messiasse fällt." – „Ich stehe zur Verfügung meines Kaisers", sagte der Blinde.

In zwei Wagen fuhren die Herren der jüdischen Deputation nach Alba; mit ihnen war Josef, den der Kaiser aufgefordert hatte, sich mit dem Großdoktor und seinem Gefolge in Alba einzufinden.

Gamaliel und Josef saßen im ersten Wagen zusammen mit

den Doktoren Ben Ismael und Chilkias, Vertretern der milden, gemäßigten Richtung von Jabne. Gamaliel trug römische Galatracht. Während er aber sonst trotz seines Bartes sehr römisch aussah, wirkte heute sein römisches Äußeres wie eine Verkleidung. Er war nicht der weltläufige Politiker, als den Rom und Judäa ihn kannten, eher einer jener fanatischen, in sich gekehrten Juden, die ohne Blick durch ihre Umwelt hindurchgehen, beschäftigt nur mit Jahve, dem Gott in ihrer Brust. Den Gott in sich suchte denn auch der Großdoktor während dieser Wagenfahrt; er beschwor ihn, in ihm war nichts als brünstiges Gebet: Herr, gib mir vor diesem Römer die rechten Worte! Herr, laß mich die Sache deines Volkes wirksam führen! Herr, nicht um meinetwillen, nicht um unsertwillen, sondern um der künftigen Geschlechter willen gib mir und meinen Worten Kraft!

War man im ersten Wagen schweigsam, so war man um so beredter im zweiten. Hier führten das Wort die Vertreter der strengen Richtung von Jabne, die Doktoren Helbo und Simon, genannt der Weber. In grimmigen Worten gaben sie ihren Gewissensbissen Ausdruck, daß man gegen ihren Einspruch gerade heute, am Tag vor dem Sabbat, zum Kaiser fuhr. Sehr leicht konnte es geschehen, daß man auf der Rückfahrt in den Spätabend hineingeriet, in den Sabbatanfang also, und am Sabbat über Land zu fahren verbot das Ritualgesetz. Von vornherein also gefährdete man das ganze Unternehmen, da man sich der Gefahr aussetzte, das Gesetz Mosis übertreten zu müssen. Wäre es nach ihnen gegangen, dann hätte man dem Kaiser mitgeteilt, die Deputation könne ihn erst zwei Tage später aufsuchen. Doch Gamaliel hatte sie vergewaltigt, er hatte seine Autorität mißbraucht und sie gezwungen, den Wagen zu besteigen, ja, durch einen zweiten Machtspruch hatte er sie gezwungen, die gewohnte jüdische Tracht mit der vorgeschriebenen Galakleidung zu vertauschen. Sie führten einen eifrigen theologischen Disput, gegen wie viele von den dreihundertfünfundsechzig Verboten man durch diese Fahrt verstoße und wie viele von den zweihundertachtundvierzig Geboten dadurch zu vernachlässigen man gezwungen sei. Zudem habe der Großdoktor noch den Ketzer Josef Ben Matthias mit zum Kaiser genommen, jenen Mann, der Israel an Edom verraten habe. Doppelt notwendig sei es unter diesen Umständen, daß sie, die Doktoren der strengen Richtung, sich hart machten und nicht zuließen, daß Gamaliel in der Audienz seiner gefährlichen Neigung zu Kompromissen nachgebe und die Prinzipien Jabnes verwässere.

Der Großdoktor, schon erstaunt darüber, daß man ihn nicht auf den Palatin beschieden hatte, sondern nach Alba, war doppelt verwundert über den Empfang, den er und seine Herren hier fanden. Man hatte ihm viel erzählt von dem umständlichen, prunkvollen Zeremoniell der kaiserlichen Audienzen. Hier in Alba aber wurden er und seine Herren nicht etwa in einen Vorsaal oder in einen Empfangsraum geleitet, sondern auf umständlichen Wegen führte man sie durch den ausgedehnten Park, durch Ziergärten, über geschwungene Brücken und Brückchen, an Teichen vorbei, an Gruppen zierlich verschnittener Bäume, an Blumenbeeten.

Es war ein launischer Spätherbsttag, der Himmel zeigte ein starkes Blau, gefleckt von fetten, weißen Wolken. Den Doktoren waren die Beine steif geworden vom langen Sitzen im Wagen. Jetzt stapften sie ungelenk die vielen Pfade, es ging auf und ab über Terrassen, über lange, sich windende Treppenwege.

Endlich wurde der Kaiser sichtbar. Um ihn waren einige Herren. Josef erkannte den Polizeiminister Norban, den Kriegsminister Annius Bassus und des Kaisers Freund, den Senator Messalin. Domitian trug einen leichten, grauen Mantel, sein Gesicht war infolge der frischen Luft noch mehr gerötet als sonst, er schien guter Laune. „Ah, da sind die Doktoren von Jabne“, sagte er lebhaft mit seiner hohen Stimme. „Ich habe es nicht länger hinausschieben wollen, mein heiliger Herr“, wandte er sich an Gamaliel, „Ihre Bekanntschaft zu machen. Nicht weitere zwei Stunden, nicht bis zum Ende der Besichtigung meiner neuen Bauten habe ich warten wollen. Jetzt freilich müssen Sie mir erlauben, daß ich, während ich mit Ihnen spreche, meine Geschäfte hier weiter betreibe. Das hier“, stellte er vor, „sind meine Baumeister Grovius und Larinas, deren Namen Ihnen bekannt sein werden. Und jetzt, während wir plaudern, fahre ich in der Besichtigung fort. Wir wollen uns zunächst das kleine Sommertheater anschauen, das ich für die Kaiserin zu errichten im Begriffe bin."

Man setzte sich von neuem in Bewegung. Die jüdischen Herren, befremdet von dem sonderbaren Empfang, stolperten ungelenk weiter. Sie und diese Umgebung stimmten durchaus nicht zusammen, und sie spürten es. Der Kaiser, während man so dahinging, stelzte, stapfte, sprach über die Schulter zu dem Großdoktor. „Es ist jetzt", sagte er, „viel die Rede von eurer Universität Jabne. Man beklagt sich, sie sei ein Herd des Aufruhrs. Ich wäre Ihnen verbunden, heiliger Herr, wenn Sie mich darüber belehrten." Der Großdoktor war ein geschmeidiger Mann, der sich in jede Situation zu finden wußte. Sich sorgfältig einen halben Schritt hinter dem Kaiser haltend, erwiderte er: „Ich begreife nicht, wie unsere stille Gelehrtentätigkeit in Jabne Anlaß zu solchem Gerede geben kann. Unser einziges Geschäft ist, die alten Lehren unseres Gottes auszudeuten, sie den Bedingungen unserer neuen, unpolitischen, rein religiösen Gemeinschaft anzupassen, die Vorschriften eines Lebens festzusetzen, das dem Kaiser gibt, was des Kaisers ist, und unserm Gotte Jahve, was sein ist. Unsere oberste Richtschnur heißt: die Gesetze der Regierung sind auch Religionsgesetze. Durch diese Grundregel haben wir jeden Kompetenzstreit und jeden Gewissenskonflikt ein für allemal aus dem Wege geschafft."

Man war inzwischen auf der Baustelle angelangt. Die Fundamente des kleinen Theaters waren gelegt. Der Kaiser stand und beschaute sie; es war fraglich, ob er die Worte des Großdoktors gehört und aufgenommen hatte. Vorläufig jedenfalls antwortete er nicht, sondern wandte sich an seine Baumeister. „Die Aussicht", sagte er, „über die Bühne dieses kleinen Theaters auf den See hin ist noch schöner, als ich erwartet hatte. Aber vielleicht hätten wir doch, wie ich zuerst vorschlug, die Szene etwas breiter machen sollen, etwa um zwei Meter." Und ohne Übergang, brüsk, wandte er sich an den Großdoktor: „Aber sind nicht vielleicht eure schönen Reden bloße Theorien? Ist eure Lehre nicht ihrem Wesen nach staatsfeindlich? Ist euer Gott nicht auch euer König, so daß seine Gesetze die Gesetze des Senats und Volkes von Rom von vornherein aufheben? Haben sich nicht die Führer des niederträchtigen Aufruhrs auch auf euch berufen und auf eure Lehre?"

Der Architekt Larinas legte dar: „Wenn wir die Szene breiter gemacht hätten, dann hätte das Haus den Charakter des Schmuckkästchens verloren, den der Herr und Gott Domitian für dieses Theater der Kaiserin befohlen hatte." Der Großdoktor sagte: „Wir haben den Bann ausgesprochen über diejenigen, die sich der Aufruhrbewegung anschlossen." Der Kaiser erklärte: „Ich will mir den Bau von der Seite anschauen. Ich glaube noch immer nicht, daß Sie recht haben, mein Larinas."

Während man sich nach der andern Seite des kleinen Theaters begab, hänselte Annius Bassus auf seine joviale, lärmende Art die jüdischen Herren: „Ja, meine verehrten Doktoren, Sie haben die Aufrührer in Bann getan, stimmt: aber doch erst, nachdem der Aufstand mißglückt war und die Aufrührer tot." Der Kaiser beschaute sich den Bau. „Sie haben recht, mein Larinas", entschied er, „und ich habe mich geirrt. Das Theater verlöre seinen Sinn, wenn man die Szene größer machte." Doktor Chilkias widerlegte höflich den Annius Bassus: „Es war gar nicht anders möglich, als daß der Bann erst ausgesprochen wurde, nachdem die Aufrührer tot waren. Die Formalitäten und die Verkündigung, wenn man sie noch so sehr beschleunigt, nehmen mindestens sechs Wochen in Anspruch."

„So", sagte der Kaiser, „und jetzt zeigen Sie mir den Pavillon." Von neuem machte man sich umständlich auf den Weg, bis man vor einem kleinen, nach allen Seiten offenen Bau stand. „Können Sie sich vorstellen, heiliger Herr", wandte sich leutselig der Kaiser an den Großdoktor, auf die zierlich emporstrebenden Säulen weisend, „wie das ausschauen wird, wenn es erst ganz fertig ist? Ist das nicht wie aus Spitzen gewebt, so leicht und fein? Stellen Sie sich das vor, wie es in einen heißen, blauen Sommerhimmel hineinsticht. Beim Herkules, mein Grovius, das haben Sie ausgezeichnet gemacht.

Ja, und wie ist das mit eurem Messias?" packte er wiederum jäh den Gamaliel an. „Ich habe mir sagen lassen, ihr verkündet da zweideutige Lehren über einen Messias, der da kommen soll, euer König zu sein und euern Staat wiederherzustellen. Wenn Worte Sinn haben, dann kann das doch nur bedeuten, daß dieser Messias mir meine Provinz Judäa zu entreißen bestimmt ist."

Die Doktoren, wie der Kaiser plötzlich von dem Messias anhub, zuckten zusammen. Domitian sprach griechisch, das war eine Höflichkeit für die östlichen Herren, aber einige von ihnen vermochten doch nur mit Mühe zu folgen. Diese letzten Sätze indes und ihre bösartige Meinung hatten sie alle begriffen. Da standen sie, bärtig, hilflos, ratlos, ziemlich unglücklich in der ungewohnten Umgebung; zierlich vor den schweren Gestalten hob sich der Sommerpavillon.

Der Großdoktor indes bewahrte seine Fassung. Das Kommen des Messias, erklärte er, sei eine Weissagung allgemeiner Art, die nichts mit Politik zu tun habe. Der Messias sei eine Manifestation Gottes jenseits aller realen Vorstellungen, er gehöre in die Welt des rein Geistigen. Der Kaiser stelle sich ihn am besten als so etwas vor wie eine Idee Platos. Gewiß, es gebe Leute, die mit der Lehre vom Messias reale Vorstellungen verbänden. Diese Leute nennten sich Minäer oder auch Christen, dies letztere eben nach der griechischen Bezeichnung des Wortes Messias. Sie zögen aus jener Weissagung praktische Konsequenzen. Sie verehrten einen persönlichen, verleiblichten Messias. „Wir aber", erklärte er würdevoll und bestimmt, „wir, das Lehrhaus und das Kollegium von Jabne, haben diese Leute als Ketzer aus unserer Mitte ausgestoßen. Wir haben mit Messiasgläubigen solcher Art nichts zu schaffen."

„Schade", meinte Domitian, „daß ich den Pavillon nicht sehr oft werde benutzen können. Gerade im Sommer zwingt mich die Rücksicht auf dumme Repräsentation, beinahe täglich große Tafel zu halten. Aber der Pavillon ist ein Wunder in seiner Art." Dann, sehr sanft, sagte er zu dem Großdoktor: „Jetzt haben Sie aber ein wenig geschwindelt, heiliger Herr. Ich bin besser informiert, als Sie annehmen. Die Messiasgläubigen, von denen Sie sprechen, Ihre Christen, die behaupten doch, der Messias sei bereits gestorben; ihr gekreuzigter Gott wird mir somit schwerlich mehr die Provinz Judäa wegnehmen, und die Leute sind in dieser Hinsicht ganz ungefährlich. Euer Messias hingegen, da ihr ihn erst erwartet, der bleibt bedenklich."

Unter den Doktoren war sichtbare Verwirrung. Die Weissagung des Messias, versuchte Gamaliel zu erklären, beziehe sich auf eine ferne Zukunft. Von dem Reich, das er gründen solle, heiße es, es werde dort alles Kriegsgerät in Friedenswerkzeug umgeschmiedet werden, und es würden dort Löwe, Wolf und Bär zusammen mit dem Lamme weiden. „Sie sehen, Majestät", schloß er, „es handelt sich um eine religiöse Utopie, die mit realer Politik nichts zu schaffen hat." Doktor Chilkias sprang dem Gamaliel bei. „Fest steht nur *eines*", sagte er, „daß nämlich ein Messias kommen wird. Wann er indes kommen wird und was seine Funktion sein wird, sich darüber ein Bild zu machen bleibt dem einzelnen überlassen."

Schon während Gamaliel gesprochen, hatten einige der Doktoren zu tuscheln angefangen. Sie fanden es offenbar lästerlich, unerträglich, daß aus berufenem Munde ein so wichtiger Bestandteil ihres Glaubens so zweideutig erklärt, ja geradezu abgeleugnet wurde. Kaum hatte Doktor Chilkias geendet, da korrigierte denn auch schon Doktor Helbo ihn und vor allem den Großdoktor. Mit seiner tiefen, brüchigen Stimme, unbeholfen, in schlechtem Griechisch, sagte er: „Es mag sein fern, es mag sein nah, es mag sein so, es mag sein anders: aber der Tag wird kommen. Der Tag wird kommen", wiederholte er grob, bedrohlich und richtete die alten, zürnenden Augen auf den Großdoktor und zurück auf den Kaiser.

Ein unbehagliches Schweigen war. „Interessant", sagte Domitian, „das ist interessant." Er setzte sich auf die Stufen des Pavillons, schlug salopp ein Bein über das andere und wippte mit dem Fuß; es war angenehm, nicht die feierlichen, hochgesohlten Schuhe zu tragen, sondern bequeme, sandalenartige. „Darüber möchte ich mehr hören", fuhr er fort. Und, immer sehr sanft, wandte er sich an den Großdoktor, mit dem Finger drohend: „Und da sagen Sie, euer Messias sei eine utopische Vorstellung, eine platonische Idee!" Und, wieder zu dem alten, groben Helbo: „Der Tag wird kommen. Welcher Tag, bitte? ‚Kommen wird er, der Tag, da die heilige Ilion hinsinkt'", zitierte er den Homer. „An welche Ilion denken Sie, mein Doktor und Herr? An Rom?" fragte er geradezu.

Die Doktoren standen jetzt ein wenig gesondert. Die Römer schauten auf sie, warteten auf die Antwort. Der Kaiser indes, ihre Verlegenheit nicht ausnützend, unterbrach das peinliche Schweigen und fuhr fort, ungewohnt jovial: „Es müssen manche unter euch sich diesen Messias nicht als etwas rein Geistiges, sondern als ein Wesen aus Fleisch und Blut vorgestellt haben. Dieser mein Flavius Josephus zum Beispiel hat seinerzeit meinen Vater, den Gott Vespasian, als den Messias bezeichnet. Und Sie, mein Flavius Josephus", er schaute ihm voll, sanft, mokant und gefährlich ins Gesicht, „haben doch sicher nicht meinem Vater die Absicht zugetraut, Wölfe oder Löwen so zu zähmen, daß sie neben Lämmern weiden. Aber schön", wandte er sich wieder an die Doktoren, „dieser Ritter Flavius Josephus ist im Hauptamt Soldat, Schriftsteller, Staatsmann und nur im Nebenamt Theolog und Prophet; lassen wir also seine Deutung auf sich beruhen. Sie indes, meine Herren Doktoren, Sie sind die berufenen Ausleger der jüdischen Lehre, die Sachwalter Jahves. Ich bitte Sie um eine klare, unmißverständliche Auskunft: wer oder was ist Ihr Messias? Ich bitte Sie um eine Erklärung, so eindeutig, wie ich sie in Rapporten meiner Beamten zu finden erwarte."

„Es steht geschrieben", begann Doktor Helbo, „bei unserm Propheten Jesajas: ‚Von Zion wird das Gesetz ausgehen und des Herrn Wort von Jerusalem. Und er wird richten unter den Heiden und strafen viele Völker.'" Zornig und gefährlich kam das aus seinem großen Mund. Aber: „Nicht doch, nicht doch, mein Bruder und Herr", fiel ihm eifrig Doktor Chilkias ins Wort, „dies ist eine halbe Wahrheit, die ihren rechten Sinn erst aus späteren Sätzen gewinnt. Denn es ist gesagt bei dem gleichen Propheten Jesajas: ‚Es ist ein Geringes, daß du mein Knecht bist, die Stämme Jakobs aufzurichten. Sondern ich habe dich auch zum Licht der Heiden gemacht, auf daß du mein Heil seist bis zum Ende der Welt.'" Allein: „Entstellen Sie nicht, mein Bruder und Herr", ereiferte sich hartnäckig Doktor Helbo, „legen Sie nicht den Ton auf Nebensachen. Steht nicht etwa auch geschrieben bei dem Propheten Micha: ,Er wird richten unter großen Völkern und viele Heiden strafen in fernen Landen'?" Doch auch Doktor Chilkias beharrte: „Sie sind es, der entstellt, und schon ein zweites Mal. Denn Sie lassen fort, wie es weitergeht bei dem Propheten Micha: ,Und ein jeglicher wird unter seinem Weinstock und Feigenbaum wohnen ohne Furcht.'" Nun aber sprang dem Doktor Helbo sein Gesinnungsgenosse bei, der Doktor Simon, genannt der Weber. „Und was ist es", fragte er streitbar, „mit Gog und Magog, die der Messias vorher hinstrecken wird?" Alle begannen sie jetzt zu debattieren. Sie waren nicht mehr in den Gärten von Alba und in Gegenwart des Kaisers, sie waren in Jabne, in ihrem Lehrsaal, sie gerieten aus dem Griechischen ins Aramäische, ihre Stimmen gingen ineinander, erhitzt, zornig. Der Kaiser und seine Herren hörten still zu und zeigten kaum, wie belustigt sie waren.

„Ich muß gestehen, viel klüger bin ich nicht geworden", sagte schließlich der Kaiser. Messalin, mit seiner sanften Stimme, griff ein. „Darf ich mir den Versuch erlauben", fragte er, „den Herren klarzumachen, was eigentlich unser Herr und Gott von Ihnen will? Es geht der Majestät darum, meine Herren Doktoren, von Ihnen als von der autorisierten Stelle folgendes zu erfahren. Gibt es Männer in Fleisch und Blut, Männer mit genauen Namen, Wohnort und Geburtsjahr, die eine Anwartschaft darauf haben, der von Ihnen erwartete Messias zu sein? Mir hat man gelegentlich gesagt, ein Kriterium werde von Ihnen allen als Grundlage solcher Eignung und Anwartschaft anerkannt; es werde nämlich der von Ihnen erwartete Messias ein Reis sein aus dem Stamme eures Königs David. Bin ich da recht unterrichtet oder nicht?"

„Ja", sagte lebhaft der Kaiser, „das ist interessant. Ist der Kreis derer, aus deren Mitte der von euch erwartete Messias kommen soll, streng umgrenzt? Ist er zu suchen ausschließlich unter den Abkömmlingen eures Königs David? Ich bitte um klare Antwort", forderte er den Großdoktor auf.

Gamaliel erwiderte: „Es ist so, und es ist nicht so. Unsere Heilige Schrift bedient sich oft einer dichterischen Ausdrucksweise. Wenn unter unsern Propheten der eine oder andere erklärt, es werde uns ein Messias kommen aus dem Stamme Davids, so ist das mit Absicht vag ausgedrückt und bildlich zu verstehen. Die ganze Vorstellungswelt um den Messias herum ist poetisch. Sie hat", schloß er lächelnd, weltmännisch, „wenig mit einer Realität zu tun, die man in Akten und Listen einfangen könnte."

Doktor Ben Ismael wandte das edle, elfenbeinfarbene, zerknitterte Gesicht dem Kaiser zu, die alten, müden, eingesunkenen Augen richtete er voll auf ihn, und er erklärte: „Ja, es handelt sich um eine höhere Realität. Wer über den Messias ein Einzelnes aussagt, sagt im besten Falle eine Teilwahrheit aus und somit etwas Falsches. Denn die Lehre vom Messias ist eine vielfältige Wahrheit, sie kann nicht mit dem Verstand allein begriffen, sie kann nur geahnt werden, geschaut. Nur der Prophet schaut sie. Eines allein ist gewiß: der Messias, der da kommen soll, wird sein die Verbindung Gottes mit der Welt. Seine Sendung geht nicht Israel allein an, sondern den Erdkreis und alle seine Völker."

Aber: „Es ist nicht so", erklärte grob der wilde Eiferer Doktor Helbo, „und Sie, Doktor Ben Ismael, wissen, daß es nicht so ist. Es sind Einzelheiten offenbart über den Messias", wandte er sich an Messalin, „so eindeutige Merkmale, daß sie nicht zu verwischen sind und daß sogar ihr Römer sie verstehen könnt. Der Messias wird sein ein Sprößling Davids. Dies ist die Wahrheit, und da hat man Sie recht unterrichtet, mein Herr."

„Danke", sagte Messalin.

„Was Sie meinem Vater verkündet haben, mein Flavius Josephus", meinte liebenswürdig der Kaiser, „stimmt aber damit nicht überein. Denn soweit ich über unsere Abstammung unterrichtet bin, geht sie auf Herkules zurück, nicht auf diesen David." Ein kleines Gelächter lief ringsum, es klang harmlos, der Großdoktor atmete auf. Josef selber, trotz der Demütigung, atmete auf, froh, daß die Gefahr vorüberzuziehen schien an der Hochschule von Jabne, an der Lehre. „Aus den

Meinungsverschiedenheiten der verehrten Herren und Doktoren", verteidigte er sich, „mag der Herr und Gott Domitian ersehen, daß die Verkündigungen des Messias dunkel sind und das meiste dem Gefühl überlassen. Was ich damals spürte, als ich dem Herrn und Gott Vespasian huldigte, war ehrlich, die Ereignisse haben es bewährt, und ich rühme mich meiner Verkündigung."

Ein tiefes, zorniges Brummen kam aus der Kehle des Doktors Helbo. War es schon Lästerung, daß dieser Josef Ben Matthias, immerhin noch Jude, den Kaiser der Heiden als Herrn und Gott ansprach, so war es doppelte Blasphemie, daß er den toten Kaiser Vespasian, den Feind Jahves, in Gegenwart der Doktoren von Jabne nochmals den Messias nannte. Doktor Helbo rüstete sich also, etwas Eiferndes, Bekennerisches, Vernichtendes zu sagen. Doch weder dem Annius Bassus noch dem Norban, noch gar dem Messalin gefiel es, daß sich das Gespräch jenen alten, abgelebten Vorgängen zugekehrt hatte. Ihnen lag daran, die Doktoren auf Definitionen festzulegen, die man für gewisse praktische Maßnahmen verwerten konnte. „Soviel jedenfalls dürfen wir als gesichert unterstellen", faßte Annius Bassus zusammen, „daß der gemeine Mann überall in der Judenheit einen, der vom König David abstammt, dem Kreis derjenigen zurechnet, aus denen der echte Messias kommen wird." – „Ja, so ist es", gab der grimmige Doktor Helbo zu. „Nun", erklärte zufrieden der Polizeiminister Norban, „da haben wir immerhin etwas Rundes, Faßbares, Greifbares." Und: „Gibt es solche Abkömmlinge Davids?" stieß sogleich mit seiner sanften Stimme der blinde Messalin weiter vor. „Kennt man sie? Gibt es viele? Und wo findet man sie?"

Außer Josef und Gamaliel wußte unter den Juden wohl keiner Bescheid um die dunkle Funktion dieses Senators Messalin. Trotzdem überfröstelte es die Doktoren. Sie merkten den bösen Hintersinn der sanften Frage, sie erkannten, daß dies die gefährlichste Minute dieses schicksalsträchtigen Gespräches war, die gefährlichste Minute dieser bedenklichen Reise nach Rom. Was sollte man antworten? Sollte man die Namen der Sprößlinge Davids und ihrer Häupter diesen bösartigen

Heiden und ihrem Kaiser preisgeben? Nicht als ob sie sehr geachtet gewesen wären, diejenigen, die heute der Finger des Volkes, und nicht einmal mit Sicherheit, als Sprößlinge Davids bezeichnete; seit vielen Geschlechtern waren viele berufen. Trotzdem waren sie heilig, denn unter ihnen war der Auserwählte oder der Stammvater des Auserwählten. Und die Hoffnung auf den Auserwählten war das Lichteste an der Lehre. Ja, ein großes Licht würde für immer verlöschen, wenn man leichtfertig das Geschlecht Davids preisgäbe und damit die Möglichkeit, daß der Messias je erscheine. Es wob um die Hoffnung auf den Messias Geheimnis, ein anziehend Urheiliges; wenn mit dem Geschlechte Davids dieses Heilige, Geheimnisvolle aus der Welt verschwand, dann war der Lehre ihr tiefster Zauber genommen.

Was also sollte man tun? Wich man der sanften, tückischen Frage des blinden Mannes aus, verweigerte man die Namen, dann, sicherlich, wird sich der Zorn des Kaisers über das Lehrhaus von Jabne ergießen. Sollte man also die Sprößlinge Davids ausliefern?

Der Wind war stärker geworden, er ging in Stößen und bauschte die Galakleider. Dunkelgrün glänzten Buchs und Taxus, silbern glitzerten die Ölbäume, von unten erschimmerte besonnt, leicht bewegt der See. Doch niemand achtete darauf. Der Kaiser saß auf den Stufen des Pavillons, die andern standen herum. Sie schauten auf den Großdoktor, an ihm jetzt lag es, zu antworten, und was wird er antworten? Selbst die Architekten Grovius und Larinas vergaßen den Ärger darüber, daß die Schaustellung ihrer Leistung beeinträchtigt war durch die Anwesenheit der barbarischen Gesandtschaft. Was wird der Erzpriester der Juden jetzt sagen?

Bevor er indes antworten konnte, erklang die brüchige, grobe Stimme Doktor Helbos. Hatte nicht dieser Josef Ben Matthias soeben erst nochmals den Frevel der Lästerung begangen und so sich selber zur Ausrottung bestimmt? „Die vom Stamme Davids sind berufen", sagte also Doktor Helbo, „aber nur wenige sind auserwählt. Da ist zum Beispiel dieser Josef Ben Matthias, früher Priester der Ersten Reihe, jetzt aber in Bann und ein Ketzer. Wie könnte ein solcher auserwählt sein? Und dennoch ist er vom Stamme Davids, wenn auch nur von Großmutterseite her. Sein Vater jedenfalls hat sich des vor meinen Ohren gerühmt."

„Interessant", sagte der Kaiser, „interessant."

Alle Blicke richteten sich auf Josef. Es hatte sich um ihn ein kleiner, freier Raum gebildet; es war so wie damals, als der Bann gegen ihn ausgesprochen war und alle die sieben Schritte Abstand hielten. Sonderbar teilnahmslos stand er da, als wäre von einem Dritten die Rede, das Galakleid mit dem schmalen Purpurstreif legte sich im Wind an seine magern Glieder, mit abwesenden Augen beschaute er den Ring an seinem Finger, den Goldenen Reif des Zweiten Adels. In seinem Innern war Panik. Aus dem Geschlechte Davids, dachte er. Es ist wohl so. Aus Königsgeschlecht vom Vater und von der Mutter her, aus dem Geschlechte Davids und aus dem Geschlechte der Hasmonäer. Daß dieses jetzt über mich kommt, ist die Strafe dafür, daß ich damals den Römer als den Messias begrüßt habe.

Mittlerweile aber hatte der Großdoktor seine Antwort gefunden. In seiner überlegenen, weltmännischen Art erklärte er: „Wenn das Volk den oder jenen als einen Abkömmling Davids bezeichnet, so ist das ein vulgärer Aberglaube, gegründet nicht auf die leiseste Spur eines Beweises. Manchmal sind es sehr geringe Männer, an welche dieser Aberglaube sich heftet, ein Fischer, ein Zimmermann. Wie sollte ein Sprößling Davids so herunterkommen?" Diesmal wurde er berichtigt von einem, von dem es keiner erwartet hätte. „Es ist aber manchmal ein großer Glanz auch um diese niedrigen Männer", sagte die milde Stimme des alten Doktors Ben Ismael.

„Laß dich anschauen, mein Josephus", lächelte Domitian, „ob ein Glanz um dich ist!" Er stand auf, kam nah an den Juden heran. „Auf alle Fälle bleibt diese Angelegenheit mit eurem Messias dunkel und bedenklich", entschied er, es klang abschließend.

Nun aber dachte der Großdoktor an das, was er sich zurechtgelegt hatte über die Religiosität und Gottesscheu dieses Kaisers und fand es an der Zeit, seinesteils anzugreifen. „Ich bitte Eure Majestät", bat er, „die Angelegenheit nicht als bedenklich anzuschauen. Dunkel ist die Lehre vom Messias, aber hüllen sich nicht die Götter vieler Völker in Dunkelheit?" Er stand jetzt Aug in Aug mit dem Kaiser, seine Stimme klang hell, stark, mutvoll, bedrohlich. „Es ist nicht gut", warnte er, „wenn der Mensch versucht, zu tief in die Geheimnisse der Gottheit einzudringen. Vielleicht geschah es aus Gründen solcher Art, daß uns unser Gott so schwer gezüchtigt hat." Ein kleines Zucken ging über das Gesicht des Kaisers, fast unmerklich, Gamaliel aber bemerkte es. Mehr zu erreichen, hatte er nicht gehofft; den Kaiser weiter zu bedrohen hätte die Wirkung nur verdorben. Gamaliel ließ es also bei seinem undeutlichen Ausspruch bewenden, ja er tat, als hätte er keine Warnung vorgebracht, sondern nur eine Entschuldigung, und er fuhr, leiser, fort: „Es ist kein leichter, heiterer Gott, unser Gott Jahve, es ist schwer, ihm zu dienen, er ist schnell gekränkt."

Die Drohung des Großdoktors bereitete dem Kaiser gerade durch ihre Vieldeutigkeit Unbehagen, Gamaliels schmetternde Stimme erinnerte ihn peinlich an die seines Bruders Titus, und dieser letzte Hinweis, Jahve sei schnell gekränkt, beunruhigte ihn tief. Was will er denn, dachte er, der jüdische Pfaffe? Ich denke doch gar nicht daran, ihm seine Universität zu schließen. Das könnte diesem Jahve passen, daß ich etwas gegen ihn unternehme und ihm den Vorwand liefere, mich zu schädigen. Ich werde mich hüten.

„Ich habe gehört", sagte er mit Anlauf, entschlossen, „ihr hättet Angst davor, man könnte euer Lehrhaus sperren. Wie kommt ihr auf solchen Aberwitz? Wie könnt ihr so unsinnigem Gerede Glauben schenken?" Er richtete sich hoch auf, blitzend, kaiserlich stand er im starken Wind. „Rom schützt die Götter der Völker, die sich seinem Schirm anvertraut haben", verkündete er, und: „Habt keine Angst!" fuhr er fort, leutselig. „Ich werde euch ein Handschreiben mitgeben an meinen Gouverneur Pompejus Longin, das euch jeder weiteren Sorge überheben soll." Mit einer leichten, anmutigen Bewegung legte er dem Großdoktor die Hand auf die Schulter. „Man sollte nicht gleich kleinmütig werden", sagte er mit liebenswürdigem Spott, „und verzagen, mein heiliger Herr, unter der Regierung des Domitian, den Senat und Volk von Rom ihren Herrn und Gott nennen. Und vielleicht auch sollte man etwas mehr Vertrauen zu seinen eigenen Göttern haben.“ Und, zu Josef gewandt, abschließend, mit einer lockern und gleichwohl fürstlichen Geste, sagte er: „Sind Sie zufrieden mit mir, mein Flavius Josephus, Geschichtsschreiber meines Hauses?“

Die Woche darauf, trotz der schlechten Jahreszeit, schifften sich der Großdoktor und seine Herren nach Judäa ein. Josef und Claudius Regin begleiteten Gamaliel ans Schiff.

Gamaliel fand auch jetzt herzliche und sehr achtungsvolle Worte, um sich bei Josef zu bedanken, daß er ihm die Audienz beim Kaiser verschafft hatte. „Wieder“, sagte er, „haben Sie sich hohes Verdienst um die Sache Israels erworben. Ich hoffe nur, daß nicht am Ende Sie den Preis für unsere Privilegien zu zahlen haben werden. Da Domitian bis jetzt aus den unbesonnenen Äußerungen unseres Doktors Helbo keine Konsequenzen gezogen hat, wird er das, hoffe ich, auch weiter unterlassen.“

Josef schwieg. Claudius Regin wiegte aber, besorgt, den Kopf und sagte: „Domitian ist ein langsamer Gott.“

Dann bestiegen die Doktoren das Schiff, glücklich, im Besitz des sehr gnädig gehaltenen kaiserlichen Handschreibens. Aller Herzen waren erfüllt von Dank für Josef. Nur die Doktoren Helbo und Simon der Weber grollten ihm auch weiter.

Kurze Zeit darauf forderte der Senator Messalin den Josef auf, ihn zu besuchen. Der Kaiser erweise dem Senator die Gunst, bei ihm zu speisen, und wünsche, daß ihm Josef aus dem Manuskript seines Geschichtswerkes die Kapitel über den jüdischen König David vorlese.

Da wußte Josef, daß Claudius Regin recht gehabt und daß der langsame Gott Domitian die Maßnahmen gegen ihn aufgeschoben, doch nicht aufgegeben hatte. Er erschrak in seinem Herzen. Gleichzeitig aber beschloß er, daß, wenn Gott ihn wirklich als Opfer an Stelle Jabnes bestimmt haben sollte, er nicht dagegen murren, sondern dieses Opfer voll demütigen Stolzes auf sich nehmen werde.

Messalin, während Domitian faul auf dem Sofa lag, eröffnete dem Josef, der Kaiser sei interessiert an gewissen jüdischen Fragen, und da die Doktoren von Jabne nicht mehr in Rom seien, möchte er von Josephus Auskunft haben als von dem besten Kenner der Materie. „Ja", nickte träg und wohlwollend der Kaiser, „es wäre freundlich von Ihnen, mein Josephus, wenn Sie uns belehren wollten."

Josef, sich an Messalin allein wendend, fragte: „Habe ich diese Unterredung als ein Verhör zu betrachten?" – „Was für harte Worte, mein Josephus", tadelte lächelnd von seinem Sofa her der Kaiser, und: „Es handelt sich lediglich um eine Unterredung über historische Gegenstände", betonte nochmals liebenswürdig der Blinde. „Es interessiert den Herrn und Gott Domitian zum Beispiel, wie Sie, ein Mann des Ostens, über das Schicksal des Cäsarion denken, jenes Sohnes des Julius Cäsar und der Kleopatra." – „Ja", pflichtete der Kaiser bei, „das interessiert mich. Cäsar hat ihn offenbar geliebt, diesen seinen Sohn", setzte er auseinander, „und ihm die Rolle zugedacht, der vermittelnde Herrscher zwischen Ost und West zu sein. Es scheint auch, daß sich Cäsarion zu einem jungen Mann von vielen Gaben entwickelt hat." – „Und worüber", fragte betreten Josef, „wünschen Sie mein Urteil?" Messalin beugte sich vor, richtete die blinden Augen auf Josefs Gesicht, als sähe er, und fragte langsam und sehr deutlich: „Finden Sie, daß Augustus recht daran getan hat, diesen Cäsarion zu beseitigen?"

Jetzt war es dem Josef klar, worum es ging. Domitian wollte sich, ehe er die Sprößlinge Davids erledigte, auch noch von einem seiner Opfer bestätigen lassen, daß er recht daran tue, es zu beseitigen. Vorsichtig sagte er: „Julius Cäsar hätte vor dem Tribunal der Geschichte sicher gute und schlagende Gründe vorbringen können, um die Tat des Augustus zu verurteilen. Augustus seinesteils hätte wohl nicht weniger gute Gründe gewußt, seine Tat zu rechtfertigen." Domitian lachte ein kleines Lachen. Auch über das Antlitz des Blinden ging ein Lächeln, und er anerkannte: „Gut geantwortet. Allein was uns hier interessiert, ist nicht das Urteil des Cäsar, auch nicht das Urteil des Augustus, sondern nur Ihr Urteil, mein Flavius Josephus." Und: „Finden Sie", wiederholte er langsam, jedes Wort unterstreichend, „daß Augustus recht daran tat, als er den Prätendenten Cäsarion beseitigte?" Er neigte das Ohr dem Josef hin, begierig.

Josef biß sich auf die Lippen. Schamlos und geradewegs sprach der Mann aus, worum es ging, um die Beseitigung unliebsamer Prätendenten, um seine, des Josef, Beseitigung. Er war wortgewandt, er hätte weiter ausweichen und sich der billigen Schlinge entziehen können; doch sein Stolz sträubte sich dagegen. „Augustus hat recht getan", urteilte er kühl und ohne Umschweif, „den Cäsarion zu beseitigen. Der Erfolg hat ihn bestätigt." – „Danke", sagte Messalin, wie er es vor Gericht zu tun pflegte, wenn ihm der Gegner hatte einräumen müssen, daß er im Recht war.

„Und jetzt erzählen Sie uns von Ihrem König David", fuhr er munter fort, „dessen Sprößlinge zu euern künftigen Herrschern bestimmt sind!" – „Ja", pflichtete ihm Domitian bei, „lesen Sie uns vor, was Sie über diesen Ihren Ahnherrn geschrieben haben! Zu diesem Zweck hat unser Messalin Sie hergebeten."

In seinem Herzen liebte Josef mehr den dunklen, zerrissenen Saul als jenen David, dem sich so vieles so leicht und glücklich erfüllte, und er wußte, daß die Kapitel über David nicht die besten seines Werkes waren. Heute aber, als er las, riß ihn sein Gegenstand mit, und er las gut. Es bereitete ihm Genugtuung, diesem römischen Kaiser zu berichten von dem großen, jüdischen König, der ein so gewaltiger Herrscher war und ein Sieger über die Völker. Josef las gut, und Domitian hörte gut zu. Er verstand etwas von Geschichte, er verstand etwas von Literatur, Josephus interessierte ihn, König David interessierte ihn, sein Gesicht spiegelte seine Anteilnahme.

Einmal unterbrach er den Josef. „Es ist wohl schon ziemlich lange her, daß er regiert hat, dieser David?" fragte er. „Es war etwa um die Zeit des Trojanischen Krieges", gab Josef Auskunft, und stolz fügte er hinzu: „Unsere Geschichte reicht sehr weit zurück." – „Unsere römische", räumte friedfertig der Kaiser ein, „beginnt erst mit der Flucht des Äneas aus dem brennenden Troja. Da hattet ihr also schon diesen großen König auf dem Thron eures Volkes sitzen. Aber lesen Sie weiter, mein Josephus!"

Josef las, und wie er so dem römischen Kaiser vorlas, kam er sich selber ein wenig vor wie jener David, vor dem zerklüfteten König Saul auf der Harfe spielend. Er las lange, und als er aufhören wollte, verlangte der Kaiser, daß er weiterlese.

Dann, als Josef zu Ende war, machte Domitian einige recht verständige Anmerkungen. „Er scheint die Technik des Regierens besessen zu haben, euer David", meinte er etwa, „wiewohl ich seine verschiedenen Anfälle von Großmut nicht billige. Er hat zum Beispiel offenbar töricht gehandelt, wenn er den Saul, der in seine Hand gegeben war, verschonte, und das sogar ein zweites Mal. Später hat er denn auch zugelernt und sich klüger verhalten. Eines vor allem erscheint mir gut und königlich: daß er nämlich den Fürstenmord bestraft, selbst wenn dieser Mord an seinem Gegner und also zu seinen Gunsten vollzogen wird."

Ja, jene Maßnahmen des David, daß der den Mann, der den Saul erschlagen, hatte hinrichten lassen, schien den Kaiser zu befruchten, und mit einem kleinen Schauder mußte Josef erleben, mit welch ausgeklügelter Kunst dieser Domitian aus dem scheinbar Fernstliegenden eine Nutzanwendung für sich selber zu ziehen wußte. „Kaiser Nero", wandte er sich nämlich an Messalin, „war gewiß ein Feind meines Hauses, und es war gut, daß er umkam. Trotzdem begreife ich nicht, daß der Senat seinen Mörder Epaphrodit ungestraft hat weiterleben lassen. Wer an einen Kaiser die Hand legt, darf nicht weiter in der Welt sein. Und lebt er nicht jetzt noch, dieser Epaphrodit? Lebt er nicht hier in Rom? Geht er nicht herum, eine zweibeinige Aufforderung zum Fürstenmord? Ich begreife nicht, wie der Senat das so lange hat dulden können." Messalin, mit seiner liebenswürdigsten Stimme, entschuldigte seine Kollegen. „Vieles", sagte er, „was die Berufenen Väter tun und lassen, ist mir nicht verständlich, mein Herr und Gott. Im Falle des Epaphrodit aber hoffe ich meine Kollegen mit Erfolg auf das Beispiel des alten Judenkönigs hinweisen zu können." Finster und gramvoll fiel es den Josef an. Er schätzte den Epaphrodit; der war ein guter Mann, er liebte und förderte Künste und Wissenschaften, Josef hatte manche gute Stunde mit ihm verbracht. Jetzt also, ohne es zu wollen, hat er den Untergang dieses Mannes herbeigeführt.

Bald darauf, unter einem Vorwand, ließ Messalin den Kaiser mit Josef allein. Domitian richtete sich auf seinem Sofa halb auf, und lächelnd, mit einladender Vertraulichkeit, sagte er: „Und jetzt, mein Josephus, reden Sie offen. Hat jener plumpe Mann unter denen von Jabne recht gehabt, der behauptete, Sie seien ein Sproß aus dem Hause des David? Es ist das, wie ja auch eure Doktoren erklären, mehr eine Sache des Gefühls, der Intuition, als aktenmäßiger Beweise. In diesem Gedankengang kann ich euch folgen. Wenn ich zum Beispiel selber glaube, ich sei ein Abkömmling des Herkules, dann bin ich es. Sicher haben Sie bereits begriffen, mein Flavius Josephus, wo ich hinauswill. Es ist dies: ich lege es in Ihre Hand, ob Sie für einen Sproß des David betrachtet werden wollen oder nicht. Wir stellen da nämlich Listen auf. Wir notieren, wer als Nachfahr des großen Königs zu betrachten ist, dessen Wirksamkeit Sie so vortrefflich geschildert haben. Verwaltungstechnische Gründe lassen meiner Regierung die Aufstellung einer solchen Liste wünschenswert erscheinen. Wie ist das nun mit Ihnen, mein Josephus? Sie sind ein begeisterter Jude. Sie rühmen sich Ihres Volkes, Sie rühmen sein Alter, seine großen zivilisatorischen Leistungen. Sie sind ein Bekenner. Ich glaube dem Bekenner Josephus. Was immer Sie mir sagen werden, ich glaub es Ihnen, es gilt. Sagen Sie mir: ‚Ich bin ein Sproß aus dem Hause des David', und Sie sind es. Sagen Sie: ‚Ich bin es nicht', und Ihr Name erscheint nicht auf jener Liste." Er erhob sich, er ging ganz nah an Josef heran. Mit einer lächelnden, fast grinsenden, schaurigen Vertraulichkeit fragte er ihn: „Wie ist das, mein Jude? Alle Fürsten sind verwandt. Bist du mein Verwandter? Bist du ein Sproß des David?"

Wirr stürmten in Josef Gedanken und Gefühle. Wenn das Volk von dem oder jenem behauptete, er sei aus Davids Geschlecht, so war das schieres Gerede und nicht weiter nachprüfbar. Auch hat er selber niemals von dieser seiner angeblichen Abstammung Aufhebens gemacht. Es wäre also sinnlos, jetzt Bekennermut zu zeigen und stolz zu erklären: Ja, ich bin aus Davids Geschlecht. Niemand hätte Nutzen davon, das einzige, was er dadurch erreichen könnte, wäre das eigene Verderben. Weshalb wohl treibt es ihn trotzdem so mächtig, ja zu sagen? Deshalb, weil dieser Kaiser der Heiden seltsamerweise recht hat. Er, Josef, weiß aus dem Gefühl, also aus einem tiefen Wissen heraus, daß er wirklich zu den Berufenen gehört, zu denen aus Davids Geschlecht. Der Kaiser der Heiden will ihn demütigen und ihn verlocken, sein Bestes zu verleugnen. Und wenn er sich dahin bringen läßt, wenn er seinen großen Ahn David abschwört, dann wird dieser Kaiser nicht nur ihn, er wird sein ganzes Volk verachten, und mit Recht. Was sich da zwischen Domitian und ihm abspielt, das ist eine der vielen Schlachten in dem Krieg, den sein Volk gegen Rom um seinen Jahve führt. Aber wo ist der rechte Weg? Was erwartet die Gottheit von ihm? Es ist Feigheit, wenn er seine „Berufung“ verleugnet. Aber ist es nicht geistiger Hochmut, wenn er sich, gegen die Vernunft, zu seinem Gefühl bekennt?

Still stand er da, hager. Nichts von seiner Ratlosigkeit zeigte sich auf seinem fleischlosen Gesicht; die brennenden Augen unter der breiten, hohen, gebuckelten Stirn hielt er auf den Kaiser gerichtet, nachdenklich, sehend und nicht sehend, und nur mit Mühe hielt Domitian den Blick aus. „Ich merke schon“, sagte er, „du willst mir nicht ja sagen und auch nicht nein. Das begreife ich. Aber wenn dem so ist, dann, mein Lieber, weiß ich dir ein Drittes. Du hast meinen Vater, den Gott Vespasian, als den Messias begrüßt. Wenn du das zu Recht getan hast, dann muß von diesem Messias-Wesen doch auch etwas in mir selber sein. Ich frage dich also: bin ich der Sohn und Erbe des Messias? Bedenke dich gut, ehe du antwortest. Wenn ich der Erbe des Messias bin, dann ist, was das Volk über die Sprößlinge Davids schwatzt, leeres Gefasel, nichts weiter, dann droht keine Gefahr von den Sprößlingen Davids, und es lohnt nicht, daß meine Beamten ihre Listen anlegen. Weich mir also nicht aus, mein Jude. Rette deine Sprößlinge Davids und dich selber. Sag es, das Wort. Sag zu mir: ‚Du bist der Messias', und fall nieder und bete mich an, wie du meinen Vater angebetet hast."

Josef erbleichte tief. Das hat er doch schon erlebt. Wann nur? Wann und wie? Er hat es im Geiste erlebt. So wird es erzählt in den Geschichten von dem reinen und von dem gefallenen Engel, und so auch fordert in den Schriften der Minäer der Versucher, der Verleumder, der Diabolus den Messias auf, sein eigenes Wesen zu verleugnen und ihn anzubeten, und verspricht ihm dafür alle Herrlichkeit der Welt. Seltsam, wie sich in seinem eigenen Leben die Sagen und Geschichten seines Volkes spiegeln. Er ist so durchtränkt mit der Vergangenheit seines Volkes, daß er sich selber verwandelt in die Gestalten dieser Vergangenheit. Und wenn er jetzt diesem römischen Kaiser, dem Versucher, gehorcht und ihn verehrt, wie er's verlangt, dann verleugnet er sich selber, sein Werk, sein Volk, seinen Gott.

Noch immer schaute er unverwandt auf den Kaiser; sein Blick hatte sich nicht geändert, seine brennenden Augen behielten jenes tief Nachdenkliche, sehend nicht Sehende. Verändert aber hatte sich das Gesicht des Kaisers. Domitian lächelte, er grinste, mit scheußlicher, Grauen einflößender Freundlichkeit. Sein Gesicht war überrötet, seine kurzsichtigen Augen zwinkerten den Josef mit gespielter, falscher, einladender Vertraulichkeit an, seine Hand fächelte grotesk die Luft, es war wie ein Winken. Kein Zweifel, der Kaiser, der Herr und Teufel Domitian, Dominus ac Diabolus Domitianus, wollte ein Einverständnis mit ihm herstellen, ein Einverständnis, wie er es vermutete zwischen ihm und seinem weiland Vater Vespasian.

Josefs Gedanken, so ruhig sein Gesicht blieb, trübten sich. Er hätte nicht einmal mehr mit Sicherheit sagen können, ob Domitian diese letzten Worte, er solle vor ihm niederfallen und ihn anbeten, wirklich gesprochen hatte oder ob es nur die Erinnerung war an den gefallenen Engel der alten Geschichten und an den Diabolus der Minäer. Gedauert jedenfalls hatte diese seine Versuchung durch Domitian nur sehr kurz. Schon war der Kaiser wieder nur mehr der Kaiser; die Arme eckig nach hinten, stand er da, herrscherhaft, und er sagte förmlich: „Ich danke Ihnen für Ihre interessante Vorlesung, mein Ritter Flavius Josephus. Was die Frage anlangt, die ich an Sie gerichtet habe, ob Sie ein Sproß des von Ihnen geschilderten Königs David sind, so mögen Sie sich die Antwort in Ruhe überlegen. Ich erwarte Sie in den nächsten Tagen beim Morgenempfang. Dann werde ich Sie von neuem fragen. Wo aber bleibt unser liebenswürdiger Wirt?"

Er klatschte in die Hände, und: „Wo bleibt unser Messalin?" sagte er zu den herbeistürzenden Dienern. „Ruft mir den Messalin! Wir verlangen nach ihm, ich und mein Jude Flavius Josephus."

In diesen Tagen schrieb Josef den „Psalm vom Mut":

Wohl rühm ich den, der in der Schlacht seinen Mann steht.
Pferde stürmen an,
Pfeile schwirren, Eisen klirrt,
Arme mit Äxten und Schwertern sausen
Ihm vorm Aug auf ihn zu.
Er aber duckt sich nicht.
Er sieht den Tod, reckt sich und steht ihm.

Mut verlangt das. Doch nicht mehr Mut
Als den eines jeden, der mit Recht sich Mann nennt.
Tapfer zu sein in der Schlacht ist nicht schwer.
Überspringt da der Mut von einem zum andern.
Keiner glaubt,
Er könnte es sein, den der Tod meint.
Niemals fester glaubst du
An viele Tage des Lebens noch vor dir
Als in der Schlacht.

Höher schon steht jenem der Mut,
Der hinauszieht in ödes Land der Barbaren,
Es zu erforschen,
Oder der ein Schiff steuert hinaus in die leere See,
Immer weiter hinaus,

Zu sichten, ob dort nicht neues Land sei
Und neue Feste.

Aber wie der Mond verbleicht, wenn die Sonne kommt,
So verblaßt der Ruhm auch dieses Mannes
Vor dem Ruhme jenes,
Der da kämpft für ein Unsichtbares.
Sie wollen ihn zwingen,
Ein Wort zu sprechen, ein körperloses, wesenloses,
Es verfliegt, sowie er's gesprochen,
Keiner mehr hört es, es ist nicht mehr da:
Er aber sagt das Wort nicht.

Oder aber es drängt ihn das Herz,
Ein Wort zu sagen, ein bestimmtes,
Und er weiß, das Wort bringt ihm Tod.
Kein Preis ist gesetzt auf das Wort,
Nur der Untergang,
Und er weiß es
Und sagt sein Wort dennoch.

Wenn einer das Leben einsetzt,
Gold zu erlangen, Macht zu gewinnen,
Dann kennt er den Preis seiner Fährnis,
Vor ihm schwebt er, greifbar,
Er kann ihn wägen.
Was aber ist *ein* Wort?

Darum sag ich:
Heil dem Manne, der den Tod auf sich nimmt,
Sein Wort zu sagen, weil das Herz ihn drängt.
Darum sag ich:
Heil dem Manne, der sagt, was ist.
Darum sag ich:
Heil dem Manne, den du nicht zwingen kannst,
Zu sagen, was nicht ist.

Denn er nimmt es auf sich, das Schwerste.
Sehend, mitten im nüchternen Tag,
Winkt den Tod er herbei und spricht zu ihm:
komm!
Für ein körperloses Wort
Steht er dem Tode,
Es zu verweigern, wenn es seine Lüge ist,
Es zu bekennen, wenn es seine Wahrheit ist.

Heil dem Manne,
Der dafür dem Untergang steht.
Denn das ist der Mut,
Zu dem Gott ja sagt.

An einem der nächsten Morgen ließ sich Josef dem Gebot des Kaisers zufolge die Heilige Straße hinauftragen zum Empfang im Palatin.

Am Eingang des Palais wurde er wie alle Besucher nach Waffen untersucht, dann ließ man ihn in die erste Vorhalle. Es waren mehrere hundert Menschen da, die Türhüter riefen die Namen auf, die Beamten des Hofmarschalls Crispin notierten sie, wiesen fort, ließen zu. Im zweiten Vorraum drängten sich die Gäste. Von einem zum andern eilten die Zeremonialbeamten und ordneten nach Anweisung des Crispin die Listen.

Josefs Anwesenheit fiel auf. Er sah, daß sein Besuch auch den Crispin beunruhigte, und nahm nicht ohne ein kleines Lächeln wahr, daß ihn Crispin nach einigem Zögern nicht unter die Bevorzugten auf die Liste der „Freunde der Ersten Vorlassung" setzte, sondern nur auf die Liste aller andern vom Zweiten Adel. Auf dem Wege war Josef mutig gewesen und hatte sich gesagt, je eher die qualvolle Stunde vorbei sei, so besser; jetzt war er froh, daß er, da er nur auf der Zweiten Liste stand, vielleicht unbeachtet und unverrichteterdinge wieder gehen könne.

Endlich erscholl der Ruf: „Der Herr und Gott Domitian ist erwacht!", und die Türen, die zum Schlafgemach des Kaisers führten, öffneten sich. Man sah Domitian halbaufgerichtet auf dem breiten Lager, Gardeoffiziere in voller Rüstung ihm zur Rechten und zur Linken.

Die Ausrufer riefen die Namen der Ersten Liste aus, und einer nach dem andern traten die Träger dieser Namen ins innere Gemach. Gierig spähten die Außenstehenden, wie der Kaiser jeden einzelnen begrüßte. Den meisten streckte er nur die Hand zum Kuß hin, nur wenige würdigte er der Umarmung, die der Brauch vorschrieb. Es war verständlich, daß er nicht Tag für Tag eine Reihe von Menschen küssen wollte, die ihm zuwider waren, ganz abgesehen von der Gefahr der Ansteckung. Allein kein Kaiser vor ihm hatte es so offen gezeigt, als eine wie peinliche Aufgabe er diese Begrüßung empfand, es erregte böses Blut, daß gerade Domitian, der Hüter der Bräuche, sich diesem guten Brauch mehr und mehr entzog, und viele waren gekränkt.

Schon nach kurzer Weile ließ der Kaiser eine Pause eintreten. Ohne Rücksicht auf die Menge seiner Gäste gähnte er, rekelte sich, schickte langsam verdrossene Blicke über die Versammelten, winkte den Crispin herbei, überflog die Listen. Dann, plötzlich, belebte er sich. Klatschte seinen Zwerg Silen heran, flüsterte mit ihm. Der Zwerg watschelte in den Vorraum, alle Blicke folgten ihm; sein Weg ging zu Josef. In das lautlose Schweigen hinein, tief sich neigend, sagte der Zwerg: „Der Herr und Gott Domitian befiehlt Sie an sein Bett, mein Ritter Flavius Josephus."

Josef, vor den Augen der ganzen Versammlung, begab sich in den Innenraum. Der Kaiser hieß ihn sich auf sein Bett setzen, das war eine hohe Auszeichnung, deren heute kein anderer gewürdigt worden war. Er umarmte und küßte ihn, nicht widerwillig, sondern langsam und ernst, wie es die Sitte gebot.

Während aber seine Wange an die Wange des Josef geschmiegt war, flüsterte er: „Bist du der Sproß des David, mein Josephus?" Und Josef erwiderte: „Du sagst es, Kaiser Domitian."

Der Kaiser löste sich aus der Umarmung. „Sie sind ein mutiger Mann, Flavius Josephus", sagte er. Dann geleitete der Zwerg Silen, der alles mit angehört hatte, den Josef zurück in den Vorraum. Diesmal neigte er sich noch tiefer und sagte:

„Leben Sie wohl, Flavius Josephus, Sproß des David!" Der Kaiser aber ließ die Türen des Schlafgemachs schließen, der Empfang war zu Ende.

Wieder wenige Tage später wurde im Amtlichen Tagesbericht folgendes verkündet. Der Kaiser habe das Geschichtswerk geprüft, an welchem der Schriftsteller Flavius Josephus jetzt arbeite. Es habe sich ergeben, daß dieses Buch dem Wohl des Römischen Reiches nicht förderlich sei. Es habe somit der genannte Flavius Josephus nicht die Hoffnungen erfüllt, die sich an sein erstes Werk, das über den jüdischen Krieg, geknüpft hätten. Der Herr und Gott Domitian habe deshalb angeordnet, die Büste dieses Schriftstellers Flavius Josephus aus dem Ehrensaal des Friedenstempels zu entfernen.

Jene Büste, welche den Kopf des Josef darstellte, schräg über die Schulter gewandt, hager, kühn, wurde also aus dem Friedenstempel entfernt. Sie wurde dem Bildhauer Basil übergeben, damit er ihr kostbares Metall – korinthisches Erz, eine einmalige Mischung, entstanden bei der Einäscherung der Stadt Korinth aus dem ineinanderfließenden Metall verschiedener Statuen – verwende für eine Büste des Senators Messalin, mit deren Modellierung ihn der Kaiser beauftragt hatte.

Drittes Kapitel

„Haben Sie sich versprochen, oder habe ich mich verhört?" fragte Regin den Marull und wandte den fleischigen Kopf so jäh herum, daß ihn der leibeigene Friseur bei aller Geschicklichkeit beinahe geschnitten hätte. „Nicht das eine noch das andere", erwiderte Marull. „Die Anklage gegen die Vestalin Cornelia wird erhoben werden, das steht fest. Der Kurier gestern aus Pola hat die Anweisung mitgebracht. Es muß D D D viel an der Sache liegen. Sonst hätte er den Befehl nicht von der Reise aus gegeben, sondern gewartet, bis er zurück ist." Regin brummelte etwas, die schweren, schläfrigen Augen unter der vorgebauten Stirn schauten noch nachdenklicher als sonst, und noch ehe der Friseur mit seiner Arbeit recht zu Ende war, winkte er ihm ungeduldig, sich zu entfernen.

Dann aber, allein mit dem Freund, sagte er nichts. Er begnügte sich, langsam den Kopf zu schütteln und die Achseln zu zucken. Er brauchte auch nichts zu sagen, Marull verstand ihn ohne Worte, für ihn war das Ereignis genauso unglaubhaft. Hatte D D D nicht genug an dem Sturm von damals, als er von den sechs Vestalinnen jene beiden andern prozessierte, die Schwestern Oculatae? Und war die Stimmung nicht ohnedies flau genug jetzt, nach diesem nicht geradezu glänzenden sarmatischen Feldzug? Was, beim Herkules, versprach sich D D D davon, wenn er die altmodisch brutalen Gesetze hervorholte und die Vestalin Cornelia auf Unkeuschheit verklagen ließ?

Junius Marull, an den schmerzenden Zähnen saugend, beschaute mit den scharfen, blaugrauen Augen gelassen den verdrießlich schnaufenden Freund. Bis aufs Wort erriet er dessen Gedanken. „Ja“, erwiderte er, „die Stimmung ist flau, da haben Sie recht. Für den Mann von der Straße sieht der Ausgang des sarmatischen Feldzugs nicht glänzend aus, obwohl es ein ganz solider Erfolg ist. Aber vielleicht ist es gerade deshalb. Unsere lieben Senatoren werden das Ergebnis des Krieges bestimmt in eine Niederlage umfälschen. Die Vestalin Cornelia ist verwandt und verschwägert mit dem halben Adel. Vielleicht glaubt Wäuchlein, die Herren werden sich mehr hüten, wenn er vor einer Anklage selbst gegen Cornelia nicht zurückschreckt.“

„Arme Cornelia!“ sagte statt aller Antwort Regin. Beide jetzt sahen sie Cornelia vor sich, das zarte und doch frisch und heitere Gesicht der Achtundzwanzigjährigen unter dem braunschwarzen Haar, sie sahen sie, wie sie ihnen zulächelte in ihrer Ehrenloge im Zirkus, oder wie sie, mit den fünf andern Vestalinnen, an der Spitze der Prozession zum Tempel des Jupiter hinanstieg, groß, schlank, unberührt, freundlich und sicher in sich ruhend, Priesterin, Mädchen, große Dame.

„Man muß zugeben“, meinte schließlich Marull, „seit dem Aufstand des Saturnin hat er die innere Berechtigung, gegen seine Feinde jedes Mittel anzuwenden, wenn es nur zum Ziel führt." – „Erstens führt dieses Mittel nicht zum Ziel", entgegnete Regin, „und zweitens glaube ich nicht, daß dieser Prozeß gegen den Senat gerichtet ist. D D D weiß so gut wie wir, daß es da weniger gefährliche Maßnahmen gäbe. Nein, mein Lieber, seine Gründe sind simpler und tiefer. Er ist einfach unzufrieden mit dem Ausgang des Feldzugs und will sich seine Sendung auf andere Art beweisen. Ich höre ihn schon große Worte wälzen. ‚Das Jahrhundert des Domitian wird durch solche Beispiele strenger Sitte und Religiosität in fernste Zeiten hinüberstrahlen.' Ich fürchte", schloß er seufzend, „manchmal glaubt er selber an seine Reden."

Eine Weile saßen die beiden schweigend. Dann fragte Regin: „Und weiß man, wer eigentlich den Partner der unseligen Cornelia abgeben soll?" – „Man nicht", antwortete Marull, „aber Norban weiß es. Ich vermute, es ist Crispin, der in die Geschichte hineinverwickelt ist." – „Unser Crispin?" fragte ungläubig Regin. „Es ist eine bloße Vermutung", erwiderte rasch Marull, „Norban hat natürlich zu niemand ein Wort gesagt, es sind Blicke und halbe Gesten, aus denen ich es schließe." – „Ihre Vermutungen", gab Regin zu, die Zunge nachdenklich von einem Mundwinkel zum andern führend, „haben die Eigenschaft, einzutreffen, und Norban ist sehr findig, wenn er einen haßt. Es wäre ein Jammer, wenn wirklich, bloß weil Norban eifersüchtig auf den Ägypter ist, dieses erfreuliche Geschöpf Cornelia vor die Hunde gehen sollte."

Marull, teils weil er keine Sentimentalität in sich hochkommen lassen wollte, teils aus alter Gewohnheit, spielte den Frivolen. „Schade", sagte er, „daß man nicht selber daraufgekommen ist, daß Cornelia nicht nur Vestalin ist, sondern eine Frau. Aber, beim Herkules, wenn sie zum Capitol hinaufstieg in dem schweren, altmodischen, weißen Kleid und mit der altmodischen Frisur, dann hat nicht einmal ein so abgebrühter Materialist wie ich daran gedacht, was wohl unter diesem Kleid stecken mag. Dabei ist doch gerade so was Heiliges, Verbotenes mein Fall. Ich habe einmal, in meiner wildesten Zeit, mit der Pythia von Delphi geschlafen. Sie war nicht besonders hübsch, auch schon etwas angejahrt, das Vergnügen stand in gar keinem Verhältnis zu der Gefahr; was mich gereizt hat, war nur das Heilige. Man hätte ein Mädchen wie diese Cornelia nicht auslassen dürfen, man hätte sie nicht einem Crispin überlassen dürfen."

Claudius Regin, sonst nicht prüde, ging heute auf diesen Ton nicht ein. Während er sich ächzend niederbeugte, um den Schuhriemen fester zu binden, der sich wieder einmal gelockert hatte, sagte er: „Schwer macht es einem D D D, ihm freund zu bleiben." – „Haben Sie Geduld mit ihm", redete ihm Marull zu. „Er hat viele Feinde. Er ist jetzt zweiundvierzig", überlegte er und suchte mit seinen scharfen Augen die schläfrigen des andern. „Aber ich fürchte, wir haben Aussicht, ihn zu überleben."

Regin erschrak. Was da Marull gesagt hatte, war so richtig und so tollkühn, daß man es auch unter nahen Freunden nicht hätte über die Lippen bringen dürfen. Aber nun Marull einmal so weit gegangen war, wollte sich auch Regin nicht bezähmen. „Eine solche Fülle von Macht", sagte er, bemüht, die helle, fettige Stimme zu dämpfen, „das ist schon eine Krankheit; eine Krankheit, die das Leben auch eines kräftigen Mannes rasch aufzehrt." – „Ja", meinte, auch er jetzt fast flüsternd, Marull, „der Geist eines Mannes muß höllisch feste Wände haben, wenn er nicht bersten soll unter einer solchen Fülle von Macht. D D D hat erstaunlich lange standgehalten. Erst seit dem Staatsstreich des Saturnin ist er so" – er suchte das Wort – „merkwürdig geworden." – „Dabei", erwiderte Regin, „hat er gerade in dieser Sache so unmenschliches Glück gehabt." – „Cäsar und sein Glück", entgegnete sententiös Marull. „Aber soviel Glück hält eben keiner aus." – „Cäsar", überlegte Regin, „ist sechsundfünfzig geworden, ehe ihn sein Glück verließ." – „Schade um ihn", sagte etwas dunkel Marull. Und: „Schade um Cornelia", sagte Regin.

„Er wird es nicht wagen", brach plötzlich der Senator Helvid aus. Man hatte von den Garnisonsverstärkungen im Nordosten gesprochen, die der Friedensschluß zur Folge haben mußte, und was der jähzornige Helvid da auf einmal hereinwarf, hatte mit dieser Frage nicht das leiseste zu tun. Trotzdem wußten alle, was er meinte. Denn, auch wenn man von anderm sprach, drehten sich ihrer aller Gedanken unaufhörlich um die Schmach, die der Kaiser der Vestalin Cornelia und in ihr dem ganzen alten Adel anzutun sich anschickte.

Viele Gewalttaten hatte ihnen Domitian bereits angetan, den vier Männern und den beiden Frauen, die sich hier im Hause des Helvid versammelt hatten. Da waren Gratilla, die Schwester, und Fannia, die Frau des Caepio, den er hatte hinrichten lassen. Und alle hier waren sie Freunde und Vertraute gewesen des Prinzen Sabin und des Aelius und der neun andern Senatoren, die gleichzeitig mit Caepio hatten sterben müssen, weil sie in den mißglückten Staatsstreich des Saturnin verwickelt gewesen waren. Allein, wenn der Kaiser diese Männer getötet hatte, ja wenn er gegen sie selber, die hier Zusammengekommenen, vorging, so hatten solche Gewalttaten, von seinem Standpunkt aus gesehen, Sinn und Zweck. Die Verfolgung der Cornelia aber war nichts als eine wüste, jeden Sinnes bare Laune. Es war über alle Vorstellung hinaus schamlos, wenn dieser Kaiser, wenn just dieser geile Bock Domitian Cornelia antastete, unsere reine, süße Cornelia. Wo immer sie erschien, da hatte man das Gefühl: die Welt ist doch noch nicht verloren, da sie in ihr ist, Cornelia. Und sie, gerade sie, mußte sich der Unmensch herausgreifen!

Es war, ohne daß sie viele Worte darum hätten machen müssen, das Gleichnishafte des Vorgangs, was die vier Männer und die beiden Frauen im Hause des Helvid so tief aufwühlte. Wenn Domitian, die zweibeinige Lasterhaftigkeit, das wahrhaft adelige Mädchen Cornelia durch falsche Zeugen der Unkeuschheit überführen und schimpflich hinrichten ließ, so zeigte sich darin bildhaft die ganze grinsende Verderbtheit dieses Roms. Nichts auf der Welt gab es, wovor dieser Kaiser zurückgeschreckt wäre. Unter seinem Regiment verzerrte sich das Adelige ins Gemeine.

„Er wird es nicht wagen", damit haben sie sich getröstet vom ersten Tag an, da sie von dem Gerücht gehört hatten. Doch in wie vielen ähnlichen Fällen hatten sie sich mit ähnlichen Worten getröstet. Sooft von einem neuen, schamlosen Vorhaben des Kaisers die Rede ging, hatten sie geknirscht: das wird er sich nicht erdreisten, das werden sich Senat und

Volk nicht bieten lassen. Aber insbesondere seit dem verunglückten Aufstand des Saturnin hatte er sich alles erdreistet, und Senat und Volk hatten sich alles bieten lassen. Trüb war die Erinnerung an diese vielen Niederlagen in ihnen, aber sie ließen sie nicht in sich hochkommen. „Er wird es nicht wagen." Sie hängten ihre Hoffnung an die Worte, die der Senator Helvid so wütend und zuversichtlich hervorgestoßen hatte.

Da aber tat der Jüngste unter ihnen den Mund auf, der Senator Publius Cornel. „Er wird es wagen", sagte er, „und wir werden schweigen. Es hinnehmen und schweigen. Und wir werden recht daran tun; denn es ist das einzige, was uns in dieser Zeit übrigbleibt."

Aber: „Ich will nicht schweigen, und man soll nicht schweigen", sagte Fannia. Uralten, erdbraunen, kühnen und finsteren Gesichtes saß sie da und richtete erzürnte Blicke auf Publius Cornel. Der war ein naher Verwandter der bedrohten Vestalin, ihn ging ihr Schicksal mehr an als die andern, und er bereute auch schon beinahe, was er gesprochen hatte. Vor Gleichgesinnten hätte er so reden dürfen, nicht aber in Gegenwart dieser alten Fannia. Sie war die Tochter des Paetus, dem, unter Nero, sein republikanischer Bekennermut den Tod gebracht hatte, sie war die Witwe des Caepio, den, nach der Niederschlagung des Saturnin, Domitian hatte hinrichten lassen. Immer wenn Fannia sprach, überkamen den Cornel Zweifel, ob er nicht doch vielleicht jenes Schweigen, das er mit soviel Gründen der Vernunft empfahl, zu Unrecht als heldenhaft hinstellte und ob nicht doch am Ende das demonstrative Märtyrertum einer Fannia die bessere Tugend sei.

Langsam wandte er das trotz seiner Jugend stark zerkerbte, düstere Gesicht von einem zum andern. Nur der maßvolle Decian sandte ihm einen halben Blick des Einverständnisses. Ohne viel Hoffnung also suchte Cornel darzulegen, warum er jede Art Demonstration gerade in Sachen der Vestalin Cornelia für schädlich halte. Das Volk liebe und verehre Cornelia. Ein Prozeß gegen sie oder gar ihre Exekution werde dem Volk nicht, wie es Domitian wahrscheinlich wünsche, als strenger Dienst an den Göttern erscheinen, sondern einfach als etwas Unmenschliches, als Frevel. Wenn aber wir von der Senatspartei demonstrieren, dann drücken wir dadurch nur die Angelegenheit aus der Sphäre des allgemein Menschlichen ins Politische hinunter.

Decian pflichtete bei. „Ich fürchte", sagte er, „unser Cornel hat recht. Wir sind machtlos, wir können nichts als schweigen." Aber er brachte diese Worte nicht sachlich und gehalten vor, wie es sonst seine Art war, sondern so gequält und bar aller Hoffnung, daß die andern betroffen aufschauten.

Es war dies, daß dem Decian eine Botschaft von Cornelia zugekommen war. Eine Freigelassene der Cornelia hatte sie überbracht, eine gewisse Melitta. In verstörten Worten hatte ihm dieses Mädchen berichtet, es habe sich beim Fest der Guten Göttin im Hause der Volusia, der Frau des Konsuls, etwas höchst Peinliches ereignet. Worin dieses Peinliche bestanden hatte, hatte Decian den wirren Worten der Melitta nicht entnehmen können; gewiß war, daß Melitta hineinverwickelt war und Cornelia ernstlich bedroht. Nun liebte der ruhige, nicht mehr junge Senator Decian die Vestalin Cornelia, und er glaubte wahrgenommen zu haben, daß auch ihr Lächeln sich vertiefte und freundschaftlicher wurde, wenn sie ihn sah. Es war eine stille, nicht zudringliche, so gut wie aussichtslose Liebe. Der Cornelia sich zu nähern war schwer, beinahe unmöglich, und wenn sie das Haus der Vesta wird verlassen dürfen, wird er ein alter Mann sein. Daß sie seine Hilfe anrief, hatte ihn tief aufgerührt. Melitta, im Namen ihrer Herrin und Freundin, hatte ihn beschworen, sie aus Rom fortzubringen, sie unauffindbar zu machen. Er hatte alles getan, Melitta zu helfen, er hatte sie durch Vertrauensleute in großer Heimlichkeit auf seine Besitzung in Sizilien schaffen lassen, dort lebte sie jetzt, verborgen, und wahrscheinlich war mit ihr die Hauptzeugin verschwunden, auf welche die Feinde der Cornelia sich hätten berufen können. Allein wenn Domitian ernstlich gewillt war, Cornelia zu vernichten, dann kam es wohl auf einen Zeugen mehr oder weniger nicht an, dann entschied wohl kaum die Gerechtigkeit, sondern lediglich Haß und Willkür. Dieses Gefühl der Fesselung und Machtlosigkeit hatte jetzt, während Cornel sprach, den Decian zwiefach angefallen, und sein Kummer war durch seine Worte durchgeklungen.

Fannia indes achtete weder auf den Kummer des Decian noch auf die Vernunft des Publius Cornel. Das erdbraune Gesicht verhärtet in Leid und Strenge, saß sie da. „Wir dürfen nicht schweigen", beharrte sie, und ihre Stimme klang voll aus dem uralten Gesicht, „es wäre ein Verbrechen und eine Schande." Das lebt immer nur fürs Lesebuch, dachte unzufrieden Publius Cornel, und will durchaus die Heldentradition der Familie fortsetzen. Dabei wird sie in meinem Geschichtswerk höchstens eine gute Episodenfigur abgeben, Geschichte wird sie nicht machen. Doch konnte er trotz dieser sachlichen Kritik nicht umhin, die Frau zu bewundern, die sich so heldisch und so töricht heraushob aus ihren Zeitgenossen, und die eigene Vernunft zu bedauern.

Gratilla, die Schwester des getöteten Caepio, eine gelassene, vornehme, etwas füllige ältere Dame, pflichtete ihrer Schwägerin Fannia bei. „Vernunft", höhnte sie, „Vorsicht, Politik. Alles gut und schön. Aber wie soll jemand, der ein Herz im Leibe hat, auf die Dauer die Scheußlichkeiten dieses Domitian ohne Widerspruch hinunterschlucken? Ich bin eine einfache Frau, ich verstehe nichts von Politik, ich kenne keinen Ehrgeiz. Doch mir steigt die Galle hoch, wenn ich daran denke, was einmal die Späteren von uns halten sollen, unsere Söhne und Enkel, falls wir uns dieses Regiment der Lüge und Gewalt widerspruchslos sollten gefallen lassen."

„Wann wird Ihre Biographie des Paetus fertig, mein Priscus?" nahm wieder Fannia das Wort. „Wann wird sie erscheinen? Es ist mir eine tiefe Befriedigung, daß wenigstens *einer* nicht schweigt, daß wenigstens *einer* spricht und seinen Grimm nicht einsperrt."

Priscus, so angerufen, sah hoch, wandte den völlig kahlen Kopf von einem zum andern, sah, daß alle auf ihn schauten, gespannt auf seine Antwort wartend. Priscus galt als der größte Jurist des Reichs, er war berühmt darum, daß er jedes Für und Wider sorglich wäge. So übersah er denn nicht die Verdienste des Domitian um die Verwaltung des Reichs, aber er sah auch sehr genau die Willkür und Verantwortungslosigkeit dieses persönlichen Regimes, die vielen klaren Verletzungen des Rechts. Von dieser seiner Erkenntnis aber konnte er nur im Kreise seiner Vertrauten reden, vor allen andern mußte er sie, wenn er nicht einen Prozeß wegen Majestätsverletzung gegen sich heraufbeschwören wollte, in seinem Busen wahren. Für sich persönlich nun hatte er einen Ausweg gefunden. Er schwieg, und schwieg dennoch nicht. Er legte seinen Groll nieder in einem historischen Werk, in einer Darstellung des Lebens des großen Paetus Thrasea, des Vaters der Fannia. Es reizte ihn, das Leben dieses Republikaners, den Nero um seiner freiheitlichen Gesinnung willen hatte hinrichten lassen und den die Legende verklärte, in höchster Sachlichkeit darzustellen, entkleidet der legendarischen Züge, und so darzutun, daß dieser Paetus Thrasea, auch bar allen mythischen Beiwerks, ein großer Mann gewesen sei und höchster Verehrung wert. Fannia konnte ihm für dieses sein Werk viel Material liefern, eine große Menge unbekannter und exakter Details.

Dieses jetzt beinahe vollendete Werk aber war nur für den Autor selber bestimmt und für seine nächsten Vertrauten, vor allem für Fannia. Ein solches Werk unter dem Regime des Domitian zu veröffentlichen, das hieß Stellung und Vermögen, ja das Leben aufs Spiel setzen, und daran hatte er nie gedacht. Wenn also Fannia jetzt erklärte, er, Priscus, schweige nicht, er sperre seinen Grimm nicht ein, dann war das, gelinde gesagt, eine Übertreibung und ein Mißverständnis. Denn eigentlich hatte er ja in einem gewissen Sinne gerade das beabsichtigt. Seinen Grimm einsperren, das Buch in die Truhe sperren, genau das hatte er wollen, und sein einziger Zweck war gewesen, sich das Herz zu erleichtern. Von einer Publikation versprach er sich wenig. Eine solche Veröffentlichung wäre nichts gewesen als eine demonstrative Geste, und recht, dreimal recht hatte dieser Publius Cornel, mit solchen ostentativen Gesten war nichts getan, sie konnten an den Dingen selber nichts ändern, wie sollte Literatur gegen Macht aufkommen?

Dies also waren die Meinungen des Priscus. Da aber sah er auf sich gerichtet die wartenden Blicke aller, er sah das strenge, fordernde Gesicht der Fannia, er wußte, daß alle ihn für einen Feigling halten würden, wenn er jetzt auswich, und er brachte den Mut nicht auf, feig zu erscheinen. Während sein Hirn ihm sagte: Was tust du da, du Narr?, sagte sein Mund scharf und schneidend: „Nein, ich werde meinen Grimm nicht einsperren", und noch ehe er diesen Satz ausgesprochen hatte, bereute er ihn schon.

Wozu will er den Paetus nachmachen? dachte bekümmert Decian, und: Ein Narr und Held auch er, dachte Publius Cornel, und laut und grimmig sagte er: „Sache eines Mannes ist es, sich zu überwinden, Sache eines Mannes ist es, diese Zeiten zu durchschweigen, um sie zu überleben."

Das alte, erdbraune, zerklüftete Antlitz der Fannia war eine einzige Maske des Hohnes und der Ablehnung. „Arme Cornelia", sagte sie, und herausfordernd fragte sie den Publius Cornel: „Werden Sie wenigstens den Mut aufbringen, sich uns anzuschließen, wenn wir Ihren Onkel Lentulus besuchen?" Der alte Vater der Cornelia hatte sich schon lange aus der Öffentlichkeit zurückgezogen und lebte still auf seinem Landsitz im Sabinischen; ein solcher gemeinsamer Besuch bedeutete eine Demonstration gegen den Kaiser. „Ich fürchte", meinte, unbewegt von der Beschimpfung der Fannia, Publius Cornel, „wir werden meinem Onkel nicht sehr willkommen sein. Er hat Kummer, und er hat wenig Freude an Menschen." – „Sie werden also nicht kommen?" fragte Fannia. „Ich werde kommen", antwortete mit sachlicher Höflichkeit Publius Cornel.

Der arme Priscus muß seine Biographie veröffentlichen, dachte er im stillen, und ich muß diesen dummen Besuch mitmachen, weil es das Heldenweib verlangt. Es ist alles so hoffnungslos. Wir haben die Würde, Domitian hat die Armee und die Massen. Was für finstere Ohnmacht!

Es war noch Winter, als Domitian zurückkehrte. Er begnügte sich, dem Capitolinischen Jupiter den Lorbeer darzubringen, und verzichtete auf große öffentliche Ehrungen. Im Senat machte man darüber bösartige Witze. Marull und Regin fanden, Domitian habe es nicht leicht. Feiere er einen

Triumph, dann mache man sich darüber lustig, wie er Niederlagen umfälsche; verzichte er auf den Triumph, dann spotte man, seine Niederlage sei so groß, daß selbst er sie zugeben müsse.

Guter Kenner der Volksseele, schrieb Domitian, statt sich persönliche Ehrungen erweisen zu lassen, eine große Geschenkverteilung aus, deren Kosten aus seinem Anteil an der sarmatischen Beute bestritten werden sollten. Jeder in Rom ansässige Bürger hatte Anspruch, sein Teil an der Schenkung zu erhalten. Der Kaiser war, wenn es um solche Dinge ging, überaus großzügig, es verschlug ihm nichts, wenn ein solcher Schenkungsakt Millionen und aber Millionen fraß. Im besondern Fall konnte er dadurch überdies noch beweisen, wie gewaltig die sarmatische Beute gewesen sein mußte.

Da thronte er also in der Säulenhalle des Minucius, zu seinen Häupten seine Lieblingsgöttin Minerva, rings um ihn seine Hofbeamten, Schreiber, Offiziere. In ungeheuern Scharen drängte sich die Bevölkerung; jeder, nach der Reihenfolge, in der er kam, erhielt seine Marke aus Ton, Blei, Bronze, und wenn der Zufall seiner Listennummer es fügte, aus Silber oder Gold. Es waren Anweisungen auf sehr ansehnliche Geschenke darunter. Der Jubel, wenn einer eine solche Marke erhielt! Aus wie ehrlichem Herzen pries er den Herrn und Gott Domitian, wie der Rom und sein Volk beglücke! Und nicht nur der Beschenkte rühmte den Kaiser, sondern seine Freunde und Verwandten taten desgleichen, ja, alle waren glücklich, denn ein jeder hatte Anspruch, und wenn er heute nicht eine goldene Marke erhielt, vielleicht glänzte sie ihm das nächste Mal. So wurde Domitians Geschenkverteilung zu einem strahlenderen Triumph, als es ein noch so üppiger Schauzug hätte werden können.

Er selber aber, der Kaiser, thronte vor seiner klugen, ratwissenden Minerva. Er war in diesen sieben Jahren sehr viel dicker geworden, sein Gesicht war rot und gedunsen. Unbewegt saß er, göttergleich, und genoß den Jubel seines Volkes. Diejenigen, denen eine goldene Geschenkmarke zugefallen war, hatten das Recht, ihm die Hand zu küssen. Ohne sie anzuschauen, streckte er sie ihnen hin; doch keiner empfand das als unziemlichen Stolz, sie waren beseligt auch so. Knirschend mußten die Senatoren einräumen: das Volk – oder, wie sie es nannten, der Pöbel – liebte seinen Herrn und Gott Domitian.

Den Tag darauf fand das Schenkungsfest sein Ende in einer Schaustellung in der flavischen Arena, im Colosseum, in jenem größten Zirkus der Welt, den Domitians Bruder hatte errichten lassen. Münzen wurden ausgeworfen, mittels einer kunstvollen Maschinerie flogen luftige, lustige Genien über die Arena und streuten Geschenkmarken über die Menge, am Ende gar erschien die Göttin der Freigebigkeit selber, die Liberalitas, und schüttete aus ihrem Füllhorn Gaben aus, vom Kaiser unterzeichnete Anweisungen auf Landbesitz, Privilegien, einbringliche Stellungen. Grenzenlos war der Jubel, und es tat ihm keinen Eintrag, daß im Gedränge Frauen und Kinder erdrückt oder zertrampelt wurden.

Domitian gab am Abend dieses Tages ein Festessen für den Senat und seine Freunde. Er zeichnete viele durch eine liebenswürdige Ansprache aus, doch sein menschenfeindlicher Witz machte manchen seiner freundlichen Sätze recht finster. Dem Großrichter Aper etwa, einem Vetter des niedergeworfenen aufrührerischen Generals Saturnin, sprach er mit seiner scharfen, hohen Stimme von der Freude, welche die Massen bei der großen Schenkung bezeigt hätten. Dieser Zulauf der Massen sei ein sehenswertes Schauspiel gewesen, noch sehenswerter vielleicht als jenes Schauspiel von damals, da er den Kopf des besiegten Meuterers Saturnin auf dem Forum habe ausstellen lassen. Dann wieder sprach er von seinem Glück, das seit der Niederlage des Saturnin anfange, sprichwörtlich zu werden. Damals war nämlich der sorgfältig vorbereitete Staatsstreich lediglich an einem Zufall der Witterung gescheitert; das plötzlich einsetzende Tauwetter hatte die von Saturnin gewonnenen Barbarentruppen verhindert, den vereisten Strom zu überschreiten und dem aufständischen General die vereinbarte Hilfe zu leisten. Ja, stellte Domitian fest, man dürfe sein Glück schon dem des großen Julius Cäsar vergleichen. Freilich sei auch dieser glückliche Cäsar zuletzt unter den Dolchen seiner Feinde gefallen. „Wir Fürsten“, meinte er leichthin inmitten einer versteinert dasitzenden Gruppe, „haben es nicht einfach. Packen wir unsere Gegner noch rechtzeitig, bevor sie den geplanten Streich ausführen, dann wirft man uns vor, wir hätten die verbrecherischen Projekte unserer Feinde nur erfunden als Vorwand, um sie zu beseitigen. Man glaubt uns die gegen uns gerichteten Verschwörungen erst dann, wenn wir glücklich ermordet sind. Was meinen Sie, mein Priscus, und Sie, mein Helvid?“

Kein Wort verlauten ließ er vorläufig von seinen Absichten im Falle der Vestalin Cornelia. Denn schwerlich ließen sich Schlüsse ziehen aus der Tatsache, daß eine der ersten Handlungen, die er nach seiner Rückkehr vornahm, in der Bestrafung eines andern Religionsvergehens bestand, das ein kleiner Mann verübt hatte.

Hatte da nämlich ein Freigelassener, ein gewisser Lydus, in der Trunkenheit seine Notdurft verrichtet in einen jener kleinen, brunnenartigen Schächte, wie man sie auszuheben pflegte, um Blitze darin zu begraben. Denn es mußte jeder Blitz, der in einen öffentlichen Platz eingeschlagen hatte und darin erstorben war, gleich einem Verstorbenen ordentlich begraben werden, wenn er nicht noch schlimme Folgen haben sollte. Es wurde daher dort, wo er eingeschlagen hatte, die Erde ausgehoben, die Priester opferten Zwiebel, Menschenhaare, lebendige Fische – Lebendiges aus den drei Reichen der Lebewesen –, dann wurde in der Tiefe eine Art Sarg gemauert, darüber aber im Umfang dieses Sarges ein viereckiger Schacht bis zur Erdoberfläche aufgeführt und mit der Inschrift versehen: „Hier ist ein Blitz begraben.“ Ein solches altes Blitzgrab also, noch aus den Zeiten des Kaisers Tiberius, befand sich in der Nähe des Lateinischen Tores, und in diese heilige Stätte hatte der unselige Lydus seine Notdurft verrichtet. Der Kaiser, in seiner Eigenschaft als Erzpriester, ließ ihn vor Gericht rufen. Er wurde verurteilt zur Auspeitschung, zum Verlust seines Vermögens, und es wurde ihm Feuer und Wasser Italiens verboten.

Wenige Tage später dann berief Domitian den Rat der höchsten Priester, das Kollegium der Fünfzehn, nach Alba in seine Residenz. Die Ladung war wie stets in größter Heimlichkeit erfolgt. Dennoch wußte jedermann davon, wahrscheinlich hatte das der Kaiser so gewünscht, und als sich die Fünfzehn nach Alba begaben, säumte ganz Rom die Albanische Straße.

Denn sie waren selten sichtbar, diese höchsten Priester, und Neugier und Scheu umgab sie. Der Opferpriester des Jupiter insbesondere war wohl unter den Bewohnern der Stadt Rom der am merkwürdigsten anzuschauende, altertümlichste. Die seltenen Male, da er seine Behausung verließ, schritt ihm ein Liktor voran, ausrufend, es habe ein jeder seine Arbeit fortzulegen, denn es nahe der Priester des Jupiter; Festtag mußte sein, wo er war, heilige Scheu, er durfte keinen Arbeitenden erblicken. Auch keinen Bewaffneten und keinen Gefesselten. Schwer und heilig war sein ganzes Leben. Sowie er erwachte, hatte er die volle Amtstracht anzulegen, und er durfte sie abtun erst, wenn er schlafen ging. Es bestand aber diese Amtstracht in einer dicken, wollenen Toga, die gewebt sein mußte von des Priesters eigener Frau, und es gehörte dazu ein weißer, spitzer Fellhut, auslaufend in eine Quaste und umschlungen von einem Ölzweig und einem wollenen Faden. Niemals, auch in seinem Hause nicht, durfte er dieses Hoheitszeichen ablegen. Nichts Gebundenes oder Geknotetes durfte sich an seinem Leib befinden, sein Kleid mußte durch Spangen gehalten, selbst sein Siegelring mußte durchbrochen sein. Einen kleinen Stab hatte er ständig mit sich zu führen, um die Leute fernzuhalten; denn er war erhaben über jede menschliche Berührung.

Ihn also zu beschauen und die andern vom Kollegium der Fünfzehn, drängte sich das Volk. Erregung war und Geraun. Alle wußten, worum es ging, um das Schicksal der Cornelia, der Vestalin, des Lieblings von Rom.

Das Unheimliche an den Versammlungen des Kollegiums der Fünfzehn war, daß sie in allen Fällen von Verbrechen gegen die Religion ihr Schuldig oder Unschuldig nach Willkür aussprechen konnten. Weder brauchten sie den Beklagten zu vernehmen noch Zeugen, sie waren nur den Göttern verantwortlich. Hilflos in ihre Hand gegeben war der Beklagte.

Freilich hatten sie nur zu finden, ob jemand schuldig sei oder nicht; die Strafe auszusprechen oblag dem Senat. Doch da dieser ein Schuldig des Priestergerichts nicht umstoßen konnte und da die Gesetze die Strafen unzweideutig vorschrieben, hatte er nur die undankbare Aufgabe, das vom Priestergericht gefällte Urteil vollstrecken zu lassen.

Voll Schreck und dennoch ein wenig gekitzelt, flüsterte man sich am Abend die Entscheidung des Kollegiums der Fünfzehn zu. Die Vestalin Cornelia war für schuldig der Unkeuschheit erkannt worden.

Für dieses Verbrechen, für Unkeuschheit einer Vestalin, hatte die barbarische Sitte der Altvordern eine barbarische Strafe festgesetzt. Die Schuldige sollte auf einem Weidengeflecht vor das Hügeltor geschleift werden und dort gegeißelt, dann sollte sie lebendig in einem Kerker eingemauert werden und mit etwas Nahrung und einer Lampe einem langsamen Tode überlassen bleiben.

Vor Domitian war hundertdreißig Jahre lang keine Vestalin auf Unkeuschheit verklagt worden. Domitian als erster hatte wieder ein derartiges Verfahren angestrengt, gegen die Schwestern Oculatae; allein auch er hatte das Urteil nicht vollziehen lassen, er hatte es dahin gemildert, daß er den Schwestern die Art des Sterbens freistellte.

Was wird er jetzt tun? Was wird der liebenswerten und verehrten Cornelia geschehen? Wird er es wagen?

An diesem Abend waren, nachdem sich die Herren des Priestergerichts entfernt hatten, in dem weitläufigen Schlosse von Alba nur mehr der Kaiser und der Hofmarschall Crispin.

Crispin hockte in seinem Arbeitszimmer, müßig, verzehrt von einer rasenden Spannung. D D D hatte ihn diesen ganzen Tag nicht vor sein Antlitz gelassen, nun wartete er ängstlich darauf, wann er ihn wohl berufen werde. Der sonst so elegante Herr sah ramponiert aus. Wo war sein vornehmer, überlegener Gleichmut, wo jene Blasiertheit, die das feine, dünne, lange Gesicht so hochfahrend hatte erscheinen lassen? Jetzt war dieses Gesicht nervös und zerrüttet, und darauf geschrieben stand nichts als Angst.

Immer von neuem überdachte er das Geschehene, verstand es nicht, verstand sich selber nicht. Welcher böse Geist hatte ihm die unsinnige Idee eingegeben, verkleidet den Mysterien der Guten Göttin beizuwohnen. Jedes kleine Kind hätte ihm sagen können, daß ihm D D D bei aller Freundschaft das nicht durchgehen lassen werde. Jedes andere Laster würde er ihm nachsehen, einen Religionsfrevel nicht. Dabei hatte er gar nicht daran gedacht, die Götter zu beleidigen, er hatte sich zum Fest der Guten Göttin nur deshalb eingeschlichen, weil es einfach kein andres Mittel gab, Cornelia näherzukommen. So hatte es auch seinerzeit Clodius gemacht, der berühmte Elegant aus der Zeit des Julius Cäsar, um sich Cäsars schwer zugänglicher Frau zu nähern. Dem Clodius war es damals gut hinausgegangen. Aber das waren liberale Zeiten. Unser D D D hingegen versteht leider keinen Spaß, wenn es um Dinge der Religion geht.

Aber hat man denn einen Beweis gegen ihn? Niemand hat ihn damals gesehen, als er sich in Frauenkleidung zum Fest der Guten Göttin schlich, dem kein Mann beiwohnen darf. Nur diese Melitta könnte gegen ihn zeugen, die Freigelassene, mit der er im Einverständnis war. Doch sie ist verschwunden, und Cornelia selber hat alle Ursache zu schweigen. Nein, es gibt kein Zeugnis gegen ihn. Oder doch? Norban hat hundert Augen, und wenn es sich um ihn handelt, um Crispin, dann sind diese Augen geschärft von Haß.

Von der Rückkehr des Kaisers hatte er erhofft, daß sie Klärung über seine Situation bringen werde. Aber nichts hatte sich geklärt, D D D hatte ihn gelassen und freundlich behandelt wie stets. Allein er kannte seinen D D D, er wußte, das besagte gar nichts, der schreckliche Druck war nicht von ihm gewichen. Alle die Zeit her war ihm, als werde sich im nächsten Augenblick die Erde auftun und ihn verschlingen. Sein hübsches Gesicht war hohl geworden, er hatte sich zusammenreißen müssen, um nicht plötzlich im Gespräch zu verstummen und in sich zu versinken, das köstlichste Gericht, die modischste Frau, der hübscheste Knabe, alles hatte seinen Reiz für ihn verloren. Er achtete nicht auf die Kleider, die ihm sein Kammerdiener zurechtlegte; sein Friseur konnte die Parfüms verwechseln, ohne daß er's merkte. Seine Freuden waren keine Freuden mehr, und wenn er des Nachts schlaflos lag, dann, mehrere Male, kam eine furchtbare Vision zu ihm, immer die gleiche. Er sah sich selber, wie er auf den Rindermarkt geschleift wurde, vor zehntausend Zuschauern in einen Block gespannt und zu Tode gepeitscht, nach dem Wortlaut des Gesetzes. Seltsamerweise trugen die zehntausend Zuschauer allesamt sein eigenes Gesicht, selbst der Beamte, der die Exekution leitete, und der Henker trugen sein Gesicht, auch sprachen sie alle mit seiner Stimme. Und er hörte sich selber, und das erschreckte ihn am meisten, in seinem flüsternden, eleganten Griechisch kleine, bissige Scherze machen über die unerträglichen, tödlichen Qualen seiner Folterung und seines grauenvollen Absterbens.

Heute, in Alba, diesen ganzen Tag über, da das Kollegium der Fünfzehn beriet, war das Gefühl der bevorstehenden Vernichtung noch drückender, dieses Gefühl, als ob ein Berg auf ihn zukäme und sich langsam über ihn senkte, um ihn zu begraben; so körperlich war es, daß es ihm zuweilen den Atem raubte. Er irrte herum in den endlosen Gängen des Schlosses, durch den weiten Park, durch die Ziergärten, die Treibhäuser, zwischen den Käfigen der Tiere, augenlos; wenn ihn einer gefragt hätte, wo er gewesen sei, dann hätte er's nicht sagen können.

Dann war es Nacht geworden, und er schaute, versteckt, zu, wie sich die Herren des Priestergerichts entfernten. Etwas in ihm, ein Rest des früheren Crispin, nahm mit lausbübischem Hohn wahr, welche Mühe sich die Herren geben mußten, damit ihnen nicht beim Einsteigen in den Wagen die spitzen, weißen, lächerlichen Fellhüte von den Köpfen fielen. Gleichzeitig aber dachte der neue, der am Leben bedrohte Crispin in ihm: Was mögen sie beschlossen haben?

Und nun also hockte er in seinem Arbeitszimmer, voll von hilflosem Zorn, daß es ganz im Belieben dieser läppisch angezogenen Burschen gestanden war, ihn zu einem schimpflichen, martervollen Ende zu verurteilen, ihn, den großen Crispin, den allmächtigen Minister des Kaisers. Hatten sie es getan? Hatten sie es gewagt? Seine Hände waren die eines

Toten, sein Kopf drehte immer nur die eine Frage: Hat er mich verurteilt, hat er es gewagt? Hat er mich verurteilt, hat er es gewagt?

Endlich rief man ihn zu Domitian. Er gab dem Kammerdiener, der ihm behilflich war, das Galakleid und die hohen Schuhe anzulegen, schroffe, ungeduldige Weisungen, doch die Stimme gehorchte ihm nicht recht, und als er selber knüpfte und band, zitterten ihm die Hände, und als er, Diener mit Leuchtern voran, durch die langen Korridore schritt, zitterten ihm die Knie. Er bemühte sich, auf seinen Schatten zu achten, der ihn grotesk begleitete, um sich so von seiner Furcht abzulenken und gelassen vor dem Kaiser zu erscheinen. Auch in Gedanken nicht mehr nannte er den Domitian D D D, sondern nur mehr den Kaiser.

Der Kaiser lag auf einem breiten Sofa, im Schlafrock, er sah müd aus, lasch, fleischig. Er streckte ihm die Hand hin, und Crispin, vorsichtig, damit die Lippenschminke keine Spur hinterlasse, küßte die Hand. „Das war ein anstrengender Tag heute", meinte Domitian, gähnend. „Ja", erzählte er, „wir haben sie verurteilen müssen. Das ist ein Schlag für mich. Ich habe Stadt und Reich in schlechtem Zustand übernommen. Es ist ein verwilderter Garten, man jätet und jätet und muß sehen, daß doch immer nur neues Unkraut nachwächst. Warum bist du so schweigsam, mein Crispin? Sag mir etwas Tröstliches! Der Herr und Gott Domitian dürstet heute nach tröstlichen Worten seiner Freunde."

Crispin wußte nicht, was er von diesen Reden halten sollte. Wenn Cornelia verurteilt war, dann doch nur um dessentwillen, was sich beim Fest der Guten Göttin ereignet hatte, und dann war doch er, Crispin, der Mitschuldige. Was also wollte der Kaiser? Machte er einen seiner schauerlichen Späße? „Ich sehe", redete Domitian weiter, „es hat dir die Sprache verschlagen. Ich begreife das. Seit den Zeiten des Cicero ist keine Vestalin mehr gerichtet worden. Und unter mir: erst die Schwestern Oculatae, und nun diese. Die Götter machen es mir nicht leicht."

Crispin, die eigene Stimme klang ihm sonderbar fremd, fragte mühsam: „Waren da Beweise?" Der Kaiser lächelte. Es war ein langes, tiefes Lächeln, und an diesem Lächeln erkannte Crispin, daß er verloren war. „Beweise?“ fragte Domitian, zuckte die Achseln und breitete ein wenig die Arme, die Handflächen gegen Crispin hin. „Was willst du, mein Crispin? Unser Norban hat eine Reihe von Tatsachen zusammengestellt, Indizien sagt man ja wohl in der Juristensprache, schlüssige Indizien. Aber was sind Beweise? Wenn man Cornelia gehört hätte und den Mann und die Frau, die Norban als ihre Mitschuldigen bezichtigt hat, dann hätten diese drei Beklagten sicher ebenso viele und ebenso schlüssige Gegenbeweise vorgebracht. Was sind Beweise?“ Er richtete sich hoch, beugte sich gegen den steif und kalt dasitzenden Crispin vor und sagte ihm, vertraulich, ins Gesicht: „Es gibt einen einzigen Beweis. Der wiegt mehr als alles, was Norban gegen Cornelia, und alles, was Cornelia und ihre Mitschuldigen für sich anführen können. Auch den Herren Priestern meines Kollegiums schien dieser Beweis vollwichtig. Ich bin nämlich – dir kann ich es ja sagen, mein Crispin – nicht zufrieden mit dem Ausgang des sarmatischen Feldzugs. Die Götter haben meine Waffen nicht gesegnet. Und warum nicht? Deshalb“, er sprang hoch, „deshalb, weil diese Stadt Rom voll von Sünde und Unzucht ist. Als mir Norban mitteilte, was am Feste der Guten Göttin geschehen ist, da sind mir die Augen aufgegangen. Da erkannte ich, warum dieser sarmatische Feldzug nicht die Ernte einbrachte, die ich mir erhofft hatte. Was meinst du, mein Crispin? Sag es ehrlich, sprich dich aus: ist das nicht ein schlüssiger Beweis?“

„Ja“, stammelte Crispin, auch er war aufgesprungen, als sich der Kaiser erhoben hatte, mit schlotternden Knien stand er da, leise schwankend, das hübsche Braun seines schmalen Gesichtes stach grünlich unter der Schminke hervor. „Ja, ja“, stotterte er, und, er konnte sich nicht länger zähmen, „aber wer, wenn ich das wissen darf, wer sind die Mitschuldigen?“ fragte er. „Das ist ein anderer Punkt“, sagte der Kaiser schlau, doch immer mit dem gleichen Ton freundschaftlicher Offenheit. „Es geht natürlich um die Vorgänge bei dem Fest der Guten Göttin. Aber das weißt du ja wohl selber“, meinte er beiläufig, selbstverständlich, und ein neuer Schauer überlief den Crispin, als der Kaiser dieses: „Aber das weißt du ja wohl selber", hinwarf. „Was der Kerl, der das Fest schändete", fuhr Domitian fort, „angestellt hat, das ist im Grunde nichts als eine unsäglich dumme Nachahmung des Streiches des Clodius aus den Zeiten Julius Cäsars. Und gerade darum kann ich es noch immer nicht glauben, was unser Norban berichtet, so solid seine Unterlagen sind. Ich kann es einfach nicht glauben, daß in unserm Rom, in meinem Rom einer auf einen so unsäglich albernen Einfall hat kommen können. Ich versteh es nicht. Die Männer von damals mochten einem Clodius verzeihen: aber mein Priestergericht, mein Senat – das mußte sich doch jeder sagen, der auch nur den Verstand eines Huhnes hat –, ich und meine Richter, wir verzeihen solche Verbrechen nicht."

Da aber versagte dem Crispin die Kraft, die Glieder erschlafften ihm, er sackte vor dem Kaiser zusammen. „Ich bin unschuldig, mein Herr und Gott Domitian", winselte er auf den Knien, und, immer von neuem, heulend, flennend: „Ich bin unschuldig."

„So, so, so", meinte der Kaiser. „Dann ist also Norban im Irrtum. Oder ein Verleumder. So, so, so. Interessant. Das ist interessant." Und plötzlich, blaurot im Gesicht, da er sah, wie Crispin seinen Schlafrock, ihn küssend, mit der Schminke seiner Wangen und seiner Lippen befleckte, brach er aus: „Und meinen Rock besudelst du auch noch mit deinen gemeinen Lippen, du Aussatz, du Sohn einer Hündin und eines besoffenen Fuhrknechts!" Er holte Atem, er entfernte sich von Crispin, der liegenblieb, er ging auf und ab und sprach grimmig vor sich hin: „So danken es einem diejenigen, die man aus dem Schmutz erhöht hat. Meine Cornelia. Sie versauen einem das Beste, was man hat. Sie beschlafen einem die Töchter. Wahrscheinlich hast du's nicht gewußt, du, dem die Götter ein hohles Ei gegeben haben statt eines Kopfes, daß die Vestalinnen meine, des Erzpriesters, Töchter sind. Wahrscheinlich begreifst du nicht einmal, du Auswurf von einem Ägypter, was du angerichtet hast. Du hast meine Verbindung zerrissen zu den Göttern, du Aas, du dreimal Verruchter. Dabei ist es nicht das erstemal, daß du mich bei den Göttern mißliebig gemacht hast." Und nun ließ er es aus sich heraus, was er, ein langsamer Rächer, sieben Jahre über im Busen bewahrt hatte. „Du warst es ja auch, du Pest, du Wegwurf, du trauriger Narr, der mich in den Streit hineingezogen hat mit dem Gott Jahve, damals vor sieben Jahren! Wer anders als du ist schuld daran gewesen, daß ich den Großdoktor so lange warten ließ damals? Deine Sache wäre es gewesen, mich darauf aufmerksam zu machen, daß ich ihn empfangen muß. Und jetzt beschläfst du mir auch noch meine Vestalin, du Pflichtvergessener, du Schakal, du Ägypter!"

Crispin war in einen Winkel gekrochen. Der Kaiser, ein wenig ächzend, ging auf ihn zu, fleischig, koloßhaft. Crispin drückte sich in die Mauer hinein, der Kaiser trat nach ihm. Sein bloßer Fuß in der Sandale hatte keine Kraft, der Tritt tat nicht weh. Trotzdem schrie Crispin, und sein Schreck war ehrlich. Des Kaisers aufgeworfene Oberlippe wölbte sich noch verächtlicher. „Nicht ein Fünkchen Mut hat der Schakal", sagte er und ließ ab von ihm.

Unvermutet indes kam er wieder auf ihn zu, beugte sich zu dem Wimmernden nieder, und leise, flüsternd, ganz nah an seinem Ohr, fragte er: „Und wie war es? Hast du wenigstens was davon gehabt? Wie war sie, diese Jungfrau Cornelia? War es eine große Lust? Schmeckte sie? Schmeckte sie anders als andere, diese Heilige? Sag es, sag es!" Da indes Crispin stammelte: „Aber ich weiß ja nichts, ich bin ja ...", richtete sich der Kaiser wieder hoch, und: „Schon gut, natürlich", sagte er, distanziert, hochmütig. „Norban hat dich verleumdet, du bist ein armer Unschuldiger, du weißt von nichts. Du hast es mir ja bereits gesagt. Schon gut." Und plötzlich, abgekehrt, über die Schulter, warf er ihm hin: „Du kannst gehen. Du bleibst in deinem Zimmer. Und zu baden rate ich dir. Du hast dich ganz bedreckt, du Feigling."

„Schenk mir das Leben, mein Herr und Gott Domitian!" heulte auf einmal der Ägypter von neuem los. „Schenk mir das Leben, und ich will dir danken, wie dir noch keiner von den andern gedankt hat!" – „So ein Haufen Schmutz!" sagte Domitian vor sich hin, angewidert, unsäglich hochmütig. Und:

„Daß du dich nicht umbringst, hörst du!“ befahl er ihm noch. „Aber das tust du sowieso nicht.“

Crispin war schon in der Tür. Domitian, wieder ganz kaiserlich, erklärte: „Was dein Leben anlangt, so steht die Entscheidung nicht bei mir. Sie steht, nachdem das Kollegium der Fünfzehn gesprochen, beim Senat.“

Während aber der Kaiser aus richterlicher Höhe herunter diese abgründig höhnischen Worte sprach, war auf einmal der Zwerg Silen aufgetaucht, der sich bisher in einem Winkel versteckt gehalten haben mochte, und stand nun hinter dem Kaiser, seine Haltung nachahmend. Und wenn sich Crispin während der wenigen Tage, die ihm noch blieben, den Domitian vorstellte, dann trennte sich in seinen Gedanken der Zwerg Silen nicht mehr von dem Kaiser. Denn dieses war das letztemal, daß der Minister Crispin den Domitian zu Gesicht bekommen, und die höhnisch feierlichen Worte waren die letzten, die er aus seinem Munde gehört hatte.

Die Zelle der Cornelia war die zweite links vom Eingang. Wie alle sechs Zellen war sie einfach eingerichtet, nur ein Vorhang trennte sie von der großen Halle, an die weiter hinten der Speisesaal anschloß.

Schon vor Wochen hatte in Vertretung des Kaisers der Priester des Jupiter ihr mitgeteilt, daß sie ihrer Funktionen enthoben sei und ihre Zelle nicht mehr verlassen dürfe. Hinter ihrem geschlossenen Vorhang hörte sie, wie die andern ihr Leben weiterlebten. Der Dienst der Vesta war bis ins kleinste geregelt; die Einholung des Opferwassers in den Krügen, die, auf daß sie nie den Boden berührten, unten spitz zuliefen, die Ausschüttung dieses geweihten Wassers, die Bewachung des heiligen, jungfräulichen Feuers, jeder Schritt und Tritt in dem einfachen, altertümlichen Heiligtum war vorgeschrieben. Cornelia also kannte genau jede Einzelheit des Tageslaufes, sie wußte, welche ihrer Mitschwestern jetzt die Wache hatte, jetzt dieses Opfer vollziehen mußte, jetzt jenes heilige Brot backen. Sie wußte, daß durch ihr Ausscheiden die drei Schwestern, die nach ihr in das Heiligtum eingetreten waren, nun jede einen Grad aufrückten. Bald, sowie der Kaiser zurückkommt, werden zwanzig Mädchen, alle unter zehn Jahren und von beiden Eltern her aus den ältesten Geschlechtern stammend, als Kandidatinnen präsentiert, und eine wird erlost werden, um sie, die ausgeschiedene Cornelia, als sechste zu ersetzen. Ins Heiligtum der Vesta einzutreten war eine der höchsten Ehren, welche die Götter und das Reich zu vergeben hatten. Töchter aller alten Geschlechter bewarben sich darum, viele Eifersüchte kämpften, wer berufen und erlost werden sollte. Ob Cornelia noch erfahren wird, wer sie ersetzen soll?

Wer immer diese Neue sein wird, Cornelia beneidete sie von vornherein darum, daß nun sie das Leben wird führen dürfen, das bisher ihr, Cornelias, Leben gewesen war. Schön war Cornelias Leben gewesen. Genau zwanzig Jahre waren es jetzt, die sie im Heiligtum verbracht hat, eintönige, streng geregelte Jahre mit Vorschriften für Tag, Stunde, Minute. Und wie schön bewegt trotzdem waren die Tage dieses Lebens, wie still, gleichmäßig und dennoch in stetem Wechsel glitten sie vorbei. Man fühlte sich wie ein Fluß, so gelenkt, gebettet, geregelt, alles gehorchte einem hohen Gesetz.

Die stille, fromme Heiterkeit, welche das Volk auf dem Gesichte der Cornelia wahrgenommen hatte, wenn an den großen Festen die Vestalinnen in der Prozession mitschritten, diese stille, fromme Heiterkeit, die sie mehr als die fünf andern zum Liebling der ganzen Stadt machte, war keine Maske. Vom ersten Tag an, da sie als Achtjährige in das Haus der Vesta gebracht worden war, hatte sie sich hier wohlgefühlt. Die Bedrückung, welche die andern als kleine Mädchen manchmal im Dämmer des heiligen Hauses empfunden haben wollten, sie, Cornelia, hatte sie nie gespürt. Keinerlei Angst hatte sie gespürt, als ihr Vater Lentulus sie in großer, festlicher Zeremonie dem Kaiser – es war damals Vespasian – als dem Erzpriester übergab und als sie mit kindlichem Eifer dem schlau und freundlich lächelnden alten Mann die Formel nachsprach, sie gelobe der Göttin und dem Reich, die Seele rein und den Körper fleckenlos zu bewahren. Dann, zehn Jahre lang, war sie von der freundlich ernsten Oberin Junia unterwiesen worden. Die einzelnen Verrichtungen, die es vorzunehmen galt, waren nicht schwer, aber es waren ihrer sehr viele, und wenn der Staat nicht unter dem Zorn der Göttin leiden sollte, dann durfte nicht das geringste Versäumnis unterlaufen. Doch zehn Jahre waren eine lange Zeit, da konnte man alles so lernen, daß es einem selbstverständlich wurde wie Ein- und Ausatmen. Cornelia lernte überdies mit Eifer; ihr gefiel der schlichte Sinn, der hinter den schlichten Bräuchen stand. Man lernte das Wasser in den spitzen Krügen schöpfen, auf das Feuer achten und es nach strengen Regeln unterhalten, man lernte Kränze flechten, um am Feste der Vesta die hellgrauen Esel zu schmücken, welche einem die Müller brachten, man lernte den geweihten Teig bereiten, welcher die Frauen vor Krankheit und Unheil schützen sollte. Die vielerlei Obliegenheiten waren alle leicht, doch sie mußten mit Würde und Anmut verrichtet werden, denn zahlreiche dieser Dienste geschahen unter den Augen des ganzen Volkes. Wenn die Jungfrauen der Vesta zum Capitol hinanstiegen, wenn sie ihre Ehrensitze einnahmen im Theater oder im Zirkus, immer waren nächst dem Kaiser sie diejenigen, auf welche die Zehntausende am meisten achteten.

Cornelia liebte die Bräuche, und sie gefiel sich gut, wenn sie in der Öffentlichkeit erschien. Sie wie keine verstand es, ihren Dienst frommen, heiteren Gesichtes zu vollziehen und so, als ob sie nicht wüßte, daß hunderttausend Augen auf sie gerichtet waren. Im Innern spürte sie mit großer Freude, daß diese Augen auf ihr waren und daß sie, Cornelia, diese Augen nicht enttäuschte. Die Mittelfigur eines schönen, heiligen und heiteren Schauspiels zu sein füllte sie aus, und zu wissen, daß es das Wohl des Staates förderte, wenn sie ihre Obliegenheiten geordnet und gesammelt besorgte, wärmte ihr das Herz.

In ihnen, in den sechs Jungfrauen der Vesta, verkörperte sich die einfache Gravität und keusche Würde des alten römischen Hauses, sie waren die Wahrerinnen des Herdfeuers, ihrem Schutze anvertraut waren das Palladium und die wichtigsten Akten des Reichs. Keuschheit und Wachsamkeit waren Cornelia selbstverständlich geworden.

Viele ehrenvolle Titel führten die Vestalinnen. Ihr, Cornelia, war der Titel „Amata“, „Liebling“, der teuerste, und sie war sich bewußt, daß sie diesen Titel zu Recht trug. Sie fühlte sich geliebt, nicht von einem einzelnen, sondern von den Göttern und vom Senat und Volk von Rom. Natürlich gab es Eifersüchteleien unter den sechs Jungfrauen, die ständig zusammen lebten; doch selbst im Kreise der Schwestern war sie die am meisten geliebte.

Höchstens Tertullia wird eine ganz kleine Befriedigung spüren über ihr, der Cornelia, Unglück. Tertullia hat sie nie leiden mögen. Was für böse Augen zum Beispiel hat sie gemacht, als bei den Capitolinischen Spielen sie, Cornelia, ausgelost worden war, an der Hand des Kaisers zum Jupiter hinaufzusteigen. Dabei hat sie gerade an dieser Zeremonie nicht viel Freude gehabt. Gewiß, Domitian war sehr großartig anzuschauen, und sie hat gespürt, daß ihre ernst und heitere Anmut neben dem Kaiser doppelt zur Geltung kam. Trotzdem war sie nicht froh, und jener Tag war einer der nicht vielen, da sie geradezu Unbehagen gespürt hat; Wirrnis, „Trübung", so hat sie es in ihrem Innern genannt. Die Hand des Mannes, mit dem gemeinsam sie die Stufen erschritten hat, diese Hand des Kaisers, des Erzpriesters, ihres „Vaters", ist eine kalte, feuchte Hand gewesen, und sie hat, als sie die ihre hineinlegte, Angst und Widerwillen gespürt, ähnlich wie beim Feste der Guten Göttin.

Ja, eine Vorahnung war es, eine Warnung, und kein Zufall war es, daß sie die gleiche „Trübung" verspürt hat und von jeher und bei allem, was mit dem Feste der Guten Göttin zusammenhing. Für die andern Vestalinnen war dieses Fest der Guten Göttin der Höhepunkt des Jahres, sie aber hat sich, immer wenn dieses Fest näherrückte, mehr davor geängstigt als darauf gefreut.

Das Fest fand alljährlich statt, im Winter. Gastgeberin war die Gattin des höchsten Reichsbeamten, des Konsuls; der mußte zu diesem Zweck sein Haus für zwei Tage seiner Frau überlassen, er selber durfte es nicht betreten, denn ihm, wie jedem Manne, war der Zutritt zu diesem Fest bei Todesstrafe verboten. Es wurden bei diesem Fest altertümliche Sprüche gesprochen, seltsame Opfer vollzogen, dunkle, aufregende Bräuche geübt, alles unter ihrer, der Vestalinnen, Anleitung.

Gegen Ende ihrer Lehrzeit, kurz bevor sie achtzehn wurde, war Cornelia von ihrer Lehrerin Junia über Sinn und Meinung dieser Sitten und Bräuche aufgeklärt worden. Es war aber die Gute Göttin eine nahe Anverwandte des Bacchus, sie war die Göttin der häuslichen Fruchtbarkeit, und wie Bacchus den Wein, so hatte sie die Weinranke zum Attribut; doch wurde ihr Trank, wiewohl er Wein war, nicht so genannt, sondern er hieß „Milch der Guten Göttin". Diese Milch der Guten Göttin war das Symbol häuslicher Fruchtbarkeit, keuschen, doch dadurch nicht minder lustvollen Liebesgenusses. Dies alles wurde der Novizin erklärt, und so erklärten sich ihr auch die dunklen, erregenden Bräuche, welche bei den Mysterien der Guten Göttin geübt wurden. Festlich geschmückt mit Weinranken war das Haus der Ersten Dame des Reichs, welche die Gäste der Göttin empfing; Weintrauben in Fülle waren da, jetzt, mitten im Winter, in den Treibhäusern gezüchtet; mit ihren spitzen, altertümlichen Krügen schöpften die Vestalinnen Milch der Guten Göttin, Wein also, und geschmückt mit Weinlaub waren die Frauen alle. Sie umfaßten und küßten sich, in strenger, steifer Zeremonie zuerst, sie führten sakrale Tänze auf, jede Geste war vorgeschrieben. Allmählich dann, in der zweiten Stunde, wurden die Tänze heftiger, die Verschlingungen der Frauen wilder, erregter ihre Küsse und Umarmungen, in größerer Fülle floß die Milch der Göttin. Wüster wurde mit dem Fortschreiten der Nacht das Fest. Es war aber eine lange Winternacht, und wenn endlich, kurz vor Tage, die Vestalinnen das Haus verließen, dann war es voll von Frauen, die in den Winkeln herumlagen, zu zweien oder zu dreien, und nicht mehr erkannten, wer zu ihnen sprach.

Oft jetzt in der Verlassenheit ihrer Zelle mühte sich Cornelia, sich in genauer Reihenfolge die Vorgänge zurückzurufen, die sich beim letzten Fest der Göttin ereignet und die ihr ganzes Leben umgestülpt hatten.

Melitta, die Freigelassene, hatte ihr gemeldet, eine Frau erwarte sie im Toilettezimmer der Gastgeberin, der Volusia. Was für eine Frau? hatte sie, Cornelia, gefragt. Eine besondere Frau, hatte Melitta erwidert, die Besonderes mit ihr zu besprechen habe und besondere Hilfe von ihr begehre, und Melitta hatte bei diesen Worten auf eine seltsam auffordernde Art gelächelt. Eigentlich war es dieses Lächeln gewesen, das dazu geführt hatte, daß sie jetzt allein, geächtet und vom Dienst ihrer Göttin ausgeschlossen, in ihrer Zelle saß. Sie war also in das Toilettezimmer der Volusia gegangen, nicht mit der ganzen Schwerelosigkeit wie sonst und dennoch leichter, da sie von der Milch der Göttin genossen hatte. Ihr weißes Kleid war ihr beim Tanz zerrissen worden, der Schlitz gab den Blick auf ihre Beine frei, und sie erinnerte sich, daß sie, während sie ging, bemüht gewesen war, den widerspenstigen Schlitz zuzuhalten.

Merkwürdigerweise hatte sie, während sie ins Toilettezimmer der Volusia ging, an den Senator Decian gedacht, jenen ruhigen, freundlichen Herrn, der sie immer mit so besonderem Respekt und mit mehr als Respekt begrüßte. Dabei war es sinnlos, gerade diesen mit dem Fest und den Mysterien der Guten Göttin in Zusammenhang zu bringen.

Die Frau, die sie im Toilettezimmer der Volusia erwartete, hatte ihr gut gefallen. Sie war groß, schlank, das Gesicht bräunlich, mit einem Stich ins Olivfarbene, mit wissenden Augen und wissenden Lippen; das hatte sie erkannt, als die Frau sie mit dem Kuß der Guten Göttin begrüßte, und sogleich war die „Trübung" stärker geworden, jenes besondere und ängstigende Gefühl, das für sie dem Feste der Guten Göttin anhaftete. „Ich bin sehr kühn", hatte die Frau zu ihr gesagt, „aber ich kann nicht anders, ich muß Sie, gerade Sie, meine Herrin und Geliebte Cornelia, bitten, mich tiefer in die Mysterien der Guten Göttin einzuweihen; denn ich kann nicht mehr schlafen, wenn ich nicht mehr erfahre von diesen Mysterien." – „Kenne ich Sie, meine Herrin?" hatte sie, Cornelia, zurückgefragt. Und: „Ja und nein", hatte die Unbekannte erwidert, hatte ihre Hand gefaßt und sie umarmt und gestreichelt, wie das üblich war beim Fest der Guten Göttin. Während dieser Umarmung aber war ihr plötzlich aufgegangen, daß die Unbekannte keine Brust hatte.

Naiv, wie sie war, und erfüllt von Vorstellungen aus der Urzeit, da Götter und sagenhafte Wesen den Erdkreis bevölkerten, hatte sie zuerst geglaubt, die andere sei eine verspätete Amazone. Spät, zu spät war ihr die Vorstellung der ganzen, grauenhaften Wirklichkeit aufgegangen. Gehört hatten sie natürlich alle von jenem Clodius, der sich damals, zur Zeit des großen Julius Cäsar, als Harfenistin verkleidet zum Fest der Guten Göttin eingeschlichen hatte. Doch dies war geschehen in abgelebten Zeiten, die so unwirklich waren wie die Zeiten der Götter und Halbgötter. Daß sich dergleichen noch heute sollte ereignen können, in der greifbaren Wirklichkeit des heutigen Rom, das war einfach unvorstellbar.

Daß es sich nun doch ereignete, hatte sie gelähmt. Es lähmte sie noch weiter. Noch jetzt nicht wußte sie genau, was eigentlich geschehen war, es war wirklich und gleichwohl unwirklich, sie wußte es nicht, aber sie spürte es weiter, immer noch, täglich, stündlich. Es waren keine Vorgänge und Bilder, die sich infolge jenes Ereignisses in ihr aufgestaut hatten, es waren eher Gefühle, Erregungen, ein undeutliches, schmerzhaftes, schauerliches Durcheinander, Abwehr und Abscheu, und eine winzige Neugier, wüst gemischt.

Es war eine Vergewaltigung, das war gewiß. Vielleicht hätte sie schreien sollen. Aber wenn sie geschrien hätte, dann hätten alle gewußt, daß das Fest der Guten Göttin geschändet war, und aus einem solchen bösen Vorzeichen wäre größtes Übel gewachsen für den Feldzug und für das Reich. Es war besser, daß sie sich stumm gewehrt hat, verbissen, keuchend. Sie hat sich gewehrt, sie hat sich nach Kräften gesträubt, und sie war kräftig. Aber sie war wie betäubt gewesen von dem ungeheuern und unausdenkbaren Frevel. Auch war sie behindert gewesen durch das schwere, altertümliche Gewand. Was sie unmittelbar hernach am meisten erschreckt hatte, das war gewesen, daß dieses heilige Gewand durch die Spuren des Verbrechens besudelt war, im Wortsinn besudelt, wie auch ihre Haut.

Das Ganze hatte eine Ewigkeit gedauert und doch wohl nur sehr kurz. An äußere Folgen hatte sie in jener Nacht überhaupt nicht gedacht. Ob den andern ihre Abwesenheit und ihre Verstörtheit aufgefallen war, damit hatte sie sich nicht beschäftigt. Erst am andern Tag, als Melitta zu ihr kam und sie beschwor, sie im eigensten Interesse zu retten, war ihr die Gefahr aufgegangen. Sie hatte Melitta jenen Brief an Decian gegeben. Was daraus entstanden war, wußte sie nicht. Sie hatte nur ihre dumpfe Erinnerung an die kurze und ewige Umarmung jener „Frau" und an ein paar wirre Sätze der Melitta. Niemand sonst hatte mit ihr über die Ereignisse jener Nacht und über ihre Folgen gesprochen. Auch der Opferpriester des Jupiter hatte den Grund nicht angegeben, aus dem er sie hinter ihren Vorhang verbannte.

Was wohl mit ihr geschehen wird? Niemals hätte irgendwer, niemals sie selber es anders gedacht, als daß, wenn sie einmal gestorben sein wird, ein Steinbild von ihr werde errichtet werden mit der Inschrift: „Der höchst keuschen, höchst schamhaften, höchst reinen, höchst wachsamen Jungfrau Pulchra Cornelia Cossa." Statt dessen wird sie jetzt hinunter müssen in das Gewölbe vor dem Hügeltor; denn als sie bei der Prozession ihre Hand in die des Herrn und Gottes Domitian legte, hat sie gespürt, daß er sie nicht liebt, und er wird nicht zugeben, daß sie sich, wie damals die süßen und geliebten Schwestern Oculatae, die Art des Sterbens selber bestimme. Vielmehr wird sie eingemauert werden mit einem Krug Wasser und etwas Speise, ein Weidengeflecht wird gebreitet werden über das Gewölbe, in dem sie elend verreckt, und scheu werden diejenigen, welche die Stelle passieren, einen Kreis des Grauens und des Ekels um ihr Grab machen.

Aber sie hat doch ihr Gelübde nicht verletzt. Sie hat das, was geschah, doch nicht gewollt, sie ist hineingerissen worden, sie hat es nicht getan. Vielleicht auch ist es gar nicht geschehen, sie weiß es nicht, vielleicht hat sie sich alles nur eingebildet in ihrer „Trübung". Vielleicht, wenn sie dem Priestergericht die Probe anbietet, wird sie ihr glücken, wie sie seinerzeit der Vestalin Tuccia glückte, vielleicht wird sie es vermögen, mit dem Sieb aus dem Flusse Tiber Wasser zu schöpfen und es vor die Priester zu tragen.

Sie phantasiert. Es ist geschehen, und man würde sie nicht zur Probe zulassen, das Schicksal hat sich gegen sie entschieden, das Schicksal hat es gewollt, niemand fragt nach der Absicht, eingemauert in das Gewölbe wird sie werden.

Der Vorhang wurde vom Boden hochgerafft, eine Hand schob eine Schüssel mit Speisen herein und einen Krug mit Milch. Cornelia erkannte die Hand, die das besorgte, es war die Hand der Postumia. Die Speisen waren mit Liebe zubereitet, es waren ihre Lieblingsspeisen, und sorglich waren Deckel darübergestülpt, damit sie sich warm erhielten. Die andern liebten sie, die andern bedauerten sie. „Amata", „die Geliebte", sie trug ihren Titel zu Recht.

Sie wird nicht mit priesterlichen Ehren an der Attischen Straße bestattet werden, sie wird keine Ehrensäule haben, ihr Name wird gelöscht werden aus jedem Stein und von jedem Papier. Dennoch werden die andern an sie denken, oft, liebevoll, nicht einmal der Haß der Tertullia wird dagegen aufkommen. Wenn sie den heiligen Teig bereiten, werden sie an sie denken, und wenn sie am ersten März das Feuer der Göttin erneuern; wie gerne hätte sie diesen ersten März noch erlebt! Und flüstern werden sie von ihr, voll Scheu, Geheimnis und Zärtlichkeit, wenn sie das heilige Wasser schöpfen und weihen und wenn eine Wache die andere ablöst am Feuer der Vesta.

Dieser Gedanke beruhigte Cornelia ein wenig, und sie aß mit Lust von den guten Speisen. Dann schlief sie, und es war über ihrem jungen Gesicht jene ernste und freudige Ruhe, welche ihr die liebende Verehrung des Volkes erworben hatte.

Der Kaiser war in dieser ersten Zeit nach seiner Rückkehr aus dem sarmatischen Feldzug wenig in Rom, er hielt sich fast immer in Alba auf. Hatte er früher dort am liebsten vor den Tierkäfigen verweilt, so zog er es jetzt vor, in den ausgedehnten Teilen des Parks herumzustreifen, aus denen sein Obergärtner, der Topiarius Felix, die ursprüngliche Natur völlig vertrieben hatte, das Gelände in eine Art von ungeheuerm Teppich verwandelnd. Geometrisch abgezirkelt waren da Beete, Hecken, Alleen. Zierlich und steif standen Gruppen von Buchsbäumen und Taxus, die einzelnen Bäume verschnitten zu Kegeln und Pyramiden, dünn und starr reckten sich Zypressen, allerlei Blumen und Pflanzen bildeten Namenszüge, Figuren, selbst kleine Gemälde. Die Wege waren sorgfältig gekiest, die Teile des großen Ziergartens, die nicht bepflanzt waren, waren gepflastert. Brunnen und Wasserwerke sprudelten, Ruheplätze jeder Art gab es, Rundbänke, künstliche Grotten, Lauben, aus Stein gebildete Baumstümpfe, künstliche Ruinen, auch ein Labyrinth. Teiche waren da mit Schwänen und Reihern, auf weißschimmernden Freitreppen spreizten sich Pfauen. Wandelhallen, mit Fresken geschmückt, schnitten einzelne Teile des Gartens heraus. Terrassen und Freitreppen verbanden da und dort Partien des riesigen, auf hügligem Terrain angelegten Parkes, Holz- und Steinbrücken schwangen sich über Bäche, das Ganze senkte sich zum Ufer des Sees. Alles war zierlich, niedlich, steif, gravitätisch, künstlich, prunkvoll.

Wenn sich Domitian in diesem Ziergarten erging, dann hob ihn der Gedanke, daß man Lebendiges auf solche Art ändern konnte, es in Zucht bringen, in bestimmte Normen. Da es seinem Topiarius Felix gelang, solche Wunder und Metamorphosen zu erwirken an lebendig blühendem Gewächs, wie sollte es ihm, dem römischen Kaiser, nicht glücken, Menschen nach seinem Willen zu bilden, sie, ein zweiter Prometheus, nach seinen Wünschen und Erkenntnissen zu formen?

In solchen Betrachtungen wandelte der Kaiser durch seine Gärten in Alba. Mit ihm war der Zwerg, in einiger Entfernung folgte der Obergärtner, wieder etwas weiter zurück waren die Träger mit der Sänfte, falls der Kaiser ermüden sollte. Viele Stunden erging er sich so. Mit Genugtuung betrachtete er die Lauben, die Grotten, diese ganze kleingehackte, zerkünstelte Natur. Gelegentlich auch betastete er die Kletterpflanzen, den Efeu, die Winden, die Kletterrosen, die den Weg wachsen mußten, den der Wille des Menschen ihnen vorschrieb. Dann wieder rief er den Obergärtner, ließ sich das oder jenes erklären und wärmte sich das Herz an der Beschreibung, wie man auch hohe, starke Bäume zwingen konnte, die Gestalt anzunehmen, die ordnender Sinn ihnen diktierte.

Am liebsten aber hielt er sich in den Treibhäusern auf. Alles dort gefiel ihm, die künstliche Reife, die künstliche Wärme, das listige Glas, mittels dessen man die Sonne einfing. Mit nachdenklicher Befriedigung erlebte er, daß man also Bäume und Sträucher zwingen konnte, Früchte im Winter zu tragen, die im Sommer zu reifen bestimmt waren. Das war ein Gleichnis, das ihm behagte.

In einem Treibhaus auch, auf einem Ruhebett, das er sich hatte hinstellen lassen, lag er dösend, brütend, als Lucia zu ihm kam.

Des Kaisers Beziehungen zu ihr waren wieder gefährlicher geworden, ja sie waren neuerdings so voll von Untiefen, daß Lucia nicht erstaunt gewesen wäre, wenn Wäuchlein plötzlich zu einem zweiten, tödlichen Schlag gegen sie ausgeholt hätte.

Begonnen hatte diese Veränderung, als er den Prinzen Sabin hatte hinrichten lassen. Domitian hatte, da er sich vor Julia in Schuld fühlte, den Sabin lange geschont, obgleich Norban im Lauf der Jahre gegen den Prinzen Material genug zusammengetragen hatte, um eine Verurteilung durch den Senat zu rechtfertigen. Erst nachdem die Beteiligung des Sabin an dem Putsche des Saturnin einwandfrei erwiesen war – ein Schreiben des unbesonnenen, hochmütigen Prinzen, in dem er das Angebot des Generals annahm, ihn an Stelle Domitians zum Kaiser zu machen, war den Leuten des Norban in die Hände gefallen –, hatte Domitian zugeschlagen. Und damals hatte Lucia einen schweren Fehler gemacht. Da sie dem Sabin soviel Dummheit nicht zugetraut und angenommen hatte, es handle sich um einen Willkürakt Domitians, hatte sie ihm vorgeworfen, er habe den Vetter lediglich aus Eifersucht auf Julia beseitigen lassen. Damit aber hatte sie ihm offenbar unrecht getan, und er war ihr gegenüber lange im Vorteil gewesen.

Ernsthaft gefährlich indes waren ihre Beziehungen zu Domitian erst seit Julias unseligem Ende. Gekommen war dies so: Julia war nach dem Tode des Sabin von neuem schwanger geworden, zu einem Zeitpunkt, der einen Zweifel an der Vaterschaft des Domitian ausschloß. Domitian beabsichtigte, das Kind zu adoptieren, und wünschte deshalb, daß es nicht als Bastard zur Welt komme. Er schlug Julia eine neue Heirat vor. Julia, die in ihrer ersten Ehe unter der Eifersucht Domitians genügend zu leiden gehabt hatte, lehnte ab. Domitian wollte ihr den Mann aufzwingen, den er ihr ausgesucht. Sie sträubte sich. Der Kaiser bekam einen Wutanfall. Widerspruch hatte er bisher von einem einzigen Menschen geduldet, von Lucia. Er war nicht gewillt, es hinzunehmen, daß nun auch Julia infolge ihrer Schwangerschaft übermütig und zu einer zweiten Lucia werde. Eher verzichtete er auf den Sohn. In zwei wüsten Auseinandersetzungen zwang er Julia, das Kind abtreiben zu lassen. Über dieser Operation war Julia gestorben.

Domitian litt unter dem Tod der Julia, den er verschuldet. Er wollte sich das aber nicht anmerken lassen, vor allem nicht vor Lucia, und er fragte sie auf seine höhnische Art: „Nun, meine Lucia, sind Sie es zufrieden, daß Sie Julia losgeworden sind?" Die Kaiserin hatte Julia nie leiden mögen, sie hatte sie mit gelassenem, leicht spöttischem Stolz behandelt. Ihr Tod aber empörte sie, die Frau in ihr empörte sich gegen die Manneswillkür des Domitian, und vollends erbitterte sie seine alberne Frage. Sie mühte sich nicht, diese Gefühle zu verbergen, ihr helles, großes Gesicht verzog sich in Ablehnung und Widerwillen, und sie sagte: „Deine Liebe, Wäuchlein, scheint den davon Betroffenen nicht gut zu bekommen."

Hatte Domitian ihre Beschuldigung im Falle des Sabin verziehen, weil sie ungerecht und ungereimt war, so traf ihn diese Anmerkung über Julia um so tiefer, weil sie stimmte. Das Feindselige, das von Anfang an in seinen Beziehungen zu Lucia gewesen war, verschärfte sich, und es war seither in seinen Umarmungen ebensoviel Groll wie Begier. Ein solches Verhältnis war Lucia nur recht. Ihn indes wurmte es, daß er von ihr nicht loskam, er war klein vor sich selber, wenn er mit ihr zusammen war, er bezähmte sich, seine Umarmungen wurden immer seltener, und schließlich beschränkten sich seine Zusammenkünfte mit ihr auf jene Gelegenheiten, da sie sich der Öffentlichkeit zusammen zeigen mußten. Ihre Begegnungen wurden förmlich, wachsam, sie waren einer auf der Hut vor dem andern. Seit mehreren Wochen, seit mehr als einem Monat, hatte Lucia den Kaiser überhaupt nicht mehr zu Gesicht bekommen.

Es war also ein Wagnis gewesen, jetzt zu ihm vorzudringen, unangemeldet, es war nicht ganz leicht gewesen, die vielen Wachen und Kämmerer zu passieren, und mit einer etwas unbehaglichen Spannung wartete Lucia, wie er sich verhalten werde.

„Sie hier, meine Lucia?" begrüßte er sie, und schon an seiner Stimme merkte sie, daß er eher angenehm als unangenehm überrascht war. So war es auch. Wenn Domitian in den letzten Monaten Auseinandersetzungen mit ihr vermieden hatte, dann deshalb, weil er fürchtete, sie werde ihm Wahrheiten sagen, die zu hören er nicht geneigt war. Diesmal indes vermutete er, sie komme wegen Cornelia – sie war mit ihr verwandt und hatte sie gern, wie jedermann in Rom sie gern hatte –, und in der Sache mit Cornelia fühlte er sich sicher; sich darüber mit ihr auseinanderzusetzen, darauf freute er sich geradezu.

Richtig begann sie denn auch, und schon nach wenigen Sätzen, von Cornelia. Ohne Rücksicht auf den im Winkel kauernden Silen sprach sie mit ihm, doch nicht ohne Schmeichelei; denn ihr lag daran, Cornelia zu retten. „Ich nehme an", sagte sie, „Sie wollen den Senat schrecken. Sie wollen zeigen, daß es niemand im Reich gibt, er sei so geachtet und beliebt, wie er wolle, vor dem Sie zurückwichen. Außerdem bezwecken Sie wahrscheinlich, dem Senat zu zeigen, daß Sie ein strengerer Hüter römischer Tradition sind als wer immer vor Ihnen. Aber Sie sind zu klug, um nicht selber zu wissen, daß hier Preis und Einsatz nicht im rechten Verhältnis stehen. Was sie im besten Fall gewinnen können, wiegt nicht auf, was Sie in jedem Fall verlieren müssen. Schonen Sie Cornelia!"
Domitian grinste. „Interessant diese Ihre Auffassung", sagte er, „interessant. Aber Sie haben sich erhitzt, meine Lucia, ich fürchte, der Aufenthalt in diesem Glashaus bekommt Ihnen nicht. Darf ich Ihnen einen Spaziergang durch den Garten vorschlagen?"

Sie gingen durch eine Platanenallee; sie waren jetzt allein, der Kaiser hatte mit einer heftigen Bewegung alles ringsum verscheucht. „Ich weiß, daß dergleichen Gerede über meine Absichten in Rom umgeht", sagte er beiläufig, „aber Sie, meine Lucia, sollten derlei billiges Zeug nicht nachschwatzen. Der Fall liegt höchst einfach. Es geht um Religion, um Moral, um nichts sonst. Ich nehme mein Amt als Erzpriester ernst. Das Heiligtum der Vesta, ihr Herd, ist meinem Schutze anvertraut. Ich kann verzeihen, wenn es um meinen eigenen Herd geht" – er lächelte Lucia bösartig-höflich an –, „aber unmöglich kann ich verzeihen, wenn es um die Reinheit des Herdes geht, der die Makellosigkeit des Ganzen versinnbildlicht."

Er wollte in einen Seitengang einbiegen, sie aber zog es vor, die Platanenallee zurückzugehen, und er folgte gehorsam. „Merken Sie nicht", fragte sie, „daß Sie, sagen wir, widerspruchsvoll handeln? Ein Mann, der ein Leben führt wie Sie – man erzählt sich, daß Sie es jüngst mit mehreren Frauen getrieben haben in Gegenwart des blinden Messalin, den Blinden hetzend und höhnend, daß er errate, wen, wer und wie –, ein Mann, der ein solches Leben führt, wirkt sonderbar, wenn er den Richter spielt über die Vestalin Cornelia."

„Und abermals", sagte sanft Domitian, „muß ich Ihnen raten, teure Lucia, sich so wohlfeiles Gefasel meiner Senatoren nicht zu eigen zu machen. Niemand weiß besser als Sie, daß ein Unterschied ist zwischen Domitian, dem Privatmann, der sich eine seiner seltenen leeren Stunden mit Vergnügen anfüllt, und dem Herrn und Gott Domitian, dem Zensor, von den Göttern eingesetzt zum Richter über Sitte, Wandel und Tradition des Reichs. Nicht ich verfolge Cornelia, ich liebe sie weder, noch hasse ich sie, sie ist mir vollkommen gleichgültig. Die Staatsreligion verfolgt sie, das Imperium, Rom, dessen reine Flamme sie zu hüten hat. Sie müssen das begreifen, meine Lucia, und ich weiß, Sie begreifen es. Es sind nun einmal Unterschiede festgesetzt vom Schicksal und von den Göttern. Nicht alles, was ein glattes Gesicht und einen Schoß hat, ist gleich. Eine Frau, die römisches Bürgerrecht hat, eine mater familias, und gar eine Vestalin, ist etwas anderes als die übrigen Weiber der Welt. Diese übrigen Weiber mögen tun und lassen, was sie wollen, mögen herumhuren wie Fliegen in der Sonne, mögen sich bespringen lassen, wann und von wem sie belieben. Sie existieren nur vom Gürtel an abwärts. Eine römische Bürgerin aber und gar eine Vestalin existiert nur vom Gürtel an aufwärts. Man verwische nicht die Unterschiede, man vertausche nicht die Maße, man fälsche nicht die Gewichte. Der Privatmann Domitian mag meinethalb gemessen werden mit dem Maß, mit dem man einen kappadokischen Lastträger mißt, aber ich verwahre mich dagegen, ich verbiete es, daß man den Zeitvertreib meiner leeren Stunden zusammenwirft mit den Geschäften des Gottes Domitian."

Nun waren sie gleichwohl in den Seitengang eingetaucht. „Ich danke Ihnen", erwiderte Lucia, „für Ihre lichtvollen Belehrungen. Mich wundert nur *eines*: daß Sie nämlich nicht auch den römischen Bürgerinnen zugestehen, was Sie sich selber zugestehen. Warum darf nicht auch eine römische Bürgerin unterscheiden zwischen dem Zeitvertreib ihrer leeren Stunden und den Geschäften, die sie als römische Bürgerin verrichtet? Warum darf nicht auch sie sich spalten, wie Sie es tun, und bald die römische Bürgerin sein, existierend nur vom Gürtel an aufwärts, und bald das Weibchen wie die übrigen?"

Darauf ging Domitian nicht ein. „Begreif mich doch, meine Lucia!" bat er. „Es ist wirklich das Pflichtbewußtsein des Fürsten, des Erzpriesters, und nichts sonst, was diese Cornelia verurteilt. Ich will dieser Gesellschaft, diesem Adel, der verkommen ist durch eine Reihe schlechter Herrscher, den Sinn wieder öffnen für die Strenge, die Einfachheit und das Pflichtgefühl der Altvordern. Ich will dieses Volk zurückführen zur Religion, zur Familie, zu den Tugenden, welche die Gegenwart sichern und die Zukunft gewährleisten. Mit größerm Recht als von der Epoche jenes Augustus soll man vom Zeitalter des Domitian sagen können: ‚Nicht schändet Unzucht das reine Haus. Austrieb Sitte und Recht das Laster, die Geilheit. Ehre gebührt den Frauen; denn gleich sehn sich Gatte und Kind. Und nicht hinter der Schuld, neben ihr her geht die Strafe.'" Etwas pathetisch mit seiner scharfen, hohen Stimme deklamierte er die edlen Verse des Horaz.

Da aber hielt sich Lucia nicht länger, ihr dunkles, klingendes Lachen schlug sie auf. „Verzeih", antwortete sie, „ich glaube dir, daß du es ehrlich meinst. Aber die Verse klingen zu komisch im Munde des Mannes, welcher Julias Liebster war und der Mann der Lucia ist." Und da sich Domitian tief rötete, fuhr sie fort: „Ich will dich nicht kränken, ich bin, beim Herkules, nicht hergekommen, um dich zu kränken. Aber glaubst du wirklich, du kannst es durch Verwaltungsmaßnahmen erreichen, daß mehr Tugend in Rom sei? Dieses Rom, wie es nun einmal ist, diese unsere Zeit, wie sie nun einmal geworden ist, die wirkliche Epoche des Domitian, glaubst du, du kannst sie zurückdrehen und zu der Epoche machen, die du haben willst? Da müßtest du ganz Rom einreißen und drei Viertel seiner Institutionen verbieten. Willst du die Huren abschaffen? Willst du die Theater verbieten, die Komödien von den gehörnten Ehegatten? Willst du aus den Fresken der Häuser die Liebesabenteuer der Götter herauskratzen lassen? Glaubst du, du erreichst wirklich etwas, wenn du Cornelia begräbst? Ich weiß nicht, was du ihr nachweisen kannst; aber das weiß ich, meine Kusine Cornelia, was immer sie getan haben mag, hat im kleinen Finger mehr Keuschheit als du und ich zusammen. Wenn Cornelia vorübergeht, dann spürt das Volk, was Keuschheit ist. Wenn es dich sieht und wenn du noch so scharfe Gesetze erläßt, dann, fürchte ich, spürt es das nicht."

„Ich glaube nicht, daß du recht hast", erwiderte er und bemühte sich, seinen Zorn zu unterdrücken und seine Stimme gehalten zu machen. „Aber sei dem, wie ihm wolle, ich will deine Senatoren lehren, daß ihnen ihr Adel nicht nur Privilegien gibt, sondern auch Pflichten auflegt. Gut, ich leiste mir dies oder jenes Vergnügen; aber jemand, der mir so nahesteht wie du, muß doch auch sehen, daß sich der Kaiser Domitian tausend Lüste versagt, die ihm das Blut hitzen, und dafür tausend Lasten auf sich nimmt. Glaubst du vielleicht, es war ein Spaß, in den sarmatischen Feldzug zu gehn? Dich fröstelt schon hier unter der Sonne Roms; du hättest dort bei den Sarmaten sein müssen, um zu erleben, was Frost ist. Und du hättest diese Barbaren sehen müssen, mit denen wir zu tun hatten. Wenn man die Leichen dieser Burschen auf den Schlachtfeldern sah, wenn man sich die Gefangenen anschaute, die eingebracht wurden, dann überlief es einem bei dem Gedanken, welche Gefahr man überstanden hatte. Man mußte ein festes Herz haben, um sie lebendig anrennen zu sehen, diese ungeschlachten Halbmenschen, zu Zehntausenden, mit ihren verfluchten Pfeilen. Meine Liebe, glaubst du, ich wäre nicht lieber mit dir im Bett gelegen, als auf unsicherm, rutschendem Pferd über die vereisten Schlachtfelder der Sarmaten zu traben? Und wenn ich das von mir verlange, dann verlange ich einiges auch von meinen Senatoren." Er blieb stehen; unter den zierlich verschnittenen Bäumen stand er, groß anzusehen, und hielt eine Rede. „Die Herren machen sich's bequem. Ihr Dienst am Staat besteht darin, daß sie die Provinzen untereinander auslosen und sie reihum ausräubern. Aber so einfach werden sie's bei mir nicht mehr lange haben. Wer dem Ersten Adel angehört, der hat seine Kraft nicht zu vergeuden in Liebesabenteuern oder in weibischen Träumen und Betrachtungen über den Aberglauben der Minäer oder dergleichen, der hat seine Kraft aufzusparen für den Staat. Ein Mensch kann nur *eines*: dem Staat dienen oder den eigenen Lüsten frönen. Nur ein Gott wie ich kann beides vereinen. Eine Gesellschaft, die sich gehen und treiben läßt wie der Adel Roms, hat schließlich keine Beamten und keine Soldaten mehr, sondern nur Lüstlinge. Das Reich verdirbt, wenn sein Adel weiter so verkommt."

Lucias kühnes, helles Antlitz zeigte jenen spöttischen Ausdruck, gegen den er nicht ankam. „Und darum also läßt du Cornelia umbringen?" fragte sie. „Auch darum", antwortete er, aber es klang nicht streitbar. Mit sanfter Gewalt führte er sie fort aus dem hellen Teil des Gartens zu einer Grotte, zog sie hinein in den Schatten, fort aus dem lichten Vorfrühlingstag. „Ich will dir etwas sagen, Lucia", vertraute er ihr an, fast flüsternd. „Diese östlichen Götter, dieser Jahve und der Gott der Minäer, hassen mich. Sie sind gefährlich, und wenn ich mich nicht beizeiten vorsehe, dann kriegen sie mich unter. Wenn ich gegen sie aufkommen will, dann brauche ich den ganzen Beistand unserer Götter. Ich darf mir Vesta nicht zur Feindin machen. Ich darf kein Verbrechen an ihr ungesühnt lassen. Wenn ich heuer die Säkularspiele feiern will, dann soll es in einem reinen Rom geschehen. Und ich werde den Weg weitergehen, den ich beschritten habe. Die Herren vom Senat, deren Meinungen du so gern wiedergibst, haben in meinen ersten Jahren gesagt, ich sei ein strenger Kaiser. Seitdem ich die Verschwörung des Saturnin ahndete, haben sie gesagt, ich sei grausam. Sie werden lange nach einem Wort suchen müssen, um auszudrücken, wofür sie mich halten, wenn sie erst meine späteren Jahre erleben. Aber das wird mich nicht von meinem Wege abbringen. Er ist Schritt für Schritt bedacht. Ich reiße das Unkraut aus. Ich halte Musterung unter den Senatoren. Ich zertrete den östlichen Unfug. Ich werde es gewissen Leute verleiden, mit dem östlichen Aberglauben zu liebäugeln. Jupiter hat einen guten Diener an mir."

Er sagte das alles leise, doch es strahlte von ihm eine solche Entschlossenheit aus, ein so dunkel-heftiger Glaube an seine Bestimmung, daß ihn Lucia keineswegs lächerlich fand. Sie strebte aus der Grotte hinaus ins Licht, er mußte ihr wohl oder übel folgen. „Schon gut, Wäuchlein, schon gut!" sagte sie, strich ihm mit ihrer großen Hand leicht über das immer spärlicher werdende Haar, und, mit einer Stimme zwischen Anerkennung und Ironie, gab sie zu: „In manchem hast du vielleicht sogar recht. Aber bestimmt nicht recht hast du mit deinem Vorhaben gegen Cornelia. Cornelia ist die beliebteste Frau im Reich. Das Volk, das dich liebt, wird dich sehr viel weniger lieben, wenn du wirklich das Urteil gegen sie vollstrecken willst. Tu es nicht! Du wirst es zu büßen haben." Mit dem Schuh, unwillkürlich, versuchte sie die winterlich harte Erde zu lockern, es gelang nicht. Ein kleiner Schauer überkam sie. Lebenden Leibes unter diese Erde müssen, und Strohgeflecht darüber!

Er lächelte sein hochfahrendes, finsteres Lächeln. „Haben Sie keine Angst, meine Lucia", sagte er. „Mein Volk wird mich weiter lieben. Wollen wir wetten? Darf ich Sie daran erinnern, wenn sich zeigt, daß ich recht habe?"

Die Senatoren begaben sich höchst unlustig zu der Sitzung, in welcher sie das Urteil fällen sollten über die Vestalin Cornelia und über ihren Mittäter Crispin, welche beide das Kollegium der Fünfzehn für schuldig befunden hatte. Es widerstrebte ihnen, den zweifelhaften Spruch zu bestätigen und den barbarischen Akt, den der Kaiser offenbar vornehmen lassen wollte, mit ihrer Autorität zu decken. Allein Domitian hatte verbreiten lassen, er werde der Sitzung beiwohnen, und diese deutliche Warnung bewog die Senatoren, sich fast ohne Ausnahme einzufinden.

Auch das Volk schien sehr mißvergnügt. Eine große Menge umlagerte die Kurie, wo die Sitzung stattfinden sollte, und selbst den Kaiser begrüßte nicht Zuruf und Verehrung wie sonst, sondern um ihn war nichts als erregtes Geflüster oder feindseliges Schweigen.

Von Eröffnung der Sitzung an war der Senat ungebärdig. Als erster verlangte Helvid das Wort. Er habe, erklärte er, den Berufenen Vätern eine Mitteilung zu machen, die den gesamten Aspekt der Angelegenheit verändere, über die zu beraten sie zusammengekommen seien. Es erübrige sich, ein Urteil zu fällen über den Hofmarschall Crispin, Minister des Kaisers. Es liege sichere Meldung vor, der Mann habe sich dem Urteil des Senats entzogen, er habe sich die Adern geöffnet, er sei tot.

Es gelang dem amtierenden Konsul nicht, die Sitzung ordnungsgemäß weiterzuführen. Die Senatoren waren aufgesprungen, sie sprachen und schrien durcheinander. Einen besseren Vorwand, die unwillkommene Aufgabe abzulehnen, hätte man nicht geben können. Der einzige Zeuge, der gegen die Vestalin Cornelia hatte angeführt werden können, war verschwunden, der Schuldspruch des Priestergerichts war erschüttert, wie sollte man da ein Urteil fällen? Nur mit größter Mühe stellte der Konsul die Ruhe wieder her.

Messalin versuchte zu sänftigen. Mit geübter Rhetorik führte er aus, ein stärkeres Eingeständnis als dieser Selbstmord lasse sich schwer vorstellen, und gerade nachdem sich einer der Schuldigen der Ahndung entzogen habe, müsse man, um den Zorn der Göttin zu beschwichtigen, die andere um so strenger bestrafen vor den Augen der Stadt und der Welt. Aber seine Rede verfing nicht. Die Unruhe war nur gewachsen. Von außen her – die Türen mußten nach der Vorschrift des Gesetzes offenbleiben, damit das Volk den Beratungen folgen könne – hörte man die Debatten und die aufgebrachten Rufe der Menge, und innerhalb und außerhalb des Senats eiferte man, wenn jemand sich an der Göttin versündigt habe, dann bestimmt nur dieser Crispin, der jetzt auf eine so verhältnismäßig glimpfliche und dem Kaiser willkommene Art gestorben war.

In der Kurie mittlerweile erwiderte dem Messalin der Senator Helvid. Es sei unverständlich, erklärte er, daß das Kollegium der Fünfzehn nicht durch schärfere Haft und Bewachung den Selbstmord des Crispin verhindert habe. Erschreckt ob einer so kühnen Sprache sahen die Senatoren auf den Kaiser. Der saß da, hochroten Gesichtes, wild an der Oberlippe saugend; er war ergrimmt über diese frechen Senatoren und über sich selber, er hatte den Crispin schonen und ihm den Selbstmord ermöglichen wollen, hatte aber wie manchmal in derlei Fällen, um sich vor sich selber zu decken, halbe Weisungen gegeben. Helvid kam zu seinem Schluß. Es sei, fand er, nach diesem seltsamen Tod des Crispin Pflicht des Senats, die Sache der Vestalin Cornelia zurückzuverweisen an das Kollegium der Fünfzehn, auf daß es sie nochmals überprüfe.

Nach ihm nahm Priscus das Wort, und nach der bitteren und empörten Rede des Helvid wirkte die Sachlichkeit des großen Juristen doppelt überzeugend. Es lägen, führte er mit seiner hellen, schneidend klaren Stimme aus, Präzedenzfälle nicht vor. Dem Senat sei der Fall unterbreitet worden als Prozeßsache gegen den Hofmarschall Crispin und Genossen. Es gehe nicht an, nun auf einmal die Sache der Vestalin Cornelia von der Hauptsache abzutrennen. Dazu bedürfe es einer neuen Untersuchung und einer neuen Weisung des Priestergerichts. Im übrigen müsse er gestehen, daß er, bei aller Ehrfurcht vor dem Spruch des Priestergerichts, nur mit schweren Bedenken in diese Sitzung gegangen sei. Ihm, als einem Manne, der mit tiefster Ehrfurcht das Walten der Gottheit beobachte und Sinn und Zusammenhang sehe in allen Geschehnissen, habe von Anfang an ein schwerer Zweifel keine Ruhe gelassen. Wenn wirklich eine der Vestalinnen solche Schuld auf sich geladen und dadurch den Zorn der Götter auf Senat und Volk und auf das Haupt des Kaisers herabgerufen hätte, wie dann, führte er mit tückischer Logik aus, hätte der Herr und Gott Domitian die glorreichen Siege des sarmatischen Feldzugs erringen können?

Dies war, in unangreifbare Sachlichkeit gekleidet, die kalt-bösartigste Verhöhnung des Kaisers, die sich denken ließ, jedermann in Rom verstand sie und hatte seine Freude daran, und den Priscus selber erfüllte tiefe Befriedigung, als er mit seiner schneidenden, trompetenden Stimme diesen Satz in die Versammlung und die Welt hineinrief. Domitian nahm ihn auf, Domitian verstand ihn ganz, Domitians Herz setzte einen Augenblick aus, aber Priscus selber sollte seine süße Rache bitter zu bezahlen haben; denn von jetzt an stand es dem Kaiser fest, daß er, und sehr bald, diesen Priscus dem Sabin und dem Aelius und den andern nachschicken werde, die es gewagt hatten, ihn zu verhöhnen.

Messalin meldete sich und machte sich daran, den Priscus zu widerlegen und den empörten Senat in seine Schranken zurückzuweisen. Müsse er die erlauchte Versammlung, die mit solcher Eifersucht ihre Rechte wahre, daran erinnern, daß sie im Begriff sei, einen gefährlichen Präzedenzfall zu schaffen, indem sie eingreifen wolle in die Befugnisse einer ebenso erlauchten autonomen Körperschaft? Die Verfassung gebe dem Senat nicht das Recht, die Gründe zu untersuchen, welche die Herren Priester zu ihrem Spruche hätten veranlassen können. Den Senat gingen diese Gründe nichts an. Spitzfindige, formal-juristische Bedenken, wie sie der ehrenwerte Senator Priscus vorgebracht habe, hätten vielleicht Gewicht vor profanen Richtern, sie seien aber wesenlos und windig vor dem Kollegium der Fünfzehn, das seinen Spruch fälle im Auftrag der Götter und von ihnen geleitet. Habe das Fünfzehnerkollegium einmal befunden, so stehe sein Spruch für die Ewigkeit, es gebe keine Appellation, und an ihnen, den Senatoren, sei es lediglich, auf Grund dieses Befundes das Urteil zu fällen.

Höchst widerstrebend machte sich der Senat an die verhaßte Aufgabe. Eine ganze Reihe von Anträgen wurde gestellt, alle dahin zielend, den Senat von der Verantwortung zu befreien. Die Fassung des Urteils, die schließlich angenommen wurde, schob denn auch geschickt die Verantwortung auf den Kaiser zurück. Das Urteil bestimmte, es sei die Vestalin Cornelia so zu bestrafen wie seinerzeit die Schwestern Oculatae. Diese aber waren zwar verurteilt worden, den vom Gesetz vorgeschriebenen Tod zu erleiden, den Tod also in der ummauerten Grube, gleichzeitig indes waren sie der Milde des Kaisers empfohlen worden, und tatsächlich hatte ihnen ja auch Domitian die Art des Sterbens freigestellt. Der Senat also hatte es durch seinen zweideutigen Spruch geschickt vermieden, selber Cornelia zu der grausamen Strafe zu verurteilen, er hatte die Verantwortung über die Art ihres Todes auf den Kaiser zurückgewälzt.

Ängstlich über die eigene Kühnheit schauten die Senatoren auf Domitian. Wie es das Gesetz vorschrieb, fragte der amtierende Konsul den Kaiser, ob er in seiner Eigenschaft als höchster Richter und Erzpriester das Urteil billige und seine Vollziehung anordne. Alle schauten gespannt auf den großen, dunkelgeröteten Kopf des Kaisers. Norban, hinter ihm sitzend, ein wenig tiefer, wandte das Gesicht zu ihm hinauf, um seine Antwort entgegenzunehmen; doch er brauchte sie dem Senat nicht erst zu verkünden. Alle sahen, daß der schwere, dunkelrote Kopf ja nickte, noch bevor Norban ihn befragt hatte.

So verkündete denn der Konsul das Urteil, die Krone billigte es, die Schreiber schrieben es, der Henker rüstete sich.

Bisher war der Kaiser bei den Massen beliebt gewesen. Auch die blutige Strenge, mit der er den Staatsstreich des Saturnin bestraft, hatte Verständnis gefunden. Die Exekution an Cornelia fand kein Verständnis. Die Römer murrten. Norban versuchte einzugreifen. Die Römer ließen sich den Mund nicht verbieten, sie schimpften und murrten immer lauter.

Man erzählte sich rührende Züge von der Hinrichtung der Cornelia. Als sie die Stufen in ihr Grab hinuntersteigen sollte, sei ihr Kleid hängengeblieben. Einer aus dem Exekutivkommando habe ihr helfen wollen, es zu lösen; sie aber habe seine Hand mit solchem Abscheu zurückgewiesen, daß jedermann habe erkennen müssen, wie ihre reine Natur zurückscheute vor jeder Berührung eines Mannes. So tief prägte sich dieser Bericht in das Herz aller, daß zwei Wochen später, als bei einer Aufführung der „Hekuba“ des Euripides die Verse gesprochen wurden: „Sie blieb bemüht, höchst würdevoll zu sterben“, das Publikum in langen, demonstrativen Beifall ausbrach. Übrigens hieß es, Freunde – man sprach von Lucia selber – hätten der Cornelia ein Fläschchen Giftes zugesteckt, und ihre stille, reine Würde habe auch auf die Wächter gewirkt, daß sie nicht gewagt hätten, es ihr zu nehmen. Zu alledem kam, daß Crispin vor seinem Tod an verschiedene Freunde Briefe gerichtet hatte des Inhalts, er sterbe schuldlos. Abschriften dieser Briefe zirkulierten im ganzen Reich. Kein Mensch mehr glaubte an eine Schuld der Cornelia, der Kaiser galt als sinnlos wütender Tyrann.

Von Tag zu Tag mehr schien es, daß Lucia recht und daß der Kaiser das Urteil gegen Cornelia mit seiner Popularität zu bezahlen hatte. Bisher waren die Massen den oppositionellen Senatoren kalt, beinahe feindselig gegenübergestanden. Jetzt begrüßte das Volk die Damen Fannia und Gratilla, wo immer sie erschienen, mit Sympathie. Ein Stück wurde aufgeführt, „Paris und Önone“, das voll war von Anspielungen auf die Beziehungen des Kaisers zu Lucia und zu Julia, und fand ungeheuern Erfolg. Auf der Straße sprachen Wildfremde den Senator Priscus an, er möge doch die Rede, die er im Senat für Cornelia gehalten, veröffentlichen.

So weit zwar wagte sich Priscus nicht vor. Wohl aber machte er sich jetzt daran, das Versprechen einzulösen, das er damals der alten Fannia gegeben hatte, seinen Grimm nicht länger einzusperren und sein „Leben des Paetus“ zu verbreiten. Er überreichte das vollendete Werk der Fannia, für die er es geschrieben, und ließ es zu, daß sie das kleine Buch weitergab. Bald zirkulierten Abschriften im ganzen Reich.

Dargestellt aber war in diesem Buch in schöner Klarheit das Leben des Republikaners Paetus. Wie dieser in altrömischer Strenge aufgewachsene Mann, als die Tyrannei des Nero immer unerträglicher wurde, sich, um seine Gesinnung zu bekunden, der Teilnahme an den Sitzungen des Senats enthielt. Wie er zwar schwieg, schwieg, schwieg, wie indes sein ganzes Wesen seinen tiefen Unmut über den Lauf der öffentlichen Angelegenheiten bekundete. Wie ihn schließlich Nero anklagen und verurteilen ließ. Wie er sich gleichmütig, ja fröhlich darüber, daß er in diesem heruntergekommenen Rom nicht länger leben müsse, die Adern öffnete und stoischen Mutes starb. Siebenundzwanzig Jahre war das nun her. Kein leisestes Wort sagte Priscus in seiner Biographie gegen den Kaiser Domitian, er beschränkte sich vielmehr mit vorbildlicher Sachlichkeit auf eine exakte Darstellung des Lebens seines Helden, die Daten verwertend, die er sich von Fannia, der Tochter des Paetus, hatte geben lassen. Dennoch und gerade durch seine Sachlichkeit wurde das Buch zu einer einzigen, ungeheuern Anklage gegen Domitian, und als solche auch wurde es gelesen und verstanden.

Waren derartige Angriffe die Wagnisse einzelner, so ging bald darauf der Senat in seiner Gesamtheit zum offenen Kampf gegen den Kaiser über. Dies geschah anläßlich des Falles des Gouverneurs Ligarius.

Diesem Ligarius, einem seiner Günstlinge, hatte Domitian die Verwaltung der Provinz Spanien übertragen, und der Mann hatte sein Amt dazu benutzt, das Land rücksichtslos auszuplündern. Nun waren Vertreter der Provinz nach Rom gekommen, um beim Senat gegen ihren unehrlichen Gouverneur Klage zu führen. Früher, bevor das Ansehen Domitians durch die Hinrichtung der Cornelia erschüttert war, hätte der Senat einen solchen Prozeß gegen einen Günstling des Kaisers kaum zugelassen. Jetzt, da er seine Macht täglich wachsen fühlte, zwang er nicht nur dem Kaiser die Zustimmung zu diesem Prozeß ab, sondern rückte auch die Angelegenheit ins hellste Licht.

Zum Sachwalter der Provinz Spanien bestellte der Senat den Helvid. Der entfaltete seine ganze wilde Beredsamkeit, der Senat folgte ihm und nahm fast jeden seiner Beweisanträge an. Bis in die kleinsten Einzelheiten wurden die Erpressungen erörtert, die Ligarius, Freund und Günstling des Kaisers, an der unglücklichen Provinz Spanien verübt hatte. Voll heimlichen Triumphes hörte der Senat, wie Ligarius sich mußte überführen und mit den wüstesten Schmähungen überhäufen lassen. Als die Beweisaufnahme geschlossen wurde, war es so gut wie gewiß, daß der Senat in seiner nächsten Sitzung, die zwei Wochen später stattfinden sollte, den Günstling des Kaisers nicht nur zum Ersatz der geraubten Gelder und Güter verurteilen würde, sondern darüber hinaus zur Konfiskation seines Vermögens und zur Verbannung.

Dies war ein Schlag gegen Domitian, wie ihn noch vor wenigen Monaten niemand für denkbar gehalten hatte. Jetzt waren zwar im Staatsarchiv die Gesetzestafeln hinterlegt, die ihm mehr Befugnisse zusprachen, als sie jemals ein Mann in seiner Hand vereinigt hatte seit Bestehen der Stadt, aber Domitian wußte, er durfte es nicht wagen, von diesen Befugnissen Gebrauch zu machen. Im Gegenteil, seit mehr als zwei Menschenaltern hatte der Senat nicht mehr gewagt, dem Herrscher so viel Trotz entgegenzustellen, wie es jetzt dieser sein Senat tat.

Im Treibhaus in Alba lag er, ausgestreckt auf dem Ruhebett, das er sich dort hatte aufstellen lassen. Er überdachte, was geschehen war und wie das hatte geschehen können. Hat er sich überhoben? Hat Lucia recht gehabt? Sie hat nicht. Er muß nur die Kraft finden, sich zu zähmen, nicht zu früh zuzuschlagen, nicht zur Unzeit zuzuschlagen, er muß die Kraft aufbringen, zu warten. Und das kann er. Er hat sich im Warten geübt. Es ist ein weiter Weg gewesen von seiner bittern, armseligen Jugend bis heute.

Viel kann man erreichen mit Geduld. Viele Gewächse kann man zwingen, den Weg zu wachsen, den man ihnen vorschreibt. Was sich nicht fügen will, schneidet man weg, tilgt man aus. Im Augenblick muß er sich bescheiden, aber der Tag wird kommen, da er austilgen kann. Er weiß sich in Übereinstimmung mit der Gottheit. Lucia wird nicht auf die Dauer recht behalten.

Woran lag es, daß man in Rom nicht einsehen wollte, daß er gar nicht anders konnte als die Cornelia verurteilen? Er war sich bewußt, daß die Schuld manches Mannes, den er hatte verurteilen lassen, nicht über jedem Zweifel feststand. Aber diese Cornelia war doch schuldig: warum wollte man gerade an ihre Schuld nicht glauben? Es mußte möglich sein, die erwiesene Schuld der Cornelia auch den blöden Augen seiner ungläubigen Untertanen deutlich zu machen.

Er berief den Norban. Hatte der nicht eine gewisse Melitta erwähnt, eine Freigelassene der Vestalin, die Bescheid wußte um die Vorgänge beim Feste der Guten Göttin? Wo war sie, diese Melitta? Was für ein unfähiger Mensch war sein Polizeiminister, daß er diese Melitta hatte entwischen lassen, daß er sie nicht zu seiner Verfügung gehalten hatte. Der Kaiser beschimpfte den Norban mit wüsten, gemeinen Worten, dann wieder schmeichelte er ihm und beschwor ihn, die verschwundene Melitta beizubringen, daß man sie foltern und Geständnisse aus ihr herausholen könne.

Norban blieb vor den Beschwörungen des Kaisers so gleichmütig wie vor seinen Beschimpfungen. Vierschrötig stand er da, der mächtige Kopf ruhte auf den eckigen Schultern, grotesk fiel die schwarze Locke in die niedrige Stirn, die Augen, bräunliche Augen eines treuen, doch vielleicht nicht bis ins Letzte gezähmten Hundes, schauten auf den Kaiser, spähend, dienstwillig und ein klein wenig überlegen. „Der Herr und Gott Domitian weiß", sagte er, „daß er sich auf seinen Norban verlassen kann. Die Frevlerin Cornelia liegt, um einer wohlbewiesenen Schuld willen zur Vergessenheit bestimmt, unter dem Weidengeflecht. Ich werde Ihnen die Mittel geben, mein Herr und Gott, auch den dummen Pöbel von dieser Schuld zu überzeugen."

Bald darauf wurde dem Decian, der sehr zurückgezogen auf seinem Landgut bei Bajae lebte, ein unerwarteter Besuch gemeldet, der Senator Messalin. Unbehaglich fragte sich Decian, was wohl der unheimliche Mensch von ihm wolle, doch in seinem Innern wußte er's, sowie der Diener den Namen Messalin nannte. Der Mann wollte Melitta.

Bald denn auch brachte der Blinde die Rede auf die Vestalin Cornelia. „Welch ein Jammer", klagte Decian, „daß diese Frau hat hinuntermüssen!" Es war unvorsichtig, daß er so sprach, aber er mußte es, es drängte ihn, sein Leid um Cornelia zu bekennen.

„Wäre es nicht ein noch größerer Jammer", fragte Messalin, „wenn sie umsonst gestorben sein sollte?“ Da war man also bei dem Gegenstand, um dessentwillen der Mann offenbar gekommen war. Decian beschloß, unter keinen Umständen die tote Cornelia zu verraten; doch schon während er dieses Gelöbnis tat, war in ihm die innere Gewißheit, daß er's nicht halten werde.

Es habe, führte unterdessen Messalin aus, D D D viel Überwindung gekostet, den harten Spruch vollziehen zu lassen. Nun aber bemühten sich gewisse sture Republikaner, den Kaiser um den Erfolg seiner schwer errungenen Härte und Cornelia um den Sinn ihres Todes zu bestehlen. Sie verbreiteten, Cornelia sei schuldlos gestorben, und gefährdeten so Ziel und Zweck des beispielhaft strengen Urteils, die Förderung der Sitte und der Religion. Mit Trauer müsse jeder wahre Freund des Reichs dieses ebenso törichte wie gottlose Treiben mitansehen.

Decian wußte, es ging um sein eigenes Leben. Trotzdem vergaß er für einen Augenblick seine Angst und betrachtete den Blinden mit Neugier und Grauen. Mit so sanfter, schmeichlerischer, teuflischer Logik also verstanden diese Leute ihr Verbrechen ins Gegenteil zu drehen. Vielleicht taten sie es sogar vor sich selber; zumindest jener Mann, in dessen Namen dieser Messalin kam, glaubte das, was da vorgebracht wurde, sei die reine Wahrheit. „Es ging nun einmal“, antwortete er tapfer, „von Cornelia jenes Strahlen aus, mit dem die Götter nur ganz wenige begnaden, und darum“, schloß er mit höflicher Zweideutigkeit, „wird es schwer sein, ihren Tod sinnvoll erscheinen zu lassen.“

„Es gibt einen Mann“, erwiderte Messalin, „der dem Herrn und Gott Domitian bei diesem Unternehmen helfen könnte. Dieser Mann sind Sie, mein Decian.“ Mit einer leichten Handbewegung, als sähe er die gespielte Entrüstung und Verwunderung auf dem Gesicht des andern, schnitt er ihm die überflüssige Entgegnung ab und fuhr fort: „Wir wissen, wo sich die Freigelassene Melitta befindet. Nur weil wir den Skandal um den Fall der Cornelia nicht noch vermehren wollen, vermeiden wir es, uns ihrer durch Gewalt zu bemächtigen. Es wäre vernünftig, mein Decian, wenn Sie uns diese

Melitta herausgäben. Sie würden sich viel Leid, der Melitta mancherlei sehr Qualvolles und uns den Skandal ersparen. Mir scheint, das wäre auch im Sinne unserer toten Cornelia."

Decian war sehr blaß geworden, und es war ihm eine Genugtuung, daß der Blinde wenigstens diese Blässe nicht wahrnehmen konnte. „Ich verstehe nicht, was Sie wollen", erwiderte er gehalten.

Messalin winkte mit einer kleinen, höflichen Handbewegung ab. „Sie sind kein eisenstirniger Narr wie gewisse Ihrer Freunde", stellte er ihm vor. „D D D schätzt Sie als einen Mann von Klugheit und von Welt. Wir verstehen es, daß Sie Cornelia haben schützen wollen. Aber was versprechen Sie sich davon, wenn Sie weiter Widerstand leisten? Glauben Sie, Sie können D D D eine Ehrenerklärung für die tote Cornelia abzwingen? Bewähren Sie Ihre oft bewährte Klugheit! Geben Sie Melitta heraus, reden Sie ihr Vernunft zu, und Sie werden ziemlich viel gewonnen haben. Ich will Ihnen nichts vormachen. Eine Anklage gegen Sie wegen Beihilfe zur Verschleierung des Verbrechens der Cornelia wird auch dann erfolgen müssen, wenn Sie uns Melitta herausgeben. Aber wie immer der Senat urteilen wird, ich kann Ihnen versichern, Sie werden mit einer leichten Verbannung davonkommen. Geben Sie mir jetzt keine Antwort, mein Decian! Überlegen Sie sich gut, was ich Ihnen gesagt habe! Ich bin überzeugt, Sie werden zu dem Schluß kommen, daß es einen andern sinnvollen Ausweg nicht gibt. Lassen Sie es sich angelegen sein, Melitta vor der Tortur und sich selber vor dem Tode zu retten, und fangen Sie heute schon an, alles, was Sie an beweglicher Habe besitzen, aus Italien hinauszuschaffen für die zwei oder drei Jahre, die Sie außerhalb Italiens werden verbringen müssen! Ich kann Ihnen versprechen, daß Norban wenig davon wahrnehmen wird. Glauben Sie mir, der Rat, den ich Ihnen gebe, ist der Rat eines Freundes!"

Decian, nachdem Messalin gegangen war, sagte sich, daß dem Kaiser und seinen Räten die tote Cornelia vermutlich gleichgültig sei und daß es ihnen nur darum gehe, die verlorengegangene Popularität Domitians neu zu gewinnen. Sowie der Senat nicht mehr darauf rechnen konnte, bei den breiten

Massen Unterstützung zu finden, mußte er die Positionen wieder aufgeben, die er in seinem Kampf gegen den Kaiser in der letzten Zeit errungen hatte. Das also wußte Decian genau. Durfte er, um sein Leben zu retten, dem Kaiser helfen, den Senat von neuem zu schwächen?

Er durfte es nicht. Aber was war erreicht, wenn er sich opferte? Er konnte Melitta endgültig verschwinden lassen. Was dann würden Messalin und Norban unternehmen? Sie würden ihn festsetzen, sie würden ihm durch die Folter Geständnisse abzwingen, wie und warum er Melitta habe verschwinden lassen. Nichts wäre gewonnen. Der Sieg des Kaisers über den Senat, der ja doch als letztes Ergebnis kommen mußte, würde durch seine Opferung um einige Wochen verschoben, verhindert würde er nicht.

Decian teilte dem Messalin mit, wo sich Melitta befand.

Dem Decian wurde Schweigen auferlegt, er durfte sein Landgut bei Bajae nicht verlassen, er wurde überwacht. Die Freigelassene Melitta wurde in aller Eile und Heimlichkeit aufgehoben.

Domitian lächelte tief und befriedigt. „Ich habe gute Freunde", sagte er zu Messalin, „ich habe gute Freunde", sagte er zu Norban, und in seinem engsten Kabinettsrat, der jetzt nur mehr aus Regin, Marull, Annius Bassus und Norban bestand, erklärte er: „Diese Angelegenheit bleibt vorläufig unter uns. Wir erheben noch keine Anklage gegen Decian. Wir lassen die Herren vom Senat ruhig weitermachen. Wir wollen sehen, was sie alles noch vorzubringen haben gegen Ligarius und gegen Uns." Er lächelte stärker. „Lassen wir die Feinde des Reichs immer tiefer in ihr Verderben rennen! Wir können warten."

Die Herren von der senatorischen Opposition also hatten keine Ahnung von dem, was sich ereignet hatte, und daß der Kaiser jetzt in der Lage war, das viele Gerede um die Schuld der gerichteten Vestalin, wann immer er wollte, zum Schweigen zu bringen. Sie glaubten vielmehr, die Helvid und Priscus und die übrigen Herren von der senatorischen Opposition, sie hätten die Republik bereits wiederhergestellt, der Kaiser sei nun wirklich zurückgedrängt auf den Platz, den die Verfassung ihm zuwies, er sei nicht mehr als der Erste unter Gleichen, sie seien in Wahrheit seine Peers. Strahlend herum ging der alte Helvid, sein verwittertes Gesicht hatte sich verjüngt vor Stolz über den errungenen Sieg. Er war der große Republikaner, der Anwalt der guten Sache, er hatte die unterdrückten Spanier an Ligarius und dem Kaiser gerächt, er sonnte sich in seinem Erfolg, er brüstete sich, und mit ihm die andern Führer der senatorischen Sache, Priscus und die Seinen und die Angehörigen des gerichteten Paetus, Fannia, Gratilla. Übermorgen sollte der Senat das Urteil fällen über Ligarius, den Aussauger der Provinz Spanien. Einige von den Senatoren wünschten, daß man sich damit begnüge, den Ligarius zur Vermögenskonfiskation und zur Verbannung zu verurteilen, aber sie, die Führer der Opposition, werden nicht so bescheiden und gemäßigt sein. Sie werden verlangen, daß man den Freund des Tyrannen, den Verbrecher, zum Tod verurteile, und sie werden es durchsetzen.

Die Minister Regin und Marull wußten natürlich um dieses Gerede. Sie waren ältere Herren, die unendlich viel erlebt hatten, sie hatten viele Freunde und Bekannte eines unerwarteten Todes sterben sehen, und es hatte sich nicht immer vermeiden lassen, daß sie mithalfen, diesen raschen Tod herbeizuführen. Sie waren müde geworden, sie waren von Natur eher gutmütig als bösartig, sie waren konziliant, und sie verspürten ein leises Bedauern, als sich jetzt der alte Helvid anschickte, so blind und wild in seinen Tod zu rennen. Auf die Dauer zu retten war der Mann nicht, aber warum sollte er nicht noch ein paar Jahre oder wenigstens Monate haben? Sie waren menschlich, sie wollten ihn davon abhalten, seinen Untergang zu überstürzen.

Es war nichts Ungewöhnliches, daß die beiden Herren, deren Liberalität auch die Gegner kannten – sie nannten sie Laschheit –, mit diesen Gegnern mehr oder minder offenherzige Gespräche führten, die freilich akademisch blieben. Auch jetzt suchten Marull und Regin die Gelegenheit einer solchen vertraulichen Aussprache. An dem Tag, bevor der Senat das Urteil in der Sache des Ligarius fällen sollte, traf es sich, daß sie sich mit Helvid, Priscus und Cornel auf die gewünschte Art auseinandersetzen konnten.

„Sie haben Ihrem Spanien zum Sieg verholfen, mein Helvid“, meinte Marull, „und den Ligarius gefällt. Das ist sehr viel, dazu kann man Ihnen gratulieren. Aber was wollen Sie eigentlich mehr? Wenn ein Mann wie unser Cornel so stürmisch und jugendlich vorginge, das wäre verständlich. Aber ein Herr in unserm Alter, das ist gegen die Natur.“ Und Regin, auf seine gemütliche Art, fügte hinzu: „Warum geben Sie sich eigentlich so blutdürstig? Sie wissen doch genausogut wie wir, daß D D D im besten Fall ein Urteil auf Vermögenskonfiskation und Verbannung bestätigen könnte, aber nie ein Todesurteil. Ein solcher Antrag wäre also ein reines Schaustück. Haben Sie das nötig? Sie kompromittieren nur Ihren Sieg.“

„Ich will dem Senat und dem Volk von Rom zeigen“, sagte finster Helvid, „daß dieses Regime sich nicht scheut, die wichtigsten Ämter im Reich Verbrechern anzuvertrauen.“ – „Mein lieber Helvid“, fragte Regin, „ist das nicht eine bedenkliche Verallgemeinerung? Es soll auch zu den Zeiten, da der Senat unbeschränkt herrschte, ab und zu ein Gouverneur wegen Unterschlagung verurteilt worden sein. Wir haben in der Schule einiges darüber gelernt. Mir sind ein paar Reden in Erinnerung über solche Gegenstände, Reden, ohne deren Vorbild selbst Ihr ausgezeichnetes Plädoyer gegen Ligarius nicht hätte gehalten werden können.“ Und: „Wenn Sie ehrlich sein wollen“, sekundierte Marull, „dann müssen Sie zugeben, daß gerade unter diesem unserm Herrn und Gott Domitian die Verwaltung der Provinzen sich verbessert hat. Schön, Spanien hat einen schlechten Mann erwischt: aber schließlich hat das Reich neununddreißig Provinzen, und es sind seit Menschengedenken unter keinem Herrscher so wenig Klagen aus den Provinzen eingelaufen wie unter D D D. Nein, mein Helvid, was Sie da machen wollen, Ihr Antrag auf die Todesstrafe, das hat nichts mehr mit sachlicher Politik zu tun, das zielt nicht mehr nur auf die Abstellung von Mißständen, das ist einfach eine Demonstration gegen das Regime als solches.“ Und wieder Regin: „Reden Sie Ihrem Freunde zu, mein Priscus, und Sie, mein Cornel. Er dient niemand, wenn er einen solchen Antrag stellt, uns nicht und Ihnen nicht und sich selber nicht. Es kann nur Unheil daraus entstehen." Er sprach besonders ruhig, geradezu gemütlich. Trotzdem hörten Priscus und Cornel die Warnung heraus.

Nicht aber vernahm sie Helvid, der, noch berauscht von seinem Erfolg, nur mehr in großen Worten dachte. „Natürlich", sagte er unwirsch, „kämpfe ich nicht gegen den Mann Ligarius als solchen; es ist mir gleichgültig, ob der verbannt wird oder getötet. Wogegen ich kämpfe – und das wissen Sie ganz genau –, das ist, daß Rom verkörpert werde durch einen einzelnen Mann. Ich kämpfe für die Souveränität der senatorischen Gerichtsbarkeit. Ich kämpfe für Roms Freiheit." Das waren gefährliche Worte, selbst jetzt, und der besonnene Cornel versuchte abzulenken. „Sie halten eine Rede, mein Helvid", sagte er, „Sie sprechen nicht zum Thema." Doch Regin beschwichtigte den Besorgten durch eine kleine Handbewegung. „Keine Gefahr!" sagte er lächelnd. Er wollte sich die Gelegenheit nicht nehmen lassen, seinesteils einmal ein paar Worte zu diesem Thema Freiheit zu sagen, über welches sich die Senatoren so gern in absurden Phrasen ergingen. „Freiheit", also wiederholte er das letzte Wort des Helvid, und mit seiner hellen, fettigen Stimme definierte er: „Freiheit ist ein senatorisches Vorurteil. Sie wünschen, daß Rom nicht durch einen einzelnen Mann verkörpert werde, sondern durch die zweihundert Familien des Senats, und das nennen Sie Freiheit. Setzen Sie einmal den Fall, Sie erreichten Ihr Ziel hundertprozentig. Sie erreichten mehr Macht für den Senat als für den Kaiser. Was, beim Herkules, wäre dann gewonnen? Welche Art Freiheit? Worin bestünde sie, Ihre Freiheit? In einem wüsten Durcheinander, in einem planlosen Hin und Her der zweihundert sich bekämpfenden Familien, die sich untereinander um die Provinzen, Privilegien und Monopole noch mehr herumbalgen, vertragen und begaunern würden als jetzt. Wenn Sie Ihrem Verstand folgen und nicht Ihrem Gefühl, dann müssen Sie zugeben, daß eine solche Freiheit der Gesamtheit schlechter bekäme als das planvolle Regiment eines einzelnen, das Sie abtun wollen mit dem bequemen Schlagwort Despotie."

Helvid wollte antworten, doch Priscus hielt ihn zurück, er hatte selber zuviel darauf zu erwidern. „Sie sagen wegwerfend ‚Gefühl'“, erwiderte er, und seine schneidend klare Stimme stach seltsam ab von der hellen, fettigen des Regin. „Sie vergessen, Sie wollen es nicht spüren, wie das Gefühl, der Willkür eines einzelnen ausgesetzt zu sein, einen bedrückt. Das Bewußtsein, meine Handlungen unterliegen dem Urteil und dem Gewissen eines sorgfältig nach Verdienst erlesenen Gremiums, ist wie frische Luft, das Gefühl, einem einzelnen preisgegeben zu sein, ist wie Stickluft.“ Und auch Cornel konnte nicht mehr an sich halten, sondern, mit seiner dunkeln, gewichtigen, drohenden Stimme, fügte er hinzu: „Freiheit ist kein Vorurteil, mein Regin, Freiheit ist etwas sehr Bestimmtes, Greifbares. Wenn ich mir überlegen muß, ob ich das, was ich zu sagen habe, sagen darf, dann wird mein Leben enger, ich werde ärmer, ich kann schließlich nicht mehr unbehindert denken, ich zwinge mich gegen meinen Willen, nur mehr das ‚Erlaubte' zu denken, ich verkomme, ich sperre mich ein in tausend armselige Rücksichten und Bedenklichkeiten, statt unbehindert ins Weite und Große zu schauen, mein Gehirn verfettet. In der Knechtschaft atmet man: leben kann man nur in der Freiheit.“

Jetzt aber wollte Helvid nicht länger warten. „Der Kaiser“, wetterte er, „bemüht sich heiß darum, Zucht und Tugend in Rom wieder einzubürgern. Er wütet mit Strafen, die man seit anderthalb Jahrhunderten nicht mehr gekannt hat. Was hat er erreicht? Als der Senat herrschte, das werden selbst Sie nicht leugnen, gab es in Rom mehr Sitte, mehr Tugend, mehr Zucht.“ Und Priscus setzte hinzu: „Mehr Recht.“ Cornel aber ergänzte, abschließend: „Mehr Glück.“ – „Worte, meine Herren“, sagte gemütlich Regin, „nichts als große Worte. Glück! Sie verlangen von einer Regierung, daß sie die Menschen glücklich mache? Damit beweisen Sie nur, daß Sie zum Regieren nicht geeignet sind. Moral verlangen Sie von einer Regierung, Tugend, Recht? Ich gebe Ihnen zu, daß wir da viel bescheidener sind. Wir, Marull und ich, wir halten eine Regierung für gut, wenn sie möglichst viele Ursachen aus der Welt schafft, aus denen Unglück entstehen könnte, Hungersnöte, Seuchen, Kriege, eine allzu ungleiche Verteilung der Güter. Wenn ich wählen soll zwischen einem Regime und dem andern, wenn ich werten soll, welches das bessere ist, dann schere ich mich nicht um den Namen, dann ist es mir höchst gleichgültig, ob man es als freiheitlich bezeichnet oder als despotisch, dann frage ich einzig und allein: welches Regime gewährleistet bessere Planung, bessere Ordnung, bessere Verwaltung, bessere Wirtschaft. Mehr von einer Regierung zu verlangen, Recht oder Glück von ihr verlangen, das heißt Milch von einem Huhn fordern. Geben Sie einer Bevölkerung reichlich Brot und Zirkus, geben Sie ihr etwas Fleisch und Wein, geben Sie ihr Richter und Steuerbeamte, die nicht allzu bestechlich sind, und verhindern Sie, daß sich die Privilegierten allzu fett machen: das andere, Recht und Zucht und Glück, das kommt dann von selber. In Ihrem Innern wissen Sie genausogut wie ich, daß unter Domitian auf den Kopf der Bevölkerung mehr Brot, mehr Schlaf und mehr Vergnügen trifft, als das unter einer Senatsherrschaft möglich wäre. Glauben Sie, daß die hundert Millionen Einwohner des Reichs dieses Mehr an Brot und Schlaf und Vergnügen würden hergeben wollen für Ihre ‚Freiheit'? Noch keine halbe Million unter diesen hundert wünscht sich eine andere Regierungsform."

Alle wollten erwidern. Marull aber wurde der fruchtlosen Erörterung überdrüssig und sagte abschließend: „Auf alle Fälle, mein Helvid, rate ich Ihnen, freuen Sie sich Ihres Triumphes über Ligarius, fordern Sie die Götter nicht heraus und geben Sie sich zufrieden!" Und: „Ich glaube, das ist ein guter Rat", sagte trocken, gemütlich und dennoch sehr eindringlich Claudius Regin.

Die drei Senatoren waren ehrlich entrüstet über den Zynismus der beiden Minister, aber sie kannten sie gut genug, um zu wissen, daß die Warnung ehrlich gemeint war. Priscus und Cornel redeten denn auch dem draufgängerischen Alten zu, er möge sich mäßigen und sich mit der Verbannung des Ligarius begnügen. Dies war sehr viel mehr, als man noch vor einem halben Jahr zu hoffen gewagt hatte. Volksstimmungen verflogen, man durfte den Kaiser nicht allzusehr reizen, schließlich stand hinter ihm die Armee, man war rasch und kühn und sehr erfolgreich vorgestoßen, es war angebracht, Atem zu holen. Doch Helvid hatte sich verrannt in seinen Plan. Er hatte so vielen davon erzählt, daß er sich nicht mit der Verbannung des Ligarius begnügen, daß er seinen Tod beantragen werde: er konnte es seinem Stolz nicht abringen, jetzt zurückzuweichen. Er beschloß, sein Vorhaben durchzuführen.

Das tat er denn auch. Die Warnung der Leute des Domitian machte ihn nur um so verbissener, und er sprach wilder, heftiger, hinreißender als je. Selbst Cornel und Priscus vergaßen ihre Bedenken, als er sprach. Es war eine große Stunde. Den Atem an hielten die alten Republikaner, es leuchteten ihre Augen, es schwindelte ihnen vor Glück, als Helvid, seine Sätze großartig steigernd, die härteste Strafe, die das Gesetz vorsah, für den Verbrecher Ligarius verlangte, den Tod, den Tod und nochmals den Tod.

Seit langen Jahren, seitdem Domitian die Herrschaft angetreten, war die Opposition im Senat so gut wie verstummt. Jetzt, in diesen letzten Monaten, war sie auf einmal wieder dagewesen, einen Sieg nach dem andern hatte sie erfochten, jetzt gar wagte es einer von den Ihren, die Todesstrafe zu fordern für einen Freund und Günstling des Kaisers. Waren die Tage der Freiheit wiedergekommen? Die Rede des Helvid, dieser sein Antrag war der stärkste Triumph der Opposition.

Er war auch ihr letzter.

Dies zeigte sich sogleich, als der Angeklagte dem Ankläger erwiderte. Bis jetzt hatte sich Ligarius still und klein verhalten, wie es einem Manne ziemte, der mit gutem Grund eines so schweren Vergehens bezichtigt worden war. Man hatte erwartet, daß er also nach dieser Rede und nach diesem Antrag zerschmettert sein werde, daß er demütig die Milde des Senats erflehen werde. Statt dessen schien der Antrag des Helvid ihn keineswegs niederzuschlagen, im Gegenteil, er lächelte, als Helvid diesen Antrag vorbrachte, er leuchtete geradezu auf, ja es war, als hätte er einen so übermäßig strengen Antrag herbeigesehnt. Und schon aus seinen ersten Worten erhellte, daß er ganz sicher war, er werde niemals die von Helvid geforderte Strafe erleiden müssen, ob der Senat sie nun beschließe oder nicht. Seine Rede war, und zwar schon von den ersten Worten an, keine Verteidigung, sondern eine Anklage.

Was er sich habe zuschulden kommen lassen, erklärte er, wisse die Stadt und der Erdkreis, er habe es zugegeben, er habe sich bereit gezeigt, zu bereuen und die Strafe auf sich zu nehmen, die der Senat ihm zuerkennen werde. Mit aller Kraft aber wehre und verwahre er sich gegen Anträge wie den des Senators Helvid. Noch sei er, Ligarius, Senator und ein Mann konsularischen Ranges. Als solcher verteidige er die Würde des Senats, die gefährdet werde durch derartig maßlose und aller Vernunft bare Anträge wie den des Helvid. Aus einem solchen Antrag spreche nicht mehr die berechtigte Empörung gegen einen Schuldigen, sondern einzig und allein persönliche Gehässigkeit, eine wüste, sinnlose, verbrecherische Feindschaft. Nun aber bestehe keinerlei Feindschaft zwischen ihm und dem Helvid. Gegen wen also, gegen wen allein könne sich diese Unverschämtheit richten? Zweifellos doch nur gegen jene Persönlichkeit, die einer solchen erbärmlichen Feindseligkeit am fernsten entrückt sein sollte, gegen den Herrn und Gott Domitian. Ihn und nur ihn wolle Helvid in seiner, des Ligarius, Person treffen. Der Antrag sei eine dreiste Provokation, der Antrag sei ein Majestätsverbrechen, und wenn ihm, dem Ligarius, nach der heutigen Sitzung und dem Urteilsspruch nicht mehr die Möglichkeit gegeben sei, Anklage zu erheben gegen dieses Majestätsverbrechen, so fordere er die Berufenen Väter, annoch seine Kollegen, auf, die Schamlosigkeit des Helvid nicht auf sich beruhen zu lassen, sondern die Würde des Senats und das Ansehen des Reichs zu verteidigen und gegen Helvid Anklage zu erheben wegen Majestätsverletzung.

Es war klar, daß Ligarius eine solche Sprache nicht gewagt hätte, wenn er nicht sicher gewesen wäre, er werde von den Räten des Kaisers gedeckt werden. Es war klar, daß Domitian ein Mittel gefunden haben mußte, sich gegen den Senat mit neuer Kraft zu wehren. Auf alle Fälle war der Kaiser entschlossen, keine weitere Herausforderung von seiten des Senats zu dulden; wahrscheinlich auch hatte er ein Mittel gefunden, die Volksstimmung zu wenden. Wie immer, es war nicht geraten, sich noch weiter vorzuwagen, man tat besser, sich vorzusehen, der Antrag des Helvid wurde so gut wie einstimmig abgelehnt. Nicht einmal die Anträge auf Vermögenskonfiskation und auf Verbannung wurden angenommen. Ligarius, der Freund und Günstling des Kaisers, wurde lediglich dazu verurteilt, die Beträge zu ersetzen, die er der Provinz Spanien widerrechtlich entzogen hatte.

Bald denn auch zeigte sich, daß die Senatoren die Rede des Ligarius richtig gedeutet hatten und daß der Kaiser im Besitz von Zeugnissen war, geeignet, seine Beliebtheit bei den Massen wiederherzustellen und den Senat in seine alte Machtlosigkeit zurückzuverweisen.

Schon wenige Tage nach der Urteilssprechung über den Ligarius wurde der Senat befaßt mit einer Anklage gegen den Decian. Decian wurde bezichtigt, versucht zu haben, das Verbrechen der abgeurteilten Vestalin Cornelia zu verschleiern.

Der Kaiser selber wohnte der Verhandlung des Senats bei. Decian war nicht erschienen. An seiner Stelle erklärte nach der Anklageerhebung sein Verteidiger: „Der Senator Decian verzichtet auf Verteidigung. Ich bin hier eher Postbote als Anwalt. Der Senator Decian teilt durch mich den Berufenen Vätern mit, daß er sich des Verbrechens schuldig bekennt, dessen man ihn verklagt."

Ein einziger Antrag wurde gestellt: Tod für den Schuldigen und Ächtung seines Andenkens. Keine Gegenstimme wurde laut. Da griff Domitian selber ein. Er bat die Berufenen Väter, Milde gegen den Reuigen und Geständigen walten zu lassen. Es wurde denn auch nur auf Verbannung erkannt und auf Konfiskation der in Italien befindlichen Güter des Decian.

Während er sich entfernte, drohte der Kaiser einer Gruppe von Senatoren, die sich um Helvid und Priscus versammelt hatten, lächelnd und leutselig mit dem Finger: „Sehen Sie, meine Herren, jetzt hat mich gar Ihr Freund Decian von gewissen Beschuldigungen freigesprochen."

Die Massen waren betroffen, als bekannt wurde, daß ein um seiner Rechtlichkeit willen so angesehener Mann wie Decian Zeugnis abgelegt hatte für den Kaiser und gegen die Vestalin. Auch Melitta, die Freundin und Freigelassene der Cornelia, hatte also gegen sie gezeugt. Folglich hatte man wohl dem Domitian Unrecht getan. Schnell schlug die Empörung gegen ihn in den alten Enthusiasmus um. Man bezichtigte sich selber der Leichtgläubigkeit, und Verwünschungen wurden laut gegen die Vestalin Cornelia, die das Reich und den guten, großen Kaiser durch ihre Geilheit beinahe um die Hilfe der Götter gebracht hatte. Gepriesen wurde Domitian, weil er mit so starker Hand durchgegriffen, ohne Ansehen der Person, um die Göttin zu rächen. Welche Überwindung mußte es den guten Kaiser gekostet haben, selbst eine Cornelia vor Gericht zu stellen und das Odium einer solchen Verurteilung auf sich zu nehmen! Was für einen großen Kaiser hatte man! Schließlich war es an dem, daß die Verurteilung der Cornelia dem Domitian eine Geschenkverteilung ersparte.

Nachdem Domitian so lange an sich gehalten, genoß er jetzt in vollen Zügen seine Rache. In rascher Folge fanden eine Reihe von Prozessen statt, die endlich jene Häupter der alten Adelspartei wegrafften, an die sein Vater und Bruder und an die er selber sich bisher noch nicht herangewagt hatten.

Die ersten, gegen die er Anklage erheben ließ, waren die Senatoren Helvid und Priscus und die Damen Fannia und Gratilla. Die Anklage lautete auf Majestätsverletzung. Sie war schamlos zusammengeklittert. Man hatte das ganze Leben der Angeklagten durchsucht, und alles, was sie getan, und alles, was sie gelassen hatten, wurde ausgelegt als Beleidigung des Kaisers. Jedes harmlose kleine Witzwort, das sich einer geleistet hatte, wurde so lange gedreht und gewendet, bis es eine hochverräterische Rede war. Dem vorsichtigen Priscus, der sich, um sich nicht zu gefährden, lange Jahre in ländliche Abgeschiedenheit zurückgezogen hatte, wurde gerade diese Vorsicht als Verbrechen ausgelegt; es sei kränkend für den Kaiser, daß sich ein Mann von der Begabung und Tatkraft des Priscus just unter seiner Herrschaft dem Staatsdienst entziehe. Selbstverständlich wurde seine Biographie des Paetus als aufrührerischer Hymnus auf einen Aufrührer, als verschleierte Beleidigung des Kaisers angesehen. Ungestraft überhäuften die Ankläger die Beklagten mit kalten und niedrigen Schmähungen. Der Senat wagte nicht, dagegen aufzubegehren. Die Kurie, in der er tagte, war umstellt von der Leibgarde des Kaisers. Es war seit Gründung der Stadt das erstemal, daß die regierende Körperschaft Beschlüsse fassen mußte unter der Drohung der Waffen.

Zwei Episoden dieses Prozesses blieben besonders lange im Gedächtnis der Römer haften. Da war einmal die Vernehmung der Fannia. Der Ankläger erklärte, es gehe die Rede, Priscus habe seine aufrührerische Biographie des Paetus auf ihren, der Fannia, Wunsch geschrieben, sie vor allem habe das Werk verbreitet, und er fragte sie, ob das wahr sei. Alle wußten, daß ein Ja sie ihr Vermögen kosten werde. „Ja", erwiderte sie. Ob sie, fragte der Ankläger weiter, dem Priscus auch Material für sein Buch gegeben habe. Alle wußten, daß sie, wenn sie ein zweites Mal ja sagte, im günstigsten Fall aus Rom verbannt, daß sie vielleicht getötet werden würde. „Ja", erwiderte sie. Ob ihre Schwägerin Gratilla, die Schwester des Paetus, darum gewußt habe, wurde sie weiter gefragt. „Nein", antwortete sie. Auf diese drei schlichten, unerschrokkenen und verächtlichen Worte, auf diese beiden Ja und auf dieses Nein beschränkte sich die Zeugnisablegung der Fannia, die sich dem Senat und dem Volk von Rom tiefer einprägte als die ausgezeichnete Rede des Anklägers.

Das zweite Geschehnis war das folgende: Helvid, der sich verloren wußte, nutzte die letzte Gelegenheit, die ihm gegeben war, noch einmal zu den Römern zu sprechen, zu einer finstern und gewaltigen Drohrede gegen den Kaiser, der der Rache Roms und der Götter nicht entgehen wird. Lautlos hörte man zu. Der blinde Messalin aber erhob sich, sichern Schrittes, als ob er sähe, ging er durch die Bänke auf Helvid zu, um selber Hand an den Schmähsüchtigen zu legen. Da indes, es war das erstemal, daß dem Blinden dies geschah, rissen ihn die andern zurück, sie schrien ihm zu: „Dieser Mann ist hundertmal wertvoller als du!", sie beschimpften ihn, sie brachten ihn zu Fall.

Diese Zornesausbrüche verhinderten aber nicht, daß die

Berufenen Väter den Helvid und den Priscus zum Tod, die Damen Fannia und Gratilla zur Verbannung, das Buch des Priscus zur Verbrennung verurteilten.

Zwei Tage später wurde der Holzstoß gerichtet für das Buch, in dem der zu richtende Priscus das Leben des gerichteten Paetus beschrieben hatte. Die Verbrennung fand statt am späten Abend. Die Flammen waren blaß, als sie sich entzündeten, denn da war es noch Tageslicht, aber sie leuchteten immer stärker mit der einfallenden Nacht, und immer lauter wurden die Rufe des zuschauenden Pöbels. Dem Priscus war es anheimgegeben worden, der Verbrennung zuzuschauen. Er tat es. Reglos hielt er den runden, völlig kahlen Kopf, mit den tiefliegenden, kleinen Augen starrte er in die Flamme, die sein Buch verzehrte. Die Exemplare, die man für die Verbrennung ausgewählt hatte, waren auf Pergament geschrieben, der alten Fannia war das kostbarste Material für dieses Buch nicht kostbar genug gewesen, und das Pergament brannte langsam und zäh, es sträubte sich gegen die Vernichtung. Priscus war ein kühler, sachlicher Herr, er hatte oft gelächelt über die Metaphern und Gleichnisse seines Freundes Helvid, dennoch verbanden sich jetzt in seiner eigenen Vorstellung mancherlei pathetische Gedanken und Bilder mit diesem Scheiterhaufen. Feuer erhellte, Feuer reinigte, Feuer war ewig, Feuer verband Menschen und Götter und machte in einem gewissen Sinne den Menschen mächtiger als die Gottheit. Vielleicht, wahrscheinlich wird gerade durch dieses Feuer sein Leben des Paetus länger dauern als das Regiment des Domitian und der Despoten, die ihm folgen mochten; aber wahrscheinlich wird ihm keiner mehr folgen.

Dieses war das letzte Feuer, das Priscus sah, sein letzter Abend und seine letzte Nacht. Auch der verwitterte, heftige Helvid büßte in dieser Nacht die Befriedigung, die er gespürt hatte, als er durch seinen Antrag gegen den Ligarius dem Kaiser seinen ganzen Haß und seine ganze Verachtung ins Gesicht geschleudert hatte, und folgte seinem Vater in den Hades, gewaltsam dorthin gestoßen wie dieser. Domitian aber durfte sich sagen, jetzt werde der alte Vespasian mit ihm zufrieden sein.

Eine Woche später dann gingen die verurteilten Frauen in die Verbannung. Es war eine wilde, barbarische Gegend, in die man sie schickte. Die füllige, damenhaft lässige Gratilla, gewohnt, drei Zofen um sich zu haben nur für ihre Körperpflege, wird es nicht leicht haben, wenn sie nun allein mit der alten, finsteren Fannia das kleine, rohe Haus bewohnen wird an der kalten, unwirtlichen Küste der nordöstlichen See. Wohl nahm Fannia die Lobschrift des Priscus auf ihren toten Gatten, diese Ursache ihres Exils, mit ins Exil. Wohl standen, als die Frauen dem Latinischen Tor zugingen, um die Stadt zu verlassen, sehr viele an ihrem Weg, aber ihre getöteten Männer wurden davon nicht lebendig, und der Pontus wurde dadurch nicht der Tiber.

An ihrem Wege stand auch der Senator Cornel, der Schriftsteller. Er hatte nicht teilhaben wollen am Tod seiner Freunde und war der Sitzung ferngeblieben, in der ihr Prozeß verhandelt wurde. Das war kühn gewesen. Freilich nicht allzu kühn, denn natürlich hatte er sich vorgesehen und drei Ärzte an sein Lager gerufen, um Zeugen einer Lungenentzündung zu haben. Auch jetzt hatte er sich, der bedachtsame Mann, lange gefragt, ob er sich unter diejenigen mischen solle, die die Frauen begrüßten, da sie ein letztes Mal vorübergingen. Er hatte sich überwunden, er wagte es, da stand er, sich tadelnd ob der überflüssigen Kühnheit, wartete, und als die Frauen kamen, streckte er den rechten Arm aus, sie auf lange Zeit, vielleicht für immer, ein letztes Mal grüßend. In seinem Herzen aber dachte er: Wie sinnlos und unnütz ist das alles! Arme, törichte Freunde! Warum habt ihr nicht gewartet, ob nicht der günstige Augenblick komme, diesen Kaiser zu fällen? Dann hättet ihr, nach seinem Tode, viel klarer und heftiger sagen können, was gegen ihn vorzubringen ist, als ihr es jetzt habt sagen können. Arme, törichte, tote Freunde, die ihr nicht begriffen habt, daß diese Zeit an uns eine einzige Forderung stellt: sie zu überleben! Arme, törichte, verbannte Heldenweiber! Eure einzige Chance ist, daß ich, der ich weniger töricht bin, euch vielleicht doch noch einmal ein Denkmal setzen kann.

Nachdem Domitian die Stadt gereinigt hatte von den Leuten, die seine und der Gottheit Feinde waren, beging er seine Säkularfeier. Es waren seit der Gründung der Stadt achthundertneunundvierzig Jahre vergangen, und es bedurfte einer kühnen Chronologie, um zu errechnen, daß nun ein neues Jahrhundert abgelaufen sei. Allein Domitian war ein kühner Mann, er errechnete es.

Zusammengerufen durch Herolde wurde das Volk. Das Kollegium der Fünfzehn ließ die Mittel verteilen, wodurch ein jeder sich reinigen sollte, Fackeln, Pech und Schwefel. Das Volk seinerseits überbrachte dem Priesterkollegium die Erstlinge der Saat und des Viehes für die Götter. Der Kaiser selber opferte auf dem Marsfeld dem Jupiter und der Minerva, in seiner Gegenwart richteten adelige Frauen Gebete an die Juno, eine lebendige Forelle wurde der Erde geopfert, Chöre von Jünglingen und Jungfrauen sangen Hymnen, und der Kaiser weihte dem Gotte Vulkan ein Gelände, auf daß er die Stadt fürderhin gegen Feuer schütze.

In dieser Nacht schlief der Kaiser mit Lucia. „Erinnerst du dich“, fragte er, „was du mir vorausgesagt hast bei der Verurteilung der Vestalin? Nun, meine Lucia, wer hat recht gehabt?“

Der Sieg über den Senat füllte Domitian ganz aus; er bestätigte ihm, daß er sein Priestertum und sein Amt richtig auffaßte und im Sinne der Götter. Das trug ihn, hob ihn, er war glücklich.

Er hatte von jeher gerne gearbeitet, jetzt nahm er es mit seiner Arbeit und mit seinen Pflichten noch ernster. Früher hatte es der heftige, rastlose Mann trotz der vielen Strapazen geliebt, sein ungeheures Reich von einem Ende zum andern zu durchqueren, und ein Jahr hatte ihn in Britannien gesehen, das nächste an der untern Donau. Jetzt verbrachte er den größten Teil seiner Zeit im Rat mit seinen Ministern oder an seinem Schreibtisch.

Er hatte sich ein kleines Zimmer als Arbeitskabinett gewählt, er mußte, um sich zu sammeln, enge, geschlossene Wände um sich haben. In der Einsamkeit dieses versperrten Raumes gelang es ihm, ganz in sein Inneres hineinzutauchen.

Manchmal, in Augenblicken solcher Sammlung, vermochte er es geradezu körperlich zu spüren, daß er das Herz und das Hirn dieses gewaltigen und höchst lebendigen Organismus war, den man vag und abstrakt als Römisches Reich bezeichnete. Ihm allein, in ihm, war dieses Römische Reich ganz lebendig. Die Flüsse dieses Reichs, Ebro, Po, Rhein, Donau, Nil, Euphrat, Tigris, waren seine, des Kaisers, Adern, die Gebirge, die Alpen, Pyrenäen, Atlas, Haemus, seine Knochen, es war sein Blut, das diese ungeheuern Gebiete wärmte und belebte, die Millionen Einzelmenschen waren die Poren, durch die sein eigenes Leben atmete. Dieses millionenmal vervielfältigte Leben machte ihn in Wahrheit zum Gott, hob ihn über alles menschliche Maß hinweg.

Damit aber dieses gewaltige Lebensgefühl nicht verfließe, mußte er den Rahmen noch strenger und pedantischer spannen. Starr verfolgte er sein Programm. Daß er seinen widerspenstigen Senat besiegt hatte, war die erste Strecke eines Weges gewesen, den er sich genau vorgezeichnet. Jetzt, da er sich der Hilfe seiner Götter vergewissert hatte, durfte er den schwierigeren Teil dieses Weges beginnen. Jetzt durfte er sich an die Aufgabe machen, den unterirdischen Wühlereien ein Ende zu setzen, mit denen dieser fremde, bösartige und unheimliche Gott Jahve ihn bedrohte.

Es war nicht etwa so, daß er von sich aus Jahve hätte angreifen wollen. Ganz und gar nicht, das stünde ihm, dem Verteidiger der Religion, nicht an. Jahves Doktrinen sollten weiter Geltung haben: doch nur in Jahves Volk. Wenn diese Doktrinen aber ihre Grenzen überschritten, wenn sie begannen, seine, des Domitian, Römer zu vergiften, dann hatte er die Pflicht, sich dagegen zu verteidigen, diese Doktrinen aus den Herzen seiner Römer auszubrennen.

Er beriet mit seinen Ministern. Mit Regin, Marull, Annius Bassus und Norban arbeitete er an dem Plan, den Osten aus Rom zu verdrängen, ihn in seine Grenzen zurückzuweisen.

Zunächst ging es um die Beseitigung Jakobs von Sekanja, des Wundertäters. Jakob galt als das Haupt der Christen in Rom. Die ganze Stadt nahm Anteil an ihm. Er ging ein und aus im Hause des Prinzen Clemens. Viele unter den Senatoren bezeigten ihm und seinen Ideen Interesse, um auf diese vorläufig noch ungefährliche Art gegen den Kaiser zu manifestieren. Das Volk blickte in scheuer Ehrfurcht zu dem Wundertäter auf. Siebzehn Leute hatten mit ihren eigenen Augen gesehen, wie die lahme Paulina, eine Freigelassene, aufgestanden und gewandelt war, nachdem er ihr die Hand aufs Haupt gelegt und dazu einige aramäische Sprüche gemurmelt hatte. Allerdings war diese Paulina am gleichen Tage gestorben; doch der Vorgang blieb deshalb nicht weniger ein Wunder, und der Mann, der das Wunder vollbracht hatte, nicht minder ehrfürchtiger Beachtung wert. Jedenfalls waren der Kaiser und sein Polizeiminister der Meinung, es wäre besser, wenn Jakob von Sekanja in dieser ihrer Stadt Rom keine weiteren Wunder vollbrächte.

Wie aber verhinderte man einen Mann, Wunder zu vollbringen?

Es gebe da, meinte Norban eindeutig, ein sehr gründliches Mittel.

Schweigend überdachten alle dieses gründliche Mittel. Dann erklärte Regin, es sei im Falle des Wundertäters doch vielleicht nicht angebracht, das gründliche Mittel anzuwenden. Wendete man es an, so sähe es aus, als hätten die Anhänger der Staatsreligion Furcht vor dem Gotte des Wundertäters. Was seine Anhänger vermutlich nicht ernüchtern, sondern nur in ihrem Aberglauben bestärken werde.

Man könnte vielleicht, schlug Marull vor, den Wundertäter auffordern, am Hofe des Kaisers Wunder zu tun. Dann könnte man ihn kontrollieren und entlarven. „Wer sagt Ihnen“, wandte Bassus ein, „daß ihm dann das Wunder nicht gelingt?“ Der Kaiser aber erklärte bündig: „Ich möchte nicht die Fähigkeiten des Gottes Jahve in Zweifel ziehen. Ich möchte nur verhüten, daß der Wundertäter Proselyten macht.“

Marull, durch diese Zurechtweisung keineswegs gekränkt, meinte, man solle sich zunächst klar darüber werden, wieweit die Verkündigung der jüdischen Lehre erlaubt sei und wo sie anfange, Proselytenmacherei und somit Verbrechen zu werden. „Wenn der Herr und Gott uns seine Meinung darüber kundtäte", sagte er, „wäre das eine Gnade für uns alle." Der Kaiser liebte derlei formaljuristische Abgrenzungen, und Marull rechnete darauf, daß es D D D willkommen sein werde, seine Ansichten über diese Frage zu definieren.

Domitian ergriff denn auch die Gelegenheit. „Das Judentum", setzte er auseinander, „ist und bleibt eine erlaubte Religion. Ich verkenne nicht, daß diese Religion ein Grundprinzip leugnet, welches alle andern Nationen des Reichs verbindet, das Prinzip nämlich, daß sich die Gottheit in dem Kaiser manifestiert. Während alle andern, die Anhänger der Isis und des Mithras nicht minder wie die der barbarischen Gottheiten der Germanen und der Briten, sich darin einig sind, daß dem Bild des römischen Kaisers und seinen Insignien göttliche Verehrung zieme, wollen die Juden allein diese klare Erkenntnis nicht gelten lassen. Nun denkt das tolerante Rom nicht etwa daran, ein armes, halsstarriges Volk, dessen Jämmerlichkeit durch seine ungeheuren Niederlagen bestätigt ist, mit Gewalt zur Erkenntnis der Wahrheit zu zwingen." Er konnte es nach diesem Vordersatz nicht unterlassen, über seine Lieblingstheorien zu deklamieren, als wäre er im Senat. „Rom verbietet nicht die Gesinnung. Rom läßt einem jeden seinen Glauben, auch wenn dieser Glaube ein Irrglaube ist. Es kann ein jeder seinen Gott haben, und mag dieser Gott noch so merkwürdig ausschauen. Habe ein jedes Volk seinen Brauch, wenn nur er's nicht hindert, uns zu gehorchen", deklamierte er, und Regin sowohl wie Marull konstatierten, im Innern lächelnd, daß er sich bis in den Vers verstiegen hatte. „Da aber", fuhr Domitian fort, „genau hier ist die Grenze. Dies *eine* gestattet Rom nicht, daß eines andern Volkes Gott in den Bereich seiner, der römischen Staatsreligion eingreife. Nicht hingehen lassen kann es Roms Erzpriester, wenn diese östlichen Menschen sich erdreisten, ihren Aberglauben durch Überredung und Propaganda weiterzuverbreiten. Sie hatten gefragt, mein Marull, wieweit die Verkündigung der jüdischen Lehre erlaubt ist. Ich antworte: sich zu dieser Lehre zu bekennen und ihre Bräuche zu üben ist unbeschränkt erlaubt allen denen, die zu ihrem Unglück in diesem Volk und dieser Lehre geboren sind. Nicht erlaubt ist es, diesen Aberglauben durch Lehre oder gar durch Tat zu verbreiten. Wer einen andern durch Worte oder gar durch das Beschneidungsmesser zu einem Anhänger der jüdischen Religion machen will, verstößt gegen die Majestät Roms und des Kaisers."

„Das ist klar formuliert", sagte Marull. Doch Claudius Regin wandte behutsam ein: „Wenn wir uns zu diesem Grundsatz öffentlich bekennen, wird man uns dann nicht wieder vorwerfen, wir hätten Furcht vor diesem Jahve und vor der Überzeugungskraft seiner Lehre?" – „Vorsicht ist nicht Furcht", erwiderte unwirsch Norban. „Wenn ich die Türe meines Hauses zusperre, so ist das berechtigte Vorsicht, nicht Furcht." Der schlichte Soldat Bassus aber erklärte tapfer: „Ich habe Furcht vor dieser Lehre. Sie wirkt ansteckend. Ich war in Judäa. Ich habe es erlebt, welche Scheu dieser Gott Jahve und seine Lehre um sich breitet. Der Tempel, das da, hat meinen Soldaten Furcht gemacht, sie gelähmt. Es ist nicht gut für die Armee, die Prediger dieser Lehre auf sie loszulassen."

Betretenheit war nach diesem unumwundenen Eingeständnis. „Ich höre solche Worte ungern, mein Annius", erklärte Domitian. „Aber sei dem wie immer, ich wünsche die Verbreitung dieser Lehre nicht, ich will meine Römer vor dieser Lehre schützen, ihre Verkündigung ist verboten. Ich habe gesprochen."

„Was also fangen wir mit unserm Wundertäter an?" kehrte kurz und sachlich Norban zum Ausgangspunkt zurück. Marull, mit einem kleinen Lächeln, meinte: „Wenn ich den Herrn und Gott Domitian recht verstanden habe, dann mag dieser Wundertäter seine Wunder ruhig weiter verrichten, aber unter seinen Juden, in Judäa, nicht hier in Rom." – „Ich danke Ihnen, mein Marull", antwortete der Kaiser. „Ich glaube, das ist der rechte Weg." Der offenherzige Annius aber murrte: „Die Provinz Judäa ist nahe, viele Leute aus Rom haben dort zu tun, viele Schiffe fahren hin. Ich hätte den Mann lieber weiter fort gewußt. Warum ihn nicht aus den Grenzen des Reichs verbannen? Soll er seine Wunder den Skythen vormachen oder den Parthern, aber keinem römischen Untertan." Alle freuten sich über den schlichten Soldaten.

Domitian indes gab sich nicht zufrieden damit, daß man die

Debatte eingrenzte auf den Fall des Jakob von Sekanja. Seine Herren sollten wissen, daß die Aktion gegen den Wundertäter nur ein erster Schritt auf einem Wege zu viel Bedeutsamerem sei. Er erklärte: „Damit kein Mißverständnis aufkomme, präzisiere ich nochmals. Es gibt dreierlei Arten von Juden. Erstens solche, die, als Juden geboren, sich darauf beschränken, ihren Glauben auszuüben. Das mögen sie ruhig, sie werden nicht verfolgt. Zweitens solche, die Propaganda und Proselyten machen. Deren Gegenwart ist weder in Italien noch in irgendeiner Provinz des Reichs erlaubt, ihr Aufenthalt ist auf die Provinz Judäa beschränkt, auch dort unterstehen sie der Überwachung durch die Polizei. Dann aber", er sprach langsamer, genießerisch, „gibt es noch eine dritte Art von Juden, und diese sind, scheint mir, die schlimmsten." Er unterbrach sich, kostete die Erwartung seiner Herren aus und erläuterte schließlich: „Ich meine diejenigen, welche, in der Staatsreligion geboren, sie verleugnen, um dem Gotte der Juden anzuhängen und die Göttlichkeit des Kaisers anzuzweifeln."

„Womit Klarheit geschaffen wäre", sagte trocken Marull. Der praktische Norban aber zog sogleich die nächsten Folgen. „Wir werden also wohl", sagte er, „fürs erste Jakob den Wundertäter verbannen, fürs zweite den Senator Glabrio unter Anklage stellen." Die andern sahen hoch. Der Senator Glabrio war ein friedfertiger Herr, dem man Feindseligkeit gegen das Regime nicht vorwerfen konnte; daß er sich viel mit exotischer Philosophie, vor allem eben mit der Doktrin der Christen abgab, galt den meisten als liebenswürdige Schrulle. Bassus versuchte zu mildern. „Vielleicht", schlug er vor, „prozessieren wir zunächst ein paar kleine Leute aus dem Volk, die dem jüdischen Irrglauben anhängen; das wäre eine Art Warnung." – „Ich würde kleine Leute nicht verfolgen", gab Regin zu bedenken, „es schädigt nur das Prestige des Kaisers bei den Massen." Domitian, mit seinem bösartigen Lächeln, verfügte: „Glabrio ist klein genug." – „Ich werde also das Material gegen den Senator Glabrio wegen Verstoßes gegen die Staatsreligion zusammenstellen", erwiderte Norban. „Ja", stimmte Domitian bei und tat beinahe gelangweilt, „stellen Sie zunächst das Material gegen Glabrio zusammen!"

Allen war klar, was dieses „zunächst" andeutete. Es zielte sehr hoch, es zielte auf des Kaisers Vetter, den Prinzen Clemens.

Wenn Sabin der Versuchung nicht hatte widerstehen können, sich in die Verschwörung des Saturnin einzulassen, so war Prinz Clemens bar jedes politischen Ehrgeizes. Er verbrachte den größten Teil seiner Zeit fern von Rom auf seinem etrurischen Landsitz, in der Nähe des Städtchens Cosa, in jenem altmodischen Landhaus, dem ältesten Besitz der Flavier. Selbst Norban, gewiß kein Freund des Clemens, konnte dem Kaiser nur berichten, daß die Tage des Prinzen ausgefüllt seien mit dem Studium östlicher Philosophie. Die Doktrin der Juden und der Minäer aber sei berechnet auf die Denkart kleiner Leute, sie predige Widerstandslosigkeit, fasele von einem Reich, das nicht von dieser Welt sei, so also, daß man von Clemens keinerlei gefährliche politische Aktivität zu befürchten habe.

Domitian fand, daß eine solche Betrachtungsweise seinem Polizeiminister sehr wohl anstehe; er selber aber, der Zensor Domitian, hatte Wesen und Gehabe dieses Clemens ganz anders zu werten. Schon wenn ein Irgendwer, ein Mann des Zweiten Adels oder ein unbedeutender Senator, sich der Denkweise der Christen näherte, war das verwerflich; denn die Christen predigten Abkehr von den Dingen dieser Welt, und Untätigkeit steht einem Mann aus alter römischer Familie schlecht an. Wenn aber gar Prinz Clemens, Vetter des Kaisers und nach ihm der erste Mann im Reich, statt sinnvoller politischer oder militärischer Tätigkeit nachzugehen, diesem Aberglauben anhing und sich so seinen staatsbürgerlichen Pflichten entzog, dann gab diese verbrecherische Indolenz ein höchst verderbliches Beispiel. Wie sollte er, der Herrscher, seine Senatoren zu guten Dienern am Vaterland erziehen, wenn sein eigener Vetter sich von diesem Dienst drückte!

Es waren nicht nur nationale und religiöse Erwägungen so allgemeiner Art, die den Kaiser gegen Clemens aufbrachten. Vielmehr kränkte es ihn persönlich, daß dieser faule, untüchtige Bursche Clemens seine, des Domitian, Göttlichkeit, seine

Genialität nicht anerkannte. Nicht etwa, daß Clemens des Kaisers Göttlichkeit schlechthin geleugnet hätte, er fand sich sogar bereit, dem Bild des Kaisers zu opfern, wie das Gesetz es befahl; allein Domitian spürte durch die unnahbare, lässige Höflichkeit des Prinzen hindurch, wie wenig dieser ihn achtete. Es war dem Domitian gleichgültig, wenn zum Beispiel diese armselige Domitilla, des Clemens Frau, ihn mit ihren wilden und trockenen Augen anfunkelte, es amüsierte ihn mehr, als daß es ihn verdroß. Des Clemens Mißachtung aber kränkte ihn. Vor allem wohl deshalb, weil just dieser Clemens der Vater der Prinzen Constans und Petron war, „der kleinen Löwen". Die Zwillinge waren jetzt elf Jahre, sie gefielen dem Domitian immer besser, je größer sie wurden, seit Julias Tod war er mehr und mehr entschlossen, sie zu adoptieren. Was ihn an ihnen störte, war lediglich dieser Clemens. Alles an dem phlegmatischen Manne reizte ihn, er konnte sich nicht genugtun, ihm ein faules, lahmes Wesen vorzuwerfen, er fand immer neue tadelnde Worte für ihn, nannte ihn bequem, bleiern, bummelig, dumm, energielos, fahrlässig, faul, kaltblütig, lahm, matt, müßig, saumselig, schlaff, träge, indolent. Doch eben an dieser Indolenz prallten alle Beschimpfungen des Kaisers ab. Clemens kam, wenn ihn Domitian zu sich entbot, er hörte sich des Kaisers Tadel höflich an, versprach Besserung, ging zurück auf sein Landgut und blieb der alte. Domitian hätte dem Vater seiner kleinen Löwen eine Verschwörung gegen sein Leben verziehen; diesen passiven Widerstand ertrug er nicht.

Clemens selber beschäftigte sich viel weniger mit dem Kaiser als dieser sich mit ihm. Der Prinz war kein scharfer Denker. Mit seinen vierzig Jahren wirkte er noch sehr jugendlich, die zarte Haut, die blaßblauen Augen unter dem hellen, aschblonden Haar verstärkten den Eindruck des Knabenhaften, Unentwickelten. Doch wenn der Prinz auch langsam von Urteil war, seicht war er nicht. Was er einmal begriffen hatte, das wälzte er in seinem Innern um und um und betrachtete es so lange, bis es sich tief in ihn eingesenkt und sich tief mit seinem Wesen verbunden hatte.

Was ihm von den Lehren der Christen den stärksten Eindruck machte, das waren die dunkeln Weissagungen der Sibyllen. Die Götter, die jetzt als Götter verehrt würden, hieß es in diesen vieldeutigen Versen, seien nichts als die abgeschiedenen Geister alter Könige und Helden. Doch die Herrschaft dieser längst Toten gehe zu Ende. Auch Rom verehre solche Toten, und auch Rom werde deshalb fallen. Seine Herrschaft werde abgelöst werden von der Herrschaft des Messias. Noch sei Roms Arm stark, stark jede Sehne und jeder Knochen, aber das Herz dieses starken Körpers sterbe ab, versteinere und könne den Gliedern kein Leben mehr einhauchen. So machtvoll dieses Wesen scheine, es gehe von ihm eine tiefe Trauer aus. Seine Ausdünstung lähme die ganze Welt, keine Ruhe und keine Freude sei mehr in dieser Welt, befriedigte Lust befriedige nicht mehr, eine tiefe Sehnsucht nach anderem fülle alles Lebendige.

Gedanken und Gefühle solcher Art beschäftigten das einfache Gemüt des Prinzen. Er war von Natur freundlich, ja heiter. Doch er sah das, was auf dem Palatin und im Senat geschah, unter dem Aspekt der sibyllinischen Orakel, es schien ihm sinnlos und tot, und dieses Tote lastete auf der ganzen Welt und erdrückte Leben und Glück. Daß er ein Teil dieses Toten sein mußte, machte ihn melancholisch. Immer tiefer verstrickte er sich in die Welt Jakobs des Wundertäters und der Sibyllen, immer schwerer fiel es ihm, seinen Repräsentationspflichten am Hofe und in der Stadt zu genügen, immer mehr sehnte er sich danach, sich für immer vom Palatin zurückziehen zu dürfen und still auf seinem Landgut zu leben mit Domitilla und den Kindern und mit den Büchern und Lehren des östlichen Glaubens.

So also sah es in dem Prinzen Clemens aus um die Zeit, da Domitian, gestärkt durch seinen Sieg über den Senat, sich entschlossen hatte, den Gott Jahve nicht weiter in sein Bereich vordringen zu lassen.

Fürs erste wurde des Clemens Freund und Lehrer von ihm fortgerissen, Jakob von Sekanja. Prinz Clemens hatte viele Freunde und Bekannte in die Verbannung gehen sehen, aber nie hatte er es erlebt, daß ein Mann das Verbannungsurteil mit so stiller Zuversicht auf sich nahm wie Jakob. Das Leben in dem kleinen Ort Judäas, den er fortan nicht wird verlassen dürfen, wird nicht leicht sein. Er wird dort leben müssen als einziger Christ unter Heiden und Juden, gehaßt von beiden, in höchster Dürftigkeit, seines Vermögens beraubt und unter dem Verbot, daß Freunde ihn besuchen oder beschenken dürfen. Aber er ertrug das ohne Auflehnung, er ging in Elend und Verbannung, als ginge er einer freudigen Zukunft entgegen.

Dann kam der Prozeß und die Hinrichtung des Senators Glabrio, und wenn sich auch Clemens und Domitilla wenig um die römischen Dinge kümmerten, so mußten sie doch erkennen, daß die Gefahr jetzt nach ihnen selber griff. Domitilla sprach dem Clemens davon mit der dürren Klarheit, die ihr eigen war. Sie selber hatte sich für stark im Glauben gehalten, aber jetzt, da ihr die Gegenwart und die Unterweisung Jakobs fehlte, war sie nicht gewillt, ohne weiteres zu dulden, sondern entschlossen, sich mit aller Kraft gegen das drohende Schicksal zu wehren. Um so mehr erstaunt war sie, als sie hierbei auf den entschiedenen Widerstand des Clemens stieß. In ihm hatten die Verbannung Jakobs und die Hinrichtung Glabrios eine verbissene Märtyrerstimmung erzeugt. Nicht etwa als ob er hochmütig geworden wäre. Er fühlte sich nicht berufen, mit eigener Hand nach der Krone des Märtyrers zu greifen und durch eine Demonstration die Rache des Kaisers auf sein Haupt herabzuziehen. Er war vielmehr gewillt, weiter zu leben wie bisher, dem Kaiser nicht zu widerstreben, sich ihm willig zu fügen, aber er war auch ebenso fest entschlossen, keinen von den Rettungsversuchen zu unternehmen, die ihm Domitilla vorschlug. Was immer geschehen wird, er wird sich dem Los nicht entziehen, das ihm die Gottheit bestimmt hat.

So also wartete er. Er wußte, daß D D D seine Entschlüsse sehr langsam reifen ließ und daß er also vielleicht sehr lange werde zu warten haben. Da aber ereignete es sich, daß er, in einem Gespräch mit dem Schriftsteller Quintilian, selber das Martyrium herbeirief, das über ihn zu verhängen er der Gottheit hatte überlassen wollen.

Es kam dies so: Domitian hatte gewünscht, daß seine künftigen Adoptivsöhne römisch erzogen würden, und hatte ihnen zu diesem Zweck den Quintilian zum Lehrer gegeben, den großen Redner, den ersten Stilisten der Epoche. Quintilian hatte Weisung, den Knaben alles fernzuhalten, was künftigen Herrschern des Römischen Reichs nicht angemessen sei, andernteils aber Zusammenstöße mit den Eltern zu vermeiden. So widerspruchsvoll diese Weisungen klangen, es war dem Quintilian, einem stattlichen, höflichen, sehr würdigen, geschmeidigen und doch sehr bestimmten Herrn, geglückt, sie zu befolgen. Es wurde auf eine höfliche und sehr faire Art ein stiller Kampf geführt zwischen den Eltern der Knaben und ihrem Lehrer, und ohne daß sich Quintilian geradezu zwischen die Eltern und Kinder stellte, brachte er es gleichwohl zuwege, ihnen die Knaben auf behutsame, schwer faßbare Art zu entfremden.

Mehrmals machte Clemens den Versuch, sich mit dem Lehrer seiner Kinder offen auseinanderzusetzen. Aber er war dem gewandten Redner und Stilisten keineswegs gewachsen, und bei einem dieser Gespräche geschah es auch, daß er sich gegen seinen Willen dazu hinreißen ließ, so unvorsichtige Worte zu gebrauchen, daß sie dem Kaiser endlich eine Handhabe gegen ihn boten.

Quintilian hatte erklärt, es sei mehr sein Ziel, den Kindern das Nützliche als ihnen das Wahre beizubringen. Ein guter Lehrer, fand er, dürfe selbstverständlich seine Schüler mit Lügen füttern, wenn das zu einem edeln, das heißt zu einem lateinischen oder römischen Zwecke geschehe. „Ich habe", sagte er, „als Redner vor Gericht niemals Bedenken getragen, zweifelhafte Behauptungen vorzubringen, wenn ich keinen andern Weg sah, um die Richter für die gute Sache zu erwärmen." – „Wissen Sie immer so genau", konnte sich da Prinz Clemens zu fragen nicht enthalten, „was die gute Sache ist?" – „In unserm Fall", erwiderte Quintilian, „weiß ich es genau. Vor den Prinzen Constans und Petron ist mir jede Behauptung gut und recht, welche dazu beitragen kann, sie zu flavischen Herrschern zu erziehen. Die gute Sache, der ich zu dienen habe, ist der Bestand und die Herrschaft der flavischen Dynastie." – „Ich beneide Sie um Ihre Sicherheit", erwiderte darauf Clemens, und: „Die gute Sache", fuhr er nachdenklich fort. „So viele verstehen darunter soviel Verschiedenes. Ich zum Beispiel weiß gewiß: die Herrschaft der Flavier wird versinken, und ebenso gewiß kenne ich ein andres Reich, das bleiben wird.“

Auf diese höchst unrömische Äußerung, die zudem in schlampigem Latein vorgebracht war, erwiderte Quintilian nichts mehr. Clemens aber fragte sich sogleich, wozu eigentlich er diese Äußerung getan habe, sie war ein überflüssiges Bekenntnis, eine jener nutzlosen Demonstrationen, die Jakob der Wundertäter und Domitilla streng verurteilten. Denn über die Gottheit und über die Wahrheit zu sprechen hatte Sinn nur vor Menschen, die für diese Wahrheit empfänglich waren.

Reuig erzählte er Domitilla von dem Vorgefallenen. Sie erschrak. So dringlich hatte Jakob, bevor er in die Verbannung ging, ihnen eingeschärft, sie sollten sich nicht vordrängen zum Martyrium, sie sollten klug wie die Schlangen sein und bestrebt, die Herrschaft Jenes, des Antichrist, zu überleben. Aber davon ließ sie nichts verlauten, auch klagte sie nicht; um so tiefer ergriffen den Clemens die wenigen ergebenen Worte, die aus den schmalen Lippen der geliebten Frau kamen.

Er bereute ehrlich seine unbedachte Äußerung. Aber wenn dadurch, wie es wahrscheinlich war, sein Schicksal beschleunigt werden sollte, so war ihm das im Grunde willkommen. Immer mehr war er des wüsten, ruchlosen Getriebes ringsum müde geworden, und es kostete ihn nichts, aus dieser leeren, lästigen Welt fortzugehen. Er war bescheiden von Natur, er glaubte sich nicht berufen, doch wenn die Gottheit auch ihn ausersehen haben sollte, für sie Zeugnis abzulegen, dann hätte also sein „faules, indolentes Leben“ mehr Sinn gehabt und würde stärker in die Zukunft hineinstrahlen als das rastlose, tatenvolle D D Ds. Dieser Gedanke machte ihn lächeln. Seine Erwartung dessen, was D D D beschließen werde, nahm immer mehr die Form einer zuversichtlichen Freude an, und wenn Domitilla bangte, so wartete Clemens mit hohem Gleichmut.

Etwa zwei Wochen nach jenem Gespräch mit Quintilian gab ein Kurier auf dem Gute bei Cosa ein Handschreiben ab, in welchem Domitian den Clemens in besonders freundschaftlichen Wendungen ersuchte, er möge sich bald auf dem Palatin einstellen, der Kaiser sehne sich nach einem vertraulichen Gespräch. Domitilla erblaßte tief, ihre hellfarbigen Augen starrten verloren vor sich hin, ihr schmaler Mund war nicht fest geschlossen wie gewöhnlich, die Lippen waren ihr trocken geworden, und sie hielt sie leicht geöffnet. Clemens wußte genau, was sie dachte. Derartige vertrauliche Unterredungen mit dem Kaiser nahmen selten einen guten Ausgang, auch mit Sabin hatte D D D eine lange und besonders liebenswürdige Unterredung gehabt, bevor er ihn sterben ließ.

Es war dem Clemens sehr leid, daß Domitilla so gar nichts empfand von der freudigen Ruhe, die ihn erfüllte. Das helle, zarte Gesicht des Vierzigjährigen schien noch jünger als sonst, als er von ihr Abschied nahm, es war von einer fast heiteren Sammlung. Er küßte die Zwillinge auf die reinen Stirnen, er strich ihnen über die sanften Haare. Meine kleinen Löwen, dachte er, so hatte er also auch von Domitian etwas gelernt.

Domitian empfing den Vetter im Schlafrock. Er hatte ihn mit Ungeduld erwartet, er versprach sich einiges von dieser Unterredung. Er liebte dergleichen Gespräche. Denn es war, wie Clemens und Domitilla vermutet hatten: nach der verbrecherischen Äußerung des Vetters fühlte sich Domitian vor sich selber, vor den Göttern und vor Rom berechtigt, die Atmosphäre um die Knaben, seine künftigen Nachfolger, zu reinigen, und er hatte sich deshalb entschlossen, Clemens sterben zu lassen und Domitilla in die Verbannung zu schicken. Vorher aber wollte er sich mit dem Vetter auseinandersetzen. Und weil die Stunden, da er sich mit denen auseinandersetzte, denen er den Tod bestimmt hatte, seine besten Stunden waren, hatte er sich gelockert, um die Unterredung ganz zu genießen, und empfing den Clemens mit großer Wärme.

Zunächst fragte er ihn aus, wie es auf seinem Gut stehe, wie man sich dort abgefunden habe mit den Veränderungen, welche sein Gesetz über die Einschränkung des Weinbaus zur Folge gehabt habe. Dann kam er zurück auf seine alten Klagen darüber, daß Clemens einen so großen Teil seiner Zeit auf dem Lande verbringe und sich auf diese Art den Pflichten eines römischen Prinzen entziehe. Wieder einmal hielt er ihm seine „Indolenz“ vor und wies darauf hin, was alles er selber, Domitian, unternehme. Vor fünf Tagen erst habe er der Eröffnung einer neuen Straße beiwohnen können, der großen Straße zwischen Sinuessa und Puteoli. Sie habe Mühe und Schweiß gekostet, diese Via Domitiana, aber nun sei sie eben auch da und werde heute und für alle Zukunft vielen Millionen Menschen das Leben leichter machen.

„Ich gratuliere Ihnen“, antwortete Clemens. „Aber“, fuhr er nachdenklich fort, ohne Spott, „glauben Sie nicht, daß es wichtiger wäre, den Millionen einen leichteren und schnelleren Weg zu Gott zu schaffen als nach Puteoli?“

Sich rötend, mit zornigen Augen, beschaute Domitian den Vetter. Schon war er im Begriff, ihn niederzuschreien und niederzublitzen, aber dann erinnerte er sich, daß er im Schlafrock war, gerade weil er sich vorgenommen hatte, nicht Jupiter gleich zu sein, sondern sehr menschlich. Auch hatte Clemens zweifellos gar nicht die Absicht gehabt, sich über ihn lustig zu machen, sondern es war nichts als die gewohnte Stumpfheit und Blödheit, die ihn den dummen Satz hatte sprechen lassen. Domitian also bezwang sich. Es ging ihm ja nicht etwa darum, den Vetter zu ducken; was er von ihm wollte, das war, daß Clemens ihm zugebe, er sei im Recht. Denn während der Kaiser früher stolz darauf gewesen war, daß ihm allein Erkenntnis zuteil geworden, und während er diese Vereinzelung als eine Auszeichnung empfunden hatte, mit der die Gottheit ihn begnadet, bedrückte ihn jetzt die Verständnislosigkeit, die er rings um sich fand. War es wirklich unmöglich, auch die andern des Lichtes teilhaftig werden zu lassen? War es wirklich unmöglich, zum Beispiel diesen Clemens zu überzeugen? Domitian bezwang sich also, erwiderte auf die dreiste Frage des Vetters nur: „Lassen Sie doch die albernen Witze, mein Clemens!“ und ging zu einem andern Thema über.

Bequem auf dem Sofa, halb liegend, halb sitzend, begann er: „Ich habe mir sagen lassen, jene östlichen Philosophen, mit denen Sie sich in letzter Zeit soviel abgeben, diese jüdischen, oder genauer wohl diese christlichen Weisheitslehrer, wendeten sich vor allem an den Pöbel; sie bemühten sich, dem Niedrigen und Geschlagenen zu helfen, ihre Lehren gelten der Masse, den geistig Armen, den Millionen. Ist das so?" – „In einem gewissen Sinne ja", antwortete Clemens. „Vielleicht spricht mich gerade deshalb diese Lehre an." Der Kaiser unterdrückte seinen Ärger über diese unziemliche Anmerkung, blieb liegen und fuhr fort: „Nun, ich habe unter meinen Senatoren einige beseitigt, man liebt es, ihre Namen aufzuzählen. Aber es sind ihrer nicht viele, es sind an die dreißig, mehr als dreißig kommen nicht heraus, wenn man mir den Untergang noch so vieler zur Last legt, es ist nicht die Zahl der Namen, es ist mehr ihr alter Adel, der die Liste meiner ‚Opfer' gewichtig erscheinen läßt. Andernteils kann niemand bestreiten, daß ich von dem konfiszierten Vermögen dieser ‚Opfer' das weitaus meiste so verwendet habe, daß Hunderttausende, ja Millionen sehr viel besser davon leben konnten. Ich habe mit diesem Geld Hungersnöte und Seuchen verhindert oder doch gemindert, desgleichen Elend und Entbehrung." Er betrachtete angelegentlich seine Hände und schloß langsam: „Es wären ohne mein Regime Hunderttausende, vielleicht Millionen nicht mehr am Leben, und andere Hunderttausende wären überhaupt nicht geboren worden ohne meine Maßnahmen, die nur möglich waren durch die Beseitigung der dreißig."

„Und?" fragte Clemens. „Nun denn, merken Sie gut auf, mein Clemens!" antwortete der Kaiser. „Ihr, die ihr euch das Glück der Niedrigen, das Glück der Massen zum Ziele setzt, ihr müßtet dann doch Verständnis für mich haben, ihr müßtet mich ehren und lieben. Tut ihr das?" – „Vielleicht", erwiderte freundlich, fast demütig Clemens, „vielleicht verstehen wir unter Glück und Leben etwas anderes als Sie, mein Domitian. Wir verstehen darunter ein Leben zur Gottheit hin, eine zuversichtliche Vorbereitung auf das Jenseits."

Jetzt aber war es mit Domitians Gelassenheit zu Ende. „Das Jenseits", höhnte er, „der Hades. ‚Lieber bin ich ein Tagelöhner oben auf Erden / Als im Hades der Herr der abgeschiedenen Schatten'", zitierte er den Achilles des Homer.

„Der Hades, das Jenseits", ereiferte er sich weiter. „Das ist es ja, was ich an euch tadle. Ihr wagt es nicht, das Leben recht anzuschauen, es mit ihm aufzunehmen, ihr faselt von einem Jenseits, ihr drückt euch, ihr lauft davon. Ihr glaubt nicht an euch selber und an keinen andern und nicht an den Bestand dessen, was man schafft. Welche Feigheit, welche Erbärmlichkeit, wenn ein Flavier zweifelt am Bestand der flavischen Dynastie! Sie wird nicht zugrunde gehen, sage ich dir!" Und nun stellte er sich kaiserlich hin trotz des Schlafrocks, und die Arme eckig nach hinten, mit seiner hohen, scharfen Stimme krähte er dem andern ins Gesicht die Verse: „‚Niemals schwinde ich hin, Vieles von mir für stets / Trotzt der Verwesung.' Wenn schon ein Dichter das von sich sagen darf, und nicht zu Unrecht, wieviel mehr ein flavischer Kaiser! Aber was der Verwesung nicht trotzt, was zugrunde gehen wird, weil es von Anfang an niemals recht da war, das ist das Reich deines unsichtbaren Messias. In Traumhäusern siedelt ihr euch an, Schatten schon bei Lebzeiten seid ihr. Rom, das ist das Leben, euer Christentum aber, das ist der Tod."

Überraschend, mit der sanften, scherzhaften Freundlichkeit, die er während dieser ganzen Unterredung bezeigt hatte, stellte da auf einmal Clemens fest: „Also willst du mich ins Christentum schicken?"

Diese ruhige, heitere und, wie er fand, höhnische Feststellung brachte den Domitian vollends aus der Fassung. Hochrot stand er da, heftig an der Oberlippe saugend. Aber noch ein letztes Mal bezwang er sich, und, dem andern fast gütig zuredend, sagte er: „Ich möchte gern, daß du erkennst: ich schicke dich zu Recht in den Tod." – „Wenn es deine Götter gibt", antwortete immer mit der gleichen unerschütterlichen, unnahbaren, spaßhaften Ruhe Clemens, „dann schickst du mich zu Recht in den Tod." Und nach einem ganz kleinen Schweigen, und jetzt mit einer stillen, eindringlichen Gefaßtheit, fügte er hinzu: „Im übrigen erweisest du mir einen Dienst."

Domitian, noch als Clemens längst tot war, grübelte oft über diese Worte, ob der Mann sie wirklich geglaubt hatte oder ob sie Pose waren.

Zweites Buch
Josef

Erstes Kapitel

Man fuhr in drei Wagen. Im ersten saß Mara, die fünfzehnjährige Jalta, der dreizehnjährige Daniel und einer der Leibeigenen, im zweiten war der vierzehnjährige Matthias mit zwei männlichen Leibeigenen und einem großen Teil des Gepäcks, im dritten der Rest des Gepäcks und Maras Freigelassene Jarmatja. Josef ritt neben dem Wagen der Mara, den Zug beschloß sein Reitknecht. Manchmal nahm Matthias das Pferd des Reitknechts und ließ diesem seinen Platz im Wagen.

Es war ein schöner Spätherbsttag, sehr frisch, vom Meer her kam leichter Wind, das starke, helle Blau des Himmels war gefleckt von ein paar sehr weißen Wolken. Josefs Laune war froh und bewegt. Damals, vor neun Jahren, als er das Gut Be'er Simlai gekauft, hat er Mara versprochen, nach Judäa zurückzukehren, wenn er mit seinem Werk fertig sei. Nun ist es soweit, die „Universalgeschichte" ist fertig. Aber es ist gut, daß er eine „Zwischenlösung" gefunden hat, so daß er noch den Winter in Rom bleiben kann. Mara, Jalta und Daniel mögen jetzt ruhig nach Judäa vorausfahren, er und Matthias werden im Frühjahr nachkommen. Er freut sich auf diesen Winter mit seinem Sohne Matthias.

Er liebt Mara, er liebt sie herzlich, aber sie leben nun seit fünfundzwanzig Jahren mit kurzen Unterbrechungen zusammen, sie ist schwieriger geworden während dieser Zeit, er gibt gerne zu, daß er es ihr auch manchmal sehr schwer gemacht hat. Es hat sehr lange gedauert, ehe die blinde Verehrung schmolz, mit der sie an ihm hing, und früher hätte er oft gewünscht, daß sie selbständiger denken lernte, auch über ihn. Nun freilich, da es so gekommen ist und da sie seine Schwächen zwar mit einer fast mütterlichen Nachsicht hinnimmt, ihn aber merken läßt, daß sie sie durchschaut, wäre es ihm manchmal lieber, es wäre wie zuvor. Denn manchmal kratzt ihn ihre Kritik sehr, so mild sie vorgebracht wird. Es ist die Beharrlichkeit dieser Kritik, die ihn verdrießt; im Grunde weiß er genau, daß sie recht hat, wiewohl seine geübte Dialektik sie mühelos ins Unrecht setzt.

Vor allem recht hat sie gehabt, wenn sie die ganzen letzten Jahre hindurch still, doch beharrlich darauf gedrängt hat, man sollte endlich die Stadt Rom verlassen. Seitdem der Kaiser seine Ehrenbüste aus dem Friedenstempel hat entfernen lassen, haben ihn alle seine Freunde wieder und wieder beschworen, er solle doch fort aus diesem gefährlichen Rom, fort aus den Augen des Kaisers, des Messalin, des Norban. Johann von Gischala hat ihm hundert Gründe der Vernunft angeführt, vor denen seine, des Josef, Argumente nicht standhielten wie vor Mara, und als dann die neuen Verfolgungen hereinbrachen, hat selbst Justus ihm erklärt, jetzt noch zu bleiben sei mehr theatralisch als tapfer. Einmal ist er denn auch wirklich zurückgegangen nach Judäa, er hat sich sein neues Gut Be'er Simlai genau betrachtet, aber er hat nur gefunden, daß es unter der ausgezeichneten Obhut seines alten Theodor Bar Theodor zumindest ebensogut gedeiht wie unter seinem eigenen Aug, und er ist zurückgegangen nach Rom.

Jetzt ist er froh, daß sich alles so gefügt hat, daß er diese schlimmen Jahre in Rom verlebt hat, abseits der Dinge und doch mitten in ihnen. Jetzt also ist sein Werk fertig, und der Vorwand, mit dem er vor sich selber und vor Mara sein Bleiben begründet hat, der Vorwand, sein Werk gerate besser fern von Judäa, ist hinfällig, sein Versprechen ist fällig geworden. Allein er hätte es einfach nicht über sich gebracht, jetzt das Schiff zu besteigen, um sich in Judäa zu vergraben. So hat er denn schließlich die „Zwischenlösung" gefunden, das neue Argument, mit dem er sein Bleiben in Rom wenigstens noch für eine Weile begründen kann. Wenn die Universalgeschichte Wirkung tun soll, hat er sich und Mara vorgemacht, dann sei beim Erscheinen des Buches seine Gegenwart wichtig, beinahe unentbehrlich; schon dem Claudius Regin sei er das schuldig, der soviel Liebe, Geduld und Geld darauf verwandt habe, ihm die Arbeit zu ermöglichen. Das war ein brüchiges Argument, Mara hatte resigniert und ein wenig bitter gelächelt, und es waren unbehagliche Minuten gewesen, als er ihr vorgeschlagen hatte, sie möge vorausfahren, er werde mit Matthias im Frühjahr nachkommen. Jetzt aber lagen diese unangenehmen Minuten hinter ihm, man ist nun schon den sechsten Tag unterwegs, morgen, spätestens übermorgen wird man in Brundisium angelangt sein, das Schiff wird in See stechen, es wird Mara und die Kinder nach Judäa tragen, und dann wird es Winter sein, und vor dem nächsten Frühjahr braucht er nicht daran zu denken, nach Be'er Simlai zu reisen.

Der Wind rötet und strafft Josefs Gesicht. Heute sieht man es ihm nicht an, daß er hoch in den Fünfzigern ist. Er hält das langsame Tempo der Wagen nicht aus, er reitet ein Stück voran.

Hell klingen die Hufe seines Pferdes auf der gequaderten Straße. Das muß man diesem Kaiser Domitian lassen, die Appische Straße ist unter ihm besser gehalten als je unter seinen Vorgängern. Ein endloser Zug nach der einen Seite und nach der andern. Josef überholt Wagen und Reiter, und Wagen, Reiter und Sänften kommen ihm entgegen. Ein Fuhrknecht, wie er sein Pferd zwischen einem Wagen und einer Sänfte durchzwängt, ruft ihm zu: „Na, na, nicht gar so eilig! Oder bist du auf der Flucht vor der Polizei?“, und Josef, gut gelaunt, ruft zurück: „Nein, aber ich reite zu meinem Mädchen“, und alle lachen.

Er hält auf einer kleinen Höhe, er hat den Wagen weit hinter sich gelassen, er wartet. Sein Junge Matthias kommt heran, er hat es im Wagen wieder einmal nicht ausgehalten, munter sprengt er auf ihn los, er zwingt dem wenig stattlichen Pferd einen Galopp ab. Josef freut sich, wie er seinen Jungen sieht. Groß prescht er heran, er ist mit seinen vierzehn Jahren schon fast so groß wie Josef selber. Er hat, sein Matthias, das gleiche hagere, knochige Gesicht, die lange, leichgekrümmte Nase, das dichte, schwarzglänzende Haar. Seine Haut ist gerötet vom Wind, das Haar, wiewohl nicht lang, flattert ein wenig, die heftigen Augen leuchten in der Freude der raschen Bewegung. Wie ist er ihm ähnlich, und gleichwohl unähnlich!

Matthias hat nichts von dem Übersteigerten, das ihm so viele Freuden und Qualen verschafft hat, er hat statt dessen viel geerbt von dem harmlos freundlichen Wesen der Mutter, von dem Kindhaften, das sie sich bis heute bewahrt hat. Auch die Offenheit der Mutter hat er, er schließt sich leicht und freundschaftlich an, doch ohne Zudringlichkeit. Nein, er ist kein hübscher Junge, denkt Josef, wie Matthias so heranreitet, im Wind, ohne Hut, eigentlich ist kein Einzelzug seines Gesichtes hübsch, aber dennoch, wie liebenswert ist er, wie spiegelt sich sein offenes, knabenhaftes Herz in seinem Antlitz und in seinen Bewegungen, seine lebendige, naive Anmut! Er ist ein junger Mann und doch noch ganz ein Kind, es ist kein Wunder, daß die Freundschaft aller ihm zufliegt. Josef beneidet ihn um dieses seines kindhaften Wesens willen, und er liebt ihn darum. Er selber ist niemals ein Kind gewesen, er war mit zehn Jahren altklug und ein Erwachsener.

Matthias hielt jetzt neben ihm auf der Höhe. „Weißt du", sagte er mit einer Stimme, die schon auffallend tief und männlich aus seinen sehr roten Lippen kam, „das hält man nicht aus, diesen Schneckengang des Wagens. Ich freue mich schon darauf, wenn wir zurückreiten, du und ich." – „Ich bin neugierig", antwortete Josef, „ob du, wenn du erst das Schiff siehst, nicht doch bedauerst, daß du nicht mitfährst." – „Aber nein!" erwiderte stürmisch der Knabe. „Ich möchte meine Lehrzeit nicht in Judäa durchmachen, nicht die bei der Armee und nicht die bei den Ämtern." Josef sah das lebendige Gesicht seines Sohnes, und er war froh, daß er sich entschlossen hatte, ihn in Rom zu behalten. Jugend, Erwartung, tausend Hoffnungen leuchteten aus den heftigen Augen des Knaben. „Von der Lehrzeit bei Hofe ganz abgesehen?" ergänzte Josef den Satz des Matthias. Das war ein wenig unbedacht, er sah es an der heftigen Wirkung, welche diese Worte auf den Knaben ausübten. Es war nämlich die Lehrzeit im Heere, die bei den Ämtern und die bei Hofe der übliche Bildungsgang für die Söhne der aristokratischen Geschlechter. Die Lehrzeit bei Hofe aber war nicht leicht zu erlangen, sie galt als hohe Auszeichnung, und man mußte sehr gute Beziehungen zum Palatin haben, wollte man dort aufgenommen werden. „Glaubst du wirklich", fragte Matthias zurück, und sein ganzes Gesicht war ein einziges begehrliches Leuchten, „daß das möglich wäre? Würdest du's mir erlauben? Würdest du's mir erwirken?" – „Versprich dir nichts!" versuchte rasch Josef seine übereilten Worte wiedergutzumachen. „Ich hab es noch nicht zur Genüge bedacht, ich kann noch gar nichts sagen. Gib dich zufrieden, mein Matthias, daß du den Winter noch in Rom bleibst! Oder bist du's nicht? Genügt's dir nicht?" – „Doch, doch", erwiderte eilig Matthias aus ehrlichem Herzen. „Nur", bedachte er, und seine Augen wurden ganz groß, wie er davon träumte, „was wäre es für ein Triumph, was würde Caecilia dazu sagen, wenn ich zur Lehrzeit bei Hofe zugelassen würde!"

Josef brauchte seinen Matthias nicht lange zu fragen, was es mit dieser Caecilia auf sich hatte. Sie war die Schwester eines Schulkameraden seines Jungen, und sie hatte ihm einmal im Streit vorausgesagt, er werde am rechten Tiberufer enden, wo die armen Juden wohnten, als Hausierer. Sonst hatte Matthias niemals unter seinem Judentum gelitten. Josef hatte ihn in eine Schule geschickt, wo er der einzige Jude war, es war vorgekommen, daß seine Schulkameraden ihn um seines Judentums willen ausgelacht haben. Er, Josef, hätte dergleichen als Junge kaum verwunden. Er hätte Monate, Jahre darüber gegrübelt, er hätte diejenigen gehaßt, die ihn ausgespottet. Sein Matthias war über den Hohn der andern offenbar mehr verwundert als gekränkt, er hat ihn nicht schwergenommen, er hat sich mit ihnen geprügelt, und er hat mit ihnen gelacht, und er hat sich alles in allem gut mit den andern vertragen. Nur die Äußerung dieser kleinen Caecilia ist ihm haftengeblieben. Aber im Grunde ist das Josef ganz recht. Im Grunde ist es ihm recht, daß sein Junge Ehrgeiz hat.

Der Wagen kam heran. Josef ritt eine Weile neben Mara. Er war voll von Zärtlichkeit für sie, er liebte auch seine andern Kinder, Jalta und Daniel. Wie aber kam es, daß er sich jetzt seinem Sohne Matthias so tief verbunden fühlte, mehr verbunden als den andern? Vor einem Jahr noch hat er es im wesentlichen Mara überlassen, den Heranwachsenden zu erziehen. Jetzt begreift er das nicht mehr. Jetzt ist in ihm eine kleine Eifersucht, daß er ihn ihr so lange gelassen hat, und das

Herz schwillt ihm bei dem Gedanken, daß er nun den Winter allein mit ihm verbringen wird. Wie kommt es, daß man plötzlich eines seiner Kinder soviel mehr liebt als die andern? Der Herr hatte ihn gesegnet seinerzeit mit Simeon, dem ersten Sohne der Mara, er aber hatte sich diesen Segen entgleiten lassen und ihn töricht selber vertan. Dann hat der Herr ihn bestraft und verflucht mit Paulus. Nun hat er ihn ein zweites Mal gesegnet, mit Matthias, und diesmal wird er den Segen nicht vertun. Dieser Matthias wird seine Erfüllung sein, sein Cäsarion, die vollendete Mischung aus Griechentum und Judentum. Mit Paulus ist es ihm nicht geglückt, diesmal wird es ihm glücken.

Am übernächsten Tag dann war man in Brundisium. Das Schiff „Felix" lag bereit; am nächsten Tag, am frühen Morgen, wird man in See stechen. Noch einmal, zum zwanzigsten Male, sprach Josef mit Mara alles durch, was es zu bereden gab. Empfehlungsbriefe an den Gouverneur in Cäsarea hatte er ihr bereits ausgehändigt, desgleichen ein Schriftstück mit wichtigen Anweisungen des Johann von Gischala, die sie mit seinem Verwalter Theodor nochmals überdenken sollte. Das Wesentliche war, daß sie sich mit Theodor verstand, damit dieser in dem Knaben Daniel einen guten Verwalter heranziehe. Daniel war ein ruhiger Junge, nicht dumm und nicht gescheit, er freute sich auf Judäa und auf das Gut Be'er Simlai; wenn Josef im Frühjahr selber nach Be'er Simlai kommt, wird er dort einen guten Helfer vorfinden. Kein Wort wurde an diesem letzten Tag gesprochen über die persönlichen Beziehungen Josefs zu Mara. Sie hatten so vieles miteinander erlebt, Gutes und Böses; Mara, wiewohl sie nicht die tiefe Menschenkenntnis Josefs besaß und seiner Philosophie nicht folgen konnte, wußte besser Bescheid um ihn als irgendwer sonst auf der Welt, und er wußte das, er wußte, daß sie ihn liebte mit einer fraulichen und mütterlichen Liebe, die jede seiner Schwächen kannte, sie auf stille Art bekämpfte und sie hinnahm.

Der Knabe Matthias hatte das Schiff sogleich gründlich durchmustert bis in den letzten Winkel. Es war ein wackeres

Schiff, seetüchtig und geräumig, aber ihm wäre es viel zu langsam gewesen. Eifrig setzte er das seinem Vater und seinem Bruder Daniel auseinander; er hoffte sehr, wenn er im Frühjahr mit dem Vater fahren wird, dann werden sie ein schnelleres Schiff haben als diese „Felix". Schnell zu fahren, vor dem Wind, mit allen Segeln, auf einem schlanken, schmalen, ungeheuer schnellen Schiff, darauf freute er sich, seine Augen glänzten.

Am Tag darauf dann war es soweit. Josef und Matthias standen am Kai, Mara stand an der Reling mit den Kindern. Noch immer ging der angenehme, belebende Wind, noch immer waren die geschäftigen, kleinen, weißen Wolken am Himmel. Ringsum, auf dem Schiff und am Kai, war Geschrei und Betrieb. Langsam dann drehte sich das Geländer vom Land weg, mit ihm die Gesichter Maras und der Kinder. Josef stand am Kai und schaute, er schaute gesammelt, sein Blick trank die drei ganz in sich ein, er dachte an all das Gute, das er in den vielen Jahren seiner Gemeinschaft mit Mara erlebt hatte. Ihre Stimme kam vom Schiff. „Komm mit dem ersten Schiff im Frühjahr!" rief sie, sie sprach aramäisch, und im Wind und im Geschrei ringsum waren ihre Worte nicht weit zu verstehen. Und dann war das Schiff schon eine ganze Strecke fort vom Kai, und der abfälligen Meinung des Matthias zum Trotz fuhr es schnell in dem günstigen Wind.

Josef schaute nach, bis keine Gesichter mehr zu erkennen waren, nur mehr der gleitende Umriß des Schiffes, und während dieser Zeit waren alle seine Gedanken gesammelt und voll Herzlichkeit bei Mara. Dann aber, kaum hatte er sich weggewandt, war es, als sei mit dem Anblick des Schiffes auch sie selber verschwunden, und er dachte nur mehr an den schönen Winter in Rom, der ihm bevorstand, an den Winter mit seinem Sohne Matthias.

Es wurde eine fröhliche Rückreise. Josef und sein Sohn ritten schnell, sie ließen den Reitknecht auf seinem schlechten Mietklepper weit zurück. Josef fühlte sich leicht und vergnügt, er spürte nicht seine Jahre. Er schwatzte mit dem Knaben, und schnell und heiter kamen und gingen ihm die Gedanken.

Wie liebte er ihn, diesen Matthias, jetzt in Wahrheit seinen Ältesten! Denn Simeon ist tot und Paulus unerreichbar noch, als wenn er tot wäre. Mit einem kleinen Frösteln denkt er daran, daß Mara in das Land fährt, in dem Paulus lebt, ein Feind jetzt, der schlimmste Feind, der sich denken läßt.

Aber er hat ja nun seinen Matthias, den ganzen Winter wird er seinen Matthias haben. Wie anders ist die Offenheit dieses seines Matthias als seine eigene, wenn er sich noch so ehrlich geben will! Des Matthias Wesen schließt die andern auf, es gewinnt ihm die Herzen; er hingegen, Josef, hat nie maßzuhalten gewußt, und wenn er sich vor einem Dritten ausschüttet, dann muß er manchmal die Erfahrung machen, daß dieser Dritte, unbehaglich vor solcher Maßlosigkeit, von ihm zurückweicht.

Wieso nur ist es gekommen, daß sich seine ganze Liebe auf einmal auf diesen seinen Sohn Matthias geworfen hat? Diese ganzen Jahre hat der Knabe neben ihm hergelebt, und er, Josef, hat ihn eigentlich gar nicht gesehen. Jetzt, da er ihn sieht, weiß er, daß dieser Matthias keineswegs so begabt ist wie Paulus oder auch nur wie Simeon. Warum, nachdem sein Plan, den Paulus zu seinem Fortsetzer und Erfüller heranzuziehen, so schlimm mißglückt ist, warum glaubt er, daß es ihm mit diesem seinem Matthias glücken muß? Warum wirft er seine ganze Hoffnung und seine ganze Liebe auf ihn?

Warum? So fragt auch dieser Matthias immerzu und sehr häufig dann, wenn kein Sterblicher auf diese Frage antworten kann. Er, Josef, muß in solchen Fällen den Knaben mit einer vagen Antwort abspeisen, oder er muß ihm geradezu bekennen: „Ich weiß es nicht.“ Dem Matthias geht es mit ihm, wie es ihm seinerzeit selber so oft auf der Hochschule in Jerusalem gegangen ist. Wenn da ein Problem aufgetaucht ist, über das sich die Doktoren schon seit Jahrzehnten, vielleicht seit Jahrhunderten gestritten hatten, wie oft dann und gerade, wenn es am spannendsten und verwickeltsten wurde, hatte er sich mit der Antwort begnügen müssen: „Kaschja“; das aber wollte besagen: Problem, unentschieden, nicht schlüssig, vorläufig nicht zu beantworten.

Rascher als man geglaubt hatte, war man in Rom. Als Josef

gebadet hatte, war es Nachmittag, zwei Stunden vor Sonnenuntergang, noch viel zu früh zur Mahlzeit. So kurz seine Abwesenheit gedauert hatte, Josef fühlte sich wie ein Heimkehrer nach langer Reise, er beschloß, die Zeit bis zum Essen auf einen Gang durch die Stadt zu verwenden.

Vergnügt schlenderte er durch die belebten Straßen der hellen, in dem starken Herbstlicht schimmernden Stadt. Nach dem langen Ritt tat es dem Josef wohl, seine Beine wieder zu spüren. Er fühlte sich leicht und frei wie seit Jahren nicht mehr. Das Werk war vollendet, keine Pflicht wartete auf ihn, keine Frau mit stiller, unausgesprochener Mahnung. Er war ein anderer Mann, die Jahre drückten ihn nicht, ihm war, als hätte er eine neue Haut und ein neues Herz. Andere Wege als seit Jahren gingen seine Gedanken. Mit andern Augen sah er auf dieses ihm doch so vertraute Rom.

Da war er die ganzen Jahre hindurch in diesem Rom gewesen, täglich, stündlich hatte er diese Straßen, Tempel, Häuser um sich gehabt, und er hatte gar nicht wahrgenommen, wie ungeheuer sich das alles gewandelt hat, seitdem er es zum erstenmal gesehen. Wie er die Stadt damals betreten hat, das ist unter Nero gewesen, kurz nach dem Brand. Damals war die Stadt nicht so planvoll geordnet, nicht so sauber, sie war schlampiger gewesen, dafür aber auch liberaler, vielfältiger, vergnügter. Jetzt war sie römischer als damals, die Flavier, vor allem dieser Domitian, hatten sie römischer gemacht. Sie hatte mehr Disziplin jetzt, die Stadt. Die Buden der Verkäufer füllten nicht mehr die Hälfte der Straßen, die Sänftenvermieter und die Hausierer behelligten einen weniger, auch lief man nicht mehr Gefahr, über Unratkübel zu stolpern oder von einem hohen Stockwerk aus mit Kot übergossen zu werden. Der Geist des Norban, der Geist des Polizeiministers, beherrschte die Stadt. Groß und mächtig hob sie sich, frech und riesig prunkten ihre Häuser, Vergangenes und Modernes waren mit starker Hand ineinandergefügt, Macht und Reichtum waren zur Schau gestellt, die Stadt zeigte, daß sie die Welt beherrschte. Aber sie zeigte es nicht mit der liebenswürdigen Prahlerei des schlampigen, liberalen, neronischen Rom, sie zeigte es kalt und drohend. Rom, das war Ordnung und

Macht, aber Ordnung nur um der Ordnung selber willen, Macht nur um der Macht selber willen, Macht ohne Geist, sinnlose Macht.

Genau erinnerte sich Josef der Gedanken und Gefühle, mit denen er seinerzeit zum erstenmal diese Stadt Rom beschaut hatte. Erobern hatte er sie wollen, sie mit List besiegen. Und in einem gewissen Sinne war es ihm geglückt, freilich hatte sich dann herausgestellt, daß der Sieg von Anfang an eine verschleierte Niederlage war. Jetzt waren die Fronten klarer. Dieses domitianische Rom war härter, nackter als das Rom des Vespasian und des Titus, nichts war in ihm von dem jovialen Gewese jenes Roms, das der junge Josef erobert hatte. Es war härter zu erobern, wer es besiegen wollte, brauchte mehr Kraft; aber da es seine ganze Macht so unverhüllt zur Schau stellte, täuschte man sich auch weniger leicht über die Größe der Aufgabe.

Auf einmal erkannte Josef, daß er plötzlich wie damals als junger Mensch erfüllt war von einem ungeheuern Ehrgeiz, von einer brennenden Lust, diese Stadt zu besiegen. Vielleicht war es deshalb, daß er sich so heftig dagegen gesträubt hatte, Rom zu verlassen. Vielleicht, wahrscheinlich, war es die kitzelnde Lust auf diesen Kampf, die ihn hier in Rom hielt. Denn ausgetragen werden konnte dieser Kampf nur hier. Es war ein Kampf mit dem Herrn dieser Stadt Rom, mit Domitian.

Nein, ausgetragen war er noch lange nicht, dieser Streit. Wenn der Kaiser sich so lange still gehalten hatte, dann nicht etwa, weil er ihn vergessen, er hatte die große Auseinandersetzung nur aufgeschoben. Aber jetzt nahte sie heran, und wenn nicht der Kaiser, dann wird er, Josef, sie herbeiführen. Er spürte es, das war jetzt eine günstige Zeit für ihn. Er hat sein Werk vollendet, er hat die Universalgeschichte fertig, sie ist der Kieselstein, mit dem der kleine Josef den ungeheuern Domitian fällen wird. Und er spürt in sich neue Kraft, sie fließt ihm zu aus seinem Sohn, er holt sich neue Jugend an der Jugend seines Matthias.

So eingesperrt in seine Gedanken ist er, daß er nichts mehr hört und sieht von dem um ihn. Da aber weckt ihn Lachen und fröhliches Geschwätz, das aus einem kleinen Marmorbau dringt, und sogleich ist er nicht mehr der erhitzte, ehrgeizige Kämpfer, sondern nur mehr der Mann, der, das Werk vieler Jahre vollendet, vergnügt und der Bürde ledig, durch die große Stadt schlendert, die er liebt und die trotz allem seine Heimat geworden ist. Lächelnd selber hört er auf das Lachen und auf das fröhliche Geschwätz aus dem kleinen Marmorbau. Vierhundert solcher öffentlichen Latrinen hatte Rom. Jeder Sitz hatte prunkvolle Lehnen aus Holz oder Marmor, und da saßen sie zusammen, die Römer, behaglich miteinander schwatzend während der Entleerung. Auf Komfort verstanden sie sich, das mußte man ihnen lassen. Bequem machten sie's sich. Josefs amüsiertes und bitteres Lächeln vertiefte sich, wie er so das vergnügte Geschwätz der sich entleerenden Männer aus dem hübschen, weißen Bau herauskommen hörte. Komfort hatten sie, die Fülle hatten sie, Macht hatten sie. Alles Äußere hatten sie, alles das, worauf es nicht ankam.

Ja, Rom, das ist die Ordnung, die sinnlose Macht, Judäa, das ist Gott, das ist die Verwirklichung Gottes, das ist die Sinngebung der Macht. Eines kann ohne das andere nicht leben, eines ergänzt das andere. In ihm aber, in Josef, strömen sie ineinander, Rom und Judäa, Macht und Geist. Er ist dazu ausersehen, sie zu versöhnen.

Jetzt aber genug von diesen Gedanken. Vorläufig will er von alledem nichts wissen. Er hat lange, schwere Arbeit hinter sich, er will jetzt ausruhen.

Der Gang durch die Stadt hat ihn müde gemacht. Wie groß sie ist, die Stadt! Wenn er jetzt zu Fuß ginge, hätte er noch eine kleine Stunde nach Haus. Er nahm sich eine Sänfte. Ließ die Vorhänge hinunter, sperrte sich ab von der Buntheit der Straße, die so heftig auf ihn eingedrungen war. Rekelte sich im Dämmer der Sänfte, angenehm müde, nichts als ein müder, hungriger Mann, der ein großes und geglücktes Werk hinter sich hat und der jetzt vergnügt und mit ungeheuerm Appetit mit seinem lieben Sohne zu Abend essen wird.

„Ich gratuliere Ihnen, Doktor Josef", sagte Claudius Regin und drückte ihm die Hand; es kam selten vor, daß er einem die Hand drückte, gewöhnlich begnügte er sich, mit seinen fetten Fingern lässig die Hand des andern zu berühren. „Das ist wirklich eine Universalgeschichte", fuhr er fort. „Ich habe viel daraus gelernt, wiewohl mir doch eure Geschichte nicht ganz unbekannt war. Sie haben ein vortreffliches Buch geschrieben, und wir werden alles daransetzen, daß die Welt das erfährt." Das war eine ungewöhnlich warme und entschiedene Rede für den sonst so zurückhaltenden, skeptischen Regin.

Lebhaft erörterte er, was man unternehmen könnte, um das Werk wirkungsvoll zu publizieren. Das Technische, Herstellung und Vertrieb, war lediglich eine Geldfrage, und Claudius Regin war kein Knauser. Aber wo das Technische aufhörte, begann alles sogleich problematisch zu werden. Wie zum Beispiel sollte das Porträt des Autors gehalten sein, das man dem Brauch zufolge dem Buch voranstellen wird? „Ich will Ihnen keine Komplimente machen, mein Josef", meinte Claudius Regin, „aber zur Zeit schauen Sie genauso aus wie ich selber, nämlich wie ein alter Jud. Mir gefallen Sie ja, so wie Sie jetzt sind, aber das Publikum, fürchte ich, wird andrer Meinung sein. Wie wäre es, wenn wir das Porträt ein bißchen stilisierten? Wenn wir einfach den eleganten, bartlosen Josef von früher hinmalten, natürlich ein bißchen gealtert? Mein Porträtist Dakon macht so etwas ausgezeichnet. Übrigens wäre es ganz gut, wenn Sie jetzt auch in Person ein bißchen mehr den Weltmann Josephus herauskehrten als den weltabgewandten Stubengelehrten. Es könnte nichts schaden, wenn Sie sich zum Beispiel den Bart wieder abkratzen ließen."

Josef nahm die grobfädigen Reden des Mannes gerne hin, da er die ehrliche Anerkennung durchspürte, und Regin war ein Kenner. In letzter Zeit ging dem Josef wieder alles gut hinaus. Das Interesse des Regin verbürgte beinahe den äußeren Erfolg der Universalgeschichte, und Josef sehnte sich nach einem solchen Erfolg. Die Zeit, da es ihn gleichgültig gelassen hatte, daß man seine Ehrenbüste aus dem Friedenstempel entfernte, war vorbei.

Josef nahm denn auch die gute Stimmung des Regin wahr, um die andere Angelegenheit zur Sprache zu bringen, die ihn jetzt beschäftigte, die Lehrzeit des Matthias. Es war sehr unüberlegt gewesen, daß er dem Jungen Hoffnung gemacht hatte auf eine Lehrzeit bei Hofe. Helfen in dieser Angelegenheit konnte ihm eigentlich nur Claudius Regin.

Josef legte ihm also den Fall dar. Es war nun mehr als ein Jahr her, daß Matthias seine Bar Mizwah gefeiert hatte, seine Aufnahme in die jüdische Gemeinschaft, es war an der Zeit, daß er endlich auch die Toga anlegte und damit zum römischen Mann und Bürger erklärt würde. Bei dieser Gelegenheit pflegte man zu verkünden, welche Laufbahn der junge Mann einzuschlagen gedenke. Josef wünschte sich und seinem Sohne, daß der nicht nur die Lehrzeit im Heer und in den Ämtern, sondern auch die bei Hofe absolvieren könnte. Es drängte ihn, dem Regin, den er sich freund wußte, mehr zu sagen. „Ich fühle mich", erklärte er, „diesem meinem Matthias mehr verbunden als meinen andern Kindern. Matthias soll meine Erfüllung sein, mein Cäsarion, die vollendete Mischung aus Griechentum und Judentum. Mit Paulus ist es mir nicht geglückt." Es war das erstemal, daß er das einem andern so offen zugab. „Er hat zuviel heidnisches Erbteil in sich, der Grieche Paulus, er hat sich gegen meinen Plan gesträubt. Matthias ist ganz mein Sohn, er ist Jude und willig."

Regin hatte den unordentlich rasierten, fleischigen Kopf gesenkt, so daß die schweren, schläfrigen Augen unter der vorgebauten Stirn nicht zu sehen waren. Aber er hatte gut zugehört. „Ihre Erfüllung?" nahm er das Wort auf, und mit freundschaftlicher Ironie fragte er weiter: „Welcher Josef soll sich und welcher Josef wird sich in diesem Matthias erfüllen, der Stubengelehrte oder der Politiker und Soldat? Hat er Ehrgeiz, Ihr Matthias?" Und ohne seine Antwort abzuwarten, schloß er: „Bringen Sie mir den Jungen her in den nächsten Tagen! Ich will ihn mir anschauen. Und dann will ich sehen, ob ich Ihnen einen Rat geben kann."

Als dann Josef einige Tage später mit Matthias in der Villa des Regin vor dem Tore ankam, wohin der Minister ihn geladen hatte, empfing ihn der Sekretär. Regin war unvermutet zum Kaiser befohlen worden, hoffte aber, den Josephus nicht zu lange warten lassen zu müssen. „Hier ist übrigens etwas, was Sie vielleicht interessieren wird", meinte mit höflicher Beflissenheit der Sekretär und zeigte dem Josef das Porträt, das der Maler Dakon soeben für die Universalgeschichte übersandt hatte.

Ein wenig geängstigt und gleichwohl faszinniert, mit glänzenden Augen starrte Josef auf das Porträt. Aber neugieriger noch beschaute es der Knabe. Der braune, lange Kopf, die heftigen Augen, die starken Brauen, die hohe, vielfach gebukkelte Stirn, die lange, leicht gekrümmte Nase, das dichte, schwarzglänzende Haar, die dünnen, geschwungenen Lippen, war dieses nackte, stolze, edle Gesicht das seines Vaters? „Wenn ich es nicht gewußt hätte", sagte er, und seine Stimme kam tief, männlich dunkel und so bewegt aus seinen sehr roten Lippen heraus, daß der Sekretär hochsah, „wenn ich es nicht gewußt hätte, dann hätte ich gezweifelt, ob du das bist, mein Vater. So also kannst du sein, wenn du willst." – „Wir müssen uns der Welt wohl alle ein wenig anders zeigen, als wir sind", erwiderte Josef mit einem Versuch zu scherzen und ein wenig unbehaglich. Fast war ihm bange geworden vor dem Ehrgeiz, mit dem der Junge den Vater zu idealisieren trachtete. Im übrigen aber beschloß er, nun wirklich dem Rate des Regin zu folgen und sich den Bart abnehmen zu lassen.

Der Sekretär schlug ihnen vor, im Park spazierenzugehen, bis Regin komme. Es war ein weit angelegter Garten, noch immer hielt das schöne, klare Herbstwetter vor, es war ein angenehmer Spaziergang. Die Luft belebte einen, die Gegenwart seines Sohnes machte den Josef jung und munter, er konnte mit Matthias sprechen wie mit einem Erwachsenen und doch wie mit einem Kinde. Was für Augen der Junge hat! Wie lebensfroh schauen sie unter der breiten, gutgebauten Stirn heraus! Glückliche, junge Augen, sie hatten nichts gesehen von den Schrecknissen, von denen die seinen voll waren, sie hatten den Tempel nicht brennen sehen. Was Matthias vom Leid des Juden zu spüren bekommen hat, das war, daß ein kleines Mädchen ihn ein wenig hänselte.

Sie gerieten in das Pfauengehege. Mit knabenhafter Freude beschaute Matthias die prunkvollen Vögel. Der Wärter kam herbei, und wie er die Anteilnahme sah, mit welcher der Junge seine Pfauen beschaute, erklärte er den Gästen seines Herrn umständlich seine Tiere. Im ersten Jahr waren es sieben Vögel gewesen, fünf stammten aus der berühmten Zucht des Didymus, zwei waren unmittelbar aus Indien bezogen worden. Es sei jetzt keine gute Zeit, jetzt hätten die Vögel ihre Schleppe verloren. Erst Ende Februar, wenn sie balzten, offenbare sich ihre ganze Pracht.

Der Wärter erzählte, und Matthias konnte nicht genug hören. Angeregt unterhielt er sich mit dem Wärter, fragte ihn nach seinem Namen. Es erwies sich, daß er aus Kreta war und Amphion hieß, und der Knabe brachte ihn dazu, immer weiterzuerzählen. Matthias streichelte einem der Pfauen die blauglänzende Brust; der ließ es sich gefallen, das machte auch den Wärter zutraulicher, und er erzählte, wie schwer man es mit den Tieren habe. Sie seien anmaßlich, herrschsüchtig und gefräßig. Trotzdem liebe er seine Vögel mit Leidenschaft. Es gelang ihm, es dahin zu bringen, daß mehrere der Vögel gleichzeitig ihr Rad schlugen, und Matthias begeisterte sich an dem Farbenspiel. Es sei wie eine Blumenwiese, sagte er, die Tausende von Augen erinnerten ihn an den Sternenhimmel, und er klatschte in die Hände. Da aber erschraken die Pfauen, und alle auf einmal klappten sie ihre Pracht und Herrlichkeit zu und stoben mit häßlichem Geschrei auseinander.

Josef saß müßig auf einer Bank, hörte mit halbem Ohr zu und stellte im stillen bösartige Betrachtungen an. Der Pfau, dachte er, sei so recht der Vogel für dieses Rom: prächtig, schreiend, herrschsüchtig, unverträglich, eitel, dumm und gefräßig. Gestalt, Schein sei ihnen alles, diesen Römern.

Daß sein Matthias an dem Pfauengehege solchen Anteil nahm, störte den Josef nicht. Er war eben ganz noch ein Knabe, voll von Interesse für alles, was er Neues sah, und sowenig er von allgemeinen Problemen wissen wollte, so sehr interessierte er sich für alles gegenständlich Lebendige. Wohlgefällig sah der stolze Vater Josef, wie gut sein Matthias und der Pfauenwärter sich verstanden. Er lächelte über den Eifer des Knaben. Wenn man ihn ansah, dann wirkte er sehr reif, aber das war eben Täuschung; in Wahrheit war er ganz und gar noch ein Knabe.

Mit einem kleinen Lächeln auch nahm Josef wahr, mit

welch unschuldigem Begehren Matthias sich darum mühte, einem so Gleichgültigen wie diesem Wärter zu gefallen. Matthias war nicht geradezu eitel, aber er wußte um seine Wirkung, und unbewußt suchte er sich diese Wirkung immer wieder zu bestätigen.

Dann endlich kam Claudius Regin auf sie zugewatschelt, seine Geschäfte auf dem Palatin hatten nicht allzu lange gedauert, er wollte aber jetzt, bevor man sich zu Tische begab, nach der Fahrt noch ein paar Schritte gehen. Er war guter Laune, und es zeigte sich bald, daß ihm der Junge gefiel. Er sprach wieder von dem Werk des Josef, von der Universalgeschichte, und er fragte den Matthias, was denn nun er zu dem großen Buch seines Vaters sagte. Matthias, mit seiner tiefen, männlichen Stimme, erklärte mit bescheidenem Freimut, er sei kein guter Leser, er habe sehr lange an der Universalgeschichte gelesen, aber wirklich nahegegangen seien ihm nur die Ereignisse der letzten Zeit, die Josef geschildert habe. Er habe wohl nicht Verstand genug, um die frühen Dinge ganz zu begreifen. Er sagte das auf nette Art, es klang wie eine Entschuldigung, doch verhehlte er auch nicht, daß ihm sein Mangel an Verständnis nicht sehr zu Herzen ging. Es war immer so, daß das, was der Junge zu sagen hatte, durchschnittlich war, nicht besonders gescheit und nicht besonders dumm, aber immer wirkte es durch die frische und anmutige Art, wie er es vorbrachte, als etwas Besonderes.

Josef war hergekommen, um dem Jungen einen Platz im Hofdienst zu erringen, er billigte die Pläne seines Sohnes, dessen Ehrgeiz. Was des Josef Väter gewesen waren, Gelehrte, Priester, Schriftsteller, Intellektuelle, und was er selber war, dazu taugte der Junge nicht, und das war dem Josef recht. Da er selber sich dafür entschieden hatte, nur das Kontemplative seines Wesens ausreifen zu lassen, da er den so oft gespürten Willen zur Tat in sich selber gewaltsam unterdrückt hatte, warum sollte er nicht jetzt dem Jungen für diesen Tätigkeitsdrang freies Feld und jede Möglichkeit schaffen? So hatte er sich's gesagt, so war es recht und vernünftig. Trotzdem bedauerte er jetzt, wie er den Jungen so platt und nett über die Universalgeschichte daherreden hörte, daß ihm der Sinn für das Werk des Vaters versagt war. Sogleich aber tröstete er sich wieder über diesen Mangel, als er wahrnahm, wie der Junge dem Claudius Regin gefiel. Und gleichzeitig in einer Art naiver Berechnung sagte er sich, daß gerade die natürliche Frische und Unverdorbenheit seines Sohnes auf dem Palatin Wirkung tun werde.

Man ging zu Tisch. Regin hatte einen berühmten Koch aus Alexandrien. Matthias aß mit gutem Appetit, Regin selber raunzte, daß er gehalten war, mit magerer Diät vorliebzunehmen. Man schwatzte viel, es war eine lustige, harmlose Unterhaltung, und Josef freute sich, wie schnell sein Junge auch diesen alten, schwierigen, kauzigen Regin gewann.

Nach dem Essen, ohne viele Umschweife, sagte Regin: „Es ist klar, mein Josef, daß Ihr Matthias die Lehrzeit auf dem Palatin durchmachen muß. Wir müssen darüber nachdenken, wem wir ihn als Pagen anvertrauen sollen." Das bräunlich-warme Gesicht des Knaben rötete sich vor Freude. Josefs Freude aber, wenngleich er's sich so gewünscht hatte, war nicht ungetrübt, denn wenn jetzt Matthias als junger Freund ins Haus und in den Kreis eines großen Herrn tritt, dann wird er, Josef, sogleich wieder von ihm getrennt werden, nachdem er ihn so kurze Weile für sich allein gehabt hat.

Regin, auf seine energische Art, stellte bereits praktische Erwägungen an. „Der Junge könnte in mein Haus eintreten", meinte er, „er würde da nicht schlecht fahren, und lernen könnte er bei mir auch allerhand. Es gibt viele und merkwürdige Geschäfte, die der Kaiser mir anvertraut, und Ihr Matthias würde rasch erkennen, daß auf dem Palatin häufig der krümmste Weg der schnellste ist. Aber ich bin doch wohl schon ein zu alter Knacker. Oder was meinst du selber, mein Junge?" – „Ich weiß es nicht", antwortete offen lächelnd Matthias. „Es kommt etwas überraschend, wenn ich frei sprechen darf. Ich glaube schon, daß wir uns vertragen würden, und Ihr Haus und Park sind einfach großartig, besonders die Pfauen." – „Na ja", antwortete Claudius Regin, „das hat allerhand für sich, aber ausschlaggebend ist es nicht. Käme als zweiter Marull in Frage", überlegte er weiter. „Von dem könnte er einiges Wertvolle lernen, was ich ihm nicht beibringen kann, zum Beispiel Manieren. Im übrigen ist Marull der gleiche alte Knacker wie ich und ebenso unrömisch. Es muß ein Freund der Ersten Vorlassung sein", erwog er, „nicht so alt und kein Judenfeind. Das sind drei Eigenschaften, die sich schwer zusammenbringen lassen."

Matthias hörte still zu, wie da über sein künftiges Schicksal beraten wurde, seine lebendigen Augen gingen vertrauensvoll von einem der beiden Männer zum andern. „Wann wollen Sie ihn die Männertoga anlegen lassen?" fragte unvermittelt Regin. „Wir können noch zwei, drei Monate warten", gab Josef Auskunft, „er ist noch keine fünfzehn." – „Er sieht männlich aus für sein Alter", anerkannte Regin. „Ich hätte da nämlich eine Idee", erklärte er weiter, „aber man müßte etwas Zeit dafür haben, man müßte sondieren, Vorbereitungen treffen, man dürfte die Geschichte nicht überstürzen." – „Woran denken Sie?" fragte gespannt Josef, und auch des Matthias Augen, so wohlerzogen stumm er sich verhielt, hingen gespannt an des Regin Lippen.

„Man könnte vielleicht die Kaiserin dazu bewegen, daß sie ihn in ihren Hofstaat aufnimmt", sagte gleichmütig mit seiner hellen, fettigen Stimme Regin. „Unmöglich", schrak Josef zurück. „Nichts ist unmöglich", wies ihn Regin zurecht, und er verfiel in ein mürrisches Schweigen. Doch nicht lange, dann belebte er sich wieder. „Bei Lucia könnte er allerhand lernen", setzte er auseinander. „Nicht nur Manieren und höfisches Wesen, sondern auch Menschenkunde, Politik und etwas, was es nur mehr bei ihr gibt: Römertum. Von Geschäften ganz zu schweigen. Ich sage Ihnen, mein Josef, diese Frau mit ihren Ziegeleien steckt mich neunmal Gewaschenen in die Tasche." – „Die Kaiserin", sagte hingerissen Matthias. „Sie glauben wirklich, daß das möglich wäre, mein Herr Claudius Regin?" – „Ich will dir keine Hoffnungen machen", antwortete Regin, „aber unmöglich ist es nicht."

Josef sah das Leuchten auf dem Antlitz des Matthias. So mochte er selber gestrahlt haben, damals vor beinahe einem Menschenalter, als man ihm verkündete, die Kaiserin Popäa erwarte ihn. Etwas wie Furcht kam ihn an. Aber gleich schüttelte er sie wieder ab. Dieses Mädchen Caecilia, dachte er, wird sich auf alle Fälle geirrt haben. Mein Matthias wird nicht am rechten Tiberufer enden.

Vornächst hatte die Universalgeschichte trotz der Bemühungen des Regin keinen rechten Erfolg. Die Mehrzahl der jüdischen Leser fand das Werk zu kalt. Sie hatten eine begeisternde Darstellung ihrer großen Vergangenheit erwartet; statt dessen war da ein Buch, das bei Griechen und Römern darum warb, sie möchten die Juden in den Kreis der zivilisierten Völker aufnehmen, die eine große Vergangenheit hatten. War das nötig? Hatten nicht sie, die Juden, eine viel ältere, stolzere Geschichte als diese Heiden? Mußten sie, Gottes auserwähltes Volk, demütig darum bitten, nicht als Barbaren angesehen zu werden?

Aber auch Griechen und Römer wurden nicht warm vor dem Werk des Josef. Viele zwar fanden das Buch interessant, doch sie wagten sich mit ihrer Meinung nicht heraus. Der Kaiser hatte die Büste dieses Schriftstellers Josephus aus dem Friedenstempel entfernen lassen; es war nicht ratsam, sich für ihn zu begeistern.

Eine einzige Gruppe von Lesern gab es, die das Buch öffentlich und laut zu loben wagten, und das waren Leute, auf deren Beifall Josef am wenigsten gerechnet hatte: die Minäer oder Christen. Diese waren gewöhnt, daß, wenn ein Autor sich mit ihnen befaßte, er sich über sie lustig machte oder sie angriff. Um so mehr erstaunt waren sie, daß dieser Josephus sie nicht nur nicht beschimpfte, sondern daß er sogar das Leben und die Meinungen gewisser Vorläufer ihres Messias mit Achtung darstellte. Sie fanden, das Buch sei eine profane Ergänzung der Geschichte ihres Heilands.

Der Mann, dessen Urteil Josef mit der größten Angst und Spannung erwartete, schwieg. Justus schwieg. Schließlich bat ihn Josef zu Gaste. Justus kam nicht. Daraufhin besuchte ihn Josef.

„In den dreißig Jahren, die wir uns kennen", sagte Justus, „haben Sie sich nicht geändert und habe ich mich nicht geändert. Wozu also bedrängen Sie mich? Sie wissen doch von vornherein, was ich zu Ihrem Buch zu sagen habe." Josef aber ließ nicht ab. Er sehnte sich beinahe nach dem Schmerz, den der andere ihm zufügen werde, und er drängte so lange, bis Justus sprach.

„Ihr Buch ist lau und unentschieden, wie alles, was Sie gemacht haben", erklärte denn schließlich Justus und ließ das unangenehme, nervöse Kichern hören, das den Josef so reizte. „Sagen Sie mir: was eigentlich streben Sie an mit Ihrem Buch?" – „Ich wollte", antwortete Josef, „daß die Juden endlich lernen, ihre Geschichte objektiv zu sehen." – „Dann", fertigte ihn Justus scharf ab, „hätten Sie sehr viel kälter schreiben müssen. Dazu aber haben Sie nicht den Mut gehabt. Sie haben sich gefürchtet vor dem Urteil der breiten Masse der Juden." – „Ich habe weiter", verteidigte sich mit Verbissenheit Josef, „die Griechen und die Römer enthusiasmieren wollen für die große Geschichte unseres Volkes." – „Dann", erklärte sogleich und unerbittlich Justus, „hätten Sie wärmer schreiben müssen, mit sehr viel mehr Begeisterung. Aber das haben Sie nicht gewagt, Sie haben Furcht gehabt vor dem Urteil der Kenner. Es ist, wie ich sagte", schloß er, „Ihr Buch ist nicht warm und nicht kalt, es ist ein laues Buch, es ist ein schlechtes Buch." Die finstere Abwehr auf Josefs Gesicht riß ihn weiter, erbarmungslos sagte er ihm alles, was er gegen das Buch einzuwenden hatte: „Niemand weiß besser als Sie, daß der Zweck, der hinter einer Politik steckt, moralisch sein kann oder unmoralisch, aber niemals die Mittel. Diese Mittel können nur nützlich oder schädlich sein im Sinne des angestrebten Zweckes. Sie aber tauschen willkürlich Maß und Gewicht. Sie legen moralische Maße an politische Vorgänge, wiewohl Sie ganz genau wissen, daß das nichts ist als faule, dumme, wohlfeile Konvention. Sie wissen ganz genau, daß der einzelne moralisch gewertet werden kann, niemals aber eine Gruppe, eine Masse, ein Volk. Ein Heer kann nicht tapfer sein, es besteht aus Tapferen und aus Feigen, Sie haben das erlebt, Sie wissen es, aber Sie wollen es nicht wahrhaben. Ein Volk kann nicht dumm sein oder fromm, es besteht aus Dummen und Gescheiten, aus Heiligen und Lumpen, Sie wissen es, Sie haben es erlebt, aber Sie wollen es nicht wahrhaben. Immer vertauschen Sie, um des Effektes willen, aus billiger

Vorsicht die Gewichte. Sie haben kein historisches Buch geschrieben, sondern ein Erbauungsbuch für Dummköpfe. Nicht einmal das ist Ihnen geglückt; denn Sie haben für beide Teile schreiben wollen und deshalb nicht einmal den Mut zu jener Demagogie aufgebracht, in der Sie Meister sind."

Josef hörte zu und verteidigte sich nicht mehr. So maßlos Justus, der Freundfeind, übertrieb, es war an seinen Einwänden etwas Richtiges. Dies jedenfalls stand fest: das Buch, an das er so viele Jahre, so viel Leben gesetzt hatte, war nicht geglückt. Er hat sich gezwungen, kalt zu bleiben vor der Geschichte seines Volkes und sie vernünftig zu betrachten. Damit hat er alles Leben aus diesen Begebenheiten ausgetrieben. Alles ist halbwahr und also ganz falsch. Wenn er jetzt sein Buch überliest, dann sieht er, daß alles schief gesehen ist. Die abgeschnürten Gefühle rächen sich, sie stehen doppelt lebendig wieder auf, der Leser Josef glaubt dem Schreiber Josef kein Wort. Er hat einen Grundfehler gemacht. Er hat geschrieben aus der puren Erkenntnis heraus und häufig gegen sein Gefühl, darum sind weite Teile seines Buches leblos, wertlos; denn lebendiges Wort entsteht nur, wo Gefühl und Erkenntnis sich decken.

Dies alles sah Josef grausam klar, dies alles sagte er sich hart und unverschönt. Dann aber tat er sein Buch „Universalgeschichte des jüdischen Volkes" ein für allemal von sich ab. Ob geglückt oder nicht, er hat gegeben, was er geben konnte, er hat seine Pflicht getan, hat gekämpft, gearbeitet, sich vieles versagt, jetzt hat er das Werk hingestellt und will, befreit davon, für sich selber weiterleben. Das Porträt, das Regin dem Buch vorangestellt hat, hat ihm gezeigt, wie alt er geworden ist. Er hat nicht mehr viel Zeit. Er will den Rest seiner Kraft nicht vergeuden in Grübeleien. Soll Justus philosophieren; er will jetzt leben.

Und es stiegen in ihm auf tausend Wünsche und Regungen, von denen er geglaubt hatte, sie seien längst tot. Er freute sich, daß sie nicht tot waren. Er freute sich, daß er noch Durst spürte, wieder Durst auf Taten, auf Frauen, auf Erfolg.

Er freute sich, daß er in Rom war und nicht in Judäa. Er ließ sich den Bart abnehmen und zeigte der Welt das nackte

Gesicht des früheren Josef. Es war härter, schärfer, aber es war ein jüngeres Gesicht, als er es alle diese Jahre hindurch gehabt hatte.

Das verwinkelte Haus im Bezirk „Freibad" wurde ihm jetzt, obwohl Mara und die Kinder fort waren, auf einmal zu eng und zu dürftig. Er suchte Johann von Gischala auf und bat ihn, ihm ein elegantes, modernes Haus zu suchen, das er mieten könnte. Bei dieser Gelegenheit hatte er ein längeres Gespräch mit Johann. Der hatte die Universalgeschichte aufmerksam gelesen, er sprach angeregt darüber und mit Verständnis. Josef wußte natürlich, daß Johann kein objektiver Richter war. Der hatte ein bewegtes Leben hinter sich, ähnlich wie er selber, er war im Grunde gescheitert, er war also geneigt, die Geschichte des jüdischen Volkes ähnlich zu sehen wie er selber und aller Begeisterung zu mißtrauen. Gleichwohl freute ihn die Anerkennung des Johann und tröstete ihn ein wenig über die Ablehnung des Justus.

Er wurde gesprächig, er schloß sich jetzt, da er allein mit Matthias in Rom lebte, viel leichter auf als früher. Er erzählte dem Johann von dem, was er mit Matthias vorhatte. Johann war skeptisch. „Wohl sind die Zeiten noch so", meinte er, „daß ein Jude seinen Ehrgeiz befriedigen kann. Sie haben sehr viel erreicht, mein Josef, gestehen Sie sich's ruhig ein, Cajus Barzaarone hat viel erreicht, ich habe einiges erreicht. Aber ich halte es für klüger, wenn wir das Erreichte nicht zur Schau stellen, wenn wir den andern unser Geld, unsere Macht, unsern Einfluß nicht zu deutlich zeigen. Es reizt nur den Neid, und dazu sind wir nicht stark genug, dazu sind wir zu vereinzelt." Josefs Gesicht war froh gewesen, als er dem Johann von seinen Zweifeln und Hoffnungen berichtete, jetzt erlosch es. Johann sah es, beharrte nicht, sondern fügte hinzu: „Aber wenn Sie für Ihren Matthias etwas erreichen wollen, dann müssen Sie unter allen Umständen absehen von Ihrem Plan, im Frühjahr nach Judäa zu gehen. Mich soll es freuen", fügte er artig hinzu, „Sie länger in Rom zu wissen." Josef sagte sich, daß Johann ein guter Freund war und mit seinen beiden Einwänden recht hatte. Wenn er für den Matthias einen der Herren des Palatin als Freund und Gönner fand, dann mußte er natürlich länger in Rom bleiben; auch wenn er ein neues Haus bezog, hatte das nur Sinn, wenn er sich auf einen längeren Aufenthalt einrichtete. Aber im Grunde war er froh, seine Reise nach Judäa, seine Rückkehr nach Judäa hinauszuschieben, und es war ihm dafür jeder Vorwand recht; denn seltsamerweise schien ihm, als bedeute diese Rückkehr nach Judäa den endgültigen Verzicht auf alles, wozu noch ein wenig Jugend gehörte, als erkläre er sich durch diese Rückkehr selber und für immer zum alten Mann. Und was die andere Warnung des Johann anlangte, daß es unklug sei, äußern Glanz und äußere Ehren anzustreben, so hatte der Freund damit wohl recht. Aber Josef hatte das Leuchten gesehen auf dem Gesicht seines Jungen, er konnte es dem Matthias nicht antun, jetzt von dem Plan abzustehen, dem Matthias nicht und sich selber nicht.

Das neue Haus war rasch gefunden, und Josef machte sich daran, es einzurichten. Eifrig half ihm Matthias, er hatte tausend Vorschläge. Josef war jetzt viel in der Stadt zu sehen, er suchte Gesellschaft. Während er früher Monate allein und abgeschlossen verbracht hatte, zeigte er sich jetzt beinahe täglich im Kreise des Marull, des Regin. Wohlwollend, ein wenig spöttisch und ein klein wenig besorgt, beobachteten seine Freunde seine Veränderung. Matthias liebte und bewunderte ihn noch mehr.

Josef sprach mit Claudius Regin über die Bedenken des Johann. Regin fand, Johann sei ein kluger Mann, aber er könne sich in die neuen Zeiten nicht mehr recht einfühlen und nicht in eine jüdische Jugend, die den Tempel nicht habe brennen sehen, für die der Tempel und der Staat nichts seien als eine historische Erinnerung, ein Mythos. Er, Regin, sei in einem gewissen Sinn ein Beispiel dafür, daß einem Juden auch höchst sichtbare Macht nicht immer zum Unheil ausschlagen müsse. Josef hörte dieses Beispiel nicht sehr gern; unter keinen Umständen hätte er gewollt, daß sein Matthias sein Judentum so weit abtue wie Claudius Regin. Immerhin ließ er sich von ihm gern in seinem Vorhaben bestärken und hörte gierig zu, als ihm Regin mitteilte, er habe bei einigen Wohlwollenden auf dem Palatin herumgehorcht, und obzwar eigentlich alle zunächst verblüfft seien über die Kühnheit der Idee, einen Judenjungen zum Pagen der Kaiserin zu machen, so hätten am Ende gleichwohl die meisten gefunden, daß die Neuheit der Idee ihre Ausführbarkeit nicht beeinträchtige. Er, Regin, sei also der Meinung, man könne jetzt ans Werk gehen. Er schlug dem Josef vor, das Fest der Toga-Anlegung des Matthias öffentlich zu feiern, auf römische Art, wiewohl das nicht üblich sei, und, um allen hämischen Anmerkungen von vornherein die Spitze abzubiegen, solle Josef doch die Kaiserin, die ihm nach wie vor wohlwolle, zu diesem Fest einladen. Es sei sträflicher Leichtsinn gewesen, daß Josef die Gunst, die ihm Lucia gelegentlich bezeigt, so wenig ausgenützt habe. Jetzt aber habe er gute Gelegenheit, das Versäumte nachzuholen. Er möge der Kaiserin sein neues Buch bringen und sie bei diesem Anlaß zum Feste des Matthias einladen. Das Schlimmste, was ihm begegnen könne, sei eine Ablehnung, und er habe schließlich schon schlimmere Niederlagen eingesteckt.

Das leuchtete dem Josef ein, ja ihn lockte der Vorschlag. Er war ein Mann in den späten Fünfzig, es war nicht mehr wie damals, da er, gespannt in jeder Fiber, zu der Kaiserin Poppäa gegangen war, aber er war mehr erregt als seit langer Zeit, als er jetzt vor Lucia trat, sein Buch in der Hand.

Claudius Regin hatte geschickt vorgearbeitet, er hatte Lucia unterrichtet von Josefs Veränderung. Trotzdem war sie überrascht, wie er jetzt mit seinem nackten, verjüngten Gesicht vor ihr erschien. „Sieh an, sieh an“, sagte sie, „jetzt ist die Büste verschwunden, dafür hat sich der Mann wieder in die Büste verwandelt. Ich freue mich darüber, mein Josephus.“ Ihr helles Antlitz, frisch, wiewohl ihre erste Jugend vorbei war, strahlte offen ihre Freude wider. „Ich freue mich, daß nun das Buch da ist und daß der frühere Josephus wieder da ist. Ich habe mir den ganzen Vormittag für Sie freigelassen. Wir müssen endlich einmal ausführlich schwatzen.“

Den Josef hob dieser warme Empfang. In seinem Innern zwar spottete er ein bißchen über sich selber und dachte, er sei als Alternder der gleiche Tor wie in der Jugend, trotzdem schwoll ihm das Herz beinahe wie damals vor der Kaiserin

Poppäa. „Was mir an Ihnen gefällt", lobte ihn Lucia, „das ist, daß Sie bei aller Philosophie und Kunst im Grunde ein Abenteurer sind." Das war nun ein Lob, das dem Josef wenig gefiel. Sie aber, sogleich, deutete ihre Worte aus auf eine Art, die ihm schmeicheln mußte. Es wolle wenig besagen, meinte sie, wenn einer zum Abenteurer werde, der aus dem Nichts komme, der also wenig aufgebe. Wenn indes einer, der von vornherein im Besitz großer Güter und Sicherheiten sei, sich das Abenteuer auswähle, so beweise das eine lebendige, unruhige Seele. Solche Abenteurer, nicht von den äußern Umständen, sondern von der Seele her, seien Alexander gewesen und Cäsar. Sie selber spüre etwas in sich von einer Abenteurerin solcher Art, und es bestehe zwischen diesen aristokratischen Abenteurern aller Zeiten eine heimliche Genossenschaft.

Später dann bat sie Josef, ihr aus seinem Buch vorzulesen, und er tat es ohne Umstände. Er las ihr die Geschichten von Jael, Jezabel und Athalia. Auch las er ihr die Geschichten der wilden, stolzen und ehrgeizigen Frauen, die um den Herodes waren und von deren einer er abstammte.

Lucias Anmerkungen überraschten den Josef. Für ihn waren die Menschen, die er darstellte, nicht aus der realen Welt, sie agierten auf einer Bühne, die er selber gebaut hatte, sie waren stilisiert, waren Luftgebilde. Daß Lucia diese seine Menschen so nahm, als wären sie Menschen aus Fleisch und Blut, die mitten unter uns herumgingen, das war ihm etwas Neues, und es störte ihn. Gleichzeitig aber entzückte es ihn, daß er also, ein kleiner Gott, eine lebendige Welt geschaffen hatte. Er und Lucia verstanden sich ausgezeichnet.

Es kostete ihn nicht viel Mut, von seinem Geschäft zu beginnen. Er erzählte von seinem Sohne Matthias, und daß er ihn in nächster Zeit die Toga werde anlegen lassen. „Ich habe gehört", sagte Lucia, „er soll ein netter Junge sein." – „Er ist ein großartiger Junge", erklärte eifrig Josef. „Was für ein stolzer Vater Sie sind!" sagte lächelnd Lucia.

Er lud sie ein, der Feier beizuwohnen, die er aus Anlaß der Bekleidung mit der Toga geben wollte. Über Lucias Gesicht, das jede Regung spiegelte, ging ein kleiner Schatten. „Ich bin gewiß keine Feindin der Juden", sagte sie, „aber muß es nicht ein wenig befremdlich erscheinen, wenn gerade Sie dieses Fest auf so demonstrative Art begehen? Ich bin in der Herkunft unserer Sitten nicht so beschlagen wie Wäuchlein. Aber ist dieses Fest der Toga-Anlegung nicht vor allem ein religiöser Akt? Ich finde nicht, daß Römertum und der Dienst unserer Götter sich immer decken, aber ich bin ziemlich sicher, daß mit diesem Fest der Toga-Anlegung auch unsere Götter irgendwas zu tun haben. Ich bin die letzte, mich in Ihre Beziehungen zu Ihren Volksgenossen einzumischen, doch ich fürchte, auch Ihre Juden werden nicht sehr glücklich sein, wenn Sie aus diesem Akt soviel hermachen. Ich lehne Ihre Einladung nicht ab", fügte sie eilig hinzu, als sie wahrnahm, daß sich Josef bei ihren Bedenken verdüsterte, „aber als Ihre Freundin bitte ich Sie, alles gut zu überlegen, bevor Sie sich endgültig entschließen."

Daß Lucia Einwände ganz ähnlicher Art hatte wie Johann, traf den Josef. Aber sein Entschluß hatte sich mittlerweile nur gefestigt. Er hatte seinen Sohn durch die Bar Mizwah in die jüdische Gemeinschaft aufgenommen, warum sollte er ihn nicht durch einen ähnlichen Akt in die römische aufnehmen, der er nun einmal angehörte? Es schien ihm gleichnishaft, beide Zeremonien glänzend zu machen, und wenn es zu Mißdeutungen Anlaß gab, er hatte erfahren müssen, daß alles, was er tat und ließ, mißdeutet wurde. Auch hatte er dem Matthias dieses Fest nun einmal versprochen, der freute sich kindlich darauf, und Josef brachte es nicht über sich, seinem lieben Sohn die ungeheure Enttäuschung zu bereiten.

Er gab Lucia eine halbe Antwort, dankte ihr für ihren Rat, versprach, alles noch einmal zu überdenken, in seinem Innern aber war er fest entschlossen. Zu Hause, halb im Scherz, halb im Ernst, fragte er den Matthias: „Wenn einer wissen will, bist du ein Römer oder ein Jude, wie antwortest du dann?" Matthias, mit seiner tiefen Stimme, lachte: „Frag nicht so dumm! würde ich antworten. Ich bin Flavius Matthias, Sohn des Flavius Josephus." Dem Josef gefiel diese Antwort. Die Bedenken der andern zerschmolzen ihm mehr und mehr. Sollte er, Josef, weniger Mut zeigen als der alte Claudius Regin, der keine Gefahr darin sah, den Jungen auf den Palatin zu schicken?

Die Feier wurde angesetzt. Matthias ging umher wie auf Wolken. Er lud das Mädchen Caecilia ein. Sie gab eine ihrer schnippischen Antworten. Er teilte ihr mit, die Kaiserin werde seinem Fest beiwohnen. Caecilia wurde ganz blaß.

Da Josef alles vermeiden mußte, was als Dienst einer römischen Gottheit, als Götzendienst, hätte ausgedeutet werden können, sah er sich gezwungen, bei der Feier mancherlei Umbiegungen der Zeremonie vorzunehmen. Weder gab es im Hause des Josef einen Altar der Hausgottheiten, noch trug Matthias die goldene Amulettkapsel des römischen Knaben, die er an diesem Altar hätte aufhängen können. So beschränkte sich die eigentliche Feier im Hause darauf, daß Matthias die verbrämte Toga des Knaben mit der weißen, reinen des Mannes vertauschte. Diese neue schlichte Tracht stand ihm großartig, sein junges und doch schon männliches Gesicht kam heiter und ernst zugleich aus dem einfachen, reinen Kleide heraus.

Sodann brachten Josef und ein riesiges Geleite von Freunden, an ihrer Spitze die Kaiserin, den jungen Mann aufs Forum, an den Südabhang des Capitols, ins Archiv, damit er dort seinen Namen feierlich in die Liste der mit dem Bürgerrecht Ausgestatteten eintragen lasse. Es hieß aber der Junge fortan: Flavius Matthias Josephus. Die Kaiserin steckte ihm den Goldenen Ring an den Finger, der seine Zugehörigkeit zum Zweiten Adel auswies.

Während sodann die nichtjüdischen Gäste des Josef sich in sein Haus begaben, wo das Festmahl stattfinden sollte, nahmen Josef selber, Matthias und die jüdischen Gäste eine Handlung vor, von der die Stadt, ja das Reich noch wochenlang sprechen sollten. Der Brauch verlangte, daß der neue junge Bürger sich in den Tempel der Göttin der Jugend begab, um dort ein Geldstück und ein Opfer zu spenden. Da der Jude Matthias das nicht konnte, ging er, geleitet von seinem Vater und seinen Freunden, statt dessen in das zuständige Büro des Schatzamtes, ließ sich in die diffamierende Liste der Juden eintragen und zahlte die Doppeldrachme, welche die Juden seit der Zerstörung des Tempels statt für Jahve für den Capitolinischen Jupiter zu entrichten hatten. Daß Josef die als

Schande gedachte Entrichtung der Abgabe herausfordernd zu einem Festakt machte, ließ viele unter den Juden es ihm verzeihen, daß er seinen Jungen so demonstrativ zum Römer erklärt hatte.

Der Kaiserin gefiel Josefs Mut. Auch Josefs Sohn gefiel ihr. Sie hatte gesehen, mit welch prinzlicher Anmut er durch die stolze Stunde gegangen war, da sie ihm den Ring des Zweiten Adels an den Finger steckte; jetzt, während des Festmahls, ließ sie sich erzählen, daß er sich mit der gleichen einfachen Anmut der Schmach unterzogen, in die Judenliste eingetragen zu werden. Der Knabe saß neben ihr. Seine Augen hingen an ihr in knabenhafter Huldigung, doch er verlor nicht seine Unbefangenheit. Sie sprach mit ihm. Er wußte offenbar, wie gut ihm die weiße Toga stand, und er wußte, daß aller Augen auf ihn gerichtet waren, doch seine Frische und Natürlichkeit litten nicht darunter.

Claudius Regin hatte Lucia bereits darauf vorbereitet, daß Josef sie bitten werde, seinen Sohn in ihren Dienst aufzunehmen. Jedermann mußte sehen, daß ihr der Junge gefiel, und Josef konnte also gewiß sein, keine Fehlbitte zu tun. Gleichwohl brachte er sein Anliegen nicht mit der Sicherheit vor, die ihm sonst eignete, und auch Lucia sagte ihm ihre Gewährung mit einer seltsam verschleierten Stimme zu, und es war in ihr und auf ihrem Gesicht eine ungewohnte Verwirrung.

Josefs Herz war heiß von Glück. Er hatte seinen lieben Sohn auf den Platz gehoben, den er für ihn erträumt hatte. Aber er war feinhörig, und in all seinem Jubel vergaß er nicht die Stimmen der Freunde, die ihn gewarnt hatten.

Matthias war also fortan im Gefolge der Kaiserin und wohnte die meiste Zeit auf dem Palatin. Es kam, wie Josef es vorausgesehen; Matthias, der junge jüdische Adjutant der Lucia, heiter-ernst, anmutig, jungmännlich, wie er war, wirkte gerade auf dem Palatin als etwas Besonderes. Man sprach viel von ihm, viele warben um seine Freundschaft, die Frauen ermunterten ihn. Er blieb unbefangen, es schien ihm natürlich, daß es so war, und er machte sich wohl kaum viel daraus; aber er hätte es vermißt, wenn er weniger in Sicht und weniger umworben hätte leben müssen.

Daß Matthias jetzt im Gefolge der Kaiserin war, brachte auch den Josef in viel engere Berührung mit ihr. Lucia hatte seinen Weg schon mehrere Male gekreuzt, nie aber hatte er sie mit so empfänglichen Augen gesehen wie jetzt. Das Strotzende an ihr, ihre heiter-kühne Offenheit, das römisch Helle, Lebendige, das von ihr ausging, ihre reife, frauliche Schönheit, das alles drang jetzt viel tiefer in ihn ein als je zuvor. Er war nun ein alternder Mann, aber mit Erstaunen sagte er sich, daß ihn seit jenen Tagen, da er sich um Dorion verzehrte, niemals das Zusammensein mit einer Frau so bewegt hatte wie jetzt seine Zusammenkünfte mit Lucia. Er verhehlte diese seine Bewegung nicht, und sie ließ sich das gefallen. Vieles, was er, und vieles, was sie sagte, war jetzt vieldeutig, es gingen halbe Worte von einem zum andern, und vieldeutig wurden ihre Blicke und ihre Berührungen. Er geheimnißte allerlei Gleichnishaftes in diese Beziehung hinein. Wenn sie ihn dermaßen anzieht, wenn auch sie nicht unempfänglich ist für ihn, ist das nicht ein Symbol? Zeigt sich da nicht im Bilde die geheimnisvolle Beziehung zwischen Sieger und Besiegtem? Einmal konnte er sich nicht enthalten, zu Lucia eine Andeutung dieser Art zu machen. Doch sie lachte einfach heraus und sagte: „Sie wollen einfach mit mir schlafen, mein Freund, und daß Sie dahinter so tiefe Bedeutung suchen, ist nur ein Beweis dafür, daß Sie selber merken, wie frech Sie im Grunde sind."

Josef lebte ein helles, frohes Leben in dieser Zeit. Er genoß, was ihm zuteil geworden, es schien ihm viel. Er sah nun Lucia täglich, sie verstanden einander immer besser, verziehen einer die Schwächen des andern, freuten sich einer an den Vorzügen des andern. Und an Josefs liebem, strahlendem Sohn erfüllte sich alles so, wie er's sich gewünscht hatte. Hell und rein ging er durch den von so vielen Wirrnissen und Lastern besessenen Palatin, alle Welt liebte ihn, kein Neid und keine Feindschaft kamen an ihn heran. Ja, die Gottheit liebte Josef. Sie zeigte es ihm, da sie ihm jetzt soviel Freuden gab, ehe er endgültig die Schwelle des Alters überschritten hatte und da er noch im Besitz der Kraft war, sie zu genießen.

Man sprach viel von Josef und von seinem Sohne in der Stadt Rom, zu viel, fanden die Juden. Und es kamen zu Josef im Auftrag der Juden die Herren Cajus Barzaarone und Johann von Gischala. Besorgt gaben sie ihm zu bedenken, sein Glück, sein Glanz, wenn er sie gar so sichtbar zeige, würden noch mehr Neid wecken und noch mehr Feindschaft gegen die gesamte Judenheit. An sich schon nehme der Haß und die Bedrückung im ganzen Reiche zu. „Wenn ein Jud glücklich ist", warnte Johann von Gischala wie schon einmal, „soll er sein Glück in seinen vier Wänden halten und es nicht auf die Straße stellen."

Allein Josef blieb zugesperrt, trotzig. Sein Sohn Matthias war nun einmal strahlend, und es war die Eigenschaft des Lichts, daß es sichtbar war. Soll er seinen lieben Sohn verstekken? Er dachte nicht daran. Er war vernarrt in seinen schönen, liebenswerten Sohn und in dessen Glück.

Und er schlug die Worte der Männer in den Wind, und er genoß weiter, was ihm zugefallen war. Er pflückte Erfolge, wo und soviel er wollte. Ein Einziges gab es, was ihn kränkte. Sein Buch, die Universalgeschichte, blieb nach wie vor ohne sichtbare Wirkung.

Und nun erschien gar noch, und überdies wie seine eigenen Werke von Claudius Regin publiziert, der „Jüdische Krieg" des Justus von Tiberias, ein Buch, an dem dieser Justus Jahrzehnte hindurch gearbeitet hatte.

Josefs eigenes Buch über den jüdischen Krieg hatte unter allen Prosawerken der Epoche den stärksten Erfolg gehabt. Das ganze Leserpublikum des Reichs hatte diesen „Jüdischen Krieg" gelesen, nicht nur um des Stoffes, sondern vor allem auch um der reizvollen Darstellung willen, Vespasian und Titus hatten sich für das Werk eingesetzt und seinen Autor hoch geehrt, das Buch hatte jetzt, ein kleines Menschenalter nach seinem Erscheinen, bereits den Stempel des Klassischen. Es war also eine ungeheure Kühnheit, wenn jetzt Justus ein Buch über den gleichen Gegenstand veröffentlichte.

Josef hatte vor vielen Jahren einen Teil des Buches gelesen, und er selber und die eigene Leistung waren klein und erbärmlich vor Justus und dessen Buch. Mit Angst geradezu las er nun des Freundfeindes vollendetes Werk. Justus vermied peinlich alle großen Worte und jeden äußeren Effekt. Seine Darstellung war von einer harten, kristallenen Sachlichkeit. Auch dachte er gar nicht daran, etwa gegen das Buch des Josef zu polemisieren. Wohl aber erwähnte er die Tätigkeit des Josef während des Krieges, seine Handlungen zu der Zeit, da er Kriegskommissar in Galiläa gewesen war, die Tätigkeit also des Staatsmannes und des Soldaten Josef. Er stellte nur dar, er enthielt sich jeder Wertung. Aber gerade in dieser nackten Darstellung, durch sie, erschien Josef als schierer Opportunist, als armseliger, eitler Bursche, als Schädling an der Sache, die zu vertreten er übernommen hatte.

Josef las. Er hatte seinerzeit eine schillernde Legende über seine Tätigkeit in Galiliäa konstruiert, er hatte diese Legende kunstvoll in seinem Buche vorgetragen, er hatte schließlich selber daran geglaubt, und mit seinem Buch war allmählich auch die Legende seiner Person als historische Wahrheit anerkannt worden. Jetzt, in dem Buche des Justus, sah der alternde Mann den Krieg, wie er wirklich gewesen war, er sah sich selber, wie er wirklich gewesen war, er sah auch das Buch, das er so gerne hatte schreiben wollen; nur hatte es eben Justus geschrieben, nicht er.

Das alles sah er. Aber er wollte es nicht sehen, er durfte es nicht sehen, wenn er weiterleben wollte.

Voll Spannung wartete er darauf, was nun mit dem Werk des Justus geschehen werde, was die Leute dazu sagen würden. Man machte nicht viel Wesens her vom Buche des Justus. Es gab freilich einige, die die Bedeutung des Buches erkannten, es waren Leute, auf deren Urteil Josef viel gab, aber sie waren sehr wenige. Immerhin mußte Josef erleben, daß in den Augen dieser wenigen das Werk des Justus seine eigene Schriftstellerei ausstach. Er mußte es erleben, daß dieser Justus, der seine, des Josef, Tätigkeit verworfen hatte, bei diesen wenigen als der rechte, letzte, unbestechliche Richter galt.

Josef mühte sich, den bitteren Geschmack zu vergessen, den ihm diese Erkenntnis verursachte. Er sagte sich vor, daß er als Schriftsteller verwöhnt worden war wie kaum ein zweiter unter den Zeitgenossen und daß die Meinung der wenigen gegen seinen trotz allem wohlgegründeten Ruhm nicht aufkam. Aber das nützte nichts, der bittere Geschmack blieb. Ja der bittere Geschmack wurde bitterer. Josef war der Freund und Günstling der Kaiserin, er hatte seinem lieben Sohne den Platz gewonnen, den dieser sich und den er für ihn wünschte, er war, sowie er es nur gewollt, wieder zu einem der Männer geworden, die ganz vornean und in Sicht waren. Aber der bittere Geschmack verdarb ihm die Freude an all diesen Freuden.

Er sagte sich, er sei griesgrämig geworden und alt und vermöge nur mehr das Verdrießliche wahrzunehmen und nicht das Angenehme. Dann wieder sagte er sich, er habe sich den Glauben an sich selber und an sein Werk zerstören lassen durch die maßlose, neidische Kritik des Justus. Er nahm seine Universalgeschichte wieder vor. Er las einige Kapitel daraus, die besten, und er sagte sich trotzig, was Justus gegen ihn vorzubringen habe, sei Unsinn.

Aber es blieb schließlich die Tatsache, daß die Universalgeschichte, an die er soviel Mühe gelegt hatte, trotz aller Bemühungen des Regin kein rechter Erfolg geworden war. Er war gewohnt an die Zufälligkeiten äußeren Erfolgs und Mißerfolgs, aber gerade jetzt brauchte er Bestätigung von außen her, gerade jetzt brauchte er auch literarischen Erfolg. Alle seine andern Erreichnisse nützten ihm nichts. Das einzige, was ihm helfen könnte, wäre ein Widerhall der Universalgeschichte, ein lauter Widerhall, der die Stimme des Justus übertönt hätte. Er mußte Bestätigung haben, jetzt, schon um seines lieben Sohnes willen, um diesem weiterzuhelfen.

Verbissen, anklägerisch fragte er den Regin, woran es liege, daß es mit dem Erfolg der Universalgeschichte so gar nicht vorangehen wollte. Regin, etwas maulfaul, erklärte ihm, das große Hindernis liege im Verhalten des Kaisers. Diejenigen, auf die es ankomme, wagten nicht recht, sich zu dem Werk zu äußern, solange man nicht wisse, was der Kaiser dazu sage. Selbst wenn D D D sich gegen das Werk erklärte, so wäre das ein Vorteil; denn dann hätte man wenigstens die Opposition für sich. Aber D D D, tückisch, wie er nun einmal sei, schweige, er äußere sich nicht einmal ablehnend, er äußere gar nichts. Er, Regin, habe versucht, dieses feindliche Schweigen zu brechen. Er habe Wäuchlein gefragt, ob ihm Josef das Werk überreichen dürfe. Aber Wäuchlein habe über die Frage weggehört, wie nur er das könne, und weder ja noch nein gesagt.

Verdrossen und finster hörte Josef zu. Wieder stiegen in ihm die Gedanken hoch, mit denen er damals nach Rom zurückgekehrt war, als er Mara nach Judäa geschickt hatte. Damals hatte er sich gefreut auf den Kampf mit Domitian, auf den Kampf mit Rom. Er hatte eine neue Jugend in sich gespürt, und er hatte geglaubt, in seinem vollendeten Buch eine neue Waffe zu haben. Nun aber wich der Kaiser dem Kampfe aus. Er stellte sich einfach nicht.

Was Regin weiter sagte, war nur geeignet, diese Meinung Josefs zu bestätigen. D D D, erzählte nämlich Regin, habe des Josef Namen seit ewiger Zeit nicht in den Mund genommen. Das sei merkwürdig. Er habe doch bestimmt gehört von Josefs neuer Freundschaft mit Lucia, von der herausfordernden Art, wie Josef seinen Sohn in die Judenliste habe eintragen lassen, und von dem neuen jüdischen Pagen der Lucia. Wenn übrigens der Kaiser nicht daran denke, seine Macht zu brauchen und den Josef glattweg zu vernichten, dann sei von D D Ds Standpunkt aus diese Taktik die klügste. Denn sein Schweigen, D D Ds Schweigen, verbreite Schweigen rings um das Buch, Schweigen, in dem das Werk zuletzt ersticken müsse.

Josef überlegte, was er tun könnte, um dieses hinterhältige Schweigen zu brechen, um den Kaiser, den Feind, aus seinem Hinterhalt herauszulocken, ihn zu zwingen, sich zu stellen. Es war Sitte, daß beim Erscheinen eines Werkes der Autor in großer Öffentlichkeit daraus vorlas. Josef hatte das bei der Publikation des Werkes nicht gewollt, es war da in ihm noch zuviel gewesen von der Luft, innerhalb deren die Universalgeschichte entstanden war. Der Josef, der die Universalgeschichte geschrieben, hatte das Publikum verachtet. Jenem Josef wäre es auch durchaus gleichgültig gewesen, was Domitian von dem Buch gedacht oder gesagt hätte. Doch der Josef, der jetzt vor Claudius Regin saß, war ein anderer. „Wie wäre es“, schlug er vor, „wenn wir eine Rezitation veranstalteten, wenn ich aus der Universalgeschichte vorläse?“

Regin sah überrascht hoch. Wenn Josef, nachdem er so lange geschwiegen, wieder vor das Publikum treten wird, so muß das eine Sensation sein. Wenn überhaupt, dann war eine solche Rezitation vielleicht das einzige Mittel, den Kaiser aus seiner Zurückhaltung herauszulocken. Der Plan reizte den Regin, doch er verhehlte dem Josef nicht, daß das Unternehmen recht gefährlich war. Es war gewagt, eine Äußerung des Kaisers herauszufordern. Josef aber, da Regin nicht ohne weiteres widersprach, war schon ganz Flamme für seinen Plan. Wie ein Schauspieler, der eine neue Rolle begehrt, redete er dem Regin und sich selber vor, was alles für das Unternehmen spreche. Er lese nicht schlecht, der leise östliche Akzent in seinem Griechisch gefalle den Leuten mehr, als daß er sie abstoße; nachdem er so lange nichts mehr von sich habe hören lassen, werde ganz Rom auf sein Erscheinen vor der Öffentlichkeit neugierig sein. Und dann, eine kleine Scham überwindend, gestand er dem Regin, diesem Freunde, einen heimlichen Wunsch ein, der gleichzeitig mit dem ersten Gedanken an eine solche Rezitation in ihm hochgestiegen war. „Und welch eine Freude“, sagte er, „wäre es, vor dem Jungen zu glänzen, vor Matthias!“

Diese naive, väterlich verliebte Eitelkeit gewann ihm den Regin vollends, und er sagte: „Es bleibt ein höllisch riskantes Unternehmen; aber wenn Sie es wagen wollen, Sie alter Jüngling, ich halte mit.“

Josef wandte an die Vorbereitungen seiner Rezitation die größte Mühe. Lange überlegte er mit seinen Freunden, wo der Vortrag stattfinden sollte. Regin, Marull, vor allem Lucia erörterten die Frage, als ginge es um eine Staatsaktion. Sollte der Vortrag stattfinden im Hause des Josef vor einem kleinen, auserwählten Kreis? Oder vor einem größern Publikum im Hause des Marull oder des Regin? Oder vielleicht gar auf dem Palatin selber im großen Saale des Hauses der Lucia?

Lucia hatte eine Idee. Wie wäre es, wenn Josef im Friedenstempel läse?

Im Friedenstempel? In dem Hause, aus dem der Kaiser

seine Büste hat entfernen lassen? Ist das nicht eine ungeheuerliche Herausforderung? Wird da nicht die große Halle vereinsamt liegen, weil niemand wagen wird, an einer so gefährlichen Veranstaltung teilzunehmen? Besteht nicht selbst die Möglichkeit, daß der Kaiser den Josef verhaften läßt vor seiner Vorlesung?

Lucia sagte: „Wir kommen so nicht weiter. Wir stoßen immer wieder auf den gleichen Punkt des Widerstands: auf D D D. Ich seh mir das nicht länger mit an. Er will uns zermürben durch diese Taktik. Er will unsern Josephus totmachen durch sein Schweigen. Aber das soll ihm nicht glücken. Ich möchte wissen, woran wir sind. Ich gehe zu ihm."

Als sich Lucia bei ihm ansagte, ahnte Domitian sogleich, daß es um den Juden oder um seinen Sohn gehen werde.

Er war in den letzten Monaten mit Lucia nur selten zusammengekommen. Er war die meiste Zeit mißgestimmt, er wurde fetter und schlaffer von Körper, er hatte einen großen Verbrauch an Frauen, ohne daß sie ihm rechten Spaß gemacht hätten. Er ließ sich genau Bericht erstatten über alles, was um Lucia geschah. Mißtrauisch, übelwollend bedachte er, daß sie nun also den jungen Juden an ihren Hof gezogen hatte, den Sohn dieses gefährlichen Josephus. Da Josephus alt wurde, ließ er sich wohl durch seinen Sohn vertreten.

Der Kaiser empfing Lucia höflich, mit distanzierter, ironischer Liebenswürdigkeit. Man sprach ziemlich lange über Gleichgültiges. Lucia betrachtete den dicken, kahlen, alternden Herrn; er zählte nicht viel mehr Jahre als sie selber, doch er war alt und sie war jung. Sie hatte das Gefühl, er sei ihr fremder als seit Jahren, sie vermöge wenig mehr über ihn, und sie fragte sich, ob sie nicht vielleicht besser von ihrem Plan abstehen und von Josef gar nicht erst reden solle. Dann aber siegte ihre angeborene Kühnheit über ihre Vorsicht.

Sie habe, begann sie in der Richtung ihres Vorhabens vorzustoßen, in letzter Zeit viel hören müssen über Judenverfolgungen in der Provinz und über Schikanen, denen die Juden in der Stadt selber ausgesetzt seien. Sie habe, wie er wisse, jüdische Freunde, darum interessiere sie sich für diese Angelegenheit. Auch er selber, der Kaiser, finde sie, sollte sich mit diesen Dingen beschäftigen. „Sie haben mir einmal auseinandergesetzt, mein Domitian", erinnerte sie ihn, „daß ein Kampf ist zwischen Ihnen und dem östlichen Gott. Ich würde an Ihrer Stelle mir jeden Schritt in diesem Kampf zehnmal überlegen, ehe ich ihn unternehme. Ich selber bin, wie Sie wissen", lächelte sie, „ein wenig lau in der Verrichtung der religiösen Pflichten, aber ich bin eine gute Römerin und glaube an die Götter. Wenn ich auch nicht viel tue, um ihnen meine Verehrung zu bezeigen, so vermeide ich doch alles, was sie gegen mich aufbringen könnte. Nun hat aber auch mit der Größe des Reichs die Zahl seiner Götter zugenommen. Ich denke, mein Domitian, wir sind *einer* Meinung darin, daß Sie als der Zensor berufen sind, alle Götter des Reichs zu schützen. Ich weiß nicht, ob Sie über diesen schwierigen Gott Jahve, den Sie für Ihren Feind halten, hinlänglich informiert sind. Er ist ein schwieriger Gott, und es wäre vielleicht gut, wenn Sie sich über sein Wesen und seine Art möglichst genau unterrichteten."

„Denken Sie an unsern Juden Josephus, meine Lucia?" fragte lächelnd, sehr höflich Domitian und schaute ihr mit seinen kurzsichtigen, etwas vorgewölbten Augen in das helle, große Gesicht. „Ja", antwortete sie ohne weiteres. „Dieser Josephus hat das neue Buch erscheinen lassen, an dem er seit vielen Jahren geschrieben hat, und ich finde, es ist ein Buch, das wir Römer mit größter Aufmerksamkeit lesen sollten. Wenn Sie dieses Buch gelesen haben werden, mein Domitian, werden Sie über das Wesen Ihres Feindes, des Gottes Jahve, viel besser informiert sein."

„Erinnern Sie sich, meine Lucia", antwortete, immer sehr höflich, der Kaiser, „daß ich, nachdem ich Teile dieses Buches gelesen hatte, die Büste dieses unseres Josephus aus dem Friedenstempel habe entfernen lassen?" – „Sehr wohl erinnere ich mich", erwiderte Lucia. „Ich habe mich schon damals gefragt, ob diese schwere Kränkung eines großen Schriftstellers, der sich um Rom verdient gemacht hat, vielleicht nicht etwas voreilig war. Nachdem ich sein Buch gelesen habe, bin ich überzeugt, sie war es. Ich rate Ihnen sehr, mein Herr und Gott

Domitian, dieses Buch zu lesen. Alle weiteren Schritte überlasse ich dann Ihrer guten Einsicht."

„Sprich dich ruhig weiter aus, meine Lucia!" sagte der Kaiser, und jetzt war sein Lächeln ein Feixen geworden, aber er sprach leise und besonders höflich. „Was willst du denn, daß ich tun soll?" Lucia spürte, daß sie heute wenig Macht über ihn hatte. Wieder, einen ganz kleinen Augenblick, dachte sie daran, ihr Vorhaben aufzugeben. Dann aber versuchte sie es trotzdem nochmals, auf andere Weise, auf ihre frühere Weise. Sie trat ganz nah an ihn heran und strich ihm durch das immer spärlicher werdende Haar. „Siebenundzwanzig Haare wirst du immerhin verloren haben", meinte sie, „seitdem ich sie das letztemal zählte. Es gäbe ein sehr einfaches Mittel", fuhr sie ohne Übergang fort, „sowohl das Unrecht wiedergutzumachen, das du an diesem Schriftsteller und vielleicht sogar an seinem Gott begangen hast, und gleichzeitig aus berufenem Munde Belehrung über diesen Gott Jahve zu empfangen. Du brauchtest zum Beispiel nur einer Rezitation beizuwohnen, die dieser unser Josephus mit deiner Erlaubnis zu veranstalten beabsichtigt."

„Interessant", antwortete Domitian, „sehr interessant. Mein Josephus, unser Josephus, dein Josephus will also aus seinem neuen Buch lesen. Und es gefällt dir sehr, dieses neue Buch? Du findest es wirklich sehr gut?" – „Wäre nicht dein Schweigen", antwortete sie überzeugt, „dann erklärte alle Welt, es sei von einem zweiten Livius. Schon als sein erstes Buch erschienen war, unter Vespasian und Titus, haben sie ihn so genannt. Erst jetzt, nachdem du seine Büste hast einschmelzen lassen, ist man vorsichtiger geworden."

Der Kaiser schnitt eine kleine Grimasse. „Richtig", sagte er, „mein Vater hat sich gern mit ihm unterhalten, und Titus hat ihn geschätzt und geliebt. Vielleicht hast du dein Teil dazu beigetragen, daß Titus ihn schätzte und liebte. Und jetzt willst du also mich dazu bekehren, daß ich dem neuen Buch deines Günstlings Ehre erweise. Laß mich dir sagen, wenn du es nicht schon wissen solltest, daß ich Teile dieses Buches bereits kenne. Sie sind weder langweilig noch interessant. Auch von den übrigen Teilen sagen mir Leute, die deinem Josephus bestimmt nicht feindselig sind, sie seien ein bißchen langatmig und weder kalt noch warm." – „Es wäre gut", beharrte Lucia, „wenn Sie selber hörten und sich ein Urteil bildeten. Ich bin ehrlich überzeugt, es könnte Ihnen nicht schaden, wenn Sie sich über Jahve besser informierten."

Ein ganz kleines Unbehagen überkam den Domitian bei dieser Warnung. Er betrachtete Lucias offenes, kühnes Gesicht, das sich nicht mühte, Ärger und Teilnahme zu verstekken. „Sie haben wirklich großes Interesse an Ihrem Günstling, meine Lucia", sagte er. „Er könnte eine eifrigere Werberin nicht finden." Es sprach aus seinen hämischen Worten Mißtrauen, Eifersucht. Lucia hörte das heraus. Wäuchlein glaubte also, sie schlafe mit Josephus. Sie stellte sich das vor. Sie lächelte. Dann schaute sie den Domitian an, und sie lachte einfach heraus.

Ihn aber befreite dieses Lachen. Bei all seinem Mißtrauen hatte er an ein Liebesverhältnis zwischen Lucia und diesem Juden nie gedacht. Sie war sehr römisch, wenngleich auf etwas abwegige Art, und dieser Gott Jahve und seine Leute mußten ihr bei alledem fremd und etwas lächerlich erscheinen. „Wollen Sie hierbleiben und mit mir essen, meine Lucia?" fragte er. „Und wir überlegen dann weiter, was wir mit Ihrem Josef anfangen."

Rezitationen waren beliebt in der Stadt Rom. Man war überzeugt, daß das gesprochene Wort tiefer eindringe und länger hafte als das geschriebene und daß es mehr vom Wesen des Autors gebe. In den letzten Jahren indes hatten die Rezitationen überhandgenommen, man war ihrer ein wenig überdrüssig, und gemeinhin hatten es die Autoren, die Rezitationen veranstalteten, nicht mehr leicht, ihre Säle vollzubekommen; man suchte alle möglichen Vorwände, um sich vor dem Besuch solcher Veranstaltungen zu drücken. Josefs Rezitation aber war ein Ereignis, zu dem die ganze Stadt drängte. Der Amtliche Anzeiger hatte gemeldet, daß der Kaiser der Veranstaltung beiwohnen werde. Von weither kam man, um Josef zu hören. Es war nicht nur die Sensation, welche die Hörer anlockte, sondern jetzt, nachdem der Kaiser durch das

Versprechen seiner Anwesenheit kundgetan, daß man gegen diesen Autor nichts mehr einzuwenden habe, waren viele, Römer, Griechen und Juden, froh, öffentlich zu bekunden, daß sie zu diesem Schriftsteller und seinem Werke standen.

Josef bereitete sich auf die Rezitation so sorgfältig vor, wie er sich noch nie auf ein Ereignis vorbereitet hatte. Zehnmal suchte er die Kapitel aus, die er lesen wollte, wählte, verwarf, wählte und verwarf von neuem; politische Gesichtspunkte und literarische wollten bedacht sein. Kühnheit und Zagheit lösten einander ab. Er beriet sich mit seinen Freunden, las ihnen das Ausgewählte vor, zur Probe, wie ein Anfänger.

Auch auf die Vorbereitung seines Äußeren achtete er. Wie ein Schauspieler oder junger Fant überlegte er Tracht und Frisur, erwog, ob die Hand, die das Manuskript zu halten bestimmt war, besser geschmückt sein sollte oder nackt. Auch nahm er Tränke und Mittel, um seine Stimme zu stärken und geschmeidig zu machen. Er wußte nicht, vor wem er mehr glänzen wollte, vor dem Kaiser, vor Lucia, vor den Römern und Griechen, vor den Literaten, seinen Freunden und Nebenbuhlern, vor den Juden, vor Justus oder vor Matthias.

Als dann die Stunde da war, fühlte er sich gut in Form und seiner Sache sicher. Sein Friseur und der Gesichtspfleger der Lucia hatten lange an seinem Kopf herumgearbeitet, er sah männlich aus und eindrucksvoll, seine Augen schauten heftig und doch gesammelt über seine Hörer. Alles war da, was in Rom Ansehen hatte, die Freunde des Kaisers, weil sie natürlich nicht fehlen durften, wenn ihr Herr erschien, seine Feinde, weil sie es für das Eingeständnis einer Niederlage hielten, daß der Kaiser der Vorlesung eines Schriftstellers beiwohnte in einem Raum, aus dem er die Büste dieses Schriftstellers verbannt hatte. Josef also sah sie alle, sah und erkannte sie, Lucia, der er sich tief verbunden fühlte, den Kaiser, seinen mächtigen Feind, den jungen, strahlenden Matthias, den er liebte, die Literaten, wartend auf jede Blöße, die er sich geben könnte. Er sah dieses ganze Meer von hellen und dunklen Gesichtern, er fühlte sich zuversichtlich, er freute sich darauf, diese alle sich, seinem Werk und seinem Glauben zu unterwerfen.

Er las zunächst Kapitel aus der frühen Geschichte seines Volkes, die wärmsten und stolzesten, die er hatte finden können. Er las gut, und was er las, war geeignet, ein unvoreingenommenes Publikum zu interessieren. Seine Hörer waren kaum voreingenommen, aber sie wagten nicht, sich zu äußern. Sie spürten alle, daß jede Äußerung, Zustimmen wie Mißfallen, gefährlich werden konnte, sie wußten, daß die Leute des Norban und des Messalin Augen und Ohren offenhielten und auf die Hände und Münder der Hörer genau achteten. Selbst die Claqueure des Regin hatten Anweisung, sich nicht hervorzuwagen, solange der Kaiser selber kein Zeichen gegeben habe.

Domitian aber gab kein Zeichen. Aufrecht saß er da, kaiserlich angetan, wenn auch nicht in großer Gala, die Arme eckig nach hinten, Ernst und Unbehagen ausströmend. Mit seinen vorgewölbten, etwas kurzsichtigen Augen starrte er bald auf Josef, bald gerade vor sich hin, bald auch schloß er die Augen, dann wieder hüstelte er, er hörte höflich zu, doch konnte es auch sehr wohl sein, daß er sich langweilte.

Der Kaiserin war die Haltung des Domitian ein Ärgernis. Sie betrachtete die Veranstaltung als ihre eigene Sache, und D D D wußte das. Sie wartete gespannt, ob er auch während des Fortgangs der Vorlesung in dieser Haltung verharren werde. In diesem späteren Teil nämlich wollte Josephus aus dem sechzehnten Buch seines Werkes lesen, einige Kapitel, die auf große und höchst spannende Art die Geschichte der Familie des Herodes darstellten. Schade, daß er leider nur den Beginn und die Verwicklung dieser Geschicke wird lesen können, die wirren und seltsamen Beziehungen des Judenkönigs zu seinen Söhnen, wie man diese seine Söhne bei ihm verleumdet und wie er sie festsetzen und vor Gericht stellen läßt. Den Ausgang der Geschichte aber wird er leider nicht lesen können, wie nämlich Herodes diese seine Söhne grausam hinrichtet. Denn wenn Josephus das läse, dann müßte das die Hörer peinlich erinnern daran, wie D D D die Prinzen Sabin und Clemens hat hinrichten lassen. Es war Lucia leid, daß also ihr Josephus das Beste fortlassen mußte, den Schluß seiner Erzählung und seine besonders wohlgeglückte Wertung des Königs Herodes.

Immerhin waren auch die Begebenheiten, die der Hinrichtung vorangingen, hinreißend erzählt, Josef las ausgezeichnet, man sah, wie ihn selber die Dinge, von denen er las, von neuem erregten, und Lucia merkte zu ihrer Genugtuung, mit welcher Anteilnahme man ihm folgte. Nicht aber änderte sich Gesicht und Haltung des Kaisers. Da hielt es Lucia nicht mehr, sie wollte nun nicht länger höfisch und wohlerzogen stumm bleiben. Als Josef einen mit besonderer Verve und dennoch sehr ruhig geschriebenen Absatz beendet hatte, klatschte sie und rief ihm mit ihrer lauten, klingenden Stimme Beifall zu. Einige stimmten ein, auch die Claqueure mühten sich. Doch die meisten schauten auf den Kaiser, und da dieser stumm blieb, blieben auch sie stumm und rührten sich nicht.

Josef hörte die Beifallsrufe, er sah das Gesicht Lucias und das liebevolle, bewundernde, glückliche seines Sohnes Matthias. Allein er sah auch das starre, kühle, ablehnende Gesicht des Kaisers, des Feindes. Er wußte, darauf kam es an und nur darauf, diese Miene in Bewegung zu setzen. Er erkannte, daß der Mann, der Feind, entschlossen war, seine Taktik des Schweigens fortzusetzen, sein Gesicht nicht in Bewegung bringen zu lassen und sein, des Josef, Werk dadurch für alle Zeiten zu begraben. Da faßte ihn ein maßloser Zorn, und er schwor sich: Ich werde es dennoch in Bewegung bringen, dieses Gesicht!

Und er hörte nicht da zu lesen auf, wo er sich's vorgenommen hatte, sondern er sprach weiter. Mit Betretenheit zunächst, dann mit einer wachsenden Erregung, zusammengesetzt aus Schrecken über soviel Tollheit, Bewunderung für soviel Mut und wilder Spannung, was nun geschehen werde, hörten Lucia, Marull und Regin, hörten diejenigen, die des Josef Buch kannten, ihn seine Erzählung weiterlesen. Mit schönem Ausdruck, in wohlgemeißelten Sätzen, mit verbissener und empörter Ruhe berichtete er, wie der Judenkönig Herodes seine Söhne vor Gericht stellen und grausam hinrichten ließ.

Während er las, wußte er genau, daß es tollkühn war, dem

Kaiser eine solche Geschichte in sein Antlitz hinein vor Tausenden von Zuhörern vorzulesen. Um sehr viel weniger gewagter Anspielungen willen war der Philosoph Dio vor Gericht gestellt, der Senator Priscus getötet worden. Allein während sich Josef dies alles sagte, war er gleichwohl höchst gesammelt bei seiner Sache und las wirksam und gelassen. Mit tiefer Befriedigung nahm er wahr, daß jetzt das starre Antlitz sich regte. Ja, es war an dem, des Kaisers Gesicht rötete sich, heftig sog er an der Oberlippe, seine Augen begannen dunkel zu blitzen. Es hob den Josef, ein schwindelnd beseligendes Gefühl trug ihn hoch, um so beglückender, da er wußte, er werde vielleicht im nächsten Augenblick jäh und grausig herunterstürzen. Und er las immer weiter, er las die großartige psychologische Wertung des Herodes, die Moral, die er seiner Darstellung angehängt hat. Vielleicht wird er es mit dem Leben bezahlen müssen, daß er das liest. Aber es ist ein Leben wert, diese Sätze, diesen seinen Glauben, dem römischen Kaiser, dem Feind, ins Gesicht zu sagen.

Immer deutlicher, während er las, wurde er sich bewußt, daß die Parallele zwischen seinem Herodes und diesem Domitian, der da vor ihm saß, nicht zu verkennen war. Bestimmt jetzt gab es unter diesen mehreren tausend atemlos Hörenden keinen, der nicht an die Prinzen Sabin und Clemens dachte. Aber gerade darum las Josef weiter: „Wenn er sich von ihnen gefährdet fühlte, so wäre es wohl Vorsicht genug gewesen, sie gefangenzuhalten oder aus dem Reich zu verbannen, so daß er einen plötzlichen Überfall oder offene Gewalttätigkeit nicht hätte gewärtigen müssen. Sie aber aus Haß und Leidenschaft zu morden, ist das etwas anderes als tyrannische Grausamkeit? Daß der König die Ausführung seines Planes, die Hinrichtung, lange hinausgezögert hat, belastet ihn mehr, als daß es ihn entschuldigt. Denn daß sich jemand in der ersten Aufwallung zu grausamen Handlungen hinreißen läßt, ist zwar schrecklich, doch erklärlich. Wenn er aber eine solche Freveltat erst nach reiflicher Überlegung und nach öfterem Schwanken begeht, so kann das nicht anders gedeutet werden denn als Zeichen eines rohen, blutdürstigen Gemütes."

Josef war zu Ende, er schwieg, seine eigene Kühnheit verschlug ihm den Atem. Es war in dem großen Saal so still, daß man das Knittern des Manuskriptes hörte, das er mechanisch rollte. Da, in das lautlose Schweigen hinein, tönte eine hohe Lache. Es war nicht einmal eine bösartige Lache, dennoch erschreckte sie alle, als wäre der Tod unter sie getreten. Ja, Domitian lachte, er lachte scharf, nicht sehr laut und auch nicht sehr lange, und mit seiner hohen Stimme, auch das nicht sehr laut, sagte er in das weite, tiefe Schweigen hinein: „Interessant, sehr interessant."

Dieses Lachen aber reizte den Josef zum Äußersten. Da nun doch alles verloren war und da er sicherlich in seinem Leben keine weitere Rezitation wird veranstalten können, warum soll er dem hier versammelten Rom nicht auf großartige und jüdische Art zeigen, wie einer abgeht?

„Und zum Abschluß", rief er in den totenstillen Saal, „lese ich Ihnen, mein Herr und Gott Domitian, und Ihnen, meine sehr ehrenwerten Gäste, eine Ode, die den Sinn meiner Universalgeschichte wiedergibt, die Gemütsverfassung, aus der heraus das Werk geschrieben ist, und die Weltanschauung, welche die Geschichte des jüdischen Volkes beherrscht. Es sind keine reinen Verse, sie sind gestammelt in einer Sprache, welche nicht die Muttersprache des Autors ist, aber ich denke, die Klarheit ihres Inhalts hat darunter nicht gelitten." Und er sprach die Verse des Psalmes vom Mut, er verkündete:

„Darum sag ich:
Heil dem Manne, der den Tod auf sich nimmt,
Sein Wort zu sagen, weil das Herz ihn drängt . . .
Darum sag ich:
Heil dem Manne, den du nicht zwingen kannst,
Zu sagen, was nicht ist."

Erstarrt hörten die Tausende, wie es der Jude wagte, Rom und seinem Kaiser ins Antlitz zu erklären, daß er es verneinte. Erstarrt schauten sie auf ihren Kaiser, der reglos zuhörte. Reglos saßen sie alle, als Josef geschlossen hatte, eine halbe Minute blieb die ganze Versammlung reglos, reglos der sehr blasse Josef auf seiner Bühne, reglos der Kaiser auf seinem erhöhten Sitz.

Dann, wieder in das ungeheure Schweigen hinein, klang die Stimme Domitians: „Was meinst du, Silen, mein Narr? Das ist eine Ode, für die du mir zuständig scheinst." Und Silen, auf seine gewohnte Art den Kaiser nachahmend, die Arme eckig nach hinten, antwortete: „Interessant, was der Mann da oben gesagt hat, eine sehr interessante Auffassung."

Dann, immer unter lautlosem Schweigen, wandte sich Domitian an die Kaiserin. „Sie stellten mir in Aussicht", sagte er, „wenn ich der Rezitation unseres Juden Josephus beiwohnte, würde ich mancherlei Belehrung finden. Ich habe sie gefunden." Und: „Kommen Sie mit, meine Lucia?" fragte er. Doch Lucia, die Stimme etwas gepreßt, erwiderte: „Nein, mein Herr und Gott Domitian, ich bleibe noch." Der Kaiser aber grüßte sie zeremoniös, und, gefolgt von seinem Narren, durch die lautlos bis zur Erde sich neigenden Hörer ging er dem Ausgang zu.

Schnell leerte sich der Saal. Um Josef blieben nur seine Nächsten. Bald gingen auch diese. Zuerst Cajus Barzaarone, dann Marull, dann Johann von Gischala. Schließlich war Josef allein mit Lucia, Claudius Regin und Matthias.

Die Fülle und Straffheit des Willens, die Josef in sich hatte aufbringen müssen, um diese Stunde zu überstehen, war noch nicht verbraucht. Er hatte die Kraft, zu seinen Freunden gelassen, ja mit einem kleinen Lächeln zu sagen: „Und doch war es gut, daß wir die Rezitation veranstaltet haben." Regin schaute nach dem leeren Platz, auf dem ehemals die Büste des Josef gestanden war. „Eine neue Büste werden Sie hier wohl kaum bekommen", meinte er, „aber gelesen wird das Buch jetzt wohl werden." – „Es war eine großartige Stunde", sagte naiv Matthias. „Und daß die Leute dich nicht recht verstanden haben, macht nichts. Bei solchen Rezitationen", sagte er altklug und sentenziös, „hat wohl immer nur das Sensationelle, Wohlfeile Erfolg." – „Sensation hat es ja genug gegeben", sagte Claudius Regin. Lucia aber sagte: „Ich weiß Mut zu schätzen. Aber was in aller Welt ist eigentlich über Sie gekommen, mein Josephus, daß Sie es plötzlich unternommen haben, allein gegen das ganze Römische Reich Attacke zu reiten?"

„Ich weiß selber nicht, was in mich gefahren ist", sagte Josef. Seine künstliche Gespanntheit verschwand, müde sank er auf eine der Bänke, er war den Künsten des Gesichtspflegers zum Trotz auf einmal alt. „Ich war verrückt", versuchte er den andern das Vorgefallene zu erklären. „Wie ich sah, daß der Mann sich vorgenommen hatte, weiter zu schweigen, wie ich sah, daß sie alle feig waren und daß keiner Ihnen zu folgen wagte, meine Lucia, sondern daß sie alle nur auf den Mann starrten, und wie ich den Hohn und die Feindschaft auf dem Gesicht des Mannes sah, da ist die Narrheit über mich gekommen. Ich war von Anfang an toll und vermessen, schon als ich die Idee dieser Rezitation faßte, schon als ich Sie bat, ihn zu laden, meine Lucia. Sie konnten es nicht wissen, meine Freunde, wie toll es war, aber ich hätte es wissen müssen. Ich hatte gewisse Begegnungen mit ihm, und ich hätte wissen müssen, daß es nur so kommen konnte. Ich hätte diese Vorlesung nicht unternehmen dürfen. Der ohnmächtige Zorn darüber, daß ich es doch getan hatte, hat mich verrückt gemacht."

„Ich weiß nicht, was ihr alle wollt", sagte unzufrieden mit seiner jungen, tiefen, unschuldigen Stimme Matthias. „Ich finde, es ist ein ungeheurer, für immer denkwürdiger Sieg, daß der Kaiser der Römer zu Flavius Josephus gekommen ist. Du sagst, mein Vater, er sei dein Gegner. Um so größer ist der Sieg. Der Kaiser, mit seinen hundert Millionen Römern hinter sich, betrachtet also den einzelnen Mann Josef Ben Matthias als einen Feind, den zu bestehen er sich selber aufmachen muß. Josef Ben Matthias aber fürchtet sich nicht und sagt ihm die Wahrheit. Ich finde, das ist ein gewaltiger Sieg."

Innerlich lächelten, beinahe gerührt, die drei Erwachsenen über die ungeschickten Versuche des Jungen, seinen Vater zu trösten. Claudius Regin und Lucia erörterten, diesmal nicht unbesorgt, was nun Domitian wohl beschließen werde. Aber man konnte nichts voraussehen, man konnte nur warten. Es gab auch keinerlei Vorsichtsmaßnahmen, die man hätte treffen können. Es wäre sinnlos gewesen und hätte die Gefahr nur vermehrt, wenn etwa Josef versucht hätte, die Stadt zu verlassen.

Josef, allein, erkannte sehr genau, daß das, was er getan hatte, dem gleichen Wahnsinn entsprungen war, der vor zehn Jahren die „Eiferer des Tages" in ihren sinnlosen Aufstand getrieben hatte. Doch was ihnen, diesen Jungen, Zwanzigjährigen, erlaubt war, ihm, dem Achtundfünfzigjährigen, war es nicht erlaubt. Und trotzdem, es war eine ehrenvolle Niederlage, eine Niederlage, die das Herz des Besiegten mit einem stolzen, hohen Schmerz erfüllte, eine Niederlage, hundertmal besser als jene schalen Siege der Vernunft, die ihm während der letzten Jahre das Herz so kahl und kalt gemacht hatten. Er war keineswegs zerknirscht, er war stolz auf seine Niederlage, und selbst die Erwartung dessen, was da kommen mochte, beglückte ihn.

Übrigens brachte ihm seine Wahnsinnstat zunächst nur Freuden. Matthias schaute mit einer so bewundernden Liebe zu ihm auf, wie er's nach einem noch so großen Erfolg nicht anders hätte tun können. Lucia schalt ihn zwar, doch in ihre Scheltworte mischte sich ein beinahe zärtliches Verständnis seines achtundfünfzigjährigen und noch so jung brennenden Herzens. Von den Juden gar, und diesmal von den Juden des ganzen Reichs, wurde Josef stürmisch gefeiert. Das Bedenken einiger Vorsichtiger ging unter in einer ungeheuern Woge von Popularität. Josef, der dem judenfeindlichen Kaiser inmitten einer tausendköpfigen Menge die Wahrheit Jahves an den Kopf geworfen hatte, wurde zum größten Aufrührer der Epoche. Claudius Regin hatte recht gehabt, bald wurde die Universalgeschichte von noch mehr Menschen gelesen als seinerzeit der „Jüdische Krieg".

Es war vornächst nicht Josef selber, dem aus jener denkwürdigen Vorlesung Übel erwuchs, sondern Matthias. Denn mit Ausnahme der ganz wenigen intimen Freunde Josefs schloß jetzt der Adel der Stadt Rom seine Türen vor Josef zu, und das bekam Matthias noch mehr zu spüren als der Vater.

Wie rasch des Matthias Glanz gerade in den Häusern der

großen Welt verblaßt war, mußte er merken, als er das nächste Mal mit dem Mädchen Caecilia zusammenkam. Caecilia war ihm in den letzten Monaten mit sichtbar steigender Achtung begegnet, kein Wort mehr war gefallen vom rechten Tiberufer und von einer späteren Hausierertätigkeit des Matthias. Um so stärker jetzt kam der Rückschlag. Ihr Literaturlehrer hatte ihr in der Homerstunde erzählt von dem großen ägyptisch-jüdischen Homerinterpreten Apion. Bei dieser Gelegenheit war auch die Rede gewesen von den berühmten Büchern des Apion gegen die Juden, und einige der verächtlichsten und tückischsten Argumente dieses Apion hatte sich nun Caecilia zu eigen gemacht. Sich rötend, eifrig, brachte sie diese Argumente gegen Matthias an, sie verhöhnte ihn als Angehörigen eines rohen, schmutzigen, tierisch abergläubischen Stammes.

Als Matthias dem Josef von diesem Disput erzählte, traf diesen die läppische Angelegenheit über Erwarten tief. Nicht nur verdroß ihn, daß er wieder einmal an einem Symptom zu sehen bekam, wie er durch seinen tollkühnen Streich auch die Laufbahn seines Sohnes behindert hatte, sondern noch mehr erregte ihn, daß er wieder einmal auf Apion stieß. Mit Grimm erinnerte er sich jener Stunde mit Phineas, da er diesen, den Lehrer seines Paulus, sinnlos angebellt hatte um der Argumente des Apion willen. Als ihm jetzt Matthias von den Worten des Mädchens Caecilia berichtete, machte ihm sein Haß diesen toten Apion plötzlich von neuem lebendig. Es war viele, viele Jahre her, daß er ihn gesehen hatte, er war sehr jung gewesen damals und Apion Rektor der Universität Alexandrien. Deutlich jetzt, als wäre es erst heute morgen gewesen, erinnerte sich Josef, wie der Mann dagestanden war, eitel, gebläht, bedeutungsvoll, in seinen weißen Schuhen, dem Kennzeichen der Judenfeinde von Alexandrien. Immer wieder während seines wechselvollen Lebens war Josef auf diesen Apion gestoßen, alle Feinde der Juden schöpften aus dem vergifteten Brunnen dieses Apion. Das Bild des geckenhaften, niederträchtigen, eingebildeten und höchst erfolgreichen Gegners, der mit seinem ebenso närrischen wie tückischen Geschelte die ganze Welt erfüllte, wurde Josef zum Gleichnis aller Judenfeindschaft überhaupt, ja zum Gleichnis aller triumphierenden Dummheit in der Welt, und wie dem Sokrates war ihm das Dumme mit dem Bösen identisch.

Im Arbeitszimmer seines neuen, hübschen, hellen Hauses ging er auf und nieder und setzte sich auseinander mit Apion, seinem Gegner, der das Maul so voll und den Schädel so leer hatte. Wie anders war dieser Josef, der jetzt, erfüllt von seinem Gotte, seine neue Arbeit vorbereitete, wie anders jener, der die Universalgeschichte geschrieben hatte. Vielleicht war das Ziel, das er sich mit der Universalgeschichte gesteckt, ein höheres gewesen, aber dieses Ziel war eben nur der Vernunftgläubigkeit eines Justus erreichbar. Er, Josef, hatte sich vermessen, als er es anstrebte. Ihm lag das nicht, und er hatte alles falsch gemacht. Jetzt hat er sich selbst erkannt, jetzt ist er weise geworden, jetzt gibt er keinen Strohhalm mehr für dieses erhabene Ziel. Er kehrt zurück zu dem Weg, von dem er ausgegangen. Er hat viele Jahre vertan, aber noch ist es nicht zu spät. Er ist von neuem jung geworden mit seinem Matthias.

Mit Erleichterung fühlte er die schwere Bürde der kritischen Verantwortung von sich abfallen, die beengende Pflicht, alle Gefühle zu sieben durch Vernunft. Er dachte an Justus, und siehe, nichts mehr war in ihm von dem beißenden Gefühl der Unterlegenheit, von dem liebenden Haß auf den Größeren. Nach keinem Richter wird er jetzt schielen, nach keiner Nachwelt. Er wird sich gehenlassen. Er wird schreiben, wie es ihm ums Herz ist, nicht objektiv, sondern mit Eifer und Zorn, mit dem ganzen Grimm, den seine Gegner verdienen, ihre Hoffart, ihre Leichtfertigkeit, ihre Dummheit. Er wird es ihnen geben, diesem toten Apion und denen vor und nach ihm, die ihren billigen Spott ausgegossen haben über das Hohe und Heilige, das ihnen Unerreichbare, über Jahve und sein Volk.

Und er setzte sich hin und schrieb sein Buch „Gegen Apion oder Über die alte Kultur der Juden". Welch ein Wohlgefühl war es, aus der befreiten Brust das Lob des eigenen Volkes zu singen, ohne den schnürenden Panzer der Wissenschaftlichkeit. Nie in seinem Leben hatte Josef eine höhere Lust verspürt als in den zwei Wochen, da er, in *einem* Zug, die fünftausend Zeilen dieses Werkes niederschrieb. Er sah sie vor sich, die Weißbeschuhten, die Judenfeinde, diese vergriechten Ägypter, die Manetho und Apion. Groß und aufgeblasen standen sie da, und er hieb sie zusammen, sie und ihre Argumente, in Stücke und in Staub hieb er sie, bis nichts mehr von ihnen da war. Die Worte flogen ihm zu, daß er sich ihrer Fülle kaum erwehren konnte, und während er seine glänzenden Kapitel niederschrieb, dachte er an die ägyptische Griechin Dorion und an seinen Sohn Paulus, und es waren die Apion und Manetho, die ihm die beiden entfremdet hatten. Mit bitterem Witz machte er sich lustig über diese Griechlein, die Zwerge, die über nichts verfügten als über hübsche, leichte, lockere, elegante, zierliche Worte. Und er stellte ihnen entgegen die wahren Griechen, die großen Griechen, einen Plato und einen Pythagoras, welche die Juden kannten und schätzten; sonst hätten sie nicht Teile ihrer Lehre in ihre eigene aufgenommen.

Und nachdem Josef seine Gegner auf solche Art zerschmettert hatte, setzte er auf alle diese Nein ein großes, heftiges, glühendes Ja. Nichts mehr war da von seinem Weltbürgertum. Alles, was er während der Arbeit an der Universalgeschichte mühsam niedergedrückt hatte, seine ganze, maßlos stolze Liebe zu seinem Volk, ließ er nun einströmen in dieses Buch. Mit heißen Worten pries er den Adel seines Volkes. Es hatte Weisheit, Schrifttum, Gesetze, Geschichte gehabt, lange ehe die Griechen existierten. Es hatte einen großen Gesetzgeber gehabt, tausend Jahre vor Homer und dem Trojanischen Krieg. Keines Volkes Gottesverehrung war reiner als die der Juden, keines Volkes Liebe zur Gesittung tiefer, keines Volkes Schriften reicher. Einen Kanon haben wir zusammengestellt aus den Zehntausenden unserer Bücher, nur zweiundzwanzig haben wir auserlesen aus diesen Myriaden, und diese zweiundzwanzig Bücher haben wir zusammengefaßt zu *einem* Buch. Aber was für ein Buch ist das! Das Buch der Bücher! Und wir sind das Volk dieses Buches. Wie lieben wir es, wie lesen wir es, wie deuten wir es! Das Buch ist der Inhalt unseres Lebens, es ist unsere Seele und unser Staat. Unser Gott manifestiert sich nicht in einer Gestalt, er offenbart sich in Geist, in diesem Buch.

In kaum zwei Wochen hatte er das Werk vollendet. Nun aber, nach dem Hochgefühl des Schreibens, nach dem ungeheuern Rausch der Arbeit, ernüchterte er sich. Furcht überkam ihn, ob er seine Begeisterung so weit in Form habe gießen können, daß sie sich übertrug und andere mit fortriß. Schon war auch der Gedanke an Justus wieder da und das erkältende Gefühl, wie sich denn nun sein „Apion" ausnehme, wenn man ihn dem „Jüdischen Krieg" des Justus gegenüberstelle.

Zaghaft und gespannt brachte er das Buch dem Claudius Regin. Der war offenbar skeptisch infolge der raschen Fertigstellung des Werkes. Faul lag er auf dem Sofa und bat den Josef, ihm vorzulesen. Mit halbgeschlossenen Augen lag er da, nicht sehr geneigt, an das Werk zu glauben, und bald auch unterbrach er den Lesenden und sagte hänselnd: „Unserm Justus wird dieses Buch kaum gefallen." Ähnliches hatte Josef selber gedacht, während er las, und es kostete ihn Überwindung, weiterzulesen. Allmählich aber packte ihn von neuem der Rausch, der ihn während des Schreibens hochgetragen hatte, und bald auch hatte Regin die Augen geöffnet, und bald auch richtete er sich hoch, und schließlich, nachdem Josef etwa eine halbe Stunde gelesen hatte, riß er ihm das Manuskript aus der Hand, und: „Sie lesen mir zu langsam, lassen Sie mich selber lesen", sagte er, und während Josef still dasaß, las Regin still weiter, gierig, und: „Schon morgen müssen sich meine Schreiber daranmachen", sagte er, und mit ungewohnt lebendigen Augen: „Wenn die Juden Olympische Spiele hätten, dann müßten Sie ihnen dieses Buch vorlesen, wie seinerzeit Herodot den Griechen sein Geschichtswerk vorlas in Olympia." Und das war ein so enthusiastisches Wort, wie es Claudius Regin seit Jahren nicht gesprochen hatte.

Und wie es dem Regin erging, so erging es allen ringsum. Lucia, ergriffen von der Wärme und Heftigkeit des Buches, erklärte: „Ich weiß nicht, ob alles stimmt, was Sie da vorbringen, mein Josephus, aber es hat den Klang der Wahrheit." Matthias war hingerissen. Jetzt hatte er das Material, das er so bitter brauchte, um aufzukommen gegen Caecilia und ihren Apion. Jetzt wußte er, warum er so stolz war auf sein Volk, auf seinen Stamm, auf seinen Vater. Alle Welt, Freunde und Feinde, wurden gepackt von dem Buch, es wurde zu einem größern Erfolg, als ihn Josef je gehabt hatte. Unbestritten jetzt war Flavius Josephus der erste Schriftsteller der Epoche.

Es gab Stunden, da Josef dieser Erfolg schal vorkam. Er vermied es, den Justus zu sehen, aber manchmal, wenn er allein war, des Nachts vor allem, setzte er sich mit Justus auseinander. Er hörte den Hohn des Justus und er suchte sich zu rechtfertigen und er wies hin auf die Begeisterung der andern. Aber was nutzte ihm das? Er hatte seine Sendung verraten. Er wußte: Recht hatte Justus, und unrecht hatten diejenigen, die ihm zujubelten. Und er fühlte sich müde, müde der Erfolge und müde der Niederlagen.

Solcher Stunden aber hatte er nicht viele. Er hatte so lange nach Erfolg gedürstet, und nun freute er sich seines Erfolges. Er kostete es aus, daß die Juden, die ihn so lange verkannt und beschimpft hatten, nun sehen mußten, wer er war, ihr wirksamster Verteidiger. Er kostete es aus, daß seine römischen und griechischen Feinde den Elan seines Buches zu spüren bekamen. Auch war ihm der langentbehrte Ruhm eine neue, sehr willkommene Bestätigung vor Lucia und vor allem vor Matthias.

Auch Mara hatte den „Apion" gelesen. In ihren einfachen, naiven Worten schrieb sie ihm darüber, begeistert. Das war ein Buch, das sie ganz verstehen konnte, das war ein Buch nach ihrem Herzen. Ohne Übergang dann berichtete sie von dem Gute Be'er Simlai. Der Verwalter Theodor Bar Theodor war ein Mann von gutem Verstand und treuem Herzen, und er unterwies Daniel mit schönem Erfolg. Daniel war geeignet für die Landwirtschaft, alle fühlten sie sich wohl, obgleich man hier in Samaria und in der Nähe von Cäsarea inmitten von Heiden lebte, und die paar Juden machten es einem auch nicht leicht, sie schauten alles, was zu Josef gehörte, mit scheelen Augen an, vor allem um der Vergünstigungen willen, die ihm die Heiden einräumten. Aber vielleicht wird das jetzt nach dem „Apion" besser werden. Für die Tochter Jalta habe sich ein Bewerber gemeldet, der ihr, der Mara, wohlgefalle. Er habe den Doktortitel von Jabne, sei aber trotzdem nicht stolz, sondern betreibe einfach und tüchtig das Gewerbe eines Silberschmiedes. Freilich arbeite er zumeist für Heiden, und sie wisse nicht recht, ob das ein Hinderungsgrund sei. Der Frühling sei ja nun da, und Josef werde sich jetzt wohl bald auf den Weg machen, um zu ihnen zu kommen, und dann werde er alles selber richten. Und für Daniel wäre es gut, wenn er wieder unter die Augen des Vaters käme, und sicher auch für Matthias, wenn er nicht zu lang in Rom bleibe. Auf der „Felix" hätten sie übrigens viel zu essen bekommen, aber Unbekömmliches. Josef möge sich vorsehen, daß er sich nicht verderbe.

Josef las, und er sah Mara vor sich, und er war erfüllt von einem warmen, zärtlichen Gefühl. Aber er dachte gar nicht daran, nach Judäa zu gehen. Jetzt mehr als je gehörte er hierher nach Rom. Jetzt, gerade nachdem er den „Apion" geschrieben. Er fühlte sich glücklich, und eben noch zur rechten Zeit war das Glück gekommen, zu einer Zeit, da er es noch genießen konnte, da er noch die Kraft des Genusses hatte. Und Rom war der rechte Rahmen, der einzige, dieses Glükkes. Er fühlt sich jetzt berufen, nur mehr so zu schreiben, wie es ihm ums Herz ist, er ist auserkoren zum großen Lobredner und Verteidiger seines Volkes. Das aber kann er nur sein inmitten der feindlichen Hauptstadt.

Und soll er etwa Matthias allein lassen? Ihn fortnehmen aus Rom, ihn herausreißen aus dem Dienst der Lucia kann er nicht, das würde alle glänzenden Träume des Knaben, das würde den Knaben selber zerbrechen. Nein, er denkt gar nicht daran. Und sich von dem Knaben zu trennen, daran denkt er auch nicht. Das ist das Beste, was er hat, der Glanz, der von seinem Matthias ausgeht, die Liebe und die Bewunderung seines Sohnes. Wie liebt er ihn, diesen Sohn! Wie Jakob der Patriarch seinen Sohn Josef geliebt hat, abgöttisch, verbrecherisch, so liebt er ihn. Und wenn Jakob seinem Sohne den prunkenden Leibrock geschenkt hat, der den Neid und das Unglück herbeirief, er, Josef, versteht das. Er würde es genauso machen, seinen Matthias zu schmücken mit allem Lieblichen der Welt. Und wenn es Bedenkliche gibt, er hat doch recht daran getan, seinen Matthias hineinzustellen in den Glanz des Palatin. Wem geht nicht das Herz auf, wenn er den Jungen sieht? Der Palatin ist zu gering für ihn. Der Leibrock ist immer noch nicht prunkvoll genug. Übrigens ist seit dem „Apion" selbst Johann von Gischala verstummt und hat keine Bedenken mehr.

Dabei ist die Gefahr noch keineswegs vorbei, die er selber heraufbeschworen hat durch seine Kühnheit vor Domitian. Aber er nimmt sie leicht, diese Gefahr. Selbst wenn Domitian sich rächen sollte an dem Autor des „Jüdischen Kriegs", der Universalgeschichte, des „Apion", selbst wenn er ihm ans Leben gehen sollte, was dann? Durch ein solches Sterben würde Josef nur neues Zeugnis ablegen für Jahve und sein Volk, er würde so sein Buch besiegeln und sich und seinem Werk die Unsterblichkeit sichern.

Josef ging in Rom herum, glücklich, strahlend, wie ein älterer Bruder seines Matthias. Täglich war er auf dem Palatin, bei Lucia. Immer unentbehrlicher wurde ihm die Frau. Er spürte für sie eine Freundschaft, die untermischt war mit einem Begehren, das ihm, dem Wortgewandten, manchmal die Worte verwirrte und ihn verstummen machte. Sie sprachen nicht über ihre Beziehungen, die klare, offene Lucia ließ das, was zwischen ihnen war, so wenig Wort werden wie der wortgewandte Josef. Gerade diese mit vielen und wirren Dingen geladene Stummheit war das Beste und Reizvollste an ihrer Freundschaft.

Längst vergessene Gefühle und Gedanken wurden in ihm wach, wenn er so mit ihr zusammen war, Gedanken und Gefühle, wie er sie verspürt hatte, als er, ein sehr junger Mensch, sich in die Wüste zurückgezogen, um nur Gott und der Weisheit zu leben. Ihm war, als rechnete es ihm Gott als Verdienst an, wenn er sich der Lucia enthalte, ihm war, als wüchse ihm Kraft zu, wenn er sich der Lucia enthalte.

Einmal, während sie so beisammen saßen, sagte Lucia, ein seltsames Lächeln um die geschwungenen Lippen: „Mein Josephus, wenn er es wüßte." – „Er würde toben", antwortete Josef, „er würde toben und schweigen und mich einen martervollen Tod sterben lassen. Aber es wäre keine Marter, da es um Sie geschähe." – „Ach", lachte Lucia, „Sie denken an Wäuchlein. Ich habe nicht an ihn gedacht. Ich habe an Matthias gedacht." Und plötzlich sehr ernst und ihn mit ihren weitauseinanderstehenden Augen nachdenklich anschauend, sagte sie: „Wissen Sie, mein Josephus, daß wir ihn betrügen, Ihren Sohn Matthias?"

Es war so, daß sich der Knabe Matthias, wie zahllose andere, in Lucia verliebt hatte. Ihre Offenheit, ihre Heiterkeit, die Fülle, aus der ihr Leben floß, die Unersättlichkeit, mit der sie Leben gab und nahm, faszinierte ihn. So wie sie zu sein, das war das Höchste, was ein Sterblicher erreichen konnte. Sie scherzte oft mit ihm, auf eine harmlose, vertrauliche Art, das band ihn noch enger an sie. Doch nahm sie ihn auch ernst, sie hörte auf seinen Rat. Er rechnete es ihr hoch an, daß sie auf seine Empfehlung in ihrer Villa an der Appischen Straße und auf ihrem Landsitz in Baaje Pfauengehege anlegte und die Leute zu Wärtern bestellte, die er sich von seinem Freunde Amphion, dem Pfauenwärter des Regin, hatte bezeichnen lassen. Er wußte nicht, wie er das Zarte, Tastende nennen sollte, was ihn an Lucia band. Es wäre ihm blasphemisch erschienen, es auch nur in Gedanken Liebe zu nennen, und er erschrak, als er etwas in sich aufsteigen spürte, das er schwerlich anders nennen konnte denn Begier. Sie zu begehren war so sinnlos vermessen, wie wenn ein römischer Junge die Göttin Venus begehrt hätte.

Das hinderte nicht, daß er manchmal seinen Vater beinahe beneidete um die Art, wie Lucia ihn anschaute und wie er sie anschauen durfte. Denn es war so, daß die beiden ihre Freundschaft zwar nicht offen zur Schau trugen, sich aber auch nicht ernstlich bemühten, sie zu verheimlichen. Matthias verbot sich jeden unehrerbietigen Gedanken gegen den Vater oder gegen die Kaiserin, seine Herrin, aber tot waren solche dreisten Zweifel darum noch lange nicht. Er suchte ihrer Herr zu werden, indem er seine Bewunderung des Vaters noch steigerte. Wo auf dem Erdkreis gab es einen zweiten Mann, der einfach durch sein Wort die Herzen bewegte von Menschen aller Zonen, jeden Standes und jeder Art, der die einfachen bäurischen Juden Galiläas ebenso bewegte wie die feinen, lasterhaften Griechen und die große, ragende Frau, die Kaiserin?

Ihr aber, Lucia, war er doppelt dienstwillig gerade um der seltenen und sogleich verbannten Gedanken willen, mit denen er sie und seinen Vater verdächtigte.

Zweites Kapitel

Nun war er also fort, und sie bedauerte es nicht einmal sehr. Sie spürte in sich eine Leere, gewiß, aber wenn sie sich genau nachprüfte, sie bedauerte es nicht, daß er jetzt fort war.

Die Hoffnungen, die sie an ihren Paulus geknüpft hat, haben sich nicht erfüllt. Er ist platt geworden und gewöhnlich. Die Erziehung des Phineas und ihre eigene hat nichts gefruchtet. Er ist hochmütig, ihr Paulus, aber es ist nicht jener ästhetisierende Hochmut ihres Vaters, des großen Malers Fabull, und es ist auch nicht der wilde, nervöse Hochmut des Josephus und nicht der spitze, herrische Hochmut, wie sie selber ihn gehabt hat. Nein, der Stolz ihres Sohnes Paulus ist nichts als der dumme, leere, brutale Nationalstolz der Römer, der Stolz, zu jenen zu gehören, die mit Blut und Eisen die Welt unterworfen haben.

Sanft und gleichmäßig schaukelte die Sänfte auf den Schultern der trainierten kappadokischen Träger. Dorion kam zurück vom zweiten Meilenstein der Appischen Straße, bis dahin hatte sie ihrem Sohne das Geleite gegeben. Ja, fast ohne Schwanken bewegte sich die Sänfte; sie hatte Vorrechte, der Vorläufer hielt den rostbraunen Schild mit dem goldenen Kranz hoch, und auch die rostbraunen Vorhänge der Sänfte zeigten den goldenen Kranz, das Zeichen, daß man der Sänfte ausweichen mußte, da sie zum Haushalt eines kaiserlichen Ministers gehörte. Doch der leichte Gang der Sänfte machte die Gedanken der Dame Dorion nicht angenehmer.

Jetzt also ist Paulus auf dem Weg zurück nach Judäa. Er hat es zu etwas gebracht, er hat sich als Soldat bewährt, er ist der Adjutant des Gouverneurs Falco, er hat mitzureden; seinem Stiefvater Annius, ihrem Mann, hat Paulus diesmal ganz besonders gefallen. Er wird Karriere machen. Er wird sich auszeichnen im nächsten Feldzug, er wird auch einmal, da er es so heftig wünscht und da er Energie hat, Gouverneur in Judäa werden und den Juden zeigen, was ein Römer ist. Und es ist durchaus nicht ausgeschlossen, daß sich auch sein höchster Traum erfüllt und daß er einmal die Armeen des Reichs verwaltet wie jetzt Annius. Er ist sehr römisch, und die Zeit ist sehr römisch, und der Kaiser ist sehr römisch, und Annius liebt den ausgezeichneten Offizier Paulus; warum soll er schließlich nicht des Annius Nachfolger werden?

Und was wird sein, wenn er das alles erreicht hat? Er wird sich auf der Höhe des Lebens vorkommen. Und er wird glauben, auch sie, Dorion, sei bis ins Innerste befriedigt von dem, was er erreicht hat. Ach, wie wenig weiß er von ihr, ihr Sohn Paulus!

Mit Grimm denkt sie an die vulgären Ausbrüche des Judenhasses, zu denen er sich bei Tische hat hinreißen lassen, der ehemals so prinzliche Paulus. Seine wüsten und törichten Reden sind ihr doppelt zuwider gewesen, weil sie kurz vorher den „Apion" gelesen hatte. Sie hat geschwankt, ob sie's tun solle, aber da alle Welt von dem Buche sprach, hat sie es getan. Und es erging ihr wie aller Welt, denn sie hat die Stimme des Josef gehört, während sie las, sie hat die Stimme nicht aus dem Ohr bekommen, und oft war ihr, als spräche er allein zu ihr durch dieses Buch. Sie war voll glühenden Zornes, während sie las, und sie war voll glühender Scham, und, warum soll sie sich's nicht selber eingestehen, ein wenig auch hat sich in ihr gerührt von jenen alten, heftigen Gefühlen für den Mann, der aus diesem Buche mit solcher Hitze und mit solcher Wildheit zu ihr redete.

Mehrmals hat sie daran gedacht, dem Paulus das Buch zu geben. Sie wird sich immer wieder vorhalten, daß sie's nicht getan hat. Aber sie ist froh, daß sie's nicht getan hat. Denn durchaus möglich war es, daß er auch zum „Apion" nichts hätte vorbringen können als plattes, bösartiges Geschwätz, und das hätte sie schwer verwunden.

Das Leben ist voll von merkwürdigen Zufällen. Vielleicht wird sie, nachdem sie an Paulus eine solche Enttäuschung hat erleben müssen, um so mehr Freude an Junius haben, ihrem zweiten Sohn. Vorläufig freilich sieht es nicht so aus. Vorläufig sieht es aus, als werde er dem Vater nachgeraten, dem Annius, als werde er ein wackerer, lauter, selbstbewußter, sehr römischer junger Herr werden und sich gut in die Zeit fügen. Es geschieht oft, daß sie das nicht wahrhaben will, oft sieht sie allerlei hinein in ihren Junius. Aber jetzt, in der Sänfte heimkehrend vom zweiten Meilenstein an der Appischen Straße, scheint ihr auch da alles trüb und aussichtslos.

Von außen her durch die heruntergelassenen Vorhänge der Sänfte dringt der Lärm der Stadt Rom. Sie weichen ihrer Sänfte aus, die Bürger der großen Stadt, sie geben ihr Raum und Ehre. Sicher beneidet man sie. Ist sie nicht auch hoch hinaufgelangt, die Tochter des Malers, der sich verzehrte in niemals gesättigtem Ehrgeiz? Er hätte es genossen, das, was sie erreicht hat. Sie hat ihren erprobten Gatten, der sie liebt, den Kriegsminister Annius Bassus, fest in der Gunst des Kaisers seit so vielen Jahren. Sie hat ihre beiden, wie sagt man doch?, blühenden Söhne, wohlgeraten beide. Sie gehört zum Ersten Adel des Reichs, und ihre Söhne werden menschlicher Voraussicht nach erste Stellen des Reichs einnehmen. Was also will sie?

Vieles will sie, und wenn es ihr untertags gelingt, die bösen Gedanken zu vertreiben, ihre Nächte sind voll von Bitterkeit. Wo ist sie geblieben, die schmale Dorion von einst mit dem leichten, reinen Profil und dem zarten, hochfahrenden Gesicht? Wenn sie sich jetzt in den Spiegel schaut, dann sieht ihr eine dürre, säuerliche, unfrohe, alternde Frau entgegen, und es nützt ihr wenig, daß ihr wackerer Annius das nicht sehen will und an ihr hängt wie von je. In den Vierzig ist sie, das Alter ist da, und was hat sie vom Leben gehabt? Wie viel aber hätte sie haben können! Verpfuscht hat sie ihr Leben, auf frivole Art vertan hat sie es. Selber böswillig getrennt hat sie sich von dem einzigen Manne, zu dem sie gehört. Und wenn das

Leben ihres Sohnes leer und gemein und niedrig geworden ist, dann trägt sie die Schuld, eben durch diese Trennung. Denn wenn sie bei dem Manne geblieben wäre, dann hätte sich auch Paulus bewährt, so wie er begonnen hat.

In letzter Zeit hat sie, ob sie es wollte oder nicht, viel gehört über ihren weiland Mann. Wohin immer sie kam, klang ihr sein Name entgegen. Sie hat gehört von der Abreise der Mara und der Kinder des Josef, und sie hat die Achseln gezuckt. Sie hat gehört von der Universalgeschichte, und sie hat sie gelesen, und sie hat die Achseln gezuckt und das Buch beiseite gelegt, und sie hat gehört, daß es die andern ebenso gemacht haben. Das ist ihr eine Genugtuung gewesen. Der Mann war ein guter Schriftsteller, solange er voll Leidenschaft war, solange er mit ihr zusammen war und sie begehrte, und seitdem sie sich von ihm getrennt hat, ist er ausgeschrieben. Sie hat dann gehört, daß er seinen Sohn auf den Palatin gebracht hat und in den Dienst der Lucia, und sie hat die Achseln gezuckt. Er ist immer ein Streber gewesen, dieser Josef, und da er mit seiner Literatur nicht mehr vorankommt, versucht er es mit Streberei. Mag er! Ihr war es recht, daß sie sein Bild mit einer Schicht leiser Verachtung und Gleichgültigkeit zudecken konnte. Und sie hat Weiteres über ihn gehört. Sie hat gehört, daß er eine Vorlesung veranstalten wollte, und merkwürdigerweise im Friedenstempel, und daß der Kaiser dieser Vorlesung beiwohnen wird. Um ein Haar wäre sie hingegangen. Aber sie überlegte, daß das Getuschel geben wird und daß es dem Annius nicht angenehm sein wird, und soviel lag ihr wirklich nicht mehr an Josef, daß sie das hätte auf sich nehmen wollen, um dabeizusein, wenn er sich eitel blähte. Und sie hat die Achseln gezuckt und ist nicht in den Friedenstempel gegangen.

Dann aber hat sie anderes gehört, und sie hat es brennend bereut, daß sie seiner Vorlesung nicht beiwohnte. Denn streberisch hat er sich nicht gezeigt bei dieser Vorlesung, das kann man wirklich nicht behaupten, ja eigentlich muß es großartig gewesen sein, wie er dem Kaiser seine Wahrheit und seine Anklagen ins Gesicht geschleudert hat, vor den dreitausend Zuhörern. Nein, feig ist er nicht, feig ist er ganz und gar nicht. Freilich, auch ihr Annius ist nicht feig, und ihr Paulus nicht. Sie stehen beide ihren Mann in der Schlacht. Aber die Tapferkeit des Josef ist doch wohl eine ganz andere Art von Mut, eine viel reizvollere. Ein wenig marktschreierisch, vielleicht, aber gleichwohl großartig. Wenn er diesen merkwürdigen, marktschreierischen, schamlosen und großartigen Mut nicht hätte, dann hätte er wohl auch damals die Geißelung nicht auf sich genommen, ihrethalb. Eine ganz feine Röte überwölkt ihr bräunliches Gesicht, wie sie daran denkt.

Sie will nicht länger daran denken, sie will nicht länger allein sein, sie will sich ablenken, sie will Menschen sehen. Sie ließ die Sänfte halten und die Vorhänge hochschlagen. Jetzt drang die Buntheit der Stadt auf sie ein, die Fülle der Gesichter, viele begrüßten sie, ab und zu ließ sie die Sänfte halten und sprach mit dem, mit jenem. Es glückte ihr, die bösen Gedanken zu übertäuben.

Zu Hause angekommen indes, fand sie einen Besucher vor, der sie zwang, sich noch mehr und dringlicher mit ihrer Vergangenheit und mit Josef abzugeben als bisher. Phineas wartete auf sie, der Grieche Phineas, der Lehrer ihres Paulus, Josefs Feind.

Er stand, als Dorion eintrat, vollendet ruhig da, sein großer, ungewöhnlich blasser Kopf schaute unbewegt über dem dürren Körper, er hielt die dünnen, langen Hände vollkommen ruhig. Doch Dorion wußte, mit wieviel Überwindung diese Ruhe erkauft war. Phineas hing an Paulus. Wiewohl er vergeblich viele Jahre besten Lebens daran gehängt hatte, seinen geliebten, prinzlichen Paulus zu einem rechten Griechen zu machen, wiewohl der Junge ihm entglitten und das geworden war, was der Grieche Phineas so tief verabscheute, ein rechter Römer: trotzdem hing Phineas weiter an dem Jungen. Als Paulus vor zwei Jahren in Rom gewesen, hatte sich Phineas heiß darum bemüht, ihn neu zu gewinnen, Menschliches schwingen zu machen zwischen seinem geliebten Schüler und sich selber. Doch Paulus hatte sich gesträubt, er hatte sich steif und verstockt gegeben und voll von unbeteiligter Freundlichkeit, und es hatte Dorion das Herz bewegt, wie würdig und ohne billige Ironie, wie in einem großen Sinne griechisch Phineas das hingenommen hatte. Diesmal nun, als Paulus nach Rom gekommen war, mit wie ängstlicher Spannung mußte Phineas ihm entgegensehen, wie mußte er darauf gewartet haben, daß Paulus zu ihm komme oder ihn rufe. Aber Paulus hatte den Unbequemen satt gehabt, er war gekommen und war gegangen, ohne daß sein Lehrer ihn hätte sehen dürfen.

Und da also stand nun Phineas und wartete brennend darauf, was sie ihm über Paulus zu berichten hätte. Aber er zeigte nichts von seiner Ungeduld, er machte Konversation, höflich sprach er von Gleichgültigem.

Dorion hatte Mitleid mit ihm. Sie waren bei aller Gehaltenheit ihres äußeren Verkehrs sehr vertraut, er wußte um ihre wirren Beziehungen zu Josef, die Enttäuschung über den abgeglittenen, fremdgewordenen, verplumpten Paulus band sie aneinander, und Phineas war wohl der einzige Mensch, der ganz begriffen hatte, wie wenig Dorion befriedigt war von ihrem eigenen glänzenden Leben und dem ihres glänzenden Sohnes.

Bald also begann sie, ohne eine Frage von ihm abzuwarten, selber von Paulus zu erzählen. Sie berichtete von ihren Gesprächen mit ihm, sachlich und ohne Wertung, sie klagte nicht, sie machte niemand Vorwürfe. Als sie aber zu Ende war, sagte sie: „Und schuld an alledem ist Josef", und während ihre Haltung und ihre Stimme ruhig geblieben waren, flackerte in ihren meerfarbenen Augen unbeherrschte Wut auf.

„Mag sein", antwortete Phineas, „mag sein auch nicht. Ich verstehe Flavius Josephus nicht; nicht, was er ist, nicht, was er tut, er ist mir fremd, unverstanden und unverständlich wie ein Tier. Und wenn ich einmal glaubte, seine Motive zu erkennen, so hat sich später immer wieder herausgestellt, daß alles ganz anders zusammenhing. Da haben wir uns zum Beispiel vor nicht langer Zeit gewundert über den Mut, mit dem der Mann dem Kaiser ins Gesicht seine frechen und aufrührerischen Überzeugungen bekannte. Was er tat und sagte, und wie er's tat, das schien uns zwar lächerlich und gegen die Vernunft, aber wir haben den Mut anerkannt, der aus seinem absurden Verhalten sprach. Nun aber stellt sich heraus, daß unser Josephus für sein Heldenstück gar nicht die Tapferkeit benötigte, die wir ihm zugute hielten."

Dorion schaute ihm mit ihren meerfarbenen Augen aufmerksam ins Gesicht. „Bitte, sprechen Sie weiter, mein Phineas!" forderte sie ihn auf. „Der Mann", erklärte mit seiner tiefen, wohlklingenden Stimme Phineas, „benötigte nicht vielen Mutes deshalb, weil er einer sehr starken Rückendeckung sicher war, der mächtigsten Fürsprecherin auf dem Palatin." – „Sie enttäuschen mich, mein Phineas", antwortete Dorion. „Erst tun Sie, als hätten Sie mir wunder was Neues zu berichten, und dann erzählen Sie mir bedeutend, daß Lucia für die Juden und insbesondere für Josephus etwas übrig hat. Wem war das neu? Und wieso wird dadurch der Mut unseres Josephus geringer? Ein freundliches Wort unserer Kaiserin ist kein starker Schild gegen gewisse Gefahren."

„Ein freundliches Wort vielleicht nicht", sagte Phineas, „wohl aber das Bewußtsein, daß die erste Dame des Reichs, eine Frau, ohne die der Kaiser nicht leben kann, ihr ganzes Sein dafür einsetzen würde, ihn, den Helden, in jeder Gefahr zu schützen."

Nun war Dorion doch erblaßt. „Sie sind kein Schwätzer, mein Phineas", sagte sie, „der den Klatsch des Palatin ungeprüft weitergibt. Sie werden sicher über Gründe und Beweise verfügen, wenn Sie so gefährliche Dinge herumtragen." – „Ich trage nicht herum", wies sie sanft Phineas zurecht, „ich erzähle Ihnen, Herrin Dorion. Und Gründe und Beweise?" Er lächelte, er setzte zu einer längeren Rede an. „Sie wissen, Herrin Dorion, daß ich nicht einverstanden bin mit sehr vielem, was unser Herr und Gott Domitian zu sagen und zu tun geruht. Ich bin vielmehr – ich habe vor Ihnen immer ohne Umschweife gesprochen – ein Staatsfeind im Sinne des Norban, ich verlange eine viel weitergehende Autonomie für Griechenland, ich gefährde den Bestand des Reichs, Sie und Annius Bassus dürften mich eigentlich nicht in Ihrem Hause dulden, und es wird sicher einmal ein schlechtes Ende mit mir nehmen. Es ist ein Wunder, daß mich der Kaiser noch nicht hat exekutieren oder zumindest an seine Grenzen hat verbannen lassen wie meinen großen Freund Dio von Prusa." – „Sie sind geschwätzig", sagte ungeduldig Dorion, „und Sie kommen vom Thema ab." – „Ich bin geschwätzig", antwortete ungekränkt Phineas, „wir Griechen sind es alle, wir haben Freude am schöngesetzten Wort. Aber vom Thema komme ich nicht ab. Da einige der mißvergnügten Senatoren meine Gesinnung genau kennen und wissen, daß ich ein Feind des Regimes bin, geben sie sich offen vor mir und schließen mich nicht aus, wenn sie über den Palatin abfällige Reden führen. Ich weiß also, daß Senator Proculus im vertrauten Kreis folgendes zum besten gegeben hat. Er habe jetzt dreimal Gelegenheit gehabt, den Juden Josephus im Gespräch mit der Kaiserin zu beobachten, wenn sich die Herrin Lucia und der Jude unbeobachtet glaubten. Er habe da gewisse Blicke wahrgenommen, halbe Wendungen, kleine Gesten, nichts weiter, und wisse nun doch, und zwar mit einer Gewißheit, die unumstößlicher sei, als wenn er einen Beischlaf mitangesehen hätte, daß es mehr sei als die Neigung zu einem talentierten Schriftsteller, was die Herrin Lucia mit diesem Manne verbindet. Nun kann man gegen Senator Proculus vieles vorbringen, er ist ein verbohrter Republikaner und stur römisch, aber *eines* muß man ihm lassen: er hat die praktische Psychologie, die vielen Römern eignet. Das ist alles, Herrin Dorion, und nun behaupten Sie noch einmal, ich hätte nicht zum Thema gesprochen."

Dorion war immer tiefer erblaßt. Nie war sie auf Mara eifersüchtig gewesen, nie eifersüchtig auf eine der vielen Frauen, mit denen Josef geschlafen hatte. Aber daß Beziehungen sein sollten zwischen Lucia und Josef, wie sie dieser Senator Proculus wahrgenommen haben wollte, das verstörte ihr das Innere. Ihre Lebendigkeit war immer etwas erkünstelt gewesen, sie hatte sie aus allen Winkeln ihres Seins zusammenkratzen müssen. Jetzt hatte sie das ihr zugemessene Teil Vitalität verbraucht und war eine alte Frau, aber da Annius in ihr immer noch die frühere Dorion sah, hatte sie sich bis jetzt weismachen dürfen, auch Josef werde, wenn er an sie denke, immer noch an die frühere Dorion denken. Lucia aber war das, was Dorion gern hätte sein wollen, das wilde, strotzende Leben. Lucia ist, obwohl so anders geartet, eine vollendete Dorion, eine jüngere, bessere. Und Lucia ist schöner, Lucia ist lebendiger, Lucia ist die Kaiserin. Wenn es so ist, wie dieser Senator Proculus wahrgenommen haben will, dann wird Lucia den letzten Schatten der Dorion aus Josefs Herzen verdrängen. Dann bleibt nichts von Dorion in Josef.

Aber es ist eben nicht so. Das Ganze ist nichts als das Gerede eines mißvergnügten Senators, eines sturen Republikaners, den der Haß in jeder Maus einen Elefanten sehen macht, und der Haß des Phineas tut ein übriges dazu.

Und selbst wenn es wahr sein sollte, was dann? Liebt sie denn den Josef?

Natürlich liebt sie ihn. Und sie hat ihn immer geliebt. Und sie ist eine Närrin gewesen, daß sie sich von ihm getrennt hat. Und jetzt hat sie den Annius an Stelle des Josef. Und Josef, der kluge, der Sohn des Glücks, hat Lucia eingetauscht gegen sie. Er war nicht einmal klug, er hat es nicht einmal gewollt, er hat nur sie gewollt, Dorion, aber sie hat ihn dazu gezwungen, sich Ersatz zu suchen, sie hat ihn der Lucia in die Arme getrieben.

Aber nein. Das duldet sie nicht. Das darf nicht so bleiben. Sie denkt nicht daran, beiseite zu stehen und zuzuschauen. Sie wird ihm diese Suppe versalzen.

„Und Domitian?" fragte sie unvermittelt.

Phineas richtete den Blick voll auf Dorion, ein böses, listiges, haßvolles, vertrauliches Flackern war darin. Daß sie so frage, hatte er gewollt. Sehr wohl hatte er zum Thema gesprochen, mit guter Kunst, dahin hatte er sie lenken wollen, in ihr sollte der Plan entstehen. Wie damals die Universität Jabne, so hatte er jetzt von neuem eine Stelle gefunden, an der er den Gegner verwunden konnte, viele Umwege freilich waren nötig, aber schwach war die Stelle, verwundbar war sie, und die Aussichten sind gut, daß er diesmal den Josephus, den Verhaßten, endlich treffen wird. „Ja, und Domitian", erwiderte er also, „das eben ist die Frage: wie trägt es Domitian?" Dorion, ebenso langsam wie er, sagte, mit ihrer dünnen, schleppenden Stimme: „Er ist sehr mißtrauisch. Er errät oft mehr, als da ist. Wie sollte er das, was ist, nicht entdeckt haben?“ Phineas aber sagte: „Wer kann in den Kaiser hineinschauen? Er ist noch schwerer durchschaubar als der Jude Josephus.“ – „Es ist merkwürdig“, grübelte Dorion weiter, „daß er den Josef nach jener Rezitation unbehelligt gelassen hat. Vielleicht sind hier Zusammenhänge. Vielleicht weiß D D D etwas und will es nicht zur Kenntnis nehmen.“

Und Phineas gab zu erwägen: „Vielleicht könnte man den Kaiser zwingen, davon Kenntnis zu nehmen, daß seine Frau auf ärgerniserregende Art befreundet ist mit dem Juden Josephus.“

Dorion aber, und jetzt war in ihren meerfarbenen Augen das gleiche, leise böse Flackern wie in den seinen, erwiderte: „Auf alle Fälle danke ich Ihnen, mein Phineas. Ihr geschwätziger Bericht war doch nicht so weit vom Thema ab, wie ich ursprünglich glaubte.“

Von da an wurde das Getuschel, das in Rom über die Beziehungen der Kaiserin zu dem Juden umging, immer lauter, bald konnte man es auf allen Straßen hören.

Norban, in der Erinnerung an den Zorn des Kaisers, als er ihm den Witz des Aelius über sie berichtet hatte, beriet mit Messalin, ob man D D D von dem Gerede informieren solle. „Lucia ist in Bajae“, überlegte Messalin, „der Jude Josephus hat mehrere Wochen in Bajae verbracht. Ich sehe keinen Grund, D D D das zu verschweigen.“ – „D D D wird sich darüber wundern, daß man es ihm berichtet. Es ist auch nicht verwunderlich und will gar nichts besagen, wenn der Jude Josephus in der Nähe seines Sohnes sein will, in Bajae. D D D wird es grotesk finden, daß jemand dabei auf anstößige Gedanken kommen kann.“ – „Es ist auch grotesk“, gab der Blinde mit seiner sanften Stimme zu. „Dennoch wäre es vielleicht angebracht, D D D darüber zu informieren, daß die Kaiserin an dem Juden und seinem Sohn einen Anteil nimmt, der Ärgernis erregt.“ – „Das wäre angebracht“, erwiderte Norban, „aber es ist ein heikles Geschäft. Würden Sie es übernehmen, mein Messalin? Sie würden sich ein Verdienst um das Römische Reich erwerben.“ – „D D D muß von selber daraufkommen", regte Messalin an. „Es scheint mir zu Ihrem Amtsbereich zu gehören, mein Norban, zu bewirken, daß D D D von selber daraufkommt." – „Und selbst wenn er auf solche Gedanken käme", erwog Norban, „Lucia brauchte nur zu lachen, und diese Gedanken verschwänden, und übrig blieben höchstens gefährliche Gefühle gegen jenen Mann, der ihn auf solche Gedanken gebracht hat." – „Es ist nicht gut", sagte sentenziös Messalin, „daß der Herr und Gott Domitian so eng und tief an einer Frau hängt. Sie sollten es vielleicht doch wagen, mein Norban, ihn auf die erwähnten Gedanken zu stoßen. Es gehört nun einmal zu Ihrem Amtsbereich, und Sie würden sich ein Verdienst um den Staat erwerben."

Norban dachte lange über diese Unterredung nach. Er war dem Kaiser sehr freund, er war ihm treu, er hielt ihn für den größten Römer, und er haßte Lucia aus vielen Gründen. Er spürte genau, daß ihre Art höher war als die seine, und die freundlich unbeteiligte Manier, wie sie ihn gelegentlich aufzog, erbitterte ihn tief. Viel lieber wäre ihm gewesen, sie hätte ihn gehaßt und bei D D D gegen ihn gearbeitet. Auch kränkte es ihn, daß sie, die der Herr und Gott Domitian seiner Liebe würdigte, diese Liebe offenbar nicht recht schätzte. Er war des ehrlichen Glaubens, daß ihr Einfluß Kaiser und Reich schade. Daß sie sich gar mit dem Juden abgab, verkleinerte D D D, es war seinem Ansehen abträglich, und überdies war es Lucia wohl zuzutrauen, daß sie mit dem Juden schlief.

Was aber konnte er, Norban, dagegen unternehmen? Messalin hatte leicht sagen: „Stoßen Sie den Kaiser darauf!" Wie war das zu machen? Was konnte Norban unternehmen, was den Kaiser dahin hätte bringen können, endlich gegen den Juden und gegen die Frau einzuschreiten?

Während er sich mit solchen Gedanken abquälte, fand er eines Tages in seinem Einlauf ein vertrauliches Schreiben des Falco, Gouverneurs von Judäa, über die Zustände der Provinz. In diesem Schreiben teilte der Gouverneur unter anderem mit, er habe in seinem Archiv eine Liste vorgefunden, auf der sogenannte Abkömmlinge des Königs David verzeichnet seien. Man habe seinerzeit in Rom seinen Vorgängern ans Herz gelegt, auf diese Leute besonders zu achten, in den letzten Jahren aber scheine die Angelegenheit in Vergessenheit geraten zu sein. Er habe nun neue Nachforschungen angestellt und ermittelt, daß von diesen Abkömmlingen des alten Königs, soweit sie sich in Judäa befänden, jetzt nur mehr zwei am Leben seien, ein gewisser Jakob und ein gewisser Michael. In letzter Zeit sei um diese beiden, die sich übrigens nicht Juden, sondern Christen oder Minäer nennten, wieder mehr Gewese und Betrieb. Er selber habe deshalb die beiden festnehmen lassen, und da er es für gut erachte, wenn sie zumindest für eine Weile außer Landes seien, habe er sie aufs Schiff nach Italien bringen lassen, damit man sie sich auf dem Palatin genauer anschaue und über sie verfüge. Die sogenannten Davidssprößlinge Jakob und Michael befänden sich also auf dem Weg nach Rom.

Als Norban dieses Schreiben des Gouverneurs Falco las, sah er deutlich vor sich den zierlichen Sommerpavillon des Parks von Alba und davor die schweren Gestalten der Doktoren von Jabne, und jäh dachte er daran, daß ja auch der Jude Josephus nach wie vor ein sogenannter Davidssproß sei und daß somit nach dem Glauben der Juden sowohl er wie sein Sohn Matthias Anwartschaft hätten auf die Herrschaft über den Erdkreis. Mit einemmal erschien ihm der Psalm vom Mut, den Josephus in höchster Frechheit dem Kaiser ins Gesicht aufgesagt hatte, in ganz anderem, viel gefährlicherem Licht; auch des Josephus und seines Sohnes Freundschaft mit Lucia gewann auf einmal eine sehr andere, viel bedrohlichere Bedeutung. Es war eine Kampfansage an den Kaiser und an das Reich. Des Norban breites, viereckiges Gesicht verzog sich in einem Lächeln, das seine großen, gesunden, gelben Zähne freilegte. Er sah den Weg, wie er, ohne sich selber zu gefährden, seinen Herrn auf die Gefahr hinweisen könnte, die aus den Beziehungen des Josephus zu Lucia erwuchs. Erinnert an den jüdischen Aberglauben von den Davidssprossen und vom Messias, wird der Kaiser seine Gedanken bestimmt die gleiche Richtung nehmen lassen, wie er selber es getan. Notwendig wird sich bei der Erwähnung oder gar beim Anblick der beiden Davidssprossen Jakob und Michael auch D D D daran erinnern, daß Josephus und sein Sohn die gleiche Eigenschaft haben, und notwendig dann wird auch der umsichtige, mißtrauische D D D gründlich nachdenken über den Juden Josephus, seinen Sohn und die Beziehungen dieser beiden zu Lucia.

Er sandte einen Kurier nach Alba, ob der Herr und Gott Domitian die Gnade haben werde, ihn in den nächsten Tagen vor sein Angesicht zu lassen.

Der Herr und Gott Domitian verbrachte jetzt wieder den größten Teil seiner Zeit in Alba und allein. Es war ein schöner Frühsommer, aber er hatte keine Freude daran. Er lag in seinen Treibhäusern herum, er stand vor den Käfigen seiner wilden Tiere, aber er wurde sich der künstlich gereiften Früchte ebensowenig bewußt wie des Panthers, der ihn aus dem Winkel seines Käfigs schläfrig anblinzelte. Er zwang sich zur Arbeit, doch seine Gedanken glitten ab. Er befahl seine Räte zu sich, er hörte ihre Ausführungen nur mit halbem Ohr und später überhaupt nicht. Er befahl Frauen zu sich und ließ sie gehen, wie sie gekommen waren.

Er hat die Frechheit des Juden Josephus nicht vergessen, und er denkt natürlich nicht daran, ihm sein Verbrechen hingehen zu lassen. Aber die Strafe will bedacht sein. Denn das Ungeheuerliche, daß der Jude ihm und seiner Welt und seinen Göttern offen vor aller Ohren den Krieg angesagt hat, das hat er nicht etwa nur dem Trieb der eigenen Brust folgend getan, sondern als Sendling seines Gottes. Und auch daß Lucia ihn beschwatzt hat, jener Rezitation der Ode vom Mut beizuwohnen, geschah nicht aus einfacher böser Lust, sondern auch hinter ihr stand, wahrscheinlich ihr unbewußt, sein schlimmer Feind, der Gott Jahve. Es ist merkwürdig und beschäftigt den Kaiser auch jenseits seines persönlichen Interesses an Lucia, daß es Jahve geglückt ist, diese Frau auf seine Seite zu bringen und dem Jupiter abzuwenden, dem sie doch durch ihre Geburt zugehört. Er ist ein überaus verschlagener Gott, dieser Jahve, und Domitian muß jeden seiner Schritte mit größter Vorsicht bedenken.

Ab lehnt er von vornherein jeden Verdacht, daß es sich bei den Beziehungen zwischen Lucia und dem Juden um eine Bettfreundschaft handeln könnte. Ginge es um fleischliche

Lust, dann würden die beiden ihre Beziehungen verstecken. Statt dessen hat der Jude, offenbar verblendet durch seinen Gott, ihm vor ganz Rom und unter dem Beifall der Kaiserin den Streit verkündet.

Das einfachste wäre natürlich, sie allesamt zu zertreten, den Juden Josephus und seine Frucht, den Knaben Matthias, und Lucia dazu. Aber Domitian weiß leider sehr gut, daß diese einfachen Mittel keineswegs so radikal wirken, wie man glauben sollte. Es haben sich zu viele von dem Gift des jüdischen Wahnwitzes anstecken lassen, und der Tod einiger Angesteckter schreckt die andern nicht, sondern macht sie nur noch gieriger nach dem Gift. Irrwahn wird, wenn Menschen dafür sterben, nicht bitter, sondern süß.

Wie rottet er die östliche Tollheit aus? Jedes Mittel ist ihm recht, List, Liebe, Drohung. Doch wo findet er ein Mittel? Er findet keines.

Er sammelt sich, er betritt seine Hauskapelle, er wendet sich um Rat an seine Göttin, an die Göttin der Klarheit, an Minerva. Er schmeichelt ihr, droht ihr, schmeichelt ihr von neuem. Versenkt sich in sie. Mit seinen großen, vorgewölbten, kurzsichtigen Augen starrt er in die großen, runden Eulenaugen der Göttin. Doch sie läßt sich nicht zwingen, sie steht ihm nicht Rede, stumm und dunkel mit ihren Tieraugen schaut sie ihn an. Er aber fleht von neuem, nimmt alle Kraft zusammen, beschwört sie. Und zuletzt gelingt es ihm doch, er reißt das Wort aus ihr heraus, sie tut den Mund auf, sie spricht. „Oh, mein Domitian“, sagte sie, „mein Bruder, mein Liebster, mein Schützling, warum zwingst du mich, daß ich dir spreche? Denn mein liebes Herz schmerzt mich, daß ich dir sagen muß, was ich dir nicht sagen möchte. Aber Jupiter und die Schicksale haben es mir befohlen. Höre also und bleibe mutig. Ich muß fort von dir, ich darf dir nicht länger raten, mein Bild hier in deiner Hauskapelle wird eine leere Hülle sein und ohne Leben. Oh, wie bin ich traurig, Domitian, mein sehr geliebter! Aber ich muß dir fernbleiben fortan, ich darf dich nicht länger beschützen.“

Die Knie wurden Domitian weich, der Atem setzte ihm aus, sein ganzer Körper schwamm in kaltem Schweiß, er mußte sich an die Wand lehnen. Er sagte sich, es sei nicht die Stimme seiner Minerva gewesen, sein Feind, der Gott Jahve, habe aus ihrem Bild gesprochen, trügerisch, um ihn zu ängstigen. Ein Tagtraum sei es gewesen, eines jener falschen Gesichte, wie sie so häufig sind im Lande Jahves und von denen ihm sein Soldat Annius Bassus erzählt hat. Doch diese Tröstungen nützten nichts, die blasse, kalte Furcht blieb.

Seine Feindschaft gegen die Menschen und sein Mißtrauen wuchsen. Er gab seinem Hofmarschall und seinem Gardepräfekten Order, den Zugang zu ihm mit allen Mitteln zu erschweren und einen jeden, der das Palais betrat, noch schärfer nach Waffen untersuchen zu lassen. Und er beauftragte seine Architekten, auf dem Palatin sowohl wie in Alba die Wohn- und Empfangsräume mit einem spiegelnden Metall zu verkleiden, so daß er, wo immer er stand, ging oder lag, jeden wahrnehmen könne, der ihm nahe.

So also hatte der Kaiser seine Tage in Alba verbracht, als ihn der Polizeiminister aufsuchte. Er freute sich, Norban zu sehen. Er freute sich darauf, aus der Welt seiner Träume hinaufzutauchen in die Welt der Tatsachen. Neugierig und wohlwollend, ja mit einer gewissen Zärtlichkeit, schaute er seinem Norban in das treue, brutale und verschlagene Gesicht und hatte wie immer seine Freude daran, die modischen Locken des tiefschwarzen, dicken Haares unordentlich und etwas grotesk in die Stirn des vierschrötigen Antlitzes fallen zu sehen.

„Also", forderte er ihn auf und setzte sich bequem zurecht, „und jetzt lassen Sie mich ausführlich hören, was es in Rom Neues gibt!" Das tat denn auch Norban, er erstattete eingehenden Bericht über die letzten Ereignisse in Stadt und Reich, und seine kräftige, feste Stimme war wirklich dazu angetan, die wüsten Träume des Kaisers zu verscheuchen und ihn zurückzuführen in die nüchterne Wirklichkeit.

„Und was hören wir aus Bajae?" fragte nach einer Weile der Kaiser. Norban hatte sich vorgenommen, über Lucia, Josephus und Matthias so wenig wie möglich zu sprechen, der Kaiser sollte von alleine auf die Zusammenhänge kommen. „Aus Bajae?" wiederholte er behutsam. „Die Kaiserin fühlt sich dort wohl, soweit ich unterrichtet bin. Sie treibt viel Sport, sie schwimmt, wiewohl es noch so früh im Jahr ist, sie veranstaltet Ruderrennen in der Bucht, sie hat viele Menschen um sich, Menschen jeder Art, sie beschäftigt sich mit Büchern." Er machte eine ganz kleine Pause, dann aber konnte er sich doch nicht enthalten, hinzuzufügen: „Sie hat sich zum Beispiel von dem Juden Josephus aus seinem neuen Buch vorlesen lassen, das, wie meine Herren mir berichten, eine glühende Verteidigung des jüdischen Aberglaubens ist, ohne indes die erlaubte Grenze zu überschreiten." – „Ja", erwiderte der Kaiser, „es ist ein heftiges und sehr vaterländisches Buch. Wenn sich mein Jude Josephus so unverstellt zeigt, ist er mir lieber, als wenn er seine römisch-griechisch-jüdische Mischmaschweisheit verkündigt. Im übrigen", erwog er weiter, genau wie seinerzeit Norban selber, „ist es nicht weiter verwunderlich, wenn sich mein Jude Josephus in Bajae aufhält, da die Kaiserin seinen Sohn in ihr Gefolge aufgenommen hat." Und da Norban schwieg, setzte er hinzu: „Sie ist sehr zufrieden mit diesem jungen Sohne des Josephus, höre ich." Norban hätte gern über Josephus und seinen jungen Sohn allerlei geäußert, aber er hatte sich nun einmal vorgesetzt, es nicht zu tun, und blieb seinem Vorsatz treu. Er schwieg.

„Und was sonst?" fragte Domitian. „Eigentlich nichts mehr", antwortete Norban. „Höchstens noch dies, daß ich dem Herrn und Gott Domitian einen kleinen, amüsanten Zeitvertreib vorschlagen könnte. Vielleicht erinnert sich Eure Majestät daran, daß wir einmal in einer erheiternden Zusammenkunft mit einigen jüdischen Doktoren festgestellt haben, die Juden sähen in den Nachkommen eines gewissen Königs David Anwärter auf den Thron des Erdkreises. Wir haben seinerzeit die Liste dieser Prätendenten aufgestellt." – „Ich erinnere mich", nickte der Kaiser. „Nun berichtet mir Gouverneur Falco", fuhr Norban fort, „daß in seiner Provinz Judäa noch zwei dieser Davidssprößlinge existieren. Es war in letzter Zeit Gerede und Gewese um diese beiden. Daraufhin hat sie Falco nach Rom geschickt, damit wir über sie befänden. Ich wollte nun den Herrn und Gott Domitian fragen, ob er sich nicht vielleicht den Spaß machen will, sich diese beiden

Anwärter auf die Weltherrschaft zu beschauen. Es handelt sich um einen gewissen Jakob und um einen gewissen Michael."

Genau wie es Norban beabsichtigt und vorausgesehen hatte, weckte dieser Vorschlag in der Seele des Domitian zahllose Gedanken, Schlüsse, Wünsche, Ängste, die darauf gewartet hatten, erweckt zu werden. Domitian hatte es wirklich vergessen, daß der gefürchtete und verachtete Jude Josephus und sein Sohn für eine Reihe von Leuten als Nachkommen eines Königs ihm selber gleichgestellt waren. Jetzt aber, da Norban die Erinnerung an jenes merkwürdige Gespräch mit den Doktoren und seine Folgen wieder aufgefrischt hatte, stand ihm diese Vorstellung, daß ja dieser Josephus und sein Sohn Prätendenten waren, Nebenbuhler, ungeheuer lebendig wieder auf. So lächerlich die Ansprüche dieser Leute waren, sie waren deshalb nicht weniger in der Welt und nicht weniger gefährlich. Und es war klar, daß diese Davidssprossen gerade jetzt die Zeit für gekommen hielten, ihre Ansprüche neu anzumelden. Durch diesen Anspruch auch, das ging ihm bei dem Bericht des Norban auf, durch diese seine vorgebliche Abstammung von den alten östlichen Königen, hatte er offenbar die Phantasie Lucias angezogen, durch diese Behauptung hatte er's erwirkt, daß sie seinen jungen, lächerlichen Sohn in ihren Dienst nahm. Und so auch, pochend auf sein Recht als Königssproß, hatte er es gewagt, ihm seine Verse vom Mut ins Gesicht zu schleudern. Er, Domitian, hatte also recht gehabt, wenn er hinter dem allem seinen großen Feind vermutete, den Gott Jahve.

Keine fünf Sekunden indes dauerten diese Erwägungen. Des Kaisers Gesicht freilich hatte sich gerötet wie immer, wenn er in Erregung und Wirrnis war, aber seine Haltung zeigte nichts von dieser Erregung. „Das ist ein guter Vorschlag", erklärte er munter, und: „Schön", sagte er, „führ mir die Leute vor, mein Norban! Und recht bald!"

Schon in der nächsten Woche also wurden die Davidssprossen Jakob und Michael nach Alba gebracht.

Ein Feldwebel der Leibgarde führte sie in einen kleinen,

prunkvollen Saal. Da standen sie, breit, derb und unbeholfen, inmitten des kostbaren Rahmens. Es waren bäurisch aussehende Männer, um die Leiber geschlagen hatten sie die langen, grobstoffigen Kleider Galiläas, sie trugen große Bärte um ihre stillen Gesichter, Michael mochte achtundvierzig, Jakob fünfundvierzig Jahre alt sein. Sie sprachen wenig, die fremde Umgebung schien ihnen Unbehagen, doch keine Angst einzuflößen.

Der Kaiser kam herein, steifen Schrittes, gefolgt von Norban und einigen Herren, auch einem Dolmetsch, denn die beiden Männer sprachen nur aramäisch. Als der Kaiser eintrat, sagten sie etwas in ihrem Kauderwelsch. Domitian fragte, was sie gesagt hätten; der Dolmetsch erklärte, es sei eine Begrüßung. Ob es eine ehrfürchtige Begrüßung gewesen sei, fragte Domitian; der Dolmetsch, etwas zögernd, erwiderte, es sei eine Begrüßung gewesen, wie sie zwischen Gleichgestellten üblich sei. „Hm, hm!" sagte der Kaiser. Er ging um die Männer herum. Es waren gewöhnliche Männer, Bauern, grob von Gliedern und von Gesichtern wie Bauern; sie rochen auch wie Bauern, wiewohl man sie, bevor man sie vor ihn ließ, bestimmt gewaschen hatte.

Domitian, mit seiner hohen, schrillen Stimme, fragte: „Ihr seid also vom Stamme eures Königs David?" – „Ja", erwiderte schlicht Michael, und Jakob erklärte: „Wir sind verwandt mit dem Messias, wir sind Urgroßneffen." Domitian, nachdem ihm der Dolmetsch das übersetzt hatte, schaute sie aus seinen vorgewölbten, kurzsichtigen Augen verständnislos an. „Was meinen sie jetzt, diese Männer?" wandte er sich an Norban. „Wenn diese späte Verwandte des Messias sind, dann nehmen sie doch offenbar an, daß der Messias schon lange dagewesen sei", und: „Fragen Sie die!" befahl er dem Dolmetsch.

„Was heißt das, ihr seid Urgroßneffen des Messias?" fragte der Dolmetsch. Michael erklärte geduldig: „Der Messias hieß mit Namen Josua Ben Josef und starb am Kreuz um der Erlösung des Menschengeschlechtes willen. Er war der Menschensohn. Er hatte einen Bruder namens Juda. Von diesem Bruder stammen wir ab." – „Können Sie folgen, meine Herren?" wandte sich Domitian an seine Umgebung. „Mir scheint das etwas wirr. Fragen Sie sie", befahl er, „ob also das Reich des Messias schon da ist!" – „Es ist da, und es ist nicht da", erklärte Jakob. „Josua Ben Josef aus Nazareth ist am Kreuz gestorben und wieder auferstanden, da hat es begonnen. Er wird aber noch einmal auferstehen, und dann erst wird er sich in seiner ganzen Glorie zeigen, richten über die Lebendigen und die Toten und einen jeden behandeln nach seinem Verdienst." – „Interessant", meinte der Kaiser, „sehr interessant. Und wann wird das sein?" – „Das wird am Ende der Zeiten sein, beim Jüngsten Gericht", erklärte Michael. „Eine sehr präzise Zeitangabe ist das nicht", kommentierte der Kaiser, „aber ich denke, der Mann will sagen, es werde noch eine Weile dauern. Und wer wird herrschen in diesem Reiche des Messias?" fragte er weiter. „Der Messias natürlich", antwortete Jakob. „Welcher Messias", fragte der Kaiser, „der tote?" – „Der auferstandene, gewiß", erwiderte Michael. „Und wird er Gouverneure einsetzen", fragte Domitian, „Stellvertreter? Und wen wird er da berufen? Seine Verwandten doch wohl in erster Linie. Sagt mir, welcher Art wird seine Herrschaft sein?" – „Von Gouverneuren wissen wir nichts", erklärte ablehnend Jakob, und Michael beharrte: „Es wird keine irdische, sondern eine himmlische Herrschaft sein." – „Das sind plumpe Träumer", meinte der Kaiser, „mit denen man nicht reden kann. Und ihr seid also aus dem Stamme David?" vergewisserte er sich noch einmal. „Wir sind es", erwiderte Jakob. „Wieviel Steuern habt ihr zu zahlen?" erkundigte sich der Kaiser. „Wir haben einen kleinen Hof, er hat neununddreißig Plethren", gab Michael Auskunft. „Von den Einkünften dieses Besitzes leben wir. Wir bebauen ihn mit zwei Knechten und einer Magd. Dein Steuereinnehmer hat den Wert des Besitzes auf neuntausend Denare geschätzt." Domitian überlegte: „Hohe Revenuen sind das nicht für die Abkömmlinge eines großen Königs und die Anwärter auf Königreiche und Provinzen. Zeigt mir eure Hände!" befahl er unvermittelt. Sie zeigten sie ihm, Domitian beschaute sie aufmerksam, es waren harte, schwielige

Bauernhände. „Gebt ihnen anständig zu essen", entschied der Kaiser, „und schickt sie zurück, aber auf einem einfachen Schiff, und verwöhnt sie mir nicht!"

Zu Norban aber, nachdem sie gegangen waren, sagte er: „Was für ein lächerliches Volk sind die Juden, in solchen Leuten Thronprätendenten zu sehen! Waren die beiden nicht komisch in ihrem einfältigen Stolz?"

„Diese waren komisch", antwortete Norban, und er legte den Ton auf das „diese". Da wurde Domitian sehr rot, und dann wieder blaß, und dann wieder rot. Denn Norban hatte recht; diese waren komisch, andere Davidssprossen aber, Josephus und sein Sohn, waren durchaus nicht komisch, und neu aufstand in Domitian die Furcht vor Josephus und vor seinem Gotte Jahve.

Soweit hatte die Unterredung mit den Davidssprossen genau die Wirkung, die sich Norban davon versprochen hatte. Dann aber nahm sie einen Weg, der dem Polizeiminister keineswegs erwünscht sein konnte. Der Kaiser nämlich, argwöhnisch, wie er war, sagte sich plötzlich, sehr wohl möglich sei es, ja wahrscheinlich, daß Norban mit Absicht diese Gedanken in ihm habe entstehen lassen. Darum vermutlich hatte Norban von Anfang an soviel Gewicht gelegt auf diese beiden Davidssprossen, denen er ja sicher so gut wie er selber angesehen hatte, wie harmlos sie waren.

Auch Norban also hat offenbar von Anfang an erkannt, wie gefährlich Josephus war, und wenn er ihn, den Kaiser, auf diese Gefahr aufmerksam gemacht hat, so hat der Treue nur seine Pflicht getan, hat sie übrigens mit einem Takt erfüllt, den er, Domitian, dem plumpen Manne nie zugetraut hätte. Trotzdem, es ist schwer erträglich, daß dieser Norban seine Gedanken so genau erraten kann; es grenzt an Aufruhr, daß dieser Untertan sich erkühnt, den Gedanken des Gottes Domitian ihre Bahn vorschreiben zu wollen. Er hat diesen Norban zu nah an sich herangelassen. Jetzt ist einer in der Welt, der ihn zu genau kennt. Gefühle solcher Art bewegen den Kaiser, es sind keine Gedanken, so weit läßt er das Verworrene nicht erst Gestalt annehmen, aber er kann nicht verhindern, daß sein Blick, der den Kopf seines Polizeiministers mustert, Mißtrauen zeigt, etwas wie Furcht. Das dauert freilich nur einen Teil eines Augenblicks; denn das Gesicht, das er sieht, ist kräftig, verlässig, brutal, das Gesicht eines treuen Hundes, genau das Gesicht des Polizeiministers, wie er ihn sich wünscht.

Norban hat ihm mit der Zuführung der Davidssprossen eine willkommene Unterhaltung geboten, er hat ihn willkommene Einblicke tun lassen. Er ist seinem treuen Polizeiminister dankbar dafür, er sagt das auch, aber er entläßt ihn schnell, beinahe abrupt.

Allein, überlegt er. Was diesen Kampf gegen Jahve so besonders schwer macht, das ist, daß er sich eigentlich in dieser Sache keinem Menschen ganz anvertrauen kann. Norban ist treu, aber seine Seele ist nicht subtil genug, um etwas so Kompliziertes, Abgründiges, wie die Feindschaft dieses unsichtbaren, ungreifbaren Jahve, ganz zu erfassen, und überdies will ihn der Kaiser nun nicht noch tiefer in sein Inneres hineinblikken lassen. Marull und Regin würden vielleicht verstehen, worum es in diesem Kampfe geht. Aber selbst wenn er sich ihnen mit großen Mühen verständlich machen könnte, was dann hätte er erreicht? Die beiden sind alte Männer, lässig, duldsam, liberal, keine Kämpfer, wie dieser Kampf sie erfordert, in dem es hart auf hart geht. Annius Bassus wäre ein guter Kämpfer, aber er ist nun bestimmt zu simpel für einen so schlauen und schwer faßbaren Feind. Bleibt Messalin. Der hat Kopf genug, zu erfassen, wer der Feind ist und wo er steht, er hat Mut und Kraft genug, und er ist treu. Aber die Erinnerung ist in Domitian an das Unbehagen, als er wahrnehmen mußte, wie ihn sein Norban durchschaute. Er wird sich an Messalin wenden, doch erst dann, wenn er sich allein durchaus nicht mehr zurechtfindet.

Er wird sich aber zurechtfinden. Vor seinem Schreibtisch sitzt er, die Schreibtafel hat er herausgezogen. Er grübelt. Er sucht sich zu sammeln. Es gelingt nicht. Die Gedanken zerrinnen ihm. Wohl gräbt sein Griffel in das Wachs der Schreibtafel, aber es sind keine Worte, die er formt, sondern mechanisch zeichnet er Kreise und Ringe. Und mit Schreck nimmt er wahr, daß es die Augen der Minerva sind, die er geformt hat, die großen, runden Eulenaugen, die ihm jetzt leer und ohne Licht und ohne Rat bleiben.

Und mit einemmal ist ihm die Gefahr, die ihn so oft bedroht hat, der Meuchelmord, den ihm seine Gegner so oft angekündigt haben, nichts Wesenloses mehr, kein Abstraktum, wie es einem blühenden Manne in seinem Alter der Tod zu sein pflegt, der ihn in fernen Jahren einmal erreichen wird, sondern etwas sehr Wesenhaftes, Nahes. Er ist nicht feige. Doch das Gefühl grenzenloser Sicherheit, das ihn bis jetzt erfüllt hat, da er sich im Schutz seiner Göttin wußte, dieses Gefühl hat ihn verlassen. Der Tod, ihm bisher ein sehr Fernes, ist ihm ein Nahes geworden, das bedacht sein will.

Wenn er unter die Götter gehen sollte, wenn er von dieser Erde verschwinden sollte, er, dieses Fleisch und Bein des Mannes Domitian, was dann wird aus seiner Idee, was dann wird aus dieser Idee Rom, die er tiefer und neuer erfaßt hat als die vor ihm? Wer, wenn er nicht mehr da ist, soll diese Idee schützen und weitertragen?

Diese Idee Rom, wie er sie versteht, ist geknüpft an die Herrschaft der Flavier. In seinem Innersten, ganz heimlich, hat er trotz allem immer noch gehofft auf Nachkommenschaft von Lucia. Aber sich noch länger an diese nebelige Hoffnung zu klammern, jetzt, da Gefahr für ihn ist, wäre Wahnsinn. Hinunter mit der Hoffnung, fort mit ihr! Schade, daß er sich gefürchtet hat vor den frechen Zungen seiner Feinde, daß er nicht das Kind, das ihm Julia trug, hat zur Welt kommen lassen. Wie schön wäre es, wenn er einen selbstgezeugten Sohn als seinen Nachfolger designieren könnte.

Aber das kann er nun einmal nicht. Die flavische Dynastie steht auf den beiden Knaben, auf den Zwillingen Constans und Petron. Wenigstens sind die Knaben reinstes flavisches Blut vom Vater und von der Mutter her. Und es ist gut, daß er die Einflüsse, welche die beiden hätten verderben können, getilgt hat, daß er Clemens in den Tod und Domitilla auf die balearische Insel geschickt hat. Jetzt wachsen seine jungen Löwen heran in der guten Zucht des sehr römischen Quintilian und entzogen dem Gotte Jahve.

Ganz entzogen freilich hat er sie dem Jahve nicht. Für diese heißen Monate hat Lucia die Knaben zu sich genommen, nach Bajae, sie wollte nicht, daß die Zwillinge, getroffen von dem Schicksal ihrer Eltern, noch länger in dem öden Haus des toten Vaters und der verbannten Mutter wohnen sollten, und er hat es zugelassen. Wie hat er es zulassen können? Es war selbstverständlich einfach eine List des Gottes Jahve, daß er der Lucia eingegeben hat, sie möge sich der Söhne des toten Clemens annehmen. Vielleicht steckt auch wieder einmal unser Josephus dahinter, der Sendling des Jahve. Es ist unfaßbar, daß er, Domitian, das alles nicht gleich durchschaut hat. Er hat sich schließlich als der Vetter der Knaben gefühlt, als ihr Verwandter, er hat sich ihnen nicht allzu streng zeigen wollen, denn ihm lag, ihm liegt noch an der Liebe der Zwillinge. Vor allem aber, er will offen vor sich sein, hat er sich vor Lucia nicht zu schroff zeigen wollen.

Aber jetzt wird das ein Ende finden. Er weiß auch, wie. Er wird seinen alten Vorsatz, die Zwillinge zu adoptieren, endlich wahr machen. Er wird sie an seinen Hof berufen, so werden sie von selber dem Dunst des Josephus und seines Matthias entzogen sein. Er wird dann das Seine getan haben, der Idee Rom, wenn er, unbeschützt von Minerva, von dieser Erde sollte wegmüssen, neue Verteidiger zu hinterlassen.

Sein gesammeltes Gesicht entspannt sich, er lächelt. Es ist ihm etwas Erfreuliches eingefallen. Wenn er die Knaben adoptiert, dann ist das ein selbstverständlicher Anlaß, auch Lucia vor sein Angesicht zu rufen. Und wenn sie erst da ist, dann wird sich vieles klären. Sie hat trotz allem, trotz der Blendung durch Jahve, immer Verständnis gezeigt für seine Ideen, denn sie ist Römerin. Er wird, der Römer, zur Römerin sprechen, er fühlt in sich die Kraft, Lucia zurückzugewinnen.

Er lächelt. Er fühlt sich auch ohne den Schutz der Minerva noch nicht verloren. Auch das Böse hat seine guten Seiten. Hätte sich nicht die Gefahr, die von Jahve droht, von neuem so sichtbar vor ihm aufgerichtet, dann hätte er die Adoption noch weiter hinausgeschoben. So aber, durch diese schnelle Adoption, erreicht er zwei Ziele mit einem Schlag. Nicht nur errichtet er auch für die Zukunft der Idee Rom neuen Schutz und Schirm, er wird dadurch vermutlich auch diesem Jahve die neugewonnene Bundesgenossin Lucia wieder abspenstig machen. Lucia ist römisch durch und durch, Lucia liebt ihn, das ist keine Frage, wenn auch auf ihre stolze, widerspenstige Art. Der Gott Jahve hat ihr den Sinn vernebelt. Aber ihm, dem Gotte Domitian, wird es gelingen, die unheilvollen Dämpfe zu zerstreuen, mit welchen der östliche Gott sie getrübt hat, so daß sie wieder klar sieht wie er selber.

Unverweilt machte er sich ans Werk und traf die nötigen Vorbereitungen für die Adoption. Auch schrieb er noch am gleichen Tag einen ausführlichen Brief an Lucia. Er diktierte nicht, er schrieb selber und bemühte sich, die Sätze persönlich und sehr herzlich zu halten. Um der Fortführung der Dynastie willen, schrieb er, und da er doch von ihr weitere Nachkommenschaft kaum zu erwarten habe, erachte er es für seine Pflicht, die Nachkommen jenes Flavius Clemens, den er leider habe hinrichten lassen müssen, zu adoptieren. Die Zwillinge lägen ihm am Herzen, und er habe mit Freuden wahrgenommen, daß sie auch ihr zu gefallen schienen. So hoffe er, daß ihr sein Entschluß willkommen sein werde. Schon zu lange habe er die Angelegenheit hinausgezögert. Um so mehr jetzt werde er sie beschleunigen. Er gebe also am gleichen Tag dem Quintilian Auftrag, sich mit den Knaben zu ihm nach Alba zu begeben. Er halte es für richtig, die Knaben unmittelbar nach der Adoption trotz zarten Alters die Männertoga anlegen zu lassen. Beide Zeremonien, Adoption und Anlegung der Männertoga, wünsche er mit Feierlichkeit vorzunehmen. Es solle den Römern in den Kopf gehämmert werden, daß er der Dynastie neue Reiser aufpfropfe. Es wäre ihm eine große Freude, wenn sie sich entschlösse, die Bedeutung des vorzunehmenden Aktes durch ihre Anwesenheit zu erhöhen.

Die Zwillinge waren, als sie mit ihrem Lehrmeister Quintilian bei Lucia in Bajae ankamen, sehr verstört gewesen. Der Tod des Vaters, die Verbannung der Mutter hatte ihre von Natur offenen Gesichter verschlossen gemacht, und es hatte von seiten des Quintilian vieler Behutsamkeit bedurft, sie ohne schwere Seelenstörungen über diese schlimme Zeit hinwegzubringen. Jetzt, bei Lucia, wurden sie langsam gelöster, weniger scheu. Domitilla hatte sich, bevor sie auf ihre balearische Insel ging, von Lucia versprechen lassen, daß diese sich ihrer Söhne annehmen und dem lateinischen Einfluß des Quintilian entgegenwirken werde. Lucia behandelte die beiden Jungen durchaus als Erwachsene, sie ging mit ihnen vorsichtig um, doch ohne ihr Mitleid allzu deutlich zu zeigen. Allmählich brach denn auch die Verkrustung der Knaben, und sie wurden wieder zutraulich und jung, so wie sie geboren waren.

Es war dies vor allem das Verdienst des Matthias. Zwischen ihm und den beiden Prinzen hatte sich rasch eine gute Knabenfreundschaft angesponnen. Die Zwillinge waren angenehm von Wesen, das Strahlende, Jungmännliche, das von Matthias ausging, wirkte auf sie noch stärker als auf die andern, sie anerkannten neidlos, daß er ihnen überlegen war. Wenn sie mit ihm zusammen waren, dann konnten sie trotz der finstern Ereignisse, die sie hatten durchleben müssen, harmlos sein, ja vergnügt wie früher und die Intrigen und Kämpfe ringsum vergessen. Sie trieben dann mit knabenhaftem Ehrgeiz allerhand Sport, balgten sich, dalberten.

Daß man ihren Freund Matthias verspottete um seiner jüdischen Abstammung willen, focht sie nicht an. Durch ihre Eltern waren sie vertraut mit minäischen Gedankengängen, sie waren gefeit gegen judenfeindliche Einflüsterungen. Daß ihr Vater wegen seiner judaisierenden Neigungen hatte sterben müssen, machte es ihnen zur Ehrenpflicht, für Matthias einzutreten; sie hingen an ihm mit eifriger Freundschaft.

Dem Matthias gefielen nicht nur seine Kameraden, es steigerte auch sein Selbstgefühl, daß ihm die beiden Prinzen, die nächsten Anverwandten des Kaisers, so ergeben waren. Einmal hörte er, wie ein neu eingetretener ägyptischer Leibeigener der nach ihm fragenden Caecilia die Auskunft gab: „Die drei Prinzen sind beim Fischfang." Da war ihm vor Stolz, als ob er Flügel hätte.

Den Quintilian verdroß diese Freundschaft. Er hatte von Anfang an Bedenken gehabt, die Prinzen hierher nach Bajae zu lassen in den Dunstkreis der Kaiserin. Es war nicht zu leugnen, daß Lucia in einem hohen Grade römisch war, dennoch störte ihn das meiste, was sie tat, ließ und sagte, und es war ihm unbehaglich, seine Zöglinge so lange in ihrer Nähe zu wissen. Nun also hatten sie sich noch in die Freundschaft mit dem jungen Juden verstrickt. Quintilian, immer bemüht, gerecht zu urteilen, gestand dem Matthias zu, daß an seinem Gehaben nichts war, was gegen römisches Wesen verstoßen hätte. So unterließ er es denn auch, beim Kaiser vorstellig zu werden wegen der Beziehungen seiner Zöglinge zu dem Sohne des Josephus, und beschränkte sich auf leise Mahnungen, die, ohne den Matthias zu beleidigen, von seinen Zöglingen gleichwohl nicht mißverstanden werden konnten.

Es ging also zwischen ihm auf der einen, Lucia und Matthias auf der andern Seite ein beharrlicher Kampf um die Seelen der Zwillinge. Dieser Kampf wurde still geführt, unterirdisch. Einmal indes zeigte sich der Gegensatz offen und vor aller Augen.

Matthias hatte die knabenhafte Freude an der Pfauenfarm, die er auf Lucias Besitz hatte anlegen dürfen, auch auf seine Freunde übertragen. Täglich besuchten die drei das Gehege, sie kannten gut die einzelnen Vögel, sie vergnügten sich damit, dieses oder jenes der Tiere auf die Freitreppe des Hauptgebäudes zu bringen, und sie ergötzten sich an dem Anblick der Vögel, wie sie auf der schönen, weitausladenden Treppe des weißglänzenden Hauses standen und Rad schlugen, als fächelten sie dem besonnten Schlosse Kühlung.

Eines Tages nun, als Senator Ostorius, ein berühmter Feinschmecker, bei Lucia zu Gast war, setzte man ihm eine Pastete aus Pfauenfleisch vor. In Abwesenheit Lucias und der Knaben hatten der Haushofmeister und der Koch den unglücklichen Pfauenwärter gezwungen, ihnen sechs der kostbaren und geliebten Tiere herauszugeben. Die Knaben wüteten. Quintilian suchte ihre Erregung auf ein vernünftiges Maß zu dämpfen. Ein Genuß des Gaumens, fand er, stehe einem Genuß des Auges keineswegs nach, und die laute Trauer um die Schlachtung der Vögel, wie sie Matthias und die Knaben bezeigten, sei unrömisch, sei östliche Sentimentalität. Die Knaben schwiegen, aber sie brachten in Anwesenheit Lucias und Josefs die Angelegenheit nochmals zur Sprache. Josef fand, es sei seltsam, daß ein Römer nicht Scheu davor empfinde, das Fleisch eines Pfaus zu essen, eines Vogels, der doch der Göttin Juno heilig sei. Quintilian erklärte, es beweise wenig Sinn für die Realität, wenn man die Bedeutung einer Sache, die Idee einer Sache, mit der Sache selber verwechsle. Das sei so, wie wenn man das Papier eines Buches für etwas Heiliges hielte, weil große Dinge darauf geschrieben seien. Solche Gleichsetzung sei etwas dem sachlichen Römer völlig Fremdes. Quintilian, der große Redner und ausgezeichnete Stilist, blieb in der Debatte dem Josef überlegen, vor allem da es diesem verwehrt war, sich in seiner Muttersprache auszudrücken; er mußte seine Argumente in einer erst später erlernten Sprache verfechten.

Nach diesem Zwischenfall hatte sich Quintilian ernstlich überlegt, ob es nicht doch seine Pflicht sei, den Kaiser zu bitten, seine Zöglinge dem Einfluß des jungen jüdischen Herrn zu entziehen, der ihnen nicht förderlich sei; als er, aufatmend, den Brief des Kaisers erhielt mit der Weisung, sich mit den Prinzen auf dem Palatin einzufinden zum Zwecke der Adoption.

Auch der Lucia bereitete des Kaisers Vorsatz, die Zwillinge zu adoptieren, mehr Freude als Ärger. Zwar war es ihr leid, wenn sie daran dachte, daß die Knaben fortan in der wilden, kalten Luft des Palatin leben sollten, ständig in Gesellschaft des verquerten und römisch rigorosen Domitian. Andernteils freute sie sich ehrlich für die Knaben, daß D D D endlich seinen Entschluß wahr machen und sie so hoch hinaufheben wollte.

Übrigens wird man die Zwillinge auch auf dem Palatin schwerlich ganz von ihr und von Matthias fernhalten können, und sie wird auch weiter ihr möglichstes tun, die Knaben vor dem starren Lateinertum des Quintilian zu schützen. Davon abgesehen aber wird sie vermutlich eine gute Helferin haben. Denn wenn D D D die Kinder der Domitilla zu seinen Nachfolgern bestimmt, dann wird er sich wahrscheinlich auch bereit finden lassen, die Mutter aus der Verbannung zurückzuholen. Lucia liebte Domitilla ganz und gar nicht, im Gegenteile, die kalte Glut, die Verbissenheit der Domitilla war Lucia unangenehm. Doch Lucia war frei vom formalistischen Rechtsgefühl des flavischen Rom, es wollte ihr nicht gefallen, daß man die Meinungsfreiheit des einzelnen derart einschränkte, und sie war empört über die Vergewaltigung der Domitilla. Was eigentlich hatte Domitilla verbrochen? Sie hatte sich mit der Philosophie der Christen befaßt, das war alles. Sie war also verbannt lediglich aus einer willkürlich-heftigen Laune des Kaisers heraus. D D D muß sie zurückrufen, er muß einfach, sie, Lucia, wird ihn dazu bewegen.

Sie fühlte die Kraft in sich, ihn dahin zu bringen. Sie war sehr ehrlich von Wesen und konnte sich schwer verstellen. Sie konnte von D D D nichts erreichen, wenn er ihr zuwider war. Wenn sie sich indes von Wäuchlein angezogen fühlte, dann konnte sie ihm das unbefangen zeigen, und dann vermochte sie alles über ihn. In der letzten Zeit hatte sie sich gegen ihn zugesperrt, sein langes Schweigen hatte in ihr die Furcht reifen lassen, er bereite auf seine langsame und heimtückische Art einen Schlag gegen Josef und gegen Matthias vor. Sein Brief beruhigte sie. Im Grunde hatte sie sein Wesen immer angezogen, seine wilde Starrheit, sein Überstolz, seine verstiegene, verzerrte, verrenkte, überdimensionierte Tatkraft, das alles hatte sie von jeher gelockt. Auch war sie sich bewußt, daß er sie, im Grunde nur sie liebte. Der Brief also wärmte ihr das Herz, sie freute sich darauf, ihn zu sehen.

Mit Eifer bereitete sie ihre Reise nach Alba vor. Voll streitbaren Vergnügens dachte sie an die Auseinandersetzung mit Wäuchlein. Bestimmt wird sie durchsetzen, was sie sich vorgenommen hat. Erreichen will sie, daß den Zwillingen auch weiterhin der Weg zu ihr und zu Matthias offenbleibt, und erreichen will sie, daß Domitilla von ihrer balearischen Insel zurückgerufen wird.

Die ersten drei Tage ihres neuen Beisammenseins mit D D D in Alba waren ausgefüllt mit den feierlichen Zeremonien der Adoption. Es waren dies vor allem religiöse Feierlichkeiten, und man sah dem Kaiser an, wie tief er sich von ihnen ergreifen ließ. Seine Familie, das war ihm ein heiliger Begriff, der Altar seiner Familiengottheiten, der Herd mit der

Ewigen Flamme, der in seinem Atrium stand, das waren ihm keine leeren Symbole, sondern etwas Lebendiges, und daß er jetzt den Göttern seiner Familie junge Wesen zuführen konnte, die sie auch in Zukunft verehren würden, wühlte ihm das Innere auf; denn die Götter werden am Leben erhalten nur durch die Verehrung ihrer Gläubigen. Und er selber, der einmal einer dieser Götter seines Hauses sein wird, sicherte sich seine eigene Fortdauer nur dadurch, daß er die Verehrung seines Hausaltars sicherte. Diese Feier also war ihm etwas Lebenswichtiges, durch sie kam er in neue, lebendige Berührung mit seinen göttlichen Vätern. Die Worte der uralten, heiligen Formeln hatten ihm einen tiefen Sinn, und es war ihm kein leerer Rechtsakt, sondern greifbarer Ernst, als er die Knaben in seinen väterlichen Schutz nahm und ihnen ihre neuen Namen gab: Vespasian und Domitian. Er hatte damit die beiden Jünglinge verändert, sie zu neuen Wesen umgeschaffen. Er und sie hatten jetzt Verantwortungen und Verpflichtungen voreinander, eine unzerreißbare Kette band sie.

Er spürte vom ersten Augenblick an, daß Lucia freundwillig zu ihm gekommen war. Aber pedantisch, wie er war, schob er es auf später auf, sich mit ihr zu beschäftigen und seine Beziehungen zu ihr zu klären. Jetzt, in diesen Tagen der Adoption, waren seine Gedanken und Gefühle ausgefüllt mit ernsten, bedeutungsvollen, gleichnishaften Handlungen, die ihm keine Zeit frei ließen für anderes. Es waren glückliche, erhebende Tage, seine neuen Söhne, die jungen Löwen, gefielen ihm, das einzige, was ihn an ihnen störte, war die Wahrnehmung, wie sehr sie verbunden waren mit dem jüngsten Adjutanten der Kaiserin, mit Flavius Matthias.

Dann, nachdem die offiziellen Feierlichkeiten zu Ende gegangen und die zahlreichen Gäste abgereist waren, gab Domitian eine Familientafel. Anwesend waren außer den Zwillingen und ihrem Hofmeister nur Lucia und Matthias.

Der Kaiser fand natürlich, das richtigste wäre es, das Band zwischen seinen neuen Söhnen und dem jungen Juden sogleich und für immer zu zerschneiden. Warum er es nicht so hielt, warum er vielmehr Matthias sogar diesem vertrauten Kreise beigesellte, hätte er nicht genau angeben können. Sich selber sagte er, er tue es, um dem Sohn des Josephus einmal gründlich auf den Zahn zu fühlen; denn er hat nicht umhinkönnen, auf den ersten Blick zu erkennen, daß von dem Knaben viel Glanz ausging und große Magie und daß es also nicht ganz leicht sein werde, sein Bild in der Brust der Zwillinge auszulöschen. Wenn ihm das gelingen sollte, dann mußte er zuerst einmal diesen jungen Menschen gut studieren. Dann aber – doch diese weiteren Gründe gestand er sich nicht recht ein – zog er den Matthias auch deshalb bei, weil er nicht von vornherein Lucia und die Knaben verstimmen wollte. Vor allem aber geschah es aus List. Er wollte Matthias und den hinter ihm stehenden Gott Jahve in Sicherheit wiegen; denn soviel war klar: es war ein Trick des Gottes Jahve, daß er gerade diesen, mit soviel Reizen ausgestatteten jungen Menschen jenen beiden über den Weg geschickt hatte, die er, der Erzpriester Roms, zu den künftigen Herrschern des Reichs bestimmt hatte.

Matthias war während dieses Mahles an der Tafel des Domitian erfüllt von einem hohen Glück. In ihm standen Erinnerungen auf an Worte, die ihm seine Mutter oft gesagt hatte, wenn sie den Josef rühmte: er sei der Tischgenosse dreier Kaiser. Jetzt war er, Matthias, Tischgenosse dreier Kaiser, er, dem das Mädchen Caecilia gesagt hatte, er gehöre aufs rechte Tiberufer und werde als Hausierer enden.

Des Matthias Glück machte ihn noch strahlender als sonst. Er wirkte durch sein bloßes Wesen, durch sein lebendiges Gesicht, durch seine Bewegungen; seine junge und doch so männliche Stimme gewann alle, sowie er nur den Mund auftat. Der Kaiser wandte sich an ihn mehr als an die andern. Es waren aber in Domitian, während er mit dem jungen Günstling seiner Lucia sprach, Gefühle und Gedanken von mancherlei Art. Er fand Wohlgefallen an der natürlichen Anmut des Matthias, er hatte an ihm das gleiche Vergnügen wie etwa an der täppischen Possierlichkeit junger wilder Tiere in seinen Käfigen. Da er ein guter Beobachter war, entging es ihm auch nicht, wie sehr der Junge an Lucia hing, und er spürte ein bewußt lächerliches, doch darum nicht minder starkes Triumphgefühl bei dem Gedanken, daß er, Domitian, mit dieser Lucia schlief und nicht der junge, liebenswerte Schützling des Gottes Jahve.

Quintilian legte es darauf an, dem Kaiser die lateinische Bildung seiner Zöglinge vorzuführen. Die jungen Prinzen hielten sich wacker, ohne besondere Fähigkeiten an den Tag zu legen. Auch Matthias zeigte keinerlei Eigenheit, aber er brachte, was er zu sagen hatte, auf bescheidene und angenehme Art vor und bewies, daß er durchtränkt war von römischer Bildung. „Eines klugen Vaters kluger Sohn", anerkannte Domitian. Die Zwillinge übrigens verhehlten auch bei Tafel nicht, daß sie zu Matthias als zu einem überlegenen, begnadeten Wesen aufschauten, und das war für den Kaiser eine Art grimmiger Bestätigung. So war also seine Furcht begründet: der fremde Gott Jahve bediente sich mit tiefer List dieses Matthias, um sich wurmgleich in die Seelen der Jünglinge einzugraben.

Dann endlich nach aufgehobener Tafel war Lucia mit dem Kaiser allein. Sie waren in seinem Arbeitskabinett, das er mit dem spiegelnden Metall hatte verkleiden lassen. Sie sah es zum erstenmal. „Was hast du da für scheußliche Spiegel?" fragte sie. „Es ist", erwiderte er, „damit ich auch über dem Rücken Augen habe. Ich habe viele Feinde." Er schwieg ein wenig, dann fuhr er fort: „Aber jetzt habe ich vorgesorgt. Wenn mir etwas zustößt, dann sind jetzt wenigstens die jungen Löwen da. Ich freue mich, daß ich die Knaben adoptiert habe. Es gehörte Entschluß dazu, die Hoffnung auf Kinder von dir aufzugeben. Aber ich fühle mich leichter, seitdem ich weiß, daß mein Herd nicht erlöschen wird." – „Du hast recht", sagte verständig Lucia. „Aber", stieß sie geradewegs vor, „was mich stört, ist der Gedanke an Domitilla. Ich mag sie nicht, die dürre, pretiöse Frau, aber schließlich ist sie es, die die beiden geboren hat. Es gefällt mir nicht, sie auf der wüsten Insel im balearischen Meer zu wissen, während du ihre Söhne zu den Herrschern Roms erziehen willst."

Domitians Mißtrauen war sogleich rege geworden. Aha, sie wollte eine Bundesgenossin haben, um die Zwillinge für sich zu gewinnen. Er hatte Lust, scharf zu erwidern, doch sie gefiel ihm sehr, und er hielt an sich. „Ich will versuchen, meine

Lucia", begann er, „Ihnen die Gründe darzulegen, aus denen ich Domitilla fernhalten muß. Ich habe nichts gegen sie. Clemens und Sabin waren mir verhaßt, ich fand ihre Trägheit, ihre Lässigkeit, ihr ganzes Gehabe unrömisch, widerwärtig. Mit Domitilla ist es ein anderes. Sie ist eine Frau, niemand verlangt von ihr, daß sie sich im Staatsdienst betätige, auch hat sie etwas Zähes, Kräftiges, was mir eher zusagt. Aber es hat sich nun leider einmal in ihrem verquerten Kopf dieser Aberglaube der Minäer festgesetzt. An sich ist es vollkommen gleichgültig, was Flavia Domitilla glaubt oder nicht glaubt, und ich könnte es hingehen lassen. Aber es geht um die Knaben. Diese Knaben sollen unterrichtet werden von dem Hofmeister, den ich ihnen bestimmt habe, und von niemand sonst. Ich will nicht, daß Domitilla in ihrer Nähe sei. Ich will nicht, daß die harten, klaren Lehren, die mein Quintilian den Knaben beibringt, aufgeweicht und getrübt werden durch das alberne, weibische, abergläubische Gerede über den gekreuzigten Gott. Alles an dieser Lehre, der nun einmal Domitilla leider anhängt, ihre Weltabgewandtheit, ihre Wirklichkeitsfremdheit, ihre Indolenz gegen den Staat, das alles ist gefährlich für so junge Menschen."

Lucia beschloß, den Kampf aufzunehmen, zum Angriff vorzugehen. Das kühne, helle Gesicht geradezu drohend auf ihn gerichtet, fragte sie: „Und halten Sie es auch für eine Gefahr, wenn die Knaben mit mir verkehren?" Der Kaiser zögerte. Er hätte ja sagen müssen, es wäre seine Pflicht vor Jupiter und Rom gewesen, ja zu sagen. Aber das nahe Antlitz der Frau, die er liebte, verwirrte ihn, er schwankte. Er suchte ihr Gesicht zu vermeiden, er kehrte den Blick ab, doch in dem spiegelnden Metall ringsum begegnete ihm ihr Gesicht immer wieder. Lucia, sein Zögern wahrnehmend, fuhr fort: „Daß ich's Ihnen offen gestehe, ich finde Ihren Quintilian reichlich ledern. Ich halte es für sehr notwendig, daß ab und zu ein frischerer Wind um die Knaben weht." Domitian hatte sich eine Antwort zurechtgelegt. „Selbstverständlich", sagte er galant, „habe ich nichts dagegen, daß auch meine jungen Löwen sich Ihrer Nähe erfreuen, meine Lucia. Aber nicht wünsche ich, daß etwa Ihr Matthias sie mit seinen Überzeugungen anstecke oder gar der Jude Josephus mit seinem sentimentalen Gewäsch über die Lasterhaftigkeit des Genusses von Pfauenpastete."

Lucia ärgerte sich, daß also der stolze Römer Quintilian nicht Würde genug hatte, den Mund zu halten, sondern Matthias und seinen Vater sogleich verpetzen mußte, als wäre er ein Spitzel des Norban. Aber sie nahm die Worte D D Ds als Zugeständnis, zumindest wird er den Zwillingen den Umgang mit ihr selber nicht verwehren. „Es ist freundlich von dir", anerkannte sie, „daß du wenigstens mir nicht vorschreiben willst, wen ich sehen darf und wen nicht." Weiter aber beharrte sie nicht auf diesem heiklen Gegenstand, sondern sie trat nah an ihn heran, strich ihm über das spärliche Haar und sagte: „Ich muß dir ein Kompliment machen, Wäuchlein. Du hast nicht verloren dadurch, daß ich dich längere Zeit nicht sah, im Gegenteil, du bist erfreulicher, als ich dich in Erinnerung hatte." Domitian hatte sich gesehnt nach ihrer Berührung; er mußte an sich halten, um nicht heftiger zu atmen. Sie schmeichelt mir, dachte er, sie tut mir schön, ich muß fest bleiben, ich darf mich nicht herumkriegen lassen. „Ich danke Ihnen", sagte er etwas steif.

Lucia, von ihm ablassend, wurde sachlich. Sie dachte laut nach: „Gibt es denn kein andres Mittel, den Knaben diese Lehre fernzuhalten als die Verbannung ihrer Mutter? Lenkt man nicht gerade durch so drastische Maßnahmen das Augenmerk der Zwillinge ständig auf die Schuld der Mutter, also gerade auf das, was man ihnen fernhalten möchte, und von alledem abgesehen, wird es nicht der Stadt und dem Reich befremdlich erscheinen, daß man die Zwillinge so erhöht, die Mutter aber weiter auf ihrer balearischen Insel beläßt? Tut das nicht dem Ansehen Ihrer jungen Löwen Eintrag? Und verbiegt es nicht die Seelen der Knaben, die Sie doch gerade haben wollen?"

„Ich hätte nie vermutet", sagte bösartig der Kaiser, „daß Domitilla in Ihnen eine so warme Freundin hat." – „Domitilla ist mir vollkommen gleichgültig!" wiederholte heftig Lucia. Doch sogleich hatte sie sich wieder in der Gewalt und änderte Wesen und Stimme. „Es ist allein um Ihretwillen, Wäuchlein", sagte sie, „daß ich Ihnen rate, Domitilla zu begnadigen. Sie haben sich auch“, scherzte sie, „lange bitten lassen, ehe Sie mich aus der Verbannung zurückriefen. Und haben Sie es bereut? Treten Sie sich nicht selber zu nahe!“ bat sie. „Sie haben die Knaben adoptiert, das ist großartig. Aber wenn Sie Ihre Tat nicht ergänzen durch die Rückberufung der Domitilla, bringen Sie sie um ihre Wirkung. Niemand weiß besser als ich, wie oft und sehr Sie verkannt werden. Verhüten Sie es, daß Ihre Verdienste um die Zwillinge mißdeutet werden durch den Gedanken an die Mutter! Rufen Sie Domitilla zurück!“

Domitian vermied es, ihr zu antworten. Mit seinen kurzsichtigen Augen schaute er sie auf und ab, und: „Sie sind sehr schön“, sagte er, „wenn Sie sich für eine Sache ereifern.“ Lucia indes ließ ihn nicht. „Begreifen Sie“, sagte sie leise, mit dringlicher, zutunlicher Stimme, „daß ich mich Ihrethalb ereifere?“ Wieder war sie ganz nahe an ihm, und, den Arm um seine Schulter, bat sie: „Wollen Sie nicht Domitilla zurückrufen?“

„Ich will es überlegen“, wich Domitian unbehaglich aus. „Ich verspreche Ihnen, die Sache ernsthaft mit Quintilian zu überlegen.“ – „Mit dem Ledernen“, tat Lucia den großen Stilisten unmutig ab. „Überlegen Sie es mit mir!“ bedrängte sie ihn. „Aber nicht hier! Hier, zwischen Ihren scheußlichen Spiegeln kann man ja nicht denken. Kommen Sie zu mir! Schlafen Sie bei mir und überlegen Sie sich's!“ Und sie entfernte sich, ohne ihm Zeit zu einer Antwort zu lassen.

Er beschloß, sie vergebens warten zu lassen. Nein, er wird nicht kommen. Sie will Bezahlung von ihm dafür, daß sie sich von ihm beschlafen läßt. Nein, meine Liebe, das denn doch nicht! Er pfeift vor sich hin, ein Couplet, das zur Zeit im Schwang ist. „Auch ein Kahlkopf kann ein schönes Mädchen haben, / Wenn er Geld genug dafür bezahlt.“ Norban hat daran gedacht, das Couplet zu verbieten, aber das hat er nicht zugelassen. Nein, er wird nicht zu Lucia gehen.

Eine halbe Stunde später war er bei ihr.

Doch selbst im Bett konnte sie von ihm nur ein verklausuliertes Versprechen erhalten. Wenn Domitilla keinen Versuch macht, sich in die Erziehung der Knaben einzumischen, dann, das sicherte er ihr zu, werde er sie zurückrufen.

Im übrigen hatte Lucia, als sie mit ihm schlief, das Gefühl, den Josef mit ihm zu betrügen, wiewohl oder vielleicht gerade weil sie sich des Josef enthielt. Zum erstenmal in ihrem Leben spürte sie dergleichen. War es der Einfluß des Josef? Das also war die „Sünde", von der sie soviel gehört hatte. Beinahe freute sie sich, nun also auch diese Dinge, Gewissen, Sünde, kennengelernt zu haben.

Als Lucia nach Bajae zurückgekehrt war, schloß sich der Kaiser in sein Arbeitskabinett ein, um zu überdenken, was er nun gesichert und was er preisgegeben habe.

Er hat sie jetzt in seiner Hut, seine neuen Söhne, welche seine Familie fortsetzen und seinen römischen Gedanken für die Zukunft wahren sollen. Aber ganz gesichert hat er sie noch nicht vor dem Gift Jahves. Er hätte Lucia dieses Versprechen nicht geben dürfen, Domitilla zurückzurufen. Wenigstens hat er Besinnung genug gewahrt, sich Frist zu lassen. Er wird sein Versprechen halten, er steht, der Erzpriester, Eidschützer, zu seinem Wort. Aber erst muß Domitilla sich bewähren. Erst muß sie beweisen, daß sie Ruhe hält, daß sie sich nicht einmischt in die Erziehung seiner jungen Löwen. Das dauert seine Zeit.

Lucia hat Bezahlung gefordert, er hat sie bezahlt für ihre Umarmung, das war schwach und schamlos. „Auch ein Kahlkopf kann ein schönes Mädchen haben, / Wenn er Geld genug dafür bezahlt." Ingrimmig pfeift er es vor sich hin. Aber trotzdem: Lucia liebte ihn, das war keine Frage. Wenn er an das Feuer dachte, mit dem ihre Umarmungen ihn erfüllt hatten, dann schienen ihm alle andern Frauen talentlose Huren. Lucia aber war lebendig, sie war ein glühender Mensch, sie war die Frau, die zu ihm, dem Gott, gehörte, und sie liebte ihn.

Doch wenn sie auch römisch war durch und durch, ganz heil und unberührt hatte sie sich nicht halten können. Etwas von dem Gift dieses Jahve stak auch in ihr. Wiewohl sie vermutlich lachte über das meiste, was dieser Jude Josef und sein

Sohn ihr einzuflüstern suchten, ihnen ihr Ohr ganz zu verschließen, hatte sie nicht vermocht. Jahve, dieser schlaue, tükkische, rachsüchtige Gott, hatte sich aber auch Gesandte ausgesucht, wie sie sich besser nicht denken ließen. Dieser Knabe Matthias! Domitian sah ihn im Geiste vor sich, die brennenden, fliegenden und dennoch heitern und unschuldigen Augen, er hörte seine junge, tiefe Stimme. Wenn er, Domitian, ein Knabe wäre, er selber hätte sich diesem Matthias nicht entziehen können. Geschweige denn die Zwillinge.

Kein einziges Mal zwar, seitdem sie jetzt mit ihm zusammenleben, haben sie ihm von Matthias gesprochen. Aber Domitian ist argwöhnisch; wahrscheinlich hat Lucia ihnen eingeschärft, sie sollten den Namen des Matthias vorläufig nicht erwähnen. Sie rechnet wohl damit, daß sie, erst wieder in der Nähe, die Bande schon werde neu knüpfen können zwischen seinen jungen Löwen und ihrem jungen Juden.

Lucia hängt sehr an ihm, an diesem ihrem Adjutanten Flavius Matthias. Nicht als ob in dieser Neigung irgend etwas wäre von verbrecherischer Leidenschaft. Der Kaiser hat scharf beobachtet. Es ist einfach der Glanz des Jünglings, der Lucia anzieht, sie spürt für ihn die Zärtlichkeit einer Mutter, einer ältern Schwester.

Wie aber steht es zwischen ihr und Josef? Unsinn! Josef ist ein ausgemergelter, abgetakelter Mann an der Schwelle des Alters. Es ist lächerlich, unsinnig, unvorstellbar, daß Lucia, die römische Kaiserin, sich aus den Armen eines Domitian in die Arme dieses Juden stürzen sollte. Nichts ist zwischen Lucia und diesem Josef als die etwas sentimentale und versnobte Freundschaft einer gebildeten Dame zu einem berühmten Schriftsteller.

Hier ist Enthaltsamkeit, Enthaltsamkeit von ihr zu ihm und von ihm zu ihr. Er selber aber, Domitian, hat nicht widerstehen können, er ist vor Lucia schwach geworden durch Gier, durch Sinnenlust. Er hat sich von seiner Frau, der Kaiserin, der Römerin, der Hure, das Versprechen ablisten lassen, Domitilla zurückzurufen. Er hat sich versündigt gegen seine neuen Söhne, er hat seine Pflicht gegen Jupiter und die Götter seines Hauses verabsäumt.

Er muß es gutmachen. Er muß den Feind und seine Brut aus dem Weg räumen, den Josef, der es gewagt hat, ihn zu verhöhnen, ihm die Verse vom Mut ins Gesicht zu schleudern, und diesen Matthias, den Davidssprossen, den Anwärter auf die Weltherrschaft, den Schützling des östlichen Gottes.

Freilich, seitdem er den Jungen an seinem Tisch gehabt hat, scheint ihm diese Aufgabe noch schwerer. Er muß den Jungen beseitigen, doch wie soll er das anstellen, ohne den berechtigten Groll des östlichen Gottes auf sich herabzuziehen?

Um diese Zeit suchte Messalin den Kaiser auf, der einzige, der ihm geblieben war, der einzige, bei dem er sich noch Ohr und Herz leihen konnte für seine Sorgen.

Es war der erste ganz heiße Tag. Südwind war und schwüle Luft; ganz aussperren ließ sich die Schwüle nicht einmal aus dem verdunkelten, mit Kunst gekühlten Gemach, in welchem Domitian den Messalin empfing. Schwer drangen die Gerüche des Gartens herein, ein Springbrunnen plätscherte, gleichmäßig und sänftigend begleitete sein Geräusch das Gespräch der Männer.

Der Kaiser kam zurück auf seine Begegnung mit den Davidssprossen; er sprach von Einzelheiten dieser Begegnung mit ironischem Wohlwollen. „Die Juden“, schloß er, „können nicht viel Ehre einlegen mit ihren Prätendenten. Kannst du dir zum Beispiel vorstellen, daß so ein alter, ausgedörrter Schriftsteller wie unser Josephus als Messias gute Figur machen würde? Ein Mensch, der nicht einmal ordentlich Griechisch kann?“

In das stille Plätschern des Springbrunnens hinein klang die sanfte Stimme des Blinden: „Allein dieser Josephus soll einen Sohn haben, gut anzuschauen und auch innerlich wohlgebildet.“

Es erschreckte den Kaiser, daß also auch in dem andern, wenn nur die Rede auf diesen Gegenstand kam, sogleich die nämlichen sorgenvollen Gedanken auftauchten wie in ihm selber. „Er ist ein hübscher Junge, der Knabe Matthias“, gab er zu, zögernd. Mit einer kleinen Angst wartete er auf die Antwort des Messalin. Eine kurze Weile, ihn aber dünkte sie lang, war nichts im Raum als der gleichmäßige Fall der Wasserstrahlen. Dann endlich, in seiner wohlabgewogenen, höflichen Art, sagte Messalin: „Der Himmel hat mir das Augenlicht genommen. Der Herr und Gott Domitian aber hat gute Augen, und er kann beurteilen, ob dieser Knabe Matthias Anmut genug hat, um, da er ein Sproß jenes David ist, die Ruhe und Sicherheit der Provinz Judäa zu gefährden."

„Du sprichst von Dingen", erwiderte der Kaiser und dämpfte seine schrille Stimme so, daß sie beinahe übertönt wurde von dem Springbrunnen, „die anzurühren nicht unbedenklich ist." Er setzte an, er schluckte, dann entschloß er sich und teilte dem andern sein Geheimnis mit. „Ich habe mit dem Gott Jahve eine Art Waffenstillstand geschlossen", flüsterte er. „Ich will nicht eingreifen in seine Entscheidungen. Ich will ihn nicht reizen", und, lauter, fast großartig: „Es soll niemand deshalb gefährdet sein, weil er dem Gotte Jahve angenehm und von ihm ausersehen sein könnte." Da war es also heraus; sein Herz schlug so, daß er sorgte, der andere würde es trotz des Springbrunnens hören. Ob Messalin ihn verstanden hat? Er fürchtete sich davor, er sehnte sich danach. Gespannt wartete er auf die Antwort des Blinden.

Da kam sie. „Die Gedanken des Herrn und Gottes Domitian", sagte er ehrerbietig und dennoch sehr gleichmütig, „sind so erhaben, daß ein Sterblicher sie nie ganz begreifen, daß er sie höchstens ahnen kann. Wir sehen nur Flavius Josephus und Flavius Matthias, Menschen aus Fleisch und Blut. Der Gott Domitian erkennt, was hinter ihnen steht."

Es hatte den Domitian verdrossen, daß ihn Norban durchschaute; daß ihn Messalin begriff, war ihm eine Genugtuung. Der Blinde war ein fast ebenbürtiger Geist. Auf wie feine Art hatte er in Worte gefaßt, was er, Domitian, spürte. Ja, die Ahnung des Blinden kam nah heran an seine eigene, hohe, den übrigen verborgene Wirklichkeit. „Du bist sehr weise, mein Messalin", sagte er, und jetzt klang seine Stimme laut und befreit, „und du bist mein Freund. Im Grunde bist du mein einziger Freund. Vielleicht ist es deshalb, daß du so weise bist. Genauso, wie du es gesagt hast, liegen die Dinge. Es sind leider keine Menschen, gegen die ich zu kämpfen habe, es ist der Gott. Stünde nicht der Gott hinter ihnen, mit dem Hauch meines Mundes bliese ich sie weg. Da du mich so gut begriffen hast, mein Messalin, so begreifst du bestimmt auch dies. Denke nach darüber, denke gut nach und gib mir einen Rat!"

Wieder war eine lange Weile nichts im Raum als der Springbrunnen. Erregt wartete Domitian, voller Zuversicht. Er war gewiß, der Gute, Getreue wird ihm einen Rat wissen. Da begann denn auch Messalin zu sprechen. Sehr behutsam führte er aus: „Er ist ein Davidssproß und also dein Gegner. Du aber schonst ihn und hassest ihn nicht an, weil er als Davidssproß ein Schützling des Gottes Jahve ist und du nichts zu tun haben willst mit diesem Gotte Jahve. Hab ich die Weisheit meines Herrn und Gottes recht begriffen?" – „Du hast es", erwiderte Domitian. „Wie aber", fuhr Messalin fort, „wenn der Davidssproß Handlungen unternähme gegen die Sicherheit des Kaisers oder des Reichs? Würdest du ihn auch dann schonen, Kaiser Domitian, bloß weil er ein Davidssproß ist?" Der Kaiser hatte scharf aufgemerkt. „Du meinst, dann könnte ich ihn bestrafen?" fragte er. „Das Verbrechen", antwortete Messalin, „daß er ein Davidssproß ist, kannst du nicht bestrafen, denn es ist ein Verbrechen des Gottes Jahve, mit dem du keinen Streit haben willst. Aber jedes andere Verbrechen des Josephus oder des Matthias könntest du bestrafen, denn es wäre das Verbrechen eines Menschen und ginge deinen Streit mit dem Gotte Jahve nichts an. Das ist die Meinung eines gemeinen Sterblichen", fügte er ehrerbietig hinzu. „Es steht bei dem Gotte Domitian, darüber zu befinden, ob sie schlüssig ist oder nicht."

„Dem Jahve bin ich es schuldig", rekapitulierte heiser Domitian, „seinen Davidssprößlingen ihre Existenz hingehen zu lassen. Dem Jupiter aber bin ich es schuldig, diejenigen zu bestrafen, die sich gegen ihn und gegen mich vergehen. Du bist sehr klug, mein Messalin. Du hast ausgesprochen, was ich selber schon gedacht habe."

Der Blinde hielt den Kopf sehr weit vorgeneigt, um die Worte des Kaisers einzutrinken. Eine fast wollüstige Erregung war in ihm. Das ist ein Meisterstück, das er da vollbringt. Man kann blind sein und dennoch ganz genau sehen, welche Schleuse man öffnen muß, damit eine große Flut entfesselt werde. Domitian hat seine Worte in sich aufgenommen. Jetzt wird über eine Reihe von Menschen eine große Flut Unheils hereinbrechen, und er selber in seiner Dunkelheit wird sich daran freuen, daß er es war, der das alles gemacht hat. „Ich danke dem Herrn und Gott Domitian", sagte er ehrfürchtig, „daß er mich hat hineinschauen lassen in das tiefe und vielfältige Getriebe seiner weisen und maßvollen Gedanken."

„Du bist ein ebenso weiser wie treuer Mann, mein Messalin", erwiderte Domitian. „Du bist es wert, die Faust zu meinen Gedanken zu sein." Und er entließ ihn in großer Huld.

Als der Abend herabsank und es kühler wurde, stand der Kaiser vor seinen Tierkäfigen. Herrlich wäre es, wenn der Knabe Matthias schuldig würde! Herrlich wäre es, wenn er, Domitian, Anlaß hätte, den Knaben zu bestrafen! Herrlich wäre es, wenn der Knabe nicht mehr in der Welt wäre! Die Erinnerung an die tiefe Stimme des Knaben peinigte den Kaiser mehr als je die Erinnerung an die schmetternde Stimme seines Bruders Titus.

Es wäre ein schwerer Schlag für den Juden Josephus, wenn er diesen seinen begnadeten Sohn verlöre. Er wird zu Lucia laufen, er wird heulen und jammern. Der Kaiser Domitian stellte sich vor, wie der Jude Josef heulen und jammern wird, es war keine unangenehme Vorstellung. Herrlich war es, daß geschickte Hände am Werk waren, ein Netz zu spinnen für diesen hübschen und wohlgebildeten Knaben Matthias, den Davidssprossen!

Der Kaiser sah, daß die Tiere unter der Hitze litten, und ordnete an, man solle ihnen Wasser bringen.

Bald darauf geschah es, daß Lucia ihren Adjutanten Matthias mit einer Sendung beauftragte, die ihm viel Freude machte.

Die Stadt Massilia, deren Schutzherrin Lucia war, hatte ihr ausgesucht schönen, edel gearbeiteten Korallenschmuck übersandt, und die Kaiserin wünschte, der Stadt ein würdiges Gegengeschenk zu machen. Matthias sollte dieses Geschenk überbringen und bei dieser Gelegenheit noch einige kleinere

Aufträge ausführen, die man nur von Vertrauten erledigen ließ. Er sollte versuchen, den alten Charmis, den Augenarzt der Kaiserin, der infolge seines hohen Alters die Reise nach Bajae scheute, zu bewegen, nun doch nach Bajae zu kommen. Dann sollte Matthias Lucia gewisse Kosmetiken beschaffen, die man nur in Massilia in der Qualität herstellte, die die Kaiserin wünschte. Schließlich noch gab sie ihm ein Schreiben mit, das er in Massilia einem Vertrauten übergeben sollte, damit dieser es übers balearische Meer weiterbefördere.

Matthias war glücklich und kam sich sehr wichtig vor. Vor allem freute es ihn, daß die Reise zur See stattfinden sollte, und auf Lucias Privatjacht „Blaue Möwe". Da Lucia daran lag, daß ihr Auftrag in Eile erledigt werde, beschränkte sich Matthias darauf, von seinem Vater brieflich Abschied zu nehmen; Josef war, um nicht durch einen überlangen Aufenthalt in Bajae Aufsehen zu erregen, nach Rom zurückgekehrt. Des Vaters Antwortschreiben erreichte den Matthias gerade noch, bevor die Jacht in See ging. Josef bat ihn, sich in Massilia umzuschauen nach einem möglichst guten und getreuen Exemplar der „Seekunde" des Pytheas von Massilia, die gewöhnlich nur in verderbten Abschriften aufzutreiben war.

Konnte er seinen Vater nicht mehr sehen, so erlaubte ihm doch ein freundlicher Zufall, sich von dem Mädchen Caecilia zu verabschieden. Matthias hatte Caecilia eine lange Weile nicht gesehen. Sie geradezu zu suchen, hätte er sich ein wenig vor sich selber geschämt; immerhin hatte er sich oft an jenen Orten herumgetrieben, wo er sie hätte treffen können, sie hatte übrigens das gleiche getan. Auf alle Fälle strahlten beider Gesichter auf, als sie am Tage, bevor er abreisen sollte, nun wirklich aufeinander stießen.

Caecilia gab sich spitz und ein wenig höhnisch wie immer. „Da haben Sie also einen ehrenvollen Auftrag, mein Matthias", sagte sie. „Sie sollen der Herrin Lucia Parfüms beschaffen. Aber ich nehme an, das würde ihr leibeigener Friseur auch zustande bringen, und vielleicht besser als Sie." Matthias schaute dem hübschen Mädchen freundlich in das glatte Gesicht und sagte gelassen: „Warum reden Sie eigentlich solchen Unsinn, Caecilia? Sie wissen doch sehr gut, daß ich natürlich nicht nur wegen der Parfüms nach Massilia gehe." – „Es sollte mich wundern", beharrte streitbar Caecilia, „wenn es wirklich um Wichtigeres ginge. Denn Sie haben einiges gelernt von Ihren Pfauen und pflegen ziemlich laut zu sein, wenn Sie Ihren Glanz zeigen können." Matthias, immer mit der gleichen Gelassenheit, antwortete: „Muß ich wirklich vor Ihnen prahlen, Caecilia? Muß ich mich wirklich vor Ihnen dessen rühmen, daß mich die Kaiserin gern sieht?" Er ging näher an sie heran; mit seinen jungen, tiefen, unschuldigen Augen schaute er ihr dringlich ins Gesicht, und: „Wenn ich der Niemand wäre", sagte er, „als den Sie mich so gern hinstellen, würden dann Sie selber so häufig mit mir zusammen sein? Lassen Sie uns ernsthaft reden, Caecilia. Mein Geschäft in Massilia, so unbedeutend es sein mag, wird mich eine gute Weile von Ihnen fernhalten. Lassen Sie mich das Bild einer Caecilia mitnehmen, wie sie in ihren besten Stunden ist." Und, ganz nah an ihr, die tiefe Stimme dämpfend und doch voll heißen Überschwangs, ließ er es aus sich herausbrechen: „Caecilia, du bist herrlich! Was für ein liebenswertes Gesicht du hast, wenn du es nicht ins Höhnische und Boshafte verzerrst!" Caecilia spielte die Ungläubige. „Das sind ja alles nur Worte", sagte sie kokett. „Du liebst ja doch nur sie, die Kaiserin." – „Wer müßte sie nicht lieben", gab Matthias zu. „Aber was hat das zu tun mit uns beiden? Die Kaiserin verehre ich, ich liebe sie, wie ich meinen Vater liebe. Das heißt", verbesserte er sich ehrlich, „ganz so ist es nicht. Aber ähnlich ist es. Dich, Caecilia ..." – „Ich weiß schon", unterbrach ihn eifersüchtig, etwas töricht Caecilia, „mich verehrst du nicht. Über mich machst du dich lustig. Ich bin ein kleines, dummes Mädchen. Ihr Juden seid ja alle so stolz und eingebildet. Bettelstolz seid ihr."

„Reden wir jetzt nicht von Juden und Römern!" bat Matthias. „Bitte, bitte, Caecilia." Er nahm ihre Hand, eine weiße, kindliche Hand, er küßte die Hand, küßte ihren bloßen Arm. Sie wehrte sich, aber er ließ nicht ab, er war viel größer als sie, er umfaßte sie, beinahe hob er sie hoch, sie sträubte sich, aber dann, ganz plötzlich, wurde sie schlaff und erwiderte seine Küsse. „Geh jetzt nicht fort, Matthias!" bat sie mit einer kleinen, zerdrückten Stimme. „Laß einen andern die Parfüms holen! Schick einen andern Juden!" – „Ach Caecilia!" war alles, was Matthias erwiderte, und er umfaßte sie heftiger, begehrlicher. Erst ließ sie es zu, dann, mit einem, entzog sie sich ihm. „Wenn du zurück bist", versprach sie, und: „Komm bald zurück!" drängte sie.

Kurze Zeit darauf ließ sich Messalin von neuem in Alba melden. Er überbrachte dem Kaiser die Abschrift eines Briefes.

Es lautete aber der Brief folgendermaßen: „Lucia an ihre Domitilla. Sie werden, meine Teure, gehört haben von dem Glück, das Ihren liebenswerten Söhnen widerfahren ist. Vielleicht aber werden Sie, daran denkend, daß die Knaben nun ausschließlich auf dem Palatin und in Alba zu Hause sein werden, über dieses Ereignis keine ganz reine Freude empfunden haben. Ich schreibe Ihnen, um Sie von dieser Sorge zu befreien. Ich versprach Ihnen seinerzeit, daß Ihre Knaben nicht allzu lateinisch werden sollen, und ich werde alles tun, was ich kann, um zu verhüten, daß ihre Herzen in der strengen Luft des Palatin eintrocknen. Im übrigen, meine Domitilla, hoffe ich mit Grund, daß nach der Adoption der Knaben Sie selber bald zurückberufen werden. Nur bitte ich Sie um *eines*: unterlassen Sie jeden Versuch, von Ihrer Insel aus auf das Schicksal der Knaben einzuwirken! Halten Sie sich vielmehr, Liebe, vollkommen still, sorgen Sie sich nicht um Ihre Söhne, auch wenn sie jetzt Vespasian und Domitian heißen! Vertrauen Sie Ihrer Lucia und leben Sie wohl!"

Der Kaiser las den Brief langsam und genau. Ein ungeheurer Grimm faßte ihn. Er war erzürnt nicht etwa deshalb, weil Lucia hinter seinem Rücken mit Domitilla zettelte, das hatte er nicht anders erwartet, ja vielleicht hatte er's gewünscht. Was ihn empörte, das war vielmehr jener Satz von den „Herzen, die in der strengen Luft des Palatin eintrocknen". Das wagte Lucia zu schreiben, sie, die ihn kannte. Das wagte Lucia zu schreiben nach den Nächten, die sie mit ihm verbracht hatte.

Er las den Brief mehrere Male. „Hat der Herr und Gott Domitian das Schriftstück gelesen?" fragte schließlich mit seiner sanften, gelassenen Stimme der Blinde. Der Kaiser, in kalter Wut, fragte zurück: „Warum hast du mir den Wisch gebracht? Willst du Lucia bei mir anschwärzen? Wagst du es zu behaupten, das, was auf diesem dreckigen Papier steht, seien Worte meiner Lucia?" – „Ich habe", erwiderte mit seiner gleichmäßigen Stimme Messalin, „Eurer Majestät diese Briefabschrift nicht gebracht, weil ich die Person verdächtigen wollte, die den Originalbrief geschrieben hat oder geschrieben haben könnte. Aus einer Unterredung aber, deren mich Eure Majestät unlängst würdigten, wagte ich zu schließen, der Herr und Gott Domitian habe ein gewisses Interesse an dem Boten, der es übernommen hatte, die Urschrift dieses Briefes seiner Adressatin zuzuschmuggeln."

Domitian trat ungestüm an Messalin heran und sah ihm mit so gespannter Frage ins Gesicht, als könnte der Blinde seinen Blick wahrnehmen. Freudige Ahnung hob ihn. „Wer ist dieser Bursche?" fragte er, und: „Der jüngste Adjutant der Kaiserin, Flavius Matthias", erwiderte Messalin.

Domitian atmete stark, befreit. Doch er bemühte sich, seine tiefe, frohe, schmähliche Genugtuung nicht zu verraten. „Was haben Sie mit der Urschrift gemacht?" fragte er sachlich den Messalin. „Die Urschrift", gab dieser Auskunft, „ist nur eine kleine halbe Stunde in unsern Händen geblieben, gerade Zeit genug, daß wir sie ordentlich kopieren konnten. Dann, ohne daß der junge Matthias etwas hätte merken können, haben wir sie ihm wieder zugesteckt. Der Brief ist weitergegangen auf der Jacht ‚Blaue Möwe', wie es vorgesehen war, wahrscheinlich ist der Brief jetzt auf dem Weg nach der balearischen Insel, vielleicht ist er schon da."

Domitian, und jetzt kippte ihm die Stimme über, fragte: „Und dieser Matthias? Die Kaiserin hat ihn nach Massilia geschickt, wenn mir recht ist. Wo ist er jetzt, dieser Matthias?" – „Der junge Flavius Matthias", berichtete Messalin, „ist von Ihrer Majestät mit vielen kleinen Aufträgen beehrt worden. Er hat sich nach gewissen kosmetischen Mitteln umzutun, er hat den großen Augenarzt Charmis aufzusuchen und ihn womöglich mitzubringen, er hat in Massilia vielerlei zu besorgen. Ich war der Meinung, die Geschäfte der Kaiserin verlangten größte Gewissenhaftigkeit und Umsicht, und habe dafür Sorge getragen, daß Flavius Matthias in Massilia lange zu tun haben wird."

„Interessant, mein Messalin, sehr interessant", sagte der Kaiser, die Stimme etwas abwesend, wie es dem Messalin schien. „Massilia", sprach Domitian weiter vor sich hin, und immer mit der gleichen abwesenden Stimme hielt er einen kleinen, nicht recht zur Sache gehörigen Vortrag über die Stadt Massilia. „Eine interessante Siedlung", erklärte er, „und wohlgeeignet, einen jungen, wißbegierigen Herrn längere Zeit festzuhalten. Sie hat Gallien gräzisiert, meine gute Stadt Massilia, es gibt dort schöne Tempel der ephesischen Artemis und des delphischen Apollo. Es ist eine reine, unverfälschte Insel des Griechentums inmitten einer barbarischen Umwelt. Auch gibt es dort, wenn ich mich recht erinnere, interessante altertümliche Bräuche", und so plapperte er eine Weile ziemlich sinnlos weiter.

Messalin aber antwortete nicht. Er wußte genau, der Kaiser wollte keine Antwort haben, der Kaiser wollte nur seine Gedanken verbergen, und diese Gedanken waren bestimmt nicht bei den merkwürdigen Bräuchen der Stadt Massilia.

So war es denn auch, des Kaisers Gedanken waren, während er seinen Vortrag hielt, weitab von der Stadt Massilia. Lucia, dachte er vielmehr, Lucia. Ich habe ihr soviel geopfert, ich habe mich versündigt an Jupiter und an meinen neuen Söhnen ihrethalb, ich habe ihr die Rückrufung dieser Domitilla versprochen, und so lohnt sie es mir. Auf dem Palatin und in meiner Nähe trocknen die Herzen aus, schreibt sie. Und plötzlich, ziemlich abrupt, unterbrach er sich und begann vor sich hin zu pfeifen, höchst unmelodisch und mangelhaft, und der erstaunte und amüsierte Messalin erkannte die Melodie, es war jenes Couplet aus der letzten Posse: „Auch ein Kahlkopf kann ein schönes Mädchen haben, / Wenn er Geld genug dafür bezahlt."

Nach wie vor dachte Messalin nicht daran, des Kaisers Gedanken zu stören. Der aber wachte plötzlich aus seinen Betrachtungen auf, er hatte sich gehenlassen, er hatte sich versinken lassen. Nur gut, daß ihm der Blinde wenigstens nichts vom Gesicht ablesen konnte. Er riß sich zusammen, und als wäre nichts geschehen, als wäre keine Pause und kein langes Schweigen gewesen, sagte er sachlich: „Bist du deiner Sache ganz sicher?" – „Ich habe keine Augen, zu sehen", antwortete Messalin, „aber soweit ein Blinder sicher sein kann, bin ich sicher."

Bestimmt weiß dieser Messalin, wie sehr ihn, den Domitian, seine Nachricht mitnimmt, er sieht, wenngleich er blind ist, tief in ihn hinein, noch viel tiefer und gefährlicher als Norban, doch merkwürdigerweise hat der Kaiser vor Messalin auch nicht das leiseste Gefühl von Haß und Unterlegenheit. Nein, er ist ihm dankbar, er ist ihm ehrlich dankbar, und: „Das hast du sehr gut gemacht", anerkennt er auch, „und ich danke dir."

Messalin entfernte sich, im Tiefsten befriedigt. Domitian, allein, dachte über das Vernommene nach. Merkwürdigerweise verspürte er keinen rechten Groll gegen Lucia, im Gegenteil, er war ihr beinahe dankbar um das, was sie da angerichtet hatte. Denn jetzt läßt sich nicht mehr feststellen, ob sich Domitilla in die Angelegenheit seiner jungen Löwen eingemischt hätte, und ein solcher Beweis ihrer Loyalität war die Voraussetzung seines Versprechens, ihre Verbannung rückgängig zu machen. Aus dem Schreiben der Lucia erhellt geradezu, daß auch Lucia der von ihr begünstigten Domitilla die Absicht zutraute, die Knaben gegen seinen, des Kaisers und Zensors, Willen zu beeinflussen. Damit aber ist er seines Versprechens enthoben, vor Lucia, vor sich selber, vor den Göttern. Und was Lucia selber anlangt, so wird er, was sie da gegen ihn unternommen hat, nicht vergessen, aber er wird die Regelung dieser Sache zurückstellen. Lucia ist nun einmal, wie sie ist, sie trägt in einem gewissen Sinne keine Verantwortung. Eher bereitete das Bewußtsein, sie zu schonen und in seinem Innern jederzeit Argumente gegen sie vorrätig zu haben, ihm eine gewisse Freude. Er wird ihr nicht einmal sagen, was er von ihr weiß. Er wird diese ganze Angelegenheit in seinem Busen bewahren. Niemand soll wissen, wie er, der Gott, betrogen worden ist von diesen dreien, von Lucia, von Domitilla, von dem Knaben Matthias, betrogen und verraten, er, der sehr Gütige, sehr Großmütige. Es genügt, daß es der Blinde weiß. Er hat sehr viel übrig für den Blinden. Eigentlich sind Lucia und der Blinde die einzigen Menschen, an denen ihm liegt. Mag sich also Lucia weiter ihrer falschen, unbegründeten, naiven Freude hingeben darüber, daß sie ihn hineingelegt hat; in Wahrheit wird er sie hineinlegen. Und mag sich der Blinde, der, ein sehr treuer Diener, ihn zu großem Dank verpflichtet hat, in seiner Nacht wärmen an dem Gedanken, daß er mit dem Herrn der Welt ein Geheimnis teilt.

Was aber soll er mit den beiden andern anfangen, mit Domitilla und mit dem jungen Menschen, der es unternommen hat, jenes Schriftstück auf die balearische Insel zu schmuggeln? Sie sollen nicht länger in der Welt sein, das ist gewiß, aber ihre Strafe soll heimlich kommen, aus dem Dunkel, und niemand soll die Zusammenhänge übersehen.

Domitilla. Die Verbannte. Sein Vater Vespasian hat sich einmal gegen seinen Willen breitschlagen lassen, einen Verbannten aus seiner Verbannung zurückzurufen; es war Helvid, der Ältere, der Vater. Aber Vespasian, ein glücklicher und umsichtiger Mann, wie er war, hat auch da Glück gehabt: bevor noch den Begnadigten die Kunde des Rückrufs erreichte, war er gestorben. Auch er, Domitian, wird wieder einmal erweisen, daß er ein Mann von Glück und Umsicht ist. Er wird Domitilla begnadigen, er wird es groß der Lucia und aller Welt verkünden. Wenn dann die arme Domitilla das Glück nicht mehr erfährt, so ist das ihre Sache, nicht die seine.

Und was den jungen Matthias anlangt, so wird auch den ein dunkles Schicksal erreichen, nicht etwa eine Strafe. Vielleicht wird er, Domitian, dem Josephus darlegen, warum er den Jungen hat erledigen müssen; denn der Gott Jahve und sein Diener sollen nicht denken, daß er sich etwa an dem Jungen ohne Grund und nur aus Feindschaft gegen Jahve vergriffen habe. Aber niemand sonst außer dem Juden Josephus, dem Messalin und ihm selber soll um die Zusammenhänge wissen. Für alle andern soll es ein Unglücksfall sein, der den schönen Pagen der Kaiserin wegrafft.

Die Neptunalien waren kein sehr wichtiges Fest. Nur ein Fürst, der so auf Tradition hielt wie Domitian, konnte sich der Mühsal unterziehen, um dieses Festes willen seine Sommerfrische mit der heißen Stadt zu vertauschen.

Drei Tage leitete der Kaiser die Zeremonien. Dann, für den vierten, berief er den Josef auf den Palatin.

Den traf die Einladung wie ein Schlag. Da der Kaiser so lange gebraucht hatte, die Rache vorzubereiten für jene Rezitation, wie furchtbar wird diese Rache sein. Es wird eine schlimme Stunde werden, Josef wird allen Mut aus den Winkeln seiner Seele zusammenkratzen müssen. Es hat Zeiten gegeben, da er sich seinem Untergang entgegengesehnt, da er heiß gewünscht hatte, durch seinen Tod Zeugnis abzulegen für seine Sache. Jetzt aber aus der Blüte seines Glückes herausgerissen zu werden, davor graute ihm.

Zunächst indes empfing ihn der Kaiser mit heiterer Gelassenheit, er zeigte weder Zorn noch jene gefährliche Liebenswürdigkeit, die alle, die ihn kannten, noch mehr fürchteten als seine Wut. Eher schien er von einer etwas zerstreuten Freundlichkeit.

„Wie geht es Ihrem Matthias?" fragte er dann nach einer Weile. Josef erzählte, die Herrin und Göttin Lucia habe ihn nach Massilia geschickt. „Richtig", erinnerte sich der Kaiser, „auf der Jacht ‚Blaue Möwe', Massilia, eine schöne Stadt." Und er begann wieder von den Merkwürdigkeiten der Stadt zu erzählen, ja er hatte Mühe, nicht in sinnlose Geschwätzigkeit hineinzugeraten wie neulich vor Messalin. „Auf alle Fälle, mein Josephus", fing er sich ein, „gönn ich es Ihrem Matthias, daß er ein Stückchen Welt zu sehen bekommt. Und die Geschäfte, die er dort für die Kaiserin zu erledigen hat, werden ihn ja nicht allzusehr drücken. Er soll ihr Parfüms besorgen und kosmetische Mittel, und er soll den Arzt Charmis mit auf seine Jacht locken. Wichtige Geschäfte." Josef wunderte sich, daß der Herr der Welt so genau Bescheid wußte um die unbedeutenden Verrichtungen, die seinem Matthias in Massilia oblagen. „Es ist eine große Gnade und sehr verwunderlich", scherzte er, „daß die Augen Eurer Majestät meinen Matthias mit solcher Aufmerksamkeit verfolgen." – „Haben Sie ihn vor der Abreise noch gesehen?“ fragte der Kaiser. „Nein“, antwortete Josef. „Er hätte eigentlich über Rom reisen und sich von Ostia aus einschiffen können“, meinte Domitian. „Aber die Kaiserin hat eben doch offenbar ihre Geschäfte für wichtig gehalten und Eile gehabt. Sie hängt übrigens sehr an Ihrem Matthias, das hab ich selber gesehen. Er ist auch ein netter Junge, von angenehmen Sitten, er hat mir gut gefallen. Es muß in der Familie liegen, daß wir Flavier und ihr, daß wir uns immer wieder so eng miteinander verknüpfen.“

Es war in Wahrheit seltsam, wie eng die Flavier verknüpft waren mit Josef und seinem Geschlecht. Aber er wußte nicht, was er aus den Reden des Kaisers machen sollte, er fand nichts Rechtes zu erwidern, es war ihm unbehaglich zumute. „Du liebst ihn wohl sehr, deinen Sohn Matthias?“ fuhr der Kaiser fort. Josef, einsilbig, erwiderte: „Ja, ich liebe ihn. Ich denke“ fügte er hinzu, „er ist jetzt wohl schon wieder auf See, zurück auf dem Weg nach Italien. Ich freue mich darauf, ihn wiederzusehen.“ – „Wie gut“, sagte langsam der Kaiser und schaute mit seinen vorgewölbten Augen dem Josef träumerisch ins Gesicht, „daß wir jetzt die Neptunalien gefeiert und daß ich selber daran teilgenommen habe. So haben wir das Unsere getan, auf daß ihm Neptun eine gute Rückfahrt beschere.“ Josef glaubte, der Kaiser spaße, und er wollte schon lächeln; aber der Kaiser schaute so ernst darein, beinahe trüb, daß ihm das Lächeln verging.

Bei Tafel indes gab sich der Kaiser wieder besonders leutselig. Er sprach von Josefs Schrift gegen Apion. Dieses Buch beweise, daß Josef endlich losgekommen sei von der verlogenen, vornehm weltbürgerlichen Objektivität gegenüber seinem eigenen Volke. „Natürlich“, erklärte er, „ist alles, was Sie für Ihre Juden vorbringen, genauso unbewiesen und subjektiv wie das, was Ihre verhaßten Griechen und Ägypter gegen die gleichen Juden anführen. Trotzdem beglückwünsche ich Sie zu diesem Buch. Ihre früheren Ideen von Verschmelzung und Weltbürgertum, das ist lauter Nebel und Unsinn. Ich, der Kaiser Domitian, liebe mir einen gesunden Nationalismus.“ Obwohl ihm die herablassenden Äußerungen des Kaisers eher Beschimpfung als Lob schienen, hörte sie Josef mit Freude. Es erleichterte ihn, daß ihm der Kaiser von seinen Büchern sprach und nicht mehr von seinem Sohn.

Auch nach Tische sprach Domitian von Literatur. Auf dem Sofa lag er, faul, und gab seine Ansichten zum besten. Josef wartete nervös, was wohl der Kaiser von ihm wolle; er sagte sich, jetzt habe er so lange gewartet, so werde er wohl noch eine Stunde länger warten können, doch er wurde immer flakkeriger. Dann, endlich, unvermittelt, verlangte Domitian, daß ihm Josef nochmals jene Ode an den Mut aufsage.

Josef erschrak tief. Nun also war es klar, daß ihn der Kaiser gerufen hatte, um sich an ihm zu rächen für jene Tollkühnheit. „Sie verstehen, mein Josephus", erklärte der Kaiser, „ich war damals nicht darauf vorbereitet, daß Sie Verse lesen würden. Die Verse sind auch etwas fremdartig, und ich habe sie das erstemal nicht ganz aufnehmen können. Ich wäre Ihnen also dankbar, wenn ich sie nochmals hören dürfte." Aber alles in Josef sträubte sich gegen dieses Ansinnen. Was immer dieser Römer mit ihm vorhatte, ihm selber, Josef, war nicht danach zumute, jetzt jene Verse herzusagen. Heute spürte er sie nicht, heute schienen sie ihm fremd, und er fand es unwürdig, eine Rolle zu spielen in der Posse, die sich dieser böse Mann mit ihm machen wollte. „Eure Majestät", erwiderte er also, „haben mir damals sichtbar gezeigt, daß Ihnen meine Ode vom Mut nicht gefiel. Warum also sollte ich das Ohr der Majestät nochmals belästigen?" Doch Domitian ließ nicht ab. Er hatte sich vorgenommen, die frechen Worte aus dem Munde dieses Jahveknechtes noch einmal zu hören; es war die Kriegsansage Jahves gegen ihn, und er wollte genau wissen, wie ihr Wortlaut war. Ungeduldig, eigensinnig befahl er: „Sag mir die Verse auf!"

Josef mußte nun wohl gehorchen. Er sagte die Verse her, grimmig und doch ohne Schwung und ungläubigen Herzens, es waren ihm Worte ohne Inhalt.

„Darum sag ich:
Heil dem Manne, der den Tod auf sich nimmt,
Sein Wort zu sagen, weil das Herz ihn drängt ...
Darum sag ich:

Heil dem Manne, den du nicht zwingen kannst,
Zu sagen, was nicht ist."

Er sah den Blick des Kaisers auf sich gerichtet, es war ein forschender, nachdenklicher, böser Blick; er wollte ihm ausweichen, aber da sah er sein eigenes Gesicht in der spiegelnden Verkleidung der Wände, überall sah er sein eigenes Gesicht und das des Kaisers, des Kaisers Augen und den eigenen Mund, sich öffnend und schließend. Er kam sich komödiantisch vor, und der Inhalt seines Psalms vom Mut kam ihm komödiantisch vor. Wozu sagen wollen, was ist, vor einer Welt, die das doch nicht hören will? Seit Jahrtausenden haben Männer der Welt gesagt, was ist, und sie haben nichts geändert, sie haben nur Unglück über sich selber heraufbeschworen.

Domitian hörte bis zu Ende sehr aufmerksam zu. Träumerisch wiederholte er: „‚Heil dem Manne, der sagt, was ist.' Wieso: Heil ihm? Die Götter offenbaren das, was ist, allerhöchstens in Mysterien, sie wünschen also keineswegs, daß man es immer und allen sage. Was du in deinen Versen verkündest, mein Lieber, das klingt ganz schön und interessant, aber wenn man es genauer betrachtet, dann ist es aberwitziges Zeug." Er beschaute den Josef, als wäre der eines seiner gefangenen Tiere. „Seltsam", sagte er und schüttelte den Kopf, „daß jemand auf so verrenkte Ideen kommt. ‚Heil dem Manne, der sagt, was ist.'" Und noch mehrere Male, langsam, schüttelte er den Kopf.

„Du liebst also deinen Matthias?" nahm er plötzlich das Gespräch von früher wieder auf. Der Psalm vom Mut, Matthias: eine ungeheure Angst schnürte dem Josef das Herz. „Ja, ich liebe ihn", erwiderte er gepreßt. „Und du willst natürlich hoch hinaus mit ihm?" fragte Domitian weiter. „Du bist ehrgeizig für ihn? Du willst sehr viel aus ihm machen?" Josef erwiderte behutsam: „Ich weiß, daß ich die Gnadenbeweise nicht verdient habe, mit denen mich der Herr und Gott Domitian und seine Vorgänger überhäuften. Aber mein Leben verlief in scharfem Auf und Ab. Das möchte ich meinem Sohne ersparen. Was ich meinem Sohne hinterlassen möchte, ist Sicherheit." Und so war es; denn die Träume von Glanz und

Ruhm, die er für seinen Sohn Matthias geträumt hatte, waren in dieser grausamen Minute von ihm abgefallen, er wollte ihn zurückhaben, hier bei sich, um ihn so schnell wie möglich aus Rom fortzubringen, nach Judäa, in Sicherheit und Frieden. Im Innern schrie er zu seinem Gott, er möge ihm in diesem schweren Augenblick Kraft geben, die rechten Worte zu finden und seinen Sohn zu retten.

„Interessant, sehr interessant", antwortete mittlerweile der Kaiser. „Also das ist es, was du für deinen Matthias ersehnst, Ruhe und Sicherheit. Aber findest du, daß die Lehrzeit bei Hofe der beste Weg zu einem solchen Ziel ist?"

Es traf den Josef ins innerste Herz, daß der Feind sogleich seine schwache Stelle, sein Verbrechen, herausgefunden hatte. Denn eben dadurch hatte er gesündigt, daß er seinen Sohn auf diesen gefährlichen Pfad hinausgestoßen hatte. Mühsam suchte er, was er entgegnen könnte. „Der Kaiserin hat mein Junge gefallen", fand er schließlich. „Hätte ich nein sagen sollen, als die Herrin Lucia mich aufforderte, ihn in ihren Dienst zu geben? Niemals hätte ich eine solche Unehrerbietigkeit gewagt." Doch Domitian hatte jetzt die schwache Stelle seines Feindes, des Jahveknechtes, erspäht und ließ nicht davon ab. „Wenn du es nicht selber gewollt hättest", erklärte er und hob tadelnd den Finger, in der spiegelnden Wandverkleidung aber waren es viele Finger, „dann hättest du Mittel und Wege gefunden. Du hast Ehrgeiz für ihn", beharrte er, „sei ehrlich, gib es zu! Wie hättest du ihn sonst in den Dienst der Kaiserin geschickt?" – „Gewiß hat ein Vater Ehrgeiz für seinen Sohn", räumte Josef ein, und er fühlte sich schwach und leer.

„Siehst du", sagte befriedigt Domitian und wühlte weiter in der Wunde. „Du hast mir doch einmal gesagt, du seiest aus dem Geschlecht des David. Da du selber zugibst, Ehrgeiz für deinen Sohn zu haben, ist dir nie die Idee gekommen, daß vielleicht er, dein Sohn, der Auserwählte sein könnte, euer Messias?" Josef, die Lippen sehr blaß, die Kehle trocken, antwortete: „Nein, daran hab ich nicht gedacht."

Zuerst war es dem Domitian als eine schwere Aufgabe erschienen, sich mit dem Juden auseinanderzusetzen, als eine

Aufgabe, die er nur auf sich genommen, um sich vor Jahve zu rechtfertigen. Nun er aber das Gesicht des Josef sah, dieses hagere, gepeinigte Gesicht, da war es keine qualvolle Mühe mehr, sondern es packte ihn eine große, wilde, grausame Lust, zu sehen, was der Mann nun tun wird, wie er sich verhalten, wie sich sein Gesicht ändern, welche Worte er sprechen wird, wenn er erfährt, was mit seinem Sohne geschehen ist. Des Kaisers Augen sehnten sich danach, dies zu sehen, seine Ohren sehnten sich danach, den Aufschrei des getroffenen, verhaßten Feindes zu hören, der ihm ins Gesicht seine Frechheiten gesagt und der seiner Lucia gefallen hatte.

Bedachtsam also, nachdenklich, mit besonders sanfter Tücke die Worte wägend, sprach er weiter: „Wenn du in deinem Sohne niemals den Gedanken geweckt hast, er könnte der Auserwählte eures Jahve sein, dann hast du vielleicht auf irgendeine andere Art seinen Ehrgeiz gestachelt, oder vielleicht hat er dich mißverstanden, oder vielleicht auch hat euer Gott ihm von Anfang an ein sehr ehrgeiziges Herz mit auf seinen Weg gegeben." Josef folgte des Kaiser Worten mit peinvoller Gespanntheit. „Ich bin sehr töricht", sagte er, „oder zumindest habe ich heute einen schlechten Tag und ein fettes Hirn, und ich verstehe die Worte Eurer Majestät nicht zu deuten." Immer mit der gleichen, unerbittlichen Sanftheit fuhr Domitian fort: „Auf alle Fälle ist es gut, daß es gerade Ruhe und Sicherheit ist, was du vom Himmel für deinen Matthias erbittest." Josef, Herz und Stimme geschnürt von Pein, flehte: „Ich wäre Eurer Majestät unendlich dankbar, wenn Sie zu einem geängstigten Vater in so einfachen Worten sprechen wollten, daß er es versteht." – „Du bist sehr ungeduldig", tadelte Domitian, „du bist so ungeduldig, daß es gegen den Anstand verstößt, den du deinem kaiserlichen Freunde schuldest. Aber ich bin es gewöhnt, verzeihen zu müssen, gerade dir hab ich oft Nachsicht geschenkt, mag es denn auch diesmal sein. Also höre, du Ungestümer! Es ist dies: dein Matthias hat sich in ein höchst ehrgeiziges Unternehmen eingelassen. Ich glaube, ich hoffe, ich seh es deinem Gesicht an, ich bin überzeugt, du weißt nicht darum. Das freut mich für dich. Es war nämlich ein sehr gefährliches Unternehmen, und es ist ihm nicht geglückt. Es war leider auch ein verbrecherisches Unternehmen." – „Haben Sie Mitleid mit mir!" flehte Josef ihn an, leise, doch voll letzter Qual. „Haben Sie Mitleid mit mir, mein Herr und Gott Domitian! Was ist es mit meinem Matthias? Sagen Sie es mir! Ich flehe Sie an!"

Domitian beschaute ihn mit der ernsten, sachlichen Neugier, mit der er die Tiere seiner Käfige und die Pflanzen seiner Treibhäuser betrachtete. „Er hat die Geschäfte der Kaiserin in Massilia verrichtet," sagte er, „wie es ihm aufgetragen war, er hat sie gut verrichtet, zu gut." – „Und ist er weg von Massilia", fragte atemlos Josef, „oder wo ist er?" – „Er hat sich eingeschifft", antwortete der Kaiser. „Und wann wird er zurückkehren?" drängte Josef. „Und wann werde ich ihn wiedersehen?" Und da der Kaiser nur ein langsames, leises, bedauerndes Lächeln hatte, vergaß Josef alle Ehrfurcht, es sprach aus ihm nur eine ungeheure, sinnlose Angst, und: „Er wird also nicht zurückkehren?" fragte er, die Augen starr auf dem Kaiser, und er ging ganz nahe an ihn heran, ja er berührte das kaiserliche Gewand. Domitian, der sonst die Berührung jedes Fremden verabscheute und darin die schändlichste Verletzung aller Ehrfurcht sah, entzog sich ihm sanft. „Du hast noch mehr Kinder, nicht?" sagte er. „Zeig jetzt, mein Jude, daß deine Verse vom Mut mehr sind als bloße Worte!" – „Ich habe nur *einen* Sohn gehabt, und er ist nicht mehr." Josef wiederholte sinnlos, beharrlich: „Er wird also nicht zurückkehren?" Er stammelte so, daß man die Worte kaum verstehen konnte, aber der Kaiser verstand sie doch, und er genoß die Vernichtung des Gegners. „Es ist ihm ein Unglück zugestoßen", berichtete er mit freundlicher, bedauernder Stimme. „Er ist gefallen. Er hat sich in ein knabenhaftes Wettspiel eingelassen mit einem Schiffsjungen. Sie sind einen Mast hinaufgeklettert, scheint es, und er ist gefallen. Sie haben ihn nicht retten können. Er hat sich den Hals gebrochen."

Josef stand da, seine Augen hingen mit immer dem gleichen gespannten Ausdruck am Munde des Kaisers. Der wartete auf einen Aufschrei, aber es kam keiner, vielmehr erschlaffte plötzlich das Gesicht des Josef, und er begann sonderbar zu malmen, den Mund zu öffnen und wieder zu schließen, als mühte er sich zu sprechen und könne die Worte nicht formen.

Domitian aber kostete seinen Triumph ganz aus. Der ihm da gegenüberstand, das war ein Mann, den die Götter geschlagen hatten, alle Götter, auch sein eigener, auch sein Jahve. Er, Domitian, hatte also recht getan, er hatte eine große Schlacht gegen den Gott Jahve gewonnen, mit dessen eigenen Waffen, durch List, und dennoch auf faire, untadelige Art, so daß ihm der Gott nichts vorwerfen und anhaben konnte. Vertraulich und trotzdem sehr deutlich, jedes seiner Worte genießend, sprach er weiter: „Du magst es wissen, mein Josephus. Es war kein Zufall, daß dein Sohn Matthias verunglückt ist. Es war eine Strafe. Aber ich bin nicht rachsüchtig, ich bin milde, und nun er aus der Welt ist, trag ich ihm nichts mehr nach. Darum auch soll es niemand erfahren, daß es ein Verbrechen war, um dessentwillen er hat sterben müssen. Alle Welt soll glauben, er sei verunglückt, dein schöner, junger und liebenswerter Sohn Flavius Matthias. Und damit du siehst, daß ich dir wohlwill, höre weiter: er soll eine Bestattung haben, als wäre er wirklich der Auserwählte gewesen, eine prinzliche Bestattung, als wäre euer König David ein Römer gewesen."

Allein es war dem Kaiser nicht vergönnt, zu beobachten, welchen Eindruck sein Stolz und seine Großmut auf seinen Gegner machten. Denn offensichtlich nahm Josef seine milden und erhabenen Worte gar nicht mehr auf. Vielmehr starrte er den Kaiser mit leerem, blödem Blicke an, sein Mund malmte noch immer, und dann, jäh, sackte er zusammen.

Domitian aber hatte noch mehr zu sagen, er konnte es nicht im Busen bewahren, und da er es dem hörenden Josef nicht mehr sagen konnte, sagte er es dem bewußtlosen. „Deine Doktoren", sagte er ihm, „haben mir erklärt, der Tag werde kommen. Aber zu meinen und deinen Lebzeiten jedenfalls, mein Josephus, wird er nicht kommen, der Tag."

Eines Abends bald nach dieser Unterredung mit dem Kaiser traf im Hause des Josef ein kleiner, schwarzer, feierlicher Zug ein. Er überbrachte die Leiche des Flavius Matthias, verunglückt in Diensten der Kaiserin durch einen Sturz an Bord der Jacht „Blaue Möwe“. Die Kunst der Leichenbehandlung war hoch entwickelt in der Stadt Rom, und Domitian hatte die besten Künstler dieses Faches berufen. Mit Salben, Spezereien und wohl auch mit Schminke hatten es diese zuwege gebracht, daß der Körper, den man im Hause des Josef ablieferte, schön aussah und so gut wie unversehrt. Jünglingshaft, das glänzende, schwarze Haar sorglich frisiert, lag der knochige Kopf, gleich und dennoch verändert, denn er hatte alles Leben aus den Augen erhalten, und diese Augen waren geschlossen. Und wenn der schöne Kopf seines Jungen, als Josef ihn zum letztenmal lebendig gesehen, auf einem sehr kindlichen Hals gesessen war, so trat jetzt der Kehlkopf stärker und männlicher heraus.

Josef stürzte mit eigener Hand die Möbel um im Zimmer seines Sohnes und bahrte den Heimgekehrten auf. Da saß er bei dem spärlichen Licht einer einsamen Öllampe, und auf dem umgestürzten Bett lag der Knabe.

Josef war ein bequemer Mann geworden in seinem Glück, ein Mann, der Angst hatte vor seinen eigenen Tiefen und Scheu, sich mit sich selber auseinanderzusetzen. Jetzt waren alle seine Tiefen aufgerissen, sein Inneres schrie ihn an, es gab kein Ausweichen. Beim Tod seines Sohnes Simeon-Janiki hatte er hin und her geschwankt zwischen den verschiedensten Gefühlen, in ihm war Jammer gewesen, Reue, Selbstanklage, doch auch Selbstrechtfertigung und Empörung gegen Gott und die Welt. Jetzt, an der Leiche seines Sohnes Matthias, spürte er nur *eines*: Ekel, Haß gegen sich selber.

Er haßte nicht den Kaiser. Der hatte einen Jüngling beseitigt, den er für einen Prätendenten gehalten, das war sein kaiserliches Recht. Er war sogar rücksichtsvoll vorgegangen. Er hätte die Leiche verschwinden lassen, er hätte sie der See und den Fischen überlassen können, und sein toter Sohn, treibend in den ruhelosen Gewässern, das war eine grauenvolle Vorstellung für Josef. Aber der Kaiser war mild gewesen, er überließ ihm den Toten, er hatte ihn sogar für ihn geschmückt und mit Wohlgerüchen angefüllt, der milde, der höchst gütige Kaiser. Nein, hier ist nur einer, gegen den aller Haß, aller Abscheu sich kehren muß, das ist er selber, Josef Ben Matthias, Flavius Josephus, der Narr, der Prahler, der alt, aber niemals gescheit geworden ist und der seinen Sohn auf den Weg ins Verderben gestoßen hat. Viel tiefer als damals beim Tod des Simeon-Janiki ging jetzt an der Leiche des Matthias Josefs innerer Zusammenbruch. Diesmal gab es nichts zu drehen und zu deuteln, diesmal ruhten alle Ursachen in ihm selber. Wenn er sich nicht aus schierem, geistigem Hochmut dazu bekannt hätte, aus Davids Geschlecht zu stammen, dann lebte Matthias noch. Wenn er ihn nicht aus purem, dummem Vaterstolz zurückgehalten hätte, mit Mara nach Judäa zu gehen, dann lebte Matthias noch. Wenn er ihn nicht aus reiner, äußerer Eitelkeit in den Dienst der Lucia geschickt hätte, dann lebte Matthias noch. Es waren sein Ehrgeiz, seine Eitelkeit, die den Matthias umgebracht haben.

Ungeheuerlich, närrisch vermessen hat er sich. Jenen Cäsarion, den der große Cäsar aus seinem Sohne nicht hatte machen können, den hat er aus seinem Matthias machen wollen, kleiner Affe eines großen Mannes, der er war. Alles, was er je in seinem Leben unternommen, hat er aus Eitelkeit getan. Aus Eitelkeit ist er nach Rom gegangen als junger Mann, aus Eitelkeit hat er den Propheten gespielt und dem Vespasian sein Kaisertum prophezeit, aus Eitelkeit hat er sich zum Geschichtsschreiber der Flavier gemacht, aus geistigem Hochmut sich als Davidssproß bekannt. Aus Eitelkeit hat er die verlogene, vornehm objektive Universalgeschichte geschrieben, aus Eitelkeit die effektvoll glühende Verteidigungsschrift gegen Apion. Und jetzt hat er aus Eitelkeit seinen Sohn Matthias umgebracht.

Wie Jakob den Knaben Josef, so hat er diesen Knaben Matthias geliebt, mit närrischer Vaterliebe. Und wie Jakob dem Knaben Josef den glänzenden Leibrock geschenkt und so den Neid der Brüder gegen ihn wachgerufen hat, so hat er seinen Matthias eingehüllt in sträflichen Glanz. Und wie dem Jakob gemeldet wurde: „Zerrissen, zerrissen ist dein Sohn Josef", so hat ihm der Feind mitgeteilt: „Umgekommen ist dein lieber Sohn." An dem Erzvater Jakob indes war kein Fehler außer seiner närrischen Liebe, er aber, Josef Ben Matthias, ist über und über bedreckt mit Sünde. Und wenn jener Knabe Josef noch am Leben war, wenn auch verlassen und in einem tiefen Brunnen, sein Matthias liegt da, tot, wächsern und geschminkt, der Kehlkopf sticht heraus, kein Lebenshauch hebt und senkt ihn, und keine Hoffnung ist, daß er gerettet werde.

Die Nacht verging, eine kurze Sommernacht, und mit dem Morgen kamen zahllose den toten Flavius Matthias noch einmal begrüßen. Man wußte, daß der Kaiser persönlichen Anteil nahm an dem Unglücksfall, der den Günstling seiner Lucia weggerafft hatte, romantische Geschichten waren im Umlauf über sein Leben und sein Ende, man sprach viel von der Schönheit und dem Glanz des Jünglings. So schritt ein endloser Zug von Menschen durch den Raum mit den umgestürzten Möbeln, in dem der tote Matthias lag. Teilnehmende, Neugierige, Ehrgeizige. Sie kamen, um keine Gelegenheit zu versäumen, sich dem Kaiser gefällig zu erweisen, sie kamen, um die Leiche zu sehen, um Trauer zu bekunden, um Beileid auszusprechen. Ganz Rom defilierte an der Leiche vorbei. Josef aber hielt sich fern, eingesperrt im innersten Raum seines Hauses, auf der Erde hockend, bloßfüßig, mit wildwachsendem Haar und zerrissenem Kleid.

Es kamen Marull und Claudius Regin, es kam der uralte Cajus Barzaarone, und er dachte, wie bald er so liegen werde, es kam der Senator Messalin, und er stand lange Zeit mit höflich teilnahmsvollem Gesicht bei der Leiche, und niemand konnte lesen, was in ihm war, es kam auch der Pfauenwärter Amphion, und er heulte laut heraus, und es kam das Mädchen Caecilia. Auch sie ließ sich gehen, sie weinte über ihr ganzes, helles, glattes Gesicht, sie bereute, daß sie den Matthias so albern getriezt und daß sie sich gewehrt und alles erst auf seine Rückkehr verschoben hatte.

Es kamen auch die beiden Prinzen, Constans und Petron oder vielmehr Vespasian und Domitian, wie sie jetzt hießen. Sie standen an der Leiche, ernst, mit ihrem Hofmeister Quintilian. Man hatte ihnen Platz gemacht; doch hinter ihnen warteten unzählige, die Straße war verstopft mit Leuten, die den Toten noch sehen wollten. Aber die Zwillinge beeilten sich nicht, und selbst als Quintilian mit sehr höflichen Worten drängte, rührten sie sich nicht fort. Sie schauten auf das tote Antlitz ihres sehr geliebten Freundes. Sie waren an Tod gewöhnt, so jung sie waren, sie hatten viele sterben sehen, und nur wenige eines ruhigen Todes im Bett. Ihr Vater war auf blutige Art umgekommen, ebenso ihr Großvater und ihr Onkel, und so still und friedlich dieser ihr Freund Matthias dalag, sie ahnten, und in ihrem Innern wußten sie, auch ihn hatte eine Hand hinuntergestoßen, die sie gut kannten. Dies alles bedachten sie, wie sie so an dem umgestürzten Bett standen, sie jammerten nicht, sie sahen sehr reif und erwachsen aus, und abgesehen davon, daß sie nicht wegzubringen waren, hatte sich Quintilian über nichts in ihrer Haltung zu beklagen. Erst ganz zuletzt, bevor sie gingen, konnte sich der jüngere nicht enthalten, eine kindische und tadelnswerte Handlung zu begehen. Aus dem Ärmel seiner Toga zog er eine Pfauenfeder, und er gab sie dem Toten in die Hand, damit er, wenn er bei den Untern sein wird, etwas habe, sich daran zu erfreuen.

Die Juden der Stadt Rom erschreckte das Unglück, das Josef getroffen hatte; doch mischte sich ihrem Schreck eine kleine Genugtuung bei. Was jetzt den Josef niederwarf, das war eine verdiente Züchtigung Jahves. Sie hatten gewarnt; es war nicht gut, daß einer so frech hinauflangte und so hoch prahlte wie dieser Josef. Er hatte sich große Verdienste um sie erworben, aber er hatte ihnen auch großes Leid zugefügt, er war ein zweideutiger, gefährlicher Mann, er war ihnen fremd und unheimlich, und demütig priesen sie den gerechten Gott, der ihn auf solche Art warnte und in seine Grenzen zurückscheuchte.

Sie bezeigten Trauer und Teilnahme, wie es das Gesetz vorschrieb, sie schickten ihm in weidengeflochtenen Körben das Linsengericht der Trauer. Sie kamen, ihn zu trösten, aber es war ihnen recht, daß er sich nicht sehen ließ. Auch dies war eine Strafe Jahves, daß es ihm sein Hochmut verbot, Trost entgegenzunehmen.

Diesen ganzen Tag, da Rom vorbeizog an der Leiche seines Sohnes, blieb Josef eingeschlossen und sah niemand, weder Juden noch Römer. Es war ein sehr langer Tag, und er sehnte sich nach der Nacht, da er den Knaben wieder für sich allein haben wird. Doch gegen Abend stellte sich jemand ein, den er sehen mußte, des Kaisers Erster Kurier, ein Beamter der höchsten Rangklasse, und er begehrte den Josef zu sprechen, im Namen des Kaisers.

Der Herr und Gott Domitian wünschte, dem Flavius Matthias, der umgekommen war auf einer Reise in Diensten der Kaiserin, eine höchst ehrenvolle Bestattung zu bereiten. Er wollte ihm einen Scheiterhaufen errichten, als wäre er aus des Kaisers eigener Familie.

So geübt der Kurier war, Botschaften des Kaisers in geziemender Form zu bestellen, diesmal fiel es ihm nicht leicht, so verblüfft war er über den Anblick dieses Flavius Josephus. Er hatte ihn gesehen vor wenigen Tagen, damals, als ihn der Kaiser auf den Palatin beschieden hatte. Da war er ein Mann in guten Jahren gewesen, glänzend, einer, der in der Residenz gute Figur machte. Und jetzt stand vor ihm ein verdreckter, unrasierter, zerlumpter, alter Jude.

Ja, Josef stand da, verwahrlost und vergreist, und er fand auch keine Worte. Denn hin und her gerissen war er. Was ihm der Feind da antat, das war der frechste, greulichste Hohn, der sich denken ließ. Gleichzeitig aber auch stieg in Josef die Vorstellung hoch, eine solche großartige Bestattung sei Matthias, dem glanzliebenden, nur angemessen, und sein lieber Sohn würde es ihm nicht verzeihen, wenn er eine solche Ehrung ausschlüge. Er schwieg also lange, und als ihn schließlich der Beamte ehrerbietig fragte, was er nun dem Kaiser berichten solle, da antwortete er in vagen Sätzen, die kein Ja und kein Nein waren. Betreten stand der Kurier. Was war das für ein Mensch? Er erdreistete sich, sich zu bedenken, wenn ihm der Herr und Gott Domitian eine Ehre zudachte, wie er sie noch keinem erwiesen hatte. Allein gerade weil der Kaiser ihm diese ungeheure Ehre bereiten wollte, wagte der Höfling nicht, ihn zu bedrängen, und er zog sich unbehaglich zurück und voll von Zweifeln, ob nicht der Kaiser seinen Ärger über das sonderbare Verhalten des Mannes an ihm auslassen werde.

Josef, allein, fand nicht den rechten Weg. Die Stimmen seines Innern widersprachen sich. Bald war er entschlossen, das Angebot des Kaisers anzunehmen. Dann wieder sagte er sich, er selber gebe dadurch dem Römer recht und verleugne seine Idee. Dann wieder sah er das tote Antlitz seines Knaben, und ihm war, als sehnte sich Matthias nach dem großen, ehrenvollen Feuer, das sein letztes Bild vor den Augen aller Welt bestrahlen sollte. Er fand keine Lösung.

Am andern Tag ließ er die vertrautesten unter seinen Freunden vor, Claudius Regin und Johann von Gischala. Er hockte auf der Erde, das Haar verwildert, die Füße bloß, das Kleid zerrissen, den Verstand getrübt, die Seele vernichtet, und bei ihm saßen die Freunde. War er die Nacht vorher Jakob gewesen, der um seinen Lieblingssohn trauerte, so war er jetzt Hiob, den zu trösten die Freunde kamen. Aber es war gut, daß sich ihr Trost auf sachlichen Rat erstreckte; Beileid, unverschämtes Mitleid hätte er kaum ertragen.

So sprach man denn nur über jenes äußere Problem, das noch heute gelöst werden mußte, über die Frage der Bestattung. Was sollte Josef tun? Wenn er das Angebot des Kaisers annahm, verstieß er gegen ein Grundgesetz der Doktoren. Von ihren Urvätern her, seitdem Abraham, Isaak und Jakob begraben worden waren in der Höhle Machpela, war es den Juden verboten, sich anders zu ihren Vätern zu versammeln als auf dem Weg durch die Erde, und es schien dem Josef eine Herausforderung an sein eigenes Volk, wenn er seinen Sohn durch Feuer bestatten ließ. Wenn er ihn aber auf jüdische Art begrub und den Scheiterhaufen des Kaisers ablehnte, zog er dann nicht den Zorn des Kaisers auf sich herab, und nicht nur auf sich allein?

Es sprach Claudius Regin, der Mann der Wirklichkeit. „Ein Toter ist ein Toter“, sagte er, „und ob man ihn verbrennt oder begräbt, er spürt es nicht. Feuer oder Erde, ihm tut das eine so wenig Harm wie das andere, und ihm gibt das eine wie das andere so wenig Freude wie die Pfauenfeder, die der junge, nette Prinz ihm zugesteckt hat. Ich kann mir auch nicht vorstellen, daß seine Seele Augen hat oder eine Haut, es zu sehen oder zu spüren, auf welche Art man ihn bestattet. Was aber

Ihre weiteren Bedenken anlangt, so sind das Sentimentalitäten. Ich bin kein Jude; vielleicht kann ich gerade darum genau abschätzen, wo die Vorteile und die Nachteile für Ihr Volk liegen. Lassen Sie mich Ihnen also sagen, daß dieses Ihr Volk es teuer zu bezahlen hätte, zumindest mit einem großen Gewinnentgang, wenn Sie auf seinen Aberglauben und seine Dummheit Rücksicht nähmen. Gerade die Rücksicht auf den wahren Vorteil der Judenfreiheit erfordert es, daß Sie D D Ds Angebot annehmen. Denn der Glanz dieses Scheiterhaufens wird die ganze Judenheit bestrahlen, und die Judenheit, die in diesen letzten Zeiten ins Dunkel geraten ist, hat solchen Glanz sehr nötig."

„Das hat sie", sagte Johann von Gischala und richtete die grauen, verschmitzten Augen auf Josef. „Und was Ihre sonstigen Bedenken anlangt, Doktor Josef, so bin ich kein Gelehrter wie Sie und weiß nicht, ob einer nach dem Tode etwas spürt oder nicht. Ich sage da in meinem Innern weder ja noch nein. Aber wenn Ihr Matthias da, wo er jetzt ist, etwas spüren sollte, dann wäre es ihm bestimmt recht, wenn das Feuer, in dem sein Leib verbrennt, die ganze Judenheit wärmte. Und überdies glaube ich", und jetzt wurden seine Augen noch pfiffig-freundlicher, „würde er sich auch sonst freuen an dem Glanz eines solchen großen Feuers. Denn er liebte den Glanz."

Den Josef bewegte, was die beiden da sagten. Der Glanz, den ihm der Kaiser anbot, war zum Vorteil der Judenheit, und er konnte das Gedächtnis seines Sohnes nicht besser ehren als durch diesen Glanz. Trotzdem sträubte sich alles in ihm gegen Domitians Scheiterhaufen. Sein Matthias war nun einmal kein Römer; nur dadurch, daß man ihn zum Römer hatte machen wollen, war er umgekommen.

Da stieg ein kühner Gedanke in ihm auf. Der Kaiser wollte den Toten ehren, also fühlte er sich schuldig. Wenn er aber den Toten ehren wollte, dann sollte er es nicht tun in seinem eigenen, sondern in des Toten Sinne. Matthias sollte in judäischer Erde begraben liegen, wie das jedem Juden ziemte, und dennoch sollte von seiner Bestattung der Glanz ausgehen, den der Kaiser ihr zugedacht hatte. Josef wollte selber seinen Toten nach Judäa bringen, und der Kaiser sollte ihm dazu die Mittel liefern. Er sollte ihm eines seiner schnellen Schiffe für diesen Zweck zur Verfügung stellen, eine Liburna, eines jener schmalen Kriegsschiffe, die mit ausgesuchten Ruderern bemannt waren. So wollte Josef seinen Sohn nach Judäa bringen, und dort wollte er ihn begraben.

Das sagte er den Freunden. Die schauten ihn an, und sie schauten einander an, und sie sagten nichts.

Da sagte Josef, und seine Stimme war voll von Grimm und Herausforderung: „Sie, mein Claudius Regin, wären der gegebene Mann, dem Kaiser meine Forderung zu überbringen. Wollen Sie es?" – „Ich will es nicht", antwortete Claudius Regin, „es ist kein angenehmes Geschäft." Doch da Josef auffahren und etwas entgegnen wollte, fügte er hinzu: „Aber ich werde es dennoch tun. Ich habe schon viele unangenehme Geschäfte in meinem Leben auf mich genommen, aus Freundschaft. Sie waren nie ein bequemer Freund, Doktor Josef", grollte er.

Das Kriegsschiff „Der Rächer", eine Liburna, gehörte zur ersten Klasse der Schnellsegler. „Der Rächer" hatte drei Reihen Ruderer, er war scharf und niedrig gebaut, leicht und schnell, und schoß mit einem einzigen Ruderschlag zwei seiner Längen vorwärts. Vierundneunzig solcher Schiffe besaß die kaiserliche Marine. „Der Rächer" war nicht das größte, seine Wasserverdrängung betrug nur hundertzehn Tonnen, seine Länge vierundvierzig Meter, sein Tiefgang 1,7 Meter. Hundertzweiundneunzig Rudersklaven bedienten ihn.

Man hatte in aller Eile und doch sorgfältig alles zurechtgerichtet, was die Überführung der Leiche erforderte, selbst einen Einbalsamierer hatte man mitgeschickt. Aber es bedurfte seiner Dienste nicht, das Wetter war günstig, das Schiff segelte mit gutem Wind, die Nächte waren kühl. Man konnte die Leiche auf dem obern Deck aufbewahren, bei Tag schützte sie ein Sonnendach.

Josef saß an der Seite der Leiche, allein. Am liebsten waren ihm die Nächte. Wind ging, und er fröstelte wohl bei der schnellen Fahrt. Der Himmel war tief, es war nur ein schmaler

Mond, das Wasser war schwarz mit Streifen schwachen Glanzes. Und Josef saß bei der Leiche, und wie Wind und Wellen kamen und gingen ihm die Gedanken.

Es war eine Flucht, und sein Gegner, klug, wie er war, hatte ihm sein schnellstes Schiff gegeben, auf daß er um so schneller fliehe. Schmählich, dreimal schmählich flieht er aus der Stadt Rom, die er so frech und seines Sieges gewiß betreten hat vor nunmehr dreißig Jahren. Ein Menschenalter ist er in Rom gewesen, ein Menschenalter hat er gekämpft, und immer wieder hat er geglaubt, jetzt habe er den Sieg fest in der Hand. Und das also ist das Ende. Schimpflichste Niederlage und Flucht. Geflohen, entronnen, entwichen, davongelaufen, hastig, schmählich, auf dem Schiff, das ihm der Feind gestellt mit höhnischer, höflicher Bereitwilligkeit. Da, neben ihm, liegt, was er gerettet hat aus diesem Menschenalter voll von Kämpfen: ein toter Knabe. Einen toten Sohn hat er gerettet, das ist der Preis eines Menschenalters voll von Überhebungen, von Selbstüberwindung, von Pein, Demütigung und falschem Glanz.

Wie es fliegt, das Schiff, das Schiff mit dem spöttischen Namen „Der Rächer", das gute Schiff, das schnelle: wie es übers Wasser tanzt! „Der Rächer". Da hat also Matthias das schnelle Schiff, das er sich gewünscht hat für die Fahrt nach Judäa, ein schnelleres, großartigeres, als er sich's je geträumt. Ehre hatte sein Junge, große Ehre, im Tode wie im Leben. Große Ehre tat ihm sein Freund an, der Kaiser. Für ihn, für seinen Matthias, rührten sich, an ihre Bänke geschmiedet, diese Ruderer, Tack, Schlag, Tack, Schlag, immerzu, für ihn hämmerte der Offizier seinen Takt, für ihn blähten sich die kunstvoll geordneten Segel, für ihn schoß das Schiff übers schwarze Wasser, des römischen Kaisers bestes Schiff, eine Glanzleistung der Schiffsbaukunst.

Warum das alles? Wer kann es deuten? Auch dieser Matthias hat immer gefragt: warum? Mit seiner tiefen, geliebten Stimme hat er es gefragt, kindlich, und unwillkürlich ahmt Josef die tiefe, geliebte Stimme nach, und in den Wind und in die Nacht hinein fragt er mit der Stimme des Matthias: „Warum?"

Gibt es eine Antwort? Nur eine, die Antwort der Doktoren, wenn man seinerzeit an ein wirklich schwieriges Problem geriet. Hin und her diskutierte man und schwatzte und prüfte und verwarf, und dann, wenn man in höchster Gier auf die Lösung wartete, erwiderten sie: das bleibt Problem, schwierig, nicht zu lösen, unentschieden, Kaschja.

Kaschja.

Und doch ist es nicht so. Und doch gibt es eine Antwort. Einer hat die Antwort gefunden, vor ein paar hundert Jahren, und sie können ihn nicht leiden um dieser Antwort willen, und um dieser Antwort willen haben sie sein Buch nicht aufnehmen wollen in den Kanon der Heiligen Schrift. Seine Antwort heißt nicht: Kaschja. Seine Antwort ist klar und bestimmt, es ist die richtige Antwort. Immer wenn Josef wirklich aufgerührt wird, dann stößt er in seinen Tiefen auf die Antwort dieses alten Weisen, des Predigers, des Kohelet, sie hat sich in seine Tiefen gesenkt, und da ist sie nun, und es ist die rechte Antwort.

„Ich habe erkannt, daß alles, was Gott macht, so bleibt in Ewigkeit. Nichts kann man hinzutun, und nichts kann man davon wegnehmen. Was ist, ist längst gewesen, und was noch sein wird, ist längst gewesen. Und weiter sah ich, wie es unter der Sonne zugeht: wo Milde sein sollte, war Bosheit, und wo Gerechtigkeit sein sollte, Unrecht. Da dachte ich in meinem Herzen, das ist von Gott der Menschen wegen so eingerichtet, damit sie einsehen, daß sie nicht mehr wert sind als das Vieh. Denn es geht dem Menschen wie dem Vieh, und sie haben *ein* Geschick. Wie dieses stirbt, so stirbt jener. Einen Odem haben sie, und der Vorzug des Menschen vor dem Vieh ist ein Nichts, und alles ist eitel. An *einen* Ort geht alles: aus Staub ist es geworden, und es kehrt zurück in den Staub. Wer will wissen, ob der Geist des Menschen in den Himmel steigt und der des Viehs in die Tiefen der Erde?“

So hatte auch er selber gespürt, so war's aus seinen eigenen Tiefen heraufgestiegen, mit der gleichen Gewißheit, wie es seinerzeit dem Kohelet heraufgestiegen sein mochte, so hatte er's gewußt, damals, als er an der Leiche seines Sohnes Simeon-Janiki gesessen war. Und dann, später, hatte er's nicht mehr wissen wollen und hatte sich dagegen empört und hatte es vergessen. Jetzt aber hat ihn Jahve ein zweites Mal daran erinnert, hart, höhnisch, grimmig, und ihn gezüchtigt, ihn, den schlechten Schüler. Jetzt kann er sich's einschreiben in sein Herz, muß er sich's einschreiben, zehnmal, zwanzigmal, wie es der große Lehrer ihm befiehlt. „Alles ist eitel, alles ist Haschen nach Wind." Schreib dir's ein, Josef Ben Matthias, schreib's mit deinem Blut, zehnmal, zwanzigmal, du, der du es nicht hast wahrhaben wollen, du, der du den Kohelet hast verbessern wollen. Da bist du hergegangen und hast danach getrachtet, den alten Weisen zu widerlegen durch deine Taten und durch deine Werke, durch deinen „Jüdischen Krieg" und deine Universalgeschichte und deinen „Apion". Und hier hockst du nun, hier auf dem Schiff, das über das nächtige Meer fährt im schnellen Wind, und alles, was du noch besitzest, trägst du mit dir: deinen toten Sohn. Wind, Wind, Haschen nach Wind!

Der schmale Mond war höher gestiegen, ein kleiner, blasser Glanz ging aus von dem magern, geschminkten Gesicht des Matthias.

Und was soll er Mara sagen, wenn er jetzt ein zweites Mal vor sie hintreten muß und ihr verkünden: Der Sohn, den du mir anvertraut hast, ist tot?

Leise, den Mund kaum öffnend, in den Nachtwind hinein, klagte er: „Wehe über meinen Sohn Matthias, meinen gesegneten, meinen geschlagenen, meinen Lieblingssohn! Ein großer Glanz war um meinen Sohn, und er war wohlgefällig vor allen Menschen, und alle Menschen liebten ihn, die Heiden und die Auserwählten. Ich aber habe ihn erfüllt mit Eitelkeit, und am Ende habe ich ihn umgebracht aus Eitelkeit. Wehe, wehe über mich und über dich, mein schöner, lieber, guter, glänzender, gesegneter, geschlagener Sohn Matthias! Ich habe dir einen prunkenden Mantel gegeben wie Jakob dem Josef, und ich habe dich ins Unheil geschickt wie Jakob seinen Sohn Josef, an dem er hing mit zu großer, äffischer, eitler Liebe. Wehe, wehe über mich und über dich, mein lieber Sohn!"

Und er dachte an die Verse, die er geschrieben hatte, an

den Psalm des Weltbürgers und den Psalm vom Ich und an den Psalm vom Glasbläser und an den Psalm vom Mut. Und seine Verse schienen ihm leer, und sinnvoll schien ihm nur *eines*, die Weisheit des Kohelet.

Aber was nützte ihm diese Erkenntnis? Nichts nützte sie ihm, sein Schmerz wurde nicht geringer davon. Und er heulte hinaus in den Wind, und sein Heulen übertönte den Wind.

Den Offizieren, den Matrosen und den Ruderern war der Mann unheimlich, der da seine Leiche übers Meer fuhr. Es war ein widerwärtiges Geschäft, das ihnen der Kaiser aufgetragen hatte. Sie fürchteten, der Jude sei den Göttern verhaßt, sie fürchteten, die Götter würden Unheil heruntersenden über ihr gutes Schiff. Sie waren froh, als die Küste von Judäa in Sicht kam.

Als Lucia von dem Tod ihres Lieblings Matthias erfuhr, bemühte sie sich, kalt und klar zu bleiben, sich zu wehren gegen den Verdacht, der sogleich in ihr hochstieg. Zuerst dachte sie daran, unverzüglich nach Rom zu fahren. Aber sie kannte Josefs Maßlosigkeit; er wird sicherlich, ohne zu prüfen und zu wägen, an Tücke und Verbrechen glauben, und sie wollte sich nicht anstecken lassen von der Wildheit seiner Gefühle. Sie wollte ihre Vernunft wahren, wollte sich, ehe sie etwas unternahm, ein gerechtes Urteil bilden. Sie schrieb dem Josef einen Brief, voll von Trauer, Mitleid, Freundschaft, Trost.

Doch der Kurier, der das Schreiben überbringen sollte, kam zurück mit der Nachricht, Josef sei auf See, um die Leiche des Knaben nach Judäa zu überführen.

Es kränkte Lucia nicht, daß sich der Mann in seinem Unglück, das doch auch das ihre war, nicht an sie gewandt, daß er ihr nicht erlaubt hatte, daran teilzunehmen, daß er nicht einmal ein Wort für sie hatte. Aber er schien ihr mit einem Male fremd, dieser Mann, der sich ganz verströmen ließ, der so gar kein Maß und keinen Rahmen kannte, dessen Unglück so selbstsüchtig war wie sein Glück. Sie begriff nicht mehr, wie sie sich diesen Maßlosen hatte so nahe kommen lassen. Das, was zwischen ihnen gewesen war, hätte noch lange treiben und blühen können; jetzt hatte er es zerschnitten durch die Art, wie er nach Judäa aufgebrochen war. Er war ein Unseliger, unselig in seiner Jäheit, er zog das Unglück an durch seine Wildheit und durch seine Vorstellungen von Sünde. Beinahe war es ihr recht, daß er ihre Beziehungen zerschnitten hatte.

Ob Domitian das Verbrechen begangen, wagte sie nicht zu entscheiden. Sie war in Bajae, er in Rom, sie wollte ihn nicht sehen, solange sie hin und her gerissen war von Zweifeln, sie wollte ihm kein unüberlegtes Wort sagen, um sich nicht die Möglichkeit zu verschütten, klarzusehen über seine Schuld. Wenn er die Tat begangen haben sollte, dann wird sie Matthias rächen.

Sie erhielt von Domitian ein freundlich kühles Schreiben. Domitilla, teilte er ihr mit, habe nun wirklich die jungen Prinzen eine lange Weile in Ruhe gelassen. So sehe er sich zu seiner Freude in der Lage, Lucias Wunsch zu erfüllen. Er habe den Gouverneur von Ostspanien beauftragt, Domitilla ihre Begnadigung anzukündigen. Lucia werde also ihre Freundin bald wieder in Rom begrüßen können.

Lucia atmete auf. Sie war froh, Wäuchlein nicht vorschnell des Mordes an Matthias bezichtigt zu haben.

Zwei Wochen später berichtete ihr ihr Sekretär, als er ihr des Morgens die neu eingetroffenen Nachrichten erzählte, daß die Prinzessin Domitilla auf elende Weise umgekommen sei. Sie hatte auf ihrer Insel das Evangelium eines gewissen gekreuzigten Christus verkündet, gemäß den Anschauungen der Minäer, einer jüdischen Sekte. Sie hatte sich vor allem an die Ureinwohner der Insel gewandt, es waren das aber halbzivilisierte Iberer, in Wohnstätten lebend, die eher Höhlen wilder Tiere gleichen als menschlichen Behausungen. Einmal, als sie mit ihrer Zofe aus einer solchen Siedlung zurückkehrte, hatten welche aus dem raubgierigen Gesindel den beiden Frauen aufgelauert, sie überfallen, beraubt und erschlagen. Das war geschehen, als bereits der Gouverneur von Ostspanien den Boten abgesandt hatte, der ihr ihre Begnadigung mitteilen sollte. Der Kaiser hatte angeordnet, daß aus dem Stamm, dem der Mörder angehörte, jeder zehnte gekreuzigt werde.

Lucias helles, kühnes Gesicht verfinsterte sich, als sie diese Nachricht hörte; zwei tiefe, senkrechte Falten schnitten in ihre kindliche Stirn, ihre Wangen fleckten sich vor Zorn. Sie unterbrach den Sekretär mitten im Wort. Unverzüglich gab sie Befehl, ihre Abreise zu rüsten.

Sie wußte noch nicht, was sie tun wird. Sie wußte nur, sie wird Domitian ihre ganze Wut ins Gesicht schleudern. Sooft sie sich über ihn empört hatte, es war in ihr immer etwas gewesen wie Achtung vor seiner wilden, strengen Sonderart, niemals war die Liebe ganz erloschen, die sein Stolz, seine Heftigkeit, sein Wahn, das Einmalige an ihm in ihr entzündet hatten. Jetzt sah sie in ihm nur mehr das schlechthin Böse, das reißende Tier. So gewiß er Domitilla umgebracht hatte, weil er ihr ihre Begnadigung versprochen, so gewiß auch war es seine harte Pranke gewesen, die den Knaben getroffen, den jungen, strahlenden, unschuldigen. Oh, er wird wieder viele große, stolze Worte wissen zu seiner Rechtfertigung! Aber diesmal wird er sie nicht dumm reden. Er hat den Knaben umgebracht wegen des Guten, das in ihm war, einfach, weil der Knabe so war, wie er war, vielleicht auch nur deshalb, weil der Knabe ihr, Lucia, gefallen hatte. Und auch Domitilla hatte er getötet, nur um sie, Lucia, zu treffen, so wie ein böses Kind das Spielzeug zerstört, an dem ein anderer seine Freude hat. Sie wird ihm das sagen, ins Gesicht; wenn sie es nicht täte, erstickte sie an dem unausgesprochenen Wort. Ihre ganze Wut, ihren ganzen Ekel wird sie ihm ins Gesicht schleudern.

Unverzüglich brach sie auf, nach Rom.

Solange er mit Josephus gesprochen, hatte Domitian ein Gefühl tiefer Befriedigung gespürt. Auch als Josephus seinen Vorschlag zurückgewiesen hatte, dem Knaben eine glänzende Bestattung zu rüsten, hatte er nur gelächelt. Er nahm dem Josephus die Frechheit nicht übel; sie bewies nur, daß er wirklich den Gegner an seiner verwundbarsten Stelle getroffen hatte. Wie ihm dann Claudius Regin die freche Bitte des Juden überbracht, war das vielleicht der Gipfel seines Triumphs gewesen. Denn nun konnte er sich obendrein noch großzügig zeigen und beweisen, daß, was er getan, nicht gegen den Gott Jahve gerichtet war. Das Verbrechen des Knaben Matthias hatte der Kaiser Domitian ahnden müssen; den Liebling des Gottes Jahve ehrte er mit den höchsten Ehren. Und er lächelte tief, froh und finster, als er erfuhr, daß von seinen schnellen Schiffen gerade „Der Rächer" bereitlag, daß es „Der Rächer" war, der den Josephus und seinen toten Sohn nach Judäa brachte. Fahr hin, Josephus, mein Jude, fahre zu, auf meinem guten, schnellen Schiff! Habt guten Wind, du und dein Sohn, fahrt hin, fahrt zu! Geflohen, entwichen, davongelaufen, enteilt ist Catilina.

Doch je weiter der Feind enteilte, je weiter fort von Rom die Liburna „Der Rächer" war und auf ihr der Tote und der Lebendige, so mehr fiel des Kaisers Freude in sich zusammen. Er wurde gegen seine Gewohnheit träge, unlustig allen Tuns. Nicht einmal zu der kleinen Reise nach Alba raffte er sich auf, er blieb in dem heißen Rom.

Langsam stellten sich die alten Zweifel wieder ein. Gewiß, er hatte recht daran getan, den Flavius Matthias zu beseitigen; der hatte Hochverrat begangen, er, der Kaiser, hatte nicht nur das Recht, er hatte die Pflicht gehabt, ihn zu strafen. Aber sein Gegner, der Gott Jahve, ist ein gewitztes, tückisches Wesen. Menschenwitz kann gegen ihn nicht an. Er wird Gründe finden, gekränkt zu sein, daß der Römer seinen Davidssproß, seinen Auserlesenen, hat wegraffen lassen. Er hat, Domitian, viele gute Argumente für sich anzuführen. Aber wird der feindselige Gott sie gelten lassen? Und jedermann weiß, wie rachsüchtig dieser Gott Jahve ist und wie unheimlich, und wie seine Hand aus dem Dunkeln trifft.

Was kann er ihm vorwerfen, dieser Gott Jahve? Jahves Günstling, Jahves Gesandter, Josef, hatte ihm frecherweise im Beisein von ganz Rom die niederträchtige Ode vom Mut ins Gesicht geschleudert. Der gleiche Sendling Jahves hatte Lucia veranlaßt, freundschaftliche Beziehungen mit ihm zu unterhalten und ihn und seine Mission vor aller Augen auf provokatorische Art auszuzeichnen. Aber es war nicht der Wille, sich an diesen beiden zu rächen, der ihn, Domitian, zur Beseitigung des Matthias veranlaßt hatte. Er hatte die beiden nicht treffen wollen. Daß er sie hatte treffen müssen, war die übliche Nebenerscheinung einer ihm leider von den Göttern auferlegten heiligen Funktion. Nein, er grollte Josef nicht und auch nicht Lucia; er hegte vielmehr geradezu freundschaftliche Gefühle. Es war nicht etwa er, der ihnen Unheil zugefügt hatte, die Götter hatten es getan, das Schicksal, und er, ihr Freund, hatte den ehrlichen Willen, sie zu trösten.

Trotzdem blieb in ihm ein heimliches Gefühl, es sei da eine Schuld, und wie es seine Gewohnheit war, mühte er sich, diese etwa vorhandene Schuld von sich abzuwälzen auf einen andern. Wo war die erste Ursache der Tat? Es hatte damit begonnen, daß ihm Norban zwei Davidssprossen vorgestellt hatte. Norban hatte das zu einem bestimmten Zweck getan. Der Kaiser wußte nicht mehr, welche Absicht Norban damit verfolgt hatte, aber soviel war sicher: Norban hatte ihm absichtlich das erste Glied einer Kette in die Hand gedrückt, einer Kette, deren letztes Glied eben der Tod des Knaben Matthias war. Wenn also Schuld bestand, dann traf die Schuld den Norban.

Sich diese Gedanken ganz klarzumachen oder gar Folgen daraus zu ziehen, davor freilich hütete sich Domitian. Wenn er vor seiner Schreibtafel saß und an seinen Polizeiminister dachte, dann entstanden auf der Tafel immer nur Kringel und Kreise und niemals Buchstaben oder gar Worte, und diesen Kringeln und Kreisen entsprachen des Kaisers Gedanken. Wenn er aber deutlich über den Norban sprach, vor andern oder vor sich selber, dann sagte er immer nur, sein Norban, das sei der Treueste der Treuen.

Als Lucia auf dem Palatin eintraf, hatte sich Domitian in seinem Arbeitszimmer eingeschlossen und Auftrag gegeben, ihn nicht zu stören. Doch Lucia bestand so heftig darauf, ihn sogleich zu sehen, daß Hofmarschall Xanthias sie schließlich trotzdem meldete. Er hatte Angst, der Kaiser werde zornig ausbrechen, aber der blieb ruhig, ja er schien sich auf die Begegnung zu freuen.

Domitian fürchtete natürlich, Lucia werde ahnen, wie der Untergang des Matthias zustande gekommen sei und der Tod der Domitilla. Aber sein Norban hatte sich wieder einmal bewährt, er hatte gute Arbeit getan; es lagen einwandfreie Zeugenaussagen vor sowohl über den Unglücksfall, der den Matthias das Leben gekostet hatte, wie über die Ermordung der Domitilla durch das iberische Höhlengesindel. Und wenn Domitian sich äußerlich rechtfertigen konnte, so konnte er's innerlich noch viel besser. Matthias hatte zweifellos Hochverrat begangen, und die Beseitigung der Domitilla war, gerade nach dem hochverräterischen Brief, notwendig gewesen, wenn anders er die Seelen der Knaben hatte schützen wollen.

Als er indes Lucia hereinstürmen sah, groß, wild, empört bis in die Falten ihres Kleides, verließ ihn gleichwohl seine Sicherheit. Immer wieder wurde er schwach vor dieser Frau, auch heute fühlte er alle seine Argumente schmelzen. Doch dauerte diese Schwäche nur den Bruchteil eines Augenblicks. Dann war er wieder der Domitian, der er vorher gewesen, und mit sanften, höflichen Worten sprach er ihr seine Betrübnis aus über das Verhängnis, das ihm und ihr die beiden Freunde entrissen habe.

Allein Lucia ließ ihn nicht zu Ende reden. „Dieses Verhängnis", sagte sie finster, „hat einen Namen. Es heißt Domitian. Lügen Sie nicht, schweigen Sie, sagen Sie nichts! Sie haben nicht Ihren Senat vor sich. Versuchen Sie nicht, sich zu rechtfertigen! Es gibt keine Rechtfertigung. Ich glaube Ihnen nichts, keinen Satz, kein Wort, keinen Hauch. Sich selber mögen Sie etwas vorlügen, mir nicht. Und diesmal können Sie nicht einmal sich selber dumm machen. Gemein, feig, niederträchtig haben Sie gehandelt! Nur weil der Knabe Ihnen gefallen hat, darum haben Sie ihn umgebracht; weil selbst Sie gesehen haben, wie unschuldig er war und wieviel Reinheit von ihm ausging, und weil Sie so etwas nicht in Ihrer Nähe ertragen können. Nichts war es als pure, kleinliche Eifersucht. Und Domitilla! Sie selber haben gesagt, daß sie Ihnen nichts getan hat. Pfui! Was für eine schmutzige Seele Sie haben! Kommen Sie mir nicht näher, rühren Sie mich nicht an! Mich ekelt vor mir selber, wenn ich daran denke, daß ich mich von Ihnen habe beschlafen lassen."

Domitian war gehorsam zurückgewichen, er lehnte an seinem Schreibtisch, er schwitzte ein wenig. „Es hat Ihnen aber doch gefallen, meine Lucia“, feixte er. „Oder nicht? Ich wenigstens hatte ziemlich oft den Eindruck, es habe Ihnen unverkennbar gefallen.“ Jetzt indes zeigte Lucias beredtes Gesicht unverkennbaren Ekel, und langsam wich das Feixen aus Domitians überrötetem Antlitz, ja für einen Augenblick wurde er erschreckend blaß. Dann aber, nicht ohne Mühe, stellte er das Lächeln wieder her, und: „Der Junge muß Ihnen wirklich sehr nahe gestanden haben“, überlegte er laut, mit höflicher, betrachtsamer Ironie. „Und interessant, sehr interessant bleibt es auf alle Fälle, was Sie mir da über die Geschichte unserer Beziehungen eröffnet haben.“

„Ja“, antwortete Lucia, jetzt viel ruhiger, und durch diese Ruhe klang ihre Bitterkeit noch viel verächtlicher, „sie ist interessant, die Geschichte unserer Beziehungen. Aber jetzt ist sie zu Ende. Ich habe mich von Ihnen entführen lassen, ich habe Sie geliebt. Zehnmal, hundertmal haben Sie Dinge getan, gegen die sich mein ganzes Wesen gesträubt hat, und immer wieder hab ich mich von Ihnen überzeugen lassen. Jetzt aber ist es aus, Wäuchlein“, und diesmal klang ihr „Wäuchlein“ gar nicht spaßhaft, sondern bitter und höhnisch. „Es ist aus“, wiederholte sie, mit einem kleinen Ton auf dem „ist“. „Sie haben mich oft beschwatzt, Sie sind zäh, das ist mir bekannt, und geben einen Plan nicht leicht auf. Aber ich rate Ihnen, gewöhnen Sie sich an den Gedanken, daß es zwischen uns aus ist. Meine Entschlüsse kommen jäh, aber ich halte daran fest, Sie wissen es. An meinen Worten kann man nicht deuteln wie an den Ihren. Ich gebe Ihnen den Abschied, Domitian. Mich ekelt vor Ihnen. Ich bin fertig mit Ihnen.“

Auf Domitians gerötetem Gesicht blieb, als Lucia gegangen war, noch eine Weile das etwas verlegene, künstlich ironische Feixen, hinter dem er seine Wut zu verbergen gesucht hatte. Seine kurzsichtigen Augen starrten der Entschwundenen nach, in seinen Ohren war noch der Hall ihrer Worte. Langsam dann entspannte sich sein Gesicht, mechanisch pfiff er vor sich hin, die Melodie jenes Couplets: „Auch ein Kahlkopf kann ein schönes Mädchen haben, / Wenn er Geld genug dafür bezahlt."

Dann setzte er sich an seinen Schreibtisch, nahm den goldenen Griffel, kritzelte in die Wachstafel, Kreise und Kringel, Kringel und Kreise. „Hm, hm", sagte er vor sich hin, „interessant, sehr interessant." Sie verachtete ihn also. Viele hatten erklärt, sie verachteten ihn, aber das waren Worte gewesen, ohnmächtige Gesten; es war undenkbar, daß ein Sterblicher ihn, den Herrn und Gott Domitian, verachtete. Lucia war unter den Lebenden die einzige, der er's glaubte.

Für einen Augenblick ließ er's sich ganz ins Bewußtsein dringen, daß sie also von ihm gegangen war, daß sie einen Schnitt gemacht hatte zwischen sich und ihm. Dieser Schnitt tat weh, die Kälte dieses Schnittes drang tief in ihn ein. Dann aber wehrte er sich dagegen, reckte sich auf, bedachte, daß ihre Worte endgültig waren und es also keinen Sinn hatte, dieses endgültig Vergangene zu betrauern. Nur die Folgen waren daraus zu ziehen.

Lucia hatte sich von ihm losgesagt, sie hat sich aus seinem Schutz begeben. Sie war nicht mehr die Frau, die zu ihm gehörte, nur mehr die Feindin, die Hochverräterin. Sie hat ihn veranlassen wollen, Domitilla zurückzurufen, wiewohl offenbar niemand besser wußte als sie, daß diese Domitilla versuchen wird, verderblichen Einfluß auf seine Söhne zu gewinnen. Schon das war Hochverrat. Dann hat sie überdies mit Domitilla gezettelt, hat versucht, ihn zu betrügen, ihm ein Wohlverhalten Domitillas vorzuspiegeln, damit diese dann um so ungestörter aus der Nähe seine Söhne der Staatsreligion abspenstig machen könne. Klarer Hochverrat. Lucia ist eine Verbrecherin, er muß den Blitz schleudern.

Er blieb weiter in Rom.

Auch Lucia blieb in Rom, wiewohl der August dieses Jahres ungewöhnlich heiß war. Vielleicht kehrte sie deshalb nicht nach Bajae zurück, weil ihr das Haus und der Garten verleidet waren, die voll waren von Erinnerungen an Matthias.

Die Prinzen Vespasian und Domitian machten ihr ihre Aufwartung in Begleitung ihres Hofmeisters Quintilian. Die letzten Ereignisse hatten ihm guten Anlaß gegeben, seinen Zöglingen stoische Gedankengänge näherzubringen. „Gelassen wahr den Sinn dir in harter Zeit!“ Aber er hatte den Knaben nicht erst lange Vorhaltungen machen müssen, sie waren still geworden, sie klagten nicht, ihre Gesichter waren zugesperrt, streng. Sie waren Söhne der Domitilla mehr als des Clemens, sie waren echte Flavier. Sie hatten erst eine kurze Strecke ihres Weges zurückgelegt, doch dieser Weg war gesäumt mit Toten. Jetzt vertrat Vaterstatt an ihnen ein Mann, der ihnen den wahren Vater und wohl auch den Freund zu den Untern geschickt hatte und die Mutter in die Verbannung. Sie mußten leben an der Seite dieses Mannes und durften nur verstohlen und in halben Worten miteinander reden über das, was ihnen am nächsten lag. Der Mann, der sie Söhne nannte, war der mächtigste Mann der Welt, auf sie selber wartete eine unausdenkbare Fülle von Macht. Sie aber waren machtloser als die Leibeigenen in den Schächten der Bergwerke; denn die durften reden, worüber sie wollten, die durften klagen, sie aber, die Kaisersöhne, gingen umher in einer tiefern Finsternis als die in den Bergwerken, und der höhnische Glanz um sie herum verdeckte nur schlecht diese Finsternis, und kaum im Schlaf durften sie die Maske ablegen, die zu tragen ihnen befohlen war.

Als sie erfahren hatten, daß Lucia wieder in Rom sei, war ihnen das ein großer Trost. Aber nun sie sie das erstemal sahen, lähmte sie die Gegenwart Quintilians. Lucia erschrak, wie sehr sich die Knaben verändert hatten. So schnell hatten sie sich verändert, hier auf dem Palatin. Alles hat sich hier verändert, oder vielleicht auch hat bisher nur sie alles falsch gesehen. Sie wußte nicht recht, was sie den Knaben sagen könnte, peinvoll suchten alle drei nach Worten, der gewandte Quintilian mußte oft über quälende Pausen hinweghelfen. Schließlich ertrug es Lucia nicht länger. „Kommt her“, sagte sie, „seid keine Männer! Sei du Constans, und du Petron, und weint um Matthias und um eure Mutter!“ Und sie umfaßte sie, und sie achteten nicht länger auf die Gegenwart Quintilians und ergingen sich in süßen und traurigen Erinnerungen an Matthias und in dunklen Worten des Zornes.

Nach dieser Zusammenkunft hätte Quintilian seine Zöglinge der Kaiserin am liebsten für immer ferngehalten. Aber dagegen trotzten die Knaben auf. Domitian, der, langsam wie immer, noch nicht schlüssig geworden war, wann er nun den Blitz gegen Lucia schleudern sollte, wollte es noch nicht zu einem offenen Bruch kommen lassen, und so wurde entschieden, daß die Prinzen einmal alle sechs Tage Lucia sehen sollten.

Dumpf und gefährlich lebte man dahin auf dem Palatin, und die schwere Schwüle dieses Sommers machte alles noch schwerer erträglich.

Auch die Stadt spürte, daß sich die Dinge zusammenballten um Domitian, und machte viel Gewese aus den übeln Vorzeichen, die sich häuften. Einmal, in diesem gewitterreichen Monat, schlug der Blitz in des Domitian Schlafzimmer, einmal riß der Sturm die Inschrifttafel seiner Triumphsäule fort. Die mißvergnügten Senatoren ließen es sich angelegen sein, aus diesen Vorzeichen viel Wesens zu machen, und mehrere angesehene Astrologen erklärten, der Kaiser werde den nächsten Winter nicht erleben.

Domitian ließ den Blitz, der in sein Schlafzimmer eingeschlagen, ordentlich begraben, wie es der Brauch erforderte. Die Inschrift der Triumphsäule ließ er in den Sockel einmeißeln, so daß sie kein Sturm mehr verwehen konnte. Einen der Wahrsager ließ Norban festnehmen; er gestand auf der Folter, er habe sich von einem der oppositionellen Senatoren anstiften lassen, unter Mißbrauch seiner Kunst Unwahres zu verkünden. Der Senator wurde verbannt, der Wahrsager exekutiert.

Die Anhänglichkeit der Massen an den Kaiser wurde durch diese übeln Vorzeichen nicht geringer. Sie fühlten sich sicher unter seinem Regiment. Seine maßvolle Außenpolitik zeigte ihre günstigen Folgen. Keine kostspielige Kriegs- und Prestigepolitik zehrte am Wohlstand des Landes, die Gouverneure wagten die Provinzen nur in relativ bescheidenem Maß auszuplündern. Auch vergaß man nicht die großen Schenkungsfeste, die Domitian veranstaltet hatte. Waren also die Massen zufrieden mit seiner Regierung, so haßte man ihn unter den Hocharistokraten und in der Schicht der sehr Reichen um so mehr. Man jammerte über die verlorene Freiheit und das willkürliche, despotische Regiment, und es gab Leute, denen es schwarz vor den Augen wurde, wenn sie das verhaßte, hochfahrende Gesicht des Kaisers sahen.

Da war der alte Senator Corell. Er litt seit seinem dreiunddreißigsten Jahr an Gicht. Enthaltsamkeit hatte eine Weile sein Leiden gedämpft, in späteren Jahren indes hatte die Krankheit den ganzen Körper ergriffen, verkrümmt und entstellt, er litt unerträgliche Schmerzen. Er war Stoiker, als mutiger Mann bekannt, seine Freunde wunderten sich, daß er seinem Leiden kein Ende machte. „Wissen Sie", erklärte er einmal flüsternd seinem nächsten Freunde Secundus, „wissen Sie, warum ich mich selbst überwinde und dieses grauenvolle Dasein aushalte? Ich habe mir geschworen, diesen Hund Domitian zu überleben."

Domitian machte sich lustig über die übeln Vorzeichen. Sie waren falsch gedeutet, sie besagten nichts, man brauchte nur die Augen aufzumachen, um zu sehen, wie glücklich sein Regiment war und wie der Wohlstand und die Zufriedenheit des Volkes wuchsen. Aber er war zu sehr Wirklichkeitsmensch, um nicht zu merken, daß trotzdem auch der Haß rings um ihn wuchs. Und mit dem Haß wuchsen des Kaisers Menschenfeindschaft und seine Angst.

Man war furchtbar allein, man war ringsum verraten und verkauft. Nun war auch noch seine Minerva von ihm gegangen, und zuletzt hatte selbst Lucia ihn verraten. Wer eigentlich blieb ihm noch?

Er ließ die Gesichter seiner Freunde, seiner Nächsten, an sich vorübergehen. Da waren Marull und Regin. Aber sie sind wackelige Greise, und er weiß nicht einmal, ob er, nach dem Tode des Matthias, ihrer ganz sicher sein kann. Folgt Annius Bassus. Der ist jünger. Der ist durchaus verläßlich. Aber er ist, der schlichte Soldat, der Dummkopf, nicht zu brauchen für verflochtene Dinge, die feineres Verständnis erfordern. Und wenn er, Domitian, sich der Lucia trotz ungeheurer Mühen nicht hat verständlich machen können, wie sollte er sich diesem verständlich machen? Käme Norban. Aber Norban hat sehr tief in ihn hineingeschaut, tiefer, als man in den Herrn und Gott Domitian hineinschauen darf, zu tief. Und überdies ist es Norban gewesen, der ihm das erste Glied der gefährlichen Kette in die Hand gedrückt hat. Norban ist der Treueste der Treuen, aber auch zwischen ihm und Norban ist es aus.

Es bleibt in Wahrheit ein einziger: Messalin. Welch eine Gnade, daß die Götter den Messalin blind gemacht haben! Den toten Augen des Messalin kann der Herr und Gott Domitian sein Gesicht zeigen, ohne Scheu, ohne Scham. Der blinde Messalin darf wissen, was kein anderer wissen darf. Einer wenigstens ist in der Welt, dem Domitian alles sagen kann, und er muß nicht fürchten, daß er's hinterher bereue.

Domitian saß in seinem versperrten Arbeitskabinett, aber er war nicht allein, mit ihm, um ihn waren seine Menschenfeindschaft und seine Angst. Warum war dies alles? Warum war er so einsam? Warum war dieser Haß um ihn? Sein Volk war glücklich, Rom war groß und mächtig, mächtiger, glücklicher als je. Warum war dieser Haß um ihn?

Es gab nur *einen* Grund, die Feindschaft dieses Gottes Jahve. Er ließ sich nicht versöhnen, dieser Gott. So klug er, der Kaiser, sich vorgesehen hatte, sicher hatte der Gott Jahve mit seinem östlichen Advokatenverstand trotzdem in den Ereignissen um den Knaben Matthias etwas gefunden, was ihm einen Rechtstitel gab gegen den römischen Kaiser. Sicher war es die Rache dieses Gottes Jahve, was ihn nicht zur Ruhe kommen ließ.

Gab es denn kein Mittel, den Grimm des Gottes zu versöhnen?

Es gab ein Mittel. Er wird dem Gott den Mann opfern, der die Tötung des Knaben Matthias angestiftet hat, den Mann, der ihm das erste Glied der Kette in die Hand gedrückt hat, seinen Polizeiminister Norban. Das ist ein großes Opfer, denn Norban ist der Treueste der Treuen.

Vor seiner Schreibtafel saß er. Diesmal aber waren es keine Kringel und Kreise, die auf der Schreibtafel entstanden, diesmal waren es Namen. Denn wenn er seinen Norban zu den Untern schickt, dann sendet er ihn nicht allein auf den dunkeln Weg, dann schickt er andere mit.

Langsam gräbt der Griffel ins Wachs, säuberlich untereinander setzt er Namen auf Namen. Da ist der gewisse Salvius, der es gewagt hat, den Gedächtnistag seines toten Onkels zu feiern, des Kaisers Otho, des Flavierfeindes. Genießerisch gräbt Domitians Griffel den Namen Salvius ins Wachs. Da ist der Schriftsteller Didymus, der in seine vielgerühmte Geschichte Kleinasiens Anspielungen eingestreut hat, die dem Kaiser nicht gefallen. Er setzt den Namen auf seine Liste, und in Klammern fügt er bei: „Auch den Verleger und die Schreiber." Dann, und diesen Namen schreibt er sehr schnell, folgt Norban. Mehrere andere, gleichgültige, setzt er darunter. Dann, nach ganz kurzem Schwanken, läßt er den Namen Nerva folgen. Das ist zwar ein betagter Herr, nahe den Siebzig, auch maßvoll, vorsichtig, man kann ihm nichts nachweisen; aber gerade weil er so ruhig und bedachtsam ist, schart sich die Opposition um ihn. Domitian liest den Namen, er macht gute Figur auf der Liste. Dann erst, langsam, sorgfältig, in schlau ausgeführten Buchstaben schreibt er nieder den Namen Lucia. Dann, da nicht dieser Name das Ende sein soll, läßt er einige belanglose den Beschluß machen.

Er ist sehr vertieft gewesen in seine Liste. Jetzt, da er sie zusammen hat, atmet er auf, schaut er auf, ihm ist wie nach einem Sieg. Er erhebt sich, streckt sich, lächelt, und von allen Seiten aus dem spiegelnden Wandbelag lächelt Domitian ihm entgegen. Wenn der östliche Gott ein Argument gefunden haben sollte, gegen ihn vorzugehen, jetzt hat der römische Kaiser ihm diesen Vorwand wieder aus der Hand gewunden. Er hat dem Gott seinen Norban geopfert. Jetzt muß sich der Gott zufriedengeben, jetzt muß der Gott ihn in Ruhe lassen.

Am späten Nachmittag speiste Domitian mit den beiden Prinzen. Sie waren allein; nicht einmal Quintilian war da, er war bei einem Freunde, um einer Vorlesung beizuwohnen. Die ganze Zeit über hatte sich der Kaiser auch vor den Knaben grämlich und reizbar gegeben, heute aber, bei dieser Mahlzeit, war ihr Vetter und Vater, der Herr und Gott Domitian, guter Laune. Vergnügt unterhielt er sich mit den beiden. Die wußten gar nicht, was alles sie ihm zu verdanken hatten, was alles er getan hatte, um ihnen die Herrschaft leichter zu machen, die sie erwartete.

Die Knaben saßen da mit ernsten Gesichtern. Er aber wollte heute von ihrem Ernst und ihrer Trübsal nichts merken. Gut, sie hatten in diesen letzten Wochen ihre Mutter verloren. Aber was für eine dünne, dürre, machtlose, halbwahnwitzige Mutter war das gewesen, und was für einen großen, mächtigen, kaiserlichen, göttlichen Vater hatten sie in ihm, der seinen Glanz und seinen Reichtum unter ihre Füße breitete. Sie sollten nicht so dunkle Gesichter machen, und er mühte sich, seine beiden jungen, allzu stillen Tischgenossen aufzumuntern. Nach wie vor hatte er die Fähigkeit, auf eine finstere und gleichwohl fesselnde Art skurril zu sein. Er nahm sich zusammen, er gab sich besonders liebenswürdig, er sprach zu ihnen wie zu Kindern und trotzdem wie zu Männern, er machte es ihnen leicht, höflich zu sein und auf ihn einzugehen, und sie lächelten denn auch höflich zu seinen Scherzen.

Nein, er war ganz und gar nicht der Gott heute abend, er gab sich menschlich, kameradschaftlich. Er erkundigte sich nach ihren kleinen Liebhabereien. Prinz Domitian erzählte denn auch von der Pfauenzucht in Bajae; erst sehr angeregt, dann aber, auf einen Blick seines Bruders, dachte auch er an Matthias, wurde wortkarger, verstummte. Der Kaiser indes schien es nicht zu merken, er machte sich eine Notiz auf seiner Schreibtafel, und dann erzählte er von seinen eigenen kleinen Launen und Schwächen. „Ich liebe es", vertraute er ihnen an, „die Menschen zu überraschen, im Guten wie im Bösen. Ich liebe die langsamen Entschlüsse und die blitzhaft darauffolgende Tat. Eine solche Überraschung laß ich mir manchmal viel Zeit und Mühe kosten." Der Knabe Vespasian sagte: „Und glücken sie immer, Ihre Überraschungen, mein Herr und Vater?" – „Gewöhnlich glücken sie", antwortete Domitian. Der Knabe Domitian sagte: „Sie sprechen so, mein Herr und Vater, als bereiteten Sie eine neue Überraschung vor." – „Vielleicht tu ich das", erwiderte gutgelaunt und schwatzhaft der Kaiser.

Beide Knaben schauten zu ihm auf, in ihrem Blick war Furcht, Haß und Neugier; zugleich schienen sie geschmeichelt, daß der Herr der Welt so kameradschaftlich mit ihnen sprach. „Seht ihr", fuhr der Kaiser fort, die Spannung ihrer jungen Gesichter auskostend, „da wundert ihr euch, daß euer Vater euch so ohne weiteres von den Überraschungen erzählt, die er vorbereitet. Dabei ist, was ich tun werde, gar nicht so fernliegend. Wenn es einmal getan ist, werden alle finden, es sei das Nächstliegende gewesen. Und dennoch wird es kommen wie ein Delphin, der plötzlich aus stillem Meer emporspringt." Da faßte den älteren der beiden, den Knaben Vespasian, ein düsterer Übermut, und er fragte: „Werden an Ihrer Überraschung Menschen sterben müssen, mein Herr und Vater?" Domitian schaute hoch, argwöhnisch, erstaunt über soviel Dreistigkeit. Dann aber lachte er, hatte er doch durch seine eigenen vertraulichen Reden die Frage herausgefordert, und, halb spaßhaft, gab er Bescheid: „Wenn wir Götter spaßen, dann bekommt es manchmal denen nicht gut, mit denen wir spaßen."

Als sie von Domitian entlassen waren, sagten sie einer zum andern: „Er sinnt auf einen neuen Schlag, der Schlächter ... Es soll eine Überraschung sein, und doch soll es naheliegen ... Wer bleibt noch, den er morden könnte? ... Wir selber? ... Das wäre weder eine Überraschung, noch liegt es nahe."

Domitian hatte sich in sein Schlafzimmer zurückgezogen, das pflegte er jetzt oft nach der Mahlzeit zu tun, und die kaiserlichen Gemächer gehörten den Knaben. Hatte der Kaiser sie nicht geradezu aufgefordert, seine Überraschung herauszufinden? Sie glühten danach, herauszubekommen, wen er nun morden wollte. Sie waren Flavier, sie waren tatenlustig, sie waren rachsüchtig, sie waren tollkühn.

Sie gingen nach dem Arbeitskabinett des Kaisers. Es war bewacht von einem Hauptmann und zwei Soldaten. „Lassen Sie uns ein!" bat Prinz Vespasian. „Es geht um eine Überraschung, es geht um eine Wette mit dem Kaiser. Wenn der Kaiser sie verliert, dann wird er nur lachen. Und wenn wir die Wette gewinnen, Hauptmann Corvin, dann werden wir es Ihnen nicht vergessen, daß Sie uns eingelassen haben. Sie also können nur gewinnen, Hauptmann Corvin." Der Hauptmann zögerte. Er hatte den Wachdienst bei Domitian nie geliebt, was man tat und was man ließ, war gefährlich; die Offiziere der Leibgarde pflegten zu scherzen: „Wer beim Kaiser Wache hat, tut gut, vorher den Göttern der Unterwelt zu opfern." Wenn er den Knaben den Eintritt verwehrte, dann konnte das übel ausgehen; wenn er sie einließ, konnte das übel ausgehen. Er ließ sie nicht ein.

Die Knaben waren Flavier, Söhne der Domitilla. Widerstand machte sie nur hartnäckiger. Sie gingen nach dem Schlafgemach des Kaisers.

Es war bewacht von einem Hauptmann und zwei Soldaten. „Lassen Sie uns ein!" bat Prinz Domitian. „Es geht um eine Überraschung, es geht um eine Wette mit dem Kaiser. Wenn der Kaiser sie verliert, dann wird er nur lachen. Und wenn wir die Wette gewinnen, Hauptmann Servius, dann werden wir es Ihnen nicht vergessen, daß Sie uns eingelassen haben. Sie also können nur gewinnen, Hauptmann Servius." Der Hauptmann zögerte. Wenn er den Knaben den Eintritt verwehrte, konnte das übel ausgehen. Er ließ sie ein.

Domitian lag auf dem Rücken und schlief halboffenen Mundes. Er atmete langsam, gleichmäßig, der Kopf mit den sehr roten, gefältelten, durchäderten Lidern sah etwas töricht aus, der Bauch wölbte sich stark nach oben. Der eine Arm lag schlaff und tot auf der Seite, den andern hatte er über den Kopf gebeugt. Die Knaben näherten sich auf Zehenspitzen. Wenn er erwachte, dann würden sie sagen, wie es Wahrheit war: „Wir wollten Ihre Überraschung herausbekommen, mein Herr und Vater Domitian."

Prinz Vespasian langte unter das Kopfkissen. Er fand eine Schreibtafel, er und sein Bruder lasen die Namen. „Hast du sie im Kopf?" flüsterte Prinz Vespasian. „Einige, die wichtigsten", antwortete Prinz Domitian. Der Schlafende machte eine Bewegung, ein kleines Schnauben kam aus dem halboffenen Mund. „Fort!" flüsterte Vespasian. Sie steckten die Schreibtafel wieder unter das Kopfkissen, schlichen hinaus. Der Offizier atmete auf, als er sie herauskommen sah. „Ich glaube, Sie haben Ihr Glück gemacht, Hauptmann Servius", sagte Prinz Domitian, er sprach leutselig, aber doch grimmig, prinzlich.

„Hast du es gesehen?" fragte Vespasian, „unten hat er hingeschrieben: ‚Prinzen Pfauen.' Uns wollte er nicht umbringen, uns wollte er Pfauen schenken." Trotzdem beschlossen sie, einer von ihnen sollte sogleich Lucia aufsuchen. Vespasian übernahm es. Er erreichte sie, erzählte. Sie halste ihn, küßte ihn, dankte ihm mit starken Worten. Es war die größte Stunde seines Lebens.

Noch bevor die Sonne unterging, war Norban bei Lucia. Er war etwas indigniert, daß ihn Lucia so dringlich und geheimnisvoll aufgefordert hatte zu kommen. Was wird sie ihm schon groß zu berichten haben? Alberne Liebesgeschichten vermutlich.

Lucia erzählte ihm in dürren Worten, was geschehen war. Der vierschrötige Mann zuckte nicht; er hatte während ihrer ganzen Erzählung seine braunen Augen, die eines bösen, treuen Wachhundes, nicht von ihr gewandt. Auch jetzt nicht wandte er sie von ihr, er schwieg, er überlegte offenbar, er traute ihr nicht.

Dann, statt aller Antwort, fragte er sachlich, fast grob: „Sie hatten eine Auseinandersetzung mit dem Herrn und Gott Domitian?" – „Ja", erwiderte sie. „Ich hatte keine mit ihm", sagte er, und sein herausfordernder Ton verhehlte nicht sein Mißtrauen. „Ich rede offen mit Ihnen, meine Herrin Lucia", fuhr er fort. „Sie haben Anlaß, mir feind zu sein, der Kaiser nicht." – „Aber vielleicht wissen Sie zuviel um ihn", vermutete Lucia. „Das ist plausibel", überlegte Norban. „Aber es gibt auch viele andere Möglichkeiten. Es könnte zum Beispiel sein, daß Prinz Vespasian in jugendlicher Phantasterei glaubt, es sei gar kein Unglücksfall gewesen, der seinen Kameraden Matthias weggerafft hat und seine Mutter, sondern böse Absicht des Kaisers." – „Es ist nicht ausgeschlossen", gab ihrerseits Lucia zu, „daß Vespasian aus solchen Gründen zu mir kam und daß er gelogen hat. Aber wahrscheinlich ist es nicht. In Ihrem Innern, mein Norban, wissen Sie so gut wie ich, daß Vespasian die Wahrheit sagt, daß Ihr Name und meiner auf der Tafel waren, und Sie und ich und der Knabe deuten richtig, was das heißen soll."

„Am liebsten“, knurrte auf einmal Norban heraus, „möchte ich diesem vorwitzigen Vespasian den Hals umdrehen.“ Die modischen Locken fielen ihm unordentlich, etwas grotesk in die niedrige Stirn des vierschrötigen Gesichtes, er sah unglücklich aus, ein böser, treuer Hund, dessen Welt in Stücke gegangen ist. Lucia mußte in aller Wut, Trauer und besorgter Geschäftigkeit beinahe lachen über den plumpen Zorn des bösen Mannes. „So fest also hängen Sie an Wäuchlein“, sagte sie, „so aus den Fugen gerissen sind Sie, weil er sich auch gegen Sie sichern will?“ – „Ich bin treu“, erklärte verbissen Norban weiter. „Der Herr und Gott Domitian hat recht. Der Herr und Gott Domitian hat immer recht. Selbst wenn er mich beseitigen lassen will, hat der Herr und Gott Domitian sicher seine guten Gründe und hat recht. Und diesen Vespasian werde ich es bezahlen machen!“ wütete er. „Reden Sie keinen Unsinn, mein Norban!“ führte ihn Lucia in die Wirklichkeit zurück. „Schauen Sie die Dinge an, wie sie sind! Ich bin Ihnen nicht sympathisch, und ich müßte lügen, wenn ich behauptete, daß Sie mir gefielen. Aber die gemeinsame Gefahr macht uns nun einmal zu Bundesgenossen. Wir müssen D D D zuvorkommen, und wir haben Eile. Die Knaben haben nicht alle Namen in Erinnerung, die auf der Liste standen, aber einige haben sie. Hier sind sie. Setzen Sie sich mit den Herren in Verbindung, soweit sie Ihnen nützlich sein können! Ich meinesteils werde dafür sorgen, daß Domitian heute nacht hier bei mir schläft. Sorgen Sie dann für das Weitere!“

Norban schaute sie aus seinen braunen, wachsamen und dennoch stumpfen Augen lang und nachdenklich an. „Ich weiß“, sagte Lucia, „was Sie jetzt überlegen. Sie fragen sich, ob Sie nicht hingehen sollen und dem Kaiser anzeigen, was ich Ihnen vorgeschlagen habe. Das wäre nicht ratsam, mein Norban. Ihre eigene Exekution würden Sie dadurch hinausschieben, aber eben nur hinausschieben. Denn Sie wüßten dann noch mehr um den Kaiser, und sosehr es ihn schmerzte, die Pflicht, Sie zu beseitigen, würde so nur dringlicher. Habe ich recht?“ – „Sie haben recht“, gab Norban zu. „Dieser naseweise Prinz!“ knurrte er und konnte sich nicht beruhigen. „Sie wären lieber umgekommen, unwissend", erkundigte sich interessiert Lucia, „als daß Sie jetzt, wissend, dem Kaiser zuvorkommen?" – „Ja", gab Norban unglücklich zu. „Ich bin sehr enttäuscht", sagte er, ehrlich betrübt.

„Und Sie sind sicher", fragte er schließlich noch frech und sachlich, „daß Sie den Kaiser dahin bringen werden, bei Ihnen zu schlafen, trotz der Auseinandersetzung?" Lucia ärgerte sich nicht, eher war sie amüsiert. „Ich bin es", sagte sie.

„Mein Herr und Gott, Domitian, Wäuchlein, D D D, ich weiß nicht, welcher feindliche Gott es mir eingegeben hat, so freche und törichte Worte an Sie zu richten, wie ich es getan. Der Hundsstern muß mich verblendet haben. Ich kenne aber die Milde und Großmut des Kaisers Domitian. Denken Sie an unsere Nacht damals auf dem Schiff nach Athen. Denken Sie an unsere Nacht damals, als Sie die Gnade gehabt hatten, mich zurückzurufen? Verzeihen Sie mir! Kommen Sie zu mir und sagen Sie es mir mit Ihrem eigenen Munde, daß Sie mir verzeihen! Kommen Sie heute nacht! Ich erwarte Sie. Und wenn Sie kommen, dann liefere ich Ihnen auch das Baumaterial für Ihre Villa in Selinunt zur Hälfte des Preises. Ihre Lucia."

Domitian, als er diesen Brief las, grinste. Dachte an seine Liste. Dachte an Messalin, mit dem er morgen diese Liste durchsprechen wird. Dachte aber auch an die beiden Nächte, an die ihn Lucia erinnerte.

Es war Domitian lieb, wenn diejenigen, die er beseitigen mußte, einsahen, daß diese Beseitigung eine gerechte Strafe, eine notwendige Maßnahme sei. Er freute sich, daß Lucia ihr Unrecht einsah. Er freute sich, daß sie ihn nach wie vor liebte. Freilich, wie sollte sie ihn nicht lieben, da er sie seiner Neigung gewürdigt hat? Und an der Sache wurde dadurch nichts geändert. Lucias Verbrechen wurde nicht kleiner dadurch, daß die Hochverräterin Lucia außerdem auch eine Frau war, die ihn liebte. Er wurde nicht schwankend in seinem Vorhaben, er dachte nicht daran, den Namen von seiner Liste zu streichen.

Ihrer Einladung wird er trotzdem folgen. Sie ist eine großartige Frau. Wenn er an die Narbe unter ihrer linken Brust denkt, werden ihm die Knie schwach. Die Götter sind ihm huldvoll, daß sie ihn diese Narbe noch einmal küssen lassen. Sie ist eine strotzende Frau, sie ist die Frau, die zu ihm gehört. Schade, daß sie eine Hochverräterin ist und nicht mehr viel Gelegenheit haben wird, ähnliche Briefe an ihn zu schreiben.

Der Kaiser kam also zu Lucia und schlief bei ihr. Schwer, nach der Umarmung, lag sein großer Kopf auf ihrer Schulter. Lucia zog gleichwohl den Arm nicht weg. Sie beschaute beim matten Licht der Öllampe den schlafenden Kopf, unter dem gedunsenen, schlaffen, müden Gesicht suchte sie jenes, das sie zuerst gesehen hatte, da man von ihm noch als von dem Früchtchen sprach und er der Nichtsnutz war, auf den niemand Hoffnung setzte außer ihr. Jetzt liebte sie ihn nicht und haßte ihn nicht, sie bereute nicht ihren Entschluß, doch nichts mehr war in ihr von der grimmigen Genugtuung, die sie erfüllt hatte, als sie den Norban für sich und ihre Rache gewann. Sie wartete, und ihr Herz war schwer und müde wie der Arm, auf dem der schlafende Kopf lag.

Endlich kamen Norban und die Seinen. Es gelang ihnen indes nicht, so geräuschlos einzudringen, wie sie gehofft hatten; denn der immer argwöhnische Domitian hatte sich von zwei Offizieren begleiten lassen, die im Gang vor dem Schlafgemach Wache hielten. So war Domitian aus dem Schlaf hochgefahren, als die Verschworenen eindrangen. „Norban!" rief er, und: „Was gibt es?"

Norban hatte gehofft, seinen Herrn im Schlaf zu überraschen. Daß der ihn anrief, störte ihn, und er blieb in der Nähe der Tür stehen.

Der Kaiser war vollends wach geworden, er sah die Männer hinter Norban, sah die Waffen, sah das Gesicht und die Haltung des Norban. Begriff. Sprang aus dem Bett, nackt, wie er war, suchte den Ausgang zu gewinnen, stürzte sich auf die Männer, schrie mit schriller Stimme um Hilfe. Einer stach nach ihm, aber er traf schlecht. Der Kaiser wehrte sich, rang mit dem Menschen, schrie weiter. „Lucia, du Hündin, hilf mir doch!" rief er mit überkippender Stimme und wandte den

Kopf dem Bette zu. Lucia kniete auf dem Bett, den Oberkörper nackt, und schaute mit schwerem, traurigem, gespanntem Blicke auf den um sein Leben ringenden Mann. „Es ist für den Matthias", sagte sie, und ihre Stimme klang sonderbar ruhig und sachlich.

Da erkannte er, daß es der Gott Jahve war, mit dem er zu tun hatte, und wehrte sich nicht mehr.

Schon vor dem Morgen wußte die ganze Stadt von der Ermordung des Kaisers.

Die erste Regung des Annius Bassus, nachdem er sich von seinem ungeheuern, empörten Schreck erholt, war, die Adoptivsöhne des Ermordeten, die Prinzen Vespasian und Domitian, zu Herrschern ausrufen zu lassen. Die Offiziere und die Soldaten der Garnison hingen an dem Toten, und er hätte mit ihrer Hilfe die Anerkennung der Prinzen durch den Senat erzwingen können. Allein er war nicht skrupellos und nicht wendig genug, um dem Senat „seine" Kaiser zu präsentieren, ohne sich vorher mit Marull und Regin ins Benehmen gesetzt zu haben.

Als er indes endlich mit den beiden andern Verbindung bekam, war es bereits zu spät. Der alte Nerva, der Führer der Senatsopposition, den Domitian auf seine Liste gesetzt, war von Norban von den Ereignissen verständigt worden, noch ehe sie sich erfüllt hatten, und er hatte sogleich den Senat einberufen. Sollte das Attentat mißglücken, hatte er sich gesagt, dann wird er Dankgebete an die Götter für die Errettung des Kaisers beantragen; sollte es glücken, dann wird er sich von seinen Freunden zu Domitians Nachfolger wählen lassen. Mit dem frühesten Morgen also hatten sich die Berufenen Väter versammelt, und als endlich, während Annius die Garnison alarmierte, Marull und Regin im Senat erschienen, hatte man bereits den Antrag gestellt, das Andenken des Toten zu ächten.

Marull, kaum ins Bild gesetzt, schickte sich an, entrüstet dagegen zu opponieren. Allein er und die wenigen kaisertreuen Senatoren wurden sogleich niedergeschrien. Man überbot sich in wüsten Schmähungen des gestürzten Herrn.

In wütender Eile beschloß man eine beschimpfende Maßnahme nach der andern, um selbst die Erinnerung an Domitian zu vernichten. Man verfügte, daß im ganzen Reich seine Bildsäulen gestürzt und die Tafeln, die Inschriften zu seinen Ehren trugen, zerstört oder eingeschmolzen werden sollten. Und schließlich mußten Marull und die Seinen ein Schauspiel erleben, wie es der römische Senat seit Gründung der Stadt noch nie geboten hatte. Voll von Enthusiasmus über die wiedergewonnene Macht, grimmigen Gedenkens voll an die erlittene Schmach, an die Sitzungen, da sie selber, die hier Versammelten, ihre Besten, ihre Häupter, zum Tod verurteilt hatten, riefen die Senatoren Handwerker und Leibeigene herbei, um die Ächtung seines Angedenkens sogleich und handgreiflich zu vollziehen. Ja sie halfen selber bei diesem Werke mit. Selber teilhaben wollten sie an der Beseitigung, an der Austilgung des frechen Despoten. Unbeholfen in ihren hohen Schuhen, in ihren prunkenden Gewändern, griffen sie zu Brecheisen, zu Äxten und zu Beilen, stiegen auf Leitern, hieben auf die Büsten und Medaillons des Verhaßten ein. Mit Wollust zur Erde schmetterten sie die Statuen mit dem hochmütigen Gesicht des Toten, sie zerstückten und verstümmelten seine steinernen und metallenen Glieder, unter irren Schreien, in der Vorhalle der Kurie errichteten sie eine Art Scheiterhaufen und warfen die scheußlich verunstalteten Bildwerke hinein.

Dann, nachdem sie auf diese Art aufgeräumt hatten mit der Despotie, der Herrschaft eines einzelnen, machten sie sich daran, sie zu ersetzen durch das Regime der Freiheit, nämlich durch die Herrschaft der sechzig mächtigsten Senatoren, und wählten den Nerva zum Kaiser.

Der alte Herr, ein sehr gebildeter Mann, ein großer Jurist, ein geübter Redner, wohlwollend, liberal, menschenfreundlich, hatte einen bewegten Tag, eine bewegte Nacht und nochmals einen bewegten halben Tag hinter sich. Er hatte die ganze letzte Zeit über in Sorge geschwebt, er werde trotz all seiner Vorsicht von Domitian beseitigt werden. Statt dessen hatte er jetzt, in seinem siebzigsten Jahr, nicht nur den fünfundvierzigjährigen Kaiser überlebt, sondern auch noch seinen

Thron erobert. Nun aber, nach den Anstrengungen, Aufregungen, Umschwüngen dieser letzten anderthalb Tage, war er erschöpft, er durfte es sein, und die Freude, daß er jetzt nach Haus gehen konnte, baden, frühstücken, sich ins Bett legen, war beinahe ebenso groß wie die Freude über die erreichte Weltherrschaft.

Aber so bald sollte ihm die ersehnte Ruhe nicht vergönnt sein. Kaum war er in seinem Haus angelangt, als sich, an der Spitze eines großen Truppendetachements und in Begleitung des Marull und des Regin, Annius bei ihm einstellte. Annius war empört über seine eigene Geistesträgheit; durch diese Langsamkeit des Denkens hatte er die Adoptivsöhne seines verehrten Herrn und Gottes um die ihnen zukommende Weltherrschaft gebracht. Er wollte retten, was noch zu retten war. Er drang auf Nerva ein und erging sich in wüsten Drohreden, die Armee werde nicht dulden, daß man die Flavier, die Besieger Germaniens, Britanniens, Judäas und Daziens, um den Thron betrüge. Der neue Kaiser war ein Herr von ruhigen, vornehmen Manieren; die laute, grobe Sprache des Annius machte ihn recht nervös, auch hätte er auf das unsachliche Gerede von seinem juristischen Standpunkt aus allerhand zu erwidern gehabt. Doch er war sehr müde, er fühlte sich nicht in Form, auch hatte der andere dreißigtausend Soldaten und er nur fünfhundert Senatoren hinter sich. So zog er es vor, die Ungehörigkeit des groben Generals vorläufig auf sich beruhen zu lassen, wandte sich statt dessen höflich an die beiden andern, die er als umgängliche Männer kannte, und fragte sie liebenswürdig: „Und was wünschen Sie, meine Herren?"

Die beiden Herren, Realisten, die sie waren, wußten zwar, daß die Garnison der Hauptstadt hinter ihnen stand, aber sehr zweifelhaft war ihnen, ob die Armeen der Provinzen den Flaviern treu bleiben würden. Andernteils hatte das anstößige Verhalten der Senatoren sie tief aufgerührt. Der Anblick dieser älteren Männer, wie sie da mit ihren hohen Schuhen und in ihren purpurverbrämten Kleidern mit schlotterigen Knien die Leitern erstiegen, um dem Bildnis des Mannes ins Gesicht zu schlagen, dessen Hand zu küssen sie sich vor drei Tagen noch gedrängt hatten, hatte den beiden das Innere vor Ekel umgekehrt. Sie wollten ihrerseits demonstrieren.

Der neue Kaiser, erklärten sie, sei Jurist. So möge er denn das Recht zur Geltung bringen denjenigen gegenüber, die den Domitian gemeuchelt hätten. Sie sprachen mit Nerva in urbanen Formen, sie betonten keineswegs, wie der grobe General, in jedem dritten Satz: hinter uns steht die Armee. Was sie verlangten, war nicht viel, es war ein einziges, die Bestrafung der Schuldigen. Aber die verlangten sie ultimativ und binnen kürzester Frist, davon ließen sie nicht ab. Und Nerva mußte ihnen – dies war die erste Handlung des neuen, im Prinzip rechtlichen, anständigen, ja wohlwollenden Herrschers – den Hauptschuldigen sogleich preisgeben, den Norban, den Mann, dem er den Thron verdankte.

Nachdem Nerva dies hatte einräumen müssen, sah er ein, daß er sogleich Sicherheitsmaßnahmen treffen müsse. Nein, er durfte seinen müden, alten Kopf noch immer nicht aufs Kissen legen, wenn anders dieser alte Kopf nicht Gefahr laufen sollte, schließlich doch noch auf gewaltsame Art von dem zugehörigen Rumpf getrennt zu werden. Er mußte, bevor er sich in sein Schlafzimmer zurückziehen konnte, noch einen Brief schreiben. Und der alte Kaiser, während jedes Glied ihm weh tat vor Müdigkeit, diktierte seinen Brief. Er bot seinem jungen Freunde, dem General Trajan, Oberkommandierenden der an der deutschen Grenze operierenden Armee, die Mitherrschaft an. Dann, endlich, ging er zu Bett.

Marull und Regin ihrerseits begaben sich zu Lucia. Sie wollten Lucia retten, und sie wollten Lucia strafen.

„Ich will nicht mit Ihnen über Ihre Motive rechten, meine Herrin und Göttin Lucia", sagte Regin, „aber es wäre rücksichtsvoller gewesen und wohl auch klüger, wenn Sie sich zum Beispiel mit uns in Verbindung gesetzt hätten statt mit Norban." – „Ich glaube, daß Sie mir freund sind, Sie, mein Regin, und Sie, mein Marull", erwiderte Lucia. „Aber, seien Sie ehrlich, vor die Wahl gestellt, wen Sie retten sollen, Domitian oder mich, hätten Sie sich für mich entschieden?" – „Es hätte vielleicht einen Ausweg gegeben", sagte Marull. „Es gab keinen", sagte etwas müde Lucia, „Norban war mein gegebener

Verbündeter." – „Auf alle Fälle", resümierte Regin, „haben die beiden netten Jungen jetzt durch Ihre Schuld den Thron verloren, und Sie, meine Lucia, haben überdies sich und Ihre Ziegeleien in ernsthafte Gefahr gebracht." – „Ich an Ihrer Stelle, meine Lucia", sagte Marull, „hätte so gute alte Freunde, wie wir es sind, immerhin so rechtzeitig verständigt, daß sie einesteils Ihnen nicht mehr schaden, aber zum Beispiel den jungen Prinzen hätten nützen können." Lucia dachte eine halbe Minute nach. „Da haben Sie recht", sagte sie dann verständig.

„Es ist schade um ihn", sagte nach einer Weile Regin. „Man hat ihm viel Unrecht getan." – „Falls diese Worte auf mich zielen sollten", antwortete Lucia, „falls Sie es verlangen sollten, daß ich Ihnen zustimme, dann verlangen Sie von mir zuviel. Soviel Objektivität kann keine Frau aufbringen, der man nach dem Leben getrachtet hat und die dem Tod um ein Haar entgangen ist. Und denken Sie, bitte, an meinen Matthias!" – „Und dennoch hat man ihm Unrecht getan", beharrte störrisch Regin.

„Überlassen wir", schlug der konziliante Marull vor, „das Urteil darüber den Dichtern und Geschichtsschreibern! Beschäftigen wir uns lieber mit Ihrer nächsten Zukunft, meine Lucia! Wir haben Anlaß, anzunehmen, daß Sie nicht ungefährdet sind. Unser Annius Bassus und seine Soldaten wollen Ihnen nicht wohl." – „Haben Sie mir Forderungen zu überbringen?" fragte hochfahrend Lucia. „Steht die Armee hinter Ihnen?" fuhr sie spöttisch fort. „Die Armee steht zwar wirklich hinter uns", sagte freundlich und geduldig Regin, „aber was wir Ihnen unterbreiten, sind keine Forderungen, sondern Ratschläge." – „Was also wollen Sie?" fragte Lucia. „Wir wünschen", formulierte Marull, „daß der Leib des Domitian anständig bestattet werde. Der Senat hat sein Andenken geächtet, wie Sie wissen. Eine öffentliche Bestattung würde zu Unruhen führen. Wir schlagen vor, daß Sie dem Domitian einen Scheiterhaufen errichten, möglichst bald, und wenn nicht in Rom selber, dann zumindest sehr nahe, sagen wir einmal in Ihrem Park in Tibur."

Lucia haßte den Toten nicht mehr, aber sie hatte von jeher

Widerwillen verspürt gegen Bestattungen. Dieser Widerwille spiegelte sich auf ihrem lebendigen Gesicht. „Wie sehr Sie hassen können!" sagte Marull. Da aber entspannte sich ihr Gesicht, und: „Ich hasse Wäuchlein nicht", sagte sie, nun auf einmal sehr müde, und plötzlich sah sie aus wie eine alte Frau.

„Ich glaube, es wäre im Sinne D D Ds", sagte Marull, „wenn gerade Sie ihm diese Bestattung richteten. Denken Sie daran, daß er, gerade er, den Matthias begraben wollte!" – „Auch wäre es klug", ergänzte Regin, „wenn gerade Sie die Bestattung vollzögen. Das Gerede, daß Sie etwas mit dem Verbrechen des untreuen Norban zu tun gehabt haben, wird dann wohl verstummen." – „Des untreuen Norban", sagte nachdenklich Lucia. „D D D hatte keinen Treueren." – „Sie haben ihn ja auch nicht gehaßt, meine Lucia", spöttelte Marull und legte einen Ton auf das „Sie".

„Gut", gab Lucia nach, „ich werde ihn bestatten."

Allein es stellte sich heraus, daß des Domitian Leichnam schon aus dem Palatin fortgeschafft war. Es war seine alte Amme Phyllis, die ihn heimlich und unter Gefahr hatte wegbringen lassen.

Man begab sich in das Haus der Phyllis, ein einfaches Landhaus vor der Stadt. Ja, dorthin hatte man den toten Mann geschleppt. Phyllis, eine ungeheuer fette Greisin, hatte nicht gespart; ja, die Leiche war bereits gewaschen, gesalbt, parfümiert, hergerichtet, die teuersten Kosmetiker hatten das besorgen müssen. Da saß nun Phyllis an dem Katafalk, die Tränen liefen ihr über die hängenden Backen.

Der tote Domitian sah still und würdig aus. Nichts war da von dem krampfig Großartigen, das sein Antlitz im Leben manchmal gezeigt hatte. Die Brauen, die der Kurzsichtige drohend zusammenzuziehen gepflegt hatte, waren jetzt entspannt, die geschlossenen Lider verbargen die Augen, die so finster und gewalttätig geblickt hatten, von all der übersteigerten Energie des Antlitzes war nur das entschiedene Kinn geblieben. Ein Lorbeerkranz saß auf dem halbkahlen Schädel, andere Insignien der Macht hatte die Alte zu ihrem Leidwesen nicht auftreiben können. Aber der Tote wies ein schönes, männliches Gesicht, und Marull und Regin fanden, D D D sehe jetzt kaiserlicher aus als so manches Mal, da er es mit Inbrunst darauf angelegt hatte, der Herr und Gott zu sein.

Die Alte hatte den Holzstoß bereits gerichtet. Sie sträubte sich dagegen, daß Lucia, die Mörderin, der Verbrennung beiwohne. Die beiden Herren begaben sich nochmals zu Lucia; sie schlugen vor, die Leiche gewaltsam aus dem Haus der Phyllis nach Tibur zu schaffen, auf die Besitzung der Kaiserin. Doch Lucia wollte nicht. Im Innersten war sie froh, einen Vorwand zu haben, die Geste zu unterlassen, die Marull und Regin von ihr verlangt hatten. Sie war wieder die alte Lucia geworden. Sie hatte Domitian geliebt, er hatte ihr Böses und Gutes getan, sie hatte ihm Gutes und Böses getan, die Rechnung war ausgeglichen, der Tote hatte nichts von ihr zu fordern. Vor den Folgen ihrer Tat, vor Annius und seinen Soldaten fürchtete sie sich nicht.

Es waren also nur Marull, Regin und Phyllis zugegen, als man die Leiche des letzten Flavierkaisers auf den Scheiterhaufen legte. Sie öffneten dem Toten die Augen, sie küßten ihn, dann zündeten sie, abgewandten Gesichtes, den Holzstoß an. Das Parfüm, mit dem er getränkt war, verbreitete starken Geruch. „Leb wohl, Domitian", riefen sie, „leb wohl, Herr und Gott Domitian!" Phyllis aber schrie und heulte, zerriß sich die Kleider und zerkratzte ihr fettes Fleisch.

Marull und Regin schauten zu, wie der Scheiterhaufen niederbrannte. Wahrscheinlich kannte niemand besser als sie, selbst Lucia nicht, die Schwächen des Toten, doch auch niemand besser seine Vorzüge.

Als dann der Scheiterhaufen niedergebrannt war, löschte Phyllis die glimmenden Kohlen mit Wein, sammelte die Gebeine, begoß sie mit Milch, trocknete sie mit Linnen ab, legte sie, mit Salben und Wohlgerüchen vermischt, in eine Urne. Sie hatte mit Hilfe Marulls und Regins erwirkt, daß man sie des Nachts heimlich in den Tempel der flavischen Familie einließ. Dort setzte sie die Reste des Domitian bei, sie mischte sie aber mit den Resten der Julia, welche sie gleichfalls gesäugt hatte; denn die empörte Alte war der Meinung, nicht Lucia sei die Frau gewesen, die zu Domitian gehörte, sondern zu ihrem Adler Domitian gehöre ihr Täubchen Julia.

Am Tage darauf, in Gegenwart seines Freundes Secundus, öffnete sich der alte, von der Gicht verkrümmte Senator Corell, der bisher seine unerträglichen Schmerzen mannhaft ertragen hatte, die Adern. Er hatte es erreicht, er hatte den Tod des verfluchten Despoten und die Wiedererrichtung der Freiheit erlebt. Der Tag war da. Er starb glücklich.

Der Tag war da. In seinem Arbeitskabinett saß der Senator Cornel, der Historiker, und überdachte, was geschehen war. Die starken Falten des düsteren, erdfarbenen Gesichtes gruben sich noch tiefer, er war erst Anfang der Vierzig, aber er hatte das Gesicht eines alten Mannes. Er erinnerte sich seiner toten Freunde, des Senecio, des Helvid, des Arulen; voll Trauer dachte er daran, wie oft er sie vergeblich zur Vernunft gemahnt hatte. Ja, darauf war es angekommen, Vernunft zu zeigen, Geduld zu zeigen, den Groll im Busen zu bewahren, bis die Zeit kam, ihn herauszulassen. Nun war die Zeit da. Die Epoche des Schreckens zu überleben, darauf war es angekommen. Er, Cornel, hatte sie überlebt.

Vernunft war gut, aber glücklich machte sie nicht. Glücklich war er nicht, der Senator Cornel. Er dachte an die Gesichter seiner Freunde, die in den Tod, die der Frauen, die in die Verbannung gegangen waren. Es waren grimmige Gesichter gewesen, aber dennoch die Gesichter solcher, die einverstanden waren. Sie waren Helden gewesen, er war nur ein Mann und ein Schriftsteller. Sie waren nur Helden gewesen, er war ein Mann und ein Schriftsteller.

Er war Historiker. Man mußte historisch werten. Für die Zeiten der Gründung des Reichs, für die Zeiten der Republik, waren Helden notwendig gewesen, für diese Jahrhunderte, für das Kaiserreich, bedurfte man vernünftiger Männer. Gründen können hatte man das Reich nur durch Heldentum. Gehalten werden konnte es nur durch Vernunft.

Aber gut war es dennoch, daß es diese Helvid und Senecio und Arulen gegeben hatte. Eine jede Zeit bedurfte der Helden, um das Heldentum wachzuhalten für jene Zeit, die ohne Heldentum nicht wird bestehen können. Und er war froh, daß er jetzt den aufgestauten Haß gegen den Tyrannen in Worte fassen durfte und das liebevolle, trauervolle Gedenken der Freunde. Er nahm vor die vielen Noten und Aufzeichnungen, die er sich gemacht hatte, und er ging daran, einleitend ein großes Bild der Epoche zu entwerfen, die sein Buch schildern sollte. In gewaltigen, dunkeln Sätzen, die sich türmten wie Felsblöcke, stellte er dar die Schrecken und Verbrechen des Palatin, und Worte, weit und hell wie der Himmel eines Frühsommertags, fand er für das Heldentum seiner Freunde.

Drittes Kapitel

Wie Josef jetzt an diesem frischen Vorfrühlingstag mit Johann von Gischala durch dessen Maulbeerpflanzungen ging, sah man keinem der beiden Männer ihr Alter an. Josefs siebzig Jahre hatten zwar seinen Bart ins Graue verfärbt und sein hageres Gesicht etwas zerknittert, aber jetzt im Wind zeigte es frische Farbe, und seine Augen schauten lebendig. Und wenn Johanns Knebelbart strahlend weiß war, so war doch auch sein braunes, schlaues Antlitz rot und wohlerhalten, und seine verschmitzten Augen schauten geradezu jung.

Josef war nun den dritten Tag Gast des Johann in Gischala. Johann wußte, daß Josef nicht viel Interesse an landwirtschaftlichen Dingen hatte, aber er konnte seinen bäuerlichen Stolz nicht zähmen, und wiewohl er sich über sich selber lustig machte, hetzte er auch diesmal wieder seinen Freund durch sein ausgedehntes Mustergut, und Josef mußte seine großartigen Ölpressen, seine Weinkeller, seine Tennen und vor allem seine Maulbeerplantagen und seine Seidenmanufaktur beschauen und bewundern.

Er tat das mechanisch, seine Gedanken waren anderswo, er genoß die Freude, wieder einmal in Galiläa zu sein.

Er saß nun seit fast zwölf Jahren in Judäa, fern von Rom, von dem neuen, ihm sehr fremden Rom des Soldatenkaisers Trajan. Nein, er vermißte es ganz und gar nicht, dieses militärische, ordentliche, großartig organisierte, sehr kalte Rom, es stieß ihn ab, er wußte mit der nüchternen, sachlichen, weltmännisch unbeteiligten Gesellschaft dieses Rom so wenig anzufangen wie sie mit ihm.

In Judäa allerdings war er auch nicht heimisch. Manchmal zwar versuchte er sich und seinen Freunden einzureden, er sei zufrieden in der Ruhe seines Gutes Be'er Simlai. Er sei nun lange genug, erklärte er, ein Einzelner gewesen, ein Besonderer; jetzt im Alter wünschte er nichts Besseres als unterzutauchen in der Gemeinschaft aller. Er wolle nichts sein als ein Mann in Judäa wie die andern Männer in Judäa. Allein wenn er's auch ehrlich meinte, im Grunde fühlte er sich unbehaglich in dieser seiner Ruhe.

Die Besitzung Be'er Simlai, die er seinerzeit auf den Rat Johanns erworben hatte, blühte und gedieh. Aber ihn, Josef, brauchte man dort nicht, sein jetzt fünfundzwanzigjähriger Sohn Daniel hatte sich, unterwiesen von dem alten Theodor, zu einem fähigen und interessierten Landwirt entwickelt, Josefs Gegenwart störte mehr, als daß sie half. Und der Wohlstand des Gutes war menschlicher Voraussicht nach gesichert; denn alles, was hier im Umkreis der Provinzhauptstadt Cäsarea liegt, wird von der römischen Regierung begünstigt. Freilich ist die Gegend zumeist von Syrern und ausgedienten römischen Soldaten besiedelt, und die nicht zahlreichen Juden sehen unfreundlich auf Josef und ergehen sich in Stichelreden über die Gunst, deren er sich, selbst unter diesem Kaiser Trajan, bei den Römern erfreut. Mara zöge es vor, im eigentlichen Judäa zu leben statt hier unter den „Heiden", auch Daniel leidet unter dem Mißtrauen und dem Hohn der jüdischen Siedler. Gleichwohl haben seine Frau und sein Sohn viel Freude an dem Gedeihen des Gutes, gewiß mehr Freude als er selber.

Mara hat den Verlust des Matthias ruhiger hingenommen, als er erwartet hatte; sie hat ihn nicht verflucht und keine wilden Reden geführt. Aber das Band zwischen ihnen ist gerissen. Innerlich hat sie sich von ihm losgesagt als von dem Mörder ihrer beiden Söhne, sie sieht in ihm nicht mehr einen Gesegneten des Herrn, sondern einen Geschlagenen, einen Unheilbringer. Allein sie ist ihm so fern, daß sie mit ihm darüber nicht einmal mehr rechtet. Sie leben gelassen, in freundlicher Fremdheit nebeneinanderher.

Auch zwischen ihm und seinem Sohn Daniel ist es nicht so,

wie es sein sollte. Nicht nur bedrückt den Daniel die Meinung der jüdischen Siedler über seinen Vater, sondern er schlägt auch mit seinem ganzen Wesen mehr der Mutter nach, er hat ihre Gelassenheit und höfliche Zurückhaltung. Er ist ein untadeliger Sohn, aber er hat Scheu vor dem heftigen, unverständlichen Vater, und Josefs Versuche, sein Vertrauen zu gewinnen, sind fehlgeschlagen.

So lebt Josef recht allein inmitten der geordneten Tätigkeit seines Gutes. Er schreibt, er verbringt viel Zeit über seinen Büchern. Zuweilen auch macht er sich auf den Weg, Freunde aufzusuchen; er fährt etwa nach Jabne zu dem Großdoktor oder, wie jetzt, nach Gischala zu Johann. Er hat viele Freunde im Land, er genießt seit dem „Apion“ bei der Mehrzahl der Juden Verehrung. Doch es bleibt eine Verehrung ohne Wärme, man hat seine frühere zweideutige Haltung nicht vergessen. Er lebt in Judäa wie ein Fremder unter seinem Volke.

In der letzten Zeit hat ihn Rastlosigkeit gepackt. Er schiebt die Schuld auf die Unsicherheit der politischen Lage. Denn der große Ostfeldzug, den der kriegerische Kaiser Trajan rüstet, bedroht auch Judäa von neuem. Aber die Gründe, die Josef aus dem Frieden seines Gutes Be'er Simlai fortjagen, liegen in ihm selber. Es ist wie in seiner Jugend, es ist wie in der Zeit, da er dichtete:

Reiße dich los von deinem Anker, spricht Jahve.
Ich liebe nicht, die im Hafen verschlammen.
Ein Greuel sind mir, die verfaulen im Gestank ihrer Trägheit.
Ich habe dem Menschen Schenkel gegeben, ihn zu tragen über die Erde,
Und Beine zum Laufen,
Daß er nicht stehen bleibe wie ein Baum in seinen Wurzeln.

Er hält es nicht mehr aus in Be'er Simlai. Er ist aufgebrochen, um mit unbestimmtem Ziel durch Judäa zu reisen, hierhin, dorthin; erst am Vorabend des Passahfestes, also nicht vor drei Wochen, will er wieder auf seinem Gut zurück sein.

Nun also ist er bei Johann. Johann ist viel kürzer im Land

als er selber. Johann ist seinem Vorsatz treu geblieben und hat Rom und seine römischen Geschäfte erst verlassen, als er sich der Herrschaft sicher glauben durfte über sein vaterlandsheißes Herz. Er hat auch während der fünf Jahre, die er in Judäa lebt, tapfer der Versuchung widerstanden, die „Eiferer des Tages" zu fördern. Er hat sich in dieser Zeit damit beschäftigt, seine Heimatstadt, die uralte, kleine Bergstadt Gischala, reich und stattlich wieder aufzubauen, denn sie ist zuerst im großen jüdischen Krieg und dann beim Aufstand der „Eiferer" ein zweites Mal zerstört worden. Vor allem aber hat er sein eigenes großes Gut bei Gischala zu einer Musterwirtschaft gemacht.

Da gehen sie herum, die beiden alten Herren, und Johann zeigt dem Freunde, was er neu eingerichtet hat in seinen Maulbeer-, Öl- und Weinpflanzungen. Eine helle, junge, freundliche Vorfrühlingssonne ist da, die beiden erfreuen sich ihrer; aber wenn man warm bleiben will, dann muß man sich Bewegung machen. Sie gehen also rasch drauflos, Josef etwas gebückt, der kleinere Johann sehr aufrecht. Johann schwatzt. Er merkt, daß Josef nicht hinhört, doch er braucht keinen aufmerksamen Hörer, er will nur seine Freude heraussagen über das, was er da gemacht hat, und er lächelt selber ein bißchen über seine greisenhafte Geschwätzigkeit. Dann aber zuletzt lockt es ihn doch, mit Josef in eine richtige Debatte zu kommen, und mit scherzhafter Streitbarkeit beginnt er: „Sie sehen, mein Josef, mein Besitz ist gut gehalten, er ist das, was man eine Musterwirtschaft nennt. Trotzdem wirft mir diese Musterwirtschaft nichts ab, im Gegenteil, ich zahle drauf, und wenn ich sie nicht aufgebe, dann nur, weil sie mir Spaß macht. Es macht mir Spaß, sehr guten Wein, sehr gutes Öl, sehr gute Seide zu produzieren. Und jetzt, bitte, überlegen Sie weiter: wenn schon ich mit allen meinen Sondervergünstigungen bei der römischen Regierung keinen Gewinn herauswirtschaften kann, wie soll sich dann ein gemeiner Ölbauer von seinem Schweiße ernähren? Die neuen Steuern und Zölle, die Trajans Finanzminister den Ostprovinzen auflegt, bringen den kleinen Bauern einfach um. Dabei wird natürlich der angebliche Zweck nicht erreicht, denn die italienischen Weine werden auch dadurch nicht besser und nicht verkäuflicher. Für unser Judäa ist die einzige Folge, daß sich die Unruhe im Lande verstärkt."

„Verstärkt sich die Unruhe?" fragte Josef, er war jetzt keineswegs mehr abwesend mit seinen Gedanken. Johann schaute ihn von der Seite an. „Wenn ich von meinem Galiläa auf das übrige Judäa schließe", sagte er und lächelte, eher zufrieden als bösartig, „dann dürften die Bauern nirgends sehr zufrieden sein mit den neuen Edikten. Es ist keine Frage, daß die ‚Eiferer des Tages' überall Boden gewinnen. Vielleicht sogar ist das der Hauptzweck, den die Römer mit ihrer merkwürdigen Finanzpolitik verfolgen. Denn ich könnte mir denken, daß, wenn Trajan seinen geplanten Ostkrieg anfängt, gewisse Militärs vorher hier in Judäa Ordnung schaffen wollen, das, was sie unter Ordnung verstehen. Und wie könnten sie das bequemer haben, als wenn sie hier einen Aufstand provozierten und dabei alle nicht ganz zuverlässigen Elemente ein für allemal abtäten? Es ist aber nicht die römische Finanzpolitik allein", fuhr er fort. „Denn wenn ich auch nach wie vor der Überzeugung bin", er lächelte, da er auf den Gegenstand seines ewigen Streites mit Josef zu sprechen kam, „daß bei vernünftigen Wein- und Ölpreisen weder der jüdische Krieg noch der spätere Aufruhr zustande gekommen wären, so gebe ich Ihnen doch gerne zu, daß es bei unsern jüdischen Kriegen nicht allein um die Weinpreise geht, sondern auch um Jahve. Es muß beides zum Problem geworden sein, der Markt *und* Jahve. Sonst kann der rechte Furor nicht entstehen."

„Sie glauben also", fragte Josef, „auch Jahve ist wieder zum Problem geworden?"

„Auf diesem Gebiet, Doktor Josef", antwortete Johann, „sind Sie zuständig, nicht ich. Aber wenn Sie die Meinung eines einfachen Landjunkers wissen wollen, der seinen Jahve nicht als Theolog anschaut, sondern als ein Mann mit gesundem Menschenverstand, dann will ich sie Ihnen gerne sagen. Die Idee Jochanan Ben Sakkais, den verlorenen Staat und den verlorenen Tempel durch Jabne zu ersetzen, war ausgezeichnet, es gab damals nach dem Zusammenbruch kein anderes Mittel, den Zusammenhalt zu retten. Brauch und

Lehre haben denn auch wirklich den Staat ersetzt. Allmählich aber, als eine neue Generation heranwuchs, die Staat und Tempel nicht mehr erlebt hat, kam der Sinn der Bräuche abhanden, und heute ist die Lehre zum Formelkram geworden, der Brauch erstickt den Sinn, Judäa erstickt in der Herrschaft der Doktoren, das leere Wort kann auf die Dauer Gott nicht ersetzen. Gott braucht sein Land, um Sinn und Leben zu bekommen. Sehen Sie, das ist es, was Jahve heute zum Problem macht. Richtiges neues Leben bekommen kann Jahve erst, wenn Judäa aus einem Aufenthaltsort für seine Juden wieder zum Land seiner Juden geworden sein wird. Jahve braucht einen Körper. Sein Körper ist diese Landschaft, sein Leben sind diese Olivenhaine, Weinhügel, Berge, Seen, der Jordan und das Meer, und solange Jahve und dieses Land getrennt sind, lebt weder das eine noch das andere. Verzeihen Sie, wenn ich poetisch geworden bin! Aber ein einfacher alter Junker vom Land kann sich natürlich nicht so klar ausdrücken wie Sie."

Josef hätte über das Heidnische dieser Auffassung einiges zu sagen gehabt, aber er sagte es nicht. Statt dessen faßte er zusammen: „Da also beide Probleme, Jahve und der Markt, auf Lösung drängen, so finden Sie die äußeren und die inneren Voraussetzungen eines Aufstands gegeben? Sie finden, die ‚Eiferer des Tages' können mit gutem Grunde sagen: Der Tag ist gekommen? Ich verstehe Sie doch richtig?"

„Wie jung Sie sind mit Ihren Siebzig", erwiderte Johann, „und wie streitbar! Aber so leicht können Sie mich nicht festlegen. Gewiß, solange diese beiden Fragen, Jahve und die Marktlage, nicht brennend geworden sind, solange ist ein Aufstand unmöglich. Das habe ich gesagt. Aber nicht habe ich gesagt, daß diese Faktoren die einzigen Vorbedingungen sind. Wenn Sie meine Ansicht haben wollen, dann ist die erste, die wichtigste Voraussetzung die, daß die militärischen Chancen eines solchen Aufstands nicht zu schlecht sind." – „Dann bleibt also alles, was Sie gesagt haben, reine Theorie", sagte Josef enttäuscht. Doch: „Schon wieder wollen Sie mich festlegen", tadelte scherzend Johann. „Wie sollen wir von hier aus übersehen können, wie die militärischen Chancen der

‚Eiferer' sind, wenn dieser Trajan wirklich seinen Ostkrieg beginnt?"

Jetzt aber wurde Josef ungeduldig. „Verurteilen Sie also, ja oder nein", fragte er, „die Bestrebungen der ‚Eiferer des Tages'?" Allein: „Ich treibe keine praktische Politik", wich Johann aus. „Ich habe mich, wie Sie wissen, bevor ich Rom verließ, eingehend erforscht, und erst als ich feststellte, daß mir mein Herz keinen Streich mehr wird spielen können, habe ich mir erlaubt, in mein Judäa zurückzukehren."

Verdrossen schweigend ging Josef eine Weile neben ihm her. Bis Johann von neuem anhub: „Meine Resignation hindert mich aber nicht an gewissen Träumen. Setzen wir zum Beispiel den Fall, die ‚Eiferer' sind nicht so vernünftig wie wir und machen selbst bei ganz geringer Chance ihren Aufstand. Könnten Sie sich dann, mein Josef, für uns ein größeres Glück denken, als wenn wir uns mitreißen ließen? Stellen Sie sich vor, wie wir beiden Wackelgreise, die wir vom Leben nichts mehr zu erwarten haben, durch einen solchen Aufstand belebt und verjüngt würden. Ich gebrauche nicht gerne starke Worte; aber in einer solchen Erhebung zugrunde zu gehen, einen großartigeren Abschluß meines Lebens könnte ich mir nicht vorstellen."

Den Josef traf es, daß der andere derartige Gefühle so schamlos aussprach. „Sind Sie nicht sehr ichsüchtig, mein Johann?" fragte er. „Ist es nicht unerlaubt, ist es nicht einfach unanständig, sich in unserm Alter so unvernünftig jünglinghaft zu geben?" – „Sie sind furchtbar trocken geworden", sagte kopfschüttelnd Johann. „Sie verstehen überhaupt keinen Spaß mehr. Denn natürlich hab ich nur im Spaß gesprochen. Aber wenn Sie ganz abgeklärt und bis ins Letzte gerecht sein wollen, dann müssen Sie mir zugeben: es ist nicht reine Ichsucht, wenn der Traum von einem solchen Aufstand mir das Herz wärmt. Wahrscheinlich wird eine neue Aktion der ‚Eiferer' ebenso rasch zusammenbrechen wie ihre früheren. Aber trotzdem wird sie nicht sinnlos gewesen sein. Ich denke da an mein Problem Jahve. Ein solcher Aufstand wäre eine Mahnung, Judäa nicht zu vergessen, das Land nicht zu vergessen über dem Brauch und dem Wort. Und eine solche

Mahnung ist notwendig. Der Mensch vergißt so schrecklich schnell. Es wäre gut, wenn unsere Juden einmal wieder an ihr Land erinnert würden, daran, daß es *ihr* Land ist. Denn sonst besteht ernstliche Gefahr, daß die Doktoren Jahve endgültig umbringen und daß Judäa in Jabne erstickt."

„Sagen Sie mir", drängte Josef, „sind militärische Vorbereitungen im Gang? Wissen Sie um bestimmte Pläne der ‚Eiferer'?"

Johann schaute ihn mit einem vertraulichen, pfiffigen und frechen Lächeln an, das sein Gesicht verjüngte. „Vielleicht", antwortete er, „weiß ich etwas, vielleicht auch weiß ich nichts. Bestimmtes wissen will ich nicht, denn ich kümmere mich nicht um praktische Politik. Was ich von mir gebe, ist müßiges Gefasel, wie es wohl ein alter Mann von sich gibt vor einem Freunde, wenn ein neuer Frühling kommt und er in der guten Sonne ins Schwätzen gerät."

Nun aber wandte sich Josef ernstlich verstimmt ab und hatte kein Wort mehr für Johann. Da stieß ihn dieser an und sagte verschmitzt: „Aber wenn ich auch nichts weiß, so kenne ich doch meine Leute, und gewisse Dinge rieche ich, so wie ich das Wetter rieche. Und darum, mein Josef, nehmen Sie einen kleinen Rat mit auf Ihren Weg! Wenn Sie jetzt im Land herumreisen wollen, dann gehen Sie zuerst noch nach Cäsarea und lassen Sie sich dort im Gouvernementspalais ein umständliches Papier ausstellen, das Sie vor jedermann ausweist! Ich meine nur, für alle Fälle."

Als Josef am andern Tag Gischala verließ, begleitete ihn Johann ein gutes Stück Weges, und als sich Josef, fortreitend, nach einiger Zeit umschaute, da stand Johann noch immer und sah ihm nach.

In Cäsarea, wo sich Josef, dem Rate Johanns folgend, einen neuen Passierschein ausschreiben lassen wollte, machte er dem Gouverneur seine Aufwartung. Lusius Quietus, mit jener beflissenen und distanzierenden Höflichkeit, wie sie fast allen Vertrauensleuten Kaiser Trajans eigen war, lud den Ritter Flavius Josephus zum Abendessen.

Da saß denn Josef inmitten der hohen Offiziere und Beamten der Provinz und fühlte sich bitter fremd und unbehaglich. Trotz der betonten Liebenswürdigkeit der Herren spürte er auch diesmal wieder, daß sie ihn nicht voll nahmen. Er gehörte nicht zu ihnen. Gewiß, durch seine Vergangenheit und durch seine Privilegien war er ihnen enger verbunden als irgendwer sonst; doch letzten Endes blieb er ein bezahlter Agent.

Man sprach von den kommenden Ereignissen. Vermutlich werden, wenn nun wirklich der Ostkrieg beginnt, überall in Syrien, Judäa, Mesopotamien Unruhen losbrechen. Johann hatte recht. Die Herren verhehlten kaum, daß ihnen ein solcher Aufstand zupaß käme. Er lieferte ihnen den willkommenen Vorwand, dieses Judäa, das Gelände des Aufmarschs und des Nachschubs, gründlich zu säubern, bevor die Armeen nach dem ferneren Osten aufbrachen.

Immer wieder fragte man Josef als den besten Sachverständigen, ob sich die „Eiferer des Tages" nicht vielleicht doch von dem Aufstand durch seine Aussichtslosigkeit würden abhalten lassen. Josef erklärte, der weitaus größte Teil der jüdischen Bevölkerung sei durchaus loyal, und die „Eiferer" dächten zu realistisch, um einen aussichtslosen Aufstand ins Werk zu setzen. Gouverneur Quietus hörte aufmerksam zu, aber, wie es Josef schien, keineswegs überzeugt.

Übrigens hatte Josef nicht mit der Überzeugungskraft gesprochen, die ihm eigen war. Vielmehr war er seltsam zerstreut. Dies kam, weil er von dem Augenblick an, da er das Haus des Gouverneurs betreten, nach einem bestimmten Gesicht gespäht hatte. Der Träger dieses Gesichtes, Paulus Bassus, wußte am besten Bescheid um die militärischen Verhältnisse der Provinz Judäa, die Gouverneure wechselten, aber Oberst Paulus blieb, er war recht eigentlich der Mann, der Judäa regierte, und wenn der Gouverneur einen Empfang gab, erwartete man, Paulus zu sehen. Andernteils war es natürlich ausgeschlossen, daß sich Paulus hier zeigte, wissend, er werde seinem Vater begegnen. Trotzdem, so töricht das war, hielt dieser Vater immer wieder nach ihm Ausschau.

Am nächsten Morgen dann begab sich Josef in das Regierungsgebäude, um sich den Paß ausschreiben zu lassen. Ein

Gefühl der Fremdheit und der Feindseligkeit stieg in ihm hoch, als er das Palais betrat, das kalt, weiß, prunkvoll, mächtig und bedrohlich dastand, ein Symbol des trajanischen Rom.

Der Raum, in dem er zu tun hatte, lag im linken Flügel des Hauses. Als er, die Angelegenheit rasch erledigt, mit seinem neuen Paß die große Halle durchschritt, um sich durch das Haupttor zu entfernen, kam durch dieses Haupttor ein Offizier. Der Offizier, ein schlanker Herr mit blassem, fleischlosem Gesicht, elegant, straff, wandte sich nach rechts. Niemand hätte sagen können, ob er, während er den präsentierenden Wachen dankte, den Mann gesehen hatte, der von links kam. Niemand auch hätte sagen können, ob Josef den Offizier erkannt hatte. Doch schien Josef, als er das Gebäude verließ, alt und müde, der Platz vor dem Palais, so weit und leer er war, hatte nicht genug Luft für den um Luft kämpfenden Mann, und wer ihn sah, mochte sich wundern, daß ein so leichtes und bedeutungsloses Geschäft wie die Einforderung eines Passes ihn dermaßen erschöpft hatte.

Der Offizier seinesteils, als er in den rechten Trakt des Gebäudes einbog, war noch einen Schatten blasser als sonst, und seine schmalen Lippen waren noch mehr verpreßt. Dann aber, noch bevor er seinen Amtsraum betrat, entspannte er sich. Ja, Paulus Bassus oder, wie er früher genannt wurde, Flavius Paulus schien eher befriedigt. Er war es. Die Idee, eine Idee, die er lange gesucht hatte, jetzt war sie ihm gekommen.

Noch am gleichen Tage sprach er mit dem Gouverneur Lusius Quietus.

Bis zum Vorabend des Passahfestes hatte sich Josef Ferien genommen von seinem Gute Be'er Simlai, von Frau und Sohn, bis dahin durfte er streifen im Land, ein freier Mann, wohin immer der Wind und sein Herz ihn trieben.

Auf den Bergen war noch Winter, aber in den Tälern war schon der Frühling. Rastlos reiste Josef umher, bald auf einem Maulesel, bald zu Pferde, zuweilen auch zu Fuß. Der alte Mann erinnerte sich der Zeit, da er zum erstenmal durch Galiläa gezogen war, seine Bewohner zu erforschen. Auch jetzt fühlte er sich am wohlsten, solange er ein Unbekannter war, und wenn man ihn beim Namen nannte, blieb er nicht lange.

Immerhin suchte er auch Freunde auf und Männer, deren Art und deren Meinungen ihn beschäftigten. So kam er auch nach B'ne Berak zu Doktor Akawja.

Josef hat Akawja ziemlich oft gesehen, und so entgegengesetzt dessen Wesen und Lehre seiner eigenen ist, die beiden Männer sind nicht ungern zusammen. Fraglos ist neben Gamaliel Akawja unter den Doktoren der bedeutendste. Dabei ist er, wie Gamaliel selber, erst Anfang der Fünfzig. Doch während dem Gamaliel alles von Geburt an zugefallen ist, kommt Akawja von ganz unten, er war Viehhirt, er hat sich sein Studium und seinen Platz im Kollegium von Jabne unter schweren Mühen erkämpfen und seine Lehre gegen hundert Widerstände durchsetzen müssen. Es ist eine Doktrin, die mit verbissener Wildheit und dabei mit verschlagener, vertrackter Methodik alles Jüdische absperrt gegen alles Nichtjüdische, es ist eine enge, fanatische Doktrin, die allem widerspricht, was Josef in seinen großen Zeiten gelebt und in seinen großen Büchern verkündet hat. Trotzdem kann sich Josef selber der Faszination nicht entziehen, die von diesem Doktor Akawja ausgeht.

Er blieb einen Tag in B'ne Berak und noch einen und einen dritten. Dann, wenn er zum Passahfest auf seinem Gut zurück sein wollte, war es Zeit, aufzubrechen. Doch als er sich von Akawja verabschiedete, hielt ihn dieser zurück. „Wie wäre es, Doktor Josef", fragte er, „wollen Sie nicht einmal mit mir den Passahabend verbringen?"

Überrascht sah Josef hoch, ob Akawja den Vorschlag ernst meine. Akawjas großer Kopf saß auf einem plumpen, gewaltigen Körper. Aus dem trübsilbernen Bart kamen frisch und rosig die Wangen hervor, das Haar war tief hereingewachsen in die breite, mächtige, gefurchte Stirn. Dicke Augenbrauen zottelten über den braunen Augen. Ein leidenschaftliches, strenges Feuer glühte aus diesen Augen und machte die platte Nase vergessen. Heute indes, jetzt, da Akawja dem Josef seinen Vorschlag machte, den Passahabend mit ihm zu verbringen, war ein kleines, verschmitztes Leuchten in diesen sonst so wilden und heftigen Augen.

Es ist in der Tat erstaunlich, daß der leidenschaftlich nationalistische Akawja ihn, den Josef, den Kompromißler, der zeitlebens Juden und Griechen und Christen hat versöhnen wollen, zum Passahabend an seinen Tisch lädt, zu diesem großen nationalen Erinnerungsfest. Es ist eine Herausforderung und eine Ehrung. Für den Bruchteil einer Sekunde ist Josef so verwundert, daß er nicht weiß, wie er sich verhalten soll. Die Sitte erfordert, daß Josef, der Hausherr, diesen Abend auf seinem Gute verbringt, inmitten seiner Familie und seiner Leute, daß er ihnen die Haggada vorliest, die Erzählung von der Befreiung der Juden aus Ägypten. Doch Josef sagt sich, daß Frau und Sohn ihn nicht sehr vermissen werden, eher wird es ihnen eine Genugtuung sein, daß Josef, der „Verräter“, gerade an diesem heiligen Abend bei Akawja zu Gast ist, dem allverehrten, den die jüdischen Patrioten als den besten ihrer Führer bewundern. Nach dem ersten Erstaunen spürt Josef eine tiefe Befriedigung. „Ich danke Ihnen, Doktor Akawja“, sagt er, „ich nehme die Ehre Ihrer Einladung an, ich bleibe.“ Und die beiden Männer sehen sich an, sie lächeln sich in die Augen, mit einem erkennerischen, kämpferischen und freundschaftlichen Lächeln.

Am Abend der Erzählung also, am Abend der Haggada, hat Josef den Ehrenplatz inne, rechts vom Hausherrn, im Hause des Doktor Akawja in B’ne Berak. Das beglückende Erstaunen, das ihn ergriffen, als Akawja ihn eingeladen, ist noch immer nicht von ihm gewichen, es ist stärker geworden. Er fühlt sich gehoben, schwebend, dieser Abend scheint ihm ehrenvoller als die Stunde, da Kaiser Titus seine, des Josef, Büste aufstellen ließ in der Bibliothek des Friedenstempels in Rom und sie bekränzte.

Denn wenn der Abend der Haggada heute schon, so kurze Zeit nach seiner Einführung, von den Juden nicht nur dieses Landes Israel, sondern überall auf dem Erdkreis mit solcher Innigkeit und Inbrunst gefeiert wird, dann ist das vor allem das Verdienst dieses Doktors Akawja; er hat die „Ordnung“ dieses Abends, seinen „Seder“, geschaffen, er hat die meisten der kindlich rührenden, betrübten, glaubensstarken, zuversichtlichen, grimmigen Gebete und Riten dieses Abends ersonnen, die gerade jetzt, in der Epoche der Unterdrückung, in jeder jüdischen Brust die Erinnerung an die grimmige Not und die wunderbare Erlösung mit solcher Gewalt heraufsteigen lassen.

Aus der dreistöckigen, kostbaren Silberschüssel, die allerlei Speisen enthielt, die mit naiver und wirksamer Symbolik an Knechtschaft und Befreiung gemahnten, nahm Akawja die Fladen ungesäuerten Brotes, die an die Hast erinnerten, mit der seinerzeit die Juden das feindselige Land der Bedrückung verlassen hatten. Akawja zerteilte die Fladen und wies sie den Gästen. „Dies“, sprach er, „ist das Brot des Elends, das unsere Väter gegessen haben in Ägypten. Wer hungrig ist, komme und esse mit. Wer bedürftig ist, komme und feiere mit uns das Passahfest. Dieses Jahr hier, kommendes Jahr in Jerusalem. Dieses Jahr Knechte, kommendes Jahr freie Männer.“ Überall jetzt in der Welt sprachen die Juden diese schlichten und zuversichtlichen Sätze Akawjas, und überall, Josef spürte es, hoben sich bei ihrem Klang die Herzen. Ja, dieses Jahr war das letzte unserer Bedrückung, im nächsten werden wir das Passah feiern in einem auf wunderbare Art neu erbauten Jerusalem.

Und Akawja fuhr fort und erzählte in den von ihm geprägten simpeln und ergreifenden Formeln die Geschichte der Befreiung. Er erlebte seine Erzählung mit, so genau sie ihm vertraut war, er befolgte sein Gebot: „Ein jeder Jude an diesem Abend fühle so, als wäre er selber aus Ägypten befreit worden.“

Josef hörte die Stimme des Akawja. Es war eine tiefe, derbe Stimme, ohne Musik, allein ihre heftige, gebieterische Überzeugtheit riß ihn mit. Alle an diesem Tische berauschten sich an den Worten des Akawja, als wären sie Wein. Manche von den Gästen des Akawja hatten, wie Josef selber, den Glanz der gewaltigen Passahfeier des Tempels von Jerusalem noch miterlebt, aber das Gedenken an die Wallfahrt, das Gedenken an den Festprunk der Priester, schnürte ihnen in dieser Zeit des Elends und der Bedrückung nicht etwa das Herz zusammen, im Gegenteil, die grimmige Beziehung auf das Heute, die in den ärmlichen, innigen Bräuchen war, machte den Stolz auf ihr Volk und auf seinen gewaltigen Gott nur trunkener.

Josef dachte zurück an den Abend, den er vor kurzem im Hause des Gouverneurs in Cäsarea verbracht hatte, an diese nüchternen Offiziere und Beamten, die, ihrer Macht sicher, voll kalten, realistischen Hochmutes hinunterschauten auf jene barbarischen Idealisten, die sich immer von neuem in den aussichtslosen Kampf für ihr Land und ihren Gott stürzten. Nein, zehnmal lieber war er hier an der Seite und im Kreis dieser Besiegten als jener Sieger.

Und die Besiegten berauschten sich weiter an der Erinnerung ihrer früheren Siege und an der Voraussicht ihrer künftigen. Einen Becher Weines stellten sie bereit für den Propheten Elia, den größten Patrioten der Vorzeit. Sicher wird er, dieser Vorläufer des Messias, dieser Sendbote des rächenden Jahve, in dieser feierlichen Nacht erscheinen, und er soll den Trank der Begrüßung vorfinden. Keiner zweifelte.

Und die Verse des großen Hallel sangen sie, den ekstatischen Jubelpsalm, der da feiert die Befreiung aus Ägypten und die Macht des jüdischen Gottes, der sie bewirkt hat. „Das Meer sah es und floh“, sangen sie, „der Jordan wandte sich zurück. Die Berge hüpften wie Lämmer, die Hügel wie junge Schafe. Was war dir, Meer, daß du flohest, und dir, Jordan, daß du dich zurückwandtest?“ Ihre Phantasie kostete es voraus, wie ihr Gott Jahve auch diese Römer verdarb. Die Wasser werden zusammenschlagen über dem Kaiser Trajan und seinen Legionen und sie verschlingen, so wie seinerzeit die Wellen des Roten Meeres den Ägypterkönig verschlangen mit Mann und Roß und Wagen. Halleluja!

Die Bräuche waren verrichtet, die Gebete gesprochen. Mit vorrückender Nacht verabschiedeten sich die Gäste. Auch Josef wollte sich zurückziehen. Doch Akawja hielt ihn, immer wieder, bis sie schließlich nur mehr zu fünft waren, Akawja, Josef, drei andere.

Die Kunst Akawjas bestand darin, daß er, mittels einer bis ins Letzte verästelten Methodik, in den Worten der Schrift eine Deutung fand für alles, was auf Erden geschah. In der

Schrift war alles vorausgesehen, alles, was war und was jeweils sein wird, und wer nur die Schrift richtig auszulegen verstand, besaß einen Schlüssel, den Sinn allen Weltgeschehens zu erschließen. Die Ereignisse damals in Ägypten und die von heute unter dem Kaiser Trajan, das war ein und dasselbe, auch ihr Ausgang wird derselbe sein, und es hatte seinen guten Grund, wenn man gerade heuer die Passahfeier mit so zornigem Jubel beging. Die heilig-wilde Berauschtheit von heute abend, das war nichts als eine vorweggenommene grimmige Siegesfeier über Rom.

Jetzt wandte sich Akawja ohne weiteres an Josef selber, ihn herausfordernd. Moses sowohl wie der Prophet Elia hatten ohne langes Federlesen Gott einfach gezwungen, ihnen zu Willen zu sein und Wunder zu tun. Und so wollte es Gott. Er wollte, daß man ihn herbeizwang. Er erwartete, daß man ihm half. Wer da erklärte, die Zeit sei noch nicht gekommen, für den kam sie nie. Vielmehr mußte man glauben, fanatisch glauben, daß der Messias, ein Messias in Fleisch und Blut, morgen kommen werde. Diese Nacht wird er kommen, der Prophet Elia, der Vorläufer, und seinen Becher leeren. Wer das glaubte, wer so fest daran glaubte wie an das Einmaleins, der zwang Gott, den Messias morgen zu senden.

Akawja liebte es, sich volkstümlich zu geben. Ein riesengroßer Bauer, saß er vor Josef, fest und seßhaft in seinem Glauben, derbe, vulgäre Wendungen ließ er in seine Rede einfließen, und grob zuletzt fiel er den Josef an: „Wenn alle es so machten wie Sie, wenn alle sich darauf beschränkten, die Hände in den Schoß zu legen und Geduld zu zeigen, dann können wir warten, bis uns Gras aus dem Mund wächst, und der Messias ist immer noch nicht da." Höhnisch und drohend kollerten ihm die Worte von den Lippen, heftig strich er sich die Krumen des ungesäuerten Brotes aus dem trübsilbernen Bart. Josef saß vor ihm, ein feiner, schmächtiger Aristokrat; aber er war nicht gekränkt, er wollte sich den großen Abend nicht verderben. Er verschob, was er zu sagen hatte, auf später und tauchte ganz unter in der Lust, sich anstecken zu lassen von dem fanatischen Glauben der andern.

Denn immer hemmungsloser gaben sich diese ihren schönen Träumen hin. Aber waren es nur Träume? Nein, es war viel mehr, es waren Pläne, weitgediehene. Da sah etwa, als man von den nächsten sieben Wochen sprach, den Wochen der Zählung, den Wochen zwischen Passah- und Pfingstfest, da sah also der Jüngste der Tischrunde, der junge, schöne Doktor Eleasar, mit seligem Blick um sich und fragte: „Wo, meine Älteren, wo, meine Doktoren und Freunde, werden wir dieses Pfingstfest begehen?“ Doktor Tarfon, mit halber Kopfwendung gegen Josef, warf dem unvorsichtigen Sprecher einen verweisenden Blick zu. Akawja aber, als hätte er nicht soeben erst selber den Josef grob angefallen, sagte: „Habt ihr etwa Angst, meine Freunde, vor dem Manne, der den ‚Apion‘ geschrieben hat?“

Josef erschrak, als er die Worte des jungen Doktors Eleasar hörte; sein Verstand sagte ihm, daß er sich empören müsse gegen das tollkühne, aussichtslose Unternehmen, das diese Männer offenbar schon für die nächsten Wochen planten. Doch seinem Schreck war viel Süße beigemischt, und als er gar die Worte des Vertrauens vernahm aus dem Munde des Akawja, da glänzte ein großes Glück in ihm auf. Immer lebendiger stiegen in dem beinahe Siebzigjährigen die alten Lokkungen hoch, er schwamm mit in der gottseligen Trunkenheit der andern. Auch er war jetzt ganz sicher, daß der Prophet Elia noch in dieser Nacht seinen Becher Weines leeren werde.

Auskostete er sie wie noch niemals, diese Nacht der Obhut, da der Herr sein Volk Israel in seinen besondern Schutz nimmt. Mit den andern lauschte er gläubig den wilden und weisen Reden des plumpen Zauberers Akawja, mit den andern erging er sich in wüsten und großartigen Phantasien vom Untergang der Feinde und von der Errichtung des neuen Jerusalem.

So, mit den andern, saß er die ganze Nacht. Und mit den andern bedauerte er es, als die Schüler kamen und die Doktoren daran erinnerten, daß die Zeit des Gebetes gekommen sei. Denn der Morgen war da.

Zwei Tage später, als er mit ihm allein war, fragte Josef den Akawja geradezu: „Warum haben Sie mich eingeladen, über das Passahfest zu bleiben?" Der riesige Akawja saß ruhig da, die Fußknöchel gekreuzt, die rechte Hand lag lässig auf dem Schenkel, den linken Ellbogen stützte er auf die Lehne des Stuhls, den Kopf in die linke Hand. Besinnlich, aus seinen braunen, nicht großen Augen, beschaute er das hagere Gesicht des Josef. Dann, gleichmütig, in dieses Gesicht hinein antwortete er: „Ich wollte mir einmal einen Verräter aus der Nähe anschauen."

Josef, vor dieser unerwarteten Beschimpfung, fuhr zurück. Akawja gewahrte es mit Genugtuung. „Ich habe", fuhr er fort, „meine Schüler von je Respekt vor dem Alter zu lehren gesucht. Mit allem Respekt also vor einem grauen Haupt wiederhole ich: Sie sind ein Verräter. Ich gebe zu, daß Sie viele Schäden, die Sie angerichtet haben, später wettmachten durch Verdienste. Heute sind Sie ein Verräter vor allem an sich selber und an Ihrer eigenen Seele." Ungeschlacht saß Akawja da; die Gehaltenheit, mit der er zu sprechen suchte, betonte das Bäurische seiner Aussprache.

„Was Sie sagen, mein Doktor Akawja", erwiderte Josef, und ohne sich dessen bewußt zu werden, sprach er besonders höflich und mit dem Akzent des Mannes, der sich seinerzeit den großen Doktortitel von Jerusalem erworben hatte, „was Sie sagen, klingt allgemein. Wollen Sie es mir nicht im einzelnen erklären?"

Akawja schnaufte, blies sich in die Hände, rieb sie, als machte er sich daran, eine schwere Last zu heben. Dann sagte er: „Jahve hat Sie bestimmt, für seine Sache, für Israel zu kämpfen. Sie aber haben die Arbeit, sowie sie anfing, Mühe und Mut zu verlangen, hingeschmissen. Sie haben sich in die Literatur verdrückt und kosmopolitisches Geschwätz gemacht. Das hat Sie auf die Dauer gelangweilt, und Sie sind zurück in den Kampf gegangen. Dann wurde es dort wieder mulmig, und Sie sind von neuem verduftet, zurück in Ihr bequemes und unverbindliches Geschreibe. Ein Mann aus dem Volke wie ich heißt das Verrat. Ich sage es, wie es ist, mit allem Respekt vor einem grauen Haupte."

„Sind Ihre Anwürfe nicht immer noch sehr allgemein?" entgegnete, noch höflicher, Josef. „Vielleicht aber auch liegt es nur an meinem alten Kopf, daß ich mir nichts Rechtes darunter denken kann." – „Ich will versuchen", erwiderte Akawja, „meine simple Meinung in Ihr gebildetes Aramäisch zu übersetzen. Sie sehen ganz genau, mein Doktor Josef, was die Stunde und der Tag erfordert. Aber Sie wollen es nicht sehen, Sie machen lieber die Augen zu und ‚kämpfen' für ein Ideal, von dem Sie ganz genau wissen, daß es unerreichbar ist. Sie flüchten vor der Schwierigkeit des Erreichbaren in den bequemen Traum des nie erreichbaren Ideals. Sie verraten das Heute und Morgen um einer nebelhaften Zukunft willen. Sie verraten den Messias von Fleisch und Blut, der vielleicht schon unter uns herumgeht, um eines verblasenen, geistigen Messias willen. Sie verraten den jüdischen Staat einer kosmopolitischen Utopie zuliebe." Schwerfällig kamen die gebildeten Worte aus dem klobigen Mann.

„Was versprechen Sie sich eigentlich davon", fragte sehr ruhig Josef, „daß Sie mir alle diese unfreundlichen Dinge sagen?"

Es imponierte dem Akawja, daß Josef so ruhig blieb, aber es ärgerte ihn auch. „Wir wissen nicht, was wir mit Ihnen anfangen sollen", sagte er schließlich grimmig und strähnte sich den trübsilbernen Bart. „Welches von Ihren Büchern gilt? Der ‚Jüdische Krieg'? Die Universalgeschichte? Oder der ‚Apion'? Einem großen Schriftsteller", grollte er, „müßte es doch möglich sein, sich so eindeutig auszudrücken, daß ihn das Volk versteht. Ich bin kein großer Schriftsteller", schloß er plump, „aber mich versteht das Volk."

„Ich verstehe Sie nicht, Doktor Akawja", antwortete liebenswürdig Josef, mit einem kleinen Ton auf dem „ich". „Ich verstehe nicht, warum Sie den ‚Eiferern des Tages' das Wort reden. Sie wissen, daß unter diesem Kaiser Trajan die Zahl der Legionen verstärkt ist, daß die östlichen Legionen aufgefüllt sind, daß die Militärstraßen, das Kriegsmaterial auf eine Höhe gebracht sind wie niemals zuvor. Wer einen Löwen sattelt, muß ihn zu reiten verstehen. Sie als Mann von Urteil wissen, daß Sie ihn nicht reiten können. Warum also reden Sie einem Aufstand das Wort? Der Tag wird kommen, gut! Aber es ist an Ihnen, zu bestimmen, wann er da ist. Und wenn Sie das Volk zur Unzeit aufrufen, ruinieren Sie dann nicht den Tag und laden schwere Schuld auf sich?"

„Der Gott, der mich den Löwen satteln hieß", sagte Akawja, „wird mich auch lehren, ihn zu reiten." Dann, daran denkend, daß das ein Satz für eine Volksversammlung war, aber nicht für den Schriftsteller Josef Ben Matthias, verstand er sich dazu, ihn tiefer in sein Inneres sehen zu lassen. „Nicht die Vernunft", sagte er grimmig, „kann entscheiden, ob der Tag gekommen ist, nur der Instinkt kann es. Immer wieder wird die Vernunft zuschanden vor Gott. Ich sage das nicht etwa, weil ich der Vernunft und ihren Verlockungen aus dem Weg gegangen wäre. Ich kenne die Freuden der Logik und der Gelehrsamkeit. Ich habe die Schrift und die Lehre studiert mit allen Mitteln, und ich habe mich herumgeschlagen mit der Philosophie der Heiden. Aber alles, was ich gelernt habe, ist, daß einem, wenn es Ernst wird, doch nur das innere Wissen weiterhilft, der Glaube an den über alle Vernunft erhabenen Gott Israels, und nicht die Logik und nicht der Glaube an immer gleiche Ursachen und Wirkungen. Ich glaube an Moses und die Propheten und nicht an Trajan und seine Legionen. Ich will in Bereitschaft sein, wenn der Umschwung kommt, wenn der Tag kommt. Und der Tag kommt, das sage ich Ihnen! Gesetze und Bräuche sind gut und Gott wohlgefällig, aber sie bleiben Geschwätz, wenn sie nicht die Vorbereitung sind eines selbständigen Staates mit Polizei und Soldaten und souveräner Gerichtsbarkeit. Helfen kann uns nur die Wiedererrichtung des Tempels, des wirklichen aus Quadern und Gold, und die Wiedererrichtung des wirklichen Jerusalem, einer Stadt aus Stein und Holz und mit uneinnehmbaren Mauern. Sehen Sie, mein Doktor und Herr, die Massen begreifen das. Man muß sehr gelehrt sein in griechischer Weisheit, um es nicht zu begreifen."

Es wäre sinnlos gewesen, gegen den Fanatismus des Mannes mit Argumenten der Vernunft anzugehen. Nicht etwa, als ob Akawja der Vernunft ermangelt hätte. Im Gegenteil, seine Vernunft war wohl nicht geringer als seine eigene, des Josef. Aber des Akawja Glaube war eben stark genug, um über seine Vernunft obzusiegen.

Diese Einsicht machte den Josef verstummen. Und jetzt gar fühlte er sich vollends klein. Denn jetzt erhob sich Akawja, riesig kam er auf ihn zu, den großen Kopf neigte er vertraulich zu ihm herunter, die kleinen Augen unter der breiten, gefurchten Stirn und den dicken, zottigen Augenbrauen schauten verschlagen und besessen zugleich sehr nahe in die seinen. Und, die derbe Stimme gedämpft, geheimnisvoll, verkündete er ihm: „Sie wissen, warum ich Gamaliel so kräftig unterstützte, als er das Hohelied aufnahm in die Reihe der Heiligen Schriften? Weil dieses Hohelied ein Gleichnis ist, ein Wechselgesang zwischen dem Bräutigam Gott und der Braut Israel. Wenn aber Jahve der Bräutigam ist, dann muß er werben um seine Braut Israel, dann muß er zahlen. Wie hart und bitter hat er den Jakob dienen lassen um seine Braut! Gott muß Israel erwerben, er muß sich sein Volk verdienen. Jahve hat Israel eine schwere Sendung auferlegt, Israel wird sie erfüllen. Aber auch Jahve muß den Vertrag erfüllen, er muß Israel seine Macht wiedergeben, seinen Staat. Und zwar nicht irgendwann, sondern in allernächster Zeit, jetzt. Sie, Josef Ben Matthias, wollen es Gott zu leicht machen. Sie wollen Israel verschleudern. Ich bin nicht so vornehm. Ich bin Bauer und mißtrauisch. Ich verlange Zahlung, wenn ich einen Teil meiner Leistung erfüllt habe. Ich verlange von Jahve – verstehen Sie mich recht, ich bitte nicht, ich verlange –, daß er Israel seinen Staat wiedergibt und seinen Tempel."

Josef erschrak vor der Wildheit, mit welcher der Mann seine anmaßende, verschlagene Forderung verkündete; er war von ihrem Recht offenbar bis ins Herz besessen. „Sie machen sich Jahve nach Ihrem Bilde", sagte Josef, leise, betreten. „Ja", gab Akawja zu, unumwunden, herausfordernd. „Warum soll ich mir Jahve nicht nach meinem Bilde machen, da er mich nach dem seinen gemacht hat?" Doch dann kehrte er aus dem Bereich der Mystik in die Realität zurück. „Aber haben Sie keine Angst!" tröstete er den Josef, er lächelte und sah trotz des gewaltigen, trübsilbernen Bartes auf einmal sehr jung aus. „Ich habe", verriet er, „dem Großdoktor in die Hand versprochen, ich würde keine jüdische Aufstandsbewegung fördern, solange nicht Edom, solange nicht die Römer eine neue Untat begehen würden." Sein Lächeln wurde listig und machte ihn unversehens dem Johann von Gischala ähnlich. „Ich konnte freilich", sagte er, „dem Großdoktor dieses Versprechen leicht geben. Denn ich bin sicher, eine neue Untat der Römer wird nicht lange auf sich warten lassen. Die römische Klugheit ist eine dumme Klugheit, eine Klugheit auf kurze Sicht, ohne Gott und ohne Gnade. Die Römer werden die Untat begehen, ich und die ‚Eiferer', wir werden unseres Versprechens ledig sein, und Gott wird uns helfen, nicht den Römern."

Josef, beunruhigt durch diese Unterredung, ging nach Jabne, um mit dem Großdoktor die politische Lage durchzusprechen.

Gamaliel war nicht nur nicht eifersüchtig auf Akawja, er hatte sogar mit klugem Bedacht sein möglichstes getan, dessen Ansehen zu erhöhen. Denn Gamaliel hätte seine Herrschaft über die Juden nicht halten können, hätte er nicht den heftigen, aufrührerischen Akawja an seiner Seite gehabt. Wenn Gamaliel lehrte: „Seid geduldig, fügt euch den Römern!", so ergänzte Akawja: „Aber nur auf kurze Zeit, dann dürft ihr aufstehen und über den frechen Feind herfallen." So kamen beide auf ihre Rechnung: der Großdoktor; denn das Volk hätte das ewige, nervenzerreibende Warten, das er ihm zumutete, nicht ertragen, wäre nicht Akawja gewesen und sein Zuspruch. Akawja; denn sein Verstand scheute das Abenteuer, das sein Herz ersehnte, und im Grunde war er froh, daß Gamaliels Bedachtsamkeit es immer wieder verhütete und hinausschob. Die beiden Männer, so verschieden sie waren, der tolerante, weltmännische Gamaliel und der fanatische, bäurische Akawja, liebten, ehrten und achteten einander.

Bald mußte Josef erkennen, daß der Großdoktor um die politische Situation viel besser Bescheid wußte als er selber, der doch erst vor kurzem beim Gouverneur und bei Akawja gewesen war.

„Kaiser Trajan", setzte Gamaliel dem Josef auseinander, „ist nicht etwa judenfeindlich. Allein seine gewaltige Kriegsmaschine erfordert, um sachgemäß in Gang gesetzt zu werden, das Land der Juden als Aufstellungsraum. Die Juden also sind ihm lästig, ihm und seinem Gouverneur Lusius Quietus. Doch ist auch der Gouverneur an sich kein Feind der Juden, er möchte, da er den Wohlstand der Provinz nicht vernichten will, allzu gefährliche Maßnahmen lieber vermeiden. Leider aber ist in seiner nächsten Umgebung ein Mann, der solche Maßnahmen geradezu herbeisehnt. Und jetzt hat, nach zuverlässigen Berichten, dieser Mann die patriotisch gewalttätige Stimmung klug genutzt, die aus den Vorbereitungen zum Ostkrieg entstand, und den Gouverneur zu seinen Anschauungen bekehrt."

Es kostete den Josef Mühe, Gamaliel mit ganzer Aufmerksamkeit zu folgen. Denn er wußte: wenn der Großdoktor den gefährlichen Mann in der Umgebung des Gouverneurs so vag bezeichnet, so geschieht das mit Rücksicht auf ihn, auf Josef; denn dieser Gefährliche, Unnennbare ist niemand anders als Paulus Bassus, Josefs Sohn.

Gamaliel aber erzählt weiter, und Josef, trotz des Sturmes in seinem Innern, hört zu. Denn des Großdoktors Bericht verdient, weiß Gott, ein gespanntes Ohr. Der Unnennbare nämlich hat eine wahrhaft höllische Idee ausgeheckt, der Gouverneur hat, wenn auch nur mit halbem Herzen, seine Zustimmung gegeben, und nun wartet man nur mehr die Einwilligung Roms ab, um den unseligen Plan in Wirklichkeit umzusetzen. Es geht aber um folgendes: man will für die Provinz Judäa, um die unzuverlässigen Elemente besser von den zuverlässigen absondern zu können, die Kopfsteuer neu einführen.

Die Kopfsteuer. Die zwei Drachmen. Unter allen Bedrükkungen, welche die Römer ersonnen haben, die diffamierendste. Wenn diese von dem rechtlichen Kaiser Nerva abgeschaffte Sondersteuer wirklich neu eingeführt werden sollte, so wird das ein Signal zu dem Aufstand sein, den Rom will und den leider auch die „Eiferer des Tages“ wollen. Wahrscheinlich hat auch Akawja von der bevorstehenden Einführung dieser Steuer gehört, und wahrscheinlich ist das die „Untat“, auf die er angespielt hat.

Josef hört Gamaliels Bericht wie gelähmt. Was ihn, den

sonst so beweglichen, lähmte, war der Gedanke, daß es der Unnennbare, daß es sein Paulus war, den die Gottheit dazu ausersehen, dieses neue Unheil über Judäa zu bringen. Welch ein Mann des Unglücks war er, Josef! Wie ging, immer von neuem, Unglück aus von allem, was er gemacht hat, von seinen Söhnen, von seinen Büchern! Unbeweglich saß er, wie betäubt.

Bis ihm endlich bewußt wurde, daß Gamaliel schon längere Weile zu sprechen aufgehört hatte. Er suchte Gamaliels Auge, mit Scheu. Der erwiderte seinen Blick, und Josef erkannte, daß der andere genau wußte, was in ihm vorging. „Ich danke Ihnen“, sagte Josef.

„Wenn Cäsarea die Kopfsteuer verfügt“, fuhr Gamaliel fort, als wäre die stumme Zwiesprache nicht gewesen, „dann ist Akawja des Versprechens entbunden, das er mir gegeben hat. Trotzdem ist es möglich, daß er sich ruhig halten wird. Er weiß so gut wie ich, daß die ‚Untat‘ Cäsareas nichts ändert an dem Kräfteverhältnis Roms und Judäas. Er hat einen starken Verstand. Es bleibt die Frage, ob dieser starke Verstand aufkommt gegen sein noch stärkeres Herz.“ Er sah trübe vor sich hin. Bisher war er dem Josef immer als ein junger Mann erschienen. Jetzt sah der alte Josef, daß auch Gamaliel nicht jung geblieben war. Sein rotbrauner Bart war nun beinahe völlig grau, die gewölbten Augen matt, Körper und Antlitz hatten ihre imponierende Straffheit verloren.

Unvermutet indes richtete sich der Großdoktor hoch und war wieder ganz der frühere. „Ich möchte Sie um einen Dienst bitten, mein Josef“, sagte er herzlich und doch im Tone des Befehlsgewohnten. „Gehen Sie nach dem Norden! Sprechen Sie nochmals mit Johann von Gischala! Wenn es mir nicht glücken sollte, den Akawja zurückzuhalten, vielleicht glückt es Ihnen, den Johann zu bändigen, so daß wenigstens der Norden ruhig bleibt. Sie sind befreundet mit ihm, er hört auf Sie. Er hat einen so klaren Verstand. Reden Sie ihm zu, daß er ihn gebraucht!“

„Gut“, erwiderte Josef. „Ich werde nochmals nach Gischala gehen.“

Seit dem Aufbruch von seinem Gut war Josef rastlos gewesen. Jetzt wurde er noch unruhiger. In Eile brach er auf, und er reiste in immer größerer Eile. Dabei wählte er nicht den kürzesten Weg, sondern reiste kreuz und quer. So durchzog er noch einmal einen großen Teil des Landes Judäa und des Landes Samaria, in Hast, als hätte er etwas zu versäumen, als könnte er, was er jetzt nicht noch einmal sah und in sich aufnahm, niemals wieder sehen.

In Samaria dann erfuhr er, der Gouverneur habe durch ein Edikt die Wiedereinführung der Kopfsteuer für die jüdischen Einwohner der Provinz verfügt. Und schon den Tag darauf, in dem kleinen Ort Esdraela, erzählte man, es sei in Obergaliläa zu schweren Unruhen gekommen. Genaues konnte man ihm nicht mitteilen. So viel aber war gewiß, daß in mehreren galiläischen Ortschaften mit gemischter Bevölkerung die Juden über die Römer, Griechen und Syrer hergefallen waren. Schon seien indes, hieß es, römische Streitkräfte aus Cäsarea abgegangen, um die Ordnung wiederherzustellen. Führer des Aufstands, wollte man gehört haben, sei Johann von Gischala.

Nach alledem war Josefs Sendung offenbar durch die Ereignisse erledigt, und er hatte im Norden nichts mehr zu suchen. Das klügste war, schleunigst nach Be'er Simlai zurückzukehren und dort nach dem Rechten zu sehen, nach Mara, nach Daniel.

Aber als er sich das klarmachte, wußte er bereits, daß er's nicht tun werde. Dem Schreck, mit dem er die Meldung gehört hatte, war vom ersten Augenblick an eine große Süße beigemischt gewesen. Mit Stolz und Beschämung nahm er wahr, daß er sich leicht fühlte, frei, glücklich. Er erkannte, daß er die ganzen letzten Jahre in Judäa nur auf diesen Aufstand gewartet hatte. Jetzt hatten diese Jahre in Judäa Sinn und Bestätigung bekommen. Denn wenn er die Nachricht von dem Aufstand in Rom erhalten hätte, verspätet, fern von den Geschehnissen, dann hätte er das wichtigste Ereignis seines Lebens versäumt.

Wahnsinn! Es ist blanker Wahnsinn, in den Aufstand eingreifen zu wollen. Es wird anfänglich einige Siege geben, voll von Begeisterung und Seligkeit; dann wird eine harte, endgültige Niederlage folgen. Die Römer werden erreichen, was sie wollen, sie werden alles, was unter den Juden noch da ist an Mannhaftigkeit, Jugend, Kampfesmut, blutig zertrampeln. Es ist Verbrechen und Narrheit, dabei mitzuwirken.

So, mit Aufbietung all seiner Vernunft, konnte er den Rausch verjagen, der bei der Meldung von der Erhebung über ihn gekommen war. Doch nur auf Augenblicke.

In der Nacht gar, auf dem dürftigen Lager, das der kleine Ort ihm bot, bekam der Rausch volle Gewalt über ihn, es gab kein Mittel mehr dagegen, und wollüstig überließ er sich dem gefährlichen Glück. Er fühlte sich wie damals, als er, ein junger Mensch, in jenem ersten Kriege gegen die Römer die Wehrverbände Galiläas befehligt hatte, schwebend, getragen. Ach, das noch einmal spüren, diese glühende Heiterkeit, mit der sie damals in die Schlacht gezogen sind! Dieses Verschmelzen einer in den andern! Dieses tausendfache Leben, strömend, weil es vielleicht noch heute zu Ende ist! Diese große Verzückung, gemischt aus Frommheit, Gewalttätigkeit, Angst, Selbstsicherheit und einer Lust ohne Grenzen!

Auf seinem Lager von der einen Seite nach der andern warf er sich. Preßte die Zähne zusammen, beschimpfte sich. Werde nicht abermals verrückt auf deine letzten Tage, Josef! Wenn ein junger Mensch sich von derartigem Wahnsinn ergreifen läßt, das kann gottgewollt, kann erhaben sein. Aber wenn es einer wie er so macht, ein Greis, an einem solchen trunkenen Greise ist nichts Erhabenes, er ist lächerlich, nichts sonst.

Er ist nicht lächerlich. Wenn nach soviel Jahren, wenn nach so vielen Erfahrungen die Stimme in ihm immer noch mit solcher Gewalt ruft, dann hat diese Stimme recht. Und wenn es die Stimme der Tollheit sein sollte, dann kommt diese Tollheit von Gott. Akawja hat recht. Wer wagt zu behaupten, daß Jahve identisch ist mit Logik und dürrer Vernunft? Hat aus den Propheten Vernunft gesprochen? Oder ein anderes? Wenn ihr, mit dreister Pedanterie, dieses andere Tollheit nennen wollt, dann sei sie gesegnet, diese Tollheit.

Und mit Wollust stürzte er sich, der alte Josef, in die Tollheit. Ja, Johann von Gischala hatte recht, und Akawja hatte recht, und das Buch Judith und das Buch des Josef Ben Matthias gegen Apion, und nicht recht hatte der Großdoktor und die Universalgeschichte des Flavius Josephus.

Nachdem er sich einmal entschlossen hatte, toll zu sein, brach er noch in der Nacht auf, um sich zu Johann von Gischala durchzuschlagen.

Er fand einen Maultiertreiber, der ihn bis in die kleine Ortschaft Atabyr brachte, die auf der halben Höhe des gleichnamigen Berges lag. Weiter wagte sich der Mann nicht mit. Auch die Bewohner des kleinen Ortes rieten ab, weiter vorzudringen. Denn hier begann das Gebiet der militärischen Operationen.

Josef also, nachdem er sich ein wenig Mundvorrat gekauft hatte, setzte seinen Weg allein fort. Er vermied die Heerstraße und wählte abseitige, verlorene Hirtenpfade in den Schluchten und Höhen des Gebirgs. Hier hatte er seinerzeit gekämpft, er hatte den Berg befestigt, er kannte die Gegend gut. Still, gleichmäßig, behutsam, in besonnener Eile schritt er.

Ein strahlender Frühlingstag stieg auf. Der Winter hatte lange gedauert in diesem Jahr, noch lag Schnee auf den Bergen Obergaliläas, er speiste die Bäche, so daß sie voll und fröhlich prasselten. Die Luft war von beseligender Reinheit, das Entfernte war klar und nahe. Josef stieg tiefer hinein ins Bergland, er befahl seine Erinnerung herbei, sie gehorchte, jede Höhe, jedes Tal war ihm vertraut.

Da war der überhängende Kamm. Von ihm aus mußte er den See erblicken können, seinen See, den See von Tiberias, den See Genezareth. Siehe, da glitzerte er schon herauf! Winzige Punkte bewegten sich auf seinem Spiegel; Josefs Erinnerung verwandelte sie in die braunroten Segel der Fischerboote.

Er kletterte über den Kamm, suchte sich eine Bergfalte, die ihn decken könnte, fand sie. Hockte nieder. Jene Ruhelosigkeit, die ihn die ganze Zeit gequält, endlich wich sie von ihm. Er durfte rasten. Er setzte sich bequemer, aß von seinem Vorrat, Früchte, etwas Fleisch, Brot, trank von seinem Wein.

Ein kleiner, fröhlicher Wind ging. Josef dehnte die Brust. In zauberisch heller Luft, ein wahrer Garten Gottes, lag das

Land Galiläa vor ihm, unter ihm, fruchtbar, mannigfach mit seinen Tälern, Hügeln, Bergen, mit seinem See Genezareth, dem Flusse Jordan, der Meeresküste, mit seinen zweihundert Städten. Was Josef nicht sah, das ahnte er, das wußte seine Erinnerung.

In sich ein trank er die Sicht. Rötlichgrau war das Gestein, saftig grün die Johannisbrotbäume, silbrig die Oliven, schwarz die Zypressen, braun die Erde. In der Ebene, winzig kleine Figürchen, hockten die Bauern auf dem Boden und rochen an dieser Erde nach dem Wetter. Schönes, reiches, buntes, fruchtbares Land. Jetzt im Frühjahr sind selbst seine Wüsten bedeckt von graugrün und violettem Geblüh.

Aber man gönnt dem Land seine Fruchtbarkeit nicht. Vielleicht ist es zu fruchtbar. Vielleicht hat doch der frühere Johann von Gischala recht, und es ist doch der Preis des Weins und des Öls, der den endlosen Krieg stiftet, der um dieses Land geht. Gedüngt mit Blut ist es auf alle Fälle. Vielleicht will die Gottheit, daß es gedüngt werde mit Blut.

Josef rastete in seiner Bergfalte. Alle Bedrängnis und aller Zwiespalt waren von ihm abgefallen. Seine Gedanken wellten auf und ab, und es war ihm recht so.

Die Gottheit hat es ihnen, den Juden, zugeteilt, dieses Land, in dem Milch und Honig fließt. Sie hat ihnen mehr zugeteilt. „Nicht Zion heißt das Reich, das ich euch gelobte, / Sein Name heißt: Erdkreis."

Aber die Herrschaft über den Erdkreis, das ist eine vage, ferne Sache. Wenn er es einmal wenigstens von ferne hätte sehen dürfen, das Land seiner Hoffnung, das Land des Messias, des Rechtes, der Vernunft. Aber: „Da kannst du warten, bis dir Gras aus dem Munde wächst." Josef lachte, an die derben Worte des Akawja denkend. Ein großartiger Mann, dieser Akawja!

Wieder schaut er, genießt er die Sicht. Dieses Galiläa zumindest, das ist da. So viel hat er fallen lassen müssen aus seinen Händen, Hoffnungen und Glauben; dieses Galiläa läßt er nicht fallen, daran klammert er sich jetzt, das hält er.

Vernunft hat er verkünden wollen, das Reich der Vernunft, des Messias. Solch ein Prophetentum, mein Lieber, das ist zu teuer. Wer da den Propheten macht, hat das mit zu vielen Entbehrungen zu bezahlen. Aber süß und ehrenvoll ist es, nichts zu predigen als sein Volk, als seine Nation. Prophetentum dieser Art, das nährt seinen Mann, innen und außen. Es schafft Ruhm und innere Befriedigung.

Aus der Ferne, von unten, kam Geräusch. Josef wußte, daß tief zu seinen Füßen, ihm unsichtbar, eine Straße lief. Das Geräusch schien ihm das Getrabe von Pferden. Unwillkürlich duckte er sich tiefer in die Felsfalte, in deren Schutz er lag.

Wieso eigentlich ist er hier? Was hat er hier zu suchen, hier in Galiläa, mitten im Aufruhr, mitten im Krieg, er, der Alte? Hier kann er nur sich selber verderben, helfen kann er keinem.

Unsinn! Als ob er jemals einem hätte helfen wollen! So alt hat er werden müssen, um zu erkennen, daß er nie einem andern hat helfen wollen, immer nur sich selber. Ich hat er sein wollen, immer nur Ich, und von allem, was er gedacht und geschrieben und sich vorgemacht hat, ist der Psalm vom Ich das einzig Wahre:

> Ich will ich sein, Josef will ich sein,
> So wie ich kroch aus meiner Mutter Leib,
> Und nicht gestellt zwischen Völker
> Und gezwungen, zu sagen: von diesen bin ich
>   oder von jenen.

Justus hat in Wahrheit helfen wollen, den andern, den fernen Geschlechtern. Armer, großer, ritterlicher Justus! Zur Unzeit bist du geboren, zur Unzeit hast du dich abgemüht, ein Vorläufer, ein Verkünder unzeitgemäßer Wahrheit. Verbissen und unglücklich hast du dein Leben verlebt, verbissen und unglücklich bist du gestorben, vergessen ist dein Werk. Der Lohn des Gerechten.

Die messianische Hoffnung muß sein, gewiß, sonst könnte man nicht leben. Und es muß Leute geben, die den wahren Messias verkünden, nicht den des Akawja, sondern den des Justus. Sie sind auserwählt, diese Leute, aber sie sind zum Unglück auserwählt.

Ich, Josef Ben Matthias, habe es erprobt. Ich hab es gespürt, das echt Messianische, die ganze Wahrheit, und ich war unglücklich. Erst als ich darauf verzichtete, wurde es besser. Und einverstanden mit mir selber, glücklich bin ich nur dann gewesen, wenn ich gegen die Vernunft gehandelt habe. Schöne Zeit, herrliche Zeit, da ich ganz meinem Trieb gefolgt bin, da ich das Buch gegen Apion schrieb, das dümmste und beste, was ich geschrieben habe! Und vielleicht, trotz allem, das Gott am meisten gefällige. Denn wer will entscheiden, welches der gute Trieb ist und welches der böse? Und selbst wenn es diesem bösen entsprungen sein sollte, heißt es nicht in der Schrift: „Du sollst Gott dienen auch mit dem bösen Trieb!"

Er dehnte die Brust. Leicht und frisch fühlte er sich, leicht ging ihm der Atem aus dem Mund, ganz jung fühlte er sich. Um seine alten Lippen war ein Lächeln, schier töricht vor Glück. Beinah siebzig hat er werden müssen, ehe er so weise wurde, unweise zu sein. Gelobt seist du, Jahve, unser Gott, der du mich hierher hast gelangen lassen und mich noch einmal atmen lässest die süße, reine Luft Galiläas und die wilde, würzige des Krieges!

In seinem Innern wußte er, daß dieses Glück nicht lange dauern wird, daß er nur mehr ein paar Tage haben wird oder vielleicht auch nur ein paar Stunden oder vielleicht sogar nur ein paar elende Minuten. Nein, nicht elende Minuten, sehr gute vielmehr und glückliche.

Er machte sich daran, seinen Weg fortzusetzen, hinunterzusteigen. Er hatte Geräusch gehört und war behutsam. Er vermied jeden breiteren Pfad, duckte sich, wo er gesehen werden konnte, trat vorsichtig auf. Doch einmal trat er ungeschickt. Ein Stein löste sich und fiel unglücklich, so daß man ihn auf der Straße hörte. Die aber auf der Straße zogen, waren römische Reiter und hielten an und machten sich daran, den Berghang abzusuchen.

Josefs Gesicht war nicht mehr so gut wie sein Gehör; er wußte lange nicht, ob es Leute von den Seinen seien oder Römer, die da den Berghang absuchten. Dann kamen sie näher, und er erkannte, daß es Römer waren.

Einen Augenblick durchströmte ihn wilder Schreck und spülte alle Kraft aus ihm weg. Er war heute eine gute Strecke Weges gegangen, auf und ab, auf rauhem Pfad, und plötzlich war seine ganze Frische wieder fort. Er war ein alter Mann, das Herz, das ihm bisher so leicht gewesen, lag ihm auf einmal schwer und schmerzhaft in der Brust wie eine Geschwulst, die Knie versagten ihm, er mußte niederhocken.

Allmählich indes ging die Schwäche vorbei, und es kam über ihn das frühere große Einverstandensein, ja etwas wie Freude, daß er nun am Ziel war. Er hätte damals fallen sollen in dem ersten Krieg, in guter Jugend, in Galiläa. Er ist dem ausgewichen und hat statt dessen ein höchst bewegtes Leben geführt und Kinder und Bücher in die Welt gesetzt, gute und schlechte, und einige leben noch und einige sind verweht, und er hat bewirkt, daß sehr viel Böses geschah, aber doch auch einiges Gute, und jetzt, sehr verspätet, ist es ihm vergönnt, nachzuholen, was er damals sträflich versäumt hat, im Krieg zu sterben, in Galiläa.

Da saß er also in der leichten, klaren Luft und schaute den Männern entgegen, schwachen Leibes, doch frei von Furcht und voll von Erwartung.

Die Soldaten kamen heran und fanden einen alten Juden. Sie beschauten ihn, unschlüssig, er beschaute sie, neugierig. „Gib die Parole, Jude!“ verlangte schließlich der Anführer. „Ich weiß sie nicht“, antwortete Josef. „Was suchst du hier?“ fragten die Soldaten. „Ich habe viele Freunde in Galiläa“, erwiderte Josef, „und ich war besorgt um ihr Schicksal und wollte sie aufsuchen.“ – „Und da schleichst du auf heimlichen Pfaden und gehst nicht auf der kaiserlichen Heerstraße?“ fragten sie. Und er antwortete: „Ich habe gedacht, die kaiserliche Heerstraße ist voll von kaiserlichen Soldaten. Da hält sich ein alter Mann besser auf den Nebenwegen.“ Die Soldaten lachten. „Das hast du schlau gedacht“, sagte der Anführer, „aber nun wirst du wohl einen noch größeren Umweg machen müssen als deine Bergpfade. Und wer bist du überhaupt? Ein Bauer bist du doch nicht, und aus Galiläa bist du auch nicht.“ – „Ich bin Flavius Josephus, vom Zweiten Adel“, sagte Josef, und er wies seinen Goldenen Ring vor, und er sprach jetzt lateinisch, während man bisher aramäisch gesprochen hatte. „Soso?" lachten die Soldaten. „Vom Zweiten römischen Adel bist du? So haben wir uns einen römischen Ritter immer vorgestellt!" – „Da seht ihr", sagte freundlich Josef, „daß die Wirklichkeit manchmal anders aussieht, als man glaubt. Ich habe übrigens ein gutes Papier." Und er holte den Ausweis hervor, den man ihm auf der Statthalterei von Cäsarea ausgestellt hatte.

Die Soldaten beschauten sich das Papier nicht lange. „Mit diesem Wisch", sagten sie, „können wir nichts anfangen. Hier gilt nur *eine* Unterschrift, die von Paulus Bassus!" Josef schaute nachdenklich vor sich hin und sagte: „Euern Paulus Bassus kenne ich sehr gut, und er kennt mich sehr gut." Da lachten die Soldaten schallend über den Spaßvogel von einem alten Juden, der ein Freund ihres Oberbefehlshabers Paulus Bassus sein wollte. „Da hättest du dir eigentlich", erwiderten sie, „von deinem Freund die Vorschriften sagen lassen sollen, die gerade er erlassen hat. Wenn auf einer galiläischen Straße ein Jude und Beschnittener getroffen wird, der nicht in einem Nachbarort beheimatet ist, und er kennt nicht die Parole, dann ist er als Spion anzusehen. Bist du ein Jude? Bist du beschnitten?" – „Ich bin es", sagte der alte Mann. Der Anführer schwieg eine ganz kleine Weile, dann hob er langsam die Schultern und ließ sie wieder fallen, es war beinahe wie eine Entschuldigung. „Na also!" sagte er. „Du scheinst verständig und begreifst sicher, daß es, wenn wir es kurz machen, nicht böser Wille ist, sondern Dienstvorschrift." – „Bedanke dich bei deinem Freunde Paulus Bassus!" fügte einer hinzu. Josef sah sie aufmerksam an, einen nach dem andern. „Das möchte ich", sagte er ruhig, „und ihr tätet gut, es mir zu ermöglichen. Denn ich bin wirklich vom Zweiten römischen Adel, und ich kenne wirklich euern Paulus Bassus sehr gut."

Seine Stimme, seine Augen, seine ruhige Art machten Eindruck auf die Soldaten. Auch schien der Mann kein Spion zu sein, für einen solchen hätte man sich schwerlich einen so alten, auffälligen Juden ausgesucht. Aber Befehl war Befehl. Dazu war man verspätet, die Streife hatte mehr Zeit beansprucht, als man erwartet. Wenn man sich mit dem Burschen belastete und dadurch noch später ans Ziel kam, wurde man angeschnauzt; wenn man ihn erledigte, war man eindeutig im Recht.

Aber die Soldaten waren nicht bösartig von Gemüt. Sie waren von denen, die seit langem hier im Lande in Garnison standen, sie hatten ab und zu mit Juden zu tun gehabt und sahen in ihnen nicht nur Feinde. „Die Vorschriften", überlegte einer laut, „heißen: seid human, solange es die militärischen Rücksichten erlauben!" – „Krieg ist Krieg", sagte ein anderer. „Höre, Mensch", schlug der Anführer dem Josef vor, „wir müssen nach Tabara und haben nicht viel Zeit. Wir wollen versuchen, dich mitzuschleppen. Galopp werden wir nicht reiten, aber auch nicht im Schritt. Wir sind schon verspätet. Es ist wie in der Arena. Einige überstehen's. Wir geben dir eine Chance. Wir binden dich ans Pferd, und wenn du's schaffst, dann hast du's geschafft. Ist das ein guter Vorschlag?" – „Ich denke", sagte der, der zuerst gesprochen, „es ist ein guter Vorschlag und im Sinne des Reglements. Sag selber, Jud!" forderte er den Josef auf. Der schaute ihn lang und nachdenklich an. „Du hast recht, mein Junge", sagte er. „Es ist im Sinne des Reglements."

Sie untersuchten ihn. Er hatte etwas Barschaft bei sich, noch ein wenig Mundvorrat, den Ausweis der Statthalterei und am Finger den Goldring des Zweiten Adels. „Das könnte gestohlen sein", meinten sie und nahmen es ihm ab. Dann stiegen sie hinunter zur Straße und banden ihn einem ans Pferd. Dieser Reiter war ein gewisser Philippus, ein gutmütiger Mensch. „Ich werde nicht zu schnell reiten, Mann", versprach er und gab dem Josef Wein zu trinken, damit er sich stärke. Dann ritten sie los.

Wind ging, die Luft war frisch und würzig, der Trab war nicht zu schnell, und die ersten Minuten schien es wahrhaftig nicht ganz ausgeschlossen, daß der Mann es schaffe. Seine alten Füße liefen, er atmete gleichmäßig, und sie sagten: „Na siehst du, nur nicht aufgeben!" Doch dann begann er zu japsen, und dann stolperte er und fiel. Sein Kleid war zerrissen, er blutete, aber es waren nur Abschürfungen, nichts Ernstliches. Er raffte sich auch bald wieder auf und lief weiter. Dann fiel er nochmals, diesmal schwerer, immerhin waren es nur die Arme und das Gesicht. Philippus hielt sein Pferd an, gab seinem Gefangenen nochmals zu trinken und gönnte ihm eine Minute, ehe er weiterritt. Dann aber fiel Josef ein drittes Mal, und diesmal wurde er eine Weile über die Straße geschleift. Es lag trotz des Frühjahrs dicker Staub auf der Straße, das war gut für Josef, aber Steine gab es natürlich auch, und als Philippus endlich hielt, war der alte Jude über und über mit Blut besudelt, seine Augen waren geschlossen, und aus seiner Brust kam ein Röcheln, das unangenehm zu hören war.

Philippus rief den andern etwas zu, und die versammelten sich um Josef. „Was sollen wir nun mit dir anfangen?" sagten sie. „Offenbar hast du verspielt. Sollen wir ihn abtun", überlegten sie, „oder sollen wir ihn liegenlassen?" Und: „Sollen wir dich abtun, Alter, oder sollen wir dich liegenlassen?" wandten sie sich geradezu an ihn selber. „Wir haben uns ans Reglement gehalten", erklärte nochmals der Anführer, entschuldigend.

Josef hörte sie reden, aber er verstand sie nicht. Sie sprachen lateinisch, doch er, der Vielsprachige, verstand jetzt nur mehr die Sprache des Landes, und er hätte auch nicht sprechen können. „Ich meine", schlug schließlich einer vor, „wir überlassen ihn sich selber. Unheil richtet der keines mehr an." Und so taten sie. Sie hoben ihn noch hoch und legten ihn an den Rand der Straße, unter einen gelben Strauch, so, daß sein Gesicht im Schatten lag. Dann ritten sie weg.

Es war aber die Gegend, in der dieses geschah, ein Hochplateau, öde, nur mit wenig Sträuchern bestanden, doch jetzt, im Frühjahr, trugen diese Sträucher gelbe Blüten. Da lag Josef in einer hellen, milden Sonne, und mit verschwimmenden Sinnen nahm er die gelbgesprenkelte Wüste und die milde, fröhliche Sonne in sich auf.

Der Josef, der nach Rom gekommen war, um Rom und die Welt mit jüdischem Geiste zu durchdringen,

Der Josef, der den Feldherrn Vespasian als Messias begrüßt hatte,

Der Josef, der die Kriegsgefangene Mara, die Hure des Vespasian, geheiratet hatte und später die ägyptische Griechin Dorion,

Der Josef, der als jüdischer Führer in Galiläa gekämpft und dann vom römischen Lager aus mitangesehen hatte, wie Jerusalem und der Tempel verbrannten,

Der Josef, der Zeuge gewesen war, wie Titus triumphiert hatte, und der sich gebeugt hatte unter dem Joch seines Triumphbogens,

Der Josef, der das streitbare Makkabäerbuch geschrieben hatte und den höfisch konzilianten „Jüdischen Krieg" und die kosmopolitisch laue Universalgeschichte und den patriotisch glühenden „Apion",

Der Josef, der vergebens um seinen Sohn Paulus gerungen hatte und der die Ursache gewesen war, daß sein Sohn Simeon umkam und sein Sohn Matthias,

Der Josef, der vom Tische dreier Kaiser gegessen hatte und vom Tisch der Prinzessin Berenike und des Großdoktors Gamaliel und des gewalttätigen Akawja,

Der Josef, der die Weisheit der jüdischen Schriften studiert hatte, der Doktoren, der Griechen und der Römer, der immer wieder gestoßen war auf den letzten Schluß des Kohelet, daß alles eitel sei, und der doch niemals danach gehandelt hatte.

Dieser Josef Ben Matthias, Priester der Ersten Reihe, dem Erdkreis bekannt als Flavius Josephus, lag jetzt auf der Böschung, das Gesicht und den weißen Bart besudelt mit Blut, Staub, Kot und Speichel, veratmend. Das ganze kahle, gelbgesprenkelte Bergland ringsum und der helle Himmel gehörten jetzt ihm allein, die Berge, die Täler, der ferne See, der reine Horizont mit dem einsamen Raubvogel waren nur seinetwillen da und nichts als der Rahmen seines Innern. Das ganze Land war erfüllt von seinem verdämmernden Leben, und er war eins mit dem Land. Das Land holte ihn, und er suchte es. Er hatte die Welt gesucht, aber gefunden hatte er nur sein Land; denn er hatte die Welt zu früh gesucht. Der Tag war da. Es war ein anderer Tag, als er ihn geträumt hatte, aber er war es zufrieden.

Als Wochen vergingen, ohne daß von Josef Nachricht eintraf, wandte sich Mara an den Gouverneur in Cäsarea und an den Großdoktor in Jabne.

Die römischen Behörden bemühten sich ernstlich, es ging um einen Angehörigen des Zweiten Adels, den Rom und sein Hof kannten. Auch der erschrockene Gamaliel tat alles, um Josef aufzufinden. Man schrieb hohe Belohnungen aus für den, der ihn lebendig oder tot beibrächte. Allein man konnte nur ermitteln, daß er zuletzt in Esdraela gesehen worden war; von da an verlor sich jede Spur. Es war schwierig, in dem vom Krieg heimgesuchten Gebiet einen Mann zu entdecken, der verlorengegangen war, es gab Zehntausende von Leichen nach diesem Aufstand.

Ein Monat verging, Pfingsten kam heran, das Pfingsten, von dem die Männer am Tische des Doktors Akawja geträumt hatten, doch es war ein blutiges Pfingsten für Judäa. Und es kam der heiße Monat Tamus, und es jährte sich der Tag, da die Belagerung Jerusalems begonnen hatte, und es kam der Monat Ab, und es jährte sich der Tag, da Jerusalem und der Tempel verbrannt waren. Und noch immer fand sich keine Spur von Josef Ben Matthias, den die Römer Flavius Josephus nannten. Man mußte ihn wohl verloren geben, und Gamaliel mußte darauf verzichten, den größten Schriftsteller, den die Judenheit dieses Jahrhunderts besessen, würdig zu bestatten.

Da sagten die Doktoren: „Wie es heißt von Moses, unserem Lehrer: ‚Und niemand hat sein Grab erkundet bis auf diesen heutigen Tag.‘“ Und alle erkannten, daß dem Josef als Denkmal sein Werk bestimmt war und kein anderes.

Nachbemerkung

Der Entstehungsprozeß der „Josephus"-Trilogie ist durch die Zeitereignisse mehrfach unterbrochen worden; er ist in auffälliger Weise verbunden mit dem des „Wartesaal"-Zyklus, bedingt durch Feuchtwangers ständiges Bestreben, die „ungeheure, blutige Groteske" des faschistischen Herrschaftssystems anzuprangern. Dem „Jüdischen Krieg", der 1932 erschien (Propyläen Verlag, Berlin), als Feuchtwanger einen zweiten, abschließenden Band schon konzipiert und teilweise geschrieben hatte, war 1930 die Publikation des Romans „Erfolg" vorausgegangen. Bevor der Autor den zweiten, als Schlußband geplanten Teil des „Josephus"-Stoffes vollenden konnte, fiel das Manuskript den Faschisten in die Hände und wurde vernichtet. Zunächst trieb es ihn, „das Leserpublikum der Welt möglichst schnell über das wahre Gesicht und über die Gefahren der Naziherrschaft aufzuklären". So entstand in der kurzen Zeit von April bis September 1933 der zweite Band des „Wartesaal"-Zyklus, „Die Geschwister Oppermann". Dann erst folgte 1935 die Veröffentlichung der „Söhne" (Querido Verlag, Amsterdam), nachdem Feuchtwanger das verschollene Manuskript nicht mehr zu rekonstruieren in der Lage gewesen war. In einer Anmerkung zu den „Söhnen" schreibt er: „Den verlorenen Teil in der ursprünglichen Form wiederherzustellen erwies sich als unmöglich. Ich hatte zu dem Thema des ‚Josephus': Nationalismus und Weltbürgertum manches zugelernt, der Stoff sprengte den früheren Rahmen, und ich war gezwungen, ihn in drei Bände aufzuteilen." Seine historischen Studien lenkten ihn auf das Thema des Romans „Der falsche Nero", der im Jahre

1936 publiziert wurde und worin in historischem Gewande überraschende Parallelen zum verbrecherischen politischen Abenteurertum des faschistischen Regimes in Deutschland gezogen werden. In den folgenden Jahren – unterbrochen durch die Niederschrift seines Erlebnisberichts „Moskau 1937", der Frucht seiner Reise in die Sowjetunion – widmete sich Feuchtwanger unmittelbar der Auseinandersetzung mit dem Faschismus, indem er vom Mai 1935 bis zum August 1939 vorwiegend am dritten Band des „Wartesaal"-Zyklus, am Roman „Exil", arbeitete, der 1940 veröffentlicht wurde. Dann endlich konnte 1942 in London der letzte Teil der „Josephus"-Trilogie, „Der Tag wird kommen", in englischer Übersetzung erscheinen, jedoch drei weitere Jahre vergingen, bis 1945 die deutsche Erstausgabe vorlag (Bermann-Fischer Verlag, Stockholm).

Entsprechend unserem Grundsatz, einen möglichst authentischen Text herzustellen, sind bei der technischen Bearbeitung der „Josephus"-Trilogie in allen drei Fällen die oben genannten deutschen Erstausgaben zu Rate gezogen worden. Durch Textvergleiche mit späteren Ausgaben, vor allem aber durch aufmerksame Korrektur, konnten eine Reihe von Druckfehlern und kleineren inhaltlichen Unregelmäßigkeiten beseitigt werden. Für die unterschiedlich gebrauchte Orthographie und Interpunktion sowie die unregelmäßige Schreibweise bestimmter wiederkehrender Begriffe, hauptsächlich verursacht durch die technischen „Hausregeln" und redaktionellen Eigenheiten der drei Verlage, welche die Erstausgaben veröffentlichten, wurde eine einheitliche Form gewählt.

Aufbau-Verlag

Lion Feuchtwanger

Gesammelte Werke in Einzelausgaben

Band 2

Lion Feuchtwanger

Der jüdische Krieg

Roman

Aufbau-Verlag

Die „Josephus"-Trilogie umfaßt die Romane

DER JÜDISCHE KRIEG

DIE SÖHNE

DER TAG WIRD KOMMEN

„Der jüdische Krieg" erschien erstmalig im Jahre 1932,
„Die Söhne" im Jahre 1935,
„Der Tag wird kommen" in englischer Übersetzung 1942,
in deutscher Sprache 1945

5. Auflage 1989

Einbandgestaltung Heinz Unzner
Karl-Marx-Werk, Graphischer Großbetrieb, Pößneck V15/30
Printed in the German Democratic Republic
Lizenznummer 301. 120/113/89
Bestellnummer 611 362 5
I–III 03150

Feuchtwanger, Ges. Werke
ISBN 3-351-00623-3
Bd. 2–4
ISBN 3-351-00681-0

Erstes Buch
Rom

Sechs Brücken führten über den Fluß Tiber. Blieb man auf der rechten Seite, dann war man gesichert; hier waren die Straßen voll von Männern, die man schon an ihren Bärten als Juden erkannte; überall sah man jüdische, aramäische Inschriften, und mit einem bißchen Griechisch kam man leicht durch. Aber sowie man eine der Brücken überschritt und sich auf die linke Seite des Tiber wagte, dann war man wirklich in der großen, wilden Stadt Rom, ein Fremder, hoffnungslos allein.

Dennoch schickte Josef den Knaben Cornel, seinen beflissenen kleinen Führer, an der Emiliusbrücke zurück; er wollte endlich allein zurechtkommen, schon um sich seine Eignung und Geschicklichkeit zu beweisen. Der kleine Cornel hätte seinen Fremden gern noch weiter begleitet. Josef schaute ihm nach, wie er zögernd über die Brücke zurückschritt, und unvermittelt, mit scherzhaft liebenswürdigem Lächeln, streckte er, der Jude Josef, den Arm mit der geöffneten Hand aus, grüßte den Knaben auf römische Art, und der Judenknabe Cornel, lächelnd auch er, gab gegen das Verbot des Vaters den Gruß auf römische Art zurück. Dann bog er links ein hinter das hohe Haus, und jetzt war er fort, und jetzt war Josef allein, und jetzt wird sich zeigen, wieweit sein Latein stichhält.

So viel weiß er: hier vor ihm ist der Rindermarkt, und rechts dort ist die Große Rennbahn, und dort irgendwo, auf dem Palatin und dahinter, wo die vielen kribbelnden Menschen sind, baut der Kaiser sein neues Haus, und links hier durch die Tuskerstraße geht es zum Forum, und Palatin und Forum sind das Herz der Welt.

Er hat viel über Rom gelesen, aber es nützt ihm wenig. Der Brand vor drei Monaten hat die Stadt sehr verändert. Er hat gerade die vier Bezirke im Zentrum zerstört, über dreihundert öffentliche Gebäude, an sechshundert Paläste und Einfamilienhäuser, mehrere tausend Miethäuser. Es ist ein Wunder, wieviel diese Römer in der kurzen Zeit schon neu gebaut haben. Er mag sie nicht, die Römer, er haßt sie geradezu, aber das muß er ihnen lassen: Organisationstalent haben sie, sie haben ihre Technik: Technik, er denkt das fremde Wort, denkt es mehrmals, in der fremden Sprache. Er ist nicht dumm, er wird diesen Römern von ihrer Technik etwas abluchsen.

Er schreitet energisch los. Schnuppert neugierig und erregt die Luft dieser fremden Häuser und Menschen, in deren Belieben es steht, ihn hochzuheben oder unten zu halten. Bei ihm zu Hause, in Jerusalem, ist dieser Monat Tischri auch in seiner letzten Woche noch sehr heiß; aber hier in Rom heißt er September, und heute jedenfalls atmet es sich frisch und angenehm. Ein leichter Wind lockert ihm das Haar auf, er trägt es etwas lang für römische Verhältnisse. Eigentlich sollte er überhaupt einen Hut aufhaben; denn es gehört sich für einen Juden in seiner Stellung, im Gegensatz zu den Römern, nur mit bedecktem Kopf auszugehen. Ach was, hier in Rom laufen die meisten Juden genauso barhaupt wie die andern, zumindest wenn sie die Tiberbrücken hinter sich haben. Seine jüdische Gesinnung wird nicht lauer, auch wenn er keinen Hut trägt.

Jetzt steht er vor der Großen Rennbahn. Hier ist alles voll von Trümmerwerk, hier war der Ursprung des Brandes. Immerhin, die Steinteile der Grundform sind intakt. Eine Riesensache, diese Große Rennbahn. Man braucht an die zehn Minuten, um ihre Länge auszuschreiten. Das Stadion in Jerusalem und das in Cäsarea sind wahrhaftig nicht klein, aber vor diesem Bauwerk wirken sie wie Spielzeug.

Im Innern der Rennbahn schichtet es sich, Steine und Holz, es wird gearbeitet. Neugierige treiben sich herum, Kinder, Bummler. Josef hat seine Garderobe noch nicht ganz der Hauptstadt angepaßt; dennoch, wie er so einherschlendert, jung, schlank, stattlich, mit Augen, die nach allem greifen, wirkt er elegant, nicht knauserig, ein Herr. Man drängt sich an ihn, bietet ihm Amulette an, Reiseandenken, eine Nachahmung des Obelisk, der fremd und feierlich in der Mitte der Rennbahn steht. Ein autorisierter Fremdenführer will ihm alle Einzelheiten zeigen, die kaiserliche Loge, das Modell des Neubaus. Aber Josef winkt mit gespielter Lässigkeit ab. Er steigt allein herum zwischen den Steinbänken, als sei er hier bei den Rennen ständiger Zuschauer gewesen.

Das hier unten sind offenbar die Bänke der Hocharistokratie, des Senats. Niemand wehrt ihm, sich auf einen dieser vielbegehrten Sitze niederzulassen. Man sitzt gut hier in der Sonne. Er lockert seine Haltung, stützt den Kopf in die Hand, schaut blicklos nach dem Obelisk in der Mitte.

Eine bessere Zeit für sein Vorhaben als diese Monate jetzt nach dem großen Brand hätte er nicht erwischen können. Die Leute sind gut aufgelegt, empfänglich. Die Energie, mit der der Kaiser sich an den Wiederaufbau der Stadt gemacht hat, wirkt belebend auf alle. Überall regt es sich, ringsum ist Zuversicht und Geschäft, helle, frische Luft, sehr anders als die schwierige, stickige Atmosphäre Jerusalems, in der er nicht weiterkam.

In der Großen Rennbahn, auf der Bank des Senats, in der angenehmen Sonne dieses faulen Frühnachmittags, inmitten des Lärms des wieder aufzubauenden Rom überprüft Josef leidenschaftlich und doch kühl wägend seine Chancen. Er ist sechsundzwanzig Jahre alt, er hat alle Voraussetzungen einer großen Laufbahn, Herkunft aus adligem Haus, gründliche Bildung, staatsmännisches Geschick, rasenden Ehrgeiz. Nein, er will nicht in Jerusalem versauern. Er ist seinem Vater dankbar, daß der an ihn glaubt und ihm erwirkt hat, daß man ihn nach Rom schickte.

Seine Mission hier ist allerdings recht fragwürdig. Juristisch betrachtet, hat der Große Rat von Jerusalem weder Anlaß noch Legitimation, in dieser Sache einen Sondergesandten nach Rom abzuordnen. Josef hat auch aus allen Winkeln seines Hirns Argumente zusammenkratzen müssen, bis die Herren in Jerusalem zögernd nachgaben.

Also: die drei Mitglieder des Großen Rats, die der Gouverneur Anton Felix vor nunmehr zwei Jahren als Aufrührer an das Kaiserliche Tribunal nach Rom geschickt hat, sind zu Unrecht zu Zwangsarbeit verurteilt. Gewiß, die drei Herren waren in Cäsarea gewesen, als dort die Juden während der Wahlunruhen die kaiserlichen Insignien vor der Residenz des Gouverneurs herunterholten und zerbrachen: aber sie selber hatten sich an dem aufrührerischen Akt nicht beteiligt. Wenn der Gouverneur gerade diese drei hochgestellten Greise herausgegriffen hatte, so war das Willkür gegen Unschuldige, ein skandalöser Übergriff, eine Beleidigung des gesamten jüdischen Volkes. Josef sah hier die ersehnte, große Gelegenheit, sich auszuzeichnen. Er hat neue Zeugen für die Unschuld der drei aufgetrieben, er hofft, am kaiserlichen Hof ihre Rehabilitierung oder wenigstens ihre Begnadigung durchzusetzen.

Die römischen Juden freilich, das hat er gemerkt, werden sich nicht übermäßig anstrengen, ihm bei seiner Mission zu helfen. Der Möbelfabrikant Cajus Barzaarone, Präsident der Agrippenser-Gemeinde, bei dem er wohnt und an den er gute Empfehlungen seines Vaters mitbringt, hat ihm in Andeutungen, schlau, wohlwollend und vorsichtig die Situation erklärt. Den hunderttausend Juden in Rom geht es nicht schlecht. Sie leben in Frieden mit der übrigen Bevölkerung. Sie sehen mit Unbehagen, wie in Jerusalem die nationale, Rom feindliche Partei der „Rächer Israels" zu immer größerem Einfluß kommt. Sie denken gar nicht daran, ihre angenehme Lage zu gefährden, indem sie sich einmengen in die ständigen Reibereien der Jerusalemer Herren mit Rom und der kaiserlichen Verwaltung. Nein, das Wesentliche wird Josef selber schaffen müssen.

Vor ihm schichtete es sich, Stein und Holz, Ziegel, Säulen, Marmor jeder Farbe. Das Bauwerk stieg empor, sichtbar fast. Wenn er nach einer halben Stunde oder einer Stunde hier weggeht, dann wird es gewachsen sein, nicht um viel, um ein Tausendstel vielleicht seines bestimmten Maßes, aber eben das genaue für diese Stunde bestimmte Maß wird erreicht sein. Aber auch er hat etwas erreicht in dieser Zeit. Sein Drang nach vorwärts ist heißer geworden, brennender, unwiderstehlich. Jeder Schlag, jedes Hämmern und Sägen, das von den Bauleuten herdringt, schlägt, hämmert, sägt an ihm, während er scheinbar gelassen, ein Bummler wie die vielen andern, in der Sonne hockt. Er wird viel zu schaffen haben, bis er seine drei Unschuldigen aus dem Kerker herausholt, aber er wird es schaffen.

Schon kommt er sich nicht mehr so klein und arm vor wie an seinem ersten Tag. Sein Respekt vor den fleischigen, zugesperrten Gesichtern der Leute hier hat sich gemindert. Er hat gesehen, diese Römer sind kleiner von Wuchs als er. Er geht schlank und groß unter ihnen herum, und die Frauen in Rom drehen den Kopf nicht weniger nach ihm als die in Jerusalem und Cäsarea. Irene, die Tochter des Gemeindepräsidenten Cajus, ist, ihren Vater störend, ins Zimmer zurückgekehrt, sicher nur, weil er da war. Er hat einen guten Körper, ein rasches, wendiges Gehirn. Mit einundzwanzig Jahren hat er sich den großen Doktortitel der Tempelhochschule in Jerusalem geholt, er beherrscht das ganze, verzweigte Gebiet der juristischen und theologischen Schriftdeutung. Und hat er nicht sogar zwei Jahre als Eremit gelebt, in der Wüste, bei dem Essäer Banus, um sich hier die reine Schau anzueignen, die Versenkung in sich, die Intuition? Nichts fehlt ihm als die unterste Sprosse der Leiter, der eine günstige Augenblick. Aber er wird kommen, er muß kommen.

Der junge Literat und Staatsmann Josef Ben Matthias kniff die Lippen zusammen. Warten Sie, meine Herren vom Großen Rat, meine hochmütigen Herren von der Quadernhalle des Tempels. Sie haben mich geduckt, Sie haben mich unten gehalten. Wenn mein Vater zu den Spesen, die mir Ihr Tempelfonds bewilligte, nicht noch einiges zugegeben hätte, dann hätte ich nicht hierher fahren können. Aber jetzt sitze ich hier in Rom als Ihr Delegierter. Und, seien Sie überzeugt, ich werde das ausnützen. Ich werde es Ihnen zeigen, meine Doktoren und Herren.

Die Leute im Innern der Großen Rennbahn riefen einander zu, standen auf, schauten alle nach *einer* Richtung. Vom Palatin kam es glitzernd herunter, ein großer Trupp, Vorläufer, Pagen, Gefolge, Sänften. Auch Josef erhob sich, wollte sehen.

Gleich war auch der Führer von vorhin wieder an seiner Seite, und diesmal wies ihn Josef nicht zurück. Es war nicht der Kaiser, nicht einmal der Gardekommandant, es war ein Senator oder sonst ein großer Herr, der sich von dem Architekten Celer durch den Neubau der Rennbahn führen ließ.

Neugierige drängten näher, von Polizei und der Dienerschaft des Architekten und seiner Begleiter zurückgehalten. Es gelang dem geschickten Führer, mit Josef in die erste Reihe vorzustoßen. Ja, wie er schon an der Livree der Pagen, Läufer und Lakaien erkannt hatte, es war der Senator Marull, der sich die Rennbahn zeigen ließ. Ungefähr wußte selbst Josef, wer das war; denn wie in allen Provinzen, so erzählte man sich auch in Jerusalem wilde Geschichten über diesen Marull als über einen der ersten Lebemänner des Hofs, der den Kaiser in allen Fragen raffinierten Genusses unterwies. Übrigens sollten auch gewisse volkstümliche Possen, die frechen Revuen zum Beispiel, die der große Komiker Demetrius Liban aufführte, ihn zum Autor haben. Gierig beschaute Josef den vielgenannten Herrn, der lässig in seinem Tragstuhl den Erklärungen des Architekten zuhörte, manchmal den blickschärfenden Smaragd seines Lorgnons zum Auge führend.

Ein anderer Herr fiel Josef auf, den man mit der größten Achtung behandelte. Aber war das denn überhaupt ein Herr? Er war aus seiner Sänfte herausgestiegen; schlecht und lotterig angezogen, schlurfte er zwischen dem ringsum geschichteten Baumaterial, dicklich, mit unordentlich rasiertem, fleischigem Kopf, schwere, schläfrige Augen unter einer vorgebauten Stirn. Er hörte nur halb hin auf die Ausführungen des Architekten, hob ein Stück Marmor hoch, drehte es in seinen fetten Fingern, brachte es ganz nah an seine Augen, roch daran, warf es wieder weg, nahm einem Maurer sein Werkzeug aus der Hand, betastete es. Setzte sich schließlich auf einen Block, schnürte ächzend seine aufgegangenen Schuhe neu, die Hilfe eines herbeigeeilten Lakaien unwillig abweisend. Ja, der Führer kannte auch ihn; es war Claudius Regin. „Der Verleger?" fragte Josef. Möglich, daß er auch Bücher verkaufte, aber davon wußte der Führer nichts. Der kannte ihn als Hofjuwelier des Kaisers. Ein sehr einflußreicher Herr jedenfalls, ein großer Finanzmann, trotzdem er sich geradezu armselig in seiner Kleidung gab und so wenig Gewicht auf Zahl und Prunk seines Gefolges legte. Sehr merkwürdig; denn er war noch als Leibeigener geboren, Sohn eines sizilischen Vaters und einer jüdischen Mutter, und diese heraufgekommenen Herren beliebten sonst eine glänzende Aufmachung. Eine fabelhafte Karriere hatte dieser Claudius Regin hinter sich, das war gewiß, mit seinen zweiundvierzig Jahren. Es gab unter der unternehmungslustigen Regierung des jetzigen Kaisers viele Geschäfte, dicke Geschäfte, und Claudius Regin hatte seine Hand in allen. Ein großer Teil der ägyptischen und der libyschen Getreideflotte gehörte ihm, seine Silos in Puteoli und Ostia waren Sehenswürdigkeiten.

Der Senator Marull und der Hofjuwelier Claudius Regin unterhielten sich laut und ungeniert, so daß die erste Reihe der Neugierigen, in der Josef stand, jedes Wort hören konnte. Josef erwartete, die beiden Männer, deren Namen in den literarischen Zirkeln der ganzen Welt mit Achtung genannt wurden, denn Claudius Regin galt als der erste Verleger Roms, würden bedeutsame ästhetische Anschauungen austauschen über den Neubau der Rennbahn. Er lauschte gespannt. Er konnte dem hurtigen Latein der beiden nicht folgen, aber so viel merkte er, es ging nicht um Ästhetisches oder Weltanschauliches: man sprach von Preisen, Kursen, Geschäften. Deutlich hörte er die helle, nasale Stimme des Senators, der im Ton vergnügter Neckerei aus seiner Sänfte her fragte, so laut, daß man es weithin vernahm: „Verdienen Sie eigentlich auch an der Großen Rennbahn, Claudius Regin?“ Der Juwelier, er saß auf einem Steinblock in der Sonne, die Hände bequem auf den dicken Schenkeln, erwiderte, unbekümmert auch er: „Leider nein, Senator Marull. Ich dachte, bei den Lieferungen für die Rennbahn habe unser Architekt Sie in das Geschäft genommen.“ Josef konnte noch mehr hören von dem Gespräch der beiden Herren, aber mangelnde Sprach- und Fachkenntnis hinderte ihn am Verstehen. Der Führer, selber nicht recht informiert, suchte zu helfen. Claudius Regin hatte offenbar ebenso wie der Senator Marull rechtzeitig in den wenig bebauten Vierteln der Außenbezirke riesige Terrains billig erworben; jetzt, nach dem großen Brand, schuf der Kaiser in der Innenstadt Raum für seine öffentlichen Bauten und drängte die Miethäuser in die Außenbezirke ab; man konnte gar nicht zu Ende rechnen, welchen Wert die Außenterrains gewonnen hatten.

„Ja, ist es denn nicht verboten, daß Mitglieder des Senats Geschäfte machen?“ fragte plötzlich Josef den Führer. Der Führer schaute seinen Fremden verblüfft an. Einige ringsum hatten gehört, sie lachten, andere lachten mit, man gab die Frage des Mannes aus der Provinz weiter, und plötzlich war da ein schallendes Gelächter, sich über die ganze riesige Rennbahn fortpflanzend.

Der Senator Marull fragte nach dem Grund. Ein kleiner Raum wurde frei um Josef, unvermittelt stand er Aug in Aug mit den beiden großen Herren. „Paßt Ihnen was nicht, junger Mann?“ fragte aggressiv, doch nicht ohne Spaß der Dicke; er saß auf seinem Steinblock, die Unterarme auf den massigen Schenkeln wie die Statue eines ägyptischen Königs. Eine helle Sonne schien nicht zu heiß, leichter Wind ging, ringsum war gute Laune. Das zahlreiche Gefolge hörte vergnügt der Unterhaltung der beiden Herren mit dem Mann aus der Provinz zu.

Josef stand bescheiden, keineswegs verlegen. „Ich bin erst seit drei Tagen in Rom“, sagte er in etwas mühsamem Griechisch. „Ist es ungewöhnlich dumm, wenn ich mich in den Mietverhältnissen dieser großen Stadt noch nicht zurechtfinde?“ – „Woher sind Sie denn?“ fragte aus seiner Sänfte der Senator. „Aus Ägypten?“ fragte Claudius Regin. „Ich bin aus Jerusalem“, erwiderte Josef, und er nannte seinen ganzen Namen: Josef Ben Matthias, Priester der Ersten Reihe. „Das ist viel, für Jerusalem“, meinte der Senator, und es war nicht recht zu erkennen, ob es Ernst oder Spaß war. Der Architekt Celer zeigte sich ungeduldig, er wollte den Herren seine Projekte erklären, es waren große Projekte voll Einfall und Kühnheit, und er wollte sich durch den läppischen Provinzler nicht stören lassen. Allein der Finanzmann Claudius Regin war neugierig von Natur, und er saß bequem auf seinem warmen Steinblock und fragte seinen jungen Juden aus.

Josef gab bereitwillig Auskunft. Er wollte möglichst Neues und Interessantes erzählen, sich und sein Volk wichtig machen. Ob es auch hier in Rom vorkomme, fragte er, daß ein Haus vom Aussatz befallen werde. Nein, sagte man ihm, das komme nicht vor. Aber in Judäa, berichtete Josef, ereigne es sich zuweilen. Es zeigten sich dann in den Mauern kleine rötliche oder grünliche Vertiefungen. Manchmal gehe das so weit, daß man das Haus abbrechen müsse. Manchmal könne der Priester helfen, aber die Zeremonie sei nicht einfach. Der Priester müsse die erkrankten Steine herausbrechen lassen, dann müsse er zwei Vögel nehmen, Zedernholz, scharlachfarbene Wolle und Ysop. Mit dem Blut des einen Vogels müsse er das Haus besprengen, siebenmal, den andern Vogel aber müsse er vor der Stadt auf offenem Feld freilassen. Dann sei das Haus versöhnt und rein. Die ringsum hörten den Bericht mit Interesse und die meisten ohne Spott; denn sie hatten Sinn für Absonderliches und liebten das Unheimliche.

Der Juwelier Claudius Regin beschaute aus seinen schläfrigen Augen ernsthaft den eifrigen, hageren jungen Mann. „Sind Sie in Geschäften hier, Doktor Josef“, fragte er, „oder wollen Sie sich einfach den Wiederaufbau unserer Stadt anschauen?“ – „Ich bin in Geschäften hier“, antwortete Josef. „Ich habe drei Unschuldige zu befreien. Das gilt bei uns als dringliches Geschäft.“ – „Ich fürchte nur“, meinte leicht gähnend der Senator, „wir sind im Augenblick mit dem Wiederaufbau so stark beschäftigt, daß wir wenig Zeit haben für die Details von drei Unschuldigen.“

Der Architekt sagte ungeduldig: „Für die Brüstung der kaiserlichen Loge verwende ich diesen grün und schwarz gesprenkelten Serpentin. Man hat mir ein besonders schönes Stück aus Sparta geschickt.“ – „Ich habe die Neubauten in Alexandrien gesehen jetzt auf der Herreise“, sagte Josef, er wollte sich nicht aus der Unterredung drängen lassen. „Die Straßen dort sind breit, hell und gerade.“ Der Architekt sagte abschätzig: „Alexandrien aufbauen kann jeder Steinklopfer. Dort haben sie Raum, ebene Fläche.“ – „Beruhigen Sie sich, Meister“, sagte mit seiner hohen, fettigen Stimme Claudius

Regin. „Daß Rom was anderes ist als Alexandrien, sieht auch ein Blinder."

„Lassen Sie mich den jungen Herrn belehren", sagte lächelnd der Senator Marull. Er war angeregt, er hatte Lust, sich zu produzieren, wie das auch der Kaiser Nero liebte und sehr viele große Herren des Hofs. Er ließ die Vorhänge seiner Sänfte weiter zurückschlagen, daß alle ihn sehen konnten, das magere, gepflegte Gesicht, den senatorischen Purpurstreif seines Kleides. Er beschaute den Mann aus der Provinz durch den Smaragd seines Lorgnons. „Ja, junger Herr", sagte er mit seiner nasalen, ironischen Stimme, „wir sind zur Zeit noch im Aufbau und nicht ganz komplett. Immerhin können Sie auch ohne viel Phantasie jetzt schon erkennen, was wir für eine Stadt sein werden, noch bevor dieses Jahr zu Ende ist." Er richtete sich etwas höher, streckte den Fuß vor, der in dem hochgesohlten, roten, dem Ersten Adel vorbehaltenen Schuh stak, nahm, leicht parodierend, den Ton eines Marktschreiers an. „Ohne Übertreibung darf ich behaupten: wer das goldne Rom nicht kennt, kann nicht sagen, daß er wahrhaft gelebt hat. Wo immer in Rom Sie sich befinden, Herr, Sie sind stets in der Mitte, denn wir haben keine Grenze, wir verschlingen immer mehr von den umliegenden Ortschaften. Sie hören hier hundert Sprachen. Sie können hier die Besonderheiten aller Völker studieren. Wir haben hier mehr Griechen als Athen, mehr Afrikaner als Karthago. Sie können hier auch ohne Weltreise alle Produkte der Welt antreffen. Sie finden Ladungen aus Indien und Arabien in solcher Quantität, daß Sie zu der Überzeugung gelangen müssen, in Zukunft sei dort das Land für immer entblößt, und wenn jene Völker den Bedarf an ihren eigenen Erzeugnissen decken wollen, müssen sie zu uns kommen. Was wünschen Sie, mein Herr, spanische Wolle, chinesische Seide, Alpenkäse, arabische Parfüms, medizinische Drogen aus dem Sudan? Sie bekommen eine Prämie, wenn Sie etwas nicht finden. Oder wünschen Sie die neuesten Nachrichten? Man ist auf dem Forum und dem Marsfeld genau informiert, wenn in Oberägypten die Getreidekurse sinken, wenn ein General am Rhein eine törichte Rede hielt, wenn unser Gesandter am Hof des Partherkönigs durch zu lautes Niesen unangenehmes Aufsehen erregte. Kein Gelehrter kann arbeiten ohne unsere Bibliotheken. Wir haben so viele Statuen wie Einwohner. Wir zahlen die höchsten Preise für Tugend und für Laster. Was Ihre Phantasie sich ausdenken kann, finden Sie bei uns; aber Sie finden viel mehr, was Ihre Phantasie sich nicht ausdenken kann.“

Der Senator hatte sich aus der Sänfte vorgeneigt; ringsum im weiten Umkreis hörte man zu. Er hatte die ironische Pose bis zum Schluß durchgehalten, die Imitation eines Advokaten oder Marktschreiers, aber es klang warm durch seine Worte, und alle spürten, daß diese große Lobrede auf die Stadt mehr war als Parodie. Hingerissen hörten sie zu, wie die Stadt gerühmt wurde, ihre Stadt, mit ihren gesegneten Tugenden und ihren gesegneten Lastern, Stadt der Reichsten und der Ärmsten, lebendigste Stadt der Welt. Wie im Theater dem gefeierten Schauspieler jubelten sie dem Senator Beifall, als er zu Ende war. Der Senator Marull aber hörte schon nicht mehr hin, hatte auch keinen Blick mehr für Josef. In seiner Sänfte verschwand er, winkte den Architekten heran, ließ sich das Modell des Neubaus erklären. Auch der Juwelier Claudius Regin richtete nicht mehr das Wort an Josef. Immerhin hatte er, als Josef vom Strudel der sich zerstreuenden Menge weggerissen wurde, für ihn ein Zwinkern ironischer Aufmunterung, das sein fleischiges Gesicht sonderbar schlau veränderte.

Nachdenklich, ohne Blick für die Umwelt, oft angerempelt, schob sich Josef durch das Gewimmel der Stadt. Er hatte die lateinische Rede des Senators nicht ganz verstanden, aber sie wärmte auch ihm das Herz und gab seinen Gedanken Flug. Er stieg hinauf auf das Capitol, sog ein den Anblick der Tempel, Straßen, Denkmäler, Paläste. In dem Goldenen Haus, das dort errichtet wurde, regierte der römische Kaiser die Welt, und vom Capitol erließen Senat und Volk von Rom Beschlüsse, die die Welt änderten, und dort in den Archiven, in Erz gegraben, lag die Ordnung der Welt, wie Rom sie ordnete. Rom hieß Kraft, er sprach das Wort vor sich hin: Rom, Rom, und dann übersetzte er es ins Hebräische, da hieß es: Gewurah und klang viel weniger furchtbar, und dann übersetzte er es ins Aramäische, da hieß es: Kochah und hatte alle seine Drohung verloren. Nein, er, Josef, Sohn des Matthias aus Jerusalem, Priester der Ersten Reihe, hatte keine Angst vor Rom.

Er schaute über die Stadt hin, sie belebte sich immer mehr, die Zeit des großen Nachmittagverkehrs war da. Geschrei, Gewimmel, Geschäftigkeit. Er trank in sich das Bild der Stadt, aber dahinter, wirklicher als dieses wirkliche Rom, sah er seine Heimatstadt, die Quadernhalle des Tempels, in der der Große Rat tagte, und wirklicher als den Lärm des Forums hörte er das gelle Getöse der ungeheuern Schaufelpfeife, die bei Sonnenaufgang und bei Sonnenuntergang über Jerusalem hin und bis nach Jericho verkündete, daß jetzt das tägliche Brandopfer am Altar Jahves dargebracht werde. Josef lächelte. Nur wer in Rom geboren ist, kann Senator werden. Dieser Herr Marull sieht stolz und turmhoch aus seiner Sänfte und steckt seinen Fuß in den roten, hochgesohlten, schwarzgeriemten Schuh der vierhundert Senatoren. Aber er, Josef, zieht es vor, in Jerusalem geboren zu sein, trotzdem er nicht einmal den Ring des Zweiten Adels hat. Diese Römer lächelten über ihn: aber tiefer lächelte er über sie. Was sie geben konnten, die Männer des Westens, ihre Technik, ihre Logik, das konnte man lernen. Was man nicht lernen konnte, das war die Schaukraft des Ostens, seine Heiligkeit. Die Nation und Gott, Mensch und Gott waren dort eins. Aber es war ein unsichtbarer Gott, er konnte nicht geschaut werden und nicht gelernt. Man hatte ihn oder hatte ihn nicht. Er, Josef, hatte es, dieses Unlernbare. Und daß er das andere lernen werde, die Technik und die Logik des Westens, daran zweifelte er nicht.

Er ging das Capitol hinunter. Seine langen, heftigen Augen brannten aus dem blaßbraunen, knochigen Gesicht. Man wußte in Rom, daß unter den Leuten aus dem Osten viele von ihrem Gott Besessene waren. Man schaute ihm nach, manche ein wenig spöttisch, einige wohl auch mit Neid, aber den meisten, den Frauen vor allem, gefiel er, wie er einherging, voll von Träumen und Ehrgeiz.

Cajus Barzaarone, Präsident der Agrippenser-Gemeinde, bei dem Josef wohnte, war Inhaber der blühendsten Kunstmöbelfabrik in Rom. Seine Hauptmagazine lagen auf der andern Seite des Tiber, in der eigentlichen Stadt, ein Kleinbürgerladen in der Subura, die beiden großen Luxusgeschäfte in den Arkaden des Marsfelds; an Werktagen war auch sein geräumiges Privathaus im Judenviertel in der Nähe des Drei-Straßen-Tors vollgestopft mit Dingen seines Betriebs. Heute aber, am Vorabend des Sabbat, war keine Spur davon zu merken. Das ganze Haus, vor allem das geräumige Speisezimmer, schien Josef heute verwandelt. Sonst lag der Raum gegen den Hof offen; heute war er durch einen mächtigen Vorhang abgeschlossen, und Josef erkannte wohlig angerührt den Brauch der Heimat, die Sitte Jerusalems. Er wußte: solange dieser Vorhang geschlossen blieb, war ein jeder im Speisezimmer als Gast willkommen. Wurde er zurückgerafft, so daß die freie Luft hereinströmte, dann begann das Mahl, und wer dann kam, kam zu spät. Auch war der Raum heute nicht nach römischer Art, sondern nach dem Brauch Judäas erleuchtet: silberne, mit Veilchengirlanden geschmückte Lampen hingen von der Decke. Auf dem Büfett, auf dem Tafelgeschirr, auf Bechern, Salzfässern, Öl-, Essig- und Gewürzflaschen, glänzte das Emblem Israels, die Weintraube. Zwischen den vielen Geräten aber, und das rührte Josefs Herz wohliger als aller Glanz, standen strohumhüllte Wärmekisten; denn am Sabbat durfte nicht gekocht werden, deshalb waren die Speisen schon bereitet, und ihr Geruch erfüllte den Raum.

Trotz dieser anheimelnden Umwelt fühlte sich Josef unzufrieden. Er hatte im stillen damit gerechnet, man werde ihm, als einem Priester der Ersten Reihe und Träger des großen Doktortitels von Jerusalem, einen Platz auf einem der drei Speisesofas anbieten. Allein diesem eingebildeten Römer war es wohl zu Kopf gestiegen, daß jetzt nach dem großen Brand sein Möbelgeschäft so gut ging, und er dachte gar nicht daran, ihm einen von seinen Ehrenplätzen anzuweisen. Vielmehr sollte er offenbar mit den Frauen und den mindergeachteten Gästen an dem großen allgemeinen Tisch sitzen.

Warum steht man eigentlich herum und zieht nicht den

Vorhang hoch und beginnt zu essen? Cajus hat seinen Kindern längst die Hand auf die Scheitel gelegt, sie segnend mit dem uralten Spruch, die Knaben: Gott lasse dich werden wie Ephraim und Menasse, das Mädchen: Gott mache dich wie Rahel und Lea. Alle sind ungeduldig und haben Appetit: worauf wartet man?

Da kommt vom Hof her hinter dem Vorhang eine bekannte Stimme, und jetzt schlurft aus dem Vorhang ein fetter Herr herein, den Josef schon gesehen hat: der Finanzmann Claudius Regin. Er begrüßt spaßhaft auf römische Art den Hausherrn und dessen uralten Vater Aaron, er wirft auch den Mindergeehrten ein paar wohlwollende Worte herüber, und siehe, Josef wird sehr stolz: er erkennt ihn, er blinzelt ihm aus seinen schweren, schläfrigen Augen zu, er sagt mit seiner hohen, fettigen Stimme, und alle hören es: „Guten Tag, Friede mit dir, Josef Ben Matthias, Priester der Ersten Reihe." Dann sogleich rafft man den Vorhang hoch, Claudius Regin legt sich ohne weiteres auf das mittlere Speisesofa, auf den Ehrenplatz. Cajus nimmt das andere, der alte Aaron das dritte. Dann spricht Cajus über einem vollen Becher judäischen Weines, Weines von Eschkol, das Heiligungsgebet des Sabbatabends, er segnet den Wein, und der große Becher geht von Mund zu Mund, und dann segnet er das Brot, bricht es, verteilt es, und alle sagen amen, und dann endlich beginnt man zu essen.

Josef sitzt zwischen der dicklichen Hausfrau und der hübschen sechzehnjährigen Tochter des Hauses, Irene, die hemmungslos ihre sanften Augen an ihn hängt. Es sind noch viele Leute an der großen Tafel, der Knabe Cornel und der andere halbwüchsige Sohn des Cajus, auch zwei demütige, unscheinbare Theologiestudenten, die darauf warten, sich heute abend hier satt zu essen, und vor allem ein junger Herr mit einem braungelben, scharfen Gesicht, der ihm gegenübersitzt und ihn unverhohlen auf und ab schaut. Es stellt sich heraus, daß der Herr auch aus Judäa stammt, aus der halbgriechischen Stadt Tiberias allerdings, und daß er Justus heißt, ja, Justus von Tiberias, und daß seine innere und äußere Situation der des Josef bedenklich ähnelt. Wie dieser hat er Theologie studiert, Jurisprudenz und Literatur. Er beschäftigt sich vornehmlich mit Politik, lebt hier als Agent des Titularkönigs Agrippa, und wenn er an Familienadel hinter Josef zurücksteht, so hat er von Geburt an eine bessere Kenntnis des Griechischen und Lateinischen; auch ist er bereits drei Jahre hier. Die jungen Herren beriechen einander, neugierig beide, höflich und mit viel Mißtrauen.

Drüben auf den Speisesofas ist die Konversation laut, ungeniert. Die beiden prunkvollen Synagogen in der eigentlichen Stadt Rom sind niedergebrannt, während die drei großen Bethäuser hier auf dem rechten Tiberufer unversehrt geblieben sind. Es war natürlich schmerzlich und eine Heimsuchung, daß die beiden Gotteshäuser verbrannt waren, aber ein bißchen freute es die Gemeindevorsteher vom rechten Tiberufer trotzdem. Die fünf jüdischen Gemeinden Roms hatten jede ihren eigenen Präsidenten, es war ein scharfer Wettkampf zwischen ihnen, vor allem zwischen der sehr exklusiven Veliasynagoge von drüben und der vielköpfigen, doch gar nicht wählerischen Agrippenser-Gemeinde des Cajus. Des Cajus Vater vor allem, der uralte Aaron, keifte zahnlos gegen die hochfahrenden Dummköpfe vom andern Ufer. War es nicht Gesetz und altes Herkommen, die Synagogen jeweils auf den höchsten Platz ihrer Umgebung zu stellen, so wie der Tempel in Jerusalem die Stadt von der Höhe aus beherrschte? Aber natürlich, Julian Alf, der Präsident der Veliagemeinde, mußte seine Synagoge in unmittelbarer Nähe des Palatin haben, auch wenn er sie zu diesem Zweck tiefer stellen mußte. Es war Strafe Gottes, daß er seine Häuser hatte niederbrennen lassen. Strafe vor allem auch dafür, daß die Juden vom andern Ufer ihr Salz bei den Römern kauften, wo doch jeder wußte, daß dieses römische Salz des schönen Aussehens wegen mit Schweinefett bestrichen war. So schimpfte der Uralte über alles und auf alle. Soviel Josef seinem nicht ganz zusammenhängenden wilden Gemummel entnehmen konnte, war er jetzt bei denjenigen, die ihre heiligen hebräischen Namen aus Gründen der Mode und des Geschäfts in lateinische und griechische umwandelten. Sein Sohn Cajus, der selber ursprünglich Chajim hieß, lächelte gutmütig, verständnisvoll; eigentlich dürften das die Kinder nicht hören. Claudius Regin aber lachte, klopfte dem Uralten auf die Schulter, sagte, er habe von Geburt an Regin geheißen; denn er sei leibeigen geboren, und so habe sein Herr ihn genannt. Aber eigentlich müßte er Melek heißen, so habe seine Mutter ihn manchmal gerufen, und er habe durchaus nichts dagegen, wenn auch der Uralte ihn Melek nennen wolle.

Der braungelbe Justus von Tiberias hat sich mittlerweile an Josef herangetastet. Josef fühlte sich schon die ganze Zeit von ihm beobachtet. Er hat den Eindruck, daß dieser Justus sich innerlich über ihn lustig macht, über seine Konversation, über seine Aussprache, seine Jerusalemer Eßsitten, wie er zum Beispiel mit Daumen und drittem Finger den parfümierten Zahnstocher aus Sandelholz zum Mund führt. Jetzt, unvermittelt, fragt ihn dieser Justus, und es klingt schon wieder so verdammt überlegen weltstädtisch: „Sie sind wohl in politischen Geschäften hier, mein Doktor und Herr Josef Ben Matthias?" Und da kann sich Josef nicht halten, er muß diesem höhnischen jungen Römer zu schmecken geben, daß es wirklich etwas Großes und Wichtiges ist, dessenthalb man ihn hierher delegiert hat, und er legt dar den Fall seiner drei Unschuldigen. Er gerät in Feuer, er spricht etwas zu pathetisch für die Ohren dieser skeptischen römischen Gesellschaft; dennoch wird es still in beiden Teilen des Raumes, auf den Speisesofas und an dem großen Tisch, alle hören sie dem beredten, von sich und seiner Sache hingerissenen jungen Menschen zu. Josef merkt gut, wie schwärmerisch Irene zu ihm aufblickt, wie sein Kollege Justus sich ärgert, wie selbst Claudius Regin wohlgefällig schmunzelt. Das beflügelt ihn, seine Worte werden größer, sein Glaube an seine Sendung wärmer, seine Rede bekommt Atem. Bis unwillig der Uralte unterbricht: am Sabbat spreche man nicht von Geschäften. Josef schweigt sogleich, demütig erschrocken. Aber im Innern ist er zufrieden, er spürt, seine Rede hat Wirkung getan.

Endlich ist die Mahlzeit zu Ende, Cajus spricht das lange Tischgebet, alles verdrückt sich, zurück bleiben nur die ernsthaften Männer. Jetzt lädt Cajus auch Josef und Justus auf die Speisesofas. Der umständliche Mischapparat wird auf den

Tisch gebracht. Man nimmt, nachdem der strenge Alte weg ist, die vom Gebrauch vorgeschriebenen Kopfbedeckungen ab, lüftet sich.

Da liegen und hocken also die vier Männer zusammen, bei Wein, Konfekt und Früchten, satt, vergnügt, aufgelegt zu Gespräch. In angenehm gelblichem Licht liegt der Raum, der Vorhang ist hochgezogen, von dem dunkeln Hof her weht willkommene Kühlung. Die beiden älteren Herren schwatzen mit Josef über Judäa, fragen ihn aus. Cajus ist leider nur einmal in Judäa gewesen, als junger Mann noch, es ist lange her; er hat mit den Hunderttausenden von Wallfahrern sein Opferlamm am Passahfest zum Tempel gebracht. Er hat viel gesehen in der Zwischenzeit, Triumphzüge, üppige Schauspiele in der Arena, in der Großen Rennbahn, aber der Anblick des weißgoldenen Tempels in Jerusalem und der enthusiastischen Hunderttausende, die den ungeheuern Raum füllten, bleibt das Größte, was er in seinem Leben sah. Alle hier in Rom hängen sie an der alten Heimat. Haben sie nicht ihre eigene Pilgersynagoge in Jerusalem? Schicken sie nicht Abgaben und Tempelgeschenke? Sparen sie nicht ihr Geld, um ihre Leichen nach Judäa zu schicken, auf daß sie begraben seien in der alten Erde? Aber die Herren in Jerusalem tun das Ihre, einem diese alte Heimat zu verekeln. Warum, verdammt noch eins, vertragt ihr euch nicht mit der römischen Verwaltung? Man kann mit den kaiserlichen Beamten in Frieden auskommen, es sind tolerante Leute, wir haben das oft erfahren. Aber nein, ihr in Judäa müßt immer eure Querköpfe durchsetzen, die Rechthaberei liegt euch im Blut, eines schönen Tages wird der Topf zerschlagen sein. Aufs Johannisbrot werdet ihr kommen, übersetzte er sich ins Aramäische, lächelnd, doch im Grunde sehr ernst.

Der Juwelier Claudius Regin konstatiert schmunzelnd, daß Josef nach strenger Jerusalemer Etikette seinen Becher nicht auf einmal leert, sondern ihn dazwischen zweimal niedersetzt. Claudius Regin kennt die Verhältnisse in Judäa genau, er war erst vor zwei Jahren dort. Nicht die römischen Beamten sind schuld daran, daß Judäa nicht zur Ruhe kommt, auch nicht die großen Herren in Jerusalem: sondern einzig und allein die kleinen Agitatoren, die „Rächer Israels". Nur weil sie keinen andern Weg sehen, politische Karriere zu machen, hetzen sie zu einem aussichtslosen bewaffneten Aufstand. Nie sei es den Juden besser gegangen als unter der Regierung dieses gesegneten Kaisers Nero. Sie hätten auf allen Gebieten Einfluß, und dieser Einfluß werde wachsen, wenn sie nur klug genug seien, ihn nicht allzu grell ins Licht zu stellen. Was sei wichtiger: Macht haben oder Macht zeigen? schloß er und spülte sich den Mund mit lauwarmem Wein.

Josef fand es an der Zeit, ein Wort für die „Rächer Israels" einzulegen. Die Herren in Rom, meinte er, sollten nicht vergessen, daß in Judäa nicht kühle Vernunft allein regiere, sondern notwendig auch das Herz mitspreche. Man stolpere dort bei jedem Schritt über die Insignien der römischen Souveränität. Herr Cajus Barzaarone habe sich mit warmem Herzen der Passahfeier im Tempel erinnert. Wenn man aber sehen müsse, wie brutal und zynisch zum Beispiel die römische Polizei sich in diesem Tempel aufführe, die am Passahfest dorthin zur Wahrung der Ordnung befohlen sei, dann laufe auch einem ruhigen Mann der Kopf rot. Es sei nicht leicht, die Befreiung aus Ägypten zu feiern, wenn man bei jedem Wort die Faust der Römer im Nacken spürt. Sich hier in Rom ruhig zu halten ist keine Kunst, hier würde es wahrscheinlich auch mir nicht schwerfallen; aber unerträglich schwer ist es in dem Land, das Gott auserwählt hat, in dem Gott seinen Wohnsitz hat, im Lande Israel.

„Gott ist nicht mehr im Lande Israel, Gott ist jetzt in Italien", sagte eine scharfe Stimme. Alle sahen den Gelbgesichtigen an, der diese Worte gesprochen hatte. Er hielt seinen Becher in der Hand, er hatte den Blick auf keinem, sein Satz war nur für ihn selber bestimmt. Es war auch nicht Abfertigung oder Hohn darin, er hatte eine Tatsache festgestellt, und nun schwieg er.

Alle schwiegen. Es war auf diese Worte nichts zu sagen. Selbst Josef spürte widerwillig, daß Wahrheit darin war. „Gott ist jetzt in Italien", er übersetzte sich den Satz ins Aramäische. Das Wort traf ihn tief.

„Da haben Sie wahrscheinlich recht, junger Herr", sagte

nach einer Weile der Finanzmann Claudius Regin. „Sie müssen wissen“, wandte er sich an Josef, „ich bin nicht etwa Jude, ich bin der Sohn eines sizilischen Leibeigenen und einer jüdischen Mutter, mein Herr hat sich seinerzeit gehütet, mich beschneiden zu lassen, wofür ich ihm offen gestanden heute noch dankbar bin. Ich bin Geschäftsmann, ich vermeide die Nachteile einer Sache, wo ich kann; andernteils nehme ich die Vorteile einer Sache, wo ich sie finde. Ihr Gott Jahve leuchtet mir besser ein als die Konkurrenz. Ich sympathisiere mit den Juden.“

Der große Finanzmann lag behaglich da, den Becher mit dem lauwarmen Wein in der Hand, die schlauen, verschlafenen Augen in den dunklen Hof gerichtet. Am dritten Finger trug er eine mächtige, matte Perle, von der Josef den Blick nicht losbrachte. „Ja, Doktor Josef“, sagte Cajus Barzaarone, „das ist die schönste Perle der vier Meere.“ – „Ich trage sie nur am Sabbat“, sagte Claudius Regin.

Wenn er diesen Abend nicht nützte, überlegte Josef, wenn er jetzt aus dem Sattheitswohlwollen, der Nachtisch-Sentimentalität des mächtigen Mannes keinen Vorteil zog, dann war er ein Trottel und nie imstand, die Sache seiner drei Unschuldigen zu einem glücklichen Ende zu führen. „Da Sie zu den Sympathisierenden gehören, Herr Claudius Regin“, wandte er sich bescheiden und doch dringlich an den Finanzmann, „wollen Sie sich nicht der drei Unschuldigen von Cäsarea annehmen?“

Der Juwelier setzte den Becher heftig nieder. „Cäsarea“, sagte er, und seine sonst so schläfrigen Augen wurden scharf und seine hohe Stimme bedrohlich. „Das ist eine gute Stadt mit einem herrlichen Hafen, die Ausfuhr ist beträchtlich, der Fischmarkt ausgezeichnet. Großartige Möglichkeiten. Ihr seid selber schuld, wenn man sie euch aus der Hand dreht. Mit euern blödsinnigen Aspirationen. Der Wein wird mir sauer, wenn ich von euern ‚Rächern Israels‘ höre.“

Josef, erschreckt durch die plötzliche Heftigkeit des sonst so ruhigen Herrn, erwiderte doppelt bescheiden, die Befreiung der drei Unschuldigen sei eine rein ethische Angelegenheit, die mit Humanität zu tun habe, nicht mit Politik. „Wir wollen nicht mit politischen Argumenten wirken", sagte er, „auch nicht mit juristischen. Wir wissen, nur durch persönliche Beziehungen bei Hof ist etwas auszurichten", und er schaute demütig bittend auf Claudius Regin. „Sind denn Ihre drei Unschuldigen wenigstens wirklich unschuldig?" fragte der schließlich zwinkernd. Josef kam sogleich mit leidenschaftlichen Beteuerungen, die drei seien, als die Unruhen ausbrachen, an einem andern Ende der Stadt gewesen. Doch Claudius unterbrach, das wollte er nicht wissen. Wissen wollte er, welcher politischen Partei die drei angehört hatten. „Haben sie in der Blauen Halle gesprochen?" fragte er. Die Blaue Halle war der Versammlungsraum der „Rächer Israels". „Das wohl", mußte Josef zugeben. „Sehen Sie", sagte Claudius Regin, und damit war für ihn die Sache augenscheinlich abgetan.

Justus von Tiberias schaute auf das schöne, heftige, begehrliche Gesicht Josefs. Der hatte eine offenbare Niederlage erlitten, und Justus gönnte sie ihm. Abgestoßen und angezogen betrachtete er seinen jungen Kollegen. Der wollte das gleiche sein wie er, ein großer Schriftsteller und von politischem Einfluß. Er hatte die gleichen Mittel, den gleichen Weg, die gleichen Ziele. Das hochfahrende Rom war reif für die ältere Kultur des Ostens, wie es hundertfünfzig Jahre zuvor reif gewesen war für die Kultur der Griechen. Daß es von innen her durch diese Kultur des Ostens aufgelockert werde, daran mitzuarbeiten, das reizte, das war ein herrlicher Beruf. Dies witternd, war er vor drei Jahren nach Rom gekommen, wie jetzt dieser Josef. Aber er, Justus, hatte es leichter und schwerer. Er hatte das reinere Wollen, die schärfere Begabung. Allein er war zu anspruchsvoll in seinen Mitteln, zu heikel. Er hatte tief hineingeschaut in den politischen und literarischen Betrieb der Hauptstadt, ihn ekelte vor den Kompromissen, den billigen Effekten. Dieser Josef war offenbar weniger wählerisch. Er scheute nicht vor den plumpsten Mitteln zurück, er wollte hinauf unter allen Umständen, er schauspielerte, schmeichelte, paktierte, daß es für den Kenner eine Lust war, solche Hemmungslosigkeit mit anzusehen. Sein eigenes Judentum ist geistiger als das des Josef, es wird Zusammenstöße geben. Es wird ein harter Wettlauf sein, es wird nicht immer leicht sein, fair zu bleiben: aber er wird fair bleiben. Er wird dem andern jede Chance geben, die ihm zukommt.

„Ich würde Ihnen raten, Josef Ben Matthias", sagte er, „sich an den Schauspieler Demetrius Liban zu wenden." Und wieder schauten alle auf den gelbgesichtigen jungen Herrn. Wieso waren die andern nicht auf diese Idee gekommen? Demetrius Liban, der populärste Komiker der Hauptstadt, verhätschelter Liebling des Hofs, ein Jude, der sein Judentum bei jedem Anlaß betonte, ja, das war der rechte Mann für Josefs Sache. Die Kaiserin sah ihn gern, lud ihn allwöchentlich ein zu ihren Gesellschaften. Beide stimmten zu: Demetrius Liban war die richtige Adresse für Josef.

Eine kleine Weile später trennte man sich. Josef ging hinauf in sein Zimmer. Er schlief bald ein, sehr befriedigt. Justus von Tiberias ging allein nach Haus, beschwerlich durch die dunkle Nacht. Er lächelte; der Gemeindepräsident Cajus Barzaarone hatte es nicht einmal für der Mühe wert gehalten, ihm einen Fackelträger mitzugeben.

Sehr bald nach Tagesanbruch stellte sich Josef, begleitet von einem Leibeigenen des Gemeindepräsidenten Cajus Barzaarone, am Tibur-Tor ein, wo ihn ein Fuhrknecht der Handelsgesellschaft für Überlandverkehr erwartete. Der Wagen war klein, zweirädrig, ziemlich eng und unbequem. Es regnete. Der mürrische Fuhrknecht veranschlagte die Dauer der Fahrt auf etwa drei Stunden. Josef fröstelte. Der Leibeigene, den ihm Cajus vor allem als Dolmetscher mitgegeben hatte, zeigte sich wenig redselig, döste bald ein. Josef hüllte sich fester in seinen Mantel. In Judäa könnte er es jetzt noch schön warm haben. Trotzdem, es ist besser, daß er hier ist. Diesmal muß es gut hinausgehen, er glaubt an sein Glück.

Die Juden hier in Rom bringen seine drei Unschuldigen immer in Zusammenhang mit der Politik der „Rächer Israels", mit der Sache Cäsarea. Gewiß, es ist von Bedeutung für das ganze Land, ob man die Juden durch Schiebung ihrer Herrschaft in der Stadt Cäsarea berauben wird; aber er will nicht, daß man diese Frage mit seinen drei Unschuldigen verquickt.

Er findet das zynisch. Ihm geht es nur um das ethische Prinzip. Den Gefangenen helfen, das ist eine der ersten sittlichen Forderungen jüdischer Lehre.

Wenn man ehrlich sein will, so ganz von ungefähr sind die drei Unschuldigen wahrscheinlich nicht in Cäsarea gewesen gerade zur Zeit der Wahlen. Von seinem Standpunkt aus hatte der damalige Gouverneur Anton Felix schon seine Gründe gehabt, die drei zu packen. Immerhin, er, Josef, hat keine Ursache, sich mit den Gründen des jetzt glücklicherweise abberufenen Gouverneurs zu befassen. Für ihn sind die drei unschuldig. Den Gefangenen helfen.

Der Wagen stößt. Die Straße ist verdammt schlecht. Sieh da, man ist bereits im Bereich der Ziegelei. Es ist eine graugelbliche Ödnis, ringsum Pfähle und Palisaden und dahinter nochmals Pfähle und Palisaden. Vor dem Tor schauen ihnen lungernde Wachsoldaten entgegen, mißtrauisch, neugierig, froh der Abwechslung. Der Leibeigene parlamentiert mit ihnen, zeigt die Ausweise vor. Josef steht unbehaglich daneben.

Sie werden zum Verwalter geführt, einen trüben, drückenden Weg. Ringsum ist dumpfer, monotoner Singsang; bei der Arbeit muß gesungen werden, das ist Vorschrift. Die Aufseher haben Knüppel und Knuten, sie schauen verwundert auf die Fremden.

Der Verwalter ist unangenehm erstaunt. Sonst wenn Besucher kommen, pflegt man ihn rechtzeitig zu benachrichtigen. Er wittert Kontrolle, Unannehmlichkeiten, versteht Josefs Latein nicht oder will es nicht verstehen, sein eigenes Griechisch ist schwach. Man muß, um sich zu verständigen, immerzu die Hilfe des Leibeigenen anrufen. Dann kommt ein Unterbeamter, flüstert mit dem Verwalter, und sofort ändert sich das Benehmen des Mannes. Er erklärt auch offen, warum. Um die Gesundheit der drei steht es nicht zum besten, er hat gefürchtet, man habe sie gleichwohl zur Arbeit geschickt, jetzt hat er erfahren, daß man sie humanerweise in der Zelle gelassen hat. Er freut sich, daß das so gut ging, taut auf, er versteht jetzt das Latein des Josef viel besser, auch sein eigenes Griechisch wird besser, er wird gesprächig.

Da sind die Akten der drei. Sie waren ursprünglich in Sardinien verwendet worden, in den Bergwerken, aber das hielten sie nicht aus. Sonst werden die zu Zwangsarbeit Verurteilten noch verwendet zum Straßenbau, zur Kloakenreinigung, zur Arbeit an den Tretmühlen und an den Pumpen der öffentlichen Bäder. Die Beschäftigung in den Ziegeleien ist die leichteste. Jüdische Zwangsarbeiter sehen die Verwalter der Fabriken nicht gern. Sie machen Schwierigkeiten wegen der Kost, weigern sich, an ihrem Sabbat zu arbeiten. Der Verwalter war, dies Zeugnis darf er sich selber ausstellen, zu den drei Sträflingen besonders human. Aber auch die Humanität muß leider ihre Grenzen haben. Infolge des Wiederaufbaus der Stadt werden gerade an die staatlichen Ziegeleien ungeheure Anforderungen gestellt. Da muß jeder heran. Das verlangte Quantum muß unter allen Umständen geliefert werden, und Sie können sich vorstellen, Herr, die römischen Baumeister sind nicht bescheiden. Fünfzehn Arbeitsstunden ist jetzt das offizielle Minimum. Von seinen achthundert bis tausend Leuten verrecken in der Woche durchschnittlich vier. Es freut ihn, daß die drei bisher nicht darunter sind.

Dann gibt der Verwalter Josef an einen Unterbeamten weiter. Wieder geht es durch die Ziegelei, vorbei an Aufsehern mit Knüppeln und Knuten, durch den dumpfen, eintönigen Singsang, durch Lehm und Hitze, durch geduckte Arbeiter, kniende, unter Lasten keuchende. Schriftverse steigen Josef auf von dem Pharao, der Israel drückte im Lande Ägypten. „Und die Ägypter zwangen die Kinder Israels zum Dienst mit Unbarmherzigkeit. Und machten ihnen ihr Leben sauer mit schwerer Arbeit in Ton und Ziegelei. Und man setzte Fronvögte über sie, sie zu drücken mit schweren Diensten, und sie bauten dem Pharao die Städte Piton und Ramses." Wozu feiert man das Passahfest mit Jubel und großem Glanz, wenn hier noch immer die Kinder Israels die Ziegel schleppen, auf daß ihre Feinde Städte bauen? Der Lehm klebte schwer an seinen Schuhen, drang zwischen die Zehen. Und immer ringsum der eintönige, dumpfe Singsang.

Endlich ist man vor den Gelassen der Strafarbeiter. Der Soldat holt den Kerkermeister. Josef wartet im Vorraum, liest die Inschrift an der Tür, einen Spruch des gefeierten zeitgenössischen Schriftstellers Seneca: „Sklaven sind es? Aber auch Menschen. Sklaven sind es? Aber auch Hausgenossen. Sklaven sind es? Aber auch niedere Freunde." Ein kleines Buch liegt auf, Richtlinien des Schriftstellers Columella, Sachverständigen für Großbetriebe. Josef liest: „Es muß täglich ein Appell der Zwangsarbeiter abgehalten werden. Auch muß täglich untersucht werden, ob die Fesseln halten und die Zellen fest sind. Die Zellen sind am zweckmäßigsten für je fünfzehn Sträflinge einzurichten."

Er wird zu den dreien geführt. Die Zelle ist unterirdisch, die schmalen Fenster liegen sehr hoch, daß sie nicht mit den Händen erreicht werden können. Eng aneinandergereiht stehen die fünfzehn strohbedeckten Pritschen, aber der Raum ist schon jetzt, wo sie nur zu fünfen da sind, er, der Wärter und die drei Sträflinge, unerträglich eng.

Die drei hocken nebeneinander. Sie sind halbnackt, die Kleider hängen fetzig an ihnen herunter, ihre Haut ist bleifahl. Über den Knöcheln der Füße tragen sie Ringe für die Ketten, auf der Stirn das Brandmal, eingebrannt den Buchstaben E. Ihre Köpfe sind bis zum Scheitel kahl geschoren, grotesk dazu stehen die riesigen Bärte, verfilzt, strähnig, gelblichweiß. Josef kennt die Namen der drei: Natan, Gadja, Jehuda. Gadja und Jehuda hat er selten und flüchtig gesehen, es ist kein Wunder, wenn er sie nicht wiedererkennt; aber Natan Ben Baruch, Doktor und Herr, Mitglied des Großen Rats, ist sein Lehrer gewesen, vier Jahre lang war er täglich viele Stunden mit ihm zusammen, den aus den dreien müßte er herauskennen. Allein er erkennt ihn nicht heraus. Natan ist ein etwas dicklicher Mann gewesen, von Mittelgröße; was da hockt, sind zwei Gerippe von Mittelgröße und ein sehr großes. Und er kann nicht herausfinden, welches von den beiden mittelgroßen Gerippen sein Lehrer Natan sein könnte.

Er grüßt die drei. Sonderbar durch den elenden Raum klingt seine gesunde, mühsam gedämpfte Stimme: „Friede mit euch, meine Doktoren und Herren." Die drei schauen auf, und jetzt, an den dicken Augenbrauen, erkennt er seinen alten Lehrer. Er erinnert sich, wie er Angst und Zorn hatte vor den wilden Augen unter diesen dicken Brauen; denn dieser Mann hat ihn sehr geschunden, hat den Neun- oder Zehnjährigen, wenn er seinen verzwickten Auslegungsmethoden nicht folgen konnte, mit Hohn gedemütigt, hat sein Selbstbewußtsein mit bitterem Bedacht niedergetreten. Er hat damals, wie oft!, dem finstern, mürrischen Mann alles Schlechte gewünscht: jetzt, wie der abgelebte Blick der eingetrockneten Augen auf ihn zukommt, fällt es ihm aufs Herz wie ein Stein, und das Mitleid schnürt ihm den Atem.

Er muß lang und behutsam reden, bis er durch die stumpfe Müdigkeit der drei zu ihrem Verständnis vordringt. Endlich antworten sie, hüstelnd, stammelnd. Es ist aus mit ihnen. Denn wenn man sie auch nicht hat zwingen können, Jahves Verbote zu übertreten, so hat man sie doch gehindert, seine Gebote zu erfüllen. Sie haben also dies und das andre Leben verloren. Ob man sie knüttelt, bis sie auf die lehmige Erde fallen, ob man sie ans Kreuz nagelt nach der verruchten Art, wie dieses Gezücht von Römern Menschen zum Tode zu bringen pflegt: der Herr gibt es, der Herr nimmt es, je rascher das Ende, um so willkommener, der Name des Herrn sei gelobt.

Es ist eine drückende Luft in dem engen, halbdunkeln Raum, feuchtkalt, durch die schmalen Fensteröffnungen dringt der Regen, der dicke Gestank zieht nicht ab, von außen, fernher kommt der dumpfe Singsang. Josef schämt sich, daß er ganze Kleider am heilen Leib trägt, daß er jung und voll Tatkraft ist, daß er in einer Stunde hier hinaus kann, fort von dieser Stätte des Lehms und des Grauens. Die drei können nichts denken, was über den kleinen Umkreis ihres schauerlichen Alltags hinausgeht. Es hat keinen Sinn, ihnen von seiner Sendung zu sprechen, von den Schritten, die man für sie tun will, von Politik, von der günstigeren Konstellation bei Hofe. Für sie bleibt das Bitterste, daß sie die Reinigungsgesetze nicht halten können, die strengen Gebote der rituellen Waschungen. Sie haben mancherlei Aufseher und Wärter gehabt, einige waren härter, die nahmen ihnen ihre Gebetriemen, auf daß sie sich nicht daran erhängten, einige waren milder, die ließen sie ihnen: aber Unbeschnittene, Frevler und Verdammte waren sie alle. Für sie war es gleich, ob man die Zwangsarbeiter besser nährte oder nicht; denn sie aßen nicht das Fleisch von Tieren, die nicht nach dem Gesetz geschlachtet waren. Also blieb, wovon sie sich nähren mußten, Abfall von Obst und Gemüsen. Sie hatten unter sich beraten, ob sie die Fleischportionen annehmen und an die andern Gefangenen gegen Brot und Früchte austauschen dürften. Sie hatten darüber heftig diskutiert, Doktor Gadja hatte zunächst mit vielen Argumenten bewiesen, es sei erlaubt. Aber schließlich hatte auch er den beiden andern zugestimmt, es sei erlaubt nur als Rettung unmittelbar vor dem Tode. Wer aber kann wissen, ob der Herr, sein Name sei gelobt, ihren Tod für diesen oder erst für den nächsten Monat bestimmt hat? Somit ist es also trotzdem nicht erlaubt. Wenn sie nicht zu stumpf und müde sind, immer dann debattieren sie mit theologischen Argumenten, was erlaubt ist und was nicht, und dann erinnern sie sich an die Quadernhalle des Tempels. Josef hatte den Eindruck, daß diese Debatten oft heftig seien und in wüste Zänkereien ausarteten, aber offenbar waren sie das einzige, was die drei noch am Leben hielt. Nein, es war nicht möglich, mit ihnen halbwegs Vernünftiges zu reden. Wenn er von der Judenfreundschaft der Kaiserin sprach, dann erwiderten sie, es sei fraglich, ob es überhaupt erlaubt sei, an diesem Ort der Tiefe und des Schmutzes zu beten; auch wüßten sie nie den Kalender, so daß sie vielleicht den Sabbat verletzten durch Anlegung der Gebetriemen und den Werktag durch Nichtanlegung.

Josef gab es auf. Er hörte sie an, und als einer eine Stelle der Schrift zitierte, ging er darauf ein und zitierte eine Gegenstelle, und siehe, da belebten sie sich und begannen zu streiten und holten Argumente aus ihren kraftlosen Kehlen, und er stritt mit, und es war ein großer Tag für sie. Aber sie hielten nicht durch, und sehr bald sanken sie zurück in ihre Stumpfheit.

Josef sah sie hocken im trüben Licht ihres Kerkers. Diese drei, jämmerlich an Leib, in Schmutz und letzter Tiefe, waren Große gewesen in Israel, ihre Namen hatten geglänzt unter den Gesetzgebern der Quadernhalle. Den Gefangenen helfen. Nein, es kam nicht darauf an, es war lächerlich und eitel, ob in der Stadt Cäsarea die Juden die Herrschaft hatten oder nicht. Diesen drei zu helfen, darauf kam es an. Der Anblick der drei schüttelte ihn, entzündete alle Feuer in ihm. Er war angefüllt von einem frommen Mitleid, das ihn fast zerriß. Es packte ihn und hob ihn, wie sie starr in ihrer Not am Gesetz festhielten, wie sie sich krallten ans Gesetz, wie nur das Gesetz ihnen Atem einblies, daß sie am Leben blieben. Er dachte an die Zeit, da er selber in der Wüste war, in heiliger Entbehrung, bei den Essäern, bei seinem Lehrer Banus, und wie damals in seinen besten Augenblicken Erkenntnis über ihn gekommen war nicht durch Verstand, sondern durch Versenkung, durch Schau, durch Gott.

Die Gefangenen befreien. Er preßte die Lippen zusammen in dem festen Vorsatz, jeden Gedanken an sich auszulöschen um dieser drei Elenden willen. Über dem jämmerlichen Singsang der Zwangsarbeiter hörte er die großen, hebräischen Worte des Gebotes. Nein, er ist nicht hier aus eitler Selbstsucht, Jahve hat ihn hergeschickt. Er schritt zurück durch den grauen Regen, er spürte nicht den Regen, nicht den Lehm, der an seinen Schuhen klebte. Die Gefangenen befreien.

In Judäa konnte ein Mann von Josefs politischen Anschauungen unmöglich zu den Rennen oder ins Theater gehen. Ein einziges Mal hatte er eine Aufführung besucht, heimlich und mit schlechtem Gewissen, in Cäsarea. Aber was war das für eine nichtige Sache gewesen, verglich er es mit dem, was er heute im Marcell-Theater sah. Ihm rauchte der Kopf von den Tänzen, den kleinen Rüpelspielen, dem Ballett, der großen pathetischen Pantomime, dem Prunk und dem ständigen Wechsel auf der mächtigen Bühne, die die langen Stunden hindurch nie leer gestanden hatte. Justus, der neben ihm saß, tat das alles mit einer Handbewegung ab. Er ließ auf der Bühne nur die burleske Revue gelten, wie das Volk mit Recht sie liebte, und hatte sich all das Zeug bisher nur gefallen lassen, um sich den Platz für die Revue des Komikers Demetrius Liban zu ersitzen.

Ja, dieser Komiker Demetrius Liban, so unangenehm vieles an ihm war, blieb ein Künstler mit einem Menschengesicht. Noch als Leibeigener des kaiserlichen Haushalts geboren, von Kaiser Claudius freigelassen, hatte er sich ein unerhörtes

Vermögen und den Titel „Erster Schauspieler der Epoche" zusammengespielt. Kaiser Nero, den er in der Rede- und Schauspielkunst unterwies, liebte ihn. Ein schwieriger Herr, dieser Liban, gehoben und gedrückt von seinem Judentum. Auch Bitten und Befehle des Kaisers konnten ihn nicht bewegen, am Sabbat oder an hohen jüdischen Festen aufzutreten. Immer wieder debattierte er mit den Doktoren der jüdischen Universitäten, ob er wirklich von Gott verworfen sei, weil er Theater spiele. Er bekam hysterische Anfälle, wenn er in Weiberkleidung aufzutreten und also das Gebot der Schrift zu verletzen hatte: ein Mann soll nicht Weibskleidung tragen.

Die elftausend Zuschauer des Marcell-Theaters, ermüdet von den mehrstündigen Darbietungen des ersten Teils, verlangten jetzt tobend und brüllend den Anfang der Burleske. Die Theaterleitung zögerte, offenbar, weil man den Kaiser oder die Kaiserin erwartete, in deren Loge alle Vorbereitungen getroffen waren. Allein das Publikum hatte nun fünf Stunden gewartet, es war gewöhnt, sich im Theater auch dem Hof gegenüber seine Rechte zu nehmen, es drohte, es schrie, man mußte anfangen.

Der Vorhang drehte sich in die Versenkung, die Komödie des Demetrius Liban begann. Sie war betitelt „Der Brand", es hieß, der Senator Marull sei ihr Verfasser. Ihr Held, dargestellt von Liban, war Isidor, ein Leibeigener aus der ägyptischen Stadt Ptolemais, seinem Herrn und seiner ganzen Umgebung überlegen. Er spielte fast ohne allen Behelf, trug keine Maske, keine kostbaren Kleider, keinen überhöhten Schuh; er war einfach der Leibeigene Isidor aus der Provinz Ägypten, ein schläfriger, trauriger, pfiffiger Bursche, dem nichts geschehen kann, der in jeder Situation recht behält. Er hilft seinem schwerfälligen Unglücksmenschen von Herrn aus seinen zahllosen Verlegenheiten, er schafft ihm Geld und Stellung, er schläft mit der Frau seines Herrn. Einmal, wie der ihm eine Ohrfeige versetzt, erklärt er ihm traurig und bestimmt, nun müsse er ihn leider verlassen, und er werde nicht zurückkehren, ehe der Herr an allen öffentlichen Plätzen eine Bitte um Entschuldigung plakatiert habe. Der Herr legt den Leibeigenen Isidor in Ketten, benachrichtigt die Polizei, aber es gelingt Isidor natürlich dennoch, zu entwischen, und unter ungeheurem Jubel des Publikums nasführt er die Polizei wieder und wieder. Leider mußte an der spannendsten Stelle, als es unausbleiblich schien, daß man den Isidor nun endlich doch ergriff, das Spiel abgebrochen werden; denn hier erschien die Kaiserin. Das ganze Publikum erhob sich, grüßte elftausendstimmig die zierliche, blonde Dame, die mit ausgestrecktem Arm, die Handfläche dem Publikum zugekehrt, dankte. Übrigens war ihr Erscheinen eine doppelte Sensation, denn in ihrer Begleitung befand sich die Äbtissin der Vestalinnen, und bisher war es nicht üblich gewesen, daß die aristokratischen Nonnen sich die volkstümlichen Burlesken im Marcell-Theater anschauten.

Das Spiel mußte von neuem begonnen werden. Josef war das willkommen, die unerhörte, freche Realität des Spiels war ihm überwältigend neu, und er verstand es das zweitemal viel besser. Seine brennenden Augen hingen an dem Schauspieler Liban, an seinem dreisten und traurigen Mund, an seinen beredten Händen, an seinem ganzen bewegten, beredten Körper. Nun kam das Couplet, das berühmte Couplet aus dem Singspiel „Der Brand", das Josef in der kurzen Zeit seines römischen Aufenthalts schon hundertmal hatte singen, johlen, grunzen, pfeifen hören. Der Schauspieler stand an der Rampe, umgeben von elf Clowns, Schlagzeug gellte, Trompeten brummten, Flöten quiekten, und er sang das Couplet: „Wer ist der Herr hier? Wer zahlt die Butter? Wer zahlt die Mädchen? Und wer, wer zahlt das syrische Parfüm?" Das Publikum war aufgesprungen, sie sangen mit, selbst die bernsteingelbe Kaiserin in der Loge bewegte die Lippen, und die feierliche Äbtissin lachte über das ganze Gesicht. Jetzt aber, endlich, war der Leibeigene Isidor umstellt, es gab kein Entrinnen mehr, dicht um ihn waren die Polizisten, er beteuerte, er sei nicht der Leibeigene Isidor, aber wie das den Polizisten beweisen? Durch einen Tanz. Ja. Und nun kam der Tanz. Isidor trug noch die Kette am Fuß. Es galt, zu tanzen und die Kette dabei zu verbergen, das war furchtbar schwer, das war komisch und erschütternd zugleich, dieser Mensch, der um seine Freiheit und um sein Leben tanzte. Josef war mitgerissen, das Publikum war mitgerissen. Wie sein Fuß die Kette, zog jede Bewegung des Schauspielers Liban die Köpfe der Zuschauer mit. Josef fühlte sich als Aristokrat durch und durch, er trug kein Bedenken, sich von Leibeigenen die niedrigsten Dienste erweisen zu lassen; die meisten Leute hier im Theater trugen keine Bedenken, sie hatten am Beispiel von mehreren zehntausend hingerichteten Leibeigenen einige Male sehr deutlich bewiesen, daß sie den Unterschied zwischen Herren und Leibeigenen nicht verwischt haben wollten. Jetzt aber, wie sie den Mann mit seiner Kette tanzen sahen, der sich für den Herrn ausgab, waren sie alle für ihn und gegen seinen Herrn, und alle jubelten sie, die Römer und ihre Kaiserin, dem frechen Burschen da zu, wie er wieder einmal seine Polizisten drangekriegt hatte und nun leise und pfiffig zu summen anhub: „Wer ist der Herr hier? Wer zahlt die Butter?"

Und nun wurde das Spiel ganz frech. Der Herr des Isidor hatte richtig seine Entschuldigung plakatiert, er hatte zu seinem Leibeigenen zurückgefunden. Aber er hatte in der Zwischenzeit Dummheiten gemacht, er hatte sich mit seinen Mietern verkracht, so daß sie nicht zahlten. Exmittieren durfte er sie aus gewissen Gründen trotzdem nicht, seine teuren Häuser waren entwertet. Da konnte niemand helfen als der schlaue Isidor, und er half. Er half, wie sich nach der Meinung des Volks der Kaiser und einige große Herren in einem ähnlichen Fall geholfen hatten: er zündete das Stadtviertel mit den entwerteten Häusern an. Wie Demetrius Liban das darstellte, das war frech und großartig, jeder Satz war eine Anspielung auf die Terrainspekulanten, auf die großen Verdiener an dem Wiederaufbau der Stadt. Niemand wurde geschont, nicht die Architekten Celer und Sever, nicht der berühmte alte Politiker und Literat Seneca mit seinem theoretischen Lob der Armut und seinem praktischen Leben des Reichtums, nicht der Finanzmann Claudius Regin, der eine mächtige Perle am dritten Finger trägt, aber leider nicht das Geld hat, sich passende Schuhriemen zu kaufen, nicht der Kaiser selber. Jedes Wort saß, das Theater jubelte, atemlos vor Lachen, und als am Schluß der Schauspieler Liban das Publikum aufforderte, das brennende Haus auf der Bühne zu plündern, entstand ein Aufruhr, wie Josef ihn nie gesehen hatte. Das verlockende Innere des brennenden Hauses war durch eine kunstvolle Maschinerie den Zuschauern zugedreht worden. Die Tausende wälzten sich zur Bühne, stürzten sich auf die Möbel, das Geschirr, die Speisen. Schrien. Zertrampelten sich, zerdrückten sich. Und durch das Theater über den Platz davor, durch die riesigen, eleganten Kolonnaden, über das ganze, weite Marsfeld hin sang es, johlte es: „Wer ist der Herr hier? Wer zahlt die Butter?"

Als Josef von Demetrius Liban auf Betreiben des Justus zum Abendessen eingeladen wurde, machte ihn das bang. Er war dreist von Natur. Als er dem Erzpriester, dem König Agrippa, dem römischen Gouverneur vorgestellt wurde, war er nicht befangen gewesen. Allein vor dem Schauspieler spürte er tieferen Respekt. Seine Komödie hatte ihn hingerissen. Es füllte ihn mit Bewunderung, wie ein einzelner Mann, dieser Jude Demetrius Liban, die vielen Tausende, Hohe und Niedere, Römer und Fremde, hatte zwingen können, so zu denken, so zu fühlen wie er.

Josef fand den Schauspieler auf dem Sofa liegend, in einem bequemen, grünen Schlafrock; er streckte ihm lässig die vielberingte Hand hin. Josef sah betreten und mit Bewunderung, wie klein von Statur der Mann war, der das ganze riesige Marcell-Theater ausgefüllt hatte.

Es war eine Mahlzeit im engen Kreis. Der junge Anton Marull war da, ein Sohn des Senators, ein anderer, kaum flügger Aristokrat, dann ein jüdischer Herr, vom Vorstand der Veliasynagoge, ein gewisser Doktor Licin, recht affektiert und Josef sogleich unsympathisch.

Josef, das erstemal in einem groß geführten römischen Haus, fand sich überraschend gut ab mit der Fülle des Ungewohnten. Der Gebrauch des Geschirrs, der Fischsaucen, der Gewürze war verwirrend. Aber er hatte dem unsympathischen Doktor Licin, der auf dem Speisesofa ihm gegenüber lag, bald das Wichtigste abgesehen; nach einer halben Stunde schon schickte er, was ihm nicht behagte, mit der gleichen hochfahrend eleganten Kopfbewegung zurück und befahl mit einem Wink des kleinen Fingers herbei, was ihm ins Auge stach.

Der Schauspieler Liban aß wenig. Er beklagte die Diät, die sein verdammter Beruf ihm auflege, ach, auch in bezug auf Frauen, und er machte ein paar obszöne Anmerkungen über die Art, wie bestimmte Schauspielunternehmer ihre leibeigenen Künstler durch eine sinnvoll am Körper angebrachte Maschinerie verhinderten, über die Stränge zu schlagen. Gegen gutes Geld aber ließen sie sich von gewissen hochgestellten Damen erweichen, ihren armen Schauspielern den Mechanismus für einzelne Nächte abzunehmen. Dann, unvermittelt, machte er sich lustig über einige Kollegen, Anhänger eines andern Stils, über die Lächerlichkeit der Tradition, der Maske, des Stelzschuhs. Er sprang auf, er karikierte den Schauspieler Strathokles, schritt durch das Zimmer, daß der grüne Schlafrock sich bauschte, er trug Sandalen ohne Absatz, aber siehe, man spürte leibhaft den überhöhten Schuh und das ganze gespreizte Wesen.

Josef nahm einen Anlauf, rühmte bescheiden, wie diskret und dennoch deutlich die Anspielungen Demetrius Libans auf den Finanzmann Regin gewesen seien. Der Schauspieler schaute auf: „Also diese Stelle hat Ihnen gefallen? Das freut mich; denn sie hat nicht so eingeschlagen, wie ich hoffte.“ Josef, glühend und doch immer bescheiden, schilderte, wie die ganze Aufführung ihn aufgewühlt habe. Millionen von Leibeigenen habe er gesehen, aber jetzt zum erstenmal habe er erfahren und gespürt, was ein Leibeigener ist. Der Schauspieler streckte Josef die beringte Hand hin. Es sei ihm eine große Bestätigung, sagte er, daß jemand, der gerade aus Judäa komme, von seiner Sache so ergriffen werde. Josef mußte ihm eingehend schildern, wie jedes einzelne auf ihn gewirkt habe. Der Schauspieler hörte nachdenklich zu, langsam einen gewissen, die Gesundheit fördernden Salat essend.

„Sie kommen aus Judäa, Doktor Josef“, wechselte schließlich Demetrius Liban das Thema. „O meine lieben Juden“, sagte er voll Anklage und Resignation. „Sie tun mir alles Bitterste auf der Welt. In der Hebräer-Synagoge verfluchen sie meinen Namen, bloß weil ich die Gaben verwerte, die Gott der Herr mir gegeben hat, und stellen mich den Kindern als Schreckbild hin. Manchmal sehe ich rot, so ärgert mich ihre Beschränktheit. Wenn sie aber ein Anliegen in der kaiserlichen Residenz haben, dann können sie laufen und mir die Ohren vollschwätzen. Dann ist Demetrius Liban gut genug."

„Mein Gott", sagte der junge Anton Marull, „die Juden haben immer zu quengeln, das weiß man."

„Ich verbitte mir das", schrie auf einmal der Schauspieler und stand aufgereckt, zürnend. „Ich verbitte mir, daß man in meinem Haus die Juden beschimpft. Ich bin Jude."

Anton Marull war rot angelaufen, versuchte zu lächeln, aber es gelang nicht, er stammelte Entschuldigungen. Demetrius Liban hörte gar nicht auf ihn. „Judäa", sagte er, „Land Israel, Jerusalem. Ich bin nie dort gewesen, ich habe den Tempel nie gesehen. Aber einmal werde ich doch hinfahren und mein Lamm zum Altar bringen." Sehnsüchtig und besessen schauten seine graublauen, traurigen Augen aus dem blassen, leicht gedunsenen Gesicht.

„Ich kann mehr als das, was Sie gesehen haben", wandte er sich unvermittelt an Josef, wichtig und geheimnisvoll. „Ich habe da eine Idee. Wenn die mir glückt, dann, ja, werde ich meinen Titel wirklich verdienen und der Erste Schauspieler der Epoche sein. Ich weiß genau, wie ich es machen müßte. Es ist nur eine Frage des Mutes. Beten Sie, mein Doktor und Herr Josef Ben Matthias, daß ich den Mut aufbringe." Anton Marull legte vertraulich und anmutig den Arm um den Hals des Schauspielers. „Sag uns doch deine Idee, lieber Demetrius", bat er. „Jetzt sprichst du uns schon das drittemal davon." Aber Demetrius Liban blieb zugesperrt. „Auch die Kaiserin drängt mich", sagte er, „ich möge mit meiner Idee herausrücken. Ich glaube, sie würde mir viel dafür geben, wenn ich die Idee ausführte", und er hatte ein abgründig freches Lächeln. „Aber ich denke nicht daran", schloß er.

„Erzählen Sie mir von Judäa", wandte er sich wieder an Josef. Josef erzählte vom Passahfest, vom Fest des Holztragens, von dem Dienst am Versöhnungstag, wie da der Erzpriester ein einziges Mal im Jahr Jahve bei seinem wirklichen Namen anruft und wie alles Volk, hörend den großen und schrecklichen Namen, sich niederwirft vor dem unsichtbaren Gott, und fünfzigtausend Stirnen rühren die Fliesen des Tempels. Der Schauspieler hörte zu, die Augen geschlossen. „Ja, einmal werde ich auch den Namen hören", sagte er. „Jahr um Jahr verschiebe ich die Reise nach Jerusalem, die Jahre der Kraft sind nicht viele für einen Schauspieler, er muß haushalten mit seinen Jahren. Aber einmal werde ich doch ins Schiff steigen. Und wenn ich alt geworden bin, werde ich mir ein Haus kaufen und ein kleines Gut bei Jerusalem."

Josef, während der Schauspieler sprach, überlegte scharf und schnell: jetzt war man noch aufnahmefähig und in der rechten Stimmung. „Darf ich Ihnen noch etwas von Judäa erzählen, Herr Demetrius?" bat er. Und er erzählte von seinen drei Unschuldigen. Er dachte an die Ziegelei und das feuchtkalte, unterirdische Gelaß und die Skelette der drei, und wie er seinen alten Lehrer Natan nicht erkannt hatte. Der Schauspieler schmiegte die Stirn in die Hand, hielt die Augen geschlossen. Josef sprach, und seine Rede hatte Farbe und guten Flug.

Alle schwiegen, als er zu Ende war. Dann sagte Doktor Licin von der Veliasynagoge: „Sehr interessant." Aber der Schauspieler fuhr ihn heftig an; er wollte gepackt sein und glauben. Licin verteidigte sich. Wo denn sei ein Beweis, daß die drei wirklich unschuldig seien? Gewiß spreche dieser Doktor und Herr Josef Ben Matthias aus bester Überzeugung, aber warum sollen seine Zeugenaussagen besser sein als die von dem Gouverneur Anton Felix beigebrachten, von einem kaiserlich römischen Gericht als wahr befundenen? Josef aber blickte auf den Schauspieler, vertrauensvoll, ernst, und erwiderte schlicht: „Sehen Sie sich diese drei Männer an. Sie sind in der Ziegelei von Tibur. Reden Sie mit ihnen. Wenn Sie dann noch an ihre Schuld glauben, soll kein Wort mehr aus meinen Lippen kommen."

Der Schauspieler ging hin und her, seine Augen waren nicht mehr trüb, alle Flauheit war weg. „Das ist ein guter Vorschlag", rief er. „Ich freue mich, Doktor Josef, daß Sie zu mir gekommen sind. Wir fahren nach Tibur. Ich will diese drei

Unschuldigen sehen. Ich werde Ihnen helfen, mein Doktor und Herr Josef Ben Matthias." Er stand vor Josef, er war kleiner als Josef, aber er schien viel größer. „Wissen Sie", sagte er dunkel, „daß diese Fahrt in der Richtung meiner Idee liegt?"

Er war angeregt, lebendig, besorgte selber den Mischkrug, sagte jedem Angenehmes. Man trank viel. Als es später wurde, schlug jemand vor zu spielen. Man würfelte mit vier Elfenbeinknöcheln. Demetrius Liban hatte einen Einfall. Irgendwo mußte er noch aus seiner Kinderzeit hebräische Würfel verwahrt haben, sonderbare, mit einer Achse, deren oberer Teil als Griff diente, so daß sie sich wie Kreisel drehen ließen. Ja, Josef kannte diese Art Würfel. Man suchte, fand. Die Würfel waren klobig, primitiv, sie ließen sich auf eine komische, belustigende Art drehen. Man spielte mit Vergnügen. Nicht hoch, doch für Josef waren die Einsätze ungeheuer. Er atmete auf, als er die drei ersten Würfe gewann.

Es waren vier Würfel. Jeder trug die Buchstaben Gamel, He, Nun, Schin. Schin war der schlechteste, Nun der beste Wurf. Die strenggläubigen Juden verpönten dieses Spiel, sie wollten wissen, daß der Buchstabe Schin ein altes Bild des Gottes Saturn vertrat, der Buchstabe Nun ein Bild der Göttin Noga-Istar, bei den Römern Venus genannt. Die Würfel wurden nach der Drehung wieder in die Mitte zusammengeworfen, jeder Spieler konnte für seinen Wurf einen beliebigen Kreisel aus den vieren herausholen. Josef warf im Lauf des Spieles sehr oft den Glücksbuchstaben Nun. Scharfäugig erkannte er bald, daß es ein bestimmter Würfel war, der bei jeder Kreiseldrehung den Buchstaben Nun ergab; es lag wohl daran, daß dieser Würfel an der einen Ecke unmerklich abgestoßen war.

Als Josef dies bemerkte, wurde ihm kalt. Wenn die andern daraufkamen, daß es der Würfel mit dem abgestoßenen Eck war, der seine vielen Nun geworfen hatte, war dann nicht das ganze Ergebnis des heutigen Abends, die Gunst des großen Mannes, gefährdet? Er wurde sehr vorsichtig, verminderte seinen Gewinn. Was ihm blieb, genügte, daß er fortan in Rom ohne Knauserei leben konnte.

„Bin ich sehr unbescheiden, Herr Demetrius", fragte er, als

das Spiel zu Ende war, „wenn ich Sie bitte, mir diese Würfel zum Andenken zu schenken?" Der Schauspieler lachte. Ungefüg kratzte er in einen der Würfel den Anfangsbuchstaben seines Namens.

„Wann fahren wir zu den drei Unschuldigen?" fragte er Josef. „In fünf Tagen", schlug Josef zögernd vor. „Übermorgen", sagte der Schauspieler.

In der Ziegelei wurde Demetrius Liban großartig empfangen. Klirrend erwies das Detachement der Wachsoldaten dem Ersten Schauspieler der Epoche die Ehrenbezeigung, die den Männern der höchsten Rangstufen vorbehalten war. Die Aufseher, die Wächter drängten sich an den Toren, grüßend streckten sie ihm den rechten Arm mit der geöffneten Hand entgegen. Von allen Seiten rief es: „Gegrüßt, Demetrius Liban."

Strahlender Himmel war, der Lehm, die geduckten Zwangsarbeiter sahen weniger trostlos aus, überall zwischen ihrem monotonen Singsang klang das berühmte Couplet: „Wer ist der Herr hier? Wer zahlt die Butter?" Benommen an der Seite des Schauspielers ging Josef; mehr fast als der Jubel der Tausende im Theater packte ihn der Anblick der Verehrung, die Demetrius Liban auch an dieser Stätte letzten Elends genoß.

In dem unterirdischen, feuchtkalten Gelaß aber war die festliche Tünche sogleich weg, mit der die Ziegelei heute angestrichen war. Die hohen, schmalen Fenster, der Gestank, der monotone Singsang. Die drei hockten wie damals ausgedörrt, den vorgeschriebenen Eisenring am Fuß, das eingebrannte E auf dem Schädel, die filzigen Bärte grotesk abstehend von den halbgeschorenen Köpfen.

Josef versuchte, sie zum Sprechen zu bringen. Mit der gleichen liebevollen Mühe wie das letztemal holte er aus ihnen Sätze des Elends, der hoffnungslosen Ergebung.

Der Schauspieler, leicht erregt, schluckte. Seine Augen hingen an den Greisen, wie sie ausgemergelt, zerbrochen, mit schwer arbeitenden Adamsäpfeln ihre kümmerlichen Worte gurgelten. Gierig nahmen seine Ohren ihr rauhes, abgehacktes Gestammel auf. Er wäre gern hin und her gegangen, doch das war schwer in dem engen, niedrigen Raum, so stand er starr an seinem Platz, aufgewühlt. Seine rasche Phantasie sah, wie diese Männer hoch hergeschritten waren, weißgewandet, feierlich in der Quadernhalle des Tempels, Gesetzesverkünder in Israel. Tränen kamen ihm, er wischte sie nicht weg, sie rannen über seine leicht gedunsenen Wangen. Er stand sonderbar gezwungen, ohne Regung, dann, mit verbissenen Zähnen, ganz langsam, hob er die Hand mit den beringten Fingern und riß sein Kleid weit durch, wie es die Juden taten zum Zeichen großer Trauer. Dann hockte er nieder bei den drei Elenden, ganz nahe schmiegte er sich an ihre stinkenden Fetzen, daß ihm ihr übler Atem mitten ins Gesicht schlug und ihre schmutzigen Bärte seine Haut kitzelten. Und er begann mit ihnen aramäisch zu sprechen; es war ein stockendes, weithergeholtes Aramäisch, er hatte wenig Übung. Aber es waren Worte, die sie verstanden, besser passend zu ihrem Gemüt und ihrer Lage als die Worte Josefs, Worte der Teilnahme an ihrem kleinen, jämmerlichen Alltag, sehr menschlich, und sie weinten, und sie segneten ihn, als er ging.

Einen langen Teil der Rückfahrt blieb Demetrius Liban schweigsam, dann ließ er seine Überlegungen laut werden. Was ist das große Pathos eines einmaligen Unglücks, des brennenden Herakles, des gefällten Agamemnon gegen die schleichende, Haut und Herz langsam fressende Not dieser drei? Was für ein endloser, böser Weg, bis diese Großen in Zion, die die Fackel der Lehre weitergetragen hatten, so stumpf und zerstört wurden zu drei Bündeln Nichts.

In der Stadt angelangt, am Tibur-Tor, als er sich von Josef verabschiedete, sagte er noch: „Wissen Sie, was das Schauerlichste war? Nicht das, was sie sagten, sondern die sonderbare Art, wie sie die Oberkörper hin und her schaukelten, immer gleichmäßig. So können das nur Leute machen, die stets am Boden hocken und viel im Dunkeln gehalten werden. Worte können lügen, aber diese Bewegungen sind schrecklich echt. Ich muß darüber nachdenken. Hier ist eine Möglichkeit für starke Wirkungen."

In dieser Nacht legte sich Josef nicht schlafen, sondern er

saß in seinem Zimmer und schrieb an einem Memorandum über die drei Unschuldigen. Das Öl seiner Lampe ging aus, und der Docht wurde zu kurz, er erneuerte Öl und Docht und schrieb. Er schrieb sehr wenig von der Sache Cäsarea, mehr von dem Elend der drei Greise, sehr viel von Gerechtigkeit. Gerechtigkeit, schrieb er, gilt den Juden von den ältesten Zeiten her als die erste Tugend. Sie können Not und Bedrükkung ertragen, aber kein Unrecht, sie feiern jeden, selbst ihren Bedrücker, wenn er Recht wiederherstellt. „Das Recht flute dahin wie strömendes Wasser", sagt einer ihrer Propheten, „und die Gerechtigkeit wie ein nie versiegender Bach." – „Dann wird die Zeit golden sein", sagt ein anderer, „wenn auch in der Wüste das Recht wohnt." Josef glühte. Die Weisheit der Alten glühte er in seinem eigenen Feuer. Er saß und schrieb. Der Docht seiner Lampe blakte: er schrieb. Von den Toren her donnerten die Lastwagen herein, denen tagsüber die Straßen verboten waren: er achtete es nicht, er schrieb und feilte an seinem Essay.

Drei Tage darauf überbrachte ein Läufer des Demetrius Liban dem Josef einen Brief, in welchem der Schauspieler ihn kurz und trocken aufforderte, er möge sich bereit halten, übermorgen um zehn Uhr der Kaiserin in Gesellschaft des Schauspielers seine Aufwartung zu machen.

Die Kaiserin. Josef stockte der Atem. Ringsum an allen Straßen stand ihre Büste, göttlich verehrt. Was soll er ihr sagen? Wie soll er für diese fremde Frau, deren Leben und Denken so überhöht ist über das aller andern Menschen, Worte finden, die ihr ins Innere dringen? Während er dies dachte, wußte er bereits, daß er die rechten Worte finden werde; denn sie war eine Frau, und er hatte eine kleine, leise Verachtung für alle Frauen, und gerade dadurch, wußte er, wird er sie gewinnen.

Er überlas sein Manuskript. Las es sich vor mit lauter Stimme und unbeherrschten Gesten, so wie er es in Jerusalem lesen würde. Er hat es aramäisch geschrieben, jetzt, mühsam, übersetzt er es ins Griechische. Es ist ein Griechisch, durchsprenkelt mit Plumpheiten, mit Fehlern, das weiß er. Ist es nicht unschicklich, der Kaiserin mit einem schlechtpräparierten, fehlerhaften Manuskript zu kommen? Oder werden vielleicht gerade seine Fehler naiv wirken, liebenswürdig?

Er vermeidet es, mit irgend jemandem über die bevorstehende Audienz zu sprechen. Er läuft in den Straßen herum. Er dreht um, wenn er Bekannte sieht, rennt zum Friseur, kauft sich ein neues Parfüm, fällt aus höchster Zuversicht in tiefste Depression.

Auf den Büsten hat die Kaiserin eine niedrige, klare und zierliche Stirn, lange Augen, einen nicht zu kleinen Mund. Auch ihre Feinde geben zu, daß sie schön ist, und viele sagen, sie wirke verwirrend auf jeden, der sie das erstemal sieht. Wie soll er, der kleine Mann aus der Provinz, vor ihr bestehen? Er muß einen Menschen haben, mit dem er alles bereden kann. Er läuft nach Haus. Spricht mit dem Mädchen Irene, legt der Strahlenden, Hochgeehrten Heimlichkeit auf, er müsse ihr sehr Wichtiges mitteilen, und dann bricht alles aus ihm heraus: wie er sich die Zusammenkunft mit der Kaiserin denkt, was er ihr sagen wird. Er probiert es vor Irene aus, die Worte, die Bewegungen.

Wieder den Tag darauf, großartig, in der Prunksänfte des Demetrius Liban, trägt man ihn in den kaiserlichen Palast. Platzmacher voran, Läufer, großes Gefolge. Wo die Sänfte vorbeikommt, bleiben die Leute stehen, akklamieren den Schauspieler. Josef sieht die Büsten der Kaiserin an den Straßen, weiße und bemalte. Die bernsteingelben Haare, das blasse, zierliche Gesicht, die sehr roten Lippen. Poppäa, denkt er. Poppäa heißt Püppchen, Poppäa heißt Baby. Er denkt das judäische Wort: Janiki. So hat man auch ihn einmal gerufen. Es kann nicht schwer sein, mit der Kaiserin fertig zu werden.

Nach den Schilderungen, die man ihm von der Kaiserin gemacht hat, erwartet Josef, er werde sie nach Art orientalischer Fürstinnen auf üppigen Polstern und Kissen finden, umgeben von Fächerträgern, Zofen mit Parfüms, in raffinierten Gewändern. Statt dessen saß sie ganz einfach in einem bequemen Stuhl, war überaus schlicht angezogen, matronenhaft fast, in langer Stola; freilich war die Stola aus einem in Judäa berüchtigten Stoff, aus hauchdünnem koischem Flor. Auch geschminkt war die Kaiserin kaum, und die Frisur war glatt, gescheitelt und in einen Haarknoten auslaufend, nichts von den getürmten, juwelenbesetzten Haarbauten, wie man sie sonst an den Damen der herrschenden Schicht sah. Zierlich wie ein ganz junges Mädchen saß die Kaiserin, mit roten, langen Lippen lächelte sie den Herren entgegen, streckte ihnen die weiße Kinderhand hin. Ja, sie hieß mit Recht Poppäa, Baby, Janiki; aber sie war auch in Wahrheit verwirrend, und Josef wußte nicht mehr, was er ihr sagen sollte.

Sie sagte: „Bitte, meine Herren", und da der Schauspieler sich setzte, setzte sich Josef auch, und nun war ein kleines Schweigen. Das Haar der Kaiserin war wirklich bernsteingelb, wie die Verse des Kaisers es nannten, aber die Wimpern und die Brauen ihrer grünen Augen waren dunkel. Josef dachte in rasender Eile: Sie ist ja ganz anders als die Büsten, sie ist ein Kind, aber ein Kind, das einen ohne weiteres umbringen lassen kann. Was soll man mit einem solchen Kind sprechen? Außerdem soll sie verflucht gescheit sein.

Die Kaiserin schaute ihn unverwandt und ungeniert an, er hielt mit großer Mühe, leicht schwitzend, einen demütigen und beflissenen Ausdruck fest. Ganz leise, um ein geringstes nur, verzog sich ihr Mund, und nun sah sie auf einmal gar nicht mehr kindlich aus, sondern überaus erfahren und spöttisch. „Sie kommen frisch aus Judäa?" fragte sie Josef, sie sprach griechisch, ihre Stimme klang ein bißchen spröd, überaus hell. „Erzählen Sie mir", bat sie, „wie denkt man in Jerusalem über Armenien?" Das war nun wirklich eine überraschende Frage; denn wenn auch der Schlüssel der römischen Orientpolitik in der Entscheidung über Armenien lag, so hatte Josef sein Judäa für viel zu wichtig gehalten, als daß man es nicht selbständig, sondern im Zusammenhang mit etwas so Barbarischem wie Armenien betrachten könnte. Eigentlich also dachte man in Jerusalem oder dachte wenigstens er überhaupt nicht über Armenien, und es fiel ihm nichts ein, was er auf eine solche Frage erwidern konnte. „Den Juden in Armenien geht es gut", sagte er nach längerem Schweigen, ein wenig tölpisch. „Wirklich?" meinte die Kaiserin, und jetzt lächelte sie breit, unverhohlen amüsiert. Sie fragte weiter in der gleichen Art, sie hatte ihren Spaß an dem jungen Herrn mit den langen, heftigen Augen, der offenbar keine Ahnung hatte, was um sein Land gespielt wurde. „Danke“, sagte sie schließlich, nachdem Josef einen umständlichen Satz über die strategischen Verhältnisse an der parthischen Grenze mühsam zu Ende gebracht hatte, „jetzt bin ich viel informierter“, sagte sie. Sie lächelte hinüber zu Demetrius Liban, befriedigt; was hatte er ihr da für ein komisches Gewächs aus dem Orient zugeführt? „Ich glaube fast“, warf sie dem Schauspieler hin, erstaunt und anerkennend, „er tritt wirklich aus purem gutem Herzen für seine drei Unschuldigen ein.“ Und wohlwollend und sehr höflich wendete sie sich an Josef: „Bitte, erzählen Sie mir von Ihren Schützlingen.“ Sie saß bequem in ihrem Stuhl; der Hals war mattweiß, Beine und Arme schimmerten durch den dünnen Flor des ernstgeschnittenen Kleides.

Josef zog sein Memorandum hervor. Allein, wie er anfing, griechisch zu lesen, sagte sie gleich: „Aber was fällt Ihnen ein? Sprechen Sie doch aramäisch.“ – „Ja, werden Sie mich denn dann ganz verstehen?“ fragte töricht Josef. „Wer sagt Ihnen denn, daß ich Sie ganz verstehen möchte?“ erwiderte die Kaiserin. Josef zuckte die Schultern, mehr hochmütig als gekränkt, und dann legte er los, aramäisch, wie er seine Rede ursprünglich entworfen hatte, ja, die Zitate aus den alten Schriften sprach er unbekümmert hebräisch. Doch er konnte sich nicht konzentrieren, er merkte, daß er ohne Schwung sprach, er schaute die Kaiserin unverwandt an, erst demütig, dann ein bißchen blöd, dann interessiert, schließlich geradezu frech. Er wußte nicht, ob sie zuhörte, und schon gar nicht, ob sie verstand. Als er fertig war, fast unmittelbar nach seinem letzten Wort, fragte sie: „Kennen Sie Cleo, die Frau meines Gouverneurs in Judäa?“ Josef hörte das „meines“. Wie das klang: mein Gouverneur in Judäa. Er hatte sich vorgestellt, solche Worte müßten kommen wie in Stein gehauen, statuarisch, und nun saß da ein Kind und sagte lächelnd: mein Gouverneur in Judäa, und es klang selbstverständlich, man wußte, es stimmt: Gessius Flor war ihr Gouverneur in Judäa. Aber trotzdem war Josef durchaus nicht gewillt, sich davon imponieren zu lassen. „Ich kenne die Frau des Gouverneurs nicht", sagte er, und, dreist: „Darf ich eine Antwort auf meinen Vortrag erwarten?" – „Ich habe Ihren Vortrag zur Kenntnis genommen", sagte die Kaiserin. Konnte ein Mensch wissen, was das bedeuten sollte?

Der Schauspieler fand es an der Zeit, einzugreifen. „Doktor Josef hat wenig Zeit für gesellschaftliche Dinge", half er seinem Schützling. „Er beschäftigt sich mit Literatur." – „Oh", sagte Poppäa und wurde ganz ernst und nachdenklich, „hebräische Literatur. Ich kenne wenig. Was ich kenne, ist schön, aber sehr schwer." Josef spannte sich, sammelte sich. Es mußte, mußte! ihm gelingen, diese Dame, die so glatt und spöttisch dasaß, zu erwärmen. Er erzählte, wie es sein einziges Bestreben sei, die gewaltige jüdische Literatur den Römern aufzuschließen. „Ihr schleppt aus dem Osten Perlen und Gewürze und Gold und seltene Tiere", verkündete er. „Aber seine besten Schätze, seine Bücher, laßt ihr liegen."

Poppäa fragte, wie er sich das denke, die jüdische Literatur den Römern aufzuschließen. „Schließen Sie mir einmal ein Stück davon auf", sagte sie und schaute ihn aufmerksam aus ihren grünen Augen an.

Josef machte die Lider zu, wie er es wohl an Märchenerzählern seiner Heimat gesehen hatte, und begann zu erzählen. Er nahm das erste, was ihm beifiel, und erzählte von Salomo, einem König in Israel, von seiner Weisheit, seiner Macht, seinen Bauten, seinem Tempel, seinen Weibern und seiner Abgötterei, und wie ihn die Königin aus Äthiopien besuchte, und wie klug er einen Weiberstreit um ein Kind schlichtete, und wie er zwei überaus tiefe Bücher schrieb, eines von der Weisheit, genannt der Prediger, und eines von der Liebe, genannt das Hohelied. Josef versuchte, einige Strophen aus diesem Hohenlied wiederzugeben in einem Gemisch von Griechisch und Aramäisch. Das war nicht leicht. Jetzt hielt er die Augen nicht mehr geschlossen, er übersetzte auch nicht nur mit dem Mund, vielmehr mühte er sich, die heißen Verse deutlich zu machen mit Gesten und Atemzügen und dem ganzen Leib. Die Kaiserin rutschte leicht vor auf ihrem Sessel. Die Arme hielt sie auf der Lehne, den Mund hatte sie halb offen. „Das sind schöne Lieder", sagte sie, als Josef innehielt, stark atmend vor Anstrengung. Sie wandte sich gegen den Schauspieler. „Ihr Freund ist ein netter Junge", sagte sie.

Demetrius Liban, der sich ein wenig im Hintergrund fühlte, benützte die Gelegenheit, sich wieder vorzuspielen. Der Schatz jüdischen Schrifttums sei unausschöpfbar, bemerkte er. Auch er verwerte ihn oft, um seine Kunst aufzufrischen.

„Sie waren großartig gemein, Demetrius", sagte voll Anerkennung die Kaiserin, „letzthin als Leibeigener Isidor. Ich habe so gelacht", sagte sie. Demetrius Liban saß da mit leicht verzerrtem Gesicht. Die Kaiserin mußte gut wissen, daß das Anmerkungen waren, die er gerade von ihr bestimmt nicht hören wollte. Dieser junge, freche und tölpische Mensch aus Jerusalem brachte ihm kein Glück. Die ganze Audienz war ein Mißgriff, er hätte das nicht machen sollen. „Sie sind mir übrigens noch eine Antwort schuldig, Demetrius", fuhr die Kaiserin fort. „Sie erzählen da immer von einer großen revolutionären Idee, die Sie in Ihrem Kopf wälzen. Wollen Sie nicht endlich herausrücken mit dieser Idee? Offen gestanden, ich glaube nicht mehr recht daran."

Der Schauspieler saß finster und gereizt. „Ich habe keinen Anlaß mehr, mit der Idee zurückzuhalten", sagte er schließlich streitbar. „Sie hängt zusammen mit dem, wovon wir die ganze Zeit reden." Er machte eine kleine, wirkungsvolle Pause und warf dann ganz leicht hin: „Ich möchte den Juden Apella spielen."

Josef erschrak. Der Jude Apella, das war die Figur des Juden, wie der bösartige römische Volkswitz ihn sah, ein sehr widerwärtiger Typ, abergläubisch, stinkend, voll ekelhafter Skurrilität; der große Dichter Horaz hatte ein halbes Jahrhundert zuvor die Figur in die Literatur eingeführt. Und jetzt wollte Demetrius Liban . . .? Josef erschrak.

Fast noch mehr erschrak er über die Kaiserin. Ihr mattweißes Gesicht hatte sich gerötet. Es war zum Bewundern und zum Fürchten, wie vielfältig lebendig sie war.

Der Schauspieler genoß seine Wirkung. „Man hat", erläuterte er, „auf unsern Bühnen Griechen und Römer und Ägypter und Barbaren dargestellt, aber einen Juden hat man nicht dargestellt."

„Ja", sagte leise und angestrengt die Kaiserin, „das ist eine gute und gefährliche Idee." Alle drei saßen schweigsam, nachdenklich.

„Eine zu gefährliche Idee", sagte schließlich der Schauspieler, trauervoll, schon bereuend. „Ich fürchte, ich werde sie nicht ausführen können. Ich hätte sie nicht aus meinem Mund herauslassen dürfen. Es wäre schön, den Juden Apella zu spielen, nicht den albernen Narren, den das Volk aus ihm macht, sondern den wirklichen mit seiner ganzen Trauer und Komik, mit seinem Fasten und seinem unsichtbaren Gott. Ich bin wahrscheinlich der einzige auf der Welt, der das könnte. Es wäre großartig. Aber es ist zu gefährlich. Sie, Majestät, verstehen etwas von uns Juden: aber wie wenige sonst in diesem Rom. Man wird lachen, und nur lachen, und mein Bestes würde zu einem bösartigen Gelächter werden. Es wäre schlecht für alle Juden." Und, nach einer Pause, schloß er: „Und dann wäre es gefährlich für mich selber vor meinem unsichtbaren Gott."

Josef saß erstarrt. Das waren wilde und überaus bedenkliche Dinge, in die er da hineingeraten war. Er hatte am eigenen Leib gespürt, wie ungeheuer eine solche Theateraufführung wirken konnte. Seine rasche Phantasie stellte sich vor, wie der Schauspieler Demetrius Liban auf der Bühne stand und sein unheimliches Leben hineingoß in den Juden Apella, tanzend, springend, betend, redend mit den tausend Zungen seines beredten Körpers. Der ganze Erdkreis wußte, wie willkürlich die Launen eines römischen Theaterpublikums waren. Niemand konnte voraussehen, was für eine Nachwirkung bis an die parthischen Grenzen solch eine Aufführung haben mochte.

Die Kaiserin hatte sich erhoben. Mit einer merkwürdigen Gebärde verschränkte sie die Hände unter dem Haarknoten, daß die Ärmel zurückfielen, sie ging auf und ab durch den ganzen Raum, die Schleppe ihres ernsthaften Kleides fegte nach. Die beiden Männer waren aufgesprungen, als die Kaiserin sich erhob. „Schweigen Sie, schweigen Sie", sagte sie zu dem Schauspieler, sie war Feuer und Flamme. „Seien Sie nicht feig, wenn Sie einmal eine wirklich gute Idee gehabt haben.“ Sie blieb bei dem Schauspieler stehen, legte ihm, zärtlich fast, die Hand auf die Schulter. „Das römische Theater ist langweilig“, klagte sie. „Entweder derb und simpel oder verkommen in lauter dürrer Tradition. Spielen Sie mir den Juden Apella, lieber Demetrius“, bat sie. „Reden Sie ihm zu, junger Herr“, wandte sie sich an Josef. „Glauben Sie mir, ihr alle könnt mancherlei lernen, wenn er den Juden Apella spielt.“

Josef stand schweigend, in peinvoller Ungewißheit. Röte kam, ging auf seinem blaßbraunen Gesicht. Sollte er Demetrius zureden? Er wußte, das ganze Wesen des Schauspielers dürstete danach, sein Judentum nackt vor die Augen dieses großen Rom zu stellen. Es bedurfte nur eines Wortes von ihm, und der Stein begann zu rollen. Wohin er rollen werde, wußte niemand.

„Ihr seid langweilig“, konstatierte mißmutig die Kaiserin. Sie hatte sich wieder gesetzt. Die beiden Männer standen noch, der Schauspieler, gewohnt, seinen Körper zu kontrollieren, stand jetzt unschön und unbeholfen. „Reden Sie doch, reden Sie doch“, drängte die Kaiserin auf Josef ein.

„Gott ist jetzt in Italien“, sagte Josef. Der Schauspieler blickte hoch, man sah, wie ihn das vieldeutige Wort traf, wie es einen dicken Ballen Zweifel von ihm wegfegte. Auch die Kaiserin war angetan von diesem Satz. „Ein ausgezeichnetes Wort“, sagte sie und klatschte in die Hände. „Sie sind ein gescheiter Mann“, sagte sie, und sie notierte sich Josefs Namen.

Josef war bedrängt und beglückt. Er wußte nicht, was da aus ihm herausgesprochen hatte. Hat er eigentlich selbst diesen Satz gefunden? Hat er ihn früher schon einmal gesagt? Jedenfalls war es der rechte Satz im rechten Augenblick. Und es ist ganz gleichgültig, ob er ihn gefunden hat oder ein anderer: es kommt darauf an, bei welcher Gelegenheit ein Satz gesagt wird. Der Satz: Gott ist in Italien, hat sein Leben jetzt erst gewonnen, in diesem Augenblick seiner großen Wirkung.

Aber wirkte er denn überhaupt? Der Schauspieler stand immer noch unschlüssig oder spielte wenigstens den Unschlüssigen. „Sagen Sie schon ja, Demetrius“, sagte die Kaiserin.

„Wenn Sie ihn dahin bringen, daß er ja sagt", wandte sie sich an Josef, „dann sollen Sie Ihre drei Unschuldigen frei haben."

Ein großes Feuer glomm auf in den heftigen Augen Josefs. Er beugte sich tief nieder, löste mit Zartheit die weiße Hand der Kaiserin von der Stuhllehne, küßte sie lange.

„Wann werden Sie mir den Juden spielen?" fragte währenddes die Kaiserin den Schauspieler. „Ich habe nichts versprochen", wehrte schnell und ängstlich Demetrius ab.

„Geben Sie ihm eine schriftliche Zusage für unsere Schützlinge", bettelte Josef. Die Kaiserin lächelte anerkennend über dieses „ihm" und „unsere". Sie ließ ihren Sekretär kommen. „Wenn der Schauspieler Demetrius Liban", diktierte sie, „den Juden Apella spielt, dann werde ich erwirken, daß die drei jüdischen Zwangsarbeiter in der Ziegelei von Tibur freigelassen werden." Sie ließ sich das Täfelchen geben. Setzte ihr P darunter. Überreichte es Josef. Schaute ihn an mit grünen, klaren, spöttischen Augen. Und er gab den Blick zurück, demütig, doch so dringlich und andauernd, daß langsam der Spott aus ihren Augen schwand und ihre Klarheit sich trübte.

Josef, nach der Audienz, schwebte auf Wolken. Die andern verehrten die Büsten der Kaiserin, einer großen, göttlichen Frau, die lächelnd ihre gewaltige Gegnerin, die Kaiserin-Mutter, hatte töten lassen, die lächelnd Senat und Volk von Rom in die Knie gezwungen hatte. Er selber aber sprach zu dieser ersten Dame der Welt wie zu einem beliebigen Mädchen am gewöhnlichen Alltag. Jildi, Janiki. Er hatte ihr nur lange in die Augen schauen müssen, und schon hatte sie ihm die Freilassung jener drei Männer versprochen, die der Große Rat von Jerusalem mit all seiner Weisheit und Staatskunst nicht hatte erlangen können.

Beschwingt ging er herum in den Vierteln des rechten Tiberufers, unter den Juden. Achtungsvoll starrte man ihm nach. Hinter ihm tuschelte es: das ist der Doktor Josef Ben Matthias aus Jerusalem, Priester der Ersten Reihe, Günstling der Kaiserin. Das Mädchen Irene legte ihm ihre Verehrung wie einen Teppich unter die Füße. Die Zeit war vorbei, da Josef an den Vorabenden des Sabbats unter den Mindergeachteten sitzen mußte. Jetzt fühlte sich Cajus Barzaarone geehrt, wenn Josef den Ehrenplatz auf seinem Speisesofa einnahm. Mehr als das. Er lockerte, der alte schlaue Herr, seine vorsichtige Zurückhaltung, gab Josef Einblick in gewisse Schwierigkeiten, die er vor andern sorglich verbarg.

Seine große Möbelfabrik ging nach wie vor ausgezeichnet. Aber immer bösartiger jetzt drohte eine Gefahr, die er schon seit Jahren spürte. Immer mehr wurde es unter den Römern Mode, am Hausrat Tierfiguren als Ornamente anzubringen, als Tischfüße, als Reliefs, in hundertfältiger Verwendung. Nun hieß es aber in der Schrift „Du sollst dir kein Bild machen", und es war den Juden verboten, Figuren von Lebendigem herzustellen. Cajus Barzaarone hatte denn auch die Herstellung von Tierornamenten bis jetzt vermieden. Allein seine Konkurrenten nützten diesen Verzicht immer rücksichtsloser aus, sie erklärten seine Fabrikate für veraltet, es war schmerzlich, wie viele seiner Kunden abwanderten. Der Verzicht auf die Herstellung von Tierornamenten kostete jetzt nach dem großen Brand den Cajus Barzaarone Hunderttausende. Er suchte Ausflüchte, Auswege. Machte geltend, er benütze die Möbel seines Magazins ja nicht selber, sondern verkaufe sie weiter. Er holte Gutachten ein bei einer Reihe von Theologen; angesehene Doktoren in Jerusalem, Alexandrien und Babylon erklärten die Herstellung der fraglichen Ornamente in seinem Fall für eine läßliche Sünde oder gar für erlaubt. Dennoch zögerte Cajus Barzaarone. Er sprach keinem Menschen von diesen Gutachten. Er wußte genau: wenn er sich, darauf gestützt, über die Bedenken der Orthodoxen wegsetzt, wird das seine Stellung in der Agrippenser-Gemeinde ernstlich gefährden. Sein Vater gar, der uralte Aaron, könnte von dem Gram über solchen Liberalismus, Gott behüte, den Tod haben. Der nach außen so sichere Mann war voll von Zweifeln und Sorgen.

Josef nahm es nicht genau mit der Befolgung der orthodoxen Riten. Aber „Du sollst dir kein Bild machen", das war mehr als ein Gesetz, es war eine der Grundwahrheiten des Judentums. Wort und Bild schlossen einander aus. Josef war Literat bis in alle Poren. Er hing an dem unsichtbaren Wort. Es war das Wunderbarste, was es auf der Welt gab, es wirkte gestaltlos stärker als jede Gestalt. Nur der konnte Gottes Wort, das heilige, unsichtbare, in Wahrheit besitzen, der es nicht durch sinnliche Vorstellungen befleckte, der aus innerstem Herzen auf den eitlen Tand des Bildwerks verzichtete. Er hörte die Darlegungen des Cajus Barzaarone verschlossenen Gesichtes an, ablehnend. Gerade das aber lockte den Alten. Ja, Josef hatte den Eindruck, man hätte ihn nicht ungern als Schwiegersohn gesehen.

Unterdes sickerte langsam durch, daß die Freilassung der drei Unschuldigen an eine Bedingung geknüpft war. Die Freude der Juden, als sie diese Bedingung hörten, schlug jäh um. Was? Der Schauspieler Demetrius Liban soll den Juden Apella spielen, im Pompejus-Theater womöglich, vor vierzigtausend Menschen? Der Jude Apella. Die Juden überfröstelte es, wenn sie den bösartigen Spitznamen hörten, in den Rom seinen Widerwillen gegen die Zugewanderten am rechten Tiberufer gepreßt hatte. Das Spottwort hatte eine üble Rolle gespielt bei den Pogromen unter den Kaisern Tiber und Claudius, es bedeutete Gemetzel und Plünderung. Konnte der Haß, der jetzt schlief, nicht jeden Augenblick wieder aufwachen? War es nicht ebenso dumm wie frevelhaft, an das Ruhende zu rühren? Man hatte schlimme Beispiele, wozu ein römisches Theaterpublikum sich im Affekt hinreißen ließ. Es war ungeheuerlicher Übermut, wenn Demetrius Liban den Juden Apella auf die Bühne beschwor.

Von neuem, mit gesteigerter Wildheit, erhoben sich die strengeren unter den jüdischen Doktoren gegen den Schauspieler. War es nicht schon Sünde, sich auf eine Bühne zu stellen, in die Haut und Kleider eines andern Menschen zu schlüpfen? Hatte nicht Gott, gelobt sei sein Name, einem jeden sein Gesicht und seine Haut gegeben? War es also nicht Auflehnung, sie vertauschen zu wollen? Aber gar einen Juden darstellen, einen aus dem Samen Abrahams, einen Auserwählten, zum Spaß der Unbeschnittenen, das war Todsünde, das war Überhebung, das mußte Unheil heraufbeschwören auf die Häupter aller. Und sie forderten Bann und Ächtung des Demetrius Liban.

Die Liberalen unter den Doktoren verteidigten den Schauspieler mit Wärme. Geschah, was er plante, nicht zum Heil der drei Unschuldigen? War es nicht das einzige Mittel, diese drei zu erretten? War nicht, den Gefangenen zu helfen, eines der obersten Gebote der Schrift? Durfte man dem Schauspieler sagen: Tu es nicht, laß die drei verfaulen, wie Tausende von den Vorvätern verkommen waren in den Ziegeleien Ägyptens?

Heftig diskutierte man. Scharfsinnig in den Seminaren der Theologiestudenten setzte man Bibelzitat gegen Bibelzitat. Allen jüdischen Hochschulen legte man das interessante Problem vor, stritt sich darüber in Jerusalem, in Alexandrien, unter den großen Doktoren Babylons, im fernen Osten. Es war eine Angelegenheit, so recht geschaffen für Theologen und Juristen, ihren Witz daran zu üben.

Der Schauspieler selber ging herum und zeigte jedem den tragischen Konflikt zwischen seinem religiösen und seinem künstlerischen Gewissen. Innerlich war er längst entschlossen, den Juden Apella zu spielen, koste es, was es wolle. Er wußte auch genau, wie er es machen werde. Bereits hatten ihm seine Librettisten, vor allem der feine, spitze Senator Marull, eine wirksame Handlung komponiert, fruchtbare Situationen. Besonders auch dem merkwürdigen mechanischen und resignierten Schaukeln, das die Leiber der drei Unschuldigen in ihren Kerkern angenommen hatten, verdankte er manchen grotesk schauerlichen Einfall. Was er zeigen wollte, war ein kühnes Gemisch von Tragik und Komik. Vorsichtig, in den volkstümlichen Kneipen des Geschäftsviertels, des Speicherviertels, der Baracken gab er einzelne Szenen zum besten, ihre Wirkung zu prüfen. Aber dann wieder versank er in Trauer, daß er wahrscheinlich das Spiel doch nicht werde zeigen können, sein Gewissen verbiete es ihm. Mit Befriedigung nahm er wahr, wie allmählich ganz Rom davon sprach: wird der Schauspieler Demetrius Liban den Juden Apella spielen? Wo sich seine Sänfte zeigte, entstand vergnügtes Geschrei, das Volk applaudierte und rief: Sei gegrüßt, Demetrius Liban, spiel uns den Juden Apella.

Er sprach auch der Kaiserin davon, in welch trübes, gewagtes Unternehmen er sich da einlassen solle, und wie schwer seine Skrupel seien. Die Kaiserin lachte, lachend schaute die Kaiserin dem Schwankenden zu. Es war Weisung an die Ziegelei von Tibur gegangen, die drei jüdischen Zwangsarbeiter gut zu halten, daß sie ja nicht inzwischen verstürben. Im übrigen erwartete Poppäa ein Gutachten des Ministeriums für Bitten und Beschwerden. Die Freilassung der drei war keine große Sache; immerhin, die Orientpolitik Roms war verwikkelt, und Poppäa war Römerin genug, um die Amnestierung der drei sogleich fallenzulassen, wenn die leisesten politischen Bedenken dagegen sprachen. Sie wird lächelnd, wenn es nötig sein sollte, ihr Versprechen kassieren.

Vorläufig jedenfalls hatte sie ihren Spaß daran, den Schauspieler immer wieder in sein Vorhaben hineinzujagen. Sie erzählte ihm, schon arbeite die hocharistokratische Opposition im Senat gegen die Amnestierung. Er solle sich also entscheiden, es sei unrecht, die Leiden der drei armen Kerle unnötig zu verlängern. Sie lächelte: „Wann werden Sie uns den Juden Apella spielen, Demetrius?"

Der Minister Philipp Talaß, Chef der Orientabteilung der kaiserlichen Kanzlei, läßt zum zweitenmal den Masseur kommen, daß er ihm Hände und Füße reibe. Es ist noch früh im Herbst, die Sonne ist kaum hinunter, niemand sonst friert; aber der Minister kann nicht warm werden. Er liegt, der kleine, geiernäsige Herr, auf dem Ruhebett, dick in Polster und Decken eingepackt, vor sich ein Kohlenbecken für die Hände, eines für die Füße. Auf der andern Seite des Ruhebettes reibt der leibeigene Masseur ängstlich bemüht die uralte, verschrumpfte Haut, aus der blau und trocken die Adern hervorstehen. Der Minister schimpft, droht. Der Masseur strengt sich an, über die vernarbten Stellen auf den Schultern des Greises wegzugleiten; diese Stellen, das weiß er, rühren von Peitschenhieben her, die der Minister Talaß bekommen hat, als er noch in Smyrna Leibeigener war. Die Ärzte haben tausend Mittel versucht, diese Narben zu entfernen, sie haben operiert, der große Spezialist Scribon Larg hat alle seine Salben angewandt, aber die alten Narben wollen nicht weggehen.

Es ist ein schlechter Tag heute, ein schwarzer Tag, die ganze Dienerschaft im Haus des Ministers Talaß hat das schon zu spüren bekommen. Der Sekretär weiß, was an dieser schlechten Laune schuld ist. Sie flog den Minister an, als er ihm einen Brief aus dem Ministerium für Bitten und Beschwerden vorlegte, eine kleine, formelle Anfrage. Die Herren in diesem Ministerium, vor allem der dicke, schlaue Junius Thrax, würden den Minister Talaß gern übergehen, sie lieben ihn nicht; aber unter diesem Kaiser ist die Orientabteilung zum Mittelpunkt der gesamten Reichspolitik geworden, und sie wissen, was für wüsten Stank Philipp Talaß zu machen pflegt, wenn er in irgendeiner Angelegenheit nicht gehört wird, die von fernher in sein Ressort reicht. Und so haben die Herren eine gewisse Anfrage aus dem Kabinett der Kaiserin nicht endgültig verabschiedet, bevor sie nicht auch von ihm begutachtet ist.

An sich ist es keine große Sache. Es handelt sich um ein paar alte Juden, vor Jahren im Zusammenhang mit Unruhen in Cäsarea zu Zwangsarbeit verurteilt. Die Kaiserin hat offenbar wieder eine ihrer Launen, die wievielte?, sie will die Verbrecher amnestieren, Ihre Majestät hat eine bedenkliche Schwäche für jüdisches Gesindel. Hure, verdammte! denkt der Minister und gibt dem Masseur einen unwilligen Stoß mit dem Ellbogen. Wahrscheinlich stammt sie selbst aus irgendeiner Hurerei mit Juden trotz ihres altadeligen Namens. Diese hochmütigen römischen Aristokraten sind ja seit Urväterzeiten verseucht mit allen Lastern und verderbt bis in die Knochen.

Immerhin, viel kann man gegen die Laune der Kaiserin nicht vorbringen. Nur sehr allgemeine Gesichtspunkte: die Lage im Orient verlange äußerste Energie auch in scheinbar geringfügigen Dingen und dergleichen.

Der kleine, geiernäsige Herr ärgert sich. Er schickt den Masseur fort, der Idiot kann ihm doch nicht helfen. Er legt sich auf die Seite, zieht die spitzen Knie hoch bis zur Brust, denkt scharf nach, übellaunig.

Immer diese Juden, überall kommen sie einem in die Quer.

Die Orientpolitik ist seit den Erfolgen des Feldmarschalls Corbulo an der parthischen Grenze erfreulich aktiv. Den Kaiser stachelt der Ehrgeiz, ein neuer Alexander zu werden, die Einflußsphäre des Reichs bis an den Indus auszudehnen. Die großen, geheimnisvollen Feldzüge nach dem fernen Osten, von denen Rom seit einem Jahrhundert träumt, vor einer Generation noch läppische Knabenphantasien, sind in das Stadium ernsthafter Erwägung getreten. Die autoritativen Militärs haben Pläne ausgearbeitet, das Finanzministerium hat nach sorglicher Prüfung die Bereitstellung der Mittel für möglich erklärt.

Nur einen wunden Punkt hat das kühne Projekt dieses neuen Alexanderzugs: eben die Provinz Judäa. Sie liegt mitten im Aufmarschgebiet, man kann das große Werk nicht beginnen, solange man diese unsichere Stelle nicht dicht und fest gemacht hat. Die andern Herren des kaiserlichen Kabinetts lächeln, wenn der Minister Talaß darauf zu sprechen kommt, sie halten seinen Judenhaß für eine fixe Idee. Aber er, Philipp Talaß, kennt die Juden aus seiner asiatischen Vergangenheit. Er weiß, man kann mit ihnen keinen Frieden halten, sie sind ein fanatisches, abergläubisches, irrsinnig hochmütiges Volk, und sie werden nicht ruhen, ehe sie endgültig gezüchtigt sind, ehe ihre freche Hauptstadt dem Erdboden gleichgemacht ist. Immer wieder fallen die Gouverneure auf ihre versöhnlichen Versprechungen herein, aber immer wieder erweist sich hinterher, daß diese Beteuerungen Lügen waren. Niemals hat sich die läppische, kleine Provinz loyal in die Herrschaft des Reichs gefügt wie so viele andere größere und mächtigere Gebiete. Ihr Gott verträgt sich nicht mit den andern Göttern. Eigentlich ist Krieg in Judäa seit dem Tod des letzten in Jerusalem residierenden Königs, und Judäa wird unruhig bleiben, es wird dort Krieg sein, der Alexanderzug wird nicht möglich sein, solange nicht Jerusalem zerstört ist.

Der Minister Talaß weiß, diese Erwägungen stimmen. Aber er weiß auch, nicht sie allein sind schuld, daß, sooft er von Juden hört, ihm der Magen brennt und ihn das Zwerchfell sticht. Er denkt an seine Vergangenheit: wie er als

Zugabe zu einem kostbaren Kandelaber in den Besitz eines kultivierten griechischen Herrn geriet; wie er mit äußerster Zähigkeit durch sein Gedächtnis und sein Sprachentalent hochkam, so daß sein Herr ihn ausbilden ließ; wie er in die engere Konkurrenz derer kam, die in den kaiserlichen Dienst übernommen werden sollten; wie dann, als der Personalchef des Kaisers Cajus ihn examinierte, der jüdische Dolmetsch Theodor Zachäus sich über sein Aramäisch lustig machte, so daß die kaiserliche Kanzlei ihn um ein Haar abgelehnt hätte. Dabei war es ein winziger Fehler gewesen, man konnte streiten, ob es überhaupt ein Fehler war. Der Stinkjud stritt aber nicht, er verbesserte bloß. „Nablion", hatte er gesagt, aber der Jud verbesserte: „Nabla" oder vielleicht „Nebel", aber bestimmt nicht „Nablion", und dabei hatte er ein so gemeines, niederträchtiges Lächeln. Und was dann, wenn nach soviel Jahren des Schweißes und der Kosten die Übernahme nach Rom nicht erfolgt wäre, was dann hätte sein Herr mit ihm angefangen? Totpeitschen hätte er ihn lassen. Der Minister, wenn er daran dachte, wie der Jud gelächelt hatte, wurde kalt vor Angst und Wut.

Aber es war wirklich nicht allein persönliches Ressentiment, es war guter politischer Instinkt, der ihn gegen die Juden scharfmachte. Die Welt war römisch, die Welt war befriedet durch das einheitliche, römisch-griechische System. Nur die Juden muckten auf, wollten die Segnungen dieser gewaltigen völkerverbindenden Organisation nicht erkennen. Die große Handelsstraße nach Indien, bestimmt, griechische Kultur nach dem fernsten Osten zu tragen, konnte nicht erschlossen werden, solange das hochfahrende, hartnäckige Volk nicht endgültig niedergetreten war.

Leider hatte man bei Hof kein Aug für die Gefahr Judäa. Es wehte durch das kaiserliche Palais ein verdammt freundlicher Wind für die Juden. Sein dicker Kollege Junius Thrax von der Justiz begönnerte sie. Auch in der Finanzverwaltung saßen sie. Allein in den letzten drei Jahren waren ihrer zweiundzwanzig in die Liste des Adels eingetragen worden. Sie drängten auf die Bühne, in die Literatur. Spürte man nicht geradezu körperlich, wie sie mit ihren läppischen, abergläubischen Büchern das Reich zersetzten? Dieser Claudius Regin wirft das Zeug jetzt in Schiffsladungen auf den Markt. Der alte Minister, wie er den Namen Regin denkt, zieht die Beine noch höher. Vor der Schlauheit dieses Mannes, so zuwider er ihm ist, hat er Respekt. Und dann hat dieser Regin eine Perle in seiner Truhe, ein mächtiges, fehlerloses, zartrosiges Stück. Er möchte ihm diese Perle gern abkaufen. Er glaubt, wenn er sie an seinem Finger trägt, dann wird seine Haut weniger trokken. Wahrscheinlich würde die Perle auch auf die vernarbten Stellen an der Schulter günstig einwirken; aber der Stinkjud ist reich, Geld lockt ihn nicht, er gibt die Perle nicht.

Der Minister Talaß überlegt hin und her. Die Unruhen in Cäsarea. Regin und sein Ring. Soll man den Senat mobil machen? Man kann auf den Partherkrieg hinweisen. Und es heißt doch Nablion.

Plötzlich wirft er sich auf den Rücken, streckt sich gerade, starrt aus seinen geröteten, trockenen Augen zur Decke. Seine Magenschmerzen sind weg, auch sein Frostgefühl ist verschwunden. Er hat eine Idee, eine ausgezeichnete Idee. Nein, er gibt sich nicht mit Kleinlichem ab. Was hat er schon erreicht, wenn die drei Hunde in der Ziegelei von Tibur verrecken? Sollen sich die Herren Juden ihre Lieblinge herausholen. Sollen sie sich die drei in Knoblauch einmachen oder in ihren Sabbatkochkisten. Er weiß was Besseres. Er wird den Juden für die Freilassung dieser drei eine Rechnung schreiben, gesalzener, als irgendein Herr vom Finanzministerium sie auskalkulieren könnte. Das Edikt, das Edikt über Cäsarea. Er wird die Sache Cäsarea verquicken mit der Amnestierung der drei. Er wird das Edikt über Cäsarea dem Kaiser morgen von neuem vorlegen. Seit sieben Monaten wartet er auf die Unterschrift: bei dieser Gelegenheit wird er sie bekommen. Man kann den Juden nicht alles konzedieren. Man kann ihnen nicht ihre drei Verbrecher herausgeben und die Stadt Cäsarea dazu. Entweder das eine oder das andere. Da die Kaiserin es wünscht, wird man ihre geschätzten Märtyrer freilassen. Aber auf ihre Forderungen für Cäsarea müssen sie dann endgültig verzichten.

Er läßt sich den Sekretär kommen, verlangt seine Denkschrift über Cäsarea. Wie er sie in Erinnerung hat, ist sie kurz und schlagend. So liebt es der Kaiser; denn er will sich nicht lang mit Politik abplagen, ihn interessieren andere Dinge. Übrigens kapiert er gut, der Kaiser, er hat einen raschen, scharfen Verstand. Wenn man ihn nur dahin bringt, daß er die Denkschrift einmal richtig überliest, dann hat man auch seine Unterschrift für das Edikt. Und diese Sache mit den drei Zwangsarbeitern kann gar nicht erledigt werden, ohne daß endlich die ganze Angelegenheit Cäsarea entschieden wird. Ja, diesmal muß der Kaiser sich entschließen. Es war ein gesegneter Einfall Poppäas, die Freilassung der drei zu verlangen.

Der Sekretär kommt, überbringt ihm die Denkschrift. Talaß überfliegt sie. Ja, er hat die Sache klar und überzeugend dargestellt.

Die nicht leibeigene Einwohnerschaft von Cäsarea setzt sich zusammen aus vierzig Prozent Juden und sechzig Prozent Griechen und Römern. Im Stadtmagistrat haben aber die Juden die Majorität. Sie sind reich, und das Wahlstatut staffelt das Stimmrecht nach ökonomischen Prinzipien. Das auf solchen Prinzipien basierende Wahlrecht hat sich im allgemeinen in den Provinzen Syrien und Judäa bewährt. Warum sollen diejenigen, die den größeren Teil der Gemeindeumlagen aufbringen, nicht auch über die Verwendung dieser Umlagen bestimmen? In Cäsarea aber bringt dieses Wahlrecht für die Majorität der Bevölkerung außerordentliche Härten mit sich. Denn die Juden nützen ihre Macht im Stadtmagistrat mit unerhörter Willkür aus. Sie verwenden die öffentlichen Gelder nicht für die Bedürfnisse der Bevölkerung, sondern schicken unverhältnismäßig große Beträge nach Jerusalem für den Tempel und für religiöse Zwecke. Es ist kein Wunder, daß es bei den Wahlen immer wieder zu blutigen Zusammenstößen kommt. Mit Erbitterung denken die Griechen und Römer Cäsareas daran, daß sie, als die Stadt unter Herodes gegründet wurde, die ersten Einwohner stellten, daß sie den Hafen bauten, von dessen Erträgnissen die Stadt lebt. Schließlich auch residiert der römische Gouverneur in Cäsarea, und die Vergewaltigung der Griechen und Römer durch die Juden wirkt in der offiziellen Hauptstadt der Provinz doppelt unerträglich. Man hat wirklich auf die Empfindlichkeit der Juden genügend Rücksicht genommen, indem man ihnen in Jerusalem absolute Autonomie konzediert hat. Es ist nicht angängig, daß man diesem nie zufriedenen Volk noch weiter entgegenkommt. Die Geschichte Cäsareas, die Herkunft und die Religion des Großteils der Bevölkerung, ihr Stamm und ihre Kraft sind nichtjüdisch. Die Stadt Cäsarea, auf der die Ruhe und Sicherheit der ganzen Provinz steht, wird es nicht begreifen, wenn man dem loyalsten, reichstreuesten Teil ihrer Einwohnerschaft auf die Dauer sein wohlverdientes Wahlrecht vorenthält.

Der Minister Philipp Talaß hat in seinem gescheiten und hinterhältigen Gutachten die Argumente der Juden keineswegs verschwiegen. Er hat darauf hingewiesen, daß im Fall einer Änderung des Wahlstatuts die griechisch-römische Bevölkerung Verfügungsrecht über die gesamten jüdischen Steuern der Stadt erhielte, was praktisch einer weitgehenden Enteignung der jüdischen Kapitalisten gleichkäme. Aber sehr geschickt bewies er, was das für ein kleines Übel sei, gemessen an der ungeheuren Ungerechtigkeit, daß man die offizielle Hauptstadt einer für die gesamte Orientpolitik so wichtigen Provinz wie Judäa faktisch durch das bestehende Wahlrecht vom Willen einer kleinen Anzahl reicher Juden abhängig mache.

Er las nochmals. Überprüfte sorgfältig das Manuskript: seine Argumente waren durchschlagend. Er war fest entschlossen, lächelte. Ja, er wird das Kleinere, die drei Zwangsarbeiter, preisgeben, um den Juden dafür das Große zu entreißen, die schöne Hafenstadt Cäsarea.

Er rief Dienerschaft herbei, schimpfte. Ließ die Kohlenbekken hinausbringen, die Polster, die Kissen. Was fiel den Dummköpfen ein, wollten sie ihn in Hitze ersticken? Er lief auf seinen dürren Beinen hin und her, seine Knochenhände belebten sich. Er verlangte dringlich für den andern Morgen eine Audienz beim Kaiser. Er sah jetzt seinen Weg, es konnte gar nicht mißglücken.

Denn er hatte keine Eile, er konnte seine Rache auch kalt

genießen. Es waren einige Jahrzehnte vergangen, seitdem der jüdische Dolmetsch Theodor Zachäus gelächelt hatte. Nablion, nun gerade und für immer: Nablion. Er kann warten. Ist das Edikt, das die Juden in Cäsarea aus ihrer angemaßten Machtstellung hinauswirft, erst unterzeichnet, dann braucht es keineswegs sogleich verkündet zu werden. Es mag dann ruhig noch Monate oder selbst ein Jahr liegenbleiben, bis man über den Beginn des großen Alexanderzuges klarsieht.

Ja, in dieser Form wird er dem Kaiser morgen die Regelung der Sache Cäsarea vorschlagen. Er ist sicher, in dieser Form wird er sie durchdrücken. Er lächelt. Er diktiert noch vor dem Abendessen die Antwort auf die Anfrage des Ministeriums für Bitten und Beschwerden, betreffend das Gutachten an das Kabinett der Kaiserin über die Amnestierung von drei jüdischen Zwangsarbeitern in der Ziegelei von Tibur. Der dicke Junius Thrax wird sich wundern, wenn er sieht, daß der Minister Talaß gegen die Freilassung der drei nichts, aber auch gar nichts einzuwenden hat.

Beim Abendessen nehmen die Gäste des Ministers nachdenklich wahr, wie geradezu aufgeräumt der alte, verdrießliche Herr sein kann.

Dem Demetrius Liban gefiel Josef immer besser. Der Schauspieler war nicht mehr ganz jung, sein Leben und seine Kunst kosteten ihn viel Kraft, es war ihm, als könne er sich an der Heftigkeit dieses Jünglings aus Jerusalem neu entzünden. War nicht auch Josef der Anlaß gewesen, daß er endlich seine große und gefährliche Idee, die Darstellung des Juden Apella, ans Licht ließ? Er zog den Josef immer häufiger in sein Haus. Der legte seine Provinzmanieren ab, erlernte mit hellem Verstand die rasche, wendige Lebensklugheit der Hauptstadt, wurde weltläufig. Den vielen Literaten, die er durch den Schauspieler kennenlernte, schaute er ihre Technik, sogar den Jargon des Metiers ab. Er hatte politische und weltanschauliche Gespräche mit Männern von Bedeutung, Liebschaften mit Frauen, die ihm gefielen, mit leibeigenen Mädchen wie mit Damen der Aristokratie.

Josef lebte also angesehen und angenehm. Dennoch packte

ihn oft, wenn er allein war, prickelndes Unbehagen. Er wußte natürlich, daß die Freilassung der drei Unschuldigen nicht über Nacht erfolgen konnte. Aber nun vergingen Wochen, Monate, er wartete und wartete, wie er in Judäa gewartet hatte. Es fraß an ihm, er mußte sich Gewalt antun, um nicht aus der Rolle des Zuversichtlichen zu fallen.

Claudius Regin hatte ihn aufgefordert, er möge ihm das Memorandum schicken, dessen Vortrag solchen Eindruck auf die Kaiserin gemacht hatte. Josef schickte das Manuskript, wartete gespannt auf eine Äußerung des großen Verlegers. Aber der schwieg. Josef wartete vier lange Wochen; Regin schwieg. Hatte er das Manuskript dem Justus zu lesen gegeben? Josef wurde es unbehaglich, wenn er an den kühlen, scharfen Kollegen dachte.

Endlich bat ihn Regin zum Essen. Einziger Gast außer Josef war Justus von Tiberias. Josef spannte sich, witterte Auseinandersetzung. Er brauchte nicht lange zu warten. Schon nach dem Vorgericht sagte der Hausherr, er habe Josefs Memorandum gelesen. Beachtliches Formtalent, aber der Inhalt, die Argumente seien schwach. Justus habe sich ja auch seinesteils, im Auftrag des Königs Agrippa, zu dem Fall der drei Verurteilten geäußert. Es wäre freundlich, wenn er ihnen seine Meinung mitteilen wollte. Dem Josef zitterten die Knie. Die Meinung ganz Roms erschien ihm mit einemmal unwichtig vor der Meinung dieses seines Kollegen Justus von Tiberias.

Justus ließ sich nicht bitten. Der Fall der drei könne nicht anders behandelt werden als im Zusammenhang mit der Angelegenheit Cäsarea. Die Angelegenheit Cäsarea könne nicht anders behandelt werden als im Zusammenhang mit der gesamten Orientpolitik Roms. Seitdem im Osten der Generalfeldmarschall Corbulo kommandiere, habe Rom in der Form manchmal, in der Sache nie Konzessionen gemacht. Bei allem Respekt vor dem Formtalent des Josef glaube er nicht, daß in der kaiserlichen Kanzlei seine Denkschrift den Ausschlag geben werde, sondern vielmehr Berichte und Aufstellungen des Finanzamts, des Generalstabs. Er, Justus, habe in der Denkschrift, die er der Orientabteilung der Kanzlei im Auftrag seines Königs Agrippa überreichte, vor allem die juristische Seite der Angelegenheit Cäsarea ins Licht gehoben. Habe hingewiesen auf das Beispiel der Stadt Alexandrien, wo Rom die Schiebungen der Judenfeinde nicht hatte durchgehen lassen. Aber er fürchte, der Minister Talaß, ohnedies Antisemit und wahrscheinlich von den Griechen Cäsareas geschmiert, werde hier trotz aller juristischen Argumente die Schiebungen der nichtjüdischen Bevölkerung begünstigen. Vom Gesichtspunkt der gesamten römischen Orientpolitik aus gesehen leider mit gutem Grund.

Justus hatte sich auf seinem Speisesofa hochgesetzt; er dozierte scharf, logisch, eindringlich. Josef hörte zu, liegend, die Hände hinterm Kopf verschränkt. Plötzlich richtete er sich hoch, beugte sich über den Tisch gegen Justus, sagte feindselig: „Es ist nicht wahr, daß es bei den Märtyrern von Tibur um Politik geht. Es geht um Gerechtigkeit, um Menschlichkeit. Nur um der Gerechtigkeit willen bin ich hier. Gerechtigkeit! Das schreie ich, seitdem ich in Italien bin, den Leuten ins Gesicht. Mit meinem Willen zur Gerechtigkeit habe ich die Kaiserin überzeugt."

Regin wandte den fleischigen Kopf von einem zum andern. Sah das blaßbraune hagere Gesicht Josefs, das gelbbraune hagere des Justus. „Wissen Sie, meine Herren", sagte er, und seine hohe, fettige Stimme war bewegt, „daß Sie sich ähnlich sehen?"

Beide waren sie betroffen. Sie musterten sich: der Juwelier hatte recht. Sie haßten sich.

„Ich kann Ihnen übrigens im Vertrauen sagen, meine Herren", fuhr Regin fort, „daß Sie sich über einen Fall streiten, der erledigt ist. Ja", sagte er ihnen in ihre verblüfften Gesichter, „die Angelegenheit Cäsarea ist entschieden. Es kann eine Weile dauern, bis das Edikt veröffentlicht wird; aber es ist unterschrieben und an den Generalgouverneur von Syrien abgegangen. Sie haben recht, Doktor Justus. Die Angelegenheit Cäsarea ist gegen die Juden entschieden."

Die beiden jungen Leute schauten mit starren Augen auf Claudius Regin, der schläfrig vor sich hin sah. Sie waren so bestürzt, daß sie einander und ihren Streit vergaßen. „Das ist der schlimmste Schlag gegen Judäa seit mehr als hundert Jahren", sagte Josef. „Ich fürchte, wegen dieses Edikts wird noch manches Mannes Blut fließen", sagte Justus. Sie schwiegen, sie tranken. „Sehen Sie zu, Doktor Josef", sagte Regin, „daß Ihre Juden vernünftig bleiben." – „Hier in Rom läßt sich das leicht raten", sagte Josef, und seine Stimme war voll ehrlicher Bitterkeit. Er saß zusammengeduckt, müde, wie ausgeronnen. Die Mitteilung dieses widerwärtigen, fetten Mannes füllte ihn so mit Trauer, daß sein Herz nicht einmal mehr Raum hatte für das erniedrigende Gefühl, wie lächerlich er und seine Sendung jetzt war. Natürlich, sein Nebenbuhler hatte recht gehabt, er hatte alles vorausgesehen, und was er, Josef, sich zusammengereimt hatte, war Dunst gewesen, und sein Erfolg leeres Stroh.

Claudius Regin sprach. „Ich werde übrigens jetzt gerade", sagte er, „bevor das Edikt bekannt ist, Ihr Memorandum veröffentlichen, Doktor Justus. Sie müssen diese Denkschrift hören", wandte er sich ungewohnt eifrig an Josef, „sie ist ein kleines Meisterwerk." Und er bat Justus, ein Kapitel vorzulesen. Josef, in all seiner Bedrücktheit, merkte auf, war gefesselt. Ja, gegen diese hellen, guten Sätze konnte sein armseliges, pathetisches Gerede nicht aufkommen.

Er gab es auf. Er verzichtete. Er beschloß, nach Jerusalem zurückzukehren, eine bescheidene Stellung im Dienst des Tempels anzunehmen. Er schlief schlecht in dieser Nacht, und auch den andern Tag ging er bedrückt herum. Er aß wenig und ohne Genuß, er besuchte nicht das Mädchen Lucilla, mit dem er sich für diesen Tag verabredet hatte. Er wünschte, er wäre nie nach Rom gekommen, sondern säße noch in Jerusalem, nichts wissend von den üblen und bedrohlichen Dingen, die hier gegen Judäa gesponnen wurden. Er kannte gut die Stadt Cäsarea, ihren Hafen, ihre großen Speicherviertel, ihre Reedereien, Synagogen, Geschäftsläden, Bordelle. Selbst die Bauten, die die Römer dort aufgeführt hatten, so verpönt sie waren, die Residenz des Gouverneurs, die Kolossalstatuen der Göttin Rom und des ersten Kaisers, mehrten den Ruhm Judäas, solange die Stadt von Juden verwaltet wurde. Fiel sie aber der Verwaltung durch die Griechen und Römer anheim, wurde die Hauptstadt römisch, dann war alles ins Gegenteil gekehrt, dann waren die Juden ganz Judäas, auch Jerusalems, nur mehr Geduldete in ihrem eigenen Land. Josef, wenn er dies dachte, fühlte den Boden unter seinen Füßen weggleiten. Trauer und Zorn füllte ihn vom Herzen bis an die Poren seiner Haut, daß er beinahe am Leibe krank wurde.

Als aber Demetrius Liban ihm feierlich entschlossen mitteilte, er werde also jetzt den Juden Apella spielen, auf daß die drei Märtyrer von Tibur erlöst würden, strahlte Josef wieder im ersten unverdunkelten Glanz seines Erfolgs. Die römischen Juden nahmen den Entschluß des Schauspielers ruhiger hin, als man nach ihrer ersten Erregung hätte erwarten sollen; denn es war Winter, und die Aufführung sollte vorläufig nicht öffentlich, sondern in dem kleinen Privattheater in den kaiserlichen Gärten stattfinden. Es blieb eigentlich ein einziger, der schimpfte, der uralte Aaron; der freilich mummelte unentwegt Verwünschungen gegen das gottlose Vorhaben des Schauspielers und gegen die ganze frevelhafte neumodische Generation.

„Der Jude Apella“ war das erste volkstümliche Singspiel, das im kaiserlichen Privattheater aufgeführt wurde. Das Theater faßte nur etwa tausend Menschen, die große Gesellschaft Roms beneidete diejenigen, die zu dieser Premiere Einladungen erhielten. Alle Minister waren da, der dürre Talaß, der dicke, wohlwollende Junius Thrax, Minister für Bitten und Beschwerden, auch der Gardekommandant Tigellin. Dann die neugierige, lebensfrohe Äbtissin der Vestalinnen. Claudius Regin hatte man selbstverständlich nicht vergessen. Von Juden waren nicht viele da: der elegante Julian Alf, der Präsident der Veliagemeinde, und sein Sohn; mit Mühe hatte Josef auch dem Cajus Barzaarone und dem Mädchen Irene eine Einladung verschafft.

Der Vorhang dreht sich in die Versenkung. Auf der Bühne steht der Jude Apella, ein Mann in mittleren Jahren mit einem langen, spitzen Bart, der sich zu verfärben beginnt. Er lebt in einer Landstadt in Judäa, sein Haus ist klein, er, seine Frau, seine vielen Kinder wohnen in *einem* Raum. Die Hälfte von seinem spärlichen Verdienst nehmen ihm die großen Herren in Jerusalem ab; von dem Rest nehmen die Römer in Cäsarea die Hälfte. Als sein Weib stirbt, wandert er aus. Er nimmt mit sich die kleine Rolle mit dem Glaubensbekenntnis, sie am Türpfosten seines Hauses zu befestigen, er nimmt weiter mit seine Gebetriemen, seine Wärmekiste für die Sabbatspeisen, seinen Sabbatleuchter, seine vielen Kinder und seinen unsichtbaren Gott. Er zieht nach Osten, ins Land der Parther. Er baut sich ein Häuslein, befestigt am Türpfosten die kleine Rolle mit dem Glaubensbekenntnis, schlingt die Gebetriemen um den Kopf und um den Arm, stellt sich hin, das Gesicht gegen Westen, gegen Jerusalem, wo der Tempel liegt, und betet. Er nährt sich kärglich, es reicht nicht recht, aber er ist genügsam, ja, er schickt noch einiges nach Jerusalem für den Tempel. Doch da kommen die andern, die elf Clowns, sie sind die Parther, sie verhöhnen ihn. Sie nehmen die kleine Rolle von dem Türpfosten und seine Gebetriemen, sie schauen nach, was darin ist, sie finden beschriebenes Pergament, und sie lachen über die komischen Götter dieses Mannes. Sie wollen ihn zwingen, ihre Götter zu verehren, den hellen Ormuzd und den dunklen Ariman, und wie er sich weigert, zupfen sie ihn an seinem Bart und seinem Haar und reißen ihn so lang, bis er kniet, und das ist sehr komisch. Er erkennt nicht ihre sichtbaren Götter, und die andern erkennen nicht seinen unsichtbaren Gott. Aber für alle Fälle nehmen sie ihm das bißchen Geld weg, das er sich zusammengespart hat, für die Altäre ihrer Götter, und sie schlagen drei von seinen sieben Kindern tot. Er begräbt die drei Kinder, er geht herum zwischen den drei kleinen Gräbern, er setzt sich nieder und singt ein altes Lied: An den Strömen Babels saßen wir und weinten, und seine Bewegungen haben etwas sonderbar Schaukelndes, Groteskes und Trauriges. Dann wäscht er sich die Hände und wandert wieder weg, nach Süden diesmal, nach Ägypten. Das kleine Haus, das er sich gebaut hat, läßt er stehen, aber mit nimmt er die Rolle mit den Bekenntnissen, die Gebetriemen, die Kochkiste, den Leuchter, den Rest der Kinder und seinen unsichtbaren Gott. Er baut sich ein neues Häuslein, er nimmt sich eine neue Frau, Jahre kommen und gehen, er erwirbt neues Geld, und statt der drei erschlagenen Kinder macht er vier neue. Jetzt, wenn er betet, stellt er sich mit dem Gesicht gegen Norden, wo Jerusalem liegt und der Tempel, und er vergißt nicht, jährlich seine Abgabe nach dem Lande Israel zu schicken. Aber auch im Süden lassen ihn seine Feinde nicht. Wieder kommen die elf Clowns, diesmal sind sie Ägypter, und verlangen, daß er ihre Götter anbetet, Isis und Osiris, Stier, Widder und Sperber. Aber da kommt der römische Gouverneur und befiehlt, sie sollen von ihm ablassen. Die elf Clowns sind sehr komisch, wie sie enttäuscht abziehen. Aber er selber, der Jude Apella, in seiner Siegesfreude ist noch komischer. Wieder schaukelt er auf merkwürdige Art mit seinem hagern Leib; aber diesmal tanzt er vor Gott, er tanzt vor der Lade mit den heiligen Büchern. Grotesk hebt er die Beine bis zu dem verfärbten Bart, sein zerlumptes Gewand flattert, mit dürrer, schmutziger Hand schlägt er ein Tamburin. Er schaukelt, alle seine Knochen loben seinen unsichtbaren Gott. So tanzt er vor der Bücherlade, wie einst der König David tanzte vor der Bundeslade. Die großen römischen Herren im Zuschauerraum lachen sehr, deutlich durch das allgemeine Gelächter hört man das scheppernde Lachen des Ministers Talaß. Aber die meisten sind etwas angefremdet, und die paar Juden starren betreten, erschrocken geradezu, auf den hüpfenden, tanzenden, schaukelnden Mann auf der Bühne. Sie denken an die Leviten, wie sie heilig mit silbernen Trompeten auf den hohen Stufen des Tempels stehen, und an den Erzpriester, wie er groß und würdevoll im Schmuck der erhabenen Gewänder und der Tempeljuwelen vor Gott hintritt, und ist das nicht Sakrileg, was der Mann da auf der Bühne macht? Aber schließlich kann auch der römische Gouverneur den Juden nicht mehr schützen. Denn der Ägypter sind zu viele, aus den elf Clowns sind elf mal elf geworden, und sie träufeln vergiftete Anschuldigungen in das Ohr des Kaisers, und sie tanzen possierlich, und sie stechen und zwicken und schießen mit kleinen, tödlichen Pfeilen, und wieder erlegen sie drei von den Kindern und seine Frau dazu. Und zuletzt zieht der Jude Apella abermals weg, mit Rolle und Riemen und Kiste und Leuchter und Kindern und seinem unsichtbaren Gott, und diesmal kommt er nach Rom. Jetzt aber wird das Spiel ganz gewagt und frech. Die Clowns trauen sich nicht, ihn leibhaft zu bedrängen, sie halten sich am Rand der Bühne. Immerhin erklettern sie, wie die Affen hüpfend, das Dach seines Hauses, sie dringen auch ins Innere, sie schauen nach, was in der Rolle ist und was in der Kochkiste. Sie parodieren ihn, wie er sich zum Gebet hinstellt, nach Osten diesmal, wo Jerusalem liegt und der Tempel. Die elf führenden Clowns tragen sehr kühne Masken jetzt, Porträtmasken, man erkennt ohne viel Mühe den Minister Talaß, den großen Juristen des Senats Cassius Longin, den Philosophen Seneca und andere sehr hochmögende Judenfeinde. Doch diesmal können sie nicht an gegen den Juden Apella, er wird geschützt von dem Kaiser und der Kaiserin. Allein sie spähen, bis er sich eine Blöße gibt. Und siehe, er gibt sich eine Blöße. Er heiratet eine Eingeborene, eine Freigelassene. Da stecken sie sich hinter diese seine Frau und gießen ihr all ihren Hohn ins Herz. Einige außerordentlich bösartige Couplets werden gesungen über den Beschnittenen, seinen Knoblauch, seinen Gestank, den Atem seines Fastens, seine Kochkiste. Es kommt dahin, daß seine Frau ihn in Gegenwart seiner Kinder verhöhnt, weil er beschnitten ist. Da jagt er sie fort und bleibt allein mit seinen Kindern und mit seinem unsichtbaren Gott, im Schutz des römischen Kaisers. Resigniert und in wilder Sehnsucht schaukelnd singt er sein altes Lied: An den Wassern Babels saßen wir und weinten; fernher, ganz leise parodieren ihn die elf Clowns.

Die Zuschauer sehen sich an und wissen nicht recht, ob sie heitere oder traurige Gesichter machen sollen. Alle schielen nach der kaiserlichen Loge. Die Kaiserin sagt vernehmlich mit ihrer hellen Kinderstimme, so daß man es weithin hören kann, kaum ein zweites Stück aus der zeitgenössischen Produktion habe sie so interessiert wie dieses. Sie macht dem Senator Marull Komplimente, der mit falscher Bescheidenheit die Urheberschaft der Texte ablehnt. Der Kaiser ist zurückhaltend; sein Literaturlehrer Seneca hat ihm so viel von Tradition gepredigt, daß er vorläufig mit der neuartigen Technik dieses Spiels nichts Rechtes anfangen kann. Der Kaiser ist jung, blond, sein intelligentes Gesicht ist leicht aufgedunsen;

seine Augen mustern beschäftigt, etwas abwesend die Zuschauer, die das Theater nicht verlassen dürfen, bevor er aufbricht. Die jüdischen Herren im Zuschauerraum stehen betreten umher. Claudius Regin bindet ächzend seinen Schnürriemen und quäkt, wenn man ihn fragt, Unverständliches. Josef ist hin- und hergeworfen zwischen Ärger und Anerkennung. Die grelle Lebenswahrheit, mit der dieser Jude Apella auf der Bühne stand, hat seinen Augen weh getan. Daß jemand alles Lächerliche dieses Juden so rücksichtslos seinem ernsthaften Schicksal beimischt, erfüllt ihn mit ebensoviel Unbehagen wie Bewunderung. Eigentlich geht es den meisten so. Sie sind beschäftigt und unzufrieden, die jüdischen Herren geradezu bekümmert. Wirklich vergnügt ist nur der Minister Talaß.

Der Kaiser befiehlt ihn und den Justizminister Junius Thrax in die Loge und sagt nachdenklich, er sei gespannt darauf, wie die Juden eine gewisse Entscheidung aufnehmen werden. Die Kaiserin, unmittelbar bevor sie aufbricht, teilt Josef mit, noch am andern Tag werde die Freilassung seiner drei Unschuldigen erfolgen.

Am andern Tag, gleich nach Sonnenaufgang, wurden die drei Märtyrer entlassen. Im Villenort Tibur, im Landhaus des Julian Alf, des Präsidenten der Veliagemeinde, wurden sie unter der Aufsicht von Ärzten gebadet, gespeist, mit kostbaren Kleidern versehen. Dann setzte man sie in den schönen Reisewagen des Julian Alf. Überall am Wege, der von Tibur nach Rom führte, standen Gruppen von Juden, und wenn der Wagen vorüberkam, Läufer voran, großer Troß hinterher, sprachen sie den Segensspruch, der vorgeschrieben ist nach der Errettung aus großer Gefahr, und sie riefen den drei entgegen: „Gesegnet, die da kommen. Friede mit euch, meine Doktoren und Herren."

Am Tibur-Tor aber war ungeheures Gedränge. Hier erwarteten, inmitten des von Polizei und Militär abgesperrten Raums, die Präsidenten der fünf jüdischen Gemeinden die Märtyrer, dann der Staatssekretär Polyb vom Ministerium für Bitten und Beschwerden, ein Zeremonienmeister der Kaiserin, vor allem aber der Schriftsteller Josef Ben Matthias, Delegierter des Großen Rats von Jerusalem, und der Schauspieler Demetrius Liban. Natürlich erregte auch hier der Schauspieler die meiste Aufmerksamkeit; aber alle ohne Ausnahme, die römischen Herren und die Juden, zeigten sich den schlanken jungen Mann mit dem hagern, fanatischen Gesicht, der kühnen Nase und den heftigen Augen: das war der Doktor Josef Ben Matthias, der die Amnestierung der drei erwirkt hatte. Es war eine große Stunde für Josef. Er sah jung, ernst, erregt und würdig aus, er machte gute Figur selbst neben dem Schauspieler.

Endlich kam der Wagen mit den dreien. Sie wurden herausgeholt. Sie waren sehr schwach, ihre Leiber schaukelten merkwürdig mechanisch hin und her. Blicklos schauten sie in die vielen Gesichter, auf die vielen feierlichen weißen Kleider, stumpf hörten sie die Ansprachen, die sie rühmten. Ergriffen machte man sich aufmerksam auf die halbgeschorenen Schädel mit dem eingebrannten E, auf die Spuren der Kette über den Knöcheln. Viele weinten. Der Schauspieler Demetrius Liban aber kniete nieder, den Kopf neigte er in den Staub der Straße, und er küßte die Füße der Männer, die gelitten hatten für Jahve und das Land Israel. Man war gewohnt, ihn als Komiker zu sehen, das Volk lachte, wo immer er sich zeigte, aber niemand fand ihn komisch, wie er im Staub lag vor den dreien und ihre Füße küßte und weinte.

Am Sabbat darauf fand der große Gottesdienst statt in der Agrippenser-Synagoge. Der älteste von den dreien las die ersten Verse des für diesen Sabbat bestimmten Abschnittes aus der Schrift; mühsam, tief aus der Kehle holte er die Worte, das weite Bethaus war erfüllt von Menschen bis in den letzten Winkel, dicht, lautlos und gepackt standen sie die ganze Straße entlang. Josef aber wurde aufgerufen, nach Schluß der Verlesung die Thorarolle hochzuheben. Schlank und ernst stand er auf dem erhöhten Platz, hoch mit beiden Händen hob er die Rolle, drehte sich, auf daß alle sie sehen könnten, schaute mit seinen heftigen Augen über die zahllose Versammlung. Und die Blicke der Juden Roms hingen an dem jungen, glühenden Menschen, wie er die heilige Rolle der Schrift vor ihnen hochhob.

In diesem Winter wurden die drei Märtyrer sehr gefeiert. Allmählich erholten sie sich, ihre abgezehrten Leiber gewannen neuen Saft, ihre kahlgeschorenen Schädel bedeckten sich mit spärlichem neuem Haar, nach den Rezepten Scribon Largs wurden die Kettennarben über ihren Fußknöcheln getilgt. Man reichte sie von einer Gemeinde zur andern, von einem der einflußreichen jüdischen Herren zum andern. Sie nahmen die Ehrungen ziemlich stumpf hin, als gebührenden Tribut.

Langsam, mit zunehmenden Kräften, begannen sie, mehr zu reden. Es erwies sich, daß die Märtyrer zänkische, eifernde, keifende alte Herren waren. Nichts war ihnen fromm genug und den Vorschriften entsprechend. Sie stritten unter sich und mit jedem andern, sie gingen unter den Juden Roms umher, als wäre es Jerusalem und diese Juden alle ihrer Herrschgewalt unterstellt, sie ordneten an und verboten. Bis endlich Julian Alf sie verbindlich, aber bestimmt darauf aufmerksam machte, seine Veliasynagoge liege nicht in ihrem Tempelbereich. Darauf verfluchten sie ihn und wollten ihn in den Großen Bann tun und den allgemeinen Boykott gegen ihn erklären. Alle waren schließlich froh, als die Schiffahrt wieder begann und man die drei nach Puteoli auf das Schiff nach Judäa bringen konnte.

Josefs Aufgabe in Rom war erledigt. Dennoch blieb er. Klar stand ihm wieder das Ziel vor Augen, um dessentwillen er nach Rom gekommen war: diese Stadt zu erobern. Immer deutlicher wurde ihm, daß es für ihn einen einzigen Weg gab: die Literatur. Ein großer Stoff aus der Geschichte seines Landes lockte ihn. Von jeher hatte ihn in den alten Büchern seines Volkes dieser Bericht am meisten gepackt: der Freiheitskampf der Makkabäer gegen die Griechen. Jetzt erst erkannte er, was ihn hierhergezogen hatte. Rom war reif, die Weisheit und das Geheimnis des Ostens zu empfangen. Seine Aufgabe war, der Welt jenen pathetisch heroischen Abschnitt aus der Vorzeit Israels darzustellen, so daß alle erkannten: dieses Land Israel war ausersehen, in ihm wohnte Gott.

Er sprach niemandem von seinem Vorhaben. Nach außen

hin führte er das Leben eines jungen Herrn der guten Gesellschaft. Aber alles, was er sah, hörte, lebte, bezog er auf sein Werk. Es mußte möglich sein, beides zu begreifen, den Osten und den Westen. Es mußte möglich sein, die Geschichte der Makkabäer mit ihrem Glauben und ihren Wundern in die harte, klare Form zu bringen, die die Theorie der jüngeren Prosaisten verlangte. In den alten Büchern lebte er mit die Martern jener Früheren, die sie auf sich genommen hatten, um die Gebote Jahves nicht zu verletzen, und auf dem Forum, in den Kolonnaden der Livia, des Marsfelds, in den öffentlichen Bädern, im Theater lebte er mit die Schärfe und die „Technik“ dieser Stadt Rom, die ihre Bewohner bezauberte, so daß alle sie beschimpften und alle sie liebten.

Ganz aus kostete er die große Versuchung der Stadt, als die Gelegenheit kam, für immer zu bleiben. Es war an dem, daß Cajus Barzaarone seine Tochter Irene verheiraten wollte. Er hatte auf Wunsch der Mutter als Schwiegersohn den jungen Doktor Licin von der Veliasynagoge in Aussicht genommen, aber es war nicht sein Herz, das diese Verbindung wünschte, und die Augen des Mädchens Irene hingen mit der gleichen schwärmerischen Begeisterung wie am ersten Tag an Josefs hagerem, fanatischem Gesicht. Man zögerte mit der Heirat, es hätte Josef nur ein Wort gekostet, und er hätte sich für alle Zeiten als Schwiegersohn des reichen Mannes in Rom hinsetzen können. Das war verlockend, das bedeutete ruhiges, breites Leben, Ansehen und Fülle. Aber es bedeutete auch Stillstand und Sichbescheiden. War es nicht ein zu kleines Ziel?

Er warf sich mit doppelter Inbrunst auf die Bücher. Bereitete mit unendlicher Gewissenhaftigkeit seine „Geschichte der Makkabäer“ vor. Verschmähte es nicht, wie ein Schuljunge lateinische und griechische Grammatik zu treiben. Übte seine Handfertigkeit an schwierigen Details. So, auf kleine und mühselige Art, arbeitete er das ganze Frühjahr hindurch, bis er sich endlich reif fühlte, das Werk selbst zu beginnen.

Da trat ein Ereignis ein, das seine Fundamente erschütterte.

In diesem Frühsommer nämlich, sehr plötzlich und sehr jung, starb die Kaiserin Poppäa. Sie hatte gewünscht, früh zu sterben, unverwelkt, sie hatte oft vom Tode gesprochen, nun war ihr Wunsch erfüllt. Noch nach dem Tode bewies sie ihre Neigung für den Osten; denn in ihrem Testament hatte sie angeordnet, daß ihr Leib nicht verbrannt, sondern nach der Sitte des Ostens einbalsamiert werde.

Der Kaiser machte aus seiner Trauer und seiner Liebe ein ungeheures Fest. Der riesige Leichenzug bewegte sich durch die Stadt, Musikkorps, Klageweiber, Sprechchöre. Endlos die Prozession der Ahnen, die jetzt die Kaiserin als Letzte in ihren Zug aufnahmen. Die Wachsmasken der toten Urväter waren zu diesem Zweck aus ihren heiligen Schränken genommen worden. Schauspieler trugen sie, angetan mit der prunkhaften Amtstracht dieser toten Konsuln, Präsidenten, Minister, jeder der Toten seine Liktoren voran mit Beilen und Rutenbündeln. Dann, grotesk, kam der ganze Zug nochmals, dargestellt wiederum von Tänzern und Schauspielern, die die vorangehenden parodierten. Auch die tote Kaiserin war darunter. Demetrius Liban hatte sich's nicht nehmen lassen, seiner Protektorin diesen letzten grausigen Liebesdienst zu erweisen, und die Juden, wenn dieses springende, hüpfende, schmerzhaft lächerliche Abbild ihrer mächtigen Gönnerin vorbeikam, heulten vor Lachen und vor Kummer. Dann folgte die Dienerschaft der Verstorbenen, der riesige Zug ihrer Beamten, Leibeigenen, Freigelassenen, dann die Offiziere der Leibgarde, endlich die Tote selbst, getragen von vier Senatoren, sitzend auf einem Lehnstuhl, wie sie es geliebt hatte, gekleidet in eines jener ernsthaft geschnittenen, doch verrucht durchsichtigen Gewänder, wie sie sie geliebt hatte, von jüdischen Ärzten kunstvoll einbalsamiert, umwölkt von Wohlgerüchen. Hinter ihr der Kaiser, das Haupt verhüllt, in einfachem schwarzem Kleid, ohne Kennzeichen seiner Gewalt. Und hinter ihm Senat und Volk von Rom.

Vor der Rednerbühne des Forums machte der Zug halt. Die Ahnen stiegen von ihren Wagen und setzten sich auf die elfenbeinernen Stühle, und der Kaiser hielt die Leichenrede. Josef sah Poppäa, sie saß auf ihrem Stuhl, wie sie damals vor ihm gesessen war, bernsteinfarben von Haar und ein wenig spöttisch, und dann war der Kaiser zu Ende, und zum letzten Male grüßte Rom seine Kaiserin. Die Zehntausende standen,

den Arm mit der geöffneten Hand ausgestreckt, auch die Ahnen erhoben sich von ihren Stühlen und streckten den Arm mit der geöffneten Hand aus, und so verharrten sie grüßend, eine Minute lang, stehend, und allein die Tote saß.

Josef hatte seinen Kollegen Justus die ganze Zeit vermieden. Jetzt suchte er ihn auf. Die beiden jungen Herren schlenderten durch die Kolonnaden des Marsfelds. Justus meinte, jetzt nach dem Tode Poppäas würden die Herren Talaß und Genossen mit der Publikation des Edikts wohl nicht mehr lange warten. Josef hob die Schultern. Schweigend gingen sie zwischen den eleganten Bummlern der Kolonnaden. Dann, und zwar genau vor dem schönen Laden des Cajus Barzaarone, hielt Justus an und sagte: „Und wenn jetzt den Juden von Cäsarea ihre Rechte weggeschwindelt werden, wird kein Mensch etwas dabei finden. Die Juden müssen in dieser Sache unrecht haben. Wenn sie Beschwerden vorbringen, die halbwegs gerechtfertigt sind, dann hört sie Rom und schafft Hilfe. Hat man nicht ihre drei Unschuldigen begnadigt? Rom ist großzügig. Rom behandelt Judäa mild, milder als andere Provinzen."

Josef erblaßte. Hatte dieser Mensch recht? War sein Erfolg, war die Freilassung der drei für die Gesamtpolitik der Juden schädlich, da Rom auf diese Art durch Milde in einer Nebensache die Härte der Hauptentscheidung lügnerisch überzuckern konnte? Blicklos überschaute er die Möbel, die vor dem Magazin des Cajus Barzaarone feil standen.

Er erwiderte nichts, verabschiedete sich bald. Was Justus gesagt hatte, machte ihn krank. Es durfte nicht wahr sein. Er hat seine eitlen Tage, wer hat sie nicht? Aber in der Angelegenheit der drei Unschuldigen hat er aus ehrlichem Herzen heraus gewirkt, er hat nicht um eines persönlichen kleinen Erfolges willen die Sache seines Volkes verschlechtert.

Mit neuem, verbissenem Eifer warf er sich auf sein Werk. Er fastete, kasteite sich, schwor, kein Weib zu berühren, bevor er das Werk vollendet habe. Arbeitete. Schloß die Augen, um die Dinge seines Buches zu schauen, öffnete sie, um die Dinge seines Buches ins rechte Licht zu stellen. Erzählte der

Welt die Geschichte von dem wunderbaren Freiheitskrieg seines Volkes. Er litt mit den Märtyrern des Buches, siegte mit ihnen. Er weihte mit Juda dem Makkabäer den Tempel neu. Mild und groß hüllte der Glaube ihn ein. Glauben, Befreiung, Triumph, alle hohen Gefühle, die er vor den alten Büchern gespürt hatte, goß er in sein Werk. Er war ein erwählter Krieger Jahves, solang er schrieb.

Er vergaß Cäsarea.

Er begann sein früheres Leben von neuem, ging in Gesellschaft, suchte sich Frauen, spielte sich auf. Er las sein Makkabäerbuch einem ausgesuchten Kreis junger Literaten vor. Man beglückwünschte ihn. Er schickte es dem Verleger Claudius Regin. Der erklärte sogleich, er übernehme die Veröffentlichung.

Aber gleichzeitig und auch im Verlag des Claudius Regin erschien ein Werk des Justus „Über die Idee des Judentums". Josef empfand es als hinterhältig, daß weder Regin noch Justus ihm vorher davon gesprochen hatten. Er mäkelte an dem Buch des Justus, es sei nüchtern und schwunglos. Aber im Innern erschien ihm, was er selber gemacht hatte, läppischer Bombast vor den neuen, dichten und zwingenden Gedankenreihen des andern. Er verglich das Porträt des Justus, das vornean in seinem Buch gemalt war, mit seinem eigenen. Er las das kleine Werk des Justus ein zweites, ein drittes Mal. Seine eigene Schriftstellerei erschien ihm kindlich, hoffnungslos.

Aber siehe, nicht nur das Mädchen Irene, jetzt die Frau des Doktor Licin, und die wohlwollenden Leser vom rechten Tiberufer, auch die Literaten und jungen Snobs in den eleganten Bädern des linken Ufers fanden das Makkabäerbuch gut. Josefs Ruf verbreitete sich, sein jüdisches Kriegsbuch wirkte als eine interessante und fruchtbare Erneuerung des Heldenepos. Junge Literaten machten sich an ihn heran, schon wurde er nachgeahmt, galt als Haupt einer Schule. Die großen Familien baten ihn, aus seinem Buch in ihrem Kreis vorzulesen. Auf dem rechten Tiberufer wurden die Kinder aus seinem Buch unterrichtet. Das Werk des Justus von Tiberias aber kannte niemand, las niemand. Der Verlagsbuchhalter im Haus des Claudius Regin erzählte Josef, vom Buch des Justus seien hundertneunzig, vom Werk des Josef viertausendzweihundert Exemplare abgesetzt, und die Nachfrage aus allen Provinzen, besonders aus dem Orient, steige ständig. Justus selbst schien sich aus Rom zurückgezogen zu haben; jedenfalls traf ihn Josef in diesen Monaten seines literarischen Erfolges nirgends.

Der Winter verging, und das früheste Frühjahr brachte eine eindrucksvolle Schaustellung römischer Macht, den lang vorbereiteten Triumph Roms über den Osten, die stolze Einleitung des neuen Alexanderzugs. Das Nachbarreich im Osten, das Partherreich unter König Vologäs, einzige Großmacht der bekannten Welt außer Rom, war des langen Krieges müde, gab Armenien, das strittige Territorium, preis. Der Kaiser selber schloß in festlicher Zeremonie den Janus-Tempel zum Zeichen, daß Friede sei auf Erden. Dann feierte er diesen ersten Sieg über den neu zu erobernden Orient in einem großartigen Schauspiel. Der Armenierkönig Tiridat mußte persönlich vor ihm erscheinen, um aus seiner Hand die Krone als Lehen entgegenzunehmen. Monatelang zog der östliche Herrscher mit riesigem Gefolge, mit Reitern und üppigen Gastgeschenken, Gold und Myrrhen, nach dem Westen, um dem römischen Kaiser zu huldigen. Durch den ganzen Orient verbreiteten sich Legenden von drei Königen aus Morgenland, die sich auf den Weg gemacht hätten, um den aufgehenden Stern im Westen anzubeten. Im übrigen hatte das Finanzministerium in Rom schwere Sorge, wie es den ganzen Aufwand bezahlen sollte, der natürlich auf Kosten der kaiserlichen Kasse ging.

Als endlich der Zug des Königs Tiridat Italien betreten hatte, wurden Senat und Volk von Rom durch eine Proklamation aufgefordert, der Huldigung des Orients vor dem Kaiser beizuwohnen. Auf allen Straßen drängten sich die Neugierigen. Die Mannschaften der kaiserlichen Garde bildeten Spalier. Durch ihre Reihen schritt der östliche König, in der Tracht seines Landes, die Tiara auf dem Kopf, den kurzen Persersäbel im Gürtel: allein die Waffe war durch Festnagelung in der Scheide unschädlich gemacht. So zog er über das Forum, stieg die Estrade hinan, auf der der römische Kaiser thronte, beugte die Stirn zur Erde. Der Kaiser aber nahm ihm die Tiara ab und setzte an ihre Stelle das Diadem. Und dann klirrten die Truppen die Schilde und Lanzen zusammen und riefen in mächtigem Sprechchor, wie sie es tagelang geübt hatten: Gegrüßt sei, Kaiser, Herrscher, Imperator, Gott!

Auf einer Tribüne an der Heiligen Straße, die über das Forum führte, wohnten Ehrengäste aus den Provinzen dem Schauspiel bei, unter ihnen Josef. Voll tiefer Erregung sah er die Demütigung des Tiridat. Der Kampf zwischen dem Osten und dem Westen war uralt. Die Perser hatten seinerzeit den Westen weit zurückgedämmt, dann aber hatte Alexander auf Jahrhunderte den Osten zurückgeworfen. In den letzten Jahrzehnten, vor allem seitdem ein Jahrhundert vorher die Parther eine große römische Armee aufgerieben hatten, schien wieder der Osten im Vordringen. Auf alle Fälle fühlte er sich geistig überlegen, und neue Hoffnung erfüllte die Juden, im Osten werde der Erlöser aufstehen und, wie es die alten Wahrsprüche verkündeten, Jerusalem zur Hauptstadt der Welt machen. Und jetzt mußte Josef sehen, klar, mit eigenen Augen, wie Tiridat, der Bruder des mächtigen Herrschers im Osten, die Stirn in Staub drückte vor Rom. Das Partherreich lag fern, militärische Unternehmungen dorthin waren mit ungeheuren Schwierigkeiten verbunden, noch lebten dort die Enkel derer, die den großen römischen General Crassus und seine Armee mit Mann und Roß geschlagen hatten. Und dennoch schlossen die Parther dieses klägliche Kompromiß. Er hatte es zugegeben, dieser Partherprinz, daß man ihm den Säbel in der Scheide festnagelte. So wenigstens behielt er eine gewisse Autonomie und, wenn auch nur geliehen, sein Diadem. Da der mächtige Parther sich damit begnügte, war es nicht Wahnsinn, wenn man in dem kleinen Judäa glaubte, man könnte es aufnehmen mit der römischen Macht? Judäa war leicht erreichbar, umgeben von romanisierten Provinzen, seit mehr als einem Jahrhundert hatte Rom seine Verwaltung und Militärtechnik dort eingearbeitet. Was die „Rächer Israels“ in der Blauen Halle zu Jerusalem zusammenredeten, war heller Irrsinn. Judäa mußte sich einordnen in die Welt wie die andern, Gott war in Italien, die Welt war römisch.

Auf einmal war Justus neben ihm. „König Tiridat macht eine schlechte Figur neben Ihren Makkabäern, Doktor Josef", sagte er. Josef schaute ihn an, er sah gelbgesichtig aus, skeptisch, ein wenig bitter und sehr viel älter als er selber, trotzdem er es nicht war. Machte er sich lustig über ihn, oder was eigentlich sollten diese Worte? „Ich bin allerdings der Meinung", sagte er, „daß ein in der Scheide festgenagelter Degen weniger sympathisch ist als ein gezückter." – „Aber in vielen Fällen klüger und in manchen sogar vielleicht heroischer", erwiderte Justus. „Ernstlich", sagte er, „es ist schade, daß ein so begabter Mensch wie Sie sich zu einem solchen Schädling auswächst." – „Ich ein Schädling?" entrüstete sich Josef. Es trieb ihm das Blut hoch, daß jemand so klar und nackt die nebelhaften Vorwürfe formulierte, die ihn manchmal in der Nacht peinigten. „Mein Makkabäerbuch", sagte er, „hat Rom gezeigt, daß wir Juden noch Juden sind, keine Römer. Ist das schädlich?" – „Der Kaiser zieht jetzt wohl seine Unterschrift zurück von dem Edikt über Cäsarea, was?" fragte Justus mild. „Das Edikt ist noch nicht veröffentlicht", erwiderte Josef verbissen. „Es gibt Leute", zitierte er, „die wissen, was Jupiter der Juno ins Ohr geflüstert hat." – „Ich fürchte", meinte Justus, „nachdem Rom seine Sache mit den Parthern bereinigt hat, werden Sie auf die Veröffentlichung nicht mehr lange warten müssen." Sie saßen auf der Tribüne, unten zog Kavallerie vorbei, in Paradeuniform, doch in lokkerer, bequemer Haltung, die Menge applaudierte, die Offiziere schauten hochmütig gradaus, nicht rechts, nicht links. „Sie sollten sich selber nichts vormachen wollen", sagte Justus, beinahe verächtlich. „Ich weiß", winkte er ab, „Sie haben die klassische Darstellung unserer Freiheitskriege geschrieben, Sie sind der jüdische Titus Livius. Nur, sehen Sie, wenn unsere lebendigen Griechen heute von dem toten Leonidas lesen, dann bleibt das ein harmloses, akademisches Vergnügen. Wenn aber unsere ‚Rächer Israels' in Jerusalem Ihre Geschichte des Juda Makkabi lesen, dann bekommen sie heiße

Augen und schauen nach ihren Waffen. Halten Sie das für wünschenswert?"

Unten ritt jetzt der Mann vorbei mit dem festgenagelten Degen. Alle auf der Tribüne erhoben sich. Frenetisch schrie das Volk ihm zu.

„Cäsarea", sagte Justus, „ist uns endgültig entrissen. Sie haben das den Römern einigermaßen erleichtert. Wollen Sie ihnen noch viele Vorwände geben, auch Jerusalem zu einer römischen Stadt zu machen?"

„Was kann ein jüdischer Schriftsteller heute tun? Ich will nicht, daß Judäa in Rom aufgeht", sagte Josef.

„Ein jüdischer Schriftsteller", erwiderte Justus, „muß vor allem einmal erkannt haben, daß man heute die Welt nicht durch Eisen und Gold verändern kann."

„Auch Eisen und Gold werden ein Stück Geist, wenn sie für geistige Dinge gebraucht werden", sagte Josef.

„Ein schöner Satz für Ihre Bücher, Herr Livius, wenn Sie gerade nichts Faktisches vorzubringen haben", höhnte Justus.

„Was soll Judäa tun, wenn es nicht untergehen will?" fragte Josef zurück. „Die Makkabäer haben gesiegt, weil sie bereit waren, zu sterben für ihre Überzeugung und ihre Erkenntnis."

„Ich kann keinen Sinn darin erblicken", erwiderte Justus, „für eine Erkenntnis zu sterben. Für eine Überzeugung zu sterben ist Kriegerart. Der Beruf des Schriftstellers ist, sie an andere weiterzugeben. Ich glaube nicht", fuhr er fort, „daß der unsichtbare Gott Jerusalems heute so billig ist wie der Gott Ihrer Makkabäer. Ich glaube nicht, daß viel getan ist, wenn jemand für ihn stirbt. Er verlangt mehr. Es ist furchtbar schwer, für diesen unsichtbaren Gott das unsichtbare Haus zu bauen. So einfach jedenfalls, wie Sie es sich gedacht haben, Doktor Josef, ist es bestimmt nicht. Ihr Buch wird vielleicht einiges von römischem Geist nach Judäa, aber sicher nichts von jüdischem Geist nach Rom bringen."

Den Josef beschäftigte diese Unterredung mit Justus mehr, als er wollte. Vergeblich sagte er sich, aus Justus spreche nur der Neid, weil seine Bücher Erfolg hatten und die des Justus nicht. Was Justus gegen ihn vorgebracht hatte, saß, er konnte es nicht aus seinem Herzen herausbringen. Er las das Makkabäerbuch, er rief alle die großen Gefühle zu Hilfe aus den einsamen Nächten, in denen er das Buch geschrieben hatte. Vergeblich. Er mußte mit diesem Justus fertig werden. So konnte er nicht weiterleben.

Er beschloß, die Sache Cäsarea als Zeichen zu nehmen. Seit einem Jahr jetzt fuchteln sie mit diesem albernen Edikt vor ihm herum. Nur diese Sache Cäsarea ist es, die den Gedanken des Justus recht gibt gegen ihn. Gut. Wenn sie wirklich zuungunsten der Juden entschieden werden sollte, dann unterwirft er sich, dann hat er unrecht, dann ist sein Makkabäerbuch nicht der richtige jüdische Geist, dann ist Justus der große Mann und er ein kleiner, eitler Streber.

Mehrere lange Tage geht er umher in qualvoller Erwartung. Schließlich kann er die Spannung nicht mehr ertragen. Er holt die Würfel hervor. Wenn sie günstig fallen, dann fällt die Entscheidung zugunsten der Juden. Er dreht die Kreiselwürfel. Sie fallen ungünstig. Er dreht nochmals. Sie fallen wieder ungünstig. Er dreht ein drittes Mal. Diesmal fallen sie günstig. Er erschrickt. Er hat, wirklich ohne Absicht, den abgeschrägten Würfel genommen.

Wie immer, er will nach Judäa zurück. Er hat in diesen achtzehn Monaten Rom viel von Judäa vergessen, er sieht es nicht mehr, er muß zurück und sich Kraft aus Judäa holen.

In großer Eile rüstet er seine Abreise. Die halbe Judenschaft steht am Drei-Straßen-Tor, wo der Wagen abfährt, der ihn an sein Schiff nach Ostia bringen soll. Drei der Versammelten begleiten ihn weiter: Irene, die Frau des Doktor Licin, der Schauspieler Demetrius Liban, der Schriftsteller Justus von Tiberias.

Demetrius, auf dem Wege, spricht davon, wie auch er einmal nach Zion reisen wird, und dann für immer. Nein, allzulange wird er nicht mehr warten müssen. Er glaubt nicht, daß er noch länger als sieben oder acht Jahre spielen wird. Dann, endlich, wird er Jerusalem sehen. Er träumt vom Tempel, wie er strahlend über der Stadt hängt mit seinen riesigen Terrassen, seinen weiß und goldenen Hallen. Er träumt von dem mattschillernden Vorhang, der das Allerheiligste abschließt, dem kunstvollsten Gewebe der bekannten Welt. Er kennt jede Einzelheit des Heiligtums, besser wahrscheinlich als mancher, der es mit leiblichen Augen gesehen hat, so oft hat er sich davon erzählen lassen.

Sie sind im Hafen von Ostia angelangt. Die Sonnenuhr zeigt die achte Stunde. Josef rechnet kindlich, mühsam und beharrlich. Es sind jetzt ein Jahr sieben Monate zwölf Tage und vier Stunden, daß er fort ist aus Judäa. Es überfällt ihn plötzlich eine schier leibliche Begierde nach Jerusalem, er möchte seinen Atem mit in die Segel des Schiffes blasen, auf daß es schneller fahre.

Die drei Freunde stehen am Kai. Ernst und still Irene, spöttisch und traurig Justus, aber Demetrius Liban streckt mit großer Geste den Arm mit der flachen Hand aus, den Oberkörper nach vorn geneigt. Es ist mehr als ein Abschiedsgruß an Josef, es ist ein Gruß an das ganze, ferne, heißbegehrte Land.

Die Menschen verschwinden. Ostia, Rom, Italien verschwinden. Josef ist auf dem freien Meer. Er fährt nach Judäa.

Mit ihm auf dem gleichen Schiff fährt der Geheimkurier, der dem Gouverneur von Judäa den Befehl überbringt, der Stadt Cäsarea die kaiserliche Entscheidung über das Wahlstatut zu verkünden.

Zweites Buch
Galiläa

Am 13. Mai, um neun Uhr morgens, empfing der Gouverneur Gessius Flor den Magistrat von Cäsarea und teilte ihm die kaiserliche Entscheidung über das Wahlstatut mit, durch welche die Juden ihrer Herrschaft über die offizielle Hauptstadt des Landes verlustig gingen. Um zehn Uhr wurde das Edikt durch den Sprecher der Regierung von der Rednertribüne auf dem großen Forum verkündet. In den Werkstätten der Brüder Zakynth arbeitete man bereits daran, den Wortlaut des Ediktes in Bronze zu gießen, damit es in dieser Form in den Archiven der Stadt für alle Zeiten aufbewahrt werde.

Unter der griechisch-römischen Bevölkerung brach ungeheurer Jubel los. Die Kolossalstatuen an der Hafeneinfahrt, die Bildnissäulen der Göttin Rom und des Begründers der Monarchie, die Porträtbüsten des regierenden Kaisers an den Straßenecken wurden festlich bekränzt. Musikkorps, Sprechchöre durchzogen die Straßen, im Hafen schenkte man freien Wein aus, die Leibeigenen bekamen Urlaub.

In den Stadtvierteln der Juden aber starrten die sonst so lärmvollen Häuser weiß und öde, die Läden waren geschlossen, die Furcht vor einem Pogrom lag beklemmend über den heißen Straßen.

Am Tag darauf, einem Sabbat, fanden die Juden, als sie ihre Hauptsynagoge besuchen wollten, vor dem Tor den Führer eines griechischen Stoßtrupps mit seinen Leuten, wie er ein Vogelopfer darbrachte. Solche Opfer pflegten Aussätzige darzubringen, und es war die beliebteste Beschimpfung der Juden im vorderen Asien, daß man sie für Abkömmlinge ägyptischer Aussätziger erklärte. Die Synagogendiener forderten die Griechen auf, sich für ihr Opfer einen andern Platz auszusuchen. Die Griechen höhnten zurück, die Zeiten, in denen die Juden in Cäsarea das Maul aufreißen konnten, seien vorbei. Die jüdischen Beamten wandten sich an die Polizei. Die erklärte, sie müsse erst Instruktionen einholen. Einige Hitzköpfe unter den Juden wollten die freche Zeremonie der Griechen nicht länger mit anschauen, versuchten, den Opfertopf mit Gewalt wegzunehmen. Dolche, Messer blitzten hoch. Endlich, es gab bereits Tote und Verwundete, griffen römische Truppen ein. Sie nahmen eine Reihe von Juden als Anstifter des Landfriedensbruchs fest, den Griechen konfiszierten sie den Opfertopf. Wer von den Juden konnte, flüchtete jetzt mit seinem beweglichen Gut fort von Cäsarea; die heiligen Schriftrollen wurden in Sicherheit gebracht.

Die Vorgänge in Cäsarea, das Edikt und seine Folgen, bewirkten, daß der Kleinkrieg, den Judäa seit nunmehr hundert Jahren gegen die römische Schutzmacht führte, überall im Land mit neuer, wilder Erbitterung hochflammte. Bisher hatten zumindest in Jerusalem die beiden Parteien der Ordnung, die aristokratischen „Unentwegt Rechtlichen" und die bürgerlichen „Wahrhaft Schriftgläubigen", Gewalttätigkeiten gegen die Römer verhindern können: jetzt, nach dem Edikt von Cäsarea, bekam die dritte Partei die Oberhand, die „Rächer Israels".

Immer mehr Leute von den „Wahrhaft Schriftgläubigen" fielen jetzt ihnen zu, selbst der Chef der Tempelverwaltung, der Doktor und Herr Eleasar Ben Simon, ging öffentlich zu ihnen über. Überall sah man ihr Zeichen, das Wort Makkabi, die Initialen des hebräischen Satzes: „Wer ist wie du, o Herr?", die Parole des Aufstandes. In Galiläa tauchte mit einemmal der Agitator Nachum auf, der Sohn des von den Römern hingerichteten Patriotenführers Juda. Er war fast ein Jahrzehnt verschollen gewesen, man hatte geglaubt, er sei umgekommen, nun plötzlich zog er durch die Städte und Dörfer der Nordprovinz, überall liefen die Massen ihm zu. „Worauf denn noch wollt ihr warten?" beschwor er inbrünstig, fanatisch die dumpf und erbittert Lauschenden. „Die bloße Gegenwart der Unbeschnittenen besudelt euer Land.

Ihre Regimenter trampeln frech über die Fliesen des Tempels, ihre Trompeten kreischen scheußlich in die heilige Musik. Ihr seid auserwählt, Jahve zu dienen: ihr könnt nicht den Cäsar, den Schweinefresser, anbeten. Denkt an die großen Eiferer des Herrn, an Pinchas, an Eli, an Juda den Makkabäer. Drükken euch eure eigenen Ausbeuter nicht genug? Müßt ihr euch noch von den Fremden den Segen rauben lassen, den Jahve für euch bestimmt hat, daß sie Fechterspiele damit veranstalten und Tierhetzen? Laßt euch nicht bange machen von der Feigheit der ‚Wahrhaft Schriftgläubigen'! Kuscht nicht vor der Profitgier der ‚Unentwegt Rechtlichen', die die Hand der Unterdrücker streicheln, weil sie ihren Geldsack beschützt. Die Zeit ist erfüllt. Das Himmelreich ist nahe. In ihm zählt der Arme genauso wie der Fettbauch. Der Messias ist geboren, er wartet nur darauf, daß ihr euch regt, dann wird er sich zeigen. Erschlagt die Feiglinge vom Großen Rat in Jerusalem! Erschlagt die Römer!"

Die bewaffneten Verbände der „Rächer Israels", die ausgetilgt schienen, tauchten im ganzen Land wieder auf. In Jerusalem kam es zu wilden Kundgebungen. In der Provinz wurden Römer, die sich ohne militärischen Schutz auf die Landstraßen wagten, überfallen, als Geiseln verschleppt. Da gerade die kaiserliche Finanzverwaltung gewisse Steuerrückstände mit Härte eintrieb, zeigten sich junge Anhänger der „Rächer Israels" mit Sammelbüchsen auf den Straßen, bettelten bei den Passanten: gebt eine mildtätige Gabe für den armen, unglücklichen Gouverneur. Gessius Flor beschloß, scharf durchzugreifen, verlangte, man solle ihm die Rädelsführer ausliefern. Die einheimischen Behörden erklärten, sie könnten sie nicht ermitteln. Der Gouverneur ließ durch Truppen den Obern Markt und die angrenzenden Straßen, wo man die Hauptsitze der „Rächer Israels" vermutete, Haus für Haus durchsuchen. Die Haussuchungen gingen in Plünderungen über. Die Juden wehrten sich, von den Dächern einzelner Häuser wurde geschossen. Auch unter den Römern gab es Tote. Der Gouverneur verkündete das Standrecht. Die erbitterten Soldaten schleppten Schuldige und Unschuldige vor Gericht; die bloße Bezichtigung, jemand gehöre zu den „Rächern Israels", genügte. Es regnete Todesurteile. Das Gesetz verbot, römische Bürger anders als durchs Schwert hinzurichten. Gessius Flor ließ jüdische Männer, selbst wenn sie den Rittertitel und den Goldenen Ring des Zweiten römischen Adels trugen, schmählich am Kreuz exekutieren.

Als auch zwei Mitglieder des Großen Rats abgeurteilt werden sollten, erschien vor den Offizieren des Standgerichts, begleitet von einer stummen, ergriffenen Menge, die Prinzessin Berenike, die Schwester des Titularkönigs Agrippa. Sie hatte wegen Errettung aus einer Krankheit ein erschwertes Gelübde getan, so daß sie mit kurzgeschorenem Haupthaar ging und ohne jeden Schmuck. Sie war eine schöne Frau, in Jerusalem sehr geliebt und gern gesehen auch am römischen Hof. Ihre Art zu gehen war berühmt in der ganzen Welt. Von der deutschen Grenze bis zum Sudan, von England bis an den Indus konnte man einer Frau kein willkommeneres Kompliment machen als: sie gehe wie die Prinzessin Berenike. Jetzt nun schritt diese große Dame demütig her, nach Art der Schutzflehenden, barfuß, das schwarze Gewand nur von einer Schnur gehalten, das Haupt mit dem kurzen Haar gebeugt. Sie neigte sich vor dem Vorsitzenden des Gerichts und bat um Gnade für die beiden Priester. Die Offiziere waren zunächst höflich, machten galante Scherze. Da aber die Prinzessin nicht abließ, wurden sie kühl und kurz, zuletzt geradezu grob, und Berenike mußte sich, übel gedemütigt, zurückziehen.

Es kamen in diesen fünf Tagen vom 21. bis zum 26. Mai in Jerusalem über dreitausend Menschen ums Leben, darunter an tausend Frauen und Kinder.

Die Stadt kochte in dumpfer Empörung. Bisher waren zumeist Bauern und Proletarier den „Rächern Israels" zugelaufen, jetzt schlossen sich immer mehr Bürger ihnen an. Überall raunte es oder schrie es auch offen, übermorgen, nein, morgen schon werde das Land sich gegen die römische Gewalt erheben. Die einheimische Regierung, das Kollegium des Erzpriesters und der Große Rat, sahen mit Sorge, welche Wendung die Dinge nahmen. Die gesamte Oberschicht wünschte Verständigung mit Rom, hatte Angst vor einem Krieg. Die

„Unentwegt Rechtlichen", Aristokraten zumeist und reiche Leute, die die wichtigsten Staatsämter innehatten, fürchteten, ein Krieg gegen Rom werde unausbleiblich in eine Revolution gegen ihre eigene Herrschaft ausmünden; denn sie hatten von jeher die bescheidenen Forderungen der Pachtbauern, Kleinbürger, Proletarier starr und hochmütig abgelehnt. Die „Wahrhaft Schriftgläubigen" aber, die Partei der Doktoren des Tempels von Jerusalem, Gelehrte, Demokraten, denen die große Masse des Volkes anhing, glaubten, man müsse es Gott überlassen, die alte Freiheit des Staates wiederherzustellen, und warnten vor jeder Gewalttätigkeit, solange die Römer die Lehre nicht antasteten, die sechshundertdreizehn Gebote des Moses.

Die Führer beider Parteien wandten sich dringlich an den König Agrippa, der in Ägypten weilte, und baten ihn, zwischen den Aufständischen und der römischen Regierung zu vermitteln. Diesem König hatten die Römer zwar nur in Transjordanien und in einigen Städten Galiläas wirkliche Herrschaft belassen, in Judäa hatten sie seine Befugnis auf die Oberaufsicht über den Tempel beschränkt. Aber noch hatte er den Königstitel, galt als der erste Mann unter den Juden, war beliebt. Eiligst, auf die Bitten der jüdischen Regierung, reiste er nach Jerusalem, gewillt, selber zu den Massen zu reden.

Zehntausende kamen, ihn zu hören, auf den großen Platz vor dem Makkabäerpalais. Sie standen dichtgedrängt, hinter ihnen war die alte Stadtmauer und, von einer schmalen Brücke überspannt, die Talenge, und wieder dahinter weiß und golden die ragende Westhalle des Tempels. Die Menge begrüßte den König gedrückt, gespannt, ein wenig mißtrauisch. Dann aber kam zwischen sich neigenden Offizieren die Prinzessin Berenike aus dem Tor des Palastes, schwarzgekleidet wieder, aber nicht in der Tracht der Schutzflehenden diesmal, sondern in schwerem Brokat. Unter dem kurzen Haar schien ihr langes, edles Gesicht doppelt kühn. Alle verstummten, als sie aus dem Palais trat, wie wohl die Betenden verstummen, die am Neumondstag auf den jungen Mond gewartet haben: er war zwischen Wolken und unsichtbar, jetzt aber kommt er heraus, und sie freuen sich. Langsam stieg die Prinzessin die Treppen herunter zu ihrem Bruder, schwer bauschte sich der Brokat um die still Schreitende. Und wie sie jetzt die beiden Hände mit den Flächen gegen das Volk hob, gaben sie inbrünstig, stürmisch den Gruß zurück: sei gegrüßt, Berenike, Fürstin, die da kommt im Namen des Herrn.

Dann begann der König seine Rede. In eindringlichen Sätzen führte er aus, wie hoffnungslos eine Erhebung gegen das römische Protektorat sei. Er hob, der elegante Herr, die Schultern, ließ sie wieder fallen, malte mit seinem ganzen Körper die Sinnlosigkeit des Unternehmens. Hatten nicht alle Völker der Erde sich auf den Boden der Tatsachen gestellt? Die Griechen, die sich einstmals gegen ganz Asien hatten behaupten können, die Makedonier, deren Alexander vor Zeiten den großen Samen eines Weltreiches ausgestreut hatte: genügte heute nicht eine Besetzung von zweitausend römischen Soldaten für beide Länder zusammen? Gallien hatte dreihundertfünf verschiedene Stämme, besaß ausgezeichnete natürliche Befestigungen, erzeugte alle Rohstoffe im eigenen Land: reichten nicht zwölfhundert Mann aus, nicht mehr, als das Land Städte hatte, um jeden leisesten Gedanken an Auflehnung zu unterdrücken? Zwei Legionen genügten, römische Ordnung in dem riesigen, reichen, altkultivierten Ägypten zu sichern. Gegen die Deutschen, bekanntlich von einer Gemütsart heftiger als die der wilden Tiere, kam man mit vier Legionen aus, und im ganzen Gebiet diesseits des Rheins und der Donau reiste man so friedlich wie in Italien selbst. „Habt ihr denn", der König schüttelte bekümmert den Kopf, „keinen Maßstab für eure eigene Schwäche und die Kraft Roms? Sagt mir doch, wo habt ihr eure Flotte, eure Artillerie, eure Finanzquellen? Die Welt ist römisch: wo wollt ihr Bundesgenossen und Hilfe hernehmen? Vielleicht aus der unbewohnten Wüste?"

König Agrippa redete seinen Juden gut zu wie unverständigen Kindern. Genau betrachtet, seien die Steuern, die Rom verlange, nicht übermäßig hoch. „Bedenkt doch, die Stadt Alexandrien allein bringt in einem Monat mehr Steuern auf als ganz Judäa in einem Jahr. Und leistet Rom nicht auch allerhand für diese Steuern? Hat es nicht ausgezeichnete Straßen geschaffen, moderne Wasserleitungen, eine rasch arbeitende, gut geschulte Verwaltung?" Mit großer, dringlicher Geste beschwor er die Versammlung. „Gerade noch liegt das Schiff im Hafen. Seid vernünftig. Fahrt nicht mitten in das fürchterliche Unwetter und den sicheren Untergang."

Die Rede des Königs machte Eindruck. Viele riefen, sie seien nicht gegen Rom, sie seien nur gegen diesen Gouverneur, gegen Gessius Flor. Hier aber hakten geschickt die „Rächer Israels" ein. Der junge, elegante Doktor Eleasar vor allem forderte in wirkungsvollen Sätzen, der König solle als Erster ein Ultimatum an Rom unterzeichnen, das die sofortige Abberufung des Gouverneurs verlangte. Agrippa wich zurück, suchte hinzuzögern, auszubiegen. Eleasar drängte auf klare Antwort, der König lehnte ab. Immer mehr schrien: „Die Unterschrift! Das Ultimatum! Nieder mit Gessius Flor!" Die Stimmung schlug um. Man rief, der König stecke mit dem Gouverneur unter einer Decke, sie alle wollten nur das Volk ausbeuten. Schon drangen einige entschlossen aussehende Burschen auf den König ein. Gerade noch konnte er sich unter dem Schutze seiner Herren heil in das Palais zurückziehen. Den Tag darauf verließ er die Stadt, sehr erbittert, begab sich in seine sicheren transjordanischen Provinzen.

Nach dieser Niederlage der Feudalherren und der Regierung trieben es die Radikalen mit allen Mitteln zum Äußersten. Seit der Begründung der Monarchie, seit hundert Jahren, sandten Kaiser und Senat von Rom allwöchentlich ein Opfer für Jahve und seinen Tempel. Jetzt gab Doktor Eleasar als Chef der Tempelverwaltung den diensttuenden Priestern Anweisung, dieses Opfer nicht mehr anzunehmen. Vergeblich beschworen ihn der Erzpriester und sein Kollegium, die Schutzmacht nicht auf so unerhörte Art zu provozieren. Doktor Eleasar schickte das Opfer des Kaisers mit Hohn zurück.

Dies war das Zeichen für die jüdischen Kleinbürger, Bauern und Proletarier, sich offen gegen die Römer und gegen ihre eigenen Feudalherren zu erheben. Die römische Garnison war schwach. Die „Rächer Israels" waren bald im Besitz aller strategisch wichtigen Punkte der Stadt. Sie steckten das Finanzamt in Brand, vernichteten unter Jubelgeschrei die

Steuerlisten und Hypothekenverzeichnisse. Zerstörten und plünderten die Häuser vieler mißliebiger Aristokraten. Schlossen die römischen Truppen im Makkabäerpalais ein. Die Römer hielten diesen letzten, stark befestigten Stützpunkt mit großer Tapferkeit. Aber ihre Position war aussichtslos, und als ihnen die Juden gegen Ablieferung der Waffen freien Abzug zusicherten, nahmen sie das Angebot mit Freuden an. Beide Parteien bekräftigten das Abkommen durch Eid und Handschlag. Sowie aber die Belagerten die Waffen abgelegt hatten, stürzten sich die „Rächer Israels" auf die Wehrlosen und machten sich daran, sie niederzumetzeln. Die Römer leisteten keinen Widerstand, sie baten auch nicht um ihr Leben, aber sie riefen: Eid! Vertrag! Sie riefen es im Chor, immer weniger riefen es, immer schwächer wurde der Chor, zuletzt rief nur mehr ein einziger: Eid! Vertrag!, und dann verstummte auch er. Dies geschah am 7. September, am 20. Elul jüdischer Rechnung, einem Sabbat.

Der Rausch der Tat kaum vorbei, bemächtigte sich der ganzen Stadt eine tiefe Beklemmung. Wie zur Bestätigung dieses üblen Gefühls trafen sehr bald schon Nachrichten ein, in zahlreichen Städten mit gemischter Bevölkerung seien die Griechen über die Juden hergefallen. In Cäsarea allein waren an jenem schwarzen Sabbat zwanzigtausend Juden gemetzelt worden, die übrigen hatte der Gouverneur in die Docks getrieben und zu Leibeigenen erklärt. Als Antwort verheerten die Juden in den Städten, in denen sie die Majorität hatten, die griechischen Bezirke. Seit Jahrhunderten schon hatten die Griechen und Juden, die an der Küste, in Samaria, am Rand von Galiläa in den gleichen Städten wohnten, einander gehaßt und verachtet. Die Juden waren stolz auf ihren unsichtbaren Gott Jahve, sie waren überzeugt, nur für sie werde der Messias kommen, sie gingen hochfahrend einher im Gefühl ihrer Auserwähltheit. Die Griechen machten sich lustig über die fixen Ideen, den stinkenden Aberglauben, die lächerlichen, barbarischen Gebräuche der Juden, und jeder tat dem Nachbarn dasBöseste an. Immer schon hatte es zwischen ihnen blutige Händel gegeben. Jetzt wütete weit über die

Grenzen Judäas hinaus Plünderung, Mord und Brand, und das Land füllte sich mit unbegrabenen Leichen.

Als es soweit war, beschloß der Vorgesetzte des Gessius Flor, Cestius Gall, Generalgouverneur von Syrien, in Judäa endlich durchzugreifen. Er war ein alter, skeptischer Herr, überzeugt, was man nicht getan habe, bereue man seltener und weniger bitter als das Getane. Nachdem indes die Dinge einmal so übel ausgereift waren, durfte man keine falsche Schwäche zeigen: Jerusalem mußte energisch gezüchtigt werden.

Cestius Gall mobilisierte die ganze Zwölfte Legion, dazu acht weitere Regimenter syrischer Infanterie. Forderte auch von den Vasallenstaaten ansehnliche Kontingente. Der jüdische Titularkönig Agrippa, beflissen, Rom seine Bundestreue zu beweisen, bot allein zweitausend Mann Kavallerie auf, dazu drei Regimenter Schützen, und stellte sich persönlich an ihre Spitze. Umständlich, bis ins kleinste Detail, legte Cestius Gall das Programm der Strafexpedition fest. Vergaß auch nicht, die feuertelegrafischen Siegesmeldungen vorzubereiten. Rom sollte, sowie er als Richter und Rächer in Jerusalem einziehen wird, es am gleichen Tage erfahren.

Gewaltig, von Norden her, brach er in das meuterische Land. Nahm programmgemäß die schöne Siedlung Zabulon-Männerstadt, plünderte sie, brannte sie nieder. Nahm programmgemäß die Küstenstadt Joppe, plünderte sie, brannte sie nieder. Geplünderte, niedergebrannte Städte, gemetzelte Menschen zeichneten seinen Weg, bis er programmgemäß am 27. September vor Jerusalem stand.

Aber hier stockte er. Am 9. Oktober, hatte er errechnet, werde er im Besitz des Forts Antonia, am 10. im Besitz des Tempels sein. Jetzt war schon der 14., und das Fort Antonia hielt sich immer noch. Die „Rächer Israels" hatten nicht gezögert, die zahllosen Wallfahrer, die aus Anlaß des Laubhüttenfestes gekommen waren, zu bewaffnen, die Stadt floß über von freiwilligen Truppen. Der 27. Oktober kam, Cestius Gall stand nun schon einen ganzen Monat vor Jerusalem, und immer noch warteten an den sorglich vorbereiteten Feuerposten die Telegrafisten vergeblich, schon fürchtend, der Apparat klappe nicht und sie würden bestraft. Cestius beorderte neue Verstärkungen heran, ließ mit großen Opfern alle Stoßmaschinen an den Mauern in Stellung bringen, bereitete für den 2. November einen endgültigen Sturmangriff mit solchen Mitteln vor, daß er menschlicher Voraussicht nach nicht mißglücken konnte.

Die Juden hielten sich tapfer. Allein was vermochte individuelle Tapferkeit gegen die überlegene Organisation der Römer? Was zum Beispiel konnte der rührende Ausfall der drei Greise nützen, die sich am 1. November, am Tag vor dem Sturm, allein vor die Mauern begaben, die römische Artillerie in Brand zu stecken? Am hellen Mittag erschienen sie plötzlich vor den römischen Posten, drei uralte Juden mit den Abzeichen der „Rächer Israels", der Feldbinde, die die Buchstaben Makkabi trug, die Initialen der hebräischen Worte: „Wer ist wie du, o Herr?" Erst glaubte man, sie seien Parlamentäre und hätten eine Botschaft der Belagerten zu überbringen, aber sie waren keine Parlamentäre, vielmehr schossen sie mit ihren zitterigen Greisenhänden Brandpfeile gegen die Maschinen. Das war offenkundiger Wahnsinn, und die Römer – was sollte man sonst mit den Wahnsinnigen anfangen? – machten sie erstaunt, gutmütig scherzend, fast mitleidig nieder. Es stellte sich noch am gleichen Tage heraus, daß es jene drei Mitglieder des Großen Rates waren, Gadja, Jehuda und Natan, von den Gerichten des Kaisers seinerzeit zu Zwangsarbeit verurteilt, dann in großer Milde freigelassen. Immer wieder hatten die Römer diese Amnestierung als schlagendes Beispiel ihrer eigenen Gutwilligkeit angeführt und hatten daran erweisen wollen, daß nicht römische Härte, sondern jüdische Bockbeinigkeit die Hauptschuld an den entstandenen Unruhen trage. Auch in den Reden der „Unentwegt Rechtlichen" und der „Wahrhaft Schriftgläubigen" spielte die Amnestierung als Beweis für römische Großmut eine wichtige Rolle. Die drei Märtyrer wollten nicht länger in ihrer Stadt umherlaufen als leibhaftes Exempel für die edle Gesinnung des Erzfeindes. Ihr Herz gehörte den „Rächern Israels". So entschlossen sie sich als fanatische Pädagogen zu dieser beispielhaften, frommen und heroischen Tat.

Die Führer der Makkabi-Leute freilich wußten sehr gut, daß mit Gesinnung allein wenig auszurichten war gegen die Belagerungsmaschinen der Römer. Mit dem Willen, die Stadt nicht zu übergeben, doch ohne Hoffnung, sie zu halten, sahen sie die Vorbereitungen zu dem letzten Sturm, der am andern Tage erfolgen mußte.

Er erfolgte nicht. In der Nacht gab Cestius Gall Befehl, die Belagerung abzubrechen, den Rückzug anzutreten. Er sah krank und verstört aus. Was war geschehen? Niemand wußte es. Man bestürmte den Oberst Paulin, den Adjutanten des Cestius Gall. Er zuckte die Schulter. Die Generäle schüttelten die Köpfe. Cestius gab für den überraschenden Befehl keine Gründe, und die Disziplin verbot, zu fragen. Die Armee setzte sich in Bewegung, rückte ab.

Bestürzt erst, ohne Glauben, dann mit einem Aufatmen, dann mit ungeheurem Jubel sahen die Juden diesen Aufbruch der Belagerungsarmee. Zögernd, immer noch ein taktisches Manöver befürchtend, dann mit wachsender Kraft machten sie sich an die Verfolgung. Es wurde für die Römer ein schwieriger Rückzug. Von Jerusalem her drückten die Aufständischen hart nach. In dem nördlichen Gebiet, das die Römer durchqueren mußten, hatte ein gewisser Simon Bar Giora, ein galiläischer Freischärlerführer, einen erbitterten Kleinkrieg organisiert. Jetzt besetzte dieser Simon Bar Giora nach einem raschen Umgehungsmarsch mit dem Gros seiner Kräfte die Schlucht von Beth Horon. Der Name dieser Schlucht klang lieblich in die Ohren der jüdischen Freischärler. Hier hatte der Herr die Sonne stillstehen lassen, auf daß der General Josua einen Sieg für Israel erfechte; hier hatte Juda der Makkabäer die Griechen triumphal geschlagen. Auch das Manöver Simon Bar Gioras gelang: die Römer erlitten eine Schlappe, wie sie in Asien seit den Partherkriegen keine mehr erlebt hatten. Die Juden hatten noch nicht tausend Tote, die Römer verloren an Toten fünftausendsechshundertachtzig Mann Infanterie und dreihundertachtzig Mann Kavallerie. Unter den Toten war der Gouverneur Gessius Flor. Die gesamte Artillerie, alles sonstige Kriegsmaterial, der Goldene Adler der Legion, dazu die reiche Kriegskasse fiel in die Hände der Juden.

Dies geschah am 3. November römischer, am 8. Dios griechischer, am 10. Marcheschvan jüdischer Rechnung, im zwölften Regierungsjahr des Kaisers Nero.

Feierlich mit ihren Instrumenten standen die Leviten auf den Stufen des Heiligen Raumes, hinter ihnen im Heiligen Raum selbst Priester aller vierundzwanzig Reihen. Nach dem überraschenden Sieg über Cestius Gall hatte der Erzpriester Anan, wiewohl er die Partei der „Unentwegt Rechtlichen" führte, einen Dankgottesdienst anberaumen müssen, und nun zelebrierte man das große Hallel. Die Ereignisse der letzten Tage hatten Fremde auf allen Straßen in die Stadt gespült, überwältigt starrten sie auf den strengen Prunk. Wie Meeresbrandung brauste es durch die riesigen weiß und goldenen Hallen: Dies ist der Tag des Herrn. Lasset uns jauchzen und fröhlich sein. Und immer wieder, durch die hundertdreiundzwanzig vorgeschriebenen Variationen: Lobet den Herrn!

Josef stand ganz vorn, in seiner weißen Amtstracht, den blauen Gürtel mit den eingewirkten Blumen um die Taille. Hingerissen wie die andern warf er im vorgeschriebenen Takt den Oberkörper. Niemand spürte tiefer als er, wie wunderbar dieser Sieg war, den ungeschulte Freischärler über eine römische Legion errungen hatten, über dieses Meisterwerk an Technik und Präzision, das, wiewohl bestehend aus vielen Tausenden, sich fortbewegte wie ein einzelner, gelenkt von *einem* Gehirn. Beth Horon, Josua, Wunder. Es war eine herrliche Bestätigung seines Gefühls, daß für die Bedrängnis des heutigen Jerusalem Vernunft allein nicht genügte. Die ganz großen Taten sind nicht mit Vernunft gemacht worden, sie kommen unmittelbar aus göttlicher Eingebung. Die Tausende vor den Stufen sahen ergriffen, wie inbrünstig dieser junge, glühende Priester die Dankeshymnen mitsang.

Aber in aller frommen Begeisterung konnte er nicht verhindern, daß seine Gedanken sich damit beschäftigten, was für Folgen der unvorhergesehene Sieg der Makkabi-Leute für ihn persönlich haben werde.

Jerusalem hatte nicht viel Zeit gehabt, ihn wegen seines Erfolgs in der Sache der drei Unschuldigen zu feiern. Kaum eine Woche nach seiner Rückkehr waren die Unruhen losgebrochen. Immerhin war er durch seinen römischen Erfolg populär geworden, die gemäßigte Regierung konnte den jungen Aristokraten, trotzdem er so oft in der Blauen Halle der „Rächer Israels" gesehen wurde, nicht länger brüskieren: man gab ihm Amt und Titel eines Geheimsekretärs im Tempeldienst. Viel zuwenig. Jetzt nach dem großen Sieg sind seine Chancen mächtig gestiegen. Die Gewalten müssen neu verteilt werden. Die Volksstimmung zwingt die Regierung, auch einige von den Makkabi-Leuten an die Macht zu lassen. Morgen oder übermorgen schon soll eine Versammlung der drei gesetzgebenden Körperschaften stattfinden. Es darf nicht sein, daß man bei dieser Verteilung an ihm vorübergeht.

Lobet den Herrn! sang es, Lobet den Herrn! Er konnte es verstehen, daß die Regierung bisher mit allen Mitteln den Krieg mit Rom zu vermeiden gesucht hat. Selbst gestern noch, nach dem großen Sieg, flüchteten einige ganz kluge Leute in größter Eile aus der Stadt, dem Generalgouverneur Cestius Gall nach, ihm trotz seiner Niederlage zu versichern, daß sie nichts zu tun hätten mit dem heimtückischen Überfall der Meuterer auf die Armee des Kaisers. Der alte, reiche Chanan, der Besitzer der großen Warenmagazine auf dem Ölberg, hat sich aus der Stadt verdrückt, der Staatssekretär Sebulon hat sein Haus stehenlassen und ist fort, die Priester Zefanja und Herodes sind auf die andere Seite des Jordan geflohen in das Gebiet des Königs Agrippa. Auch viele Essäer sind gleich nach dem Sieg über Cestius weggezogen, und jene Sektierer, die sich Christen nennen, haben sich allesamt davongemacht. Josef hat wenig übrig für die saftlose Frommheit der einen und für die kahle Klugheit der andern.

Die heilige Handlung war zu Ende. Josef schob sich durch die Massen, die den riesigen Tempelbezirk füllten. Die meisten trugen Binden mit dem Abzeichen der „Rächer Israels", dem Wort Makkabi. In dicken Haufen stand man um die erbeuteten Kriegsmaschinen, betastete sie, die mauerbrechenden Sturmböcke, die leichten Katapulte und die schweren

Ballisten, die ihre mächtigen Geschosse weithin schleudern konnten. Überall ringsum in der angenehmen Novembersonne war fröhliches, gutgelauntes Gefeilsche um Stücke der römischen Beute, Kleider, Waffen, Zelte, Pferde, Maultiere, Hausrat, Schmuck, Andenken jeder Art, Rutenbündel, Beile der Liktoren. Neugierig, schadenfroh zeigte man sich das Riemenzeug, wie es jeder römische Soldat zum Binden der Gefangenen bei sich trug. Die Bankiers des Tempels hatten viel zu tun mit dem Einwechseln der fremden Münzen, die man den Erschlagenen abgenommen hatte.

Josef gerät an eine erregte, heftig diskutierende Gruppe: Soldaten, Bürger, Priester. Es geht um den Goldenen Adler mit dem Kaiserporträt, das Feldzeichen der Zwölften Legion, das man erbeutet hat. Die Offiziere der Freischärler wollten, daß der Adler an den Außenmauern des Tempels angebracht werde, neben den Trophäen des Juda Makkabi und des Herodes, an sichtbarster Stelle, ein Wahrzeichen für Stadt und Land. Aber die „Wahrhaft Schriftgläubigen" wollten das nicht dulden; Tierfiguren, unter welchem Vorwand immer, waren im Gesetz verboten. Man schlug einen Mittelweg vor; der Adler sollte in den Tempelschatz gebracht werden zur Verfügung des Doktor Eleasar, des Chefs der Tempelverwaltung, der doch selber zu den „Rächern" gehörte. Nein, das gaben die Offiziere nicht zu. Die Leute, die den Adler transportierten, standen zögernd; auch ihnen wäre es lieber gewesen, die Trophäe wäre nicht im Tempelschatz verschwunden. Sie hatten die dicke Stange mit dem Adler niedergelegt. Das gefürchtete Zeichen der Armee sah in der Nähe plump und ungefüg aus, auch das Bild des Kaisers in dem Medaillon darunter war roh und häßlich, keineswegs furchterregend. Heftig stritten die Männer hin und her. Da kam der Geist über Josef, seine junge Stimme drang voll, Gehorsam fordernd, durch den Wirrwarr. Weder soll der Adler an die Mauer noch in den Tempelschatz. Zertrümmert soll er werden, in Stücke gehauen. Verschwinden soll er. Das war ein Vorschlag nach dem Herzen aller. Die Ausführung war freilich nicht einfach. Der Adler war solid, es dauerte eine gute Stunde, bis er ganz zertrümmert war und jeder mit seinem Stückchen Gold abziehen konnte. Josef, der Held der drei Unschuldigen von Cäsarea, hatte sich neue Sympathien erworben.

Josef ist müde, aber er kann jetzt nicht nach Hause gehen, es treibt ihn weiter durch den Tempelbezirk. Wer ist es, der da kommt und vor dem sich die Haufen willig teilen? Ein junger Offizier, nicht groß, über dem kurzen, gepflegten Bart steht eine starke, gerade Nase und enge, braune Augen. Es ist Simon Bar Giora, der Freischärlerführer aus Galiläa, der Sieger. Vor ihm her wird ein makelloses, schneeweißes Tier geführt, ein Dankopfer offenbar. Aber, Josef sieht es mit unbehaglichem Erstaunen, Simon Bar Giora ist in Waffen. Will er in Eisen zum Altar gehen, den Eisen nie berührt hat, nicht während des Baus und niemals später? Das soll er nicht. Josef tritt ihm in den Weg. „Ich heiße Josef Ben Matthias", sagt er. Der junge Offizier weiß, wer er ist, er begrüßt ihn achtungsvoll, herzlich. „Sie gehen zum Opfer?" fragt Josef. Simon bejaht. Er lächelt, ernst, eine tiefe Zufriedenheit und Zuversicht geht von ihm aus. Allein Josef fragt weiter: „In Waffen?" Simon errötet. „Sie haben recht", sagt er. Er heißt die Leute mit dem Tier warten, er wird die Waffen ablegen. Aber dann wendet er sich nochmals an Josef. Herzlich, freimütig, daß alle es hören, sagt er: „Sie, Doktor Josef, waren der erste. Als Sie die drei Unschuldigen aus dem Kerker der Römer herausholten, spürte ich, daß das Unmögliche möglich ist. Gott ist mit uns, Doktor Josef." Er grüßt ihn, die Hand an der Stirn; aus seinen Augen strahlt Frommheit, Kühnheit, Glück.

Josef ging durch die sacht ansteigenden Straßen der Neustadt, durch die Basare der Kleiderhändler, über den Markt der Schmiede, durch die Töpferstraße. Wieder nahm er mit Wohlgefallen wahr, wie sich die Neustadt zu einem Viertel voll Handel, Industrie, Leben entwickelte. Er besaß Terrains hier, die ihm der Glasfabrikant Nachum Ben Nachum gern abgekauft hätte. Er hatte sich schon entschlossen, sie ihm zu überlassen. Jetzt, nach dem großen Sieg, wollte er das nicht mehr. Der Glasbläser Nachum wartet auf Bescheid. Josef wird jetzt hingehen und ihm absagen. Er wird sich hier in der Neustadt selber ein Haus bauen.

Der Glasfabrikant Nachum Ben Nachum hockte vor seiner Werkstatt, auf Polstern, die Beine gekreuzt. Zu seinen Häupten, über dem Eingang, hing aus buntem Glas eine große Traube, das Emblem Israels. Er stand auf, um Josef zu begrüßen, lud ihn ein, zu sitzen. Josef hockte nieder auf die Polster, ein wenig mühevoll, er hatte sich diese Art zu sitzen abgewöhnt.

Nachum Ben Nachum war ein stattlicher, beleibter Herr von etwa fünfzig Jahren. Er hatte die schönen, lebendigen Augen, um derentwillen die Jerusalemer berühmt waren, sein frischfarbiges Gesicht war gerahmt von einem dichten, viereckigen, schwarzen Bart, der nur mit wenigen grauen Haaren gesprenkelt war. Er war neugierig auf Josefs Bescheid, aber er ließ nichts von dieser Neugier merken, sondern begann ein abgewogenes Gespräch über Politik. Es sei vielleicht gut, wenn auch die jungen Leute einmal ans Steuer kämen. Nachdem die „Rächer" diesen Sieg errungen hätten, müßten sich die regierenden Herren in der Quadernhalle mit ihnen einigen. Er sprach lebhaft, aber gleichwohl würdig und bestimmt.

Josef hörte ihn aufmerksam an. Zu erfahren, wie Nachum Ben Nachum sich nach dem großen Sieg bei Beth Horon zu den Dingen stellte, war interessant. Was er sagte, war wohl die Meinung der meisten Bürger Jerusalems. Noch vor acht Tagen waren sie alle gegen die „Rächer Israels" gewesen; jetzt hatten sie das vergessen, jetzt waren sie überzeugt, man hätte die Makkabi-Leute schon lange an die Macht lassen sollen.

Doktor Nittai kam aus dem Haus, ein älterer, mürrischer Herr, mit dem Josef von Mutterseite her weitläufig verwandt war. Doktor Nittai war auch mit dem Glasfabrikanten verwandt, und der hatte ihn ins Geschäft genommen. Doktor Nittai verstand zwar nichts vom Geschäft; aber es erhöhte das Ansehen einer Firma, wenn sie einen Gelehrten aufnahm und ihn an ihren Einkünften teilnehmen ließ, „ihm in den Mund gab", wie man fromm und ein wenig verächtlich sagte. So lebte also der Doktor und Herr Nittai wortkarg und verdrießlich im Hause des Glasbläsers. Er hielt es für eine große

Wohltat, daß er dem Fabrikanten erlaubte, die Firma unter dem Namen Doktor Nittai und Nachum zu führen, und daß er seinen Lebensunterhalt von ihm annahm. Wenn er nicht auf der Tempeluniversität diskutierte, saß er schaukelnd vor dem Haus in der Sonne, eine Rolle der Heiligen Schrift vor sich, im Singsang Gründe und Gegengründe der Ausdeutung abwägend. Niemand durfte ihn dann stören; denn wer das Studium der Schrift unterbricht, um zu sagen: Siehe, wie schön ist dieser Baum, der ist der Ausrottung schuldig.

Diesmal aber war er nicht mit dem Studium beschäftigt, und so fragte ihn Nachum, ob nicht auch er dafür sei, daß man die „Rächer Israels“ in die Regierung aufnehme. Doktor Nittai runzelte die Stirn. „Machet die Lehre nicht zu einem Spaten“, sagte er unwirsch, „um damit zu graben. Die Schrift ist nicht dazu da, Politik aus ihr herauszulesen.“

Es war viel Betrieb in Nachums Laden und Fabrik. Die römische Beute spülte Geld in die Stadt, und man kaufte gern Nachums weitgerühmte Gläser. Nachum begrüßte würdig die Käufer, bot ihnen schneegekühlte Getränke an, ein wenig Konfekt. Ein großer, herrlicher Sieg, nicht wahr? Die Geschäfte gehen ausgezeichnet, Gott sei gedankt. Wenn das so bleibt, wird man sich bald Magazine anlegen können, groß wie die Magazine der Brüder Chanan unter den Zedern des Ölbergs. Wer sich von seiner Hände Arbeit nährt, steht höher als der Gottesfürchtige, zitierte er, nicht ganz passend. Aber er erreichte seinen Zweck: Doktor Nittai ärgerte sich.

Er hätte manches Gegenzitat gewußt, aber er schluckte es hinunter; denn wenn er sich erregte, dann machte sich sein babylonischer Akzent bemerkbar, und Josef pflegte ihn wegen dieses Akzents in aller Ehrfurcht aufzuziehen. „Ihr Babylonier habt den Tempel zerstört“, pflegte er zu sagen, und Doktor Nittai vertrug keine Neckerei. Er nahm nicht am Gespräch teil, er studierte auch nicht, er hockte in der angenehmen Sonne und träumte vor sich hin. Oftmals jetzt, seitdem er von seiner babylonischen Heimatstadt Nehardea nach Jerusalem gezogen war, war die Achte Priesterreihe, der er angehörte, die Reihe Abija, zum Tempeldienst ausgelost worden. Oftmals hatte er es erlost, Teile des Opfertiers zum Altar zu bringen. Aber sein höchster Traum, den Weihrauch aus der goldenen Schale auf den Altar zu schütten, war nie in Erfüllung gegangen. Immer wenn die Magrepha ertönte, die hunderttonige Schaufelpfeife, die anzeigte, daß jetzt das Räucheropfer dargebracht wurde, faßte ihn tiefer Neid auf den Priester, dem dieser Segen zugefallen war. Er hatte alle Voraussetzungen, er hatte keinen von den hundertsiebenundvierzig Leibesfehlern, die den Priester zum Dienst untauglich machten. Allein er war nicht mehr jung. Wird Jahve es fügen, daß er sich das Räucheropfer noch erlost?

Josef hatte mittlerweile dem Glasbläser seinen Entschluß mitgeteilt, die Terrains zu behalten. Nachum nahm die Mitteilung ohne das kleinste Zeichen von Ärger auf. „Möge Ihr Entschluß uns beiden zum Glück sein, mein Doktor und Herr“, sagte er höflich.

Der junge Ephraim kam, der Vierzehnjährige, Nachums jüngster Sohn. Er trug das Abzeichen mit den Initialen Makkabi. Er war ein schöner, frischer Junge, und heute glühte er von doppeltem Leben. Er hatte Simon Bar Giora gesehen, den Helden. Begeistert strahlten seine langen Augen aus dem warmen, dunkeln Gesicht. Es war vielleicht unrecht gewesen, daß er heute aus der Werkstatt fortlief. Aber er konnte doch das große Hallel im Tempel nicht versäumen. Und er war ja auch belohnt worden, er hatte Simon Bar Giora gesehen.

Josef war schon im Begriff zu gehen, als auch Nachums ältester Sohn kam, Alexas. Alexas war stattlich und beleibt wie der Vater, er hatte den gleichen dicken, viereckigen Bart und das frischfarbige Gesicht; aber seine Augen waren trüber, er wiegte viel den Kopf, strich sich oft mit der rauhen, vom Anfassen heißer Masse zerschrundeten Hand den Bart. Er war nicht ruhevoll wie der Vater, er sah immer bekümmert aus, beschäftigt. Er belebte sich, als er Josef erblickte. Josef durfte jetzt nicht gehen. Er mußte ihm helfen, den Vater überzeugen, daß man jetzt noch, solange vielleicht noch Zeit sei, Jerusalem verlasse. „Sie waren in Rom“, redete er auf ihn ein, „Sie kennen Rom. Sagen Sie selbst, was die Makkabi-Leute jetzt treiben, muß das nicht zum Zusammenbruch führen? Ich habe die besten Beziehungen, ich habe Geschäftsfreunde in Nehardea, in Antiochien, in Batna. Ich verpflichte mich beim Leben meiner Kinder, in jeder beliebigen Stadt des Auslands binnen drei Jahren ein Geschäft aufzumachen, das hinter unserm hier nicht zurückbleibt. Reden Sie meinem Vater zu, daß er sich von diesem gefährlichen Boden fortmacht."

Der Knabe Ephraim fuhr auf den Bruder los, seine schönen Augen waren schwarz vor Wut. „Du verdienst nicht, in dieser Zeit zu leben. Alle schauen mich schief an, weil ich so einen Bruder habe. Geh nur zu den Schweinefressern, du! Jahve hat dich ausgespien aus seinem Mund." Nachum wehrte dem Knaben, aber nur sachte. Er selber hörte die Reden seines Sohnes Alexas nicht gern. Wohl war ihm manchmal bange geworden bei dem wilden Treiben der „Rächer Israels", und er wie die andern streng Rechtgläubigen hatte sie abgelehnt; aber nachdem jetzt fast ganz Jerusalem den Makkabi-Leuten recht gab, führte man keine solchen Reden wie Alexas. „Hören Sie nicht auf meinen Sohn Alexas, Doktor Josef", sagte er. „Er ist ein guter Sohn, aber er muß immer alles anders haben als die andern. Immer steckt er voll von querköpfigen Ideen."

Josef wußte, daß es grade diese querköpfigen Ideen des Alexas waren, denen die Fabrik des Nachum ihren Aufschwung verdankte. Nachum Ben Nachum betrieb seine Werkstatt, wie sein Vater und sein Großvater sie betrieben hatten. Er fabrizierte immer das gleiche, verkaufte immer das gleiche. Beschränkte sich auf den Jerusalemer Markt. Ging auf die Börse, auf die Kippa, setzte mit Hilfe der zuständigen Notare die zeremoniellen, umständlichen Kaufverträge auf und sorgte dafür, daß sie im Stadtarchiv hinterlegt wurden. Mehr zu tun erschien ihm von Übel. Als eine zweite Glasfabrik in Jerusalem errichtet wurde, hätte er sich mit so schlichten Prinzipien gegen die rührige Konkurrenz nicht halten können. Da hatte Alexas eingegriffen. Während man bisher in Nachums Werkstatt zumeist mit der Hand gearbeitet hatte, hatte Alexas den Betrieb modernisiert, so daß man jetzt ausschließlich die lange Glasmacherpfeife anwandte und aus ihr schöne, runde Gefäße herausblies, so wie Gott den Atem in den menschlichen Leib einbläst. Alexas hatte ferner große Quantitäten pulverisierten Quarzkiesels eingeführt, die sehr rentable Filiale in der Oberstadt errichtet, in der nur Prunk- und Luxusgläser verkauft wurden. Hatte die großen Warenmärkte von Gaza, Cäsarea und die Jahresmesse von Batna in Mesopotamien beschickt. Alle diese Neuerungen hatte der kaum Dreißigjährige in ständigem Kampf gegen den Vater durchsetzen müssen.

Auch heute ereiferte sich Nachum gegen den Sohn und seine übervorsichtigen, siebenklugen Reden. Niemals wieder nach dieser Schlappe werden die Römer nach Jerusalem ziehen. Und wenn sie kommen, wird man sie übers Meer zurückwerfen. Er jedenfalls, Nachum Ben Nachum, der Großhändler, wird niemals diese seine Glasfabrik verlassen und von Jerusalem fortgehen. Man hat Glas mit der Hand geformt, und man hat Glas mit der Pfeife geblasen, und Jahve hat das Werk gesegnet. Durch Jahrhunderte waren wir Glasbläser in Jerusalem, und Glasbläser in Jerusalem werden wir bleiben.

Sie hockten auf den Polstern, äußerlich ruhig, aber beide waren sie erregt, und beide strichen sie heftig den viereckigen, schwarzen Bart. Der Knabe Ephraim schaute mit wilden Augen auf den Bruder; es war offensichtlich, daß nur die Ehrfurcht vor dem Vater ihn hinderte, gegen ihn loszugehen. Josef schaute von einem zum andern. Alexas saß ruhig und beherrscht, er lächelte sogar, aber Josef sah gut, wie bitter und traurig er war. Sicherlich hatte Alexas recht, aber seine Vorsicht wirkte kahl und kümmerlich vor der Beharrlichkeit des Vaters und vor der Zuversicht des Knaben.

Von neuem kam Alexas mit Vernunft. „Wenn die Römer unsere Sandtransporte vom Flusse Belus nicht mehr hereinlassen, dann können wir unsere Glasbläserei zusperren. Sie natürlich, Doktor Josef, Sie sind Politiker, Sie müssen in Jerusalem bleiben. Aber einfache Kaufleute wie wir" – „Großkaufleute", korrigierte mild Nachum und streichelte seinen Bart –, „tun wir nicht am besten, schleunigst von Jerusalem wegzuziehen?"

Allein Nachum wollte von diesen Dingen nichts mehr hören. Ohne Übergang wechselte er das Thema. „Unsere Familie", erklärte er dem Josef, „ist in allen Dingen beharrlich. Als mein Großvater, das Andenken des Gerechten zum Segen, starb, hatte er noch achtundzwanzig Zähne, und als mein Vater, das Andenken des Gerechten zum Segen, starb, hatte er noch dreißig Zähne. Ich bin heute über fünfzig, und ich habe noch meine zweiunddreißig Zähne, und meine Haare sind noch fast schwarz und gehen mir nicht aus."

Als Josef sich entfernen wollte, forderte Nachum ihn auf, mit in die Werkstatt zu kommen und sich ein Geschenk auszusuchen. Denn noch ist das Fest des Sieges von Beth Horon, und kein Fest ohne Geschenke.

Der Ofen glühte eine unerträgliche Hitze aus, und der Rauch lag dick in der Werkstatt. Nachum wollte dem Josef durchaus ein Prunkglas aufdrängen, einen großen, eiförmigen Becher, die Außenseite durchbrochene Arbeit, so daß das Ganze wie von einem gläsernen Netz gleichsam umwirkt war. Nachum sang die Verse des alten Liedchens: „Wenn ich nur einmal, heute nur, mein Prunkglas hab, morgen mag es zerbrechen." Allein Josef wies das kostbare Geschenk zurück, wie es der Anstand erforderte, und begnügte sich mit etwas Einfacherem.

Der Knabe Ephraim konnte sich's nicht versagen, mit seinem Bruder Alexas im Rauch und in der Hitze der Werkstatt eine neue, wilde, politische Debatte anzufangen. „Warst du bei dem großen Hallel?" stürmte er auf ihn ein. „Natürlich nicht. Jahve hat dich mit Blindheit geschlagen. Aber jetzt lasse ich mir nichts mehr einreden. Ich trete in die Bürgerwehr ein." Alexas verzog den Mund. Er hatte für den glühenden Knaben nichts als ein Schweigen und ein verlegenes Lächeln. Er hätte so gern mit seiner Frau und seinen zwei kleinen Kindern Jerusalem verlassen. Aber er hing mit ganzem Herzen an seiner Familie, an seinem schönen, törichten Vater Nachum und an seinem schönen, törichten Bruder Ephraim. Er war der einzige, der hier Vernunft hatte. Er mußte bleiben, um sie vor dem Äußersten zu bewahren.

Endlich konnte Josef gehen. Er ließ die Tür unter der großen Glastraube hinter sich, atmete nach der Hitze und dem Rauch der Werkstatt wohlig die angenehm frische Luft. Alexas begleitete ihn ein Stück Weges. „Sie sehen", sagte er, „wie die Unvernunft reißend um sich greift. Vor einer Woche noch war mein Vater ein überzeugter Gegner der Makkabi-Leute. Bleiben Sie uns wenigstens vernünftig, Doktor Josef. Sie haben Sympathien. Setzen Sie einige Sympathien aufs Spiel und behalten Sie Ihren Verstand. Sie sind eine große Hoffnung. Ich wünschte herzlich, man beriefe morgen in der Quadernhalle Sie in die Regierung." Josef, im stillen, dachte: Er will mich so unsympathisch haben, wie er selber ist. Alexas, als er sich verabschiedete, sagte trüb: „Ich wollte, dieser Sieg wäre uns erspart geblieben."

Eine halbe Stunde vor dem angesetzten Beginn der Versammlung ging Josef in die Quadernhalle. Aber schon hatten sich die Herren der gesetzgebenden Körperschaften fast alle eingefunden. In ihrer blauen Amtstracht die Herren vom Kollegium des Erzpriesters, in ihren weiß und blauen Festkleidern die Herren vom Großen Rat, weiß und rot die Herren vom Obersten Gericht. Sonderbar dazwischen stand in seinen Waffen Simon Bar Giora mit einigen seiner Offiziere.

Josef war kaum eingetreten, als sein Freund Amram sich auf ihn stürzte. Früher ein fanatischer Anhänger der „Unentwegt Rechtlichen", hatte er sich seit einiger Zeit den „Rächern Israels" angeschlossen. Seitdem Josef die Befreiung der drei Märtyrer durchgesetzt hatte, hing er ihm mit doppelter Leidenschaft an.

Was er ihm jetzt mitteilen konnte, mußte Josef eine große Genugtuung sein. Galiläische Freischärler hatten einen römischen Kurier abgefangen und ihm einen anscheinend bedeutungsvollen Brief abgenommen. Simon Bar Giora hatte dem Doktor Amram, den er schätzte, den Brief gezeigt. In diesem Schreiben berichtete Oberst Paulin, der Adjutant des Cestius, einem Freunde eilig und vertraulich über die Niederlage der Zwölften Legion. Es lag, schrieb er, für den unseligen Rückzugsbefehl kein vernünftiger Grund vor. Sein Chef hatte einfach die Nerven verloren. Und schuld an dieser Nervenkrisis, eine seltsame und erbitterte Laune des Schicksals, war eine Lappalie: der Selbstmord jener drei verrückten Zwangsarbeiter von Tibur. Der alte Herr hatte zeitlebens nur an Vernunft geglaubt. Der alberne und heroische Tod der drei warf ihn um. Gegen ein solches Volk von Fanatikern und Verrückten eine reguläre Armee einzusetzen war sinnlos. Er kämpfte nicht weiter. Er gab es auf.

Josef las den Bericht, es wurde ihm heiß unter seinem Priesterhut, trotzdem es ein frischer Novembertag war. Der Brief war eine große, herrliche Bestätigung. Manchmal in diesen Zeiten hatte er gezweifelt, ob seine römische Tat gut war. Als die Römer, als gar die „Unentwegt Rechtlichen" die Amnestierung der drei immer wieder als Beweis für die Milde der kaiserlichen Verwaltung anführten, schien es, daß wirklich Justus mit seiner kahlen Mathematik recht behalten sollte. Jetzt aber wurde es offenbar, daß seine Tat sich dennoch zum Heil auswirkte. Ja, mein Herr Doktor Justus von Tiberias, meine Haltung war vielleicht unvernünftig, aber ist sie nicht durch die Folgen herrlich gerechtfertigt?

Der Erzpriester Anan eröffnete die Sitzung. Er hatte es heute nicht leicht. Er stand an der Spitze der „Unentwegt Rechtlichen", führte den Flügel der extremen Aristokraten, die im Schutz der römischen Waffen den Kleinbürgern, Bauern und Proletariern hart und hochmütig alle Erleichterungen versagt hatten. Sein Vater und drei seiner Brüder hatten, einer nach dem andern, das Erzpriestertum, das erste Amt des Tempels und des Staates, bekleidet. Klar, kühl und fair, war er der rechte Mann gewesen, mit den Römern zu verhandeln: jetzt war seine Verständigungspolitik schmählich gescheitert, man stand unmittelbar vor dem Krieg, war man nicht schon mitten darin? Und was wird der Erzpriester Anan jetzt tun und sagen? Ruhig wie stets stand er in seinem hyazinthfarbenen Kleid, er strengte seine tiefe Stimme nicht an, es wurde sogleich still, als er zu sprechen anhub. Er war wahrlich ein mutiger Mann. Als wäre nichts geschehen, sagte er: „Ich bin befremdet, Herrn Simon Bar Giora hier in der Quadernhalle wahrzunehmen. Mir scheint, nur im Feld hat der Soldat zu entscheiden. Wie es weiter mit diesem Tempel und diesem Lande Israel gehalten werden soll, steht vorläufig noch beim Kollegium der Erzpriester, beim Großen Rat und beim Obersten Gerichtshof. Ich ersuche also Herrn Simon Bar Giora und seine Offiziere, sich zu entfernen." Von allen Seiten rief es los gegen den Erzpriester. Der Freischärlerführer schaute um sich, als habe er nicht verstanden. Anan aber fuhr fort, immer mit der gleichen, nicht lauten, aber tiefen Stimme: „Da aber Herr Simon Bar Giora einmal hier ist, möchte ich ihn fragen: an welche Behörde hat er die von den Römern erbeuteten Gelder abgeführt?“ Die Sachlichkeit dieser Frage wirkte ernüchternd. Der Offizier, das Gesicht dunkelrot, erwiderte knapp: „Die Gelder sind in Händen des Chefs der Tempelverwaltung.“ Alle Köpfe drehten sich nach diesem, dem jungen, eleganten Doktor Eleasar, der gradaus und unbeteiligt vor sich hin sah. Dann, mit einem kurzen Gruß, entfernte sich Simon Bar Giora.

Kaum war er gegangen, brach Doktor Eleasar los. Niemand im Volk werde verstehen, wie der Erzpriester den Helden von Beth Horon so hochfahrend von der Sitzung habe ausschließen können. Die „Rächer Israels“ seien nicht mehr gewillt, den schalen Rationalismus der Herren länger zu dulden. Da hätten sie immer erklärt, kleingläubig, rechnerisch, es sei unmöglich, gegen römische Truppen aufzukommen. Nun aber: wo sei die Zwölfte Legion jetzt? Gott habe sich sichtbarlich für die erklärt, die nicht länger warten wollten; er habe ein Wunder getan. „Rom hat sechsundzwanzig Legionen“, rief einer der jüngeren Aristokraten dazwischen, „glauben Sie, daß Gott noch weitere fünfundzwanzig Wunder tun wird?“ – „Lassen Sie so etwas nicht außerhalb dieser Mauern hören“, drohte Eleasar. „Das Volk hat keine Laune mehr für so kümmerliche Witze. Die Lage verlangt, daß die Gewalten neu verteilt werden. Sie werden weggefegt, alle hier, die Sie nicht zu den ‚Rächern Israels‘ gehören, wenn Sie nicht Simon Bar Giora in der zu bildenden Regierung der nationalen Verteidigung Sitz und Stimme anbieten.“ – „Ich beabsichtige nicht, Herrn Simon einen Sitz in der Regierung anzubieten“, sagte der Erzpriester Anan. „Denkt einer von den Doktoren und Herren daran?“ Langsam gingen seine grauen Augen im Kreis, das schmale, hohe Gesicht unter der blau und goldenen Erzpriesterbinde schien unbeteiligt. Niemand sprach. „Wie denken Sie sich die Verwendung der Gelder, die Herr Simon Ihnen übergeben hat?“

fragte Anan den Chef der Tempelverwaltung. „Die Gelder sind ausschließlich für Zwecke der nationalen Verteidigung bestimmt", sagte Doktor Eleasar. „Nicht auch für andere Zwecke der Regierung?" fragte Anan. „Ich kenne keine andern Aufgaben der Regierung", erwiderte Doktor Eleasar. „Durch den kühnen Handstreich Ihres Freundes", sagte der Erzpriester, „haben sich Verhältnisse herausgebildet, die es uns wünschenswert erscheinen ließen, einige unserer Befugnisse an die Tempelverwaltung abzutreten. Aber Sie werden begreifen, daß wir, wenn Sie unsere Aufgaben so eng sehen, unsere Kompetenzen nicht mit Ihnen teilen können." – „Das Volk verlangt eine Regierung der nationalen Verteidigung", sagte hartnäckig der junge Eleasar. „Eine solche Regierung wird sein, Doktor Eleasar", erwiderte der Erzpriester, „aber ich fürchte, sie wird auf die Mitwirkung Doktor Eleasar Ben Simons verzichten müssen. Es hat in Israel in Notzeiten Regierungen gegeben", fuhr er fort, „in denen weder ein Finanzmann saß noch ein Soldat, nur Priester und Staatsmänner. Es waren dies nicht die schlechtesten Regierungen in Israel." Er wandte sich an die Versammlung: „Das Gesetz räumt dem Doktor Eleasar Ben Simon selbständige Entscheidung ein über die Geldbestände der Tempelverwaltung. Die Kassen der Regierung sind leer, die Geldbestände Doktor Eleasars durch die Beute von Beth Horon um mindestens zehn Millionen Sesterzien vermehrt. Wünschen Sie, meine Doktoren und Herren, daß wir den Doktor Eleasar in die Regierung aufnehmen?" Viele erhoben sich, mahnten unmutig, drohten zur Mäßigung. „Ich habe nichts zurückzunehmen und nichts zuzufügen", kam nicht laut die tiefe Stimme des Erzpriesters. „Geld ist wichtig in diesen schweren Zeiten, die Aufnahme des temperamentvollen Doktor Simon in die Regierung halte ich für eine Belastung. Das Für und Wider ist klar. Wir schreiten zur Abstimmung." – „Die Abstimmung ist nicht notwendig", sagte grau vor Erregung Doktor Eleasar. „Ich würde den Eintritt in diese Regierung ablehnen." Er stand auf, ging ohne Gruß aus der schweigenden Versammlung. „Wir haben weder Geld noch Soldaten", sagte nachdenklich Doktor Jannai, der Finanzverwalter des

Großen Rats. „Wir haben für uns", sagte der Erzpriester, „Gott, das Recht und die Vernunft."

Es wurde das Aktionsprogramm der Regierung für die nächsten Wochen festgelegt. Das Priesterkollegium, der Große Rat, der Oberste Gerichtshof kamen bei genauer Prüfung der Sachlage zu dem Resultat: man befinde sich nicht im Krieg mit Rom. Die aufrührerischen Handlungen waren von einzelnen begangen worden, die Behörden trugen keine Verantwortung. Die jüdische Zentralregierung in Jerusalem muß, wie die Dinge nun einmal liegen, mobilisieren. Aber sie respektiert das der römischen Verwaltung direkt unterstellte Gebiet, Samaria, den Küstenstrich. Sie verbietet streng jede Handlung, die als ein Angriff gedeutet werden könnte. Ihr Programm heißt: bewaffneter Friede.

Gegen die kühle, ruhige Haltung der alten Herren war schwer aufzukommen. Es zeigte sich sogleich, daß trotz des Sieges bei Beth Horon die „Unentwegt Rechtlichen" und die „Wahrhaft Schriftgläubigen" an der Macht bleiben würden. Josef war mit soviel Zuversicht in die Sitzung gekommen. Er wußte, das Land wird verteilt werden, bestimmt wird ein Stück davon für ihn abfallen, diesmal sicherlich wird er zwischen die satten und dennoch gefräßigen Größeren springen können und sich ein Stück erraffen. Wenn nichts anderes, so legitimierte ihn schon seine ungeheure Begier. Jetzt aber, während dieser Debatte über das Aktionsprogramm, entrann ihm jede Hoffnung wie der Wein aus durchlöchertem Schlauch. Sein Gehirn war leer. Als er kam, war er sicher gewesen, er werde etwas Bedeutsames zu sagen haben, was diese Männer bewegen mußte, ihm eine Führerstelle zu übertragen. Jetzt war er gewiß, auch dieser Tag, auch diese große Gelegenheit wird vorbeigehen, und er wird weiter unten bleiben müssen wie bisher, ein betriebsamer Streber.

Man ernannte zur Durchführung des bewaffneten Friedens für die sieben Bezirke des Landes je zwei Volkskommissare mit diktatorischen Vollmachten. Josef saß schlaff auf seinem Platz in den hinteren Reihen. Was ging ihn das an? Ihn vorzuschlagen, darauf wird niemand kommen.

Jerusalem Stadt und Land war vergeben, Idumäa wurde

vergeben, Tamna, Gophna wurden vergeben. Jetzt ging es um den nördlichen Grenzbezirk, das reiche Bauernland Galiläa. Hier hatten die „Rächer Israels" ihre meisten Anhänger. Hier war die Freiheitsbewegung entstanden, hier waren die stärksten Wehrverbände. Man schlug vor, den alten Doktor Jannai in diese Provinz zu schicken, einen bedachtsamen, sachlichen Herrn, den besten Finanzmann des Großen Rats. Den Josef riß es aus seiner Leere. Dieses herrliche Land, mit seinen Reichtümern, mit seinen langsamen, nachdenklichen Menschen. Diese wunderbare, schwierige, verwickelte Provinz. Die wollte man dem alten Jannai geben? Ein ausgezeichneter Theoretiker, gewiß, ein verdienter Nationalökonom: aber doch kein Mann für Galiläa. Josef wollte „nein" schreien, er stand halb auf, er beugte sich vor, seine Nachbarn sahen ihn an, aber er sagte nichts, es war ja doch umsonst, er seufzte nur, mit gepreßtem Atem, einer, der viel zu sagen hat und es hinunterschluckt.

Die ihm nahe saßen, lächelten über den unbeherrschten jungen Herrn. Noch einer hatte ihn gesehen, seine Empörung und seinen Verzicht. Er lächelte nicht. Er saß sehr viel weiter vorn als Josef. Es war ein Zufall, daß er die heftige Geste des jungen Menschen beobachtet hatte; denn er hielt gewohnheitsmäßig die meiste Zeit die gelben, zerfältelten Lider über den Augen. Es war ein kleiner Herr, uralt, welk, der Oberrichter des Landes, der Großdoktor Jochanan Ben Sakkai, Rektor der Tempeluniversität. Als man nach einmütiger Wahl des Kommissars Jannai unschlüssig auf einen zweiten Vorschlag wartete, erhob er sich. Auffallend hell und lebendig standen die Augen in seinem kleinen, tausendfach zerknitterten Gesicht. Er sagte: „Ich schlage als zweiten Kommissar für Galiläa vor den Doktor Josef Ben Matthias."

Josef, wie jetzt alle auf ihn schauten, saß sonderbar reglos. Er hatte an diesem Tag Erwartung und Verzicht zehnmal vorgeschmeckt, hatte in seiner Phantasie Erfüllung und Enttäuschung ganz ausgekostet: jetzt traf es ihn nicht mehr, daß man seinen Namen nannte. Er saß leer, als sei die Rede von einem Dritten.

Den andern kam der Vorschlag überraschend. Warum

wohl schlug der milde und trockne Großdoktor Jochanan Ben Sakkai, der angesehene Gesetzgeber, diesen jungen Menschen vor? Der hatte sich bisher in keinem verantwortungsreichen Amt bewährt, hatte vielmehr, seitdem er durch seinen belanglosen Erfolg in der Sache der drei Unschuldigen bei den Massen Sympathien genoß, großmäulig mit seinen Neigungen für die Blaue Halle kokettiert. Hielt es der Großdoktor vielleicht für ratsam, dem alten Jannai einen jungen Herrn mitzugeben, der auch bei den „Rächern Israels" Namen hatte? Ja, so mußte es zusammenhängen. Der Vorschlag war gut. Das Feuer der Makkabi-Leute pflegt, sitzen sie erst in Amt und Würden, rasch abzuflauen. Doktor Josef wird vermutlich in Galiläa zahmer sein als in Rom und Jerusalem, und die wassernüchterne Klugheit des alten Finanztheoretikers Jannai konnte eine kleine Beimischung von dem jungen Wein dieses heftigen Josef ganz gut vertragen.

Josef war mittlerweile aus seiner Starrheit aufgewacht. Hatte nicht eben jemand seinen Namen genannt? Jemand? Jochanan Ben Sakkai, der Großdoktor. Er hatte manchmal, als Kind, mit Scheu die leichte, segnende Hand des milden Mannes auf seinem Kopf gespürt. In Rom hatte er erfahren, daß der Alte selbst dort im Ruf eines der weisesten Menschen der Welt stand. Ganz ohne eigenes Zutun hatte Jochanan das erlangt, einfach durch die Wirkung seines Wesens. Solche stille, ehrgeizlose Art war dem Josef fremd, unheimlich geradezu, sie kratzte und bedrückte ihn, er ging dem Großdoktor am liebsten aus dem Weg. Und nun hatte der ihn vorgeschlagen.

Er war ergriffen, als die Versammlung den Vorschlag bestätigte. Die Männer, die ihn beauftragten, waren weise und gut. Auch er wird weise und gut sein. Er wird nicht als einer der „Rächer Israels" nach Galiläa gehen, und ohne Ehrsucht. Er wird sich still und demütig halten und vertrauen, daß der rechte Geist über ihn komme.

Zusammen mit dem alten Jannai verabschiedete er sich von dem Erzpriester. Kühl und klar wie stets steht Anan vor ihm. Seine Richtlinien sind eindeutig. Galiläa ist am meisten gefährdet. Es gilt, die Ruhe in dieser Provinz unter allen Umständen zu erhalten. „Tun Sie in zweifelhaften Fällen lieber nichts als etwas Gewagtes. Warten Sie Weisungen von Jerusalem ab. Richten Sie immer die Augen nach Jerusalem. Galiläa hat starke Bürgerwehren. Sie, meine Doktoren und Herren, haben die Aufgabe, diese Kräfte zur Verfügung Jerusalems zu halten." Und zu Josef sagte er noch, ihn ohne Wohlwollen musternd: „Man hat Ihnen ein verantwortungsvolles Amt anvertraut. Ich hoffe, man hat sich nicht geirrt."

Josef hörte die Weisungen des Erzpriesters höflich, fast demütig an. Aber sie erreichten nur sein Ohr. Gewiß, solange er in Jerusalem ist, muß er auf den Erzpriester hören. Sowie er aber die Grenzen Galiläas überschritten hat, ist er nur mehr einem einzigen verantwortlich, sich selbst.

Am Abend sagte Anan zu Jochanan Ben Sakkai: „Hoffentlich waren wir nicht voreilig, diesen Josef Ben Matthias nach Galiläa zu schicken. Er kennt nichts als seinen Ehrgeiz." – „Mag sein", erwiderte Jochanan Ben Sakkai, „daß es Zuverlässigere gibt als ihn. Es wird vielleicht viele Jahre hindurch scheinen, als ob er nur für sich handle. Aber solange er nicht tot ist, werde ich glauben, daß er zuletzt dennoch für uns gehandelt haben wird."

Der neue Kommissar Josef Ben Matthias fuhr durch seine Provinz, kreuz und quer. Es war eine gute Regenzeit in diesem Jahr, Jahve war gnädig, die Zisternen füllten sich, auf den Bergen Obergaliläas lag Schnee, fröhlich prasselten die Bergbäche herunter. In der Ebene hockten die Bauern auf dem Boden, rochen an der Erde nach dem Wetter. Ja, es war ein reiches Land, fruchtbar, mannigfach mit seinen Tälern, Hügeln, Bergen, mit seinem See Genezareth, dem Fluß Jordan, der Meeresküste, mit seinen zweihundert Städten. Ein wahrer Garten Gottes, lag es in seiner zauberisch hellen Luft. Josef dehnte die Brust. Er hat es erreicht, er ist sehr hoch gestiegen, es ist herrlich, Herr dieser Provinz zu sein. Wer mit Vollmachten wie er in dieses Land kommt, der muß seinem Namen weithin und für immer Geltung verschaffen, oder er ist ein Unfähiger.

Aber nach wenigen Tagen schon begann ein tiefes Mißbehagen an ihm zu fressen, und es fraß weiter mit jedem Tag. Er studierte die Akten, die Archive, er ließ die Gauvorsteher kommen, verhandelte mit den Bürgermeistern, den Priestern, den Vorstehern der Synagogen und Lehrhäuser. Er versuchte zu organisieren, gab Weisungen, man pflichtete ihm höflich bei, man führte seine Weisungen aus; aber er spürte deutlich, man tat das ohne Glauben, seine Maßnahmen blieben ohne Wirkung. Die gleichen Dinge sahen sich anders an in Jerusalem, anders in Galiläa. Wenn nach Jerusalem immer wieder Klagen kamen, wie sehr das Land unter den drückenden Steuern leide, dann zuckte man dort die Achseln, führte Ziffern an, belächelte die Beschwerden Galiläas als das übliche Gejammer und trieb, unter dem Schutz der römischen Waffen, die Steuern weiter ein wie bisher. Jetzt vergleicht Josef, die Lippen verpreßt, die galiläische Wirklichkeit mit den Jerusalemer Ziffern. Mit finsteren Augen sieht er: die Klagen dieser galiläischen Bauern, Fischer, Handwerker, Hafen- und Fabrikarbeiter sind kein leeres Gejammer. Sie sitzen im Gelobten Land, aber die Reben des Landes wachsen nicht für sie. Das Fett des Landes geht nach Cäsarea an die Römer, sein Öl an die großen Herren nach Jerusalem. Da ist die Bodenabgabe: von der Kornfrucht der dritte Teil, vom Wein und vom Öl die Hälfte, vom Obst der vierte Teil. Dann der Tempelzehnt, die jährliche Kopfsteuer für den Tempel, die Wallfahrtssteuern. Dann die Auktionsabgaben, die Salzsteuer, die Wege- und Brückengelder. Hier Steuern, dort Steuern, überall Steuern.

Je nun, diese finanziellen Dinge sind Sache seines Kollegen Jannai. Aber Josef kann es den Leuten von Galiläa nicht verdenken, wenn sie finster blicken auf die Doktoren der Quaderhalle, die ihnen durch schlaue und verzwickte Ausdeutung der Schrift ihr Bestes wegeskamotieren, und auf ihn, ihren Vertreter. Er hat in Rom und Jerusalem gelernt, wie man Mißvergnügte behandelt, mit kleinen Erleichterungen, mit ernsten und milden Reden, mit feierlichen Kundgebungen und billigen Ehren. Aber mit diesen Mitteln kommt er hier nicht weiter.

In Jerusalem hat man hochmütig gekrümmte Lippen für die

Leute von Galiläa: das ist Landvolk, das sind Provinzler, ohne Bildung, von groben Manieren. Schon in der ersten Woche muß Josef diese billige Hoffart abtun. Gewiß, die Leute hier sind lax in der Erfüllung der Gebote, die gelehrte Ausdeutung der Schrift gilt ihnen wenig. Aber dann wieder sind sie sonderbar streng und fanatisch. Sie wollen sich durchaus nicht zufriedengeben mit dem, was ist. Sie sagen, Staat und Leben müßten in den Grundlagen geändert werden; erst dann könnten die Worte der Schrift sich erfüllen. Alle hier im Land können sie das Buch des Propheten Jesaja auswendig. Die Viehtreiber reden vom ewigen Frieden, die Hafenarbeiter vom Reich Gottes auf Erden; unlängst hat ihn ein Tuchwirker korrigiert, als er ein Zitat aus dem Ezechiel nicht im Wortlaut brachte. Es sind langsame Leute, schwerfällig, ruhig und friedlich im äußern Gehabe, aber in ihrem Innern sind sie keineswegs friedlich, da sind sie gewalttätig, alles erwartend und zu allem bereit. Josef spürt deutlich: das sind Leute für ihn. Ihr dumpfer, wilder Glaube ist eine festere Basis für einen Mann und ein großes Unternehmen als die kahle Gelehrsamkeit, die glatte Skepsis Jerusalems.

Mit eifervollem Bemühen versucht er, sich den Leuten von Galiläa verständlich zu machen. Er will nicht für Jerusalem hiersein, sondern für sie. Sein Mitkommissar, der alte Doktor Jannai, läßt ihn gewähren, kommt ihm nie in die Quer. Ihn interessiert nichts als seine Finanzverwaltung. Er hat sich mit einem ungeheuren Haufen Akten in Sepphoris hingesetzt, der gemächlichen, ruhigen Hauptstadt des Landes, und betreibt jovial, aber zäh und beharrlich die Neuordnung der Finanzen. Alles andere überläßt er seinem jüngeren Kollegen. Aber trotzdem Josef tun und lassen kann, was er will, kommt er nicht weiter. Er tut allen gelehrten Hochmut von sich ab, allen Aristokraten- und Priesterstolz; er spricht mit Fischern, Werftarbeitern, Bauern, Handwerkern wie mit seinesgleichen. Die Leute sind freundlich, geehrt, aber durch ihre Worte und ihr Gehabe hindurch spürt er den inneren Vorbehalt.

Das Land Galiläa hat andere Führer. Josef will es nicht wahrhaben, er will mit diesen Männern nichts zu tun haben, aber er weiß gut ihre Namen. Es sind die Führer der Wehrverbände, die Jerusalem nicht anerkennt, der Bauernführer Johann von Gischala und ein gewisser Sapita aus Tiberias. Josef sieht, wie die Augen der Leute hell werden, wenn man diese Namen nennt. Er möchte mit den beiden Männern zusammenkommen, sie reden hören, erkunden, wie sie es angefangen haben. Aber er fühlt sich unerfahren, unfähig, unfruchtbar. Er hat sein Amt und seinen großen Titel, vielleicht auch die Macht: aber die Kraft haben die andern.

Er arbeitet sich ab. Immer heftiger stachelt ihn der Wunsch, gerade dieses Galiläa zu gewinnen. Aber das Land versperrt sich ihm. Seit fünf Wochen jetzt sitzt er hier, aber er ist nicht weiter als am ersten Tag.

An einem dieser Winterabende streicht Josef durch die Straßen der kleinen Stadt Kapernaum, eines Zentrums der „Rächer Israels". An einem armen, vernachlässigten Haus sieht er eine Fahne herausgesteckt, das Zeichen des Kneipenwirts, daß neuer Wein eingetroffen ist. In Ratsversammlungen, Kommissionssitzungen, Synagogen, Lehrhäusern hat Josef seine Galiläer oft genug gesehen. Er möchte sie beim Wein sehen, er tritt ein.

Es ist ein niedriger Raum, dürftig, durch ein einfaches Bekken, in dem man Mist verbrennt, primitiv erwärmt. In dem übelduftenden Rauch erkennt Josef ein reichliches Dutzend Männer. Man sieht auf, wie der gutgekleidete Herr eintritt, mustert ihn zurückhaltend, nicht unfreundlich. Der Wirt kommt, fragt nach seinen Wünschen, erklärt, wie gut es der Herr heute trifft. Ein Kaufmann mit einer Karawane ist durchgekommen, hat sich üppig aufkochen lassen, es ist noch etwas Geflügelbraten mit Milch übriggeblieben. Fleisch mit Milch zu essen ist streng verboten; aber die Landbevölkerung Galiläas findet, Geflügel sei kein Fleisch, und läßt sich nicht von der Sitte abbringen, es in Milch zu kochen und zu braten. Man macht gutmütige Witze, wie Josef den Leckerbissen höflich ablehnt. Man fragt ihn, wer er sei, bei wem er nächtige, man findet aus seinem Dialekt den Jerusalemer heraus. Josef gibt freundlich, aber etwas unklar Auskunft; er weiß nicht, ob man ihn erkennt.

Der Wirt setzt sich zu ihm, erzählt ihm redselig. Er heißt Theophil, aber er nennt sich jetzt Giora, der Fremde, weil er nämlich ein Sympathisierender ist und die Absicht hat, zum Judentum überzutreten. In Galiläa ist die Bevölkerung stark mit Nichtjuden gemischt, es gibt viele Sympathisierende, die sich von dem unsichtbaren Gott Jahve angezogen fühlen. Auch diesem Theophil-Giora haben die Doktoren vorschriftsmäßig abgeraten, zum Judentum überzutreten; denn solange er Nichtjude sei, gehe er nicht des Heils verlustig, auch wenn er die sechshundertdreizehn Gebote nicht halte. Habe er aber einmal die Verpflichtung auf sich genommen, dann sei seine Seele bedroht, wenn er das Gesetz nicht erfülle, und das Gesetz sei schwierig und streng. Theophil-Giora war noch nicht beschnitten, die Worte der Doktoren hatten Eindruck auf ihn gemacht; aber gerade ihre Strenge zog ihn an.

Die andern, breit, langsam, etwas täppisch, angeregt durch die Anwesenheit des Jerusalemer Herrn, fangen wieder einmal an, von ihrer Hauptsorge zu reden, von dem harten Druck der Regierung. Der Tischler Chalafta hat seinen letzten Weinberg verkaufen müssen. Er hat Ziegen eingeführt von jenseits des Jordan; die Römer haben hohen Zoll darauf gelegt, er hat die Ziegen durchschmuggeln wollen, aber er wurde ertappt. Wie man's macht, macht man's falsch mit den Zöllnern. Weh dem, der die Ware angibt, weh dem, der sie nicht angibt. Jetzt haben sie ihn mit dem Zehnfachen bestraft, weil es das zweitemal war, und er mußte den Weinberg verkaufen. Dem Tuchwirker Asarja hat der Marktaufseher von Magdala seinen dritten Webstuhl pfänden lassen, weil er mit der Gewerbeabgabe im Rückstand ist. Alle die Männer in diesem reichen Land sahen abgerissen aus, sie lebten kümmerlich. Es gab viel Geflügel in Galiläa, die Ziegenmilch war billig; aber sie schnalzten gierig, als der Wirt Giora von seinem milchgekochten Geflügelbraten erzählte. Sie bekamen dergleichen nur an hohen Feiertagen. Man rackerte sich ab, nicht für den eigenen Bauch, nur für den Wanst von Cäsarea und Jerusalem. Es waren harte Zeiten.

War die Zeit erfüllt? Schon der Agitator Juda hatte es verkündet hier in Galiläa und hatte die Partei der „Rächer Israels“ gegründet, aber er war von den Römern gekreuzigt worden. Jetzt wanderte sein Sohn Nachum durch das Land und verkündete es. Auch der Prophet Theuda war aufgestanden in Galiläa, hatte Wunder getan, war dann vor Jerusalem gezogen und hatte erklärt, er werde die Fluten des Jordan spalten. Aber die Römer haben ihn gekreuzigt, und die Herren vom Großen Rat haben zugestimmt.

Der Ölbauer Teradjon meinte, vielleicht sei dieser Prophet Theuda wirklich ein Schwindler gewesen. Der Tischler Chalafta wiegte schwer und bekümmert den Kopf: „Schwindler? Schwindler? Vielleicht hätte sich der Jordan wirklich nicht geteilt auf das Geheiß des Mannes. Aber auch dann nicht war er ein Schwindler. Dann war er ein Vorläufer. Denn wann soll die Zeit erfüllt sein, wenn nicht jetzt, da Gog und Magog sich von neuem aufmachen, über Israel herzufallen, wie es geschrieben steht bei Ezechiel und im Targum Jonathan?“

Der Tuchwirker Asarja meinte schlau: jener Theuda könne bestimmt nicht der rechte Messias gewesen sein; denn wie er zuverlässig gehört habe, sei Theuda ein Ägypter gewesen, und unmöglich doch könne ein Ägypter der Messias sein.

Der Wein war gut, und es war viel Wein. Die Männer vergaßen den Herrn aus Jerusalem, und umwölkt von dem stinkenden Rauch des Mistes im Heizbecken, redeten sie langsam, eifrig und gewichtig von dem Messias, der kommen mußte, heute oder morgen, aber bestimmt noch in diesem Jahr. Gewiß konnte der Messias ein Ägypter sein, behauptete dumpf und hartnäckig der Tischler Chalafta. Denn steht nicht geschrieben von dem eisernen Besen, der das Faule aus Israel und der Welt auskehrt? Und ist nicht der Erlöser dieser eiserne Besen? Wenn er es aber ist, wird Jahve einen Juden schicken, die Juden zu schlagen, wird er nicht lieber einen Unbeschnittenen schicken? Warum also sollte der Messias nicht ein Unbeschnittener sein?

Der Krämer Tarfon aber klagte in dem dunkeln, schweren Gegurgel des Dialekts: „Ach und oj, gewiß wird er ein Jude sein. Denn lehrt nicht der Doktor Dossa Ben Natan, daß er sammeln wird alle Zerstreuten und daß er dann, oj und ach, erschlagen liegen wird, unbeerdigt, in den Straßen Jerusalems und daß sein Name sein wird Messias Ben Josef? Wie aber kann der Name eines Nichtjuden Messias Ben Josef sein?"

Nun aber mischte sich der Wirt Theophil-Giora ein, und er sprang dem Tischler Chalafta bei. Es kränkte ihn, daß ein Fremder nicht sollte der Messias sein können. Finster und hartnäckig beharrte er: nur ein Nichtjude könne der Erlöser sein. Denn heißt es nicht in der Schrift, daß er den Himmel zusammenrollen werde wie eine Buchrolle und daß erst die Strafe sein werde und das große Schlachten und das Feuer in der mörderischen Stadt?

Mehrere stimmten ihm zu, andere widersprachen. Alle waren sie aufgewühlt. Langsam, düster klagend, empört redeten sie aufeinander ein, diskutierten inbrünstig die dunklen und widerspruchsvollen Botschaften. Sie waren fest im Glauben an den Erlöser, diese galiläischen Männer. Nur hatte jeder ein anderes Bild von ihm, und jeder verteidigte sein Bild, er sah es genau, er wußte, daß er recht hatte und der andere unrecht, und jeder suchte sich eifrig für sein Bild die Belege aus der Schrift.

Josef hörte gespannt zu. Seine Augen und seine Nase waren empfindlich, aber er kümmerte sich nicht um den beizenden, widerwärtig stinkenden Rauch. Er schaute auf die Männer, wie sie in ihren harten Schädeln ihre Argumente wälzten. Man sah ordentlich, wie sie sie ausgruben, mühselig in Worte umschmolzen. Einstmals, als er bei dem Einsiedler Banus in der Wüste lebte, waren die Heilsbotschaften der Propheten groß und ständig um ihn gewesen, er hatte sie eingeatmet mit der Luft, die ihn umgab. Aber in Jerusalem waren die Verheißungen verblaßt, und von den Sätzen der Schrift waren ihm diejenigen, die vom Erlöser sprachen, die dünnsten, fremdesten geworden. Die Doktoren der Quadernhalle sahen es nicht gern, wenn man diese Weissagungen auf die Gegenwart anwenden wollte; viele schlossen sich der Meinung des großen Gesetzeslehrers Hillel an, der Messias sei längst erschienen, in Gestalt des Königs Hiskia, sie strichen aus den Achtzehn Bitten die um das Erscheinen des Erlösers, und wenn Josef sich prüfte, dann hatte seit langen Jahren die Hoffnung auf den Erlöser weder in seinen Gedanken noch in seinen Taten einen Platz gehabt: jetzt, an diesem Abend, in der dunkeln, rauchigen Kneipe, wurde ihm die Erwartung des Erretters wieder körperhaft, Glück und Bedrängnis, Eckstein des ganzen Lebens. Offenen Ohres und vollen Herzens hörte er den Männern zu, und die Anschauungen dieser Einfältigen, dieser Tuchwirker, Krämer, Tischler, Ölbauern, schienen ihm wichtiger als die scharfsinnigen Kommentare der Jerusalemer Doktoren. Wird der Erlöser den Ölzweig bringen oder das Schwert? Er verstand gut, daß sich die Männer an den Widersprüchen ihres gewalttätigen Glaubens immer mehr erhitzten und in aller Frommheit immer bedrohlicher gegeneinander wurden.

Schließlich war es so weit, daß der Tischler Chalafta mit Fäusten gegen den Krämer Tarfon losgehen wollte. Da sagte auf einmal, gepreßt und hastig, einer von den Jüngeren: „Laßt doch, wartet doch, paßt auf, er ‚sieht'." Da schauten sie alle hin auf den Platz neben dem Heizbecken. Dort saß ein Buckliger, fahl, dürr und, wie es schien, auch kurzsichtig. Bisher hatte er kaum den Mund aufgetan. Jetzt blinzelte er angestrengt durch den Rauch, machte die Augen eng, als ob er am Rand seiner Sehweite etwas erkennen wolle, riß sie wieder auf und blinzelte.

Die Männer redeten auf ihn ein: „Siehst du, Akawja? Sag uns, was du siehst." Der Sandalenmacher Akawja, immer angestrengt schauend, die Stimme heiser vom Wein und Rauch, sagte nüchtern und sehr dialektisch: „Ja, ich sehe ihn." – „Wie sieht er aus?" fragten die Männer. „Er ist nicht groß", sagte der Schauende, „aber er ist breit." – „Ist er ein Jude?" fragten sie. „Ich glaube nicht", sagte er. „Er hat keinen Bart. Aber wer will einem Gesicht ablesen, ob einer ein Jude ist?" – „Ist er bewaffnet?" – „Ich sehe kein Schwert", erwiderte der Schauende, „aber ich glaube, er hat eine Rüstung." – „Wie spricht er?" fragte Josef. „Er bewegt den Mund", erwiderte der Sandalenmacher Akawja, „aber ich kann ihn nicht hören. Ich glaube, er lacht", fügte er wichtig hinzu. „Wie kann er lachen, wenn er der Messias ist?" fragte unzufrieden der Tischler Chalafta. Der Schauende erwiderte: „Er lacht und ist dennoch furchtbar."

Dann wischte er sich über die Augen, erklärte, jetzt sehe er nichts mehr. Er fühlte sich müde und hungrig, gab sich mürrisch, trank viel Wein, verlangte auch von dem milchgekochten Geflügel. Der Wirt gab Josef Auskunft über den Sandalenmacher Akawja. Der war sehr arm, aber er machte trotzdem jedes Jahr seine Wallfahrt nach Jerusalem und brachte sein Lamm zum Tempel. Die inneren Höfe durfte er nicht betreten, weil er ein Krüppel war. Aber er hing sehr an dem Tempel, mit ganzem Herzen und ganzem Vermögen, und wußte auch genauer Bescheid um die inneren Höfe als manche, die darin waren. Vielleicht war es gerade, weil er den Tempel nicht sehen durfte, daß Jahve ihn anderes sehen ließ.

Die Männer blieben noch lange zusammen, aber sie sprachen nicht mehr von dem Erlöser. Vielmehr sprachen sie davon, wie sehr die Makkabi-Leute an Zahl gewachsen waren, und von ihrer Organisation und Bewaffnung. Der Tag des Losschlagens werde bald dasein. Der Sandalenmacher Akawja, wieder munter geworden, zog den unbeschnittenen Wirt auf, daß er, wenn dieser Tag gekommen sei, bei dem großen Aufwasch auch werde dran glauben müssen. Dann wandten sie sich wieder dem Herrn aus Jerusalem zu und hänselten ihn auf ihre täppische, doch nicht unfreundliche Art. Josef ließ es sich gefallen und lachte mit. Schließlich verlangten sie, er solle ihr Gast sein und von dem milchgekochten Geflügel essen. Vor allem der Sandalenmacher Akawja, der Schauende, bestand darauf. Eigensinnig, hartnäckig plärrte er: „Essen, Mann, Sie sollen essen." Josef hatte sich in Rom um die Beachtung der Bräuche nicht viel gekümmert, in Jerusalem hatte er Gebote und Verbote streng geachtet. Hier war Galiläa. Er bedachte sich eine Weile. Dann aß er.

Josef hat sich zum Hauptquartier Magdala gewählt, einen angenehmen, großen Ort am See Genezareth. Wenn er ein wenig auf dem See herumfährt, dann sieht er im Süden weiß und prunkvoll eine Stadt liegen, die schönste Stadt des Landes, aber sie gehört nicht zu seinem Bereich, sie untersteht dem König Agrippa. Sie heißt Tiberias. Und in ihr sitzt, von dem König als Gouverneur eingesetzt, Justus. Die Stadt ist nicht leicht zu regieren, mehr als ein Drittel ihrer Einwohner sind Griechen und Römer, vom König verwöhnt, aber der Doktor Justus, das läßt sich nicht bestreiten, hält gute Ordnung. Er hat, als Josef nach Galiläa kam, seinen Antrittsbesuch höflich erwidert. Aber von Politik hat er kein Wort gesprochen. Er nimmt den Jerusalemer Bevollmächtigten offensichtlich nicht für voll. Den Josef kratzt das im Innersten. Eine bittere Sehnsucht erfüllt ihn, es dem andern zu zeigen.

Auf der Höhe über Tiberias schimmert breit und stattlich das Palais des Königs Agrippa, in dem Justus residiert. An den Kais gibt es stattliche Villen und Geschäftshäuser. Aber es gibt auch viele Arme in Tiberias, Fischer und Schiffer, Lastträger, Industriearbeiter. In Tiberias sind die Griechen und Römer die Reichen und die Juden die Proletarier. Die Arbeit ist viel, die Steuern sind hoch, in der Stadt spürt der Arme noch bitterer als auf dem Land, was alles er entbehrt. Es gibt viele Mißvergnügte in Tiberias. In allen Kneipen hört man aufsässige Reden gegen die Römer und gegen den König Agrippa, der sich von ihnen aushalten läßt. Wortführer dieser Unzufriedenen ist jener Sapita, der Sekretär der Fischereigenossenschaft. Er beruft sich auf Jesaja: „Wehe über diejenigen, welche Haus an Haus reihen und Acker zu Acker schlagen." Justus versucht mit allen Mitteln die Bewegung niederzuhalten, aber seine Macht endet an den Grenzen des Stadtgebiets von Tiberias, und er kann nicht verhindern, daß der Wehrverband des Sapita sich im übrigen Galiläa Stützpunkte schafft und daß ihm aus diesen Bezirken immer mehr Leute zulaufen.

Josef sieht nicht ungern, wie der Anhang des Sapita stärker wird und wie seine Banden sich auch im Hoheitsbereich der Jerusalemer Regierung überall ausbreiten. Leute des Sapita verlangen von Gemeinden, die dem Josef unterstehen, Beiträge für die nationale Sache, veranstalten im Fall der Weigerung Strafexpeditionen, die bedenklich nach Raub und Plünderung ausschauen. Josefs Polizei greift selten ein, seine Gerichte behandeln die Abgefaßten mit Milde.

Josef freut sich stürmisch, als Sapita zu ihm kommt. Galiläa beginnt ihm zu vertrauen, Galiläa kommt zu ihm. Jetzt, das spürt er, wird es nicht mehr lange dauern, bis er auch den hochmütigen Justus aus seiner Zurückhaltung herausgekitzelt haben wird. Aber er verbirgt klug seine Freude. Er schaut sich Sapita an. Der ist kräftig, gedrungen von Wuchs, eine seiner Schultern hängt. Er hat einen schüttern, zweispitzigen Bart, kleine, besessene Augen. Josef unterhält sich mit ihm, unterhandelt mit ihm, alles in halben Worten. Mit ihm sich zu verständigen ist leichter als mit Justus. Es wird nichts Schriftliches festgelegt; aber als Sapita geht, wissen beide, daß eine Vereinbarung zustande gekommen ist, wirkungsvoller als ein umständlicher Vertrag. Wer von den Leuten des Sapita sich in Tiberias nicht mehr sicher fühlt, kann ruhig in das Gebiet des Josef flüchten; man wird dort glimpflich mit ihm verfahren. Und Josef braucht in Zukunft nicht mehr soviel Schweiß daran zu wenden, Gelder für seinen Kriegsfonds aus dem knauserigen Doktor Jannai herauszuquetschen; was ihm der verweigert, bekommt er von Sapita.

So wird es auch gehalten. Und jetzt hat Josef den Justus wirklich so weit, daß er von Politik spricht. In einem Schreiben fordert er dringlich, die Jerusalemer Herren sollten seine Bemühungen, das Bandenwesen in Galiläa zu unterdrücken, nicht länger sabotieren. Der alte Doktor Jannai stellt einige ungemütliche Fragen an Josef. Aber der gibt sich erstaunt, Justus hat offenbar Halluzinationen. Sowie er allein ist, lächelt er befriedigt. Er freut sich auf den Kampf.

Es wird eine mündliche Aussprache mit Justus vereinbart. Zusammen mit dem alten Doktor Jannai reitet Josef auf seinem schönen arabischen Pferd Pfeil durch die gepflegten Straßen von Tiberias, von der Bevölkerung neugierig angestaunt. Er weiß, daß er zu Pferd eine gute Figur macht, er sieht unbeteiligt, ein wenig hochfahrend geradeaus. Man reitet den Hügel hinauf, zum Palais des Königs Agrippa. Weiß und prunkvoll vor dem Eingang spreizt sich die Kolossalstatue des Kaisers Tiber, nach dem die Stadt genannt ist. Auch die Arkaden davor sind bevölkert mit Statuen. Den Josef wurmt das. Er hängt nicht an den alten Bräuchen, aber sein Herz ist voll von dem unsichtbaren Gott Jahve, es bringt ihn im tiefsten auf, wenn er im Lande Jahves die verbotenen Bilder sehen muß. Die Gestalt zu bilden bleibt das alleinige

Recht des schöpferischen Gottes. Dem Menschen hat er erlaubt, diesen Gestalten Namen zu geben: sie selber bilden zu wollen ist Vermessenheit und Frevel. Die Standbilder ringsum schänden den unsichtbaren Gott. Die leise, schuldbewußte Unruhe, mit der Josef die Reise zu Justus antrat, ist fort; jetzt ist er voll von einer reinen Erregung, fühlt sich dem Justus überlegen. Der vertritt eine wassernüchterne Politik: er, Josef, kommt als Soldat Jahves.

Justus, erklärter Gegner alles Feierlichen, bemüht sich, der Unterredung das Amtliche zu nehmen. Die drei Herren liegen einander gegenüber, frühstückend. Justus hat zuerst griechisch gesprochen, hat dann aber höflich ins Aramäische hinübergewechselt, trotzdem ihm diese Sprache sichtlich schwerer fällt. Langsam gleitet man ins Politische. Doktor Jannai ist betulich, jovial wie immer. Josef verteidigt seine eigene Politik; er wird heftiger, als er möchte. Gerade um die Kriegspartei vor unüberlegten Angriffen zurückzuhalten, muß man ihr entgegenkommen. „Sie meinen, man müsse den Frieden aktivieren?“ fragte Justus, es klang unangenehm ironisch. „Ich kann nicht umhin, dem Autor des Makkabäerbuches zu versichern, daß mir in der praktischen Politik die Makkabäergesten, zu welchem Zwecke immer, auch heute noch fehl am Ort scheinen.“ – „Sitzen die unangenehmsten Makkabäer nicht hier in Ihrem Tiberias?“ fragte gemütlich Doktor Jannai. „Leider habe ich nicht die Macht“, gestand Justus freimütig zu, „meinen Sapita zu verhaften. Sie könnten das eher, meine Herren. Aber wie ich Ihnen schon schrieb, es ist ja gerade die Milde Ihrer Gerichte, die mir meine ‚Rächer Israels‘ so üppig macht.“ – „Es ist auch für uns nicht ganz so einfach“, entschuldigte sich Doktor Jannai. „Schließlich sind diese Leute keine gemeinen Räuber.“

Josef griff ein: „Diese Leute berufen sich auf Jesaja. Sie glauben“, fügte er stark und streitbar hinzu, „daß die Zeit erfüllt ist und daß sehr bald der Messias kommt.“ – „Jesaja lehrte“, erwiderte nicht laut, aber verbissen Justus, „haltet still vor der Macht. Haltet still und vertraut, lehrte Jesaja.“ Den Josef kratzte das Zitat. Wollte dieser Justus ihn zurückweisen? „Der Herd der Unruhen ist Ihr Tiberias“, sagte er scharf.

„Der Herd der Unruhen ist Ihr Magdala, Doktor Josef", erwiderte verbindlich Justus. „Ich kann nichts dagegen tun, wenn Ihre Gerichte meine Diebe freisprechen. Aber wenn Sie weiterhin Ihren Kriegsfonds aus dem Ertrag dieser Diebereien mästen, Doktor Josef", er sprach jetzt besonders höflich, „dann stehe ich nicht dafür, daß nicht mein König sich diese Beträge einmal mit Gewalt wieder hereinholt."

Doktor Jannai fuhr hoch. „Haben Sie Geld des Sapita in Ihrer Kasse, Doktor Josef?" Josef wütete. Dieser verdammte Justus mußte einen großartigen Spionagedienst unterhalten; die Geldsendungen waren auf jede Art verschleiert worden. Er wich aus, es seien ihm allerdings für die galiläischen Heimwehren Gelder auch aus Tiberias zugeflossen, aber er könne sich nicht vorstellen, daß sie aus der Beute der Sapita-Bande stammen. „Glauben Sie mir, sie stammen daraus", erklärte freundlich Justus. „Ich muß Sie sehr bitten, das Gesindel nicht weiter auf diese Art zu unterstützen. Ich halte es nicht für vereinbar mit meiner Amtspflicht, wenn ich mein Tiberias länger von Ihnen aufputschen lasse." Er sprach noch immer sehr höflich; mehr daran, daß er jetzt wieder ins Griechische überging, merkte man seine Erregung. Von dem alten Doktor Jannai aber war auf einmal alle Betulichkeit abgefallen. Er war aufgesprungen und gestikulierte auf Josef ein. „Haben Sie Geld von Sapita?" schrie er. „Haben Sie Geld von Sapita?" Und ohne eine Antwort Josefs abzuwarten, wandte er sich an Justus. „Falls Gelder aus Tiberias gekommen sind, wird man die Beträge an Sie zurückleiten", versprach er.

Kaum aus der Stadt, trennten sich die beiden Kommissare. „Ich mache Sie darauf aufmerksam", sagte Jannai, und seine Stimme war eisig, „daß Sie nicht als einer der ‚Rächer Israels' in Magdala sitzen, sondern als Kommissar von Jerusalem. Ich verbitte mir Ihre Extravaganzen und pittoresken Abenteuer", schrie er. Josef, blaß vor Wut, konnte nichts dagegen sagen. Er sah klar, er hatte seine Kraft überschätzt. Dieser Doktor Jannai hatte gute Witterung dafür, was feststand und was nicht. Wenn der es wagte, ihn wie einen kleinen Schuljungen herunterzuputzen, dann mußte seine Stellung verdammt wacklig sein. Er hätte noch zuwarten müssen, er hätte sich in diesen Kampf mit Justus noch nicht einlassen dürfen. Jerusalem wird ihn bei nächster Gelegenheit abberufen, und Justus wird lächeln, wird dieses infame Lächeln aufsetzen, das Josef gut kennt.

Er soll nicht lächeln. Josef wird zu verhindern wissen, daß er lächelt. Was versteht dieser Justus von Galiläa? Aber jetzt fühlt er sich erfahren genug. Er hat keine Angst und Hemmung mehr vor den galiläischen Führern. Sapita ist von selber zu ihm gekommen, den andern, Johann von Gischala, wird er rufen. Es wird sich erweisen, daß nicht Jerusalem, sondern das Triumvirat Johann, Sapita und Josef die wahre Macht im Land hat. Soll man sie dann Räuberbanden oder Gesindel oder wie immer nennen. Er denkt gar nicht daran, die Verbindung mit Sapita fahrenzulassen. Im Gegenteil, er wird alle bewaffneten Organisationen, anerkannt oder nicht, im Gebiet der Jerusalemer Regierung und darüber hinaus zu einem einzigen Verband zusammenschließen. Nicht als Kommissar von Jerusalem, sondern als Parteiführer der „Rächer Israels".

Johann von Gischala, der Chef der gutbewaffneten galiläischen Bauernwehr, freute sich sichtlich, als Josef ihn zu sich berief. Er besaß in der Nähe seiner Heimatstadt, des kleinen Bergortes Gischala, nach dem er sich nannte – in den Registern hieß er Johann Ben Levi –, ein nicht sehr rentables Gütchen, das vor allem Öl und Feigen produzierte. Er war breit, langsam, gutmütig, sehr pfiffig, ein Mann so recht für die Herzen der Galiläer. Während des Feldzugs des Cestius hatte er in Obergaliläa einen listigen, erbitterten Kleinkrieg gegen die Römer organisiert. Er war viel unterwegs, kannte jeden Winkel im Land. Josef, als Johann jetzt endlich zu ihm kam, verstand nicht recht, daß er sich nicht schon früher mit ihm eingelassen hatte. Nicht groß, aber ausgiebig und kräftig von Figur, saß Johann vor ihm, das Gesicht braun, breit, mit kurzem Knebelbart, die Nase eingedrückt, die Augen grau, verschmitzt. Bei aller Schlauheit ein gutmütiger, offener Mann.

Er rückte sogleich mit einem eindeutigen Vorschlag heraus. Überall im Land habe König Agrippa Getreide gestapelt, zweifellos für die Römer. Johann wollte dieses Getreide für seine Wehrverbände requirieren, eine Notmaßnahme, für die er die Genehmigung Josefs erbat. Unter dem Einfluß der Geldsäcke und der Aristokraten, klagte er, verleugne Jerusalem den Zusammenhang mit seinen Wehrverbänden. Von Josef habe er den Eindruck, daß er anders sei als die leisetreterischen Herren im Tempel. „Sie, Doktor Josef, gehören im Herzen zu den ‚Rächern Israels'. Das riecht man auf drei Meilen im voraus. Ihnen möchte ich meine Wehrverbände unterstellen", sagte er treuherzig und gab ihm eine genaue Liste seiner Organisation. Es waren achtzehntausend Mann. Josef gab seine Zustimmung, daß das Getreide requiriert werde.

Er fürchtete nicht den Sturm, den die Requirierung erregen mußte. Wenn er seine Stellung rücksichtslos ausnützte, wenn er die reale Macht in Galiläa in die Hand bekam, vielleicht, daß dann Jerusalem nicht mehr wagte, ihn abzuberufen. Und wenn, dann stand es bei ihm, ob er sich abberufen ließ. In einer fast fröhlichen Spannung wartete er, was geschehen werde.

Auch Johann von Gischala war von der Unterredung mit Josef befriedigt. Er war ein mutiger Mann und nicht ohne Humor. Ganz Galiläa wußte, daß er es war, der das Getreide des Königs Agrippa beschlagnahmte. Er gab sich unschuldig, wußte von nichts. Was sich ereignete, geschah auf Befehl des Jerusalemer Kommissars. In aller Öffentlichkeit reiste er in das Gebiet des Feindes nach Tiberias, um seinen Rheumatismus in den dortigen heißen Quellen zu kurieren. Er wußte, sollte Justus etwas gegen ihn unternehmen, dann würden seine Leute die Stadt Tiberias stürmen. Justus lachte. So verderblich ihm die Taten dieses Bauernführers erschienen, so gut gefiel ihm seine Art.

Nach Jerusalem aber und Sepphoris schickte er eine empörte Note. Aufgebracht, japsend vor Wut, kam der alte Doktor Jannai zu Josef. Das Getreide müsse natürlich sogleich zurückgegeben werden. Josef empfing den Eifernden sehr höflich. Das Getreide konnte leider nicht zurückgegeben werden, er hatte es weiterverkauft. Jannai mußte sich unverrichteterdinge vor dem höflich achselzuckenden Josef zurückziehen. Ein kleiner Trost blieb: Josef führte einen ansehnlichen Teil des Erlöses nach Jerusalem ab.

In der Stadt Tiberias gehörte zu den beliebtesten Agitationsmitteln der „Rächer Israels“ der Kampf gegen die Gottlosigkeit der herrschenden Schicht, gegen ihren Hang, sich den Römern und Griechen zu assimilieren. Als Sapita das nächstemal bei Josef erschien, warf der ihm hin, wie auch er mit tiefstem Ingrimm die Statuen gesehen habe, die sich so provozierend vor dem Königspalast in der Sonne spreizten. Der finstere, gedrungene Mann zog die eine Schulter noch höher, seine kleinen Augen schauten auf, senkten sich wieder, er riß nervös an der einen Spitze seines zweigeteilten Bartes. Josef wollte ihn weiterstoßen. Er zitierte den Propheten: „Das Kalb ist im Lande, Jahve verwirft es. Menschenhand hat es gemacht, und es kann kein Gott sein.“ Er wartete darauf, daß Sapita das berühmte Zitat weiterführe: „Darum soll das Kalb zerpulvert werden.“ Aber Sapita lächelte nur, er überschlug diesen Teil und zitierte sehr leise, mehr in sich hinein als gegen Josef, den späteren Satz: „Sie säen Wind, und sie werden Ungewitter ernten.“ Dann, sachlich, konstatierte er: „Wir protestieren immerzu gegen den verbrecherischen Unfug. Wir wären dem Kommissar von Jerusalem dankbar, wenn auch er in Tiberias vorstellig würde.“

Sapita war nicht so offen wie Johann von Gischala, aber auf seine leisen Andeutungen konnte man sich verlassen. Wer Wind sät, wird Ungewitter ernten. Ohne sich weiter mit Doktor Jannai zu verständigen, ersuchte Josef den Justus um eine zweite Unterredung.

Schlicht, mit einem einzigen Diener kam Josef diesmal nach Tiberias. Justus streckte ihm auf römische Art den Arm mit der flachen Hand entgegen, ließ ihn aber wieder sinken, lächelnd, sich korrigierend gewissermaßen, und gab den hebräischen Gruß: „Friede.“ Dann saßen sich die beiden Herren gegenüber, ohne einen Dritten, jeder viel wissend um den andern, in herzlicher Feindschaft. Sie hatten beide etwas erreicht, seitdem sie sich in Rom auseinandergesetzt hatten, sie besaßen Gewalt über Menschen und Schicksale, sie waren älter geworden, ihre Züge härter, aber immer noch sahen sie sich ähnlich, der blaßbraune Josef und der gelbbraune Justus.

„Sie haben den Propheten Jesaja zitiert", sagte Josef, „als wir uns unlängst unterhielten." – „Ja", sagte Justus. „Jesaja lehrte, daß das kleine Judäa sich nicht einlassen solle in einen Kampf mit seinem weltmächtigen Gegner." – „Das lehrte er", sagte Josef, „und am Ende seines Lebens flüchtete er in eine hohle Zeder und wurde zersägt." – „Besser ein Mann wird zersägt als das ganze Land", sagte Justus. „Was wollen Sie eigentlich, Doktor Josef? Ich bemühe mich, einen sinnvollen Zusammenhang zwischen Ihren Maßnahmen zu entdecken. Aber entweder bin ich zu dumm, um sie zu verstehen, oder sie haben allesamt nur den einen Zweck: Judäa erklärt Rom den Krieg unter Führung des neuen Makkabäers Josef Ben Matthias." Josef bezähmte sich. Er kenne ja leider schon von Rom her diese fixe Idee des Justus, daß er ihn für einen Kriegshetzer halte. Das sei er nicht. Er wolle den Krieg nicht. Nur: er scheue ihn auch nicht. Im übrigen halte er, selbst vom Standpunkt des Justus aus gesehen, dessen Methoden für falsch. Ständiges Pochen auf Frieden führe mit der gleichen Notwendigkeit zum Krieg wie ständiges Pochen auf Krieg. Man müsse im Gegenteil der Kriegspartei durch kluges Entgegenkommen alle Vorwände nehmen. „Wir in Tiberias tun das wohl nicht?" fragte Justus. „Nein", erwiderte Josef, „Sie in Tiberias tun das nicht." – „Ich höre", sagte höflich Justus. „Sie in Tiberias", erklärte Josef, „haben zum Beispiel dieses königliche Palais mit seinen Bildern von Menschen und Tieren, das ein ständiges Ärgernis für die ganze Provinz ist, ein ständiger Anreiz zum Krieg." Justus schaute ihn an, dann begann er breit zu lächeln. „Sind Sie gekommen, um mir das mitzuteilen?" fragte er. Josef füllte sich mit seinem ganzen Ingrimm gegen die freche Bildnerei. „Ja", sagte er.

Da bat ihn Justus, mit ihm zu kommen. Er führte ihn durch den Palast. Es war aber der Palast mit Recht berühmt, das schönste Bauwerk Galiläas. Justus führte ihn durch die Säle, Höfe, Hallen, Gärten. Ja, es war Bildnerei überall, sie war verwachsen mit dem Bau. König Agrippa, sein Vorgänger und sein Vorvorgänger hatten mit Mühe, Geld und Geschmack schöne Dinge aus aller Welt hierher zusammengetragen und zusammengepaßt, sehr alte und berühmte Kunstwerke zum Teil. In einem Hof, der mit bräunlichem Bruchstein belegt war, blieb Justus stehen vor einem kleinen Bildwerk, das, verwitternd, alt, ägyptische Arbeit, einen Zweig darstellte, und auf diesem Zweig einen Vogel. Es war ein sehr strenges Werk, etwas steif sogar, aber trotzdem der kleine Vogel noch ruhte, sah man an ihm schon die selige Leichtigkeit des Flugs, zu dem er die Flügel hob. Justus stand eine kleine Zeit vor dem Bildwerk, hingegeben. Dann, wie erwachend, zärtlich, sagte er: „Soll ich das entfernen?" und, ringsum weisend: „Und das? Und das? Dann ist der ganze Bau sinnlos." – „Dann reißen Sie den Bau nieder", sagte Josef, und es war in seiner Stimme ein so maßloser Haß, daß Justus nichts mehr sagte.

Schon für den nächsten Tag berief Josef den Bandenführer Sapita. Der fragte, ob er etwas ausgerichtet habe bei den Herrschenden in Tiberias. Nein, erwiderte Josef, ihr Herz sei verstockt. Aber sein Machtbereich ende leider vor den Grenzen der Stadt. Sapita zerrte heftig an dem einen Teil seines Bartes. Diesmal sprach er den Satz aus, den er das letztemal nur geschwiegen hatte: „Das Kalb Samarias soll zerpulvert werden." Wenn die Leute von Tiberias, erwiderte Josef, sich das Ärgernis aus den Augen schaffen sollten, dann werde er Verständnis für diese Leute haben. „Auch ein Asyl?" fragte Sapita. „Vielleicht auch ein Asyl", sagte Josef.

Zwiespältig stand Josef, als Sapita gegangen war. Dieser Sapita ist trotz seiner hohen Schulter ein kräftiger Bursche, er wird nicht sehr zart mit den Dingen umgehen. Wenn er und seine Leute in den Palast eindringen, dann werden wohl nicht nur die Statuen entfernt werden. Es ist ein schöner Bau, seine Decken sind Zedernholz und Gold, er ist voll von Kostbarkeiten. Er gehört unbestritten dem König Agrippa und steht unbestritten unter dem Schutz der Römer. Es war jetzt einige Zeit still im Land, und in Jerusalem hoffen sie, man werde mit Rom zu einer Verständigung kommen. Der Sandalenmacher Akawja in der verräucherten Kneipe von Kapernaum hat den Messias gesehen: und er trug kein Schwert. Gewisse Leute in

Rom warten nur darauf, daß die Regierung von Jerusalem etwas unternehme, was als Angriff gedeutet werden könnte. Was er jetzt gesagt hat, kann einen schweren Stein ins Rollen bringen, den viele Hände bisher mit vieler Kraft festgehalten haben.

In der Nacht darauf wurde das Palais des Königs Agrippa gestürmt. Es war ein weitläufiger Bau, sehr fest gefügt, und es war nicht leicht, ihn dem Erdboden gleichzumachen. Es gelang auch nicht völlig. Alles vollzog sich bei schwachem Mondschein und, merkwürdigerweise, ohne Geschrei. Die vielen geschäftigen Leute schlugen verbissen auf die festen Steine ein, zerrten daran mit den Händen, zertrampelten sie. Zertrampelten auch die Blumenbeete des Gartens. Mit besonderem Ingrimm zertrümmerten sie die Wasserkünste. Geschäftig liefen sie hin und her, sich die kostbaren Teppiche und Gewebe, den Goldbelag der Decken, die erlesenen Tischplatten zu sichern, alles ohne Geschrei. Justus erkannte bald, daß seine Truppen zu schwach waren, um mit Erfolg einzugreifen, und verbot jeden Widerstand. Aber die „Rächer Israels" hatten bereits an hundert Soldaten und griechische Einwohner der Stadt niedergemacht, die, als der Sturm begann, der Plünderung hatten wehren wollen. Der Bau selbst brannte dann noch fast einen ganzen Tag.

Die Erstürmung des Palastes von Tiberias bewirkte, daß ganz Galiläa erstarrte. In Magdala bedrängten die Behörden den Josef ängstlich um Richtlinien, um Stellungnahme. Josef schwieg verbissen. Dann plötzlich, in großer Eile, noch am Tag nach dem Brand, brach er nach Tiberias auf, um dem Justus das Beileid der Jerusalemer Regierung zu dem großen Unglück auszusprechen, ihm seine Hilfe zur Verfügung zu stellen. Er fand ihn zwischen den Trümmern, stumpf und rastlos umhergehend. Justus hatte keine Truppen von seinem König verlangt, hatte nichts gegen Sapita und seine Leute unternommen. Hatte, der sonst so tätige Mann, die Hände schlaff und verzweifelt fallen lassen. Auch als er jetzt Josef sah, höhnte er nicht, hatte für ihn keine einzige beißende Anmerkung. Er sagte ihm, und seine Stimme kam rauh vor Erregung und Kummer aus dem sehr blassen Gesicht: „Sie wissen gar nicht, was Sie angerichtet haben. Nicht die Einstellung des Tempelopfers war das Schlimme, auch nicht der Angriff auf Cestius, nicht einmal das Edikt von Cäsarea. Das, das, das hier bedeutet endgültig den Krieg." Er hatte Tränen in den Augen vor Wut und Trauer. „Sie sind blind vor Ehrgeiz", sagte er zu Josef.

Einen großen Teil der Beute aus dem Palast stellte Sapita dem Josef zu. Gold, edles Holz, Bruchstücke von Statuen. Josef suchte unwillkürlich, ob er den Zweig mit dem Vogel aus bräunlichem Stein finde, aber er fand ihn nicht; er war wohl aus wertlosem Material gewesen und leicht zu zerstören.

Die Nachrichten aus Tiberias trafen die Herren in Jerusalem wie ein Hieb ins Mark. Schon hatte man durch Vermittlung des friedfertigen Obersts Paulin ein halbes Versprechen der kaiserlichen Regierung erwirkt. Falls Judäa sich ruhig halte, hatte Rom erklärt, dann werde es sich mit der Auslieferung einiger weniger Führer begnügen, des Simon Bar Giora, des Doktor Eleasar. In Jerusalem war man froh, die Hetzer loszuwerden. Jetzt, durch die sinnlose Tat von Tiberias, war alles zerschlagen.

Die „Rächer Israels", schon an die Wand gedrängt, bekamen Luft. Ihr Versammlungsort, die Blaue Halle, wurde zum Mittelpunkt Judäas. Sie setzten durch, daß ihr Doktor Eleasar in die Regierung berufen wurde. Hochfahrend, die Demütigung der andern ganz auskostend, ließ der junge, elegante Herr sich bitten, ehe er die Wahl annahm. Den rebellischen Gouverneur von Galiläa, der so offensichtlich gegen die Weisungen seiner Regierung gehandelt hatte, konnte freilich auch die Blaue Halle nicht im Amt halten. Doktor Jannai hatte dem Großen Rat persönlich Bericht erstattet, die Absetzung und Bestrafung dieses Verbrechers Josef Ben Matthias erbittert verlangt. Die „Rächer Israels" wagten nicht, ihn zu verteidigen; sie enthielten sich der Stimme. Es war unter den Herren der Regierung ein einziger, der ein Wort zugunsten Josefs fand, der alte, milde Großdoktor Jochanan Ben Sakkai. Er sagte: „Verurteilt niemand, ehe er an seinem Ende ist."

Josefs alter Vater, der dürre, sanguinische Matthias, war jetzt ebenso verzweifelt, wie er bei der Ernennung seines Sohnes beglückt gewesen war. Er beschwor ihn dringlich, noch bevor das Abberufungsdekret Galiläa erreiche, nach Jerusalem zu kommen, sich zu stellen, sich zu rechtfertigen. Bleibe er in Galiläa, so bedeute das sichern Untergang für alle. Sein Herz sei betrübt zum Tode. Er wolle nicht in die Grube fahren, ohne seinen Sohn Josef nochmals gesehen zu haben.

Josef, als er diesen Brief erhielt, lächelte. Sein Vater war ein alter Herr, den er sehr liebte, der aber alles viel zu ängstlich und düster nahm. Sein eigenes Herz war voll Zuversicht. Wieder sahen sich die Dinge anders an in Galiläa als in Jerusalem. Galiläa, seit dem Bildersturm in Tiberias, jubelt ihm zu; man weiß im ganzen Land, daß ohne seine Zustimmung diese Tat nie hätte geschehen können. Er hat die Wand niedergerissen, die zwischen ihm und dem Volk von Galiläa war, er gilt dem Land jetzt wirklich als der zweite Juda Makkabi, wie dieser Justus ihn höhnte. Die bewaffneten Verbände hören auf ihn. Nicht er ist von Jerusalem, sondern Jerusalem von ihm abhängig. Es steht bei ihm, das Absetzungsdekret Jerusalems einfach zu zerreißen.

In dieser Nacht hatte er einen schweren Traum. Auf allen Straßen kamen die Legionen der Römer, er sah sie sich heranwälzen, langsam, unausweichlich, in strenger Ordnung, in Reihen von sechs Mann, viele Tausende, aber wie ein einziges Wesen. Das war der Krieg selber, was da auf ihn zukam, das war die „Technik", eine ungeheuer wuchtige Maschine von blinder Sicherheit, es war sinnlos, sich dagegen zu wehren. Er sah den Gleichtritt der Legionen, er sah ihn ganz deutlich, aber, das war das Erschreckende, er hörte ihn nicht. Er stöhnte. Es war ein einziger riesiger Fuß in einem ungeheuern Soldatenstiefel, er hob sich, trat, hob sich, trat, man konnte ihm nicht entgehen, in fünf Minuten, in drei Minuten wird er einen zertreten. Josef saß auf seinem Pferde Pfeil, Sapita, Johann von Gischala, alle schauten auf ihn, finster und fordernd, und warteten, daß er das Schwert aus der Scheide reiße. Er griff nach dem Schwert, aber es ging nicht heraus, es war festgenagelt in der Scheide, er stöhnte, Justus von Tiberias grinste, Sapita riß wild und wütend an der einen Strähne seines zweigeteilten Bartes, der Tischler Chalafta hob seine gewalttätigen Fäuste. Josef riß an dem Schwert, es dauerte eine Ewigkeit, er riß und riß und brachte es nicht heraus. Der Sandalenmacher Akawja plärrte: „Essen, Mann, Sie sollen essen“, und der Fuß in dem riesigen Soldatenstiefel hob sich, trat, kam immer näher.

Aber als Josef erwachte, war ein strahlend klarer Wintermorgen, und die entsetzliche, wartende Ewigkeit vor dem Soldatenstiefel war weggewischt. Alles war gut, wie es gekommen war. Nicht Jerusalem, Gott selber hat ihn auf diesen Platz gestellt. Gott will den Krieg.

Mit wilder Inbrunst machte er sich daran, diesen Heiligen Krieg vorzubereiten. Wie hatte es sein können, daß er in Rom mit den Fremden von einem Tische aß, in einem Bett mit ihnen schlief? Jetzt wie die andern ekelte ihn vor der Ausdünstung ihrer Haut, sie verpesteten das Land. Möglich, daß die Verwaltung der Römer gut war, ihre Straßen, ihre Wasserleitungen: aber dieses Heilige Land Judäa wurde aussätzig, wenn man anders darin lebte als jüdisch. Die Besessenheit überkam ihn, aus der er damals sein Buch über die Makkabäer geschrieben hatte. Seine eigene Zukunft, vorausahnend, hatte er niedergeschrieben. Seine Kraft wuchs. Tag und Nacht, unermüdlich, arbeitete er. Straffte die Verwaltung, stapelte Vorräte, disziplinierte die Wehrverbände, verstärkte die Befestigungen. Er zog durch die Städte Galiläas, durch seine großen, stillen Landschaften, Berge und Täler, Flußufer, See- und Meergestade, Reben, Oliven, Maulbeerfeigenbäume. Er zog dahin auf seinem Pferde Pfeil, jung, kraftvoll, eine glühende Heiterkeit und Zuversicht strahlte von ihm aus, vor ihm wehte die Standarte mit den Buchstaben Makkabi, „Wer ist wie du, o Herr?“, und seine Erscheinung, sein Wort und seine Fahne entzündeten die Jugend Galiläas.

Viele, wenn sie die Ansprachen Josefs hörten, die glühend zuversichtlichen Worte der Vernichtung gegen Edom, die aus ihm herausbrachen wie Steine und Feuer aus einem Berg, riefen, ein neuer Prophet sei auferstanden in Israel. „Marin, Marin, unser Herr, unser Herr", schrien sie leidenschaftlich ergeben, wohin er kam, und sie küßten seine Hände und seinen Mantel.

Er ritt nach Meron in Obergaliläa. Das war eine unbedeutende Stadt, berühmt nur wegen ihrer Ölbäume, ihrer Universität und ihrer alten Gräber. Hier ruhten die Gesetzeslehrer der Vorzeit, der strenge Großdoktor Schammai und der milde Großdoktor Hillel. Die Leute von Meron galten als besonders heiß im Glauben. Man sagte, aus den Gräbern der Lehrer wachse ihnen tiefere Gottesweisheit zu. Vielleicht war es deshalb, daß Josef nach Meron ging. Er sprach in der alten Synagoge; die Leute hörten ihm still zu, Doktoren und Studenten zumeist, sie waren hier stiller als sonstwo, sie schaukelten die Körper, gespannt lauschend, und atmeten erregt. Und plötzlich, als Josef nach einem großen, angestrengten Satze schwieg, in das Schweigen hinein, gedrängt, gepreßt, raunte einer, ein blasser, ganz junger Mensch: „Dieser ist es." – „Wer soll ich sein?" fragte zürnend Josef. Und der junge Mensch, mit hündisch ergebenen, etwas törichten Augen, immer von neuem, wiederholte: „Du bist es, ja, du bist es." Es stellte sich heraus, daß die Leute der kleinen Stadt diesen jungen Menschen für einen Propheten Jahves hielten und daß sie, eine Woche zuvor, die Türen ihrer Häuser die Nacht über hatten offenstehen lassen, weil er geweissagt hatte, in dieser Nacht werde der Erlöser zu ihnen kommen.

Den Josef, wie er das Gerede hörte, überfröstelte es. Er zürnte laut und schrie den jungen Menschen heftig an. Auch in seinem heimlichsten Innern wies er den Gedanken, er selber könnte es sein, weit und als Lästerung von sich. Immer tiefer aber erfüllte ihn der Glaube an die Göttlichkeit seiner Sendung. Die ihn selber den Erretter nannten, waren Kinder und Narren. Wohl aber war er berufen, das Reich des Erlösers vorzubereiten.

Die Leute von Meron ließen sich nicht davon abbringen, daß sie den Messias gesehen hätten. Sie ließen die Hufspuren des Pferdes Pfeil mit Kupfer ausgießen, und diese Stätte galt ihnen heiliger als die Gräber der Gesetzeslehrer. Josef zürnte, lachte und schalt über die Narren. Aber er spürte sich selber immer enger verbunden mit dem, der da kommen sollte, und immer sehnsüchtiger, lüstern geradezu, wartete er darauf, ihn mit leiblichen Augen zu sehen.

Als die Kommission aus Jerusalem eintraf, die ihm das Absetzungsdekret überbrachte, erklärte er lächelnd, es müsse da ein Irrtum sein, und bis er sichern Bescheid aus Jerusalem habe, müsse er, um das Land vor Unruhen zu bewahren, die Herren in Schutzhaft nehmen. Die Jerusalemer fragten ihn, wer ihm Vollmacht gegeben habe, den Krieg mit Rom zu verkünden. Er erwiderte, sein Auftrag stamme von Gott. Die Jerusalemer zitierten das Gesetz: „Wer ein Wort sich erdreistet zu reden in meinem Namen, und ich habe ihm nicht geboten zu reden, selbiger soll sterben." Immer lächelnd, voll liebenswürdigen Übermuts, zuckte Josef die Achseln, man müsse abwarten, wer im Namen des Herrn rede und wer nicht. Er strahlte, er war seiner selbst und seines Gottes sicher.

Er vereinigte seine Miliz mit den Mannschaften des Johann von Gischala und marschierte vor Tiberias. Justus übergab ihm die Stadt ohne Verteidigung. Wiederum saßen sie sich gegenüber; aber diesmal war an Stelle des alten Jannai der kraftvolle, gutmütig-schlaue Johann von Gischala. „Gehen Sie ruhig zu Ihrem König Agrippa", sagte er zu Justus, „Sie sind ein gescheiter Herr, für einen Freiheitskrieg sind Sie zu gescheit. Da muß man den Glauben haben und das Ohr für den innern Ruf." – „Sie können alles mitnehmen, Doktor Justus", sagte freundlich Josef, „was dem König an Geld und Geldeswert gehört. Nur die Regierungsakten bitte ich hierzulassen. Sie können unbehindert gehen." – „Ich habe nichts gegen Sie, Herr Johann", sagte Justus. „Ihnen glaube ich den innern Ruf. Aber Ihre Sache ist verloren, ganz abgesehen von allen Vernunftgründen, schon weil dieser Mann Ihr Führer ist." Er schaute Josef nicht an, aber seine Stimme war voll Verachtung. „Unser Doktor Josef", sagte lächelnd Johann von Gischala, „scheint nicht nach Ihrem Geschmack. Aber er ist ein glänzender Organisator, ein herrlicher Redner, der geborene Führer." – „Ihr Doktor Josef ist ein Lump", sagte Justus von Tiberias. Josef erwiderte nichts. Der geschlagene Mann war erbittert und ungerecht, es lohnte nicht, mit ihm zu rechten, ihn zu widerlegen.

Josef wandelte hoch und glücklich durch diesen galiläischen Winter. Jerusalem wagte nicht, mit Gewalt gegen ihn vorzugehen; ja, man ließ es stillschweigend zu, daß er sich nach einigen Wochen wieder als Kommissar der Zentralregierung bezeichnete. Mühelos hielt er seine Grenzen gegen die Römer, dehnte sie aus in ihr Gebiet hinein, nahm auch aus dem Bereich des Königs Agrippa das Westufer des Sees Genezareth und besetzte und befestigte seine Städte. Er organisierte den Krieg. Aus der heiligen Luft des Landes wehten ihm überraschende, große Einfälle zu.

Rom schwieg, es kam keine Nachricht aus Rom. Der Oberst Paulin hatte jeden Verkehr mit seinen Jerusalemer Freunden abgebrochen. Dieser erste Sieg war sehr leicht gefallen. Die Römer beschränkten sich auf Samaria und die Küstenstädte, wo sie, gestützt auf die griechische Majorität der Bevölkerung, im sichern Besitz der Macht waren. Auch die Truppen des Königs Agrippa wichen jedem Geplänkel aus. Stille war im Land.

Wer immer beweglichen Besitz hatte, suchte, sofern er nicht im Herzen den „Rächern Israels“ anhing, sich mit seiner Habe in den Schutz römischen Gebiets zu bringen. Bei einer solchen Flucht wurde die Frau eines gewissen Ptolemäus, eines Intendanten des Königs Agrippa, von den Leuten des Josef aufgegriffen. Es geschah dies in der Nähe des Dorfes Dabarita. Die Dame hatte viel Gepäck bei sich, wertvolle Dinge, offenbar auch aus dem Besitz des Königs, gute Beute, und die sie gemacht hatten, freuten sich auf ihren Anteil. Sie wurden schwer enttäuscht. Josef ließ die Sachen auf römisches Gebiet schaffen, mit einem höflichen Brief, zu treuen Händen des Obersts Paulin.

Es war nicht das erstemal, daß er so verfuhr, und seine Leute murrten. Sie beschwerten sich bei Johann von Gischala. Es kam zu einer erbitterten Unterredung zwischen Johann, Sapita und Josef. Josef wies darauf hin, daß oftmals in früheren Kriegen Römer und Griechen solche Beweise von Ritterlichkeit gegeben hätten. Allein Johann raste. Seine grauen

Augen funkelten bösartig, blutunterlaufen, sein Knebelbart stieß wild vor, der ganze Mann war ein Berg, der in Bewegung geraten ist. Er schrie: „Sind Sie verrückt, Herr? Glauben Sie, wir machen hier Olympische Spiele? Sie wagen es, einem Mann mit Ihrem Gesäusel von Ritterlichkeit zu kommen, wenn es gegen die Römer geht? Das ist hier ein Krieg, Herr, keine sportliche Veranstaltung. Hier geht es nicht um einen Eichenkranz. Hier sind sechs Millionen Menschen, die diese von den Römern verpestete Luft nicht mehr atmen können, die daran ersticken. Verstehen Sie, Herr?" Josef kam nicht auf gegen die wüste Erbitterung des Mannes, er war erstaunt, fühlte sich zu Unrecht gekränkt. Er schaute auf Sapita. Allein der stand finster daneben, er sagte nichts, aber es war klar: Johann sprach nur aus, was er selber spürte.

Im übrigen waren die drei Männer zu vernünftig, um ihre Aufgabe durch ihren Zwist zu gefährden. Sie nützten den Winter, um die Verteidigung Galiläas nach Kräften auszubauen.

Es blieb still im Land, aber die Stille begann drückend zu werden. Josef hielt sein Glück und seine Sicherheit fest. Allein manchmal durch diese frohe Sicherheit hindurch hörte er die haßvollen Worte des Justus. Immer öfter, trotzdem er seine Tage bis an den Rand mit Arbeit füllte, durch die Sätze seiner Beamten und Offiziere, durch das Gebraus seiner Volksversammlungen hörte er es klar, leise, bitter: Ihr Doktor Josef ist ein Lump, und er verwahrte die Worte in seinem Herzen, ihren Tonfall, ihre Verachtung, ihre Resignation, ihr mühsames Aramäisch.

In der Mitte der Welt lag das Land Israel, Jerusalem lag in der Mitte des Landes, der Tempel in der Mitte von Jerusalem, das Allerheiligste in der Mitte des Tempels, der Nabel der Erde. Bis zu König Davids Zeit war Jahve gewandert, im Zelt und in einer provisorischen Hütte. König David beschloß, ihm ein Haus zu bauen. Er kaufte die Tenne Arawna, den urheiligen Berg Zion. Aber er durfte nur die Fundamente legen; den Tempel selbst zu bauen blieb ihm versagt, weil er in seinen vielen Schlachten viel Blut vergossen hatte. Erst sein Sohn

Salomo wurde gewürdigt, das heilige Werk auszuführen. Sieben Jahre baute er. Keiner der Arbeiter starb während dieser Zeit, keiner erkrankte auch nur, kein Werkzeug wurde beschädigt. Da Eisen zu dem heiligen Bau nicht verwendet werden durfte, sandte Gott dem König einen wunderbaren Steinwurm, Schamir genannt, der die Steine spaltete. Oft auch legten sie sich von selbst an ihren Platz, ohne menschliches Zutun. Wild und heilig prangte der Opferaltar, neben ihm das Waschbecken für die Priester, das Eherne Meer, ruhend auf zwölf Stieren. In der Vorhalle ragten zwei seltsame Bäume aus Bronze gegen den Himmel, Jachin und Boas genannt. Das Innere war mit Zedernholz vertäfelt, der Boden mit Zypressenbohlen ausgelegt, Mauerwerk und Stein vollständig verdeckt. Fünf goldene Leuchter standen an jeder Wand, dazu die Schaubrottische. Im Allerheiligsten aber, alle Augen durch einen Vorhang verhüllt, standen riesige Flügelmenschen, Cherube, geschnitzt aus dem Holz des wilden Ölbaums, grausig starrten ihre Vogelköpfe. Mit den ungeheuren, goldbedeckten Flügeln überspannten sie schützend die Lade Jahves, die die Juden durch die Wüste begleitet hatte. Mehr als vierhundert Jahre stand dieses Haus, bis König Nebukadnezar es zerstörte und die heiligen Geräte nach Babel verschleppte.

Zurückgekehrt aus der Gefangenschaft Babels, bauten die Juden einen neuen Tempel. Aber er blieb kümmerlich, verglich man ihn mit dem ersten. Bis ein großer König aufstand, Herodes mit Namen, und im achtzehnten Jahr seiner Regierung den Tempel zu erneuern begann. Mit Tausenden von Arbeitern verbreiterte er den Hügel, auf dem der Bau stand, untermauerte ihn mit einer dreifachen Terrasse, verwandte so viel Kunst und Arbeit an das Werk, daß sein Tempel unbestritten als der schönste Bau Asiens, vielen als der schönste Bau der Welt galt. Die Welt ist ein Augapfel, sagten sie in Jerusalem, das Weiße darin ist das Meer, die Erde ist die Iris, Jerusalem die Pupille: das Bild aber, das in der Pupille erscheint, ist der Tempel.

Nicht der Pinsel des Malers noch der Meißel des Bildhauers schmückte ihn; nur der Harmonie seiner großen

Maße, der Erlesenheit des Materials dankte er seine Wirkung. Mächtige Doppelhallen umgaben ihn von allen Seiten, sie boten Schutz vor dem Regen und Schatten vor der Sonne, in ihnen erging sich das Volk. Die schönste dieser Hallen war die Quadernhalle, wo der Große Rat tagte. Auch eine Synagoge war da, viele Läden, Verkaufsräume für die Opfertiere, für heilige und unheilige Parfüms, ein großer Schlachthof, ferner die Banken der Geldwechsler.

Ein Steingitter trennte diese profanen Räume von den heiligen. Griechische und lateinische Inschriften drohten unübersehbar, bei Todesstrafe dürfe kein Nichtjude weitergehen. Immer enger wurde der Kreis derer, die vordringen durften. Kranken waren die heiligen Höfe verboten, auch Krüppeln, auch solchen, die in der Nähe von Leichen geweilt hatten. Den Frauen war ein einziger, großer Raum erlaubt; auch ihn durften sie in der Zeit der Menstruation nicht betreten. Die inneren Höfe waren den Priestern vorbehalten, auch unter ihnen nur den fehllos Gewachsenen.

Weiß und golden hing der Tempel auf seinen Terrassen über der Stadt; aus der Ferne erschien er wie ein schneebedeckter Hügel. Seine Dächer starrten von scharfen, goldenen Spießen, damit er nicht von Vögeln verunreinigt werde. Die Höfe und Hallen waren mit Mosaik kunstvoll ausgelegt. Terrassen, Tore, Säulen überall, marmorn die meisten, viele überkleidet mit Gold und Silber oder mit dem edelsten Metall, korinthischem Erz, jener einmaligen Legierung, die bei dem Brand von Korinth aus dem Zusammenschmelzen kostbarer Metalle entstanden war. Über dem Tor, das zum Heiligen Raum führte, hatte Herodes das Emblem Israels anbringen lassen, die Weinrebe. Üppig strotzte sie, ganz aus Gold, ihre Trauben waren mannsgroß.

Kunstwerke von Weltruf schmückten das Innere des Tempelhauses. Da war der Leuchter mit den sieben Armen, seine Lampen bedeuteten die sieben Planeten: Sonne, Mond, Merkur, Venus, Mars, Jupiter und Saturn. Da war der Tisch mit den zwölf Schaubroten, sie bedeuteten den Tierkreis und das Jahr. Da war das Gefäß mit den dreizehn verschiedenen Arten Räucherwerk, aus dem Meer, der unbewohnten Wüste, der bewohnten Erde, anzeigend, daß alles von Gott komme und für Gott dasei.

Tief im Innern, an geschütztester Stelle, unterirdisch, lagen die Tresore des Tempels, die den Staatsschatz verwahrten, einen ansehnlichen Teil des Goldes und der Kostbarkeiten der Erde. Auch der Ornat des Erzpriesters wurde hier verwahrt, die heilige Brustbinde, die Tempeljuwelen, der goldene Reif, der den Namen Jahve trug. Es war um diesen Ornat ein lang dauernder Streit zwischen Rom und Jerusalem gewesen, ehe ihn der Tempelschatz endgültig verwahren durfte, und es war viel Blut in diesem Streit vergossen worden.

Im Herzen des Tempelhauses, wiederum durch einen Purpurvorhang abgeschlossen, war das Allerheiligste. Es war leer und dunkel, nur ein roher Stein ragte aus dem nackten Boden, das Felsstück Schetijah. Hier, behaupteten die Juden, wohnte Jahve. Niemand durfte den Raum betreten. Nur einmal im Jahr, am Tage, da Jahve sich mit seinem Volke aussöhnte, ging der Erzpriester in dieses Allerheiligste. Alle Juden des Erdkreises fasteten an diesem Tag, die Hallen und Höfe des Tempels waren gestopft mit Menschen. Sie warteten darauf, daß der Erzpriester Jahve bei seinem Namen anrufe. Denn Jahves Name durfte nicht genannt werden, schon der Versuch war todeswürdig. Nur an diesem einen Tag rief der Erzpriester den Gott bei seinem Namen. Nicht viele konnten den Namen hören, wenn er aus dem Munde des Priesters kam, aber alle glaubten ihn zu hören, und hunderttausend Knie krachten auf die Fliesen des Tempels.

Es war Geheimnis und Gerede in der Welt, was wohl hinter dem Vorhang des Allerheiligsten verehrt werde. Die Juden erklärten, Jahve sei unsichtbar, also sei auch kein Bild von ihm da. Aber die Welt wollte nicht glauben, daß der Raum einfach leer sei. Einem Gott opfere man, ein Gott war da, sichtbarlich in seinem Bild. Bestimmt war auch dieser Gott Jahve da, und die eigensüchtigen Juden verheimlichten ihn nur, auf daß man ihn ihnen nicht abspenstig mache und für andere gewinne. Feinde der Juden, vor allem die spottsüchtigen, aufgeklärten Griechen, erklärten, in Wahrheit sei es ein Eselskopf, der im Allerheiligsten verehrt werde. Aber der Spott wirkte nicht.

Die hellen, klugen Römer wie die finstern, unwissenden Barbaren, alle wurden still und nachdenklich, wenn man vom Gott der Juden sprach, es blieb Geheimnis und Furcht der Welt um das unheimliche Unsichtbare im Allerheiligsten.

Den Juden des ganzen Erdkreises galt ihr Tempel als wahre Heimat, als unversiegliche Quelle ihrer Kraft. Ob am Ebro oder am Indus, ob am Britannischen Meer oder am Oberlauf des Nil, immer wenn sie beteten, wandten sie ihr Gesicht gegen Jerusalem, wo der Tempel stand. Alle zinsten sie dem Tempel freudigen Herzens, alle wallfahrteten sie zu ihm, oder es lag fest in ihrem Plan, einmal am Osterfest ihr Lamm in den Tempel zu bringen. War ihnen ein Unternehmen geglückt, dann dankten sie es dem Unsichtbaren im Tempel, waren sie schwach und in Not, dann wollten sie Hilfe von ihm. Nur im Bereich des Tempels war die Erde rein, und hierher schickten, die im Ausland wohnten, ihre Leichen, auf daß sie im Tode wenigstens zurückfänden. So verstreut sie waren, hier hatten sie *eine* Heimat.

Der Kaiser war, als der Bericht über die Erstürmung des Palastes von Tiberias in Rom eintraf, auf einer Kunstreise in Griechenland. Er hatte für die Dauer seiner Abwesenheit seinen Hausminister Claudius Hel mit der Führung der Regierungsgeschäfte beauftragt. Der berief sogleich einen Kabinettsrat ein. Da saßen sie zusammen, die siebenunddreißig Herren, die die maßgebenden Hofämter bekleideten. Die Nachricht, daß die Empörung in Judäa von neuem losgebrochen sei, erregte sie tief. Zehn Jahre früher wäre diese Depesche eine unwichtige Meldung aus einer unwichtigen Provinz gewesen. Jetzt traf sie die Regierung an ihrer empfindlichsten Stelle, gefährdete ihr wichtigstes Projekt, den neuen Alexanderzug.

Sie, diese siebenunddreißig Herren, waren es, die das gewaltige Projekt auf eine solide Basis gestellt hatten. Sie hatten Stützpunkte in Südarabien für den Seeweg nach Indien geschaffen, die finanziellen Mittel für den Feldzug nach Äthiopien und einen noch kühneren nach dem Kaspischen Tor beschafft. Schon waren gemäß dem Kriegsplan der Marschälle

Corbulo und Tiberius Alexander die Truppen in Marsch gesetzt. Die Zweiundzwanzigste Legion sowie alles, was an Truppen in Deutschland, England, Dalmatien entbehrt werden konnte, war auf dem Weg nach dem Osten, die Fünfzehnte Legion auf dem Weg nach Ägypten. Und nun wurde der ganze großartige Plan umgeworfen durch diese immer wieder aufflackernde Rebellion gerade mitten im Aufmarschgebiet. Ach, man hätte gern den Versicherungen der Lokalbehörden geglaubt, die Provinz werde sich bald von selber beruhigen. Aber jetzt zeigte sich ja, daß es so nicht ging, daß man an die Niederwerfung des Aufstands sehr viele Menschen und sehr viel kostbare Zeit wird wenden müssen.

Die Mehrzahl der Minister waren Nichtrömer, leidenschaftliche Griechen; ihr Herz hing daran, daß ihr Griechenland, ihr Orient zur Basis des Reichs werde. Sie schäumten vor Wut, diese Räte und Feldherren des Neuen Alexander, daß jetzt ihr herrlicher Feldzug durch diese Läpperei übel verzögert oder gar für immer vereitelt werden sollte.

Äußerlich aber blieben sie still und feierlich. Manche von ihnen, die meisten, waren Söhne und Enkel von Leibeigenen, gerade deshalb zeigten sie, nun sie an der Macht waren, die eisige Würde altrömischer Senatoren.

Claudius Hel erläutert die Unglücksnachricht aus Judäa, ihre Bedeutung für die großen Orientprojekte. Claudius Hel selber ist als Leibeigener geboren. Er ist fehllos gewachsen, finster und herrlich anzuschauen, das Gesicht ebenmäßig, voll Energie. Er trägt den Siegelring des Kaisers. Jeder andere in seiner Lage hätte den Kaiser nach Griechenland begleitet, es ist gefährlich, ihn so lange fremden Einflüssen preiszugeben. Claudius Hel hat es vorgezogen, in Rom zu bleiben. Fast sicher wird irgendeine Maßregel, die er trifft, dem Kaiser mißfallen. Wahrscheinlich wird Claudius Hel jung sterben, Goldplättchen einatmend oder mit geöffneten Adern. Aber das ist kein zu teurer Preis, wenn man die Welt beherrschte.

Er spricht ruhig, knapp, ohne Beschönigung. Man hat den Aufruhr viel zu leicht genommen, jetzt müsse man ihn um so schwerer nehmen. „Alle haben wir uns geirrt“, gibt er unumwunden zu. „Mit einer einzigen Ausnahme. Ich bitte diesen Mann, der sich nicht geirrt hat, um seine Meinung."

Die Herren, wiewohl sie den dürren, geiernäsigen Philipp Talaß nicht leiden mochten, schauten mit Achtung auf den Chef der Orientabteilung. Er hatte von Anfang an gewarnt, man solle sich nicht einlullen lassen von dem listigen, fadsüßen Versöhnlichkeitsgerede Jerusalems. Er war ein wenig lächerlich gewesen mit seiner ewigen Angst vor den Juden, seinem greisenhaften Haß. Jetzt erwies es sich, das Aug des Hasses hatte besser gesehen als der tolerante Skeptizismus der andern.

Der Minister Philipp Talaß zeigte nichts von seiner Genugtuung. Klein, krumm, unscheinbar saß er wie immer. Aber innerlich war er geschwellt von einem großen Glück; ihm war, als sei sogar die Narbe aus seiner Leibeigenenzeit nicht mehr so sichtbar. Jetzt, nach dieser von freundlichen Göttern beschiedenen Plünderung des Palastes von Tiberias, nach diesem neuen, maßlos dreisten Bruch aller Versprechungen, war die Zeit reif für die große Abrechnung. Man konnte es nicht mehr bewenden lassen bei einem gelinden Strafgericht, Hinrichtung von einigen tausend Meuterern, ein paar Millionen Buße oder so. Das mußten jetzt auch die andern einsehen. Der Minister Philipp Talaß sagte: „Jerusalem muß zerstört werden."

Er erhob nicht die Stimme, sie zitterte ihm auch nicht. Aber dies war die größte Minute seines Lebens, und wann immer er in die Grube muß, jetzt kann er zufrieden sterben. In seinem Innern jubilierte es: Nablion, und trotz dem Dolmetsch Zachäus: Nablion. Er träumte davon, wie die Regimenter herfallen werden über das freche Jerusalem, wie sie die Einwohner an ihren Bärten zerren und totschlagen, wie sie die Häuser verbrennen, die Mauern schleifen, den eitel sich spreizenden Tempel dem Erdboden gleichmachen. Aber nichts von alledem war in seiner Stimme, als er selbstverständlich, fast ein wenig mürrisch, konstatierte: „Jerusalem muß zerstört werden."

Ein Schweigen war, und durch das Schweigen ein Seufzer. Claudius Hel wandte sein schönes, dunkles Gesicht dem Regin zu und fragte, ob der Direktor der kaiserlichen Perlfischereien etwas zu bemerken habe. Claudius Regin hatte nichts zu bemerken. Diese Galiläer hatten sich zu dumm aufgeführt. Jetzt blieb wirklich nichts mehr übrig, als die Armee einzusetzen.

Claudius Hel faßte zusammen. Er werde also, das Einverständnis der Herren vorausgesetzt, den Kaiser ersuchen, möglichst rasch den Feldzug gegen Judäa zu eröffnen. Bisher hat man die Kuriere nach Griechenland stets mit dem glückkündenden Lorbeerkranz an der Lanze ausstatten können; diesmal, um der Majestät darzutun, wie ernst man in Rom die Lage nehme, wird er dem Kurier die unheilkündende Feder an der Lanze mitgeben.

Der Senat, auf Betreiben des Claudius Hel, ließ den Janus-Tempel eröffnen zum Zeichen, daß Krieg sei im Reich. Der amtierende Senator Marull sprach dem Claudius Hel nicht ohne Ironie sein Bedauern aus, daß er die Zeremonie nicht aus einem glänzenderen Anlaß vornehmen könne. Ein Jahr hatte die Welt Frieden gehabt. Die Stadt Rom war überrascht, als jetzt die schweren Türflügel des Janus-Tempels auseinanderknarrten und das Bild des zweigesichtigen Gottes erschien, des Zweifelgottes, man kennt den Anfang, aber niemand kennt das Ende. Viele überschauerte Unbehagen, als sie erfuhren, daß nun der sehr gute, sehr große Jupiter ihres Capitols Krieg begonnen habe gegen den unheimlichen, gestaltlosen Gott im Osten.

In den Vierteln der Kleinbürger gönnte man es den Juden, daß der Kaiser endlich einmal forsch gegen sie vorging. Überall nisteten sie sich ein, schon war das ganze Geschäftsviertel von ihnen durchsetzt, man freute sich, dem Haß gegen die Konkurrenz patriotisch Luft zu machen. In den Kneipen erzählte man sich die alten, verbürgten Geschichten, die Juden verehrten einen Eselskopf in ihrem Allerheiligsten, an ihrem Passahfest opferten sie diesem heiligen Esel griechische Kinder. Man bekritzelte die Synagogen mit unflätigen, drohenden Inschriften. Im Florabad verprügelte man die Beschnittenen, warf sie hinaus. In einer Garküche der Straße Subura verlangte man von einigen Juden, sie sollten Schweinefleisch essen, riß den Widerstrebenden den Mund auf, stopfte ihnen den greulichen, verbotenen Fraß hinein. In der Nähe des Drei-Straßen-Tors stürmte man ein Lager koscherer Fischsaucen, zerbrach die Flaschen, beschmierte den Juden Haar und Bart mit ihrem Inhalt. Übrigens machte die Polizei dem Unfug bald ein Ende.

Die Herren des Senats, der Diplomatie, der Hochfinanz hatten es wichtig. Zahllose neue Stellen mußten geschaffen und besetzt werden, der Geruch von Beute war in der Luft. Die alten, ausgedienten Generäle belebten sich. Schlichen umeinander herum, belauerten sich, Glanz in den Augen. Das Forum hallte von angeregtem Gelächter, in den Kolonnaden der Livia, des Marsfelds, in den Bädern war Betrieb. Jeder hatte seine Kandidaten, seine Sonderinteressen; selbst die Äbtissin der Vestalinnen ließ sich täglich auf den Palatin tragen, um bei den Ministern ihre Wünsche anzubringen.

Der Preis des Goldes, der kostbaren Gewebe, der Preis der Leibeigenen auf den Börsen von Delos und Rom fiel, denn man wird in Judäa dergleichen in Masse erbeuten. Der Preis des Getreides zog an, die operierenden Truppen werden viel Nachschub an Proviant benötigen. In den Reedereien war Geschäft, fieberhaft arbeitete man auf den Werften von Ravenna, Puteoli, Ostia. In den Häusern der Herren Claudius Regin und Junius Thrax, im Palais des Senators Marull jagten sich die Kuriere. Diese Herren sahen den Krieg in Judäa mit aufrichtiger Betrübnis. Aber da nun einmal Geschäfte zu machen waren, warum sollten andere den Profit einstreichen?

Unter den Juden herrschte Verwirrung und Trauer. Man hatte genaue Nachrichten aus Jerusalem, wußte um die Rolle Josefs. War es denkbar, daß dieser Mann, der mit ihnen gelebt hatte, der sich angezogen hatte wie sie, gesprochen wie sie, der wußte, was Rom ist, war es denkbar, daß dieser Doktor Josef Ben Matthias sich an die Spitze eines so aussichtslosen Abenteuers sollte gestellt haben? Claudius Regin ärgerte sich am bittersten über die Herren vom Großen Rat. Wie konnten sie diesen kleinen Essayisten nach Galiläa schicken?

Solche Leute läßt man sich in der Literatur austoben, aber nicht in der großen Politik. Mehrere prominente Juden in Rom beeilten sich, der Regierung ihren Abscheu über die Haltung dieser fanatischen Verbrecher in Galiläa auszudrükken. Die Regierung gab den sich abzappelnden Herren beruhigende Versicherungen. Die fünf Millionen Juden außerhalb Judäas, die zerstreut über das Reich wohnten, waren loyale Untertanen, zahlten ihre fetten Steuern. Die Regierung dachte gar nicht daran, sie zu behelligen.

Schwer trafen die Berichte aus Galiläa den Schauspieler Demetrius Liban. Er war betrübt und gehoben zugleich. Er lud ein paar vertraute jüdische Freunde ein und rezitierte hinter sorgfältig versperrten Türen mehrere Kapitel aus dem Makkabäerbuch. Er hatte immer gewußt, welch großes, inneres Feuer in dem jungen Doktor Josef brannte. Aber niemand auch wußte besser als er, wie töricht und aussichtslos ein Kampf gegen Rom war. Übrigens war vorläufig in Rom er der einzige, der ernstlich unter den Unruhen in Judäa zu leiden hatte. Denn von neuem jetzt erklang durch die Straßen Roms das Hetzwort vom Juden Apella. Schon drang man in ihn, er solle endlich auch öffentlich diese Rolle spielen. Im Fall einer Weigerung wird man ihn ebenso leidenschaftlich beschimpfen, wie man ihn bisher akklamierte.

Die große Masse der römischen Juden war erschüttert, verstört, verzweifelt. Sie lasen in den Büchern der Propheten: „Ich höre ein Geschrei von einer, die gebiert, ein Gezeter von einer, die in Wehen liegt. Es ist die Tochter Zion, sie schreit und klagt und windet die Hände: Wehe mir, ich muß vergehen vor den Würgern." Sie lasen, und ihr Herz war voll Angst. Die Häuser schlossen sich, Fasten wurde angesetzt, in allen Synagogen beteten sie. Niemand von den Römern störte den Dienst.

Einige wenige gab es unter den Juden Roms, die sahen in der Erhebung Judäas das Heil, die Erfüllung der alten Weissagungen vom Erlöser. Zu ihnen gehörte das Mädchen Irene, die Frau des Doktor Licin. Sie hörte stumm mit an, wenn ihr Mann seinen Abscheu äußerte vor diesen verrückten Verbrechern, aber im Innern jubelte sie. Sie hatte sich nicht an ein unwürdiges Gefühl weggeworfen, sie hatte immer gewußt: Josef war ein Großer in Israel, einer aus der Schar der Propheten, ein Soldat Jahves.

Den Kaiser erreichte der Kurier mit der unheilverkündenden Feder an der Lanze in der Hauptstadt der Provinz Griechenland, in dem heitern, jetzt von Festen hallenden Korinth.

Der junge Weltherrscher hatte sich nie in seinem Leben so glücklich gefühlt. Griechenland, dies kultivierteste Land der Welt, jubelte ihm zu, ehrlich begeistert von seiner Kunst, seiner Liebenswürdigkeit, seiner Leutseligkeit. Und zu wissen, daß diese ganze griechische Reise nur die Einleitung eines viel größeren Unternehmens ist. Jetzt wird er die andere Hälfte der Welt, die edlere, weisere, seiner Hälfte zufügen. Das Werk des größten Mannes vollenden, der je gelebt hat. Beide Hälften der Welt reich machen und glücklich im Zeichen seines kaiserlichen Namens.

Heute hat er die griechische Reise mit einem großen Unternehmen gekrönt. Hat mit goldenem Spaten den ersten Stich getan, den Isthmus von Korinth zu durchstechen. Morgen wird er die Erbauung dieses Kanals durch ein Festspiel feiern. Er selber hat die Schlußverse geschrieben, in denen der Gott mächtig herschreitet und dem Adler befiehlt, die Flügel zu breiten zu dem großen Flug.

An diesem Tag, unmittelbar nachdem der Kaiser von der Grundlegung des Kanals in das Palais von Korinth zurückgekehrt war, traf der Kurier ein mit den judäischen Nachrichten. Der Kaiser überlas den Bericht, warf das Schriftstück auf den Tisch, so daß es das Manuskript des Festspiels halb überdeckte. Sein Blick fiel auf die Verse: „Der den Ozean kreisen läßt / Und die Sonne wendet nach seinem Willen."

Er stand auf, die Unterlippe vorgeschoben. Es ist der Neid der Götter. Sie gönnen ihm nicht den Alexanderzug. „Der den Ozean kreisen läßt / Und die Sonne wendet nach seinem Willen." Die ganzen Schlußverse haben nur Sinn als Prolog zum Alexanderzug. Jetzt haben sie keinen Sinn.

Gessius Flor, der Gouverneur von Judäa, hat sich's leicht gemacht. Er ist gefallen. Den Cestius Gall wird er natürlich in

Ungnaden abberufen. Für dieses freche Judäa taugt kein solcher Schlappschwanz.

Der Kaiser überlegt. Wen schickt er nach Judäa? Jerusalem ist die stärkste Festung des gesamten Orients, das Volk dort, er weiß es von Poppäa, ist fanatisch, starrsinnig. Der Krieg muß scharf geführt werden. Er darf nicht lange dauern. Länger als um ein Jahr läßt er sich den Alexanderzug unter keinen Umständen hinausschieben. Er braucht für Judäa einen Mann, hart und klar. Und ohne Phantasie. Der Mann muß so sein, daß er die ihm anvertraute Macht nur gegen Jerusalem kehrt, nicht am Ende gegen den Kaiser.

Wo findet er einen solchen Mann? Man nennt ihm Namen. Sehr wenige. Prüft man sie schärfer, werden es noch weniger. Zuletzt bleibt ein einziger: Mucian.

Der Kaiser zwickt mißmutig die Augen zusammen. Auch der Senator Mucian ist nur mit Vorsicht zu gebrauchen. Der Kaiser erinnert sich gut. Ein kleiner Herr, ausgemergelt von vielen Vergnügungen, scharffaltiges Gesicht, sehr gepflegt. Da er leicht hinkt, trägt er einen Stock; gewöhnlich aber hält er ihn mit der einen Hand hinterm Rücken, was dem Kaiser auf die Nerven geht. Auch sein ständiges Gesichtszucken kann der Kaiser nicht vertragen. Gewiß, Mucian hat einen hellen, scharfen Verstand, er wird mit der aufrührerischen Provinz rasch fertig werden. Aber der hemmungslos ehrgeizige Mann, schon einmal gestürzt und wieder hochgekommen, jetzt an der Schwelle des Alters, kann sich, gibt man ihm Macht, leicht verführen lassen, gefährliche Experimente anzustellen.

Der Kaiser seufzt unbehaglich, setzt sich wieder vor das Manuskript des Festspiels. Streicht mißmutig darin herum. Der die Sonne wendet. Gerade die besten Verse müssen fallen. Er kann es jetzt nicht mehr darauf ankommen lassen, den Schluß einem Schauspieler anzuvertrauen, er muß selber den Gott spielen. Nein, er darf diesem Mucian nicht zuviel Macht geben, man soll niemand versuchen. Es ist spät in der Nacht geworden. Er findet die Konzentration nicht, um die Bruchstellen zurechtzulöten, die durch die Streichungen in den Schlußversen des Gottes entstanden sind. Er schiebt das Manuskript zur Seite. Im Schlafrock schlurft er hinüber ins Zimmer seiner Freundin Calvia. Verdrießlich, das gedunsene Gesicht schweißüberdeckt, leicht seufzend, hockt er an ihrem Bett. Wägt nochmals das Für und Wider. Das und jenes spricht für Mucian. Also schick ihn, sagt Calvia. Das und jenes spricht gegen Mucian. Also schick ihn nicht. Vielleicht findet man doch noch einen andern. Der Kaiser will nicht länger darüber nachdenken. Er hat die Argumente zur Genüge gewälzt; jetzt bleibt es Sache der Erleuchtung, des Glückes, seines Glückes. Er wird sich jetzt nur mehr mit dem Festspiel beschäftigen. Morgen, nach dem Festspiel, wird er sich entscheiden.

In Rom warten sie gespannt auf die Entscheidung.

Sie fiel schon, bevor das Festspiel zu Ende war. In seiner Garderobe, während der Kaiser in der schweren Maske und in den hohen Schuhen des Gottes dasaß und auf seinen Auftritt wartete, kam ihm die Erleuchtung. Ja, er wird den Mucian ernennen: aber er wird ihn nicht allein ernennen, er wird ihm einen zweiten Mann beigeben, damit der ihn kontrolliere. Er weiß auch schon, wen. Da treibt sich die ganze Zeit ein alter General in seiner Umgebung herum, der immer nur an die höchsten Ämter hingerochen hat, um dann, kaum oben, sogleich wieder herunterzupurzeln; es hängt wegen seines ständigen Pechs schon ein leiser Geruch von Komik um ihn. Vespasian heißt er. Er sieht mehr einem Geschäftsmann vom Lande gleich als einem General; aber er hat sich im englischen Feldzug bewährt und gilt als ausgezeichneter Militär. Der Bursche hat dem Kaiser allerdings Ärgernis gegeben. Immer schon hat er nur mühsam versteckt, wie schwer ihm bei den Rezitationen des Kaisers das Zuhören fiel, und unlängst, vor drei Tagen, ist er einfach eingeschlafen; ja, während der Kaiser die schönen Verse der Danae von den windgeschaukelten Blättern sprach, hat er unmißverständlich geschnarcht. Der Kaiser hat erst daran gedacht, ihn zu bestrafen, aber eigentlich hat er mehr Mitleid mit dem Wicht, dem die Götter die Organe für das Höhere versagt haben. Er hat bis jetzt nichts gegen ihn unternommen. Nur nicht mehr vorgelassen hat man den Burschen. Heute und gestern hat der Kaiser ihn an seinem Weg stehen sehen, fern, bedrückt und beflissen. Ja, das ist sein Mann. Der wird schwerlich auf allzu dreiste Gedanken kommen. Den schickt er nach Judäa. Erstens hat er dann die Fratze des Kerls auf lange Zeit aus den Augen, und zweitens ist dieser pfiffig vierschrötige Mensch gerade der richtige, um dem eleganten Mucian scharf auf die Finger zu sehen. Er wird die Vollmachten teilen, den Mucian zum Generalgouverneur von Syrien, den Vespasian zum Feldmarschall in Judäa ernennen. Der eine wird keine militärischen, der andere keine politischen Befugnisse haben, und sie werden jeder der Spion des andern sein.

Der Kaiser, trotz der schweren, heißen Maske des Gottes, lächelt. Wirklich, das ist eine ausgezeichnete Lösung, das ist die Erleuchtung. Er tritt auf die Bühne, er spricht die hallenden Verse des Gottes. Die Rolle ist kurz geworden: aber noch nie, scheint ihm, hat er so vollendet gesprochen wie heute. Er hat seinen Beifall verdient.

Der General T. Fl. Vespasian kam von dem Festspiel zurück in das Vorstadthäuschen, das er dem Kaufmann Laches für die Dauer seines Aufenthalts in Korinth abgemietet hatte. Er legte den Mantel ab und die Galatracht, fluchte, weil der Diener das sorgsam geschonte Kleid nicht vorsichtig genug zusammenfaltete, zog einen saubern, etwas abgetragenen Hausanzug an, darunter dicke Unterwäsche; denn es war ein ziemlich kalter Vorfrühlingstag, und er war immerhin achtundfünfzig Jahre alt und spürte schon wieder seinen Rheumatismus.

Unmutig, die starken Falten der breiten Stirn vertieft, das ganze runde Bauerngesicht finster, trotz des zusammengepreßten langen Mundes laut und verdrießlich atmend, stapfte er hin und her. Die Festvorstellung war für ihn sehr unfestlich verlaufen. Eisiges Schweigen war, wohin er sich wandte, kaum daß man seine Grüße erwidert hatte, und der Kammerherr Gortyn, dieser geleckte Schweinehund, hatte auf seine Frage, ob er Aussicht habe, der Majestät in den nächsten Tagen seine Aufwartung machen zu dürfen, in seinem frechen Provinzgriechisch erwidert: „Fressen Sie Ihren eigenen Mist."

Wenn er sich's überlegte, blieb ihm wirklich nichts anderes übrig. Daß ihm diese blöde Geschichte vor drei Tagen hatte passieren müssen. Jetzt war die ganze kostspielige griechische Reise zwecklos. Dabei war die Geschichte bei der kaiserlichen Rezitation nur halb so schlimm gewesen. Eingeschlafen war er, das gab er zu. Aber geschnarcht hat er nicht, das ist eine freche Verleumdung dieses Hundesohns von Kammerherrn. Er hat nur von Natur einen so lauten Atem.

Der alte General schlug mit den Armen um sich, um warm zu werden. Wie immer, zum Kaiser vorgelassen wurde er bestimmt nie mehr, das hat er heute im Theater auch ohne Brille erlinsen können. Er durfte froh sein, wenn man ihm keinen Majestätsbeleidigungsprozeß an seinen angeblichen Schnarchhals hängte. Es war schon das beste, still auf sein italienisches Besitztum zurückzureisen.

An sich ist es ihm nicht einmal unwillkommen, daß er jetzt seine Tage in Ruhe beschließen soll. Von allein hätte er niemals seine alten Knochen zusammengerissen und wäre dem Kaiser nach Griechenland nachgefahren, um es ein letztes Mal zu versuchen. Es war nur, weil die Dame Cänis, seine Freundin, keine Ruhe gegeben hat. Nie haben sie ihm seinen guten, bäuerlichen Frieden gelassen. Immer wieder haben sie auf ihn eingehetzt, bis er hinaufgeklettert und glücklich wieder heruntergefallen war.

Begonnen hat das schon in seiner Jugend, und schuld daran war der verfluchte Bauernaberglaube seiner Mutter. Daß bei seiner Geburt eine alte, heilige Eiche des Mars einen neuen, unwahrscheinlich üppigen Wurzelschößling trieb, hatte die handfeste Dame als sicheres Glückszeichen genommen: ihr Sohn, das war vom Schicksal bestimmt, wird mehr erreichen als die Steuerpächter, Provinzbankiers und Linienoffiziere, von denen er abstammt. Er selber hatte von Kind auf Freude an ländlicher Ökonomie gehabt, er wäre am liebsten sein ganzes Leben lang auf dem Gut seiner Eltern geblieben, mit bäuerlich ausgeprägtem Finanzsinn die Produkte dieses Besitztums verwertend. Aber seine resolute Mutter hatte nicht abgelassen, bis sie auch ihm ihren unverwüstlichen Glauben an seine große Zukunft einpflanzte und ihn gegen seinen Willen in die politisch-militärische Karriere hineintrieb.

Der alte General, wenn er an alle die Fehlschläge dachte, die diese Karriere ihm gebracht hat, schnaubte heftiger, preßte die langen Lippen fester zusammen. Dreimal hintereinander war er durchgefallen. Schließlich, mit Ach und Krach, hatte er es zum Bürgermeister der Hauptstadt gebracht. Zwei Monate ging alles vortrefflich. Seine Polizei funktionierte, der Sicherheitsdienst bei den sportlichen Veranstaltungen und in den Theatern klappte ausgezeichnet, Nahrungszufuhr und Märkte waren gut geregelt, die Straßen Roms waren mustergültig gehalten. Aber ausgerechnet bei der Straßenhaltung erwischte es ihn. Den Kaiser Claudius, und zwar gerade da, als er auswärtigen Gesandten seine Hauptstadt zeigen wollte, trieb eine unselige Laune, eine der wenigen schlechtgepflegten Nebenstraßen zu nehmen, und der ganze feierliche Zug blieb im Schmutz stecken. Kurzerhand und exemplarisch ließ der Kaiser dem Bürgermeister Vespasian, den er unter sein Gefolge befohlen hatte, das Galakleid über und über mit Kot und Pferdeäpfeln beschmieren.

Der General Vespasian, wie er an jene Sache dachte, verzog das schlaue Bauerngesicht, schmunzelte. Die Affäre damals war dennoch günstig abgelaufen. Er mußte, vor allem wohl durch die Haltung seiner kotgefüllten Ärmel, einen kläglich spaßhaften Eindruck gemacht haben, und offenbar hatte sich dem Kaiser dieser jämmerlich komische Anblick als etwas Erfreuliches ins Gehirn geprägt. Jedenfalls hatte er, Vespasian, weiterhin nichts von Ungnade bemerkt, eher das Gegenteil. Für Würde hatte er nie viel übrig gehabt, und von jetzt an stellte er zielbewußt im höchsten Kollegium des Reichs, im Senat, mit unschuldiger Miene Anträge von so clownhafter Servilität, daß selbst diese abgebrühte Körperschaft nicht wußte, sollte sie lachen oder weinen. Jedenfalls hatte sie seine Anträge angenommen.

Wenn er heute, nach so vielen Jahren, nachprüfte, was er getan und was er unterlassen hatte, konnte er sich keine Inkonsequenz vorwerfen. Er hatte Domitilla geheiratet, die abgelegte Freundin des Ritters Capella, und war durch die

Schiebungen und Beziehungen dieses sehr geschickten Herrn mit dem Minister Narziß ins Geschäft gekommen, dem Favoriten des Kaisers Claudius. Das war ein Mann nach seinem Herzen. Mit dem konnte man gut lateinisch reden. Er verlangte Provision, aber er ließ einen tüchtigen Mann auch verdienen. Es waren gute Zeiten gewesen, als Narziß ihn als General nach dem unruhigen England schickte. Dort waren die Feinde nicht snobistische Höflinge, die einen mit dunkeln Intrigen bekämpften, sondern sehr reale Wilde, auf die man schießen und einhauen konnte, und es waren handgreifliche Dinge, Land, Küsten, Wälder, Inseln, die es zu erobern galt und die man eroberte. Das war die Zeit gewesen, wo er der Prophezeiung der heiligen Eiche am nächsten kam. Man konzedierte ihm, als er zurückgekehrt war, einen offiziellen Triumph und auf zwei Monate das höchste Ehrenamt des Staates.

Der General hauchte sich die Finger an, um sie warm zu bekommen, rieb sich den Handrücken. Dann natürlich, nach diesen zwei Monaten, da er sehr hoch hinaufgeklettert war, war er um so tiefer heruntergestürzt. Das war nun einmal Bestimmung. Ein neuer Kaiser, neue Minister kamen, er fiel in Ungnade. Inzwischen war auch seine Mutter gestorben, und jetzt, da ihr energischer Glaube ihn nicht mehr spornte, hatte er gehofft, bis an sein Ende in tätiger Stille weiterzuleben. Behaglich hatte er sich aufs Land gesetzt, ohne Neid auf seinen Bruder Sabin, der hoch hinaufgelangt war und seine Höhe gleichmäßig wahrte.

Da aber war die Dame Cänis in sein Leben getreten. Sie war von unten heraufgekommen, die Tochter von Leibeigenen, die Kaiserinmutter Antonia hatte das geweckte Mädchen ausbilden lassen und zu ihrer Sekretärin gemacht. Sie hatte Verständnis für das, was Vespasian vom Leben wollte, für seine Art. Wie er gab sie keinen Strohhalm für Feierlichkeit und Würde, dafür hatte sie wie er Spaß an derben Witzen und soldatisch grader Schlauheit; wie er rechnete sie rasch und nüchtern, wie er lachte sie und ärgerte sich über seinen steifen Bruder Sabin. In sie aber hatte sich auch, seufzend und beglückt mußte er das bald konstatieren, der starke Glaube seiner Mutter an seine Bestimmung gesenkt, sehr viel tiefer als in ihn selber. Sie hetzte ihn, bis er sich ächzend und fluchend nochmals aus seinem friedlichen Landleben in den lärmvollen Betrieb Roms hineinschmiß. Diesmal erraffte er sich das Gouvernement der Provinz Afrika. Ein Amt, das ihm unter den nicht spärlichen bösen Jahren seines Lebens das böseste brachte. Die reiche Provinz nämlich, die Massen nicht weniger als die snobistischen großen Herren, wollten einen repräsentativen Gouverneur haben, nicht ihn, den plumpen Bauern. Man sabotierte seine Maßnahmen. Wo er sich zeigte, kam es zu Krawallen. In der Stadt Hadrumet bewarf man ihn mit faulen Rüben. Er hätte die faulen Rüben nicht mehr übelgenommen als seinerzeit unter Kaiser Claudius die Pferdeäpfel, aber leider hatte diese Demonstration sehr spürbare praktische Folgen: er wurde abberufen. Ein harter Schlag, denn er hatte sein ganzes Vermögen in der Provinz investiert, in dunkeln Geschäften, aus denen der Gouverneur der Provinz sehr viel Geld hätte herausholen können, der Privatmann gar nichts. Da stand er mit seinem Finanztalent. Zurückgekehrt auf die Güter, die ihm und seinem Bruder gemeinsam gehörten, mußte er bei dem hochnäsigen Sabin eine riesige Hypothek aufnehmen, um die drückendsten Verpflichtungen loszuwerden. In jenem ganzen Jahr hatte der lustige Mann ein einziges Mal Anlaß zum Lachen. Die Provinz Afrika setzte ihm einen ironischen Denkstein: dem ehrlichen Gouverneur. Er schmunzelte noch jetzt, wenn er an dieses einzig positive Resultat seiner Tätigkeit in Afrika dachte.

Seither war alles schiefgegangen. Er hatte das Speditionsgeschäft aufgemacht und sich, unterstützt von der resoluten Cänis, mit der Vermittlung von Ämtern und Adelstiteln befaßt. Er hatte sich aber über einer bedenklichen Schiebung erwischen lassen und war wieder nur durch Eingreifen seines unangenehmen Herrn Bruders schwerer Bestrafung entgangen. Er war jetzt achtundfünfzig Jahre alt, kein Mensch mehr dachte daran, daß er immerhin einmal auf einem Triumphwagen über das Forum gezogen war und das Konsulat bekleidet hatte. Wo er sich zeigte, grinste man und sprach von faulen Rüben. Man nannte ihn nur den Spediteur. Sein Bruder

Sabin, jetzt Polizeipräsident von Rom, verzog das Gesicht, wenn sein Name fiel, und sagte sauer: „Schweigen Sie. Es riecht nach Pferdeäpfeln, wenn man von diesem Spediteur spricht."

Jetzt, nach dem Fehlschlag in Griechenland, war es wohl endgültig aus. Eigentlich war es gut, daß er wenigstens den schäbigen Rest seines Lebens nach seinem Wohlgefallen wird verbringen können. Gleich morgen wird er die Rückreise antreten. Vorher noch wird er hier in Korinth mit dem Kaufmann Laches abrechnen, der ihm das Haus vermietet hat. Der tut, als sei es eine Gnade, wenn er den abgetakelten General gegen teures Geld in seinem Hause duldet. Vespasian freut sich darauf, es dem feinen, gezierten Griechen, der ihn hinten und vorn begaunert, auf derbe, gutrömische Art zu zeigen. Dies besorgt, wird er vergnügt nach Italien zurückfahren, wird ein halbes Jahr auf seinem Gut bei Cosa wohnen, ein halbes Jahr auf seinem Gut bei Nursia, wird Maultiere züchten und seine Oliven pflegen, wird mit den Nachbarn Wein trinken und Witze machen, wird sich nachmittags mit Cänis oder mit einer von seinen Mägden vergnügen. Und dann, in fünf Jahren oder in zehn, wenn man seine Leiche verbrennt, wird Cänis viele ehrliche Tränen weinen, Sabin wird froh sein, daß er seinen kompromittierenden Bruder los ist, die übrigen Trauergäste werden schmunzelnd von Pferdeäpfeln und faulen Rüben flüstern, und der üppige junge Trieb der heiligen Eiche wird sich umsonst angestrengt haben.

Titus Flavius Vespasian, Exkommandant einer römischen Legion in England, Exkonsul von Rom, Exgouverneur von Afrika, abgetakelt, bei Hof in Ungnade, ein Mann mit einer Million einhunderttausend Sesterzien Schulden und von dem Kammerherrn Gortyn aufgefordert, seinen eignen Mist zu fressen, war mit seiner Bilanz fertig. Er war zufrieden. Er wird jetzt auf die Reederei gehen und mit diesen betrügerischen Griechen um den Preis der Rückreise herumfeilschen. Dann wird er Cänis vor den Hintern stoßen und sagen: „Na, alter Hafen, jetzt ist es soweit. Von jetzt an lockst du mich bestimmt nie wieder hinterm Ofen hervor, und wenn du das

Bein noch so hochhebst." Ja, im Grunde war er froh. Mit einem vergnügten Ächzen warf er sich den Mantel um.

In der Vorhalle kam ihm der Kaufmann Laches entgegen, bestürzt geradezu, ungewöhnlich höflich, voll Verbeugungen und Beflissenheit. Hinter ihm, gravitätisch, mit feierlichem, offiziellem Gesicht, ein kaiserlicher Kurier, den glückkündenden Lorbeer auf seinem Botenstab.

Der Kurier streckte die Lanze vor, erwies die Ehrenbezeigung. Sagte: „Botschaft Seiner Majestät an den Konsul Vespasian."

Vespasian hatte seinen verblaßten Titel lange nicht mehr gehört, überrascht nahm er das versiegelte Schreiben, schaute nochmals nach dem Stab des Boten. Es war der Lorbeer, nicht die Feder; es konnte sich nicht um jenes unselige Einschlafen bei der Rezitation handeln. Sehr unfeierlich, in Gegenwart des neugierigen Laches und des Kuriers, erbrach er das Siegel. Seine langen Lippen gingen auseinander, der ganze, runde, breite Bauernschädel verfältelte sich, grinste. Er schlug dem Kurier derb auf die Schulter, schrie: „Laches, alter Gauner, geben Sie dem Kerl drei Drachmen Trinkgeld. Oder halt, zwei genügen." Er lief, den Brief schwenkend, hinauf ins obere Stockwerk, haute seiner Freundin Cänis den Hintern, dröhnte: „Cänis, alter Hafen, wir haben's geschafft."

Die Dame Cänis und er pflegten auch ohne Worte aufs Haar genau zu wissen, was jeweils der andere dachte und spürte. Dennoch, jetzt schwatzten sie aufeinander ein. Packten sich bei den Schultern, lachten sich ins Gesicht, lösten sich wieder, stapften durchs Zimmer, jetzt jeder für sich, jetzt wieder zusammen. Mochte sie hören, wer wollte, unbekümmert stülpten sie ihr Inneres heraus.

Donner und Jupiter! Diese Reise hat gelohnt. Niederwerfung der aufrührerischen Provinz Judäa, das war eine handliche Sache, wie zugeschnitten für Vespasians Begabung. Mit so utopischem Zeug wie dem Alexanderzug mochten sich geniale Strategen abgeben, Corbulo oder Tiber Alexander. Er, Vespasian, zog sich den Mantel über die Ohren, wenn von so windigen, imperialistischen Projekten die Rede war. Aber bei so einer deftigen Sache wie diesem Feldzug in Judäa, da ging einem alten General das Herz auf. Jetzt konnten die

Herren Marschälle warten, und er war der Dotter im Ei. Diese gesegneten Juden. Ein Bravo für sie, und nochmals bravo! Schon längst hätten sie aufbegehren müssen.

Er ist ungeheuer vergnügt. Die Dame Cänis beauftragt den Kaufmann Laches, Vespasians Lieblingsspeisen aufzutreiben, und wenn sie noch so teuer sind. Auch soll er für den Nachmittag ein besonders leckeres, nicht zu mageres Mädchen beschaffen, mit dem sich Vespasian vergnügen kann. Aber es scheint, Vespasian hat für diese Aufmerksamkeiten kaum mehr Sinn, er hat sich an die Arbeit gemacht. Schon ist er nicht mehr der alte Bauer, sondern der General, der Feldherr, der mit nüchternem Sinn an die Lösung seiner Aufgabe herangeht. Die syrischen Regimenter sind schweinemäßig verlottert; er wird den Kerls beibringen, was römische Disziplin heißt. Wahrscheinlich wird ihm die Regierung die Fünfzehnte Legion aufhängen wollen, die man jetzt nach Ägypten geworfen hat. Oder die Zweiundzwanzigste, weil sie ohnedies für diesen windigen Alexanderzug in Marsch gesetzt ist. Aber damit wird er sich nicht abspeisen lassen. Man wird mit dem Militärkabinett um jeden einzelnen Mann feilschen müssen. Aber er wird sich nicht scheuen, wenn es nötig ist, auf den Tisch zu hauen und den Herren klar und deutlich Bescheid zu sagen. Meine Herren, wird er sagen, hier geht es nicht gegen primitive Wilde wie die Deutschen, hier geht es gegen ein militärisch durchorganisiertes Volk.

Er wird noch heute im Palais vorsprechen. Schmunzelnd steckt er seine alten Knochen in die Galauniform, von der er noch vor drei Stunden glaubte, er werde sie niemals mehr benötigen.

In der kaiserlichen Residenz empfängt ihn der Kammerherr Gortyn. Er streckt ihm den Arm mit der flachen Hand entgegen, offiziell grüßend. Ein kurzes, steifes Gespräch. Ja, der Herr General kann Seine Majestät sehen, in einer Stunde etwa. Und der Gardepräfekt? Der Herr Gardepräfekt steht ihm sogleich zur Verfügung. Leichthin, gemütlich, wie er an dem Kammerherrn Gortyn vorbeigeht, um mit dem Gardepräfekten zu konferieren, meint Vespasian: „Na, mein Junge, wer frißt jetzt seinen eigenen Mist?“

Zu schnell verging der Winter, ein guter Winter für Josef.

Er arbeitete fieberhaft. Er verhöhnte die Technik der Römer, aber er verschmähte nicht, sie nachzuahmen. Er hatte mit hellem Kopf in Rom Erfahrungen gesammelt, er hatte Ideen. Er riß alles Kleinliche aus seinem Herzen, es galt ihm nur eines: die Verteidigung vorzubereiten. Sein Glaube wuchs. Babel, Ägypten, das Königtum der Seleukiden, waren sie nicht ebenso mächtige Reiche gewesen wie Rom? Und dennoch hatte Judäa ihnen standhalten können. Was ist die stärkste Armee vor dem Atem Gottes? Er bläst sie übers Land wie leere Spreu und ihre Kriegsmaschinen ins Meer wie taube Nüsse.

In den Städten, in den Hallen der Synagogen, an den großen Versammlungsorten, in den Rennbahnen von Tiberias und Sepphoris oder auch unter freiem Himmel sammelte Josef die Massen um sich. „Marin, Marin! Unser Herr, unser Herr“, riefen sie ihm zu. Und er, hager und schmal stand er vor der großen Landschaft, stieß das Gesicht mit den glühenden Augen vor, riß sich, die Hände hochgeworfen, dunkle, mächtige Worte der Zuversicht aus der Brust. Dieses Land hat Jahve geheiligt, jetzt ist der römische Aussatz und Würmerfraß darübergekommen. Er muß zertreten, zertilgt, ausgemerzt muß er werden. Worauf vertrauen diese Römer, daß sie so frech herwandeln? Sie haben ihre Armee, ihre lächerliche „Technik“. Man kann sie genau messen, ihre Legionen, sie haben zehntausend Mann eine jede, zehn Kohorten, sechzig Kompanien, dazu fünfundsechzig Geschütze. Israel hat seinen Gott Jahve. Der ist gestaltlos, man kann ihn nicht messen. Aber vor seinem Haus zerknicken die Belagerungsmaschinen, und die Legionen schmelzen in den Wind. Rom hat Macht. Aber seine Macht ist schon vorbei, denn es hat die dreiste Hand ausgestreckt gegen Jahve und seinen Erwählten, an dem er so lange Wohlgefallen hat, gegen seinen Erstgeborenen, seinen Erben: Israel. Die Zeit ist erfüllt, Rom ist gewesen, das Reich des Messias aber wird sein, es steigt herauf. Er wird kommen, heute, morgen; vielleicht ist er schon da. Es ist unausdenkbar, daß ihr, mit denen Jahve den Bund geschlossen hat, in diesem seinem Land die Geduldeten sein sollt und die Schweinefresser die Herren. Laßt sie ihre Legionen heranbringen auf Meerschiffen und durch die Wüste. Glaubt und kämpft. Sie haben ihre Kompanien und ihre Maschinen: ihr habt Jahve und seine Heerscharen.

Der Winter verging, ein herrliches Frühjahr strahlte über den Weinbergen, den Oliventerrassen, den Maulbeerfeigenhainen Galiläas. Der Strand des Sees Genezareth um die Stadt Magdala, wo Josef noch immer sein Hauptquartier hatte, war schwer von Blüte und Duft. Die Menschen atmeten leicht und gut. In diesen strahlenden Frühlingstagen kamen die Römer.

Erst lugten ihre Vorhuten ins Land, vom Norden her und von den Küstenstädten her, nicht mehr wichen sie den plänkelnden Vortruppen des Josef aus, und dann wälzte es sich heran, drei ganze Legionen mit Roß und Wagen und starken Kontingenten der Vasallenstaaten. Voraus Leichtbewaffnete, Schützenregimenter, Erkundungstruppen. Dann die ersten Abteilungen Schwerbewaffneter. Dann Pioniere, um höckerige Stellen der Straße abzutragen, schwierige Stellen zu ebnen, Buschwerk zu entfernen, auf daß die marschierende Truppe nicht behindert sei. Dann der Train des Marschalls und des Generalstabs, die Garde des Feldherrn und er selber. Dann die Kavallerie und die Artillerie, die gewaltigen Belagerungsmaschinen, die Widder, die vielbestaunten Geschütze, die Ballisten und die Katapulte. Dann die Feldzeichen, die göttlich verehrten Adler. Dann das Gros der Armee in Reihen zu sechs Mann. Schließlich die riesige Bagage der Truppen, ihre Proviantkolonnen, ihre Juristen und Kassenbeamten. Und ganz am Ende ein Troß von Zivilisten: Diplomaten, Bankiers, zahllose Kaufleute, Juweliere vornehmlich und Makler der Leibeigenen, Auktionatoren für die Beute, Privatkuriere für die Diplomaten und Großkaufleute des Reichs, Weiber.

Es wurde sehr still im Land, als die Römer heranrückten. Viele Freiwillige verliefen sich. Langsam, unausweichlich marschierte die Armee vor. Planmäßig säuberte Vespasian Galiläa, das Land, die Küste und das Meer.

Das Westufer des Sees Genezareth zu befrieden wäre

eigentlich Sache des Königs Agrippa gewesen; denn dieser Landstrich mit den Städten Tiberias und Magdala gehörte ihm. Aber der elegante König war von bequemer Gutmütigkeit; es ging ihm gegen den Strich, die Gewalttaten, die die notwendige Züchtigung der Aufständischen mit sich bringen mußte, selber vorzunehmen. Vespasian erfüllte also die Bitte des befreundeten, Rom tatkräftig ergebenen Fürsten und übertrug seiner eigenen Armee die Strafexpedition. Tiberias unterwarf sich ohne Widerstand. Die wohlbefestigte Stadt Magdala versuchte, sich zu verteidigen. Aber sie konnte sich gegen die Artillerie der Römer nicht lange halten; Verrat im Innern tat das übrige. Viele der Aufständischen flüchteten, als die Römer in die Stadt drangen, hinaus auf den großen See Genezareth. Sie okkupierten die ganze kleine Fischerflotte, so daß die Römer gezwungen waren, sie auf Flößen zu verfolgen. Das war eine groteske Seeschlacht, bei der es auf seiten der Römer viel Gelächter, auf seiten der Juden sehr viele Tote gab; denn rings die Ufer waren besetzt. Die Römer brachten die leichten Kähne zum Kentern, und es gab interessante Jagden der schwerfälligen Flöße auf die Ertrinkenden. Die Soldaten beschauten sich mit Interesse das Gezappel der Schiffbrüchigen, sie schlossen Wetten ab, ob einer es vorziehe, im See unterzugehen oder sich von ihnen umbringen zu lassen. Und sollte man sie mit Pfeilen töten oder abwarten, bis sie sich doch an das Floß anklammern, und ihnen dann die Hände abhauen? Der schöne See, berühmt um seines Farbenspiels willen, war an diesem Tag einfarbig rot, seine Ufer, berühmt um ihres Wohlgeruchs willen, stanken viele Wochen hindurch nach Leichen, sein gutes Wasser war verdorben, seine Fische aber wurden fett in den nächsten Monaten und schmeckten den Römern gut. Die Juden hingegen, auch der König Agrippa, versagten es sich Jahre hindurch, Fische aus dem See Genezareth zu essen. Auch sang man später ein Lied unter den Juden, das begann: Weithin ist der See rot von Blut in der Nähe von Magdala, weithin ist der Strand voll Leichen in der Nähe von Magdala. Eine genaue Zählung ergab schließlich, daß bei diesem Seegefecht viertausendzweihundert Juden umgekommen waren. Was dem Hauptmann Sulpiz viertausendzweihundert Sesterzien einbrachte. Denn er hatte gewettet, daß die Zahl der Toten mehr als viertausend betragen werde. Wäre sie darunter geblieben, dann hätte er viertausend Sesterzien zahlen müssen und dazu so viele Sesterzien, als die Zahl der Toten unter viertausend blieb.

Zwei Tage später berief Vespasian seine Herren zu einem Kriegsrat. Von den meisten Einwohnern der Stadt konnte man eindeutig feststellen, ob sie sich friedfertig gehalten hatten oder nicht. Was aber sollte mit den vielen gefangenen Flüchtlingen geschehen, die sich von außerhalb, überallher aus Galiläa, in die wohlbefestigte Stadt geworfen hatten? Es waren ihrer an achtunddreißigtausend. Zu ermitteln, wieweit jeder einzelne ein Rebell war, machte zuviel Umstände. Sie einfach freizulassen, waren sie zu verdächtig. Sie in langer Gefangenschaft zu halten war zu beschwerlich. Andernteils hatten sie sich den Römern ohne Widerstand auf Treu und Glauben ergeben, und sie ohne weiteres niederzumetzeln, fand Vespasian nicht fair.

Die Herren seines Kriegsrats aber kamen nach einigem Hin und Her zu der einmütigen Überzeugung, den Juden gegenüber sei alles erlaubt, und wenn sich nicht beides verbinden lasse, müsse man das Nützliche dem Anständigen vorziehen. Vespasian machte sich nach einigem Zögern diese Ansicht zu eigen. Er bewilligte den Gefangenen in zweideutigem, schwer verständlichem Griechisch Schonung, gab ihnen aber für den Abzug nur die Straße nach Tiberias frei. Die Gefangenen glaubten gern, was sie wünschten, und zogen auf dem vorgeschriebenen Wege ab. Die Römer aber hatten die Straße nach Tiberias besetzt und duldeten nicht, daß einer einen Nebenweg einschlage. Als die achtunddreißigtausend die Stadt erreicht hatten, wurden sie in die Große Rennbahn gewiesen. Gespannt hockten sie und warteten, was der römische Feldherr ihnen sagen werde. Alsbald erschien Vespasian. Er gab Weisung, diejenigen, die über fünfundfünfzig Jahre waren, sowie die Kranken auszusondern. Viele drängten sich unter diese Ausgesonderten, denn sie glaubten, die andern würden zu Fuß, sie aber auf Wagen in ihre Heimat transportiert werden. Das war ein Irrtum. Vespasian ließ sie, als die Auslese vollzogen war, niederhauen; zu anderem waren sie unverwendbar. Aus den übrigen ließ er die sechstausend Kräftigsten aussuchen und schickte sie mit einem höflichen Brief dem Kaiser nach Griechenland für die Arbeiten an dem Kanal von Korinth. Den Rest ließ er für Rechnung der Armee als Leibeigene verauktionieren. Einige Tausend auch schenkte er dem Agrippa.

Es waren nun im Lauf der Unruhen schon hundertneuntausend Juden als Leibeigene verauktioniert worden, und der Preis der Leibeigenen begann bedenklich zu sinken; in den östlichen Provinzen sank er von durchschnittlich zweitausend Sesterzien auf dreizehnhundert pro Stück.

Von einem Mauerturm der kleinen, starken Bergfestung Jotapat aus sah Josef, wie nun auch die Zehnte Legion anrückte. Schon vermaßen die Militärgeometer den Platz für das Lager. Josef kannte sie, diese römischen Lager. Wußte, wie die Legionen durch die Übung von Jahrhunderten gelernt hatten, an jedem Tag, da sie haltmachten, solche Lager zu schlagen. Wußte, zwei Stunden nach Beginn der Arbeit wird das Ganze fertig dastehen. Zwölfhundert Zelte für je eine Legion, Straßen dazwischen, Wälle, Tore und Türme ringsum, eine gutbefestigte Stadt für sich.

Finster und in Bereitschaft hatte Josef zugeschaut, wie die Römer langsam in großem Kreis angerückt waren, wie sie die Berge ringsum besetzt hatten, vorsichtig in die Schluchten und Täler vorgestoßen waren. Nun also hatten sie die Zange geschlossen.

Es waren jetzt außer diesem Jotapat von ganz Galiläa nur mehr zwei feste Plätze in der Hand der Juden: der Berg Tabor und Gischala, wo Johann kommandierte. Nahmen die Römer diese drei Plätze, dann stand ihnen der Weg nach Jerusalem offen. Die Führer hatten beschlossen, die Festungen so lange wie möglich zu halten, sich selber aber im letzten Augenblick nach der Hauptstadt durchzuschlagen; dort hatte man große Mengen von Miliz, aber wenig Führer und Organisatoren.

Josef, als er sah, daß jetzt auch die Zehnte Legion vor seiner Festung stand, spürte eine Art grimmiger Freude. Der General Vespasian war kein nervöser Cestius Gall, er hatte nicht eine, sondern drei Legionen bei sich, vollwertige, die Fünfte, die Zehnte und die Fünfzehnte, schwerlich wird Josef einen der drei Goldenen Adler erbeuten, die diese Legionen mit sich führen. Aber auch seine Festung Jotapat hat gute Mauern und Türme, sie liegt hoch und erfreulich steil, er hat gewaltige Massen von Lebensmitteln, seine Leute, vor allem die Mannschaften des Sapita, sind gut in Form. Der Marschall Vespasian wird sich anstrengen müssen, ehe er die Mauern dieser Festung schleifen und die Gesetzesrollen ihres Bethauses fortschleppen kann.

Vespasian unternahm keine Attacke. Sein Heer lagerte untätig wie ein Klotz, allerdings auch fest wie ein Klotz. Vermutlich wollte er warten, bis Josef verzweifelt aus seinem Loch herausbrechen oder an Entkräftung verrecken würde.

Auf Schleichwegen gelangte ein Schreiben aus Jerusalem an Josef. Die Hauptstadt, teilte sein Vater Matthias mit, werde ihm keine Entsatztruppen schicken. Doktor Eleasar Ben Simon zwar habe die Sendung von Entsatz dringlich verlangt. Aber es gebe Leute in Jerusalem, die Jotapat nicht ungern fallen sähen, wenn nur auch Josef mit umkomme. Er solle die Festung übergeben, die sich ohne Hilfe von außen keine zwei Wochen halten könne. Josef überlegte trotzig. Man war im Mai. Wenn Jotapat sich bis in den Juli hinein halten kann, dann wird es vielleicht für die Römer zu spät im Jahr sein, vor Jerusalem zu rücken. Begreifen sie das nicht, die in der Quadernhalle? Dann wird eben er die verblendete Stadt gegen ihren Willen retten. Er schrieb seinem Vater zurück, nicht zwei Wochen, sondern sieben mal sieben Tage werde er Jotapat halten. Sieben mal sieben Tage: die Worte waren ihm wie von selbst gekommen. Mit so traumhafter Sicherheit mochten vordem die Propheten ihre Gesichte verkündet haben. Aber Josefs Brief gelangte nicht an seinen Vater. Die Römer fingen ihn ab, und die Herren des Generalstabs lachten über den großmäuligen jüdischen Kommandanten: es war ausgeschlossen, daß Jotapat sich so lange halten konnte.

Die zweite Woche kam, und die Römer griffen noch immer

nicht an. Die Stadt war gut mit Lebensmitteln verproviantiert, aber das Zisternenwasser wurde knapp, Josef mußte es scharf rationieren. Es war ein heißer Sommer, die Belagerten litten Tag für Tag schlimmer unter dem Durst. Viele stahlen sich, um Wasser zu suchen, auf unterirdischen Wegen aus der Stadt; denn die Bergkuppe war durchzogen von einem wilden und wirren System unterirdischer Gänge. Aber solche Versuche waren tollkühne Unternehmungen. Wer dabei den Römern in die Hände fiel, den exekutierten sie am Kreuz.

Das Kommando über die Exekutionen hatte der Hauptmann Lukian. Er war im Grund ein gutmütiger Herr, aber er litt sehr unter der Hitze und war infolgedessen oft schlechter Laune. Bei solcher Laune gab er Befehl, die zu Exekutierenden ans Kreuz zu binden, was einen langsameren, peinvolleren Tod bedeutete. Bei besserer Laune ließ er zu, daß die Profose ihren Verurteilten die Hände festnagelten, so daß der schnell ausbrechende Wundbrand einen rascheren Tod herbeiführte.

Abend für Abend bewegten sich die jämmerlichen Prozessionen die Höhen hinauf, die Verurteilten trugen die Querbalken ihrer Kreuze auf dem Nacken, die ausgereckten Arme waren ihnen bereits daran festgebunden. Die Nacht kühlte die hängenden Leiber, aber die Nächte waren kurz, und sowie die Sonne aufging, kamen Fliegen und anderes Geziefer. Ringsum sammelten sich Vögel und herrenlose Hunde und warteten auf den Fraß. Die Männer am Kreuz sagten das Sterbebekenntnis: Höre, Israel, Jahve ist unser Gott, Jahve ist einzig. Sie sagten es, solange noch Worte aus ihrem Mund kamen, sie sagten es hinüber einer zum Kreuz des andern. Bald war die hebräische Formel auch im römischen Lager geläufig, willkommener Anlaß zu allerhand Witzen. Die Militärärzte machten Statistiken, wie lange es dauerte, bis einer starb, der angenagelt, wie lange, bis einer starb, der angebunden war. Sie baten sich besonders kräftige und besonders schwächliche Gefangene für ihre Beobachtungen aus und konstatierten, wie sehr die hochsommerliche Hitze zur Beschleunigung des letalen Ausgangs beitrug. Auf allen Höhen ringsum standen die Kreuze, und die an ihnen hingen, wurden Abend für

Abend ausgewechselt. Die Römer konnten nicht jedem sein Sonderkreuz geben, sie mußten, trotzdem die Gegend waldreich war, mit Holz sparen.

Sie benötigten es, um kunstvolle Wälle und Laufgänge gegen die hartnäckige Stadt heranzuführen. Alle Wälder ringsum holzten sie ab und machten solche Wälle daraus. Sie arbeiteten unter dem Schutz sinnreicher Konstruktionen aus Tierfell und feuchtem Leder, die die Brandgeschosse der Belagerten wirkungslos machten. Die Leute von Jotapat beneideten die Römer, die Wasser zu solchem Zweck verwenden konnten. Sie machten Ausfälle, mehrmals gelang es ihnen, die feindlichen Werke anzuzünden. Aber rasch wurde das Zerstörte ergänzt, und die Wälle und Gänge krochen näher.

Abend für Abend hielt Josef von den Mauertürmen nach ihnen Ausschau. Wenn die Laufgänge einen gewissen Punkt im Norden erreicht hatten, dann war Jotapat verloren, selbst wenn Jerusalem noch Truppen zum Entsatz schicken sollte. Langsam ging Josefs Blick in die Runde. Überall auf den Bergkuppen waren Kreuze, die Bergstraßen waren gesäumt mit Kreuzen. Die Exekutierten hatten die Köpfe nach vorn geneigt, schräg, den Mund hängend. Josef schaute, mechanisch suchte er die Kreuze zu zählen. Seine Lippen waren trocken und gesprungen, sein Gaumen gedörrt, seine Augen gerötet; er nahm für sich keine größere Ration Wasser als für die andern.

Am 20. Juni, am 18. Siwan jüdischer Rechnung, hatten die Wälle jenen gefährlichen Punkt im Norden erreicht. Josef setzte für den Tag darauf einen Gottesdienst an. Er ließ die Versammelten das Sündenbekenntnis sprechen. Eingehüllt in die Mäntel mit den purpurblauen Gebetfäden, standen die Männer, schlugen sich wild die Brust, schrien inbrünstig: O Adonai! Gesündigt hab ich, gefehlt hab ich, gefrevelt hab ich vor deinem Angesicht. Josef stand vorn, als Priester der Ersten Reihe, mit Inbrunst wie die andern einbekannte er dem Gott: O Adonai! Gesündigt hab ich, gefehlt hab ich, gefrevelt hab ich, und er fühlte sich schmutzig, niedrig und zerknirscht. Da, als er den dritten Satz des Sündenbekenntnisses anhub, riß es ihm den Kopf hoch, er spürte aus den rückwärtigen Reihen aus kleinen, besessenen Augen einen Blick bösartig und beharrlich auf sich gerichtet, und er sah einen Mund, der nicht im Chor der andern mitsprach: Gefehlt hab ich, gesündigt hab ich, sondern der scharf und wild die Worte bildete: Gesündigt hast du, gefehlt hast du. Es war der Mund des Sapita. Und als Josef am Schluß des Dienstes mit den andern Priestern den Segen sprach, als er mit gehobenen Händen, die Finger gespreizt, vor der Versammlung stand, die die Köpfe zu Boden senkte, denn über den segnenden Priestern schwebte der Geist Gottes, da war es wieder ein Augenpaar, das sich frech erhob und bösartig und beharrlich gegen ihn richtete, und das Gesicht des Sapita höhnte deutlich: Sperr deinen Mund zu, Josef Ben Matthias. Wir verrecken lieber ohne deinen Segen, Josef Ben Matthias.

Josef war voll von einer großen Verwunderung. Er hatte sich keiner Gefahr versagt, er nahm Durst und Bedrängnis auf sich wie der Geringste seiner Soldaten, seine Maßnahmen erwiesen sich als gut und wirksam, Gott war sichtbarlich mit ihm, schon hielt er die Stadt länger, als irgend jemand es für möglich gehalten hätte. Was wollte dieser Sapita? Josef zürnte ihm nicht. Der Mann war verblendet, was er tat, Lästerung.

Der Ausfall, den Josef am andern Tag gegen den Wall im Norden machte, geschah mit wildem Fanatismus. Im Kampf zu sterben war besser als am Kreuz, und diese finstere Sehnsucht nach einem Tod im Kampf ließ die Juden trotz des dichten Geschoßregens bis zu dem gefährdeten Punkt vordringen. Sie machten die Verteidigungsmannschaften nieder, setzten Dämme und Maschinen in Brand. Die Römer wichen. Wichen nicht nur an dieser Stelle, sondern auch im Süden, wo sie kaum bedrängt waren. Bald auch wußten die Leute von Jotapat den Grund: Vespasian war getroffen, der römische Marschall war verwundet. Jubel war in der Stadt, Josef ließ die doppelte Ration Wasser verteilen. Es war die fünfte Woche. Wenn es ihm gelingt, die siebente Woche zu erreichen, dann wird der Sommer zu weit vorgeschritten, dann wird Jerusalem für dieses Jahr gerettet sein.

Es dauerte fast eine Woche, bis die Römer den Punkt im

Norden wieder gesichert hatten. Inzwischen aber hatten sie auch ihre Belagerungsmaschinen, die Widder, an drei Seiten der Mauer in Stellung gebracht. Es waren dies gewaltige Balken, Schiffsmasten ähnlich, vorne mit einem mächtigen Eisenblock in Form eines Widderkopfes versehen. In der Mitte waren die Masten mit Seilen an einem waagrechten Balken aufgehängt, der auf starken Pfählen ruhte. Eine große Anzahl Artilleristen zog den Balken mit dem Widderkopf nach rückwärts und ließ ihn wieder vorschnellen. Keine noch so dicke Mauer konnte auf lange Zeit der Stoßkraft dieser Maschine widerstehen.

Jetzt endlich, nachdem die Widder eine Zeitlang gearbeitet hatten, fand Vespasian die Festung reif für einen Generalangriff. Der Angriff begann am frühen Morgen. Der Himmel wurde finster von den Geschossen, grauenvoll und beharrlich gellten die Trompeten der Legionen, aus allen Wurfmaschinen zugleich flogen die großen Steinkugeln, dumpf dröhnten, von den Bergen widerhallend, die Stoßmaschinen. Auf den Wällen arbeiteten drei eisenbeschlagene Türme, je siebzehn Meter hoch, besetzt mit Speerwerfern, Bogenschützen, Schleuderern, auch mit leichten Wurfmaschinen. Die Belagerten waren wehrlos gegen diese gepanzerten Ungeheuer. Unter ihrem Schutz kroch es aus den Laufgängen hervor, unheimliche, riesige Schildkröten, gebildet aus je hundert Mann römischer Elitetruppen, die ihre Schilde über den Köpfen ziegelförmig ineinanderschuppten, so daß sie keinem Geschoß erreichbar waren. Die Panzertürme arbeiteten präzis zusammen mit diesen Schildkröten, richteten ihre Geschosse gegen die Stellen der Mauer, die die Schildkröten sich erwählt hatten, so daß die Verteidiger sie räumen mußten. Schon hatten die Angreifer an fünf Stellen gleichzeitig die Mauer erreicht, warfen die Sturmbrücken. Allein in dieser Minute, da die Römer nicht schießen konnten, ohne ihre eigenen Leute zu gefährden, gossen die Verteidiger auf die Stürmenden siedendes Öl, das unter das Eisen der Rüstungen drang, und schütteten auf die Sturmbrücken einen glitschigen Absud aus griechischem Heu, so daß die Angreifer abrutschten.

Die Nacht kam, aber der Sturm der Römer ließ nicht nach.

Dumpf, die ganze Nacht hindurch, dröhnten die Stöße der Widder, gleichmäßig arbeiteten die Panzertürme, die Wurfmaschinen. Die Getroffenen polterten grotesk von den Mauern herab. Geschrei war, Ächzen und Gestöhn. So voll von grausigem Lärm war die Nacht, daß die jüdischen Führer die Soldaten auf den Mauern anwiesen, sich die Ohren mit Wachs zu verstopfen. Josef selber hörte das Gedröhn mit einer beinah wilden Befriedigung. Es war der sechsundvierzigste Tag: sieben mal sieben Tage wird er die Stadt halten. Dann wird der fünfzigste Tag kommen, und es wird Stille sein. Vielleicht wird diese Stille der Tod sein. Wie immer, selig inmitten des wüsten Getöses schmeckte er die Stille dieses fünfzigsten Tages voraus, und er dachte an das Wort der Überlieferung: Erst ist der Sturm und das große Getöse, aber dann in der Stille kommt Gott.

Einem der Verteidiger gelang es in dieser Nacht, von der Mauer herab einen ungeheuern Block mit solcher Wucht auf einen der Widder zu schleudern, daß der Eisenkopf der Maschine sich löste. Der Jude sprang von der Mauer herunter, holte den Widderkopf mitten aus den Feinden heraus, trug ihn zurück, umschwirrt von Geschossen, erstieg die Mauer und stürzte, fünfmal getroffen, sich krümmend auf der Innenseite herab. Der Mann war Sapita.

Über den Sterbenden neigte sich Josef. Sapita durfte nicht dahingehen, die Lästerung ungesühnt im Herzen. Ringsum standen zehn Männer. Sie sprachen dem Sterbenden vor: Höre, Israel, eins und ewig ist unser Gott Jahve, auf daß er in den Tod eingehe mit den Worten des Bekenntnisses. Sapita riß peinvoll an der einen Strähne seines zweigeteilten Bartes. Er bewegte die Lippen, aber Josef sah gut, es waren nicht die Worte des Bekenntnisses, die er sprach. Josef neigte sich tiefer zu ihm. Die kleinen, besessenen Augen des Sterbenden zwinkerten bösartig und schmerzhaft, er bemühte sich, etwas zu sagen. Josef brachte das Ohr ganz nah an seine trockenen Lippen, er konnte ihn nicht verstehen, aber es war deutlich, daß Sapita etwas Verächtliches sagen wollte. Josef war erstaunt und voll Kummer, daß dieser Verblendete so dahinfahren sollte. Mit raschem Entschluß, leise und leidenschaftlich, sprach er auf ihn ein: „Hören Sie, Sapita, ich werde verhindern, daß die Römer in diesem Sommer vor Jerusalem rükken. Ich werde die Stadt noch drei Tage halten. Und ich werde mich nicht nach Jerusalem durchschlagen, wie wir vereinbart haben. Ich werde bis zum vierten Morgen in der Stadt bleiben." Die Männer, gleichmäßig, im Chor, auf daß es das Ohr des Sterbenden erreiche, gellten: Höre, Israel. Josef starrte dringlich, flehentlich fast auf Sapita. Der mußte sein Unrecht einsehen, versöhnt sterben. Aber Sapitas blutunterlaufene Augen hatten sich verdreht, sein Kiefer war herabgefallen: Josef hatte sein Versprechen einem Toten gegeben.

Von diesem Tag an gönnte sich Josef kaum mehr Schlaf. Er war überall auf den Mauern. Sein Gesicht brannte, seine Lider schmerzten, sein Gaumen war geschwollen, seine Ohren taub vom Lärm der Belagerungsmaschinen, seine Stimme rauh und heiser. Aber er schonte sich nicht, er sparte sich nicht. So hielt er es drei Tage durch, bis die Mitternacht des neunundvierzigsten Tages erreicht war. Dann fiel er in einen steintiefen Schlaf.

Im grauenden Morgen des ersten Juli, am fünfzigsten Tag nach dem Beginn der Belagerung, nahmen die Römer die Festung Jotapat.

Es waren noch nicht zwei Stunden, daß Josef sich hingelegt hatte, als man ihn hochriß und ihm zuschrie: sie sind da. Er torkelte aus seinem Schlaf, raffte an sich, was ihm unter die Hände kam, Fleisch, Brot, den blumenbestickten Priestergürtel, die Urkunde, die ihn zum Kommissar bestellte, die Würfel, die einmal in Rom der Schauspieler Demetrius Liban ihm geschenkt hatte. Er stolperte auf die Straße, in den grauenden Morgen hinein. Einige aus seiner Umgebung rissen ihn mit sich, hinunter in einen unterirdischen Gang, einer verlassenen Zisterne zu, die sich in eine ziemlich geräumige Höhle ausweitete.

Sie waren ein gutes Dutzend in dieser Höhle, ein Schwerverwundeter darunter, sie hatten Lebensmittel, aber einen einzigen kleinen Eimer Wasser. Tagsüber blieben sie zuversichtlich, aber in der Nacht zeigte sich, daß an ein Entkommen nicht zu denken war. Der unterirdische Gang war verästelt und verwinkelt, allein er mündete immer wieder in diese Höhle und hatte nur den Ausgang in die Stadt, wo die Römer scharfe Wacht hielten.

Am zweiten Tag starb der Verwundete. Am dritten Tag ging ihnen das Wasser aus, am vierten Tag waren die durch die lange Belagerung geschwächten Männer krank und irr vor Durst.

Am fünften Tag lag Josef Ben Matthias in einem Winkel der Höhle, er hatte den blauen Priestergürtel unter den Kopf gelegt, das Kleid übers Gesicht gezogen und wartete, daß die Römer kämen und ihn erschlügen. Seine Eingeweide brannten, immer wieder versuchte er zu schlucken, trotzdem er wußte, wie peinvoll und unmöglich das war, seine Pulse flatterten, all sein Gebein stach und prickelte. Die geschlossenen Lider rieben seine entzündeten Augen, durch die Dunkelheit tanzten Punkte und Kreise, vergrößerten sich wild, schrumpften, funkelten, verschlangen sich. Süß und lockend war es, den Tod zu beschleunigen, sich umzubringen; aber *eine* Hoffnung blieb: vielleicht kann man vorher trinken. Vielleicht, wenn die Römer kommen, geben sie ihm zu trinken, bevor sie ihn ans Kreuz hängen. In Jerusalem gibt es eine Vereinigung wohltätiger Damen, die den zum Kreuz Verurteilten einen Trank aus Wein und Myrrhen auf ihren Weg mitgeben. Das wäre ein guter Tod. Er schiebt das Kleid zurück vom Kopf und lächelt mit seinen trockenen Lippen.

Greifbar vor sich sieht er die große Zisterne mit dem rationierten Wasser, mit dem vielen, vielen rationierten Wasser. Da jetzt die Römer da sind, braucht man doch mit dem Wasser nicht mehr zu sparen. Daß er bis jetzt nicht daraufkam. Er sieht sich auf dem Weg zur Zisterne. Viele sind auf diesem Weg. Aber er geht mitten durch die schreienden Juden und die Römer, die sich die Straße hinauftasten, er ist ja der Feldherr, und die Leute teilen sich vor ihm, immer geradewegs der Zisterne zu geht er, unbeirrbar, gierig. Trinken! An der Zisterne sind keine Wächter mehr. Aber da steht einer und will ihn nicht trinken lassen. Gehen Sie gefälligst weg, Sapita. Ich schlage Sie nieder, wenn Sie mich nicht trinken lassen. Bin ich feige gewesen? Habe ich mich kostbar gemacht, wenn es Schwerter gab, fliegende Eisen, Feuerbrände, von der Mauer polternde Männer? Stemmen Sie nicht so blöd den Widderkopf hoch mit Ihrem gesunden Arm. Ich weiß ganz genau, daß Sie tot sind. Sie sind ein hundsgemeiner Lügner, Sapita, und wenn Sie hundertmal tot sind. Sie haben da wegzugehen.

Das peinvolle, vergebliche Schlucken kratzt Josef den geschwollenen Rachen auf, reißt ihn aus seinen Phantasien. Er zieht wieder das Kleid übers Gesicht. Er will das alles weghaben. Wie er in der Wüste war, bei dem Essäer Banus, und sich kasteit hat, damals hat er Gesichte gebraucht, aber jetzt will er Klarheit in seinem Hirn, Ordnung. Er denkt gar nicht daran, zu verrecken, weil er einige Tage kein Wasser getrunken hat. Gewiß, wenn man einige Tage nichts getrunken hat, dann geht man ein, das ist eine bekannte Tatsache. Aber er nicht. Die andern, ja, die werden schließlich verdursten. Aber er selber, das ist unmöglich. Er hat noch viel zu tun, er hat viel zuviel versäumt. Wo sind die Frauen, die er nicht gehabt, der Wein, den er nicht getrunken, die Herrlichkeiten der Erde, die er nicht gesehen, die Bücher, die er nicht geschrieben hat? Warum eigentlich hat er Poppäa nicht gepackt, damals? Ihr Kleid war aus koischem Flor, hauchdünn, und man sah die Haare durchschimmern. Sicher waren sie bernsteingelb. So viele Frauen waren, die er versäumt hat. Er sieht die Schenkel, die Brüste, die Gesichter.

Aber das sind gar keine Gesichter, das sind Haufen von Früchten, wie sie auf den Märkten feilgeboten werden, runde, saftige Früchte, Feigen, Äpfel, riesiggroße Trauben. Er will hineinbeißen, malmen, schlürfen; aber wie er sie packen will, hat jede das gleiche, infame, gelbbraune Gesicht, das er gut kennt. Nein, Sie verfluchter Hund, ich sterbe nicht, diesen Gefallen tue ich Ihnen nicht. Überhaupt Sie. Sie trauriger Pedant, Sie Affe der Vernunft mit Ihren Statuen und Ihrer ganzen Symmetrie und Ihrem System. Sie wollen von Judäa reden? Was verstehen Sie davon? Waren Sie einmal dabei? Haben Sie einmal mitgetan? Sie haben ja kein Blut in den Adern, Sie Schuft. Wenn Judäa Ihr verdammtes Götzenpalais kaputt haut, dann hat es recht, zehnmal recht, und ich hau mit.

Ich phantasiere nicht, Herr. Ich bin sehr durstig, aber ich weiß ganz genau: es ist eine Gemeinheit, sich von Rom aus über die Makkabi-Leute lustig zu machen. Es ist kahl und schäbig. Sie sind eine kümmerliche Erscheinung, Justus von Tiberias.

In seinem Kopf dröhnt es, viele Stimmen: Marin, Marin. Und eine dünne, hartnäckig ergebene Stimme immer dazwischen: dieser ist es.

Nein, er hat diese Stimme nie Gewalt über sich gewinnen lassen, er hat sich nie überhoben, er hat die Lästerung immer weit von sich abgetan. Es ist der Versucher, der jetzt seine Schwäche mißbraucht und ihn auf einmal jene Stimme wieder hören läßt. Ja, sicherlich ist es nichts als eine freche Schiebung des Versuchers, der das Antlitz Jahves von ihm abwenden will.

Mit großer Mühe richtete er sich auf die Knie, schlug die Stirn gegen die Erde, qualvoll, sprach das Sündenbekenntnis, qualvoll. Sprach groß und stolz: O Adonai, nicht gesündigt hab ich, nicht gefehlt hab ich. Du mußt mich trinken lassen, ich habe deinen Namen geheiligt. Ich will Wasser. Laß deinen Knecht nicht verdursten, denn ich habe dir gut gedient, und du mußt mir Wasser geben.

Auf einmal war eine Stimme in der Höhle, eine knarrende, dem Josef bekannte römische Offiziersstimme. Die andern rüttelten ihn. Es war eine sehr wirkliche Stimme, das war klar. Die Stimme sprach griechisch und sagte, man wisse, daß der galiläische Feldherr in der Höhle sei, und wenn sich die Eingeschlossenen ergäben, dann wolle man sie schonen. „Geben Sie mir zu trinken“, sagte Josef. „Sie haben eine Stunde Bedenkzeit“, erwiderte die Stimme, „dann werden wir die Höhle ausräuchern.“

Ein seliges Lächeln zog Josefs Gesicht weit auseinander. Er hat gesiegt. Er hat den toten Sapita überlistet und den frechen, lebendigen Justus, der ihn nicht an die Früchte heranlassen wollte. Jetzt wird er doch trinken und wird leben.

Aber da waren unter den Gefährten des Josef einige, die wollten von Übergabe nichts wissen. Sie dachten an die Vorgänge von Magdala, sie nahmen an, wenn die Römer sie packten, dann würden sie bestenfalls den Josef für den

Triumphzug aufsparen, die andern aber ans Kreuz schlagen oder als Leibeigene verauktionieren. Sie beschlossen zu kämpfen. Halb irr vor Durst stellten sie sich dem Josef in den Weg. Eher wollten sie ihn umbringen, ehe sie duldeten, daß er sich den Römern ergebe.

Josef wollte nur eins: trinken. Ob die Römer sie wirklich schonen werden oder nicht, das kam später. Auf alle Fälle werden sie ihnen zu trinken geben, und diese Narren wollten nicht. Das waren ja Verrückte, tolle Hunde. Es wäre ja lächerlich, wenn er nach soviel Qualen sich selber umbrächte, ohne getrunken zu haben. Aus allen Winkeln seines erschöpften Hirns holte er Kraft zusammen, um sich gegen die andern zu behaupten, zu trinken, zu leben.

Lange sprach er vergeblich auf sie ein. Kaum mehr reichte seine rauhe, heisere Stimme, ihnen einen letzten Vorschlag zu machen: sie sollten nicht jeder sich selber töten, sondern wenigstens einer den andern; das sei die kleinere Sünde. Das sahen sie ein, sie nahmen den Vorschlag an, und das war die Rettung. Sie ließen nämlich das Los entscheiden, wer von ihnen jedesmal den andern niederstoßen sollte, und sie würfelten mit den Würfeln, die Josef sich von dem Schauspieler Demetrius Liban hatte schenken lassen. Sie baten einer den andern um Verzeihung und starben, das Bekenntnis auf den Lippen. Als Josef mit dem letzten übrigblieb, ging er einfach den Weg aus der Höhle zurück, zu den Römern. Der andere stand eine Weile schlaff, dann kroch er ihm nach.

Es war der Oberst Paulin, der Josef in Empfang nahm. Er streckte ihm den Arm mit der flachen Hand entgegen, wie ein Sportsmann dem besiegten Gegner, fröhlich grüßend. Josef dankte nicht. Er fiel hin und sagte: Wasser. Sie brachten ihm zu trinken, und er, dies war die frömmste Tat seines Lebens, er bezwang sich und sagte den Segensspruch: Gelobt seist du, unser Gott Jahve, der alles entstehen ließ durch sein Wort, und dann erst trank er. Selig ließ er das Nasse über die Lippen rinnen, durch den Mund, den Schlund hinab, verlangte neues Wasser und nochmals neues und bedauerte, daß er absetzen mußte und Atem holen, und trank. Lächelte breit, töricht übers ganze Gesicht und trank. Die Soldaten standen herum, grinsten gutmütig, schauten zu.

Man ließ Josef flüchtig sich säubern, gab ihm zu essen, führte ihn gefesselt nach dem Quartier des Feldherrn. Der Weg ging durchs ganze Lager. Überall drängten sich die Soldaten, alle wollten den feindlichen Führer sehen. Viele feixten wohlwollend: das war also der Mann, der ihnen sieben Wochen zu schaffen gemacht hatte. Ein tüchtiger Bursche. Manche, erbittert über den Tod von Kameraden, drohten, schimpften wüst. Andere rissen Witze, weil er so jung, dünn und hager ausschaute: na, Jüdlein, wenn du am Kreuz hängst, werden die Vögel und die Fliegen wenig zu fressen haben. Josef, so verwahrlost er war, mit verfilzten Haaren, schmutzigen Flaum um die Wangen, ging still durch den ganzen Aufruhr, Drohungen und Witze fielen von ihm ab, mancher senkte den Blick vor seinen traurigen, entzündeten Augen. Als einer gar ihn anspie, hatte er kein Wort für den Beleidiger, er bat nur, der Gefesselte, die Begleitmannschaften, den Speichel abzuwischen, da es unziemlich sei, so vor den Feldherrn zu treten.

Es war aber ein weiter Weg durch das Lager. Zelte, Zelte, neugierige Soldaten. Dann der Altar des Lagers. Davor, plump, golden, feindselig und gewalttätig, die Adler der drei Legionen. Dann wieder Zelte, Zelte. Es kostete den geschwächten Mann viel Mühe, sich aufrecht zu halten, aber er riß sich zusammen und ging aufrecht den langen Weg der Schmach.

Als man das Zelt des Marschalls endlich erreicht hatte, sah Josef zunächst außer dem Oberst Paulin nur einen jungen Herrn mit den Generalsabzeichen, nicht groß, doch breit und fest von Figur, mit rundem, offenem Gesicht, das kurze Kinn kräftig vorgestoßen, so daß es scharf dreieckig einzackte. Josef wußte sogleich, das war Titus, der Sohn des Feldherrn. Der junge General kam ihm entgegen. „Es tut mir leid", sagte er freimütig, liebenswürdig, „daß Sie Pech gehabt haben. Sie haben sich ausgezeichnet geschlagen. Wir haben euch Juden unterschätzt, ihr seid vortreffliche Soldaten." Er sah seine Erschöpfung, hieß ihn sitzen. „Heiße Sommer habt ihr hier", sagte er. „Aber hier im Zelt haben wir es angenehm kühl."

Unterdes war aus dem Vorhang, der das Zelt teilte, Vespasian selbst hereingekommen, sehr bequem angezogen, mit einer statiösen, resoluten Dame. Josef erhob sich, versuchte, auf römische Art zu grüßen. Der Marschall aber winkte gemütlich ab. „Geben Sie sich keine Mühe. Verdammt jung sehen Sie aus, mein Jüdlein. Wie alt sind Sie?" – „Dreißig", erwiderte Josef. „Siehst du, Cänis", schmunzelte Vespasian, „wie weit man es mit dreißig Jahren bringen kann." Die Dame Cänis betrachtete Josef ohne Wohlwollen. „Der Jude gefällt mir wenig", äußerte sie unverhohlen. „Sie kann Sie nicht leiden", erklärte Vespasian dem Josef, „weil sie sich so erschreckte, wie ihr mir die Steinkugel auf den Fuß gepfeffert habt. Es war übrigens blinder Alarm, man merkt schon nichts mehr." Als er aber jetzt auf Josef zukam, sah man deutlich, daß er noch ein wenig hinkte. „Lassen Sie sich anfühlen", sagte er und betastete ihn wie einen Leibeigenen. „Mager, mager", konstatierte er, stark atmend. „Ihr habt allerhand aushalten müssen. Ihr hättet es billiger haben können. Sie scheinen überhaupt eine kräftig bewegte Vergangenheit zu haben, junger Herr. Ich habe mir erzählen lassen. Die Geschichte mit Ihren drei sogenannten Unschuldigen, die dann unserm Cestius Gall so auf die Nerven gingen: wie gesagt, allerhand." Er war vergnügt. Er dachte daran, daß ohne die drei Greise dieses smarten Burschen der Gouverneur Cestius schwerlich abberufen worden wäre und daß dann er nicht hier stünde.

„Was meinen Sie, junger Herr", fragte er jovial, „soll ich noch heuer vor Jerusalem rücken? Ich habe Lust, mir euern Großen Sabbat im Tempel anzuschauen. Aber Sie mit Ihrem Jotapat haben mich so lang aufgehalten. Es ist spät im Jahr geworden. Und wenn die in Jerusalem so querköpfig sind wie ihr hier, dann wird das eine langwierige Angelegenheit."

Das war beiläufig hingesprochen, spaßhaft. Aber Josef sah die hellen, aufmerksamen Augen des Mannes in dem breiten, hartfaltigen Bauerngesicht, er hörte sein starkes Atmen, und plötzlich, mit blitzheller Intuition, ging ihm auf: dieser Römer, in seinem heimlichen Innern, *will* gar nicht nach Jerusalem, dem *liegt* nichts an einem schnellen Sieg über Judäa. Der sieht nicht so aus, als ob er, was er einmal hat, rasch wieder hergäbe. Der will seine Armee *behalten*, seine drei großartigen, aufeinander eingearbeiteten Legionen. Ist aber der Feldzug erst zu Ende, dann werden sie ihm ohne weiteres wieder abgenommen, dann ist es aus mit seinem Kommando. Josef sah klar: dieser General Vespasian *will* heuer nicht mehr vor Jerusalem.

Diese Erkenntnis gab ihm neuen Auftrieb. Die Erregungen der Höhle waren noch in seinen Eingeweiden. Er wußte, jetzt erst und endgültig hatte er um sein Leben zu rennen, und für dieses Rennen gab ihm die Erkenntnis, daß der Römer gar nicht vor Jerusalem wollte, eine unerhörte Vorgabe. Leise, doch mit großer Bestimmtheit sprach er: „Ich sage Ihnen, General Vespasian, Sie werden in diesem Jahr nicht vor Jerusalem ziehen. Wahrscheinlich auch nicht im nächsten." Angestrengt schauend, langsam, die Worte aus sich herausgrabend, fuhr er fort: „Sie sind zu Größerem bestimmt."

Alle waren betroffen von der unerwarteten Antwort: dieser jüdische Offizier, der sich so tadellos geschlagen hatte, beliebte eine absonderliche Diktion. Vespasian machte die Augen eng, beschaute sich seinen Gefangenen. „Sieh mal an", zog er ihn auf, „die Propheten sind also nicht ausgestorben in Judäa?" Aber der Spott in seiner alten, knarrenden Stimme war leise, es war mehr Aufmunterung darin, Wohlwollen. Es gab viele merkwürdige Dinge in diesem Land Judäa. Im See Genezareth gab es einen Fisch, der schrie; was auf den sodomitischen Feldern gepflanzt wurde, schwärzte sich und zerfiel in Asche; das Tote Meer trug jeden, mochte er schwimmen können oder nicht. Alles hier war fremdartiger als sonstwo. Warum sollte nicht auch in diesem jungen jüdischen Menschen, wiewohl er ein guter Politiker und Soldat war, ein Teil Narrheit und Priestertum stecken?

In Josef unterdes arbeitete es in rasender Eile. Angesichts dieses Römers, der sein Leben in der Hand hielt, kamen plötzlich Sätze wieder herauf, die er seit langem hinunter hatte sinken lassen, die Sätze der schweren, einfältigen Männer aus der Schenke von Kapernaum. Fiebrig spannte er sich, es ging um sein Leben, und was jene dumpf geahnt hatten, das sah er auf einmal blitzhaft klar und scharf. „Es gibt nicht viele Propheten in Judäa“, erwiderte er, „und ihre Sprüche sind dunkel. Sie haben uns verkündet, der Messias gehe aus von Judäa. Wir haben sie mißverstanden und den Krieg begonnen. Jetzt, wo ich vor Ihnen stehe, Konsul Vespasian, in diesem Ihrem Zelt, weiß ich die richtige Deutung.“ Er verneigte sich voll großer Ehrerbietung, aber seine Stimme blieb nüchtern und voll Maß. „Der Messias geht aus von Judäa: aber er ist kein Jude. Sie sind es, Konsul Vespasian.“

Diese abenteuerlich freche Lüge verblüffte alle im Zelt. Vom Messias hatten sie gehört, der ganze Osten war voll von dem Gerede. Der Messias, das war der Halbgott, von dem dieser Teil der Erde träumte, daß er auferstehen werde, um den unterjochten Orient an Rom zu rächen. Ein dunkles Wesen, geheimnisvoll, überirdisch, ein bißchen zum Spott reizend wie alle Erzeugnisse östlichen Aberglaubens, aber doch voll Lockung und voll Drohung.

Cänis war aufgestanden, sie hatte den Mund halb offen. Ihr Vespasian der Messias? Sie dachte an die Sache mit dem Trieb der heiligen Eiche. Davon konnte der Jude schwerlich etwas wissen. Sie starrte Josef an, mißtrauisch, befangen. Was er sagte, war groß und erfreulich und durchaus in der Richtung ihrer Hoffnung: aber dieser östliche Mensch blieb ihr unheimlich.

Der junge General Titus, ein Fanatiker der Präzision, liebte es, Leute auf ihre genauen Äußerungen festzulegen; er hatte es sich zur mechanischen Gewohnheit gemacht, Gespräche mitzustenographieren. Auch jetzt hatte er mitgeschrieben. Nun aber sah er verwundert auf. Es wäre ihm eine Enttäuschung gewesen, wenn dieser junge, tapfere Soldat sich als Schwindler erwiesen hätte. Nein, er schaute wahrhaftig nicht aus wie ein Schwindler. Vielleicht war er trotz seines einfachen und natürlichen Gehabes ein Besessener, wie so viele im Orient. Vielleicht hatten langer Hunger und Durst ihn verrückt gemacht.

Vespasian schaute mit seinen hellen, schlauen Bauernaugen in die ehrfurchtsvollen des Josef. Der hielt seinen Blick aus, lange. Er schwitzte, trotzdem es im Zelt wirklich nicht allzu heiß war, die Fesseln scheuerten ihn, die Kleider kratzten ihn. Aber er hielt den Blick aus. Er wußte, dies war der entscheidende Moment. Vielleicht wird der Römer sich einfach umdrehen, erzürnt oder auch angewidert, und ihn wegschleppen lassen, zum Kreuz oder auf ein Leibeigenenschiff für die ägyptischen Bergwerke. Vielleicht aber auch wird der Römer ihm glauben. Er *muß* ihm glauben. Hastig, in seinem Innern, während er auf Antwort wartete, betete er: Gott, mach, daß der Römer mir glaubt. Wenn du's nicht um meinetwillen tust, dann tu es um deines Tempels willen. Denn wenn der Römer glaubt, wenn er wirklich in diesem Jahr nicht mehr vor die Stadt zieht, dann, bis zum nächsten Jahr, läßt sich deine Stadt und dein Tempel vielleicht noch retten. Du mußt machen, Gott, daß der Römer glaubt. Du mußt, du mußt. So stand er, betend, bang um sein Leben, den Blick des Römers aushaltend, in ungeheurer Spannung die Antwort des Römers erwartend.

Der Römer sagte nur: „Na, na, na. Nicht so heftig, junger Herr."

Josef atmete hoch. Der Mann hatte sich nicht abgewandt, der Mann hatte ihn nicht wegschleppen lassen, er hatte gewonnen. Leise, rasch, voll Zuversicht, dringlich fuhr er fort: „Bitte, glauben Sie mir. Nur deshalb, weil ich bestimmt war, Ihnen das zu sagen, habe ich mich nicht nach Jerusalem durchgeschlagen, wie es unser Plan war, sondern mich bis zum Schluß in Jotapat gehalten."

„Unsinn", knurrte Vespasian. „Sie hätten sich nie nach Jerusalem durchschlagen können." – „Ich habe Briefe von Jerusalem bekommen und Briefe hingeschickt", wandte Josef ein, „also hätte ich auch selber durchkommen können." Titus, vom Tisch her, sagte lächelnd: „Ihre Briefe haben wir aufgefangen, Doktor Josef." Bescheiden jetzt mischte sich Oberst Paulin ein: „In einem der aufgefangenen Briefe heißt es: ‚Ich werde die Festung Jotapat sieben mal sieben Tage halten.' Wir haben darüber gelacht. Aber die Juden haben die Festung sieben Wochen gehalten."

Alle wurden nachdenklich. Vespasian grinste hinüber zu

Cänis. „Na, Cänis", sagte er. „Eigentlich ist dieser junge Bursche mit seinen drei Unschuldigen die Ursache, daß sich, gerade noch vor Torschluß, Gott Mars mit seinem Eichentrieb nicht heftig blamiert hat. Der Marschall ist ein aufgeklärter Mann. Immerhin, warum soll er, wenn es seine Pläne nicht stört, nicht an Vorzeichen glauben? Manchmal hat man sich in der Deutung dieser Vorzeichen geirrt, aber andernteils gibt es gut verbürgte Geschichten von der verblüffenden Zuverlässigkeit gewisser Hellseher. Und was den gestaltlosen Gott der Juden anlangt, der in seinem dunkeln Allerheiligsten in Jerusalem wohnt: warum soll er es in den Wind schlagen, wenn dieser jüdische Gott ihm Dinge mitteilen läßt, die sich so gut zu den eigenen Plänen schicken? Er hat bisher selber nicht genau gewußt, ob er eigentlich nach Jerusalem will oder nicht. Die Regierung drängt, er müsse mit dem Feldzug noch im Sommer zu Ende sein. Aber es wäre wirklich ein Jammer, nicht nur für ihn, sondern auch für den Staat, wenn diese Ostarmee, die er jetzt so gut gedrillt hat, nach einem zu schnellen Sieg wieder zerschlagen würde und in zweifelhafte Hände käme. Eigentlich hat der Bursche da mit seinem harten Jotapat ihm einen guten Dienst getan, und der Gott, der aus ihm spricht, ist kein schlechter Ratgeber."

Josef aber blühte auf wie ein verdorrtes Feld unterm Regen. Gott war gnädig gewesen; es war augenscheinlich, daß der Feldherr ihm glaubte. Und warum auch nicht? Dieser, der da vor ihm stand, war wirklich der Mann, von dem es hieß, daß er ausgehen werde von Judäa, die Welt zu richten. Hieß es nicht in der Schrift: „Der Libanon wird in eines Mächtigen Hand fallen"? Adir, das hebräische Wort für mächtig, bedeutete es nicht genau das gleiche wie Cäsar, Imperator? Gab es ein besseres, deckenderes Wort für diesen breiten, schlauen, klaren Mann? Er neigte den Kopf vor dem Römer, tief, die Hand an der Stirn. Das Wort vom Messias und das alte, finstere Wort, daß Jahve Israel schlagen werde, um es zu entsühnen, war *eines,* und dieser Römer war gekommen, es zu erfüllen. Wie die Olive ihr Öl nur hergibt, wenn man sie preßt, so gibt Israel sein Bestes nur, wenn es gedrückt wird, und der es keltert und preßt, heißt Vespasian. Ja, Josef hatte das letzte, abschließende Argument gefunden. Eine tiefe Sicherheit überkam ihn, er fühlte die Kraft in sich, mit seiner Ausdeutung vor dem kniffligsten Doktor der Tempelhochschule zu bestehen. Die Höhle von Jotapat war voll Krampf und Schmach gewesen, aber wie des Menschen Frucht hervorgestoßen wird aus Blut und Kot, so war aus ihr gute Frucht hervorgegangen. Er war bis an die Poren seiner Haut voll von Zuversicht.

Cänis aber ging unbehaglich um den Gefangenen herum. „Es ist die Angst vor dem Kreuz“, maulte sie, „die aus dem Menschen redet. Ich würde ihn nach Rom oder Korinth schicken. Der Kaiser soll ihn richten.“

„Schicken Sie mich nicht nach Rom“, bat dringlich Josef. „Sie sind es, der über mein und unser aller Schicksal zu bestimmen haben wird.“

Er war ausgehöhlt vor Erschöpfung; aber es war eine glückliche Erschöpfung, er hatte keine Angst mehr. Ja, im Innersten fühlte er sich dem Römer bereits überlegen. Er stand vor dem Römer, er sprach seine kühnen, schmeichlerischen Worte, er neigte sich vor ihm, aber schon hatte er das Gefühl, den andern zu leiten. Der Römer war unbewußt eine Zuchtrute in der Hand Gottes: er, Josef, war bewußt und fromm Jahves Instrument. Was er gespürt hat, als er zum erstenmal vom Capitol über Rom hinschaute, hat sich auf seltsame Art erfüllt. Er hat die Hand am Schicksal Roms. Vespasian ist der Mann, den Gott erwählt hat, aber er, Josef, ist der Mann, ihn nach dem Willen Gottes zu lenken.

Der Marschall sagte, und in seiner knarrenden Stimme war eine leise Drohung: „Jüdlein, nimm dich in acht. Stenographier gut mit, Titus, mein Sohn. Wir werden vielleicht einmal Lust haben, diesen Herrn beim Wort zu nehmen. Können Sie mir auch sagen“, wandte er sich an Josef, „wann das sein wird mit meiner Messiasherrlichkeit?“

„Das weiß ich nicht“, erwiderte Josef. Und plötzlich, unerwartet stürmisch: „Halten Sie mich in Ketten bis dahin. Lassen Sie mich exekutieren, wenn es Ihnen zu lange dauert. Aber es wird nicht lange dauern. Ich war ein guter Diener der ‚Rächer Israels‘, solange ich glaubte, Gott sei in Jerusalem und diese Männer seine Beauftragten. Ich werde Ihnen ein guter Diener sein, Konsul Vespasian, nun ich weiß, Gott ist in Italien, und Sie sind sein Beauftragter."

Vespasian sagte: „Ich nehme Sie aus der Beute in meine privaten Dienste." Und, da Josef sprechen wollte: „Gratulieren Sie sich nicht zu rasch, mein Jüdlein. Ihren Priestergürtel können Sie weitertragen, aber auch Ihre Fesseln werden Sie tragen, bis sich herausgestellt hat, was an Ihrer Prophezeiung stimmt."

An Kaiser und Senat schrieb der Feldherr, er müsse sich für dieses Jahr damit begnügen, das Erreichte zu sichern.

Noch immer warteten die Telegrafisten an den Posten, die Cestius Gall vorbereitet hatte, auf die Nachricht, Jerusalem sei gefallen. Vespasian zog die Posten zurück.

Drittes Buch
Cäsarea

Josef wurde in der näheren Umgebung Vespasians einfach, aber nicht schlecht gehalten. Der Feldherr hörte ihn als Ratgeber in Dingen, die jüdische Gebräuche und persönliche Verhältnisse einzelner Juden anlangten, er hatte ihn gern um sich. Aber er zeigte, daß er seinen Angaben nie ganz traute, ließ sie oft nachprüfen, hänselte und demütigte ihn zuweilen empfindlich. Josef nahm Hohn und Demütigung mit schmiegsamer Bescheidenheit hin und machte sich auf jede Art nützlich. Er stilisierte die Erlasse des Feldherrn an die jüdische Bevölkerung, fungierte als Sachverständiger bei Streitigkeiten zwischen der Besatzungsbehörde und den jüdischen Autoritäten, bald wurde seine Tätigkeit unentbehrlich.

Den Juden Galiläas galt Josef, trotzdem er sich nach Kräften um sie mühte, als feiger Überläufer. In Jerusalem gar mußten sie ihn auf den Tod hassen. Es drangen zwar nur vage Nachrichten aus der Hauptstadt in das von den Römern besetzte Gebiet; aber so viel war gewiß: die Makkabi-Leute waren dort die unumschränkten Herren geworden, sie hatten eine Schreckensherrschaft aufgerichtet und bewirkt, daß der Große Bann über Josef verhängt wurde. Unter Posaunenstößen war verkündet worden: „Verflucht, zerschmettert, gebannt sei Josef Ben Matthias, früher Priester der Ersten Reihe aus Jerusalem. Niemand pflege Umgang mit ihm. Niemand rette ihn aus Feuer, Einsturz, Wasser, aus irgend etwas, was ihn vernichten kann. Jeder weise seine Hilfe zurück. Seine Bücher seien als die eines falschen Propheten geächtet, seine Kinder als Bastarde. An ihn denke jeder, wenn die zwölfte, die Fluchbitte, aus den Achtzehn Bitten gesprochen wird, und wenn er des Weges kommt, dann halte jeder sieben Schritte Abstand von ihm wie vor einem Aussätzigen."

Auf besonders eindrucksvolle Art bezeigte die Gemeinde Meron in Obergaliläa ihren Abscheu vor Josef, trotzdem sie in dem von den Römern besetzten Gebiet lag und solches Tun nicht ungefährlich war. Hier in Meron hatte einmal einer gerufen: „Dieser ist es", und die Leute von Meron hatten die Hufspuren des Pferdes Pfeil mit Kupfer ausgießen lassen und die Stätte heiliggehalten. Jetzt legten sie ihre Hauptstraße über einen Umweg, weil sie sie einmal zur Begrüßung Josefs mit Blumen und Laub bestreut hatten. In feierlicher Zeremonie säten sie Gras aus über das, was einmal ihre Hauptstraße gewesen war, auf daß Gras wachse über den Weg, den der Verräter getreten hatte, und sein Andenken vergessen werde.

Josef kniff die Lippen zusammen, machte die Augen eng. Die Kränkung steifte nur sein Selbstgefühl. Im Gefolge des Vespasian kam er nach Tiberias. Hier hatte er die entscheidende Tat seines Lebens getan, durch diese Straßen war er groß und glühend hingezogen, auf seinem Pferde Pfeil, der Held, der Führer seines Landes. Er machte sich hart. Er trug seine Ketten mit Stolz durch die Straßen von Tiberias, achtete nicht der Menschen, die vor ihm ausspuckten, ihm voll Haß und Ekel in weitem Bogen auswichen. Er schämte sich nicht des Schicksals, das ihn aus dem Diktator Galiläas zum verächtlich gehätschelten Leibeigenen der Römer gemacht hatte.

Vor einem aber hielt sein künstlicher Stolz nicht stand, vor Justus und seiner blicklosen Verachtung. Justus brach mitten im Satz ab, wenn Josef ins Zimmer trat, kehrte peinlich das gelbbraune Gesicht weg. Josef wollte sich rechtfertigen. Dieser Mann wußte soviel um das menschliche Herz, er mußte ihn verstehen. Doch Justus ließ es nicht zu, daß Josef das Wort an ihn richtete.

König Agrippa hatte sich daran gemacht, seinen zerstörten Palast neu aufzurichten. Josef erfuhr, daß Justus fast den ganzen Tag in den weitläufigen Bauanlagen herumstrich. Immer wieder erstieg auch er den Hügel, auf dem der neue Palast errichtet wurde, suchte eine Gelegenheit, den Justus zu stellen. Endlich einmal fand er ihn allein. Es war ein klarer

Tag frühen Winters. Justus hockte auf dem Vorsprung einer Mauer, er schaute hoch, als Josef zu sprechen anfing. Aber gleich zog er den Mantel über den Kopf, als ob ihn friere, und Josef wußte nicht, ob er ihn hörte. Er redete ihm zu, bat, beschwor, suchte sich ihm klarzumachen. Ist nicht ein kraftvoller Irrtum besser als eine schwächliche Wahrheit? Muß man nicht durch die Gefühle der Makkabi-Leute durchgegangen sein, ehe man sie verwerfen darf?

Allein Justus schwieg. Als Josef zu Ende war, erhob er sich, hastig, ein wenig ungeschickt. Wortlos an dem bittend Dastehenden vorbei ging er, durch den starken Geruch von Mörtel und frischem Holz, ging fort. Gedemütigt, erbittert schaute Josef ihm nach, wie er ein wenig müde und mühsam über die großen Steine kletterte, den nächsten Weg aus dem Neubau hinaus.

Es gab in der Stadt Tiberias viele, die den Justus nicht leiden mochten. Vernunft war in diesen Kriegsläuften weder bei der einheimischen griechisch-römischen Bevölkerung Judäas noch bei den Juden populär. Justus aber war vernünftig. Mit leidenschaftlicher Vernunft hatte er, solange er Kommissar der Stadt war, zwischen Juden und Nichtjuden vermittelt, um den Frieden aufrechtzuerhalten. Ohne Glück. Die Juden fanden ihn zu griechisch, die Griechen zu jüdisch. Die Griechen verübelten ihm, daß er nicht schärfer gegen Sapita vorgegangen war und daß er die Zerstörung des Palastes nicht verhindert hatte. Sie wußten, daß König Agrippa seinen Sekretär in hohem Ansehen hielt, und sie hatten nach der Wiedereinnahme der Stadt geschwiegen. Jetzt aber, durch die Anwesenheit des römischen Marschalls ermutigt, reichten sie Klage ein, der Jude Justus trage die Hauptschuld, daß der Aufruhr in Galiläa und in ihrer Stadt sich so habe ausbreiten können.

König Agrippa, in diesen zweideutigen Zeiten doppelt beflissen, den Römern seine Ergebenheit zu beweisen, wagte nicht, sich schützend vor seinen Beamten zu stellen. Der Oberst Longin andernteils, der höchste Richter in der Armee Vespasians, hatte sich's zur Maxime gemacht, es sei besser, einen Unschuldigen hinzurichten als einen Schuldigen laufenzulassen. Die Sache sah also für Justus nicht gut aus. Justus selber, voll Menschenverachtung, hochmütig, bitter, verteidigte sich ohne Schwung. Mochte sein König ihn im Stich lassen. Er wußte, wen die Schuld traf an allem Übel, das in Galiläa geschehen war. Dem schillernden, oberflächlichen Burschen schlug alles, was er tat, zum Glück aus. Mochten ihn jetzt die Römer hätscheln. Es ist alles eitel. Justus war voll bis in die Poren seiner Haut von bitterm Fatalismus.

Oberst Longin nahm aus Rücksicht auf König Agrippa die Sache sehr gewissenhaft. Er lud den Josef als Zeugen. Josef, als er nun das Schicksal des Justus in die Hand bekam, wurde hin und her gerissen vom Zwiespalt. Justus hatte in die Winkel seines Herzens gesehen, wo es am schmutzigsten war: nun stand es bei ihm, ob dieser Mann für immer verschwinden sollte oder nicht. Für alles und für jeden wußte dieser Justus eine zureichende Erklärung, eine Entschuldigung. Für ihn nicht. Für ihn hatte er nur Schweigen und Verachtung. Josef hatte viel Würde von sich abgetan, er hatte Geduld gelernt, er ging in Ketten, aber Verachtung dringt selbst durch den Panzer einer Schildkröte. Es war so einfach, den Beleidiger für alle Zeiten verschwinden zu lassen. Josef brauchte nicht einmal zu lügen, es genügte, wenn seine Aussage lau war.

Seine Aussage war leidenschaftlich und für Justus günstig. Mit heftiger Überzeugung und mit guten Gründen tat er dar, niemand habe je konsequenter die Sache des Friedens und der Römer vertreten als dieser Doktor Justus. Und die ihn verklagten, seien Lügner oder Narren.

Oberst Longin unterbreitete die Aussage dem Feldherrn. Vespasian schnaufte. Er beobachtete seinen Gefangenen gut und witterte wohl, daß Dinge sehr persönlicher Art zwischen den beiden waren. Aber bis jetzt war er seinem klugen Juden auf keine einzige falsche Angabe gekommen. Im übrigen war dieser Doktor Justus ein typischer Literat und Philosoph und somit ungefährlich. Der Marschall schlug die Untersuchung nieder, stellte den Doktor Justus zur Verfügung seines Herrn, des Königs Agrippa.

König Agrippa war vor seinem vielgeprüften Sekretär höflich und schuldbewußt. Justus sah deutlich, wie unbequem er ihm war. Er grinste, er kannte die Menschen. Er erbot sich, für seinen Herrn nach Jerusalem zu gehen, dort die Rechte Agrippas wahrzunehmen, während des Winters, da die militärischen Handlungen stockten, für den Frieden zu wirken. Das war, da jetzt die „Rächer Israels" in Jerusalem schrankenlos herrschten, ein ebenso aussichtsloses wie gefährliches Unternehmen. Niemand erwartete, der Sekretär des Königs werde lebend zurückkommen.

Justus reiste mit gefälschten Pässen. Josef stand an seinem Weg, als er aufbrach. Justus fuhr an ihm vorbei, blicklos wie bisher, schweigend.

In Cäsarea bei der großen Spätsommermesse sah Josef den Glasbläser Alexas aus Jerusalem, den Sohn des Nachum. Josef glaubte, er werde einen Bogen um ihn machen wie die meisten Juden. Aber siehe, Alexas kam auf ihn zu, er begrüßte ihn. Josefs Kette und der Große Bann hielten ihn nicht ab, mit ihm zu sprechen.

Alexas ging neben Josef her, stattlich und beleibt wie immer, aber seine Augen waren noch trüber und bekümmerter. Er hatte sich nur mit Gefahr aus Jerusalem fortstehlen können; denn die Makkabi-Leute verhinderten mit den Waffen, daß irgendwer die Stadt verlasse und sich in die Gewalt der Römer begebe. Ja, es herrschte jetzt Wahnsinn und krasse Gewalt in Jerusalem. Nachdem die „Rächer Israels" die Gemäßigten fast alle beseitigt hatten, zerfleischten sie sich untereinander. Simon Bar Giora bekämpfte den Eleasar, und Eleasar den Johann von Gischala, und Johann wieder den Simon, und zusammen hielten sie nur gegen eines: gegen die Vernunft. Wenn man es nüchtern ansah, dann stand die Gefahr dieser Reise nach Cäsarea in keinem rechten Verhältnis zum Gewinn. Denn er, Alexas, hatte die feste Absicht, wieder nach Jerusalem zurückzukehren. Er nahm es auf sich, in dieser Stadt weiterzuleben, die im Unsinn und im blinden Haß der Makkabi-Leute erstickte. Das war eine Torheit von ihm. Aber er liebte seinen Vater und seine Brüder, er konnte nicht leben ohne sie, er wollte sie nicht im Stich lassen. Allein in den letzten Tagen hatte er die Tollheit der Stadt nicht mehr ertragen können. Einmal wieder mußte er freiere Luft atmen, mußte mit seinen eigenen Augen sehen, daß es noch eine vernünftigere Welt gab.

Es war ja eigentlich verboten, hier mit Josef zusammenzustehen und zu schwatzen, und wenn man es in Jerusalem hört, dann werden es die Makkabi-Leute ihn entgelten lassen. Josef trägt ja auch ein gerüttelt Maß Schuld daran, daß die Dinge so gekommen sind. Er hätte in Galiläa viel verhüten können. Aber Josef hat manches wiedergutgemacht. Er wenigstens, Alexas, sieht es als ein großes Verdienst an, als einen Sieg der Vernunft, daß Josef nicht mit den andern in Jotapat starb, sondern gebeugten Hauptes zu den Römern überging. Besser ein lebendiger Hund denn ein toter Löwe, zitierte er.

In Jerusalem freilich denken sie anders, fuhr er bitter fort, und er erzählte Josef, wie Jerusalem den Fall der Festung Jotapat aufgenommen hatte. Zuerst war dort gemeldet worden, Josef sei bei der Einnahme Jotapats mit umgekommen. Die ganze Stadt habe teilgenommen an der wilden und großartigen Trauerfeier für den Helden, der die Festung so unglaubhaft lange gehalten hatte. Ausführlich berichtete Alexas, wie im Haus des alten Matthias feierlich, in Gegenwart der Erzpriester und der Mitglieder des Großen Rats, das Bett umgestürzt wurde, in dem Josef geschlafen hatte. Sein eigener Vater dann, Nachum Ben Nachum, habe im Auftrag der Bürgerschaft mit zerrissenem Gewand und Asche auf dem Kopf dem alten Matthias in dem vorgeschriebenen weidengeflochtenen Korb das Linsengericht der Trauer überbracht. Und ganz Jerusalem war zugegen, als der alte Matthias zum erstenmal das Kaddisch sprach, das Totengebet, jene drei Worte hinzufügend, die nur gesagt werden durften, wenn ein Großer in Israel gestorben war.

„Und dann?“ fragte Josef.

Alexas lächelte sein fatales Lächeln. Dann freilich, erzählte er, als man erfuhr, Josef lebe und habe sich der Gnade der Römer übergeben, sei der Umschwung um so heftiger gewesen. Des Josef Jugendfreund, Doktor Amram, war es, der die Bannung beantragt hatte, und nur ganz wenige von den Herren des Großen Rats hatten gewagt, sich dagegen auszusprechen, unter ihnen allerdings der Großdoktor Jochanan Ben Sakkai. Die Hallen des Tempels, als von den Stufen zum Heiligen Raum Verfluchung und Bann gegen Josef verkündet wurde, waren so voll wie am Passahfest. „Lassen Sie es sich nicht anfechten", sagte er zu Josef und grinste ihn herzlich an, wobei seine weißen Zähne groß und gesund aus seinem viereckigen schwarzen Bart herauskamen. „Wer sich zur Vernunft bekennt, muß leiden."

Er trennte sich von Josef. Stattlich, beleibt, das frischfarbige Gesicht bekümmert, schritt er zwischen den Buden hin. Später sah Josef, wie er bei einem Händler pulverisierten Quarz erstand und wie er zärtlich mit der Hand über den feinen Staub strich; er hatte das kostbare Material seiner geliebten Kunst wohl lange entbehren müssen.

Josef dachte oft an diese Unterredung, mit geteilten Empfindungen. Schon in Jerusalem war er der Meinung gewesen, Alexas sei klarer von Urteil als sein Vater Nachum, aber sein, Josefs, Herz war mit dem törichten Nachum gewesen und gegen den klugen Alexas. Nun standen alle gegen ihn, und nur der kluge Alexas war für ihn. Seine Kette, an die er sich gewöhnt zu haben glaubte, drückte, scheuerte. Sicher hatte der Prediger recht, besser ein lebendiger Hund denn ein toter Löwe. Aber manchmal wünschte er, er wäre in Jotapat mit den andern umgekommen.

Marcus Licinius Crassus Mucianus, Generalgouverneur von Syrien, lief nervös durch die weiten Räume seines Palais in Antiochia. Er war überzeugt gewesen, diesmal werde Vespasian keine Ausrede mehr finden, den Feldzug länger hinzuzögern. Nachdem der Terror der "Rächer Israels" die Gemäßigten in Jerusalem ausgemerzt hatte, wüteten die Meuterer unter sich. Bürgerkrieg war in Jerusalem, die Nachrichten waren klar und zuverlässig. Es war sinnlos, diese Chance ungenützt vorbeigehen zu lassen. Jetzt endlich mußte Vespasian vor die Stadt rücken, sie nehmen, den Krieg beenden. Mit brennender Spannung hatte Mucian den Bericht über den Kriegsrat erwartet, der jetzt zu Winterende die Richtlinien für die Frühjahrskampagne festlegen sollte. Nun lag er vor ihm, der Bericht. Die weitaus meisten Herren des Kriegsrats, selbst der Sohn des Vespasian, der junge General Titus, waren der Meinung gewesen, man müsse unverzüglich gegen Jerusalem marschieren. Aber der Spediteur, der unverschämte, plumpe Pferdeäpfelbauer, hatte einen neuen Dreh gefunden. Der innere Zwist der Juden, hatte er ausgeführt, werde die Stadt in absehbarer Zeit reif machen, mit sehr viel weniger Opfern genommen zu werden als jetzt. Jetzt vor Jerusalem zu marschieren hieße das Blut guter römischer Legionäre verschwenden, das man sparen könne. Er sei dafür, zuzuwarten, vornächst den bisher nicht besetzten Süden zu okkupieren. Er war schlau, dieser Vespasian. So filzig er war, mit Ausreden war er nicht filzig. Der würde sein Kommando nicht so bald abgeben.

Der schmächtige Mucian, den Stock hinterm Rücken, den hagern Kopf schräg vorgestreckt, lief wütend hin und her. Er war nicht mehr jung, er hatte die Fünfzig hinter sich, ein Leben voll von herrlichen, nie bereuten Lastern, voll von Studien über die nie erschöpfte Fülle der Merkwürdigkeiten der Natur, ein Leben voll von Macht und Absturz, von Reichtum und Niederbruch. Nun, gerade noch im Besitz seiner ganzen Kraft, war er Herr in diesem tief erregenden, uralten Asien geworden, und er kochte vor Wut, daß der abgefeimte junge Kaiser ihn den großartigen Bissen gerade mit diesem widerwärtigen Bauern teilen hieß. Fast ein ganzes Jahr hatte er den verschmitzten Spediteur als Gleichgestellten neben sich dulden müssen. Aber jetzt war es genug. Er durchschaute natürlich die Absichten des Marschalls ebensogut wie die des Kaisers. Der Bursche durfte ihm nicht länger im Weg stehen. Er mußte fort aus seinem Asien, er mußte, mußte! mit diesem läppischen Judenkrieg endlich Schluß machen.

In Eile und großem Zorn diktierte Mucian ein ganzes Bündel von Briefen, an den Kaiser, an die Minister, an befreundete Senatoren. Es sei unverständlich, warum der Feldherr auch zu Beginn dieses Sommers nach soviel Vorbereitungen und nachdem der Gegner durch innere Zwistigkeiten geschwächt sei, die Stadt Jerusalem noch immer nicht für sturmreif halte. Er wolle nicht bittere Meditationen darüber anstellen, wie sehr diese wenig energische Kriegführung die Pläne des Alexanderzugs gefährdet habe. Aber so viel sei gewiß, daß, wenn die Strategie des Zögerns fortgesetzt werde, das Prestige des Kaisers, des Senats und der Armee im ganzen Osten auf dem Spiel stehe.

Der Zeitpunkt, zu dem diese Briefe in Rom eintrafen, war für die Absichten des Mucian recht ungünstig. Die Westprovinzen hatten nämlich soeben viel wichtigere und unangenehmere Dinge gemeldet. Der Gouverneur von Lyon, ein gewisser Vindex, meuterte, er schien die Sympathien ganz Galliens und Spaniens zu haben. Die Depeschen klangen bedenklich. Wirkliche, volle Anteilnahme fand unter diesen Umständen der Bericht des Mucian nur an einer einzigen Stelle, bei dem Minister Talaß. Der alte Herr hielt es für einen ihm persönlich angetanen Tort des Generals Vespasian, daß der die Zerstörung Jerusalems so lange hinauszögerte. Er antwortete dem Mucian verständnisvoll, von ganzem Herzen zustimmend.

Der Generalgouverneur, diese Antwort in Händen, beschloß, den Spediteur selber zu stellen, fuhr ins Hauptquartier Vespasians nach Cäsarea.

Der Marschall empfing ihn schmunzelnd, sichtlich erfreut. Man lag bei Tische, zu dreien, Vespasian, Titus, Mucian, unter herzlichen Gesprächen. Langsam, beim Nachtisch, glitt man ins Politische. Mucian betonte, wie fern es ihm liege, sich in die Dinge des andern zu mengen; es sei Rom, es seien die römischen Minister, die auf Beendigung des Feldzugs drängten. Er für sein Teil begreife durchaus die Motive des Marschalls, aber anderseits erscheine ihm der Wunsch Roms so wichtig, daß er bereit sei, aus seinen eigenen syrischen Legionen Truppen abzugeben, falls nur Vespasian vor Jerusalem rücke. Der junge General Titus, begierig, seine soldatischen Qualitäten endlich zu zeigen, pflichtete stürmisch bei: „Tu es, Vater, tu es! Meine Offiziere brennen darauf, die ganze Armee brennt darauf, Jerusalem niederzuschlagen."

Vespasian sah mit Vergnügen, wie in dem gescheiten, von Lüsten, Geldgier und Ehrgeiz verwüsteten Gesicht des Mucian ein großes Gefallen an seinem Sohn Titus aufstieg, gemischt aus ehrlicher Sympathie und Begierde. Der Marschall schmunzelte. Er hatte dem Sohn, sosehr er an ihm hing, von seinen wirklichen Motiven nichts gesagt. Im Innern war er überzeugt, der Junge wußte so gut darum wie dieser schlaue Mucian oder sein Jude Josef; aber er freute sich, daß Titus so stürmisch loslegte. Um so leichter fiel es ihm selber, seine persönlichen Argumente durch sachliche zu verdecken.

Später, als er mit Mucian allein war, zog dieser den Brief des Ministers Talaß heraus. Vespasian bekam geradezu Respekt vor seiner Zähigkeit. Der Mensch war ekelhaft, aber gescheit: man konnte offen mit ihm reden. Vespasian also winkte ab: „Lassen Sie nur, Exzellenz. Ich weiß, Sie wollen mir jetzt die Meinung irgendeines einflußreichen Kackers aus Rom versetzen, der Ihnen versichert, Rom gehe zugrunde, wenn ich nicht augenblicklich vor Jerusalem rücke." Er schob sich näher an Mucian heran, blies ihm seinen starken Atem ins Gesicht, daß Mucians ganze Höflichkeit dazu gehörte, nicht zurückzuweichen, und sagte gemütlich: „Und wenn Sie mir noch zehn solcher Briefe zeigen, Verehrter, ich denke gar nicht daran." Er richtete sich hoch, strich ächzend seinen gichtischen Arm, rückte ganz dicht neben den andern, sagte vertraulich: „Hören Sie einmal, Mucian, wir haben uns doch beide alle acht Winde um die Nase wehen lassen, wir brauchen einander nichts vorzumachen. Mir wird der Wein sauer, wenn ich Sie anschauen muß mit Ihrem zuckenden Gesicht und Ihrem Stock hinterm Rücken, und Sie werden seekrank, wenn Sie meinen lauten Atem hören und meine Haut riechen. Stimmt's?" Mucian erwiderte verbindlich: „Bitte, fahren Sie fort." Vespasian fuhr fort: „Nun sind wir aber einmal leider an die gleiche Deichsel gespannt. Es war ein verdammt schlauer Einfall der Majestät. Nur: sollten wir nicht ebenso schlau sein? Ein Dromedar und ein Büffel kommen schlecht miteinander aus an der gleichen Deichsel, Griechen und Juden kann man mit Erfolg gegeneinander ausspielen: aber zwei alte Eingeweide-Beschauer wie wir, was meinen Sie?" Mucian zwinkerte heftig und nervös. „Ich folge aufmerksam Ihren Gedankengängen, Konsul Vespasian", sagte er. „Haben Sie Nachrichten aus dem Westen?" fragte jetzt unumwunden Vespasian, und seine hellen Augen ließen den andern nicht los. „Aus Gallien, meinen Sie?“ fragte Mucian zurück. „Ich sehe, Sie sind im Bilde“, schmunzelte Vespasian. „Sie brauchen mir den Brief Ihres römischen Hintermannes wirklich nicht zu versetzen. Rom hat jetzt andere Sorgen.“

„Mit Ihren drei Legionen können Sie wenig ausrichten“, sagte unbehaglich Mucian. Er hatte den Stock beiseite gelegt, wischte sich mit dem Rücken der kleinen, gepflegten Hand den Schweiß von der Oberlippe. „Richtig“, konstatierte gemütlich Vespasian. „Darum schlage ich Ihnen ein Abkommen vor. Ihre vier syrischen Legionen sind miserabel, aber zusammen mit meinen drei guten sind es immerhin sieben. Halten wir unsere sieben Legionen zusammen, bis man im Westen klarer sieht.“ Und da Mucian schwieg, redete er ihm vernünftig zu: „Bevor es im Westen klar wird, werden Sie mich doch nicht los. Seien Sie gescheit.“ – „Ich danke Ihnen für Ihre offenen und konsequenten Darlegungen“, erwiderte Mucian.

Es waren angeblich seine wissenschaftlichen Interessen, die den Mucian in den nächsten Wochen in Judäa festhielten; denn er arbeitete an einem großen Werk, einer Darstellung der Geographie und Ethnographie des Imperiums, und Judäa stak voller Merkwürdigkeiten. Der junge Titus begleitete den Gouverneur auf seinen Exkursionen, sehr beflissen; oft stenographierte er mit, was die Eingeborenen zu erzählen hatten. Da war die Quelle von Jericho, die vor Zeiten nicht nur die Erd- und Baumfrüchte, sondern auch die Leibesfrucht der Weiber vernichtet und überhaupt allem Lebendigen Tod und Verderben gebracht hatte, bis sie ein gewisser Prophet Elysseus durch Gottesfurcht und Priesterkunst entsühnte, so daß sie jetzt das Gegenteil bewirkte. Auch den Asphaltsee besichtigte Mucian, das Tote Meer, das selbst die schwersten Gegenstände trägt und sie sogleich wieder hochspült, wenn man sie mit Gewalt hineintaucht. Mucian ließ sich das vorführen, ließ Personen, die des Schwimmens unkundig waren, mit auf dem Rücken gebundenen Händen in die Tiefe werfen und schaute mit Interesse zu, wie sie auf der Oberfläche herumtrieben. Dann bereiste er die sodomitischen Gefilde, suchte die Spuren des vom Himmel gesandten Feuers, sah im See die schattenhaften Umrisse von fünf untergegangenen Städten, pflückte Früchte, an Farbe und Gestalt eßbaren ähnlich, die aber noch während des Pflückens zu Staub und Asche zerplatzten.

Er stellte Fragen über alles, er war sehr wißbegierig, notierte und ließ notieren. Eines Tages fand er solche Notizen niedergeschrieben in seiner eigenen Handschrift, trotzdem er genau wußte, er hatte diese Notizen nicht gemacht. Es stellte sich heraus, daß sie von Titus stammten. Ja, der junge Herr hatte die Fähigkeit, sich rasch und so tief in die Handschrift anderer einzuleben, daß diese andern seine Nachahmung von ihrer eigenen Schrift nicht unterscheiden konnten. Mucian, nachdenklich, bat den Titus, ihm einige Zeilen in der Schrift seines Vaters zu schreiben. Titus tat es, und es war wirklich unmöglich, diese Zeilen als Nachahmung zu erkennen.

Aber das Merkwürdigste, was Mucian in diesen judäischen Wochen sah und erlebte, blieb der kriegsgefangene gelehrte General Josef Ben Matthias. Schon am ersten Tag in Cäsarea war dem Gouverneur der gefangene Jude aufgefallen, wie er bescheiden und dennoch überaus sichtbar mit seiner Kette in den Straßen Cäsareas herumlief. Vespasian hatte seine Fragen sonderbar beiläufig weggewischt. Aber er konnte nicht verhindern, daß sich der neugierige Mucian trotzdem eingehend mit diesem Priester Josef unterhielt. Er tat das oft; er merkte bald, daß Vespasian seinen Gefangenen als eine Art Orakel verwandte, nach dessen Aussprüchen er sich in Zweifelsfällen richtete, ohne natürlich den Gefangenen diese seine Bedeutung merken zu lassen. Den Mucian beschäftigte das; denn er hielt den Marschall für einen wassernüchternen Rationalisten. Er sprach mit Josef über alle möglichen Dinge zwischen Himmel und Erde und staunte immer wieder, wie seltsam östliche Weisheit das griechische Weltwissen des Juden veränderte. Er kannte Priester aller Art, Priester des Mithras und des Aumu, barbarische Priester der englischen Sulis und der deutschen Rosmerta: dieser Priester des Jahve, so wenig er sich äußerlich von einem Römer unterschied, lockte ihn mehr als die andern.

Bei alledem versäumte er nicht, seine Beziehungen zu dem

Marschall nach Möglichkeit zu klären. Vespasian hatte recht: solange nicht im Westen und in Rom helle Sicht geschaffen war, hatten die beiden Herren des Ostens, der Gouverneur von Syrien und der Oberstkommandierende in Judäa, die genau gleichen Interessen. Vespasian, mit seiner rüden Offenheit, legte fest, wie weit diese Interessengemeinschaft sich in der Praxis auswirken sollte. Keiner wird ohne Zustimmung des andern wichtige politische oder militärische Handlungen vornehmen; in ihren offiziellen Berichten nach Rom aber werden sie wie bisher gegeneinander intrigieren, jetzt freilich auf eine genau vereinbarte Art.

Der nicht sehr freigebige Vespasian hatte Angst, was der verschwenderische und habgierige Gouverneur sich als Gastgeschenk für die Rückreise ausbitten würde. Mucian verlangte ein einziges: den kriegsgefangenen Juden Josef. Der Marschall, zuerst überrascht von soviel Bescheidenheit, wollte schon ja sagen. Aber dann überlegte er sich's anders; nein, er gab seinen Juden nicht weg. „Sie wissen doch", lachte er gemütlich zu Mucian, „der Spediteur ist geizig."

So viel wenigstens erreichte der Gouverneur, daß Vespasian ihm den Titus auf einige Zeit zu Besuch nach Antiochia mitgab. Der Marschall hatte sogleich durchschaut, daß Titus eine Art Geisel dafür sein sollte, daß Vespasian die getroffenen Vereinbarungen auch einhalte. Aber das kränkte ihn nicht. Er gab Mucian das Geleite bis zum Schiff nach Antiochia. Mucian, sich verabschiedend, sagte in seiner höflichen Art: „Ihr Sohn Titus, Konsul Vespasian, hat alle Ihre guten Eigenschaften ohne Ihre schlechten." Vespasian schnaufte stark, dann erwiderte er: „Sie haben leider keinen Titus, Exzellenz."

Vespasian besichtigte in den Docks von Cäsarea die Kriegsgefangenen, die versteigert werden sollten. Der Hauptmann Fronto, dem das Depot unterstand, hatte eine flüchtige Liste der Gefangenen anfertigen lassen, es waren an dreitausend. Jeder trug ein Täfelchen um den Hals, auf dem seine Nummer sowie Alter, Gewicht, Krankheiten, auch allenfallsige besondere Fähigkeiten vermerkt waren. Die Händler gingen herum, hießen die Gefangenen aufstehen, niederhocken, die Glieder heben, öffneten ihnen den Mund, betasteten sie. Die Händler mäkelten; es war keine gute Ware, das wird morgen eine ziemlich magere Auktion werden.

Vespasian hatte einige Offiziere mit, auch Cänis, dazu seinen Juden Josef, den er benötigte, um sich mit den Gefangenen besser zu verständigen. Er hatte aus der Beute Anspruch auf zehn Leibeigene, die er sich aussuchen wollte, bevor die gesamte Ware auf den Markt gebracht wurde. Cänis benötigte eine Friseuse und einen gut aussehenden Jungen, der bei Tisch aufwarten konnte. Der praktische Vespasian hingegen wollte sich ein paar kräftige Burschen herausholen, um sie auf seinen italienischen Besitzungen als Landarbeiter zu verwenden.

Er war guter Laune, machte Witze über die jüdischen Leibeigenen. „Sie sind verdammt schwierig mit ihren Sabbaten, Festtagen, verzwickten Speisevorschriften und dem ganzen Kram. Duldet man es, daß sie ihre sogenannten religiösen Vorschriften ausführen, dann muß man zusehen, wie sie ihr halbes Leben faulenzen; duldet man's nicht, dann werden sie störrisch. Eigentlich sind sie nur dazu gut, daß man sie an die andern Juden zurückverkauft. Ich habe mich gefragt", wandte er sich plötzlich an Josef, „ob ich Sie nicht an Ihre Landsleute zurückverkaufen soll. Aber sie haben miserable Preise geboten, sie haben offenbar Überfluß an Propheten."

Josef lächelte still und bescheiden. Innerlich lächelte er keineswegs. Aus Gesprächsbrocken, die er aufgeschnappt hatte, folgerte er, daß die Dame Cänis, die ihn nun einmal nicht leiden mochte, hinterm Rücken Vespasians versucht hatte, ihn an den Generalgouverneur Mucian weiterzuverkaufen. Der höfliche, literarisch interessierte Mucian hätte sich bestimmt keine so derben Witze mit ihm erlaubt wie der Marschall. Aber Josef fühlte sich nun einmal diesem Vespasian verbunden. Gott hatte ihn an diesen geschmiedet, hier war seine große Chance. Sein Lächeln, als Vespasian spaßte, ob er ihn verkaufen solle, war dünn, ein wenig verzerrt.

Man geriet an einen Haufen Weiber. Man hatte ihnen gerade zu essen gegeben; gierig und dennoch sonderbar stumpf schlangen sie ihre Linsensuppe, kauten sie ihr Johannisbrot. Es war der erste ganz heiße Tag, Schwüle und Gestank war ringsum. Den älteren Weibern, die nur mehr zur Arbeit zu brauchen waren, hatte man ihre Kleider gelassen, die jüngeren waren nackt. Ein ganz junges Mädchen war darunter, schlank und doch nicht mager. Sie aß nicht, sie kauerte mit gekreuzten Beinen, die Schultern eingezogen, mit den Händen hatte sie die Fußknöchel umfaßt, sie neigte sich vor, um ihre Nacktheit zu verbergen. So hockte sie, sehr scheu, und schaute aus großen Augen aufmerksam, gehetzt, voll Vorwurf auf die Männer.

Dem Vespasian fiel das Mädchen auf. Durch die Weiber auf sie zu trat er, hart schnaufend in der Hitze. An den Schultern packte er die Kauernde, bog ihr die Schultern auseinander. Verschreckt, gräßlich verängstigt, sah sie zu ihm hoch. „Steh auf", herrschte der Hauptmann Fronto sie an. „Lassen Sie sie hocken", sagte Vespasian. Er beugte sich nieder, hob die Holztafel, die ihr auf der Brust hing, las laut: „Mara, Tochter des Lakisch, Theaterdieners aus Cäsarea, vierzehn Jahre, Jungfrau. Na ja", sagte er und richtete sich ächzend wieder hoch. „Wirst du aufstehen, Hündin", zischelte ein Aufseher. Sie verstand offenbar nicht vor Angst. „Ich glaube, du solltest aufstehen, Mara", sagte sanft Josef. „Laßt sie doch", sagte halblaut Vespasian.

„Wollen wir nicht weitergehen?" fragte die Dame Cänis. „Oder willst du sie nehmen? Ich weiß nicht, ob sie sich zur Kuhmagd eignet." Die Dame Cänis hatte nichts dagegen, daß Vespasian sich vergnügte, aber sie liebte es, selber die Objekte dieser Vergnügungen auszusuchen. Das Mädchen war jetzt aufgestanden. Eirund, zart und klar hob sich das Gesicht aus den langen, sehr schwarzen Haaren, der Mund, vollippig, mit großen Zähnen, sprang leicht vor. Hilflos, nackt, jung, erbärmlich stand sie, den Kopf hin und her ruckend. „Fragen Sie sie, ob sie was Besonderes kann", wandte sich Vespasian an Josef. „Der große Herr fragt, ob du eine besondere Kunst kannst", sagte Josef freundlich und behutsam zu dem Mädchen. Mara atmete heftig, in Stößen, sie sah Josef aus ihren langen Augen dringlich an. Plötzlich legte sie die Hand an die

Stirn und verneigte sich tief, aber sie antwortete nicht. „Wollen wir nicht weitergehen?“ fragte die Dame Cänis. „Ich glaube, du solltest uns antworten, Mara“, redete Josef dem Mädchen gut zu. „Der große Herr fragt, ob du eine besondere Kunst kannst“, wiederholte er geduldig. „Ich kann sehr viele Gebete auswendig“, sagte Mara. Sie sprach schüchtern, ihre Stimme klang merkwürdig dunkel, angenehm. „Was sagt sie?“ erkundigte sich Vespasian. „Sie kann beten“, gab Josef Auskunft. Die Herren lachten. Vespasian lachte nicht. „Na ja“, sagte er. „Darf ich Ihnen das Mädchen schicken?“ fragte der Hauptmann Fronto. Vespasian zögerte. „Nein“, antwortete er schließlich, „ich brauche Arbeiter für meine Güter.“

Am Abend fragte Vespasian den Josef: „Beten eure Frauen viel?“ – „Unsere Frauen sind nicht gehalten zu beten“, klärte Josef ihn auf. „Sie sind verpflichtet, die Verbote zu halten, aber nicht die Gebote. Wir haben dreihundertfünfundsechzig Gebote, soviel wie die Tage des Jahres, und zweihundertachtundvierzig Verbote, soviel wie die Knochen des Menschen.“ – „Das ist reichlich“, meinte Vespasian.

„Glaubst du, daß sie wirklich Jungfrau ist?“ fragte er nach einer Weile. „Unkeuschheit der Frau straft unser Gesetz mit dem Tod“, sagte Josef. „Das Gesetz“, achselzuckte Vespasian. „Um Ihr Gesetz, Doktor Josef“, meinte er, „kümmert sich vielleicht das Mädchen, aber bestimmt nicht meine Soldaten. Ich muß sagen, ich habe allerhand zuwege gebracht, wenn die auch in diesem Falle Disziplin gehalten haben sollten. Es sind ihre großen Kuhaugen. Sie schauen aus, als ob alles mögliche dahintersteckte. Wahrscheinlich steckt gar nichts dahinter, wie immer in euerm Land. Alles pathetische Aufmachung, und wenn man näher hinsieht, nichts dahinter. Wie ist das mit Ihrem Orakel, Herr Prophet?“ wurde er unvermutet bösartig. „Wenn ich Sie nach Rom geschickt hätte, dann wären Sie vermutlich längst abgeurteilt und könnten in einem sardinischen Bergwerk schuften, statt sich hier mit netten Judenmädchen zu unterhalten.“

Josef kümmerten die Scherze des Marschalls wenig. Er hatte seit geraumer Zeit gemerkt, daß nicht nur er gebunden war. „Der Generalgouverneur Mucian", erwiderte er mit dreister Höflichkeit, „hätte den Preis für mindestens zwei Dutzend Bergarbeiter bezahlt, wenn Sie mich ihm überlassen hätten. Ich glaube nicht, daß es mir in Antiochia schlecht ginge." – „Ich habe dich sehr frech werden lassen, mein Jüdlein", sagte Vespasian. Josef wechselte den Ton. „Mein Leben wäre zerschlagen gewesen", sagte er heftig, demütig und überzeugt, „wenn Sie mich fortgeschickt hätten. Glauben Sie mir, Konsul Vespasian. Sie sind der Retter, und Jahve hat mich zu Ihnen geschickt, Ihnen das zu sagen, immer wieder. Sie sind der Retter", wiederholte er hartnäckig, glühend und verbissen. Vespasian schaute spöttisch, leicht ablehnend. Er konnte nicht verhindern, daß ihm die feurigen Versicherungen des Menschen in sein altes Blut gingen. Es ärgerte ihn, daß er immer wieder aus dem Juden solche Prophezeiungen herauskitzelte. Er hatte sich an die geheimnisvolle, zuversichtliche Stimme zu sehr gewöhnt, hatte sich zu fest mit dem Juden verknüpft. „Wenn dein Gott sich nicht sehr beeilt, mein Jüdlein", hänselte er, „dann wird der Messias etwas wackelig ausschauen, bis er endlich arriviert." Josef, er wußte selbst nicht, woher er die Sicherheit nahm, erwiderte still und unerschütterlich: „Wenn sich nicht, ehe noch der Sommer auf seiner Höhe ist, etwas ereignet, was Ihre Situation von Grund auf ändert, Konsul Vespasian, dann, bitte, verkaufen Sie mich nach Antiochia."

Vespasian schleckte diese Worte mit Vergnügen. Aber er wollte es nicht zeigen und lenkte ab: „Euer König David hat sich warme junge Mädchen ins Bett legen lassen. Er war kein Kostverächter. Ich glaube, Kostverächter seid ihr alle nicht. Wie ist das, mein Jüdlein, Sie können da wohl einiges erzählen?" – „Bei uns sagt man", erklärte Josef, „wenn ein Mann mit einer Frau zusammen war, dann spricht Gott sieben Neumonde nicht mehr aus ihm. Ich habe, solang ich an dem Makkabäerbuch schrieb, keine Frau berührt. Ich habe, seitdem ich das Oberkommando in Galiläa bekam, keine Frau angerührt." – „Es hat Ihnen aber wenig geholfen", meinte Vespasian.

Den Tag darauf ließ der Marschall auf der Auktion das Mädchen Mara, Tochter des Lakisch, für sich ersteigern. Am gleichen Abend wurde sie ihm zugeführt. Sie trug noch den Kranz derer, die nach Kriegsrecht unter der Lanze versteigert wurden, aber sie war auf Anordnung des Hauptmanns Fronto gebadet, gesalbt und in ein Gewand von durchsichtigem, koischem Flor gekleidet. Vespasian schaute sie aus seinen hellen, harten Augen auf und ab. „Dummköpfe", schimpfte er, „Fetthirne! Sie haben sie zugerichtet wie eine spanische Hure. Für so was hätte ich keine hundert Sesterzien gezahlt." Das Mädchen begriff nicht, was der alte Mann sagte. Es war soviel auf sie niedergegangen, jetzt stand sie scheu und stumpf. Josef sprach in ihrem heimatlichen Aramäisch auf sie ein, sanft, behutsam, sie antwortete zaghaft mit ihrer dunkeln Stimme. Vespasian hörte dem fremdartigen, gurgelnden Gespräch der beiden geduldig zu. Endlich erklärte ihm Josef: „Sie schämt sich, weil sie nackt ist. Nacktheit ist eine arge Sünde bei uns. Eine Frau darf sich nicht nackt zeigen, selbst wenn es ihr nach Aussage des Arztes das Leben rettet." – „Blöd", konstatierte Vespasian. Josef fuhr fort: „Mara bittet den Fürsten, daß er ihr ein Kleid aus *einem* Stück geben lasse und viereckig. Mara bittet den Fürsten, daß er ihr ein Netz für ihre Haare geben lasse und parfümierte Sandalen für ihre Füße." – „Mir riecht sie gut genug", meinte Vespasian. „Aber schön. Kann sie haben."

Er schickte sie fort, sie brauchte heute nicht wiederzukommen. „Ich kann warten", erklärte er vertraulich dem Josef. „Ich habe warten gelernt. Ich hebe mir gute Dinge gern eine Zeit auf, bevor ich sie genieße. Fürs Essen und fürs Bett und in jeder Hinsicht. Ich habe ja auch einige Zeit warten müssen, bis ich hier ans Amt gelangte." Er rieb sich ächzend den gichtischen Arm, wurde noch vertraulicher. „Findest du eigentlich etwas daran an diesem Judenmädchen? Scheu ist sie, blöd ist sie, sprechen mit ihr kann ich auch nicht. Das Ungeweckte ist ja ganz nett, aber man kann hier, verdammt noch eins, hübschere Frauen finden. Weiß der Himmel, was einem an so einem kleinen Tier reizt." Auch den Josef reizte das Mädchen Mara. Er kannte sie, diese Frauen aus Galiläa, sie waren langsam, scheu, wohl auch traurig, aber wenn sie sich auftaten, üppig und reich. „Sie sagte“, erklärte er mit ungewohnter Offenheit dem Römer, „sie sei aufs Johannisbrot gekommen. Sie hat wohl recht. Diese Mara, Tochter des Lakisch, hat nicht viel Ursache, den Segensspruch zu sprechen, wenn sie jetzt ihr neues, viereckiges Kleid bekommt.“ Vespasian ärgerte sich. „Sentimental, mein Jüdlein? Ihr fangt an, mir Ärgernis zu geben. Ihr habt euch zu wichtig. Wenn man ein kleines Mädchen ins Bett will, verlangt ihr Vorbereitungen wie für einen Feldzug. Ich sag dir was, mein Prophet. Bring du ihr ein wenig Latein bei. Sprich mit ihr morgen vormittag. Aber schmeck mir nicht vor, daß dein Prophetentum keinen Schaden leidet.“

Am andern Tag wurde Mara zu Josef gebracht. Sie trug das landesübliche viereckige Kleid aus *einem* Stück, dunkelbraun, rotgestreift. Der Marschall hatte guten Instinkt gehabt. Die Reinheit ihres eirunden Gesichts, die niedrige, schimmernde Stirn, die langen Augen, der üppig vorspringende Mund wurden durch die schlichte Tracht viel augenscheinlicher als durch die aufgeputzte Nacktheit.

Josef befragte sie behutsam. Ihr Vater, ihre ganze Familie war umgekommen. Es war, glaubte das Mädchen Mara, weil er sein Leben in Sünden verbracht hatte, und auch an ihr, glaubte sie, würden seine Sünden gestraft. Lakisch Ben Simon war als Diener am Theater von Cäsarea angestellt gewesen. Er hatte, bevor er den Posten annahm, mehrere Priester und Doktoren befragt, man hatte ihm, zögernd freilich, erlaubt, auf diese Art sein Brot zu verdienen. Aber andere hatten gegen ihn um seiner Tätigkeit willen fromm geeifert. Mara glaubte diesen Frommen, sie hatte die Reden der Makkabi-Leute gehört, das Tagewerk ihres Vaters war Sünde gewesen, sie war verworfen. Nun hat sie nackt gestanden vor den Unbeschnittenen, die Römer hatten sich an ihrer Nacktheit ergötzt. Warum hat sie Jahve nicht vorher sterben lassen? Still klagte sie mit ihrer dunkeln Stimme, demütig kamen die Worte aus ihrem üppigen Mund, jung, süß und reif saß sie vor Josef. Ihr Weinberg blüht, dachte er. Er spürte plötzlich ein großes Verlangen, die Knie wurden ihm schwach, es war wie damals, als er in der Höhle von Jotapat lag. Er sah das Mädchen an, sie wandte ihre langen, dringlichen Augen nicht ab von seinem Blick, ihr Mund öffnete sich halb, ihr guter, frischer Atem kam herüber zu ihm, er begehrte sie sehr. Sie fuhr fort: „Was soll ich tun, mein Doktor und Herr? Es ist ein großer Trost, eine große Gnade, daß Gott mich Ihre Stimme hören läßt." Und sie lächelte.

Dies Lächeln machte, daß in Josef eine wilde, grenzenlose Wut gegen den Römer aufstieg. Er riß an seinen Fesseln, fügte sich, riß, fügte sich. Er mußte selber mithelfen, diese da dem gefräßigen Römer hinzuwerfen, dem Tier.

Mara erhob sich plötzlich. Immer lächelnd, leichtfüßig, in den geflochtenen, parfümierten Sandalen, ging sie auf und ab. „Am Sabbat habe ich immer parfümierte Sandalen getragen. Es ist ein Verdienst und wird einem von Gott angerechnet, wenn man sich am Sabbat gut anzieht. War es richtig, daß ich von dem Römer parfümierte Sandalen verlangte?" Josef sagte: „Hör zu, Mara, Tochter des Lakisch, Jungfrau, mein Mädchen", und vorsichtig suchte er ihr zu erklären, daß sie beide, er und sie, zum gleichen Zweck von Gott zu diesem Römer geschickt seien. Er sprach mit ihr von dem Mädchen Esther, das Gott zu dem König Ahasver gesandt habe, um ihr Volk zu retten, und von dem Mädchen Irene vor dem König Ptolemäus. „Es ist deine Aufgabe, Mara, daß du dem Römer gefällst." Aber Mara fürchtete sich. Der Unbeschnittene, der Frevler, der im Tale Hinom gerichtet werden wird, der alte Mann, ihr ekelte, ihr grauste. Josef, Wut im Herzen gegen sich und gegen den andern, sprach ihr zu mit behutsamen, zärtlichen Worten, bereitete dies Gericht für den Römer.

Vespasian, am andern Morgen, schilderte derb und offen, wie es mit Mara gewesen war. Ein wenig Angst und Scham waren ihm ganz recht; aber diese da hatte am ganzen Leib gezittert, geradezu ohnmächtig war sie gewesen, hinterher war sie eine lange Zeit starr und steif gelegen. Er sei ein alter Herr, leicht rheumatisch, sie sei für ihn zu anstrengend. „Sie scheint", meinte er, „randvoll von abergläubischen Vorstellungen: wenn ich sie anrühre, fressen sie die Dämonen oder dergleichen. Du mußt das ja besser wissen, mein Jüdlein. Hör einmal, mach du sie mir zahm. Willst du? Übrigens, was heißt auf aramäisch: sei zärtlich, mein Mädchen, sei nicht dumm, meine Taube, oder so was?"

Mara, als Josef sie wiedersah, war in Wahrheit starr und zugesperrt. Die Worte kamen mechanisch aus ihrem Mund, sie war wie eine geschminkte Tote. Als Josef sich ihr nähern wollte, wich sie zurück und schrie gleich einer Aussätzigen hilflos und entsetzt: „Unrein! Unrein!"

Bevor der Sommer auf seiner Höhe war, kamen große Nachrichten aus Rom. Der Aufstand im Westen war geglückt, der Senat hatte den Kaiser abgesetzt, Nero, der fünfte Augustus, hatte sich selber getötet, nicht unwürdig, seiner Umgebung ein großes Schauspiel bietend. Herren der Welt jetzt waren die Führer der Armeen. Vespasian lächelte. Er war ein unpathetischer Mann, aber er reckte sich höher. Es war gut, daß er seiner innern Stimme gefolgt war und den Feldzug nicht so rasch beendet hatte. Er hatte drei starke Legionen jetzt, mit denen des Mucian sieben. Er packte Cänis an den Schultern, er sagte: „Nero ist tot. Mein Jude ist kein Dummkopf, Cänis." Sie schauten sich an, ihre schweren Leiber schaukelten hin und her, leise, gleichmäßig, beide lächelten.

Josef, als er die Nachricht vom Tode des Kaisers Nero hörte, stand ganz langsam auf. Er war ein noch junger Mann, einunddreißig Jahre war er alt, und er hatte mehr Auf und Ab erlebt als gemeinhin ein Mensch mit einunddreißig Jahren. Jetzt stand er, atmete, griff sich nach der Brust, den Mund leicht offen. Er hatte vertraut darauf, daß Jahve in ihm sei, er hatte ein sehr hohes Spiel gespielt, er hatte es nicht verloren. Mühsam mit der gefesselten Hand setzte er den Priesterhut auf, sprach den Segensspruch: „Gelobt seist du, Jahve, unser Gott, der du uns hast erleben und erreichen und erlangen lassen diesen Tag." Dann, langsam, schwer, hob er den rechten Fuß, dann den linken, er tanzte, so wie die großen Herren dem Volke vortanzten im Tempel beim Feste des Wasserschöpfens. Er stampfte auf, die Kette klirrte, er sprang, hüpfte, stampfte, versuchte in die Hände zu klatschen, sich auf die Hüfte zu schlagen. Das Mädchen Mara kam in sein Zelt, sie stand ungeheuer verblüfft, erschreckt. Er hörte nicht auf, er tanzte weiter, er raste, er schrie: „Lache mich aus, Mara, Tochter des Lakisch. Lache, wie die Feindin den Tänzer David verlachte. Hab keine Angst. Es ist nicht Satan, der Erztänzer, es ist König David, der tanzt, vor der Bundeslade." So also feierte der Doktor und Herr Josef Ben Matthias, Priester der Ersten Reihe, daß Gott seine Prophezeiung nicht hatte zuschanden werden lassen.

Am Abend sagte Vespasian zu Josef: „Sie können die Kette jetzt ablegen, Doktor Josef." Josef erwiderte: „Wenn Sie erlauben, Konsul Vespasian, werde ich die Kette weiter tragen. Ich will sie tragen, bis der Kaiser Vespasian sie mir zerhaut." Vespasian grinste. „Sie sind ein kühner Mann, mein Jude", sagte er. Josef, wie er nach Hause ging, pfiff lautlos vor sich hin, zwischen Lippen und Zähnen. Das tat er sehr selten, nur wenn ihm besonders wohl zumute war. Es war aber das Couplet des Leibeigenen Isidor, das er pfiff: „Wer ist der Herr hier? Wer zahlt die Butter?"

Kuriere jagten von Antiochia nach Cäsarea, von Cäsarea nach Antiochia. Eilbotschaften kamen von Italien, aus Ägypten. Senat und Garde hatten den sehr alten General Galba zum Kaiser ausgerufen, einen gichtbrüchigen, mürrischen, launischen Herrn. Der wird nicht lange Kaiser bleiben. Wer der neue Kaiser sein wird, bestimmen die Armeen, die Rheinarmee, die Donauarmee, die Ostarmee. Der Generalgouverneur Ägyptens, Tiber Alexander, schlug eine engere Verbindung vor zwischen sich und den beiden Herren Asiens. Selbst der säuerliche Bruder Vespasians, der Polizeipräsident Sabin, kam in Bewegung, meldete sich, machte dunkle Angebote.

Es gab viel zu tun, und Vespasian hatte keine Zeit, für das Mädchen Mara aramäische Studien zu treiben. Donner und Jupiter! Die Nutte soll endlich lernen, auf lateinisch zärtlich zu sein. Aber Mara lernte es nicht. Vielmehr konnte man sie gerade noch verhindern, sich mit einem Haarpfeil zu erstechen.

Soviel Unverständnis verdroß den Feldherrn. Er fühlte sich

dem jüdischen Gott auf eine dunkle Art verpflichtet, er wollte nicht, daß das Mädchen ihn und den Gott auseinanderbringe. Dem Josef traute er nicht in dieser Angelegenheit; so versuchte er durch einen andern Mittler aus ihr herauszulocken, was eigentlich sie so im Herzen kümmere. Er war überrascht, als er es erfuhr. Dieses Stückchen Nichts war voll von dem gleichen naiven Hochmut wie sein Jude. Vespasian schmunzelte breit, ein bißchen boshaft. Er wußte, wie er sich, dem Mädchen und Josef helfen wird.

„Ihr Juden", erklärte er Josef noch am gleichen Tag in Gegenwart der Dame Cänis, „seid wirklich randvoll von frechem, barbarischem Aberglauben. Stellen Sie sich vor, Doktor Josef, diese kleine Mara ist fest überzeugt, sie sei unrein, weil ich sie ins Bett genommen habe. Verstehen Sie das?" – „Ja", sagte Josef. „Da sind Sie schlauer als ich", meinte Vespasian. „Gibt es ein Mittel, sie wieder rein zu machen?" – „Nein", gab Josef Bescheid. Vespasian trank von dem guten Weine von Eschkol; dann erklärte er behaglich: „Aber sie weiß ein Mittel. Wenn ein Jude sie heiratet, dann, versichert sie, werde sie wieder rein." – „Das ist kindisches Geschwätz", erklärte Josef. „Das ist kein schlechterer Aberglaube als der erste", meinte konziliant Vespasian. „Sie werden schwerlich", sagte Josef, „einen Juden finden, der sie heiratet. Das Gesetz verbietet es." – „Ich werde einen finden", erwiderte gemütlich Vespasian. Josef schaute fragend auf. „Dich, Jüdlein", schmunzelte der Römer.

Josef erblaßte. Vespasian wies ihn behaglich zurecht: „Sie sind unmanierlich, mein Prophet. Wenigstens ‚Danke schön!' könnten Sie sagen." – „Ich bin Priester der Ersten Reihe", sagte Josef, seine Stimme klang heiser, merkwürdig ausgelöscht. „Verdammt heikel sind diese Juden", sagte Vespasian zu Cänis. „Was unsereiner angerührt hat, schmeckt ihnen nicht mehr. Dabei haben Kaiser Nero und ich selber abgelegte Frauen geheiratet. Was, Cänis, alter Hafen?" – „Ich stamme ab von den Hasmonäern", sagte sehr leise Josef, „mein Geschlecht geht auf König David zurück. Wenn ich diese Frau heirate, dann verliere ich meine Priesterrechte für immer, und die Kinder aus solcher Vereinigung sind illegitim, rechtlos.

Ich bin Priester der Ersten Reihe", wiederholte er leise, beharrlich. „Du bist ein Haufen Dreck", sagte schlicht und abschließend Vespasian. „Wenn du ein Kind kriegst, will ich es in zehn Jahren sehen. Dann wollen wir untersuchen, ob es dein Sohn ist oder meiner." – „Werden Sie sie heiraten?" erkundigte sich interessiert die Dame Cänis. Josef schwieg. „Ja oder nein?" fragte, unvermittelt heftig, Vespasian. „Ich sage weder ja noch nein", erwiderte Josef. „Gott, der bestimmt hat, daß der Feldherr Kaiser sein soll, hat dem Feldherrn diesen Wunsch eingegeben. Ich neige mich vor Gott." Und er neigte sich tief.

Josef schlief schlecht in den folgenden Nächten; seine Kette scheuerte ihn. So hoch ihn das Eintreffen seiner Prophezeiung erhoben hatte, so tief stürzte ihn der freche Spaß des Römers. Er erinnerte sich der Lehren des Essäers Banus in der Wüste. Fleischliche Begier vertrieb den Geist Gottes; es war ihm selbstverständlich gewesen, daß er sich der Weiber enthalten müsse, solange seine Prophezeiung nicht erfüllt war. Das Mädchen Mara war seinem Herzen und seiner Haut wohlgefällig, das mußte er jetzt bezahlen. Wenn er dieses Mädchen heiratete, das durch Kriegsgefangenschaft und die Buhlerei mit dem Römer zur Hure geworden war, dann war er verworfen vor Gott und hatte die Strafe der öffentlichen Geißelung verwirkt. Er kannte genau die Bestimmungen; hier gab es keine Ausnahme, kein Ausbiegen und kein Deuteln. „Die Weinrebe soll sich nicht um den Dornstrauch ranken", das war die Grundstelle. Und zu dem Satze „Verflucht, der bei einem Tiere schläft" sagt der authentische Kommentar der Doktoren, daß der Priester, der sich mit einer Hure mischt, nicht besser sei als der, der mit einem Tiere schläft.

Allein Josef schluckte das ganze Gift hinunter. Hohes Spiel erfordert hohen Einsatz. Er ist mit diesem Römer verknüpft, er wird die Schande auf sich nehmen.

Vespasian wandte Zeit und Intensität daran, den Spaß ganz auszukosten. Er ließ sich genau über das umständliche, verzwickte jüdische Eherecht unterrichten, auch über das Zeremoniell bei Verlobung und Hochzeit, das in Galiläa anders war als in Judäa. Er sah darauf, daß alles streng nach dem Ritus vor sich ging.

Der Ritus verlangte, daß an Stelle des toten Vaters der Vormund über den Kaufpreis der Braut mit dem Bräutigam verhandelte. Vespasian erklärte sich zum Vormund. Es war Usus, daß der Bräutigam zweihundert Zuz zahlte, wenn die Braut Jungfrau, hundert Zuz, wenn sie Witwe war. Vespasian ließ für Mara, Tochter des Lakisch, hundertfünfzig Zuz als Kaufpreis in das Dokument setzen und bestand darauf, daß Josef ihm persönlich eine Schuldverschreibung über diesen Betrag ausstellte. Er berief Doktoren und Studenten der Schulen von Tiberias, Magdala, Sepphoris und sonstige Notabeln des besetzten Gebiets als Zeugen der Hochzeit. Viele weigerten sich, bei dem Greuel mitzuwirken. Der Feldherr legte ihnen Strafen, ihren Gemeinden Kontributionen auf.

Die ganze Bevölkerung wurde durch Herolde zur Teilnahme an dem Fest aufgefordert. Für den Hochzeitszug mußte der kostbarste Brautstuhl von Tiberias herbeigeschafft werden, wie das bei der Vermählung großer Herren der Brauch war. An Stelle des Vaters sagte, als Mara auf dem myrtenbekränzten Brautstuhl sein Haus verließ, Vespasian: „Gebe Gott, daß du hierher nicht zurückkommst." Dann wurde sie durch die Stadt geführt, die vornehmsten Juden Galiläas, auch sie mit Myrten geschmückt, trugen den Brautstuhl. Mädchen mit Fackeln gingen voran, dazu Studenten, die Alabasterkrüge mit Wohlgerüchen schwenkten. Wein und Öl wurde auf den Weg ausgeschüttet, Nüsse, geröstete Ähren ausgeworfen. Gesang war ringsum: „Der Schminke, der Salbe, des Heilkrauts bedarfst du nicht, du liebliche Gazelle." Tanz war auf allen Straßen; die sechzigjährige Matrone mußte zur Sackpfeife springen genau wie das sechsjährige Mädchen, und selbst die alten Doktoren mußten tanzen, Myrtenzweige in den Händen, denn Vespasian wünschte sein Brautpaar nach altem Herkommen geehrt.

So wurde Josef durch die Stadt Cäsarea geführt, einen langen Weg, nicht weniger qualvoll als der durch das römische Lager, als er das erstemal zu Vespasian gebracht wurde. Dann endlich stand er mit Mara im Brautzelt, in der Chuppa. Das

Brautzelt war aus weißem, golddurchwirktem Linnen, von der Decke hingen Weintrauben, Feigen und Oliven. Vespasian und eine Reihe seiner Offiziere sowie die jüdischen Notabeln Galiläas waren Zeugen, wie Josef das Mädchen Mara heiratete. Sie hörten es, wie er deutlich und verbissen die Formel sprach, die verbrecherisch war in seinem Munde: „Hiermit erkläre ich, du bist mir angetraut nach dem Gesetz Mosis und Israels." Der Boden stürzte nicht ein, als der Priester diese ihm verbotenen Worte sprach. Die Früchte schaukelten leicht von der Decke des Brautzelts. Ringsum sangen sie: „Meine Schwester, liebe Braut, du bist ein verschlossener Garten, eine verschlossene Quelle, ein versiegelter Brunnen." Das Mädchen Mara aber, schamlos und lieblich, hing ihre langen, dringlichen Augen an das blasse Gesicht Josefs und gab den Vers zurück: „Mein Freund komme in seinen Garten und esse von seinen guten Früchten." Vespasian ließ sich alles übersetzen, schmunzelte vergnügt. „Eines möchte ich mir ausgebeten haben, mein Lieber", sagte er zu Josef, „daß du dich nicht zu rasch wieder aus dem Garten verdrückst."

Die Prinzessin Berenike, Tochter des ersten, Schwester des zweiten Königs Agrippa, tauchte auf aus ihren Meditationen in der Wüste, kehrte zurück nach Judäa. Leidenschaftlich jedem Gefühl hingegeben, hatte sie, als die Römer die Städte Galiläas verheerten, körperlich mitgelitten, war in die südliche Wüste geflohen. Sie fieberte, wies angeekelt Speise und Trank zurück, kasteite sich, ließ ihr Haar verfilzen, ihren Körper von einem härenen Gewand zerkratzen, gab ihn der Mittagshitze und dem nächtlichen Frost preis. So lebte sie Wochen, Monate, allein, in heilloser Zerknirschung, niemand sah sie als die Einsiedler, die essäischen Brüder und Schwestern.

Allein als das Gerücht von den wüsten Dingen, die in Rom geschahen, vom Tode Neros und den Wirren unter Galba auf unerklärliche Weise auch in die Wüste drang, warf sich die Prinzessin mit der gleichen Leidenschaft, mit der sie sich in das grundlose Meer der Buße gestürzt hatte, in die Politik. Von jeher schon schlugen ihre Neigungen jäh um; bald versank sie in den heiligen Schriften, gebieterisch und wild Gott suchend, bald richtete sie die ganze Kraft ihres kühnen und wendigen Geistes auf die Wirrungen im Regiment des Reichs und der Provinzen.

Schon auf der Reise begann sie zu arbeiten, zettelte, sandte und empfing unzählige Briefe, Depeschen. Lange bevor sie Judäa wieder erreichte, war sie sich klar über die Fäden, die vom Osten zum Westen liefen, über die Verteilung der Macht im Reich, hatte Pläne entworfen, Stellung genommen. Viele Faktoren waren gegeneinander abzuwägen: die Rheinarmee, die Donauarmee, das Heer im Osten; der Senat, die reichen Herren in Rom und in den Provinzen; Wesensart und Macht der Gouverneure von England, Gallien, Spanien, Afrika, der leitenden Beamten in Griechenland, am Schwarzen Meer; die geizige, mürrische, uralte Person des Kaisers; die zahlreichen stillen und auch lauten Kandidaten für die Nachfolge. Je mehr Verwirrung in der Welt, um so besser. Schon haben diese Wirren bewirkt, daß Jerusalem und der Tempel heil und unversehrt dastehen. Vielleicht glückt es, den Schwerpunkt des Weltregiments wieder nach dem Osten zu rücken, so daß die Welt nicht von Rom, sondern von Jerusalem aus geordnet wird.

Die Prinzessin wägt ab, zählt, sucht den Punkt, wo sie eingreifen kann. Im Osten, in ihrem Osten, haben drei Männer die Macht: der Herr von Ägypten, Tiberius Alexander; der Herr von Syrien, Mucian; der Feldmarschall von Judäa, Vespasian. Jetzt also ist sie nach seinem Hauptquartier gekommen, um sich diesen Feldmarschall einmal anzuschauen. Sie ist voll von Vorurteil gegen ihn. Man nennt ihn den Spediteur, den Pferdeäpfelmann, er soll hinterhältig sein, ein verschlagener Bauer, grob und plump, ihr Land Judäa jedenfalls hat er roh und blutig angepackt. Sie verzieht angewidert die langen, starken Lippen, wenn sie an ihn denkt. Man muß leider oft an ihn denken, er ist sehr in Sicht gekommen, er hat Glück. Der ganze Osten ist voll von Geraun über göttliche Vorzeichen und Prophezeiungen, die auf ihn weisen.

Vespasian zögert unhöflich lange, ehe er der Prinzessin seine Aufwartung macht. Auch er kommt voll von Vorurteilen. Er hat von der preziösen Dame gehört, von ihren modischen Launen, ihren überhitzten Liebschaften, den keineswegs geschwisterlichen Beziehungen zu ihrem Bruder. Das snobistische, verschnörkelte Gehabe dieser östlichen Dame ist ihm zuwider. Aber es wäre Unsinn, sie sich ohne Not zur Feindin zu machen. Sie hat zahlreiche Beziehungen zu Rom, sie gilt als sehr schön, sie ist ungeheuer reich. Selbst ihre wilde Bauwut, sie und ihr Bruder haben den ganzen Osten mit Palästen übersät, hat ihren Reichtum nicht merklich angeknabbert.

Berenike hat sich zu seinem Empfang ernsthaft und zeremoniös angezogen. Ihr großer, edler Kopf, verbrannt noch von der Sonne, kommt königlich aus dem vielfaltigen Gewand, das kurze, widerspenstige Haar ist ohne Schmuck, brokatne Ärmel fallen über die schönen, langen, noch von der Wüste zerschrundeten Hände. Schon nach wenigen einleitenden Worten steuert sie auf ihr Ziel los: „Ich danke Ihnen, Konsul Vespasian, daß Sie die Stadt Jerusalem so lange verschont haben." Ihre Stimme ist tief, voll, dunkel, aber immer ist ein kleines, nervöses Zittern darin, auch klingt sie ein wenig gebrochen, belegt von einer leisen, erregenden Heiserkeit. Kühl, aus seinen harten, hellen Augen schaut Vespasian die Frau auf und ab, dann sagt er, schnaufend, reserviert: „Ich habe offen gestanden nicht Ihr Jerusalem, ich habe meine Soldaten geschont. Wenn Ihre Landsleute so weitermachen, dann, hoffe ich, werde ich die Stadt ohne große Opfer nehmen können." Berenike erwidert höflich: „Bitte, sprechen Sie weiter, Konsul Vespasian. Ihr sabinischer Dialekt ist angenehm zu hören." Sie selber spricht ein leichtes, völlig akzentfreies Latein. „Ja", sagt Vespasian gemütlich, „ich bin ein alter Bauer. Das hat seine Vorteile, aber auch seine Nachteile. Für Sie, meine ich."

Die Prinzessin Berenike erhob sich; leise federnd, mit ihrem berühmten Schritt, ging sie ganz nahe an den Feldmarschall heran: „Warum sind Sie eigentlich so kratzbürstig? Wahrscheinlich hat man Ihnen tolle Dinge über mich erzählt. Sie sollten sie nicht glauben. Ich bin eine Jüdin, eine Enkelin des Herodes und der Hasmonäer. Das ist eine etwas schwierige Situation, während Ihre Legionen im Lande stehen." – „Ich kann es begreifen, Prinzessin Berenike", erwiderte Vespasian, „daß Sie sich in allerlei reizvolle Verwicklungen hineinträumen, solange ein sehr alter Kaiser in Rom ist, der keinen Nachfolger designiert hat. Ich würde es bedauern, wenn ich genötigt sein sollte, Sie als Feindin zu betrachten." – „Mein Bruder Agrippa ist in Rom, um Kaiser Galba zu huldigen." – „Mein Sohn Titus ist zum gleichen Zweck nach Rom gefahren." – „Ich weiß es", sagte gelassen Berenike. „Ihr Sohn huldigt dem Kaiser Galba, trotzdem Sie aus aufgefangenen Briefen zuverlässig erfahren haben, daß dieser Kaiser Sie durch gedungene Leute erledigen lassen wollte." – „Wenn ein sehr alter Herr", erwiderte noch gelassener Vespasian, „auf einem sehr wackeligen Thron sitzt, dann schlägt er ein wenig um sich, um das Gleichgewicht zu halten. Das ist natürlich. Wenn wir beide einmal so alt sind, werden wir es vermutlich genauso machen. Wohinaus wollen Sie eigentlich, Prinzessin Berenike?" – „Wohinaus wollen Sie, Konsul Vespasian?" – „Ihr Leute aus dem Osten wollt immer erst den Preis des andern herauslocken." Das belebte, veränderliche Gesicht der Prinzessin strahlte plötzlich in einer großen, kühnen Zuversicht. „Ich will", sagte sie mit ihrer tiefen, erregenden Stimme, „daß dieser uralte, heilige Osten seinen gemessenen Anteil nimmt an der Herrschaft der Welt." – „Das ist etwas zu allgemein ausgedrückt für meinen sabinischen Bauernschädel. Aber ich fürchte, wir wollen jeder so ziemlich das Gegenteil. Ich will nämlich, daß die großzügige Schlamperei aufhört, die vom Osten her in das Reich eingedrungen ist. Ich sehe, daß die Orientpläne des Kaisers Nero und seine östlich betonte Sinnesart dem Reich mehrere Milliarden Schulden gebracht hat. Damit finde ich die uralte Heiligkeit etwas überbezahlt." – „Wenn der Kaiser Galba stirbt", fragte Berenike geradezu, „wird dann die Ostarmee nicht versuchen, auf die Ernennung des neuen Kaisers einzuwirken?" – „Ich bin für Gesetz und Recht", erklärte Vespasian. „Das sind wir alle", erwiderte Berenike, „aber die Meinungen, was Gesetz und Recht ist, gehen manchmal auseinander." – „Ich wäre Ihnen wirklich dankbar, meine Dame, wenn Sie mir klar sagten, was Sie eigentlich wollen."

Berenike sammelte sich; ihr Gesicht wurde ganz still. Mit einer leisen, wilden Innigkeit sagte sie: „Ich will, daß der Tempel Jahves nicht zerstört wird."

Vespasian war hierhergesandt mit dem Mandat, Judäa mit allen Mitteln, die ihm recht dünkten, zu zähmen. Einen kleinen Augenblick hatte er Lust zu erwidern: Die Erhaltung der Weltherrschaft erlaubt leider nicht immer architektonische Rücksichten. Aber er sah ihr regloses, innig gespanntes Gesicht, und er knarrte nur ablehnend: „Wir sind keine Barbaren."

Sie erwiderte nichts. Langsam, voll traurigem Zweifel, tauchte sie ihre langen, erfüllten Augen in die seinen, und es wurde ihm unbehaglich. War es nicht vollkommen gleichgültig, ob diese Jüdin ihn für einen Barbaren hielt? Es war ihm merkwürdigerweise nicht gleichgültig. Er spürte vor ihr jene kleine Benommenheit wie manchmal in Gegenwart seines Juden Josef. Er suchte darüber wegzukommen: „Sie sollten mich nicht bei meinem Ehrgeiz packen wollen. Dazu bin ich nicht mehr jung genug."

Berenike fand, daß der Spediteur ein harter, schwieriger Bursche war, verflucht hinterhältig bei aller Offenheit. Sie lenkte ab. „Zeigen Sie mir ein Bild Ihres Sohnes Titus", bat sie. Er schickte einen Läufer, um das Bild holen zu lassen. Sie betrachtete es interessiert und sagte vieles, was dem Herzen des Vaters wohltun sollte. Aber Vespasian war alt und menschenkennerisch und sah gut, daß ihr das Bild durchaus nicht gefiel. Man trennte sich freundlich, und der Römer und die Jüdin wußten, daß sie einander unausstehlich waren.

Berenike, als Josef Ben Matthias sie auf ihren Wunsch aufsuchte, streckte abwehrend die Hand aus, rief: „Kommen Sie nicht näher. Bleiben Sie stehen. Es sollen sieben Schritte sein zwischen Ihnen und mir." Josef erblaßte, weil sie sich entfernt von ihm hielt wie von einem Aussätzigen.

Berenike begann: „Ich habe Ihr Buch gelesen, zweimal." Josef erwiderte: „Wer schriebe nicht gern und begeistert, wenn er von Vorfahren zu berichten hat wie den unsern?" Berenike strich heftig das kurze, widerspenstige Haar zurück. Es war richtig, der Mann war mit ihr verwandt. „Ich bedaure es, mein Vetter Josef", sagte sie, „daß wir mit Ihnen verwandt sind." Sie sprach sehr ruhig, nur ganz leise lag die vibrierende Heiserkeit über ihrer Stimme. „Ich verstehe nicht, daß Sie am Leben bleiben konnten, als Jotapat fiel. Seither gibt es in Judäa niemanden, den es nicht anekelte, wenn er den Namen Josef Ben Matthias hört." Josef dachte daran, wie Justus von Tiberias erklärt hatte: „Ihr Doktor Josef ist ein Lump." Aber Frauenrede erbitterte ihn nicht. „Es wird sicher sehr viel Schlechtes über mich erzählt", sagte er, „aber ich glaube nicht, daß jemand Ihnen erzählt hat, ich sei feig. Bedenken Sie, bitte, daß es manchmal nicht sehr schwer ist, zu sterben. Sterben war leicht und eine große Verlockung. Es gehörte Entschluß dazu, zu leben. Es gehörte Tapferkeit dazu. Ich bin am Leben geblieben, weil ich wußte, ich bin ein Instrument Jahves." Berenikes lange Lippen krümmten sich, ihr ganzes Gesicht war Spott und Verachtung. „Es geht ein Gerücht durch den Osten", sagte sie, „ein jüdischer Prophet habe verkündet, der Römer sei der Messias. Sind Sie dieser Prophet?" – „Ich weiß", sagte Josef still, „daß Vespasian der Mann ist, von dem die Schrift redet."

Berenike beugte sich vor über die Sieben-Schritt-Grenze, die sie sich gesteckt hatte. Es war der ganze Raum des Zimmers zwischen ihnen, auch das Kohlenbecken, denn es war ein kalter Wintertag. Sie betrachtete den Mann; er trug noch immer seine Kette, aber er sah gepflegt aus. „Ich muß ihn mir genau anschauen, diesen Propheten", höhnte sie, „der willig das Ausgespiene des Römers hinunterschlang, als der es ihn hieß. Mir wurde übel vor Verachtung, als ich hörte, wie die Doktoren von Sepphoris Ihrer ‚Hochzeit' zuschauen mußten." – „Ja", sagte still Josef, „ich habe auch dieses geschluckt."

Er sah mit einemmal klein und gedrückt aus. Mehr als daß er das Mädchen geehelicht hatte, drückte und erniedrigte ihn ein anderes. Damals unterm Brautzelt hatte er gelobt, er werde Mara nicht anrühren. Allein dann war Mara zu ihm gekommen, sie war auf dem Bett gehockt, jung, glatthäutig, heiß, voll Erwartung. Er hatte sie genommen, hatte sie nehmen müssen, wie er damals hatte trinken müssen, als er aus der Höhle kam. Das Mädchen Mara war um ihn seither. Ihre großen Augen hingen mit der gleichen Inbrunst an ihm, wenn er sie nahm und wenn er sie hernach wild und voll Verachtung wegschickte. Berenike hatte mehr als recht. Er hatte den Wegwurf des Römers nicht nur hinuntergeschlungen, er fand Geschmack daran.

Josef atmete auf, da Berenike nicht auf dem Thema beharrte. Sie sprach von Politik, sie eiferte gegen den Marschall: „Ich will nicht, daß dieser Bauer sich in die Mitte der Welt setzt. Ich will es nicht.“ Ihre dunkle Stimme war heiß von Leidenschaft. Josef stand still, beherrscht. Aber er war voll von Ironie über ihre Ohnmacht. Sie sah es gut. „Gehen Sie hin, mein Vetter Josef“, höhnte sie, „sagen Sie es ihm. Verraten Sie mich ihm. Vielleicht bekommen Sie eine noch reichere Belohnung als die Leibeigene Mara.“

Sie standen, getrennt durch den Raum, die beiden jüdischen Menschen, jung beide, schön beide, getrieben beide von dem heißen Willen nach ihren Zielen. Aug in Aug standen sie, voll Hohn einer gegen den andern, und doch im Innersten verwandt. „Wenn ich es dem Feldherrn sagte“, spottete Josef zurück, „daß Sie sein Gegner sind, Kusine Berenike, er würde lachen.“ – „Also machen Sie ihn lachen, Ihren römischen Herrn“, sagte Berenike. „Wahrscheinlich hält er Sie zu diesem Zweck. Ich, mein Vetter Josef, werde mir die Hände gut waschen und ein langes Bad nehmen, nun ich mit Ihnen zusammen war.“

Josef, auf dem Rückweg, lächelte. Er ließ sich von einer Frau wie Berenike lieber beschimpfen als gleichgültig anschauen.

Im Hauptquartier des Vespasian in Cäsarea erschien, von den römischen Behörden mit Ehrfurcht empfangen, ein uralter jüdischer Herr, sehr klein, sehr angesehen, Jochanan Ben Sakkai, Rektor der Tempeluniversität, Oberrichter von Judäa, Großdoktor von Jerusalem. Mit seiner welken Stimme, im Kreis der Juden von Cäsarea, berichtete er von den Greueln, die die jüdische Hauptstadt erfüllten. Wie die leitenden Männer der Gemäßigten fast allesamt niedergemetzelt worden seien, der Erzpriester Anan, die meisten Aristokraten, auch viele von den „Wahrhaft Schriftgläubigen"; wie jetzt die Makkabi-Leute mit Brand und Schwert gegeneinander wüteten. Selbst in den Vorhallen des Tempels hatten sie Geschütz aufgefahren, und Leute, die ihr Opfer zum Altar bringen wollten, waren von ihren Geschossen getroffen worden. Manchmal, auf altmodische Art, bekräftigte der Alte: „Meine Augen haben es gesehen." Auch er hatte sich nur mit Gefahr aus Jerusalem wegstehlen können. Er hatte aussprengen lassen, er sei tot, seine Schüler hatten ihn in einem Sarg zur Bestattung aus den Mauern Jerusalems herausgetragen.

Er ersuchte den Marschall um eine Unterredung, und Vespasian bat ihn sogleich zu sich. Uralt, vergilbt, stand der jüdische Großdoktor vor dem Römer; die blauen Augen stachen auffallend frisch aus dem zerknitterten, von einem kleinen, entfärbten Bart umrahmten Gesicht. Er sagte: „Ich bin gekommen, Konsul Vespasian, um mit Ihnen über Frieden und Unterwerfung zu reden. Es steht keine Macht hinter mir. Die Macht in Jerusalem haben die ‚Rächer Israels'; allein das Gesetz ist nicht tot, und ich bringe mit das Siegel des Oberrichters. Das ist nicht viel. Aber niemand weiß besser als Rom, daß ein großes Reich auf die Dauer nur zusammengehalten werden kann durch Recht, Gesetz und Siegel, und darum ist es vielleicht auch nicht wenig." Vespasian erwiderte: „Ich freue mich, mit dem Manne zu reden, der in Judäa den ehrwürdigsten Namen trägt. Aber ich bin lediglich gesandt, das Schwert zu führen. Über Frieden verhandeln kann nur der Kaiser in Rom und sein Senat." Jochanan Ben Sakkai wiegte den alten, kleinen Kopf. Listig, leise, mit dem Singsang orientalischen Dozierens, führte er aus: „Es sind manche, die sich nennen Kaiser. Aber es ist nur einer, mit dem ich austauschen möchte Siegel und Dokument. Ist der Libanon gefallen durch Galba? Nur der, durch den fällt der Libanon, ist der Mächtige, der Adir. Der Libanon ist nicht gefallen durch Galba." Vespasian schaute den Alten mißtrauisch an. Fragte: „Haben Sie mit meinem Gefangenen Josef Ben Matthias gesprochen?“ Jochanan Ben Sakkai verneinte, ein wenig erstaunt. Reumütig, täppisch, sagte Vespasian: „Verzeihen Sie, Sie haben wirklich nicht mit ihm gesprochen.“

Er setzte sich, machte sich klein, so daß er nicht auf den Alten hinabschauen mußte: „Bitte, teilen Sie mir mit, was Sie geben und was Sie nehmen wollen.“ Jochanan streckte seine welken Hände hin, bot dar: „Ich gebe Ihnen Brief und Siegel, daß der Große Rat und die Doktoren von Jerusalem sich Senat und Volk von Rom unterwerfen. Ich bitte Sie dagegen um eines: lassen Sie mir eine kleine Stadt, daß ich eine Universität dort gründe, und geben Sie mir Lehrfreiheit.“ – „Daß ihr mir von neuem die finstersten Rezepte gegen Rom zusammenbraut“, schmunzelte Vespasian. Jochanan Ben Sakkai machte sich noch kleiner und geringer: „Was wollen Sie? Ich werde pflanzen ein winziges Reis von dem mächtigen Baume Jerusalem. Geben Sie mir, sagen wir, das Städtchen Jabne. Jabne, es wird eine so kleine Universität sein.“ Betulich redete er dem Römer zu, malte mit Gesten die Geringfügigkeit seiner Universität: ach, sie wird so klein sein, seine Universität Jabne, und er schloß und öffnete seine winzige Hand.

Vespasian erwiderte: „Schön, ich werde Ihren Vorschlag nach Rom übermitteln.“ – „Übermitteln Sie nicht“, bat Jochanan. „Ich möchte nur mit Ihnen zu tun haben, Konsul Vespasian.“ Hartnäckig wiederholte er: „Sie sind der Adir.“

Vespasian erhob sich; breit, bäurisch fest stand er vor dem sitzenden Großdoktor. „Offen gestanden“, sagte er, „ganz verstehe ich es nicht, was ihr gerade an mir für einen Narren gefressen habt. Sie sind ein alter, weiser und, wie es scheint, relativ ehrlicher Herr. Wollen Sie es mir nicht erklären? Ist es nicht schwer erträglich, wenn in dem Land, das euer Gott Jahve euch zugesagt hat, ausgerechnet ich der Adir sein soll? Ich höre, daß von allen Völkern ihr am heftigsten vor der Berührung mit andern zurückscheut.“ Jochanan hatte die Augen geschlossen. „Als die Engel Gottes“, dozierte er, „nach dem Untergang der Ägypter im Schilfmeer ein Jubellied anstimmen wollten, sprach Jahve: ‚Meine Geschöpfe ertrinken, und ihr wollt ein Jubellied singen?‘“ Der Marschall trat ganz nahe an den winzigen Gelehrten heran, rührte ihm leicht, vertraulich die Schulter, fragte listig: „Aber soviel stimmt doch: als richtige, vollwertige Menschen anerkennt ihr uns nicht?" Jochanan, immer die Augen geschlossen, erwiderte still, wie von weit her: „Wir opfern am Laubhüttenfest siebzig Stiere zur Sühnung der Nichtjuden vor Gott."

Vespasian sagte ungewohnt höflich: „Wenn Sie nicht zu müde sind, mein Doktor und Herr Jochanan, dann bitte ich noch um eine Belehrung." – „Ich antworte Ihnen gern, Konsul Vespasian", sagte der Großdoktor.

Vespasian stützte die Hände auf den Tisch. Über den Tisch hinüber, gespannt, fragte er: „Hat ein Nichtjude eine unsterbliche Seele?" Jochanan erwiderte: „Es gibt sechshundertdreizehn Gebote, die zu halten wir Juden verpflichtet sind. Der Nichtjude ist nur auf sieben Gebote verpflichtet. Hält er sie, dann läßt sich auch in ihm der Heilige Geist nieder." – „Welches sind diese sieben Gebote?" fragte der Römer. Jochanan zog die runzligen Brauen hoch, seine blauen Augen schauten hell und sehr jung in die grauen des Vespasian. „Es ist ein Ja und sechs Nein", sagte er. „Er muß Gerechtigkeit üben, er darf Gott nicht leugnen, Götzen nicht dienen, darf nicht morden, nicht stehlen, nicht Unzucht treiben und nicht Tiere quälen." Vespasian dachte ein wenig nach, dann sagte er bedauernd: „Da habe ich leider wenig Aussicht, daß sich in mir der Heilige Geist niederläßt."

Der Großdoktor schmeichelte: „Finden Sie es sehr gefährlich für Rom, wenn wir in meiner kleinen Universität Jabne solche Dinge lehren?" Breit, ein wenig protzig, sagte Vespasian: „Gefährlich oder nicht, groß oder klein, welche Ursache überhaupt sollte ich haben, euch entgegenzukommen?" Der Alte machte ein pfiffiges Gesicht, hob die winzige Hand, führte sie einmal durch die Luft, legte dar, wieder im Singsang orientalischen Dozierens: „Solange Sie nicht der Adir sind, haben Sie keinen Grund, Jerusalem zu erobern; denn Sie brauchen vielleicht Ihre Truppen, um der Adir zu werden. Sowie Sie aber ernannt sind, haben Sie vielleicht keine Zeit mehr, Jerusalem zu erobern. Vielleicht dann aber ist es für Sie von Interesse, wenn nicht das eroberte Jerusalem, so doch einen Rechtstitel mit nach Rom zu bringen. Vielleicht ist Ihnen dieser Rechtstitel die kleine Konzession wert, um die ich Sie bitte."

Er schwieg, er schien erschöpft. Vespasian hatte seinen Darlegungen mit großer Aufmerksamkeit zugehört. „Wenn Ihre andern Herren so schlau wären wie Sie", schloß er lächelnd die Unterhaltung, „dann wäre ich wahrscheinlich nie in die Lage gekommen, von Ihnen als der Adir bezeichnet zu werden."

Es gab Sünden, für die der Großdoktor bei aller Milde Nachsicht nicht kannte, und dem Josef schlug das Herz, als er zu ihm entboten wurde. Aber Jochanan hielt nicht die sieben Schritte Abstand. Josef beugte sich herab, die Hand an der Stirn, und der Alte segnete seinen Lieblingsschüler.

Josef sagte: „Ich habe das Wort des Propheten zweideutig gebraucht, ich bin schuldig der schlechten Zunge. Daraus ist viel Unheil entstanden." Der Alte sagte: „Jerusalem und der Tempel waren fallreif vor Ihrer Tat. Die Tore des Tempels springen auf, wenn einer nur hinbläst. Sie sind überheblich selbst in Ihrer Schuld. Ich will mit Ihnen reden, Doktor Josef, mein Schüler", fuhr er fort. „In Jerusalem glaubt man, Sie hätten ein schaukelndes Herz, und man hat Sie in den Bann getan. Ich aber glaube an Sie und will zu Ihnen reden." Diese Worte erquickten den Josef wie Tau das Feld in der rechten Jahreszeit, und er machte sein Herz weit auf.

„Das Reich ist verloren", wiederholte Jochanan. „Aber es ist nicht das Reich, was uns zusammenhält. Reiche haben auch andere gegründet, sie sind zerfallen, es werden neue Reiche kommen, auch sie werden zerfallen. Das Reich ist nicht das Wichtigste."

„Was ist das Wichtigste, mein Vater?"

„Nicht Volk und Staat schaffen die Gemeinschaft. Unserer Gemeinschaft Sinn ist nicht das Reich, unserer Gemeinschaft Sinn ist das Gesetz. Solange Lehre und Gesetz dauert, haben wir Zusammenhalt, festeren als durch den Staat. Das Gesetz dauert, solange eine Stimme da ist, es zu verkünden. Solange die Stimme Jakobs ertönt, bleiben die Arme Esaus kraftlos."

Josef fragte zaghaft: „Habe ich die Stimme, mein Vater?" – „Die andern glauben", erwiderte Jochanan, „daß Sie Ihr Judentum eingebüßt haben, Josef Ben Matthias. Aber wenn auch das Salz im Wasser sich löst, es ist doch immer da, und wenn das Wasser verdunstet, bleibt das Salz zurück."

Dieses Wort des Alten erhob den Josef und demütigte ihn, daß er eine lange Zeit nicht sprechen konnte. Dann, leise, schüchtern erinnerte er seinen Lehrer: „Wollen Sie mir sagen, was Ihre Pläne sind, mein Vater?"

„Ja", erwiderte Jochanan, „jetzt will ich es dir sagen. Wir geben den Tempel preis. Wir wollen setzen an Stelle des sichtbaren Gotteshauses ein unsichtbares, wir wollen umgeben den wehenden Atem Gottes mit Mauern aus Worten an Stelle der Mauern aus Granit. Was ist der wehende Atem Gottes? Lehre und Gesetz. Man kann uns nicht auseinanderreißen, solange wir Zungen haben oder Papier für das Gesetz. Darum habe ich den Römer um die Stadt Jabne gebeten, daß ich dort eine Universität einrichten kann. Ich glaube, er wird sie mir geben."

„Ihr Plan, mein Vater, braucht die Arbeit von vielen Geschlechtern."

„Wir haben Zeit", erwiderte der Alte.

„Aber werden uns die Römer nicht hindern?" fragte Josef.

„Gewiß wird man versuchen, uns zu hindern; die Macht hat immer Mißtrauen gegen den Geist. Aber der Geist ist elastisch. So dicht kann man nichts verschließen, daß er nicht doch durchdringen könnte. Sie zerschlagen uns Staat und Tempel: wir bauen an seine Stelle Lehre und Gesetz. Sie verbieten uns das Wort: wir verständigen uns durch Zeichen. Sie verbieten uns die Schrift: wir denken uns Chiffren aus. Sie versperren uns die grade Straße: Gott wird nicht kleiner, auch wenn seine Bekenner auf listigen Umwegen zu ihm gehen müssen." Der Alte schloß die Augen, öffnete sie, sagte: „Es ist uns nicht gegeben, das Werk zu vollenden, aber es ist uns auferlegt, nicht davon abzulassen. Das ist es, wozu wir auserwählt sind."

„Und der Messias?" fragte Josef mit einer letzten Hoffnung. Das Sprechen begann dem Großdoktor schwerzufallen, aber er riß sich zusammen, es war wichtig, daß er seinem Lieblingsschüler Josef das Wissen weitergab. Er winkte Josef, sich niederzubeugen, mit dem welken Mund flüsterte er in sein junges Ohr: „Es ist fraglich", flüsterte er, „ob der Messias jemals kommen wird. Aber glauben muß man es. Man darf nie damit rechnen, daß der Messias kommt, aber man muß immer glauben, daß er kommen wird."

Josef auf dem Rückweg war beklommen. Der Glaube dieses großen Alten war also nichts Strahlendes, was ihm half, sondern etwas Mühevolles, Listiges, immer verbunden mit Ketzerei, immer sich wehrend gegen Ketzerei, eine Last. So verschieden die beiden aussahen, es war kein sehr weiter Weg von Jochanan Ben Sakkai zu Justus von Tiberias. Josef fühlte sich bedrückt.

Der Großdoktor hatte vieles und Übles gehört von der Ehe des Josef. Er ließ Mara, die Tochter des Lakisch, zu sich kommen und sprach mit ihr. Er roch das Parfüm ihrer Sandalen. Sie sagte: „Wenn ich bete, dann ziehe ich immer diese Sandalen an. Ich will in gutem Geruch vor Gott treten." Sie kannte viele Gebete auswendig; es war nicht erlaubt, Gebete aufzuzeichnen, sie mußten vom Herzen kommen, und man mußte sie im Herzen tragen. Zutraulich sprach sie zu ihm: „Ich habe gehört, von der Erde bis zum Himmel sind fünfhundert Jahre, und von einem Himmel bis zum andern sind wieder fünfhundert Jahre, und die Dicke jedes Himmels sind fünfhundert Jahre. Und dennoch: ich stelle mich hinter eine Säule der Synagoge und flüstere, und es ist, wie wenn ich Jahve ins Ohr flüstere. Ist es vermessen und Sünde, mein Doktor und Herr, wenn ich glaube, daß Jahve mir so nahe ist wie das Ohr dem Mund?" Jochanan Ben Sakkai hörte interessiert auf die Gedanken, die sie hinter ihrer niedrigen Kinderstirn bewegte, und diskutierte ernsthaft mit ihr wie mit einem der Doktoren der Quadernhalle. Als sie wegging, legte er ihr die milde, welke Hand auf den Scheitel und segnete sie mit dem alten Spruch: Jahve mache dich wie Rahel und Lea.

Er hörte, daß Josef, sowie er den Einspruch Vespasians nicht mehr fürchten müsse, sich von Mara scheiden lassen wolle. Es war nicht schwer, sich scheiden zu lassen. In der Schrift hieß es klar und einfach: „Wenn jemandes Weib nicht Gunst findet vor seinen Augen, weil er etwas Schändliches an ihr entdeckt hat, dann mag er einen Scheidebrief schreiben und sie aus seinem Hause schicken." Jochanan sagte: „Zwei Dinge gibt es, man hört ihren Schall mit Ohren nicht eine Meile, und doch geht ihr Klang von einem Ende der Welt zum andern. Das ist, wenn ein Baum niederbricht, den man fällt, solange er Frucht trägt, und das ist, wenn eine Frau seufzt, die ihr Mann wegschickt, und sie liebt ihn." Josef sagte eigensinnig: „Habe ich nicht Schändliches an ihr gefunden?" Jochanan sagte: „Sie haben nicht Schändliches *gefunden*: das Schändliche war, bevor Sie sie nahmen. Prüfen Sie sich, Doktor Josef. Ich werde nicht den Zeugen machen, wenn Sie dieser Frau den Scheidebrief ausstellen."

Die Beziehungen Vespasians zu Kaiser Galba waren nicht ganz so einfach, wie er sie der Prinzessin Berenike dargestellt hatte. Titus war nicht nur aus Gründen der Huldigung nach Rom gefahren, sondern vor allem, um die ihm noch fehlenden hohen Staatsstellen zu erlangen. Der letzte Zweck lag noch höher. Des Vespasian Bruder, der steife, mürrische Sabin, hatte angedeutet, es sei nicht ausgeschlossen, daß der alte, kinderlose Kaiser, um sich die Armeen des Ostens zu verbinden, den Sohn des Vespasian an Kindes Statt annehmen werde. Dieser Brief hatte den schwierigen Verhandlungen zwischen Vespasian und Mucian ein vorläufiges Ende bereitet. Großmütig hatte immer wieder der eine dem andern versichert, er denke nicht daran, die Macht zu erobern; wenn einer in der Lage sei, dies zu tun, dann sei jeweils der andere dieser eine. In Wahrheit wußten beide genau, daß keiner sich stark genug fühlte für den Kampf mit dem andern, und so hatte jetzt der Brief des Sabin ihnen einen willkommenen Ausweg gezeigt.

Allein noch im hohen Winter kam eine Nachricht, die allen diesen Plänen ein Ende machte. Gestützt auf die römische Garde und auf den Senat, hatte einer die Herrschaft an sich gerissen, den der Osten nicht in seine Rechnung gezogen hatte: Otho, der erste Mann der Poppäa. Der alte Kaiser war ermordet, dieser junge Kaiser hatte Mut, Begabung, Ansehen, viele Sympathien. Ob Titus seine Reise fortsetzen und dem neuen Herrn huldigen oder ob er zurückkehren werde, wußte man nicht. Hier im Osten jedenfalls fühlte man sich nicht soweit, sich mit einiger Aussicht gegen den jungen Kaiser aufzulehnen, und wer auch sollte der Erwählte des Ostens sein? Die Erledigung des alten Galba war zu schnell gekommen, man hatte sich noch nicht geeinigt; sowohl Vespasian wie Mucian vereidigten ihre Truppen auf den neuen Kaiser Otho.

An den Bestand dieser neuen Herrschaft indes glaubte niemand. Otho konnte sich auf die italienischen Truppen verlassen, aber er hatte keine Fühlung mit den Armeen der Provinzen. Der Thron dieses jungen Kaisers stand nicht fester als der des alten.

Die Prinzessin Berenike bekam täglich ausführlichen Bericht aus Rom. Nach den Entbehrungen der Wüste warf sie sich mit doppelter Leidenschaft in die Politik. Zettelte mit den kaiserlichen Ministern, den Senatoren, mit den Gouverneuren und Generälen des Ostens. Ein zweites Mal soll sich der Osten nicht vor vollendete Tatsachen gestellt sehen. Jetzt, in diesem Frühjahr noch, muß er schlagbereit gemacht werden, die Hauptstadt zu erobern. Nicht zersplittert darf er sein, *einen* Herrn muß er haben, und Mucian soll dieser Herr heißen. Es gilt zunächst einmal, sich des klaren Einverständnisses des Mucian zu versichern, wenn man ihn gegen den Marschall als Prätendenten aufstellen will.

Glänzend, mit großem Gefolge, fuhr Berenike nach Antiochia. Behutsam strich sie um Mucian herum. Der erfahrene Herr wußte kennerisch die Vorzüge der jüdischen Prinzessin zu schätzen, Schönheit, Geist, Geschmack, Reichtum, wilde Hingabe an die Politik. Die beiden musischen Menschen verstanden sich sehr schnell. Aber Berenike konnte Mucian nicht dahin bringen, wo sie ihn haben wollte. Mit großer Offenheit ließ der schmächtige Herr sie in sein Inneres hineinschauen. Ja, er ist ehrgeizig. Er ist auch nicht feig, aber er ist ein wenig müde. Rom vom Osten her zu erobern ist ein verdammt kitzliges Unternehmen. Er ist nicht der Mann für diese Aufgabe. Er kann mit Diplomaten verhandeln, mit Senatoren, Gouverneuren, Wirtschaftsführern. Aber heute geben leider die Militärs den Ausschlag, und mit diesen hochgekommenen Feldwebeln zu paktieren ist ihm widerwärtig. Er hing seinen gescheiten, traurigen, unersättlichen Blick an die Prinzessin. „Diesen Polyphemen ihr Aug auszubrennen verliert auf die Dauer seinen Reiz. Gefahr und Gewinn stehen nicht im rechten Verhältnis. Wie die Situation heute liegt, ist wirklich Vespasian der gegebene Mann. Er hat die nötige Grobheit und Roheit, um in unseren Zeiten populär zu sein. Ich gebe zu, im Grunde ist er mir genauso widerwärtig wie Ihnen, Prinzessin Berenike. Aber er ist eine so reine Inkarnation des Zeitgeistes, daß er fast schon wieder sympathisch wird. Machen Sie ihn zum Kaiser, Prinzessin Berenike, und lassen Sie mich meine Naturgeschichte des Imperiums in Ruhe zu Ende schreiben."

Berenike ließ nicht ab. Sie kämpfte nicht nur mit Worten, sie streute mit verschwenderischen Händen Geld aus, um Stimmung für ihren Kandidaten zu machen. Sprach immer heftiger auf Mucian ein, spornte, schmeichelte. Ein Mann, so innerlich lebendig wie er, dürfe sich nicht zieren, dürfe nicht faul sein. Er erwiderte lächelnd: „Wenn eine Dame wie Sie, Hoheit, wirklich für mich wäre, dann könnte mich das reizen, das freche Spiel trotz aller Bedenken zu wagen. Aber Sie sind ja gar nicht für mich, Sie sind nur gegen Vespasian." Berenike rötete sich, wollte es nicht wahrhaben, sprach viel und geschickt, um ihm seine Meinung auszureden. Er hörte höflich zu, tat so, als ließe er sich überzeugen. Aber während er vertraulich und nicht ohne Wärme mit ihr weitersprach, sah sie, wie er mit seinem Stock Worte in den Sand kritzelte, griechische Worte, sicherlich nicht für sie bestimmt, aber sie konnte sie enträtseln: „Dem einen geben die Götter die Begabung, dem andern das Glück." Sie las, und ihre Rede wurde matt.

Als gar Josef Ben Matthias in Antiochia eintraf, wußte Berenike mit Sicherheit, daß ihre Reise zu Mucian ohne Erfolg bleiben werde. Sie witterte sogleich und mit Recht, daß Josef von Vespasian vorgeschickt war, um ihre Arbeit zu vereiteln.

Josef ging seine Aufgabe nicht plump an. Er ließ den andern an sich herankommen. Mucian freute sich, die seltsame, heftige, dringliche Stimme des jüdischen Propheten wiederzuhören. Er verbrachte Stunden damit, ihn über Sitten, Bräuche, Altertümer seines Volkes zu befragen. Bei dieser Gelegenheit kamen sie auch auf die jüdischen Könige zu sprechen, und Josef erzählte Mucian die Geschichte von Saul und David. „Saul war der erste König in Israel", sagte Josef; „aber bei uns heißen wenige Saul und sehr viele Samuel. Wir halten den Samuel für größer als den Saul." – „Warum?" fragte Mucian. „Wer die Macht vergibt", erwiderte Josef, „ist größer, als wer die Macht hat. Wer den König macht, ist größer als der König." Mucian lächelte: „Ihr seid hochmütige Leute." – „Vielleicht sind wir hochmütig", gab Josef bereitwillig zu. „Aber scheint nicht auch Ihnen die Macht, die aus dem Hintergrund lenkt, feiner, geistiger, reizvoller als die Macht, die sich vor den Augen aller Welt spreizt?" Mucian sagte nicht ja noch nein. Josef fuhr fort, und seine Worte waren eine mit vielen bösen Erfahrungen bezahlte Erkenntnis. „Macht verdummt. Ich war nie dümmer als zu der Zeit, da ich an der Macht war. Samuel ist größer als Saul." – „Ich finde", sagte lächelnd Mucian, „in Ihrer Geschichte am sympathischsten den jungen David. Schade", seufzte er, „daß das Projekt mit dem jungen Titus gescheitert ist."

Sehr bald, nachdem Josef in Antiochia eingetroffen war, verabschiedete sich Berenike von Mucian. Sie gab ihre Hoffnungen auf. Sie fuhr ihrem Bruder entgegen, der in den nächsten Tagen in Galiläa erwartet wurde. Er war bis jetzt in Rom geblieben, aber nun gab er der Herrschaft Othos nur mehr wenige Wochen und wollte sich rechtzeitig und unauffällig aus Rom fortmachen, um sich nicht einem neuen Kaiser verpflichten zu müssen. Berenike atmete auf, als sie ihren heißersehnten Bruder wiedersehen sollte; die Bitterkeit des Mißerfolgs wurde gemildert durch diese Freude. „Süße Prinzessin", sagte zum Abschied Mucian, „nun ich Sie vermissen soll, begreife ich nicht, warum ich nicht Ihretwegen den Prätendenten mache." – „Auch mir fällt es schwer, das zu begreifen", antwortete Berenike.

Sie traf ihren Bruder in Tiberias. Der Neubau des Palastes war fertiggestellt. Schöner als zuvor strahlte er über Stadt und See. Einzelne fensterlose Säle waren aus einem kappadokischen Stein gebaut, so durchscheinend, daß sie auch bei geschlossenen Türen hell blieben. Alles war leicht, luftig, nichts überladen, wie es jetzt in Rom Mode war. Ihr Meisterstück hatten die Architekten mit dem Speisesaal geliefert. Seine Kuppel war so hoch, daß der ermüdete Blick kaum ihre elfenbeinernen Deckenfelder erreichte; diese Felder waren drehbar, so daß man Blumen und wohlriechende Wasser auf die Speisenden regnen lassen konnte.

Die Geschwister gingen durch das Haus, sie hielten sich an den Händen, voll tiefer Freude einer am andern. Das Frühjahr hatte begonnen, schon wurden die Tage länger, mit weiter Brust schritten die beiden schönen Menschen durch die luftigen Säle; kennerisch genossen sie die beschwingten Maße des Baus, seine Erlesenheit. Agrippa erzählte mit einem ganz leisen Hohn von den neuen Palästen, die er in Rom gesehen hatte, von ihren leer-monströsen Dimensionen, ihrer geschmacklos gehäuften Pracht. Otho hat fünfzig Millionen für die Fertigstellung des Goldenen Hauses des Nero bewilligt; auch er wird die Vollendung des Baus kaum erleben. Berenike krümmte die Lippen. „Sie können nur raffen, diese römischen Barbaren. Sie glauben, wenn sie einen besonders seltenen Marmor in einen andern ebenso seltenen hineinschneiden und möglichst viel Gold darübersetzen, dann sei das der Gipfel der Baukunst. Sie haben kein Talent außer dem zur Macht." – „Ein ganz vorteilhaftes Talent immerhin", meinte Agrippa. Berenike blieb stehen. „Muß ich wirklich diesen Vespasian ertragen?" klagte sie. „Kannst du mir das auferlegen, mein Bruder? Er ist so plump und roh, er schnauft wie ein Hund außer Atem." Agrippa erzählte finster: „Als ich jetzt in Cäsarea bei ihm war, ließ er mir Fische vorsetzen und betonte immer wieder, sie seien aus dem See Genezareth. Als ich die Leichenfische nicht aß, hänselte er mich bitter. Ich hätte manche gute Antwort gewußt, aber ich habe sie hinuntergeschluckt."

„Er reizt mich bis aufs Blut", empörte sich Berenike. „Wenn

ich seine klobigen Witze höre, stehe ich wie in einem Schwarm von Stechmücken. Und daß dieser Mann Kaiser werde, dazu sollen wir helfen." Agrippa redete ihr zu: „Ein Kaiser, den der Westen aufstellt, wird uns hier alles blind zerschlagen. Der Marschall ist klug und maßvoll. Er wird nehmen, was er brauchen kann, den Rest wird er uns lassen." Er zuckte die Achseln: „Die Armee macht den Kaiser, die Armee schwört auf Vespasian. Sei meine kluge Schwester", bat er.

Den jungen Titus hatte die Nachricht von der Ermordung Galbas in Korinth erreicht, noch vor seiner Ankunft in Rom. Es wäre sinnlos gewesen, weiterzufahren. Er war überzeugt gewesen, daß die Adoption durch Galba zustande kommen werde, es war ein schwerer Schlag für ihn, daß der Kaiser vorzeitig erledigt war. Er wollte nicht diesem Otho huldigen, an dessen Platz er sich selber geträumt hatte. Er blieb in Korinth, verbrachte in der leichtlebigen Stadt vierzehn wüste Tage, voll von Frauen, Knaben, Ausschweifungen jeder Art. Dann riß er sich los und kehrte trotz der schlechten Jahreszeit nach Cäsarea zurück.

Auf dem Schiff brannten ihn wild und heftig die ehrgeizigen Träume seiner Großmutter. Der General Titus, so jung er war, hatte ein bewegtes Leben hinter sich. Das Auf und Ab seines Vaters, der Wechsel vom Konsul zum Spediteur, von prunkender Ehrenstellung in drückende Armut, hatten an seinem Schicksal mitgezerrt. Er war zusammen mit dem Prinzen Britannicus erzogen worden, hatte mit diesem jungen, strahlenden Anwärter auf den Thron an *einem* Tisch gelegen, hatte vom gleichen Gericht gegessen, als Kaiser Nero ihn vergiftete, und war selber erkrankt. Er kannte den Glanz des Palatins und das kahle Stadthaus seines Vaters, das stille Leben auf dem Land und die abenteuerlichen Feldzüge an der deutschen und der englischen Grenze. Er liebte seinen Vater, seine nüchterne Klugheit, seine Genauigkeit, seinen gesunden Menschenverstand; aber oft auch haßte er ihn wegen seines bäurischen Wesens, seiner Bedächtigkeit, seiner Würdelosigkeit. Titus konnte wochenlang, monatelang Strapazen und Dürftigkeit ertragen, dann, unversehens, überfiel ihn ein wüster Drang nach Luxus und Ausschweifung. Er war empfänglich für die gelassene Würde altrömischer Adelsfamilien, und der hieratisch üppige Prunk der uralten Königsgeschlechter des Orients erregte sein Herz. Er hatte auf Betreiben seines Onkels Sabin sehr jung geheiratet, ein dürres, strenges Mädchen aus großer Familie, Marcia Furnilla, sie hatte ihm eine Tochter geboren, aber sie war ihm dadurch nicht lieber geworden; kahl und kümmerlich saß sie in Rom, er sah sie nicht, er schrieb ihr nicht.

Der alte Vespasian empfing seinen Sohn grinsend, mit vergnügtem Bedauern: „Wir haben offenbar *eine* Linie, mein Sohn Titus, die Linie rauf, runter. Wir müssen sehen, daß wir das nächstemal früher aufstehen und es auf gescheitere Art deichseln. Der Retter kommt aus Judäa. Du bist jung, mein Sohn, du darfst meinen Juden nicht blamieren."

Agrippa und seine Schwester luden zu einem Fest, um den Neubau ihres Palais in Tiberias einzuweihen. Dem Marschall war die Prinzessin unsympathisch, er schickte seinen Sohn.

Dem Titus kam der Auftrag nicht unwillkommen. Er liebte das Land Judäa. Das Volk war alt und weise, und so hirnlose Sachen es anstellte, es hatte Instinkt für das Jenseitige, für das Ewige. Der seltsame, unsichtbare Gott Jahve lockte und bedrängte den jungen Römer. Auch imponierte ihm König Agrippa, seine Eleganz, seine melancholische Gescheitheit. Titus ging gern nach Tiberias.

Sosehr Agrippa und sein Haus ihm gefielen, so enttäuscht war er von der Prinzessin. Er wurde ihr vorgestellt, unmittelbar bevor man zu Tisch ging. Er war gewohnt, rasch Kontakt mit Frauen zu finden; sie hatte für seine ersten Sätze ein gleichmäßig höfliches Ohr und nicht mehr. Er fand sie kalt und hochfahrend, ihre dunkle, ein wenig heisere Stimme befremdete ihn. Er kümmerte sich während des Essens wenig um Berenike, dafür um so mehr um die übrige Gesellschaft. Er war heiter, ein amüsanter Erzähler, man hörte ihm mit Wärme und Aufmerksamkeit zu. Er vergaß die Prinzessin, und während des langen Mahls wechselten sie nur spärlich Rede und Antwort.

Das Mahl war zu Ende. Berenike erhob sich; sie war eigenwillig angezogen, es war ein Kleid aus *einem* Stück wie hierzulande üblich, aus kostbarem, schwer fallendem Brokat. Sie nickte Titus zu, gleichgültig freundlich, begann die Treppen hinaufzusteigen, die Hand leicht auf die Schulter ihres Bruders gestützt. Titus schaute ihr mechanisch nach. Er hatte sich in eine scherzhaft erbitterte Debatte über Militärtechnisches eingelassen. Plötzlich, mitten im Satz, brach er ab, seine neugierigen, rastlosen Augen wurden scharf, stierten, starrten hinter der Schreitenden her. Der kleinzahnige Mund seines breiten Gesichts stand etwas töricht halboffen. Seine Knie zitterten. Unhöflich ließ er seine Gesprächspartner stehen, eilte den Geschwistern nach.

Wie diese Frau ging. Nein, sie ging nicht, hier gab es nur *ein* Wort, das griechische, homerische: sie wandelte her. Es war gewiß lächerlich, das große, homerische Wort im Alltag zu gebrauchen, aber für das Schreiten dieser Frau gab es kein anderes. „Sie haben es aber eilig", sagte sie mit ihrer tiefen Stimme. Bisher hatte diese ein wenig heisere Stimme ihn befremdet, fast abgestoßen, jetzt klang sie ihm erregend und voll von dunkeln Lockungen. Er sagte irgend etwas von der notwendigen Eile des Militärs, es war nicht sehr schlagend, er fand sonst bessere Antworten. Er gab sich knabenhaft, täppisch beflissen. Berenike merkte gut, welchen Eindruck sie ihm machte, und sie fand ihn angenehm, von einer gewissen viereckigen Anmut.

Sie schwatzten von Physiognomik, von Graphologie. Das ist im Osten wie im Westen große Mode. Berenike möchte die Schrift des Titus sehen. Titus zieht sein goldgerändertes Wachstäfelchen vor, lächelt spitzbübisch, schreibt. Berenike wundert sich: das ist doch in jedem Schnörkel die Schrift seines Vaters. Titus gibt zu, er habe einen Scherz gemacht; eigentlich habe er keine eigene Schrift mehr, so oft sei er in den Schriften anderer spazierengegangen. Aber nun soll sie ihm ihre Schrift zeigen. Sie überliest, was er geschrieben hat. Es ist ein Vers aus einem modernen Epos: „Die Adler der Legionen und ihre Herzen breiten ihre Schwingen zum Flug." Sie wird ernst, zögert einen Augenblick, dann glättet sie seine

Buchstaben fort, schreibt: „Der Flug der Adler kann den Unsichtbaren im Allerheiligsten nicht zudecken." Der junge General beschaut sich die Schrift; sie ist schulmäßig korrekt, ziemlich kindlich. Er überlegt, er wischt den Satz nicht weg, er schreibt darunter: „Titus möchte den Unsichtbaren im Allerheiligsten sehen." Er reicht ihr Wachs und Griffel hinüber. Sie schreibt: „Der Tempel von Jerusalem soll nicht zerstört werden." Nun ist nur mehr sehr wenig Raum auf der kleinen Tafel. Titus schreibt: „Der Tempel von Jerusalem wird nicht zerstört werden."

Er will das Täfelchen wegstecken. Sie bittet, er möge es ihr lassen. Sie legt ihm die Hand auf die Schulter, fragt, wann endlich der grauenvolle Krieg zu Ende sein werde. Das Schlimmste sei das herzzermürbende, aussichtslose Warten. Ein rasches Ende sei ein mildes Ende. Er möge doch endlich, endlich Jerusalem nehmen. Titus zögert, geschmeichelt: „Das steht nicht bei mir." Berenike – wie hat er sie je für kalt und hochfahrend halten können? – spricht flehend und überzeugt auf ihn ein: „Doch, das steht bei Ihnen."

Vertraulich, nachdem Titus gegangen war, fragte Agrippa die Schwester nach ihrem Eindruck: „Er hat einen weichen, unangenehmen Mund, findest du nicht?" Berenike lächelte zurück: „Ich finde viel Unangenehmes an diesem Knaben. Er hat manche Ähnlichkeit mit seinem Vater. Aber es soll schon vorgekommen sein, daß jüdische Frauen mit Barbaren gut fertig wurden. Zum Beispiel Esther mit Ahasver. Oder Irene mit dem siebenten Ptolemäus." Agrippa meinte, und Berenike erkannte gut die leise Warnung in seinem Scherz: „Aber unsre Urgroßmutter Mariamne zum Beispiel hat bei diesem Spiel den Kopf verloren." Berenike erhob sich, schritt. „Sei unbesorgt, lieber Bruder", sagte sie, ihre Stimme blieb leise, aber sie war sehr sicher und voll von Triumph, „dieser Knabe Titus wird mir nicht den Kopf abschlagen lassen."

Sogleich nachdem er nach Cäsarea zurückgekehrt war, bestürmte Titus seinen Vater, nun endlich die Belagerung Jerusalems zu beginnen. Er wurde ungewohnt heftig. Er ertrage das nicht länger. Er schäme sich vor seinen Offizieren. So langes Zögern könne nicht anders ausgelegt werden denn als Schwäche. Das römische Prestige im Osten sei gefährdet, Vespasians Vorsicht grenze an Feigheit. Die Dame Cänis hörte stattlich und mißbilligend zu. „Was wollen Sie eigentlich, Titus? Sind Sie so dumm, oder stellen Sie sich so?" Titus erwiderte heftig, der Dame Cänis könne man diese traurige Rechenhaftigkeit nicht verdenken; von ihr könne man nicht Sinn verlangen für soldatischen Anstand. Vespasian kam massig auf seinen Sohn zu. „Aber von dir, mein Junge, verlange ich, daß du dich schleunigst bei Cänis entschuldigst." Cänis blieb gelassen. „Er hat recht, ich habe wirklich wenig Gefühl für Würde. Würde ist bei der Jugend immer populärer als Vernunft. Aber das sollte er eigentlich einsehen, daß nur ein Trottel in einer solchen Situation seine Armee abgibt." Vespasian fragte: „Haben sie dich in Tiberias aufgehetzt, mein Junge? Einer nach dem andern. Ich bin erst sechzig. Zehn Jahre wirst du dich schon noch gedulden müssen."

Als Titus fort war, ereiferte sich Cänis gegen das Pack in Tiberias. Natürlich waren es diese Juden, die sich hinter Titus gesteckt hatten. Der leisetreterische König, die pfaueneitle Berenike, der schmierige, unheimliche Josef. Vespasian tue besser, das ganze orientalische Gesindel aus dem Spiel zu lassen, römisch und geradezu mit Mucian zu verhandeln. Der Marschall hörte ihr aufmerksam zu. Dann sagte er: „Du bist eine gescheite und resolute Dame, alter Hafen. Aber für den Osten hast du kein Organ. In diesem Osten komme ich ohne das Geld und die Geriebenheit meiner Juden nicht weiter. In diesem Osten sind die krümmsten Wege die geradesten."

Die Nachricht kam, daß die Nordarmee ihren Führer Vitell zum Kaiser ausgerufen habe. Otho war gestürzt, Senat und Volk von Rom hatten Vitell als den neuen Kaiser anerkannt. Gespannt schaute die Welt nach dem Osten, und der neue Herr, schlemmerisch und phlegmatisch, zuckte zusammen, sooft der östliche Führer genannt wurde. Aber Vespasian tat, als sähe er von alledem nichts. Gelassen, ohne Zögern, vereidigte er seine Legionen auf den neuen Kaiser, und zögernd, mißmutig folgten seinem Beispiel für Ägypten der Gouverneur Tiber Alexander, für Syrien der Gouverneur Mucian. Von allen Seiten drängte man in Vespasian. Er aber spielte den Verständnislosen, blieb mit jedem Wort loyal.

Der westliche Kaiser, um sich zu sichern, mußte starke Abteilungen nach der Hauptstadt heranführen, die vier niederrheinischen, die zwei Mainzer Legionen, dazu sechsundvierzig Hilfsregimenter. Vespasian machte die Augen eng, lauerte. Er war ein guter Militär, er wußte, daß mit hunderttausend demoralisierten Berufssoldaten in einer Stadt wie Rom nicht gut hausen war. Diese Soldaten, die den Vitell zum Kaiser gemacht hatten, warteten auf Belohnung. Geld war wenig da, und mit Geld, Vespasian kannte die Sinnesart der Armee, würden sie sich auch nicht begnügen. Sie hatten den anstrengenden Dienst in Deutschland hinter sich, jetzt waren sie in Rom, und jetzt rechneten sie auf die kürzere Dienstzeit und den höheren Sold der hauptstädtischen Garde. Zwanzigtausend Mann, wenn es hoch kommt, kann Vitell in Rom garnisonieren, was aber will er mit den andern machen? In den östlichen Armeen tauchten immer bestimmtere Gerüchte auf, Vitell wolle diese Mannschaften zum Dank für ihre Leistungen nach dem schönen, warmen Osten versetzen. Die östlichen Legionen hatten schon bei der Vereidigung die vorgeschriebenen Hochrufe auf den neuen Herrn nur recht dünn ausgebracht: jetzt zeigten sie ihre Erbitterung öffentlich. Hielten Versammlungen ab, schimpften, man werde allerlei erleben, wenn man versuche, sie nach dem rauhen Deutschland oder nach dem verdammten England zu transportieren. Die Herren des Ostens hörten das mit Vergnügen. Von ihren Offizieren bedrängt, was an den Gerüchten über die Umgruppierung der Armee wahr sei, schwiegen sie, zuckten mit vieldeutigem Bedauern die Achseln. Von Rom her kamen immer wüstere Nachrichten. Die Finanzen waren in heilloser Unordnung, die Wirtschaft stockte, in ganz Italien, in der Hauptstadt selbst, kam es zu Plünderungen, der neue, schlechtorganisierte Hof gab sich lässig, schlemmerisch, üppig, das Reich drohte vor die Hunde zu gehen. Die Empörung im Osten wuchs. Tiber Alexander, König Agrippa schürten sie mit Geld und Gerüchten. Das ganze weite Land jetzt vom Nil bis zum Euphrat hallte wider von den Prophezeiungen über Vespasian; die wunderbare Voraussage, die der gefangene jüdische General Josef Ben Matthias dem Marschall in Gegenwart von Zeugen gemacht hatte, war in aller Mund: „Der Retter wird kommen aus Judäa." Wenn Josef, immer noch in seiner Fessel, durch die Straßen Cäsareas ging, war um ihn Ehrfurcht und scheues Geraun.

Zauberhaft hell und herrlich war die Luft in diesem Frühsommer an der Küste des Jüdischen Meeres. Vespasian schaute mit seinen klaren, grauen Augen über die leuchtende See, lauerte, wartete. Er wurde immer schweigsamer in dieser Zeit, sein hartes Gesicht wurde härter, herrischer, der steife Körper straffte sich, der ganze Mann wuchs. Er studierte die Depeschen aus Rom. Wirren überall im Reich, die Finanzen zerrüttet, die Armee verlottert, die bürgerliche Sicherheit hin. Der Retter wird ausgehen von Judäa. Aber Vespasian preßte die langen Lippen zusammen, bezwang sich. Die Dinge sollen ausreifen, er läßt sie an sich herankommen.

Cänis ging um den breiten Mann herum, beschaute ihn. Niemals bisher hatte er Geheimnisse vor ihr gehabt; jetzt war er hinterhältig, unverständlich. Sie war ratlos, und sie liebte ihn sehr.

Sie schrieb einen täppischen, hausfraulich besorgten Brief an Mucian. Ganz Italien warte doch darauf, daß die Ostarmee sich aufmache, um das Vaterland zu retten. Aber Vespasian tue nichts, sage kein Wort, rühre sich nicht. In Italien wäre sie bestimmt gegen dieses sonderbare Phlegma aufgekommen; aber in diesem verfluchten, unheimlichen Judäa finde sich ja kein Mensch zurecht. Sie bitte Mucian dringend, die Römerin den Römer, er möge auf seine gescheite und energische Art den Vespasian aufrütteln.

Dieser Brief wurde Ende Mai geschrieben. Anfang Juni kam Mucian nach Cäsarea. Auch er nahm sogleich die Veränderung des Marschalls wahr. Mit einem neidischen, betretenen Respekt sah er, wie dieser Mann größer wurde, je näher die großen Dinge an ihn herankamen. Nicht ohne Bewunderung machte er sich lustig über seine Festigkeit, Schwere,

Breite. „Sie haben Philosophie, mein Freund", sagte er. „Aber ich bitte Sie dringend, philosophieren Sie nicht zu lange." Er stieß mit seinem Stock gegen einen unsichtbaren Gegner.

Es lockte ihn, die dreiste Ruhe des Marschalls durch Quertreibereien zu stören. Die alte Eifersucht nagte ihn. Aber nun war es zu spät. Jetzt schwor die Armee auf den andern, jetzt konnte er nur mehr im Schatten des andern marschieren. Er erkannte das, bezwang sich, förderte den andern. Sorgte, daß die Gerüchte über den Austausch der syrischen und judäischen Truppen gegen westliche sich verdichteten. Schon wurden bestimmte Termine genannt. Anfang Juli sollten die Legionen in Marsch gesetzt werden.

Um die Mitte des Juni stellte sich Agrippa bei Vespasian ein. Er war wieder in Alexandrien gewesen bei seinem Freunde und Verwandten Tiber Alexander. Der ganze Osten, erklärte er dem Marschall, lehne sich auf gegen Vitell. Bestürzt über die wüsten Nachrichten aus Rom, warte Ägypten und beide Asien in wilder, sehnlicher Spannung, daß der gottbegnadete Retter sich endlich ans Werk mache. Vespasian erwiderte nichts, schaute Agrippa an, schwieg beharrlich. Da sprach Agrippa, ungewohnt energisch, weiter: es gebe Männer, die des festen Willens seien, die göttliche Absicht zu fördern. Soviel er wisse, sei der ägyptische Generalgouverneur Tiber Alexander entschlossen, seine Truppen am 1. Juli auf Vespasian zu vereidigen.

Vespasian bezwang sich, aber er konnte nicht verhindern, daß sein Schnaufen beängstigend hart und hastig wurde. Er ging ein paarmal auf und ab; schließlich sagte er, aber es klang eher wie ein Dank als wie eine Drohung: „Hören Sie, König Agrippa, ich würde dann Ihren Verwandten Tiber Alexander als Hochverräter betrachten müssen." Er ging ganz nah an den König heran, legte ihm beide Hände auf die Schultern, blies ihm seinen harten Atem ins Gesicht, sagte ungewohnt herzlich: „Es tut mir leid, König Agrippa, daß ich Sie gehänselt habe, weil Sie die Fische aus dem See Genezareth nicht aßen." Agrippa sagte: „Bitte, zählen Sie auf uns, Kaiser Vespasian, auf unser ganzes Herz und unser ganzes Vermögen."

Der Juli rückte vor. Überall im Osten kamen Gerüchte auf, Kaiser Otho habe, unmittelbar bevor er sich den Tod gab, Vespasian in einem Schreiben beschworen, seine Nachfolge anzutreten, das Reich zu retten. Eines Tages fand Vespasian diesen Brief auch wirklich in seinem Einlauf. Der tote Otho richtete große, dringliche Worte an den Feldherrn des Ostens, er solle ihn an dem Schlemmer Vitell rächen, solle Ordnung schaffen, Rom nicht versinken lassen. Vespasian las das Schreiben aufmerksam. Er sagte seinem Sohne Titus, er sei wirklich ein großer Künstler; man müsse geradezu Angst haben vor seiner Kunst. Er fürchte, eines Morgens werde er aufwachen und ein Dokument vorfinden, in welchem er den Titus zum Kaiser ernannt habe.

Die vierte Juniwoche kam. Die Spannung wurde unerträglich. Cänis, Titus, Mucian, Agrippa, Berenike, alle verloren die Nerven, zerrten ungestüm an Vespasian, er möge sich endlich erklären. Der schwere Mann war nicht von der Stelle zu bringen. Er gab ausweichende Antworten, schmunzelte, machte Witze, wartete.

In der Nacht vom 27. zum 28. Juni berief Vespasian in großer Heimlichkeit den Jochanan Ben Sakkai zu sich. „Sie sind ein sehr gelehrter Herr“, sagte er. „Ich bitte Sie, mich noch weiter über das Wesen Ihres Volkes und Ihres Glaubens zu unterrichten. Gibt es bei euch ein Grundgesetz, eine Goldene Regel, auf die man eure unheimlich zahlreichen Gebote zurückführen kann?“ Der Großdoktor wiegte den Kopf, schloß die Augen, erzählte: „Vor hundert Jahren gab es unter uns zwei weitberühmte Doktoren, Schammai und Hillel. Ein Nichtjude kam zu Schammai und sagte ihm, er wolle zu unserm Glauben übertreten, wenn Schammai ihm das Wesen dieses Glaubens beibringe in der Zeit, da er sich auf *einem* Fuß halten könne. Doktor Schammai schickte ihn erzürnt fort. Da ging der Nichtjude zu Hillel. Doktor Hillel willfuhr ihm. Er sagte ihm: ‚Was du nicht willst, das man dir tue, das tue nicht an andern.‘ Das ist alles.“ Vespasian dachte ernsthaft nach. Er meinte: „Solche Maximen sind gut; aber ein großes Reich kann man damit schwerlich in Ordnung halten. Da ihr solche

Maximen habt, tätet ihr besser, gute Bücher zu schreiben und uns die Politik zu überlassen." – „Sie sprechen eine Ansicht aus, Konsul Vespasian", stimmte der Jude bei, „die Ihr Diener Jochanan Ben Sakkai von jeher vertrat." – „Ich glaube, mein Doktor und Herr", fuhr der Römer fort, „Sie sind der beste Mann in diesem Land. Mir liegt daran, daß Sie meine Motive begreifen. Glauben Sie mir, ich bin relativ selten ein Schuft, nur dann, wenn es unbedingt sein muß. Lassen Sie mich Ihnen sagen, ich habe gegen Ihr Land nicht das geringste. Nur: ein guter Bauer macht einen Zaun um seinen Besitz. Wir müssen einen Zaun um das Reich haben. Judäa ist unser Zaun gegen die Araber und die Parther. Leider seid ihr, wenn man euch allein läßt, ein schlechter Pfahl. Also müssen wir uns selber hierherstellen. Das ist alles. Was ihr im übrigen treibt, kümmert uns nicht. Laßt uns in Frieden, und wir lassen euch in Frieden." Jochanans Augen schauten sehr hell und frisch aus dem welken, verrunzelten Gesicht. „Es ist unangenehm", sagte er, „daß euer Zaun gerade über unser Gebiet läuft. Es ist ein sehr dicker Zaun, und viel von unserm Land bleibt nicht übrig. Aber schön, macht euern Zaun. Nur: wir brauchen auch einen Zaun. Einen andern, einen Zaun um das Gesetz. Worum ich Sie neulich bat, Konsul Vespasian, das ist dieser Zaun. Er ist bescheiden und kümmerlich, vergleicht man ihn mit dem euern: ein paar Gelehrte und eine kleine Universität. Wir behindern eure Soldaten nicht, ihr gebt uns die Universität Jabne. Eine so kleine Universität", setzte er überredend hinzu, und wiederum mit seinen winzigen Händen malte er ihre Kleinheit.

„Ich glaube, Ihr Vorschlag ist nicht schlecht", sagte langsam Vespasian. Er erhob sich, plötzlich sehr verändert. Jochanan mit sicherem Instinkt begriff sogleich diese Veränderung. Bisher hatte ein alter, verträglicher sabinischer Bauer mit einem alten, verträglichen Jerusalemer Gelehrten geredet: jetzt sprach Rom zu Judäa. „Seien Sie bereit", sagte der Marschall, „übermorgen ein Dokument von mir entgegenzunehmen, das Ihre Forderung bewilligt. Wollen Sie, bitte, mein Doktor und Herr, mir dann Zug um Zug die Unterwerfungsurkunde mit dem Siegel des Großen Rats übergeben."

Für den zweiten Tag darauf berief Vespasian eine feierliche Versammlung auf das Forum von Cäsarea. Die Behörden des von Rom besetzten Gebiets, Deputationen aller Regimenter waren hinbeschieden. Allgemein erwartete man, jetzt endlich werde die von den Truppen ersehnte Akklamation Vespasians zum Kaiser erfolgen. Statt dessen erschien auf der Rednerbühne des Forums der Marschall zusammen mit Jochanan Ben Sakkai. Ein hoher Justizbeamter sprach vor, und ein Herold mit schallender Stimme verkündete, die rebellische Provinz habe ihr Unrecht eingesehen, kehre reuig unter die Schutzherrschaft des Senats und Volks von Rom zurück. Des zum Zeichen werde jetzt der Großdoktor Jochanan Ben Sakkai dem Marschall Dokument und Siegel der höchsten Behörde Jerusalems überreichen. Der jüdische Krieg, den zu führen das Reich den Feldherrn Titus Flavius Vespasian ausgesandt habe, sei damit zu Ende. Was noch zu tun bleibe, die Züchtigung der Stadt Jerusalem, sei eine polizeiliche Aktion. Die Soldaten schauten sich an, verwundert, enttäuscht. Sie hatten erwartet, ihren Feldherrn als Kaiser begrüßen zu können, Sicherheit über ihr zukünftiges Schicksal und vielleicht auch eine einmalige Gratifikation zu erhalten. Statt dessen sollten sie jetzt Zeugen eines juristischen Aktes sein. Sie wußten als Römer, daß Dokumente und Juristerei eine wichtige Sache waren, immerhin, den Sinn dieser Urkunde begriffen sie nicht. Nur sehr wenige, Mucian, Cänis, Agrippa, deuteten die Zeremonie richtig aus. Sie verstanden, daß dem Ordnungsmanne Vespasian, bevor er als Kaiser nach Rom zurückkehrte, daran lag, von der Gegenseite Brief und Siegel zu erhalten, er habe seine Aufgabe erfüllt.

Die Soldaten also machten lange Gesichter, viel Unmut wurde laut. Aber Vespasian hatte seine Truppen gut diszipliniert, und als man jetzt von ihnen verlangte, sie sollten den Friedensschluß mit großer Zeremonie begrüßen, brachten sie sogar das freudige Gesicht auf, das das Militärreglement für solche Gelegenheiten vorschrieb. Die Armee defilierte also vor dem kleinen Doktor aus Jerusalem. Die Feldzeichen und Standarten zogen an ihm vorbei. Die römischen Legionen grüßten ihn, den Arm mit der flachen Hand ausgestreckt.

Hatte Josef nicht schon einmal Ähnliches gesehen? So sah er einmal einen östlichen König geehrt in der Stadt Rom vor dem Antlitz des Kaisers Nero, sein Säbel aber war festgenagelt in der Scheide. Jetzt ehrte die römische Armee die jüdische Gottesweisheit, doch erst nachdem sie das Schwert Judäas zerbrochen hatte. Josef sah das Schauspiel von einem Winkel des großen Platzes aus, ganz hinten, unter kleinen Leuten und Leibeigenen, man stieß ihn, drängte ihn, schrie. Er starrte gerade vor sich hin, regte sich nicht.

Der kleine Uralte aber stand auf der Tribüne; später, da er sichtlich ermüdete, brachte man ihm einen Sessel. Immer wieder führte er die Hand an die Stirn, dankte, grüßte. Wiegte ab und zu den welken Kopf, ganz leise lächelnd.

Die Armee, die Zeremonie vollendet, wütete. Mucian und Agrippa waren sicher, der Marschall habe mit Absicht die Empörung der Truppe gesteigert. Sie bestürmten ihn, die Frucht sei überreif, er solle endlich sich als Herrn proklamieren. Als er sich aber auch diesmal naiv und bedächtig gab wie stets, schickten sie Josef Ben Matthias vor.

Es war eine kühle, angenehme Nacht mit frischem Wind vom Meer her, aber Josef war voll von einer heißen, zitternden Erregung. Es war an dem: sein Römer wird der Kaiser sein, und er hat ein Großteil dazu getan, das zu bewirken. Er zweifelte nicht, daß es ihm gelingen werde, den Zögernden zum Entschluß zu bringen. Natürlich war dieses Zögern nichts andres als klügliches Getändel. Wie wohl Wettläufer zehn Tage vor dem Spiel Schuhe aus Blei tragen, um den Fuß zu trainieren, so mochte sich der Anwärter auf den Thron mit Ausflucht und gespielter Weigerung den Lauf erschwert haben, damit er schließlich das Ziel um so schneller erreiche. Josef also breitete Ergebenheit, Zuversicht, Wissen um das Schicksal mit solcher Dringlichkeit vor Vespasian aus, daß der gar nicht anders konnte, als sich vor Gott und seinem Schicksal neigen und ja sagen.

Aber Vespasian konnte doch anders. Dieser Mann war wirklich hochmütig und starr wie ein Felsblock. Keinen kleinsten Schritt wollte er von allein tun; bis zum letzten wollte er sich stoßen und schieben lassen. „Sie sind ein Narr, mein Jüdlein“, sagte er. „Eure östlichen Duodezkönige mögen sich ihre Kronen aus Blut und Dreck zusammenleimen; für mich ist das nichts. Ich bin ein römischer Bauer, ich denke nicht daran. Bei uns machen Armee, Senat und Volk den Kaiser, nicht Willkür. Der Kaiser Vitell hat die gesetzliche Bestätigung. Ich bin kein Rebell. Ich bin für Gesetz und Ordnung.“ Josef preßte die Zähne aufeinander. Er hatte mit seiner ganzen Intensität gesprochen, sein Wort war an dem hartnäckigen Mann abgeprallt. Der wollte wirklich das Unmögliche, der wollte das Gesetzliche und das Ungesetzliche zugleich. Es war sinnlos, weiter auf ihn einzureden, es blieb nichts übrig als Verzicht.

Josef konnte sich nicht entschließen zu gehen, und Vespasian schickte ihn nicht weg. Fünf lange Minuten saßen die beiden Männer stumm in der Nacht. Josef ausgehöhlt und resigniert, Vespasian sicher, gleichmäßig atmend.

Plötzlich nahm der Marschall das Gespräch wieder auf, leise, doch jedes Wort wägend: „Sie können Ihrem Freunde Mucian sagen, daß ich mich nicht fügen werde, daß ich nur dem äußersten Zwang weichen würde.“ Josef sah hoch, sah ihn an, atmete groß auf. Versicherte sich nochmals: „Aber dem Zwang *würden* Sie weichen?“ Vespasian achselzuckte: „Totschlagen natürlich ließ ich mich ungern. Sechzig Jahre sind für einen robusten Bauern wie mich kein Alter.“

Josef verabschiedete sich so rasch wie möglich. Vespasian wußte: der Jude wird sofort zu Mucian gehen, er selber wird morgen, leider, erfreulicherweise gezwungen werden, Kaiser zu sein. Er war ein nüchterner Herr, er hatte es Cänis und sich streng verwehrt, dieses Ziel zu schmecken, solange es nicht erreicht war. Jetzt also kostete er es aus. Hart den Atem durch die Nase stieß er. Er hatte noch keine Zeit gefunden, sich's bequem zu machen; mit den schweren Soldatenstiefeln stapfte er über den kühlen Steinboden des Zimmers. „T. Fl. Vespasian, Kaiser, Herrscher, Gott“, schmunzelte er, grinste breit, machte das Gesicht wieder scharf. „Na ja“, sagte er. Er warf die lateinischen und die östlichen Worte durcheinander: Cäsar, Adir, Imperator, Messias. Eigentlich war es komisch, daß sein Jude ihn als erster akklamiert hatte. Ein klein wenig verdroß es ihn: er fühlte sich dem Menschen fester verkettet, als er wollte.

Er spürte Lust, Cänis zu wecken, der Frau, die nun so lange Sturz und Aufstieg mit ihm geteilt hatte, zu sagen: „Ja, nun ist es an dem." Aber dieses Verlangen dauerte nur einen kleinen Augenblick. Nein, er mußte jetzt allein sein, keinen einzigen Menschen konnte er sehen.

Doch, einen. Einen ganz fremden, der von ihm nichts wußte und von dem er nichts wußte. Wieder faltete er das Gesicht auseinander, breit, böse, glücklich. Mitten in der Nacht schickte er nach Josefs Haus und befahl Josefs Frau zu sich, Mara, Tochter des Lakisch, aus Cäsarea.

Josef war soeben von der Unterredung mit Mucian nach Hause gekommen, sehr hochgestimmt in dem Bewußtsein, einen wie großen Anteil er daran hatte, daß nun morgen sein Römer Kaiser sein wird. Um so tiefer jetzt stürzte er hinunter. Es war eine fressende Schmach und Enttäuschung, daß der Römer den Mann, der ihm die große Idee eingegeben hatte, auf solche Art demütigte. Der freche Unbeschnittene wird nicht zulassen, daß er sich je wieder aus dem Schlamm dieser Ehe heraushebt. In sich hinein knirschte er alle die höhnischen Namen, mit denen der Marschall genannt wurde: Spediteur, dreckiger, Pferdeäpfelbauer! Fügte die unflätigsten Schimpfworte zu, aramäische, griechische, was immer ihm beifiel.

Das Mädchen Mara, nicht weniger erschreckt als er, fragte still: „Josef, mein Herr, soll ich sterben?" – „Närrin", sagte Josef. Sie hockte vor ihm, mattweiß, jämmerlich, in einem dünnen Hemd. Sie sagte: „Das Blut, das vor drei Wochen hätte kommen sollen, ist nicht gekommen. Josef, mein Mann, den Jahve mir gegeben hat, höre: Jahve hat meinen Leib gesegnet." Und da er schwieg, fügte sie ganz leise hinzu, demütig, erwartungsvoll: „Willst du mich nicht halten?" – „Geh!" sagte er. Sie fiel um. Nach einer Weile raffte sie sich hoch, schleppte sich zur Tür. Er aber, da sie gehen wollte, wie sie war, fügte unwirsch, befehlend hinzu: „Zieh deine besten Kleider an." Sie gehorchte scheu, zögernd. Er musterte sie und sah, daß sie schlichte Schuhe trug. „Auch die parfümierten Sandalen“, herrschte er sie an.

Vespasian, in der Stunde, da sie bei ihm war, fühlte sich sehr zufrieden, genoß sie mit allen Sinnen. Er wußte, morgen wird es sein, morgen wird man ihn akklamieren, und dann wird er für immer aus diesem Osten weggehen dahin, wohin er gehört, in seine Stadt Rom, um dort Ordnung und Zucht zu schaffen. Im Grund verachtete er ihn, diesen Osten, aber mit einer Art gönnerhafter Liebe. Dieses Judäa jedenfalls hat ihm gut geschmeckt, das fremdartige, glückbringende, vergewaltigte Land war ein brauchbarer Schemel für seine Füße gewesen, es hatte sich als sehr geeignet erwiesen, sich unterwerfen und profitieren zu lassen, und auch diese Mara, Tochter des Lakisch, gerade weil sie so still und voll verächtlicher Sanftmut war, sagte ihm zu. Er dämpfte seine knarrende Stimme, legte ihren mondlich schimmernden Kopf auf seine haarige Brust, spielte mit seinen gichtischen Händen in ihrem schwarzen Haar, sprach ihr gut zu mit den paar spärlichen aramäischen Worten, die er wußte: „Sei zärtlich, mein Mädchen! Sei nicht dumm, meine Taube!“ Er sagte das mehrmals, möglichst mild, aber doch ein wenig abwesend und verächtlich. Er schnaufte, er war angenehm müde, er hieß sie sich waschen und anziehen, rief seinen Kammerdiener, ließ sie wegbringen, und eine Minute später hatte er sie vergessen und schlief befriedigt ein in Erwartung des kommenden Tages.

Es war eine sehr kurze Nacht, und es war in der ersten Dämmerung, als Mara zu Josef zurückkehrte. Sie ging schwer, als trüge sie jeden ihrer Knochen einzeln, ihr Gesicht war verwischt, lappig, wie aus feuchtem, schlechtem Stoff. Sie zog das Kleid aus. Langsam, mit Mühe dröselte sie daran, dröselte es auf, zerriß es, umständlich, mit Mühe, in lauter kleine Fetzen. Dann nahm sie die Sandalen, die geliebten, parfümierten Sandalen, riß daran herum, mit Nägeln, mit Zähnen, alles langsam, lautlos. Josef haßte sie, weil sie nicht klagte, weil sie nicht gegen ihn aufbegehrte. In ihm war nur *ein* Gedanke: Weg von ihr, fort von ihr! Ich komme nicht hinauf, solange ich *eine* Luft mit ihr atme.

Den Vespasian, als er sein Schlafzimmer verließ, begrüßten die wachhabenden Soldaten mit der Ehrenbezeigung und dem Gruß, der dem Kaiser vorbehalten war. Vespasian grinste: „Verrückt geworden, Jungens?" Aber da war schon der diensttuende Offizier und andere Offiziere, und sie wiederholten den Kaiserlichen Gruß. Vespasian zeigte Zorn. Nun aber stellten sich auch einige Obersten und Generäle ein, an ihrer Spitze Mucian. Das ganze Gebäude war plötzlich voll von Soldaten, Soldaten füllten den weiten Platz davor, und immer wieder und immer lauter, während die ganze Stadt in stürmische Begeisterung geriet, wiederholten sie den Kaiserlichen Gruß. Mucian währenddes, in dringlicher und außerordentlich geschickter Rede, bestürmte den Marschall, das Vaterland nicht im Dreck verkommen zu lassen. Die andern unterstützten seine Rede mit wilden Zurufen, immer dreister drangen sie vor, ja, schließlich zückten sie die Schwerter und drohten, da sie nun doch einmal Rebellen seien, ihn zu ermorden, wenn er sich nicht an ihre Spitze stelle. Vespasian, mit seiner Lieblingswendung, sagte: „Na, na, na, nicht so heftig, Jungens. Wenn ihr durchaus darauf besteht, dann sag ich nicht nein."

Den elf Soldaten, die die Wache gehalten hatten, diktierte er wegen des unvorschriftsmäßigen Grußes eine Strafe von dreißig Hieben zu und eine Gratifikation von siebenhundert Sesterzien. Wenn sie wollten, konnten sie sich von den dreißig Hieben durch dreihundert Sesterzien loskaufen. Die fünf Soldaten, die die Hiebe und die Sesterzien nahmen, beförderte er zu Feldwebeln.

Dem Josef sagte er: „Ich denke, mein Jüdlein, jetzt können Sie Ihre Kette ablegen." Josef hob ohne großen Dank die Hand zur Stirn, das blaßbraune Gesicht unverhohlen mürrisch, voll Auflehnung. „Haben Sie sich mehr erwartet?" hänselte Vespasian. Und da Josef schwieg, fügte er barsch hinzu: „Machen Sie schon den Mund auf! *Ich* bin kein Prophet." Er hatte wohl längst erraten, was Josef wollte, aber es machte ihm Spaß, den Juden selber darum bitten zu lassen. Allein der gutmütige Titus mischte sich ein: „Doktor Josef erwartet wohl, daß man ihm die Kette zerhaut." Dies war die Art, wie man Männer befreite, die zu Unrecht gefangen waren. „Na schön“, achselzuckte Vespasian. Er ließ zu, daß die Zerschlagung der Kette in großer Zeremonie geschah.

Josef, als freier Mann, bückte sich tief, fragte: „Darf ich fortan den Geschlechternamen des Kaisers führen?“

„Wenn Sie sich davon etwas versprechen“, meinte Vespasian, „ich habe nichts dagegen.“ Und Josef Ben Matthias, Priester der Ersten Reihe aus Jerusalem, nannte sich von da an Flavius Josephus.

Viertes Buch
Alexandrien

Ein langes, schmales Rechteck, streckte sich die Hauptstadt des Ostens, das ägyptische Alexandrien, am Meer entlang, nach Rom die größte Stadt der bekannten Welt und sicherlich ihre modernste. Fünfundzwanzig Kilometer maß ihr Umfang. Sieben große Avenuen durchschnitten ihre Länge, zwölf ihre Breite; die Häuser waren hoch und weit, alle versehen mit fließendem Wasser.

Im Angelpunkt dreier Weltteile, an der Kreuzung des Orients und des Okzidents, an der Straße nach Indien gelegen, hatte sich Alexandrien zum ersten Handelsplatz der Welt hochgeschwungen. Auf der ganzen neunhundert Kilometer langen Strecke der asiatischen und afrikanischen Küste zwischen Joppe und Parätonium war der Hafen dieser Stadt der einzige wettersichere. Hier stapelten sich Goldstaub, Elfenbein, Schildpatt, arabisches Gewürz, Perlen des persischen Meers, indische Edelsteine, chinesische Seide. Eine mit der modernsten Technik arbeitende Industrie lieferte berühmte Leinwand bis nach England, wirkte kostbare Teppiche und Gobelins, stellte für arabische und indische Volksstämme Nationaltrachten her. Fabrizierte edle Gläser, berühmte Parfüms. Versorgte die ganze Erde mit Papier, vom dünnsten Damenbriefpapier bis zum gröbsten Packpapier.

Alexandrien war eine arbeitsame Stadt. Hier hatten selbst die Blinden zu tun, und die ausgemergelten Greise gingen nicht müßig. Es war fruchttragende Arbeit, und die Stadt versteckte diese Früchte nicht. Während in den engen Straßen Roms und in den hügeligen Straßen Jerusalems jeder Wagenverkehr tagsüber verboten war, hallten in Alexandrien die luftigen Boulevards wider vom Verkehr von Zehntausenden von Fahrzeugen, und eine nie abreißende Reihe von Luxusgefährten zog die beiden Korsostraßen auf und ab. Riesig hob sich inmitten weiter Parks die Residenz der alten Könige, das Museum, die stolze Bibliothek, das Mausoleum mit dem gläsernen Sarg und dem Leichnam Alexanders des Großen. Der Fremde brauchte Wochen für die vielen Sehenswürdigkeiten. Da war noch das Heiligtum des Serapis, die Theater, die Rennbahn, die Insel Pharus, gekrönt von ihrem weißen, berühmten Leuchtturm, die riesigen Industrie- und Hafenanlagen, die Basilika, die Börse, die die Warenpreise der Welt festsetzte, und nicht zuletzt das große Vergnügungsviertel, das in den üppigen Badeort Canopus ausmündete.

Man lebte leicht und gut in Alexandrien. Zahllos waren die Garküchen und die Kneipen, in denen das berühmte einheimische Gerstenbier verzapft wurde. An allen Tagen, die das Gesetz dafür freigab, fanden in den Theatern, im Sportpalast, in der Arena Spiele statt. In ihren Stadtpalästen, in ihren Villen in Eleusis und Canopus, auf ihren Luxusjachten gaben die Reichen raffiniert ausgeklügelte Feste. Das Ufer des zwanzig Kilometer langen Kanals, der Alexandrien mit dem Badeort Canopus verband, war besetzt mit Speisehäusern. Man fuhr auf Barken den Kanal hinauf und hinunter; die Kajüten hatten Vorrichtungen, daß sie bequem verhängt werden konnten; überall am Ufer im Schatten des Geranks der ägyptischen Bohne lagen solche Schiffe verankert. Hier in Canopus lokalisierte man die elysäischen Gefilde Homers; in allen Provinzen träumten die Kleinbürger von canopischen Ausschweifungen, sparten für eine Reise nach Alexandrien.

Auch edleren Genüssen diente der Reichtum der Stadt. Das Museum übertraf die Kunstsammlungen Roms und Athens, die lückenlose Bibliothek hatte neunhundert Schreiber in ständigem Dienst. Die Lehranstalten Alexandriens waren besser als die Schulen Roms. In der Kriegswissenschaft, vielleicht auch in Jurisprudenz und Nationalökonomie mochte die Reichshauptstadt überlegen sein; aber in den andern Disziplinen führte unbestritten die Akademie Alexandriens. Die römischen Familien der herrschenden Schicht bevorzugten die

Ärzte, die an der alexandrinischen Anatomie studiert hatten. Auch pflegte die Stadt auf Betreiben ihrer Mediziner eine humane Art der Hinrichtung, indem sie den schnell wirkenden Biß einer zu diesem Zweck gezüchteten Giftnatter verwandte.

Die Alexandriner, bei aller Modernität, hingen an der Tradition. Sie hielten ihre Tempel und Kultstätten im Ruf besonderer Heiligkeit und Wirksamkeit, ließen die von den Vätern ererbte altägyptische Magie nicht abreißen, klammerten sich an ihre überkommenen Bräuche. Wie in Urzeiten verehrten sie ihre heiligen Tiere, Stier, Sperber, Katze. Als ein römischer Soldat versehentlich eine Katze umgebracht hatte, konnte ihn keine Macht vor der Hinrichtung retten.

So lebten diese zwölfmalhunderttausend Menschen, rastlos aus der Arbeit in den Genuß, aus dem Genuß in die Arbeit stürzend, immer nach Neuem süchtig und andächtig starr am Überkommenen hängend, sehr launisch, aus höchster Gunst jäh in wilde Abneigung umschlagend, geldgierig, geistreich, von beweglichem, bösartigem Witz, zügellos frech, musisch, politisiert bis in die Poren ihrer Haut. Aus allen Teilen der Erde waren sie in die Stadt zusammengeströmt; bald aber hatten sie ihre Heimat vergessen und fühlten sich nur mehr als Alexandriner. Alexandrien, das war die Stadt des Morgen- und des Abendlandes, der sinnenden Philosophie, der heitern Kunst, des rechnenden Handels, der rastlosen Arbeit, des überschäumenden Genusses, der ältesten Tradition, der modernsten Lebensform. Unbändig stolz waren sie auf ihre Stadt, und es kümmerte sie nicht, daß ihr maßloser, großschnäuziger Lokalpatriotismus überall Ärgernis gab.

Inmitten dieser Gemeinschaft lebte eine Gruppe Menschen, noch älter, noch reicher, noch gebildeter, noch hochfahrender als die andern: die Juden. Sie hatten eine bewegte Geschichte hinter sich. Seitdem vor siebenhundert Jahren tapfere jüdische Landsknechte dem König Psammetich seinen großen Sieg erfochten hatten, saßen sie im Land. Später hatten der makedonische Alexander, die Ptolemäer sie zu Hunderttausenden angesiedelt. Jetzt lebten ihrer allein in der Stadt Alexandrien fast eine halbe Million. Ihre kultische Absonderung, ihr Reichtum, ihre Hoffart hatten immer wieder zu wüsten

Pogromen geführt. Erst vor drei Jahren, als der Aufruhr in der Provinz Judäa ausbrach, waren in Alexandrien an fünfzigtausend Juden in einem wilden Gemetzel umgekommen. Noch heute lagen in dem Stadtteil Delta, ihrem Hauptwohnsitz, weite Bezirke verwüstet. Vieles Zerstörte ließen sie absichtlich liegen, auch wuschen sie von den Mauern ihrer Synagogen das Blut nicht weg, das damals verspritzte. Sie waren stolz selbst auf diese Angriffe, sie waren ihnen eine Bestätigung ihrer Macht. Denn sie regierten in Wahrheit das Land Ägypten, wie einst Josef, der Sohn des Jakob, unter seinem Pharao das Land beherrscht hatte. Der Feldmarschall Tiber Alexander, der Generalgouverneur Ägyptens, war jüdischer Abkunft, und die führenden Männer der Provinz, Anwälte, Textilfabrikanten, Steuerpächter, Waffenhändler, Bankiers, Korngroßhändler, Reeder, Papierfabrikanten, Ärzte, Lehrer der Akademie waren Juden.

Die Hauptsynagoge in Alexandrien war eines der Wunderwerke der Welt. Sie bot Raum für mehr als hunderttausend Menschen; nächst dem Tempel von Jerusalem war sie das größte jüdische Bauwerk der Erde. Einundsiebzig Stühle aus reinem Gold standen da für den Großmeister und die Präsidenten des Gemeinderats. Keine noch so umfangreiche menschliche Stimme konnte das mächtige Haus durchdringen: man mußte mit Fahnen anzeigen, wenn die Gemeinde dem Vorbeter ihr Amen respondieren sollte.

Stolz blickten die alexandrinischen Juden auf die römischen herab, auf diese Westjuden, die zumeist kärglich lebten und sich aus ihrer Proletarierexistenz nicht recht hochbringen konnten. Sie, die Alexandriner, hatten ihr Judentum klug und harmonisch mit der Lebensform und dem Weltbild des griechischen Orients ausgesöhnt. Schon vor hundertfünfzig Jahren hatten sie die Bibel ins Griechische übertragen, und sie fanden, diese ihre Bibel füge sich gut in die griechische Welt.

Trotz alledem und trotzdem sie in Leontopolis ihren eigenen Tempel hatten, galt ihnen der Berg Zion als ihr Zentrum. Sie liebten Judäa, sie sahen mit tiefem Mitleid, wie infolge der politischen Unfähigkeit Jerusalems der jüdische Staat zu zerfallen drohte. Eine ganz große Sorge erfüllte sie:

daß wenigstens der Tempel erhalten bleibe. Sie zinsten dem Tempel wie alle andern Juden, sie pilgerten nach Jerusalem, sie hatten dort ihre eigenen Hotels, Synagogen, Friedhöfe. Viele Weihgeschenke des Tempels, Tore, Säulen, Hallen, waren von ihnen errichtet worden. Ein Leben ohne den Tempel in Jerusalem war auch den alexandrinischen Juden nicht denkbar.

Sie schritten hoch her, sie ließen sich nicht anmerken, wie sehr die Geschehnisse in Judäa an sie rührten. Die Geschäfte blühten, der neue Kaiser hatte Verständnis für sie. Glänzend in ihren Luxuswagen fuhren sie über den Korso, sie saßen fürstlich auf ihren hohen Stühlen innerhalb der Schranken der Basilika, der Börse, sie gaben ihre großen Feste in Canopus, auf der Insel Pharus. Aber wenn sie unter sich waren, dann, oft, verdüsterten sich ihre hochmütigen Gesichter. Ihr Atem preßte sich, ihre stolzen Schultern erschlafften.

Die Juden Alexandriens nahmen Josef herzlich und mit Achtung auf, als er im Gefolg des neuen Kaisers aus dem Schiff stieg. Man schien genau zu wissen, welchen Anteil er an der Akklamation Vespasians hatte, ja, man überschätzte diesen Anteil. Josefs Jugend, seine verhaltene Spannkraft, die ernste Schönheit seines hagern, heftigen Gesichts packte die Herzen. Wie seinerzeit in Galiläa, so rief es jetzt in Alexandrien, wenn er in den Straßen der Juden sich zeigte: „Marin, Marin, unser Herr, unser Herr."

Nach dem finstern Fanatismus Judäas, nach der Derbheit des römischen Militärbetriebs pumpte er sich jetzt genießerisch voll mit der freien Helligkeit der Weltstadt. Sein dumpfes und wildes früheres Leben, sein Weib Mara hatte er in Galiläa zurückgelassen. Sein Bereich waren nicht die Intrigen aktueller Politik, nicht die groben Aufgaben militärischer Organisation, sein Bereich war das Geistige. Mit Stolz am Gürtel trug er das goldene Schreibzeug, das der junge General Titus, als man Judäa verließ, ihm als Ehrengabe geschenkt hatte.

Prächtig an der Seite des Großmeisters Theodor Bar Daniel fuhr er über den Korso. Er zeigte sich in der Bibliothek, in den Bädern, in den Luxusrestaurants von Canopus. Der Jude mit dem goldenen Schreibzeug war bald überall bekannt. In manchen Lehrsälen bei seinem Eintritt erhoben sich Lehrer und Studenten. Die Fabrikanten, die Kaufherren waren stolz, wenn er ihre Werke, Lager, Warenspeicher besichtigte, die Literaten geehrt, wenn er ihren Vorlesungen beiwohnte. Er führte das Leben eines großen Herrn. Die Männer hörten auf ihn, die Frauen flogen ihm zu.

Ja, er hatte recht gehabt mit seiner Prophezeiung. Vespasian war wirklich der Messias. Die Erlösung freilich durch diesen Messias vollzog sich anders, als er gedacht hatte, langsam, hell, nüchtern. Sie bestand darin, daß dieser Mann die Schale des Judentums zerschlug, auf daß ihr Inhalt über die Erde verströmte und Griechentum und Judentum ineinanderschmolzen. In Josefs Leben und Weltbild drang immer mehr von dem hellen, skeptischen Geist dieser östlichen Griechen. Er verstand nicht mehr, wie er früher hatte Abscheu spüren können vor allem Nichtjüdischen. Die Heroen des griechischen Mythos und die Propheten der Bibel schlossen einander nicht aus, es war kein Gegensatz zwischen den Himmeln Jahves und dem Olymp des Homer. Josef begann die Grenzen zu hassen, die ihm früher Auszeichnung, Auserwähltheit bedeutet hatten. Es kam darauf an, das eigene Gute überfließen zu lassen in die andern, das fremde Gute einzusaugen in sich selbst.

Er war der erste Mensch, eine solche Weltanschauung beispielhaft vorzuleben. Er war eine neue Art Mensch, nicht mehr Jude, nicht Grieche, nicht Römer: ein Bürger des ganzen Erdkreises, soweit er gesittet war.

Von jeher war die Stadt Alexandrien der Hauptsitz der Judenfeinde gewesen. Hier hatten Apion, Apollonius Molo, Lysimach, der ägyptische Oberpriester Manetho gelehrt, die Juden stammten von Aussätzigen ab, sie verehrten in ihrem Allerheiligsten einen Eselskopf, sie mästeten in ihrem Tempel junge Griechen, schlachteten sie an ihrem Osterfest und schlössen alljährlich, das Blut dieser Opfer trinkend, ein jüdisches Geheimbündnis gegen alle andern Völker. Vor dreißig Jahren hatten zwei Direktoren der Sporthochschule, Dionys und Lampon, die judenfeindliche Bewegung fachmännisch organisiert. Der weiße Schuh der Sporthochschule war allmählich zum Symbol geworden, und jetzt nannten sich die Judenfeinde des ganzen Landes Ägypten „Die Weißbeschuhten".

Mit dem Juden Josef war den Weißbeschuhten eine neue Plage über Alexandrien gekommen. Wie er hochmütig in der Stadt herumfuhr und sich feiern ließ, galt er ihnen als der fleischgewordene jüdische Übermut. In ihren Klubs, bei ihren Zusammenkünften sang man Couplets, zum Teil recht witzige, über den jüdischen Freiheitshelden, der zu den Römern übergelaufen war, über den betriebsamen Makkabäer, der sich überall einschob und den Mantel nach jedem von den acht Winden hängte.

Eines Tages nun, als Josef das Agrippabad betreten wollte, mußte er in der Vorhalle eine Gruppe junger weißbeschuhter Herren passieren. Kaum waren die Weißbeschuhten seiner ansichtig geworden, als sie einen widerlich näselnden, gurgelnden, quiekenden Singsang anstimmten: „Marin, Marin", offenbar um die enthusiastischen Zurufe der Juden an Josef zu parodieren.

Josefs blaßbraunes Gesicht erblaßte noch tiefer. Aber er ging gerade zu, den Kopf nicht rechts noch links drehend. Die Weißbeschuhten, als sie sahen, daß er ihrer nicht achtete, verdoppelten ihre Zurufe. Einige riefen: „Geht nicht zu nah an ihn heran, daß ihr euch nicht ansteckt." Andere: „Wie schmeckt Ihnen unser Schweinefleisch, Herr Makkabäer?" Von allen Seiten jetzt johlte es, gellte es: „Josef, der Makkabäer! Der beschnittene Livius!", und Josef sah vor sich eine Mauer hämischer, haßgeifernder Gesichter. „Wünschen Sie was?" fragte er in das nächste Gesicht, ein olivbraunes, und seine Stimme war sehr ruhig. Der Angeredete, mit übertrieben frecher Unterwürfigkeit, sagte: „Ich wollte Sie nur um eine Auskunft bitten, Herr Makkabäer. Ist Ihr Herr Vater auch aussätzig gewesen?" Josef schaute ihm in die Augen, sagte nichts. Ein zweiter Weißbeschuhter, auf Josefs goldenes Schreibzeug weisend, fiel ein: „Hat das einer Ihrer Herren Väter mitgehen lassen, als sie aus Ägypten hinausgejagt wurden?" Josef sagte noch immer nichts. Plötzlich, mit einer erschreckend jähen Bewegung, zog er das schwere Schreibzeug aus dem Gürtel, schlug es dem Frager auf den Kopf. Der brach zusammen. Es war lautlos still ringsum. Josef, hochmütig, ohne sich nach dem Gefallenen umzuwenden, ging in das Innere des Bades. Die Weißbeschuhten wollten ihm nach, Badediener, Gäste warfen sich dazwischen.

Der Getroffene, es war ein gewisser Chäreas, aus angesehener Familie, war ernstlich verletzt. Untersuchung gegen Josef wurde eingeleitet, bald niedergeschlagen. Der Kaiser sagte zu Josef: „Na ja, mein Junge, ganz nett. Aber dazu haben wir Ihnen das Schreibzeug eigentlich nicht geschenkt."

Alljährlich feierten die alexandrinischen Juden auf der Insel Pharus ein großes Fest zur Erinnerung an die Vollendung der griechischen Bibel. Der zweite Ptolemäus und der Chef seiner Bibliothek, Demetrius von Phaleron, hatten drei Jahrhunderte zuvor die Übersetzung der Heiligen Schrift ins Griechische angeregt. Zweiundsiebzig jüdische Doktoren, des Hebräischen und des Griechischen in gleicher Weise kundig, hatten das schwierige Werk vollendet, das den Juden Ägyptens, die den Urtext nicht mehr verstanden, das Wort Gottes vermittelte. Die zweiundsiebzig Doktoren hatten unter Klausur gearbeitet, jeder streng abgesondert; dennoch hatte der Text eines jeden am Ende wortwörtlich übereingestimmt mit dem Text aller andern. Dieses Wunder, durch das Jahve dartat, daß er die Versöhnlichkeit der Juden und ihr Zusammenleben mit den Griechen billigte, feierten die Alexandriner mit ihrem jährlichen Fest.

Alle führenden Männer und Frauen der Stadt, auch die Nichtjuden, zeigten sich an diesem Tage auf der Insel Pharus; nur die Weißbeschuhten blieben fern. Auch der Kaiser nahm teil, der Prinz Titus, die vielen großen Herren aus Rom und allen Provinzen, die die Anwesenheit des Hofs nach Alexandrien gespült hatte.

Josef war die Aufgabe zugefallen, den Dank der Fremden auszusprechen, die zu dem Fest geladen waren. Er tat das in einer heitern, doch nicht unbedeutenden Art, feierte in bewegten Worten das völkerverbindende Schrifttum, die völkerverbindende Weltstadt Alexandrien.

Er mußte, um mit Erfolg sprechen zu können, die Wirkung auf den Gesichtern der Zuhörer wahrnehmen, und er pflegte, um den Eindruck abzulesen, wahllos ein Gesicht aus der Zuhörermenge auszusuchen. Diesmal fiel sein Auge auf einen fleischigen und doch strengen, sehr römischen Kopf. Aber der Kopf versperrte sich ihm und blieb während seiner ganzen Rede unbewegt. Säuerlich, sonderbar blicklos, schaute dieser römische Kopf durch ihn hindurch, über ihn hinweg, mit einem merkwürdig stumpfen Hochmut, der ihn beinahe aus dem Konzept brachte.

Seine Rede vollendet, erkundigte sich Josef, wer der Herr sei, dem der Kopf gehörte. Es ergab sich, daß es Cajus Fabull war, Kaiser Neros Hofmaler, von dem die Fresken des Goldenen Hauses stammten. Josef sah sich den Mann genau an, der seine Rede mit so unhöflicher Gleichgültigkeit angehört hatte. Auf einem gedrungenen, dicken, fast unförmigen Körper saß ein starker, strenger Kopf. Im übrigen war Cajus Fabull besonders sorgfältig angezogen, er hielt sich steif und würdevoll, was bei seiner Beleibtheit ein bißchen komisch wirkte.

Josef hatte in Rom viel von den Schrullen dieses Cajus Fabull gehört. Der Maler, überzeugter Hellenist, der eine leichte, sinnenfreudige Kunst übte, war in seinem Wesen betont gravitätisch; er malte nur im Galakleid, er war äußerst hochmütig, er sprach nicht mit seinen Leibeigenen, verständigte sich mit ihnen nur durch Zeichen und Winke. So berühmt und gesucht seine Kunst war – es gab keine noch so kleine Provinzstadt, die nicht Fresken und Bilder in seiner Manier aufwies –, war es ihm trotzdem nicht geglückt, in die großen römischen Familien einzudringen. Er hatte schließlich eine hellenisierte Ägypterin geehelicht und sich damit den Eintritt in die herrschende Schicht für immer verbaut.

Josef wunderte sich, daß Fabull überhaupt hier war; man hatte ihm gesagt, er zähle zu den eifrigsten Anhängern der Weißbeschuhten. Dem Josef war alle Malerei zuwider, sie sprach nicht zu ihm. Die Vorschrift der Lehre: du sollst dir kein Abbild machen, hatte sich tief in ihn eingefressen. Man schätzte auch in Rom den Schriftsteller sehr hoch, den Maler aber als ein Wesen niedriger Kaste; diesen eiteln Künstler Fabull betrachtete Josef mit doppelt verächtlicher Abneigung.

Der Kaiser sprach Josef an. Er hatte in einem besonders schönen Exemplar der griechischen Bibel, das man ihm als Ehrengeschenk ausgehändigt hatte, mit sicherm Blick gewisse erotische Partien herausgefunden und erbat sich jetzt mit knarrender Stimme von Josef Erläuterungen. „Sie haben ja ein wenig Fett angesetzt, mein Jüdlein", sagte er unvermittelt, erstaunt. Er wandte sich an Fabull, der in der Nähe stand. „In Galiläa hätten Sie meinen Juden sehen sollen, Meister. Damals war er großartig. Stoppelig, hundsmager, verwahrlost. Wirklich ein Prophet zum Malen." Fabull stand steif, säuerlich; Josef lächelte höflich. „Ich habe mir hier", fuhr Vespasian fort, „den Arzt Hekatäus zugelegt. Der läßt mich jede Woche einmal fasten. Das bekommt mir ausgezeichnet. Was meinen Sie, Fabull? Wenn wir den Burschen eine Woche fasten lassen, wollen Sie ihn mir dann malen?" Fabull stand stocksteif, das Gesicht ein wenig verzerrt. Josef sagte geschmeidig: „Es freut mich, Majestät, daß Sie heute in der Lage sind, so vergnügt über Jotapat zu scherzen." Der Kaiser lachte. „Wenn das Wetter umschlägt", sagte er, „spüre ich immer noch den Fuß, auf den mir Ihre Leute die Steinkugel gepfeffert haben." Er wies auf die Dame, die neben dem Maler stand. „Ihre Tochter, Fabull?" – „Ja", sagte der Maler trokken, zurückhaltend, „meine Tochter Dorion." Alle beschauten das Mädchen. Dorion war ziemlich groß, schmal und zart, die Haut gelbbraun, langer, dünner Kopf, die Stirn schräg und hoch, die Augen meerfarben. Die Jochbogen betont, die Nase stumpf, ein wenig breit, das Profil leicht und rein; groß, frech sprang der Mund aus dem zarten, hochfahrenden Gesicht. „Nettes Mädchen", sagte der Kaiser. Und, sich verabschiedend: „Na ja. Überlegen Sie sich's, Fabull, ob Sie mir meinen Juden malen wollen." Er brach auf.

Die andern standen eine kleine Weile stumm und betreten zusammen. Fabull war nur aus Rücksicht auf das neue Regime auf das Fest gegangen. Er hatte Dorion mit Mühe bewogen, mitzukommen. Jetzt bereute er, daß er da war. Er dachte nicht daran, den faulen, eiteln jüdischen Literaten zu porträtieren. Josef seinesteils dachte nicht daran, sich von dem überheblichen, verständnislosen Maler porträtieren zu lassen. Immerhin war nicht zu leugnen, das Mädchen Dorion war eine auffallende Erscheinung. Nettes Mädchen, hatte der Kaiser gesagt. Das war platt ausgedrückt und überdies schief. Wie sie dastand, zart bis zur Gebrechlichkeit, locker und doch streng in der Haltung, ein ganz kleines, triumphierendes und obszönes Lächeln um den großen Mund. Josef schmeckte mit Widerwillen ihre etwas wilde Anmut.

„Na ja", wiederholte ein wenig spöttisch das Mädchen Dorion die Lieblingsworte des Kaisers. „Wollen wir nicht auch gehen, Vater?" Sie hatte eine hohe, dünne, bösartige Stimme. Josef machte den Mund auf, sie anzusprechen, aber dem sonst so Gewandten fiel nichts Rechtes ein. In diesem Augenblick spürte er, daß sich etwas an seinen Füßen rieb. Er sah an sich herunter, es war eine große, rotbraune Katze. Die Katzen, heilige Tiere, wurden in Ägypten verhätschelt, Römer und Juden mochten sie nicht. Josef suchte sie wegzuscheuchen. Sie blieb, sie belästigte ihn. Er beugte sich nieder, packte das Tier. Plötzlich sprang ihn die Stimme des Mädchens an: „Lassen Sie die Katze!" Es war eine schrille, unangenehme Stimme. Merkwürdig, wie sanft sie wurde, als sie sich jetzt an die Katze wandte: „Komm, mein Tierchen! Meine Liebe, meine kleine Göttin! Er versteht nichts von dir, der Mann. Hat er dich erschreckt?" Und sie streichelte die Katze. Das häßliche Tier schnurrte.

„Entschuldigen Sie", sagte Josef, „ich wollte Ihrer Katze nicht zu nahe treten. Es sind nützliche Tiere, in Mäusejahren." Dorion hörte gut seinen Spott. Sie hatte eine ägyptische Mutter gehabt und eine ägyptische Bonne. Die Katze ist göttlich, in ihr ist noch ein Teil der Löwengöttin Bastet, Kraft und Gewalt der Urzeit. Der Jude wollte ihren Gott herabwürdigen, der Jude war ihr zu gering, ihm zu erwidern. Man hätte nicht zu diesem Fest gehen sollen. Die Kunst ihres Vaters war einzigartig, keine Regierung, kein Kaiser kam ohne ihn aus, er hätte es nicht nötig gehabt, dem neuen Regime die Konzession zu machen. Sie sagte nichts, sie stand still da, die Katze auf dem Arm, und stellte ein hübsches Bild: geschmücktes Mädchen, mit einer Katze spielend. Während sie, angenehm überrieselt, viele Blicke auf sich fühlte, überlegte sie. Ein nettes Mädchen, hat der Kaiser gesagt. Ihr Vater soll diesen Juden malen. Was für ein klobiger, witzloser Spaß. Der Kaiser ist plump, ein echter Römer. Schade, daß ihr Vater nicht Geistesgegenwart genug hat, sich gegen solche Späße zu wehren. Er hat ihnen nichts entgegenzusetzen als seine etwas säuerliche Gravität. Da hat sich der Jude mit seiner servilen Ironie besser aus der Affäre gezogen. Sie nahm gut wahr, daß Josef trotz der frechen Anmerkung über die Katze Gefallen an ihr fand. Wenn sie jetzt einen Satz sagt, dann wird er viele und sicher sehr schmeichelhafte und versöhnliche Sätze erwidern. Aber sie beschließt, nichts zu sagen. Wenn er von neuem spricht, dann, vielleicht, wird es ihr gefallen, zu antworten. Wenn er nicht spricht, dann wird sie gehen, und es wird ihre letzte Begegnung mit dem Juden gewesen sein.

Josef seinesteils überlegte: dieses Mädchen Dorion ist spöttisch und hochfahrend. Wenn er sich mit ihr einläßt, wird es bald Weiterungen geben, Unannehmlichkeiten. Das beste wäre, sie stehenzulassen mit ihrer dummen, häßlichen Katze. Wie merkwürdig braun das Braun ihrer Hände ist gegen das häßliche Braun der Katze. Ungemein dünne, lange Hände hat sie. Sie ist wie aus einem der alten, eckigen, harten Bilder, mit denen hier alles vollbekleckst ist. „Finden Sie es nicht übertrieben, wenn ich noch dünner werden soll, um mich von Ihrem Vater malen zu lassen?" sagt er, und während er spricht, bereut er schon, nicht weggegangen zu sein. „Ich denke, ein wenig Fasten ist kein zu hoher Preis, um für die Ewigkeit fortzuleben", sagt mit ihrer hohen Kinderstimme Dorion. „Ich glaube", erwidert Josef, „wenn ich weiterleben werde, dann lebe ich in meinen Büchern weiter."

Dorion ärgerte sich über diese Antwort. Da war sie wieder, die berühmte jüdische Überheblichkeit. Sie suchte nach einer Antwort, die den Mann treffen sollte; aber bevor sie sie gefunden hatte, sagte trocken und lateinisch Fabull: „Gehen wir, meine Tochter. Es hängt nicht von uns ab und nicht von ihm, ob ich ihn malen werde. Wenn der Kaiser befiehlt, dann male ich auch das Aas eines verwesenden Schweines.“

Josef sah den beiden nach, wie sie in der Säulenhalle verschwanden, die den Damm nach dem Festland säumte. Er hatte nicht sehr gut abgeschnitten, aber er bereute nicht, daß er gesprochen hatte.

In diesen Tagen schrieb Josef den Psalm, der späterhin der Psalm des Weltbürgers genannt wurde:

O Jahve, gib mir mehr Ohr und mehr Auge,
Die Weite deiner Welt zu sehen und zu hören.
O Jahve, gib mir mehr Herz,
Die Vielfalt deiner Welt zu begreifen.
O Jahve, gib mir mehr Stimme,
Die Größe deiner Welt zu bekennen.

Merkt auf, Völker, und hört gut zu, Nationen.
Spart nicht, spricht Jahve, mit dem Geist, den ich über euch ausgoß.
Verschwendet euch, geht die Stimme des Herrn,
Denn ich speie aus denjenigen, der knausert.
Und wer eng hält sein Herz und sein Vermögen,
Von dem wende ich mein Antlitz.

Reiße dich los von deinem Anker, spricht Jahve.
Ich liebe nicht, die im Hafen verschlammen.
Ein Greuel sind mir, die verfaulen im Gestank ihrer Trägheit.
Ich habe dem Menschen Schenkel gegeben, ihn zu tragen über die Erde,
Und Beine zum Laufen,
Daß er nicht stehen bleibe wie ein Baum in seinen Wurzeln.

Denn ein Baum hat nur *eine* Nahrung.
Aber der Mensch nähret sich von allem,
Was ich geschaffen habe unter dem Himmel.

Ein Baum kennt immer nur das gleiche,
Aber der Mensch hat Augen, daß er das Fremde in
sich einschlinge,
Und eine Haut, das andere zu tasten und zu schmecken.

Lobet Gott und verschwendet euch über die Länder.
Lobet Gott und vergeudet euch über die Meere.
Ein Knecht ist, wer sich festbindet an ein einziges Land.
Nicht Zion heißt das Reich, das ich euch gelobte,
Sein Name heißt: Erdkreis.

So machte sich Josef aus einem Bürger Judäas zum Bürger der Welt und aus dem Priester Josef Ben Matthias zu dem Schriftsteller Flavius Josephus.

Es gab auch in Alexandrien Anhänger der „Rächer Israels". Trotz der damit verbundenen Gefahr ließen sich selbst auf den Straßen Leute mit der verpönten Feldbinde sehen, die die Initialen Makkabi trug: „Wer ist wie du, o Herr?" Die Makkabi-Leute hatten Josef, dem Verräter ihrer Sache, seit seiner Ankunft auf jede Art ihre Verachtung bezeigt. Nach seinem Zusammenstoß mit dem Weißbeschuhten Chäreas waren sie ein wenig stiller geworden. Jetzt aber nach dem Psalm des Weltbürgers eiferten sie mit doppeltem Geschrei gegen den zweideutigen, vielbemakelten Mann.

Josef lachte zunächst. Bald aber mußte er merken, wie die Agitation der „Rächer Israels" auch die Gemäßigten ergriff, wie sogar die Herren des Großen Gemeinderats von ihm abzurücken begannen. Wohl dachten die jüdischen Führer Alexandriens in ihrem Herzen wie er: aber für die Majorität der Gemeinde war der Psalm des Weltbürgers wüste Ketzerei, und kaum zwei Wochen nach der Veröffentlichung dieses Psalms kam es in der Hauptsynagoge zum Skandal.

Wenn ein Jude Alexandriens glaubte, der Großmeister und seine Beamten hätten in einer wichtigen Sache ein ungerechtes Urteil gefällt, dann erlaubte ihm ein alter Brauch, an die ganze Gemeinde zu appellieren, und zwar am Sabbat, vor der geöffneten Rolle der Schrift. Die heilige Handlung des Sabbats, die Vorlesung aus der Schrift, mußte so lange inhibiert werden, bis die ganze Gemeinde in sofortigem Entscheid über eine solche Klage befunden hatte. Diesen Entscheid anzurufen aber war gefährlich; denn gab die Gemeinde dem Kläger nicht statt, dann wurde er auf drei Jahre in den Großen Bann getan. Infolge solcher Strenge wurde von dem Recht nur selten Gebrauch gemacht; in den letzten zwei Jahrzehnten war es nur dreimal geschehen.

Jetzt, als Josef sich nach der Veröffentlichung seiner Verse zum erstenmal in der großen Hauptsynagoge zeigte, geschah es ein viertes Mal. Es war der Sabbat, an dem der Abschnitt verlesen werden sollte, der mit den Worten beginnt: „Und es erschien ihm Jahve unter den Terebinthen Mamres." Kaum war die Schriftrolle auf die große Kanzel gebracht worden, von der aus die Vorlesung statthaben sollte, kaum war die Rolle ihres kostbaren Mantels entkleidet und geöffnet worden, da stürmte der Führer der Makkabi-Leute mit einigen seiner Anhänger die Kanzel, und sie verboten die Vorlesung. Sie erhoben Klage gegen Josef Ben Matthias. Wohl hätten die Juristen in der Gemeinde unter Zitierung allerlei verzwickter Klauseln erklärt, der Bann Jerusalems sei jetzt für Alexandrien nicht wirksam. Die weitaus meisten unter den Juden Alexandriens aber dächten anders. Dieser Mann Josef Ben Matthias sei schuld an dem Unheil in Galiläa und Jerusalem, er sei ein doppelter Verräter. Allein seine schimpfliche, knechtische Ehe mit der Beischläferin des Vespasian genüge, ihn aus der Gemeinschaft der Synagoge auszuschließen. Unter stürmischer Zustimmung verlangte der Redner, daß Josef aus dem heiligen Raum hinausgewiesen werde.

Josef stand sehr still, die Lippen fest geschlossen. Die Hunderttausend hier in der Synagoge, das waren doch die gleichen, die ihm vor wenigen Wochen zugejubelt hatten: Marin, Marin. Waren es jetzt so wenige, die sich für ihn rührten? Er schaute auf den Großmeister Theodor Bar Daniel und die siebzig Herren auf den goldenen Stühlen. Die saßen, blasser als ihre Gebetmäntel, und taten den Mund nicht auf. Nein, die konnten ihn nicht schützen und schützten ihn nicht. Auch daß er der Freund des Kaisers war, schützte ihn nicht. Er wurde mit Schande aus der Synagoge ausgewiesen.

Manche, als sie ihn so kahl hinausgehen sahen, sagten sich: Das ist, weil ein Rad in der Welt ist. Es ist ein Schöpfrad, es geht hoch und sinkt, und den leeren Eimer füllt es und den vollen leert es aus. Und diesen hat es jetzt getroffen; denn gestern war er noch stolz, und heute ist er überdeckt mit Schande.

Josef selber schien die Sache nicht sehr ernst zu nehmen. Er lebte weiter sein glänzendes Leben wie bisher, mit Frauen, mit Literaten und Schauspielern, ein hochgeehrter Gast in den verschwenderischen Zirkeln von Canopus. Prinz Titus zeichnete ihn noch sichtbarer aus als bisher und zeigte sich fast immer in seiner Gesellschaft.

Aber wenn Josef allein war, in seinen Nächten, war er krank vor Bitterkeit und Schmach. Seine Gedanken kehrten sich gegen ihn selber. Er war unrein, er war voll Aussatz innen und außen, kein Titus konnte ihm seinen Grind abkratzen. Seine Schande war greifbar, jeder konnte sie sehen. Sie hatte einen Namen, sie hieß Mara. Er mußte diesen Quell seines Übels zuschütten und für immer.

Nach einigen Wochen, ohne mit irgendwem Rates darüber gepflogen zu haben, ging er zum Oberrichter der Gemeinde, dem Doktor Basilid. Josef hatte sich seit seiner Austreibung bei keinem der großen jüdischen Herren sehen lassen. Dem Oberrichter war der Besuch unbehaglich. Er suchte nach irgendwelchen vermittelnden Worten, wand sich, machte ein paar lahme Redensarten. Aber Josef zog den zerrissenen Priesterhut heraus, wie es der Ritus für seinen Fall vorschrieb, legte ihn vor dem Oberrichter nieder, riß das Kleid ein und sagte: „Mein Doktor und Herr, ich bin Ihr Knecht und Untergebener Josef Ben Matthias, früher Priester der Ersten Reihe in Jerusalem. Ich habe begangen die Sünde des bösen Triebs. Ich habe ein Weib geheiratet, das zu heiraten mir verboten war, eine Kriegsgefangene, die gehurt hatte mit den Römern. Ich bin schuldig der Strafe der Ausrottung." Doktor Basilid, der Oberrichter, wurde blaß, als Josef diese Worte sprach; er wußte gut, was sie zu bedeuten hatten. Es dauerte eine Weile, ehe er die Antwort gab, die die Formel vorschrieb: „Die Strafe der Ausrottung, Sündiger, steht nicht bei den Menschen, sie steht bei Gott." Und Josef ging weiter und fragte gemäß der Formel: „Gibt es ein Mittel, mein Doktor und Herr, durch das der Sündiger die Strafe der Ausrottung von sich und seinem Geschlecht abwenden kann?" Der Oberrichter erwiderte: „Wenn der Sündiger die Strafe der vierzig Schläge auf sich nimmt, dann übt Jahve Gnade. Aber der Sündiger muß um diese Strafe bitten." Josef sagte: „Ich bitte, mein Doktor und Herr, um die Strafe der vierzig Schläge."

Als bekannt wurde, daß Josef die Strafe der Geißelung auf sich nehmen wollte, gab es ein ungeheures Aufsehen in der Stadt Alexandrien; die Geißelung wurde nicht oft vollzogen, gewöhnlich nur an Leibeigenen. Die Makkabi-Leute zogen die Brauen hoch und verstummten, und manche, die in der Synagoge bei der Austreibung Josefs mit am lautesten geschrien hatten, bereuten es in ihrem Herzen. Die Weißbeschuhten aber beschmierten alle Hauswände mit Karikaturen des gegeißelten Josef, und in den Kneipen sang man Couplets.

Die jüdischen Behörden gaben den Termin der Exekution nicht bekannt. Dennoch war am festgesetzten Tag der Hof der Augustäer-Synagoge voll von Menschen, und die Straßen ringsum gurgelten von Neugierigen. Blaßbraun und hager, die heftigen Augen gradaus, ging Josef den Weg zum Oberrichter. Er legte die Hand auf die Stirn; sehr laut, daß man es bis in den letzten Winkel hören konnte, sagte er: „Mein Doktor und Herr, ich habe begangen die Sünde des bösen Triebs. Ich bitte um die Strafe der vierzig Schläge." Der Oberrichter erwiderte: „So übergebe ich dich dem Gerichtsdiener, Sündiger."

Der Büttel Ananias Bar Akaschja winkte seinen beiden Gehilfen, und sie rissen Josef die Kleider vom Leib. Der Arzt trat hinzu, untersuchte ihn, ob er fähig sei, die Geißelung derart zu überstehen, daß ihm nicht unter der Geißel Harn und Kot abgingen; denn das war Entwürdigung, und das Gesetz schrieb vor: „Dein Bruder soll nicht entwürdigt werden in deinen Augen." Es war der Oberarzt der Gemeinde, der Josef untersuchte, Julian. Er tastete ihn ab, prüfte besonders Herz und Lunge. Viele unter den Zuschauern glaubten, der Arzt werde den Josef für unfähig erklären, die ganze Geißelung durchzuhalten, oder höchstens für fähig weniger Hiebe. In seinem Innern hoffte selbst Josef auf einen ähnlichen Befund. Aber der Arzt wusch sich die Hände und erklärte: „Der Sündiger ist fähig der vierzig Hiebe."

Der Büttel hieß Josef niederknien. Die Gehilfen banden seine beiden Hände an einen Pfahl, so daß seine Knie Abstand von dem Pfahl hielten, und alle sahen, wie die glatte, blasse Haut seines Rückens sich dehnte. Dann banden sie ihm einen schweren Stein um die Brust, so daß der Oberkörper niedergezogen wurde. Der Büttel Ananias Bar Akaschja ergriff die Geißel. Umständlich, während man sah, wie Josefs Herz gegen die Rippen schlug, befestigte der Büttel den breiten Riemen aus Ochsenleder am Griff, prüfte ihn, machte ihn loser, straffer, wieder loser. Die Spitze des Riemens mußte den Bauch des Gezüchtigten erreichen. Das war Vorschrift.

Der Oberrichter begann, die beiden Schriftverse zu lesen über die Geißelung. „So soll es geschehen: wenn Schläge verdient der Sündiger, so läßt der Richter ihn hinlegen, und man schlägt ihn vor seinem Angesicht nach Maßgabe seiner Sünde an Zahl. Vierzig Schläge schlägt man ihn, nicht mehr. Daß er nicht mehr gebe als diese, der Schläge zuviel, und dein Bruder entwürdigt werde in deinen Augen." Der Büttel hieb dreizehn Streiche auf den Rücken. Der zweite Richter zählte, dann netzten die Gehilfen den Sündiger. Dann sagte der dritte Richter: schlage, und der Büttel hieb dreizehn Schläge auf die Brust. Dann wieder netzten die Gehilfen den Sündiger. Zuletzt hieb der Büttel nochmals dreizehn Streiche auf den Rükken. Es war sehr still, während er zuschlug. Man hörte die Hiebe scharf aufklatschen, man hörte den gepreßten, pfeifenden Atem Josefs, sah sein flatterndes Herz.

Josef lag gebunden und rang unter der Geißel nach Atem. Die Hiebe waren kurz und scharf, aber der Schmerz war wie ein endloses, bewegtes Meer; er kam in hohen Wellen, nahm Josef weg, verebbte, ließ Josef hochtauchen, kam wieder und brach über ihm zusammen. Josef keuchte, pfiff, roch den Geruch des Blutes. Dies alles geschah um Maras willen, der Tochter des Lakisch, er hatte sie begehrt, er haßte sie, jetzt ließ er sie aus seinem Blut herauspeitschen. Er betete: Aus den Tiefen schrei ich zu dir, o Herr. Er zählte die Schläge, aber die Zahlen verwirrten sich ihm, es waren schon viele hundert Schläge, und sie schlugen ihn immer weiter. Das Gesetz schreibt vor, es sollten nicht vierzig Schläge sein, sondern neununddreißig; denn es stand geschrieben: „an Zahl", und das ist gleich: „ungefähr", und somit sollten es nur neununddreißig sein. Oh, wie mild war das Gesetz der Doktoren. Oh, wie hart war die Schrift. Wenn sie jetzt nicht aufhören, dann wird er sterben. Es war ihm, Jochanan Ben Sakkai werde sagen, daß sie aufhören sollten. Der Großdoktor war in Judäa, in Jerusalem oder in Jabne, aber trotzdem, er wird dasein, er wird seinen Mund auftun. Es kommt nur darauf an, daß Josef aushält bis dahin. Der Boden und der Pfahl vor ihm verschwimmt, allein Josef reißt sich zusammen. Es ist ihm geboten, klar zu sehen, Boden und Pfahl genau zu erkennen, bis Jochanan Ben Sakkai kommt. Aber Jochanan Ben Sakkai kam nicht, und schließlich verlor Josef doch Gesicht und Erkenntnis. Ja, beim vierundzwanzigsten Streich wurde er ohnmächtig und lag leblos in den Stricken. Aber nachdem man ihn genetzt hatte, kam er wieder zu sich, und der Arzt sagte: er ist fähig, und der Richter sagte: schlage weiter.

Unter den Zuschauern war die Prinzessin Berenike. Es gab keine Tribünen, keine gesonderten Plätze. Aber sie hatte schon in der Nacht zuvor ihren kräftigsten kappadokischen Leibeigenen geschickt, ihr einen Platz frei zu halten. Nun stand sie in der zweiten Reihe, gepreßt zwischen vielen andern, die langen Lippen halb offen, hart atmend, die dunkeln Augen beharrlich auf den Gegeißelten gerichtet. Im Hof war es lautlos still. Man hörte nur die Stimme des Oberrichters, der die Schriftverse verlas, sehr langsam, dreimal im ganzen, und von weit her aus den Straßen das Gejohl der Massen. Sehr aufmerksam sah Berenike zu, wie dieser hochmütige Josef die Hiebe auf sich nahm, um von der Hure loszukommen, an die er seinen Namen hatte binden müssen. Ja, er war in Wahrheit ihr Vetter. Er befaßte sich nicht mit kleinen Sünden und nicht mit kleinen Tugenden. Sich tief demütigen, um dann um so stolzer hochzutauchen, das begriff sie. Sie hatte selber in der Wüste die Wollust solcher Demütigungen gekostet. Sie stand sehr blaß; es war nicht leicht, zuzuschauen, aber sie schaute zu. Sie bewegte lautlos die Lippen, zählte mechanisch mit. Sie war froh, als der letzte Schlag gefallen war; aber sie hätte noch länger stehen und es mit ansehen können. Ihre Zähne waren trocken geworden unter ihren langen Lippen.

Josef wurde bewußtlos und blutig in das Gemeindehaus getragen. Man wusch ihn, unter der Aufsicht des Arztes Julian, salbte ihn, flößte ihm einen Trank ein aus Wein und Myrrhen. Als er zu sich kam, sagte er: „Gebt dem Büttel zweihundert Sesterzien."

Mara, die Tochter des Lakisch, indes ging beglückt umher, sich freuend auf das Kind, das sie gebären sollte, es mit tausend Sorgen hütend. Sie war sehr arbeitsam, aber jetzt drehte sie nicht die Handmühle, auf daß das Kind kein Trunkenbold werde. Sie aß keine unreifen Datteln, auf daß es nicht Triefaugen bekomme, trank kein Bier, auf daß sein Teint nicht schlecht werde, aß keinen Senf, um es vor Schlemmerei zu behüten. Hingegen aß sie Eier, auf daß die Augen des Kindes sich vergrößerten, Meerbarben, auf daß es den Menschen wohlgefällig werde, und Zitronat, auf daß es angenehm rieche. Ängstlich ging sie allem Häßlichen aus dem Weg, um sich nicht zu versehen, beflissen suchte sie den Anblick schöner Menschen. Mit Mühe verschaffte sie sich einen zauberkräftigen Adlerstein, der, von Natur innen hohl, einen kleineren Stein in sich schloß, ein Bild der Gebärmutter, die, obzwar nach innen geöffnet, die Frucht nicht herausfallen läßt.

Als es soweit war, setzte man Mara in den Gebärstuhl, ein Gestell aus Lattenwerk, in dem sie halb sitzen, halb liegen konnte, und band eine Henne an das Gestell, damit ihr Geflatter die Geburt beschleunige. Es war eine schmerzhafte Geburt, noch Tage später verspürte Mara die bittere Kälte an den Hüften. Die Hebamme sprach beschwörend auf sie ein, zählte, rief sie bei Namen, zählte.

Dann aber war das Kind da, und siehe, es war ein Knabe. Blauschwarz, schmutzig, voll Schleim und Blut war seine Haut, aber er schrie, und er schrie so, daß sein Schrei von der Wand widerhallte. Das war ein gutes Zeichen, und auch daß das Kind an einem Sabbat zur Welt kam, war ein gutes Zeichen. Man nahm warmes Wasser zum Bad, trotz des Sabbats, und man goß Wein in das Badewasser, kostbaren Wein von Eschkol. Vorsichtig renkte man die Glieder des Kindes aus, und man bestrich seinen weichen Schädel mit einem Brei aus unreifen Trauben, um Geziefer zu verscheuchen. Man salbte es mit warmem Öl, bestreute es mit dem Pulver von zerstoßenen Myrrhen, wickelte es in feines Linnen; Mara hatte an ihren Kleidern gespart, um das beste Linnen für das Kind zu erwerben.

Janik, Janiki, oder wohl auch Jildi, mein Kind, mein Kindchen, mein Baby, sagte Mara, und stolz am andern Tag ließ sie eine Zeder pflanzen, weil es ein Knabe war.

Die ganzen neun Monate hindurch hatte sie darüber nachgedacht, welchen Namen sie dem Knaben geben sollte. Aber jetzt, in der Woche vor der Beschneidung, da sie sich entscheiden mußte, schwankte sie lange. Endlich entschied sie sich. Sie ließ den Schreiber kommen und diktierte ihm einen Brief:

„Mara, Tochter des Lakisch, grüßt ihren Herrn, Josef, den Sohn des Matthias, Priester der Ersten Reihe, den Freund des Kaisers.

O Josef, mein Herr, Jahve hat gesehen, daß Deine Magd mißfällig war vor Deinem Angesicht, und er hat meinen Leib gesegnet und hat mich gewürdigt, daß ich Dir einen Sohn gebäre. Er ist an einem Sabbat geboren, und er wiegt sieben Litra und fünfundsechzig Zuz, und sein Schrei kam von der Wand zurück. Ich habe ihn Simeon genannt, das ist der Sohn der Erhörung, denn Jahve hat mich erhört, als ich mißfällig war. Josef, mein Herr, sei gegrüßt und werde groß in der Sonne des Kaisers, und der Herr lasse sein Antlitz leuchten über Dir.

Und iß keinen Palmkohl, weil es Dich dann gegen die Brust drückt.“

Um die gleiche Zeit, noch bevor er diesen Brief erhalten hatte, stand Josef im Zeremoniensaal der Gemeinde von Alexandrien. Er war noch blaß und sehr mitgenommen von der Geißelung, aber er hielt sich aufrecht. Neben ihm standen als Zeugen der Großmeister Theodor Bar Daniel und der Präsident der Augustäer-Gemeinde, Nikodem. Der Oberrichter Basilid selber führte den Vorsitz, und drei Doktoren fungierten als Richter. Der erste Sekretär der Gemeinde schrieb nach dem Diktat des Oberrichters, er schrieb vorschriftsmäßig auf Pergament aus Kalbshaut, er schrieb mit dem Gänsekiel und tiefschwarzer Tinte, und sah zu, daß das Dokument genau zwölf Zeilen umfaßte nach dem Ziffernwert des Wortes Get, des hebräischen Wortes für Scheidebrief.

Josef, während der Gänsekiel über das Pergament knirschte, hörte in seinem Herzen ein Geräusch, lauter als dieses Knirschen. Es war aber jenes scharfe Geräusch, mit dem Mara, Tochter des Lakisch, ihr Kleid zerrissen hatte und ihre Sandalen, wortlos, umständlich, als sie in jenem grauen Morgen zurückkam von dem Römer Vespasian. Josef glaubte, er habe dieses Geräusch vergessen, jetzt aber war es wieder da und war sehr laut, lauter als das Knirschen des Kiels. Aber er machte sein Ohr taub und sein Herz stumpf.

Der Sekretär aber schrieb folgendes: „Am siebzehnten Tag des Monats Kislew im Jahre dreitausendachthundertdreißig nach Erschaffung der Welt in der Stadt Alexandrien am Ägyptischen Meer.

Ich, Josef Ben Matthias, genannt Flavius Josephus, der Jude, der ich mich heute in der Stadt Alexandrien am Ägyptischen Meer befinde, habe eingewilligt aus freiem Willen und ohne Zwang, Dich zu entlassen, loszulösen und zu scheiden, Dich, meine Ehefrau Mara, Tochter des Lakisch, die sich heute in der Stadt Cäsarea am Jüdischen Meer befindet. Du warst bisher mein Weib. Jetzt ab sei frei, entlassen, geschieden von mir, so daß Dir erlaubt ist, über Dich in Zukunft zu verfügen, und so daß Du in Zukunft erlaubt bist für jedermann.

Hierdurch erhältst Du von mir die Urkunde der Entlassung und den Scheidebrief nach dem Gesetz Mosis und Israels."

Das Dokument wurde einem besonderen Vertreter übergeben mit dem schriftlichen Auftrag, es der Mara, der Tochter des Lakisch, zu überbringen und es ihr in Gegenwart des Gemeindepräsidenten von Cäsarea sowie von neun andern erwachsenen jüdischen Männern zu überreichen.

Schon am Tag, nachdem der Kurier in Cäsarea angelangt war, wurde Mara vorgeladen. Sie hatte keine Ahnung, worum es sich handeln könne. In Gegenwart des Gemeindepräsidenten überreichte ihr Josefs Vertreter das Schriftstück. Sie konnte nicht lesen, sie bat, man möge es ihr vorlesen. Man las, sie begriff nicht, man las nochmals, erklärte ihr, sie fiel um. Der Gemeindesekretär riß die Urkunde ein, zum Zeichen, daß sie vorschriftsmäßig übergeben und verlesen war, nahm sie zu seinen Akten und stellte dem Kurier ein Zertifikat darüber aus.

Mara kam nach Hause. Sie begriff, sie hatte nicht Gunst gefunden vor Josefs Augen. Wenn ein Weib nicht Gunst findet vor des Mannes Augen, dann hat der Mann das Recht, sie wegzuschicken. Keiner ihrer Gedanken ging gegen Josef.

Von jetzt an widmete sie ihre Tage mit ängstlicher Sorgfalt dem kleinen Simeon, Josefs Erstgeborenem. Peinlich enthielt sie sich aller Dinge, die ihrer Milch hätten schaden können, vermied Salzfische, Zwiebeln, gewisse Gemüse. Sie nannte ihr Kind nicht mehr Simeon, sie nannte es erst Bar Mëir, das ist Sohn des Leuchtenden, dann Bar Adir, das ist Sohn des Gewaltigen, dann Bar Niphli, das ist Sohn der Wolke. Aber der Gemeindepräsident ließ sie ein zweites Mal kommen und untersagte ihr, ihrem Kind solche Namen zu geben, denn Wolke und Gewaltiger und Leuchtender waren Beinamen des Messias. Sie führte ihre Hand an die niedrige Stirn, neigte sich, versprach Gehorsam. Aber wenn sie allein war, in der Nacht, wenn niemand sie hörte, dann nannte sie den kleinen Simeon weiter mit diesen Namen.

Mit Treue hütete sie die Gegenstände, die Josef einmal angerührt, die Tücher, mit denen er sich getrocknet, den Teller, aus dem er gegessen hatte. Sie wollte ihr Kind des Vaters würdig machen. Sie sah voraus, daß da große Schwierigkeiten sein werden. Denn der Sohn aus der Ehe eines Priesters mit einer Kriegsgefangenen war nicht anerkannt, er war ein Bastard, ausgeschlossen aus der Gemeinschaft. Aber dennoch, sie mußte einen Weg finden. An Sabbaten, an Festtagen zeigte sie dem kleinen Simeon die Überbleibsel seines Vaters, die Tücher, den Teller, und sie erzählte ihm von der Größe seines Vaters und beschwor ihn, ein Doktor und Herr zu werden wie er.

Josef, nachdem er das Zertifikat der Scheidung dem zuständigen Gemeindebeamten in Alexandrien übergeben hatte, wurde in der Hauptsynagoge feierlich zur Vorlesung aus der Schrift aufgerufen. Seinem priesterlichen Rang zufolge als Erster. Zum erstenmal seit langer Zeit wieder trug er den Priesterhut und den blauen, blumendurchwirkten Gürtel der Priester der Ersten Reihe. Er trat auf die große Kanzel vor die geöffnete Rolle der Schrift, von der er vor wenigen Wochen weggewiesen worden war. Unter lautloser Stille der Hunderttausend sprach er den Segensspruch: „Gelobt seist du, Jahve, unser Gott, der du uns die wahre Lehre gabst und ewiges Leben uns einpflanztest." Dann las er selber mit lauter Stimme den Abschnitt aus der Schrift, der für diesen Sabbat vorgeschrieben war.

Auf der Höhe des Winters, um den Beginn des neuen Jahres herum, wußte Vespasian, daß das Reich fest in seiner Hand sei. Die Arbeit des Soldaten war getan: jetzt begann die schwierigere, die des Verwalters. Was vorläufig in Rom in seinem Namen geschah, war schlecht und unvernünftig. Mucian preßte aus Italien mit kalter Gier heraus, was immer an Geld vorhanden war, und des Kaisers jüngerer Sohn, Domitian, den er nie hatte leiden mögen, ein Liederjan, ein Früchtchen, verteilte als Statthalter des Kaisers wahllos Sonne und Gewitter. Vespasian schrieb dem Mucian, er möge dem Land nicht zuviel Purgative verabreichen, es sei einer auch schon an Diarrhöe gestorben. An das Früchtchen schrieb er, ob das Früchtchen die Gnade habe, ihn für das nächste Jahr im Amt zu belassen. Dann beorderte er drei Männer von Rom nach Alexandrien, den uralten Finanzminister Etrusk, den Hofjuwelier und Direktor der Kaiserlichen Perlfischereien Claudius Regin und den Verwalter seiner sabinischen Güter.

Die drei Sachverständigen tauschten ihre Ziffern aus, prüften sie. Die imperialistische Orientpolitik des Kaisers Nero und die Wirren nach seinem Tod hatten riesige Werte zerstört, die Summe der Reichsschulden, die die drei Männer errechneten, war hoch. Regin übernahm die wenig dankbare Aufgabe, dem Kaiser diese Summe zu nennen.

Vespasian und der Finanzmann hatten sich nie gesehen. Jetzt saßen sie sich in bequemen Sesseln gegenüber. Regin blinzelte, er sah schläfrig aus, er hatte das eine der fetten Beine über das andere gelegt, seine losen Schuhbänder baumelten. Er hatte früh auf diesen Vespasian gesetzt, als mit ihm nur sehr magere Geschäfte zu machen waren. Er war mit der Dame Cänis in Verbindung getreten, hatte ihr dann, als es um große Lieferungen für die judäische und für die europäischen Armeen Vespasians ging, ansehnliche Provisionen gezahlt. Vespasian wußte, daß sich der Finanzmann in seinen Abrechnungen als anständiger Kerl erwiesen hatte. Mit seinen hellen, harten Augen schaute er in das fleischige, traurige, verhängte Gesicht Regins. Die beiden Männer berochen einander, sie rochen sich nicht schlecht.

Regin nannte dem Kaiser seine Ziffer. Vierzig Milliarden. Vespasian zuckte nicht zurück. Vielleicht schnaufte er etwas härter, aber seine Stimme klang ruhig, als er erwiderte: „Vierzig Milliarden. Sie sind ein mutiger Mann, und haben Sie nicht einige Posten zu hoch angeschlagen?“ Claudius Regin, gelassen, mit seiner fettigen Stimme, beharrte: „Vierzig Milliarden. Man muß der Ziffer ins Auge schauen.“ – „Ich schaue ihr ins Auge“, sagte hart schnaufend der Kaiser.

Sie besprachen die notwendigen geschäftlichen Maßnahmen. Man könnte riesige Gelder hereinbekommen, wenn man das Vermögen derjenigen konfiszierte, die dem früheren Kaiser noch nach der Akklamation Vespasians angehangen hatten. Es war der Tag, an dem der Kaiser nach der Diätvorschrift des Arztes Hekatäus zu fasten pflegte, und an diesem Tag hatte er den Sinn für Geschäfte besonders offen. „Sind Sie Jude?“ fragte er unvermittelt. „Halbjude“, erwiderte Regin, „aber ich sehe jedes Jahr jüdischer aus.“ – „Ich wüßte ein Mittel“, Vespasian verengerte die Augen, „die Hälfte der vierzig Milliarden auf einmal loszuwerden." – „Ich bin neugierig", sagte Claudius Regin. „Wenn ich anordnete", überlegte Vespasian, „daß in der Hauptsynagoge ein Standbild von mir aufgestellt werden muß ..." – „Dann würden die Juden aufbegehren", ergänzte Claudius Regin. „Richtig", sagte der Kaiser. „Dann könnte ich ihnen ihr Geld abnehmen." – „Richtig", sagte Claudius Regin. „Das ergäbe schätzungsweise zwanzig Milliarden." – „Sie sind ein schneller Rechner", lobte der Kaiser. „Sie hätten dann die erste Hälfte der Schulden gedeckt", meinte Claudius Regin. „Aber die zweite würden Sie niemals decken können; denn Wirtschaft und Kredit, nicht nur im Orient, wären für immer zerstört." – „Ich fürchte, Sie haben recht", seufzte Vespasian. „Aber Sie müssen zugeben, der Gedanke ist verlockend." – „Ich gebe es zu", lächelte Claudius Regin. „Schade, daß wir beide zu gescheit dafür sind."

Regin mochte die alexandrinischen Juden nicht leiden. Sie waren ihm zu protzig, zu elegant. Auch verdroß ihn, daß sie auf die römischen Juden wie auf kompromittierende arme Verwandte herabschauten. Allein, was der Kaiser vorschlug, erschien ihm zu radikal. Er wird später für die alexandrinischen Juden andere Abzapfungen aussinnen, nicht solche, daß sie daran verbluten, aber immerhin solche, daß sie an ihn denken sollen.

Vorläufig empfahl er dem Kaiser eine andere Steuer, die alle traf und die bisher im Osten noch keiner gewagt hatte: eine Steuer auf gesalzene Fische und Fischkonserven. Er verhehlte nicht das Gefährliche einer solchen Steuer. Die Alexandriner hatten Schnauzen wie die Schwertfische, und der Kaiser wird von ihnen allerhand zu hören bekommen. Allein Vespasian hatte keine Angst vor Couplets.

Die Sympathie der Alexandriner für den Kaiser schlug, als die Salzfischsteuer ausgeschrieben wurde, jäh um. Sie schimpften wild über die Verteuerung dieses sehr geliebten Nahrungsmittels, und einmal, bei einer Ausfahrt, bewarfen sie ihn mit faulen Fischen. Der Kaiser lachte schallend. Kot, Pferdeäpfel, Rüben, jetzt faule Fische. Es amüsierte ihn, daß er auch als Kaiser aus dieser Materie nicht herauskam. Er ordnete eine Untersuchung an, und die Unruhstifter mußten an seine Vermögensverwaltung ebenso viele goldene Fische liefern, als sich faule Fische in seinem Wagen vorgefunden hatten.

Den Josef sah Vespasian selten in diesen Tagen. Er war gewachsen mit seinem Amt, er war seinem Juden ferner gerückt, war fremd geworden, westlich, ein Römer. Gelegentlich sagte er zu ihm: „Ich höre, Sie haben sich wegen irgendeines Aberglaubens vierzig Schläge aufpfeffern lassen. Ich wollte", seufzte er, „ich könnte meine vierzig Milliarden auch durch vierzig Schläge ablösen."

Josef und Titus lagen in der offenen Speisehalle der Villa in Canopus, in welcher der Prinz einen großen Teil seiner Zeit zuzubringen pflegte. Sie waren allein. Es war ein milder Wintertag; man brauchte, trotzdem es gegen Abend ging, die offene Halle noch nicht zu verlassen. Das Meer lag still, die Zypressen rührten sich nicht. Langsam stelzte der Lieblingspfau des Prinzen durch den Raum, Speisereste aufpickend.

Josef konnte von seinem Sofa aus durch die weite Wandöffnung die tiefer liegende Terrasse und den Garten übersehen. „Sie lassen die Buchsbaumhecke in einen Buchstaben umformen, mein Prinz?" fragte er und wies mit dem Kopf auf die unten arbeitenden Gärtner. Titus kaute an einem Stückchen Konfekt. Er war in guter, freimütiger Laune; sein breites Knabengesicht über dem etwas zu kurzen Körper lächelte. „Jawohl, mein Jude", sagte er, „ich lasse die Buchsbaumhecke in einen Buchstaben umformen. Ich lasse auch die Buchsbäume meiner alexandrinischen Villa in einen Buchstaben umformen, auch die Zypressen." – „In den Buchstaben B?" lächelte Josef. „Du bist schlau, mein Prophet", sagte Titus. Er rückte näher; Josef saß, Titus lag, die Arme überm Kopf, und schaute zu ihm auf. „Sie findet", sagte er vertraulich, „ich sehe meinem Vater ähnlich. Sie mag meinen Vater nicht. Ich kann das verstehen; aber ich finde, ich sehe ihm immer weniger ähnlich. Ich habe es nicht leicht mit meinem Vater", klagte er. „Er ist ein großer Mann, er kennt die Menschen, und wer, wenn er die Menschen kennt, sollte sich nicht über sie lustig machen? Aber er tut es ein bißchen gar zu üppig. Jüngst, bei Tafel, als der General Prisk sich dagegen verwahrte, zu dick zu sein, hieß er ihn glatt seinen Hintern entblößen. Es war großartig, wie die Prinzessin einfach vor sich hin schaute. Sie saß still, sah nichts, hörte nichts. Wir können das nicht", seufzte er. „Wir werden da verlegen oder grob. Wie kann man das machen, daß einen so etwas Plumpes nicht anrührt?" – „Es ist nicht schwer", sagte Josef, den Blick auf den Gärtnern, die an den Buchsbäumen beschäftigt waren. „Sie müssen nur dreihundert Jahre hindurch ein Reich beherrschen, dann kommt es von selbst." Titus sagte: „Du bist sehr stolz auf deine Kusine, aber du hast Ursache. Ich kenne doch nun Frauen aus allen acht Windrichtungen. Im Grunde ist es immer das gleiche, und mit ein bißchen Routine hat man sie bald an dem Punkt, wo man sie haben will. Sie kriege ich nicht an den Punkt. Hast du gewußt, daß ein Mann in meinen Jahren und in meiner Stellung schüchtern sein kann? Vor ein paar Tagen habe ich ihr gesagt: ‚Eigentlich sollte man Sie zur Kriegsgefangenen erklären; denn mit dem Herzen sind Sie bei den »Rächern Israels«.' Sie sagte einfach ja. Ich hätte weitergehen sollen, ich hätte sagen sollen: Da du also eine Kriegsgefangene bist, so nehme ich dich als meinen privaten Beuteanteil. Jeder andern Frau hätte ich das gesagt, und ich hätte sie genommen." Sein verwöhntes Knabengesicht war geradezu bekümmert.

Josef, sitzend, sah hinunter auf den Prinzen. Josefs Antlitz war härter geworden und zeigte, unbeobachtet, oft einen erschreckend finstern Hochmut. Er wußte jetzt wiederum ein gut Teil besser, was Macht ist, was Demut und was Demütigung, was Wollust ist, Schmerz, Tod, Erfolg, Aufstieg, Niederbruch, freier Wille und Gewalt. Es war ein wohlerworbenes Wissen, nicht unterm Preis bezahlt. Er hatte den Prinzen gern. Er stieß bei ihm rasch auf Verständnis und Gefühl, und er hatte ihm viel zu verdanken. Jetzt aber, bei allem Wohlwollen, sah er aus diesem seinem teuer erkauften Wissen heraus auf ihn hinunter. Er, Josef, wurde mit Frauen fertig, für ihn war Berenike nie ein Problem gewesen, und er an Stelle des Prinzen wäre längst mit dieser Sache zu Rande gekommen.

Aber es war gut, daß es war, wie es war, und als nun der Prinz den Josef bat, knabenhaft, vertrauensvoll und ein wenig geniert, er möge ihm doch raten, wie er sich zu Berenike stellen solle, um voranzukommen, und er möge bei der Prinzessin für ihn wirken, da sagte er das erst nach einigem Nachdenken zu und tat, als sei es eine schwierige Aufgabe.

Es war keine schwere Aufgabe. Berenike hatte sich seit seiner Geißelung verändert. Statt jenes Fließenden aus Haß und Neigung war jetzt zwischen ihnen eine ruhige Gemeinsamkeit, herrührend aus Verwandtschaft des Wesens und Ähnlichkeit des Ziels.

Berenike machte sich vor Josef nicht kostbar; rückhaltlos ließ sie ihn in ihr Leben hineinschauen. Oh, sie hat sich nie lange geziert, wenn ihr ein Mann gefiel. Sie hat mit manchem Manne geschlafen, sie hat Erfahrungen. Aber lang gedauert hat eine solche Bindung nie. Es sind nur zwei Männer, die sie sich nicht aus ihrem Leben fortdenken könnte. Der eine ist Tiber Alexander, mit dem sie verwandt ist. Kein junger Mann mehr, nicht jünger als der Kaiser. Aber wie großartig biegsam, wie höflich und geschmeidig ist er bei aller Härte und Entschiedenheit. Ebenso fest wie der Kaiser und trotzdem niemals plump und bäurisch. Er ist ein großer Soldat, er hält seine Legionen in strengster Zucht und kann sich dennoch jeden Umweg der Höflichkeit und des Geschmacks leisten. Und dann ist da ihr Bruder. Die Ägypter sind weise, wenn sie von ihren Königen verlangen, daß Bruder und Schwester sich paaren. Ist Agrippa nicht der klügste Mann der Welt und der vornehmste, mild und stark wie Wein später Lese? Man wird weise und gut, wenn man nur an ihn denkt, und die Zärtlichkeit für ihn macht einen reich. Josef nimmt nicht zum erstenmal wahr, wie ihr kühnes Gesicht sich sänftigt, wenn sie von ihm spricht, und ihre langen Augen sich verdunkeln. Er lächelt, er ist ohne Neid. Es gibt Frauen, die, auch wenn sie von ihm sprechen, sich so verändern.

Vorsichtig lenkt er auf Titus. Gleich fragt sie: „Sollen Sie vorfühlen, mein Doktor Josef? Titus kann höllisch klug sein; aber wenn es um mich geht, wird er linkisch, und sein Ungeschick steckt sogar einen so geschickten Menschen wie Sie an.

Er ist täppisch, mein Titus, ein riesiges Baby. Man kann wirklich nicht anders zu ihm sagen als Janik. Er hat sich für dieses Wort ein eigenes stenographisches Zeichen ausgedacht, so oft sage ich es. Er schreibt nämlich fast alles mit, was ich sage. Er hofft, Sätze zu finden, auf die er mich dann festlegen kann. Er ist ein Römer, ein guter Jurist. Sagen Sie, ist er eigentlich gutmütig? Die meiste Zeit des Tages ist er gutmütig. Dann plötzlich macht er, einfach aus Neugier, Experimente, bei denen Tausende von Existenzen draufgehen, ganze Städte. Er bekommt unangenehm kalte Augen dann, und ich wage nicht, ihm einzureden." – „Er gefällt mir sehr, ich bin mit ihm befreundet", sagte ernsthaft Josef.

„Ich habe oft Angst um den Tempel", sagte Berenike. „Wenn Gott ihm die Neigung zu mir eingeflößt hat, sagen Sie selbst, Josef, kann es zu anderm Zweck sein, als um seine Stadt zu retten? Ich bin sehr bescheiden geworden. Ich denke nicht mehr daran, daß von Jerusalem aus die Welt regiert werden soll. Aber bleiben muß die Stadt. Sie dürfen das Haus Jahves nicht zertreten." Und still und angstvoll, mit schlichter, großer Gebärde die Handflächen nach außen drehend, fragte sie: „Ist das schon zuviel?"

Josef verfinsterte sich. Er dachte an Demetrius Liban, er dachte an Justus. Aber er dachte auch an Titus, wie er neben ihm gelegen war, aus offenen, freundschaftlichen Knabenaugen zu ihm aufschauend. Nein, es war unmöglich, daß dieser junge, freundliche Mensch mit seinem Respekt vor altem, heiligem Gut seine Hand gegen den Tempel heben würde. „Vor Jerusalem wird Titus kein böses Experiment machen", sagte er mit großer Bestimmtheit.

„Sie sind sehr zuversichtlich", sagte Berenike. „Ich bin es nicht. Ich weiß nicht, ob er mir nicht schon aus der Hand geglitten wäre, wenn ich ein Wort gegen seine Experimente gewagt hätte. Er schaut mir nach, wenn ich gehe, er findet mein Gesicht besser geschnitten als andere, nun ja, wer tut das nicht?" Sie trat ganz nahe an Josef heran, legte ihm ihre Hand auf die Schulter, eine weiße, gepflegte Hand, und man sah nichts mehr von den Rissen und Schrunden der Wüste. „Wir kennen die Welt, mein Vetter Josef. Wir wissen, daß der

Trieb des Menschen immer da ist, daß er stark ist und daß ein Kluger viel erreichen kann, wenn er den Trieb des Menschen zu verwerten weiß. Ich danke Gott, daß er dem Römer diese Begier eingepflanzt hat. Aber, glauben Sie mir, wenn ich heute mit ihm schlafe, dann wird er, wenn er seine neugierigen Augen bekommt, auf mein Wort bestimmt nicht mehr achten." Sie setzte sich; sie lächelte, und Josef erkannte, daß sie ihren Weg weit voraussah. „Ich werde ihn knapphalten", schloß sie kühl, rechnerisch, „ich werde ihn nicht zu nah heranlassen." – „Sie sind eine kluge Frau", anerkannte Josef. „Ich will, daß der Tempel nicht zerstört werde", sagte Berenike.

„Was soll ich meinem Freunde Titus sagen?" überlegte laut Josef. „Hören Sie gut zu, mein Vetter Josef", forderte Berenike ihn auf. „Ich warte auf ein Vorzeichen. Sie kennen das Dorf Thekoa, bei Bethlehem. Dort hat mein Vater bei meiner Geburt einen Pinienhain gepflanzt. Obwohl jetzt im Bürgerkrieg harte Kämpfe um Thekoa waren, hat der Hain nicht gelitten. Hören Sie gut zu. Wenn der Hain noch steht zur Zeit, da die Römer in Jerusalem einziehen, dann mag mir Titus ein Brautbett aus dem Holz meiner Pinien machen lassen."

Josef überlegte scharf. Soll dies ein Zeichen sein für das Wesen des Titus oder für das Schicksal des Landes? Will sie ihr Beilager mit Titus abhängig machen von der Schonung des Landes, oder will sie sich sichern vor der neugierigen Grausamkeit des Mannes? Und soll er ihre Mitteilung an Titus weitergeben? Was eigentlich will sie?

Er setzte zu einer Frage an. Aber das lange, kühne Gesicht der Prinzessin war hochmütig zugesperrt, die Stunde der Offenheit war vorbei, und Josef wußte, es war sinnlos, weiter zu fragen.

Eines Morgens, als Josef sich zum Frühempfang im kaiserlichen Palais einfand, war im Schlafzimmer Vespasians ein Porträt der Dame Cänis ausgestellt, das der Maler Fabull im Auftrag des Kaisers in aller Heimlichkeit geschaffen hatte. Das Bild war für das Chefkabinett der Kaiserlichen Vermögensverwaltung bestimmt. Ursprünglich hatte Vespasian gewünscht, es solle neben der Dame Cänis als Schirmherr der Gott Merkur stehen, dazu eine Glücksgöttin mit dem Füllhorn, und vielleicht auch die drei Parzen, goldene Fäden spinnend. Aber der Maler Fabull hatte erklärt, er komme damit nicht zurecht, und hatte die Dame Cänis auf sehr realistische Art dargestellt, an ihrem Schreibtisch sitzend, Rechnungen überprüfend. Hart und genau spähten ihre braunen Augen aus dem breiten, kräftigen Gesicht. Still saß sie, dabei unheimlich lebendig; der Kaiser hatte gescherzt, man müsse das Bild nachts anbinden, daß ihm Cänis nicht durchgehe. So sollte sie sitzen über dem Schreibtisch seines obersten Kaisers, immer mit ihren scharfen Augen zur Stelle, auf daß keine Schlampereien und Durchstechereien passierten. Der Kaiser bedauerte, daß sein Merkur nicht auf dem Bild war, aber es gefiel ihm trotzdem. Auch die Dame Cänis war zufrieden; nur eines ärgerte sie, daß der Maler ihr keine pompösere Frisur hatte zubilligen wollen.

Wer schärfer zusah, erkannte ohne Mühe, daß das Porträt von einem Meister gemalt war, aber nicht eben von einem Freund der Dame Cänis. Sie war eine große Geschäftsfrau, fähig, die Finanzen des ganzen Reiches zu überblicken und zu ordnen, mit einem warmen Herzen für Vespasian und für das Volk von Rom. Auf dem Bild des Malers Fabull wurde sie zu einer rechenhaften, kniffligen Hausmutter. Und war das Resolute, Stattliche der Frau auf dem Bild nicht bis über die Grenzen des Plumpen hinübergesteigert? Es war wohl so, daß der Maler Fabull, der Verehrer der alten Senatoren, seinen Haß gegen die hochgestiegenen Kleinbürger in das Bild mit hineingemalt hatte.

Aus der weiten Empfangshalle führte eine mächtige, offene Tür in das Schlafzimmer des Kaisers. Hier ließ er sich, wie die Sitte es wollte, vor aller Augen ankleiden. Und hier saß neben der gemalten Cänis die lebendige. Ihr Freund, der Mann, an den sie geglaubt hatte, als er noch sehr gering einherging, war jetzt Kaiser geworden, und sie saß neben ihm. Ihr Wesentliches war auf dem Bild, und dafür stand sie ein. Langsam schoben sich die Aufwartenden aus der Empfangshalle in das Schlafzimmer, drängten sich vor dem Bild, passierten vorbei, langsam, eine endlose Reihe; jeder fand ein paar künstliche Worte der Bewunderung und der Verehrung. Die Dame Cänis kassierte sie streng ein, und Vespasian lächelte.

Josef spürte vor dem Bild Unbehagen. Er fürchtete die Dame Cänis, und er sah gut, daß da Dinge mitgemalt waren, geeignet, seine Abneigung zu nähren und zu rechtfertigen. Trotzdem empfand er es wieder als einen Verstoß gegen die Schöpfung, Dinge neu schaffen zu wollen, die der unsichtbare Gott geschaffen hatte. Jahve war es, der dieser Frau ihre Plumpheit, ihre kalte Rechenhaftigkeit eingeblasen hatte; der Maler Fabull überhob sich, wenn er nun seinesteils ihr diese Eigenschaften verleihen wollte. Voll Widerwillen sah er auf den Maler. Der stand in der Nähe des Kaisers. Sein fleischiger, strenger, sehr römischer Kopf schaute durch die Besucher hindurch; säuerlich, hochmütig, unbeteiligt stand er, während er die Schmeichelworte der Besucher einsog.

Auch das Mädchen Dorion war da. Die geschwungenen Lippen ihres großen, vorspringenden Mundes lächelten, ein heller Schein war um ihr zartes, hochfahrendes Gesicht. Ihr Vater hatte seine Schrullen, niemand wußte das besser als sie, aber das Bild war ein Meisterwerk, voll von Kunst und Erkenntnis, und diese Dame Cänis lebte nun für immer genau so, wie ihr Vater sie sah und wollte; ihre Plumpheit, ihr scharfer Geiz waren nun ins Licht gehoben, für ewig in die sichtbare Welt gestellt. Dorion liebte Bilder leidenschaftlich, sie verstand sich auf die Technik bis in die letzten Schattierungen. Ihr Vater hatte vielleicht noch Wirksameres gemalt, aber dies war sein bestes Porträt; hier hatte er seine Grenzen ganz ausgefüllt, und es waren weite Grenzen.

Die Empfangshalle war gedrängt voll. Dorion lehnte an einer Säule, groß, schmal, zart, den gelbbraunen, dünnen Kopf nach hinten geworfen. Leicht mit der stumpfen Nase schnupperte sie, ihre kleinen Zähne lagen bloß, sie genoß die Wirkung des Bildes, sie genoß das etwas verblüffte Unbehagen der Beschauer nicht weniger als ihre Bewunderung. Sie freute sich, als sie Josef sah. Er war weit weg, aber sie hatte mit schrägem, raschem Blick erkannt, daß auch er sie wahrgenommen hatte, und sie wußte, daß er jetzt zu ihr vordringen werde.

Sie hatte seit dem Fest auf der Insel Pharus den jungen Juden nicht wieder gesehen. Als man ihr von seiner Geißelung erzählte, hatte sie ein paar böse und leichtfertige Witze gemacht, aber in ihrem Innersten hatte sie sich damals gefühlt wie in einer Schaukel, wenn sie ganz oben ist und gerade vor dem Umkippen; denn sie war fest überzeugt, der freche, schöne und begabte Mensch habe die Geißelung auf sich genommen, nur um sich den Weg zu ihr frei zu machen.

Gekitzelt von Erwartung sah sie, wie er sich näher an sie heranbahnte. Aber als er sie begrüßte, mußte sie sich erst erinnern, wer er sei. Dann wußte sie es: ach ja, der junge jüdische Herr, den der Kaiser von ihrem Vater porträtiert haben wollte. Jetzt seien ja die Vorbedingungen des Kaisers besser erfüllt; sie habe gehört, Josef habe sich mittlerweile freiwillig allerlei heftigen Kasteiungen unterzogen. Sein Gesicht jedenfalls sei viel hagerer geworden, und sie könne sich wohl vorstellen, daß man nicht viel dazutun müsse, um jenes Prophetische an ihm zu finden, das der Kaiser vermißte. Mit langsamer, aufreizender Neugier schaute sie ihn auf und ab, und mit heller, dünner Stimme fragte sie ihn, ob die Narben der Geißelung noch sehr sichtbar seien.

Josef schaute auf ihre dünnen, braunen Hände, dann schaute er nach dem Bild der Dame Cänis, dann wieder auf Dorion, sichtlich einen Vergleich ziehend, und sagte: „Sie und die Dame Cänis sind hier in Alexandrien die einzigen Frauen, die mich nicht leiden mögen.“ Dorion, wie er es beabsichtigt hatte, ärgerte sich über diese Zusammenstellung. „Ich glaube“, fuhr er fort, „das Bild von mir wird nicht zustande kommen. Ihr Herr Vater liebt mich nicht mehr als ein verwesendes Schweineaas, und Sie, Dorion, finden, ich brauchte Fasten und Geißelung, um ein würdiges Modell zu werden. Ich glaube, es wird den Späteren nichts übrigbleiben, als mich aus meinen Büchern kennenzulernen und nicht aus einem Werk des Fabull.“ Aber er dämpfte seine Stimme, während er diese stacheligen Worte sprach, daß sie fast wie eine Schmeichelei klangen, und dem Mädchen Dorion schien die Tönung seiner Rede wichtiger als ihr Inhalt. „Ja, Sie haben recht", erwiderte sie, „mein Vater mag Sie nicht. Aber Sie sollten sich bemühen, gegen diese Antipathie anzugehen. Glauben Sie mir, es lohnt. Ein Mann wie Sie, Doktor Josef, der die vierzig Schläge auf sich genommen hat, sollte dem Maler Fabull ein verärgertes Wort nicht zu lange nachtragen." Ihre Stimme klang nicht mehr schrill, sie wurde so sanft wie seinerzeit, als sie mit der Katze gesprochen hatte.

Josef, infolge des Gedränges, stand so nahe an ihr, daß er sie fast berührte. Er sprach leise, als sollten es die andern nicht hören, vertraulich. Er wurde ernsthaft. „Ihr Vater mag ein großer Mann sein, Dorion", sagte er, „aber wir Juden hassen seine Kunst. Das ist kein Vorurteil, wir haben gute Gründe." Sie schaute ihn spöttisch an aus ihren meerfarbenen Augen und sagte ebenso leise und vertraulich: „Sie sollten nicht so feig sein, Doktor Josef. Denn es ist nur, weil ihr feig seid. Ihr wißt sehr gut, daß es kein besseres Mittel gibt, den Dingen auf den Grund zu kommen, als die Kunst. Ihr wagt es nicht, euch der Kunst zu stellen, das ist alles." Josef lächelte mitleidig aus der Höhe seiner Überzeugung. „Wir sind vorgedrungen bis zum Unsichtbaren hinter dem Sichtbaren. Nur deshalb glauben wir nicht mehr an das Sichtbare, weil es zu billig ist." Aber das Mädchen Dorion, aus der Tiefe ihres Gemütes heraus, und ihre Stimme wurde vor Eifer ganz schrill, redete auf ihn ein. „Die Kunst ist das Sichtbare und Unsichtbare zugleich. Die Wirklichkeit stümpert der Kunst nach, sie ist nur eine unfertige, fehlerhafte Nachahmung der Kunst. Glauben Sie mir, der große Künstler schreibt der Wirklichkeit ihre Gesetze vor. Mehrmals hat mein Vater das getan, willentlich oder nicht." Ihr großer Kinderkopf kam ihm ganz nahe, sie sprach ihm fast ins Ohr vor Geheimnis. „Erinnern Sie sich, wie die Senatorin Drusilla starb? An einem Stich durch die linke Schulter ins Herz. Niemand weiß, wer den Stich geführt hat. Ein Jahr zuvor hatte mein Vater ihr Bild gemalt. Er hatte ihr einen Fleck auf die entblößte Schulter gemalt, eine Art Narbe; es war ein technischer Grund, er mußte den Fleck haben. Es war diese Stelle der Schulter, durch die der Stich ging." Sie standen in dem hellen, hohen Raum, rings um sie waren gut angezogene, schwatzende Damen und Herren, es war ein nüchterner Dienstag, aber um die beiden jungen Menschen war Schleier und Geheimnis. Lächelnd glitt Dorion aus diesem Dämmerigen heraus. „Eigentlich“, meinte sie in verbindlichem, konventionellem Ton, „müßten solche Dinge den Propheten Josef mit dem Maler Fabull verbinden.“

Josef, gerade weil ihn die Argumente des Mädchens angerührt hatten, behauptete hartnäckig die Überlegenheit des Wortes über das Bild. Die Überlegenheit des gottgedrängten jüdischen Wortes vor allem. Das Mädchen Dorion krümmte die Lippen, lächelte, lachte laut heraus, ein hohes, scheppterndes, bösartiges Lachen. Was sie von hebräischen Büchern kenne, erklärte sie, damit könne sie wenig anfangen; es sei voll von törichtem Aberglauben. Sie habe sich aus seinem Makkabäerbuch vorlesen lassen. Sie bedaure, es seien leere, tönende Worte. Wenn der Mann Josef so leer wäre wie das Buch, läge ihr nichts daran, daß ein Porträt von ihm zustande käme. Josef selber hatte in letzter Zeit das Makkabäerbuch nach Kräften verleugnet. Jetzt fand er ihr Urteil dreist und albern, es verdroß ihn. Er schlug zurück und erkundigte sich freundlich nach ihren Göttern, gewissen Tiergöttern, ob sie auch eifrig Teller leckten und Milch stählen. Sie erwiderte heftig, geradezu grob; das Gespräch der beiden war wahrscheinlich das unhöflichste, das in der weiten Halle geführt wurde.

Da der Prinz Titus bei Fabull ein Bild der Berenike bestellt hatte, kam das Mädchen Dorion in den festfreudigen Kreis der Villa in Canopus. Nun war sie beinahe täglich mit Josef zusammen. Er sah, wie die andern sie behandelten, sehr höflich, sehr galant und im Grunde verächtlich, wie eben alexandrinische Herren hübsche Frauen zu behandeln pflegten. In andern Fällen machte er es ebenso; bei ihr wollte es ihm nicht glücken. Das reizte ihn. Er warf sich besinnungslos in seine Leidenschaft. Scharf, in Gegenwart anderer, verspottete er sie, um sie dann ebenso maßlos vor andern anzubeten. Mit der Sicherheit eines klugen Kindes durchschaute sie ihn, seine Sucht zu glänzen, seine Eitelkeit, seine Würdelosigkeit. Sie hatte gelernt, was Würde ist. Sie sah, wie es an ihrem Vater fraß, daß die Aristokratie ihn nicht gelten ließ, sie sah, wie die Römer auf die Ägypter herabschauten. Ihre ägyptische Mutter, ihre Bonne hatten ihr beigebracht, aus wie uraltem, heiligem Blut sie sei, ihre Väter schliefen unter spitzen, hohen, dreieckigen Bergen. Und waren die Juden nicht die verächtlichsten der Menschen, lächerlich wie Affen, nicht viel besser als unreine Tiere? Nun konnte sie gerade von diesem Juden nicht loskommen, und gerade seine Würdelosigkeit zog sie an, seine uferlose Hingabe an das, was ihn im Augenblick fesselte, der jähe Wechsel, wie er sich aus einer Wallung in die andere schmiß, die Schamlosigkeit, mit der er seine Gefühle heraussagte. Sie streichelte ihre Katze Immutfru: „Er ist stumpf vor dir. Er hat kein Herz, er weiß nicht, was du bist und was Bilder sind und was das Land Kemet ist. Immutfru, mein kleiner Gott, kralle mich, daß mein Blut herausrinnt, denn mein Blut muß schlecht sein, weil ich an ihm hänge, und ich bin lächerlich, weil ich an ihm hänge." Die Katze saß auf ihrem Schoß, schaute sie aus ihren runden, leuchtenden Augen an.

Einmal, bei einem heftigen Streit mit Josef, im Beisein anderer, sagte sie zu ihm, voll Haß und Triumph: „Warum, wenn Sie mich für so töricht halten, haben Sie sich geißeln lassen, um sich für mich frei zu machen?" Er war verblüfft, er wollte sie verlachen, aber sogleich hatte er sich wieder in der Gewalt, schwieg.

Als er allein war, riß es ihn hin und her. War es ein Hinweis des Schicksals, ein Vorzeichen, daß die Ägypterin seine Geißelung so deutete? Er hatte sich richtig verhalten, als er diese Deutung zuließ; einer Frau gegenüber, die man haben wollte, war eine solche schweigende Lüge erlaubt. Aber war es denn eine Lüge? Immer hatte er diese Frau haben wollen, und hatte er je daran denken können, daß sie ohne Opfer und Zeremonie mit ihm schlafen werde? Es war eine große Lockung, sie zu seiner Frau zu machen. Sie war ihm, dem Priester, verboten, selbst wenn sie zum Judentum übertrat. Wozu hatte er die Geißelung auf sich genommen, wenn er gleich darauf von neuem das Gesetz verletzte? Die Makkabi-Leute werden schreien, schlimmer, sie werden lachen. Mögen sie. Es wird süß sein, es wird eine Lust sein, für die Ägypterin Opfer zu bringen. Die Sünde, jene zu heiraten, die der Römer ausgespien hatte, war ekel gewesen, schmutzig. Diese Sünde schimmerte prächtig. Es war eine sehr große Sünde. Du sollst dich nicht vergatten mit den Töchtern der Fremden, hieß es in der Schrift, und Pinchas, als er sah, daß einer aus der Gemeinde Israel hurte mit einer Midianitin, nahm einen Spieß und ging dem Manne nach in den Hurenwinkel und durchstach beide, den Mann und das Weib, durch ihren Bauch. Ja, es war eine sehr große Sünde. Andernteils: sein Namensvetter Josef hatte die Tochter eines ägyptischen Priesters geheiratet, Moses eine Midianitin, Salomo eine Ägypterin. Die Kleinen mußten sich kleine Maße gefallen lassen, denn sie liefen Gefahr, sich bei den Töchtern der Fremden zu verliegen und ihre Götter anzunehmen. Er, Josef, gehörte zu jenen, die stark genug waren, das Fremde in sich aufzunehmen, ohne darin unterzugehen. Reiße dich los von deinem Anker, spricht Jahve. Er verstand plötzlich den dunkeln Spruch, man solle Gott mit beiden Trieben lieben, dem bösen und dem guten.

Bei der nächsten Zusammenkunft mit Dorion sprach er von Verlöbnis und Heirat wie von einem alten, oft erörterten Projekt. Sie lachte nur, ihr dünnes, schepperndes Lachen. Aber er tat, als höre er es nicht, er war besessen von seinem Plan, von der Andacht zu seiner Sünde. Schon besprach er die Einzelheiten, das Datum, die Formalitäten ihres Übertritts zum Judentum. Waren nicht oft in Rom wie in Alexandrien Frauen auch der höchsten Schicht zum Judentum übergetreten? Das Ganze ist etwas verwickelt, dennoch wird es nicht allzu lange dauern. Sie lachte nicht einmal, sie schaute ihn an wie einen Verrückten.

Vielleicht war es gerade die Verrücktheit seines Projekts, die sie anzog. Sie dachte an das Gesicht ihres Vaters, den sie liebte und verehrte. Sie dachte an die Väter ihrer Mutter, die einbalsamiert unter den spitzen Bergen schliefen. Aber dieser Jude wischte mit dem Fanatismus eines Irren alle Einwände fort. Es gab keine Schwierigkeiten für ihn, alle Gegengründe der Vernunft waren Luft. Glückstrahlend, mit heftigen

Augen, erzählte er dem Titus und den Gästen der Villa in Canopus von seinem Verlöbnis mit dem Mädchen Dorion.

Das Mädchen Dorion lachte. Das Mädchen Dorion sagte: er ist toll. Aber den Josef kümmerte das nicht. War nicht alles Große und Wichtige zuerst für toll gehalten worden? Allmählich unter seiner Heftigkeit, unter seiner querköpfigen Zähigkeit gab sie nach. Widersprach, wenn die andern das Projekt für wahnwitzig erklärten. Kam mit den Argumenten Josefs. Schon fand sie die Idee nicht mehr absurd. Schon hörte sie genau zu, wenn Josef die Einzelheiten erörterte, begann mit Josef um diese Einzelheiten zu feilschen.

Der Übertritt zum Judentum war nicht schwierig. Frauen waren zur Einhaltung der zahlreichen Gebote nicht verpflichtet, nur an die Verbote waren sie gebunden. Josef war bereit zu weiteren Zugeständnissen. Wollte sich mit der Versicherung begnügen, sie werde nicht die Sieben Gebote für Nichtjuden übertreten. Sie lachte, trotzte. Was, sie soll ihre Götter abschwören, Immutfru, ihren kleinen Katzengott? Josef redete ihr zu. Sagte sich, was man erweichen wolle, das müsse man zuerst richtig hart werden lassen, was man zusammendrücken wolle, das müsse man zuerst richtig sich ausdehnen lassen. Er hielt an sich, übte Geduld. Wurde nicht müde, immer die gleichen Gespräche zu führen.

Vor Titus aber ließ er sich gehen, klagte heftig über die Halsstarrigkeit des Mädchens. Titus war ihm gewogen. Er hatte auch keine Abneigung gegen jüdische Lehren und Bräuche; eine Gemeinschaft, die Frauen wie Berenike hervorbrachte, verlangte mit Recht Achtung. Aber daß jemand, durch Geburt einem andern Glauben verhaftet, die sichtbaren Götter seiner Ahnen abschwören und sich dem unsichtbaren Judengott zuneigen sollte, war das nicht etwas viel verlangt? Der Prinz kramte in seinen stenographischen Notizen, er hatte sich einige besonders abstruse Glaubenssätze und Lehrmeinungen der jüdischen Doktoren aufnotiert. Nein, sich zu solchem Aberglauben zu bekennen, das war dem Mädchen Dorion nicht zuzumuten. Sie lagen bei Tisch, zu dreien, Josef, der Prinz, das Mädchen Dorion, und diskutierten eifrig, ernsthaft, was man füglich von einem Proselyten fordern dürfe, was nicht. Der kleine Gott Immutfru lag auf Dorions Schulter, klappte seine leuchtenden Augen auf, zu, gähnte. Immutfru abschaffen, nein, auch Titus war der Meinung, das ginge zuweit. Nach vielem Hin und Her war Josef damit einverstanden, daß das Judentum des Mädchens Dorion sich auf eine formale Erklärung des Übertritts vor den zuständigen Gemeindebeamten beschränken solle.

Nun aber kamen die Gegenforderungen der Ägypterin. Sie lag da, lang, locker, zart bis zur Gebrechlichkeit; unter der stumpfen Nase sprang groß der Mund vor. Sie lächelte, sie strengte sich nicht an, ihre Stimme blieb dünn und höflich, aber sie ging von ihrer Forderung nicht ab. Sie dachte an ihren Vater, an seinen lebenslangen Kampf um gesellschaftliche Geltung, und sie verlangte kindlich, still, dünn und eigensinnig, Josef müsse sich das römische Bürgerrecht erwirken.

Josef, unterstützt von Titus, hielt ihr entgegen, ein wie schweres und langwieriges Unternehmen das sei. Sie zuckte die Achseln. „Es ist unmöglich", rief er zuletzt, erbittert. Sie zuckte die Achseln, sie erblaßte, sehr langsam, wie das ihre Art war, zuerst um den Mund herum, dann ergriff die Blässe ihr ganzes Gesicht. Und sie beharrte: „Ich will die Frau eines römischen Bürgers sein." Sie sah Josefs finstere Augen, und mit ihrer dünnen, hohen Stimme formulierte sie: „Ich bitte Sie, Doktor Josef, binnen zehn Tagen römischer Bürger zu sein. Dann bin ich bereit, vor Ihren Gemeindebeamten meinen Übertritt zu Ihrem Gott zu erklären. Wenn Sie aber nicht binnen zehn Tagen römischer Bürger sind, dann halte ich es für besser, wir sehen uns nicht mehr." Josef sah ihre dünnen, braunen Hände, die die langen, rotbraunen Haare der Katze Immutfru kraulten, er sah ihre schräge Kinderstirn, ihr leichtes, reines Profil. Er war erbittert, und er begehrte sie sehr. Er wußte mit großer Gewißheit: ja, so wird es sein. Wenn er nicht in zehn Tagen das Bürgerrecht hat, dann wird er dieses gelbbraune Mädchen, das so gelassen mit gelockerten Gliedern daliegt, wirklich nie mehr zu Gesicht bekommen.

Titus griff ein. Er fand die Forderung Dorions hoch, aber war Josefs Forderung niedrig? Er wog sachlich Josefs Chancen ab, er betrachtete das Ganze sportlich, als eine Art Wette.

Es war nicht ausgeschlossen, daß der Kaiser, der Josef wohlwollte, ihm das Bürgerrecht verlieh. Billig freilich wird die Sache nicht werden. Vermutlich wird die Dame Cänis die Gebühren festsetzen, und die Dame Cänis, das weiß jeder, gibt es nicht billig. Zehn Tage sind eine kurze Zeit. „Du mußt dich gut daranhalten, mein Jude", sagte er, und: „Gürte dich! Das Blei aus den Schuhen!" spornte er ihn lächelnd mit dem Zuruf an die Läufer der sportlichen Spiele.

Das Mädchen Dorion hörte sich die Überlegungen der beiden mit an. Ihre meerfarbenen Augen gingen von einem zum andern. „Es soll ihm nicht leichter gemacht werden als mir", sagte sie. „Ich bitte Sie sehr, Prinz Titus, unparteiisch zu bleiben und weder für noch gegen ihn einzugreifen."

Josef ging zu Claudius Regin. In zehn Tagen das Bürgerrecht zu erwerben, wenn das überhaupt jemand möglich machen konnte, dann war es er.

Claudius Regin ist in Alexandrien noch leiser geworden, noch unscheinbarer, noch verwahrloster. Nicht viele wissen um die Rolle, die er spielt. Aber Josef weiß darum. Er weiß, daß dieser Regin die Ursache ist, wenn jetzt zum Beispiel die Herren der jüdischen Gemeinde mit sehr andern Blicken auf die Westjuden schauen als früher. Er weiß, daß diesem Regin, wenn kein anderer mehr helfen kann, immer noch ein letzter Trick einfällt. Mit wie schlichten Mitteln etwa hat er bewirkt, daß Vespasian, seit der Salzfischsteuer in Alexandrien überaus unpopulär, plötzlich von neuem zum Liebling des Volkes wurde. Er hat den Kaiser einfach Wunder tun lassen. Wunder waren im Osten immer geeignet, den Täter beliebt zu machen, aber erst dieser Mann aus dem Westen mußte kommen, ehe man das alterprobte Mittel anwandte. Josef war selbst zugegen, wie der Kaiser einen stadtbekannten Lahmen gehen machte und einem Blinden die Sehkraft wiedergab, indem er ihnen die Hand auflegte. Seither ist Josef noch unbehaglicher überzeugt von den Fähigkeiten Regins.

Fett, schmuddelig, aus schläfrigen Augen von der Seite her blinzelnd, hörte der Verleger zu, wie Josef ihm ein wenig steif und behindert auseinandersetzte, er müsse das Bürgerrecht haben. Er schwieg eine Weile, als Josef zu Ende war. Dann, mißbilligend, meinte er, Josef habe immer so kostspielige Bedürfnisse. Die Einkünfte aus der Verleihung des Bürgerrechts seien eine der wichtigsten Einnahmequellen der Provinz. Man müsse, schon um das Bürgerrecht nicht zu entwerten, sparsam damit umgehen und die Gebühren hoch halten. Josef, hartnäckig, erwiderte: „Ich muß das Bürgerrecht rasch haben." – „Wie rasch?" fragte Regin. „In neun Tagen", sagte Josef. Regin saß faul in seinem Sessel, seine Hände baumelten feist von der Lehne. „Ich brauche das Bürgerrecht, weil ich heiraten will", sagte verbissen Josef. „Wen?" fragte Regin. „Dorion Fabulla, die Tochter des Malers", sagte Josef. Regin wiegte den Kopf ablehnend: „Eine Ägypterin. Und gleich heiraten. Und das Bürgerrecht muß es auch sein." Josef saß da, hochmütig, mit zugesperrtem Gesicht. „Erst haben Sie den Psalm des Weltbürgers geschrieben", dachte Regin laut nach, „das war gut. Dann haben Sie sich mit sehr heftigen Mitteln Ihren Priestergürtel zurückgeholt, das war besser. Jetzt wollen Sie ihn wieder hinwerfen. Sie sind ein stürmischer junger Herr", konstatierte er. „Ich will diese Frau haben", sagte Josef. „Sie müssen immer von allem haben", tadelte mit seiner fettigen Stimme Regin. „Sie wollen immer alles zugleich, Judäa *und* die Welt, Bücher *und* Festungen, das Gesetz *und* die Lust. Ich mache Sie höflich darauf aufmerksam, daß man sehr zahlungskräftig sein muß, um für das alles zahlen zu können." – „Ich will diese Frau haben", beharrte eng, wild und töricht Josef. Er wurde dringlich. „Helfen Sie mir, Claudius Regin. Schaffen Sie mir das Bürgerrecht. Ein wenig Dank sind auch Sie mir schuldig. Ist es nicht ein Segen für uns alle und für Sie besonders, daß dieser Mann der Kaiser ist? Habe ich nicht auch das Meine dazu getan? War ich ein falscher Prophet, als ich ihn den Adir nannte?"

Regin beschaute seine Handflächen, drehte die Hände um, beschaute wieder seine Handflächen. „Ein Segen für uns alle", sagte er, „richtig. Ein anderer Kaiser hätte vielleicht mehr auf den Minister Talaß gehört als auf den alten Etrusk und mich. Aber glauben Sie", und er packte Josef plötzlich mit einem überraschend scharfen Blick, „daß, weil er Kaiser ist, Jerusalem stehen bleiben wird?" – „Ich glaube es", sagte Josef. „Ich glaube es nicht", sagte müde Claudius Regin. „Wenn ich es glaubte, dann würde ich Ihnen nicht dazu helfen, diese Dame zu heiraten und Ihren Priestergürtel wegzugeben." Den Josef überfröstelte es. „Der Kaiser ist kein Barbar", wehrte er sich. „Der Kaiser ist ein Politiker", erwiderte Claudius Regin. „Vermutlich haben Sie recht", fuhr er fort, „vermutlich ist es wirklich ein Segen für uns alle, daß er der Kaiser ist. Vermutlich hat er wirklich den guten Willen, Jerusalem zu retten. Aber", er winkte den Josef näher, er machte seine fettige Stimme ganz leise, schlau, geheimnisvoll, „ich will Ihnen einmal ganz im Vertrauen etwas sagen. Im Grund ist es gleichgültig, wer der Kaiser ist. Von zehn politischen Entscheidungen, die ein Mann treffen muß, sind ihm, er sei an welcher Stelle immer, neun durch die Umstände vorgeschrieben. Und je höher einer steht, um so beschränkter ist seine Entschlußfreiheit. Es ist eine Pyramide, der Kaiser ist die Spitze, und die ganze Pyramide dreht sich; aber es ist nicht er, der sie dreht, sie dreht sich von unten her. Es sieht aus, als handle der Kaiser freiwillig. Aber seine fünfzig Millionen Untertanen schreiben ihm seine Handlungen vor. Neun Handlungen von zehn müßte jeder andre Kaiser genau ebenso machen wie dieser Vespasian."

Das hörte Josef nicht gern. Unwirsch fragte er: „Wollen Sie mir helfen, das Bürgerrecht zu erwirken?" Regin ließ ab von ihm, ein wenig enttäuscht. „Schade, daß Sie für ein ernsthaftes Männergespräch nicht zu haben sind", meinte er. „Ich vermisse sehr Ihren Kollegen Justus von Tiberias."

Im übrigen sagte er ihm zu, den Vespasian auf Josefs Angelegenheiten vorzubereiten.

Vespasian, nun seine Herrschaft gesichert schien und die Zeit seiner Abreise nach Italien näherrückte, sperrte sich gegen den Osten mehr und mehr zu. Er war ein großer, römischer Bauer, der von Rom aus römische Ordnung in die Welt bringen wird. Sein Boden hieß Italien, sein Gewissen Cänis. Er freute sich auf die Rückkehr. Er fühlte sich kräftig, stand gut auf seinen Beinen. Es ist von Rom nicht weit nach seinen sabinischen Besitzungen. Bald wird er die gute sabinische Erde riechen, seine Felder, seine Reben und Oliven beschauen.

Mehr als je sah jetzt der Kaiser auch in seinem Privatleben auf Ordnung. Pedantisch hielt er den festgesetzten Tagesplan ein. Jeden Montag, nach der Vorschrift des Arztes Hekatäus, fastete er. Dreimal in der Woche, Sonntag, Dienstag, Freitag, immer unmittelbar nach dem Essen, ließ er sich ein Mädchen kommen, jedesmal ein anderes. In den Stunden darauf pflegte er guter Laune zu sein. Die Dame Cänis verlangte für Audienzen, die sie auf diese Stunden legte, ansehnliche Provisionen.

Es war eine solche Stunde, und zwar an einem Freitag, zu der dem Josef durch Regin ein Empfang bei Vespasian erwirkt wurde. Dem Kaiser machte es Spaß, seinen Juden zu sehen; er liebte Züchtungsexperimente jeder Art. Er wird jetzt zum Beispiel versuchen, afrikanische Fasanen- und Flamingoarten, asiatische Zitronen- und Pflaumenspezialitäten auf seinen sabinischen Besitzungen fortzupflanzen. Warum soll er seinem Juden nicht das römische Bürgerrecht geben? Aber kräftig schwitzen soll der Junge darum. „Sie sind anspruchsvoll, Flavius Josephus", tadelte er bedenklich. „Ihr Juden selber seid verdammt exklusiv. Wenn ich zum Beispiel die Absicht hätte, in euerm Tempel zu opfern, oder wenn ich nur hier in Alexandrien zur Vorlesung eurer Heiligen Schrift aufgerufen werden wollte, ihr würdet mir die größten Schwierigkeiten machen. Ich müßte mich zumindest beschneiden lassen und, Donner und Herakles!, was noch alles. Aber von mir verlangen Sie, daß ich Ihnen eins zwei drei das römische Bürgerrecht gebe. Glauben Sie, Ihre Verdienste um den Staat sind wirklich so groß?" – „Ich glaube", erwiderte bescheiden Josef, „es ist ein Verdienst, als erster erklärt zu haben, daß Sie der Mann sind, dieses Reich zu retten." – „Fuhrwerken Sie nicht etwas heftig herum, mein Jüdlein", schmunzelte der Kaiser, „was Frauen anlangt? Was macht übrigens die Kleine? Ich habe ihren Namen vergessen." Er suchte die aramäischen Worte zusammen: „Sei süß, meine Taube, sei zärtlich, mein Mädchen. Sie wissen schon. Hat sie ein Kind?" – „Ja", sagte Josef. „Ist es ein Knabe?" – „Ja", sagte Josef. „Vierzig

Schläge", schmunzelte der Kaiser. „Ihr Juden seid wirklich exklusiv. Ihr gebt es nicht billig."

Er saß bequem, schaute sich seinen Juden an, der ehrfurchtsvoll vor ihm stand. „Sie haben eigentlich kein Recht", sagte er, „sich auf Ihre frühere Leistung zu berufen. Man sagt mir, Sie huren weidlich herum. Folglich müssen Sie nach Ihrer eigenen Theorie Ihre ganze Begabung verloren haben." Josef schwieg. „Wir wollen einmal sehen", fuhr Vespasian fort und schnaufte vergnügt, „ob von Ihrer Prophetengabe noch was da ist. Los. Prophezeien Sie einmal, ob ich Ihnen das Bürgerrecht geben werde oder nicht." Josef zögerte nur ganz kurz, dann neigte er sich tief: „Ich wende nur Vernunft an, nicht Prophetengabe, wenn ich glaube, daß ein weiser und guter Herrscher keinen Anlaß hat, mir das Bürgerrecht zu verweigern." – „Du drückst dich um die Antwort, du Aal von einem Juden", beharrte der Kaiser. Josef sah, was er gesagt hatte, genügte nicht. Er mußte Besseres finden. Er suchte krampfig, fand. „Jetzt", setzte er an, „da alle erkannt haben, wer der Retter ist, ist meine frühere Sendung erfüllt. Ich habe eine neue Aufgabe." Der Kaiser sah hoch. Josef, ihn aus seinen heißen, dringlichen Augen anschauend, fuhr fort, kühn, mit jähem Entschluß: „Es ist mir auferlegt, nicht mehr die Zukunft, sondern das Vergangene für immer gegenwärtig zu machen." Er schloß entschieden: „Ich will ein Buch schreiben über die Taten des Vespasian in Judäa."

Vespasian richtete überrascht den harten, klaren Blick auf den Bittsteller. Rückte nah an ihn heran, blies ihm seinen Atem ins Gesicht. „Hm, das ist keine schlechte Idee, mein Junge. Ich habe mir meinen Homer freilich anders vorgestellt." Josef, den Handrücken an der Stirn, sagte demütig, doch voll Zuversicht: „Es wird kein unwürdiges Buch sein." Er sah, daß den Kaiser der Gedanke reizte. Ungestüm trieb er weiter. Riß sich die Brust auf, beschwor ihn: „Geben Sie mir das Bürgerrecht. Es wäre eine große, tiefe Gnade, für die ich der Majestät auf den Knien meines Herzens Danklieder singen wollte bis an mein Ende." Und, sich ganz öffnend, mit einer wilden und demütigen Vertraulichkeit flehte er: „Ich muß diese Frau haben. Alles mißlingt mir, wenn ich sie nicht habe. Ich kann nicht ans Werk gehen. Ich kann nicht leben."

Der Kaiser lachte. Nicht ohne Wohlwollen erwiderte er: „Sie gehen stürmisch vor, mein Jude. Sie betreiben Ihre Dinge intensiv, das habe ich schon gemerkt. Aufrührer, Soldat, Schreiber, Agitator, Priester, Büßer, Hurer, Prophet: was Sie machen, das machen Sie ganz. Sagen Sie übrigens, wie ist das? Schicken Sie wenigstens der Kleinen in Galiläa reichlich Geld? Daß Sie sich da nicht drücken, mein Jude. Ich will nicht, daß mein Sohn hungert."

Josef verlor seine Demut. Herausfordernd und töricht erwiderte er: „Ich bin nicht geizig." Vespasian machte die Augen eng. Josef fürchtete, im nächsten Augenblick werde er wüst losbrechen, aber er hielt ihm stand. Doch schon hatte sich der Kaiser wieder in der Gewalt. „Du bist nicht geizig, mein Junge? Das ist ein Fehler", tadelte er väterlich. „Ein Fehler, der sich sogleich rächen wird. Ich bin nämlich geizig. Ich hatte die Absicht, von dir für das Bürgerrecht hunderttausend Sesterzien zu verlangen. Jetzt zahlst du mir diese hunderttausend, und außerdem schickst du fünfzigtausend an die Kleine nach Cäsarea." – „Soviel Geld kann ich nie auftreiben", sagte Josef schlaff.

Vespasian kam auf ihn zu. „Sie wollten doch ein Buch schreiben. Ein vielversprechendes Buch. Verpfänden Sie das Buch", riet er.

Josef stand mutlos. Vespasian gab ihm einen kleinen Klaps, schmunzelte: „Das Herz hoch, mein Jude. In sechs oder sieben Jahren lassen wir uns den Jungen aus Cäsarea nach Rom schicken und schauen ihn uns an. Wenn er mir ähnlich sieht, dann kriegst du deine fünfzigtausend zurück."

Josef hatte sich um Geld nie große Sorgen gemacht. Seine Terrains in der Neustadt von Jerusalem hatten freilich die Makkabi-Leute konfisziert; aber wenn die Römer der Unruhen Herr geworden sind, wird man sie ihm zurückgeben. Vorläufig lebte er von dem Gehalt, das er als Dolmetsch und Beamter des Kaiserlichen Sekretariats bezog. Einen Teil dieses Gehalts ließ er Mara überweisen. Er konnte, da er fast immer Gast des Titus war, in Alexandrien auch ohne viel Geld weit und behaglich leben. Aber aus eigenen Mitteln die hundertfünfzigtausend Sesterzien aufzubringen, die der Kaiser von ihm verlangte, daran war nicht zu denken.

Er hätte vielleicht das Geld bei den großen Herren der jüdischen Gemeinde ausleihen können, aber er fürchtete das Gerede, die wüsten, pathetischen Beschimpfungen der Makkabi-Leute, den hurtigen, gemeinen Witz der Weißbeschuhten. Seine rasche Phantasie sah bereits an den Mauern der Häuser Zeichnungen, die ihn mit dem Mädchen Dorion auf schmutzige Art verknüpften. Nein, er mußte einen andern Weg suchen.

Nach einer Nacht voll bitterer Gedanken nahm er es auf sich, zu Claudius Regin zu gehen. Der Verleger wiegte den Kopf. „Ich kann mir nicht denken", bohrte er hartnäckig, „daß Ihr Herz noch an den Bestand des Tempels glaubt. Sonst würden Sie Ihren Priestergürtel nicht wegwerfen." Josef erwiderte: „Mein Herz glaubt an den Bestand des Tempels, und mein Herz begehrt nach der Ägypterin." – „Ich war sechsmal in Judäa", sagte Regin. „Ich war sechsmal im Tempel, natürlich nur im Vorhof der Nichtjuden, und stand vor dem Tor, das Unbeschnittene nicht durchschreiten dürfen. Ich bin kein Jude, aber ich wäre gern ein siebentes Mal vor diesem Tor gestanden." – „Sie werden dort stehen", sagte Josef. „Ich vielleicht", grinste fatal Regin. „Aber ob dann das Tor noch steht?" – „Wollen Sie mir die hundertfünfzigtausend Sesterzien geben?" fragte Josef. Regin schaute ihn mit seinem unangenehm verhängten Blick auf und ab. „Fahren Sie mit mir hinaus vor die Stadt", schlug er vor. „Dort will ich es mir überlegen."

Die beiden Männer fuhren vor die Stadt. Regin entließ den Wagen, sie gingen zu Fuß weiter. Erst wußte Josef nicht, wo sie waren. Dann sah er ein Gehäuse aufragen, nicht groß, weiß, mit dreieckigem Giebel. Er war nie hier gewesen, aber er wußte von Bildern her, daß das das Grab des Propheten Jeremias war. Grell, kahl, beklemmend stand es auf dem öden Sandfeld in der weißen Sonne. Des Vormittags pflegten viele Wallfahrer das Grab des großen Mannes zu besuchen, der den Untergang des ersten Tempels geweissagt und so herzzerfressend beklagt hatte. Jetzt aber war es Nachmittag, und die beiden Männer waren allein. Gradewegs auf das Grabmal zu ging Regin, und Josef folgte ihm unbehaglich durch den Sand. Zwanzig Schritte vor dem Mal blieb Josef stehen; er durfte als Priester nicht weiter in die Nähe des Toten gehen. Regin aber ging weiter, und, angelangt, hockte er sich nieder auf die Erde, in der Stellung eines Trauernden. Josef stand seine zwanzig Schritte entfernt und wartete, was der andere tun oder sagen werde. Regin aber sagte nichts, er hockte da, der schwere Mann, in unbequemer Stellung, in Sand und weißem Staub, und er schaukelte ein wenig seinen feisten Oberkörper. Langsam begriff Josef, der Mann trauerte um Jerusalem und den Tempel. Wie der Prophet, der hier begraben lag, vor mehr als sechshundert Jahren, da der Tempel noch schimmerte und Judäa übermütig war, Unterwerfung gepredigt und jene Schriftrolle hatte verlesen lassen, voll der wildesten Trauer um die zerstörte Stadt, die doch noch in allem Glanze dastand, so hockte jetzt der große Finanzmann im Sand, ein Bündel Trauer und Nichts, in wortlosem Jammer um die Stadt und den Tempel. Die Sonne ging unter, es wurde empfindlich kalt, aber Regin blieb hocken. Josef stand und wartete. Er kniff die Lippen zusammen, er trat von einem Fuß auf den andern, er fror, er stand und wartete. Es war eine Frechheit von diesem Mann, daß er ihn zwang, mit anzusehen, wie er trauerte. Es sollte wohl eine Anklage sein. Josef lehnte sich auf gegen diese Anklage. Aber er stand hier um Geld, er durfte nicht reden. Allmählich kehrten sich seine Gedanken ab von dem Mann und dem Geld, und wider seinen Willen gingen durch sein Herz die Klagen, Beschwörungen, Verwünschungen des Propheten, der hier begraben lag, die wohlbekannten, immer wieder zitierten, die wildesten, peinvollsten, die jemals ein Mensch geklagt hatte. Der Frost wurde immer schärfer, seine Gedanken wurden immer bitterer, Frost und bittere Gedanken zerbrannten ihn und höhlten ihn ganz aus. Als endlich Regin sich erhob, war dem Josef, als müsse er seine Knochen einzeln weiterschleppen. Regin sagte noch immer nichts. Josef schlich hinter ihm her wie ein Hund, er war klein und verachtet vor dem andern und vor sich selber wie niemals in seinem Leben. Und als sie am Wagen angelangt waren und Regin ihn mit seiner gewöhnlichen, fettigen Stimme aufforderte, er solle mit in den Wagen steigen, lehnte er ab und ging allein die lange, staubige Straße zurück, bitter, peinvoll.

Anderen Tages bat ihn Regin um seinen Besuch. Der Verleger war wie stets von einer etwas groben Umgänglichkeit. „Sie haben lange nichts mehr geschrieben", sagte er. „Ich höre von dem Kaiser, Sie denken an ein Buch über den Krieg in Judäa. Ich mache Ihnen einen Vorschlag, Flavius Josephus. Widmen Sie das Buch mir."

Josef sah hoch. Was Regin gesagt hatte, war die übliche Form eines Verlagsangebots, und so widerwärtig ihm der Mensch war, so schätzte er sein Urteil und war stolz auf diesen Antrag. Das Glück war mit ihm. Gott war mit ihm. Er war allen ein Ärgernis, dem Jochanan Ben Sakkai, dem Kaiser, dem Claudius Regin. Aber wenn es darauf ankam, glaubten sie an ihn und standen zu ihm.

„Ich will das Buch schreiben", sagte er. „Ich danke Ihnen."

„Das Geld steht zu Ihrer Verfügung", sagte fettig, etwas unwirsch Claudius Regin.

Das Mädchen Dorion, nachdem sich erwies, Josef werde ihre Bedingung erfüllen, stand nun ihrerseits für ihren Entschluß ein, so lächerlich und unvorstellbar diese Ehe war. Mit gläserner Energie ging sie an die notwendigen Vorbereitungen der Heirat. Zunächst, und das war das schwerste, teilte sie ihrem Vater ihren Entschluß mit. Sie tat das in einem nebensächlichen, etwas albernen Ton, als ob sie sich über sich selber lustig machte. Der Maler Fabull schien den kleinen Teil einer Sekunde nicht zu begreifen. Dann begriff er. Seine Augen traten beängstigend rund aus seinem strengen Gesicht; aber er blieb sitzen, er preßte den Mund zu, daß er ganz dünn wurde. Dorion kannte ihn, sie hatte nicht erwartet, daß er schimpfen oder fluchen werde, aber sie hatte geglaubt, er werde irgendeine harte, höhnische Anmerkung machen. Daß er nun so dasaß, schweigend, mit dem ganz dünnen Mund, das war schlimmer, als sie erwartet hatte. Sie ging aus dem Haus, sehr schnell, es war geradezu eine Flucht, sie nahm nur ihre Katze Immutfru mit, sie ging zu Josef.

Still und hochfahrend ließ sie die Formalitäten des Übertritts und der Trauung über sich ergehen. Begnügte sich, mit ihrer dünnen Kinderstimme ja und nein zu sagen, wo es nötig war. Der Kaiser hatte nicht übel Lust gezeigt, die Hochzeit seines Juden mit der Ägypterin wieder so groß aufzuziehen wie seinerzeit die mit Mara. Auch Titus hätte dem Josef gern eine prunkvolle Hochzeit ausgerichtet. Aber Josef wehrte ab. Still und ohne Aufsehen schlossen sie sich in das kleine, hübsche Haus in Canopus ein, das Titus für die Zeit seines Alexandriner Aufenthalts ihnen überließ. Sie gingen in das Obergeschoß des Hauses. Das war wie ein Zelt eingerichtet, und in diesem Zelt lagen sie, als sie zum erstenmal beisammenlagen. Josef spürte sehr stark, daß es Sünde war, als er bei dieser Frau lag. „Du sollst dich nicht mit ihnen vergatten." Aber die Sünde war leicht und schmeckte sehr gut. Die Haut der Frau duftete wie Sandelholz, ihr Atem roch wie die Luft Galiläas im Frühling. Aber seltsamerweise wußte Josef nicht, wie sie hieß. Er lag mit geschlossenen Augen und konnte nicht daraufkommen. Mit Mühe öffnete er die Augen. Sie lag da, lang, schlank, gelbbraun, durch einen kleinen Spalt der Lider schauten ihre meerfarbenen Augen. Er liebte ihre Augen, ihre Brüste, ihren Schoß, den Atem, der aus ihrem halboffenen Munde kam, das ganze Mädchen, aber er konnte nicht auf ihren Namen kommen. Die Decke war leicht, die Nacht war kühl, ihre Haut war glatt und nicht heiß. Er streichelte sie sehr leise, seine Hände waren in Alexandrien weich und glatt geworden, und da er nicht wußte, wie sie hieß, flüsterte er Koseworte in ihren Leib, hebräisch, griechisch, aramäisch: meine Liebe, meine Schäferin, meine Braut, Janiki.

Von unten kam leise, kehlig, gleichmäßig der Singsang ihrer ägyptischen Diener, wenige Töne, immer das gleiche. Denn diese Menschen brauchten nicht viel Schlaf, und sie hockten oft wach in den Nächten und wurden nicht müd, ihre paar Lieder zu singen. Sie sangen: O mein Geliebter, es ist süß, zum Teich zu gehen und vor dir zu baden. Laß mich dir meine Schönheit zeigen, mein Hemd von feinstem Königsleinen, wenn es feucht ist und dem Körper anliegt.

Josef lag still, neben ihm lag die Frau, und er dachte: Die Ägypter zwangen uns, ihnen Städte zu errichten, die Städte Piton und Ramses. Die Ägypter zwangen uns, unsere Erstgeborenen lebendig in die Häusermauern einzubauen. Aber dann holte die Tochter des Pharao den Moses aus dem Nilfluß, und als wir aus Ägypten auszogen, da sprangen die Kinder aus den Mauern heraus und waren lebendig. Und er streichelte die Haut der Ägypterin.

Dorion küßte die Narben auf seinem Rücken und auf seiner Brust. Er war ein Mann und voll Kraft, aber seine Haut war glatt wie die eines Mädchens. Vielleicht kann man die Narben wegheilen, daß sie unsichtbar werden; viele lassen solche Narben wegheilen, nach dem Rezept des Scribon Larg. Aber sie will nicht, daß er sich diese Narben wegheilen lasse. Er darf es nicht, niemals. Er hat sich die Narben für sie geholt, süße Narben sind eine Auszeichnung für sie, er muß sie behalten.

Sie ließen niemand zu sich, keinen Diener, niemand, den ganzen Tag nicht. Sie wuschen ihre Haut nicht, daß einer nicht des Geruchs des andern verlustig gehe, sie aßen nichts, daß einer nicht des Geschmacks des andern verlustig gehe. Sie liebten sich, es gab nichts auf der Welt außer ihnen. Was außer ihrer Haut war, war nicht in der Welt.

In der nächsten Nacht, vor dem Morgen, lagen sie wach, und alles war sehr verändert. Josef wog ab. Dorion stand auf den hassenswerten Bildern ihres Vaters mit ihrem tellerleckenden, milchstehlenden Gott, und sie war ganz fremd. Mara war Wegwurf, Mara war das Ausgespiene des Römers, aber sie war nicht fremd, nie. Sie hat ihm einen Sohn geboren, einen Bastard freilich. Aber wenn man Mara umarmte, dann umarmte man ein pochendes Herz. Und was umarmt man, wenn man diese Ägypterin umarmt?

Dorion lag, den vorspringenden, begehrlichen Mund halb offen; zwischen ihren ebenmäßigen Zähnen kam frisch und leicht der Atem heraus. Von unten, leise, stieg der gleichförmige, kehlige Singsang der ägyptischen Diener. Jetzt sangen sie: Wenn ich meine Geliebte küsse und ihre Lippen sind offen, dann wird mein Herz fröhlich auch ohne Wein. Manchmal, mechanisch, summte Dorion mit. Was alles hat sie diesem Mann geopfert, einem Juden, und großen Dank, Götter, es ist sehr gut. Sie hat sich kaufen lassen nach dem höchst lächerlichen und höchst verächtlichen jüdischen Recht, und großen Dank, Götter, es ist sehr gut. Sie hat ihren Vater verleugnet, den ersten Künstler der Epoche, um eines Mannes willen, der stumpf und blind ist und ein Bild nicht von einem Tisch unterscheiden kann, und großen Dank, Götter, es ist sehr gut. Sie hat dem albernen Jerusalemer Dämon zugeschworen, in dessen Allerheiligstem ein Eselskopf verehrt wird oder vielleicht, was noch schlimmer ist, gar nichts, und wenn sie von diesem Mann verlangen würde, er möge ihrem lieben, kleinen Gott Immutfru opfern, dann würde er einfach lachen, und doch, großen Dank, Götter, es ist sehr gut.

Josef sah sie daliegen, nackt und in der Haltung eines ganz kleinen Mädchens, und ihr gelbbraunes Gesicht war schlaff von den Anstrengungen der Liebe. Sie war blaß, ihr Leib war kalt, ihre Augen waren meerfarben, und sie war sehr fremd.

Ein strahlender Mittag kam. Sie hatten einige Stunden geschlafen, sie waren frisch, sie sahen sich an, sie gefielen einander, und sie waren sehr hungrig. Sie frühstückten stark, derbe Gerichte, die die Diener ihnen nach ihrem eigenen Geschmack bereiten mußten, einen Mehl- und Linsenbrei, eine Pastete aus verdächtigem Schabefleisch, dazu tranken sie Bier. Sie waren vergnügt, einverstanden mit sich und ihrem Schicksal.

Am Nachmittag durchstöberten sie das ganze Haus. Unter den Sachen des Josef fand Dorion ein paar merkwürdige Würfel mit hebräischen Buchstaben. Josef wurde nachdenklich, als sie ihm die Würfel zeigte. Er sagte, das sei ein glückbringendes Amulett, aber jetzt, da er sie habe, brauche er dieses Amulett nicht. Im stillen beschloß er, nie mehr mit falschen Würfeln zu spielen. Noch um Dorion hatte er im Grund mit falschen Würfeln gespielt, denn hatte er sie nicht glauben lassen, er habe ihrethalben die Geißelung auf sich genommen? Lachend, vor ihren Augen, warf er die Würfel ins Meer.

Vespasian hatte seinen Sohn sehr scharf beobachtet, auch die Dame Cänis hielt ihn gut im Auge. Viele Zungen und Hände arbeiteten daran, den Jungen an Stelle des Alten zu schieben. Der Junge hatte Mut und Besonnenheit, seine Truppen hingen an ihm. Auch zerrte an ihm unablässig diese hysterische, jüdische Prinzessin, deren Fanatismus sich von dem jungen, tollverliebten Prinzen viel mehr für Judäa versprach als von dem kalten Vespasian. Der Kaiser sah das alles sehr gut. Er fand es richtig, die Dinge beim Namen zu nennen. Oft zog er seinen Jungen auf, berechnete, wie lange der wohl noch werde warten müssen. Oft auch kam es zu scharfen Auseinandersetzungen. Titus, darauf hinweisend, welch weite Vollmachten sein Bruder, das Früchtchen Domitian, in Rom habe, bestand darauf, seinesteils hier im Osten mehr Befugnisse zu bekommen. Es war ein frischer, barscher Ton zwischen den beiden. Knarrig, witzig, väterlich warnte Vespasian den Sohn vor der Jüdin. Antonius, als er bei der Ägypterin verhurte und verkam, habe wenigstens zuvor Rom erobert; er, Titus, habe bislang nur ein paar Bergnester in Galiläa erobert und also noch nicht den Anspruch, sich bei östlichen Damen zu verliegen. Titus schlug zurück. Erklärte, die Neigung zu östlichen Damen sei ihm nicht plötzlich angeflogen, sie stecke im Blut. Er erinnerte den Vater an Mara. Vespasian freute sich schallend. Richtig, Mara hatte das Luder geheißen. Jetzt hatte er ja den Namen. Er hatte ihn vollkommen vergessen, und sein Jude Josef, der Hund, als unlängst die Rede darauf kam, habe ihn vergeblich zappeln lassen.

Im übrigen verließ er sich auf des Sohnes Klugheit. Der wird nicht so dumm sein, jetzt mit zweifelhafter Chance nach der Macht zu langen, die ihm in einigen Jahren mit Bestimmtheit als reife Frucht zufallen muß. Er liebte seinen Sohn, er wollte die Dynastie sichern, er beschloß, seinem Sohne Ruhm zu schaffen. Er selber hat das Schwierigste in Judäa bewältigt. Er wird Titus den glänzenderen Rest der Aufgabe übertragen.

Wieder aber ließ er seine Umgebung peinvoll warten, ehe er mit seinem Entschluß herauskam. Der alexandrinische Winter zog sich hin. Mit dem Ende des Winters mußte man die Operationen in Judäa neu aufnehmen, wenn man dort nicht bedenkliche Rückschläge riskieren wollte. Wird der Kaiser selber den Feldzug beenden, oder wen wird er beauftragen? Warum zögerte er?

Um diese Zeit wurde Josef vor den Kaiser gerufen. Vespasian hänselte ihn zunächst auf seine gewohnte Art. „Ihre Ehe ist offenbar glücklich, mein Jude“, sagte er. „Sie sehen stark abgerackert aus, und mir scheint, Ihre Magerkeit rührt nicht grade von innerer Schau und Ekstase her.“ Er behielt den hänselnden Ton bei, aber Josef spürte die ernsthafte Erwartung durch. „Sie müssen trotzdem“, fuhr er fort, „wieder einmal Ihre innere Stimme bemühen. Vorausgesetzt, daß es noch Ihr Plan ist, die judäischen Dinge zu beschreiben. Diese Dinge werden nämlich in den nächsten Monaten bereinigt werden. Ich werde aber die endgültige Erledigung eures Aufruhrs meinem Sohne Titus überlassen. Es steht bei Ihnen, ob Sie in einiger Zeit mit mir nach Rom oder jetzt mit Titus vor Jerusalem gehen wollen.“

Dem Josef hob sich die Brust. Die Entscheidung, auf die man mit so quälender Spannung wartete, der Alte teilte sie ihm als erstem mit. Gleichzeitig aber spürte er scharf und peinvoll, wie hart die Entscheidung war, vor die der Kaiser ihn stellte. Soll er nach Judäa gehen, das mit ansehen, was er am Grabmal des Jeremias vorgeschmeckt hat? Soll er in seine Augen aufnehmen die Bitterkeit des Untergangs seiner Stadt? Der Mann vor ihm hat seine Augen wieder so verflucht hart und eng gemacht. Er weiß, daß es eine bittere Entscheidung ist, er prüft ihn, er wartet.

Es ist eine innere Fessel, die ihn an diesen Römer bindet, seitdem er ihn zum erstenmal sah. Wenn er nach Rom geht, dann wird diese Fessel fester werden, der Mann wird auf ihn hören, und er wird steigen und viel erreichen. Es ist eine Fessel, die ihn an die Ägypterin bindet. Glatt und braun ist ihre Haut, ihre Hände sind dünn und braun, seine Haut begehrt nach ihnen. Er ist eifersüchtig, wenn sie mit ihren dünnen, braunen Händen die Katze Immutfru streichelt. Eines Tages wird er sich nicht bezähmen können und wird ihren Gott Immutfru umbringen, nicht aus Haß gegen die Abgötterei, sondern aus Eifersucht. Er muß fort von der Ägypterin. Er kommt herunter, wenn er noch länger bei ihr liegt. Schon ist sein inneres Auge fast blind, und die Haut seines Herzens ist stumpf und kann nichts mehr tasten vom Geist. Er muß fort von diesem Mann, denn wenn er weiter mit ihm zusammen ist, dann wird er mehr und mehr nach Macht begehren. Und Macht verdummt, und die innere Stimme schweigt.

Süß ist die Macht. Die Füße heben sich wie von selbst, wenn man Macht hat. Die Erde wird einem leicht, und der Atem geht einem tief und gut aus der Brust. Glatt und braun ist die Haut Dorions. Ihre Glieder sind lang und locker und doch wie eines kleinen Mädchens, und die Sünde mit ihr ist leicht und wohlschmeckend. Wenn er nach Rom geht, werden seine Tage gut sein, denn er wird den Kaiser haben, und seine Nächte gut, denn er wird Dorion haben. Aber wenn er nach Rom geht, dann wird er nichts sehen vom Untergang der Stadt, und sein Land und das Haus Gottes wird untergehen, ungeschrieben, es wird für immer versinken, und keiner von den Späteren wird seinen Untergang sehen.

Er ist plötzlich ganz ausgefüllt von einer ungeheuern Begier nach Judäa. Er hat eine irrsinnige Sehnsucht, dabeizusein, seine Augen und sein Herz ganz damit auszufüllen, wie die weiß und goldene Pracht des Tempels dem Erdboden gleichgemacht wird, wie die Priester geschleift werden an ihren Haaren, und die blaue Heiligkeit ihrer herrlichen Gewänder wird ihnen abgerissen, und die goldene Traube über dem Tor in das Innere zerschmilzt und tröpfelt in einen Sumpf von Blut und Glitsch und Kot. Und sein ganzes Volk zusammen mit seinem Tempel sackt hin in Rauch und wüster Metzelei, ein Brandopfer für den Herrn.

In seine gehetzten Gesichte hinein hört er die knarrende Stimme des Kaisers. „Ich warte auf Ihre Entscheidung, Flavius Josephus."

Josef führt die Hand an die Stirn, verneigt sich tief, auf jüdische Art. Erwidert: „Wenn der Kaiser es erlaubt, will ich mit eigenen Augen die Vollendung der Aktion ansehen, die der Kaiser begonnen hat."

Der Kaiser lächelt dünn, resigniert und böse; er sieht mit einemmal sehr alt aus. Er hängt an seinem Juden, er hat dem

Juden manches Gute getan. Jetzt hat sich der Jude für seinen Sohn entschieden. Je nun, sein Sohn Titus ist jung, und er hat noch zehn Jahre zu leben, oder vielleicht auch nur fünf, und wenn es hoch kommt, fünfzehn.

Dorion lebte still für sich in der kleinen Villa in Canopus, die Titus ihnen überlassen hatte. Es war ein herrlicher Winter, sie genoß mit Haut und Herz die Frische der Luft. Der Gott Immutfru vertrug sich mit ihrem Sperber, und der Hauspfau stelzte majestätisch durch die kleinen Räume. Dorion war glücklich. Früher hatte sie viele Menschen um sich sehen müssen; der Ehrgeiz ihres Vaters hatte auch sie gepackt, sie hatte glänzen müssen, schwatzen, bewundert werden. Jetzt wurde ihr schon die seltene Gesellschaft des Titus zur Last, und ihr ganzer Ehrgeiz hieß Josef.

Wie schön war er. Wie heiß und lebendig waren seine Augen, wie zart und kräftig seine Hände, wie wild und süß sein Atem, und er war der klügste der Menschen. Sie erzählte von ihm ihren Tieren. Mit ihrer dünnen Stimme, die nicht viel schöner war als die Stimme ihres Pfaus, sang sie ihnen die alten Liebeslieder vor, die sie von ihrer Bonne gelernt hatte. „O streichle meine Schenkel, mein Geliebter! Die Liebe zu dir füllt jeden Zoll meines Leibes an, wie Salböl sich mit der Haut vermengt." Sie bat Josef immer von neuem, ihr die Strophen des Hohenlieds herzusagen, und wenn sie sie auswendig kannte, dann mußte er ihr die hebräischen Urworte sagen, und sie plapperte sie nach, glücklich, mit ungelenker Zunge. Die Tage, so kurz sie waren, waren ihr zu lang, und die Nächte, so lang sie waren, waren ihr zu kurz.

Es wird schwer sein, überlegte Josef, es ihr beizubringen, daß ich nach Hause gehe und sie hier zurücklasse. Es wird ein sehr böser Schnitt sein auch für mich, aber ich will diesen Schnitt gleich machen und nicht zögern.

Als er es ihr sagte, begriff sie zuerst nicht. Als sie begriff, erblaßte sie, ganz langsam, wie das ihre Art war, erst um den Mund herum, und dann stieg die Blässe in die Wangen und über die Stirn. Dann fiel sie vornüber, leicht, merkwürdig langsam und lautlos.

Als sie wieder zu sich kam, saß er bei ihr und redete behutsam auf sie ein. Sie schaute ihn an, ihre meerfarbenen Augen waren wirr und verwildert. Dann warf sie auf häßliche Art die Lippen hoch und gab ihm alle Schimpfworte, die sie kannte, die wüstesten, ägyptische, griechische, lateinische, aramäische. Sohn eines stinkenden Leibeigenen war er und einer aussätzigen Hure. Aus allem Aas der Welt war er gemacht, die acht Winde hatten den Auswurf der Erde zusammengeweht, damit er daraus wachse. Josef sah sie an. Sie war häßlich, wie sie so dahockte, verwüstet, und mit ihrer scheppernden Stimme gegen ihn loskeifte. Aber er verstand das gut, er war voll Mitleid mit sich und mit ihr, und er liebte sie sehr. Dann plötzlich schlug sie um, sie liebkoste ihn, ihr Gesicht war locker, weich und hilflos. Leise gab sie ihm alle kleinen Worte der Lust zurück, die er ihr gegeben hatte, bittend, schmeichelnd, voll Hingabe und Verzweiflung.

Josef sagte nichts. Mit sehr leichter Hand streichelte er sie, die schlaff an ihm lag. Dann, vorsichtig, von weit her, suchte er sich ihr klarzumachen. Nein, er wollte sie nicht verlieren. Es war hart, was er von ihr verlangte, daß sie, eine so Lebendige, dasitze und warte, aber er liebte sie und wollte sie nicht verlieren und verlangte es von ihr. Nein, er war nicht feig und wankelmütig, und auch nicht hölzern fühllos, wie sie ihn geschimpft hatte. Sehr wohl war er fähig, etwas so Kostbares wie sie zu sehen, zu greifen, zu schmecken, sich ganz damit anzufüllen. Sie zu lieben. Er werde ja nicht lange fortbleiben, ein Jahr höchstens.

„Das ist auf ewig", unterbrach sie ihn.

Und daß er fortgehe, sprach er weiter, ernsthaft, dringlich, ihren Einwurf wegwischend, das geschehe für sie nicht weniger als für ihn selber. In ihre Augen stieg Spannung, Hoffnung und ein leises Mißtrauen. Sie immer streichelnd, sehr behutsam, setzte er ihr seinen Plan auseinander, ihn für sie umbiegend. Er glaubt an die Macht des Wortes, seines Wortes. Sein Wort wird die Kraft haben, etwas zu erlangen, wonach auch sie von innen her strebt. Ja, sein Buch wird ihr den Platz und Rang unter den Herrschenden verschaffen, um den ihr Vater sich sein Leben lang umsonst verzehrt hat. Heftig, doch schon leicht gelockt, wehrte sie ab. Leise, fanatisch sprach er ihr ins Ohr, in den Mund, in die Brust. Das Reich wird vom Osten ausgehen, dem Osten ist die Herrschaft bestimmt. Aber der Osten hat es zu plump angefangen bisher, zu grob, zu materiell. Die Herrschaft und die Macht, das ist nicht dasselbe. Der Osten wird die Welt bestimmen, doch nicht von außen her, sondern von innen. Durch das Wort, durch den Geist. Und sein Buch wird ein wichtiger Zeichenstein auf diesem Wege werden. „Dorion, mein Mädchen, meine Süße, meine Schäferin, siehst du nicht, daß das eine zweite, tiefere Gemeinschaft zwischen uns ist? Dein Vater stirbt fast daran, daß die Römer ihn nicht anders anschauen als ein seltenes Tier, einen Königsfasan oder einen weißen Elefanten. Ich, dein Mann, werde den Goldenen Ring des Zweiten Adels haben. Du, die Ägypterin, von den Römern verachtet, ich, der Jude, von Rom mit Mißtrauen, Scheu und halber Achtung angesehen, wir zusammen werden Rom erobern."

Dorion hörte zu, sie hörte seine Worte mit dem Ohr und mit dem Herzen, sie sog sie in sich ein. Wie ein Kind hörte sie zu, sie hatte sich die Tränen weggewischt, sie schnupfte noch manchmal ein wenig auf, aber sie glaubte ihm, er war ja so klug, und seine Worte gingen ihr lieblich ein. Ihr Vater hatte sein Leben lang nur gemalt, das war gewiß etwas Großes, aber dieser da hatte sein Volk aufgewiegelt, er hatte Schlachten geschlagen, und dann hatte er selbst den Sieger überzeugt, daß der an ihm hing. Ihr Mann, ihr schöner, starker, kluger Mann, sein Reich geht von Jerusalem bis Rom, die Welt ist Wein für ihn, den er in seine Schale schöpft; alles, was er tut, ist richtig.

Josef streichelt sie, küßt sie. Sie schmeckt seinen Atem, seine Hände, seine Haut, und nachdem er sich mit ihr gemischt hat, ist sie vollends überzeugt. Sie seufzt glücklich, sie klammert sich an ihn, sie zieht sich zusammen, die Beine hoch wie das Kind im Mutterleib, sie schläft ein.

Josef liegt wach. Er hat sie leichter überzeugt, als er erwartet hat. Ihm wird es nicht so leicht. Vorsichtig löst er ihre Arme und ihren Kopf von sich. Sie knurrt ein wenig, aber sie schläft weiter.

Er liegt wach und denkt an sein Buch. Sein Buch steht vor ihm, groß, drohend, eine Last, eine Aufgabe, und dennoch beglückend. Das Wort des Vespasian vom Homer hat ihn getroffen. Er wird nicht der Homer des Vespasian werden, auch nicht des Titus. Er wird sein Volk singen, den großen Krieg seines Volkes.

Wenn wirklich Bitternis und Zerstörung sein wird, dann wird er der Mund dieser Bitternis und Zerstörung sein, aber schon glaubt er nicht mehr an Bitternis und Zerstörung, sondern an Freude und Bestand. Er selber wird den Frieden vermitteln zwischen Rom und Judäa, einen guten Frieden voll Ehre, Vernunft und Glück. Das Wort wird siegen. Das Wort verlangt, daß er jetzt nach Judäa geht. Er sah die schlafende Dorion. Er lächelte, strich ihr sehr zart über die Haut. Er liebte sie, aber er war weit fort von ihr.

Die Unterredung, in der Vespasian dem Titus seinen Entschluß mitteilte, ihn mit der Beendigung des Feldzugs in Judäa zu beauftragen, war barsch und herzlich. Vespasian nahm seinen Sohn um die Schulter, führte ihn auf und ab, sprach vertraulich, ein guter Familienvater, auf ihn ein. Die Vollmachten, die er ihm überließ, waren weit und erstreckten sich auf den ganzen Osten. Außerdem gab er ihm vier Legionen für Judäa mit statt der drei, mit denen er selber sich hatte begnügen müssen. Titus, voll dankbarer Freude, gab sich offenherzig. Er strebte wirklich nicht nach vorzeitiger Übernahme des Throns. Er war frei von den Machtgelüsten des Früchtchens, er hatte ein römisches Herz. Später einmal, nach einem glücklichen Alter Vespasians, das Reich gutgefügt und in Ordnung zu übernehmen, auf dieser Zuversicht ließ sich fest stehen, und er war kein Narr, sich von solchem Terrain in einen Sumpf zu begeben. Vespasian hörte ihm wohlgefällig zu, er glaubte ihm. Er schaute seinem Jungen ins Gesicht. Dieses Gesicht, sehr rotbraun im judäischen Sommer, war im alexandrinischen Winter weißer geworden, aber immer noch geeignet, der Armee und der Menge zu gefallen. Die Stirn nicht schlecht, das Kinn kurz, hart und soldatisch, nur die Wangen etwas zu weich. Und manchmal steigt in die Augen des Jungen etwas Wirres und Törichtes, was dem Vater gar nicht gefällt. Schon des Jungen Mutter, Domitilla, hat manchmal solche Augen gehabt; sie hat dann idiotische, hysterische Geschichten angestellt, und wahrscheinlich war es aus diesem Grund, daß der Ritter Capella, von dem Vespasian die Frau übernommen hat, sie seinerzeit hat loswerden wollen. Wie immer, dumm ist der Junge nicht, und mit dem Rest der judäischen Aufgabe wird er schon zurechtkommen, zumal da Vespasian ihm einen besonders klugen Generalstabschef mitgibt, den Tiber Alexander. Donner und Herakles!, alles wäre gut, wenn sich der Junge mehr an die östlichen Männer halten wollte als an die Weiber.

Behutsam, in dieser vertraulichen Stimmung, schneidet Vespasian das alte, leidige Thema wieder an: Berenike. „Ich kann verstehen", beginnt er das freundschaftliche Männergespräch, „daß diese jüdische Dame im Bett Reize hat, die eine griechische oder römische Frau nicht mitbringt." Titus zieht die Brauen hoch, er sieht jetzt wirklich aus wie ein Baby, er will etwas entgegnen, diese Äußerung kratzt ihn, aber er kann seinem Vater doch nicht sagen, daß er immer noch nicht mit der Jüdin geschlafen hat; der würde einen ganzen Katarakt von Hänseleien über ihn losprasseln lassen. Titus kneift also den langen Mund zusammen und schweigt. „Ich gebe zu", fährt der Alte fort, „diese östlichen Menschen haben von ihren Göttern gewisse Fähigkeiten mitbekommen, die wir nicht haben. Aber glaube mir, es sind keine wichtigen Fähigkeiten." Er legte seinem Jungen die Hand auf die Schulter, redete ihm gut zu. „Siehst du, die Götter des Ostens sind alt und schwach. Der unsichtbare Gott dieser Juden zum Beispiel, obwohl er seinen Gläubigen gute Bücher eingegeben hat, kann, wie man mir zuverlässig sagt, nur auf dem Wasser kämpfen. Er hat gegen den ägyptischen Pharao nichts vermocht, als daß er die Wasser über ihn zusammenschlagen ließ, und gleich zu Anfang seines Regiments wurde er mit den Menschen nicht anders fertig, als daß er eine große Flut über sie schickte. Zu Lande ist er schwach. Unsere Götter, mein Sohn, sind jung. Sie verlangen nicht so viele Gewissensskrupel wie die östlichen; sie sind weniger fein, sie begnügen sich mit ein paar

Ochsen und Schweinen und einem kräftigen Manneswort. Ich rate dir, laß dich nicht zu tief ein mit den Juden. Es tut manchmal ganz gut, zu wissen, daß es auf der Welt noch was andres gibt als die Gedanken des Forums und des Palatins. Es schadet nichts, wenn du dir manchmal von jüdischen Propheten und jüdischen Weibern ein bißchen die Haut und das Herz kraulen läßt; aber glaub mir, mein Sohn, das römische Exerzierreglement und das politische Handbuch des Kaisers August sind Dinge, mit denen du im Leben besser bestehst als mit allen Heiligen Schriften des Ostens."

Titus hörte sich das still mit an. Vieles, was der Alte sagte, war richtig. Aber er sah im Geist die Prinzessin Berenike die Stufen einer Terrasse hinaufschreiten, und vor ihrem Schritt verging alle römische Staatsweisheit in den Wind. Wenn sie sagte: Lassen Sie mir Zeit, mein Titus, bis wir in Judäa sein werden und bis ich judäischen Boden unter meinen Füßen spüre. Dann erst kann ich mir klarwerden, was ich tun darf und was nicht – wenn sie mit ihrer dunklen, beunruhigenden, leicht heisern Stimme dies sagte, dann kam kein römischer Sieger- und Kaiserwille dagegen an. Man mochte Herrschaft über die Welt haben und die Macht, die Legionen von einem Ende der Erde zum andern zu werfen: das Königtum dieser Frau war von vielen Müttern her legitimer, königlicher als eine solche feste, nüchterne Herrschaft. Sein Vater war ein alter Mann. Was im Grund aus den Worten dieses alten Mannes sprach, war Furcht. Die Furcht, ein Römer werde den inneren Anfechtungen des Ostens nicht gewachsen sein, seiner feineren Logik, seiner tieferen Moral. Aber Rom hat griechische Weisheit und griechisches Gefühl verdaut. Es war jetzt gebildet genug, auch jüdisches Gefühl und jüdische Weisheit ohne Gefahr schlucken zu können. Er jedenfalls, Titus, fühlte sich stark genug, beides zu vereinigen: östliche Dunkelheit und Tiefe und römisch grade, klare Herrenart.

Die Nachricht, Titus werde den judäischen Feldzug beendigen und der Kaiser in absehbarer Zeit nach Rom zurückkehren, erregte die Stadt Alexandrien. Die Weißbeschuhten atmeten auf. Sie freuten sich, den Kaiser loszuwerden und ihren strengen Gouverneur Tiber Alexander dazu, und es war ihnen eine Genugtuung, daß nun endlich gegen das freche Judäa mit vier Legionen durchgegriffen werden wird. Das alte Hetzwort vom Juden Apella lebte wieder auf. Wo immer Juden sich zeigten, schallte es ihnen nach: Apella, Apella. Dann aber wurde es verdrängt von einem andern Hetzwort, einem kürzeren, schärferen, das sich rasch über die Stadt, über den Osten, über die Welt verbreitete. Der Weißbeschuhte Chäreas hatte es erfunden, jener junge Herr, den Josef einstmals mit seinem Schreibzeug niedergeschlagen hatte. Es waren die Initialen des Satzes: Hierosolyma est perdita, Jerusalem ist verloren. Hep, Hep, erklang es nun, wo Juden sich sehen ließen. Hep, Hep, schrien insbesondere die Kinder, und man verband das Wort mit dem andern, und durch die ganze Stadt johlte, schrillte es: Hep Apella, Hep Apella, Apella Hep.

Josef ließ sich das Geschrei nicht anfechten. Er, Berenike, Agrippa, der als Jude geborene Marschall Tiber Alexander waren die Hoffnung der Juden, und wieder, wo immer er erschien, begrüßte man ihn mit den Worten: Marin, Marin. Er strahlte Zuversicht. Er kannte den Titus. Es war unmöglich, daß der Marschall Tiber Alexander, von dessen Vater die schönsten Weihgeschenke des Tempels stammten, es zuließ, daß dieser Tempel zugrunde gehe. Es wird ein harter, kurzer Feldzug sein. Dann wird Jerusalem sich ergeben, das Land wird, gesäubert von den „Rächern Israels", neu aufblühen. Er sieht sich selber schon als einen der ersten Männer, sei es der römischen Provinzialverwaltung, sei es der Jerusalemer Regierung.

Die Aufgabe freilich, die unmittelbar vor ihm liegt, ist schwer. Er will ein ehrlicher Mittler sein zwischen den Juden und den Römern. Beide Parteien werden ihm mißtrauen. Wenn die Römer eine Schlappe erleiden, wird man sie ihm in die Schuhe schieben; wenn es den Juden schlecht geht, wird er daran schuld sein. Aber wie immer, er wird ohne Bitterkeit bleiben und Augen und Herz ohne Bitterkeit offenhalten. „O Jahve, gib mir mehr Herz, die Vielfalt deiner Welt zu begreifen. O Jahve, gib mir mehr Stimme, die Größe deiner Welt zu bekennen." Er wird sehen, wird spüren, und dieser Krieg, sein

Unsinn, sein Schrecken und seine Größe wird durch ihn von den Späteren weitergelebt werden.

Der ägyptische Winter war zu Ende, die Nilschwelle vorbei. Die Regengüsse, die das sumpfige Land gegen Pelusium schwer passierbar machten, hatten aufgehört, man konnte die Armee von Nikopolis aus nilaufwärts transportieren und sie dann auf der alten Wüstenstraße nach Judäa marschieren lassen.

Die Führer der alexandrinischen Juden gingen stolz her, in gemessener Haltung wie stets, mit ruhigen Gesichtern; aber innerlich waren sie voll Unrast. Sie waren selber mitbeteiligt an der Mobilisierung, sie machten gute Geschäfte an der Ausrüstung und der Verproviantierung der Armee. Auch waren sie voll Ingrimm gegen die Aufrührer in Judäa und billigten aus tiefstem Herzen, daß jetzt Rom den Fuß hob, um diese Aufrührer vollends zu zertreten. Aber wie leicht konnte der Tritt nicht nur die Aufrührer treffen, sondern auch die Stadt oder gar den Tempel. Jerusalem war die festeste Feste der Welt, die Aufrührer waren verblendet bis zur Selbstzerfleischung, und wenn eine Stadt mit Gewalt genommen werden muß, wo hört da die Gewalt auf, und wer kann der Gewalt gebieten aufzuhören?

Rom verhielt sich den alexandrinischen Juden gegenüber korrekt und wohlwollend. Gegen die Rebellen der Provinz Judäa wurde der Krieg geführt, nicht gegen die Juden im Reich. Wenn aber die Regierung diesen Unterschied machte, die Massen machten ihn nicht. Die Stadt Alexandrien mußte einen großen Teil ihrer Garnison für den Feldzug abgeben. Die Juden ließen es sich nicht merken, aber sie waren voll Sorge vor einem Pogrom, ähnlich dem vier Jahre zuvor.

Sie bestrebten sich um so mehr, dem Kaiser und seinem Sohn ihre Loyalität zu zeigen. Obwohl viele aus der Gemeinde finster schauten, gab der Großmeister Theodor Bar Daniel dem Prinzen Titus ein Bankett zum Abschied. Der Kaiser war da, Agrippa, Berenike, der Stabschef des Titus, Tiber Alexander. Auch Josef und Dorion waren eingeladen. Sie sahen ernst aus, von leuchtender Blässe, sehr gesammelt, und alle sahen auf sie.

Da lagen also diese hundert Menschen, Juden und Römer, beim Mahl, und sie feierten, daß nun morgen die Armee aufbrechen würde, verstärkt, vier Legionen stark jetzt, die Fünfte, die Zehnte, die Zwölfte, die Fünfzehnte, von Syrien her, von Ägypten her, um die freche jüdische Hauptstadt einzuschließen und für immer zu demütigen. „Deine Bestimmung, Römer, ist es, die Welt zu regieren, Unterwürfige schonend und niederkämpfend die Frechen." So hatte der Dichter gesungen, als der Begründer der Monarchie das Reich fügte, und sein Wort wahr zu machen, waren sie nun entschlossen, Römer und Juden, es wahr zu machen durch Schwert und Schrift.

Das Festmahl dauerte nicht lange. Auf eine kurze Rede des Großmeisters erwiderte Titus. Er war in der Galauniform des Feldherrn, er sah gar nicht jungenhaft aus, seine Augen waren hart, kalt und klar, und alle sahen, wie ähnlich er seinem Vater war. Er sprach vom römischen Soldaten, von seiner Zucht, seiner Milde, seiner Härte, seiner Tradition. „Andere haben tiefer gedacht", sagte er, „andere haben schöner gefühlt: uns haben die Götter gegeben, im rechten Augenblick das Rechte zu tun. Der Grieche hat seine Statue, der Jude hat sein Buch, wir haben unser Lager. Es ist fest und beweglich, es ersteht jeden Tag von neuem, eine kleine Stadt. Es ist der Schutz des Unterwürfigen, der dem Gesetz sich fügt, und der Schrecken des Frechen, der dem Gesetz trotzt. Ich verspreche Ihnen, mein Vater, ich verspreche Rom und der Welt, daß Rom in meinem Lager sein wird, das alte Rom, hart, wo es sein muß, und mild, wo es sein darf. Es wird kein leichter Krieg sein, aber es wird ein guter Krieg sein, geführt auf römische Art." Es waren nicht nur Worte, die der junge General sprach, es war Sinn und Wesen seines Geschlechts, es war die Mannhaftigkeit selber, die da sprach, die Mannestugend, die die Bewohner jener kleinen Siedlung auf den Tiberhöhen zu den Herren Latiums, Italiens, des Erdkreises gemacht hatte.

Der Kaiser hörte vergnügt und beipflichtend seinem Sohne zu; leise, mechanisch strich er sein gichtisches Bein. Nein, die Jüdin wird diesen seinen Jungen nicht herumkriegen. Und er sah mit einem kleinen, innern Schmunzeln auf Berenike. Sie hörte zu, das dunkle, kühne Gesicht in die Hand geschmiegt, reglos. Sie war voll Trauer. Dieser Mensch hat sie jetzt völlig vergessen, hat sie ausgetilgt aus der letzten Falte seines Herzens. Er ist nichts als Soldat, er hat gelernt zu stechen, zu schießen, zu töten, niederzutreten. Es wird schwer sein, seine Hand aufzuhalten, wenn er sie einmal gehoben hat.

Es war sehr still in dem leuchtenden Saal, während der Prinz sprach. Der Maler Fabull war da. Das Gemälde der Prinzessin Berenike war fertig. Aber der Prinz wollte es nicht mitnehmen, und dies war eine große Bestätigung des Malers; denn das Bild, hatte der Prinz gesagt, ist so lebendig, daß es ihn immer beunruhigen wird, wenn es in seiner Nähe ist, und er hat jetzt einen Feldzug zu führen und kann solche Unruhe nicht brauchen. Der Maler Fabull war älter geworden, sein Kopf war noch strenger, aber sein Körper war weniger massig. Er starrte vor sich hin, blicklos, wie das seine Art war, aber diese Blicklosigkeit war Täuschung. Der Mann, der in diesen Wochen alt geworden war, sah sehr gut. Er sah die hundert Gesichter, die Römer, die Herren, die auszogen, um aufsässige Leibeigene zu züchtigen, und die Juden, die Gezüchtigten, die ihren Herren die Hand leckten. Der Maler Fabull war karg von Wort, ihm eignete nicht das Wort, aber er war ein Meister, er begriff ohne Wort, was hinter diesen Gesichtern vorging, mochten sie noch so zugesperrt sein. Er sah den Marschall Tiber Alexander, der kalt und elegant dasaß und der das in vollem Maß erreicht hatte, wonach er, Fabull, sein Leben lang vergeblich sich zerrieben hatte, und er sah, daß dieser harte, gescheite und mächtige Herr nicht glücklich war. Nein, keiner wohl von all diesen Juden war glücklich, nicht der König und nicht Claudius Regin und nicht der Großmeister. Glücklich und einverstanden mit sich und ihrem Schicksal waren nur die Römer. Sie waren nicht tief, Weisheit und Schönheit waren für sie kein Problem. Ihr Weg war grad und einfach. Es war eine harte Straße und sehr lang, aber sie hatten feste Beine und mutige Herzen: Sie gingen ihre Straße zu Ende. Die Juden und Ägypter und Griechen hier in der Halle taten recht daran, sie als die Herren zu feiern.

Er sah auch das Gesicht des Menschen, zu dem seine Tochter gelaufen war, den Lumpen, den Hund, den Wegwurf, an den sie sich weggeworfen hatte. Aber siehe, es war keines Lumpen Gesicht, es war das Gesicht eines kämpfenden Mannes, der sich lange gestemmt hat gegen die Macht, der wissend geworden ist und sich fügt, der die Macht anerkennt, aber mit tausend listigen Vorbehalten, eines Kämpfers, der erkannt, aber sich nicht ergeben hat. Der Maler Fabull versteht nichts von Literatur, er will nichts davon wissen, er haßt sie, er ist voll von Erbitterung, daß Rom die Literaten gelten läßt, nicht aber die Künstler. Allein der Maler Fabull versteht etwas von Gesichtern. Er sieht Josef zuhören, während Titus spricht, und er weiß, dieser Mensch, der Beischläfer seiner Tochter, der Lump, der Hund, wird nun hingehen und wird Titus begleiten und wird zuschauen, wie seine Stadt untergeht, und wird es beschreiben. Er sieht das alles hinter dem Gesicht des Mannes. Und kurz nachdem Titus zu Ende ist, geht er hinüber zu Josef, ein bißchen zögernd, nicht so fest und gravitätisch wie sonst. Dorion sieht ihm entgegen, ängstlich, was nun geschehen wird. Aber es geschieht nichts. Der Maler Fabull sagt zu Josef, und seine Stimme ist nicht ganz so sicher wie sonst: „Ich wünsche Ihnen Glück, Flavius Josephus, zu dem Buch über den Krieg, das Sie schreiben sollen."

Anderen Tages in Nikopolis steigt Josef auf das lange Schiff, das ihn nilaufwärts tragen wird. Der Kai ist voll von Soldaten, Kisten, Koffern, Gepäck. Nur wenig Zivilisten sind zugelassen, denn der Abschied hatte auf Anordnung der Heeresleitung bereits in Alexandrien stattgefunden. Nur einer hat sich's nicht nehmen lassen, den Josef bis Nikopolis zu begleiten: Claudius Regin. „Machen Sie Ihr Herz und Ihre Augen weit auf, junger Herr", sagt er, als Josef aufs Schiff steigt, „damit Ihr Buch auch etwas wird. Hundertfünfzigtausend Sesterzien sind ein unerhörter Vorschuß."

Titus, unmittelbar bevor er das Schiff bestieg, gab Weisung, die feuertelegrafischen Posten, die Rom den Fall Jerusalems melden sollten und die Vespasian zurückgezogen hatte, von neuem zu beziehen.

Fünftes Buch
Jerusalem

Vom 1. Nissan an zeigten sich auf den Straßen Judäas die Pilger, die nach Jerusalem hinaufzogen, um das Osterlamm am Altar Jahves zu schlachten und das Abendmahl in der heiligen Stadt zu halten. Bürgerkrieg war, die Straßen waren voll von Räubern und Soldaten, aber die Unbegreiflichen ließen sich ihre Passah-Wallfahrt nicht nehmen. Sie kamen, alle Männlichen über dreizehn Jahre, einzeln und in großen Zügen. Die meisten kamen zu Fuß, beschuht, mit Wanderstab, den Wasserschlauch und den hörnernen Behälter für die Wegzehrung um die Schulter. Manche kamen auf Eseln, auf Pferden, auf Kamelen, reiche Leute zu Wagen oder in Sänften. Ganz Reiche brachten Frau und Kinder mit.

Sie kamen von Babylon her auf der großen, breiten Königstraße. Sie kamen auf den vielen schlechten Feldwegen vom Süden her. Sie kamen auf den drei guten Heerstraßen der Römer. Knirschend passierten sie die Säulen des Gottes Merkur, die längs dieser Straßen errichtet waren, knirschend zahlten sie die hohen Weg- und Brückenzölle. Aber sogleich wieder hellten sie sich auf und zogen fröhlichen Gesichts weiter, wie das Gesetz es vorschrieb. Des Abends wuschen sie sich die Füße, salbten sich, sprachen den Segensspruch, freuten sich auf den Anblick des Tempels und der heiligen Stadt, auf den Genuß des Osterlammes, des fehllosen, männlichen, einjährigen.

Hinter den Wallfahrern her aber kamen die Römer. Vier ganze kriegsstarke Legionen, dazu die Kontingente der Vasallen, insgesamt an hunderttausend Mann. Am 23. April, dem 10. Nissan jüdischer Rechnung, brachen sie von Cäsarea auf, am 25. schlugen sie ihr Lager in Gabathsaul, dem nächsten größeren Ort vor Jerusalem.

Die Soldaten, in Reihen zu sechs Mann marschierend, nahmen die ganze Breite der Straße ein und drängten die Wallfahrer auf die Feldwege. Im übrigen behelligten sie die Pilger nicht. Nur wer die aufrührerische Binde mit dem Wort Makkabi trug, den packten sie. Die Wallfahrer überfröstelte es, als sie den Riesenwurm der Legionen gegen die Stadt vorkriechen sahen. Vielleicht auch zögerte der eine oder andere einen Augenblick, aber sie machten nicht kehrt, sie beschleunigten, die Unbegreiflichen, ihren Schritt. Abgewandten Blikkes, scheu drängten sie vorwärts, zuletzt war es schon mehr eine Flucht. Und als am 14. Nissan, dem Tag vor dem Fest, dem Tag des Abendmahls, die letzten Wallfahrer die Stadt erreichten, da schlossen sich die Tore; denn hinter ihnen auf den Höhen erschienen bereits die Vorhuten der Römer.

Von jeher hatte es als eines der zehn Wunder gegolten, durch die Jahve sein Volk Israel auszeichnete, daß den Wallfahrern zum Passah der Raum Jerusalem nicht zu eng wurde. In diesem Jahr, eingezwängt in ihre Mauern, abgeschnürt von den Dörfern ringsum, die sonst Obdach bieten konnten, barst die Stadt von Menschen. Allein den Wallfahrern machte die Enge nichts aus. Sie füllten die riesigen Hallen und Höfe des Tempels, bewunderten die Herrlichkeit Jerusalems. Sie brachten Geld mit, sie drängten sich in den Basaren. Freundschaftlich rieben sie sich aneinander, machten gefällig einer dem andern Platz, feilschten gut gelaunt mit den Händlern, überbrachten ihren Bekannten Geschenke. In diesem Monat Nissan hat Jahve die Juden errettet aus der Hand der Ägypter. Sie schauten auf die anrückenden Römer mit Staunen und Neugier, doch ohne Angst. Sie spürten den heiligen Boden unter ihren Füßen. Sie waren geborgen, sie waren glücklich.

Titus und die Herren seiner Suite hielten auf der Höhe des Hügels Schönblick. Zu ihren Füßen, besonnt, von tiefen Schluchten durchfurcht, lag die Stadt.

Der Prinz, nun er sein berühmtes, aufsässiges Jerusalem zum erstenmal erblickte, schmeckte die Schönheit der Stadt ganz aus. Da schaute sie zu ihm herauf, weiß, frech auf ihren kühnen Hügeln. Weit und leer liegt die weite Landschaft hinter ihr, die vielen kahlen Gipfel, die Zedern- und Pinienhänge, die Täler mit ihren Äckern, Oliventerrassen, Weinbergen, das fern glitzernde Tote Meer; die Stadt davor aber birst von Menschen, knapp läßt sie Raum für ihre tiefen Straßenschluchten, füllt jeden Fuß Boden mit Behausung. Und wie die stille Landschaft in die wimmelnde Stadt, so mündet die wimmelnde Stadt wiederum in das Weiß und Goldene dort drüben, in das Geviert des Tempels, das, so mächtig es ist, unendlich zart und rein in der Luft schwimmt. Ja, die höchsten Punkte Jerusalems, das Fort Antonia und das Dach des Tempelhauses, liegen viel tiefer als der Grund, auf dem Titus jetzt steht, und dennoch ist es, als seien er und sein Pferd an den Boden festgeklebt, während Stadt und Tempel leicht und unerreichbar in der Luft schweben.

Der Prinz sieht die Schönheit der Stadt. Gleichzeitig, mit dem Auge des Soldaten, sieht er ihre Unzugänglichkeit. Auf drei Seiten Schluchten. Eine riesige Mauer um das Ganze. Und wenn die genommen ist, hat die Vorstadt ihre zweite Mauer, die Oberstadt ihre dritte, und der Tempel auf seinem hohen, steilen Hügel, die Oberstadt auf dem ihren sind wiederum zwei Festungen für sich. Nur vom Norden her, da, wo er jetzt steht, senkt sich das Gelände ohne tiefen Einschnitt hinunter in Stadt und Tempel. Aber da liegen Mauern und Forts am festesten. Unbezwinglich, frech, schaut das herauf zu ihm. Eine immer unbändigere Lust füllt ihn, diese breiten, trotzigen Paläste niederzureißen, sich durch die dicken Mauern mit Eisen und Feuer einen Weg zu bahnen hinein in den Leib der spröden Stadt.

Der Prinz macht einen kleinen, unbehaglichen Ruck mit dem Kopf. Er spürt den Blick Tiber Alexanders auf sich. Titus weiß, daß der Marschall der erste Soldat der Epoche ist, die beste Stütze des flavischen Hauses. Er bewundert den Mann; sein kühnes Antlitz, sein federnder Gang erinnern ihn an Berenike. Aber er fühlt sich schülerhaft in seiner Gegenwart, die verbindliche Überlegenheit des Marschalls drückt ihn.

Tiber Alexander sitzt trotz seiner Jahre in guter Haltung auf seinem arabischen Rappen. Das lange Gesicht mit der scharfen Nase ohne Regung, schaut er hinunter auf die Stadt. Wie verwinkelt das alles ist. Es ist ein Wahnsinn, wie sich diese Menschen bei ihren Wallfahrtsfesten in die Stadt pressen, eng aneinander wie gesalzene Fische. Er war lange Jahre Gouverneur in Jerusalem, er weiß Bescheid. Wie soll man die vielen Hunderttausende auf die Dauer verproviantieren? Glauben die Führer, diese Herren Simon Bar Giora und Johann von Gischala, ihn bald loszuwerden? Wollen sie mit ihren vierundzwanzigtausend Mann seine hunderttausend wegtreiben? Er denkt an seine Artillerie, an die Rammböcke der Zehnten Legion, an den „Harten Julius" vor allem, diese großartige, moderne Stoßmaschine. Der alte, erfahrene Soldat schaut mit fast mitleidigem Blick auf die Stadt.

Sie schlagen sich noch immer herum, die Unbelehrbaren, innerhalb ihrer Mauern. Sie hassen einander mehr als die Römer. Sie haben in ihrem sinnlosen Bürgerkrieg ihre ungeheuern Getreidevorräte niedergebrannt, Johann hat gegen den Simon selbst in den Säulenhallen des Tempels Artillerie aufgestellt. Still, ein wenig müde, grüßend und vertraut gleitet der Blick des Marschalls das Geviert des Tempels entlang. Sein eigener Vater hat die Metallbeschläge der neun Innentore gestiftet, Gold, Silber, korinthisches Erz, ihr Wert betrug die Steuereingänge einer ganzen Provinz. Trotzdem hat eben dieser Vater, Großmeister der Juden von Alexandrien, es zugelassen, daß er, Tiber Alexander, noch als Knabe aus dem Judentum ausschied. Er ist seinem weisen Vater dankbar dafür. Es ist verbrecherische Torheit, sich aus dem ausgeglichenen, sinnvollen Bereich griechischer Kultur auszuschließen.

Mit einem ganz kleinen, höhnischen Lächeln sieht er hinüber zu des Prinzen Sekretär und Dolmetsch, der benommenen Gesichts auf die Stadt hinunterschaut. Dieser Josephus will beides zugleich, Judentum und Griechentum. Das gibt es nicht, mein Lieber. Jerusalem *und* Rom, Jesaja *und* Epikur, das können Sie nicht haben. Wollen Sie sich gefälligst für das eine entscheiden oder für das andere.

Der König Agrippa neben ihm hält das gewohnte höfliche

Lächeln fest auf dem schönen, ein bißchen zu fetten Gesicht. Er wäre lieber als Wallfahrer hier denn an der Spitze von fünftausend Reitern. Er hat die Stadt vier Jahre nicht gesehen, seitdem ihn dieses törichte Volk nach seiner großen Friedensrede hinausjagte. Er schaut jetzt, der leidenschaftliche Bauherr, mit großer Liebe und tiefem Bedauern auf Jerusalem nieder, wie es weiß und geschäftig seine Hügel hinankriecht. Er selber hat hier viel gebaut. Als die achtzehntausend Tempelarbeiter durch die Fertigstellung des Baues brotlos wurden, hat er durch sie die ganze Stadt neu pflastern lassen. Jetzt haben die Makkabi-Leute einen Teil dieser Bauarbeiter zu Soldaten gepreßt. Einen von ihnen, einen gewissen Phanias, haben sie zum Hohn für die Aristokraten gar zum Erzpriester gemacht. Und wie sie seine Häuser zugerichtet haben, den Herodespalast, das alte Makkabäer-Palais. Es ist schwer, Herz und Antlitz bei solchem Anblick ruhig zu halten.

Ringsum arbeiten die Soldaten. In das Schweigen der Herren, die reglos im leichten Wind auf der Höhe halten, klingen ihre Spaten und Äxte. Sie schlagen ihre Lager, sie ebnen das Terrain für die Zwecke der Belagerung ein, füllen auf, tragen ab. Die Umgebung Jerusalems ist ein einziger großer Garten. Sie schlagen die Ölbäume, die Obstbäume, die Weinreben. Sie reißen die Villen auf dem Ölberg nieder, die Magazine der Brüder Chanan. Sie machen das Land dem Erdboden gleich. Solo adaequare, dem Erdboden gleichmachen, das ist der technische Ausdruck. Das muß man zu Beginn einer Belagerung, es ist eine Elementarregel, jedem Lehrling der Kriegskunst wird sie als erstes eingetrichtert. Der jüdische König sitzt auf seinem Pferd, in guter und lässiger Haltung, sein Gesicht blickt ein wenig müde, still wie immer. Er ist jetzt zweiundvierzig Jahre alt. Er hat stets ja zur Welt gesagt, obgleich sie voll von Dummheit und Barbarei ist. Heute fällt es ihm schwer.

Josef ist der einzige, der seine Miene nicht zähmen kann. So sah er einmal von Jotapat aus die Legionen ihren pressenden Ring schließen. Er weiß, Widerstand ist aussichtslos. Sein Hirn gehört denen, in deren Mitte er ist. Aber sein Herz ist bei den andern, es kostet ihn Anstrengung, das Geräusch der

Äxte, Hämmer, Spaten zu ertragen, mit denen die Soldaten die strahlende Umgebung der Stadt verwüsten.

Ein ungeheures Gedröhn brüllt aus dem Tempelbezirk auf. Die Pferde werden unruhig. „Was ist das?" fragt der Prinz. „Es ist die Magrepha, die hunderttonige Schaufelpfeife", erklärt Josef. „Man hört sie bis Jericho." – „Euer Gott Jahve hat eine gewaltige Stimme", anerkennt Titus.

Dann, endlich, unterbricht er das lange, benommene Schweigen. „Was denken Sie, meine Herren?", und seine Stimme klingt schmetternd, fast knarrend, ein Kommando mehr als eine Frage. „Wie lange werden wir brauchen? Ich schätze, wenn es gut geht, drei Wochen, wenn es schlecht geht, zwei Monate. Auf alle Fälle möchte ich zum Fest des Oktoberrosses in Rom zurück sein."

Es waren bisher drei Heerführer gewesen, die als Diktatoren Jerusalems einer den andern bekämpften. Simon Bar Giora beherrschte die Oberstadt, Johann von Gischala die Unterstadt und den äußeren südlichen Tempelbezirk, der Doktor Eleasar Ben Simon das Innere dieses Bezirks, das Tempelhaus und das Fort Antonia. Als nun an diesem Vortag zum Passahfest die Pilger in Scharen zum Tempel hinaufströmten, um Jahve ihr Lamm zu schlachten, wagte Eleasar nicht, ihnen den Eintritt in die inneren Höfe zu wehren. Johann von Gischala aber mischte unter die Pilger viele seiner Soldaten, und die, im Innern des Tempelbezirks, angesichts des riesigen Brandopferaltars, warfen ihre Pilgerkleider ab, standen in Waffen da, machten die Offiziere des Eleasar nieder, nahmen ihn selbst gefangen. Johann von Gischala, auf diese Art in den Besitz des gesamten Tempelbezirks gelangt, schlug dem Simon Bar Giora vor, fortan gemeinsam den Feind vor den Mauern zu bekämpfen, lud ihn ein, mit ihm in seinem Hauptquartier, dem Palais der Fürstin Grapte, das Passahlamm zu verzehren. Simon nahm an.

Gegen Abend also stand Johann klein, schlau und vergnügt innerhalb der geöffneten Torflügel des Hauses der Fürstin Grapte und erwartete seinen früheren Feind und neuen Kampfgenossen. Simon, an den Wachen des Johann vorbei, die ihm die Ehrenbezeigung erwiesen, stieg die Stufen des Hauses herauf. Er und seine Begleiter waren gerüstet. Einen Augenblick verdroß das den Johann, er selber war waffenlos, aber sogleich wieder bezwang er sich. Ehrerbietig, wie es die Sitte wollte, ging er drei Schritte zurück, neigte sich tief und sagte: „Ich danke Ihnen herzlich, mein Simon, daß Sie gekommen sind."

Sie gingen in das Innere. Das Haus der Fürstin Grapte, einer transjordanischen Prinzessin, vormals mit allem Prunk ausgestattet, war jetzt verwahrlost, eine Kaserne. Simon Bar Giora, während er an der Seite des Johann durch die kahlen Räume klirrte, musterte seinen Begleiter aus seinen engen, braunen Augen. Dieser Mann Johann hat ihm alles Üble getan, er hat ihm die Frau wegfangen lassen, um Konzessionen aus ihm herauszupressen, sie haben gegeneinander gewütet wie wilde Tiere, er haßt ihn. Trotzdem spürt er Respekt vor der Schlauheit des andern. Vielleicht wird es Jahve diesem Johann nicht verzeihen, daß er vor seinem Altar, der aus unbehauenen Steinen gefügt war, weil Eisen ihn nicht berühren durfte, aus Pilgergewändern heimliche Schwerter hat ziehen lassen; aber kühn war es, listig, tapfer. Unwirsch, doch voll Achtung, ging er neben Johann her.

Man briet die Lämmlein unmittelbar auf dem Feuer, wie das Gesetz es befahl, das ganze Tier, die Kniestücke und die inneren Teile legte man von außen auf. Sie sprachen die Gebete, die vorgeschriebenen Erzählungen über den Auszug aus Ägypten, sie aßen mit Appetit die Lämmlein, sie aßen ungesäuertes Brot dazu nach der Vorschrift und Bitterkraut nach der Vorschrift zur Erinnerung an die Bitterkeit im Lande Ägypten. Eigentlich waren die ganzen Plagen, mit denen Jahve Ägypten geschlagen hatte, ein bißchen lächerlich, verglich man sie mit den Plagen, die über sie selber gekommen waren, und die Armee der Römer war bestimmt furchtbarer als die der Ägypter. Aber das machte nichts. Sie saßen jetzt zusammen in *einem* Raum, leidlich versöhnt. Auch der Wein war gut, es war Wein von Eschkol, er wärmte ihre verwilderten Herzen. Simon Bar Giora zwar saß ernst da, aber die andern wurden vergnügt.

Nach dem Mahle rückten sie zusammen, tranken gemeinsam die letzten der vorgeschriebenen vier Becher Weines. Dann schickten die beiden Führer die Frauen und ihre Leute weg und blieben allein.

„Wollen Sie einen Teil Ihrer Geschütze mir und meinen Leuten überlassen?“ begann nach einer Weile Simon Bar Giora das ernsthafte Gespräch, mißtrauisch, fordernd mehr als bittend. Johann schaute ihn an. Sie waren beide abgezehrt, verwahrlost, verbittert von vielen Mühen, Pein und Enttäuschung. Wie kann man so jung sein und so mürrisch? dachte Johann. Es sind noch nicht drei Jahre, da war um diesen Mann ein Strahlen wie um den Tempel selbst. „Sie können meine ganzen Geschütze haben“, sagte er, offen, beinahe zart. „Ich will nicht gegen Simon Bar Giora bestehen, ich will gegen die Römer bestehen.“ – „Ich danke Ihnen“, sagte Simon, und jetzt war in seinen engen, braunen Augen etwas von der alten, wilden Zuversicht. „Dies ist ein guter Passahabend, an dem Jahve Ihren Sinn für mich geöffnet hat. Wir werden Jerusalem halten, und die Römer werden zerschmettert werden.“ Er saß schlank und aufrecht vor dem breiten Johann, und man sah, daß er sehr jung war.

Johann von Gischalas klobige Bauernhand spielte mit dem großen Weinbecher. Er war leer, und mehr als die vier Becher durfte man nicht trinken. „Wir werden Jerusalem nicht halten, mein Herr Simon, mein Bruder“, sagte er. „Nicht die Römer, sondern wir werden zerschmettert werden. Aber es ist gut, daß es Männer gibt mit einem solchen Glauben wie Sie.“ Und er sah freundschaftlich auf ihn, herzlich.

„Ich weiß“, sagte leidenschaftlich Simon, „daß Jahve uns den Sieg geben wird. Und Sie glauben es auch, Johann. Warum sonst hätten Sie diesen Krieg angefangen?“ Johann schaute nachdenklich auf die Feldbinde mit den Initialen Makkabi. „Ich will nicht mit Ihnen rechten, mein Bruder Simon“, sagte er nachgiebig, „warum mein Glaube in Jerusalem nicht so fest ist wie in Galiläa.“ Simon bezwang sich. „Schweigen Sie von dem Blut und Feuer“, sagte er, „das zwischen uns war. Nicht Sie waren schuld und nicht ich war schuld. Die Aristokraten und Doktoren waren schuld.“ – „Nun“, stieß ihn Johann vertraulich an, „denen haben Sie es ja gegeben. Gesprungen wie syrische Seiltänzer sind sie, die Herren Doktoren in ihren langen Röcken. Der alte Erzpriester Anan, der sich im Großen Rat ein Ansehen gab wie der zürnende Gott Jahve selber, damals lag er tot und bloß und schmutzig und keine Augenweide mehr. Der wirft Sie kein zweites Mal aus der Quadernhalle hinaus." – „Nun", sagte Simon, und jetzt ging selbst über sein zerarbeitetes Gesicht ein kleines Lächeln, „Sie, mein Johann, waren auch der Zahmste nicht. Wie Sie die letzten aristokratischen Erzpriestersöhne erledigten, und wie Sie dann den Bauarbeiter Phanias zum Erzpriester auslosten, und wie Sie den dummen, tölpischen Burschen die Einkleidungszeremonien und den ganzen Kram zelebrieren ließen, das kann man auch nicht gerade in einer Lehrstunde für fromme Lebensart als Beispiel anführen." Johann schmunzelte. „Sagen Sie nichts gegen meinen Erzpriester Phanias, mein Bruder Simon", sagte er. „Er ist ein bißchen schwerfällig, zugegeben, aber er ist ein guter Mann, und er ist ein Arbeiter, kein Aristokrat. Er gehört zu uns. Und schließlich hat das Los ihn bestimmt." – „Haben Sie bei der Auslosung nicht ein wenig nachgeholfen?" fragte Simon. „Wir stammen aus *einem* Land", lachte Johann. „Dein Gerasa und mein Gischala liegen nicht weit auseinander. Komm, mein Bruder Simon, mein Landsmann, küsse mich." Simon zögerte einen Augenblick. Dann machte er die Arme auf, und sie küßten sich.

Dann, es ging gegen Mitternacht, machten sie einen Rundgang, um Mauern und Wachtposten zu inspizieren. Oft stolperten sie über schlafende Wallfahrer; denn die Häuser boten nicht Raum, und in allen Torwegen, auf allen Straßen lagen die Pilger, manchmal unter primitiven Zelten, oft nur gehüllt in ihre Mäntel. Die Nacht war frisch, in der Luft lag dick der Gestank von Menschen, Rauch, Holz, gebratenem Fleisch, Spuren des Bürgerkriegs waren überall, um die Mauern stand der Feind, die Straßen Jerusalems waren kein bequemes Bett. Aber die Pilger schliefen gut. Dies war die Nacht der Obhut, und wie einstmals die Ägypter, so wird Jahve jetzt die Römer mit Mann und Roß und Wagen ins Meer schmeißen. Simon und Johann bemühten sich, ihre Schritte zart zu setzen, und machten wohl auch um einen Schlafenden einen umständlichen Bogen.

Sie waren fachmännisch neugierig einer auf die Verteidigungsmaßnahmen des andern. Sie fanden überall gute Zucht und Ordnung, die Anrufe der Wachtposten kamen, wie sie sollten.

Der Morgen schritt vor. Von jenseits der Mauern klangen die Signale der Römer. Aber dann kam vom Tempel her das ungeheure Getöse, mit dem das Tor zum Heiligen Raum sich öffnete, und der gewaltige Laut der Schaufelpfeife, der Magrepha, der den Beginn des Tempeldienstes verkündete, und er überdeckte die Signale der Römer.

Die Legionen schanzten, von den Mauern her wurden sie beschossen, sie erwiderten die Beschießung. Gleichmäßig, wenn die schweren Geschosse der Römer heransurrten, kam der aramäische Ruf der Wachen: „Geschoß kommt", und lachend gingen die Soldaten in Deckung.

Vom Turm Psephinus aus beschauten Simon und Johann den beginnenden Kampf. „Es wird ein guter Tag, mein Bruder Johann", sagte Simon. „Es wird ein guter Tag, mein Bruder Simon", sagte Johann.

Die Geschosse der Römer kamen, weiß, surrend, von weit her sichtbar. „Geschoß kommt", rief es, und die Soldaten lachten und warfen sich nieder. Aber dann kamen Geschosse, die waren nicht mehr sichtbar, die hatten die Römer gefärbt. Sie fegten eine Gruppe Verteidiger von den Mauern, und nun lachte niemand mehr.

Am 11. Mai begab sich der Glasbläser Alexas aus seinem Wohn- und Geschäftshaus in der Salbenmachergasse zu seinem Vater Nachum in die Neustadt. Heute nacht hatten die Römer trotz allen Widerstands ihre Rammböcke an die Mauer herangebracht, durch die ganze Neustadt schütterten die dumpfen Stöße des „Harten Julius", ihres größten Widders. Jetzt muß es Alexas glücken, seinen Vater zu überreden, sich, seine Leute und seine beste Habe aus der gefährdeten Neustadt zu ihm in die Oberstadt zu flüchten.

Nachum Ben Nachum hockte vor seinem Laden im Innern,

unter der großen Glastraube, auf Polstern, die Beine gekreuzt. Es waren Käufer da, man feilschte um ein vergoldetes Kunstwerk aus Glas, ein Goldenes Jerusalem, einen Kopfschmuck für Frauen. Abseits, von dem Gefeilsche ungestört, brummelte der Doktor Nittai, den Körper schaukelnd, den ewigen Singsang seiner Lehrsätze. Nachum Ben Nachum drängte die Käufer mit keinem Wort. Sie gingen schließlich, unentschlossen.

Nachum wandte sich seinem Sohne zu: „Sie werden wiederkommen, das Geschäft wird werden. In längstens einer Woche wird der gesiegelte Kaufbrief im Archiv liegen." Nachums viereckiger Bart war gepflegt, seine Wangen frischfarbig wie stets, seine Worte zuversichtlich. Aber Alexas merkte gut die versteckte Angst. Wenn der Vater auch tat, als gehe sein Tagewerk weiter wie immer, jetzt, beim Klang der Stöße des „Harten Julius", mußte auch er erkennen, daß die ganze Neustadt, daß sein Haus und seine Fabrik gefährdet waren. In wenigen Wochen, wahrscheinlich schon in Tagen, werden da, wo sie jetzt sitzen und ruhevoll schwatzen, die Römer sein. Der Vater muß das einsehen und zu ihm hinaufziehen. Man braucht ja nur ein paar Schritte zu gehen, dort auf die Mauer, dann sieht man die Maschinen der Römer arbeiten.

Nachum Ben Nachum unterdes setzte behaglich sein optimistisches Geschwätz fort. Wäre es nicht Torheit und Verbrechen gewesen, wenn er, dem Drängen des Sohnes nachgebend, vor dem Passahfest aus der Stadt geflüchtet wäre? Eine Saison wie diese war noch nie da. Ist es nicht ein Segen, daß die Pilger vorläufig nicht aus der Stadt herauskönnen? Es bleibt ihnen nichts übrig, als sich den ganzen Tag in den Läden und Basaren herumzutreiben. Ein Glück ist es, daß er sich nicht vom Gerede seines Sohnes hat irremachen lassen.

Alexas ließ den Vater reden. Dann, still und beharrlich, bohrte er weiter: „Jetzt geben sie selbst im Fort Phasael zu, daß sie die äußere Mauer nicht halten können. In den Straßen der Schmiede und der Kleiderhändler sind schon eine ganze Menge Läden geschlossen. Alle sind sie in die Oberstadt hinaufgezogen. Nimm Vernunft an, laß den Ofen löschen, zieh zu mir hinauf."

Der Knabe Ephraim war zu ihnen getreten. Er eiferte los gegen den Bruder. „Wir halten die Neustadt", glühte er. „Man müßte dich im Fort Phasael anzeigen. Du bist schlimmer als der Gelbgesichtige." Der Gelbgesichtige war ein Prophet, der auch jetzt noch die Makkabi-Leute verhöhnte und Verhandlungen und Unterwerfung anriet. Alexas lächelte sein fatales Lächeln. „Ich wollte", sagte er, „ich hätte die Kraft und das Wort des Gelbgesichtigen."

Nachum Ben Nachum streichelte seinem jüngsten Sohne kopfnickend das dichte, sehr schwarze Haar. Aber gleichzeitig in seinem Herzen erwog er die Reden seines Ältesten, des Siebenklugen. Die Stöße des „Harten Julius" kamen wirklich erschreckend gleichmäßig. Auch daß viele Einwohner der Neustadt sich in die sichere Oberstadt verdrückten, war richtig. Nachum hatte es mit eigenen Augen gesehen, und daß die „Rächer Israels", die jetzigen Herren der Stadt, es zuließen, bedeutete einiges. Denn die „Rächer Israels" waren sehr streng. Zu streng, fand der Glasbläser Nachum Ben Nachum. Aber das sagte er nicht laut. Die Makkabi-Leute hatten scharfe Ohren, und Nachum Ben Nachum hatte oft mit ansehen müssen, wie sie Bekannte von ihm, geachtete Bürger, weil sie unbesonnene Äußerungen getan hatten, gefangen ins Fort Phasael brachten oder sie gar an die Mauer führten, um sie zu exekutieren.

Nachum wandte sich an Doktor Nittai: „Mein Sohn Alexas rät, wir sollen zu ihm in die Oberstadt hinaufziehen. Mein Sohn Ephraim erklärt, man werde die Neustadt halten. Was sollen wir tun, mein Doktor und Herr?" Der dürre Doktor Nittai richtete seine engen, wilden Augen auf ihn. „Die ganze Welt ist Netz und Falle", sagte er, „nur im Tempel ist Sicherheit."

An diesem Tage entschied sich der Glasbläser Nachum nicht. Aber am nächsten Tag zog er sein altes, viereckiges Arbeitskleid an, er hatte es durch viele Jahre nicht getragen, sondern sich darauf beschränkt, mit den Käufern zu verhandeln. Jetzt also holte er das alte Arbeitskleid hervor, zog es an und hockte sich vor den Ofen. Seine Söhne und Gehilfen standen um ihn herum. Auf altmodische Art, wie sie sein Sohn Alexas für die Werkstatt längst abgeschafft hatte, nahm er mit der Schaufel dünnflüssige Masse des geschmolzenen Belus-Sandes aus dem Ofen, zwickte das zu formende Stück mittels einer Zange ab, formte mit der Hand einen schönen, runden Becher. Dann gab er Weisung, den großen, eiförmigen Ofen zu löschen, der nun so viele Jahrzehnte hindurch gebrannt hatte. Er schaute zu, wie er erlosch, und betete den Spruch, der bei Kenntnisnahme eines Todesfalles zu sprechen ist: „Gelobt seist du, Jahve, gerechter Richter." Dann, mit seiner Frau, seinen Söhnen, Gehilfen, Leibeigenen, seinen Pferden, Eseln und seiner ganzen Habe, begab er sich in die Oberstadt zum Hause seines Sohnes Alexas. „Wer sich in Gefahr begibt", sagte er, „kommt darin um. Wer zu lange wartet, von dem zieht Jahve seine Hand ab. Wenn du uns Platz geben willst, dann wohnen wir, bis die Römer fort sind, in deinem Haus." Die Augen des Glasbläsers Alexas verloren ihren verhängten, bekümmerten Ausdruck. Er sah seit Jahren zum erstenmal frisch aus, seinem Vater sehr ähnlich. Ehrerbietig trat er drei Schritte zurück, führte die Hand an die Stirn, sagte, sich tief neigend: „Die Ratschlüsse meines Vaters sind meine Ratschlüsse. Mein niederes Haus ist glücklich, wenn mein Vater es betritt."

Drei Tage darauf nahmen die Römer die äußere Mauer. Sie plünderten die Neustadt, verwüsteten die Läden und Werkstätten der Kleidermacher, der Schmiede, der Eisenarbeiter, der Töpfer, die Fabrik des Glasbläsers Nachum. Sie machten das ganze Viertel dem Erdboden gleich, um Wälle und Maschinen gegen die zweite Mauer heranzuführen.

Der Glasbläser Nachum Ben Nachum strich seinen dichten, viereckigen, schwarzen Bart, in dem jetzt einige graue Haare waren, wiegte seinen Kopf und sagte: „Wenn die Römer fort sind, werden wir einen größeren Ofen bauen." War er aber allein, dann verhängten sich seine schönen Augen, der ganze Mann sah bekümmert aus, seinem Sohne Alexas sehr ähnlich. Ach und oj, dachte er. Nachums Glasfabrik war die beste in Israel seit hundert Jahren. Die Doktoren haben mir erlaubt, den Bart, den mir Jahve so lang und schön gemacht hat, kürzer zu tragen, auf daß er nicht versengt werde von der glühenden Masse, der Doktor Nittai hat gelebt von Nachums Glasfabrik. Und wo ist Nachums Glasfabrik jetzt? Vielleicht sind die Makkabi-Leute tapfer und gottesfürchtig. Aber es kann nicht der Segen Jahves sein mit einem Unternehmen, bei dem Nachums Glasfabrik zugrunde geht. Man hätte unterhandeln sollen. Mein Sohn Alexas hat es immer gesagt. Man sollte noch unterhandeln. Aber das darf man leider nicht laut sagen, sonst bringen sie einen in das Fort Phasael.

Um diese Zeit waren die Preise der Lebensmittel in der Stadt Jerusalem bereits sehr hoch geklettert. Alexas kaufte gleichwohl, was immer er an Nahrungsmitteln erraffen konnte. Sein Vater Nachum schüttelte den Kopf. Sein Bruder, der Knabe Ephraim, drang mit wilder Rede auf ihn ein wegen seiner Schwarzseherei. Aber Alexas kaufte weiter, was immer an Lebensmitteln er auftreiben konnte. Einen Teil dieses Vorrats versteckte und vergrub er.

Am 30. Mai erstürmten die Römer die zweite Mauer. Sie mußten diesen Sieg mit großen Verlusten an Menschen und Material bezahlen; denn Simon Bar Giora hatte die Mauer mit Zähigkeit und Geschick verteidigt. Eine ganze Woche lang hatten die Römer Tag und Nacht unter Waffen stehen müssen.

Titus gönnte den erschöpften Leuten eine Pause. Er setzte für diese Zeit die Soldzahlung an, dazu eine Parade und die feierliche Überreichung der Ehrenzeichen an die verdienten Offiziere und Mannschaften.

Seit seinem Abmarsch von Cäsarea hatte er sich den Anblick der Berenike versagt. Nicht einmal des Malers Fabull schönes Bild von ihr hatte er in seinem Zelt aufgestellt, weil er fürchtete, schon ihre Gegenwart im Bild könnte ihn von seinen soldatischen Aufgaben abziehen. Jetzt gönnte er auch sich Ablenkung und Erholung und bat durch einen Eilkurier um ihren Besuch.

Doch schon als er ihr entgegenritt, wußte er, daß er es falsch gemacht hatte. Nur fern von der Frau fühlte er sich klar, sicher, ein guter Soldat. Sowie sie da war, rannen ihm die Gedanken auseinander. Ihr Gesicht, ihr Geruch, ihr Schritt, die leichte Heiserkeit ihrer dunkeln Stimme brachten ihn um seinen Gleichmut.

Am Morgen des 3. Juni dann, die Prinzessin Berenike neben sich, nahm er die Parade ab. Außerhalb der Schußweite, doch in Sehweite der Belagerten, rückten die Truppen aus. Die Legionen zogen vorbei, in Reihen zu sechs Mann, in voller Rüstung, die Schwerter entblößt. Die Reiter führten ihre geschmückten Pferde am Zügel. Die Feldzeichen glänzten in der Sonne, weithin glitzerte es silbern und golden. Auf den Mauern Jerusalems wohnten die Belagerten dem Schauspiel bei. Die ganze nördliche Mauer, die Dächer der Tempelkolonnaden und des Tempelhauses waren besetzt mit Menschen, die in der prallen Sonne hockten und die Macht, die Zahl, den Glanz ihrer Feinde beschauten.

Nach dem Defilé verteilte Titus die Ehrenzeichen. Man war mit diesen Fähnchen, Lanzen, goldenen und silbernen Ketten sehr sparsam. Unter den hunderttausend Mann der Belagerungsarmee waren es noch keine hundert, die man damit bedachte. Einer vor allem fiel auf, ein Subalternoffizier, der Hauptmann Pedan, Zenturio des Ersten Manipels der Ersten Kohorte der Fünften Legion, ein vierschrötiger Mann von etwa fünfzig Jahren, mit einem nackten, roten Gesicht, blond, ein wenig angegraut. Beunruhigend über seiner frechen, weitnüstrigen Nase stand ein blinzelndes, blaues Auge und ein totes, künstliches. Der Hauptmann Pedan trug bereits die höchste Auszeichnung, die ein Soldat erringen konnte, den Kranz aus Gras, den nicht der Feldherr, sondern die Armee verlieh, und nur an solche Männer, deren Umsicht und Tapferkeit das ganze Heer aus der Gefahr gerettet hatte. Dem Hauptmann Pedan war der Kranz aus den Gräsern eines armenischen Hochplateaus geflochten worden, der Gegend, in der er unter dem Marschall Corbulo sein Armeekorps durch List und kaltes Blut aus der Umzingelung parthischer Übermacht herausgehauen hatte. Der Hauptmann Pedan mit seiner Frechheit, seiner Tollkühnheit, seiner gemeinen und gescheiten Zunge war der Liebling der Armee.

Die Ehrenkette, die Titus ihm jetzt überreichte, war keine große Sache. Der Erste Zenturio der Fünften Legion sprach beiläufig die vorgeschriebene Dankformel. Dann mit seiner quäkenden, weithin vernehmbaren Stimme fügte er hinzu: „Eine Frage, Feldherr. Haben Sie auch schon Läuse? Wenn wir hier nicht bald Schluß machen, dann kriegen Sie sie bestimmt. Wenn Sie dem Hauptmann Pedan einen Gefallen tun wollen, Feldherr, dann nehmen Sie Ihre Kette zurück und erlauben ihm, daß er als erster die Brandfackel wirft in das verfluchte Loch, in dem diese Mistjuden ihren Gott verstecken." Der Prinz spürte, wie Berenike gespannt auf seine Erwiderung wartete. Etwas gezwungen sagte er: „Was wir mit dem Tempel anfangen, steht bei meinem Vater, dem Kaiser. Im übrigen wird sich niemand mehr freuen als ich, wenn ich Ihnen eine zweite Auszeichnung verleihen kann." Er ärgerte sich, daß ihm nur eine so kümmerliche Antwort eingefallen war.

Auch Josef erhielt eine Auszeichnung, eine kleine Schildplatte, über dem Panzer auf der Brust zu tragen. „Nehmen Sie, Flavius Josephus", sagte Titus, „den Dank des Feldherrn und der Armee." Zwiespältigen Gefühls starrte Josef auf die große, silberne Plakette, die der Prinz ihm hinhielt. Sie stellte das Haupt der Meduse dar. Sicher glaubte Titus ihn zu beglücken, wenn er unter die wenigen, die er auszeichnete, ihn, den Juden, aufnahm. Aber so wenig mühte er sich, ihn zu verstehen, daß er für solche Auszeichnung gerade das Medusenhaupt wählte, verpönte Darstellung nicht nur menschlicher Gestalt, sondern götzendienerisches Symbol. Es war kein Einverständnis möglich zwischen Juden und Römern. Sicher war dem Prinzen, der ihm wohlwollte, der Gedanke nicht einmal gekommen, daß eine solche Schildplatte dem Juden Kränkung mehr als Auszeichnung sein mußte. Josef war voll von Trauer und Beklommenheit. Allein er bezwang sich. „Ich bin es", erwiderte er ehrerbietig die Formel, „der dem Feldherrn und der Armee zu danken hat. Ich werde versuchen, dieser Auszeichnung würdig zu sein." Und er nahm die Schildplatte. Groß, das kühne Gesicht unbewegt, stand Berenike. Auf der Mauer, Kopf an Kopf, schauten die Juden zu, schweigend in der prallen Sonne.

Den Prinzen unterdes packte ein immer tieferer Verdruß. Was wollte er mit dieser Parade? Berenike wußte so gut wie er, was die römische Armee war. Sie ihr auf so protzige Art vorzuführen war taktlos, barbarisch. Da hockten diese Juden auf ihren Mauern, ihren Dächern, die gedrängten Tausende, schauten zu, schwiegen. Wenn sie geschrien hätten, gehöhnt. Ihr Schweigen war eine tiefere Ablehnung. Auch Berenike hat während des ganzen Vorbeimarsches kein Wort gesprochen. Dieses jüdische Schweigen verstörte den Titus.

Mitten in Betretenheit und Verdruß hat er eine Idee. Er wird eine neue, ernsthafte Vermittlungsaktion unternehmen. Als Einleitung einer solchen Aktion bekommt seine Parade Sinn und Verstand. Der Herr dieser Armee darf sich's leisten, den Gegner zu Verhandlungen einzuladen, ohne daß man ihm das als Zeichen von Schwäche auslegt.

Leicht freilich fällt ihm dieser Entschluß nicht. Noch hält sein Vater die Fiktion aufrecht, es handle sich nicht um einen Feldzug, sondern um eine Polizeimaßnahme. Seine, des Titus, Meinung ist das nicht. Er und seine Armee sehen als Lohn und Ende ihrer Mühe einen Triumph in Rom vor sich, ein strahlendes, ehrenvolles Schauspiel. Schließt aber das Unternehmen mit Vergleich ab, dann kriegt er seinen Triumph nicht. Trotzdem: er steht hier nicht für sich. Rom treibt Politik auf weite Sicht. Er wird den Vermittlungsvorschlag machen.

Diesen Entschluß einmal gefaßt, hellt Titus sich auf. Jetzt hat seine Parade auf einmal Sinn, auch die Gegenwart der Frau hat Sinn. Des Prinzen Blick und Stimme werden jungenhaft, zuversichtlich. Er hat Freude an seinen Soldaten, er hat Freude an der Frau.

Die Zusammenkunft der Römer mit den Juden fand in der Nähe des Turms Psephinus statt, in Reichweite der jüdischen Schußwaffen. Von den Wällen ihres Lagers schauten die Römer, von den Stadtmauern die Juden zu, wie ihre Abgesandten sich trafen. Sprecher der Römer war Josef, Sprecher der Juden der Doktor und Herr Amram, Josefs Jugendfreund. Die Juden hielten zwischen sich und Josef peinlich den Abstand von sieben Schritten, sie machten, wenn er sprach, zugesperrte Gesichter. Nie an ihn richteten sie das Wort, immer an seine beiden römischen Begleiter.

Man lagerte auf der kahlen, besonnten Erde. Josef war waffenlos. Er hatte sich mit aller Inbrunst vorbereitet, die in der Stadt zur Vernunft zu bekehren. Sie hatten ihn Tag für Tag ihren Haß spüren lassen. Oft hatte man ihm Bleikugeln und andere Geschosse der Belagerten gebracht mit der eingeritzten aramäischen Inschrift: „Triff den Josef." Sein Vater, sein Bruder lagen in den Kerkern des Forts Phasael, aufs übelste gequält. Er achtete es nicht. Er hatte alle Bitterkeit aus seinem Herzen getilgt. Hatte gefastet, gebetet, Jahve möge seiner Rede Kraft geben.

Es duldete ihn nicht auf der Erde, als er jetzt zu sprechen anhub. Er sprang auf, hager stand er in der Sonne, die Augen noch heißer als sonst vom Fasten und von dem Willen, zu überzeugen. Vor sich sah er das zugesperrte, verwilderte Gesicht des Doktor Amram. Seit Jotapat hatte Josef von Amram nichts mehr gehört, als daß er es war, der seine Bannung gefordert hatte. Es war kein gutes Zeichen, daß ihm die Juden als Partner gerade diesen seinen Studienkameraden schickten, der ihn mit gleicher Leidenschaft geliebt und gehaßt hatte. Wie immer, die Vorschläge, die Josef mitbringt, sind ungewöhnlich milde. Die Vernunft verlangt, sie zu erwägen. Beschwörend, mit scharfer, dringlicher Logik sprach Josef auf die jüdischen Abgesandten ein. Die Römer, setzte er ihnen auseinander, verpflichten sich, im ganzen Land den früheren Zustand herzustellen. Sie garantieren das Leben aller Zivilpersonen in der belagerten Stadt, die Autonomie des Tempeldienstes. Ihre einzige Forderung ist, daß die Garnison sich auf Gnade und Ungnade ergibt. Josef redete dem Doktor Amram zu, im Singsang, in den Formeln des theologisch-juristischen Disputs, die ihnen aus ihrer gemeinsamen Studienzeit vertraut waren. Er gliederte: „Was habt ihr zu verlieren, wenn ihr die Stadt übergebt? Was habt ihr zu gewinnen, wenn ihr es nicht tut? Übergebt ihr die Stadt, dann bleibt die Zivilbevölkerung, der Tempel, der Dienst Jahves gerettet. Muß die Stadt aber mit der Waffe erstürmt werden, dann ist alles verloren, Armee, Bevölkerung, Tempel. Ihr sagt vielleicht, die Armee sei nicht schuldiger als ihr, sie habe nur euern Willen ausgeführt. Mag sein. Aber schickt ihr nicht auch den Bock in die Wüste und legt ihm die Sünden aller auf? Schickt die Armee zu den Römern, laßt einige büßen statt aller." Leidenschaftlich, beschwörend ging er auf den Doktor Amram zu. Aber der rückte fort von ihm, hielt die sieben Schritte Abstand.

Kühl dann, als Josef zu Ende war, unterbreitete Doktor Amram den Römern die Gegenbedingungen der Juden. Er hätte sicher lieber aramäisch gesprochen, aber er wollte nicht mit Josef reden, so sprach er lateinisch. Er forderte freien Abzug der Garnison, Ehrenbezeigung für ihre Führer Simon Bar Giora und Johann von Gischala, die Garantie, daß niemals mehr eine römische Truppe nach Jerusalem gelegt werde. Das waren ungeheuer dreiste Forderungen, offenbar dazu bestimmt, die Verhandlungen zu sabotieren.

Langsam, in mühsamem Latein, maskiert ins Gewand sachlicher Bedingungen, kam der aufreizend freche Unsinn aus dem verwilderten Antlitz des Amram. Josef hörte zu, auf der Erde hockend, müde vor Trauer über seine Ohnmacht. Von den Mauern schauten viele Gesichter. Eines, ein stures, fanatisches, mit törichten Augen, quälte Josef besonders, es lähmte ihn, es war wie ein Teil der Mauer, man konnte ebensogut an die Mauer hinsprechen. Dabei glaubte er, dieses Gesicht schon gesehen zu haben. So waren die Gesichter gewesen, die in Galiläa zu ihm hochgeblickt hatten, in stumpfer Bewunderung. Vielleicht war der junge Mensch einer von denen, die ihm damals zugejubelt hatten: Marin, Marin.

Der Oberst Paulin versuchte noch einige freundliche, vernünftige Worte. „Lassen Sie uns nicht so auseinandergehen, meine Herren", bat er. „Machen Sie uns einen andern Vorschlag, einen, den man erwägen kann."

Der Doktor Amram beriet eine kleine Weile flüsternd mit seinen beiden Begleitern. Dann, immer in seinem schweren Latein, höflich, doch sehr laut, sagte er: „Gut, wir haben einen andern Gegenvorschlag. Übergeben Sie uns die Leute, die wir für die Schuldigen halten, und wir nehmen Ihre Bedingungen an.“ – „Was sind das für Leute?“ fragte mißtrauisch der Oberst Paulin. „Das ist“, erwiderte der Doktor Amram, „der Mann Agrippa, früher König der Juden, die Frau Berenike, früher Prinzessin in Judäa, und der Mann Flavius Josephus, früher Priester der Ersten Reihe.“ – „Schade“, sagte der Oberst Paulin, und die römischen Herren wandten sich, um zu gehen.

In diesem Augenblick kam ein schriller Ruf von der Stadtmauer: „Triff den Josef!“, und mit dem Ruf kam schon der Pfeil. Josef sah noch, wie der Schütze auf der Mauer zurückgerissen wurde. Dann fiel er um. Es war der junge Mensch mit dem stumpfen, fanatischen Gesicht, der geschossen hatte. Der Pfeil hatte Josef nur am Oberarm getroffen. Es war wohl mehr die Erregung als die Wunde, die ihn umwarf.

Der Prinz Titus war über den jämmerlichen Ausgang der Vermittlungsaktion sehr erbittert. Die Frau war daran schuld, daß er diesen läppischen Schritt getan hat. Sie nahm ihm seine Klarheit, machte seine grade Linie krumm. Er mußte mit dieser Angelegenheit Berenike zu Ende kommen.

Wie war ihre Bedingung? Wenn zur Zeit, da die Römer in Jerusalem einziehen, der Hain von Thekoa noch steht, dann mag mir Titus aus dem Holz meiner Pinien das Brautbett machen lassen. Ihre Bedingung ist erfüllt. Daß er Jerusalem nehmen wird, daran ist kein Zweifel mehr. Er hat dem Hauptmann Valens, dem Kommandanten von Thekoa, Auftrag gegeben, drei Pinien des Haines zu fällen. Heute abend kann das Bett fertig sein. Er wird heute allein mit Berenike zu Abend essen. Er will nicht länger warten. Er schickte Leute, das Bett zu holen.

Es ergab sich, daß das Bett nicht da war. Der Pinienhain von Thekoa stand nicht mehr, des Prinzen Auftrag hat nicht erfüllt werden können. Titus schäumte. Hat er nicht klaren Befehl gegeben, den Hain zu schonen? Ja, der Hauptmann Valens hat diesen Befehl erhalten, aber dann, als das Holz für die Laufgräben und Wälle knapp wurde, hat der Marschall Tiber Alexander Gegenorder erteilt. Der Hauptmann Valens hat gezögert, hat rückgefragt. Er konnte sich auf die schriftliche Weisung des Marschalls berufen, den Hain entgegen der ersten Order zu fällen.

Das Gesicht des Prinzen, als er dies vernahm, änderte sich auf erschreckende Art. Aus dem klaren, harten Antlitz des Soldaten wurde das eines sinnlos tobenden Knaben. Er befahl Tiber Alexander zu sich, knurrte, fauchte. Je maßloser der Prinz wurde, so kälter wurde der Marschall. Höflich erklärte er, ein von allen zuständigen Stellen, auch vom Prinzen unterzeichneter Erlaß befehle bei strengen Strafen die Herbeischaffung alles verfügbaren Holzes. Die Bedürfnisse des Krieges gingen den persönlichen Bedürfnissen eines einzelnen vor. In den Feldzügen, die er bisher geleitet habe, habe er es stets so gehalten und Ausnahmen nicht zugelassen. Der Prinz wußte nichts zu erwidern. Der Mann hatte recht und war ihm zuwider, er war sich selber zuwider. Ein starker Kopfschmerz klammerte ihm von den Schläfen her den Schädel ein. Alles um ihn war trüb. Er liebt Berenike. Er muß mit der Sache zu Ende kommen. Er wird es.

Berenike ging durch das Lager von Jerusalem, schön und ruhevoll wie immer. Unter ihrer Ruhe aber war sie voll Aufruhr. Sie hat die Tage gezählt, die sie in Cäsarea ohne Titus verbracht hat. Sie will es nicht wahrhaben, aber sie hat ihn entbehrt. Seitdem er die Leitung der Armee übernommen hat, ist er nicht mehr der gutmütige Junge mit dem Knabengesicht, er ist ein Mann, ist der Feldherr, besessen von seiner Aufgabe. Sie sagte sich vor, es sei um Jerusalems willen, daß sie mit ihm zusammen ist, aber sie weiß, das ist Lüge.

Beglückt war sie aufgebrochen, als Titus sie jetzt in das Lager gerufen hatte. Aber als sie den Raum um Jerusalem sah, um ihr Jerusalem, fiel ihre Freude zusammen. Die herrliche Umgebung kahl gefressen wie von Heuschrecken, die Fruchthaine, die Oliven, die Reben, die Landhäuser, die reichen Magazine des Ölbergs fortrasiert, alles schauerlich nackt, glatt und wüst gestampft. Als sie bei der Parade auf der Tribüne gestanden war, neben dem Feldherrn der Römer, war ihr, als schauten die Zehntausende auf den Mauern und den Dächern des Tempels nur auf sie, anklagend.

Sie war durch wilde Schicksale gegangen, sie war nicht sentimental, sie war den Geruch von Heerlagern und von Soldaten gewöhnt. Aber der Aufenthalt hier vor Jerusalem war schwerer, als sie gedacht hatte. Der geordnete Reichtum des Lagers und die Not der an der Fülle ihrer Menschen erstikkenden Stadt, die soldatische Geschäftigkeit des Prinzen, die verbindliche Härte Tiber Alexanders, die kahle, geschändete Umgebung Jerusalems, alles quälte sie. Sie, wie der Prinz, wollte zu Ende kommen. Mehrmals schon war sie im Begriff, den Mund aufzutun: Was ist mit dem Hain von Thekoa? Steht noch der Hain von Thekoa? Allein sie wußte nicht, sollte sie ein Ja wünschen oder ein Nein.

Sie war müde und überreizt, als sie an diesem Abend zu Titus kam. Er gab sich finster, glühend und verbissen. Sie war trüb und kahl, Kraft und Willen waren ihr ausgeronnen, sie wehrte sich schwach. Er nahm sie roh, seine Augen, seine Hände, der ganze Mann war wüst und roh.

Berenike, nachdem er sie genommen hatte, lag zerschlagen, den Mund trocken, die Augen trüb und stier, das Kleid zerrissen. Sie fühlte sich alt und traurig.

Der Prinz starrte auf sie, den Mund verkniffen, das Gesicht das eines bösen, hilflosen Kindes. Jetzt hat er also seinen Willen gehabt. Hat es gelohnt? Es hat nicht gelohnt. Es war kein Genuß gewesen, alles andre eher als ein Genuß. Er wollte, er hätte es nicht getan. Er ärgerte sich über sich selber, und er haßte sie. „Wenn du übrigens wirklich glaubst", sagte er boshaft, „daß der Hain von Thekoa noch steht oder daß dieses Bett aus dem Holz der Bäume von Thekoa gemacht ist, dann bist du angeschmiert. Wir haben für das Holz eine besondere Verwendung. Dein eigener Vetter hat Order gegeben, den Hain zu schlagen."

Berenike stand langsam auf, sie sah ihn nicht an, hatte keinen Vorwurf für ihn. Er war ein Mann, ein Soldat, ein guter Junge im Grund. Schuld war dieses Lager, schuld war der Krieg. Sie verkommen alle in diesem Krieg, sie werden zu Tieren und Barbaren. Man hat alle denkbaren Greuel verübt innerhalb und außerhalb der Mauern, hat die Menschen geschändet, das Land, Jahve, den Tempel. Eine Tierhetze ist das Ganze wie in der Arena an den großen Tagen, man weiß nicht, wer Tier ist und wer Mensch. Jetzt hat also dieser Mann Titus sie genommen, ohne ihren Willen, er hat sie betrogen, und hernach hat er sie verhöhnt, trotzdem er sie liebt. Es ist das Lager, und es ist der Krieg. Es ist diese wüste, stinkende Männerkloake, und ihr ist recht geschehen, weil sie hergekommen ist.

Sie machte sich auf, jämmerlich, mühevoll, sie sammelte ihre Glieder, sie raffte ihr Kleid, sie schüttelte es, sie schüttelte den Dreck dieses Lagers von sich. Sie ging. Sie hatte keinen Vorwurf für Titus, doch auch keinen Gruß. Ihr Gang war noch immer, auch in dieser letzten Müdigkeit und Demütigung, der Gang der Berenike.

Titus stierte ihr nach, schlaff, ausgehöhlt. Es war sein Plan gewesen, die Frau aus seinem Blut zu bringen. Er wollte sich seinen Feldzug, seine Aufgabe nicht verhunzen lassen durch die Frau. Er wollte sie hinter sich haben, dann Jerusalem nehmen, und dann, den Fuß auf dem besiegten Jerusalem, sich entscheiden, ob er von neuem mit der Frau beginnen soll. Es war ein schöner Plan gewesen, aber er war leider schiefgegangen. Es hat sich gezeigt, daß leider bei der Frau mit Gewalt nichts auszurichten war. Sie war keineswegs heraus aus seinem Blut. Es hat gar nichts genützt, daß er sie genommen hat, er hätte ebensogut eine beliebige andere nehmen können. Sie ist ihm fremder als je. Er denkt scharf nach, er strengt sein Gedächtnis an: nichts weiß er von ihr. Er kennt nicht ihren Geruch, ihr Verlöschen, ihr Verströmen, ihre Lust, ihren Zusammenbruch. Sie ist ihm versperrt geblieben durch sechs Schlösser und verhüllt durch sieben Schleier. Diese Juden sind infernalisch gescheit. Sie haben ein tiefes, höhnisches Wort für den Akt, sie sagen nicht: einander beiwohnen, sie sagen nicht: sich miteinander mischen, ineinanderhineingehen. Sie sagen: ein Mann erkennt eine Frau. Nein, er hat diese verfluchte Berenike nicht erkannt. Und er wird sie nie erkennen, solange sie sich ihm nicht gibt.

Berenike unterdes lief durch die Gassen des Lagers. Sie fand ihre Sänfte nicht, sie lief. Kam in ihr Zelt. Gab hastige, ängstliche Anweisung. Verließ das Lager, floh nach Cäsarea. Verließ Cäsarea, floh nach Transjordanien, zu ihrem Bruder.

Am 18. Juni berief Titus einen Kriegsrat ein. Die Angriffe der Römer auf die dritte Mauer waren fehlgeschlagen. Mit ungeheurer Mühe hatten sie gegen diese Mauer und das Fort Antonia vier Wälle herangeführt, um ihre Panzertürme, Geschütze, Sturmböcke in Stellung zu bringen. Aber die Juden hatten Minenstollen gegen diese Werke gegraben, die Pfähle dieser Stollen durch Pech und Asphalt zum Brennen und zum Einsturz gebracht und mit ihnen die Dämme und Geschütze der Römer. Die mit soviel Mühe und Gefahr errichteten Werke waren vernichtet.

Die Stimmung im Kriegsrat war nervös und erbittert. Die jüngeren Herren forderten einen Generalangriff mit allen Mitteln. Das war die gerade, steile Straße zum Triumph, der allen vorschwebte. Die älteren Offiziere widersprachen. Ohne Panzertürme und Rammböcke eine mit allen Schikanen angelegte Festung zu stürmen, die von fünfundzwanzigtausend verzweifelten Soldaten gehalten wird, ist kein Spaß und kostet selbst im Glücksfall ungeheure Verluste. Nein, so langwierig das sein wird, es bleibt nichts übrig, als neue Dämme und Wälle zu bauen.

Ein verdrossenes Schweigen war. Der Prinz hatte trüb, aufmerksam und ohne einzugreifen zugehört. Er bat den Marschall um seine Meinung. „Wenn die Zeit bis zum Generalsturm", begann Tiber Alexander, „uns lange werden soll, warum wollen wir sie nicht auch unsern Gegnern lang machen?" Erwartungsvoll, verständnislos sahen ihm die Herren auf den dünnen Mund. „Wir haben", fuhr er mit seiner leisen, höflichen Stimme fort, „zuverlässige Nachrichten und sehen es mit unseren eigenen Augen, wie sehr der zunehmende Hunger der Belagerten unser Bundesgenosse ist. Ich schlage vor, Hoheit und meine Herren, uns mehr als bisher auf diesen Bundesgenossen zu stützen. Ich schlage vor, die Blockade schärfer als bisher durchzuführen. Ich schlage vor, zu diesem Zweck eine Blockademauer um die Stadt zu errichten, daß keine Maus mehr hinein und keine mehr hinaus kann.

Das wäre das eine. Das zweite wäre dies. Wir haben bisher jeden Tag stolz die Ziffern derjenigen bekanntgegeben, die trotz der Maßnahmen der Belagerten zu uns überlaufen. Wir haben diese Herrschaften sehr gut behandelt. Ich glaube, das macht unserm Herzen mehr Ehre als unserm Verstand. Ich sehe nicht ein, warum wir die Herren in Jerusalem von der Sorge für die Ernährung eines so ansehnlichen Teils der Bevölkerung befreien sollen. Kann man uns zumuten, nachzuprüfen, ob diejenigen, die jetzt zu uns übergehen, wirklich Zivilisten sind oder ob sie die Waffen gegen uns getragen haben? Ich schlage vor, Hoheit und meine Herren, in Zukunft diese Überläufer ausnahmslos als kriegsgefangene Rebellen zu behandeln und alles, was wir an Holz erübrigen können, zur Kreuzigung dieser gefangenen Rebellen zu verwenden. Das wird, hoffe ich, die innerhalb der Mauern veranlassen, auch in Zukunft hübsch innerhalb der Mauern zu bleiben. Schon sitzt ein großer Teil der Belagerten vor leeren Tischen. Ich hoffe, daß dann bald alle, auch die Truppen der Belagerten, vor leeren Tischen sitzen werden." Der Marschall sprach leise, sehr verbindlich. „Je härter wir in diesen Wochen sind, um so humaner können wir in Zukunft sein. Ich schlage vor, Hoheit und meine Herren, den Hauptmann Lukian, den Chef der Profose, anzuweisen, bei der Kreuzigung der Rebellen nicht milde vorzugehen."

Der Marschall hatte ohne Nachdruck gesprochen wie bei einer Tischunterhaltung. Aber es war lautlos still, während er sprach. Der Prinz war Soldat. Immerhin schaute er angefremdet auf den Juden, der mit so leichter Rede so harte Maßnahmen gegen Juden vorschlug. Niemand im Rat hatte einen Einwand gegen Tiber Alexander. Es wurde beschlossen, die Blokkademauer zu bauen und die Überläufer fortan zu kreuzigen.

Vom Fort Phasael aus sahen die Führer Simon Bar Giora und Johann von Gischala, wie die Blockademauer hochstieg. Johann schätzte ihre Länge auf sieben Kilometer und zeigte mit geübtem Blick dem Simon dreizehn Punkte, wo offenbar Türme angelegt werden sollten. „Ein etwas schäbiges Mittel, mein Bruder Simon, meinen Sie nicht?" fragte er und grinste ein wenig fatal. „Dem alten Fuchs hätte ich das ohne weiteres zugetraut, aber der Junge mit seinem Geprotz von Mannhaftigkeit und soldatischer Tugend sollte eigentlich vornehmere

Mittel anwenden. Nun ja. Jetzt sind wir aufs Johannisbrot gekommen oder eigentlich schon darunter.“

Die Blockademauer wurde vollendet, und die Straßen und Höhen um Jerusalem säumten sich mit Kreuzen. Die Profose waren erfinderisch im Ausdenken neuer Stellungen. Sie nagelten die zu Exekutierenden so an, daß die Füße oben hingen, oder sie banden sie quer übers Kreuz, ihnen die Glieder raffiniert verrenkend. Zuerst bewirkten die Maßnahmen der Römer, daß die Zahl der Überläufer sich verringerte. Aber dann stieg der Hunger und der Terror in der Stadt. Viele sahen sich verloren. Was war klüger? In der Stadt zu bleiben, die Verbrechen der Makkabi-Leute gegen Gott und Menschen ständig vor Augen, und Hungers zu sterben? Oder zu den Römern überzulaufen und von ihnen ans Kreuz gehängt zu werden? Verloren war man innerhalb der Mauern, verloren außerhalb. Wenn der Stein auf den Krug fällt, wehe dem Krug. Wenn der Krug auf den Stein fällt, wehe dem Krug. Immer, immer wehe dem Krug.

Es mehrten sich diejenigen, die das Sterben am Kreuz dem Sterben in Jerusalem vorzogen. Selten verging ein Tag, an dem nicht mehrere hundert Überläufer eingebracht wurden. Bald gab es keinen Raum mehr für die Kreuze und keine Kreuze für die Menschenleiber.

Der Glasbläser Nachum Ben Nachum lag die meiste Zeit über auf dem Dach des Hauses in der Salbenmachergasse. Dort lagen auch das Weib des Alexas und die beiden Kinder, denn unter freiem Himmel spürte man den Hunger weniger. Auch wenn man sich das Kleid oder den Gürtel sehr eng um den Leib zog, linderte das den Hunger ein wenig; doch nur auf kurze Zeit.

Nachum Ben Nachum war sehr vom Fleisch gefallen, sein dichter Bart war nicht mehr gepflegt, auch nicht mehr recht viereckig, und viele graue Haare durchzogen ihn. Manchmal quälte ihn die Ruhe im Haus, denn die Erschöpften hatten nicht viel Lust zu reden. Dann ging Nachum über die schmale Brücke, die von der Oberstadt zum Tempel führte, und besuchte seinen Verwandten, den Doktor Nittai. Die Achte

Priesterreihe, die Reihe Abija, war ausgelost worden, und Doktor Nittai schlief und wohnte jetzt im Tempel. Seine wilden Augen waren eingetrocknet, der überkommene Singsang kam nur mit Mühe von seinen geschwächten Lippen. Es war ein Wunder, daß der ausgedörrte Mann sich aufrecht halten konnte, aber er hielt sich aufrecht. Ja, er war weniger wortkarg als sonst, er hatte keine Furcht wegen seines babylonischen Akzents, er war glücklich. Die ganze Welt ist Netz und Falle, nur im Tempel ist Sicherheit. Auch Nachums Herz erhob es, wie trotz des Elends ringsum der Tempeldienst weiterging wie immer mit seinen tausend großartigen, umständlichen Zeremonien, mit Morgenopfer und Abendopfer. Die ganze Stadt verkam, aber Jahves Haus und Tisch blieb herrlich bestellt wie seit Jahrhunderten.

Vom Tempel aus ging der Glasbläser Nachum oftmals zur Börse, zur Kippa. Eine ganze Reihe von Bürgern kam dort zusammen, aus alter Gewohnheit, trotz des Hungers. Worum man jetzt feilschte, das waren freilich nicht mehr Karawanen mit Gewürz oder Flotten mit Holz, sondern winzige Mengen Nahrungsmittel. Ein oder zwei Pfund verdorbenen Mehls, eine Handvoll getrockneter Heuschrecken, ein Fäßchen Fischsauce. Zu Anfang Juni hatte man das Gewicht des Brotes mit dem gleichen Gewicht in Glas aufwiegen müssen, dann mit dem gleichen Gewicht in Kupfer, dann in Silber. Am 23. Juni zahlte man für einen Scheffel Weizen, das waren 8,75 Liter, vierzig Mene, noch vor dem Juli ein ganzes Talent.

Freilich mußte dieser Handel geheimgehalten werden; denn längst hatten die militärischen Machthaber alle Lebensmittel für die Truppen requiriert. Die Soldaten durchforschten die Häuser bis in den letzten Winkel. Mit ihren Dolchen und Säbeln kitzelten sie unter derben Witzen die letzte Unze Eßbares heraus.

Nachum segnete seinen Sohn Alexas. Wo wäre man hingekommen ohne ihn? Er nährte das ganze Haus in der Salbenmachergasse, und der Vater bekam den größten Anteil. Nachum wußte nicht, wo Alexas seine Vorräte verborgen hielt, wollte es auch nicht wissen. Einmal kam Alexas nach Haus, verstört, blutend aus einer schweren Wunde. Wahrscheinlich war er von streifenden Soldaten betroffen worden, als er aus einem seiner Verstecke etwas von seinen Vorräten holen wollte.

Bis in die Nieren voll von Angst und Grimm saß der Glasbläser Nachum neben dem Lager seines Ältesten, der, grau von Gesicht, geschwächt und ohne Bewußtsein dalag. Ach und oj, warum war er seinem Sohne Alexas nicht früher gefolgt? Sein Sohn Alexas ist der Klügste der Menschen, und er, der eigene Vater, hat nicht gewagt, sich zu ihm zu bekennen, einfach weil die Spitzel der Machthaber umgingen. Aber jetzt wird auch er den Mund nicht mehr verschließen. Wenn sein Sohn Alexas wieder aufsteht, dann wird er mit ihm zu dem Gelbgesichtigen gehen. Denn trotz allen Terrors tauchten aus dem wirren System unterirdischer Gänge und Höhlen unter Jerusalem immer neue Propheten auf, predigten Frieden und Unterwerfung und verschwanden wieder in der Unterwelt, bevor die Makkabi-Leute sie fassen konnten. Nachum war überzeugt, sein Sohn Alexas war vertraut mit dem Führer dieser Propheten, eben jenem Dunkeln, Geheimnisvollen, den alle nur den Gelbgesichtigen nannten.

Er war so voll Grimm gegen die Makkabi-Leute, daß er den Hunger kaum mehr spürte; heftige Erregung vertrieb den Hunger. Vor allem gegen seinen Sohn Ephraim richtete sich seine Wut. Zwar gab der Knabe Ephraim aus der reichlichen Ration, die er als Soldat erhielt, Nahrungsmittel an Vater und Geschwister ab; aber tief in seinem Innern fürchtete Nachum, Ephraim könne es gewesen sein, der jetzt die Soldaten auf die Spuren des Alexas gehetzt habe. Dieser Verdacht, Ohnmacht und Grimm machten den Glasbläser Nachum fast verrückt.

Alexas genas. Aber der Hunger wurde immer bitterer, die spärliche Nahrung war stets die gleiche, der Sommer war heiß. Das jüngste Söhnlein des Alexas starb, der Zweijährige, und wenige Tage später auch der ältere, der Vierjährige. Den Zweijährigen konnte man noch bestatten. Aber als der Vierjährige starb, waren der Leichen zuviel und der Kraft zuwenig geworden, man mußte sich begnügen, die Toten in die Schluchten hinunterzustürzen, die die Stadt umgaben. Nachum, seine Söhne und seine Schwiegertochter brachten die kleine Leiche an das Südosttor, daß der Hauptmann Mannäus Bar Lazarus, dem der Totendienst unterstand, sie in die Schlucht hinunterwerfen lasse. Nachum wollte die Leichenrede halten, aber da er sehr schwach war, verwirrten sich ihm die Worte, und statt über den kleinen Jannai Bar Alexas zu sprechen, sagte er, der Hauptmann Mannäus habe nun bereits siebenundvierzigtausendzweihundertdrei Leichen erledigt und somit siebenundvierzigtausendzweihundertdrei Sesterzien erhalten, dafür könne er auf der Börse beinahe zwei Scheffel Weizen kaufen.

Alexas hockte auf der Erde und hielt die sieben Tage der Trauer. Er wiegte den Kopf, streichelte den schmutzigen Bart. Er hatte einiges bezahlt für die Liebe zu seinem Vater und zu seinen Brüdern.

Als er sich zum erstenmal wieder durch die Stadt schleppte, war er erstaunt. Er hatte geglaubt, das Elend könne nicht größer werden, aber es war größer geworden. Früher war Jerusalem berühmt gewesen wegen seiner Reinlichkeit, jetzt lag über der ganzen Stadt ein wüster Gestank. In einzelnen Stadtquartieren sammelte man die Toten in öffentlichen Gebäuden, und wenn sie voll waren, dann sperrte man diese Gebäude zu. Noch beängstigender aber als der Gestank war die große Stille der sonst so lebendigen Stadt; denn jetzt hatten auch die Betriebsamsten die Lust zu sprechen verloren. Schweigend und stinkend, erfüllt von dicken Schwärmen Ungeziefers, lag die weiße Stadt in der Sommersonne.

Auf den Dächern, in den Gassen sielten sich die Erschöpften herum mit trockenen Augen und weitgeöffneten Mündern. Viele waren krankhaft angeschwollen, andere zu Gerippen ausgedörrt. Die Fußtritte der Soldaten vermochten sie nicht mehr von der Stelle zu bewegen. Sie lagen, die Verhungernden, herum, starrten nach dem Tempel, der drüben auf seinem Hügel weiß und golden in dem blauen Licht hing, warteten auf den Tod. Alexas sah eine Frau im Abfall wühlen, zusammen mit Hunden nach irgend etwas Genießbarem. Er kannte die Frau. Es war die alte Channa, die Witwe des Erzpriesters Anan. Einst mußten Teppiche vor ihr gebreitet werden, wenn sie auf die Straße ging; denn ihr Fuß war zu vornehm, den Staub des Weges zu treten.

Und dann kam ein Tag, da saß auch Alexas, der Klügste der Menschen, stur und ohne Rat. Er hatte sein Versteck in der Unterwelt leer gefunden, andere hatten den Rest seiner Vorräte entdeckt.

Als Nachum diese Unglücksbotschaft mühevoll aus seinem Sohn herausgequetscht hatte, saß er lange und dachte nach. Es war ein Verdienst, einen Toten zu bestatten; es war ein letztes Verdienst vor Jahve, sich selber zu bestatten, wenn das kein anderer besorgte. Nachum Ben Nachum beschloß, sich dieses letzte Verdienst zu erwerben. Wenn einer so ausschaute, als ob er nicht länger als höchstens noch einen oder zwei Tage zu leben hätte, dann ließen die Wachsoldaten ihn vor das Tor. Ihn werden sie passieren lassen. Er legte seine Hand auf den Scheitel seines Sohnes Alexas, der dumpf auf sein verlöschendes Weib stierte, und segnete ihn. Dann nahm er einen Spaten, das Geschäftsbuch, den Schlüssel der alten Glasbläserei, auch einige Myrtenreiser und Weihrauch und schleppte sich zum Südtor.

Vor dem Südtor lag eine große Gebeinhöhle. Nach einer Ruhe nämlich von ungefähr einem Jahr, wenn der Leichnam bis auf die Knochen verwest war, pflegte man die Gebeine in sehr kleinen Steinsärgen zu sammeln und diese Särge in den Wänden von Höhlen übereinander und nebeneinander zu schichten. Auch über die Beinhöhle vor dem Südtor war nun freilich die Belagerung hinweggegangen und hatte sie zerstört, so daß sie nicht mehr sehr würdig herschaute, ein Haufen von zertrümmerten Steinplatten und Gebein. Aber immer noch blieb sie ein jüdischer Totenacker.

Auf die gelblichweiße, besonnte Erde dieses Totenackers also hockte Nachum sich nieder. Um ihn her lagen andere Verhungernde, starrten nach dem Tempel. Manchmal sprachen sie: Höre, Israel, eins und ewig ist unser Gott Jahve. Manchmal dachten sie an die Soldaten, an die im Tempel, die Brot und Fischkonserven hatten, an die im römischen Lager, die Fett und Fleisch hatten, und dann vertrieb der Zorn auf eine ach nur sehr kurze Zeit den Hunger.

Nachum war sehr matt, aber es war keine unangenehme Mattigkeit. Er freute sich an der heißen Sonne. Anfangs, als er noch Lehrling war, hatte es furchtbar weh getan, wenn er sich an der heißen Masse verbrannte. Jetzt war seine Haut daran gewöhnt. Es war unrecht von seinem Sohne Alexas, daß er die Arbeit mit der Hand ganz durch die Glasbläserpfeife ersetzt hat. Überhaupt war sein Sohn Alexas zu hochfahrend. Weil sein Sohn Alexas so überheblich war, darum waren ihm auch die Kinder gestorben und die Frau, und seine Vorräte waren ihm gestohlen worden. Wie heißt es im Buche Hiob? „Die Güter, die er verschlungen hat, muß er wieder ausspeien. Das Getreide in seinem Haus wird weggeführt werden." Wer ist nun eigentlich der Hiob, er oder sein Sohn Alexas? Das ist sehr schwierig. Er hat zwar einen Spaten mit, aber kratzt er etwa seinen Grind? Er kratzt ihn nicht, folglich ist sein Sohn Alexas der Hiob.

Wer einem Toten Ehre erweist, erwirbt sich Verdienst, besonders wenn man selber der Tote ist. Aber vorher muß er in seinem Geschäftsbuch nachschauen, ob die letzten Einträge stimmen; er will ein ordentliches Rechnungsbuch im Grab haben. Er hat da eine Geschichte gehört von einer gewissen Maria Beth Ezob. Die Soldaten der Makkabi-Leute waren, angelockt durch Bratengeruch, in das Haus dieser Maria eingedrungen und hatten auch gebratenes Fleisch vorgefunden. Es stammte von dem Kind dieser Maria, und sie wollte mit den Soldaten einen Vertrag abschließen: da sie das Kind geboren habe, sollte die Hälfte des Fleisches ihr gehören, die Hälfte wollte sie den Soldaten lassen. Das war eine ordentliche Frau. Eigentlich müßte allerdings ein solcher Vertrag schriftlich gemacht und auf dem Rathaus deponiert werden. Aber das ist jetzt schwierig. Die Beamten sind nie da. Sie sagen, sie haben Hunger, und das geht doch nicht, daß man einfach wegbleibt, bloß weil man Hunger hat. Einige sind allerdings gestorben infolge Hungers, besser der Tag des Todes als der Tag der Geburt, und die sind gewissermaßen entschuldigt.

Da sitzt sein Sohn Alexas, der Siebenkluge, der Gescheiteste der Menschen, und hat bei all seiner Gescheitheit doch nichts zu essen. Er hat plötzlich ein ungeheures Mitleid mit seinem Sohne Alexas. Natürlich ist der der Hiob. Der Bart des Alexas ist viel grauer als sein eigener, obwohl er jünger ist als er. Freilich, sein, Nachums, Bart ist jetzt auch nicht mehr viereckig, und wenn eine schwangere Frau ihn sähe, würde ihr Kind davon nicht schöner.

Trotzdem ist es ärgerlich, daß man ihm, Nachum Ben Nachum, dem Glasbläser, dem Großhändler, nicht die gebührende Ehre erweist. Daß er allein sein ganzes Totengeleite ist, das ist eine harte Prüfung von Jahve, und er versteht Hiob, und jetzt ist es ganz klar: nicht sein Sohn Alexas ist der Hiob, er ist es. „Denn den Zerfall heiße ich meinen Vater, und die Würmer meine Mutter und meine Schwester." Und jetzt komm, mein Spaten, grab, mein Spaten.

Mit sehr großer Mühe richtete er sich hoch, leicht ächzend. Es ist sehr schwer, zum Graben muß man sehen. Es sind diese scheußlichen Fliegen, die auf seinem Gesicht sitzen und die ihm alles verdunkeln. Sehr langsam geht sein Blick über die graugelbe Erde hin, über die Knochen, die Reste der Steinsärge. Da, ganz in seiner Nähe, sieht er etwas Schillerndes, Opalfarbenes, es ist ein Wunder, daß er es nicht längst gesehen hat, es ist ein Stück murrinisches Glas. Ist es echt? Wenn es nicht echt ist, dann muß es ein besonders kunstreiches Verfahren sein, durch das man solches Glas herstellt. Wo hat man ein so kunstreiches Verfahren? Wo machen sie solches Glas? In Tyrus? In Carmanien? Er muß wissen, wo man so künstliches Glas macht und wie man es macht. Sein Sohn Alexas wird es wissen. Wozu wäre er der Klügste der Menschen? Er wird seinen Sohn Alexas fragen.

Er kriecht hin, er holt sich das Stück Glas, verwahrt es sorgfältig in seiner Gürteltasche. Es mag von einem Parfümfläschchen stammen, das man einem Toten in den Steinsarg mitgegeben hat. Er hat das Glas. Es ist nicht echt, aber täuschend nachgeahmt, nur der Fachmann kann die Fälschung erkennen. Er denkt nicht mehr daran, sich ins Grab zu legen, nichts ist mehr in ihm als der Wunsch, seinen Sohn Alexas nach diesem Wunderglas zu fragen. Er steht auf, wirklich, er erhebt sich, er setzt den rechten Fuß vor, den linken, er schleift, er stolpert ein wenig über Knochen und Steine, aber er geht. Er kommt zurück zum Tor, es mögen acht Minuten Weges sein, und siehe, er braucht nur kurze Zeit, nicht einmal eine Stunde braucht er, und dann ist er am Tor. Die jüdischen Wachen sind gerade gutgelaunt, sie öffnen das Ausfallspförtchen, sie fragen: „Hast du etwas zu beißen gefunden, du Toter? Dann mußt du es mit uns teilen." Er zeigt stolz sein Stückchen Glas. Sie lachen, sie lassen ihn passieren, er geht zurück in die Salbenmachergasse, in das Haus seines Sohnes Alexas.

Die Römer führten vier neue Wälle gegen die Stadt heran. Die Soldaten, die dabei nicht beschäftigt waren, versahen den vorgeschriebenen Lagerdienst, exerzierten, flackten untätig herum, schauten auf die stille, weiße, stinkende Stadt, warteten.

Die Offiziere, um die zermürbende Langeweile zu vertreiben, veranstalteten Jagden auf die vielen Tiere, die sich, gelockt von dem Aasgeruch, um die Stadt versammelten. Denn es zeigte sich interessantes Getier, wie man es seit vielen Geschlechtern in dieser Gegend nicht mehr gesehen hatte. Vom Libanon stiegen Wölfe nieder, aus dem Jordangebiet kamen Löwen, aus Gilead und Basan Panther. Die Füchse wurden fett, ohne daß sie viel List anwenden mußten, auch den Hyänen, den heulenden Rudeln der Schakale ging es gut. Auf den Kreuzen, die alle Straßen säumten, hockten dick die Raben, auf den Berghöhen saßen lauernd die Geier.

Die Bogenschützen machten sich manchmal den Spaß, die im Raum der Begräbnisstätten hockenden, verhungernden Juden als Ziele zu verwenden. Andere römische Mannschaften begaben sich einzeln oder in Trupps vor die Mauern, außer Schußweite, doch in Sehweite, zeigten denen auf der Mauer den Überfluß ihrer Ration, fraßen, schlangen, riefen: Hep, Hep, Hierosolyma est perdita.

Sieben Wochen waren nun vergangen seit Beginn der Belagerung. Die Juden feierten ihr Pfingstfest, ein klägliches Pfingstfest, und nichts änderte sich. Der ganze Monat Juli verging, nichts änderte sich. Die Juden machten Ausfälle gegen die neuen Wälle, ohne Glück. Trotzdem zerrte dieser Feldzug an den Nerven der römischen Legionäre schlimmer als gefährlichere und härtere Feldzüge. Es bemächtigte sich der Belagerer angesichts der stillen und stinkenden Stadt allmählich eine ohnmächtige Wut. Gelang es den Juden, die vier neuen Wälle zu vernichten, dann gab es keine Möglichkeit mehr, andere Belagerungswerke zu bauen; das Holz war am Ende. Es blieb dann nichts übrig, als abzuwarten, bis die da drinnen verhungerten. Grimmig schauten die Soldaten auf den Tempel, der immer gleich, unberührt, weiß und golden dort drüben auf seinem Hügel stand. Sie nannten ihn nicht den Tempel, sie nannten ihn nur voll Scheu, Wut, Ekel: das da oder das Bewußte. Soll man ewig vor dieser weißen, unheimlichen Festung liegen? Das römische Lager war voll von finsterer, verzweifelter Spannung. Keine andre Stadt hätte Bürgerzwist, Hunger, Krieg so lange ausgehalten. Wird man diese Wahnsinnigen, diese verhungerten Lumpen niemals zur Räson bringen können? Es war Essig mit der Rückkehr nach Rom zur Opferung des Oktoberrosses. Von den Generälen der Legionen bis zum letzten Trainsoldaten der bundesgenössischen Kontingente war jeder einzelne randvoll von Zorn auf diesen Gott Jahve, der verhinderte, daß römische Kriegskunst über den Fanatismus jüdischer Barbaren siegte.

An einem der letzten Julitage forderte Titus den Josef auf, ihn auf einem Rundgang zu begleiten. Die beiden Männer, der Feldherr ohne Abzeichen seiner Würde, Josef ohne Waffen, gingen schweigend durch die große Stille. Gleichmäßig kam der Anruf der Wachen, gleichmäßig gaben sie die Parole: Rom voran. Die Umgebung Jerusalems lag jetzt in einem Umkreis von zwanzig Kilometern öd und kahl, und erfüllt hatte sich das Wort der Schrift: „Der Zorn und Grimm Jahves ist ausgeschüttet über diesen Ort, über Mensch und Vieh und Bäume des Feldes und Früchte des Landes."

Sie kamen an eine Schlucht, in welche die aus der Stadt ihre Leichen hinabzuwerfen pflegten. Scharfer Gestank stieg auf, beizend, atemnehmend; die Körper lagen hochgeschichtet in einer ekeln Jauche der Verwesung. Titus blieb stehen. Auch Josef machte gehorsam halt. Titus schaute seinen Begleiter von der Seite an, wie er geduldig in dem scheußlichen Brodem verharrte. Der Prinz hatte erst heute wieder vertrauliche Mitteilung bekommen, Josef treibe Spionage, stehe mit den Belagerten in heimlichem Einverständnis. Titus glaubte kein Wort. Er wußte genau, wie schwierig die Stellung des Josef war, daß sowohl die Juden ihn für einen Verräter hielten wie die römischen Soldaten. Er mochte den Mann gern leiden, hielt ihn für einen ehrlichen Freund. Aber es gab Stunden, wo er ihm ebenso fremd und unheimlich war wie seinen Soldaten. Er spähte hier an dieser Leichenschlucht nach einem Zeichen des Widerwillens und der Trauer in Josefs Mienen. Aber Josef hielt sein Gesicht versperrt, und den Prinzen wehte es kalt und fremd an: wie konnte der Jude das ertragen?

Es war so, daß den Josef ein quälender Drang an die Orte trieb, wo die Greuel der Belagerung auf besonders scheußliche Art sichtbar wurden. Er war hierhergeschickt, um das Auge zu sein, das all dieses Grauen sieht. Sich rühren, das war leicht. Stille stehen und betrachten müssen, das war viel schwerer. Oft packte ihn ein scharfer, ätzender Schmerz, daß er hier außerhalb der Mauern stand, eine sinnlose Sehnsucht, sich unter die in der Stadt zu mischen. Die hatten es gut. Kämpfen dürfen, leiden dürfen zusammen mit einer Million anderer, das war gut.

Er hat einen Brief bekommen aus der Stadt auf dunkelm Weg und ohne Absender: „Sie stören. Sie haben zu verschwinden." Er weiß, daß Justus diesen Brief geschrieben hat. Wieder hat dieser Justus recht gegen ihn. Seine Vermittlungsversuche sind hoffnungslos, seine Person stört jede Vermittlung.

Es ist ein sehr bitterer Sommer für den Mann Josephus, dieser Sommer vor den Mauern Jerusalems. Die vernarbende Wunde am rechten Arm ist nicht schwer, aber sie schmerzt, und sie macht ihm das Schreiben unmöglich. Manchmal fragt Titus ihn scherzhaft, ob er ihm nicht diktieren wolle; er sei der beste Stenograph im Lager. Aber vielleicht ist es gut, daß Josef jetzt nicht schreiben kann. Er will nicht Kunst, Beredsamkeit, Gefühl. Sein ganzer Körper soll Auge sein, sonst nichts.

So steht er mit Titus inmitten der kahlen Landschaft, die

einst einer der schönsten Teile der Erde war und seine Heimat. Jetzt ist sie wüst und leer wie vor der Schöpfung. Auf der letzten Mauer der Stadt, der schon erschütterten, weiß er seine Landsleute, verwahrlost, verwildert, überzeugt, daß sie untergehen müssen, und sie hassen ihn mehr als irgendeinen andern Menschen. Sie haben einen Preis auf seinen Kopf gesetzt, einen ungeheuern, den höchsten, den sie kennen, einen ganzen Scheffel Weizen. Er steht da, schweigend, den Blick vor sich. Hinter ihm, vor ihm, neben ihm sind die Kreuze, an denen Menschen seines Stammes hängen, zu seinen Füßen ist die Schlucht, in der Menschen seines Stammes verwesen, die Luft, das ganze kahle Land ist voll Getier, das auf den Fraß wartet.

Titus macht den Mund auf. Er spricht leise, aber in der Ödnis ringsum klingt es laut: „Findest du es grausam, mein Josef, daß ich dich zwinge, hier zu sein?" Josef, noch leiser als der Prinz, langsam, die Worte abgewogen, erwidert: „Es war mein Wille, Prinz Titus."

Titus legt ihm die Hand auf die Schulter: „Du hältst dich gut, mein Josef. Kann ich dir einen Wunsch erfüllen?" Josef, immer ohne ihn anzusehen, mit der gleichen, gemessenen Stimme erwiderte: „Lassen Sie den Tempel stehen, Prinz Titus." – „Das ist mein Wille nicht weniger als deiner", sagte Titus. „Ich möchte, daß du etwas für dich erbittest."

Endlich wandte sich Josef dem Prinzen zu. Er sah, daß sein Gesicht neugierig war, forschend, doch nicht ohne Güte. „Geben Sie mir", sagte er langsam, behutsam, „wenn die Stadt fällt, aus der Beute . . ." Er verstummte. „Was soll ich dir geben, mein Jude?" fragte Titus. „Geben Sie mir", bat Josef, „sieben Schriftrollen und sieben Menschen."

Die beiden standen groß und allein in der kahlen Landschaft. Titus lächelte: „Du sollst siebzig Rollen haben, mein Josef, und siebzig Menschen."

Die Priester der diensttuenden Reihe versammelten sich alltäglich in der Quadernhalle, um auszulosen, wer die einzelnen Verrichtungen des Opfers vornehmen sollte. Am Morgen des 5. August, des 17. Tammus jüdischer Rechnung, traten unter die also Versammelten die Führer der Armee Simon Bar Giora und Johann von Gischala, gerüstet beide, mit ihnen ihr Sekretär Amram sowie viele Bewaffnete. Der Chef des Tempeldienstes, der die Auslosung leitete, fragte, seine Fassung krampfig festhaltend: „Was wollen Sie?" – „Sie brauchen heute die Losung nicht vorzunehmen, mein Doktor und Herr", sagte Johann von Gischala. „Sie brauchen sie auch in Zukunft nicht mehr vorzunehmen. Sie können nach Hause gehen, meine Herren, alle, Priester, Leviten, Laien. Der Tempeldienst hat aufgehört."

Verschreckt standen die Priester. Der Hunger hatte ihre Gesichter welk gemacht, weiß wie ihre Gewänder, sie waren sehr geschwächt. Manche unter ihnen hielt ähnlich wie den Doktor Nittai allein die Ehrung des Dienstes noch aufrecht. Sie waren zu schwach zum Schreien, es war mehr ein sonderbar dünnes Gegurgel und Gestöhn, das nach den Worten Johanns losbrach.

„Wieviel Opferlämmer sind noch in der Lämmerhalle?" fragte barsch Simon Bar Giora. „Sechs", antwortete mit mühevoller Festigkeit der Chef des Tempeldienstes. „Sie irren, mein Doktor und Herr", korrigierte sanft der Sekretär Amram, und ein höfliches, bösartiges Lächeln legte seine Zähne bloß. „Es sind neun." – „Geben Sie die neun Lämmer heraus", sagte fast gemütlich Johann von Gischala. „In dieser Stadt ist seit langem Jahve der einzige, der Fleisch ißt. Die Lämmer sollen nicht verbrannt werden. Jahve hat auf seinem Brandopferaltar genug süßen Geruch gehabt. Die für das Heiligtum kämpfen, sollen auch von dem Heiligtum leben. Geben Sie die neun Lämmer heraus, meine Doktoren und Herren."

Der Chef des Tempeldienstes schluckte beschwerlich, suchte eine Erwiderung. Allein bevor er sprach, trat Doktor Nittai aus der Reihe vor. Die trockenen, wilden Augen richtete er glühend auf Johann von Gischala. „Überall ist Netz und Falle", gurgelte er in seinem harten, babylonischen Akzent, „nur im Tempel ist Sicherheit. Wollen Sie jetzt auch im Tempel Ihre Fallen aufstellen? Sie werden zuschanden werden." – „Das wird sich zeigen, mein Doktor und Herr", erwiderte gelassen Johann von Gischala. „Vielleicht haben Sie bemerkt, daß das Fort Antonia gefallen ist. Der Krieg ist bis zum Tempel herangekrochen. Der Tempel ist nicht mehr Jahves Wohnung, er ist Jahves Festung." Aber Doktor Nittai grollte gurgelnd weiter: „Sie wollen den Altar Jahves berauben? Wer Jahve sein Brot und sein Fleisch stiehlt, der stiehlt ganz Israel den Rückhalt." – „Schweigen Sie", herrschte Simon ihn finster an. „Der Tempeldienst hat aufgehört." Der Sekretär Amram aber ging auf Doktor Nittai zu, legte ihm die Hand auf die Schulter und sagte verträglich, mit gelben Zähnen lächelnd: „Geben Sie sich zufrieden, Herr Kollege. Wie heißt es im Jeremias? ‚So spricht Jahve: Schmeißt eure Brandopfer zu euern Speiseopfern und fresset sie; denn nichts habe ich euern Vätern geboten, als ich sie aus Ägypten führte, weder von Brandopfern noch von Speiseopfern.'"

Johann von Gischala ließ seine grauen Augen rundum gehen durch die Reihen der Verstörten. Er sah den irren, harten Schädel des Doktor Nittai. Vermittelnd, verbindlich sagte er: „Wenn Sie weiter Dienst tun wollen, meine Herren, singen, Ihre Instrumente spielen, den Segen sprechen, es sei Ihnen unbenommen. Aber was an Brot, Wein, Öl und Fleisch da ist, ist requiriert."

Der Erzpriester Phanias kam, man hatte ihn benachrichtigt. Als die Losung des Johann von Gischala ihn zum höchsten Amt in Stadt und Tempel berief, hatte der dumpfe, vierschrötige Mann diese Schickung Gottes mit schwerer Beklemmung angenommen. Er ist sich seiner Einfalt bewußt, er hat nichts gelernt, nicht die Geheimlehre, nicht einmal die einfachsten Ausdeutungen der Heiligen Schrift, er hat nur gelernt, Mörtel zu bereiten, Steine zu schleppen und sie aufeinanderzuschichten. Jetzt hat Jahve ihn mit dem heiligen Ornat bekleidet, dessen acht Teile von den acht schwersten Sünden reinigen. So arm an Verstand und Gelehrsamkeit er ist, es ist Heiligkeit in ihm. Aber diese Heiligkeit ist schwer zu tragen. Da befehlen also diese Soldaten, der Tempeldienst habe aufgehört. Das geht nicht. Aber was soll er tun? Alle schauen auf ihn, wartend, daß er etwas sagen soll. Oh, wenn er seinen Ornat angezogen hätte, dann gäbe ihm Jahve bestimmt die rechten Worte. Jetzt kommt er sich nackt vor, steht herum, hilflos. Endlich tut er den Mund auf. „Sie können", redet er Johann von Gischala zu, „mit den neun Lämmern Ihre Armee nicht speisen. Wir können damit den Dienst vier heilige Tage weiterführen." Die Priester finden, was der Erzpriester Phanias gesagt hat, das ist die fromme, billige Vernunft des Volkes, und sogleich springt der Chef des Tempeldienstes ihm bei. „Wenn diese Männer noch leben", sagt er und weist auf die Priester um ihn herum, „dann ist es nur durch den Willen, Jahves Dienst gemäß der Schrift zu verrichten."

Aber Simon Bar Giora sagte nur: „Die Tore des Tempels haben lange genug zugeschaut, wie ihr euch den Bauch von Jahves Opfern gefüllt habt", und seine Bewaffneten drangen in die Lämmerhalle. Sie nahmen die Lämmer. Sie drangen in die Weinhalle, nahmen den Wein und das Öl. Sie drangen in den Heiligen Raum. Niemals seit Bestehen des Tempels hatten Nichtpriester den Fuß hierhergesetzt. Jetzt tappten die Soldaten schwerfällig, verlegen grinsend, durch die kühle, strenge, dämmerige Halle. Der siebenarmige Leuchter stand da, das Räucherfaß, der Tisch mit den zwölf goldenen Broten und den Broten aus Mehl. Niemand kümmerte sich um das Gold, aber auf die duftenden Weizenbrote wies Simon, und: „Nehmt!" befahl er, er sprach besonders barsch, um seine Unsicherheit zu verstecken. Die Soldaten gingen auf den Schaubrottisch zu, behutsam, auf scheuen Sohlen. Dann, mit schnellen Bewegungen, bemächtigten sie sich der Brote. Sie trugen sie ungelenk, als wären die Brote kleine Kinder, mit denen man vorsichtig umgehen muß.

Der Erzpriester Phanias war täppisch hinter den Soldaten hergestapft, unglücklich, krank vor Zweifel, was er beginnen solle. Ängstlich starrte er auf den Vorhang zum Allerheiligsten, der Wohnung Jahves, die nur er betreten durfte am Versöhnungstag. Aber Simon und Johann rührten nicht an den Vorhang, sie kehrten um. Eine ungeheure Last fiel ab von dem Erzpriester Phanias.

Die Soldaten atmeten auf, als sie die verbotenen Räume verließen. Sie waren heil, kein Feuer war vom Himmel niedergefahren. Sie trugen die Brote. Es waren erlesen weiße Brote, aber nur eben Brote, es geschah einem nichts, wenn man sie berührte.

Simon und Johann luden für diesen Abend die Herren ihres Stabs zum Abendmahl, dazu den Sekretär Amram. Sie alle hatten seit Wochen kein Fleisch gegessen, nun schnupperten sie gierig den Geruch des Gebratenen. Auch war viel und edler Wein da, Wein von Eschkol, und es lag Brot auf dem Tisch, reichlich, nicht nur zum Essen, sondern auch, die Männer lachten, um das Fleisch vom Teller zu nehmen. Sie hatten gebadet, sich mit dem Öl des Tempels gesalbt, Haar und Bart schneiden und glätten lassen. Erstaunt sahen sie einander an: in was für stattliche, elegante Herren hatten die Verwilderten sich verwandelt.

„Legen Sie sich bequem hin und essen Sie", forderte Johann von Gischala auf. „Es ist wohl das letztemal, daß wir es tun können, und wir haben es verdient." Ihre Soldaten wuschen ihnen die Hände, Simon Bar Giora sagte den Segensspruch und brach das Brot, es war ein reichliches Mahl, und sie gaben auch den Soldaten ab.

Die beiden Führer waren guter, milder Laune. Sie dachten ihrer Heimat Galiläa. „Ich denke an die Johannisbrotbäume deiner Stadt Gerasa, mein Bruder Simon", sagte Johann. „Es ist eine schöne Stadt." – „Ich denke an die Feigen und das Öl deiner Stadt Gischala, mein Bruder Johann", sagte Simon. „Du kamst vom Norden nach Jerusalem, ich vom Süden. Wir hätten uns zusammentun sollen, als wir kamen." – „Ja", lächelte Johann, „wir waren Narren. Wir waren die Hähne. Der Knecht trägt sie an den Füßen in den Hof, um sie zu schlachten, und sie, hängend und schaukelnd, hauen einander mit den Schnäbeln."

„Gib mir das Bruststück, das du auf deinem Teller hast, mein Bruder Johann", sagte Simon, „und laß mich dir die Keule geben. Sie ist fetter und saftiger. Ich liebe und bewundere dich sehr, mein Bruder Johann." – „Ich danke dir, mein Bruder Simon", sagte Johann. „Ich habe nie gewußt, was für ein schöner und stattlicher Mann du bist. Ich sehe es erst jetzt, wo es zu sterben geht."

Sie tauschten das Fleisch, und sie tauschten den Wein. Johann stimmte das Lied an, das den Simon feierte, wie er die Maschinen und die Artillerie der Römer verbrannte, und Simon stimmte das Lied an, das den Johann rühmte, wie er hinter der ersten Mauer des Forts Antonia eine zweite errichtet hatte. „Wenn wir soviel Glück hätten wie Mut", lächelte Johann, „die Römer wären längst nicht mehr da." Sie sangen Sauf- und Hurenlieder und Lieder von der Schönheit des Landes Galiläa. Sie gedachten der Städte Sepphoris und Tiberias und der Stadt Magdala mit ihren achtzig Weberwerkstätten, die die Römer zerstört hatten. „Weithin ist der See rot von Blut in der Nähe von Magdala", sangen sie, „weithin ist der Strand voll Leichen in der Nähe von Magdala." Sie schrieben ihre Namen auf ihre Feldbinden mit den Initialen Makkabi, und sie tauschten die Binden aus.

Von außen, in gleichmäßigem Abstand, kamen dumpfe Stöße gegen die Grundmauern. Das war der „Harte Julius", der berühmte Rammbock der Zehnten Legion. „Laßt ihn stoßen", lachten die Offiziere, „morgen verbrennen wir ihn." Sie lagen, sie aßen, sie spaßten, sie tranken. Es war ein gutes Mahl, und es war das letzte.

Die Nacht rückte vor. Sie wurden nachdenklicher, eine wilde, umschattete Heiterkeit lag über der großen Halle. Sie gedachten der Toten. „Wir haben nicht Linsen noch Eier", sagte Johann von Gischala, „aber die zehn Becher der Trauer wollen wir trinken, und die Polster wollen wir umstürzen." – „Es sind sehr viele Tote", sagte Simon Bar Giora, „und es geziemte sich zu ihren Ehren ein besseres Mahl. Ich gedenke der toten Offiziere." Es waren siebenundachtzig Offiziere gewesen, die römische Kriegskunst erlernt hatten, davon waren zweiundsiebzig gefallen. „Ihr Andenken sei gesegnet", und sie tranken. „Ich gedenke des Erzpriesters Anan", sagte Johann von Gischala. „Was er für die Mauer getan hat, war gut." – „Er war ein Schuft", sagte heftig Simon Bar Giora, „wir mußten ihn umbringen." – „Wir mußten ihn umbringen", gab Johann verträglich zu, „aber er war ein guter Mann. Sein Andenken sei zum Segen." Und sie tranken.

„Ich gedenke eines andern Toten", sagte verbissen der Sekretär Amram. „Er war mein Jugendfreund und ein Hund. Er erlernte mit mir in *einem* Raum die Geheimnisse der Lehre. Sein Name ist Josef Ben Matthias. Sein Andenken sei nicht zum Frieden."

Er hatte einen Einfall, von dem er sich besonderen Spaß versprach. Zwinkernd verständigte er sich mit Simon und Johann, und sie ließen aus den Kerkern des Forts Phasael den Doktor und Herrn Matthias kommen, den Vater des Josef.

Der alte, dürre Herr hatte lange, scheußliche Tage im Gestank eines dunkeln Verlieses gesessen, er war furchtbar erschöpft, aber er nahm sich zusammen. Er hatte Angst vor diesen wüsten Soldatenkerlen. Sie hatten so viele totgeschlagen, es war ein Wunder, daß sie ihn am Leben gelassen hatten, man mußte ihnen nach dem Mund reden. Er führte die schlotternde Hand an die Stirn, grüßte. „Was wollen Sie, meine Herren", stammelte er, „von einem alten, wehrlosen Mann?", und er blinzelte ins Licht und schnupperte wider seinen Willen nach den Speisen. „Es steht nicht gut, mein Doktor und Herr Matthias", sagte Johann. „Wo wir jetzt sind, werden bald die Römer sein. Was wir mit Ihnen anfangen sollen, alter Herr, darüber sind wir uns noch nicht schlüssig. Ob wir Sie den Römern überlassen oder vorher totschlagen sollen." Der Greis stand gekrümmt, stumm, zitternd.

„Hören Sie", sagte der Sekretär Amram, „die Lebensmittel sind knapp in der Stadt, wie Ihnen vielleicht bekannt ist. Wir haben kein Fleisch mehr, wir sind aufs Johannisbrot gekommen. Was Sie hier sehen, sind die Knochen der neun letzten Lämmer für den Brandopferaltar Jahves. Wir haben sie gegessen. Schauen Sie nicht so starr. Es hat uns geschmeckt. Sehen Sie ein Menetekel an der Wand? Ich nicht. Beim Beginn unseres Unternehmens stand Ihr Herr Sohn an unserer Seite. Er ist inzwischen abgeschwenkt. Es ziemt sich, daß am Ende Sie an unserer Seite stehen. Wir sind Leute von Lebensart. Wir laden Sie ein, an unserm letzten Mahl teilzunehmen. Es sind noch reichlich viele Knochen da, wie Sie sehen. Auch das Brot, mit dem wir das Fleisch von den Tellern genommen haben, steht zu Ihrer Verfügung."

„Ihr Herr Sohn ist ein Unflat gewesen", sagte Johann von

Gischala, und seine schlauen, grauen Augen waren zornig, „ein Wegwurf. Sie haben ein Stück Kot in die Welt gesetzt, mein Doktor und Herr Matthias, Priester der Ersten Reihe. Die Knochen und das Brot gebühren unsern Soldaten eher als Ihnen. Aber wir stehen zum Wort unseres Doktor Amram, wir laden Sie ein." Simon Bar Giora war weniger höflich. Er bedrohte den Greis mit seinen finstern, engen Augen und herrschte ihn an: „Essen!"

Der Alte zitterte stark. Er war unbändig stolz gewesen auf den Aufstieg seines Sohnes. Er selber hatte sich nie weit vorgewagt. Er begriff, ach, er begriff gut, daß Joseph später zu den Römern gegangen war. Aber diese Menschen begriffen es nicht, sie haßten seinen Sohn auf den Tod. Jetzt also soll er essen. Vielleicht soll das eine Probe sein, und wenn er jetzt aß, werden sie triumphieren und ihn verhöhnen und totschlagen, weil er seinen Rest Leben durch solchen Frevel zu bewahren sucht. Er war nach dem Moder und Gestank des lichtlosen Kerkers fast irr vor Hunger und Erschöpfung. Er sah die Knochen, es waren saftige Knochen, gefüllt mit Mark, von einjährigen, ausgesuchten Tieren, sicher konnte man die ganzen Knochen zerkauen und essen. Dazu das Brot, das herrlich duftende, das überdies vom Saft und der Tunke des Fleisches angenommen hatte. Der Alte befahl sich, nicht zu gehen, aber seine Füße folgten ihm nicht. Es zog ihn vorwärts, er ging, widerwilligen Schrittes. Griff nach den Knochen, gierig, mit seinen schmutzigen Händen. Biß zu, schlang, der Saft troff ihm in seinen verwahrlosten weißen Bart. Er hatte keinen Segensspruch gesagt, das wäre wohl auch doppelte Lästerung gewesen. Er wußte, das war Fleisch vom Altar Jahves und Brot von seinem Tisch, und was er tat, war zehnfache Todsünde. Er schloß sich und seine Nachfahren vom Heil aus für alle Zeiten. Aber er hockte sich auf den Boden, die Knochen in beiden Händen, seine alten, schlechten Zähne rissen an den Knochen, bissen sie durch, er kaute, malmte, war glücklich.

Die andern schauten ihm zu. „Seht", sagte der Doktor Amram, „wie er sich um das Heil seiner Seele frißt." – „Das sind die Leute, die uns soweit gebracht haben, mein Bruder Johann", sagte Simon. „Das sind die Leute, für die wir sterben, mein Bruder Simon", sagte Johann. Dann sagten sie nichts mehr. Schweigend schauten sie zu, wie der Doktor und Herr Matthias auf dem Boden der Halle hockte, im Schein der Fakkeln, fressend.

Am Tag darauf, am 6. August, weckte der Doktor Nittai die für diesen Tag ausgelosten Priester der Achten Reihe, der Reihe Abija. An Stelle des ratlosen Chefs hatte Doktor Nittai die Leitung des Tempeldienstes übernommen, und die Priester gehorchten ihm. Sie folgten ihm in die Halle, und Doktor Nittai sagte: „Kommet und loset, wer schlachten soll, wer das Blut sprengen, wer die Opferglieder zum Altar bringen soll, wer das Mehl, wer den Wein." Sie losten. Dann sagte Doktor Nittai: „Gehe hinaus, du Bestimmter, und halte Ausschau, ob die Zeit zum Schlachten gekommen ist." Als es soweit war, rief der am Ausschau: „Es tagt. Es wird hell im Osten." – „Wird es hell bis Hebron?" fragte Doktor Nittai, und der am Ausschau erwiderte: „Ja." Darauf befahl Doktor Nittai: „Geht hin und holt ein Lamm aus der Lämmerhalle." Und die dazu ausgelost waren, gingen in die Lämmerhalle. Sie achteten nicht, daß kein Lamm darin war, sie holten das Lamm, das nicht da war, sie tränkten es nach der Vorschrift aus dem goldenen Becher.

Die das Los getroffen hatte, begaben sich mittlerweile mit zwei riesigen goldenen Schlüsseln zum Heiligen Raum und öffneten das große Tor. In dem Augenblick, da das mächtige Geräusch der Toröffnung an sein Ohr drang, schlachtete der dazu Bestimmte im andern Raum das Opfer, das nicht da war. Dann brachten sie das Tier, das nicht da war, auf den Marmortisch, häuteten und zerteilten es nach der Vorschrift, trugen, ihrer neun, die einzelnen Teile zur Rampe des Altars. Dann losten sie, wer die Opferglieder von der Rampe auf den Altar bringen solle. Es kamen die Beamten des niederen Dienstes und kleideten die dazu Bestimmten neu ein. Dann entzündeten sie das Opferfeuer und räucherten aus goldener Schale mit goldenen Löffeln. Und sie nahmen die große Schaufelpfeife, die hunderttonige, und ließen alle hundert Töne zugleich erklingen. Wenn dieses gewaltige Gedröhn erklang, das jedes Geräusch in Jerusalem übertönte, dann wußten alle, jetzt wird das Opfer dargebracht, und sie warfen sich nieder.

Man reichte dem Ausgelosten den Wein. Doktor Nittai erstieg das eine Horn des Altars, stand wartend, mit einem Tuch. Die dazu Bestimmten warfen die Teile des Opfers ins Feuer. Sowie sich der Priester zum Ausgießen des Weines bückte, gab Doktor Nittai sein Zeichen, schwenkte das Tuch. Und während die Rauchsäule stieg, stimmten die Leviten auf den Stufen des Heiligen Raumes den Psalm an, und die Priester auf den Rampen des Altars sprachen den Segen über das niedergeworfene Volk.

So opferten an diesem 6. August die ausgelosten Priester der Achten Reihe, der Reihe Abija, mit allem Prunk und die vielen hundert Vorschriften strenge innehaltend. Diese Erschöpften, darauf gerüstet, heute oder morgen zu sterben, sahen nicht, daß die Lämmerhalle und der Altar des Herrn leer waren. Der Glaube Doktor Nittais war in ihnen. Dieser Glaube machte, daß sie das Lamm sahen. Sie brachten es dar, und dieses Opfer war der Sinn und Gipfel ihres Lebens. Nur dazu holten sie mit soviel Mühe Luft in ihre Lungen und stießen sie wieder aus, nur das noch schied sie vom Tode.

Als man Titus berichtete, daß die Juden ihrem Gott die letzten Lämmer weggefressen hatten, war er überaus betroffen. Das waren Unheimliche, Irrsinnige, von den Göttern Geschlagene. Warum beraubten diese Unbegreiflichen, die doch keinen Schutz hatten außer Jahve, Jahves Altar?

Wie immer, jetzt waren die Belagerten am Ende. Es war eine große Versuchung, jetzt einen Sturm auf die erschöpfte Stadt anzusetzen. Die Armee, nach der langen, zermürbenden Belagerung, lechzte danach. Es war auch der kürzeste und sicherste Weg zum Triumph. Sein Vater hatte keine Ursache mehr, die Fiktion, es handle sich um eine polizeiliche Maßnahme, aufrechtzuhalten. Er sitzt in Rom fest genug, auch wenn er den Feldzug nicht selber beendet hat. Wenn Titus jetzt die Stadt stürmt, kann ihm Rom den Triumph nicht wohl verweigern.

Der Prinz hat eine schlechte Nacht, voll von Zweifeln. Ein Triumph ist eine gute Sache. Aber hat er nicht Berenike, hat er nicht sich selber zugeschworen, seinen Zorn gegen die Aufständischen nicht am Tempel auszutoben? Er hat mit der Anwendung von Gewalt bei Berenike keine guten Erfahrungen gemacht. Wenn er das da schont, wenn er wartet, bis das da sich ihm ergibt, hat er dann nicht ausgelöscht, was er an der Frau getan hat?

Er betraute den Josef damit, nochmals, ein letztes Mal, Verhandlungen anzubahnen. Er gab ihm ein Angebot mit, das weit über alle bisherigen Konzessionen hinausging.

Josefs Herz schlug töricht hoch. Er neigte sich tief vor Titus, nach jüdischer Sitte, die Hand an der Stirn. Was der Römer gab, war ein großes Geschenk, dargereicht von einer starken Hand, die es wahrlich nicht notwendig hatte zu schenken, die ihren Willen erzwingen konnte. Er muß die in der Stadt dazu bringen, daß sie das erkennen. Jetzt hat es trotz allem Sinn bekommen, daß er hier bei den Römern vor Jerusalem ist und nicht innerhalb der Mauern wie jener Justus.

Zur festgesetzten Stunde begab er sich unmittelbar vor die Mauer, allein, schlicht angezogen, ohne Waffen, ohne priesterliches Abzeichen. So stand er zwischen den Belagerern und den Belagerten, ein kleiner Mensch auf dem kahlen Boden vor der ungeheuern Mauer, und vor ihm die Mauer war dichtbesetzt mit Juden, und hinter ihm die Blockademauer war dichtbesetzt mit Römern. Hitze war, Gestank, beklemmendes Schweigen, daß er nur sein Blut hörte. In seinem Rükken spürte er den kalten, spöttischen Blick des Tiber Alexander, vor sich sah er die haßerfüllten Augen des Simon Bar Giora, die wilden seines Jugendkameraden Amram, die verachtungsvollen des Johann. Er war am ganzen Leibe kalt in der heißen Sonne.

Er begann zu sprechen. Zuerst klangen ihm seine Worte hohl und fremd, aber dann kam es über ihn, und er redete schlicht, heiß und gerade wie nie in seinem Leben. Die Römer, bot er an, werden im Fall der Übergabe die Bewaffneten zwar gefangensetzen, aber keinen am Leben büßen. Die Römer, bot er an, werden noch heute Opfertiere für den Tempel durchlassen, vorausgesetzt, daß man auch das für Jahve bestimmte Opfer des Kaisers, des Volkes und Senats von Rom annimmt und darbringt wie früher.

Die auf der Mauer hatten Josef düster und voll Trauer kommen sehen. Jetzt schauten selbst unter den Makkabi-Leuten viele begierig auf Simon und Johann. Dies war wirklich ein großes, mildes Angebot, und in ihrem Herzen hofften sie, die Führer würden es annehmen.

Allein die dachten nicht daran. Wenn sie sich ergeben, was werden sie dann für ein Leben haben, im Triumph aufgeführt zuerst, dann als Leibeigene in irgendein Bergwerk verschickt? Und selbst wenn die Römer sie freilassen, konnten sie unter Juden weiterleben nach allem, was geschehen war? Sie werden, nachdem ihr Krieg mißglückt ist, auf Lebenszeit unter den Juden verfemt sein. Und es waren nicht nur solche Erwägungen; es waren tiefere Gründe. Sie waren so weit gegangen, sie hatten bewirkt, daß jetzt das Land dem Erdboden gleichgemacht war und der Tempel ein Totenacker und eine Blutfestung, sie hatten die Lämmer Jahves gefressen, und nun wollten sie ihren Weg zu Ende gehen.

Ohne also erst zu wissen, was die Römer anbieten würden, hatten sie ihre Erwiderung vorbereitet. Sie spuckten nicht aus, als Josef mit seiner Rede zu Ende war, schüttelten nicht den Staub von ihren Kleidern und Schuhen, dachten auch gar nicht daran, eine lange Antwort voll Zorn und Verachtung zu geben. Nein, sie öffneten nur die kleine Ausfallpforte neben dem Tor: und heraus kam quiekend und grunzend ein Schwein. Ja, sie hatten den Römern ein paar Schweine abgejagt, und davon eines ließen sie jetzt auf Josef los.

Josef erblaßte. Das Schwein kam auf ihn zu, grunzend, schnuffelnd, und die auf der Mauer lachten. Und dann, im Sprechchor und auf lateinisch, es war nicht leicht für die erschöpften Männer, sie mußten es lange geübt haben, riefen sie: „Ist dir eine Vorhaut gewachsen, Flavius Josephus?" Sie lachten, und die Römer, sie konnten sich nicht helfen, lachten mit. Da hatten diese höllischen Juden wirklich einen verdammt guten Spaß gemacht. Josef aber stand allein zwischen den beiden Lagern mit seinem Schwein, im Angesicht des geschändeten, mit Geschützen gespickten Tempels, und schallend verlachten ihn Juden und Römer.

In diesen Augenblicken, die lang waren wie Jahre, büßte Josef allen Hochmut seines Lebens. „Ihr Doktor Josef ist ein Lump“, hatte einmal einer gesagt mit einem gelben Gesicht, in Meron hatten sie Gras gesät über den Weg, auf dem er gekommen war, andere hatten sieben Schritte Abstand von ihm gehalten wie vor einem Aussätzigen, unter Posaunen war der Bann über ihn ausgesprochen worden, in Alexandrien war er in Stricken gelegen unter der Geißel. Aber was war das alles vor diesen Augenblicken? Er war reinen Herzens gekommen, er wollte die Stadt retten, Männer, Frauen, Kinder und das Haus Jahves. Sie aber schickten ihm ein Schwein. Er wußte wohl, er mußte jetzt gehen, aber er zögerte. Die Mauer hielt ihn fest. Er mußte viel Willen aufbieten, um zu gehen. Er setzte einen Fuß hinter den andern, er ging rückwärts, den Blick immer auf den Mauern. Eine große Kälte fiel ihn an, alles war von ihm abgeblättert, Schmerz und Hochmut. Er gehörte nicht zu den Römern und nicht zu den Juden, die Erde war wüst und leer wie vor der Schöpfung, er war allein, um ihn war nichts als Hohn und Gelächter.

Titus, als die Juden dem Josef das Schwein zutrieben, lachte nicht. Eigentlich, dachte er, kann ich zufrieden sein. Ich habe mich überwunden. Ich habe gutmachen wollen, was diese Irrsinnigen ihrem Gott angetan haben; jetzt stehe ich besser mit diesem Jahve als meine Feinde. Aber diese Erwägung hielt nicht lange vor. Er schaute hin zu dem Bewußten, zu dem Weiß und Goldenen. Erschreckend überkam ihn plötzlich die Lust, das da unter seine Füße zu treten, das Störende, Verwirrende. Sie selber haben es geschändet, er wird es vollends in den Dreck schmeißen, das da, das Höhnische, Hohe, mit seiner verdammten Reinheit. In seinem Hirn reißt es, wie er es von seinen Soldaten gehört hat, im Takt, wüst, wild: Hep, Hep, und bei jedem Hep kracht ein Schädel ein und stürzt ein Stück Haus.

Gleich darauf erschrak er. Er wollte das alles nicht gedacht haben. Nein, es war durchaus nicht seine Absicht, mit diesem

Jahve anzubinden. Das überließ er den Herren jenseits der Mauer.

Eine dunkle Trauer packte ihn, eine wütende Sehnsucht nach der Jüdin. Hilflos zornig stand er vor dem Fanatismus der Juden, vor ihrer Verblendung. Berenike ist eine von diesen, unbegreiflich wie sie, niemals wird er sie wirklich besitzen.

Er ging zu Josef. Der lag auf seinem Bett, zu Tode erschöpft, überdeckt von kaltem Schweiß trotz der Hitze des Sommertags. Er wollte sich erheben. „Liege, liege", bat Titus, „aber sprich zu mir. Vielleicht macht mich der Zorn über diese Menschen blind. Erkläre du mir, mein Jude: was wollen sie? Ihren Zweck können sie nicht mehr erreichen: warum also wollen sie lieber sterben als leben? Sie können das Haus erhalten, für das sie kämpfen: warum wollen sie, daß es niederbrennt? Verstehst du das, mein Jude?" – „Ich verstehe es", sagte Josef, unendlich müde, und sein Gesicht hatte den gleichen trauervollen Ausdruck wie die Gesichter derer auf der Mauer. „Bist du unser Feind, mein Jude?" fragte Titus, sehr zart. „Nein, mein Prinz", sagte Josef. „Gehörst du zu denen jenseits der Mauer?" fragte Titus. Josef zog sich in sich zusammen, peinvoll, schwieg. „Gehörst du zu denen jenseits der Mauer?" wiederholte dringlicher Titus. „Ja, mein Prinz", sagte Josef. Titus sah ihn an, ohne Haß, aber niemals waren sich die beiden fremder gewesen. Titus ging hinaus, immer das Aug auf dem Juden, kummervoll vor Nachdenken.

In ihrem stillen, schönen Haus in Tiberias, auf der Höhe über dem See, versuchte Berenike ihrem Bruder Agrippa zu erzählen, was sich im Lager ereignet hatte. Agrippa, als er sie zerstört und zerrüttet ankommen sah, hatte nicht gefragt. Jetzt berichtete sie um so offener. Verachtete sie den Titus um seiner Roheit willen? Nein. Das eben war das Schlimme, daß sie gegen seine Barbarei keinen Haß mehr aufbrachte. Durch das hämische, verkniffene Knabenantlitz, das er ihr zuletzt gezeigt hatte, sah sie das starke, zielgewisse Soldatengesicht. Es half nichts, daß sie sich vor ihrem Bruder, vor sich selber lustig machte über seine harte Pedanterie, über sein albernes

Stenographieren. In seinem stinkenden Lager, in der zerstampften Ödnis um Jerusalem war Titus ein Mann, der Mann.

Agrippa verstand gut die mühevollen Erklärungen seiner Schwester. Riß etwa dieser bittere Krieg an seinen eigenen Nerven weniger? Er hatte den Römern sein Kontingent zugeführt, war aber dann sogleich in sein transjordanisches Königreich zurückgekehrt und wollte von den Vorgängen im Lager so wenig hören wie möglich. Sein schönes Palais in Tiberias, seine Bilder, Bücher, Statuen waren ihm vergällt. „Du hast es leichter, Schwester", sagte er, ein kleines, trübes Lächeln auf dem schönen, etwas zu fleischigen Gesicht. „Hänge du dein Herz an Judäa, an das Land und an seinen Geist, und schlafe mit deinem Römer: und du hast für dich das Problem gelöst. Liebe ihn, Nikion, deinen Titus. Ich beneide ihn, aber ich darf dir nicht abraten. Was aber bleibt mir, Nikion? Ich begreife beide, die Juden und die Römer. Allein wie soll ich beide halten? Wenn ich sein könnte wie die in Jerusalem, wenn ich sein könnte wie die Römer. Ich sehe den Fanatismus der einen, das Barbarische der andern, aber ich komme nicht los, ich kann mich nicht entscheiden."

Berenike, in der Stille von Tiberias, lauschte gespannt allen Nachrichten aus dem Lager vor Jerusalem. Zuerst war noch in ihren Augen die Ödnis, in die die schimmernde Umgebung der Stadt sich verwandelt hatte, in ihren Nasenlöchern der Gestank des Lagers, in ihren Ohren das Heulen des Getiers, das auf Aas wartete. Allmählich aber verlor diese Erinnerung ihren Ekel, und die Tollheit des Krieges begann die Frau anzustecken. Krieg, das war Blut und Feuer, ein großes Schauspiel, Krieg roch lieblich, Krieg, das waren wildfromme Männergesichter, brünstig nach einem schnellen, beseligenden Sterben. Immer heftiger aus der nachdenklichen Schönheit von Tiberias sehnte sie sich nach dem großen, pathetischen Getümmel des Lagers. Warum schwieg der Mann? Warum schrieb er ihr nicht? Hatte ihr Leib ihm mißfallen? Alle Wut und Scham richtete sie gegen sich selber, nicht gegen den Mann.

Als Nachricht kam, es sei nun soweit, die Entscheidung

über das Schicksal des Tempels stehe unmittelbar bevor, schon habe sich ein Kabinettsrat des Kaisers damit befaßt, hielt sie sich nicht länger. Jetzt hatte sie Grund genug, ins Lager zurückzukehren.

In dem Prinzen stieg ein großes Triumphgefühl hoch, als sie sich anmeldete. Seitdem die Frau von ihm geflohen war, hatte er zwei schwer erträgliche Monate verbracht, in dem heißen, stinkenden Sommer mit mühsam gezähmten Nerven auf das Ende der Stadt lauernd. Er hat durch heftige Arbeit seine Unrast zu betäuben gesucht, er ist auch vorangekommen, er hat den Krieg bis unmittelbar an den Tempel herangetragen, und wo ehemals das Fort Antonia stand, steht jetzt sein dreigeteiltes Zelt, Arbeitsraum, Schlafraum, Eßraum. Das Bild der Berenike versagt er sich nicht länger. Beängstigend lebendig, wie alles, was Fabull gemacht hat, steht es in seinem Arbeitszimmer. Oft schaut er in die braungoldenen, langen Augen der Frau. Wie konnte er auf die irrsinnige Idee kommen, sie zu nehmen wie eine spanische Hure? Das ist eine fremde Frau, ja, sehr hoch und fremd. Er brennt nach ihr wie am ersten Tag.

Er suchte seine Aufzeichnungen vor, Worte von ihr, die er mitstenographiert hatte, verglich sie, wog sie ab. Stand lange Zeit betrachtsam vor dem Bild, voll von Zweifeln. Bezwang sich, unternahm nichts, wartete.

Nun also kam sie von selbst. Er ritt ihr weit vors Lager entgegen. Berenike war sanft, ohne Vorwurf, mädchenhaft. Die fahle Landschaft um Jerusalem, das Volk der Gekreuzigten, die Raubvögel, die verwilderten, gefährlichen Mienen der Soldaten, dieses Ge Hinnom, diese Totenlandschaft schreckte sie nicht. Denn festen Schrittes durch diesen Hades ging der Prinz, der Mann, und da sie an seiner Seite war, zog eine große Ruhe in sie.

Sie lagen zusammen beim Abendessen. Er erzählte ihr von seinen Jungen, seinen Soldaten. Diese Juden machten es einem verdammt schwer. Sie waren fanatisch, toll wie angeschossene Wildsäue. Sie riskierten ihr Leben um einen Sack mit Weizen. Ersannen immer neue, harte Tricks. Da hatten sie etwa das Dach der Verbindungshalle zwischen dem Fort

Antonia und dem Tempelbezirk mit Erdharz, trockenem Holz und Pech gefüllt, die Römer daraufgelockt und sie gebraten wie Fische. Aber auch mit seinen Jungens war nicht zu spaßen. Der Prinz erzählte, als ob es nicht um Verlust oder Gewinn, sondern um guten Sport ginge. Er selber schont sich nicht, wenn es darauf ankommt, er springt mitten ins Getümmel, er ist zweimal verwundet worden, sein Pferd haben sie ihm unterm Leib erstochen, seine Offiziere reden immer auf ihn ein, er, der Feldherr, möge die gemeine Kampfarbeit dem gemeinen Mann überlassen.

Titus erzählte, beflissen, gut gelaunt, kaum darauf achtend, ob sie zuhöre. Plötzlich gewahrte er, wie sie ihn anschaute. Das waren nicht die Augen des Bildes. Wie sie sich an ihn hängten, wie sie sich verschleierten, das war ihm an Frauen nicht fremd. Leise, während er sprach, mit einer Bewegung, die nahm und doch zart war, schloß er Berenike ein mit beiden Armen. Sie glitt ihm zu, er sprach den angefangenen Satz nicht zu Ende, mitten in seinen Erzählungen sanken sie hin und mischten sich.

Still dann lag sie, mit geschlossenen Augen, lächelnd. Titus preßte den breiten Bauernkopf, der jetzt frisch und jungenhaft aussah, an ihre Brust, bohrte ihn in ihren Leib. „Ich weiß", sagte er und machte seine harte Kommandostimme schmiegsam, „ich weiß, du bist nicht um meinetwillen gekommen. Aber laß mich glauben, du seist es. Süße, Herrliche, Königin, Geliebte. Es ist wahrscheinlich um deines Tempels willen, daß du gekommen bist. Gesegnet sei dein Tempel, weil du kamst. Es war fest in meinem Plan, daß er stehenbleiben soll. Süße, und wenn ich zehntausend Männer mehr daransetzen müßte, er wird stehenbleiben. Es ist dein Tempel. Er ist der Rahmen für dich, und zehntausend Mann ist kein Preis dafür. Auch das Haus deiner Mütter werde ich neu aufbauen. Du sollst die Stufen hinaufschreiten, Nikion, mit deinem Schritt, der mich selig macht, und hinter dir soll dein Tempel sein."

Berenike lag mit geschlossenen Augen, lächelnd. Sie trank seine Worte ein. Ganz leise sagte sie: „Mann, Kind, Janik, Janiki. Ich bin deinethalb gekommen, Janiki."

Am 21. August, dem 1. Ab jüdischer Rechnung, begann der „Harte Julius" gegen die äußere Umfassungsmauer des Tempelbezirks zu arbeiten. Er arbeitete sechs Tage ununterbrochen, andere Maschinen wurden angesetzt, am 27. August arbeiteten alle Maschinen gleichzeitig. Ohne Erfolg. Man versuchte es mit der direkten Attacke, legte Leitern an, ließ zwei Kohorten in Schildkrötenform an den Leitern antreten. Die Juden stürzten die mit Bewaffneten dichtbesetzten Leitern von oben her um. Einige Legionäre, der Träger eines Feldzeichens darunter, gelangten bis auf die Mauer, aber hier wurden sie niedergemacht, und die Juden bemächtigten sich des Feldzeichens.

Titus ließ Feuer an die Tore legen. Die äußeren Kolonnaden, beruhigte er sich und Berenike, seien noch nicht der Tempel. Man legte also Feuer an die Tore, das überall schmelzende Silber öffnete den Flammen den Weg zu dem hölzernen Gebälk. Den ganzen Tag und die folgende Nacht hindurch wütete das Feuer. Dann waren die nördlichen und westlichen Säulenhallen des Tempelbezirks vernichtet, und nun stand man vor dem hohen Tempelhaus selbst.

Am 28. August, dem 8. Ab jüdischer Rechnung, während die römischen Löschkommandos arbeiteten, um durch Schutt, Asche, Glut und Niederbruch einen Weg unmittelbar bis an das Tempelhaus zu führen, berief Titus einen Kriegsrat ein. Es sollte entschieden werden, wie gegen das Tempelhaus vorzugehen sei.

An dem Kriegsrat nahmen teil der Marschall Tiber Alexander, dazu die kommandierenden Generäle der vier Legionen, Cerealis von der Fünften, Lepid von der Zehnten, Litern von der Zwölften, Phryg von der Fünfzehnten und Marcanton Julian, der Gouverneur von Judäa. Als Sekretär zog Titus den Josef bei.

Titus ließ zunächst einen Brief des Kaisers verlesen. Berenike war recht berichtet, der Kaiser hatte eine Kabinettsitzung einberufen, um die Meinung seiner Herren über den Fortbestand des Tempels einzuholen. Einige der Minister waren der Meinung gewesen, man solle das Bollwerk der Meuterei, dieses Zentrum und Symbol aufsässigen jüdischen Nationalstolzes, dem Erdboden gleichmachen. Nur so könne man ein für allemal den Juden ihren Sammelpunkt nehmen. Andere waren der Ansicht, man führe Krieg gegen Menschen, nicht gegen leblose Dinge, und das Kulturprestige Roms verlange, daß ein so hochherrliches Bauwerk geschont werde. Der Kaiser selber, endete der Brief, sei zum Schluß gekommen, dem Feldherrn zu empfehlen, den Bau wenn möglich zu erhalten.

Die Herren hörten den Brief ernst an, mit gesammelten Gesichtern. Sie wußten, es ging um den Triumph. Wurde der Tempel gestürmt, dann war dies der glorreiche Abschluß eines Feldzugs, dann konnte niemand mehr von Strafexpedition fabeln, dann mußte der Senat den Triumph bewilligen. Lockend vor ihnen stand der Glanz und Rausch eines solchen Triumphtages, Lebenshöhe für alle, die als Sieger in dem Zug mitschritten. Aber davon durfte nicht gesprochen werden, von den Interessen der Armee durfte hier so wenig gesprochen werden wie im Kronrat des Kaisers.

Sie konnten sich gut vorstellen, wie dieser Kronrat verlaufen war. Der dicke Junius Thrax mochte mit einigen geruhsamen Worten für die Schonung des Tempels eingetreten sein; auch der fette Claudius Regin mochte ein paar vage, vermittelnde Worte geäußert haben. Um so schärfer sicherlich war der Minister Talaß für die Zerstörung des Tempels eingetreten. Schließlich war dann dieses Kompromiß herausgekommen, dieses „wenn möglich", dieser Brief, der die Verantwortung für alles, was geschah und nicht geschah, der Armee zuschob. Je nun, die Armee kann die Verantwortung tragen. Die Armee will ihren Triumph, die Stimmung der Truppen, die sich wild danach sehnten, das da, das Bewußte mit den Stiefeln zu zertreten, diese Stimmung hatte sich auch vieler Führer bemächtigt. Hep, Hep, riß es auch an ihnen. „Den Bau wenn möglich zu erhalten", das war von Rom aus leicht gesagt. Wo beginnt das „möglich", und wo hört es auf?

Als erster sprach der Marschall Tiber Alexander. Er weiß, die andern wollen ihren römischen Triumph: er will vernünftige Unterwerfung des Landes. Er sprach kurz und verbindlich wie stets. Die Erhaltung des Bauwerks werde Opfer kosten. Aber zehntausend Soldaten ließen sich ersetzen, der Tempel sei einmalig und lasse sich nicht ersetzen. Mit hunderttausend Mann gegen jetzt etwa fünfzehntausend innerhalb der Mauern müsse man fertig werden. Es sei möglich, das Bauwerk zu schonen.

Der General Phryg von der Fünfzehnten Legion, unterstützt durch beifällige Zurufe des Generals Litern, widersprach. Gewiß sei es möglich, den Tempel unter Preisgabe von schätzungsweise zehntausend römischen Legionären dem Reich und der Welt zu erhalten. Aber er glaube nicht, daß der Kaiser, ein Soldatenfreund, die Grenzen des Möglichen so weit habe stecken wollen. Schon seien viele Tausende durch die unfaire Kriegführung der Juden jämmerlich umgekommen, zerschunden, geröstet. Man dürfe nicht weitere Tausende daransetzen. Die Soldaten lechzten danach, das da niederzubrennen, sein Gold herauszuholen. Versage man ihnen diese billige Rache, dann werde man in der Armee eine berechtigte Mißstimmung erzeugen.

Tiber Alexander, während der General Litern lärmend zustimmte, lächelte verbindlich wie stets. Dieser Phryg, das war so recht der Typ des Offiziers, der ihm verhaßt war, stur, kraftprotzig. So was wie dieser General, das will seinen Triumph haben, sonst nichts. So was wie dieser General wird ein Bauwerk, das der Geist von Jahrhunderten geschaffen hat, niemals begreifen. So was stampft mit seinen Soldatenstiefeln darüber weg, seinem Triumph zu, und macht nicht den kleinsten Umweg.

Aber schon sprach Marcanton Julian, der Gouverneur der Provinz Judäa. Er war Beamter, ihn kümmerte nur sein Ressort, die zukünftige Verwaltung der Provinz. Er wollte keine Verantwortung weiter haben. Er zweifle nicht, führte er aus, daß die Armee jetzt auch bei Schonung des Tempels den Aufstand niedertreten werde. Aber das sei eine Lösung nur auf kurze Zeit, nicht auf die Dauer. Niemand könne den Kunstwert des Baus aufrichtiger bewundern als er. Allein die Juden hätten nun einmal den Tempel zur Festung gemacht, und eine Festung werde er bleiben auch nach Niederringung des Aufstands. Wann aber jemals habe Rom in unterworfenen Gebieten Festungen der Aufständischen stehenlassen? Man müsse den Tempel schleifen, wenn man nicht wolle, daß die Juden, gleich nachdem man einen Teil der Truppen zurückziehe, an neue Empörung dächten. Schone man den Bau, so werde dieses unruhige, überhebliche Volk das bestimmt nicht als Zeichen der Milde, sondern der Schwäche auffassen. Er, als Gouverneur Judäas und Rom verantwortlich für Ruhe und Ordnung in dieser schwierigen Provinz, müsse dringend darum bitten, daß man den Tempel dem Erdboden gleichmache. Es sei nicht möglich, ihn zu schonen.

Titus hörte sich alles mit an; manchmal stenographierte er mit, ein wenig mechanisch. Er begriff gut den Wunsch der Soldaten und den Wunsch der Generäle. Brennt er nicht selber nach dem Triumph?

Allein dieser Jahve ist ein gefährlicher Gegner. Schon die Hartnäckigkeit, mit der dieses Volk ihn verteidigt, beweist, daß er bei aller Lächerlichkeit kein kleiner und zu verachtender Gott ist. „Wenn möglich." Er seufzt, unhörbar. Er wünschte, Vespasians Brief wäre klarer.

Mittlerweile hatten alle Herren ihre Meinung abgegeben. Es zeigte sich, daß drei Stimmen für die Erhaltung des Tempels, drei für seine Zerstörung waren. Gespannt wartete man auf die Entscheidung des Prinzen. Selbst der beherrschte Tiber Alexander konnte ein kleines, nervöses Zucken nicht verhindern.

Josef kratzte nervös mit dem Schreibgriffel auf die Tischplatte. Er achtete scharf auf jedes Wort, das gesprochen wurde, er schrieb schlecht mit, aber er hatte ein zuverlässiges Gedächtnis. Die Gründe, die die Soldaten vorbrachten, waren keine schlechten Gründe. Und noch ein besserer stand dahinter: der Wunsch eines römischen Triumphes. Titus hat ihm, der Berenike, sich selber zugesagt, er werde den Tempel schonen. Aber Titus ist Soldat. Des Soldaten höchstes Ziel ist ein Triumph in Rom. Wird er standhalten? Wird er einen Triumph in Rom gefährden, um Jahves Haus zu erhalten?

Titus überlegt. Aber es sind nicht Gründe und Gegengründe. Dieser Jahve, denkt er, ist ein sehr listiger Gott. Wahrscheinlich ist er es, der mir dieses störende Gefühl für die Frau in die Brust gelegt hat. Sie hat sich mir gegeben, ich kenne sie: wahrscheinlich ist es dieser Jahve, der nicht zuläßt, daß mein Durst aufhört. Wie wird mein Vater grinsen, wenn er hört, daß ich den Tempel verbrannt habe. „Na, Cänis, alter Hafen", wird er sagen, „er hat's nicht lassen können. Bewilligen wir ihm seinen Triumph."

Eine Viertelminute Schweigen ist vergangen. „Ich schließe mich", sagt Titus, „der Meinung derer an, die es für möglich erachten, den Tempel zu schonen. Ich denke, römische Legionen werden Manneszucht halten, auch wenn ihnen ein Befehl einmal nicht zusagt. Ich danke Ihnen, meine Herren."

Vor dem Zelt des Titus versammelten sich wie jeden Abend nach altem Lagerbrauch die Musikkorps, um die Retraite zu blasen, die Fanfare, das Symbol der höchsten Feldherrngewalt. Titus stand im Eingang des Zeltes. Die Fanfare abzunehmen war ihm immer eine besondere Freude. Die Spielleute, es waren ihrer an zweihundert, nahmen Aufstellung. Das Zeichen kam. Und dann ging es los, unlieblich, aber machtvoll, das Dröhnen der Pauken, das Pfeifen und Heulen der Hörner und Flöten, das Schmettern der Trompeten, das Gellen und Schrillen der Reiterzinken, und Titus erfreute sein Herz an der bunten, lustigen Schar und an ihrem ehrenvollen Lärm.

Dann zogen sie ab. Und jetzt kam etwas Gewichtigeres, die Ausgabe der Parole und des Tagesbefehls. Das vollzog sich umständlich, feierlich. Abwechselnd täglich schickte jede der vier Legionen ihren Ersten Zenturio, daß der vom Feldherrn Tagesbefehl und Parole entgegennehme und, ebenso umständlich und feierlich, weitergebe.

Titus war nicht angenehm überrascht, als sich am Abend dieses 28. August als Befehlsempfänger der Hauptmann Pedan einstellte, der Erste Zenturio der Fünften Legion. Es war der seit langer Zeit wichtigste Befehl, und der Prinz hatte ihn dreimal geändert. Er überreichte dem Manne das Täfelchen. Der Hauptmann Pedan nahm es in seine breiten, kurzen, schmutzigen Hände. Er las: „Parole: Geh unter, Judäa. Befehl: Im Lauf des 29. August sind die Lösch- und Aufräumearbeiten an der Nord- und Westseite des Tempels unter allen Umständen dergestalt zu Ende zu führen, daß für den frühen Morgen des 30. August das Gelände für den Angriff bereit ist. Belästigt der Gegner die Lösch- und Aufräumekommandos, so ist er mit Energie abzuweisen, doch unter Schonung der Baulichkeiten, soweit sie zum eigentlichen Tempelhaus gehören."

Der Hauptmann Pedan las den Befehl vorschriftsmäßig mit lauter Stimme. Der Erste Zenturio der Fünften hatte einen raschen Verstand, er hatte den Befehl mit seinem einen sehenden Auge und mit seinem listigen Hirn längst erfaßt, ehe seine quäkende Stimme dem Auge nachkam. Langsam also sprach er das Gelesene. Fleischig, mit nacktem, rosigem Gesicht, gewaltigen Schultern, mächtigem Nacken stand er vor dem Feldherrn. Langsam aus seinem breiten Mund kamen die Worte des Befehls. Die Worte: so ist der Gegner mit Energie abzuweisen, kamen sehr deutlich und mit Nachdruck, die Schlußworte: doch unter Schonung der Baulichkeiten, sprach der Hauptmann nicht etwa schneller, trotzdem klangen sie hingeworfen, nebensächlich. Er richtete, während er las, die Augen, das lebendige wie das tote, mehr auf den Feldherrn als auf das Täfelchen, forschend, zögernd, als läse er nicht richtig. Wieder, unter diesen Augen, spürte Titus vor dem lärmenden, plumpen Menschen den gleichen Widerwillen wie schon oft und die gleiche starke Lockung, die gleiche tolle Lust, die er bei den Worten der Generäle gespürt hatte, die Feuerbrände weiterzutragen, sie hineinzuschmeißen in das da, in das Bewußte. Ein kleines Schweigen war. Der Hauptmann schaute ihn immer noch an, ungläubig, wartend. Ja, kein Zweifel, er wartete. Du hast ganz recht, mein Pedan, aber die andern haben auch recht. Tut, was ihr wollt. Immer schiebt einer dem andern die Verantwortung zu. Alle wollen es tun, aber keiner will es gewesen sein. Du bist ein Mann, mein Pedan: tu du es. So vielleicht spürte Titus, während der Hauptmann Pedan dastand und wartete. Es wurde nicht Gedanke, und schon gar nicht wurde es Wort, Titus hütete sich. Nichts trat zutage als ein kleines, unmerkliches Lächeln. Allein der Erste Zenturio der Fünften merkte das Lächeln. Sagte er etwas? Dem Feldherrn war, als habe er etwas gesagt. Es hatte geklungen wie Hep, Hep. Aber das war natürlich unmöglich. Der Hauptmann Pedan nahm das Täfelchen, steckte es vorschriftsmäßig ein, grüßte, den Arm mit der flachen Hand ausgestreckt. Der Feldherr sagte: „Danke." Der Hauptmann Pedan entfernte sich, und es war nichts gewesen.

In dieser Nacht schlief Titus mit Berenike. Er schlief unruhig, und Berenike hörte ihn sagen: gib mir das Täfelchen.

Der Hauptmann Pedan mittlerweile ging zurück nach seinem Zelt. Er hatte die Worte des Befehls genau im Kopf, trotzdem zog er das Täfelchen nochmals heraus, überlas es. Machte den breiten Mund noch breiter, war vergnügt. Gewiß, die Hitze des Landes, die scheußlichen Mücken, die sein blondes, rosiges Fleisch besonders liebten, die aufreibende Langeweile der Belagerung, das alles war zuwider, und der Träger des Graskranzes, der Liebling der Armee, hätte sich das sparen können. Er war im vorigen Jahr, als hier die Kriegshandlungen stockten, mit einem Detachement des Mucian nach Italien gegangen, um dort an dem Feldzug gegen Vitell teilzunehmen. Er hätte dort bleiben, hätte in die Garde eintreten, sich zum Oberst, zum General befördern lassen können. Jetzt, dieses Täfelchen in der Hand, bereute er es nicht, daß er als Erster Zenturio zu seiner Fünften zurückgekehrt war, vor dieses lausige Jerusalem und in diese verdammte Belagerung.

Pedan war Soldat. Er hatte vom Stiefel auf gedient. Er liebte es, dick und grob zu essen, zu huren, herumzusaufen, saftige Lieder zu grölen. Er hatte Stechen, Schießen, Fechten gelernt, war, der fleischige Mann, unheimlich gewandt und kräftig. Er war sehr einverstanden mit sich selber. Oft spiegelte er sein Gesicht, nicht nur in dem kostbaren Goldspiegel, den er auf allen Kriegszügen mitführte, sondern auch an jedem Wasser, an dem er vorbeikam, oder in seinem Schild. Sein Gesicht gefiel ihm. Als er sein Auge einbüßte, hatte er, um sich das neue Auge anfertigen zu lassen, den besten jener Spezialisten bestellt, die den Statuen Augen einfügten. Jetzt erst recht gefiel ihm sein Gesicht, und er bereute es nicht, daß er das Auge verloren hatte. Er liebte die Gefahr. Auch liebte er Beute. Er hatte aus seinem Beuteanteil, aus den Gratifikationen für besondere Leistungen und aus geschickten Lagergeschäften ein ansehnliches Vermögen zusammengerafft, das bei einem Bankier in Verona in guter Hut lag und sich dick verzinste. Einmal, alt, zahnlos, wird er sich nach diesem Verona zurückziehen, wird, der Träger des Graskranzes, der Liebling der Armee, eine große Rolle spielen, wird die Stadt tanzen lassen nach seinem Willen.

Vorläufig allerdings hat er Besseres zu tun. Da ist zum Beispiel dieser kuriose Befehl. Ein überaus erfreulicher Befehl, den im Grunde nur er richtig versteht und mit dem nur er umzugehen weiß. Dieser kuriose Befehl allein schon lohnt es, daß er aus dem üppigen Italien zu seiner Fünften zurückkehrte. Denn der Erste Zenturio der Fünften, gemeinhin Menschen gegenüber sehr gleichgültig, den Gegner sportlich niederhauend ohne weiteres Interesse an seiner Person, dieser Hauptmann Pedan hat *einen* großen Haß: die Juden.

Alles an diesen Leuten, ihre Sprache, ihre Sitten, ihr Glaube, ihr Atem, ihre Luft, ärgert ihn. Auch die andern östlichen Menschen sind faule, stinkende Barbaren mit abgeschmackten Bräuchen. Aber diese Juden, ist es zu glauben, lieben so den Müßiggang, daß sie durch kein Mittel, auch durch den Tod nicht, dahin zu bringen sind, an ihrem siebenten Tag irgend etwas zu tun. Sie haben sogar einen Fluß in ihrem Land, den Sabbatfluß, der am siebenten Tag stillsteht. Und zu Beginn des Krieges haben sie, er hat es mit eigenen Augen gesehen, sich an diesem siebenten Tag ohne Gegenwehr abschlachten lassen, einfach aus prinzipieller, vom Gesetz verordneter Faulheit. Sie glauben, die Dummköpfe, die Seelen derer, die ihre dreckigen Gebote halten, werden von ihrem Gott für die Ewigkeit konserviert. Das macht diese Unverschämten so unempfindlich gegen das, was andere lockt und abschreckt. Sie halten sich für besser als andere Menschen, gerade als wären sie römische Legionäre. Sie hassen und verachten alle andern. Beschneiden sich das Glied, nur um ein Unterscheidungsmerkmal zu haben. Sie sind aufreizend anders, hartnäckig wie wilde Ziegenböcke. Wenn sie sterben, wenn man sie kreuzigt, dann schreien sie: „Jah, Jah. Jah ist unser Gott." Er hat, wegen dieses Jah, Jah, zuerst geglaubt, ihr Gott sei ein Esel, und einige sagen auch, sie verehrten einen Esel in ihrem Allerheiligsten. Aber das stimmt nicht, diese Wahnsinnigen und Verbrecher glauben vielmehr an einen Gott, den man nicht sehen noch schmecken kann, einen Gott, so unverschämt wie sie selber, nur im Verstande vorhanden. Er hat sich mehrmals den Privatspaß gemacht, wenn sie einen kreuzigten, den Hängenden zu kitzeln, ob er ihm nicht durch Drohungen und Versprechungen Vernunft beibringen könnte. Aber nein und nein. Sie glauben wirklich an ihren unsichtbaren Gott, sie schreien Jah, Jah und sterben. Der Hauptmann Pedan ist ein wilder, unerbittlicher Gegner solchen Unsinns. Er will ihn ausrotten. Das Leben wäre nicht lebenswert, wenn etwas von ihrem Geschrei wahr wäre, und wäre es auch nur das winzigste Häuchlein. Es ist aber nicht wahr, es soll nicht wahr sein.

Der Hauptmann Pedan geht wiegenden Schrittes in sein Zelt, den breiten Mund höhnisch verzogen. Wenn irgend etwas von diesem Gott Jahve existiert, dann müßte er doch wohl sein Haus schützen können. Das wird er aber nicht, dafür wird der Erste Zenturio der Fünften sorgen. Nur zu diesem Zweck steht er in diesem heißen, stinkenden Sommer vor dem lausigen Jerusalem. Er wird es diesem Gott Jahve eintränken. Er wird ihm beweisen, daß er überhaupt nicht vorhanden ist, daß das da, sein Haus, nichts ist als ein leeres Schneckenhaus.

Der Hauptmann Pedan sieht das Gesicht des Prinzen vor sich, während er ihm den Text des Täfelchens vorliest. „Unter Schonung der Baulichkeiten, soweit sie zum eigentlichen Tempelhaus gehören." Was heißt: Schonung, was heißt: eigentliches Tempelhaus? „Der Gegner ist mit Energie abzuweisen." Das ist klarer. Das ist etwas, woran man sich halten kann.

Hep, Hep, denkt der Hauptmann Pedan. Er ist ausnehmend guter Laune an diesem Abend. Er säuft, erzählt Zoten, ist von einem grimmigen Witz, daß selbst die Hauptleute, denen er im Licht steht, zugeben: er ist mit Recht der Liebling der Armee.

Andern Morgens rückte Pedan mit seinen Leuten zu den Lösch- und Aufräumearbeiten aus. Man schaufelte die glühenden Trümmer zur Seite, bückte sich, schaufelte, es sollte ein breiter, grader Weg entstehen, dem Tor zu. Dieses Tor, mit Gold beschlagen, war nicht groß; schräg links von ihm, in doppelter Mannshöhe etwa, war eine kleine, goldumrahmte Fensteröffnung. Im übrigen starrten die Mauern weiß, riesig, unerschütterlich, unterbrochen nur durch ein paar kleine Fenster in sehr großer Höhe.

Die Aufräumearbeit war schmutzig, heiß, schwierig. Die Juden rührten sich nicht, kein Gesicht zeigte sich oben in den Öffnungen, das Tor blieb geschlossen. Pedan ärgerte sich. Da mußten er und seine Leute den Juden ihren Dreck wegräumen. Man arbeitete schwitzend, verdrossen. Pedan gab Weisung, zu singen. Er selber stimmte an, mit seiner quäkenden Stimme, das grobe Lied der Fünften:

„Wozu ist unsre Fünfte gut?
Der Legionär macht alles:
Kriege führt er, Wäsche wäscht er,
Throne stürzt er, Suppe kocht er,
Fährt den Mist und schützt den Kaiser,
Kinder säugt er, wenn es not ist.
Der Soldat muß alles können.
Unsre Fünfte, die macht alles."

Als sie das Lied zum drittenmal sangen, zeigte sich der Gegner. Das Tor war doch nicht so klein, wie es ausgesehen hatte; jedenfalls war es groß genug, um in unglaublich kurzer Zeit unglaublich viele Juden auszuspeien. Die Soldaten vertauschten die Schaufel mit Schild und Schwert. Man hatte verflucht wenig Platz, und wer in die rauchenden Trümmer hineingedrängt wurde, dem war schwer zu helfen. „Makkabi", schrien die Juden. „Geh unter, Judäa", schrien die Römer. Es war ein richtiges Gefecht. Die Juden achteten es nicht, daß auch von ihnen viele in die glühenden Trümmer gerieten. In dicken Klumpen umschwärmten sie das römische Feldzeichen. Jetzt fiel der Träger, ein zweiter packte es, wurde niedergemacht. „Makkabi“, schrien die Juden, sie hatten das Feldzeichen. Im Triumph brachten sie es hinter die Mauer.

Die Römer erhielten Verstärkungen. Beim nächsten Ausfall kamen die Juden nicht so weit wie das erstemal, aber das kleine Tor spie immer neue Scharen aus. Pedan fluchte, hieb mit dem Weinrebstock auf seine Leute ein. Sie warfen die Juden zurück, einige von Pedans Leuten drangen mit ins Tor hinein, das Tor schloß sich. Die eingedrungen sind, sind verloren. Aber der Gegner ist mit Energie abgewiesen.

Pedan grinste. Der Gegner ist mit nicht genug Energie abgewiesen. Pedan ließ eine Schildkröte bilden. Die Leute waren verwundert. Die Mauer starrte riesig hoch, die Maschinen hatten nicht gearbeitet, keine Artillerie war hinter ihnen. Was wollte ihr Erster? Sollen sie die Mauer mit bloßen Händen umreißen? Aber sie schuppten die Schilde zusammen über die Köpfe, dem Befehl gehorchend, und gingen vor. Seltsamerweise aber hieß sie Pedan nicht das Tor angreifen, sondern die Stelle schräg links, wo die goldumrahmte Fensteröffnung war.

Sie gingen immer vor, nun waren sie an der Mauer, die vordersten standen bereits an die Mauer geklemmt. Und nun geschah etwas, wie es die Erste Kohorte der Fünften, an so vieles gewöhnt, noch nie gesehen hatte. Der Hauptmann Pedan, schwer in seiner Rüstung, schwang sich auf die Schilde des letzten Gliedes, mit den genagelten Stiefeln über die krachenden Schilde breitbeinig tappte er vor. Er fiel nicht, beim Herkules, er wahrte das Gleichgewicht, in der einen Hand hielt er einen Feuerbrand, und jetzt schleuderte er ihn, durch die goldumrahmte Öffnung schleuderte er ihn, und dann schrie er: „Gib noch einen“, und die Soldaten reichten ihm aus den glühenden Trümmern noch einen Feuerbrand hinauf und noch einen. Die unter den Schilden, schwitzend, bedrängt, mühsam ausharrend, wußten nicht, was über ihren Köpfen geschah, sie hörten nur ihren Hauptmann schreien: Gib noch einen, und: Hep, Hep. Aber sie, ebenso wie die, die die Feuerbrände reichten, waren voll von einer ungeheuern Spannung, was sich nun ereignen werde. Ihr Erster, ihr Hauptmann Pedan, der Liebling der Armee, wird sicher wissen, was er tut, sicher wird sich etwas ereignen.

Der Hauptmann Pedan wußte auch, was er tat. Er hatte den Grundriß des Tempels eingesehen, er wußte, an dieser Stelle, in dem Raum mit der goldumrahmten Fensteröffnung, wurden die Holzvorräte aufbewahrt, die die Juden herbeischleppten am Feste des Holztragens, die Bürger Jerusalems und die Pilger, jeder Mann ein Scheit. Der Gegner ist mit Energie abzuweisen. Er ließ sich die Feuerbrände hinaufreichen, er warf, er schrie: Hep, Hep, und: Gib noch einen, und sie hörten seine genagelten Schuhe auf den Schilden kratzen, sie hielten aus, starknackig, geduckt, sie stöhnten vor Erwartung.

Und jetzt endlich kam Geschrei von innen, und jetzt Rauch, immer mehr, immer dickerer Rauch, und jetzt befahl Pedan: „Die Leiter her." Die Leiter war zu kurz, da ließ er sie auf die Schildkröte stellen. Er kletterte hinauf, die Leiter schwankte wild, aber die unter den Schilden hielten fest, und durch den Rauch und durch das Fenster kletterte der Hauptmann Pedan ins Innere. Er sprang hinein mitten in Rauch und Geschrei, riß die Riegel des Tores zurück, in der Öffnung erschien geschwärzt und grinsend sein Gesicht. Und wie das Tor vorher in unglaublich kurzer Zeit unglaublich viele Menschen ausgespien hatte, so schluckte es jetzt in *einem* Augenblick die Mannschaften des Pedan ein, fünfzig jetzt, und jetzt hundert.

Das Tempelhaus war innen ganz mit Zederngebälk vertäfelt, der Sommer war heiß, das Holz trocken. Schon war es kein Rauch mehr, schon waren es Flammen. Und ehe man recht wußte, was geschah, war ein ungeheures Geschrei im römischen Lager. Hep, Hep, schrien sie und: Schmeißt das Feuer, und: Den Schild vor. Keinen Befehl warteten sie ab, kein Halten war. Das kleine Tor schluckte sie ein, zu Hunderten, und jetzt hatten sie auch die andern Tore aufgerissen. Die Löschmannschaften der Juden wurden niedergemacht, die Legionen drangen vor, in Gliedern zu je zweien, die Schultern schräg in Fühlung, die Schilde aneinander, niedermähend nach rechts und links.

Der größere Teil der jüdischen Soldaten lag in den Forts und Türmen der Oberstadt, im Tempel selbst lagen nur an tausend Mann. Die erhoben, als die Römer den Brand in das Tempelhaus geworfen hatten, ein wildes Geschrei und versuchten zu löschen. Es war ein mageres Feuer zuerst, aber es war zäh, es gab nicht nach. Bald erwies es sich als unmöglich, gleichzeitig gegen die eindringenden Römer zu kämpfen und zu löschen. Johann und Simon Bar Giora, schleunigst aus der Oberstadt herbeigerufen, erkannten, daß der Tempel gegen das Feuer und die Römer nicht zu halten war. Sie ordneten an, die Hauptmacht solle sich nach der Oberstadt zurückziehen. Kleine Detachements sollten, den Rückzug deckend, die einzelnen Tore des Tempels halten.

Diese zurückbleibenden Verteidigungsmannschaften, das wußten alle, waren verloren, aber keiner zögerte, sich freiwillig zu melden. Auch der Knabe Ephraim meldete sich und wurde angenommen. Johann von Gischala, als er ging, legte ihm die Hand auf und sagte: „Du bist würdig. Gib unseren Glauben weiter, mein Sohn.“ So legten die Großdoktoren ihren Schülern die Hand auf, wenn sie ihnen den Titel und die Fähigkeit verliehen, die Lehre weiterzugeben.

Die Römer überwältigten rasch den kleinen Trupp, der das Tor des Tempelhauses verteidigte. Sie gewannen die Treppe und stiegen hinunter in den Hof, in dem der Brandopferaltar stand, mit seiner ungeheuern Rampe, seinen mächtigen Hörnern, gefügt wie für die Ewigkeit, aus unbehauenen Blöcken; denn Eisen durfte ihn nicht berühren. Jetzt aber hatte ein Trupp von etwa fünfzig jüdischen Soldaten ein Geschütz auf ihm aufgestellt. Makkabi! riefen sie. Und: Hep, Hep! Geh unter, Judäa! riefen die Römer und stürmten vor gegen den Altar. Das Geschütz schleuderte Steine und Eisen gegen sie, aber sie drangen vor, zu beiden Flanken des Altars, und jetzt hatten sie ihn umkreist, und jetzt stürmten sie die Rampen. Es waren Leute der Fünften, es waren die Leute des Pedan. Ein ungeheures Getöse war, aber allmählich drang eine Stimme durch, frech, quäkend, sie sang das grobe Lied der Fünften. Einige fielen ein, und jetzt sangen alle, man hörte kein Makkabi mehr, man hörte nur mehr das Lied:

„Wozu ist unsre Fünfte gut?
Der Legionär macht alles:
Kriege führt er, Wäsche wäscht er ...
Unsre Fünfte, die macht alles."

Und jetzt bemächtigten sie sich auch der andern Außentore dieses Mauerteils, öffneten sie, und nun strömte es von allen Seiten herein. In Gliedern zu je zweien, die Schilde vor, die Gesichter halbschräg nach außen, Schulter an Schulter, schreiten sie, im Takt, stampfen, mähen nieder. Von beiden Seiten kommen sie, kreisen ein, was sie finden, treiben es dem großen Altar zu. Auf dem rechten Horn des Altars aber, wo sonst der Chef des Tempeldienstes den opfernden Priestern und den Leviten sein Zeichen gab, steht jetzt der Hauptmann Pedan, um ihn herum stampft das grobe Lied der Fünften. Er singt mit, er schwingt sein Schwert, und manchmal, der Abwechslung halber, greift er zu seinem Weinrebstock. Die Menschen werden den Altar hinaufgetrieben, sie schreien: Höre, Israel, und auf der Höhe des Altarhornes steht der Hauptmann Pedan, und Hep ruft er und hebt den Weinrebstock und läßt ihn auf die Schädel krachen. Die Schwerter mähen, das Blut fließt wie ein Bach die Rampen herunter, und um den Altar stauen sich die Toten.

Titus hatte sich gerade für eine kleine Weile niedergelegt. Er sprang hoch, sah den ungeheuern, von niemandem befohlenen Aufbruch der Legionen. Und dann sah er den Rauch aufsteigen und die Flammen. Er lief aus seinem Zelt, wie er war, ohne Abzeichen seines Ranges, ohne Rüstung. Mitten in den wilden, frohen Tumult hinein lief er. Viele erkannten ihn, doch sie machten kein Wesens daraus. Sie riefen ihm zu, eilig, vergnügt: Komm mit, Kamerad. Lauf mit, schmeiß mit, schmeiß das Feuer. Hep, Hep.

Er wollte wehren, den wüsten Unfug steuern. Wollte er's wirklich? Hep, Hep, schrie er wie die andern, gegen seinen Willen. Und: Schmeiß das Feuer, Kamerad, schrie er.

Die Wachen vor dem Zelt hatten den Aufbruch des Prinzen bemerkt. Die alarmierten Offiziere, die Garden bahnten sich durch das Getümmel einen Weg zu ihm. Endlich, er war schon durch das Tor in das Innere des Tempels hineingespült, erreichten sie ihn. Er hatte sich wieder in der Gewalt. War das er gewesen, der mitgeschrien hatte? Löscht! schrie er jetzt, Wasser! Und: Löscht, Wasser! schrien die Offiziere. Unter die rasenden Soldaten stürzten sie sich: Löscht, Wasser! Mit ihren Weinrebstöcken hauten die Zenturionen auf die Verwilderten ein.

Allein es war sinnlos, den Tobenden wehren zu wollen. Tollwut, Mordrausch hatte sie gepackt, die ganze Armee. Sie hatten so unendlich lange gewartet, diese heißen, zermürbenden Monate hindurch, das da, das Bewußte unter ihre genagelten Stiefel zu treten. Jetzt wollten sie sich rächen für die Qual, sie stürzten heran, römische Legionen, syrische, arabische Kontingente der Vasallen, sich mischend. Keiner wollte zu kurz kommen, sie hatten Eile, sie gönnten es einer dem andern nicht, daß er früher daran war. Der Weg, der gebahnt werden sollte, war nicht fertig. Über den glühenden Schutt stürmten sie herbei, zertraten einander, stießen sich in die rauchenden Trümmer. Über ganze Berge von Leichen drangen sie vor.

Als Titus sah, daß es gegen das Ungestüm der Armee keinen Widerstand gab, betrat er mit seinen Offizieren das Mittelschiff des Tempelhauses, das von dem brennenden Teil durch eine dicke Mauer getrennt war. Hoch und kühl, unberührt von der Hitze und dem wüsten Getobe draußen, hob sich der Heilige Raum. Der Leuchter war da, die Schaubrottische, der Räucheraltar. Langsam schritt Titus vor, zögernd, bis zu dem Vorhang, hinter dem das Geheimnis war, das Allerheiligste. Seit Pompejus hat kein Römer diese Stelle betreten. Was ist hinter dem Vorhang? Ist vielleicht doch ein abergläubischer Spuk dahinter, ein Eselskopf, ein Ungetüm, aus Tier und Mensch gemischt? Mit der kurzen, breiten Hand greift Titus nach dem Vorhang. Hinter ihm spähen gespannt die Gesichter seiner Offiziere, vor allem eines, breit, rosig, das des Hauptmanns Pedan. Was ist hinter dem Vorhang? Der Prinz reißt ihn zurück. Ein dämmeriges, nicht großes Geviert zeigt sich. Titus tritt ein. Es riecht nach Erde und nach sehr altem Holz. Der nackte, unbehauene Stein ist da, der den Hügel gipfelt, eine große, beklemmende Einsamkeit, sonst nichts. „Na ja", quäkt der Hauptmann Pedan achselzuckend, „Irrsinnige."

Der Prinz atmete auf, als er wieder in dem helleren Viereck des Außenraumes stand. Er sah die noble Schlichtheit der Halle, ihr Ebenmaß, die heiligen Geräte groß und einfach an den Wänden. „Wir müssen das retten, meine Herren", sagte er, nicht laut, doch dringlich. „Wir dürfen das nicht untergehen lassen", forderte er. Der Hauptmann Pedan grinste. Schon züngelte es an den Toren, an alle Türangeln hatten sie Feuer gelegt. Es war zu spät.

In großer Eile schleppen die Soldaten die heiligen Geräte weg. Sie sind schwer, aus massivem Gold. Zehn Mann keuchen unter dem Leuchter, sie stürzen zusammen. Der Leuchter schüttert zu Boden, erschlägt einen Träger. Die Soldaten, angetrieben von den Zurufen des Prinzen, von den Stockhieben der Zenturionen, beugen von neuem die Rücken, schleppen die Geräte aus dem brennenden, stürzenden Heiligtum. Sie trugen hinaus die zwölf goldenen Schaubrote, die Weihgeschenke, die silbernen Trompeten der Priester, falteten den herrlichen babylonischen Vorhang zusammen, dessen Stickerei den Anblick des Himmels zeigte. Der Prinz stand auf den Stufen des Tempelhauses, hinter seinem Rücken das Feuer, und schaute zu, wie der Leuchter, der Schaubrottisch durch das Getümmel schwankten, dem römischen Lager zu, auf, nieder über den Leibern, Köpfen, Schilden wie Schiffe auf bewegtem Meer.

Die Legionäre mittlerweile tobten durch das Heiligtum, besoffen von Blut und Triumph. Sie plünderten, was sie erraffen konnten, rissen die goldenen und silbernen Beläge von den Toren, von den Wänden. Halsbrecherisch kletterten sie an den Außenmauern, um die dort angebrachten Trophäen zu erbeuten, Feldzeichen und Waffen alter syrischer Könige, Feldzeichen der Zehnten Legion, vor vier Jahren dem Cestius Gall genommen. Sie plünderten die Kleiderkammern, die Gewürzkammer, die Halle der Instrumente. Die Arme voll von kostbarem, seltsamem Gerät, trabten sie eilig durch das riesige Geviert. Dies war die Krone des Feldzugs. Um dieses Haus des unsichtbaren Gottes niederzureißen und zu plündern, war man gestorben, zu Zehntausenden, hatte man Ekel und Strapazen auf sich genommen. Jetzt wollte man es ganz auskosten. Sie schrien, sie stießen nieder, lachten einfältig, stampften tanzend mit ihren genagelten Stiefeln über den Boden, dessen Marmor und Mosaik überdeckt war von Leichen und von blutigen Feldbinden mit den Initialen Makkabi.

In den finstern Gängen, die hinunter zu den Schatzkellern führten, stauten sich die Massen. Diese Kammern waren gut verschlossen, aber die Ungeduldigen hatten nicht gewartet, bis man die Riegel mit Hebel und Maschinen öffnete, sie hatten Feuer an die Metallbeschläge der Türen gelegt. Allein das Innere hatte Feuer gefangen, bevor die Türen aufgingen, und nun schmolz es aus den Schatzkammern heraus, ein dicker, zäher Strom fließenden Metalls. Es flossen in ihm Weihgeschenke römischer Kaiser und parthischer Könige, Ersparnisse der Armen aus Galiläa, Schätze der Reichen aus Jerusalem und den Seestädten, Hunderttausende von Gold-, Silber- und Kupfermünzen, geprägt von den „Rächern Israels“, mit dem Hoheitszeichen Makkabi und mit dem Datum: Erstes, Zweites, Drittes Jahr der Befreiung.

Knallend rissen die großen Vorhänge, ihre glühenden Fetzen flogen durch die Luft. Krachend stürzte das Gebälk des Tempelhauses, Mauertrümmer ihm nach. Bis plötzlich ein Ton kam, mächtiger als das Prasseln der Flammen, das Stürzen des Gebälks, das wüste Singen der Soldaten, das Geschrei der Sterbenden, ein Ton, schneidend, heulend, wimmernd, von den Bergen ringsum furchtbar und scheußlich zurückgeworfen. Es war die hunderttonige Schaufelpfeife. Man hatte das Unding wegzuschleppen versucht, dann aber als wertlos liegenlassen, nun strich der Wind der Flammen durch die Schaufelpfeife und machte sie tönen.

Es war, als wecke dieser Ton die Oberstadt, die, nachdem die jüdischen Soldaten die Brücken zum Tempel zerstört hatten, gesondert auf ihrem Hügel lag. Die Verhungerten, Erschöpften der Oberstadt sahen den Rauch, das erste Feuer, sahen dann die Flammen um sich greifen, bis allmählich der ganze, weiße Tempelberg von den Wurzeln auf zu glühen schien. Sie brachten nichts aus ihren ausgedörrten Kehlen als ein schwaches Gewimmer. Aber als nun der große Schrei der Schaufelpfeife aufheulte, brach auch aus ihren Leibern das letzte Leben hervor, und aus dem Gewimmer der Hunderttausende in der Oberstadt wurde jetzt ein Schreien, ein gelles, ununterbrochenes, weißes Geschrei, und die Berge nahmen das Geschrei auf und schrien es zurück.

Es waren übrigens an diesem Tage viele Leute aus der Oberstadt in den Tempel gegangen. Doktor Nittai hatte sie gerufen. Er hatte ein Gesicht gehabt und eine Stimme gehört. War durch die Oberstadt gezogen, erschöpft, doch beharrlich und hatte zu den Massen geredet, sie sollten zum Tempel hinaufsteigen, dort würde sich ihnen heute Jahve als Retter und Erlöser zeigen. So gläubig und befehlend hatte die alte Stimme des besessenen Mannes geklungen, daß, wer sich noch schleppen konnte, ihm folgte. Es waren viele Hunderte. Von diesen Gläubigen hatten sich nur wenige, als die Truppen abzogen, mit ihnen retten können; denn die Brücken zur Oberstadt waren schmal, die Truppen hatten sie für sich selber benötigt und hinter sich abgerissen. Von oben, vom Tempelhaus her, kamen die Flammen und die Römer. Den Gläubigen war nichts übriggeblieben, als sich in den untersten Bezirk des Tempels zu flüchten, in die große Kolonnade des Südrands unmittelbar am Abgrund.

Die Römer, die Juden vom Innern des Tempels her aufrollend, waren jetzt bis zu diesem untersten Bezirk vorgedrungen. Sie kamen die Stufen herunter, sie sahen die in der Halle, Männer, Frauen, Kinder, Vornehme und kleine Leute, sehr viele, einen großen Haufen lebendigen Fleisches. Trotzdem der Preis der Leibeigenen durch die vielen Gefangenen außerordentlich gesunken war, repräsentierten die Tausende in der Halle einen gewissen Wert. Im schlimmsten Fall konnte man sie im Dutzend an die Veranstalter von Festspielen verkaufen. Aber die Soldaten wollten jetzt keine rechnerischen Erwägungen anstellen. Sie wollten jetzt ihren Privatspaß haben, sie hatten ihn sich teuer genug erkauft. Die von der Fünften riegelten die Kolonnade ab. Die Juden hatten vor sich die Römer, hinter sich den Abgrund. Offiziere kamen dazu, Oberste. Der General der Zehnten, Lepid. Sie gaben Befehl, abzuwarten, man werde die Weisung des Feldherrn einholen. Aber die von der Fünften dachten gar nicht daran, zu warten. Gerade hatten sie die Feldzeichen zurückgeholt, die die Zehnte vor vier Jahren verloren hatte, und nun sollten sie sich von dem General der Zehnten den Spaß verderben lassen? Sie waren nicht einmal aufsässig, sie lachten nur, gemütlich. Das glaubten ja die Herren selber nicht, daß die Armee sich diese Masse lebendigen Fleisches werde wegnehmen lassen. Sachkundig nahmen sie Aufstellung vor der Kolonnade, vier Glieder tief, dann zündeten sie das Zederngebälk des Daches an. Es war wirklich ein großartiger Spaß, wie die in der Halle zu tanzen anfingen, wie die ersten herausstürzten, niedergemacht wurden, wie sie kletterten, wie sie in den Abgrund sprangen, wie sie schwankten, ob sie durchs Schwert umkommen sollten, durch Absturz oder durch Feuer. Angeregt beobachteten die Soldaten, wie schwer die Eingeschlossenen zu einem Entschluß kamen. Mit Vergnügen hörten die Legionen das altvertraute Sterbegeschrei der Juden: Höre, Israel, Jahve ist einzig. Sie hatten es oft gehört, aber niemals von so vielen zusammen. Jahve, Jahve, machten sie nach, Jah, Jah schreiend wie die Esel.

Unter den Eingeschlossenen waren zwei Herren des Großen Rats, die der Oberst Paulin persönlich kannte, Meïr Bar Belgas und Josef Bar Daläus. Paulin forderte die beiden auf, herauszukommen, sich ihm zu übergeben. Er sagte ihnen Schonung zu. Aber sie blieben, bis die Kolonnade zusammenstürzte, sie wollten umkommen mit den andern, ein Brandopfer für Jahve.

Die ausgelosten Priester hatten die Funktion ihres Dienstes verrichtet, als geschähe rings um sie nichts Außergewöhnliches. Hatten sich eingekleidet, die Reinigung des Altars, der heiligen Geräte vollzogen wie jeden Tag. Schon waren die ersten Flammen da, schon waren die ersten Römer da, die Priester gingen durch das Getümmel hindurch, als sähen sie nichts.

Die Römer ließen die Weißgekleideten mit dem blauen Priestergürtel zunächst unbehelligt. Dann aber machten sie sie nieder wie die andern. Sie sahen mit einer gewissen Befriedigung, daß ein Mann, der den blauen Priestergürtel dieses Jahve trug, wenn man ein Eisen in seinen Leib stieß, genauso starb wie ein anderer.

Johann von Gischala hatte, als er mit seinen Truppen den Tempel verließ, dem Erzpriester Phanias angeboten, ihn mitzunehmen. Aber Phanias hatte es abgelehnt. Wenn er nur herausbringen könnte, was Jahve von ihm will. Es ist sehr schwer, weil Jahve ihm nur einen einfältigen Verstand gegeben hat. Wie schön wäre es, wenn er Bauarbeiter hätte bleiben dürfen. Jetzt irrt er herum, hilflos, weinerlich, seine trüben, braunen Augen suchen, wen er um Rat fragen könnte, ängstlich lauscht er, ob nicht etwa in seinem Innern eine Stimme Jahves spricht, aber er kann nichts hören. Das alles ist nur, weil er, den Schatzmeistern nachgebend, seinen achtteiligen, sündenreinigenden Ornat in ein unzugängliches Versteck hat bringen lassen. Wenn er jetzt den Ornat trüge und die heiligen Juwelen des Großen Dienstes, dann würden sich die Flammen zu seinen Füßen legen wie gehorsame Hunde, und die Römer würden tot umfallen.

Zusammen mit andern Priestern geriet er in die Hand der Römer. Die Soldaten schickten sich an, die Priester niederzumachen. Die baten um Schonung. Schrien, der Erzpriester sei unter ihnen. Die Soldaten brachten sie vor Titus.

Titus ist in Eile, man verlangt ihn am südlichen Tempeltor. In seiner Umgebung ist der General Litern. Der Prinz sieht, wie der General gespannt auf ihn blickt, mit einem ganz kleinen Lächeln. Dieser Litern hat es damals im Kriegsrat nicht verstehen können, daß er für die Schonung des Tempels eintrat, sicher hält er ihn für einen ästhetisierenden Schwächling. Dieser Tölpel da ist also der Erzpriester. „Verwahrt ihn", sagt Titus, „ich will ihn im Triumph aufführen." Dann sieht er die andern Priester, zwanzig zermürbte, elende Körper, schlotternd in weißen, feierlichen, viel zu weiten Gewändern. Sein Gesicht wird launisch, bösartig, kindisch. Er kehrt sich ab. Im Begriff zu gehen, über die Schulter hin, sagt er zu den Priestern: „Ich hätte Ihnen Ihr Leben vielleicht geschenkt, meine Herren, um Ihres Tempels willen. Aber nachdem Ihr Gott offenbar nicht gesonnen ist, seinen Tempel zu erhalten, ziemt es Ihnen als Priester, mit diesem Tempel unterzugehen. Habe ich nicht recht, meine Herren?" Er ging, und die Profose bemächtigten sich der Priester.

Wie die andern Priester hatte sich der alte Doktor Nittai, nachdem er seine Gläubigen in den Tempel geführt hatte, ernst und zuversichtlich an die Verrichtungen seines Dienstes gemacht. Die Flammen brachen hervor, sein altes, mürrisches Gesicht lächelte. Er hatte gewußt, heute wird ein Zeichen kommen. Als das Tempelhaus brannte, war er nicht wie die andern durch die Höfe geflohen, vielmehr stiegen er und die acht Priester um ihn die Treppen des Tempelhauses hinauf. Es war gut, zu steigen, jetzt war man noch in einem von Menschenhänden gefügten Bau, aber gleich wird man oben sein, unterm Himmel, nahe bei Jahve.

Und nun waren sie auf dem Dach, auf dem höchsten First des Tempels, unter ihnen waren die Flammen und die Römer. Das Geschrei der Sterbenden, der grobe Gesang der Legionen tönte zu ihnen herauf, von der Oberstadt her gellte das weiße Geheul. Da kam der Geist über die auf dem First, der Hunger schuf ihnen Gesichte. Schaukelnd, im Takt, im vorgeschriebenen Singsang sagten sie Kriegs- und Siegeslieder der Schrift auf. Rissen die goldenen Spieße, die zur Abwehr der Vögel auf dem Dach des Tempels angebracht waren, heraus und schleuderten sie gegen die Römer. Sie lachten, sie waren über den Flammen, und über ihnen war Jahve, und sie spürten seinen Hauch. Als die Stunde des Priestersegens kam, hoben sie die Hände und spreizten die Finger, wie es Vorschrift war, und riefen durch die prasselnden Flammen den Priestersegen und das anschließende Bekenntnis; es war ihnen leicht und heilig zumut.

Als sie zu Ende waren, nahm Nittai die schweren Schlüssel des Großen Tempeltors, hielt sie hoch, daß alle um ihn sie sahen, und rief: „O Jahve, du hast uns nicht würdig befunden, dein Haus zu verwalten. O Jahve, nimm die Schlüssel zurück." Und er warf die Schlüssel in die Höhe. Und er rief: „Seht ihr, seht ihr die Hand?" Und alle sahen, wie aus dem Himmel eine Hand kam und die Schlüssel auffing.

Dann krachte das Gebälk, es stürzte das Dach, und sie fanden, daß sie einen begnadeten Tod starben.

Kurz vor dem Mittag hatte Pedan die Fackel geworfen. Nachmittags fünf Uhr brannte bereits der ganze Berg. Der erste Feuerposten, den Titus hatte errichten lassen, sah den Brand, und sowie die Dämmerung kam, gab er sein Signal: der Tempel ist gefallen. Und es entzündete sich das nächste Feuer, und das übernächste, und im Lauf einer Stunde wußte es ganz Judäa, ganz Syrien.

In Jabne erfuhr es der Großdoktor Jochanan Ben Sakkai: der Tempel ist gefallen. Der kleine Uralte zerriß seine Kleider und streute Asche auf sein Haupt. Aber noch für die gleiche Nacht berief er eine Sitzung ein.

„Bis heute", verkündete er, „hat der Große Rat von Jerusalem Kraft gehabt, das Wort Gottes zu deuten, zu bestimmen, wann die Zeiten beginnen, wann der Mond neu ist, wann voll, was Recht ist und was Unrecht, was heilig und was unheilig, zu binden und zu lösen. Von heute an hat der Rat von Jabne diese Befugnis.

Unsere erste Aufgabe ist, festzusetzen, wie die Grenzen der Heiligen Schrift laufen. Der Tempel ist nicht mehr, unser ganzes Reich ist jetzt die Schrift. Ihre Bücher sind unsere Provinzen, ihre Sätze unsere Städte und Dörfer. Bis heute war Jahves Wort mit Menschenwort gemischt. Jetzt gilt es, aufs Jota zu begrenzen, was zur Schrift gehört, was nicht.

Unsere zweite Aufgabe ist, den Kommentar der Doktoren dauerhaft zu machen für die Zeiten. Bis heute lag der Fluch darauf, den heiligen Kommentar anders weiterzugeben als von Mund zu Mund. Wir lösen diesen Fluch. Wir wollen die sechshundertdreizehn Gebote aufzeichnen auf gutem Pergament, wo sie anfangen und wo sie aufhören, sie umzäunen und untermauern, daß Israel für die Ewigkeit darauf stehen kann.

Wir einundsiebzig sind jetzt alles, was vom Reiche Jahves geblieben ist. Reinigt euer Herz, daß wir ein Reich seien, dauernder als Rom."

Sie sagten amen. Sie bestimmten noch in dieser Nacht: vierundzwanzig Bücher sind heilig. Vierzehn Bücher, die vielen als heilig galten, schlossen sie aus. Es war harter Streit unter ihnen, aber sie prüften sich scharf, daß sie nur das Wort Jahves sprechen ließen, wie man es ihnen überliefert hatte, nicht eigene eitle Weisheit. Kein Schlaf kam über sie, sie fühlten sich besessen von Jahve, als sie diese Sichtung vornahmen, die verbindlich sein sollte für alle Zeiten.

Sie trennten sich, als schon die Sonne aufgegangen war. Jetzt erst spürten sie ihre Erschöpfung, es war trotz des Schmerzes über das zerstörte Heiligtum keine unglückliche Erschöpfung.

Als die andern schon weggegangen waren, erinnerte den Großdoktor Jochanan Ben Sakkai sein Schüler Arach: „Sie haben mir den Spruch für diesen Tag noch nicht diktiert, mein Doktor und Herr." Der Großdoktor besann sich eine Weile, dann diktierte er: „Wenn du zur Tafel gezogen wirst bei einem Herrscher, so setze ein Messer an deine Kehle, ehe daß du gierig wirst nach seinen Leckerbissen; denn sie sind sehr trügerisch." Arach sah des Großdoktors müdes, bitteres Gesicht; er erkannte, daß ihm bange war um seinen Liebling Josef Ben Matthias, daß er für ihn fürchtete in seinem Herzen.

Es geschah aber der Untergang des Tempels am 29. August des Jahres 823 nach Gründung der Stadt Rom, am 9. Ab des Jahres 3830 jüdischer Zeitrechnung. Auch ein 9. Ab war es gewesen, an dem der erste Tempel durch Nebukadnezar zerstört wurde. Dieser zweite Tempel hatte sechshundertneununddreißig Jahre, einen Monat und siebzehn Tage gestanden. Alle diese Zeit hindurch war jeden Morgen und jeden Abend das Brandopfer dargebracht worden zu Ehren Jahves, viele Tausende von Priestern hatten die Riten vollzogen, wie sie aufgeschrieben sind im Dritten Buch Mosis und bis ins kleinste erläutert durch Generationen von Doktoren.

Der Tempel brannte noch zwei Tage und zwei Nächte. Am dritten Tag standen von seinen vielen Toren nur mehr zwei. Mitten unter den Trümmern, auf den gewaltigen Blöcken des Brandopferaltars, dem einsam und sinnlos ragenden Osttor gegenüber, pflanzten jetzt die Römer ihre Adler auf und brachten ihnen das Siegesopfer. Wenn mehr als sechstausend feindliche Tote das Schlachtfeld deckten, dann pflegte die Armee ihren Feldherrn zum Imperator auszurufen. So nahm jetzt Titus auf der Höhe des Altars die Huldigung seiner Truppen entgegen.

Den Marschallstab in der Hand, den roten Feldherrnmantel um die Schultern, hinter sich die Goldenen Adler, stand jetzt, wo sonst die Rauchsäule Jahves aufgestiegen war, er, ein fleischernes Idol an Stelle des unsichtbaren Gottes. Die Legionen zogen vorbei, sie schlugen die Schilde zusammen, sie schrien: Sei gegrüßt, Imperator Titus. Stundenlang erfüllte das eiserne Geklirr und der Jubelruf seiner Soldaten des Titus Ohr.

Er hatte diese Stunde ersehnt, seitdem ihn in Alexandrien sein Vater mit der Führung des Feldzugs beauftragt hatte. Jetzt ließ sie ihn kalt. Berenike war fort, war geflohen vor dem Anblick des brennenden Heiligtums, vor ihm, dem Wortbrüchigen. War er wortbrüchig? Er hat klaren Befehl gegeben, den Tempel zu schonen. Es waren die Götter, die anders beschlossen hatten, wahrscheinlich der Judengott selbst, erzürnt über den Frevel und die Verstocktheit seines Volkes. Nein, nicht ihn, den Feldherrn, trifft die Schuld am Untergang des Heiligtums. Er beschließt, die Vorgänge so zu klären, daß alle Welt das erkennen soll.

Einige gefangene Juden hatten ausgesagt, der Brand habe in der Holzkammer begonnen. Sie hätten zu löschen versucht. Die römischen Soldaten hätten aber immer neue Feuerbrände in die Holzstöße geschleudert. Dies konnten nur die

Mannschaften des Lösch- und Aufräumekommandos getan haben. Titus stellte den Pedan und seine Leute vor ein Kriegsgericht, dem er selber präsidierte.

Kurz bevor dieses Gericht tagte, hatte er eine Unterredung mit dem Marschall Tiber Alexander. „Hassen Sie mich eigentlich", fragte er den Marschall, „weil der Tempel dieses Jahve niedergebrannt ist?" – „Haben *Sie* den Tempel niedergebrannt, Cäsar Titus?" fragte mit seiner verbindlichen Stimme der Marschall. „Ich weiß es nicht", sagte Titus.

Man befragte die Angeklagten: „Hat die Erste Kohorte Feuerbrände in das Tempelhaus geworfen?" – „Wir wissen es nicht, Cäsar Titus", erklärten die Soldaten, schallend, treuherzig, kameradschaftlich. Keiner hatte etwas davon gesehen, daß der Hauptmann Pedan einen Feuerbrand geschmissen hatte. „Es ist möglich", erklärte Pedan, „daß wir uns auch mit Feuerbränden gegen die Juden gewehrt haben. ‚Der Gegner ist mit Energie abzuweisen', hieß es im Befehl. ‚Mit Energie', darunter darf man wohl auch Feuer verstehen, wenn man gerade ein Feuerscheit bei der Hand hat." – „Hatten Sie die Absicht, die Baulichkeiten zu schonen?" wurde gefragt. Pedan zuckte die Achseln. Ein alter, ehrlicher Soldat, schaute er bieder und einfältig auf seine Richter. „Es war", meinte er, „eine dicke, steinerne Mauer, von keiner Maschine zu erschüttern. Innen waren Steinböden, Steintreppen. Wer konnte vermuten, daß Stein Feuer fängt? Es war offenbar der Ratschluß der Götter."

„Haben Sie", fragte man, „einen Plan des Tempels gesehen? Haben Sie gewußt, daß das goldumrahmte Fenster in die Holzhalle führte?" Der Hauptmann Pedan ließ sich Zeit mit der Antwort. Sein lebendiges Auge blinzelte den Prinzen an, die Richter, dann wieder den Prinzen. Er lächelte verschmitzt, er betonte sein Einverständnis mit Titus, alle sahen es. Und dann wandte er sich geradezu an den Prinzen. Mit seiner quäkenden Stimme, frech und unbekümmert sagte er: „Nein, Cäsar Titus, ich habe nicht gewußt, daß Holz hinter dem Fenster ist."

Sehr deutlich sah Tiber Alexander, daß dieser Hauptmann Pedan log, und ebenso deutlich sah er, daß er sich dabei im reinen Recht glaubte, daß er überzeugt war, einen wortlosen Auftrag des Prinzen ausgeführt zu haben. Dieser Prinz und dieser Hauptmann, der Marschall sah es klar, so verschieden sie schienen, waren im Grund das gleiche: Barbaren. Der Prinz hatte sich und allen andern geschworen, er werde den Tempel erhalten, wahrscheinlich hatte er es ehrlich gemeint, aber in seinem Innern war er genau wie Pedan von Anfang an gewillt gewesen, das da, das Bewußte niederzureißen, unter die Stiefel zu treten.

Die übrigen, Hauptleute, Unteroffiziere, Mannschaften, blieben dabei: sie hatten nichts gesehen. Keiner konnte sich auch nur im entferntesten erklären, wodurch der Brand entstanden war. Auf alle Fragen hatten sie immer die gleiche, treuherzige Antwort: „Cäsar Titus, wir wissen es nicht."

Titus, während der Beratung des Gerichts, war auffallend fahrig. Der freche Blick des Einverständnisses, den dieser unflätige Pedan ihm zugezwinkert hatte, störte sein Inneres auf. Was ihn vorher noch dunkel bedrängt hatte, ob er nicht doch an der Roheit dieses Burschen teilhabe, das schob er jetzt weit von sich. War sein Befehl nicht klar gewesen? Hat er nicht immer eisern für Disziplin gesorgt? Er wartete gespannt auf die Meinung seiner Generäle, entschlossen, dem Liebling der Armee die Begnadigung zu versagen, wenn ihr Urteil auf Tod lautete.

An eine solche Demonstration dachte aber offenbar keiner der Herren. Vage redeten sie herum. Man sollte vielleicht den einen oder andern der Unteroffiziere in eine Strafkompanie versetzen. „Und Pedan?" rief Titus dazwischen, ungestüm, mit kippender Stimme.

Ein unbehagliches Schweigen entstand. Dem Pedan, dem Träger des Graskranzes, eines auf den Kopf geben, das wollte keiner riskieren. Schon schickte sich Cerealis, der General der Fünften, an, etwas in diesem Sinn zu sagen, als der Marschall Tiber Alexander das Wort ergriff. Was Pedan, führte er aus, wahrscheinlich getan habe oder zumindest willentlich habe geschehen lassen, das habe die ganze Armee gewollt. Nicht ein einzelner sei schuld an der Schandtat, die den römischen Namen für immer beflecke. Mit seiner leisen, höflichen

Stimme schlug er vor, alle Offiziere und Mannschaften, die an den Aufräumearbeiten beteiligt gewesen waren, antreten zu lassen und jeden zehnten hinzurichten.

Gerade weil man der Rede des Marschalls Folgerichtigkeit nicht absprechen konnte, empörte man sich dagegen einmütig und heftig. Es war eine Frechheit, daß dieser Mann seine jüdischen Ressentiments an römischen Legionären auslassen wollte. Die Urteilsverkündung wurde vertagt.

Am Ende geschah nichts. In einem lahmen Befehl wurde der Ersten Kohorte der Fünften die Unzufriedenheit der Heeresleitung ausgesprochen, weil sie den Brand nicht verhindert habe.

Titus war tief verdrossen über diesen Ausgang der Untersuchung. Es war aussichtslos, sich jetzt vor der Frau rechtfertigen zu wollen. Er scheute sich, zu erkunden, wohin sie gegangen war. Er fürchtete, es könnte sie jene wilde Laune überkommen haben, die sie schon dreimal in die Wüste getrieben hatte, auf daß sie, ihr Fleisch verwahrlosend, die Stimme ihres Gottes vernehme.

Dann hörte er, sie sei nach dem kleinen Orte Thekoa gegangen. Das waren nur wenige Stunden Weges. Aber die Nachricht machte ihn nicht fröhlicher. Was suchte sie in dem halbzerstörten Nest? Wollte sie die Stümpfe ihres Haines vor Augen haben, ständige Erinnerung, daß er ihr nicht einmal die kleine Bitte erfüllt hatte?

Das breite Gesicht des Titus wurde grämlich, sein dreieckiges, eingezacktes Kinn schob sich noch mehr heraus, das ganze Antlitz verkniff sich zu dem eines bösartigen Bauernknaben. Was soll er tun? Er hat nichts vorzubringen, was vor ihr bestehen könnte. Soll er grob und schmetternd von Kriegsrecht reden, ihr den Herrn zeigen, den Römer? Er wird nicht mehr erreichen als in der Nacht, da er sie mit Gewalt nahm.

Er befahl sich, nicht mehr an die Frau zu denken. Er hat Arbeit genug, sich abzulenken. Noch steht die Altstadt, die Oberstadt. Sie hat dicke, mächtige Mauern, man kann sie nicht ohne weiteres stürmen, man muß von neuem mit den

Maschinen arbeiten, die Tore unterminieren. Er setzte sich einen Termin. Sowie er die Oberstadt genommen hat, wird er sich der Frau stellen.

Vornächst ließ er alles, was er von dem eroberten Bezirk aus erreichen konnte, dem Erdboden gleichmachen. Auseinander die Steine, nieder die Wände. Er hatte Lust bekommen an der Vernichtung. Die vornehmen Häuser an den Rändern der Tempelschluchten, das Proletarierviertel Ophla, die alten, soliden Gebäude der Unterstadt wurden verheert. Rathaus und Archiv, schon zu Beginn des Bürgerkriegs in Brand gesteckt, wurden ein zweites Mal zerstört. Die Hypothekenbriefe, die Kaufdokumente, die in Erz gegrabenen Staatsverträge, die auf Pergament niedergelegten Ergebnisse der langen, leidenschaftlichen Unterhandlungen auf der Kippa, der Börse, gingen ein für allemal zugrunde. Der ganze Tempelbezirk und die angrenzenden Stadtteile wurden den Soldaten zur Plünderung überlassen. Wochenlang wühlten sie immer neues Gold und neue Schätze aus dem Schutt. Auch in die unterirdischen Gänge des Tempelhügels tauchten sie hinab, nicht ohne Gefahr; denn viele verirrten sich und kamen nicht mehr ans Licht, manche auch fanden den Tod im Kampf mit Flüchtlingen, die sich in dieser Unterwelt versteckt hielten. Aber die Gefahr lohnte, die Unterwelt war eine Goldgrube. Immer neue Kostbarkeiten quollen aus ihren Schächten, auch die verborgenen Tempelschätze förderte man zutage, unter ihnen den berühmten achtteiligen Ornat, den der Erzpriester Phanias so schmerzlich vermißt hatte. Juwelen, edles Metall, seltene Stoffe häuften sich im römischen Depot, die Händler hatten zu tun, der Preis des Goldes im ganzen Osten sank um siebenundzwanzig Prozent.

In der Unterstadt war ein Heiligtum der Juden, das Mausoleum der Könige David und Salomo. Achtzig Jahre zuvor hatte einmal Herodes die Gruft geöffnet, heimlich, des Nachts, gelockt von dem Gerücht ungeheurer Schätze. Als er aber in das Innere vordringen wollte, wo die Gebeine der alten Könige ruhten, waren ihm Flammen entgegengeschlagen, seine Fackeln hatten die Erdgase der Gruft entzündet. Titus hatte keine Angst. Er drang mit seinen Herren bis in die letzte

Grabkammer. Da lagen die Leichen der beiden Könige, in goldenen Rüstungen, Diademe auf den Schädeln, riesige, bunte Ringe kollerten von ihren Beinhänden. Lampen, Schalen, Teller, Krüge hatte man ihnen mitgegeben, auch die Rechnungsbücher des Tempels, auf daß sie Jahve ihren frommen Wandel beweisen könnten. Der Marschall Tiber Alexander rollte die Bücher auf, beschaute die verschollenen Schriftzeichen. Titus nahm das umfangreiche Diadem von dem einen Schädel, setzte es mit seinen breiten, kurzen Händen auf den eigenen, wandte sich an seine Herren. „Das Diadem steht Ihnen nicht gut, Cäsar Titus", sagte trocken der Marschall.

Josef hatte den Brand des Tempels mit gespannter Aufmerksamkeit betrachtet wie ein Forscher eine Naturerscheinung. Er hatte sich verhärtet, er wollte nur Auge sein, er wollte den lückenlosen Ablauf sehen, Anfang, Mitte, Ende. Er war immer wieder bis an den Rand des Feuers gegangen, hatte das brennende Geviert viele hundert Male durchmessen, sehr müde und trotzdem überwach. Er sah, hörte, roch, nahm wahr, sein feines, treues Gedächtnis notierte alles.

Am 25. September, einen Monat nach dem Fall des Tempels, fünf Monate nach Beginn der Belagerung, fiel die Oberstadt von Jerusalem. Während die Kohorten um die einzelnen Stadtviertel würfelten, sie zur Plünderung unter sich aufteilend, Straße für Straße, ging Josef zuerst ins Fort Phasael, dort hatten die jüdischen Führer ihre Gefangenen verwahrt. Er wollte Vater und Bruder aus dem Gefängnis herausholen. Aber das Fort war leer, man fand nur Tote dort, Verhungerte. Die er suchte, waren nicht darunter. Vielleicht hatten die Makkabi-Leute ihre Gefangenen beim Einbruch der Römer erledigt, vielleicht hat sich ein Teil in die Unterwelt gerettet.

Josef stieg tiefer hinein in die Stadt, ging durch Brand und Gemetzel, verhärtet in der kühlen, krampfigen Sachlichkeit des Chronisten. Den ganzen langen, heißen Sommertag hindurch strich er die hügeligen Gassen auf und ab, die Treppenwege, die Durchgänge, vom Herodespalast zum Gartentor, zum Obermarkt, zum Essäertor, und wieder zum Herodespalast. Durch diese Straßen und Winkel hatte er sich dreißig Jahre getrieben, als Kind, als junger Mensch, als Mann. Er kannte hier jeden Stein. Aber er schnürte den Schmerz ab, er wollte nichts sein als Auge und Schreibgriffel.

Er war unbewaffnet; nur sein goldenes Schreibzeug trug er merkwürdigerweise im Gürtel. Es war nicht ungefährlich, sich so in dem preisgegebenen, zusammenstürzenden Jerusalem herumzutreiben, gar, wenn man einem Juden gleichsah. Er hätte sich schützen können, wenn er die Auszeichnung des Titus getragen hätte, die Plakette mit dem Medusenhaupt. Aber dies brachte er nicht über sich.

Er ging zum drittenmal in die Fischerstraße, zum Haus seines Bruders. Das Haus war leer, alles Bewegliche daraus weggeschafft. Die Soldaten hatten sich dem Hause nebenan zugewendet. Auch das hatten sie bereits kahl geplündert, sie waren dabei, Feuer anzulegen. Josef schaute durch das offene Tor in den Hof. Dort, mitten in Lärm und Verheerung, stand ein alter Mann, den Gebetmantel um die Schultern, die Gebetriemen an Kopf und Arm, die Füße geschlossen. Josef trat näher. Der Alte sprach laut, den Oberkörper schaukelnd, sein Gebet; denn es war die Stunde der Achtzehn Bitten. Er betete inbrünstig, sein ganzer Leib betete mit, wie es Vorschrift war, und als er zur vierzehnten Bitte kam, betete er sie in der alten Form, wie man sie während des Exils in Babel gebetet hatte: „Laßt schauen unsre Augen, wie du zurückkehrst nach Jerusalem mit Erbarmen wie ehemals.“ Es waren verschollene Worte, nur durch die Gelehrten aufbewahrt, sie waren Geschichte, sechshundertfünfzig Jahre lang hatte sie kein Mensch mehr gebetet. Der Alte aber, an diesem ersten Tag, da sie wieder Sinn bekamen, betete sie, zuversichtlich, selbstverständlich. Sein Gebet erwirkte, was alle Schrecken dieses Tages auf Josef nicht vermocht hatten. Durch die gewollte Härte des Betrachters brach plötzlich, ihn von innen her aufreißend, die Erschütterung über den Fall seiner Stadt.

Die Soldaten, mit dem brennenden Haus beschäftigt, hatten sich bisher um den Alten nicht gekümmert. Jetzt stellten sie sich belustigt um ihn, machten ihm nach: Jah, Jah, packten ihn, rissen ihm den Gebetmantel vom Kopf, verlangten, er solle nachsprechen: Jahve ist ein Esel, und ich bin der Knecht eines Esels. Sie zerrten ihn am Bart, stießen ihn herum. Da trat Josef dazwischen. Herrisch verlangte er, die Soldaten sollten den alten Mann in Ruhe lassen. Die dachten nicht daran. Wer er denn sei, daß er ihnen befehlen wolle? Er sei des Feldherrn Privatsekretär, erklärte Josef, und handle mit seinem Einverständnis. Hatte er nicht Erlaubnis, siebzig Gefangene loszubitten? Da könne jeder kommen, erklärten die Soldaten. Sie redeten sich in Wut, fuchtelten mit ihren Waffen. Er gehöre wahrscheinlich selber zu den Juden, so ohne Rüstung, mit seinem jüdischen Latein. Sie hatten Wein getrunken, sie wollten Blut sehen. Es war toll gewesen von Josef, sich einzumischen, ohne daß er einen schriftlichen Befehl vorzeigen konnte. Aus Jotapat ist er heil hervorgegangen, aus so vielen andern Gefahren, jetzt wird er hier einen lächerlichen Tod sterben, das Opfer eines Irrtums besoffener Soldaten. Da fiel ihm etwas ein. „Schaut mich an“, forderte er die Soldaten auf. „Wenn ich wirklich zu den Belagerten gehörte, müßte ich da nicht magerer sein?“ Das leuchtete ihnen ein, sie ließen ihn laufen.

Josef suchte den Prinzen. Er fand ihn in böser Laune. Die Frist, die sich Titus gegeben hatte, war abgelaufen. Jerusalem war gefallen, morgen, spätestens übermorgen, wird er nach Thekoa reiten. Die Auseinandersetzung mit der Frau wird nicht angenehm sein.

Bescheiden bat Josef um eine schriftliche Anweisung, damit er die siebzig Menschen losbekomme, deren Freiheit der Prinz ihm zugesagt hat. Unwirsch schrieb Titus die Anweisung. Während des Schreibens, über die Schulter, warf er dem Josef hin: „Warum haben Sie mich eigentlich niemals um Erlaubnis gebeten, Ihre Dorion hierherkommen zu lassen?“ Josef schwieg eine kleine Weile, erstaunt. „Ich fürchtete“, sagte er dann, „Dorion werde mich hindern, Ihren Feldzug, Prinz Titus, so mitzuerleben, daß ich ihn dann schreiben kann.“ Schlecht gelaunt sagte Titus: „Ihr seid scheußlich konsequent, ihr Juden.“

Den Josef traf dieses Wort. Es war seine Absicht gewesen, mehr als die siebzig zu verlangen; vor dem Gesicht des Prinzen hatte er es aufgegeben. Jetzt, plötzlich, wußte er: es kam alles darauf an, daß Titus ihm mehr Menschenleben zugestehe. Behutsam, sehr unterwürfig, bat er: „Schreiben Sie nicht: siebzig, Cäsar Titus, schreiben Sie: hundert." – „Ich denke nicht daran", sagte der Prinz. Er sah ihn bösartig an, seine Stimme klang grobschlächtig wie die seines Vaters. „Heute würde ich dir auch keine siebzig mehr konzedieren", sagte er.

Niemals sonst hätte sich Josef erdreistet, weiter zu bitten. Aber es trieb ihn. Er mußte beharren. Er war für immer verworfen, wenn er jetzt nicht beharrte. „Geben Sie mir siebenundsiebzig, Cäsar Titus", bat er. „Schweig", sagte Titus. „Ich hätte Lust, dir auch die siebzig wieder zu nehmen."

Josef nahm das Täfelchen an sich, bedankte sich, ließ sich Begleitmannschaften mitgeben, ging zurück in die Stadt.

Das lebenbringende Täfelchen im Gürtel, strich er durch die Straßen. Sie waren voll von Mord. Wen soll er retten? Seinen Vater, seinen Bruder lebend anzutreffen, hatte er wenig Hoffnung. Er hatte Freunde in Jerusalem, auch Frauen, die er gerne sah, aber er wußte, es war nicht um dieser willen, daß damals an der Leichenschlucht Jahve das Herz des Titus erweicht hatte. Und nicht um dieser willen hatte er jetzt den Prinzen mit so dreister Beharrlichkeit bedrängt. Gut und verdienstvoll ist es, Menschen vom Tode zu retten, aber was sind seine armseligen siebzig vor den Hunderttausenden, die hier sterben? Und während er es noch nicht wahrhaben will, während er es mit aller Kraft ins Nichtwissen zurückdrängt, steigt aus seinem Innern ein bestimmtes Antlitz herauf.

Dieses ist es, dieses sucht er.

Er sucht. Er muß finden. Er hat keine Zeit, er darf nicht ablassen, es sind Hunderttausende, und er muß den Einen finden. Es geht nicht um siebzig Irgendwelche, es geht um den Bestimmten. Aber rings um ihn ist der Mord, und er hat das lebenbringende Täfelchen im Gürtel und ein schlagendes Herz in der Brust. Er sollte vorbeigehen, er hat seine Aufgabe, er hat dieses bestimmte Gesicht zu finden. Aber wenn du siehst, wie Menschen umgebracht werden, und du hast das Mittel, zu sagen: lebe, dann ist es schwer, vorbeizugehen, vernünftig, auf das bestimmte Gesicht wartend, schweigend. Und Josef ging nicht vorbei, er sagte: lebe, er bezeichnete diesen, weil seine Angst ihn anrührte, jenen, weil er so jung war, diesen wieder, weil sein Gesicht ihm gefiel. Und er sagte: lebe, sagte es ein fünftes Mal, ein zehntes, ein zwanzigstes Mal. Dann wieder nahm er alle Vernunft zusammen, er hatte seine Aufgabe, er bezwang sich, ging vorbei an Menschen, die starben, weil er vorbeiging. Aber er ertrug es nicht lange, schon zum nächsten wieder sagte er: lebe, und wieder zum nächsten, und zu mehreren. Erst als er den fünfzigsten den knurrenden, unwillig dem Befehl gehorchenden Soldaten entrissen hatte, packte ihn wieder seine Aufgabe, und er hielt ein. Er darf sich so billiges Mitleid nicht gönnen; sonst steht er mit leeren Händen, wenn er den Bestimmten findet.

Er flüchtet vor sich selber in die Synagoge der Alexandrinischen Pilger. Er wird jetzt die siebzig Rollen der Heiligen Schrift holen, die Titus ihm zugestanden hat. Die Plünderer waren bereits in der Synagoge gewesen. Sie hatten die heiligen Bücher aus der Lade gerissen, sie ihrer kostbaren, bestickten Mäntel beraubt. Da lagen sie, die edeln Rollen, bedeckt mit den köstlichen Zeichen, zerfetzt, blutbeschmiert, zertrampelt von den Stiefeln der Soldaten. Josef bückte sich schwerfällig, hob behutsam eines der geschändeten Pergamente aus Dreck und Blut. Man hatte etwas herausgeschnitten, an zwei Stellen. Josef folgte den Linien des Ausschnitts, sie zeigten die Form von Menschenfüßen. Er begriff, die Soldaten hatten mit den Rollen nichts Besseres anzufangen gewußt, sie hatten sich Einlagsohlen für ihre Stiefel herausgeschnitten. Mechanisch rekonstruierte er die erste der fehlenden Stellen: „Drücke den Fremden nicht in deinem Lande und liege ihm nicht hart an; denn ein Fremder bist du gewesen im Lande Ägypten."

Langsam sammelte Josef die zerfetzten Rollen auf, hob sie hoch, behutsam, führte sie ehrerbietig zur Stirn, zum Mund, wie der Brauch es verlangte, küßte sie. Er konnte sie nicht römischen Händen anvertrauen. Er trat hinaus auf die Straße, um Juden zu suchen, die sie ihm in sein Zelt brächten. Da sah er einen Zug heraufkommen, dem Ölberg zu, Gefangene offenbar, die man mit den Waffen in der Hand ergriffen hatte. Man hatte sie gegeißelt, hatte auf ihre zerpeitschten Nacken Querbalken gelegt, ihre ausgestreckten Arme daran gebunden. So schleppten sie jetzt selber das Holz, an dem sie sterben sollten, zur Richtstätte. Josef sah die ausgelöschten, verzerrten Gesichter. Er vergaß seine Aufgabe. Er befahl Halt, er wies dem Hauptmann, der den Zug geleitete, sein Täfelchen vor. Es waren noch zwanzig Leben, über die er zu verfügen hatte, die Gefangenen aber waren dreiundzwanzig. Zwanzig von ihnen wurde der Querbalken wieder abgenommen, sie stierten blöde, sie waren halbtot von der Geißelung, sie wußten nicht, was ihnen geschah. Statt der Kreuzbalken bekamen sie jetzt die Schriftrollen, und statt zum Ölberg ging es ins römische Lager zu Josefs Zelt. Es war eine sonderbare, von den Soldaten stürmisch belachte Prozession, wie da Josef durch die Stadt zog, sein goldenes Schreibzeug im Gürtel, in jedem Arm eine Schriftrolle tragend, zärtlich, als trüge er kleine Kinder, gefolgt von den gegeißelten, taumelnden Juden, die ihm die andern Rollen nachschleppten.

Titus hat den Weg bis Bethlehem sehr rasch zurückgelegt, zwischen Bethlehem und Thekoa verlangsamt er den Trab seines Pferdes. Die Aufgabe, die vor ihm liegt, ist schwierig. Sie heißt Berenike. Das Schlimmste ist, man kann nicht um sich schlagen, kann nichts tun. Man kann sich nur hinstellen und die Entscheidung der Frau abwarten. Man genügt ihr, oder man genügt ihr nicht.

Es geht jetzt steil aufwärts. Thekoa liegt auf einem Felsen, kahl und verlassen, dahinter liegt Wüste. Der Ortskommandant hat seine Leute zum Empfang des Feldherrn aufgestellt. Titus nimmt seine Meldung entgegen. Das ist also jener Hauptmann Valens, der den Hain hat fällen lassen. Ein Gesicht, nicht klug, nicht dumm, bieder, männlich. Der Mann hat den Befehl erhalten, den Hain zu schonen: er hat ihn geschont. Es ist seltsam, daß es Titus nicht gelingt, der Frau sein Wort zu halten.

Er steht vor ihrem Haus. Es liegt auf der höchsten Spitze des Felsens, klein, verwittert, erbaut seinerzeit für Makkabäerprinzen, die man in die Wüste schickte. Ja, von hier aus sieht man hinaus in die Wüste. Berenike ist trotz allem in die Wüste gegangen.

Ein Kerl erscheint vor dem Haus, schäbig angezogen, ohne Livree. Titus schickt ihn hinein, läßt der Prinzessin sagen, daß er da ist. Er hat ihr seine Ankunft nicht vorher mitgeteilt, vielleicht will sie ihn gar nicht sehen. Er wartet, ein Beklagter, auf den Richter. Es ist nicht, weil er den Tempel verbrannt hat. Nicht, was er getan hat, steht vor Gericht, vor Gericht steht sein Wesen, das, was er ist. Sein Gesicht, seine Haltung ist Anklage und Verteidigung zugleich. Da steht er, der Herr über hunderttausend ausgezeichnete Soldaten und zahlreiches Kriegsgerät, der Mann mit unbeschränkten Vollmachten für den Osten von Alexandrien bis an die indische Grenze, und sein ferneres Leben hängt davon ab, ob die Frau ja zu ihm sagt oder nein, und er ist hilflos, er kann nichts tun als abwarten.

Das Tor oben öffnet sich, sie kommt. Eigentlich ist es selbstverständlich, daß sie den Feldherrn, den Herrn des Landes, ehrenvoll empfängt, aber dem Titus ist es schon Erleichterung, daß sie da oben steht, daß sie da ist. Sie trägt ein einfaches Kleid, viereckig, aus *einem* Stück, wie es hier die Frauen des Landes tragen. Sie ist schön, sie ist königlich, sie ist die Frau. Titus steht und starrt hinauf zu ihr, besessen, demütig. Wartet.

Berenike, in diesen Augenblicken, weiß, daß sie jetzt ein letztes Mal ihr Schicksal in der Hand hält. Sie hat vorausgesehen, daß der Mann einmal kommen wird, aber sie hat sich nicht darauf bereitet, sie hat damit gerechnet, daß Gott, ihr Gott Jahve, sie im rechten Augenblick das Rechte werde tun lassen. Sie steht oben auf der Treppe, sie sieht den Mann, seine Gier, seine Besessenheit, seine Demut. Er hat immer wieder sein Wort gebrochen, er hat Gewalt an ihr getan, und er wird wieder Gewalt an ihr tun. Er ist besten Vorsatzes, aber er ist ein Barbar, der Sohn von Barbaren, und das ist stärker als seine Vorsätze. Nichts zwingt sie mehr, der Mann hat alles zerrissen, die Vergangenheit ist abgelebt. Sie muß, sie darf sich neu entscheiden. Bisher konnte sie sagen, es sei um des Tempels willen, daß sie zu Titus ging. Jetzt hat sie keinen

Vorwand mehr, der Mann hat den Tempel niedergebrannt. Zu wem soll sie fortan gehören, zu den Juden oder zu den Römern? Es steht, zum letztenmal, bei ihr. Wohin soll sie gehen? Zu diesem Titus? Oder nach Jabne zu Jochanan Ben Sakkai, der auf schlaue und großartige Weise das Judentum neu aufbaut, heimlicher, geistiger, geschmeidiger und doch fester als bisher? Oder soll sie zu ihrem Bruder gehen und das Leben einer großen Dame führen, voll betriebsamer Leerheit? Oder soll sie in die Wüste gehen, wartend, ob eine Stimme kommt?

Sie steht und sieht auf den Mann. Sie riecht den Blutgeruch an ihm, sie hört das grauenvolle Hep, Hep, das sie im Lager gehört hat und das bestimmt auch im Herzen dieses Mannes schrie. Es wäre besser, sie ginge zurück ins Haus. Hinterm Haus ist die Wüste, dort ist es gut. Sie befiehlt sich, zurückzugehen. Aber sie geht nicht zurück, sie steht, den linken Fuß noch auf der Schwelle, den rechten schon außerhalb. Und nun setzt sie auch den linken vor, es zieht sie, sie befiehlt sich: zurück! Aber sie geht nicht zurück. Wieder eine Stufe hinunter setzt sie den Fuß, und noch eine. Sie ist verloren, sie weiß es. Sie nimmt es auf sich, sie will verloren sein. Sie steigt die Treppe hinunter.

Der Mann unten sieht sie kommen. Sie kommt herunter, ihm entgegen, dies ist der kostbare, geliebte Schritt der Berenike, der ihm entgegenkommt. Er stürmt vor, die Treppe hinauf. Strahlt. Sein Gesicht ist ganz jung, das eines glücklichen Knaben, den alle Götter segnen. Er streckt der Frau den Arm zu, die Handfläche nach außen, stürmt hinauf, jubelt: Nikion!

Die Nacht bleibt er in dem kleinen, verwahrlosten Haus. Anderen Tages reitet er nach Jerusalem zurück, beglückt. Er trifft den Josef. „Wolltest du nicht siebenundsiebzig Gefangene, mein Josef?“ fragt er. „Nimm sie.“

Josef, das Täfelchen mit der Ermächtigung des Feldherrn im Gürtel, begab sich in den Frauenvorhof des Tempels, der als Gefangenendepot eingerichtet war. Es hatte ihn alle die Tage her gedrückt, daß er seine Macht, zu lösen, auf so billige

Art verzettelt hatte. Jetzt begann die hoffnungsvolle, qualvolle Suche von neuem.

Die Organisation des Gefangenendepots hat noch immer Fronto unter sich, er ist inzwischen zum Oberst aufgerückt. Er übernimmt persönlich die Führung des Josef. Er mag den Juden nicht, aber er weiß, dieser Josephus ist beauftragt, ein Buch über den Krieg zu schreiben, und er möchte in diesem Buch eine gute Figur machen. Er setzt ihm die Schwierigkeit auseinander, ein Depot von solchem Umfang zu verwalten. Der Markt für Leibeigene ist hoffnungslos verstopft. Wie soll man das Pack nur verpflegen, bis man es an den Mann gebracht hat? Sie sind auf dem Hund, seine lieben Kindlein, Haut und Knochen, viele verseucht. Elftausend sind ihm in dieser einzigen Woche eingegangen. Viele sind übrigens selber daran schuld. Unsere Legionäre sind gutmütig, zu Witzen aufgelegt, oft bieten sie den Gefangenen von ihrem eigenen Schweinefleisch an. Aber, ist es zu glauben, die Kerls verrekken lieber, als daß sie das Zeug fräßen.

Gefangene, die Waffen getragen haben, füttert Fronto nicht mit durch, die läßt er natürlich gleich exekutieren. Was die andern anlangt, so sucht er Verwandte aufzutreiben, die allenfalls Lösegeld für sie zahlen. Die nicht Ausgelösten hofft er im Lauf etwa eines halben Jahres durch ein paar Auktionen großen Stils loszuwerden. Gefangene ohne Marktwert, ältere, schwächliche Männer, ältere Weiber ohne besondere Geschicklichkeit, stößt er ab, indem er sie als Material für die Tierhetzen und Kampfspiele bereitstellt.

Langsam, einsilbig ging Josef neben dem beflissenen Oberst Fronto her. Die Gefangenen trugen ihr Täfelchen mit Namen und kurzer Charakteristik, sie hockten oder lagen dicht gepfercht in Hitze und Gestank, sie hatten seit Wochen den Tod vor Augen, sie hatten Hoffnung und Furcht so bis ins Letzte ausgeschmeckt, daß sie leer waren, ausgeronnen.

Die Abteilung, durch die sie jetzt gingen, enthielt die für die Tierhetze und Kampfspiele Ausgesonderten. „Doktor Josef", rief ihn einer an, kläglich und erfreut, ein alter Bursche, struppig, grau von Gesicht, verfilzt. Josef suchte in seinem Gedächtnis, erkannte ihn nicht. „Ich bin der Glasbläser

Alexas", sagte der Mann. Was, dieser Mensch wollte der gescheite, weltgewandte Kaufmann sein? Der stattliche, beleibte Alexas, nicht älter als er selber? „Ich habe Sie zuletzt auf der Messe in Cäsarea getroffen, Doktor Josef", erinnerte ihn der Mann. „Wir sprachen davon, daß leiden müsse, wer sich zur Vernunft bekennt." Josef wandte sich an Fronto: „Ich glaube, der Mann hat nie zu den Aufrührern gehört." – „Die Untersuchungskommission hat ihn mir überwiesen", meinte achselzuckend Fronto. „Das römische Prozeßverfahren ist nicht schlecht", mischte sich Alexas bescheiden ein, mit einem kleinen Lächeln, „aber es wird hier zur Zeit vielleicht ein bißchen summarisch angewandt." – „Der Bursche ist nicht übel", lachte Fronto, „aber wohin kämen wir, wenn wir alle Entscheidungen revidieren wollten? Es ist gegen die Richtlinien. ‚Besser eine Ungerechtigkeit als ein Verstoß gegen die Ordnung', lautete die Order des Feldherrn, als er mir das Depot übergab." – „Bemühen Sie sich nicht um mich, Doktor Josef", sagte resigniert Alexas. „Ich bin so überdeckt mit Unglück, daß kein freundlicher Wille mehr durchkommt." – „Ich bitte um den Mann", sagte Josef und wies auf sein Täfelchen. „Wie Sie wünschen", sagte höflich Oberst Fronto. „Jetzt haben Sie noch sechs Stück gut", konstatierte er und machte seine Anmerkung auf dem Täfelchen.

Josef ließ den Glasbläser Alexas in sein Zelt bringen. Er mühte sich mit Zartheit um den erschöpften, traurigen Menschen. Alexas erzählte, wie er beim Einbruch der Römer seinen Vater in die Unterwelt hinuntergeschleppt hatte, um sich und ihn zu retten. Der alte Nachum hatte sich gesträubt. Gehe er in dem Haus in der Salbenmachergasse zugrunde, dann sei eine leise Hoffnung, daß einer ihn finde und begrabe. Sterbe er aber in der Unterwelt, dann werde er unbegraben liegenbleiben, keine Erde über sich, und sein Gesicht bei der Auferstehung verlieren. Schließlich hatte er den Alten mit Überredung und Zwang in die Unterwelt gebracht, aber ihre Fackel war bald ausgegangen, und sie hatten einander verloren. Er selber war dann nach einiger Zeit von zwei Soldaten aufgespürt worden. Hatte ihnen, gekitzelt von ihren Schwertern, ein weniges von seinem Vergrabenen gezeigt.

Da er sie vermuten ließ, er habe noch mehr, behielten sie ihn zunächst für sich und lieferten ihn nicht im Depot ab. Die beiden waren drollige, umgängliche Burschen, und vor allem, mit zwei Soldaten konnte man reden, mit dem Depot, mit der römischen Armee, konnte man nicht reden. Er mußte ihnen Witze erzählen. Gefielen sie ihnen nicht, dann banden sie ihn an einen Baumstamm, an Händen und Füßen, den Bauch nach unten, und schaukelten ihn hin und her. Das war unangenehm. Gewöhnlich aber gefielen ihnen seine Witze. Die beiden Soldaten waren nicht die schlimmsten, man kam leidlich miteinander aus. Mehr als eine Woche zogen sie so mit ihm herum, ließen ihn vor den andern Kunststücke machen, seine Witze erzählen. Der jüdische Akzent seines Latein machte ihnen und ihren Kameraden Spaß. Sie kamen schließlich auf die Idee, er eigne sich zum Türhüter, und wollten ihn bei sich halten, bis sie ihn als Türhüter verkaufen könnten. Ihm war es recht. Es war besser, als in einem ägyptischen Bergwerk oder in einer syrischen Arena zu enden. Aber dann waren seine beiden Herren ein zweites Mal in die Unterwelt hinuntergestiegen, waren nicht mehr zurückgekommen, und ihre Zeltkameraden hatten ihn dem Depot überwiesen.

„Das alles geschah mir", meditierte Alexas, „weil ich nicht der Vernunft folgte. Wäre ich rechtzeitig aus Jerusalem fort, dann hätte ich wenigstens noch Weib und Kinder, aber ich wollte alles haben, ich wollte Vater und Brüder haben. Ich habe mich überhoben." Er bat den Josef, ihm eine murrinische Vase schenken zu dürfen. Ja, dieser kluge Alexas hatte immer noch Reserven. Er hatte viel gerettet, meinte er bitter, nur das Wichtigste hatte er nicht gerettet. Sein Vater Nachum, wo ist er? Sein Weib Channa, seine Kinder, sein liebenswerter, heftiger, törichter Bruder Ephraim, wo sind sie? Er selber, Alexas, was er gelitten hat, ist über eines Menschen Vermögen. Er wird Gläser machen und andere schöne Dinge. Aber er hat keine Gnade vor Gott, er wagt es nicht, in diese Welt hinein von neuem ein Kind zu machen.

Den andern Tag ging Josef wiederum durch das Gefangenendepot. Er hat jetzt nur mehr sechs Menschenleben in der

Hand, er wird sie nicht ausgeben, bevor er den Einen, seinen Bestimmten, gefunden hat. Wie aber soll er unter der Million von Toten, Gefangenen, Elenden seinen Einen herausfinden? Das heißt einen Fisch im Meer suchen.

Als Josef auch am dritten Tag wiederkam, begann Oberst Fronto ihn zu hänseln. Er freue sich, meinte er, daß Josef für seine Ware mehr Interesse zeige als jeder Leibeigenenhändler. Josef ließ sich das nicht anfechten. Er suchte auch diesen Tag hindurch. Vergeblich.

Am späten Abend erfuhr er, es seien, als Ergebnis einer Razzia in der Unterwelt, achthundert Gefangene eingeliefert worden, die Oberst Fronto sogleich fürs Kreuz bestimmt habe. Josef hatte sich bereits hingelegt, er war müde und erschöpft. Trotzdem machte er sich auf.

Es war tiefe Nacht, als er auf den Ölberg kam, wo die Exekutionen stattfanden. Dicht standen dort die Kreuze, zu vielen Hunderten. Wo einstmals die Ölterrassen waren, die Magazine der Brüder Chanan, die Villen der Erzpriesterfamilie Boëth, überall jetzt hoben sich die Kreuze. Die nackten, gegeißelten Männer hingen daran, verkrampft, mit schrägen Köpfen, herabfallenden Unterkiefern, bleifarbenen Lidern. Josef und seine Begleiter leuchteten die einzelnen Gesichter ab, sie waren gräßlich verzerrt. Wenn der Lichtschein die Gesichter traf, dann begannen die Hängenden zu sprechen. Einige fluchten, die meisten stammelten ihr: Höre, Israel. Josef war zum Umsinken müde. Er war versucht, beim nächsten zu sagen: Nehmt ab, nehmt ab!, wahllos, damit er die grausige Suche beenden könnte. Das Täfelchen, das ihm Macht gab, wurde immer schwerer. Nur weg von hier, nur schlafen dürfen. Die siebenundsiebzig erreicht haben, das Täfelchen los sein. Ins Zelt, umsinken, schlafen.

Und dann fand er den, den er suchte. Es stoppelte sich dem Gelbgesichtigen ein wirrer Bart um die Wangen. Das Gesicht war auch nicht mehr gelb, grau vielmehr, eine dicke, belegte Zunge hing aus dem klaffenden Mund. „Nehmt herunter!" sagte Josef, er sagte es sehr leise, es kostete ihn Mühe, zu sprechen, es würgte ihn, er schluckte. Die Profose zögerten. Es mußte erst der Oberst Fronto gerufen werden. Es dauerte quälend lange für Josefs Ungeduld. Ihm schien, als stürbe der Gelbgesichtige, während er hier zu seinen Füßen wartete. Das durfte nicht sein. Das große Gespräch zwischen ihm und Justus war nicht zu Ende. Justus durfte nicht sterben, bevor es zu Ende war.

Endlich kam Fronto, verschlafen, verärgert, er hatte einen anstrengenden Tag hinter sich. Höflich trotzdem wie immer hörte er Josef an. Gab sogleich Befehl, den Mann abzunehmen und Josef zu übergeben. „Jetzt haben Sie noch fünf Stück gut", konstatierte er und machte seine Anmerkung auf Josefs Täfelchen. „Nehmt ab! Nehmt ab!" befahl Josef und bezeichnete die nächsten fünf. „Jetzt haben Sie keinen mehr", konstatierte der Oberst.

Der Gelbgesichtige war angenagelt gewesen, das war das mildere Verfahren, aber es erwies sich als sehr hart jetzt beim Abnehmen. Er hing fünf Stunden, das war für einen starken Mann nicht viel, aber der Gelbgesichtige war kein starker Mann. Josef schickte nach Ärzten. Der Gelbgesichtige kam zum Bewußtsein vor Schmerz, dann sank er wieder weg, dann riß der Schmerz ihn wieder ins Bewußtsein. Die Ärzte kamen. Es gehe um einen Propheten der Juden, hieß es, und er sei im Auftrag des Prinzen vom Kreuz genommen worden. Dergleichen kam nicht oft vor; es waren die besten Ärzte des Lagers, die sich für den Fall interessierten. Josef drang in sie. Sie äußerten sich zurückhaltend. Vor drei Tagen könnten sie nicht sagen, ob der Mann durchkommen werde.

Josef ging neben der Bahre her, in der man Justus ins Lager brachte. Justus hatte ihn nicht erkannt. Josef ist todmüde, aber er ist voll Ruhe, in seinem Herzen sind die Worte der Lobsagung anläßlich der Errettung aus großer Gefahr. Schlafen hätte ihm nicht Frische gebracht, das Essen keine Sättigung, Bücher keine Erkenntnis, Erfolg keine Genugtuung, wenn dieser Justus tot oder verschollen geblieben wäre. Er wäre neben dem Mädchen Dorion gelegen ohne Glück, er hätte sein Buch geschrieben ohne Glück. Jetzt ist der Mann da, sich mit ihm zu messen, der einzige, um den es lohnt. „Ihr Doktor Josef ist ein Lump." Ein Wort schmeckt anders im Ohr als im Mund, daran hätte der Mann denken müssen. Es ist eine große Ruhe in Josef, Erfüllung, Leichtigkeit. Er schläft gut und lange, fast bis zum Mittag.

Er geht ans Lager des Justus. Die Ärzte schweigen sich noch immer aus. Josef geht nicht vom Lager weg. Den ganzen Tag liegt der Gelbgesichtige ohne Bewußtsein. Am zweiten Tag beginnt er zu phantasieren, er sieht grauenvoll aus. Die Ärzte zucken die Achseln, rechnen nicht mehr damit, daß er davonkommt. Josef sitzt am Lager. Er ißt nicht, er wechselt das Kleid nicht, es kräuselt sich um seine Wangen. Er rechtet mit Jahve. Warum hat er ihn geschont durch soviel wilde Wechselfälle, wenn er ihm jetzt die große Auseinandersetzung mit Justus nicht gönnen will? Der Prinz schickt nach ihm. Berenike schickt nach ihm, er möge nach Thekoa kommen. Josef hört nicht. Er sitzt am Lager des Justus, starrt auf den Kranken, wiederholt die Gespräche, die er mit ihm gehabt hat. Das große Gespräch ist nicht zu Ende. Justus darf nicht sterben.

Am vierten Tag der Pflege nehmen die Ärzte dem Mann den linken Unterarm ab. Am achten erklären sie ihn für gerettet.

Josef, nun er den Justus außer Gefahr wußte, ging fort von seinem Lager, ließ eine Summe Geldes zurück, kümmerte sich nicht weiter um den Mann. So geltungssüchtig er war, es lag ihm nichts daran, sich dem Justus als Lebensretter zu zeigen. Das große Gespräch mit Justus wird eines Tages fortgesetzt werden, das genügte.

Um diese Zeit bat Titus den Josef um einen Dienst. Der Prinz freute sich dessen, was er in Thekoa errungen hatte; aber er fühlte sich immer noch unsicher in allem, was diese jüdische Frau anging. Er wagte sich nicht weiter vor. Was soll sein, wenn er nun das Land verläßt? Er beauftragte Josef, bei Berenike vorzufühlen, ob sie mit nach Rom kommen wolle.

In dem verwahrlosten Haus von Thekoa standen sich Josef und Berenike gegenüber, einer so kahl wie der andere. Hat nicht ihr ganzes Leben, ihr Wegwurf an die Römer, Sinn gehabt nur als Versuch, den Tempel zu retten? Der Tempel ist hin, sie sind Muscheln ohne Schale. Aber sie sind aus dem gleichen Stoff, und sie schämen sich, einer vor dem andern, ihrer Blöße nicht. Nackt umd rechnerisch betrachten sie ihre Armut. Es gilt jetzt, ohne den Hintergrund eines Stammes mit eigenen Fähigkeiten sich neuen Boden zu schaffen. Er hat sein Buch und seinen Ehrgeiz, sie hat Titus und ihren Ehrgeiz. Ihrer beider Zukunft ist Rom.

Ja, gewiß wird sie nach Rom gehen.

Dem Prinzen war die Zusage der Frau eine große Bestätigung. Er fühlte sich Josef zu Dank verpflichtet. „Besitzen Sie nicht Terrains in der Neustadt, mein Josef?" fragte er. „Auch von Ihrem Vater müssen Sie Grundbesitz geerbt haben. Ich werde allen Boden in Jerusalem enteignen für die Legion, die ich als Besatzung hierherlegen will. Geben Sie mir eine genaue Aufstellung Ihrer Verluste. Ich werde Ihnen aus dem konfiszierten Boden im Land Ersatz anweisen." Josef freute sich über dieses Geschenk. Mit kaltem, nüchternem Geschäftssinn regelte er seine judäischen Angelegenheiten. Er wollte klare Verhältnisse hinter sich haben, nun er das Land verließ.

Titus schleifte Jerusalem vollends, wie es einstmals die siegreichen Heerführer mit den Städten Karthago und Korinth gemacht hatten. Nur die Türme Phasael, Mariamne und Hippikus sowie einen Teil der Westmauer ließ er stehen zum Zeichen, wie herrlich und stark befestigt die Stadt gewesen war, die seinem Glück hatte erliegen müssen.

Am 24. Oktober, anläßlich des Geburtstags seines Bruders Domitian, des Früchtchens, veranstaltete Titus im Stadion von Cäsarea Festspiele, für die er aus dem Überfluß der jüdischen Gefangenen Menschenmaterial in besonderer Üppigkeit zur Verfügung stellte. „Komm und sieh!" sagte er zu Josef. Josef kam.

Nachdem alle zweitausendfünfhundert Teilnehmer durch die Arena geführt waren, mußten zunächst zwei Haufen Juden, die einen als Verteidiger, die andern als Angreifer, die Erstürmung einer Stadtmauer darstellen. Sie stachen aufeinander ein, die bärtigen, jämmerlichen Menschen, warfen sich grotesk hoch, wenn sie den zaghaften Todesstreich empfingen. Wer zu feig war, wurde mit Peitschen und glühenden

Eisen in den Kampf getrieben. Gegen einzelne, die durchaus nicht dazu gebracht werden konnten, aufeinander loszugehen, schickte man gelernte leibeigene Fechter vor. Theaterdiener in der Maske des Unterweltgottes Hades nahmen die Gefallenen in Empfang, prüften mit Feuerbränden, ob sie den Tod nicht etwa nur simulierten. Die Arena war voll von Geschrei: Höre, Israel, Jahve ist einzig. Viele starben den Zuschauern zu langweilig. Man schrie ihnen zu: „Was ist das für eine waschlappige Art, einen umzulegen. Das ist ja gekitzelt, nicht gefochten. Los, du Bärtiger, los, du Alter! Ein bißchen fixer, wenn's gefällig ist! Nicht so tranig gestorben, ihr Schisser!" Josef hörte die Rufe. Je nun, man hatte diesem Publikum gesagt, die Juden seien in ihrem Kampf ernst und anständig gestorben, und jetzt war es enttäuscht, daß man ihm dieses anständige Sterben nicht vormachte.

Es war nicht leicht, auf die Dauer Monotonie zu vermeiden. Man schickte gegen die Gefangenen afrikanische Löwen vor, indische Elefanten, deutsche Auerochsen. Die todbestimmten Juden waren zum Teil in Festgewändern, andere mußten Gebetmäntel tragen, weiß, mit schwarzen Kanten und blauen Quasten, und es war hübsch anzusehen, wie die sich rot färbten. Viele auch, Männer wie Frauen, jagte man nackt in die Arena, damit die Zuschauer das Spiel der Muskeln während des Sterbens beobachten könnten. Ein paar sehr kräftige Männer stellte man gut bewaffnet einem Elefanten gegenüber. Die Männer, finster und verzweifelt, brachten dem Tier ernstliche Wunden bei, ehe es, trompetend und gereizt, sie zertrampelte, und das Publikum hatte Mitleid mit dem Elefanten.

Man hatte Sinn für Humor. Viele mußten in lächerlichen Masken sterben. Eine Anzahl von Greisen hatte man auf der einen Seite rasiert und kahlgeschoren, auf der andern Seite hatte man ihnen ihre langen Haare und ihre langen weißen Bärte gelassen. Andere mußten rennen, mit leicht entzündlichen Stoffen bekleidet; ihre Gewänder entzündeten sich während des Laufs, zweihundert Meter vor ihnen war ein Wasserbassin, und wenn sie es erreichten, waren sie, vielleicht, gerettet. Es war possierlich anzusehen, wie sie die Beine warfen, wie sie japsten, wie sie sich ins Wasser schmissen, auch wenn sie nicht schwimmen konnten. Viel Spaß machte auch eine Leiter, die man an eine zu stürmende Mauer anlegte. Die aufgeputzten Todbestimmten mußten sie erklettern, die Leiter aber war mit glitschiger Masse beschmiert, und sie fielen in aufgestellte Spieße.

Zwei Tage starben die Juden, ihrer zweitausendfünfhundert, auf diese Art, den Unbeschnittenen zum Spaß, im Stadion der Stadt Cäsarea. Zwei Tage sah und hörte Josef sie sterben. Oft glaubte er bekannte Gesichter zu sehen, aber das war wohl Irrtum, denn Fronto hatte für diese Zwecke im wesentlichen namenloses Volk bestimmt, Kleinbauern und Proletarier aus der Provinz. Ich habe es gesehen, konnte Josef hinzufügen, wenn er diese Spiele später schilderte. Meine Augen haben es gesehen.

Es war nun an dem, daß Josef in kurzer Zeit Judäa, und vermutlich für immer, verlassen mußte. Lange schwankte er, ob er mit Mara zusammentreffen sollte. Er versagte es sich. Er wies ihr eine auskömmliche Rente an und stellte ihr anheim, auf einem der Güter in der Ebene Jesreel zu wohnen, die Titus ihm überlassen hatte.

Die Juden hatten Josef gesehen, wie er zu den Spielen ging. Sie haßten und verachteten ihn und hielten die sieben Schritte Abstand. Keiner geleitete ihn, als er sich nach Italien einschiffte.

Der Hafen von Cäsarea versank, die Kolossalstatuen der Göttin Rom, des Kaisers August. Dann versank das Fort Strathon, dann das violette Gebirge Judäas, zuletzt der grüne Gipfel des Berges Karmel. Josef war auf dem Weg nach Rom. Von Judäa führte er mit sich nichts als das Gedächtnis dessen, was er gesehen hatte, siebzig Rollen der Heiligen Schrift und einen kleinen Kasten Erde, hervorgekratzt unter dem Schutt von Jerusalem.

Auf der Höhe der Appischen Straße, wo das Grabmal der Cäcilia Metella stand, machte der Fuhrmann den üblichen Halt, und Josef sah hin auf das große Bild der Stadt, das sich hier öffnete. Es war ein kühler Märztag, die Stadt lag hell im

Licht, Rom, Kraft, Gewurah, sie dehnte sich kräftiger als damals, da er sie verlassen hatte, um Jerusalem aufzusuchen. Was er damals geträumt hat, als er zum erstenmal vom Capitol aus über die Stadt hinschaute, jetzt braucht er nur die Hand auszustrecken, und er hat es erreicht. Der Kaiser und der Prinz bitten ihn um sein Wort, um Wort und Geist vom Geist des Ostens.

Bitter kneift Josef die Lippen ein. Leider hat der Großdoktor Jochanan Ben Sakkai recht. Was ihm damals das Ende schien, ist erst der Anfang. Verschmelzung östlicher Weisheit mit westlicher Technik, das ist eine Sache von harter Mühe und von wenig Glanz.

Der Wagen ist weitergefahren, er hält am Tor. Josef hat Dorion seine Ankunft nicht angezeigt. Er liebt Dorion, er hat ihr Bild nicht vergessen, wie sie das erstemal vor ihm stand, die Katze im Arm, ihre dünne, geliebte Kleinmädchenstimme nicht, und nicht, wie sie ihren langen, braunen Körper ihm anschmiegt, wild, ohnmächtig, ergeben. Aber es sind jetzt so viele Gesichte zwischen ihm und ihr, Dinge, aus denen sie ausgeschlossen ist. Er will abwarten, will nicht Hoffnungen in ihr erwecken, will sehen, spüren, ob noch jenes Fließende zwischen ihm und ihr ist wie damals.

Das Haus Dorions ist klein, gefällig, modern. Der leibeigene Türhüter fragt Josef nach seinem Begehr. Josef nennt seinen Namen, der Türhüter neigt sich tief, rennt fort. Josef steht allein in der Empfangshalle, er verfinstert sich. Ringsum ist alles geschmückt mit Bildern, Statuen, Mosaiken, wahrscheinlich von diesem Fabull. Was soll er hier? Er kann hier nicht leben.

Und jetzt kommt Dorion. Wie damals hebt sich auf ihrem steilen Kinderhals leicht, rein der lange, dünne Kopf mit dem großen Mund. Sie steht und schaut ihn an mit ihren meerfarbenen Augen, die zusehends dunkler werden. Sie möchte lächeln, aber sie ist ganz schwach, sie kann nicht einmal lächeln. Sie hat ihn so lange erwartet, und nun, großen Dank, Götter, ist er da. Sie hat gefürchtet, dieses widerliche Judäa werde ihn für immer verschlingen, und nun, großen Dank, Götter, ist er gekommen. Sie wird blaß, zuerst um den Mund herum, dann über das ganze Gesicht, sie starrt ihn an, und jetzt tritt sie auf ihn zu, sie stößt einen kleinen, schrillen Schrei aus und gleitet an ihm nieder, er muß sie halten. Dies ist die gelbbraune Haut des Mädchens, das er liebt. Sie ist süß und glatt, und o wie kalt sie ist, diese Haut, weil das Mädchen ihn liebt.

Minuten vergehen, die beiden haben noch kein Wort gesprochen. Sie ist die Süßigkeit der Welt. Wie sie an ihm niedergleitet, tödlich erblaßt, ohnmächtig vor Erregung, werden ihm die Knie schwach. Du sollst dich nicht vergatten mit ihnen. Vor ihm steht sein Buch, die kahle Landschaft mit der Leichenschlucht, der Tempelberg, glühend von seinen Wurzeln auf. Was sollen die albernen Mosaiken ringsum, diese läppischen, freundlichen Bilder häuslichen Lebens? Was soll er hier? Was will die Frau? Er ist hier ganz fremd.

„Du bist hier ganz fremd", sagt sie, es ist das erste Wort, das sie seit einem Jahr zu ihm spricht. Sie hält ihn an den Schultern, sie hat die Arme gestreckt, sie schaut ihm ins Gesicht. Sie sagt: du bist hier ganz fremd, sie stellt es fest, ernst, ohne Klage. Sie liebt ihn, darum weiß sie es.

Kleine Tröstungen, kleine Lügen haben hier keinen Sinn. „Ja", erwidert er. „Ich kann hier nicht leben. Ich kann jetzt nicht mit dir leben, Dorion."

Dorion sagt kein Wort des Widerspruchs. Sie spürt, dieser ist nicht mehr ihr Josef, er ist ein anderer, voll von Gesichten, die nicht die ihren sind. Aber sie gehört zu ihm, auch wenn er sich in dieser Gestalt zeigt, sie ist zäh und tapfer, sie wird ihn auch in dieser Gestalt erringen. Sie hält ihn nicht. „Wenn du mich willst, laß mich kommen", sagt sie.

Josef geht. Er fühlt sich sehr fremd in Rom. Er drückt sich durch die Straßen, die Kolonnaden. Wenn er bekannte Gesichter sieht, wendet er den Kopf weg, er will mit niemandem reden. Nach einigem Hin und Her entschließt er sich, geht zu Claudius Regin.

Der Verleger sieht müde aus, alle Teile seines fleischigen Gesichtes hängen. „Gegrüßt sei, der da kommt", grinst er. „Nun, mein Prophet, was macht Ihr Buch? Ihre Prophezeiung hat sich erfüllt, auf eine etwas eigentümliche Art allerdings. Ich denke, Sie könnten jetzt an die Arbeit gehen. Oder wollen

Sie sich drücken?" – „Ich habe mich nicht gedrückt", sagt verbissen Josef. „Sie wissen nicht, wie schwer das manchmal war. Aber ich habe mich nicht gedrückt."

„Ich bin zuweilen Ihrer schönen Frau begegnet, der Ägypterin", sagte der Verleger. „Ich werde nicht mit Dorion zusammen sein", sagte Josef, „solange ich an dem Buch schreibe." Regin sah hoch. „Das ist merkwürdig", meinte er. „Dabei ist eigentlich die Dame der Grund Ihres Buches." – „Ein Anlaß vielleicht", lehnte Josef ab.

„Wenn Sie bei mir wohnen wollen, mein Haus steht zu Ihrer Verfügung", sagte der Verleger. Josef zögerte. „Ich möchte allein sein", sagte er, „solange ich an dem Buch schreibe." – „Ich glaube", sagte Claudius Regin, „der Kaiser wird Ihnen das Haus einräumen, das er früher bewohnt hat. Das Haus ist ein wenig kahl, die Majestät war immer sparsam, das wissen Sie."

Josef bezog das Haus. Es war groß, dunkel, verwahrlost. Er wohnte dort mit einem einzigen Leibeigenen. Er pflegte sich nicht, aß nur das Notwendigste. Er zeigte keinem Menschen an, daß er in Rom sei. Er strich durch die Straßen, wenn sie am leersten waren, sah die Vorbereitungen zu dem Triumphzug. Überall schon arbeitete man an Gerüsten, Tribünen. An den Mauerwänden, an den Toren tauchten riesige Bilder des Vespasian, des Titus auf, Spruchbänder um sie, die die Imperatoren feierten, das besiegte Judäa verhöhnten. In gigantischer Vergrößerung stierten dem Josef die Fratzen des Kaisers und des Prinzen entgegen, leer, grob, verzerrt; alles Vertraute war fort, es waren Gesichter des Pedan.

Eines Tages, in den Kolonnaden des Marsfelds, begegnete dem Josef die Sänfte des Senators Marull. Josef wollte rasch vorbei, aber der Senator hatte ihn erspäht. „Sie haben Karriere gemacht, junger Herr", konstatierte er. „Sie haben sich verändert. Ja, Schicksale machen Köpfe." Er betrachtete ihn durch seinen blickschärfenden Smaragd. „Erinnern Sie sich, wie ich Sie über Rom informierte, in der Großen Rennbahn? Das war vor fünf Jahren. Ich habe damals schon gesehen, daß es sich lohnt, Sie zu informieren. Sie haben sich im rechten Augenblick auf die richtige Seite gelegt."

Er ließ ihn nicht gehen, nahm ihn mit sich, erzählte ihm. Er schrieb an einer Posse, die zu Beginn der Triumphwoche im Marcell-Theater in Szene gehen sollte. Held der Posse sollte der Jude Secharja sein, ein Gefangener, verurteilt zu den Spielen. Der Schauspieler Demetrius Liban wird ihn darstellen. Der Gefangene Secharja soll im Einzelkampf mit einem andern sterben. Die Todesangst des Juden, seine Bitten, seine Erwartung, trotz allem begnadigt zu werden, sein Fechten, sein Nichtfechten, das alles gab Anlaß zu sehr vielen komischen Szenen, Witzen, Tänzen, Couplets. Die Frage war nur der Schluß. Es wäre reizvoll, einen Doppelgänger des Liban zu suchen – man hat jetzt ja reichliche Auswahl –, so ähnlich, daß die eigene Mutter ihn nicht von dem Schauspieler wegkennt, und ihn von einem Berufsfechter abtun zu lassen. Andernteils ist das Publikum mit Kreuzigungen und toten Juden übersättigt. Vielleicht läßt man doch besser den Gefangenen Secharja begnadigt werden. Seine Freude am neuen Leben ist kein schlechtes Motiv, und zum Schluß könnte er aus Dankbarkeit Schätze aus seinem Versteck holen und sie unters Publikum verteilen. Man kann es vielleicht so wenden, daß man ihn am Schluß am Kreuz hängen läßt und daß dann einer kommt und ihn herunterholt, haben nicht Sie was Ähnliches gemacht, Flavius Josephus?, und daß er dann Geld vom Kreuz aus unters Publikum wirft, neugeprägte Siegesmünzen.

Josef mußte über den Abend bei dem Senator Marull bleiben, mit ihm essen. Der hagere, gescheite Herr interessierte sich für eine Menge abliegender Details aus dem Feldzug, er holte den Josef gründlich aus. Auch er konnte dem Josef Neuigkeiten mitteilen. Es stand nun fest, daß von den drei Repräsentanten der Juden, die im Triumphzug aufgeführt werden sollten, nur an Simon Bar Giora die während des Triumphs übliche Hinrichtung vollzogen werden wird. Die beiden andern, Johann von Gischala und der Erzpriester Phanias, sollten nach dem Triumph als Leibeigene verkauft werden. Es sind drei Reflektanten da: Mucian, der Minister Talaß und er selber. Er hat Grund anzunehmen, daß man ihn berücksichtigen wird. Die Dame Cänis ist nicht billig, aber er ist kein

Knauser. Zu wem Josef ihm mehr rate, zu dem Feldherrn oder zu dem Erzpriester?

Am andern Tag überwand sich Josef und suchte den Schauspieler Demetrius Liban auf. Er fand ihn überraschend gealtert und nervös. „Ah, da sind Sie ja“, empfing er ihn. „Natürlich, Sie durften nicht fehlen. Eigentlich habe ich Sie schon längst erwartet.“ Er war voll feindseliger Ironie gegen Josef. Langsam begriff Josef: dieser Mann maß sich die Schuld am Untergang des Tempels bei. Er hat Josef zu Poppäa gebracht, er im Grund hat die Amnestierung der drei erwirkt, und ist nicht alles Übel ausgegangen von dieser Amnestierung? Die Amnestierung, das Edikt über Cäsarea, der Aufstand, die Einäscherung des Tempels, das war eine Kette. Und der Anfang der Kette war er. Von ihm damals hing es ab: spielte er den Juden Apella oder nicht? Jahve hatte in seine Hand die Lose über Bestand und Untergang gelegt, und seine Unglückshand hat das Los des Verderbens geworfen.

Er erhob sich. Er begann aufzusagen die große Verfluchung aus dem Fünften Buch Mosis. Sicherlich hat er niemals einen von den Propheten gesehen oder gehört, die, echte und falsche, in diesen letzten Jahrzehnten in Jerusalem aufgestanden sind; aber es war die Geste dieser Propheten, selbst ihr Singsang, in seinen griechischen Worten. Der Schauspieler Liban war kein stattlicher Mann, er war eher klein von Wuchs, aber er ragte wie ein finsterer Baum. „Am Morgen wirst du sprechen: wer gäbe Abend, und am Abend wirst du sprechen: wer gäbe Morgen, vor Bangigkeit deines Herzens.“ Schauerlich wälzten sich die düsteren Verwünschungen aus seinem Mund, eintönig, wuchtig, herzbeklemmend. „Und so ist es geschehen“, konstatierte er manchmal mitten hinein, nüchtern, aber mit wüster, verzweifelter Genugtuung.

Josef, nach dieser Zusammenkunft mit Demetrius Liban, saß zwei Tage allein in seinem großen, finstern Haus. Am dritten Tag ging er über die Emiliusbrücke, auf die andere Seite des Tiber, unter die Juden.

Die Juden der Stadt Rom haben, solange der Feldzug dauerte, der Regierung ihre Loyalität auf jede Art gezeigt. Sie sind loyale Untertanen auch jetzt noch, die Aufrührer trugen selber die Schuld, gewiß: aber sie scheuen sich nicht, trotzdem ihren Jammer über die Zerstörung des Heiligtums offen kundzutun. Sie wollen auch ihren Abscheu nicht verstecken, daß Juden bei der Zerstörung mitgeholfen haben. Josef, wie er die Stadtteile am rechten Ufer betritt, stößt auf einen ungeheuern Haß. Alle dort halten die sieben Schritte Abstand. Er geht durch einen leeren Raum, zwischen Mauern aus Verachtung.

Er wendet sich zum Haus des Cajus Barzaarone. Der Präsident der Agrippenser-Gemeinde, der ihm ehemals seine Tochter zur Frau hat geben wollen, steht ihm gegenüber, hält die sieben Schritte Abstand. Das Gesicht des schlauen, jovialen Mannes ist finster, verzerrt vor Feindschaft. Cajus Barzaarone hat auf einmal eine große Ähnlichkeit mit seinem Vater, dem uralten, mummelnden Aaron. Josef steht entmutigt vor diesem zugesperrten Gesicht. „Entschuldigen Sie", sagt er und wendet die Hände hilflos nach außen. „Es hat keinen Zweck." Er kehrt um. Durch ein Spalier von Todfeinden hindurch verläßt er das Judenviertel, geht zurück über die Emiliusbrücke.

Am andern Ufer, wie er um die Ecke ist, von den Juden nicht mehr gesehen, hört er hinter sich den Schritt eines Verfolgers, er glaubt, ihn schon länger gehört zu haben. Unwillkürlich greift er nach seinem großen goldenen Schreibzeug, sich zu schützen. Da ruft eine Stimme hinter ihm, aramäisch: „Erschrecken Sie nicht. Haben Sie keine Angst. Ich bin's." Es ist ein sehr junger Mensch, das Gesicht kommt Josef bekannt vor. „Ich habe Sie schon einmal gesehen", sagt der Junge, „als Sie zum erstenmal in Rom waren." – „Sie sind . . .?" besinnt sich Josef. „Ich bin Cornel, der Sohn des Cajus Barzaarone." – „Was wollen Sie?" fragt Josef. „Warum halten Sie nicht die sieben Schritte Abstand?" Aber der junge Cornel kommt näher an ihn heran. „Verzeihen Sie den andern", bittet er, und seine Stimme klingt herzlich, zutraulich, tapfer. „Die andern verstehen Sie nicht, aber ich verstehe Sie. Bitte, glauben Sie mir." Er tritt dicht zu ihm, schaut zu ihm auf. „Ich habe Ihren Kosmopolitischen Psalm gelesen. Oft, wenn es ringsum wirr und undurchsichtig wird, spreche ich ihn mir vor. Hier ist alles eng und in Mauern, Sie haben den Blick ins Weite. Sie sind ein Großer in Israel, Flavius Josephus, einer von den Propheten." Dem Josef rann ein heißer Trost durchs Herz. Daß dieser junge Mensch sich zu ihm stellte, der nichts von ihm kannte, nur sein Wort, das war ihm eine gute Bestätigung. „Ich freue mich, Cornel", sagte er, „ich freue mich sehr. Ich habe Erde mitgebracht aus dem Schutt Jerusalems, ich habe Schriftrollen aus Jerusalem mitgebracht, laß sie mich dir zeigen. Komm zu mir, Cornel." Der Knabe strahlte.

Mittlerweile war Titus in Italien angelangt. Es waren im Osten noch mancherlei Anfechtungen an ihn herangetreten. Im Namen der Fünften und der Fünfzehnten Legion, die in unbeliebte Quartiere an der untern Donau gelegt werden sollten, hatte der Hauptmann Pedan ihn gebeten, bei diesen Legionen zu bleiben oder sie mit sich nach Rom zu nehmen. Der Prinz hatte sogleich begriffen, was hinter den schlau naiven Worten des alten, ehrlichen Soldaten stak, das Angebot nämlich, an Stelle des alten Vespasian ihn zum Kaiser auszurufen. Das war für Titus verlockend, aber sehr riskant, und er hatte nicht gezögert, in ebenso naiven, spaßhaften Worten abzulehnen. Der Osten aber hatte ihn auch weiterhin gefeiert wie einen Selbstherrscher, und Titus hatte sich's nicht versagen können, sich in Memphis bei der Weihe des Apis-Stieres das Diadem Ägyptens aufs Haupt zu setzen. Das war unvorsichtig gewesen, es konnte mißdeutet werden, und der Prinz hatte sich beeilt, seinem Vater brieflich zu versichern, er habe es natürlich nur in Stellvertretung getan. Anders habe auch er es natürlich nicht aufgefaßt, hatte Vespasian postwendend erwidert, hatte aber in aller Freundschaft mehrere zehntausend Mann gegen den Osten in Bereitschaft gestellt.

Daraufhin also kam Titus, sehr schnell, sehr schlicht, fast ohne Gefolge. Rom durfte er, wollte er seinen Triumph haben, nach altem Brauch erst am Tage des Zuges betreten. So kam Vespasian dem Sohn auf der Appischen Straße entgegen. „Da bin ich, Vater, da bin ich", begrüßte ihn Titus treuherzig. „Es wäre dir auch nicht gut bekommen, mein Junge", knarrte

Vespasian, „wenn du dich noch länger im Osten herumgetrieben hättest." Dann erst küßte er ihn.

Gleich nach dem Essen, in Gegenwart Mucians und der Dame Cänis, kam es zu der notwendigen Auseinandersetzung zwischen Vater und Sohn. „Sie haben Ihrem Vater", fing die resolute Cänis an, „nicht immer nur Freude bereitet, Prinz Titus. Wir haben gewisse Nachrichten über Ihre Krönung bei der Weihe des Stieres Apis nicht ohne Sorge angehört." – „Ich will aus dem Stier keinen Elefanten machen", meinte gemütlich Vespasian. „Was uns hier mehr interessiert, ist eine andere Frage. War es wirklich nicht möglich, den Judentempel zu retten?"

Sie schauten sich an, beide mit harten, engen Augen. „Wünschtest du, daß es möglich gewesen wäre?" fragte nach einer Weile Titus zurück.

Vespasian wiegte den Kopf. „Wenn die Polizeiaktion gegen Jerusalem", sagte er schlau und bedächtig, „wirklich als Feldzug aufgezogen werden und mit dem Triumph endigen sollte, den ich uns beiden vom Senat bewilligen ließ, dann war es vielleicht nicht möglich."

Titus lief rot an. „Es war nicht möglich", sagte er kurz.

„Stellen wir also fest", konstatierte grinsend der Kaiser, „es war nicht möglich. Sonst hättest du den Bau wohl schon um der Dame Berenike willen geschont. Und damit wären wir bei dem zweiten Punkt, der uns alle hier interessiert. Die Dame Berenike ist ein beachtliches Stück Weib. Daß du sie während dieser langweiligen Polizeiaktion bei dir haben wolltest, kann ich verstehen. Nur: mußt du sie auch in Rom bei dir haben?" Titus wollte erwidern. Vespasian, nur ganz leise schnaufend, die harten, grauen Augen fest auf ihm, ließ ihn nicht zum Sprechen kommen. „Sieh einmal", fuhr er fort, gut zuredend, kameradschaftlich, „hier meine Cänis ist eine einfache Person, nicht wahr, alter Hafen? Ohne Ansprüche, ohne große Titel. Sie bringt mir einen Haufen Geld ein; vieles, was meine alten Augen nicht mehr sehen, das erlinsen die ihren. Trotzdem sieht ganz Rom sie gern, soweit es ihr nicht Provision hat zahlen müssen. Sie ist eine Römerin. Aber deine Jüdin, diese Prinzessin, gerade weil sie so großartig ist mit ihrem Gang und ihrem ganzen östlichen Gewese: wir sind noch eine junge Dynastie, mein Sohn, ich bin der erste, und du bist der zweite, wir können uns diese extravagante Dame nicht leisten. Ich sag es dir im Guten, aber in allem Ernst. Ein Nero hätte sich das leisten können, einer aus einer alten Familie. Aber wenn du oder ich es tun, dann nehmen sie Ärgernis. Sie nehmen es, mein Junge. Sag du, Cänis, sagen Sie, alter Mucian: nehmen sie oder nehmen sie nicht? Da hörst du es, sie nehmen."

„Ich will dir einmal etwas sagen, Vater", fing Titus an, und in seine Stimme kam jenes harte Schmettern wie beim Kommando. „Ich hätte mir in Alexandrien den Reif aufsetzen können. Die Legionen wollten es. Ich war nahe daran. Die Prinzessin hätte nur ein Wort sagen müssen, und ich hätte es getan. Die Prinzessin hat das Wort nicht gesagt."

Vespasian erhob sich. Man hatte dem Titus berichtet, er sei sehr gealtert; aber das war offenbar Gerede, jetzt jedenfalls war dieser sabinische Bauer hart wie je. Er ging ganz nah an seinen Sohn heran, sie standen sich gegenüber, zwei wilde, kräftige Tiere, duckten sich zum Sprung. Mucian schaute interessiert zu, heftig zuckenden Gesichts, ein angeregtes Lächeln um den harten, schmalen Mund, Cänis wollte sich dazwischenwerfen. Aber der Alte bezwang sich. „Was du mir da mitteilst", sagte er, „das ist interessant. Aber jetzt jedenfalls bist du nicht mehr in Alexandrien, und hier in Rom wirst du, auch wenn deine liebenswürdige Freundin es wünschen sollte, kaum auf die Idee kommen, mich abzusetzen. Na also." Er hockte nieder, leicht ächzend, rieb sich den gichtischen Arm, redete Vernunft. „Sie wie ein kleines Mädchen halten kannst du nicht. Die Dame wird sich mit dir zeigen wollen, sie hat recht, sie ist Prinzessin aus einem sehr viel älteren Haus als wir. Aber die Römer lassen dir diese Frau nicht durch, glaub mir. Willst du, daß sie im Theater Witze auf dich reißen? Willst du, daß sie während des Triumphs Couplets auf dich und die Dame singen? Willst du es verbieten? Nimm Vernunft an, mein Junge. Es geht nicht."

Titus kaute seinen Zorn. „Du hast sie von Anfang an nicht leiden können."

„Stimmt", sagte der Alte. „Aber sie mich auch nicht.

Wenn's nach ihr gegangen wäre, dann säßen wir nicht hier. Ich könnte ein paar recht gute Witze machen. Ich schlucke sie hinunter. Die Dame hat deine Liebe. Nichts gegen sie. Aber in Rom mag ich sie nicht. Bring ihr das bei. Es war ein Blödsinn, daß du sie mitgebracht hast. Ihr könnt tun und lassen, was ihr wollt, aber aus Italien soll sie verschwinden. Sag's ihr."

„Ich denke nicht daran", erklärte Titus. „Ich will diese Frau behalten."

Vespasian schaute seinen Sohn an, der hatte in den Augen jenes Wirre, Törichte, das den Kaiser schon an des Jungen Mutter, an Domitilla, geängstigt hatte. Er legte ihm die Hand auf die Schulter. „Du bist dreißig, mein Sohn", mahnte er. „Sei kein kleiner Junge."

„Darf ich einen Vorschlag machen?" vermittelte der geschmeidige Mucian. Er kam vor, den Stock hinterm Rücken. Titus schaute ihm mißtrauisch auf den Mund. Der Senator Mucian, der sich sehr wackelig gab, spielte diese Greisenhaftigkeit offenbar nur, um eine Folie für Vespasians Rüstigkeit abzugeben, und der Kaiser ließ sich diese Komödie, sie gut durchschauend, gern gefallen. „Die Beziehungen zwischen dem Cäsar Titus und der Prinzessin", sagte also Mucian, „erregen Ärgernis. Darin hat die Majestät zweifellos recht. Aber nur deshalb, weil die Fürstin einem aufrührerischen Volk angehört. Wir hier wissen, daß die Prinzessin zu unsern loyalen jüdischen Untertanen zählt. Aber der römische Volkswitz macht keinen Unterschied zwischen Jud und Jud. Man müßte veranlassen, daß die Prinzessin sich klar und unmißverständlich zu uns bekennt. Ich glaube, es genügte schon, wenn sie dem Triumph in der Loge beiwohnt."

Alle überlegten den Sinn dieses Vorschlags. Da hatte, fand Vespasian, sein kluger Freund die Jüdin in eine Situation hineinmanövriert, aus der sie schwer einen Ausweg finden wird. Sein Herr Sohn kann die Forderung des Mucian nicht gut ablehnen. Was soll Berenike tun? Wohnt sie dem Triumph über ihre eigenen Leute bei, dann wird sie in den Augen der Römer lächerlich. Unmöglich dann kann Titus daran denken, sie zu seiner Frau zu machen. Auch Cänis erfaßte das sogleich: „Wenn eine Frau zu einem Mann gehört", unterstützte sie resolut, handgreiflich und banal den Vorschlag des Mucian, „dann muß sie den Mut haben, zu ihm zu stehen."

Gespannt warteten alle auf Titus. Gegen das Argument der Dame Cänis hatte er nichts vorzubringen. Im Grund hat sie recht, dachte er. Wenn er einen Triumph feiert, dann hat er Anspruch darauf, daß seine Freundin, die er einmal zu seiner Frau machen will, sich diesen Triumph anschaut. Sich mit ihr darüber auseinanderzusetzen wird nicht angenehm sein. Aber angenehmer, als sie wegzuschicken. Er murrt ein weniges, man könne der Prinzessin das nicht zumuten. Die andern erklären, dann könne man die Prinzessin den Römern nicht zumuten. Er überlegt hin und her. Sie hat ihre östlichen Gefühle, ihre Wüstenstimmungen. Andernteils hat sie Sinn für Realität. Nach einer halben Stunde Geredes nimmt Titus an: entweder die Prinzessin wohnt in der Kaiserlichen Loge dem Triumph bei oder sie verläßt Italien.

Er bittet Berenike zu sich. Er ist gewiß, er wird das leidige Geschäft in den ersten fünf Minuten erledigt haben. In der Vorhalle, auf ihre Ankunft wartend, beschließt er nochmals, das Ganze möglichst leicht zu behandeln, als eine Selbstverständlichkeit.

Aber dann ist Berenike da, sie ist heiter und ernst zugleich, ihr großer, kühner Kopf neigt sich vertrauensvoll zu ihm, ihre dunkle Stimme spricht zu ihm, und auf einmal scheint ihm sein Vorhaben unmöglich. Wie soll er an diese Frau dieses plumpe Ansinnen stellen? Er macht sich Mut, nur keine langen Vorbereitungen, er wird es im Sprung wagen; es ist, wie wenn man den Atem lang einzieht, um sich mit Entschluß in sehr kaltes Wasser zu stürzen. „Der Triumph", sagt er, und seine Stimme kommt verhältnismäßig frei, er muß sich nicht einmal räuspern, „der Triumph soll jetzt endgültig in zehn Tagen stattfinden. Ich werde dich doch in der Loge sehen, Nikion?" Es ist eigentlich sehr glatt gegangen, nur hat er vor sich hin gesprochen, ohne Blick auf sie, auch jetzt sieht er sie nicht an.

Berenike erblaßt. Es ist gut, daß sie sitzt, sie fiele sonst um. Der Mann hat den Hain von Thekoa geschlagen, dann hat er sie mit Gewalt genommen, dann hat er es geschehen lassen, daß der Tempel niederbrannte. Und sie, da sie nicht nein sagte, hat immer ja gesagt. Sie hat alles geschluckt, weil sie von dem Manne nicht loskam, von seinem breiten Bauerngesicht nicht, von seiner Brutalität nicht, von seiner kindisch launischen Grausamkeit nicht, von seinen kleinen Zähnen nicht. Sie hat den Blutgeruch eingeatmet, den Brandgeruch, sie hat auf die Wüste verzichtet, auf die Stimme ihres Gottes. Und nun also lädt der Mann sie ein, seinen Triumph über Jahve mit anzusehen, von der Loge aus. Eigentlich handelt er folgerichtig, und für die Römer mag es eine pikante Beigabe zu diesem Triumph sein, wenn sie, die makkabäische Fürstin, die Beischläferin des Siegers, zusieht. Aber sie wird nicht zusehen. Es wäre erträglich, im Triumph mitzugehen, in Ketten, eine Gefangene. Aber freiwillig in der Loge des Siegers sitzen, die Sauce zu seinem Braten abgeben, nein. „Ich danke dir", sagt sie, ihre Stimme ist nicht laut, aber jetzt sehr heiser. „Ich werde am Tag des Triumphes nicht mehr in Rom sein. Ich werde zu meinem Bruder reisen."

Er sieht auf, er sieht, daß er diese Frau am Leben getroffen hat.

Er hat es nicht gewollt. Er hat nichts von dem gewollt, was er ihr angetan hat. Immer ist er hineingeschliddert. Auch jetzt. Sein Vater hat ihn gestoßen, und er hat sich nicht dagegen gestemmt. Diese andern sind aus so leichtem, schwebendem Stoff, und man selber ist so fest und grob, und immer erkennt man es zu spät. Wie konnte er ihr zumuten, daß sie sich diesen plumpen Triumph anschauen soll? Er selber wird auf den Triumph verzichten, er wird krank werden. Er stammelt, er überhastet sich. Aber er spricht ins Leere, sie ist schon gegangen, ist fort.

Sein Gesicht verzerrt sich in wüste Raserei. Aus seinem kleinzahnigen Mund geifert er Soldatenflüche gegen die Frau. Gegen ihre zimperliche, östliche Ziererei. Warum kann sie nicht dem Triumph zuschauen? Haben nicht andere, germanische Fürsten zum Beispiel, Triumphen zugeschaut, bei denen ihre eigenen Söhne, Brüder, Enkel in Ketten aufgeführt wurden? Er hätte sich nicht bluffen lassen dürfen, hätte sie als ein Mann behandeln müssen. Es wäre nicht schwer gewesen, sie einer Illoyalität, einer aufrührerischen Handlung zu bezichtigen, sie gefangenzusetzen, sie selber im Triumph aufzuführen, in Ketten, und sie dann, bis ins letzte gedemütigt, aus dem Dreck aufzuheben, mild, stark, gütevoll, ein Mann. Dann kennt sie endlich ihren Platz, die Überhebliche.

Aber noch während er dies dachte, wußte er, daß das knabenhafte Phantasien waren. Sie war eben keine Barbarin, sie war nicht wie jener deutsche Barbarenfürst Segest, sie war eine wirkliche Königin, voll von uralter östlicher Hoheit und Weisheit. Seine ganze Wut kehrte sich gegen ihn selber. Rom, der Triumph, war ihm verhunzt. Im Osten ist das Leben, und hier ist alles kahl und beschissen. Das Capitol ist ein Dreck, vergleicht man es mit dem Tempel Jahves, und er, hirnrissig wie er ist, hat diesen Tempel verbrannt, und die Frau, die sich ihm dreimal gegeben hat, dreimal fortgescheucht, durch seine römische Brutalität, und diesmal für immer.

Den Tag darauf stellte sich Josef ein, um den Prinzen zu begrüßen. Titus war von jener jovialen, kalt strahlenden Höflichkeit, die Josef haßte. Dieser Triumph, scherzte er, mache mehr Arbeit als der ganze Feldzug. Er wollte ihn hinter sich haben, er wollte endlich wieder in seine Stadt, und nach dem dummen Brauch mußte er warten bis zum Tag des Festzugs. Ist es nicht ein Jammer? Nicht einmal die Vorstellung des Demetrius Liban im Marcell-Theater kann er sich anschauen. Er gab dem Josef Weisung, bei den Proben darauf zu achten, daß man in der Wiedergabe jüdischer Dinge keine Fehler mache. „Ich habe jetzt", erzählte er, „das Arrangement des Triumphes und alles, was damit zusammenhängt, selber in die Hand genommen. Ich bin neugierig, welchen Eindruck der Zug auf Sie machen wird. Sie werden ihn doch von der Großen Rennbahn aus anschauen?"

Josef sah, daß der Prinz gespannt auf seine Antwort wartete. Eigentlich mußte es diesen Römern selbstverständlich sein, daß er, der Chronist des Feldzugs, seinem Ende als Augenzeuge beiwohnte. Er selber hatte sich merkwürdigerweise nie überlegt, ob er kommen werde oder nicht. Es wäre schön, zu sagen: Nein, Cäsar Titus, ich werde nicht kommen, ich werde zu Hause bleiben. Es wäre eine Genugtuung, das zu sagen, es wäre eine Geste, groß und sinnlos. Er sagte: „Ja, Cäsar Titus, ich werde den Zug von der Großen Rennbahn aus anschauen."

Titus veränderte sich. Jene maskenhafte, laute Höflichkeit fiel von ihm ab. „Ich hoffe, mein Jude", sagte er, vertraulich, freundschaftlich, „man hat es dir in Rom leicht und bequem gemacht. Ich will", sagte er herzlich, „daß du gern in Rom lebst. Ich will das Meine dazu tun. Glaub mir."

Josef, um sich für die Teilnahme an dem Triumph vorzubereiten, schaute sich im Marcell-Theater die Aufführung des Gefangenen Secharja an. Demetrius Liban war ein großer Schauspieler. Er war der Gefangene Secharja, unsagbar wirklich und schauerlich komisch. Zuletzt setzten sie ihm eine kleine, blöde Clownsmaske auf, wie man sie oft Verurteilte in der Arena tragen ließ, auf daß die Komik der Maske wirksam kontrastiere mit dem Sterben des Verurteilten. Niemand sah, wie unter der Maske des Gefangenen Secharja der Schauspieler Liban nach Luft japste, wie sein Herz pumpte und versagte. Er hielt durch. Sie banden ihn ans Kreuz. Er schrie, wie die Rolle es vorschrieb: Höre, Israel, Jahve ist unser Gott, und die elf Clowns tanzten um ihn herum in Eselsmasken und wiederholten sein Geschrei: Jah, Jah. Er hielt durch bis zuletzt, bis man ihm sagte, jetzt werde er vom Kreuz abgenommen, und bis er vom Kreuz das Geld zu werfen hatte. Da allerdings sackte er zusammen. Aber das merkte niemand, das hielt man für Spiel, und über dem ungeheuern Jubel, der über den Münzen losbrach, achtete man ohnedies kaum mehr auf den Schauspieler. Auch Josef erhaschte einige von den Münzen, zwei silberne und mehrere kupferne. Sie waren an diesem Tag ausgegeben worden, und sie zeigten auf der einen Seite das Porträt des Kaisers, auf der andern eine unter einem Palmbaum sitzende gefesselte Frau mit der Umschrift: „Das gefangene Judäa". Die Frau, war es das Werk der Dame Cänis?, trug die Züge der Prinzessin Berenike.

Den Tag darauf bestellte ihn der Verleger Claudius Regin zu sich. „Ich bin beauftragt", sagte er, „Ihnen diese Eintrittsmarke für die Große Rennbahn auszuhändigen." Es war ein

Sitz auf den Bänken des Zweiten Adels. „Sie erhalten ein hohes Honorar für Ihr Buch", sagte Regin. „Einer muß dasein und sehen", sagte verbissen Josef. Regin lächelte sein fatales Lächeln. „Gewiß", sagte er, „und ich als Ihr Verleger habe alles Interesse daran, daß Sie da sind. Sie werden wohl der einzige Jude sein, Flavius Josephus, der zuschaut. Lassen Sie schon", wehrte er ab, ein wenig müde, da Josef losfahren wollte. „Ich glaube Ihnen, daß es nicht leicht sein wird. Auch ich, wenn ich im Zug mitschreite unter den Beamten des Kaisers, werde mir die Schuhe sehr fest binden und es mir nicht bequem machen."

Am Morgen des 8. April saß Josef in der Großen Rennbahn. Dreihundertdreiundachtzigtausend Menschen faßte der Neubau, und die Steinbänke waren bis auf den letzten Platz gefüllt. Josef hatte es geschafft, er saß mitten unter den Herren des Zweiten Adels, dies war der Platz, den er vor fünf Jahren für sich erträumt hatte. Steif und zugesperrt saß er unter den angeregten Menschen, sein hochmütiges Gesicht fiel weithin auf. Man wußte auf den Bänken des Adels, daß der Kaiser ihn beauftragt hatte, die Geschichte des Krieges zu schreiben. Bücher standen hoch in Ansehen in der Stadt Rom. Man betrachtete neugierig den Mann, der für so viele Menschen Ruhm und Tadel in der Hand hielt.

Josef saß still und beherrscht, aber in seinem Innern war er voll Aufruhr. Er war durch das jubelnde, vom Lärm froher Erwartung gefüllte Rom gegangen. Die Häuser, die Kolonnaden geschmückt, überall, auf Gerüsten, Vorsprüngen, Bäumen, Torbögen, Dächern, bekränzte Menschen. Auch hier in der Großen Rennbahn waren alle bekränzt und hatten Blumen im Schoß, in den Armen, um sie den Vorüberziehenden zuzuwerfen. Nur Josef hatte die Kühnheit, kahl dazusitzen.

Dem Zug voran schritten die Herren des Senats, etwas mühevoll in ihren hochgesohlten, roten Schuhen. Die meisten von ihnen gingen ungern in diesem Zug mit, mit vielen inneren Vorbehalten. Im Grund ihres Herzens waren sie voll Verachtung für die Emporkömmlinge, die sie feiern mußten. Der Spediteur und sein Sohn hatten das Reich an sich gerissen, aber sie blieben auch auf dem Thron Bauern und Pöbel. Josef sah das hagere, skeptische Gesicht des Marull, den feinen, müden, grausamen Kopf des Mucian. Mucian, trotz des Galakleides, hielt den Stock hinterm Rücken, sein Gesicht zuckte. Es war ein Tag gewesen, da standen die Schalen der Waage gleich, und Josef hätte vielleicht nur ein starkes Wort hineinwerfen müssen, dann hätte die Schale des Mucian sich gesenkt und die des Vespasian sich gehoben.

Die Minister kamen. Es machte dem eingeschrumpften, krankheitgeplagten Talaß viel Beschwer, sich mitzuschleppen, aber es war sein Werk, daß dieser Zug stattfand, der Alte wollte seinen großen Tag nicht versäumen. Dann, allein, einen kleinen Raum um sich, schritt Claudius Regin, ernsthaft, ungewohnt aufrecht. Nein, er machte sich's wirklich nicht bequem. Aus harten, bösen, unverhängten Augen blickte er um sich, wachsam, und er verdarb den Schaulustigen den Spaß: vergebens suchten sie an seinem dritten Finger die berühmte Perle, und seine Schuhriemen waren fest gebunden.

Musik kam, viel Musik. Heute spielten alle Banden militärische Weisen, am liebsten den Marsch der Fünften, der rasch populär geworden war: „Unsre Fünfte, die macht alles."

Die Beute des Feldzugs kam, jene Beute, von der man so Märchenhaftes gehört hatte. Man war verwöhnt, übersättigt. Aber als das nun vorbeikam, Gold, Silber, Elfenbein, nicht einzelne Stücke, sondern ein Strom, da konnte man nicht an sich halten. Man reckte den Hals, starrte über die Schulter des Vormannes, die Frauen stießen kleine, schrille Schreie aus, der Bewunderung, des Begehrens. Es floß daher, unendlich, Gold, Silber, edle Stoffe, Gewänder, und immer wieder Gold, in jeder Form, gemünzt, in Barren, gegossen in Gefäße aller Art. Dann Kriegsgerät, Waffen, Feldbinden mit den Initialen Makkabi, saubere, schmutzige, blutgetränkte, in Körben, auf Wagen, viele Tausende. Feldzeichen, Fahnen mit blockigen, hebräischen Buchstaben und mit syrisch-aramäischen, einst geschaffen, die Herzen zu erheben, jetzt mit Geschick zusammengestellt, um blasierte Zuschauer zu unterhalten. Tragbare Bühnen mit blutrünstigen Darstellungen von Kriegsszenen, gigantische Schaugerüste manchmal, vierstöckig, daß die Zuschauer sich erschreckt zurückbogen, wenn das einherschwankte, fürchtend, es möchte einstürzen, sie erschlagen. Zerbeulte Schiffe von der Schlacht an der Küste von Joppe, erbeutete Kähne aus Magdala. Und immer wieder Gold. Es ist kein Wunder, daß der Preis des Goldes sinkt, schon beträgt er nur mehr die Hälfte des Vorkriegspreises.

Jetzt aber wird es still, denn nun kommen Beamte des Kaiserlichen Schatzamtes, in Galauniform, mit Lorbeerzweigen, sie geleiten die Hauptstücke der Beute. Getragen von Soldaten die goldenen Schaubrottische, der riesige, siebenarmige Leuchter, die dreiundneunzig heiligen Geräte des Tempels, die Schriftrollen des Gesetzes. Hoch heben sie die Träger, auf daß alle die Rollen sehen können, das Gesetz Jahves, erbeutet von dem großen guten Jupiter der Römer.

Dahinter eine groteske Musik. Es sind die Instrumente des Tempels, die Zimbel des Ersten Leviten, die gellenden Widderhörner des Neujahrfestes, die silbernen Trompeten, die in jedem fünfzigsten Jahr verkünden, daß aller Grundbesitz wieder an den Staat zurückfällt. Die Römer spielen auf diesen Instrumenten, parodistisch, es klingt lächerlich und barbarisch. Und plötzlich hat ein Witzbold einen glücklichen Einfall. Jah, Jah! schreit er, wie ein Esel schreit. Alle schreien mit, die heiligen Instrumente der Juden blasen dazu. Schallendes Gelächter wellt durch die langen Reihen der Rennbahn.

Josef sitzt mit einem Gesicht von Stein. Aushalten jetzt. Alle schauen auf dich. Zehn Jahre müssen die Priester lernen, ehe sie gewürdigt werden, diese spröden Instrumente zu blasen. Halt dein Gesicht still, Josef, du bist hier Israel. Deinen Grimm gieß aus über die Völker.

Jetzt kam der lebendige Teil der Beute, die Kriegsgefangenen. Man hatte aus der ungeheuern Schar siebenhundert ausgesucht, hatte sie in bunte Festkleider gesteckt, die wirkungsvoll kontrastierten mit ihren finstern Gesichtern und mit ihren Ketten. Auch Priester mußten unter ihnen gehen, mit Hüten und Gürteln. Interessiert, gespannt beschauen sich die Menschen in der Rennbahn ihre besiegten Feinde. Da gehen sie hin. Man hat ihnen reichlichen Fraß vorgesetzt, daß sie keinen Vorwand haben, zusammenzubrechen und den Römern das verdiente Schauspiel zu versagen. Aber nach dem Festspiel werden sie als Zwangsarbeiter verschickt, die Besiegten, ein Teil in die Bergwerke, an die Tretmühlen, an die Kloaken, ein Teil an die großen Schauhäuser für Kampfspiele und Tierhetzen.

Die Leute in der Rennbahn sind still geworden, sie schauen nur. Jetzt aber bricht ein haßerfülltes, tobsüchtiges Geschrei los: Hep, Hep und: Hunde, Hundesöhne, stinkende, gottlose. Sie werfen faule Rüben, Dreck. Sie spucken, trotzdem der Speichel die, denen er gilt, nie erreichen kann. Da kommen sie, gefesselt, von den Göttern gedemütigt, die feindlichen Führer, die einstmals Furcht und Schrecken einflößten, Simon Bar Giora und Johann von Gischala. Es ist ein großer Genuß, es ist der glücklichste Tag für den Römer, seine Feinde auf diese Art einhergehen zu sehen, niedergekämpft die Überheblichen, die sich auflehnten gegen die von den Göttern gewollte Mehrung des Reichs.

Sie hatten dem Simon eine Krone aus Brennesseln und dürren Reisern aufgesetzt, und sie hatten ihm eine Tafel umgehängt: „Simon Bar Giora, König der Juden." Den Johann, „Feldherrn der Juden", hatten sie in eine komische blecherne Rüstung gesteckt. Simon wußte, daß er, noch ehe der Zug sich auflöst, getötet werden würde. So haben es die Römer dem Vercingetorix gemacht, so dem Jugurtha, so vielen anderen, die sterben mußten am Fuß des Capitols, während oben der Sieger seinen Göttern opferte. Merkwürdigerweise war Simon Bar Giora nicht mehr der mürrische Mann, als den ihn seine Leute von der letzten Zeit her kannten, vielmehr war um ihn wieder das Strahlende seiner ersten Zeit. Still in seinen Fesseln ging er einher neben dem gefesselten Johann von Gischala, und sie sprachen miteinander.

„Es ist ein schöner Himmel über diesem Lande", sagte Simon, „aber wie blaß ist er vor dem Himmel unseres Galiläa. Es ist schön, daß ich blauen Himmel über mir habe, nun ich zum Tode gehe." – „Ich weiß nicht, wohin ich gehe", sagte Johann, „aber ich glaube, sie werden mich am Leben lassen." – „Es ist mir ein großer Trost, mein Johann", sagte Simon,

„daß sie dich am Leben lassen. Denn dieser Krieg ist noch nicht zu Ende. Es ist merkwürdig, daß mir einmal der Sinn danach stand, dich umzubringen. So schlimm es jetzt hersieht, es war gut, daß wir diesen Krieg gemacht haben. Er ist noch nicht zu Ende, und die nach uns haben gelernt. O mein Bruder Johann, sie werden mich geißeln, und sie werden mich über einen Platz führen, wo der Speichel und die faulen Rüben ihres Pöbels mich erreichen, und sie werden mich auf erbärmliche Art töten. Aber es war dennoch gut, daß wir diesen Krieg gemacht haben. Nur leid ist es mir, daß mein Leichnam elend liegen wird, unbestattet." Und da Johann von Gischala schwieg, sagte er nach einer Weile: „Weißt du, Johann, wir hätten doch den Minenstollen L mehr nach rechts legen müssen. Dann wäre ihr Turm F eingestürzt, und was hätten sie dann machen sollen?" Johann von Gischala war ein verträglicher Mann, aber in taktischen Fragen kannte er keinen Spaß und kein Einlenken. Er wußte, er hatte recht gehabt mit diesem Minenstollen L. Aber er wird leben, und Simon wird sterben, und er bezwang sich und sagte: „Ja, mein Simon, wir hätten den Minenstollen mehr rechts legen sollen. Die nach uns werden es besser machen." – „Wenn wir nur rechtzeitig zusammengehalten hätten, mein Johann", sagte Simon, „wir wären mit ihnen fertig geworden. Ich habe jetzt ihren Titus in der Nähe gesehen. Ein guter Junge, aber kein Feldherr."

Josef sah die beiden herankommen, vorüberschreiten. Sie gingen langsam, er sah sie eine ganze Weile, er sah jenes Strahlen um Simon wie seinerzeit bei der Begegnung im Tempel. Und jetzt konnte er sich nicht mehr im Zaum halten. Er wollte den Laut in der Kehle bewahren, aber er konnte es nicht, der Laut drang vor, ein Stöhnen, verzweifelt, unterdrückt, furchtbar, daß Josefs Nachbar, der eben noch geschrien hatte wie die andern: Hunde! Hundesöhne!, mitten im Wort abbrach, erschrocken, erblaßt. Josef starrte auf die beiden Gefangenen, er fürchtete, sie möchten herschauen. Er war ein frecher Mann, der einstand für seine Taten, aber wenn sie hergeschaut hätten, dann wäre er gestorben vor Schande und Demütigung. Es preßte ihn, es würgte ihn, er ist der einzige Jude, der das mit ansieht. Er hat Hunger ertragen und letzten Durst, Geißelung, jede Art Schmach, und wie oft ist er vor dem Tod gestanden. Aber das kann er nicht ertragen, das kann keiner ertragen. Das ist nicht mehr menschlich, das ist eine härtere Strafe, als er sie verdient hat.

Die beiden sind ganz nah.

Er wird eine Synagoge stiften. Alles, was er hat, auch die Erträgnisse seines Buches wird er an den Bau wenden, es soll eine Synagoge sein, wie sie Rom noch nicht gesehen hat. Die heiligen Schriftrollen aus Jerusalem wird er für die Lade stiften. Aber sie werden seine Synagoge nicht annehmen. Sie haben Weihgaben von Unbeschnittenen genommen, aber von ihm werden sie nichts nehmen, und sie werden recht haben.

Jetzt sind die beiden gerade vor ihm. Sie sehen ihn nicht. Er steht auf. Sie können ihn nicht hören in dem wilden Geschrei ringsum, aber er tut den Mund auf, er gibt ihnen das Bekenntnis mit auf ihren Weg. Inbrünstig wie nie im Leben reißt er es aus sich heraus, ruft es ihnen zu: „Höre, Israel, Jahve ist unser Gott, Jahve ist einzig."

Auf einmal, als hätten sie ihn gehört, beginnt es im Zug der Gefangenen zu schreien, erst einige, dann mehr, dann alle: Höre, Israel, Jahve ist unser Gott, Jahve ist einzig. Als die ersten anfangen, lachen die Zuschauer, machen den Eselsschrei: Jah, Jah. Aber dann werden sie still, und manche beginnen zu zweifeln, ob es wirklich ein Esel ist, zu dem die Juden schreien.

Josef, wie er den Ruf von unten hört, wird ruhiger. Sicher jetzt rufen sie es in allen Synagogen der Judenheit: Höre, Israel. Hat er es je geleugnet? Er hat es nie geleugnet. Damit alle es erkennen, nur darum hat er getan, was er getan hat. Er wird sein Buch schreiben, er wird es frommen Sinnes schreiben, Jahve wird mit ihm sein. Es wird verkannt werden, von den Römern und von den Juden. Es wird lange dauern, bis es verstanden wird. Aber eine Zeit wird sein, da wird es verstanden.

Hinter den beiden jüdischen Heerführern, wer aber prangte da, herrlich, im Schmuck des berühmten, achtteiligen Ornats? Der Erzpriester, der Proletarier, Phanias, der Bauarbeiter. Er ging daher, dürr, dumpf vor sich hin starrend, die

Augen einwärts, gedrückt und besessen. Der Senator Marull sah ihn. Es wird wirklich nicht viel Unterschied machen, ob er diesen Phanias zum Leibeigenen hat oder den Johann von Gischala. Johann sieht intelligenter aus, man wird mit ihm interessante Gespräche führen können, aber pikanter wäre es, den Erzpriester als Türhüter zu haben.

Musik kam, Opfertiere, und dann, die Krone des Zuges, sein prunkvolles Mittelstück, die Wagen der Triumphatoren. Profose voran, die Rutenbündel mit Lorbeer bekränzt, Notare, die die Bewilligungsurkunde des Triumphes trugen, dann eine Schar von Clowns, frech und gutmütig gewisse populäre Eigenschaften der Triumphatoren parodierend, die Sparsamkeit des Vespasian, des Titus Genauigkeit, sein Stenographieren. Dann Karikaturen der Besiegten, gestellt von den beliebtesten Schauspielern. Unter ihnen Demetrius Liban, der Erste Schauspieler der Epoche. Ja, er hatte Krankheit und Schwäche besiegt, hatte die Auflehnung seines Herzens besiegt. Es ging um seine Kunst, seinen Ehrgeiz, der Kaiser hatte ihn gerufen, er riß sich zusammen, er war zur Stelle. Er war der Jude Apella, er sprang, tanzte, strich sich den zweigeteilten Bart, führte mit sich seine Gebetriemen, seinen unsichtbaren Gott. Hin und her gerissen zwischen seiner Kunst und seiner Seligkeit, denn eines mußte er mit dem andern bezahlen, hatte er sich für seine Kunst entschieden. Josef sah ihn einhergehen, den Zerrissenen, einen großen Schauspieler, einen armen Menschen.

Es folgten die Generäle der Legionen und die Offiziere und Soldaten, die sich hohe Auszeichnungen verdient hatten. Einer vor allem wurde mit Jubel akklamiert. Wo er einherkam, der Liebling der Armee, unser Pedan, der Träger des Graskranzes, da begann man zu singen, das deftige Lied der Fünften, und die Herzen hoben sich. Ja, das war Fleisch von unserm Fleisch, das war Rom. Dieser vergnügte, seiner sichere Mensch, dem konnte nichts an, mit dem war der capitolinische Jupiter. Vage Gerüchte gingen um, auch diesmal sei er es gewesen, der es geschafft hat. Was er eigentlich geleistet hatte, das durfte man aus gewissen Gründen nicht genauer sagen; aber daß es etwas Großes war, das geht ja schon daraus hervor, daß man ihm wiederum eine so hohe Auszeichnung verliehen hat. Josef sah das häßliche, nackte, einäugige Gesicht. Da ging er hin, verschmitzt, behaglich, kräftig, laut, zufrieden, ein Mann. Nein, gegen diese satte Gemeinheit kam keiner auf. Diesem Soldaten, der niemals zweifelte, der immer einverstanden war mit sich, dem gehörte die Welt, für ihn hatte sein Jupiter sie erschaffen.

Und jetzt schimmerte es heran, turmhoch, lorbeerbekränzt, gezogen von vier weißen Rossen, der Triumphwagen. Auf ihm Vespasian. Das Gesicht, damit es dem des Jupiter gleiche, mit Mennige geschminkt. Lorbeer auf dem breiten, unbedeckten Bauernschädel, den alten, untersetzten Körper gekleidet in den besternten Purpurornat, den der capitolinische Jupiter ihm für diesen Tag hatte abtreten müssen. Etwas gelangweilt schaute er auf die jubelnde Menge. Noch gut drei Stunden würde das dauern. Das Kleid des Jupiter war schwer, das lange Stehen auf dem schwankenden Wagen war auch alles andere als behaglich. Er hat das wirklich nur wegen seiner Söhne auf sich genommen. Eine Dynastie gründen ist eine mühevolle Sache. Warm ist es. Jupiter muß es im Sommer bedeutend heiß haben, wenn man schon im April in seinen Kleidern derartig schwitzt. Was dieser Triumph kostet, nicht auszudenken. Zwölf Millionen hat Regin veranschlagt, es werden sicher dreizehn, vierzehn werden. Man könnte das Geld wahrhaftig besser verwenden, aber diese Fetthirne müssen immer ihre Repräsentation haben, dagegen ist nichts zu machen. Daß der Tempel nicht mehr da ist, ist recht angenehm. Der Junge hat das geschickt gedreht. Wenn das Unanständige nützlich ist, muß man es tun, und hernach muß man sich Skrupel machen. Nur so besteht man im Leben und vor den Göttern. Der Leibeigene hinter ihm, der die schwere, goldene Krone des Jupiter über seinem Haupt hält, ruft ihm die vorgeschriebene Formel zu: „Sieh hinter dich und vergiß nicht, daß du ein Mensch bist.“ Na ja, hoffentlich hat er noch recht lange Zeit, ehe er ein Gott wird. Er denkt an die Statuen der vergotteten früheren Kaiser. Dieser Triumph wird dazu beitragen, daß er eine Woche früher ein Gott wird. Der Wagen stößt. Vespasian schaut ächzend nach der Sonnenuhr.

Titus, auf dem zweiten Triumphwagen, sieht oft nach dem Amulett, das ihn vor Neid und bösem Blick schützen soll; denn neben ihm reitet sein Bruder Domitian, das Früchtchen. Aber die Sorge vor dem Neid des Bruders kann ihm den Stolz dieses Tages nicht verderben. Kalt strahlend steht er auf seinem Wagen, erhoben über alles Menschliche, der Soldat am Ziel, der fleischgewordene Jupiter. Wie er an der Kaiserlichen Loge vorbeikommt, ernüchtert er sich freilich auf eine kurze Weile. Die Frau ist nicht da, die Frau haben sie ihm genommen. Wem denn will er sich zeigen in seinem Glanz, was hat das alles für einen Sinn ohne die Frau? Sein Auge sucht unter der Menge, sucht auf den Plätzen des Zweiten Adels. Wie er Josef entdeckt hat, streckt er ihm den Arm zu, grüßend.

Die Wagen der Triumphatoren zogen weiter, machten halt am Fuß des Capitols. Augenzeugen meldeten: Simon Bar Giora ist gegeißelt, erwürgt. Ausrufer schrien es unters Volk. Jubelgeschrei: der Krieg war aus. Vespasian und sein Sohn stiegen herab von ihren Wagen. Opferten Schwein, Bock und Stier, um sich und das Heer zu entsühnen, falls man sich während des Feldzugs einer Gottheit mißliebig gemacht habe.

Die Armee mittlerweile defilierte in der Großen Rennbahn. Da zogen sie vorbei, zwei Kohorten von jeder Legion und der ganze Apparat, die Katapulte und Ballisten, der „Harte Julius" und die andern Widder alle. Stürmisch begrüßt wurden die Feldzeichen, die Goldenen Adler, der der Zwölften besonders, den man jetzt von den Juden zurückgeholt hat, wie man seinerzeit den Deutschen die Adler wieder abgenommen hat, die sie unter dem verräterischen Barbaren Hermann erbeutet haben. Josef sah die Armee vorbeimarschieren, fröhlich, friedlich, voll gehaltener Kraft. Gewähr der Ordnung im Reich. Aber Josef kennt auch das andere Gesicht dieser Armee. Er weiß, diese alle sind Pedan. Er hat sie schreien hören: Hep, Hep, er hat sie tanzen sehen im Blutrausch über den Boden des Tempels, dessen Marmor verschwand unter Leichen.

Der Vorbeimarsch der Truppen dauerte lange. Viele, vor allem auf den Bänken des Adels, brachen auf. Josef hielt aus.

Noch einmal bis zum Ende sah er die Legionen, die er Stadt und Tempel hatte verwüsten sehen.

Am Abend dieses 8. April kamen einige jüdische Männer zum diensttuenden Aufseher des Mamertinischen Gefängnisses. Sie wiesen ein versiegeltes Schreiben vor. Der Aufseher las es und führte sie in den Keller des Gefängnisses, das sogenannte Kalte Badehaus, denn es war ursprünglich ein Brunnenhaus gewesen. In diesem verwahrlosten, finstern Raum hatte Simon Bar Giora geendet. Seine Leiche hätte dem Brauch zufolge des Nachts auf den Schindanger am Esquilin geworfen werden sollen. Aber die Männer hatten Erlaubnis, die Leiche zu übernehmen und mit ihr nach Belieben zu verfahren. Diese Erlaubnis hatte Claudius Regin erwirkt. Es war der Erlös seiner Perle, den er der Dame Cänis dafür bezahlt hatte.

Die Männer übernahmen also die striemenbedeckte, blutüberkrustete Leiche des jüdischen Feldherrn, legten sie auf eine Bahre, deckten sie zu. Führten sie durch die Stadt, die in festlicher Illumination strahlte. Sie gingen barfuß. Am Capenischen Tor erwarteten sie mehrere hundert andere Juden, unter ihnen Cajus Barzaarone. Auch sie gingen barfuß, und sie hatten ihr Gewand eingerissen. Sie brachten den Leichnam, alle fünfzig Schritte trugen ihn andere, auf der Appischen Straße bis zum zweiten Meilenstein links. Dort erwartete sie Claudius Regin. Sie brachten den Leichnam hinunter in die unterirdische Begräbnisstätte der Juden. Sie legten den Erwürgten in einen Sarg, betteten den blauschwarzen Kopf in Erde aus Judäa, gossen wohlriechende Wasser darüber. Dann verschlossen sie das Grab mit einer Platte. Darauf war in ungefügen griechischen Buchstaben eingeritzt: „Simon Bar Giora, Soldat Jahves." Dann wuschen sie sich die Hände und verließen die Begräbnisstätte.

Josef kam aus der Großen Rennbahn nach Hause. Er hatte seine Aufgabe erfüllt, hatte sich nicht geschont, hatte den jüdischen Krieg mit angesehen bis zum Ende. Aber nun hatte er alle Kraft ausgegeben. Er sackte zusammen, fiel in einen totenähnlichen Schlaf.

Er war allein in dem großen, leeren, verwahrlosten Haus, nur der alte Leibeigene war da, niemand betreute ihn. Er schlief zwanzig Stunden. Dann erhob er sich, hockte nieder, in der Haltung eines Trauernden.

Ein Kurier des Kaiserlichen Palais kam mit dem glückkündenden Lorbeerreis. Als der Leibeigene ihn zu dem ungepflegten Menschen führte, der auf der Erde hockte, wild wachsenden Flaum ums Gesicht, die Kleider zerrissen, Asche auf dem Haupt, zweifelte er, ob dies wirklich der Adressat sei. Zögernd übergab er seinen Brief. Es war ein Handschreiben Vespasians, das Kaiserliche Sekretariat sei angewiesen, Josef Einblick zu geben in alle Dokumente, die er zu Zwecken seines Buches einsehen wolle. Außerdem verlieh ihm der Kaiser den Goldenen Ring des Zweiten Adels. Es war das erstemal, daß der Kurier, wenn er den Lorbeer trug, kein Trinkgeld erhielt. Josef begnügte sich, den Erhalt des Schreibens zu bestätigen. Dann hockte er nieder wie vorher.

Der Knabe Cornel kam. Der Leibeigene wagte nicht, ihn vor Josef zu lassen.

Nach sieben Tagen erhob sich Josef. Fragte, was inzwischen geschehen sei. Hörte von dem Knaben Cornel. Schickte nach ihm.

Die beiden, als der Knabe Cornel ein zweites Mal kam, sprachen nicht viel. Josef sagte, er brauche einen guten, zuverlässigen Sekretär. Ob Cornel ihm bei der Abfassung seines Buches helfen wolle. Cornel strahlte.

Noch am gleichen Tag begann Josef zu arbeiten.

„Es werden", diktierte er, „wahrscheinlich mehrere versuchen, den Krieg der Juden gegen die Römer zu beschreiben, Autoren, die nicht Zeugen der Ereignisse waren und die angewiesen sind auf törichtes, widerspruchsvolles Gerede. Ich, Josef, des Matthias Sohn, Priester der Ersten Reihe aus Jerusalem, Augenzeuge von Anfang an, habe mich entschlossen, die Geschichte dieses Krieges zu schreiben, wie er wirklich war, den Heutigen zur Erinnerung, den Späteren zur Warnung."

Hier endet der erste der beiden Romane über den Geschichtsschreiber Flavius Josephus.